商周青銅器銘文暨圖像集成

三編

第一卷

高明題

吴鎮烽 編著

上海古籍出版社

圖書在版編目（CIP）數據

商周青銅器銘文暨圖像集成三編 / 吴鎮烽編著 .—上海：上海古籍出版社，2020.8（2025.4重印）
ISBN 978-7-5325-9656-0

Ⅰ.①商… Ⅱ.①吴… Ⅲ.①青銅器（考古）—金文—中國—商周時代—圖集 Ⅳ.① K877.32

中國版本圖書館 CIP 數據核字（2020）第 101377 號

2020 年度國家古籍整理出版專項經費資助項目
2020 年上海市促進文化創意産業發展財政扶持資金項目

責任編輯：顧莉丹
裝幀設計：嚴克勤
技術編輯：耿瑩禕

商周青銅器銘文暨圖像集成三編
（全四册）
吴鎮烽　編著
上海古籍出版社出版發行
（上海市閔行區號景路159弄C座5F　郵政編碼 201101）
（1）網址：www.guji.com.cn
（2）E-mail：guji1@guji.com.cn
（3）易文網網址：www.ewen.co
上海世紀嘉晉數字信息技術有限公司印刷
開本 889×1194　1/16　印張 154　插頁 20
2020 年 8 月第 1 版　2025 年 4月第 6 次印刷
ISBN 978-7-5325-9656-0
K·2853　定價：1680.00 元
如有質量問題，請與承印公司聯繫

總 目 録

前　言

習近平總書記指出“文物承載燦爛文明，傳承歷史文化，維繫民族精神，是老祖宗留給我們的寶貴遺産，是加强社會主義精神文明建設的深厚滋養”，“保護文物功在當代、利在千秋”。

商周金文和甲骨文一樣，是中華民族的古典文獻遺産，在中華文明乃至人類文明發展史上具有重要的意義。商周金文内容豐富，涉及上古時期的政治、經濟、軍事、文化以及社會生活等方方面面，具有極高的文物價值、史料價值和學術研究價值，值得倍加珍視，必須更好地傳承和發展。

筆者一生從事考古調查、發掘與研究，主持過周原岐邑遺址、秦都雍城遺址、春秋秦公大墓、户縣宋村春秋秦墓和寶雞茹家莊周墓等大中型考古發掘工作。酷愛古文字和青銅器研究，發表考古報告和論文 80 多篇，出版《陝西金文彙編》、《金文人名彙編》、《中國青銅器》(三人合著)、《考古文選》、《陝西地理沿革》和《陝西省志 · 建置志》等 14 部專著。

本着發揚老一輩學人的家國情懷和優良學風，爲推動中華文明的發展、傳承和弘揚祖國優秀傳統文化、提升我們的文化自信、深入研究商周金文的歷史思想和文化價值再做貢獻。2001 年退休之後，我便致力於商周金文的蒐集、整理和研究工作。没有國家任何資金的支持，靠一己之力編著了《商周青銅器銘文暨圖像集成》(以下簡稱《銘圖》)35 册和《商周青銅器銘文暨圖像集成續編》(以下簡稱《銘續》)4 册，得到了學術界的肯定和好評。這兩套書分别獲得了 2012 年和 2016 年全國優秀古籍圖書一等獎，《銘圖》還獲得第三屆中國出版政府獎圖書獎提名獎和第三屆全球華人國學成果獎。

本書是繼《銘圖》和《銘續》之後，收録 2015 年 6 月至 2019 年 12 月的商周及春秋戰國有銘文的青銅器 1772 件，結集 4 册，取名《商周青銅器銘文暨圖像集成三編》，其中食器 627 件，酒器 554 件，盥洗器 80 件，樂器 35 件，兵器 359 件，其他 117 件。未曾見於著録的器物(1034 件)約佔 58%。銘文最短的 1 字，最長的 160 字。其資料來源於考古報告、圖録、報刊，以及作者在鑒定文物時所見到的收藏單位及私家收藏的器物。

這些青銅器的史料價值和藝術價值都特别高，蘊藏着商周時期重要的政治、經濟、軍事和社會信息，對於研究上古史、古文字、古代青銅器以及古代書法藝術，有着重要意義。其中商代重要器物有山西新絳縣酒務頭、濟南古城區劉家莊、安陽劉家莊北地出土的青銅器，以及亞盉族、亞禽族、天黽獻等族群的青銅器。西周時期重要的器物有陝西寶雞石鼓山、周原賀家村，山西翼城縣大河口、湖北隨州葉家山西周墓出土的青銅器，湖北隨州義地崗、河南南陽夏餉鋪、山東棗莊小邾國春秋墓葬出土的青銅器，以及太保諸器、魯侯諸器、南申國、曾國、鄂國、芮國、倗國、霸國、唐國的青銅器等等，特别是衛國的青銅器過去極少見到，這次收録有衛侯之孫書鐘、衛叔甲父壺等數件。春秋戰國的重要器物有曾伯霥壺、曾伯克父器組、司敗亶章劍、徐王義楚劍、吴王諸樊劍等。鑄有重要銘文的青銅器有太保諸器、昔雞諸器、宗人諸器、兒尊、兒方彝、義尊、義方彝、苟盤、苟盉、霸伯簋、霸姬盤等等。極少發現有銘文的銅俎，這次也收録了春秋時期的楚王酓恷俎和無曌俎，保存完好，銘文清晰，十分珍貴。

總之，拙書收録廣泛，内容宏富，圖片清晰。全書對所收録器物的背景資料，盡其詳實，銘文的釋讀亦廣泛吸取了學界的最新研究成果。以期保留、傳承、弘揚祖國的優秀文化遺産，爲中國青銅器、商周金文以及古代史等方面的研究提供第一手學術資料。

八旬老驥　吴鎮烽

2020 年 2 月 1 日 於西安豐景佳園居所書齋

凡　　例

一、本書是《商周青銅器銘文暨圖像集成》和《商周青銅器銘文暨圖像集成續編》出版之後，陸續發現的商周金文資料的彙編。資料主要來源於有關的考古報告、圖録、期刊、書報以及作者鑒定文物時所見到的商周青銅器等，資料時限截至 2019 年 12 月底。

二、本書體例依《商周青銅器銘文暨圖像集成》不變。

三、本書所收青銅器銘文的時代下限到秦始皇統一中國之時，即公元前 221 年，共分十二期。

商代早期：相當於商代二里崗文化時期（前 16 世紀—前 15 世紀中葉）

商代中期：二里崗文化時期之後至小乙

商代晚期：武丁至帝辛

西周早期：武王至昭王

早期前段：武王、成王二世

早期後段：康王、昭王二世

西周中期：穆王至夷王

中期前段：穆王、恭王二世

中期後段：懿王、孝王、夷王三世

西周晚期：厲王至幽王

春秋早期：公元前 770 年—前 7 世紀上半葉

春秋中期：公元前 7 世紀上半葉—前 6 世紀上半葉

春秋晚期：公元前 6 世紀上半葉—前 476 年

戰國早期：公元前 476 年—前 4 世紀上半葉

戰國中期：公元前 4 世紀中葉—前 3 世紀上半葉

戰國晚期：公元前 3 世紀上半葉—前 221 年

三、本書彙集以銘文拓本（包括照片）和器物圖像資料爲主，無銘文的資料一律不收。

四、銘文拓本按原大製版，有一部分銘文拓本、摹本和照片，受資料來源所限，並非原大。

五、本書編排一般一器一頁；字數少者兩、三器一頁；銘文拓本（包括照片）多者，一器兩頁或多頁。

六、因古文字的特殊需要，全書統一使用繁體字。數據均按中華人民共和國法定計量書寫。

七、著録書目、期刊一般使用簡稱，名稱較短者則使用全稱，書後附《引用書刊目録及簡稱表》。

第一卷　目　　録

02. 鬲

01. 鼎

（0001－0285）

0001. 山鼎

【時　　代】商代晚期。

【出土時地】2017 年 10 月出現在香港大唐國際拍賣會。

【收 藏 者】某收藏家。

【尺度重量】通高 24、兩耳相距 19.5 釐米。

【形制紋飾】口微斂，窄沿方唇，口沿上有一對立耳，深腹圜底，三條柱足粗壯，腹部有六道扉棱。腹部飾下卷角獸面紋，以雲雷紋填地。

【著　　録】未著録。

【銘文字數】内壁鑄銘文 1 字。

【銘文釋文】山。

0002. 屰鼎

【時　　代】商代晚期。

【收 藏 者】法國東坡齋。

【尺度重量】通高 20.09、兩耳相距 15.08 釐米。

【形制紋飾】斂口鼓腹，窄沿方唇，口沿上有一對立耳，圜底之下設有三條粗壯柱足，腹部有六道扉棱。腹部飾上卷角展體獸面紋，以雲雷紋填地，足上部飾陰綫蟬紋。

【著　　録】未著録。

【銘文字數】内壁鑄銘文 1 字。

【銘文釋文】屰。

0003. 叔鼎

【時　　代】商代晚期。
【收 藏 者】某收藏家。
【形制紋飾】斂口鼓腹,窄沿方唇,口沿上有一對立耳,圜底下設有三條柱足。頸部有六道扉棱,飾三組下卷角獸面紋,以雲雷紋填地,足上部飾浮雕獸面。
【著　　録】未著録。
【銘文字數】内壁鑄銘文 1 字。
【銘文釋文】叔。

0004. 敎鼎

【時　　代】商代晚期。

【出土時地】山西聞喜縣河底鎮酒務頭商代墓地（M1）。

【收 藏 者】山西青銅器博物館。

【形制紋飾】斂口鼓腹，窄沿方唇，口沿上有一對立耳，分襠款足，三足下部呈圓柱形。頸部飾雲雷紋組成的獸面紋帶。

【著　　録】未著録。

【銘文字數】内壁鑄銘文 1 字。

【銘文釋文】敎。

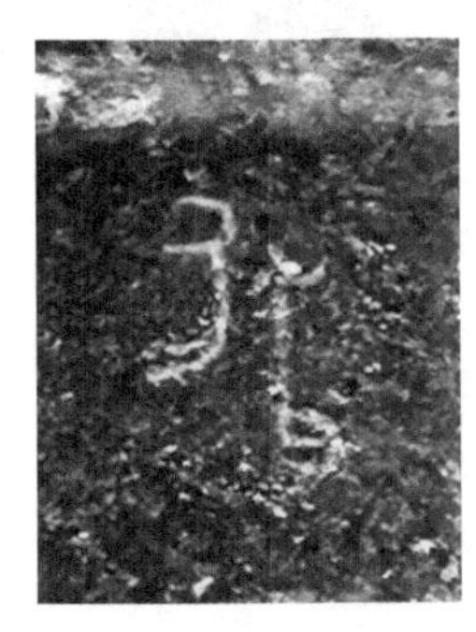

0005. 𠀠鼎（丙鼎）

【時　　代】商代晚期。

【出土時地】2018 年 10 月出現在香港大唐國際秋季拍賣會。

【收 藏 者】原藏日本大阪某收藏家。

【尺度重量】通高 24.3、口徑 18.8、兩耳相距 19.2 釐米。

【形制紋飾】口微斂，窄沿方唇，口沿上有一對立耳，鼓腹圜底，三條柱足，腹部有六道扉棱。腹部飾三組上卷角獸面紋，以雲雷紋填地，足部飾陰綫簡化蟬紋。

【著　　録】未著録。

【銘文字數】內壁鑄銘文 1 字。

【銘文釋文】𠀠（丙）。

0006. □鼎(□鼎、丙鼎)

【時　　代】商代晚期。

【出土時地】2018 年 3 月出現在日本關西春季拍賣會。

【收 藏 者】原藏日本平安藏六,現藏不明。

【尺度重量】高六寸五分,口徑五寸一分,兩斤三兩。

【形制紋飾】口微斂,深腹圜底,窄沿方唇,口沿上有一對立耳,三條柱足粗壯。腹部飾下卷角大獸面紋,以雲雷紋填地。

【著　　録】未著録。

【銘文字數】内壁鑄銘文 1 字。

【銘文釋文】□(□—丙)。

0007. 耳鼎

【時　　代】商代晚期。

【出土時地】2016 年 12 月出現在杭州西泠印社秋季拍賣會。

【收 藏 者】原藏德國埃里希・雷馬克，1970 年歸其妻寶蓮・高黛・雷馬克(美國籍)，現藏不明。

【尺度重量】通高 25.4 釐米。

【形制紋飾】斂口，窄沿方唇，口沿上有一對立耳，腹微鼓，圜底，三條柱足。頸部飾浮雕圓渦紋間以下卷角獸面紋，以雲雷紋填地。

【著　　録】未著録。

【銘文字數】內壁鑄銘文 1 字。

【銘文釋文】耳。

0008. 鳶鼎

【時　　代】商代晚期。

【出土時地】2016 年 5 月出現在中國嘉德香港藝術品拍賣會。

【收 藏 者】某收藏家。

【尺度重量】通高 19、兩耳相距 16、腹深 10 釐米。

【形制紋飾】口微斂，窄沿方唇，口沿上有一對立耳，圓腹圜底，三條柱足粗壯。頸部飾夔龍紋，以雲雷紋填地。

【著　　録】未著録。

【銘文字數】内壁鑄銘文 1 字。

【銘文釋文】鳶。

0009. 眉鼎

【時　　代】商代晚期。

【出土時地】2019 年 6 月出現在杭州西泠印社春季拍賣會。

【收 藏 者】原藏日本某收藏家。

【尺度重量】通高 23.4 釐米。

【形制紋飾】口微斂，窄沿方唇，口沿上有一對立耳，斂腹圜底，三條柱足。頸部飾蟬紋與渦紋相間，腹部飾三角雲雷紋。

【著　　録】未著録。

【銘文字數】内壁鑄銘文 1 字。

【銘文釋文】眉。

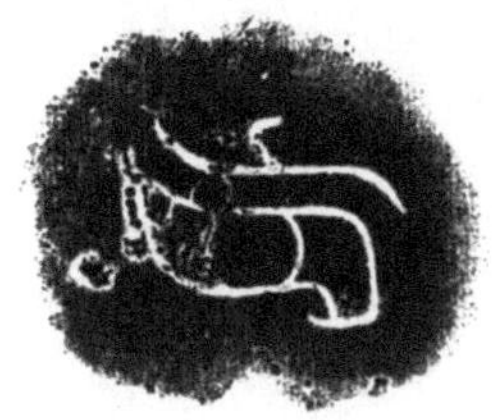

銘文拓本

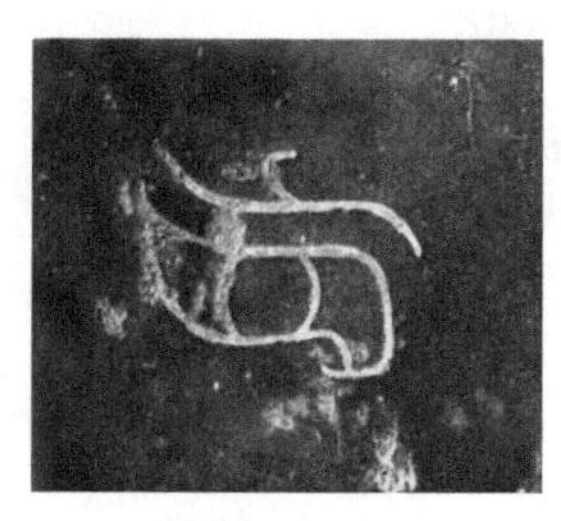

銘文照片

0010. 聿鼎

【時　　代】商代晚期。

【出土時地】2018 年 5 月出現在香港邦瀚斯拍賣行中國工藝精品拍賣會。

【收 藏 者】原藏澳大利亞威廉·鮑莫爾（1909-2008），後歸美國紐約古董商戴潤齋，現藏不明。

【尺度重量】通高 21 釐米。

【形制紋飾】口微斂，窄沿方唇，口沿上有一對立耳，深腹圜底，三條圓柱形足。頸部飾一周夔龍紋，腹部飾三組下卷角獸面紋，均以雲雷紋填地。

【著　　録】未著録。

【銘文字數】内壁鑄銘文 1 字。

【銘文釋文】聿。

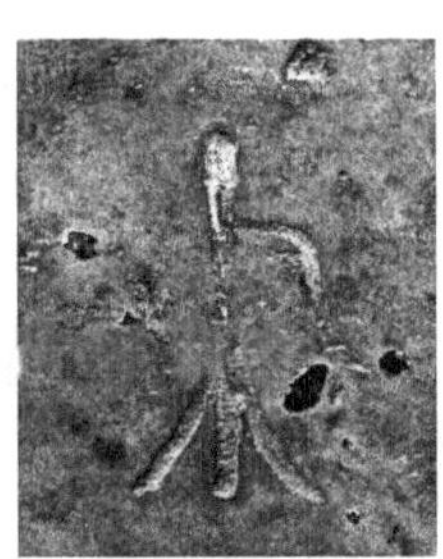

0011. 保鼎

【時　　代】商代晚期。

【收 藏 者】某收藏家。

【尺度重量】通高 21.5、兩耳相距 17 釐米。

【形制紋飾】侈口束頸，口沿上有一對立耳，鼓腹圜底，三條柱足。頸部飾夔龍紋，腹部飾勾連雷紋，足部飾雲雷紋和陰綫蟬紋。

【著　　録】未著録。

【銘文字數】内壁鑄銘文 1 字。

【銘文釋文】保。

0012. [illegible]鼎

【時　　代】商代晚期。

【出土時地】2017 年 12 月見於杭州西泠印社拍賣會。

【收 藏 者】原藏日本某收藏家，現藏不明。

【尺度重量】通高 19.6 釐米。

【形制紋飾】口微斂，窄沿方唇，口沿上有一對立耳，深腹圜底，三條柱足粗壯。頸部飾展體獸面紋，腹部飾三角蟬紋。

【著　　録】未著録。

【銘文字數】内壁鑄銘文 1 字。

【銘文釋文】[illegible]。

銘文拓本

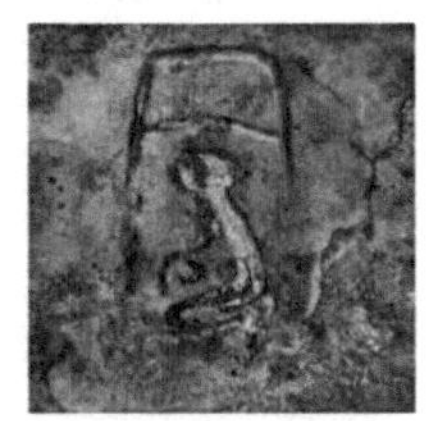

銘文照片

0013. 㢑鼎(庚鼎)

【時　　代】商代晚期。
【出土時地】2013 年 12 月曾出現在巴黎蘇富比拍賣會。
【收 藏 者】原藏法國巴黎大衛・威爾。
【尺度重量】通高 20.5 釐米。
【形制紋飾】斂口鼓腹,窄沿方唇,口沿上有一對立耳,深腹圜底,三條柱足。頸部飾目雷紋,腹部飾斜方格乳釘紋,方格内填雷紋,乳釘極小。
【著　　録】未著録。
【銘文字數】内壁鑄銘文 1 字。
【銘文釋文】㢑(庚)。

0014. 企鼎

【時　　代】商代晚期。

【出土時地】2016 年 12 月見於盛世收藏網。

【收 藏 者】某收藏家。

【形制紋飾】斂口，窄沿方唇，口沿上有一對立耳，深腹圜底，三條柱足。頸部飾夔龍紋，以雲雷紋填地，腹部飾雲雷紋襯底的垂葉紋。

【著　　録】未著録。

【銘文字數】内壁鑄銘文 1 字。

【銘文釋文】企。

0015. □鼎

【時　　代】商代晚期。

【收 藏 者】日本奈良國立博物館。

【尺度重量】通高 20.1、口徑 15.7 釐米。

【形制紋飾】口微斂，窄沿方唇，口沿上有一對立耳，圜底，三條柱足上粗下細。頸部飾回首夔鳥紋。

【著　　録】坂本清賞 97，奈良銅 46 頁 99。

【銘文字數】内壁鑄銘文 1 字。

【銘文釋文】□。

【備　　注】館藏號：鼎 07。

0016. 壴鼎

【時　　代】商代晚期。
【收 藏 者】某收藏家。
【尺度重量】通高 22 釐米，重 3.2 公斤。
【形制紋飾】長方體，窄沿方唇，口沿兩端有一對立耳，四條柱足，四角及四壁中部各有一道扉棱。四壁上部飾卷尾鳥紋，下部飾下卷角展體獸面紋，足部飾陰綫蟬紋。
【著　　録】未著録。
【銘文字數】內壁鑄銘文 1 字。
【銘文釋文】壴。

0017. [illegible]鼎

【時　　代】商代晚期。

【收 藏 者】美國聖易路斯博物館。

【尺度重量】通高 23.3 釐米。

【形制紋飾】長方體，窄沿方唇，口沿兩端有一對立耳，平底，四條柱足。口沿下飾夔龍紋，四壁左右和下部亦飾夔龍紋，中部飾勾連雷紋，足上部飾浮雕獸面。

【著　　録】綜覽·方鼎 18。

【銘文字數】内壁鑄銘文 1 字。

【銘文釋文】[illegible]。

0018. 雋鼎(雋鼎)

【時　　代】商代晚期。

【收 藏 者】某收藏家。

【尺度重量】通高 22、口徑 16.7 釐米。

【形制紋飾】斂口鼓腹，窄沿方唇，口沿兩端有一對立耳，淺分襠，三條柱足，腹部有三道扉棱。頸部飾夔龍紋，腹部飾三組下卷角獸面紋，兩旁增飾倒置的夔龍，均以雲雷紋填地。

【著　　録】未著録。

【銘文字數】内壁鑄銘文 1 字。

【銘文釋文】雋(雋)。

0019. 亼鼎（亼鼎）

【時　　代】商代晚期。

【出土時地】2016 年 12 月出現在美國加州一個拍賣會上。

【收 藏 者】原藏張乃驥，1944 年歸美國 Oriental Arts Inc.，1949 年 12 月芝加哥 Nagatani Inc. 從紐約拍賣會購得，1950 年 Norman C. Armitage 伉儷收藏，2001 年又歸弗吉尼亞州某收藏家，現藏不明。

【尺度重量】通高 19.7 釐米。

【形制紋飾】窄沿方唇，分襠三柱足，口沿上有一對立耳。頸部飾渦紋間蟬紋，腹部飾三組下卷角獸面紋。

【著　　録】未著録。

【銘文字數】内壁鑄銘文 1 字。

【銘文釋文】亼（亼）。

0020. 亼鼎

【時　　代】商代晚期。

【收 藏 者】某收藏家。

【尺度重量】通高 20.5 釐米。

【形制紋飾】斂口鼓腹，窄沿方脣，口沿上有一對立耳，淺分襠，三條柱足。頸部飾浮雕蟬紋，腹部飾三組下卷角獸面紋。

【著　　録】未著録。

【銘文字數】内壁鑄銘文 1 字。

【銘文釋文】亼。

0021. 箙鼎(葡鼎)

【時　　代】商代晚期。
【收 藏 者】海外某收藏家。
【尺度重量】通高 26.5、口徑 19.4、腹深 9 釐米。
【形制紋飾】敞口，窄沿方唇，口沿上一對立耳，淺腹圜底，三條高大的夔龍形扁足。腹部飾雲雷紋組成的獸面紋帶。
【著　　録】未著録。
【銘文字數】内壁鑄銘文 1 字。
【銘文釋文】葡(箙)。

0022. 史鼎

【時　　代】商代晚期。

【出土時地】2017 年 9 月出現在香港瀚海秋季拍賣會。

【收 藏 者】某收藏家。

【尺度重量】通高 23.9 釐米。

【形制紋飾】直口，窄沿方唇，口沿上有一對立耳，淺腹圜底，下具三條高大的夔龍形扁足，夔龍尾上卷，嘴銜鼎底。腹部飾三列雲雷紋組成的獸面紋帶。

【著　　録】未著録。

【銘文字數】内壁鑄銘文 1 字。

【銘文釋文】史。

0023. 先鼎

【時　　代】商代晚期。

【收 藏 者】某收藏家。

【尺度重量】通高 33.5、口長 22.5 釐米。

【形制紋飾】長方形，窄沿方唇，口沿兩端有一對立耳，四壁向下圜收成圜底，四條卷尾夔龍形扁足。頸部飾雲雷紋組成的曲折角獸面紋。

【著　　録】未著録。

【銘文字數】內壁鑄陽文 1 字。

【銘文釋文】先。

0024. 天鼎

【時　　代】商代晚期。

【收 藏 者】某收藏家。

【尺度重量】通高 16.1、口徑 13 釐米。

【形制紋飾】敞口淺腹，窄沿方唇，口沿上有一對立耳，圜底，腹部有六道扉棱，三條夔龍形扁足，夔龍嘴吞鼎底，尾上卷，三足中部置一敞口圜底淺盤，用以盛炭。腹部飾展體獸面紋，以雲雷紋填地。

【著　　録】未著録。

【銘文字數】内壁鑄銘文 1 字。

【銘文釋文】天。

0025. □鼎

【時　　代】商代晚期。

【出土時地】2010 年 7 月至 2011 年 2 月濟南市古城區劉家莊商代墓葬（M121.61）。

【收 藏 者】濟南市考古研究所。

【尺度重量】通高 25、口横 26、口縱 17.2 釐米，重 4.461 公斤。

【形制紋飾】長方體，直口直壁，窄沿方唇，口沿上有一對立耳，深腹平底，腹部四角和四壁中部各有一道扉棱，四條柱足較矮。四壁上部飾夔龍紋，兩兩相對，中間飾以小獸面，下部飾展體獸面紋，均以雲雷紋填地，足部飾三角雲雷紋。

【著　　録】國博館刊 2016 年 7 期 85 頁圖 4、圖 6，86 頁圖 8.1；海岱考古 11 輯 304 頁圖 79B2.1、彩版 2.4。

【銘文字數】内壁鑄銘文 1 字。

【銘文釋文】□。

0026. □鼎

【時　　代】商代晚期。

【出土時地】2010 年 7 月至 2011 年 2 月濟南市古城區劉家莊商代墓葬(M121.51)。

【收 藏 者】濟南市考古研究所。

【尺度重量】通高 19.4、口徑 15.5 釐米,重 2.143 公斤。

【形制紋飾】口微斂,窄沿方唇,口沿上有一對立耳,深腹圜底,腹部有六道扉棱,三條柱足粗壯。腹部飾三組上卷角展體獸面紋,以雲雷紋填地,足飾陰綫蟬紋。

【著　　録】國博館刊 2016 年 7 期 86 頁圖 8.2,87 頁圖 9、10;海岱考古 11 輯 304 頁圖 79B2.2、彩版 2.1。

【銘文字數】内壁鑄銘文 1 字。

【銘文釋文】□。

0027. □鼎

【時　　代】商代晚期。

【出土時地】2010-2011 年濟南市古城區劉家莊村（M121.57）。

【收 藏 者】濟南市考古研究所。

【尺度重量】通高 16.7、口徑 12.8 釐米，重 2.696 公斤。

【形制紋飾】敞口淺腹，窄沿方唇，口沿上有一對立耳，圜底下設三條夔龍形扁足。上腹有六道短扉，飾三組展體夔龍組成的獸面紋，以雲雷紋填地。

【著　　録】海岱考古 11 輯 304 頁圖 79B1.4、彩版 2.3。

【銘文字數】内壁鑄銘文 1 字。

【銘文釋文】□。

0028. 五鼎（⋈鼎）

【時　　代】西周早期。
【出土時地】山西省打擊文物犯罪繳獲。
【收 藏 者】山西青銅器博物館。
【尺度重量】通高 21、口徑 17.2 釐米。
【形制紋飾】斂口，窄沿方唇，口沿上有一對立耳，鼓腹分襠，三條圓柱形足。頸部飾龍紋，以雲雷紋填地。
【著　　録】未著録。
【銘文字數】内壁鑄銘文 1 字。
【銘文釋文】⋈（五）。

0029. 欶鼎

【時　　代】西周早期。

【收 藏 者】某收藏家。

【形制紋飾】窄沿方唇，口沿上有一對立耳，深腹圜底，三條柱足。上腹飾雲雷紋填地的鳥紋，下腹飾三角雲雷紋。

【著　　録】未著録。

【銘文字數】内壁鑄銘文 1 字。

【銘文釋文】欶。

0030. 聿鼎

【時　　代】西周早期。

【出土時地】2019 年 6 月出現在杭州西泠印社拍賣會。

【收 藏 者】原藏美國紐約亞瑟・賽克勒。

【尺度重量】通高 14.7 釐米。

【形制紋飾】口微斂,窄沿方唇,口沿上有一對立耳,腹部微鼓,分襠,三條柱足粗壯。頸部飾陰綫蟬紋,腹部飾三組下卷角獸面紋,以雲雷紋填地。

【著　　録】未著録。

【銘文字數】内壁鑄銘文 1 字。

【銘文釋文】聿。

【備　　注】該鼎銘文存疑。

銘文拓本

銘文照片

0031. □鼎

【時　　代】西周早期。
【收 藏 者】日本奈良國立博物館。
【尺度重量】通高 18.4、口徑 14 釐米。
【形制紋飾】失蓋，直口，子口上有一道箍棱，一對附耳高聳，鼓腹圜底，三條柱足。頸部飾三列雲雷紋組成的列旗脊獸面紋帶，腹部光素。
【著　　録】坂本清賞 102，奈良銅 50 頁 106。
【銘文字數】內壁鑄銘文 1 字。
【銘文釋文】□。
【備　　注】館藏號：鼎 14。

0032. 戈鼎

【時　　代】西周早期。

【出土時地】2013 年 12 月陝西寶雞市渭濱區石鼓鎮石嘴頭村石鼓山西周墓(M9.1)。

【收 藏 者】石鼓山考古隊。

【形制紋飾】直口束頸，窄沿方唇，口沿上有一對立耳，鼓腹分襠，三條柱足粗壯。頸部飾一道弦紋。

【著　　録】陝集成 8 册 216 頁 0959。

【銘文字數】内壁鑄銘文 1 字。

【銘文釋文】戈。

0033. 戈鼎

【時　　代】西周中期。

【出土時地】2004-2007 年山西絳縣横水鎮横北村西周墓地(M2508)。

【收 藏 者】山西青銅器博物館。

【形制紋飾】斂口,鼓腹圜底,窄口沿,口沿上有一對扭索形立耳,三條柱足。頸部飾卷鼻夔龍紋,其下有一道粗弦紋,足上部飾浮雕獸面。

【著　　録】未著録。

【銘文字數】内壁鑄銘文 1 字。

【銘文釋文】戈。

0034. 亞叩鼎

【時　　代】商代中期。

【出土時地】2018 年 1 月出現在北京。

【收 藏 者】某收藏家。

【形制紋飾】斂口,窄薄沿,口沿上有一對扭索形小立耳,深圓腹,三條空錐足。上腹飾陰綫夔龍組成的獸面紋帶,雙目突起。

【著　　録】未著録。

【銘文字數】内壁鑄銘文 2 字。

【銘文釋文】亞叩。

0035. 天黽鼎

【時　　代】商代晚期。

【收 藏 者】日本奈良國立博物館。

【尺度重量】通高 21、口徑 16.3 釐米。

【形制紋飾】斂口圓腹，窄沿方唇，口沿上有一對立耳，圜底下設三條圓柱足。頸部飾夔龍紋，腹部飾獸面紋，不施地紋。

【著　　録】坂本清賞 93，奈良銅 45 頁 96。

【銘文字數】内壁鑄銘文 2 字。

【銘文釋文】天黽。

【備　　注】館藏號：鼎 04。

0036. 天黽鼎

【時　　代】商代晚期。

【出土時地】2017 年 10 月出現在香港大唐國際拍賣會。

【收 藏 者】某收藏家。

【尺度重量】通高 21、兩耳相距 17.5、口縱 13 釐米。

【形制紋飾】長方體，直口平底，窄沿方唇，口沿上有一對立耳，四臂向下稍有收分，四角各有一道長扉棱，四壁中部各有兩道短扉棱，四條柱足。四壁上部和下部均飾連珠紋鑲邊的斜角雲雷紋，中部飾條狀獸面紋，足上部飾浮雕獸面。

【著　　録】未著録。

【銘文字數】內壁鑄銘文 2 字。

【銘文釋文】天黽。

0037. 子叵鼎(子叵圓鼎)

【時　　代】商代晚期。

【出土時地】山西聞喜縣河底鎮酒務頭商代墓地盜掘出土,聞喜縣公安局打擊文物犯罪繳獲。

【收 藏 者】山西青銅器博物館。

【尺度重量】通高 43.7、口徑 34.5、兩耳相距 35.8 釐米,重 13.57 公斤。

【形制紋飾】直口,窄沿方唇,口沿上有一對立耳,深腹圜底,三條獸面紋柱足。頸部有六道扉棱,飾下卷角獸面紋。

【著　　録】國寶(2018)52、53 頁。

【銘文字數】内壁鑄銘文 2 字。

【銘文釋文】子叵。

銘文拓本

銘文照片

0038. 子叵鼎甲（子叵方鼎）

【時　　代】商代晚期。

【出土時地】山西聞喜縣河底鎮酒務頭商代墓地盜掘出土，聞喜縣公安局打擊文物犯罪繳獲。

【收 藏 者】山西青銅器博物館。

【尺度重量】通高 21.6、口横 17.5、口縱 14 釐米，重 2.37 公斤。

【形制紋飾】長方體，直口平底，窄沿方唇，口沿兩端有一對立耳，四角及四壁中部各有一道扉棱，四條柱足。四壁上部飾鳥紋，下部飾下卷角獸面紋，均以雲雷紋填地。

【著　　録】國寶（2018）48 頁。

【銘文字數】内壁鑄銘文 2 字。

【銘文釋文】子叵。

0039. 子叵鼎乙（子叵方鼎）

【時　　代】商代晚期。

【出土時地】山西聞喜縣河底鎮酒務頭商代墓地盜掘出土，聞喜縣公安局打擊文物犯罪繳獲。

【收 藏 者】山西青銅器博物館。

【尺度重量】通高 21.6、口横 16.7、口縱 14 釐米，重 2.34 公斤。

【形制紋飾】長方體，直口平底，窄沿方唇，口沿兩端有一對立耳，四角及四壁中部各有一道扉棱，四條柱足。四壁上部飾鳥紋，下部飾下卷角獸面紋，均以雲雷紋填地。

【著　　録】國寶（2018）51 頁。

【銘文字數】内壁鑄銘文 2 字。

【銘文釋文】子叵。

0040. 舟龍鼎

【時　　代】商代晚期。

【收 藏 者】某收藏家。

【尺度重量】通高 15.7、口徑 12.9 釐米，重 0.85 公斤。

【形制紋飾】侈口方唇，束頸鼓腹，口沿上有一對環形立耳，圜底下設三條柱足。頸部有六道扉棱，其間飾夔龍紋，腹部飾蟬紋，均以雲雷紋填地。

【著　　録】收藏 2017 年 5 期 119 頁圖 1、120 頁圖 3。

【銘文字數】内底鑄銘文 2 字。

【銘文釋文】舟龍。

0041. 冉乙鼎（乙冉鼎）

【時　　代】商代晚期。

【收 藏 者】英國某爵士。

【形制紋飾】直口，窄沿方唇，口沿上有一對立耳，深腹圜底，三條柱足。頸部飾變形夔龍紋，上唇向下環勾，腹部飾斜方格雷紋，中部有一圓點。

【著　　録】未著録。

【銘文字數】内壁鑄銘文 2 字。

【銘文釋文】乙冉（冉）。

【備　　注】銘文應讀爲“冉乙”。

0042. 冉丁鼎（丁冉鼎）

【時　　代】商代晚期。
【出土時地】2017 年 9 月出現在香港保利秋季拍賣會。
【收 藏 者】原藏日本佐野隆一，現藏不明。
【尺度重量】通高 19.3、兩耳相距 16 釐米。
【形制紋飾】口微斂，窄沿方唇，口沿上有一對立耳，鼓腹圜底，三條柱足粗壯，腹部有六道矮扉棱。腹部飾三組上卷角獸面紋，以雲雷紋填地，足部飾蟬紋。
【著　　録】未著録。
【銘文字數】内壁鑄銘文 2 字。
【銘文釋文】丁冉。
【備　　注】銘文應讀爲“冉丁”。

0043. 墉丁鼎（丁墉鼎、丁章鼎）

【時　　代】商代晚期。

【收 藏 者】原藏清宫。

【尺度重量】通高 4、口徑 4.1、腹深 2.6、耳高 0.7、耳寬 0.9、腹圍 12.1 寸，重 28 兩。

【形制紋飾】直口窄沿，口沿上有一對立耳，深腹圜底，三條柱足。頸部飾簡化獸面紋，上下各有一道弦紋，獸面僅有鼻與目。

【著　　録】西甲 1.35。

【銘文字數】内壁鑄銘文 2 字。

【銘文釋文】丁章（墉）。

【備　　注】銘文應讀爲“墉丁”。

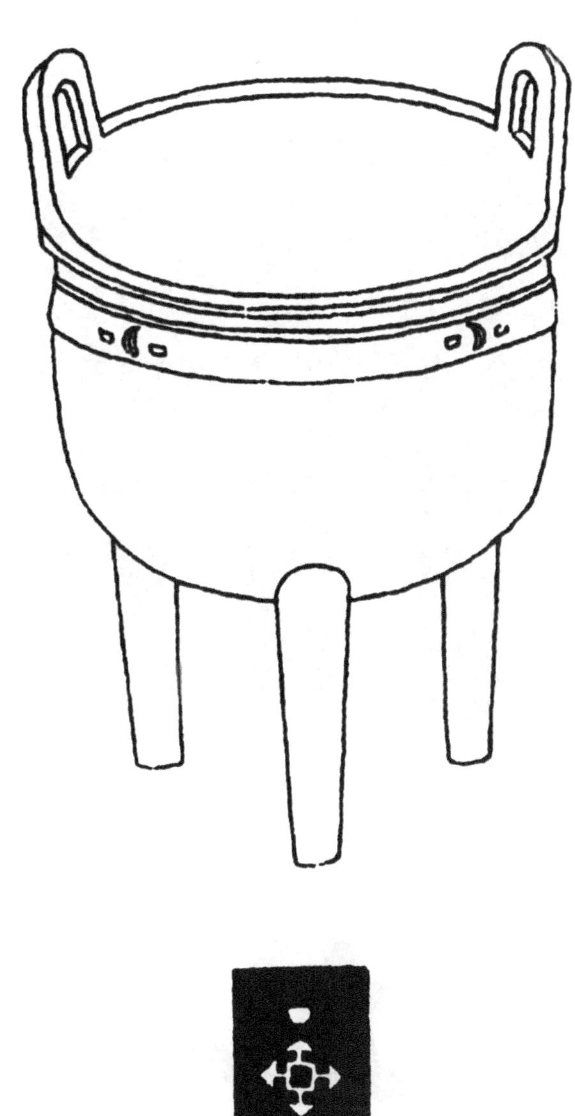

0044. □丁鼎

【時　　代】商代晚期。

【收 藏 者】某收藏家。

【尺度重量】通高 20.8 釐米，重 2.4 公斤。

【形制紋飾】斂口，窄沿方唇，口沿上有一對立耳，鼓腹圜底，三條柱足粗壯。頸部飾夔龍紋，腹部飾斜方格乳釘紋，均以雲雷紋填地。

【著　　録】未著録。

【銘文字數】内壁鑄銘文 2 字。

【銘文釋文】□丁。

0045. 㪟己鼎(己㪟鼎)

【時　　代】商代晚期。

【出土時地】2017 年 5 月出現在香港大唐國際春季拍賣會。

【收 藏 者】原藏香港某收藏家,現藏不明。

【尺度重量】通長 21、口徑 16.5、兩耳相距 17 釐米。

【形制紋飾】侈口方唇,口沿上有一對立耳,束頸鼓腹,圜底下設有三條柱足。耳側飾獸目交連紋,頸部飾夔龍紋,腹部飾勾連雷紋,足部飾陰綫蟬紋。

【著　　録】大唐 22 頁 811。

【銘文字數】内壁鑄銘文 2 字。

【銘文釋文】己㪟。

【備　　注】銘文應讀爲“㪟己”。

0046. 亞弜鼎

【時　　代】商代晚期。

【出土時地】2016年7月河南安陽市龍安區劉家莊北地（M44.4）。

【收 藏 者】中國社會科學院考古研究所安陽工作隊。

【尺度重量】通高28.1、口徑24.7、壁厚0.5釐米，重6.45公斤。

【形制紋飾】直口微斂，窄沿方唇，口沿上有一對立耳，深腹圜底，三條柱足較矮，足下端略細。口沿下飾三組一首雙身的帶狀獸面紋，以雲雷紋填地。

【著　　録】考古2018年10期26頁圖6.2、圖7。

【銘文字數】内底鑄銘文2字。

【銘文釋文】亞弜。

0047. 亞奚鼎

【時　　代】商代晚期。

【收 藏 者】某收藏家。

【形制紋飾】體呈方形，直口微外侈，窄沿方唇，口沿上有一對立耳，四壁向下漸有收分，平底，四條柱足。頸部有八道扉棱，飾夔龍紋，兩兩相對，其下飾三角雷紋。

【著　　録】未著録。

【銘文字數】内壁鑄銘文 2 字。

【銘文釋文】亞奚。

0048. 亞㝨鼎

【時　　代】商代晚期。

【收 藏 者】日本東京國立博物館。

【尺度重量】通高 26.8 釐米。

【形制紋飾】長方體，窄沿方唇，口沿兩端有一對立耳，平底，四條柱足。口沿下飾夔龍紋，四壁左右和下部亦飾夔龍紋，中部飾勾連雷紋，足上部飾浮雕獸面。

【著　　録】綜覽・方鼎 25。

【銘文字數】内壁鑄銘文 2 字。

【銘文釋文】亞㝨。

0049. 吕牛鼎

【時　　代】商代晚期。

【出土時地】2017 年 9 月出現在香港保利秋季拍賣會。

【收 藏 者】原藏香港某私家，現藏不明。

【尺度重量】通高 20.5、兩耳相距 16.5 釐米。

【形制紋飾】口微斂，窄沿方唇，口沿上有一對立耳，鼓腹分襠，三條柱足。腹部飾三組下卷角獸面紋，以雲雷紋填地。

【著　　録】未著録。

【銘文字數】內壁鑄銘文 2 字。

【銘文釋文】吕牛。

0050. 魚父鼎

【時　　代】商代晚期。

【收 藏 者】日本奈良國立博物館。

【尺度重量】通高 21.3、口徑 17.5 釐米。

【形制紋飾】口微斂，窄沿方唇，口沿上有一對立耳，淺分襠，三條柱足較高。腹部飾三組下卷角獸面紋，柱足飾陰綫蟬紋。

【著　　録】坂本清賞 97，奈良銅 48 頁 101。

【銘文字數】内壁鑄銘文 2 字。

【銘文釋文】魚父。

【備　　注】館藏號：鼎 07。

0051. 父丁鼎

【時　　代】商代晚期。

【出土時地】1974 年陝西武功縣出土。

【收 藏 者】寶雞青銅器博物院。

【尺度重量】通高 22.2、口徑 17.5 釐米，重 2.77 公斤。

【形制紋飾】斂口鼓腹，窄沿方唇，口沿上有一對立耳，三條柱足，外底有一層煙炱。頸部飾雲雷紋組成的獸面紋帶。

【著　　録】陝集成 9 册 80 頁 1018。

【銘文字數】内壁鑄銘文 2 字。

【銘文釋文】父丁。

0052. 父己鼎

【時　　代】商代晚期。

【收 藏 者】海外某收藏家。

【尺度重量】通高 22.5、口横 17、口縱 14.1、腹深 8.3 釐米，重 2.9 公斤。

【形制紋飾】體呈長方形，直口平底，窄沿方唇，口沿兩端有一對立耳，腹壁向下漸有收分，四條柱足粗壯，四角鑄有扉棱。四壁上部飾小鳥紋，以雲雷紋填地，四壁左右和下部飾三排乳釘，中部飾斜角雷紋，四足上部飾浮雕獸面。

【著　　録】未著録。

【銘文字數】内壁鑄銘文 2 字。

【銘文釋文】父己。

0053. 干母鼎

【時　　代】西周早期前段。

【出土時地】2001 年陝西華縣(今渭南市華州區)東陽西周墓(M81.1)。

【收 藏 者】陝西省考古研究院。

【尺度重量】通高 18.1、口横 14、口縱 11 釐米。

【形制紋飾】長方體,直口直壁,平底,窄沿方唇,口沿上有一對立耳,四條柱足,四角和四壁中部各有一道扉棱。口沿下飾夔龍紋,腹部飾垂葉紋,足部飾陰綫蟬紋。

【著　　録】東陽 123 頁圖 108、109,陝集成 15 册 10 頁 1673。

【銘文字數】内底鑄銘文 2 字。

【銘文釋文】干母。

銘文照片

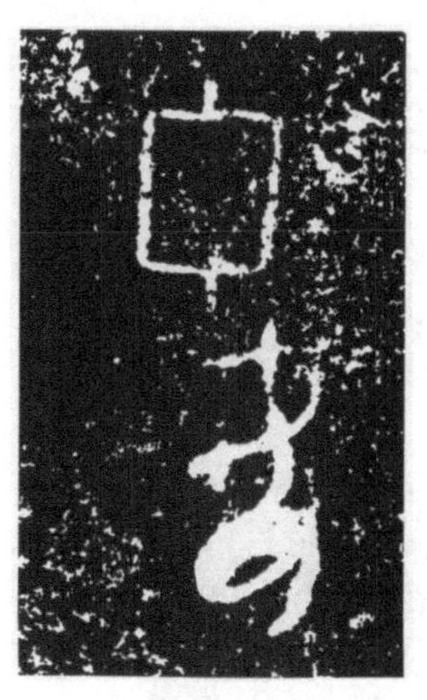

銘文拓本

0054. 成周鼎

【時　　代】西周早期。
【出土時地】山西聞喜縣公安局打擊文物犯罪繳獲。
【收 藏 者】山西青銅器博物館。
【尺度重量】通高 22.4、口徑 19.3 釐米，重 1.95 公斤。
【形制紋飾】直口，窄薄沿，方唇，口沿上有一對立耳，深腹圜底，三條柱足較粗。頸部僅飾一周弦紋。
【著　　録】國寶（2018）56、57 頁。
【銘文字數】内壁鑄銘文 2 字。
【銘文釋文】成周。

銘文拓本

銘文照片

0055. 子𢊁鼎

【時　　代】西周早期。

【出土時地】2017 年 10 月出現在日本美協秋季拍賣會。

【收 藏 者】原藏日本關東某實業家，現藏不明。

【尺度重量】通高 20.5 釐米。

【形制紋飾】口微斂，窄沿方唇，口沿上有一對立耳，腹部微鼓，淺分襠，三條柱足。腹部飾三組下卷角獸面紋，每個獸面紋的兩側增飾倒置的夔龍，均以雲雷紋填地。

【著　　録】未著録。

【銘文字數】内壁鑄銘文 2 字。

【銘文釋文】子𢊁。

0056. 伯鼎

【時　　代】西周早期。

【出土時地】2014 年冬陝西岐山縣京當鎮賀家村北墓地（M11.51）。

【收 藏 者】周原考古隊。

【形制紋飾】殘破未修復。口微斂，窄沿圓唇，口沿上有一對索狀立耳，三條柱足較細。頸部有六道扉棱，裝飾獸面紋，以雲雷紋填地，足上部飾獸面紋。

【著　　録】陝集成 1 册 46 頁 0026。

【銘文字數】内壁鑄銘文 2 字。

【銘文釋文】白（伯）乍（作）。

0057. 祖丁鼎

【時　　代】西周早期。

【出土時地】2019 年 9 月出現在美國紐約佳士得拍賣會。

【收 藏 者】某收藏家。

【尺度重量】通高 23.5 釐米。

【形制紋飾】口微斂，窄沿方唇，口沿上有一對立耳，鼓腹圜底，三條柱足。頸部飾分解式曲折角獸面紋，以雲雷紋填地，足上部飾浮雕大獸面，其下有兩周弦紋。

【著　　録】未著録。

【銘文字數】內壁鑄銘文 2 字。

【銘文釋文】且（祖）丁。

0058. 父乙鼎

【時　　代】西周早期。

【收 藏 者】日本奈良國立博物館。

【尺度重量】通高 25.3、口徑 10.9 釐米。

【形制紋飾】斂口鼓腹，窄沿方唇，口沿上有一對立耳，圜底下設三條柱足。頸部飾夔龍紋，腹飾斜方格乳釘紋，均以雲雷紋填地。

【著　　録】綜覽・鼎 185，坂本清賞 96，奈良銅 46 頁 98。

【銘文字數】内壁鑄銘文 2 字。

【銘文釋文】父乙。

【備　　注】館藏號：鼎 06。

0059. 父乙鼎

【時　　代】西周早期。

【收 藏 者】日本藤井有鄰館。

【尺度重量】通高 27 釐米。

【形制紋飾】長方體，窄沿方唇，口沿兩端有一對立耳，平底，四條柱足細高。口沿下飾夔龍紋，四壁飾上卷角獸面紋，足部飾陰綫三角紋。

【著　　録】綜覽・方鼎 46。

【銘文字數】内壁鑄銘文 2 字。

【銘文釋文】父乙。

0060. 沁鼎

【時　　代】西周中期。

【出土時地】2017 年 9 月 13 日出現在盛世收藏網。

【收 藏 者】某收藏家。

【形制紋飾】斂口，窄沿方唇，口沿上有一對立耳，下腹向外傾垂，三條柱足上粗下細，且向内收。頸部飾分尾長鳥紋，以雲雷紋填地。

【著　　録】未著録。

【銘文字數】内壁鑄銘文 2 字。

【銘文釋文】沁乍(作)。

【備　　注】“沁”字从二水。

0061. 天黽乙鼎

【時　　代】商代晚期。

【出土時地】2017 年 5 月出現在澳門中濠典藏春季拍賣會。

【收 藏 者】某收藏家。

【尺度重量】通高 36、兩耳相距 28 釐米。

【形制紋飾】斂口鼓腹，窄沿方唇，口沿上有一對立耳，圜底下設三條粗壯的柱足。頸部飾夔龍紋，腹部飾勾連雷紋，以雲雷紋填地，足部飾陰綫蟬紋。

【著　　録】未著録。

【銘文字數】内底鑄銘文 3 字。

【銘文釋文】天黽乙。

0062. 天黽己鼎

【時　　代】商代晚期。

【出土時地】2018 年 4 月出現在保利香港春季拍賣會。

【收 藏 者】某收藏家。

【尺度重量】通高 21.2、口長 17.8 釐米。

【形制紋飾】長方體，窄沿方唇，口沿兩端有一對立耳，四壁向下漸有收分，平底，四條柱足，鼎體四角與四壁中部各有一道扉棱。四壁上部飾夔龍紋，下部飾下卷角獸面紋，均以雲雷紋填地，足部飾陰綫蟬紋。

【著　　録】未著録。

【銘文字數】内壁鑄銘文 3 字。

【銘文釋文】天黽己。

0063. 女子丁鼎(汝子丁鼎)

【時　　代】商代晚期。

【出土時地】山西聞喜縣河底鎮酒務頭商代墓葬盜掘出土,聞喜縣公安局打擊文物犯罪繳獲。

【收 藏 者】山西青銅器博物館。

【尺度重量】通高21.6、口横17、口縱14釐米,重3.25公斤。

【形制紋飾】長方體,窄沿方唇,口沿兩端有一對立耳,平底,四柱足,四壁中部及四角鑄有扉棱。四壁上部飾小鳥紋,下部飾下卷角獸面紋,均以雲雷紋填地。

【著　　録】國寶(2018)47頁。

【銘文字數】内壁鑄銘文3字。

【銘文釋文】女(汝)子丁。

0064. 亞盉豖鼎(亞盉豖方鼎)

【時　　代】商代晚期。

【出土時地】2017 年 4 月出現在臺北門得揚典藏拍賣會。

【收 藏 者】原藏某私家。

【尺度重量】通高 31 釐米。

【形制紋飾】體呈長方形,直口,平沿方唇,口沿兩端有一對立耳,腹壁向下漸收,平底,四條柱足,腹壁四角和中部均鑄有扉棱。頸部飾鳥紋,腹壁飾下卷角展體獸面紋,柱足上部飾大獸面,均以雲雷紋填地。

【著　　録】未著録。

【銘文字數】内壁鑄銘文 3 字。

【銘文釋文】亞盉豖。

0065. 亞𠃌乙鼎(乙亞𠃌鼎)

【時　　代】商代晚期。

【出土時地】山西省打擊文物犯罪繳獲。

【收 藏 者】山西青銅器博物館。

【形制紋飾】斂口,窄沿方唇,鼓腹圜底,口沿上有一對立耳,三條柱足。頸部有六道短扉棱,其間飾夔龍紋,以雲雷紋填地,腹部飾蟬紋。

【著　　録】未著録。

【銘文字數】内壁鑄銘文 3 字。

【銘文釋文】乙亞𠃌。

【備　　注】銘文應讀爲“亞𠃌乙”。

0066. □叵敎鼎

【時　　代】商代晚期。

【出土時地】山西聞喜縣河底鎮酒務頭商代墓地（M1）。

【收 藏 者】山西青銅器博物館。

【形制紋飾】斂口，窄沿方唇，口沿上有一對立耳，鼓腹圜底，三條圓柱形足。頸部飾浮雕圓渦紋間以四瓣花紋。

【著　　録】未著録。

【銘文字數】内壁鑄銘文 3 字。

【銘文釋文】□叵敎。

0067. 叀祖戊鼎

【時　　代】商代晚期。
【出土時地】2018 年 10 月出現在保利香港秋季拍賣會。
【收 藏 者】原藏法國 Louis Depagne，後歸倫敦 Cukieman。
【尺度重量】通高 21.4 釐米。
【形制紋飾】口微斂，窄沿方唇，口沿上有一對立耳，鼓腹，淺分襠，三條柱足較高。腹部飾三組下卷角獸面紋，以雲雷紋填地。
【著　　録】未著録。
【銘文字數】内壁鑄銘文 3 字。
【銘文釋文】叀且(祖)戊。

銘文拓本

銘文照片

0068. 象祖辛鼎

【時　　代】商代晚期。

【收 藏 者】天津博物館。

【尺度重量】通高 28.9、口徑 24.2 釐米。

【形制紋飾】口微斂，窄沿方唇，口沿上有一對立耳，鼓腹圜底，三條柱足。頸部飾浮雕圓渦紋間以夔紋，以雲雷紋填地。

【著　　録】津銅 32 頁 003。

【銘文字數】内壁鑄銘文 3 字。

【銘文釋文】象且（祖）辛。

0069. 亼父乙鼎

【時　　代】商代晚期。

【收 藏 者】海外某收藏家。

【尺度重量】通高 22. 7、口横 17、口縱 14. 1、腹深 9. 6 釐米。

【形制紋飾】長方體，窄沿方唇，口沿兩端有一對立耳，腹壁向下稍有收分，平底，四條柱足，四角鑄有扉棱。口沿下飾卷尾鳥紋，腹壁飾上卷角展體獸面紋，均以雲雷紋填地，柱足飾陰綫蟬紋。

【著　　録】未著録。

【銘文字數】内壁鑄銘文 3 字。

【銘文釋文】亼父乙。

0070. □父乙鼎(丙父乙鼎)

【時　　代】商代晚期。

【收 藏 者】海外某收藏家。

【尺度重量】通高 25、口横 18.7、口縱 14.7、腹深 10.3 釐米。

【形制紋飾】長方體,窄沿方唇,口沿兩端有一對立耳,腹壁向下稍有收分,平底,四條柱足,四角鑄有透雕扉棱。四壁上部飾一頭雙身龍紋,龍身屈曲處填以圓渦紋和雲雷紋,左右及下部飾三排乳釘紋,足上部飾浮雕牛角獸面。

【著　　録】未著録。

【銘文字數】内壁鑄銘文 3 字。

【銘文釋文】□(丙)父乙。

0071. ⺃父乙鼎

【時　　代】商代晚期。
【收 藏 者】法國東坡齋。
【尺度重量】通高 18.8、兩耳相距 15.8 釐米。
【形制紋飾】斂口鼓腹，窄口沿，口沿上有一對立耳，鼓腹分襠，三條柱足。頸部飾夔龍紋，腹部飾下卷角獸面紋，均以雲雷紋填地，足上部飾陰綫蟬紋。
【著　　録】未著録。
【銘文字數】内壁鑄銘文 3 字。
【銘文釋文】⺃父乙。

0072. 丙父丁鼎(丙父丁鼎)

【時　　代】商代晚期。

【出土時地】2013 年下半年陝西寶雞市渭濱區石鼓鎮石嘴頭村西周墓地(M4.305)。

【收 藏 者】石鼓山考古隊。

【尺度重量】通高 26.9、口徑 21.1、腹深 14.9 釐米,重 4 公斤。

【形制紋飾】口微斂,窄沿方唇,口沿上有一對立耳,深腹微鼓,圜底下設三條粗壯的柱足。頸部飾夔龍紋,其間以浮雕圓渦紋作間隔,以雲雷紋填地。

【著　　録】文物 2016 年 1 期 10 頁圖 10.1。

【銘文字數】内壁鑄銘文 3 字。

【銘文釋文】丙(丙)父丁。

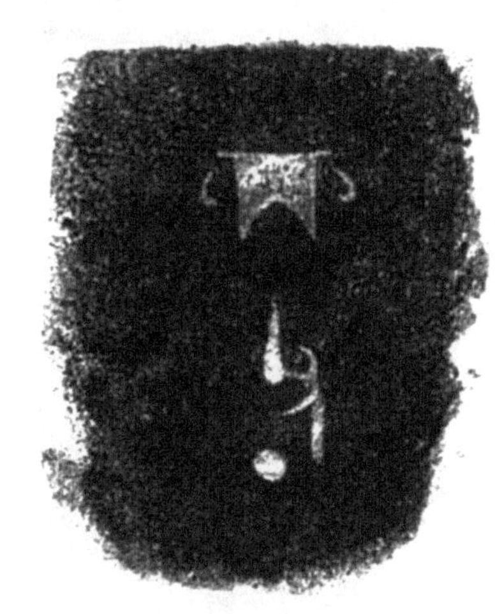

0073. 子父丁鼎甲

【時　　代】商代晚期。

【出土時地】2013 年下半年陝西寶雞市渭濱區石鼓鎮石嘴頭村西周墓地(M4.202)。

【收 藏 者】石鼓山考古隊。

【尺度重量】通高 23.5、口徑 17.7、腹深 11.4 釐米,重 2.35 公斤。

【形制紋飾】口微斂,窄沿方唇,口沿上有一對立耳,分襠,三條柱足細高,且上粗下細。頸部飾條狀獸面紋,腹部飾三組曲折角獸面紋,以雲雷紋填地。

【著　　録】文物 2016 年 1 期 10 頁圖 10.2。

【銘文字數】內壁鑄銘文 3 字。

【銘文釋文】子父丁。

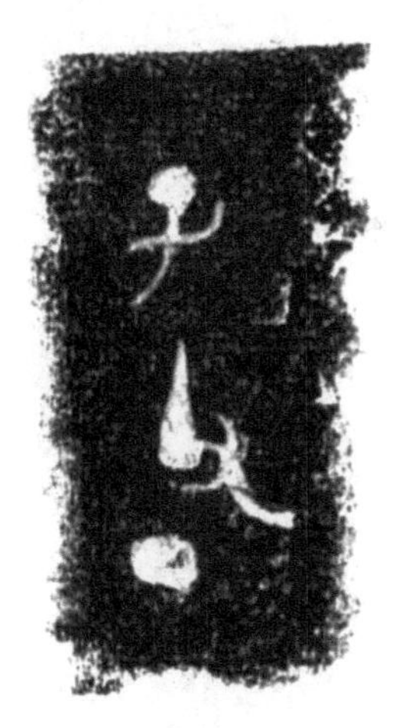

0074. 子父丁鼎乙

【時　　代】商代晚期。

【出土時地】2013 年下半年陝西寶雞市渭濱區石鼓鎮石嘴頭村西周墓地(M4.303)。

【收 藏 者】石鼓山考古隊。

【尺度重量】通高 23.1、口徑 17.7、腹深 11.1 釐米,重 2.25 公斤。

【形制紋飾】口微斂,窄沿方唇,口沿上有一對立耳,分襠,三條柱足細高,且上粗下細。頸部飾條狀獸面紋,腹部飾三組曲折角獸面紋,以雲雷紋填地。

【著　　録】文物 2016 年 1 期 10 頁圖 10.3。

【銘文字數】内壁鑄銘文 3 字。

【銘文釋文】子父丁。

0075. 𡆥父己鼎

【時　　代】商代晚期。

【出土時地】2017 年 5 月出現在香港大唐國際春季拍賣會。

【收 藏 者】1980 年以前藏日本某收藏家，現藏不明。

【尺度重量】通高 25、口徑 19 釐米。

【形制紋飾】口微斂，窄沿方唇，口沿上有一對立耳，腹部微鼓，通體有六道扉棱，圜底設三條柱足。頸部飾鳥紋，腹部飾下卷角獸面紋，均以雲雷紋填地，足部飾陰綫蟬紋。

【著　　録】大唐 175 頁 961。

【銘文字數】内壁鑄銘文 3 字。

【銘文釋文】𡆥父己。

0076. □父癸鼎(㝵父癸鼎)

【時　　代】商代晚期。

【收 藏 者】日本奈良國立博物館。

【尺度重量】通高 22.1、口徑 18.5 釐米。

【形制紋飾】斂口鼓腹,窄沿方唇,口沿上有一對立耳,圜底下設三條柱足。頸部飾獸面紋帶。

【著　　録】坂本清賞 94,奈良銅 49 頁 103。

【銘文字數】内壁鑄銘文 3 字。

【銘文釋文】□(㝵)父癸。

【備　　注】館藏號:鼎 11。

0077. 亞□乙鼎

【時　　代】商代晚期。

【收 藏 者】某收藏家。

【形制紋飾】直口平底，窄沿方唇，口沿兩端有一對立耳，四壁向下漸有收分，四角及四壁中部各有一道扉棱，四條柱足粗壯。四壁飾下卷角獸面紋，鼓睛咧嘴，獠牙外露，兩側配飾高冠鳳鳥，四足上部飾浮雕牛角獸面，均以雲雷紋填地。

【著　　録】未著録。

【銘文字數】内壁鑄銘文 3 字。

【銘文釋文】亞□乙。

0078. 大保鼎(太保方鼎)

【時　　代】西周早期。

【出土時地】山西曲沃縣公安局打擊文物犯罪繳獲。

【收 藏 者】山西青銅器博物館。

【尺度重量】通高 21.5、口横 15.5、口縱 11、兩耳相距 16 釐米,重 2.28 公斤。

【形制紋飾】體呈長方箱形,直口平底,口沿兩端有一對立耳,四條柱足。四角各有一道扉棱,四壁中部上方各有一道短扉。四壁上部飾三列雲雷紋組成的獸面紋帶,左右及下部各飾三列乳釘紋,四足飾陰綫蟬紋。

【著　　録】國寶(2019 二)18、19 頁。

【銘文字數】内壁鑄銘文 3 字。

【銘文釋文】大(太)保(保)盄(鑄)。

0079. 大保鼎(太保鼎)

【時　　代】西周早期。
【出土時地】山西曲沃縣公安局打擊文物犯罪繳獲。
【收 藏 者】山西青銅器博物館。
【尺度重量】通高 17、口徑 14、兩耳相距 15 釐米,重 1.239 公斤。
【形制紋飾】釜形鼎,侈口束頸,口沿上有一對索狀立耳,淺腹圜底,三柱足甚高。通體光素。
【著　　録】國寶(2019 二)16、17 頁。
【銘文字數】内底鑄銘文 3 字。
【銘文釋文】大(太)僳(保)盥(鑄)。

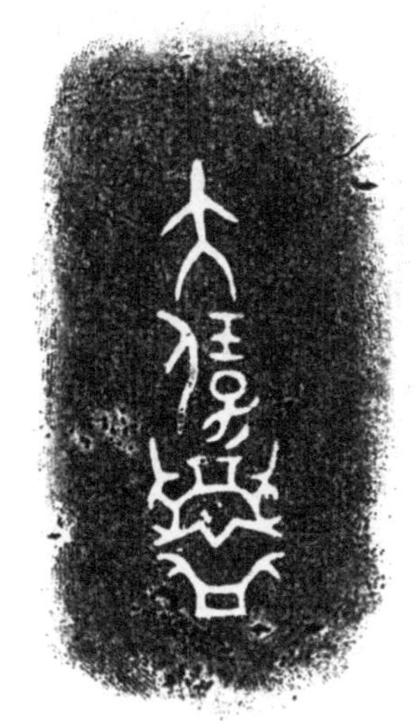

0080. 爻祖乙鼎

【時　　代】西周早期。

【出土時地】1988 年收藏者購於香港奉文堂，2017 年 4 月出現在香港大唐國際春季拍賣會。

【收 藏 者】原藏香港某收藏家，現藏不明。

【尺度重量】通高 24、口横 21、口縱 16 釐米。

【形制紋飾】長方體，窄沿方唇，口沿兩端有一對立耳，直壁平底，四條柱足。四角與四壁中部各有一道扉棱。四壁上部飾夔龍紋，下部飾展體上卷角獸面紋，均以雲雷紋填地，柱足飾陰綫簡化蟬紋。

【著　　録】大唐 178 頁 962。

【銘文字數】内壁鑄銘文 3 字。

【銘文釋文】爻且(祖) 乙。

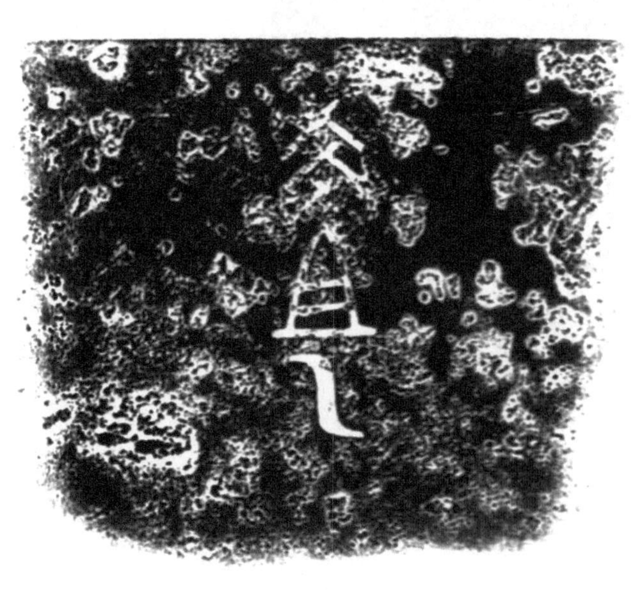

0081. 夵父乙鼎

【時　　代】西周早期。

【出土時地】藏家於 1930-1938 年間購於日本尚雅堂日下氏。

【收 藏 者】原藏歐洲某收藏家。

【尺度重量】通高 22.8、口橫 18 釐米。

【形制紋飾】長方體，窄沿方唇，口沿兩端有一對立耳，平底，四條柱足，四角及四壁中部各有一條扉棱。四壁上部飾卷尾夔龍紋，下部飾上卷角獸面紋，以雲雷紋填地，柱足飾陰綫蟬紋。

【著　　録】未著録。

【銘文字數】内壁鑄銘文 3 字。

【銘文釋文】夵父乙。

0082. 𢆶父乙鼎（剸父乙鼎）

【時　　代】西周早期。

【出土時地】2013 年湖北隨州市曾都區淅河鎮蔣寨村葉家山（M107.5）。

【收 藏 者】隨州博物館。

【尺度重量】通耳高 23.6、口徑 19.8-20.4、腹深 12 釐米，重 2.615 公斤。

【形制紋飾】口呈三角弧圓形，斂口，沿面中部起脊作内外傾斜，截面呈三角形，索狀雙耳直立於口沿之上，深腹圜底，三條柱狀足。耳部飾綯索紋，頸部上下各有一周細弦紋，其間飾以雲雷紋爲地的四葉目紋間渦紋。

【著　　録】江漢考古 2016 年 3 期 14 頁拓片 2.2、圖版七。

【銘文字數】内壁鑄銘文 3 字。

【銘文釋文】𢆶（䥑—剸）父乙。

0083. 冉父乙鼎

【時　　代】西周早期。

【出土時地】日本京都大學人文研究所考古資料。

【收 藏 者】日本大阪市立博物館。

【尺度重量】通高 23.8 釐米。

【形制紋飾】斂口鼓腹，窄沿方唇，口沿上有一對立耳，圜底下設三條柱足。頸部飾三列雲雷紋組成的獸面紋帶，前後增飾浮雕獸頭。

【著　　録】綜覽・鼎 152。

【銘文字數】内壁鑄銘文 3 字。

【銘文釋文】冉父乙。

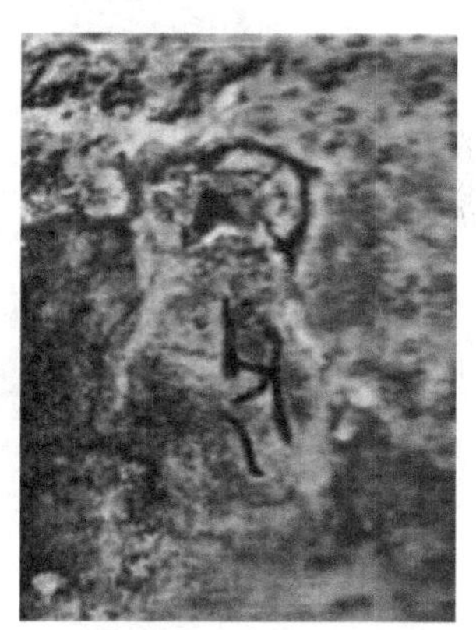

0084. 作父乙鼎

【時　　代】西周早期。

【出土時地】見於美國普林斯頓大學美術博物館網站。

【收 藏 者】美國普林斯頓大學美術博物館。

【形制紋飾】斂口束頸，窄沿方唇，口沿上有一對立耳，腹部向外傾垂，三條柱足。腹頸之間有一周粗弦紋，頸部飾竊曲紋，以雲雷紋填地。

【著　　録】銘照 120 頁 25。

【銘文字數】内壁鑄銘文 3 字。

【銘文釋文】乍(作)父乙。

0085. 亖父丁鼎

【時　　代】西周早期。

【出土時地】2018 年 5 月出現在香港邦瀚斯拍賣行中國工藝精品拍賣會。

【收 藏 者】原藏香港夢蝶軒，現藏不明。

【尺度重量】通高 26.2 釐米。

【形制紋飾】長方體，平沿方唇，口沿兩端有一對立耳，直壁平底，四角及四壁中部各有一道扉棱，四條圓柱形足。四壁上部飾夔龍紋，下部飾上卷角獸面紋，兩旁填以倒置的夔龍，均以雲雷紋填地，足部飾陰綫蟬紋。

【著　　録】未著録。

【銘文字數】内壁鑄銘文 3 字。

【銘文釋文】亖父丁。

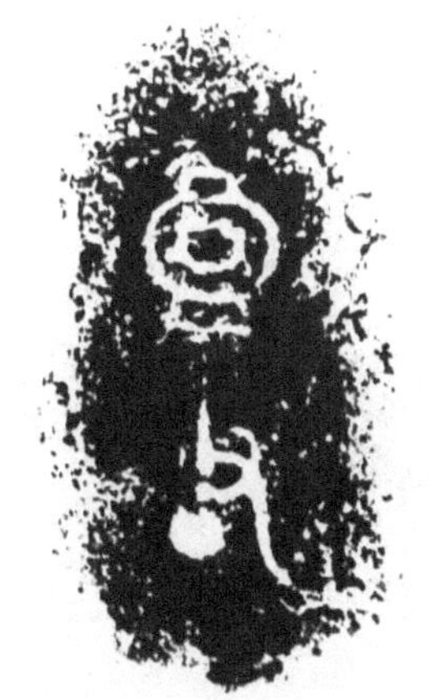

銘文拓本

銘文照片

0086. 子父丁鼎

【時　　代】西周早期。

【出土時地】2004-2007 年山西絳縣橫水鎮橫北村西周墓地（M3195）。

【收 藏 者】山西青銅器博物館。

【形制紋飾】口微斂，窄沿薄唇，口沿上有一對立耳，鼓腹圜底，三條柱足。頸部飾三列雲雷紋組成的列旗脊獸面紋帶。

【著　　録】未著録。

【銘文字數】内壁鑄銘文 3 字。

【銘文釋文】子父丁。

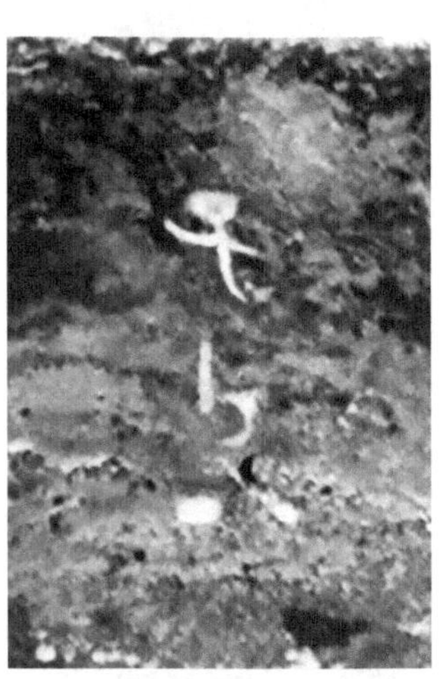

0087. 子父丁鼎

【時　　代】西周早期。

【出土時地】2004-2007 年山西絳縣横水鎮横北村西周墓地(M2320)。

【收 藏 者】山西青銅器博物館。

【形制紋飾】口微斂,窄沿薄唇,口沿上有一對立耳,深腹圜底,三條柱足。頸部飾三列雲雷紋組成的列旗脊獸面紋帶。

【著　　録】未著録。

【銘文字數】内壁鑄銘文 3 字。

【銘文釋文】子父丁。

0088. 㬎父丁鼎(㬎丁父鼎)

【時　　代】西周早期。
【收 藏 者】某收藏家。
【形制紋飾】斂口鼓腹,窄沿方唇,口沿上有一對立耳,分襠三柱足。腹部飾三組下卷角獸面紋,獸面兩側增飾倒置的夔龍紋,均以雲雷紋填地。
【著　　録】未著録。
【銘文字數】内壁鑄銘文 3 字。
【銘文釋文】㬎丁父。
【備　　注】銘文應讀爲“㬎父丁”。

0089. 内父癸鼎(丙父癸鼎)

【時　　代】西周早期。
【收 藏 者】某收藏家。
【著　　録】未著録。
【銘文字數】内壁鑄銘文 3 字。
【銘文釋文】内(丙)父癸。
【備　　注】器物圖像藏家未提供。

0090. 山父戊鼎

【時　　代】西周早期。

【收 藏 者】某收藏家。

【形制紋飾】體呈長方形，窄沿方唇，口沿上有一對立耳，直壁平底，其下設四條柱足，四角各有一道扉棱。四壁上部飾相對的卷尾夔龍紋，以雲雷紋填地，四壁左右和下部飾三列乳釘紋，中部飾直棱紋。

【著　　録】未著録。

【銘文字數】内壁鑄銘文 3 字。

【銘文釋文】山父戊。

【備　　注】是否原藏於吴大澂的那一件，待考。

0091. 戈父辛鼎（父辛戈鼎）

【時　　代】西周早期。
【出土時地】2017 年 9 月出現在香港保利秋季拍賣會。
【收 藏 者】原藏香港某私家，現藏不明。
【尺度重量】通高 21、兩耳相距 17 釐米。
【形制紋飾】口微斂，窄沿方唇，口沿兩端有一對立耳，淺分襠，三條柱足細高。腹部飾三組下卷角獸面紋，兩旁填以倒置的夔龍，以雲雷紋填地。
【著　　録】未著録。
【銘文字數】内壁鑄銘文 3 字。
【銘文釋文】父辛戈。
【備　　注】銘文應讀爲“戈父辛”。

0092. 戈父辛鼎

【時　　代】西周早期。

【出土時地】早年陝西寶雞縣(今寶雞市陳倉區)城關鎮(今虢鎮街道辦)賈家崖村出土。

【收 藏 者】寶雞市陳倉區博物館。

【尺度重量】通高26.5、口徑21釐米。

【形制紋飾】斂口鼓腹，窄薄沿，其上有一對立耳，三條柱足較粗。頸部飾浮雕圓渦紋間以夔龍紋。

【著　　録】陝集成7册123頁0758。

【銘文字數】内壁鑄銘文3字。

【銘文釋文】戈父辛。

【備　　注】館藏號007。銘文使用X光片。

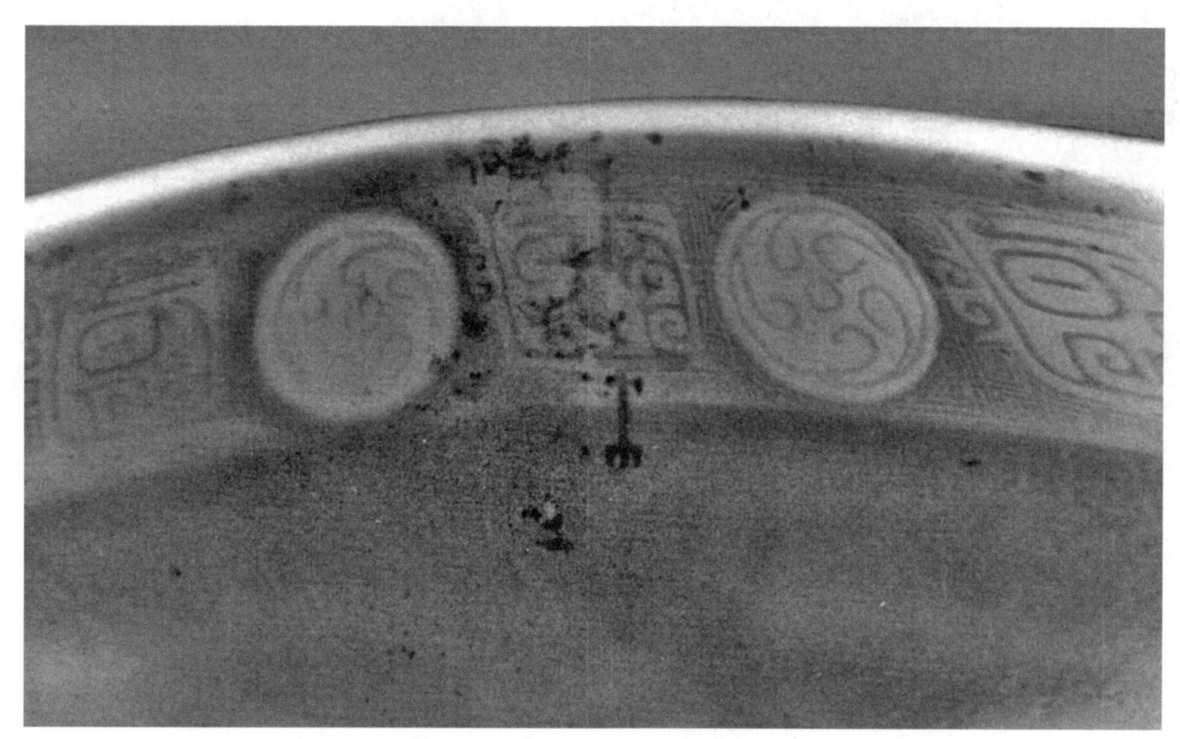

0093. 作寶彝鼎

【時　　代】西周早期。
【出土時地】2017 年 10 月出現在香港大唐西市拍賣會。
【收 藏 者】某收藏家。
【尺度重量】通高 22、口横 17.5、口縱 14 釐米。
【形制紋飾】口呈長方形，窄沿平向外折，口沿兩端有一對立耳，淺腹，腹部向下逐漸收成圜底，四角及四壁中部各有一條短扉棱，底部有四個鳥形扁足，鳥尾上卷。上腹每面各飾一組卷尾夔龍紋，不施地紋，兩隻夔龍之間有一個浮雕獸頭。
【著　　録】未著録。
【銘文字數】内壁鑄銘文 3 字。
【銘文釋文】乍(作)寶彝。

0094. 作尊彝鼎

【時　　代】西周早期。

【出土時地】2018 年 10 月出現在香港大唐國際秋季拍賣會。

【收 藏 者】某收藏家。

【尺度重量】通高 28、兩耳相距 22.5 釐米。

【形制紋飾】口微斂，窄薄沿，口沿上有一對立耳，深腹圜底，三條柱足粗壯。頸部飾帶狀獸面紋，腹部飾斜方格乳釘紋。

【著　　録】未著録。

【銘文字數】内壁鑄銘文 3 字。

【銘文釋文】乍(作)障(尊)彝。

0095. 作尊彝鼎

【時　　代】西周早期。
【收 藏 者】某收藏家。
【尺度重量】通高 25.5 釐米。
【形制紋飾】斂口，窄沿方唇，口沿上有一對立耳，鼓腹，淺分襠，三條柱足較高。腹部飾三組下卷角獸面紋。
【著　　録】綜覽・鬲鼎 103。
【銘文字數】內壁鑄銘文 3 字。
【銘文釋文】乍(作)隣(尊)彝。

0096. 伯鼎

【時　　代】西周早期。

【出土時地】2010 年山西翼城縣隆化鎮大河口西周墓地(M1017.3)。

【收 藏 者】山西省考古研究所。

【尺度重量】通高 22.2、口横 18.4、口縱 13.8、腹深 8.6、兩耳間距 19 釐米,重 2.48 公斤。

【形制紋飾】長方體,窄沿方唇,口沿兩端有一對立耳,直壁平底,四條柱足,體四角鑄有"F"字形扉棱。四壁飾曲折角獸面紋,左右兩側填以倒置的夔龍,均以雲雷紋填地,足上部飾獸面紋。

【著　　録】考古學報 2018 年 1 期 92 頁圖 7.2。

【銘文字數】内壁鑄銘文 3 字。

【銘文釋文】白(伯)乍(作)鼒。

0097. 伯鼎

【時　　代】西周中期前段。

【出土時地】2004-2007 年山西絳縣横水鎮横北村西周墓地（M2158.150）。

【收 藏 者】山西省考古研究所。

【尺度重量】通高 21.4、口徑 17.3 釐米，重 1.695 公斤。

【形制紋飾】桃形斂口，口沿微上翹，方唇，口沿上有一對立耳微外撇，腹部向外傾垂，三條柱足。頸部飾分尾長鳥紋，以雲雷紋填地，外底有三叉形雙陽綫加强筋和煙炱。

【著　　録】考古 2019 年 1 期 30 頁圖 26.1、31 頁圖 29。

【銘文字數】内壁鑄銘文 3 字。

【銘文釋文】白(伯)乍(作)鼎。

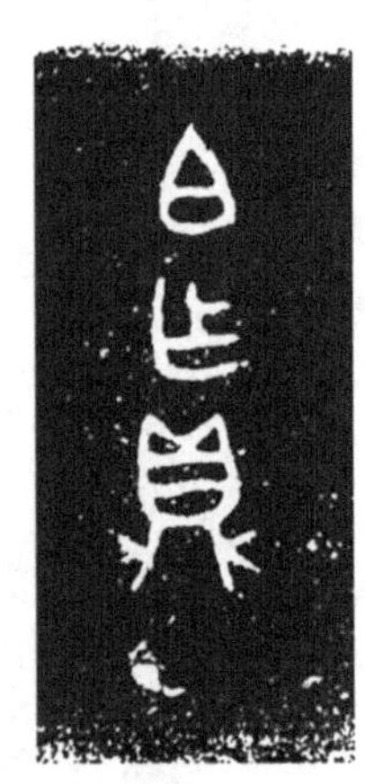

0098. 伯鼎

【時　　代】西周早期。

【出土時地】2019 年 4 月山西聞喜縣公安局打擊文物犯罪繳獲。

【收 藏 者】山西青銅器博物館。

【尺度重量】通高 50、口徑 38.4、兩耳相距 40.56 釐米。

【形制紋飾】斂口束頸，窄沿方唇，口沿上有一對碩大的立耳，鼓腹圜底，三足呈柱足向蹄足過渡的形式，頸部有六道扉棱。頸部飾三組獸面紋，腹部飾粗綫垂葉形獸面，足上部飾浮雕大獸面，通體不施地紋。

【著　　録】未著録。

【銘文字數】內壁鑄銘文 3 字。

【銘文釋文】白（伯）乍（作）彝。

0099. 伯鼎

【時　　代】西周中期前段。
【出土時地】2017 年 7 月出現在北京。
【收 藏 者】某收藏家。
【形制紋飾】斂口方唇，腹部向下傾垂，口沿上有一對立耳，三條柱足上粗下細。頸部飾兩道弦紋，外底和足上部有一層煙炱。
【著　　録】未著録。
【銘文字數】内壁鑄銘文 3 字。
【銘文釋文】白（伯）乍（作）旅。

0100. 伯鼎

【時　　代】西周中期。
【出土時地】山西絳縣横水墓地（M2158）。
【收 藏 者】山西青銅器博物館。
【形制紋飾】斂口，窄沿方唇，口沿上有一對立耳，腹部向下傾垂，三條柱足。頸部飾分尾長鳥紋。
【著　　録】未著録。
【銘文字數】内壁鑄銘文 3 字。
【銘文釋文】白（伯）乍（作）鼎。

0101. 叔鼎

【時　　代】西周中期。

【收 藏 者】某收藏家。

【形制紋飾】斂口，口沿上有一對立耳，腹部向下傾垂，三條柱足微向内收。頸部飾一道粗弦紋。

【著　　録】未著録。

【銘文字數】内壁鑄銘文 3 字。

【銘文釋文】弔(叔) 乍(作) 鼎。

0102. 作尊彝鼎

【時　　代】西周中期前段。

【出土時地】2014 年冬陝西岐山縣京當鎮賀家村北墓地(M11.39)。

【收 藏 者】周原考古隊。

【尺度重量】通高 26、口徑 23.5、腹徑 24.8 釐米,重 4.45 公斤。

【形制紋飾】殘破未修復。束頸鼓腹,窄沿圓唇,口沿上有一對立耳,三條柱足上粗下細。頸部有一周粗弦紋,上下飾雲雷紋帶,腹部光素。

【著　　録】陝集成 1 册 47 頁 0027。

【銘文字數】内壁鑄銘文 3 字。

【銘文釋文】乍(作)隮(尊)彝。

0103. 作寶鼎

【時　　代】西周中期。
【出土時地】山西省境内。
【收 藏 者】山西青銅器博物館。
【形制紋飾】斂口，窄沿方唇，口沿上有一對立耳，腹部向外傾垂，三條柱足向内收束。頸部飾一周弦紋。
【著　　録】未著録。
【銘文字數】内壁鑄銘文 3 字。
【銘文釋文】乍(作)寶鼎。

0104. 作寶鼎

【時　　代】西周中期。

【出土時地】山西省境内。

【收 藏 者】山西青銅器博物館。

【形制紋飾】斂口，窄沿方唇，口沿上有一對立耳，腹部向外頃垂，三條柱足。頸部飾兩周弦紋。

【著　　録】未著録。

【銘文字數】内壁鑄銘文 3 字。

【銘文釋文】乍（作）寶鼎。

0105. 作旅鼎

【時　　代】西周中期。

【出土時地】2017 年 8 月出現在北京。

【收 藏 者】某收藏家。

【尺度重量】口徑 16.1 釐米。

【形制紋飾】斂口，窄沿方唇，口沿上有一對立耳，下腹向外傾垂，三條柱足上粗下細。頸部飾一道弦紋。

【著　　録】未著録。

【銘文字數】内壁鑄銘文 3 字。

【銘文釋文】乍(作)旅鼎。

0106. 南里左鼎

【時　　代】戰國晚期。
【收 藏 者】某收藏家。
【尺度重量】兩耳相距 29.3 釐米。
【形制紋飾】整體呈扁圓形，弇口圓腹，圜底，口沿下有一對向外曲張的附耳，三條蹄形足，弧面形蓋，上有三個圓雕卧牛形鈕，腹部有一道箍棱。蓋面有兩周寬帶，其間均飾蟠螭紋，器身箍棱上下亦飾蟠螭紋。
【著　　録】未著録。
【銘文字數】蓋面刻銘文 3 字。
【銘文釋文】南里左。

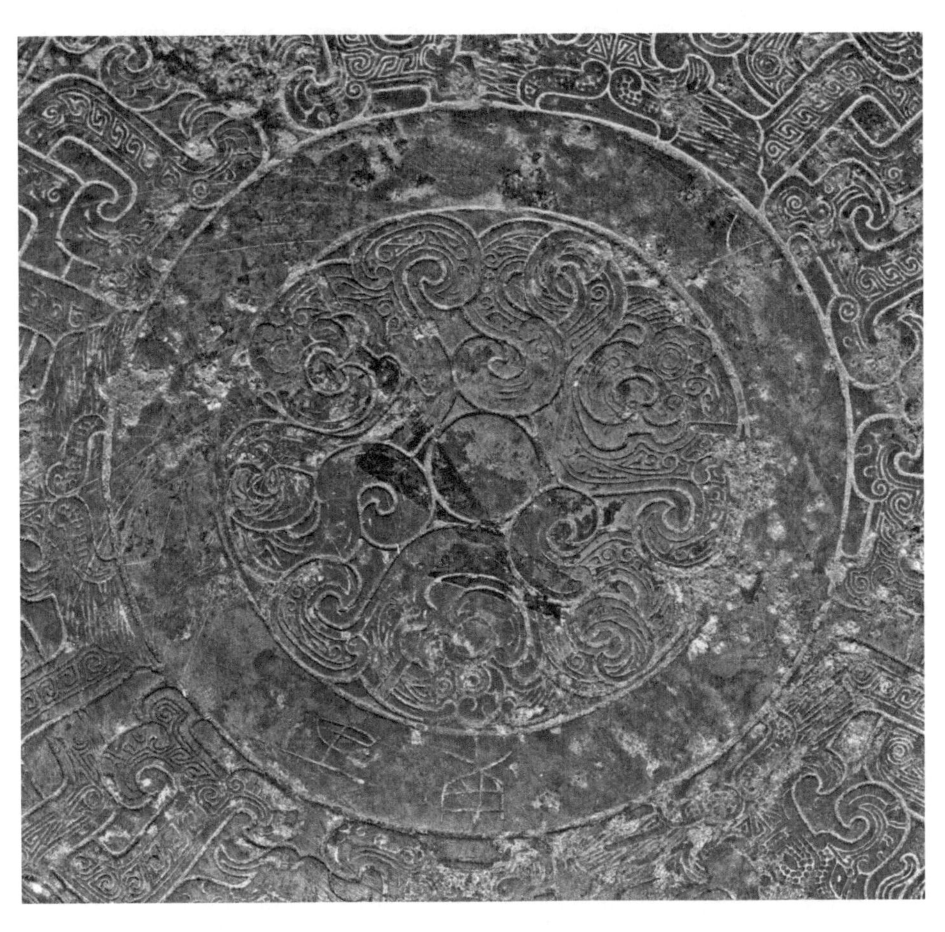

0107. 平鼎

【時　　代】戰國晚期。

【出土時地】1966年4月陝西咸陽市渭城區塔兒坡秦墓。

【收 藏 者】陝西歷史博物館。

【尺度重量】高15.2、口徑14.6釐米,重1.285公斤。

【形制紋飾】失蓋,體較扁,斂口圜底,口沿下有一對附耳,三條蹄形足。通體光素。

【著　　録】陝集成10册107頁1134。

【銘文字數】口沿下兩側刻銘文兩處,共3字。

【銘文釋文】平,一斗。

a

b

0108. 耴日父乙鼎

【時　　代】商代晚期。

【出土時地】2019 年 3 月出現在美國紐約佳士得春季拍賣會。

【收 藏 者】原藏日本山中商会。

【尺度重量】通高 21 釐米。

【形制紋飾】口微斂，窄沿方唇，口沿上有一對立耳，腹微鼓，淺分襠，三條柱形足。腹部飾三組下卷角獸面紋，兩側增飾倒置的夔龍紋，以雲雷紋填地。

【著　　録】未著録。

【銘文字數】内壁鑄銘文 4 字。

【銘文釋文】耴日父乙。

0109. 母弔父乙鼎

【時　　代】商代晚期。

【出土時地】2019 年 10 出現在香港大唐國際拍賣會。

【收 藏 者】原藏日本某私家。

【尺度重量】通高 29、兩耳間距 21 釐米。

【形制紋飾】口微斂，窄沿方唇，口沿上一對立耳，鼓腹圜底，三條柱足。頸部飾浮雕渦紋間以四瓣花紋。蓋爲清人後加。

【著　　録】未著録。

【銘文字數】内壁鑄銘文 4 字。

【銘文釋文】母弔父乙。

0110. 天黽父丁鼎

【時　　代】商代晚期。

【收 藏 者】某收藏家。

【形制紋飾】體呈長方形，敞口平底，窄沿方唇，口沿上有一對立耳，四壁向下漸收，四條柱足粗壯。四壁花紋以細綫爲界格，上部飾獸面紋，左右及下部飾三行乳釘紋，中部空白，足部飾雲雷紋及三角紋，其下有兩道弦紋。

【著　　録】未著録。

【銘文字數】内壁鑄銘文 4 字。

【銘文釋文】天黽父丁。

0111. 鄉宁父丁鼎

【時　　代】商代晚期。

【出土時地】2017 年 10 月出現在香港大唐國際拍賣會。

【收 藏 者】原藏香港某收藏家，現藏不明。

【尺度重量】通高 20、兩耳相距 15.5、口縱 12 釐米。

【形制紋飾】長方體，四壁向下漸有收分，平沿方唇，口沿兩端有一對立耳，平底，四條柱足粗壯，四角和四壁中部鑄有扉棱。四壁上部飾夔鳥紋，下部飾上卷角展體獸面紋，均以雲雷紋填地，四足飾陰綫三角紋。

【著　　録】未著録。

【銘文字數】内壁鑄銘文 4 字。

【銘文釋文】鄉宁父丁。

0112. 亞钗父丁鼎

【時　　代】商代晚期。

【出土時地】山西省打擊文物犯罪繳獲。

【收 藏 者】山西青銅器博物館。

【形制紋飾】侈口束頸，鼓腹圜底，口沿上有一對立耳，三條柱足。頸部飾浮雕渦紋間以四瓣花紋。

【著　　録】未著録。

【銘文字數】内壁鑄銘文 4 字。

【銘文釋文】亞钗父丁。

0113. 母寏日辛鼎

【時　　代】商代晚期。

【出土時地】2018 年 3 月出現在美國紐約佳士得春季拍賣會。

【收 藏 者】原藏香港夢蝶軒，現藏不明。

【尺度重量】通高 15.6 釐米。

【形制紋飾】長方體，窄沿方唇，口沿兩端有一對立耳，四壁向下漸收，平底，四條柱足。四壁上部各飾一對夔龍紋，下部飾簡化蟬紋，均以雲雷紋填地。

【著　　録】未著録。

【銘文字數】内壁鑄銘文 4 字。

【銘文釋文】母寏日辛。

銘文拓本

銘文照片

0114. 亞醜父丁鼎（亞䰧父丁鼎）

【時　　代】西周早期。

【收 藏 者】某收藏家。

【尺度重量】通高 22.5 釐米，重 2.5 公斤。

【形制紋飾】橫截面呈長方形，窄沿方唇，口沿兩端有一對立耳，淺腹圜底，四角和四壁中部各有一道扉棱，四條鳥形扁足，鳥作勾喙卷尾。四壁飾鳥紋。

【著　　録】綜覽・扁足鼎 33。

【銘文字數】內壁鑄銘文 4 字。

【銘文釋文】亞䰧（醜）父丁。

0115. 亞鳥父壬鼎

【時　　代】西周早期。

【收 藏 者】日本奈良國立博物館。

【尺度重量】通高 20.7、口徑 17.2 釐米。

【形制紋飾】斂口,窄沿方唇,口沿上有一對立耳,鼓腹分襠,三條柱足細高。腹部飾三組下卷角獸面紋,兩旁填以倒置的夔龍,以雲雷紋填地。

【著　　録】綜覽·鬲鼎 66,坂本清賞 99,奈良銅 48 頁 102。

【銘文字數】内壁鑄銘文 4 字。

【銘文釋文】鳥亞父壬。

【備　　注】館藏號:鼎 10。銘文應讀爲"亞鳥父壬"。

0116. 子萬父癸鼎

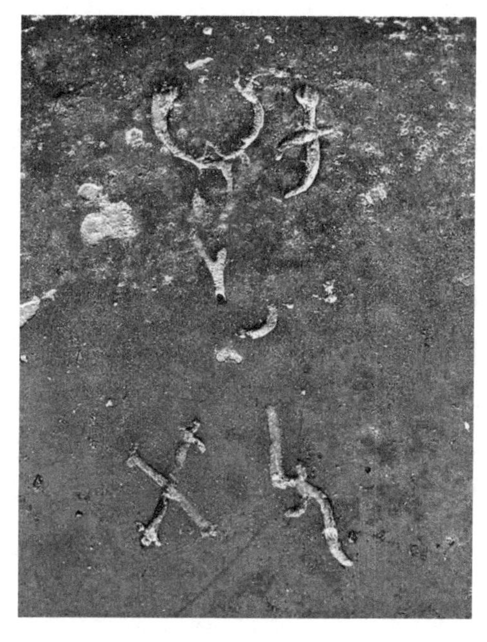

【時　　代】西周早期。

【出土時地】2019 年 9 月出現在美國紐約蘇富比拍賣會。

【收 藏 者】原藏日本東京平野古陶軒。

【尺度重量】通高 21.2 釐米。

【形制紋飾】口微斂，腹微鼓，窄沿方唇，口沿上有一對立耳，淺分襠，三條柱足細高。腹部飾三組下卷角獸面紋，兩旁填以倒置的夔龍，以雲雷紋填地。

【著　　録】未著録。

【銘文字數】内壁鑄銘文 4 字。

【銘文釋文】子萬父癸。

0117. 作父辛鼎

【時　　代】西周早期前段。

【收 藏 者】某收藏家。

【形制紋飾】侈口束頸，窄沿圓唇，口沿上有一對立耳，深腹圜底，三條柱足。頸部飾兩道弦紋，其間爲目紋。

【著　　録】未著録。

【銘文字數】内壁鑄銘文 4 字。

【銘文釋文】乍(作)父辛齊(齍)。

0118. 戈鼎

【時　　代】西周早期。

【出土時地】2019 年 3 月出現在美國紐約佳士得春季拍賣會。

【收 藏 者】原藏法國賀柏諾（1891-1977），後歸巴黎米歇爾·伯德萊。

【尺度重量】通高 21.5 釐米。

【形制紋飾】長方體，窄沿方唇，口沿兩端有一對立耳，四壁向下漸有收分，四角鑄有“F”形扉棱，平底，四條柱足。四壁上部飾蛇紋，以雲雷紋填地，左右及下部飾三排乳釘紋，中間有長方形空白，四足上部飾浮雕獸面。

【著　　録】未著録。

【銘文字數】内壁鑄銘文 4 字。

【銘文釋文】乍（作）從彝，戈。

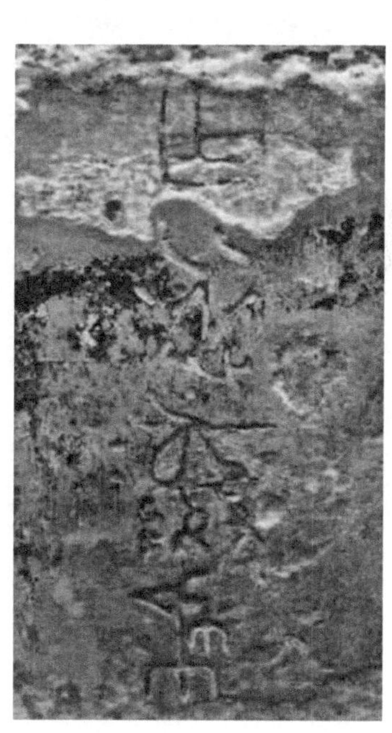

0119. □鼎(作旅彝鼎)

【時　　代】西周早期。

【收 藏 者】陝西省考古研究院。

【形制紋飾】長方體,直口,窄沿方唇,口沿兩端有一對立耳,腹壁向下斜收,平底,四柱足,四角鑄有扉棱。四壁上部飾相對的夔龍紋,左右和下部各飾三排乳釘。

【著　　録】未著録。

【銘文字數】内壁鑄銘文 4 字。

【銘文釋文】乍(作)旅彝,□。

0120. 𧍡鼎

【時　　代】西周早期。

【出土時地】2016 年 12 月見於盛世收藏網。

【收 藏 者】某收藏家。

【形制紋飾】斂口鼓腹，窄沿圓唇，口沿上有一對立耳，三條柱足。通體光素。

【著　　録】未著録。

【銘文字數】内壁鑄銘文 4 字。

【銘文釋文】𧍡乍(作)旅鼎。

0121. 舍鼎

【時　　代】西周早期。

【出土時地】2016 年 12 月見於西安。

【收 藏 者】某收藏家。

【尺度重量】通高 17.5、口徑 14.8、腹深 7 釐米。

【形制紋飾】口微斂，窄沿方唇，口沿上有一對立耳，分襠，三條柱足較細。頸部飾浮雕蟬紋，以雲雷紋填地，腹部飾直棱紋。

【著　　録】未著録。

【銘文字數】内壁鑄銘文 4 字。

【銘文釋文】舍寶隮（尊）彝。

0122. 縣盜鼎(檜盜鼎)

【時　　代】西周早期。

【出土時地】2016 年 9 月見於西安。

【收 藏 者】某收藏家。

【尺度重量】通高 19.5、口徑 15.5、腹深 10.5 釐米，重 0.83 公斤。

【形制紋飾】口微斂，窄沿方唇，口沿上有一對立耳，深腹圜底，三條柱足。頸部飾雲雷紋組成的獸面紋帶。

【著　　録】未著録。

【銘文字數】内壁鑄銘文 4 字。

【銘文釋文】檜(縣)盜隮(尊)彝。

0123. 伯鼎

【時　　代】西周早期。
【出土時地】2010 年山西翼城縣隆化鎮大河口西周墓地(M1017.25)。
【收 藏 者】山西省考古研究所。
【尺度重量】通高 45.9、口徑 36.3、兩耳間距 37.5 釐米,重 1.58 公斤。
【形制紋飾】桃形口内斂,窄沿方唇,口沿上有一對立耳,腹部向外傾垂,三條獸面柱足。頸部有六道扉棱,飾象鼻夔龍組成的獸面紋帶,以雲雷紋填地。
【著　　録】考古學報 2018 年 1 期 92 頁圖 7.4。
【銘文字數】内壁鑄銘文 4 字。
【銘文釋文】白(伯)乍(作)寶障(尊)。

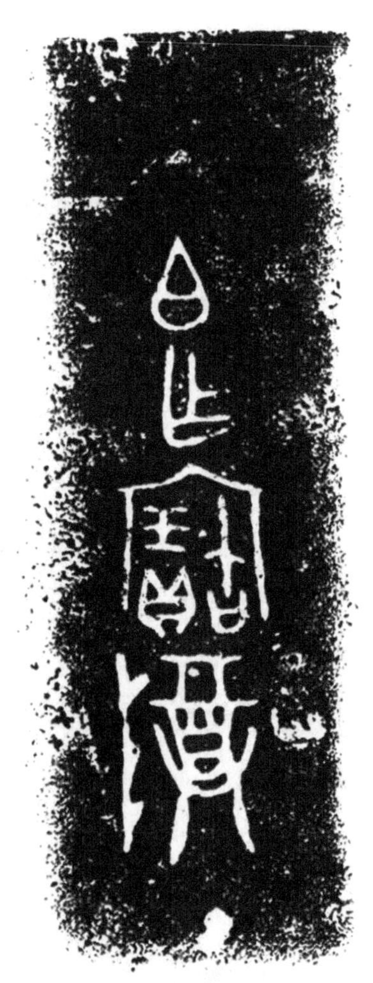

0124. 伯鼎

【時　　代】西周早期後段。

【出土時地】早年陝西寶雞縣(今寶雞市陳倉區)出土。

【收 藏 者】原藏寶雞縣文化館,後歸寶雞縣博物館,現藏寶雞市陳倉區博物館。

【尺度重量】通高 14.5、口橫 14.5、口縱 10.5 釐米。

【形制紋飾】體呈橢方形,斂口,窄沿方唇,口沿上有一對立耳,腹部向下傾垂,四條柱足較矮。頸部飾雲雷紋填地的小鳥紋,間以圓渦紋。

【著　　録】陝集成 7 册 166 頁 0773。

【銘文字數】内壁鑄銘文 4 字。

【銘文釋文】白(伯)乍(作)寶鼎。

【備　　注】館藏號:1114。

0125. 犅仲鼎(罡仲鼎)

【時　　代】西周早期後段。

【收 藏 者】某收藏家。

【形制紋飾】口微斂,窄沿方唇,口沿上有一對立耳,微向外張,圜底設三條柱足,下部增鑄一段足根,顯得足很高。頸部飾體呈"S"形的雙頭夔龍紋,以雲雷紋填地,足部飾簡化蟬紋。

【著　　録】未著録。

【銘文字數】内壁鑄銘文4字。

【銘文釋文】罡(犅)中(仲)乍(作)寶。

0126. 亞□祖丁鼎

【時　　代】西周早期。

【出土時地】1994 年 4 月陝西隴縣八渡鎮楊家莊西周銅器窖藏。

【收 藏 者】隴縣博物館。

【尺度重量】通高 31、口徑 16.8、腹深 9 釐米，重 2 公斤。

【形制紋飾】斂口，窄沿方唇，口沿上有一對立耳，淺分襠，三條柱足。腹部飾三組下卷角獸面紋，每組獸面的兩側各增飾一個倒置的夔龍，均以雲雷紋填地。

【著　　録】考古與文物 2002 年增刊 32 頁圖 1，陝集成 6 册 56 頁 0627。

【銘文字數】内壁鑄銘文 4 字。

【銘文釋文】亞□且(祖)丁。

0127. 牧正父乙鼎

【時　　代】西周早期。
【收 藏 者】某收藏家。
【尺度重量】通高16、口徑14釐米。
【形制紋飾】這是一件溫食物用的鼎，敞口淺腹，窄沿方唇，口沿上有一對立耳，圜底下設有三條夔龍形扁足。夔龍鼓目卷尾，口撑鼎底，炭盤置於三條夔龍的腰部，盤底有"十"字鏤孔，其上可放木炭溫食。鼎腹部有六道扉棱，飾三組"T"字角獸面紋一周，以雲雷紋填地。
【著　　録】未著録。
【銘文字數】内壁鑄銘文4字。
【銘文釋文】牧𤴓(正)父乙。

0128. 作父寶鼎

【時　　代】西周早期。

【出土時地】日本京都大學人文考古研究所考古資料。

【收 藏 者】某收藏家。

【形制紋飾】斂口，窄沿方唇，口沿上有一對立耳，鼓腹，淺分襠，三條柱足細高。腹部飾三組牛角獸面紋，以雲雷紋填地。

【著　　録】綜覽・鬲鼎 82。

【銘文字數】内壁鑄銘文 4 字。

【銘文釋文】乍（作）父寶鼎。

0129. 耒鼎

【時　　代】西周中期前段。
【收 藏 者】河南大學文物館。
【尺度重量】通高 20、口徑 18.5 釐米，重 1.644 公斤。
【形制紋飾】口近桃形，微内斂，窄沿方唇，口沿上有一對立耳，下腹向外傾垂，圜底近平。頸部飾兩周弦紋。
【著　　録】文物 2018 年 2 期 77 頁圖 5、6。
【銘文字數】内壁鑄銘文 4 字。
【銘文釋文】耒乍(作)父己。
【備　　注】館藏號：000649。

0130. 箽鼎

【時　　代】西周中期前段。

【收 藏 者】天津博物館。

【尺度重量】通高 18.3 釐米。

【形制紋飾】長方體，窄沿方唇，口沿兩端有一對立耳，四壁較直，平底，四角鑄有扉棱，四條柱足細高。四壁上部各飾一對夔龍紋，兩夔之間有浮雕獸頭，左右及下部飾兩排乳釘紋。

【著　　録】津銅 038。

【銘文字數】內壁鑄銘文 4 字。

【銘文釋文】箽乍(作)寶鼎。

0131. 每鼎(原稱姜鼎)

【時　　代】西周中期。
【出土時地】山東招遠市境内。
【收 藏 者】招遠市文物管理所。
【尺度重量】通高18、口横45.4、口徑20.5釐米,重1.667公斤。
【形制紋飾】斂口,窄沿方唇,口沿上有一對立耳,下腹向外傾垂,三條柱足。頸部飾兩道弦紋。
【著　　録】山博刊200頁圖13.3。
【銘文字數】内壁鑄銘文4字。
【銘文釋文】每乍(作)寶鼎。
【備　　注】館藏號:C5.45-2。第一字原釋“姜”,非。

0132. 作厥鼎

【時　　代】西周中期前段。
【出土時地】1986 年天津薊縣邦均鎮劉家墳。
【收 藏 者】天津博物館。
【尺度重量】通高 20.8、口徑 19 釐米。
【形制紋飾】斂口窄沿，口沿上有一對立耳，腹部向外傾垂，三條柱足上粗下細。腹部飾垂冠回首尾下卷作刀形的夔龍紋，以雲雷紋填地。
【著　　録】津銅 034。
【銘文字數】内底鑄銘文 4 字。
【銘文釋文】□乍(作)氒(厥)鼎。

0133. 𨺗父鼎

【時　　代】西周中期。

【收 藏 者】某收藏家。

【形制紋飾】斂口鼓腹，窄沿圓唇，口沿上有一對立耳，圜底下置三條柱足。頸部飾兩道弦紋。

【著　　録】未著録。

【銘文字數】内壁鑄銘文 4 字。

【銘文釋文】𨺗父旅鼎。

0134. 公鼎

【時　　代】西周中期。

【出土時地】2016 年 5 月出現在中國嘉德香港藝術品拍賣會。

【收 藏 者】某收藏家。

【尺度重量】通高 35.5、兩耳相距 32.5 釐米。

【形制紋飾】斂口束頸，窄沿方唇，口沿上有一對立耳微外張，鼓腹圜底，三條獸面柱足。頸部有六條短扉，飾六組竊曲紋，其下有兩道弦紋。

【著　　録】未著録。

【銘文字數】内壁鑄銘文 4 字。

【銘文釋文】公乍(作)寶鼎。

銘文拓本

銘文照片

0135. 興鼎

【時　　代】西周中期。

【出土時地】2017 年 12 月 22 日見於盛世收藏網。

【收 藏 者】某收藏家。

【形制紋飾】斂口淺腹，窄沿方唇，口沿上有一對立耳，下腹向外傾垂，三條柱足。頸部飾竊曲紋。

【著　　録】未著録。

【銘文字數】内壁鑄銘文 4 字。

【銘文釋文】興乍(作) 寶鼎(鼎)。

【備　　注】此鼎與《銘圖》第 3 卷 14 頁的 01299 興鼎形制、紋飾、銘文相同，二者銘文拓本與銘文照片也極接近，但不能重合，是否同一件器物，待考。

0136. 兊鼎(弁鼎)

【時　　代】西周中期。

【出土時地】2010 年山西翼城縣大河口西周墓地(M6096.34)。

【收 藏 者】山西省考古研究所。

【尺度重量】通高 19.4、口徑 17.6、腹深 10、兩耳相距 18.2、腹徑 18.6 釐米,重 2.18 公斤。

【形制紋飾】斂口窄沿,口沿上有一對立耳微向外張,下腹向外傾垂,圜底,三條柱足內收。頸部飾一周粗弦紋,外底有兩重凹邊三角形陽綫加强筋,滿布煙炱。

【著　　録】文物 2020 年 1 期 12 頁圖 16.1、13 頁圖 18。

【銘文字數】内壁鑄銘文 4 字。

【銘文釋文】兊(弁)乍(作)旅鼑(鼎)。

0137. 作旅鼎

【時　　代】西周中期。

【出土時地】1949 年入藏。

【收 藏 者】原藏陝西省博物館，現藏陝西歷史博物館。

【尺度重量】通高 19.5、口徑 17.3 釐米，重 2.095 公斤。

【形制紋飾】斂口，窄沿方唇，口沿上有一對立耳，下腹向外傾垂，三條柱足。頸部飾兩道弦紋。

【著　　録】陝集成 16 册 38 頁 1830。

【銘文字數】内壁鑄銘文 4 字。

【銘文釋文】□乍(作)旅鼎。

【備　　注】銘文反書。

銘文拓本

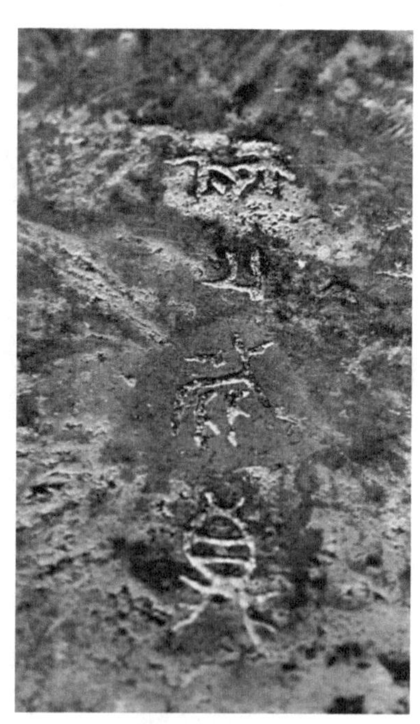

銘文照片

0138. □受鼎

【時　　代】春秋早期。

【收 藏 者】某收藏家。

【形制紋飾】子口内斂，鼓腹圜底，一對附耳微向外張，三條蹄形足，蓋面呈弧形隆起，上有三個環形鈕，腹部有一道綯索箍棱。蓋面中部飾渦狀雲雷紋，中圈和外圈飾變形龍紋，鈕飾三角雷紋，兩耳外側飾 S 形雲紋，上下腹均飾變形龍紋，足上部飾獸面紋。

【著　　録】未著録。

【銘文字數】蓋上有銘文 4 字。

【銘文釋文】□受乍(作)子(？)。

0139. 肙乳子鼎

【時　　代】戰國晚期。

【收 藏 者】美國紐約大都會藝術博物館。

【形制紋飾】體呈扁球形，弇口圓腹，一對附耳向外曲張，圜底，三條蹄形足，弧形蓋，上有三個圓環形鈕，鈕上有釘蓋形突起。蓋面、上腹和下腹各飾變形蟠螭紋。

【著　　録】未著録。

【銘文字數】腹部刻銘文 4 字(其中合文 1)。

【銘文釋文】肙乳子貞(鼎)。

【備　　注】"乳子"爲合文，有合文符號。

0140. 智僕鼎（智辟鼎）

【時　　代】春秋晚期。

【收 藏 者】某收藏家。

【尺度重量】通高 26.6、兩耳相距 27.1 釐米。

【形制紋飾】鼎體近似球形，子口内斂，圓腹圜底，口沿下有一對曲張的附耳，蓋面呈弧形鼓起，頂部有小鈕銜環，表面有兩周箍棱，其間有三個環鈕，鼎的腰部有一周箍棱，底部設三條獸蹄足，足上部飾簡易獸面，一足爲損壞後補鑄。通體光素。

【著　　録】未著録。

【銘文字數】蓋、器對銘，各 4 字。

【銘文釋文】智辟（僕）饙鼑（鼎）。

蓋銘

器銘

0141. 稍成夫人鼎

【時　　代】戰國晚期・燕。

【出土時地】1993 年遼寧遼陽市東電四公司出土。

【收 藏 者】遼陽博物館。

【尺度重量】通高 17.5、口徑 16 釐米。

【形制紋飾】子口内斂，鼓腹圜底，一對附耳微向外張，三條蹄形足，蓋面隆起，沿下折。腹部有一道箍棱，外底有一周寬帶凸起，通體光素。

【著　　録】國博館刊 2012 年 9 期 82 頁圖 1。

【銘文字數】上腹刻銘文 4 字(其中合文 1)。

【銘文釋文】稍成夫人。

【備　　注】"夫人"爲合文，有合文符號。

0142. 雕陰鼎

【時　　代】戰國晚期。

【出土時地】1973 年西安市秦腔劇院一團孔祥貞送交。

【收 藏 者】陝西歷史博物館。

【尺度重量】通高 21.4、口徑 18 釐米，重 4.061 公斤。

【形制紋飾】體扁圓，弇口鼓腹，長方形附耳稍外撇，三條蹄足，蓋面隆起，上有三個環鈕。腹部有一道凸弦紋，通體光素。

【著　　録】西部考古第 12 輯（2017 年 1 期）193 頁圖 5。

【銘文字數】一耳下刻銘文 2 字，一環鈕外側刻銘文 2 字，共 4 字。

【銘文釋文】雕陰；趙氏。

耳銘

環鈕銘

0143. 西立左官鼎

【時　　代】戰國晚期。
【出土時地】1975 年徵集。
【收 藏 者】陝西歷史博物館。
【尺度重量】通高 4.6、口徑 13.2 釐米，重 1.815 公斤，容積 2000 毫升。
【形制紋飾】體扁圓，弇口鼓腹，長方形附耳稍外撇，三條蹄足，蓋面隆起，上有三個環鈕。腹部有一道凸弦紋，通體光素。
【著　　録】西部考古第 12 輯（2017 年 1 期）195 頁圖 8。
【銘文字數】蓋上刻銘文 4 字。
【銘文釋文】西立左官。

銘文拓本

銘文照片

0144. 韋亞乙鼎

【時　　代】商代晚期。

【出土時地】2013年下半年陝西寶雞市渭濱區石鼓鎮石嘴頭村西周墓地(M4.503)。

【收 藏 者】石鼓山考古隊。

【尺度重量】通高25、口横19.9、口縱15.3、腹深10.5釐米,重4.55公斤。

【形制紋飾】長方體,窄沿方唇,口沿兩端有一對立耳,平底略向下鼓,四條柱足,四壁中部和四角各有一道扉棱。四壁飾曲折角獸面紋,耳外側飾獸體目紋,均以雲雷紋填地,足部飾陰綫蟬紋。外底有網格加强筋和一層煙炱。

【著　　録】文物2016年1期10頁圖10.4。

【銘文字數】内壁鑄銘文5字。

【銘文釋文】乍(作)韋亞乙隮(尊)。

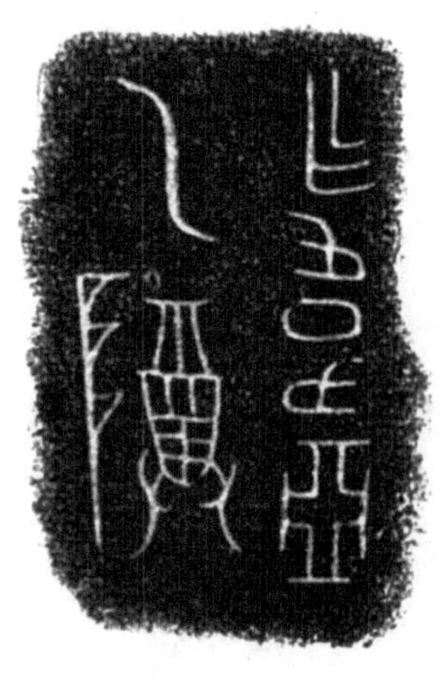

銘文拓本

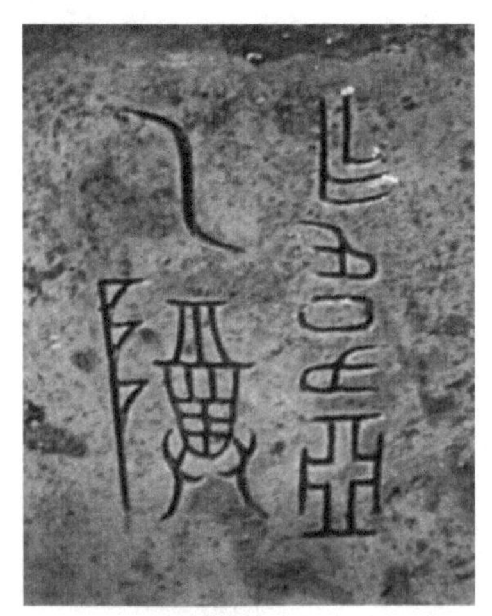

銘文照片

0145. 中小臣車鼎

【時　　代】商代晚期。

【出土時地】2016 年 10 月出現在香港保利秋季拍賣會。

【收 藏 者】某收藏家。

【尺度重量】通高 37.5 釐米。

【形制紋飾】長方體，直口直壁，窄沿方唇，口沿上有一對立耳，平底，四柱足粗壯，四角和四壁中部各有一道扉棱。四壁上部飾夔龍紋，下部飾下卷角獸面紋，均以雲雷紋填地，四足飾陰綫三角雲雷紋。

【著　　録】未著録。

【銘文字數】内壁鑄銘文 5 字(其中合文 1)。

【銘文釋文】㫃(中)小臣車鬻(鬻)。

【備　　注】銘文中“小臣”爲合文。

0146. 伯釪鼎

【時　　代】西周早期。

【出土時地】2010 年山西翼城縣隆化鎮大河口西周墓地（M1017.24）。

【收 藏 者】山西省考古研究所。

【尺度重量】通高 19.2、口橫 16.4、口縱 12、腹深 8.2、兩耳間距 17.1 釐米，重 2.18 公斤。

【形制紋飾】長方體，窄沿方唇，口沿兩端有一對立耳，直壁平底，四條柱足，體四角鑄有“F”字形扉棱。四壁上部飾雲雷紋填地的蛇紋，中部飾勾連雷紋，左右及下部飾三排乳釘紋，足上部飾獸面紋。

【著　　録】考古學報 2018 年 1 期 92 頁圖 7.3。

【銘文字數】内壁鑄銘文 5 字。

【銘文釋文】白（伯）釪乍（作）寶齋。

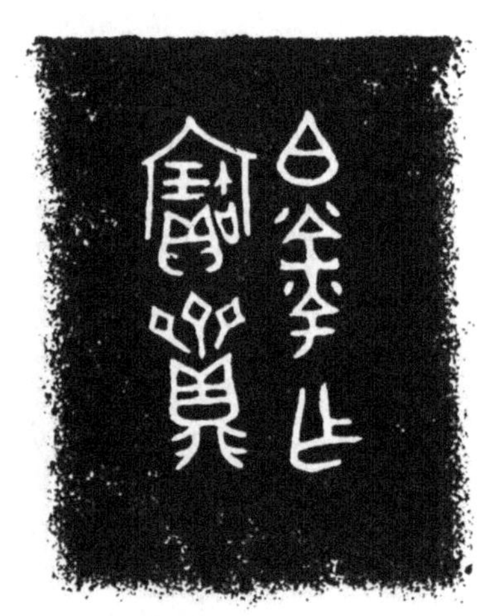

0147. 鄂侯鼎(噩侯鼎)

【時　　代】西周早期。
【出土時地】2007 年 10 月隨州市安居鎮羊子山(今屬隨縣)西周墓(M4)。
【收 藏 者】隨州博物館。
【形制紋飾】斂口鼓腹,窄沿方唇,口沿上有一對索狀立耳,圜底下設三條柱足。頸部飾夔龍紋間以浮雕圓渦紋。
【著　　録】江漢考古 2016 年 5 期 81 頁圖 22。
【銘文字數】内壁鑄銘文 6 字。
【銘文釋文】噩(鄂)厌(侯)乍(作)寶隮(尊)彝。
【備　　注】銘文照片係 X 光片。

0148. 伯鼎

【時　　代】西周早期。
【出土時地】2010 年山西翼城縣隆化鎮大河口西周墓地(M1)。
【收 藏 者】山西省考古研究所。
【尺度重量】通高 41.8、兩耳相距 33.8 釐米。
【形制紋飾】斂口圓腹,窄沿方唇,口沿上有一對立耳,圜底下設三條柱足。頸部和足上部均有扉棱,以扉棱爲中心飾浮雕獸面紋,以雲雷紋填地。
【著　　録】未著録。
【銘文字數】内壁鑄銘文 5 字。
【銘文釋文】白(伯)乍(作)寶隮(尊)彝。

0149. 作父庚鼎

【時　　代】西周早期。

【出土時地】2013 年湖北隨州市曾都區淅河鎮蔣寨村葉家山（M107.3）。

【收 藏 者】隨州博物館。

【尺度重量】通耳高 33.8、口徑 26.2-26.4、腹深 16.2、最大腹徑 27 釐米，重 7.28 公斤。

【形制紋飾】斂口鼓腹，窄沿方唇，口沿上有一對立耳，圜底，三條柱足，一足有明顯補鑄痕跡。頸部飾獸面紋，以雲雷紋填地，足根飾浮雕獸面。

【著　　録】江漢考古 2016 年 3 期 12 頁拓片 1、圖版五。

【銘文字數】内壁鑄銘文 5 字。

【銘文釋文】乍（作）父庚寶彝。

0150. 止犬鼎

【時　　代】西周早期。

【出土時地】日本京都大學人文考古研究所考古資料。

【收 藏 者】某收藏家。

【尺度重量】通高 16 釐米。

【形制紋飾】斂口，窄沿方唇，口沿上有一對扭索狀立耳，鼓腹，淺分襠，三條柱足。頸部飾三列雲雷紋組成的獸面紋帶。

【著　　録】綜覽・鬲鼎 86。

【銘文字數】内壁鑄銘文 5 字。

【銘文釋文】止犬乍(作)母鼎。

0151. 藝父丁鼎

【時　　代】西周早期後段。

【收 藏 者】河南大學文物館。

【尺度重量】通高 25、口徑 21 釐米，重 2.953 公斤。

【形制紋飾】斂口，窄沿方唇，口沿上有一對立耳微向外張，下腹向外傾垂，圜底近平，三條柱足上粗下細。頸部飾夔龍紋間以浮雕圓渦紋，以雲雷紋填地，腹部飾一周弦紋。

【著　　録】文物 2018 年 2 期 77 頁圖 3、4。

【銘文字數】内底鑄銘文 5 字。

【銘文釋文】亞𣪘，𢛳(藝)，父丁。

【備　　注】館藏號：000643。

0152. □鼎

【時　　代】西周早期。
【收 藏 者】日本奈良國立博物館。
【尺度重量】通高 19.6、口徑 18.6 釐米。
【形制紋飾】斂口鼓腹，窄沿方唇，口沿上有一對立耳，圜底下設三條柱足。頸部飾三列雲雷紋組成的獸面紋帶。
【著　　録】坂本清賞 100，奈良銅 50 頁 105。
【銘文字數】内壁鑄銘文 5 字。
【銘文釋文】□乍(作)□寶彝。
【備　　注】館藏號：鼎 13。

0153. 天鼎

【時　　代】西周中期前段。

【收 藏 者】某收藏家。

【形制紋飾】斂口，窄沿圓唇，口沿上有一對立耳，下腹向外傾垂，三條柱足上粗下細。頸部僅飾兩道弦紋。

【著　　録】未著録。

【銘文字數】内壁鑄銘文 5 字。

【銘文釋文】天乍(作)中(仲)日丁。

0154. 邦鼎

【時　　代】西周中期前段。

【出土時地】陝西渭南市臨渭區境内。

【收 藏 者】渭南博物館。

【尺度重量】通高 16.2、口徑 14.2、兩耳相距 14.6 釐米。

【形制紋飾】斂口鼓腹，窄沿方唇，口沿上有一對立耳，三條柱足上粗下細。頸部飾一道弦紋。

【著　　録】陝集成 16 册 242 頁補 008。

【銘文字數】内壁鑄銘文 5 字。

【銘文釋文】邦乍(作)父庚，⋎。

0155. 作祖癸鼎

【時　　代】西周中期前段。

【收 藏 者】某收藏家。

【尺度重量】通高 19、口徑 16.6 釐米。

【形制紋飾】斂口鼓腹，窄沿方唇，口沿上有一對立耳，三條柱足上粗下細。頸部飾垂冠回首尾下卷的夔龍紋，以雲雷紋填地。

【著　　録】未著録。

【銘文字數】内壁鑄銘文 5 字。

【銘文釋文】乍（作）且（祖）癸寶鼎。

0156. 倗伯鼎

【時　　代】西周中期。

【出土時地】2004-2007 年山西絳縣横水鎮横北村西周墓地（M2158.171）。

【收 藏 者】山西省考古研究所。

【尺度重量】通高 26.4、口徑 22.8 釐米，重 5.01 公斤。

【形制紋飾】桃形斂口，窄沿方唇，口沿上有一對立耳微向外侈，腹部向外傾垂，三條柱足上粗下細，内面削平。頸部僅飾一道粗弦紋，腹部光素，外底有外弧三角形横向範綫和凹邊三角形陽綫加强筋。

【著　　録】考古 2019 年 1 期 30 頁圖 26.2、32 頁圖 32。

【銘文字數】内壁鑄銘文 5 字。

【銘文釋文】倗白（伯）乍（作）旅鼎。

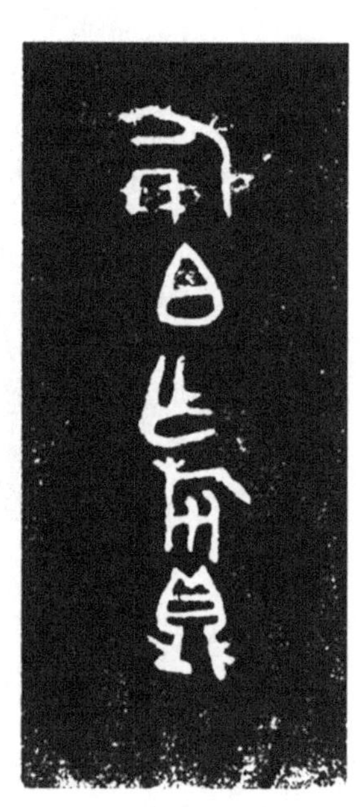

0157. 伽姬鼎

【時　　代】西周中期。

【出土時地】2004-2007 年山西絳縣横水鎮横北村西周墓地（M2158.160）。

【收 藏 者】山西省考古研究所。

【尺度重量】通高 12.6、口徑 11.8 × 12.1、炭盤口徑 11.5 釐米，重 0.51 公斤。

【形制紋飾】敞口，窄沿方唇，口沿上有一對立耳，淺腹圜底，三條刀形扁足外撇，扁足中部有一炭盤，亦爲敞口淺腹，窄沿方唇，圜底有三個十字鏤孔。鼎盤腹部飾一周凸弦紋，炭盤光素。

【著　　録】考古 2019 年 1 期 35 頁圖 41.3、36 頁圖 46。

【銘文字數】内底鑄銘文 5 字。

【銘文釋文】伽姬乍（作）寶彝。

0158. 師[大+口]鼎

【時　　代】西周中期。
【出土時地】2017 年 11 月出現在北京。
【收 藏 者】某收藏家。
【形制紋飾】斂口，窄沿方唇，口沿上有一對立耳，下腹向外傾垂，三條柱足上粗下細。頸部飾一道弦紋。
【著　　録】未著録。
【銘文字數】内壁鑄銘文 5 字。
【銘文釋文】師[大+口]乍(作)寶鼎。

0159. □□鼎

【時　　代】西周中期後段。

【收 藏 者】某收藏家。

【尺度重量】通高 18.1、口徑 14.8 釐米，重 1.25 公斤。

【形制紋飾】斂口窄沿，口沿上有一對立耳，腹部向下傾垂，圜底，三條細柱足内收。頸部飾兩周弦紋，其間飾竊曲紋。

【著　　録】未著録。

【銘文字數】内壁鑄銘文 5 字。

【銘文釋文】□□乍(作)□□。

0160. 魯侯鼎

【時　　代】西周早期前段。

【出土時地】2004-2007 年山西絳縣横水鎮横北村西周墓地（M2158.138）。

【收 藏 者】山西省考古研究所。

【尺度重量】通高 22.4、口徑 17.6 × 17.8、蓋徑 17.2 × 18 釐米，重 2.43 公斤。

【形制紋飾】桃形口内斂，窄沿方唇，口沿上有一對立耳，分襠淺腹，三條柱足甚高，蓋面微隆起，頂部有一個環鈕，兩端各有一個方缺口，以納鼎耳。蓋飾兩周弦紋，頸部飾一周蟬紋，兩兩相對，上下界以弦紋。

【著　　録】考古 2019 年 1 期 35 頁圖 41.1、2，36 頁圖 45。

【銘文字數】蓋、器對銘，各 6 字。

【銘文釋文】魯医(侯)乍(作)寶隮(尊)彝。

蓋銘

器銘

0161. 公伯鼎

【時　　代】西周早期前段。
【出土時地】2017 年 5 月出現在香港大唐國際春季拍賣會。
【收 藏 者】某收藏家。
【尺度重量】通高 20、口徑 16 釐米。
【形制紋飾】直口方唇，淺腹圜底，口沿上有一對立耳，三條鳥形扁足。口沿下飾一道弦紋。
【著　　録】大唐 101 頁 886 右。
【銘文字數】内壁鑄銘文 6 字。
【銘文釋文】公白（伯）乍（作）覭䋎（姒），⋈（五）。
【備　　注】同坑出土鼎一對，形制、紋飾、大小、銘文相同。另外還有一尊。另一件鼎及尊的資料未公布。

0162. 叔奮鼎

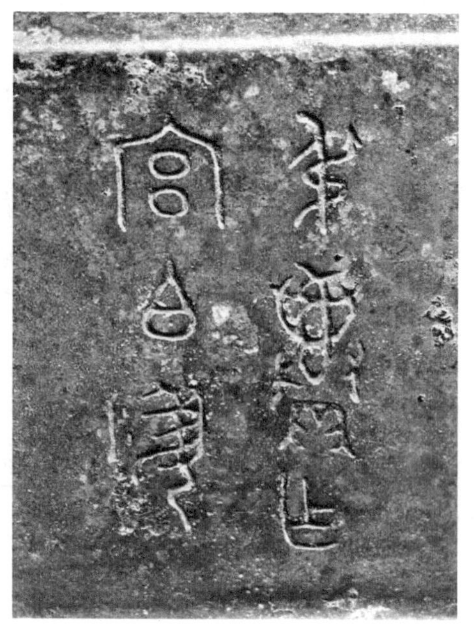

【時　　代】西周早期。

【收 藏 者】美國紐約大都會美術博物館。

【形制紋飾】長方體，窄沿方唇，口沿兩端有一對立耳，四壁向下略有收分，四角鑄有鏤空扉棱，平底四柱足。四壁各飾一隻大鳳鳥，鳳鳥回首卷喙，長冠垂於頭後，以雲雷紋填地。

【著　　録】未著録。

【銘文字數】内壁鑄銘文 6 字。

【銘文釋文】弔(叔)奮乍(作)宫白(伯)淒(齍)。

0163. 史逨鼎

【時　　代】西周早期後段。

【收 藏 者】日本奈良國立博物館。

【尺度重量】通高 22.6、口横 16.1、口縱 12.4 釐米。

【形制紋飾】窄平沿，雙立耳，四壁向下漸收，四隅有扉棱，平底，四柱足細高。口下飾雲雷紋填地的長尾鳥紋，腹部飾直棱紋，周邊有兩排乳釘，四足上部飾獸面紋。

【著　　録】坂本清賞 111，奈良銅 54 頁 113。

【銘文字數】内壁鑄銘文 6 字。

【銘文釋文】史逨乍(作)寶方鼎。

【備　　注】館藏號：鼎 21。1966 年冬陝西岐山縣京當鄉賀家村西周墓葬曾出土一對(《銘圖》01641、01642)，與此形制、紋飾、銘文相同，大小相若。

0164. 史𡨦鼎

【時　　代】西周早期。

【出土時地】2004-2007 年山西絳縣横水鎮横北村西周墓地(M2320)。

【收 藏 者】山西青銅器博物館。

【形制紋飾】口微斂,窄沿薄唇,口沿上有一對立耳,深腹圜底,三條柱足。頸部飾三列雲雷紋組成的列旗脊獸面紋帶。

【著　　録】未著録。

【銘文字數】内壁鑄銘文 6 字。

【銘文釋文】史𡨦乍(作)寶隮(尊)彝。

0165. 册鼎(册作父癸鼎)

【時　　代】西周早期。
【收 藏 者】某收藏家。
【形制紋飾】直口深腹,窄沿方唇,口沿上有一對立耳,圜底下設三條矮柱足。頸部飾浮雕圓渦紋間以四瓣目紋,以雲雷紋填地,足上部飾浮雕獸面紋。
【著　　録】未著録。
【銘文字數】内壁鑄銘文 6 字。
【銘文釋文】册乍(作)父癸隮(尊)彝。

0166. 伯鼎

【時　　代】西周早期後段。
【收 藏 者】某收藏家。
【著　　録】未著録。
【銘文字數】内壁鑄銘文 6 字。
【銘文釋文】白(伯)乍(作)乙公隮(尊)鼎。
【備　　注】器形照片藏家未公布。

0167. 作南鼎

【時　　代】西周早期。

【出土時地】山西省打擊文物犯罪繳獲。

【收 藏 者】山西青銅器博物館。

【形制紋飾】口微斂，窄沿尖唇，口沿上有一對立耳，斂腹圜底，三條柱足。頸部飾圓渦紋。

【著　　録】未著録。

【銘文字數】内壁鑄銘文兩行約 6 字，被銹掩蓋，僅見 2 字。

【銘文釋文】□乍（作）□□南□。

0168. 𠩺鼎

【時　　代】西周中期前段。
【出土時地】2017 年 7 月出現在杭州西泠印社拍賣會。
【收 藏 者】某收藏家。
【尺度重量】通高 21.3 釐米。
【形制紋飾】斂口，窄沿圓唇，口沿上有一對較小的立耳，腹部向下傾垂，三條柱足較長，且微向内收。上腹有一道粗弦紋。清人配有紅木底座及蓋，蓋上鑲嵌白玉鈕。
【著　　録】三代 3.2.7，從古 13.11，攈古 1 之 3.40，愙齋 6.10，愙賸 32，綴遺 3.16，殷存上 6 前，簠齋 1 鼎 10，小校 2.39.4，奇觚 1.15。
【銘文字數】内壁鑄銘文 6 字。
【銘文釋文】𠩺乍(作)父癸寶鼎。
【備　　注】《集成》未收録。

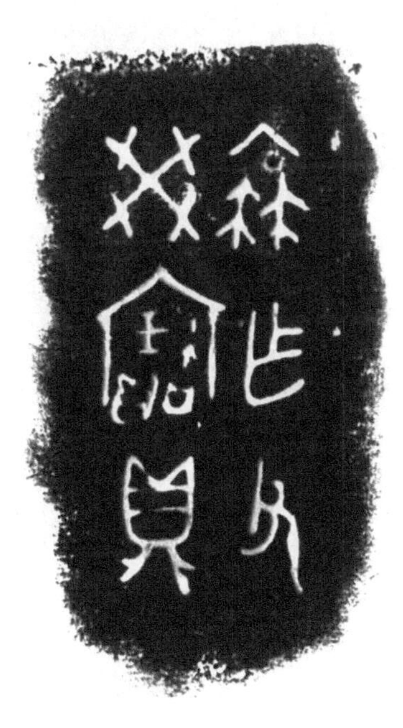

0169. 夸鼎

【時　　代】西周中期。

【收 藏 者】日本奈良國立博物館。

【尺度重量】通高 25.8、口徑 24.6 釐米。

【形制紋飾】斂口，窄薄沿，口沿上有一對立耳，腹部向下傾垂，三條柱足上粗下細，下部微向内收。頸部飾變形夔龍紋。

【著　　録】綜覽・方鼎 68，坂本清賞 113，奈良銅 56 頁 114。

【銘文字數】内壁鑄銘文 6 字。

【銘文釋文】夸乍(作)己公隮(尊)鼎。

【備　　注】館藏號：鼎 25。

0170. 仲很駒鼎

【時　　代】西周中期。

【收 藏 者】某收藏家。

【形制紋飾】斂口，窄薄沿，口沿上有一對立耳，腹部向下傾垂，三條柱足。頸部飾垂冠回首尾下折無腹足的夔龍紋，下部有一道粗弦紋。

【著　　録】未著録。

【銘文字數】内壁鑄銘文 6 字。

【銘文釋文】中（仲）很駒乍（作）旅彝。

0171. 益公鼎

【時　　代】西周中期。

【出土時地】2005 年山西絳縣横水鎮西周墓地。

【收 藏 者】山西青銅器博物館。

【形制紋飾】斂口窄沿，口沿上有一對立耳，鼓腹圜底，三條柱足較細。頸部飾分尾長鳥紋。

【著　　録】未著録。

【銘文字數】内壁鑄銘文 6 字。

【銘文釋文】益公乍(作)寶鼎(鼒)彝。

0172. 叔族父鼎

【時　　代】西周晚期。
【出土時地】2017 年 9 月出現在香港保利秋季拍賣會。
【收 藏 者】某收藏家。
【尺度重量】通高 19.4、兩耳相距 21.6 釐米。
【形制紋飾】口微斂，窄沿方唇，口沿上有一對立耳，圜底下設三條蹄形足，足内面微向内凹。頸部飾重環紋。
【著　　録】未著録。
【銘文字數】内壁鑄銘文 6 字。
【銘文釋文】弔（叔）族父乍（作）寶鼎。
【備　　注】銘文照片中“父”和“鼎”字被裁掉。

0173. 秦公鼎

【時　　代】春秋早期。
【出土時地】甘肅禮縣永坪鄉趙坪村大堡子秦公墓地。
【收 藏 者】香港朱氏（朱昌言）九如園。
【尺度重量】通高 23.5、口徑 24 釐米。
【形制紋飾】斂口，窄沿方唇，口沿上有一對立耳，淺腹圜底，三隻蹄形足。頸部飾獸目交連紋，耳外側飾鱗紋，腹部飾垂鱗紋，足上部飾浮雕狀獸面紋。
【著　　録】九如園 46 頁 21。
【銘文字數】内壁鑄銘文 6 字。
【銘文釋文】𥻆（秦）公乍（作）𠷎（鑄）用鼎。

0174. 䢅子白鼎

【時　　代】春秋早期。

【收 藏 者】某收藏家。

【形制紋飾】斂口淺腹，窄薄沿，口沿上有一對立耳，圜底下設三條蹄形足，内面削平。頸部飾竊曲紋，腹部飾垂鱗紋，耳外側飾簡化夔龍紋。

【著　　録】未著録。

【銘文字數】内壁鑄銘文 6 字。

【銘文釋文】䢅子白乍(作)寶［鼎］。

0175. 雷子歸産鼎

【時　　代】春秋晚期。

【出土時地】山西侯馬市公安局打擊文物犯罪繳獲。

【收 藏 者】山西青銅器博物館。

【尺度重量】通高 36.5、口徑 30.5、兩耳相距 38 釐米，重 12.6 公斤。

【形制紋飾】短子口，鼓腹圜底，口沿下有一對附耳，三條蹄形足，平蓋沿下折，上有三個曲尺形扉。子口下和頸腹之間各有一道粗弦紋，足上部飾獸面紋。

【著　　録】國寶（2019 一）106-108 頁。

【銘文字數】蓋、器對銘，各 6 字。

【銘文釋文】雷子歸産之𪔛（緐）。

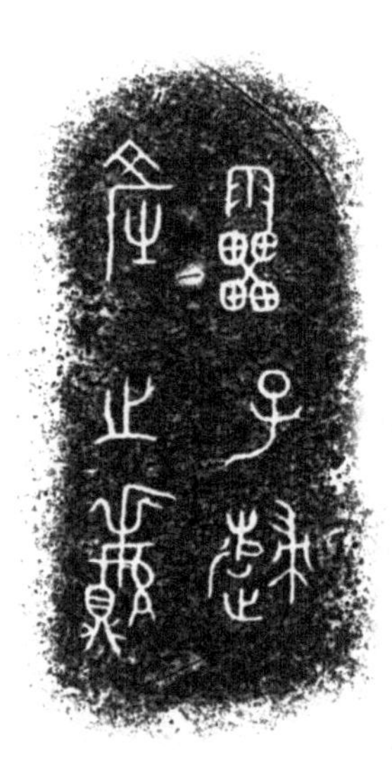

0176. 夫人縞鼎

【時　　代】春秋晚期。

【收 藏 者】某收藏家。

【尺度重量】通高 34.2、兩耳相距 39.5、口徑 31.2 釐米。

【形制紋飾】體呈大半球形，直口窄沿，一對附耳向外曲張，三條獸面高足向外彎曲，蓋面鼓起，沿下折然後平折。蓋頂有小鈕銜環，周邊有兩道箍棱，中部等距離分佈着三個環鈕；鼎腹有一道箍棱。通體飾蟠虺紋。

【著　　録】未著録。

【銘文字數】内壁鑄銘文 6 字。

【銘文釋文】夫人縞之飤貞（鼎）。

【備　　注】"縞"字有些訛變，似"繑"字，但曾夫人縞甗確爲"縞"字。

0177. 競之羕鼎(景之羕鼎)

【時　　代】戰國中期。

【出土時地】1988-1999 年湖北宜城市鄢城鎮史家灣白廟村跑馬堤戰國墓葬(M43.13)。

【收 藏 者】宜城市博物館。

【尺度重量】通高 26.3、口徑 17.2、腹徑 22.2 釐米,重 3.89 公斤。

【形制紋飾】體呈扁球形,子口内斂,淺腹,底部略呈弧形,一對圓環形附耳,三條高蹄足,腹部有一道箍棱,蓋面弧形鼓起,蓋面中部有一個銜環小鈕,外圍等距離分佈着三個圓雕卧牛。通體光素,唯足上部飾簡化獸面,外底有厚厚的煙炱。

【著　　録】跑馬堤 35 頁圖 26.4,彩版十三:1、2。

【銘文字數】蓋、器對銘,各 6 字。

【銘文釋文】競(景)之羕之少鼑(鼎)。

蓋銘拓本

蓋銘照片

器銘照片

0178. 競之羕鼎(景之羕鼎)

【時　　代】戰國中期。

【出土時地】1988-1999年湖北宜城市鄢城鎮史家灣白廟村跑馬堤戰國墓葬(M43.7)。

【收 藏 者】宜城市博物館。

【尺度重量】通高25、口徑17.2、腹徑22.2釐米,重3.725公斤。

【形制紋飾】體呈扁球形,子口內斂,淺腹,底部略呈弧形,一對圓環形附耳,三條高蹄足,腹部有一道箍棱,蓋面弧形鼓起,蓋面中部有一個銜環小鈕,外圍等距離分佈着三個圓雕卧牛。通體光素,唯足上部飾簡化獸面,外底有厚厚的煙炱。

【著　　録】跑馬堤35頁圖26.5。

【銘文字數】內壁鑄銘文6字。

【銘文釋文】競(景)之羕之少鼎(鼎)。

0179. 下太官鼎蓋(下大官鼎蓋)

【時　　代】戰國晚期。
【收 藏 者】某收藏家。
【形制紋飾】蓋面呈弧形鼓起,上有三個環形鈕,鈕上有釘蓋形凸起。光素無飾。
【著　　録】未著録。
【銘文字數】近沿處刻銘文6字。
【銘文釋文】下大(太)官,床(廚),客,斗(半)。

0180. 一瞉鼎（一言鼎、雒鼎）

【時　　代】戰國晚期。

【出土時地】1974年陝西藍田縣（今屬西安市）三里鎮五里頭大隊李振亞送交。

【收 藏 者】陝西歷史博物館。

【尺度重量】高14.3、口徑13.2釐米，重1378克，容積1580毫升。

【形制紋飾】整器作扁球體，子口內斂，扁圓腹，圜底，口沿下兩側設有一雙附耳，腹下有三條矮蹄足，失蓋。腹中部有一周箍棱，通體光素。

【著　　録】西部考古第12輯（2017年1期）191頁圖2。

【銘文字數】上腹刻鑄銘文3處，共6字。

【銘文釋文】一言（瞉）［燕刻］，雒，上；一斗［秦刻］。

【備　　注】本爲燕國器，後歸秦，秦加刻銘文。

1

2

3

0181. 鼓鼎

【時　　代】西周早期後段。

【出土時地】2017年11月出現在香港大唐西市拍賣會。

【收 藏 者】某收藏家。

【尺度重量】通高38、兩耳相距34.3釐米。

【形制紋飾】斂口，窄沿方唇，口沿上有一對立耳，腹部向下傾垂，三條柱足上粗下細，足根飾浮雕獸面紋。頸部有六道扉棱，裝飾長鳥紋，以雲雷紋填地。

【著　　録】未著録。

【銘文字數】内壁鑄銘文7字。

【銘文釋文】□□乍(作)考鼓寶鼎。

0182. 義鼎

【時　　代】西周早期前段(成王時期)。

【收 藏 者】某收藏家。

【形制紋飾】斂口鼓腹,窄薄沿,口沿上有一對立耳,深腹圜底,下設三條柱足。頸部飾三列雲雷紋組成的獸面紋帶。

【著　　録】未著録。

【銘文字數】内壁鑄銘文 7 字。

【銘文釋文】丙(丙),義乍(作)父乙隮(尊)彝。

0183. 義鼎

【時　　代】西周早期前段(成王時期)。
【收 藏 者】某收藏家。
【形制紋飾】方鼎。
【著　　録】未著録。
【銘文字數】内壁鑄銘文 7 字。
【銘文釋文】丙(丙),義乍(作)父乙障(尊)彝。

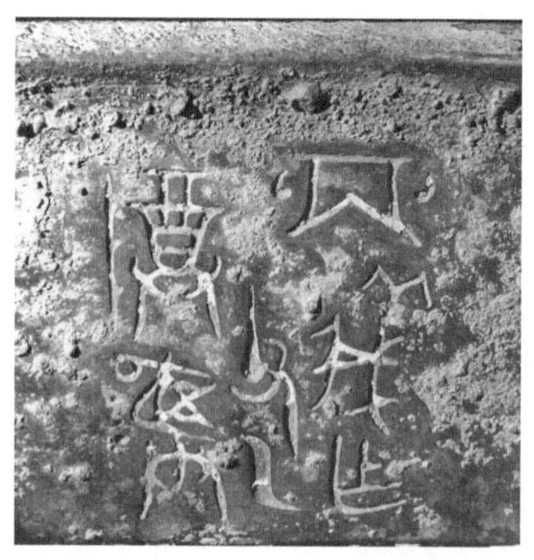

0184. 義鼎

【時　　代】西周早期前段(成王時期)。
【收 藏 者】某收藏家。
【形制紋飾】口微斂,窄沿圓唇,一對扭索狀立耳,下腹向外傾垂,三條柱足。頸部飾三列雲雷紋組成的列旗脊獸面紋帶。
【著　　録】未著録。
【銘文字數】内壁鑄銘文 8 字。
【銘文釋文】義乍(作)父乙寶障(尊)彝,丙(丙)。

0185. 厷伯康鼎

【時　　代】西周中期前段。
【收 藏 者】某收藏家。
【著　　録】未著録。
【銘文字數】内壁鑄銘文 8 字。
【銘文釋文】厷白（伯）康肈乍（作）鬻（鬻）旅彝。

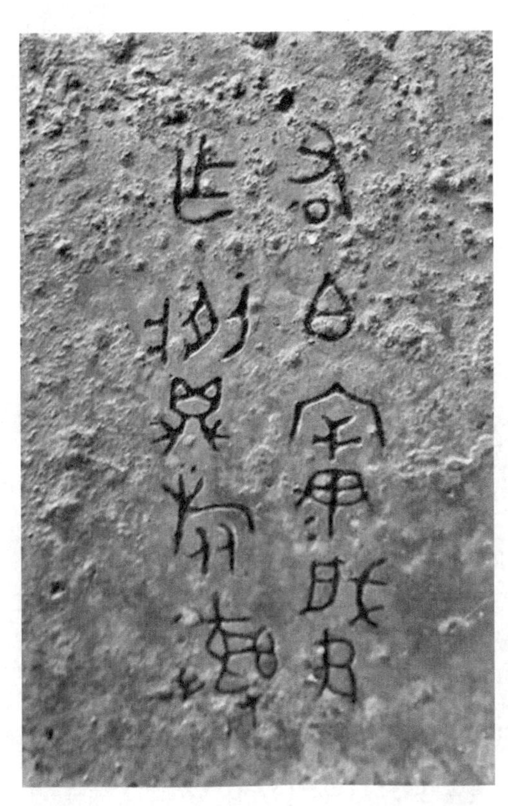

0186. 盧鼎

【時　　代】西周中期。

【出土時地】2004-2007 年山西絳縣橫水鎮横北村西周墓地(M2022)。

【收 藏 者】山西青銅器博物館。

【形制紋飾】斂口,窄沿方唇,口沿上有一對立耳,腹部向下傾垂。頸部飾兩周弦紋。

【著　　録】未著録。

【銘文字數】内壁鑄銘文 7 字。

【銘文釋文】盧乍(作)父甲寶鼎(鬻)彝。

0187. 羿鼎

【時　　代】西周中期。

【出土時地】2004-2007 年山西絳縣横水鎮横北村西周墓地（M1016）。

【收 藏 者】山西青銅器博物館。

【著　　録】未著録。

【銘文字數】内壁鑄銘文 7 字。

【銘文釋文】羿（易）乍（作）豐姬寶旅鼎。

0188. 遊孫癸鼎

【時　　代】春秋中期。

【出土時地】2004 年 11 月至 2005 年 7 月湖北襄陽市余崗楚墓(M237.2)。

【收 藏 者】襄陽市文物考古研究所。

【形制紋飾】體呈大半球形，敞口窄沿，口沿下有一對附耳，圜底下設三條高蹄足，足彎成弧形，蓋面隆起，中部有七柱輪形捉手，窄平沿。蓋面有兩圈凸棱，其間飾交龍紋，腹部有一道箍棱，頸部亦飾交龍紋。

【著　　録】余崗彩版 52.1、2。

【銘文字數】蓋、器同銘，各 7 字。

【銘文釋文】遊孫癸之飤宕鉈。

0189. 䣄子鼎

【時　　代】春秋晚期。

【收 藏 者】某收藏家。

【形制紋飾】敞口，窄薄沿，一對附耳，深腹圜底，三條弧形獸面蹄足，蓋面隆起，頂部有一銜環小鈕，周圍有三個簡化獸頭環鈕。腹部有一道綯索箍棱，箍棱上下均飾蟠螭紋，蓋面有三道綯索箍棱，其間均飾蟠螭紋。

【著　　録】未著録。

【銘文字數】蓋、器同銘，各 7 字。

【銘文釋文】䣄子□□之脰(廚)鼎。

0190. 頻陽鼎

【時　　代】戰國晚期・秦。
【出土時地】陝西銅川市耀州區出土。
【收 藏 者】銅川市耀州區博物館。
【尺度重量】通高 16.4、口徑 15.4 釐米。
【形制紋飾】扁圓體，子口内斂，口沿下有一對附耳，圜底下設三條矮蹄足，蓋呈弧面形鼓起，上有三個半環形鈕，鈕上有凸起。通體光素。
【著　　録】陝集成 15 册 206 頁 1757。
【銘文字數】口沿下刻銘文 7 字。
【銘文釋文】頻陽，三斗，重十斤。

0191. 淮陽上官鼎

【時　　代】戰國晚期・魏。

【出土時地】2009 年夏湖北荆州市沙市區關沮鄉清河村謝家橋西漢墓出土。

【收 藏 者】荆州博物館。

【形制紋飾】體呈扁球形,子口内斂,一對附耳向外曲張,腹部有一道箍棱,三條蹄形足,蓋上有三個環形鈕。通體光素。

【著　　録】中國文字研究 21 輯 19 頁圖一。

【銘文字數】口沿下刻銘文 7 字(其中合文 1)。

【銘文釋文】淮陽上官脣(容)四分。

【備　　注】銘文中“四分”爲合文,有合文符號。

0192. 二斗二益鼎

【時　　代】戰國晚期・魏。

【出土時地】早年徵集。

【收 藏 者】陝西歷史博物館。

【尺度重量】通高 18、口徑 18.5 釐米，重 4740 克，容積 3130 毫升。

【形制紋飾】整器作扁球體，失蓋，子口内斂，扁圓腹，圜底，口沿下兩側有一雙附耳，腹下有三條矮蹄足。腹中部有一周箍棱，通體光素。

【著　　録】西部考古第 12 輯（2017 年 1 期）190 頁圖 1。

【銘文字數】兩耳頂部刻鑄銘文 7 字。

【銘文釋文】二斗二益，猾，膚（容）伞（半）。

左耳

右耳

0193. 弢鼎(發鼎)

【時　　代】西周早期前段。

【收 藏 者】某收藏家。

【形制紋飾】長方口，窄沿方唇，口沿兩端有一對立耳，四壁向下收成圜底，下部有四條扁體勾喙卷尾鳥足，體四角和四壁中部各有一條扉棱。四壁上部飾夔鳥紋，不施地紋。

【著　　録】未著録。

【銘文字數】内壁鑄銘文 8 字。

【銘文釋文】弢(發)乍(作)文且(祖)日［丁］寶隮(尊)。

0194. 亞天鼎

【時　　代】西周早期。

【出土時地】1980 年山西曲沃縣曲村邦墓地 M6081 號墓。

【收 藏 者】山西晉國博物館。

【形制紋飾】口微斂，窄沿圓唇，口沿上有一對立耳，圜底，三條柱足。頸部飾浮雕圓渦紋間以夔龍紋，足上部飾獸面紋。

【著　　録】未著録。

【銘文字數】內壁有銘文 8 字。

【銘文釋文】亞天，乍(作)父癸寶隮(尊)彝。

0195. 史伕鼎

【時　　代】西周早期。

【收 藏 者】天津博物館。

【尺度重量】通高 23.5、口徑 21 釐米。

【形制紋飾】斂口鼓腹，窄薄沿，口沿上有一對立耳，深腹圜底，三條柱足粗壯。頸部飾夔龍紋，腹部飾斜方格乳釘紋，均以雲雷紋填地。

【著　　録】津銅 039。

【銘文字數】内壁鑄銘文 8 字。

【銘文釋文】史伕乍(作)父乙寶肇(旅)彝。

0196. □昜鼎

【時　　代】西周早期。

【出土時地】山西省打擊文物犯罪繳獲。

【收 藏 者】山西青銅器博物館。

【形制紋飾】斂口鼓腹，窄口沿，口沿上有一對立耳，三條柱足。上腹有兩道弦紋，其間飾浮雕圓渦紋。

【著　　録】未著録。

【銘文字數】内壁鑄銘文 8 字。

【銘文釋文】□昜□□癸寶□□。

0197. 甲塱鼎

【時　　代】西周早期。
【收 藏 者】某收藏家。
【著　　録】未著録。
【銘文字數】内壁鑄銘文 8 字。
【銘文釋文】甲塱乍(作)且(祖)辛寶鄭(祼)彝。

0198. 王子鼎

【時　　代】西周中期前段。

【出土時地】山東。

【收 藏 者】山東省博物館。

【形制紋飾】斂口鼓腹，窄沿方唇，口沿上有一對立耳，圜底下設三條柱足。頸部飾兩道弦紋。

【著　　録】未著録。

【銘文字數】内壁鑄銘文 8 字。

【銘文釋文】王子乍(作)大姬寶隮(尊)彝(？)。

0199. 倗伯鼎

【時　　代】西周中期。
【出土時地】2004-2007 年山西絳縣橫水鎮橫北村西周墓地(M2158)。
【收 藏 者】山西青銅器博物館。
【形制紋飾】斂口,窄沿方唇,口沿上有一對立耳,腹部向下傾垂,圜底,三條柱足。頸部飾一周弦紋。
【著　　録】未著録。
【銘文字數】内壁鑄銘文 8 字。
【銘文釋文】倗白(伯)乍(作)畢姬寶旅鼎。

0200. 仲戻父鼎（仲獻父鼎）

【時　　代】西周晚期。

【收 藏 者】某收藏家。

【形制紋飾】體呈半球形，口微斂，窄沿方唇，口沿上有一對立耳，三條蹄形足。頸部飾大小相間的重環紋，腹部飾垂鱗紋。

【著　　録】未著録。

【銘文字數】内壁鑄銘文8字。

【銘文釋文】中（仲）獻（戻）父乍（作）且（祖）乙障（尊）鼎。

0201. 叔享父鼎

【時　　代】西周晚期。
【收 藏 者】某收藏家。
【著　　録】未著録。
【銘文字數】内壁鑄銘文 8 字。
【銘文釋文】弔（叔）亯（享）父乍（作）始（姒）姊旅鼎。
【備　　注】器形照片藏家未公布。

0202. 仲姜鼎

【時　　代】春秋早期。

【出土時地】2007 年 1 月陝西韓城市昝村鎮梁帶村春秋墓葬（M26.144）。

【收 藏 者】陝西省考古研究院。

【尺度重量】通高 36.5、口徑 43 釐米。

【形制紋飾】口微斂，寬沿向内傾斜，淺腹圜底，下具三條蹄足，足内側呈弧形凹槽，頸部有一對附耳，附耳與口沿之間以兩個横梁相連。頸部飾竊曲紋，腹部飾垂鱗紋。足及外底有較厚的煙炱。

【著　　録】陝集成 15 册 66 頁 1699。

【銘文字數】内壁鑄銘文 8 字。

【銘文釋文】中（仲）姜乍（作）爲趄（桓）公隮（尊）鼎。

【備　　注】同墓出土 5 件，形制、紋飾、銘文相同，大小相次。《銘圖》著録 4 件（01835、01836、01837、01838）。

0203. 楚叔之孫辰鼎

【時　　代】春秋早期。

【收 藏 者】某收藏家。

【形制紋飾】子口微斂，窄薄沿，深腹圜底，一對附耳高聳，三條獸蹄形足，蓋面呈弧形鼓起，上有輪狀捉手，窄薄沿。蓋上有兩周綯索狀箍棱，器腹有一道箍棱，通體飾蟠虺紋。

【著　　録】未著録。

【銘文字數】蓋、器對銘，各 8 字。

【銘文釋文】楚弔(叔)之孫辰之豆(廚)鼑(鼎)。

【備　　注】此爲蓋銘，器銘未公布。

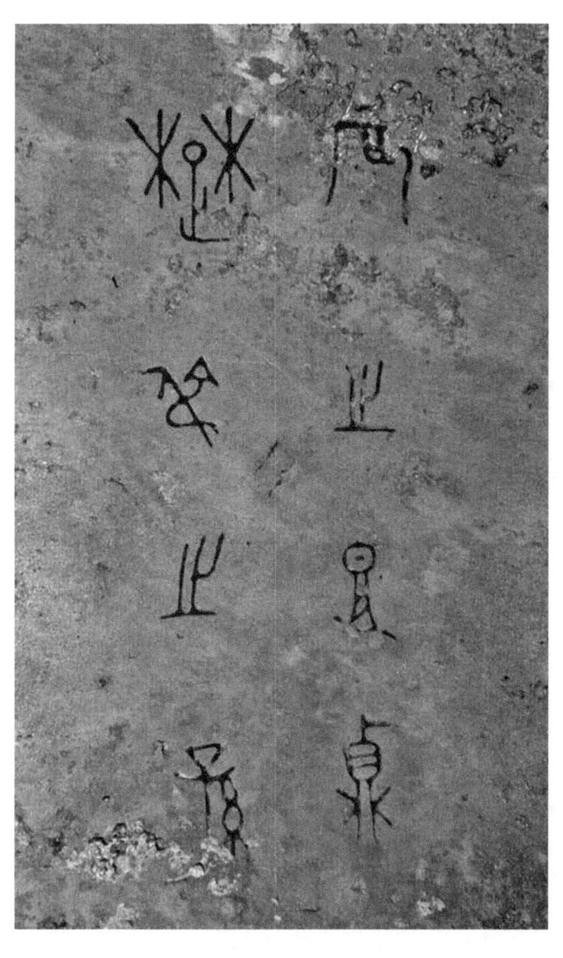

0204. 襄安文公鼎

【時　　代】戰國晚期。
【收 藏 者】北京安峰堂。
【尺度重量】通高 18.1、兩耳相距 21.1、口徑 15.4、腹徑 18.9 釐米，重 2.642 公斤。
【形制紋飾】鼎身略呈扁圓形，弇口鼓腹，圜底，兩隻附耳外撇，三條蹄形短足。蓋有三個環形鈕，鈕頂呈乳釘狀。腹部飾一周箍棱，底部有煙炱。
【著　　録】洛陽考古 2017 年 2 期 67 頁圖 2。
【銘文字數】口沿下横刻銘文 7 字，右耳側 1 字，共 8 字。
【銘文釋文】口下：襄安文公壬(飪)，渠旋。右耳側：七。

0205. 亞曩侯疑鼎(亞曩侯矣鼎)

【時　　代】商代晚期。

【收 藏 者】海外某收藏家。

【尺度重量】通高23.2、口徑17.6、兩耳相距18.6、腹深9.9釐米。

【形制紋飾】口微斂,窄沿方唇,口沿上有一對立耳,分襠,三條柱足。腹部飾闊口露齒的曲折角獸面紋,兩側填以倒置的夔龍紋,以雲雷紋填地。

【著　　録】未著録。

【銘文字數】内壁鑄銘文9字。

【銘文釋文】亞㠱(曩)厌(侯)乍(作)父辛隮(尊)彝,[illegible](矣—疑)。

銘文拓本

銘文照片

0206. 大保都鼎(太保都鼎)

【時　　代】西周早期。

【出土時地】山西絳縣公安局打擊文物犯罪繳獲。

【收 藏 者】山西青銅器博物館。

【尺度重量】通高 24.8、口徑 20.3、兩耳相距 21 釐米,重 3.35 公斤。

【形制紋飾】口呈桃圓形,窄沿尖唇,深腹圜底,口沿上有一對索狀立耳,三條柱足。頸部飾雲雷紋填地的獸面紋,獸角呈曲蛇形。

【著　　録】國寶(2019 二)14、15 頁。

【銘文字數】内壁鑄銘文 9 字。

【銘文釋文】大(太)倸(保)都乍(作)専姬寶隮(尊)彝。

0207. 冉𠫑鼎

【時　　代】西周早期。

【收 藏 者】某收藏家。

【形制紋飾】體呈長方形，平沿方唇，平底，四條柱足，四角及四壁中部各有一道扉棱。四壁飾大獸面紋，以雲雷紋填地。

【著　　録】未著録。

【銘文字數】内壁鑄銘文9字（其中合文1）。

【銘文釋文】冉，𠫑乍（作）父乙尊彝，亞𠫑。

0208. 霸仲鼎

【時　　代】西周中期後段。

【出土時地】2009-2010 年山西翼城縣隆化鎮大河口西周墓地（M2002.34）。

【收 藏 者】山西省大河口墓地聯合考古隊。

【尺度重量】通高 31.5、口徑 27.5-28.5、耳間距 29、腹徑 29.5、腹深 15.5 釐米，重 6.325 公斤。

【形制紋飾】斂口，窄薄沿，口沿上有一對立耳，腹部向外傾垂，三條柱足微内收。頸部飾一周粗弦紋。

【著　　録】考古學報 2018 年 2 期 230 頁圖 6.2。

【銘文字數】内壁鑄銘文 10 字。

【銘文釋文】霸中（仲）乍（作）寶旅鼎，其（其）永寶用。

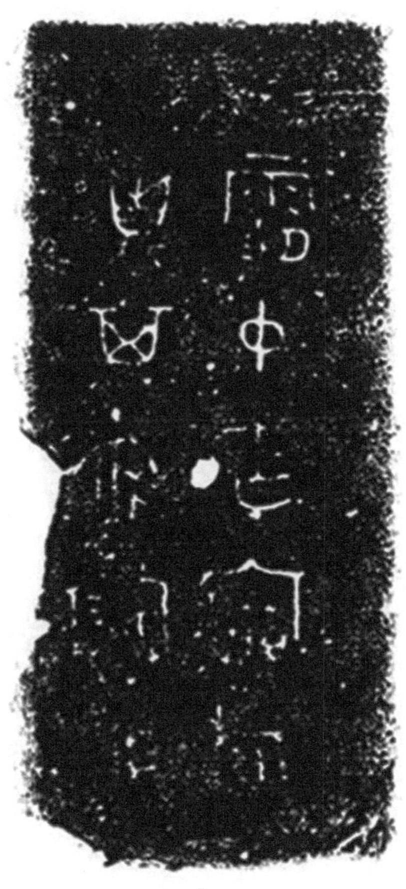

0209. 魯姬鼎

【時　　代】西周早期前段。

【出土時地】山東。

【收 藏 者】山東省博物館。

【形制紋飾】口微斂，窄沿方唇，口沿上有一對立耳，淺腹圜底，三條很高的鷙鳥形扁足托着鼎底。頸部飾長鳥紋，以雲雷紋填地。

【著　　録】未著録。

【銘文字數】内壁鑄銘文 11 字（其中合文 1）。

【銘文釋文】魯姬易（錫）貝十朋，用乍（作）寶隮（尊）鼎。

【備　　注】“十朋”爲合文。

0210. 曾子𣪕鼎

【時　　代】春秋早期。

【出土時地】2015 年 10 月湖北棗陽市郭家廟墓地曹門灣墓區（M43.8）。

【收 藏 者】棗陽市博物館。

【尺度重量】通高 22.5、口徑 25.5、腹深 10.8 釐米，重 4.129 公斤。

【形制紋飾】口微斂，寬沿上斜，方唇，斂腹圜底，一對附耳高出器口，耳有一對橫梁與口沿相連，三條蹄形足。耳外側飾雙綫“U”形紋，頸部飾竊曲紋，腹部有一道箍棱。

【著　　録】江漢考古 2016 年 5 期 40 頁拓片 1。

【銘文字數】内壁鑄銘文 11 字。

【銘文釋文】曾子𣪕自乍（作）行鼎，𠀠（其）永祜福。

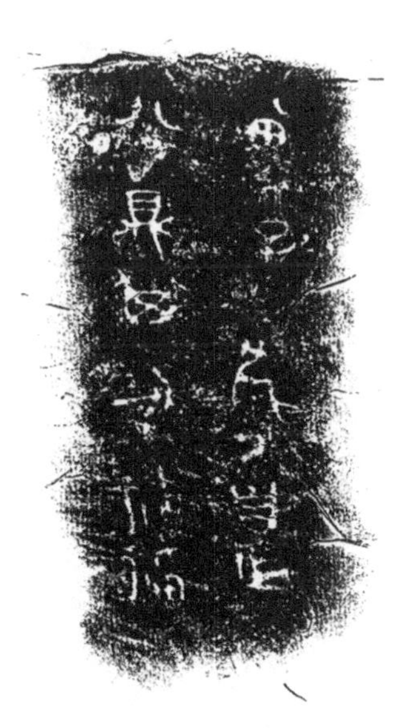

0211. 曾子牧臣鼎

【時　　代】春秋早期。
【出土時地】湖北。
【收 藏 者】武漢九州藝術博物館。
【尺度重量】通高 17、兩耳相距 26.5 釐米。
【形制紋飾】侈口方唇,斂腹圜底,窄沿方唇,一對附耳高聳,每個耳有一對横梁與口沿相連,三條蹄形足。頸部飾竊曲紋,其下有一道粗弦紋。

【著　　録】未著録。
【銘文字數】内壁鑄銘文 11 字。
【銘文釋文】曾子牧臣自乍(作)行器,永祜福。

0212. 巫鼎（叔考臣鼎）

【時　　代】春秋晚期。

【出土時地】湖北隨州市。

【收 藏 者】隨州博物館。

【形制紋飾】體呈球形，失蓋。子口内斂，圓腹圜底，一對附耳内收，三條蹄形足。肩部有一周綯索形箍棱，肩部和上腹均飾蟠虺紋。

【著　　録】古文字研究32輯圖7、8。

【銘文字數】内壁鑄銘文11字。

【銘文釋文】巫爲其咎（舅）叔考臣盨（鑄）行緐鼎。

銘文拓本

銘文照片

0213. 平臺令鼎蓋

【時　　代】戰國晚期·趙。
【出土時地】河北省滄州市一農民在耕地時偶得。
【收 藏 者】某收藏家。
【形制紋飾】蓋面呈弧形隆起，上有三個環形鈕，鈕上有釘蓋形凸起。光素無飾。
【著　　録】古文字研究 32 輯 312 頁。
【銘文字數】蓋面外側刻銘文，現存 11 字(其中合文 1)。
【銘文釋文】卅一年，平臺［令］□痰帀(工帀—師)還□，䚬(冶)□所［爲］。
【備　　注】"工帀"爲合文。

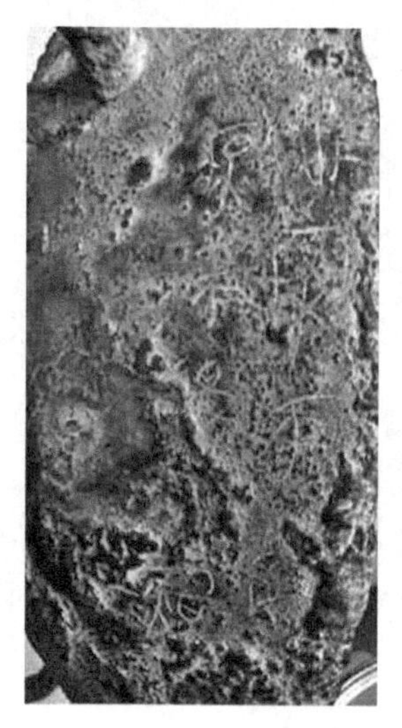

銘文照片 1

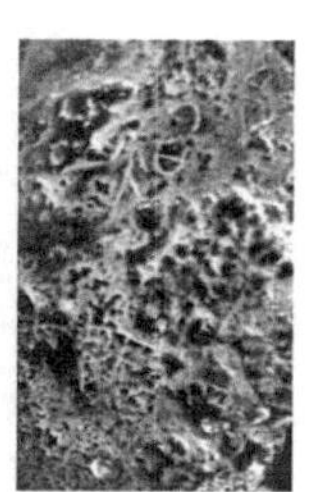

銘文照片 2

銘文摹本

0214. 身闌串仲鼎

【時　　代】西周早期。

【收 藏 者】日本奈良國立博物館。

【尺度重量】通高 19.4、口横 16.3、口縱 12.6 釐米。

【形制紋飾】長方體，窄沿方唇，口沿兩端有一對立耳，平底，四條柱足，四角各一道扉棱。四壁飾上卷角展體獸面紋，四足飾浮雕獸面。

【著　　録】坂本清賞 110，奈良銅 53 頁 111。

【銘文字數】内壁鑄銘文 12 字(其中合文 1)。

【銘文釋文】王令身闌=(闌串)中(仲)用其盄(鑄)寶隮(尊)彝。

【備　　注】館藏號：鼎 19。銘文中“闌”爲“闌串”合文，有合文符號。

0215. 者父鼎

【時　　代】西周早期前段。

【收 藏 者】法國東坡齋。

【尺度重量】通高27.3、口横21釐米。

【形制紋飾】長方體，直口平底，窄沿方唇，口沿兩端有一對立耳，腹壁向下略有收分，四條柱足較高。四壁中部及四角各有一道透雕扉棱。四壁上部飾蛇紋，下部飾曲折角獸面紋，兩旁填以立鳥，足上部飾曲折角獸面，均以雲雷紋填地。

【著　　録】未著録。

【銘文字數】内壁鑄銘文12字。

【銘文釋文】者父乍(作)寶隮(尊)鼎，甘(其)用鄉(饗)王逆洀(復)。

0216. 格公鼎

【時　　代】西周早期後段。

【出土時地】1993 年山西曲沃縣曲村鎮北趙村晉侯墓地（M113.51）。

【收 藏 者】山西晉國博物館。

【形制紋飾】長方體，窄沿方唇，口沿兩端有一對立耳，腹壁向下微收，平底，四條柱足較高，四角鑄有“F”形扉棱。四壁飾浮雕狀上卷角獸面紋，不施地紋。

【著　　録】未著録。

【銘文字數】内壁鑄銘文 12 字。

【銘文釋文】格公曰：“𨤍（鑄）鏤鈁（方）鼎弍，用𡪞（㲄）滋（溼）宫。”

0217. 奄鼎

【時　　代】西周早期後段。

【收 藏 者】下落不明。

【著　　録】筠清 4.27，攈拾下 20，總集 1026。

【銘文字數】内壁鑄銘文 12 字。

【銘文釋文】奄肇(肇) 乍(作) 寶隮(尊) 鼎，用夙(夙) 夕御公各(客)。

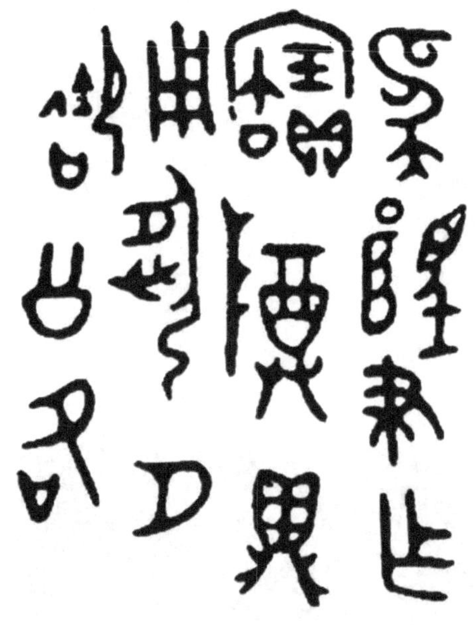

0218. 仲䊜父鼎

【時　　代】春秋早期。

【收 藏 者】某收藏家。

【尺度重量】口徑 31 釐米。

【形制紋飾】敞口深腹，窄沿方唇，一對附耳高聳，圜底，三條蹄形足。上腹飾竊曲紋，上下各有一道箍棱。

【著　　録】未著録。

【銘文字數】内壁鑄銘文 12 字。

【銘文釋文】中（仲）䊜父乍（作）匊汝𨻰（尊）鼎，甘（其）永寶用。

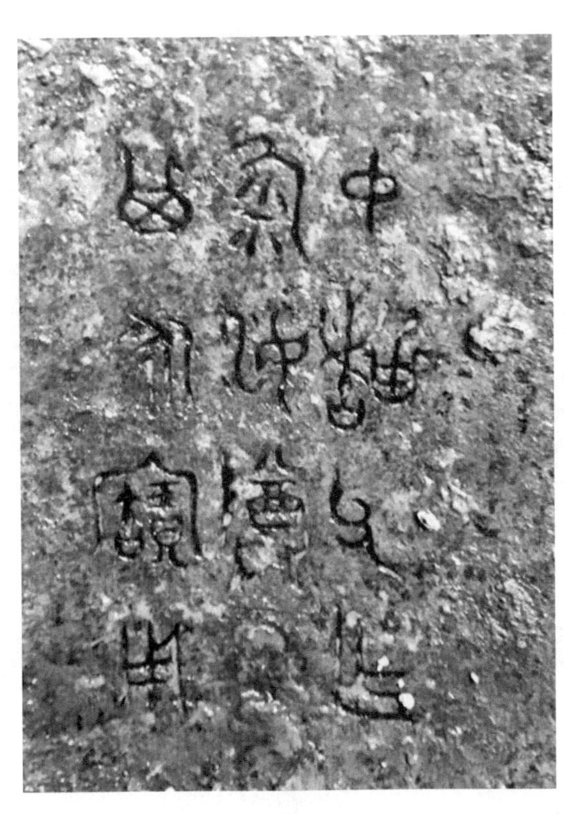

0219. 𨉨侯鼎(唐侯鼎)

【時　　代】春秋中期。

【出土時地】湖北隨州市義地崗春秋墓被盜出土,隨州市公安局破案追回。

【收 藏 者】隨州博物館。

【形制紋飾】侈口,斂腹圜底,頸部有一對附耳,三條蹄形足。上腹有一周綯紋,頸部飾竊曲紋,耳外側飾重環紋。

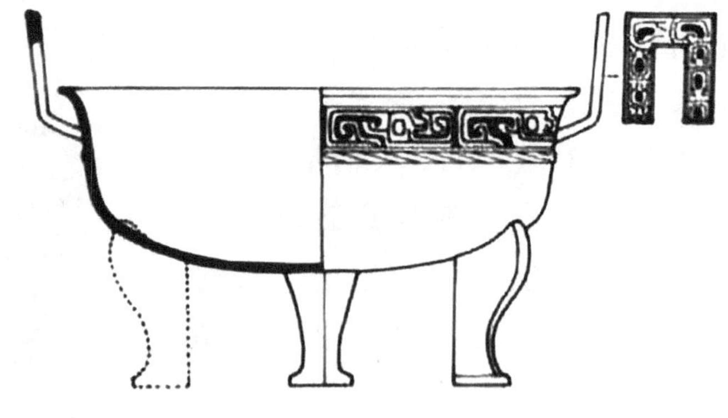

【著　　録】追回 11 頁。

【銘文字數】内壁鑄銘文 12 字。

【銘文釋文】𨉨(唐)厌(侯)剕(制)隓(隓—隨)夫人行鼎,其永祜福。

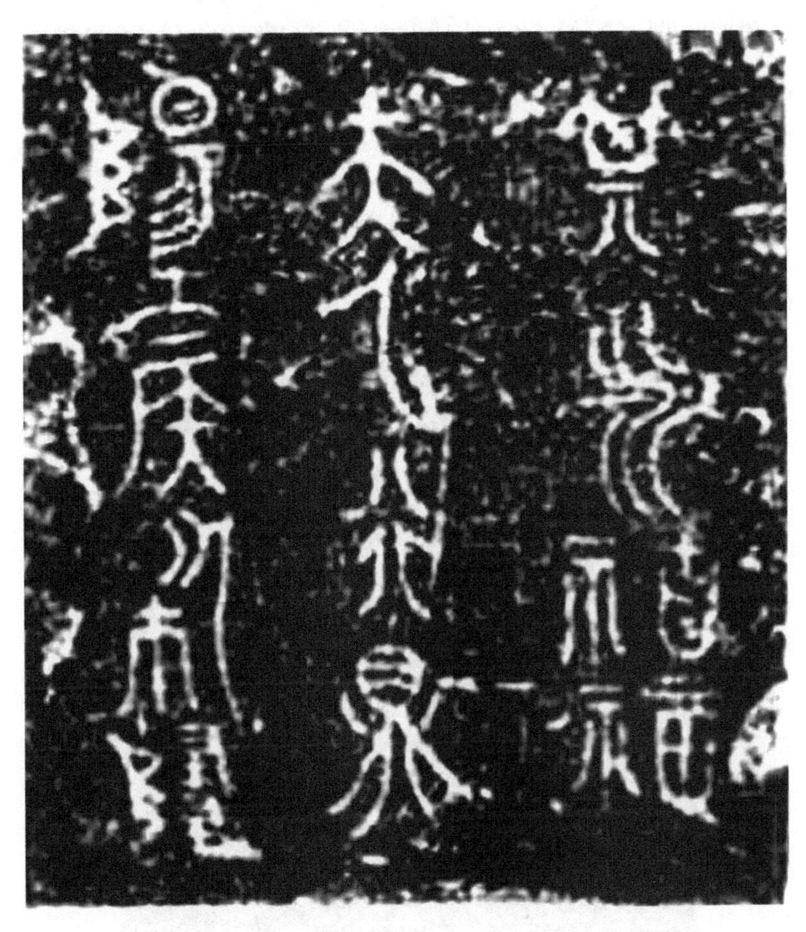

0220. 𨉰侯鼎（唐侯鼎）

【時　　代】春秋中期。
【出土時地】2019 年湖北隨州市曾都區棗樹林曾國墓地曾夫人墓（M191）。
【收 藏 者】隨州博物館。
【形制紋飾】附耳鼎。
【著　　録】未著録。
【銘文字數】內壁鑄銘文 12 字。
【銘文釋文】𨉰（唐）医（侯）利（制）隓（陸—隨）夫人行鼎，其永祜福。
【備　　注】共 3 件，形制、紋飾、銘文相同，大小有差。此件銘文在內壁，另外 2 件銘文在腹外壁。

0221. 𨹈侯鼎（唐侯鼎）

【時　　代】春秋中期。

【出土時地】2019 年湖北隨州市曾都區棗樹林曾國墓地曾夫人墓（M191）。

【收 藏 者】隨州博物館。

【形制紋飾】附耳鼎。

【著　　録】未著録。

【銘文字數】腹外壁鑄銘文 12 字。

【銘文釋文】𨹈（唐）医（侯）刺（制）隓（陸—隨）夫人行鼎，其永祜福。

0222. 昌文鼎

【時　　代】戰國晚期。

【出土時地】陝西吴堡縣郭家溝鄉小周家坪村。

【收 藏 者】吴堡縣文物管理所。

【尺度重量】通高 20、口徑 20.3 釐米，重 4.65 公斤。

【形制紋飾】體呈扁圓形，子口内斂，口沿旁有一對附耳，圜底下設三條蹄形足，蓋面呈弧形鼓起，上有三個半環形鈕，鈕上有釘蓋形突起。

【著　　録】陝集成 16 册 20 頁 1820。

【銘文字數】蓋上刻銘文兩組，共 8 字(其中合文 1)，腹外近耳側 4 字，共 12 字。

【銘文釋文】蓋銘：昌文，二斗，右般。昌文。器銘：昌文，二斗。

蓋銘拓本

蓋銘照片

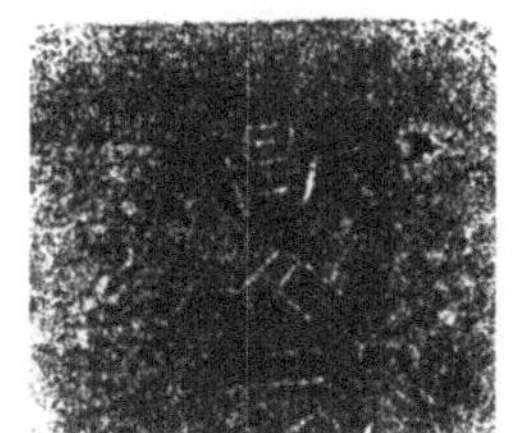

器銘拓本

器銘照片

0223. 趞盄父鼎

【時　　代】西周晚期。

【出土時地】山西侯馬市。

【收 藏 者】侯馬市晉國古都博物館。

【形制紋飾】敞口收腹，圜底，坡狀唇，口沿上有一對索狀立耳，三條足呈柱足向蹄足過渡的中間形態。頸部僅飾一道弦紋。

【著　　録】未著録。

【銘文字數】内壁有銘文 13 字(其中重文 2)。

【銘文釋文】趞(遣)盄父乍(作)寶鼎，子₌(子子)孫₌(孫孫)永寶用。

0224. 曾侯鼎

【時　　代】春秋早期。

【出土時地】2002 年湖北棗陽縣郭家廟修築高速公路時出土。

【收 藏 者】襄陽市博物館。

【形制紋飾】口微斂，寬沿外折，束頸圜底，一對附耳高聳，三條蹄形足，内面呈凹弧形。頸部飾竊曲紋。底部殘破。

【著　　録】未著録。

【銘文字數】内壁鑄銘文 13 字(殘缺 3 字)。

【銘文釋文】曾医(侯)乍(作)季［姬］、湯媥(芈)賸(媵)［鼎］甘(其)永用［亯(享)］。

0225. 昜娟鼎(昜妘鼎)

【時　　代】春秋早期。
【出土時地】2018 年 5 月河南義馬市市區南部的上石河墓地(M34.1)。
【收 藏 者】三門峽市文物考古研究所。
【尺度重量】通高 17.8、口徑 18.8、最大腹徑 18.4、腹深 9.4 釐米。
【形制紋飾】敞口淺腹,寬沿方唇,頸部有一對附耳高聳,腹部收斂成圜底,三條蹄形足,内面呈弧形凹陷。頸部飾無目竊曲紋,腹部飾垂鱗紋。
【著　　録】中原文物 2019 年 4 期 11 頁圖 10,封二:1。
【銘文字數】内壁鑄銘文 13 字(其中重文 2)。
【銘文釋文】昜娟(? 妘)乍(作)寶鼎,子=(子子)孫=(孫孫)永寶用亯(享)。

0226. 楚王酓章鼎(楚王熊章鼎)

【時　　代】戰國早期。

【收 藏 者】某收藏家。

【形制紋飾】窄沿方唇,有子口,深腹圜底,腹部有一道箍稜,一對附耳外張,下具三條獸面蹄足;蓋面隆起,頂部有銜環小鈕,其外有三道凸棱,一二道凸棱之間等距離分佈着三個獸形環鈕。通體飾蟠螭紋。

【著　　録】未著録。

【銘文字數】蓋内鑄銘文 7 字,器内壁 6 字,共 13 字。

【銘文釋文】蓋銘:隹(唯)王五十又五祀;器銘:楚王酓(熊)章乍(作)寺(持)。

蓋銘

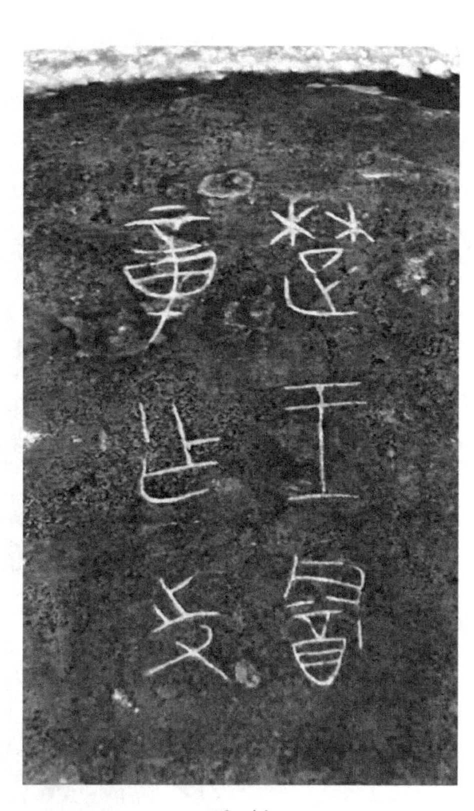

器銘

0227. 叔栚父鼎

【時　　代】西周中期。

【收 藏 者】某收藏家。

【尺度重量】通高 22.6、兩耳相距 20.8 釐米。

【形制紋飾】斂口窄沿，坡狀唇，口沿上有一對立耳，腹部向外傾垂，底部微向下作弧形，三條柱足較矮，上粗下細。頸部僅飾兩道弦紋。

【著　　録】未著録。

【銘文字數】內壁鑄銘文 14 字。

【銘文釋文】弔（叔）栚父乍（作）寶隮（尊）鼒，雩（于）我子孫𠀠（其）永寶。

0228. 伯休父鼎

【時　　代】西周晚期。

【出土時地】2014 年 6 月出現在美國紐約蘇富比春季拍賣會。

【收 藏 者】原藏日本某收藏家。

【形制紋飾】體呈半球形，口微斂，窄沿方唇，口沿上有一對立耳，收腹圜底，三條蹄形足，足内面凹進。頸部飾一周無目竊曲紋。

【著　　録】未著録。

【銘文字數】内壁鑄銘文 14 字。

【銘文釋文】白(伯)休父乍(作)岑(市)人障(尊)鼎，甘(其)邁(萬)年永寶用。

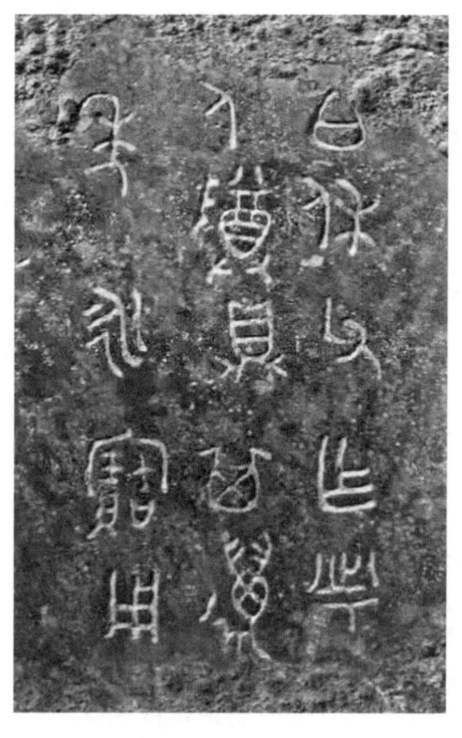

0229. 芮太子白鼎（内大子白鼎）

【時　　代】春秋早期。
【收 藏 者】中國國家博物館。
【尺度重量】通高 32.3，口徑 38、兩耳相距 43.5 釐米，重 14.26 公斤。
【形制紋飾】斂口寬沿，一對附耳高聳，淺腹圜底，三條獸蹄形足，腹部有一道箍棱。頸部飾竊曲紋，腹部飾環帶紋。
【著　　録】未著録。
【銘文字數】内壁鑄銘文 14 字（其中合文 1）。
【銘文釋文】内（芮）大（太）子白爲戱父寶鼎，孫＝（子孫）永保用。
【備　　注】"子孫"爲合文。

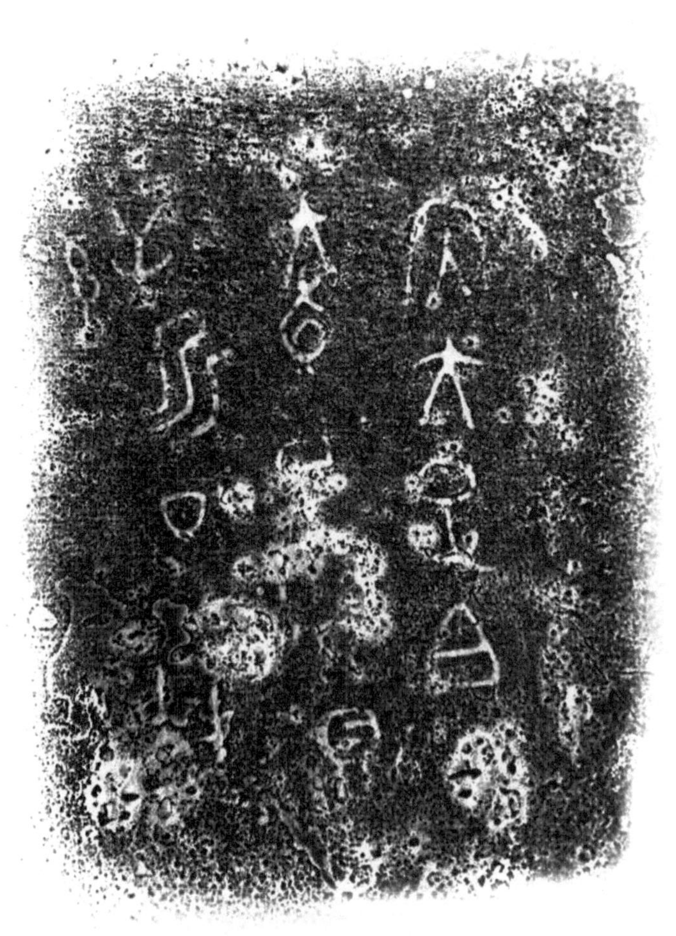

0230. 鄂侯鼎（噩侯鼎）

【時　　代】春秋早期。

【出土時地】2012年河南南陽市新店鄉夏餉鋪村鄂國墓地（M1.2）。

【收 藏 者】南陽市文物考古研究所。

【尺度重量】通高23.7、口徑26.6、腹徑25、腹深10.8釐米。

【形制紋飾】斂口鼓腹，窄薄沿，口沿上有一對立耳，圜底近平，三條蹄形足，内面凹進，頸腹之間有一道箍棱。頸部飾無目竊曲紋，腹部飾垂鱗紋。

【著　　録】江漢考古2019年4期21頁圖版二：7、38頁拓片一。

【銘文字數】内壁鑄銘文14字。

【銘文釋文】隹（唯）正月初吉己丑，噩（鄂）疾（侯）乍（作）夫人行鼎。

【備　　注】銘文反書。同墓出土鼎7件，其中5件形制、紋飾、銘文相同，大小相次。器形照片爲M1.1，供參考。

0231. 鄭邢小子傳鼎

【時　　代】西周晚期或春秋早期。
【收 藏 者】某收藏家。
【形制紋飾】口微斂，寬平沿，鼓腹圜底，口沿上有一對立耳，三條蹄形足。腹部有一道箍棱，頸部飾竊曲紋。
【著　　録】未著録。
【銘文字數】内壁鑄銘文 15 字（其中合文 1、重文 2）。
【銘文釋文】奠（鄭）井（邢）小子傳乍（作）鼎，子=（子子）孫=（孫孫）永寶用之。
【備　　注】“小子”爲合文。

0232. 塞孫考叔𤸫父鼎（息孫考叔𤸫父鼎、寋孫丂叔𤸫父鼎）

【時　　代】春秋早期。

【收 藏 者】某收藏家。

【形制紋飾】口微斂，窄沿薄唇，一對附耳高聳，圜底，三條蹄形足。頸部飾竊曲紋。

【著　　録】未著録。

【銘文字數】内壁鑄銘文 15 字。

【銘文釋文】寋（塞—息）孫丂（考）弔（叔）𤸫父，𠀠（其）乍（作）石它，𠀠（其）永𠷎（壽）用之。

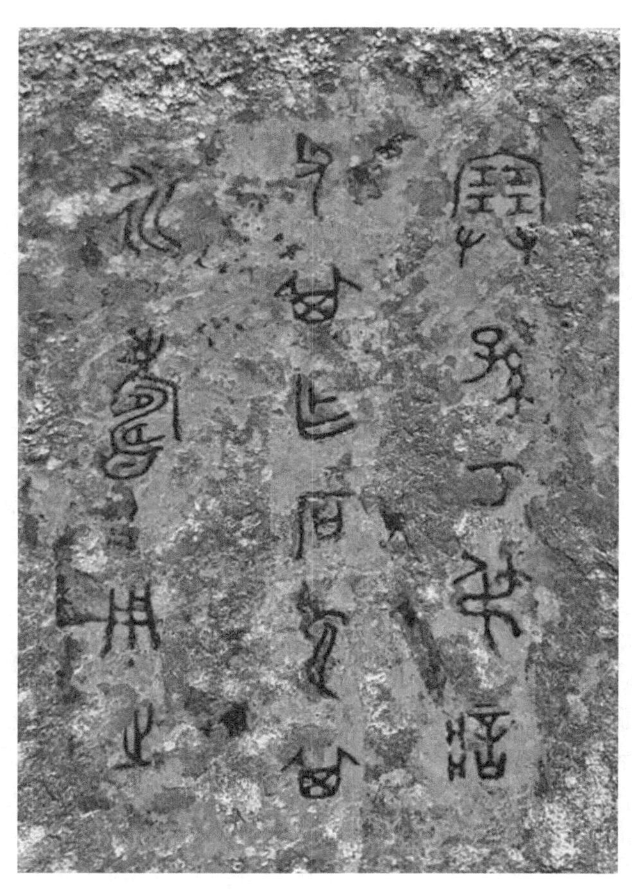

0233. 夆子選鼎(夆子迴鼎、逢子選鼎)

【時　　代】春秋早期。

【出土時地】2017 年 2 月見於盛世收藏網。

【收 藏 者】某收藏家。

【形制紋飾】子口内斂，鼓腹圜底，一對附耳高聳，三條蹄形足，平頂蓋，沿下折與器的子母合口，蓋上中部有一個拱形鈕，周邊有三個扁鳥形裝飾。蓋沿和器口沿下均飾蟠虺紋。

【著　　録】未著録。

【銘文字數】蓋内鑄銘文 15 字，器内壁 13 字。

【銘文釋文】夆(逢)子迴(選)用𠀠(其)吉金，自乍(作)𩛥鼎，子孫用之。

【備　　注】器銘缺少“自、止”2 字(有可能是被銹所掩)。

蓋銘

器銘

0234. 仲宴父鼎

【時　　代】西周中期。

【出土時地】2004-2007 年山西絳縣横水鎮横北村西周墓地（M2606）。

【收 藏 者】山西青銅器博物館。

【形制紋飾】斂口，窄沿薄唇，口沿上有一對立耳，腹部向外傾垂，三條柱足。頸部飾垂冠回首尾下卷如刀形的夔龍紋。

【著　　録】未著録。

【銘文字數】内壁鑄銘文 16 字（其中重文 2）。

【銘文釋文】中（仲）匽（宴）父肁（肇）乍（作）旅鼎，子＝（子子）孫＝（孫孫）𠀠（其）永寶用亯（享）。

0235. 伯牛父鼎

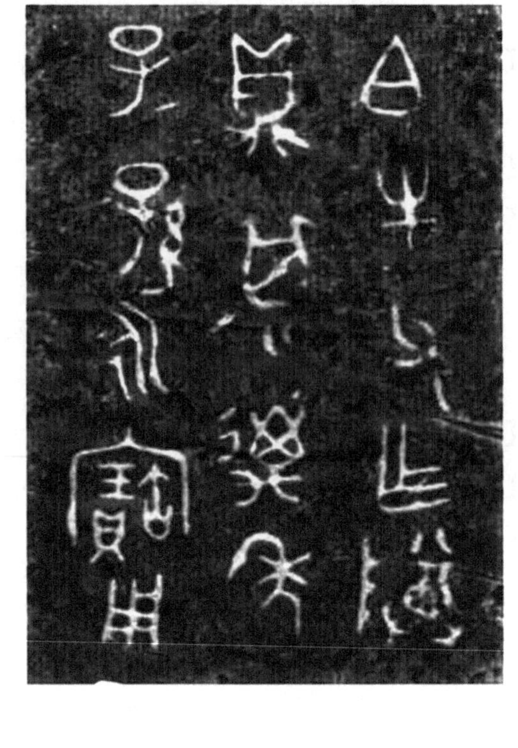

【時　　代】西周晚期。

【出土時地】2015年陝西岐山縣京當鎮賀家村西周墓葬（M30.1）。

【收 藏 者】周原考古隊。

【尺度重量】通高26.2、口徑27.7、腹深14.2釐米，重5.81公斤。

【形制紋飾】體呈半球形，口微斂，窄折沿，方唇，口沿上有一對立耳，圜底，三條蹄形足，足内側爲平面。上腹飾大小相間的重環紋，腹間有一道凸弦紋，底部三足間有三角形範綫，殘留一層煙炱。

【著　　録】考古與文物2019年5期33頁圖11、封三：1。

【銘文字數】内壁鑄銘文16字（其中重文2）。

【銘文釋文】白（伯）牛父乍（作）隮（尊）鼎，其禠（萬）年子＝（子子）孫＝（孫孫）永寶用。

0236. 姬牛母鼎

【時　　代】西周晚期。

【出土時地】2015 年陝西岐山縣京當鎮賀家村西周墓葬（M30.2）。

【收 藏 者】周原考古隊。

【尺度重量】通高 20.5、口徑 21.2、腹深 10.3 釐米，重 2.93 公斤。

【形制紋飾】體呈半球形，口微斂，窄折沿，方唇，口沿上有一對立耳，圜底，三條蹄形足，足内側爲平面。上腹飾大小相間的重環紋，腹間有一道凸弦紋，底部三足間有三角形範綫，殘留一層煙炱。

【著　　録】考古與文物 2019 年 5 期 33 頁圖 12、封三：2。

【銘文字數】内壁鑄銘文 16 字（其中重文 2）。

【銘文釋文】姬牛母乍（作）𩠦（尊）鼎，其徲（萬）年子＝（子子）孫＝（孫孫）永寶用。

0237. 叔湨父鼎

【時　　代】西周晚期。
【出土時地】陝西大荔縣。
【收 藏 者】陝西歷史博物館。
【尺度重量】通高 35.1、口徑 35 釐米，重 9.235 公斤。
【形制紋飾】體呈大半球形，敞口，窄沿方唇，口沿上有一對立耳，深腹圜底，下具三條蹄足。頸腹之間有一道粗弦紋，頸部飾重環紋。
【著　　録】陝集成 15 册 158 頁 1731。
【銘文字數】内壁鑄銘文 16 字(其中重文 2)。
【銘文釋文】弔(叔)湨父乍(作)商生寶鼎，孫=(孫孫)子=(子子)永寶用，亻。
【備　　注】館藏號：九一 2186。

鼎

0238. 虢季氏子虎父鼎

【時　　代】春秋早期。

【出土時地】2018年9月河南義馬市區南部上石河村春秋墓葬(M93)。

【收 藏 者】三門峽市文物考古研究所。

【尺度重量】通高12.5、口徑14.5、最大腹徑13.5、腹深6.8釐米。

【形制紋飾】敞口淺腹，寬沿方唇，頸部有一對附耳高聳，附耳各有一對横梁與口沿相連，腹部收斂成圜底，下設三條蹄形足。頸部飾“S”形竊曲紋，腹部飾垂鱗紋，足上部飾浮雕獸面。

【著　　録】中原文物2019年4期115頁圖2、3。

【銘文字數】内壁鑄銘文16字(其中重文2)。

【銘文釋文】虢季氏子虎父乍(作)寶鼎，子=(子子)孫=(孫孫)永寶用。

0239. 芮公鼎

【時　　代】春秋早期。

【出土時地】2019 年陝西澄城縣王莊鎮劉家窪村芮國墓地。

【收 藏 者】陝西省考古研究院。

【形制紋飾】直口，窄沿方唇，口沿上有一對立耳，腹部微鼓，圜底弧度很大，三條蹄形足。頸部飾竊曲紋，腹部飾環帶紋，均無地紋。

【著　　録】未著録。

【銘文字數】内壁鑄銘文 16 字。

【銘文釋文】内（芮）公乍（作）史宫寶鼎，𠀠（其）萬年子孫永寶用之。

0240. 鄭伯鼎

【時　　代】春秋早期。

【出土時地】見於河南電視臺"華豫之門"欄目。

【收 藏 者】湖北孝感某收藏家。

【尺度重量】通高 24.5、兩耳相距 24 釐米。

【形制紋飾】口微斂，窄薄沿外折，口沿上有一對立耳，淺腹圜底，三條蹄形足。頸部飾無目竊曲紋。

【著　　録】未著録。

【銘文字數】内壁鑄銘文 16 字。

【銘文釋文】奠(鄭)白(伯)乍(作)□孟姬隮(尊)□，其萬年［子］孫永寶□。

【備　　注】銘文照片下部截去一排字。

0241. 鄂伯洛伏鼎(噩伯洛伏鼎)

【時　　代】春秋早期。

【出土時地】2012 年河南南陽市新店鄉夏餉鋪村鄂國墓地(M16.13)。

【收 藏 者】南陽市文物考古研究所。

【尺度重量】通高 27.8 、口徑 28.7、腹深 12.6、腹徑 29.9 釐米,重 6.6 公斤。

【形制紋飾】口微斂,窄薄沿,口沿上有一對立耳,腹部收成圜底,三條蹄形足,内面凹進。頸部飾竊曲紋。

【著　　録】江漢考古 2019 年 32 頁圖版一:3、32 頁拓片 3。

【銘文字數】内壁鑄銘文 16 字。

【銘文釋文】噩(鄂)白(伯)洛伏乍(作)鬻鼎,亓(其)萬年子孫永寶用亯(享)。

【備　　注】銘文中“伏”字的寫法是“犬”在上“人”在下。

0242. 斗半升鼎

【時　　代】戰國晚期。

【出土時地】1961 西安市北郊出土。

【收 藏 者】陝西歷史博物館。

【尺度重量】通高 16.2、口徑 14.5 釐米，重 1.892 公斤，容 2000 毫升。

【形制紋飾】體扁圓，弇口鼓腹，長方形附耳稍外撇，三條蹄足，蓋面隆起，上有三個環鈕，腹部有一道凸弦紋。通體光素。

【著　　録】西部考古第 12 輯（2017 年 1 期）195 頁圖 7。

【銘文字數】上腹刻銘文 3 處，共 16 字。

【銘文釋文】1. 斗半升；2. □□容一斗，六斤十兩；3. 二百卅五。

0243. 史稻鼎

【時　　代】西周晚期。

【出土時地】陝西興平市。

【收 藏 者】興平市博物館。

【尺度重量】通高 28. 5、口徑 29、腹深 14. 5 釐米。

【形制紋飾】口微斂，窄口沿，口沿上有一對扭索形立耳，深腹圜底，三條蹄形足。頸腹之間有一道箍棱，頸部飾重環紋。

【著　　録】陝集成 10 册 138 頁 1150。

【銘文字數】内壁鑄銘文 17 字(其中重文 2)。

【銘文釋文】史旛(稻)乍(作)爲妊妥士隮(尊)鼎，甘(其)子＝(子子)孫＝(孫孫)永寶用。

銘文拓本

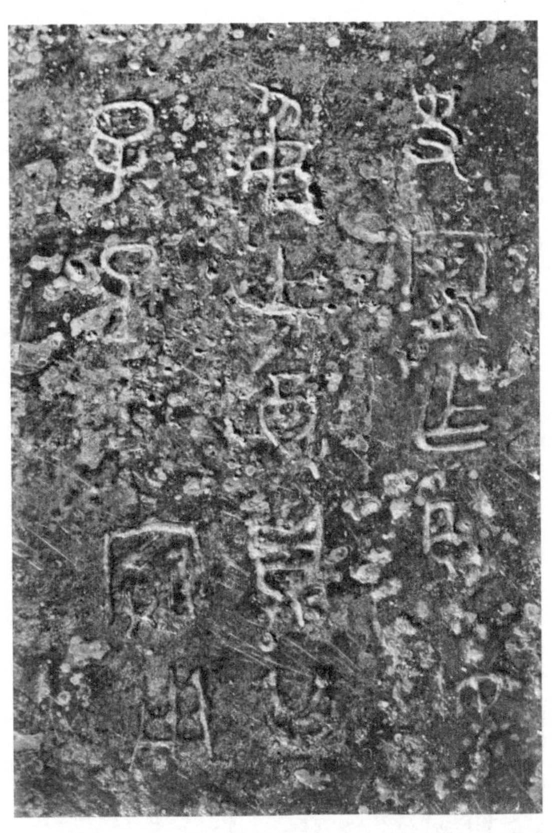

銘文照片

0244. 齊公去余鼎

【時　　代】春秋早期。

【出土時地】2017 年 10 月出現在北京匡時（香港）秋季拍賣會。

【收 藏 者】某收藏家。

【尺度重量】通高 24 釐米。

【形制紋飾】斂口鼓腹，窄薄沿，口沿上有一對立耳，圜底，三條蹄形足。頸部飾無目竊曲紋，腹部有一道箍棱，其下飾環帶紋。

【著　　録】未著録。

【銘文字數】内壁鑄銘文 17 字（其中重文 2）。

【銘文釋文】亝（檱、齊）公厺（去）余，自乍（作）飤鼎，其子=（子子）孫=（孫孫）永寶用之。

0245. 虢季子白鼎

【時　　代】西周晚期。

【出土時地】2018 年 9 月見於西安。

【收 藏 者】某收藏家。

【尺度重量】通高 27.5、口徑 32.5、腹深 14.4、兩耳相距 38.4 釐米。

【形制紋飾】侈口寬沿，斂腹圜底，腹較淺，一對附耳高聳，耳與口沿有兩根横梁相連，底部設三條蹄形足。頸部飾竊曲紋，腹部飾垂鱗紋。

【著　　録】未著録。

【銘文字數】内壁鑄銘文 18 字(其中重文 2)。

【銘文釋文】虢季子白乍(作)匽(燕)孟姬賸(媵)鼎，子＝(子子)孫＝(孫孫)永寶用亯(享)。

0246. 叔䟭父鼎

【時　　代】西周晚期。

【收 藏 者】某收藏家。

【形制紋飾】體呈半球形，敞口，窄沿方唇，口沿上有一對立耳，圜底，三足較細，呈柱足向蹄足過渡的式樣。頸腹之間有一道箍棱，頸部飾一周重環紋。

【著　　録】未著録。

【銘文字數】内壁鑄銘文 18 字。

【銘文釋文】弔（叔）䟭父乍（作）㜲姬賸（媵）鼎，甘（其）眔其夫甘（其）家，永寶用，井。

0247. 晉刑氏妃鼎

【時　　代】春秋早期。

【出土時地】山西新絳縣公安局打擊文物犯罪繳獲。

【收 藏 者】山西青銅器博物館。

【尺度重量】通高 27、口徑 31.8、兩耳相距 35.8 釐米，重 6.4 公斤。

【形制紋飾】直口淺腹，窄沿方唇，頸部有一對附耳高聳，圜底下設三條蹄形足，足内面呈凹弧形。頸部飾竊曲紋，耳外側飾大小相間的重環紋，腹部飾環帶紋。

【著　　録】國寶（2019 二）122、123 頁。

【銘文字數】内底鑄銘文 18 字。

【銘文釋文】晉（晉）刑氏妃乍（作）寶鼎，其萬年無彊（疆），子孫永寶用亯（享）。

0248. 晉刑氏妃鼎

【時　　代】春秋早期。

【收 藏 者】某收藏家。

【形制紋飾】直口淺腹，窄沿方唇，頸部有一對附耳高聳，圜底下設三條蹄形足，足內面呈凹弧形。頸部飾竊曲紋，耳外側飾大小相間的重環紋，腹部飾環帶紋。

【著　　録】未著録。

【銘文字數】内壁鑄銘文 18 字。

【銘文釋文】簪(晉)刑氏妃乍(作)寶鼎，其萬年無彊(疆)，子孫永寶用亯(享)。

0249. 吉金鼎

【時　　代】春秋早期。

【收 藏 者】某收藏家。

【尺度重量】通高 40.5、口徑 32、兩耳相距 40 釐米。

【形制紋飾】斂口鼓腹，口沿下有一對附耳，圜底，三條蹄形足，外罩式蓋，上有六柱輪形捉手，柱帽飾獸面，輪面飾斜綫紋。蓋面上有兩圈箍棱，内圈飾三角雷紋，中圈和外圈飾蟠虺紋，腹部有一道箍棱，上腹飾蟠虺紋，足上部飾獸面紋。

【著　　録】未著録。

【銘文字數】蓋、器對銘，各 18 字。

【銘文釋文】……吉金㠯(以)□盨(鑄)□鬲(芈)匡匿(簠)，匃釁(眉)[壽]無彊(疆)，永宝(寶)用[之]。

【備　　注】銘文反書。銘文上半段可能缺鑄，也有可能在另一鼎上。

蓋銘拓本

蓋銘照片

器銘拓本

器銘照片

0250. 邢丘令秦鼎

【時　　代】戰國中期・魏。

【出土時地】2005 年見於雅昌網。

【收 藏 者】某收藏家。

【形制紋飾】形制與梁十九年鼎基本相同。

【著　　録】未著録。

【銘文字數】蓋、器對銘，各 18 字（其中合文 2）。

【銘文釋文】十六年，垄（邢）丘命（令）𣝁（秦），工帀（師）櫻、刅（冶）頡鈘（鑄），客（格）庴（容）四分酓（齋）。

【備　　注】此爲蓋銘，器銘照片與器形照片未公布。"工帀""四分"爲合文。

蓋銘照片　　蓋銘摹本

0251. 鄭邢叔槐鼎(奠井叔槐鼎)

【時　　代】西周中期後段。

【出土時地】2016年3月出現在西安。

【收 藏 者】某收藏家。

【尺度重量】通高19.5、口徑22.4、腹深10.5釐米。

【形制紋飾】口微斂,窄沿方唇,口沿上有一對立耳,圜底下設三條柱足,足上部微鼓。頸腹之間有一道箍棱,頸部飾大小相間的重環紋,上下界以弦紋。

【著　　録】未著録。

【銘文字數】内壁鑄銘文19字(其中重文2)。

【銘文釋文】奠(鄭)井(邢)弔(叔)椃(槐)肇乍(作)朕(朕)皇且(祖)文考寶鼎,子=(子子)孫=(孫孫)永用。

0252. 美鼎

【時　　代】西周晚期。

【出土時地】1993 年山西曲沃縣天馬—曲村晉侯墓地 M64 號墓。

【收 藏 者】山西晉國博物館。

【形制紋飾】敞口窄沿，口沿上有一對立耳，斂腹圜底，三條足呈柱足向蹄足過渡的中間形態。頸部飾重環紋，下有一周弦紋。

【著　　録】未著録。

【銘文字數】内壁有銘文 19 字(其中重文 1)。

【銘文釋文】隹(唯)正月初吉庚午，美乍(作)寍(寶)雁(應)鼎，子₌(子子)孫其永寍(寶)用。

0253. 丁屖鼎(原稱丁侯鼎)

【時　　代】西周晚期。
【出土時地】清代陝西乾縣甘谷西岸出土。
【收 藏 者】下落不明。
【著　　録】陝金石 1.6,陝金 2.58,陝集成 9 册 92 頁 1026。
【銘文字數】内壁鑄銘文 19 字。
【銘文釋文】丁屖用吉金乍(作)朕(朕)皇考寶隮(尊)彝,敔(敢)對搨(揚)天子休命。

0254. 芮公鼎

【時　　代】春秋早期。

【出土時地】2018 年陝西澄城縣王莊鎮劉家窪村芮國墓地(M3)。

【收 藏 者】陝西省考古研究院。

【形制紋飾】體呈半球形,口微斂,窄沿方唇,口沿上有一對立耳,圜底下設三條蹄形足。頸部飾竊曲紋,腹部飾垂鱗紋。一足下部曾經補鑄。

【著　　録】未著録。

【銘文字數】內壁鑄銘文 19 字(其中重文 2)。

【銘文釋文】內(芮)公乍(作)𩰫(鑄)㚸宮寶鼎,其萬年子＝(子子)孫＝(孫孫)永寶用亯(享)。

0255. 芮公鼎

【時　　代】春秋早期。

【出土時地】2018 年陝西澄城縣王莊鎮劉家窪村芮國墓地(M3.66)。

【收 藏 者】陝西省考古研究院。

【形制紋飾】體呈半球形,口微斂,窄沿方唇,口沿上有一對立耳,圜底下設三條蹄形足。頸部飾竊曲紋,腹部飾垂鱗紋。一足下部稍殘。

【著　　録】考古 2019 年 7 期 58 頁圖 33、34。

【銘文字數】内壁鑄銘文 19 字(其中重文 2)。

【銘文釋文】内(芮)公乍(作)鼍(鑄)匊宫寶鼎,其萬年子=(子子)孫=(孫孫)永寶用亯(享)。

【備　　注】銘文下部磨損不清。

銘文拓本

銘文照片

0256. 芮太子白鼎（内大子白鼎）

【時　　代】春秋早期。

【收 藏 者】某收藏家。

【形制紋飾】敞口，寬平沿，淺腹圜底，一對附耳高聳，三條蹄形足，上腹有一道箍棱。頸部飾竊曲紋，腹部飾垂鱗紋。

【著　　録】未著録。

【銘文字數】内壁鑄銘文 19 字。

【銘文釋文】内（芮）大（太）子白乍（作）鎜（鑄）爲𢦏父寶隮（尊）鼎，[其] 邁（萬）年永保用亯（享）。

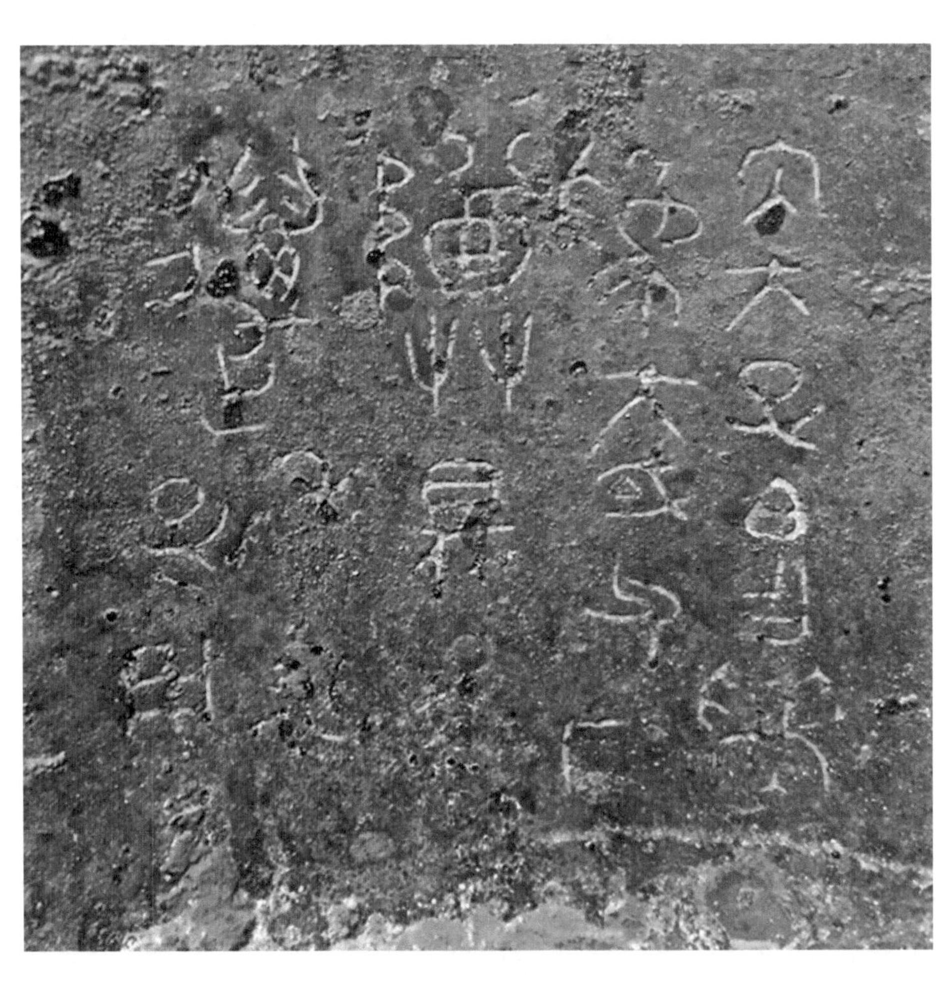

0257. 楚王領鼎

【時　　代】春秋中期。

【收 藏 者】某收藏家。

【形制紋飾】侈口束頸，腹寬扁，口沿上有一對外張的碩大方環耳，頸腹之間有一周箍棱，腹部有三個透雕交龍裝飾，底部微下凹，三條蹄形足。頸部飾交龍紋，腹部飾蟠螭紋，足上部飾獸面紋。

【著　　録】未著録。

【銘文字數】蓋内鑄銘文 19 字(其中重文 2)。

【銘文釋文】楚王領賸(媵)□盉(孟)嬭(羋)幾盥鼑(鼎)，其子=(子子)孫=(孫孫)永寶用之。

【備　　注】有同銘文盤。

0258. 相邦義鼎

【時　　代】戰國晚期·秦。

【收 藏 者】香港九如園朱昌言。

【尺度重量】通高 19.5、口徑 19.5 釐米。

【形制紋飾】斂口圜底，扁圓腹，一對附耳微向外曲張，三條矮蹄足，根部肥大，弧面形蓋，上有三個環鈕，鈕上有象徵性獸頭。腹部有一周帶狀箍飾，通體光素。外底有雙圈範綫，並佈滿煙炱。

【著　　録】未著録。

【銘文字數】下腹刻銘文 19 字。

【銘文釋文】十二年，相邦義之造，咸陽工師田、工大人逆、工□。

0259. 矩鼎

【時　　代】西周早期後段。

【出土時地】2017 年 12 月出現在杭州西泠印社秋季拍賣會。

【收 藏 者】原藏日本某收藏家,現藏不明。

【尺度重量】通高 20.2 釐米。

【形制紋飾】體呈橢方形,斂口,窄沿方唇,口沿兩端有一對立耳,腹較深,下腹向外傾垂,四條柱足細高。頸部飾一周三列雲雷紋組成的獸面紋帶。外底有雙綫“×”形加强筋。

【著　　録】未著録。

【銘文字數】内壁鑄銘文 20 字(其中重文 1)。

【銘文釋文】矩乍(作)宗室彝(齋),𠀠(其)用卿(饗)王出内(納),穆$_{=}$(穆穆)事賓(賓),子孫𠀠(其)永𠈇(保)。

【備　　注】臺北故宫博物院收藏一件同銘方鼎,形制、紋飾、銘文相同,大小相若(見《銘圖》02204)。

0260. 叔休鼎

【時　　代】西周晚期或春秋早期。

【出土時地】山西省打擊文物犯罪繳獲。

【收 藏 者】山西青銅器博物館。

【形制紋飾】口微斂，窄沿方唇，口沿上有一對立耳，斂腹圜底，三條柱足。腹有一道道箍棱，頸部飾大小相間的重環紋。

【著　　録】未著録。

【銘文字數】内壁鑄銘文 20 字（其中重文 2）。

【銘文釋文】䇷（寅）者（都）君𤔲（司）鹵弔（叔）休乍（作）寶鼎，其萬年子＝（子子）孫＝（孫孫）永保用。

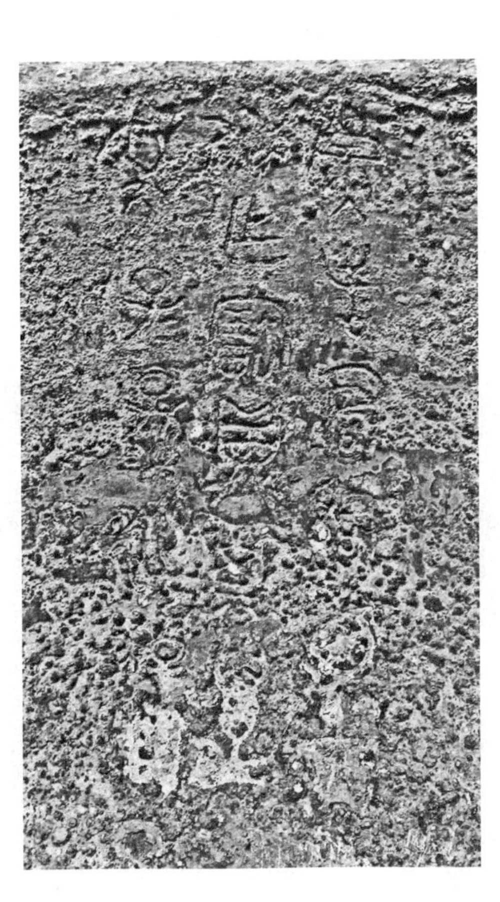

0261. 大師小子伯歡父鼎(太師小子伯歡父鼎)

【時　　代】春秋早期。

【出土時地】2018年陝西省澄城縣王莊鎮劉家窪村西北芮國墓地(M49.172)。

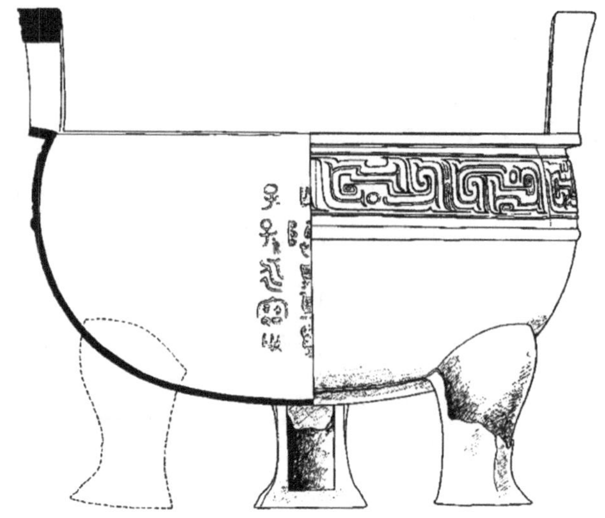

【收 藏 者】陝西省考古研究院。

【尺度重量】通高31.9、口徑33.9、腹深16.6釐米。

【形制紋飾】體呈半球形,口微斂,窄沿方唇,口沿上有一對立耳,圜底,三條蹄形足粗矮,內側削平,部分露出泥芯。雙耳外側飾兩周陰綫,腹上部飾竊曲紋,下部有一周箍棱。

【著　　録】文物2019年7期14頁圖15、28頁圖68。

【銘文字數】內壁鑄銘文20字(其中重文1)。

【銘文釋文】大(太)師小子白(伯)歡父乍(作)隮(尊)鼎,其萬[年]子=(子子)孫永寶用之。

銘文拓本

銘文照片

0262. 邦鼎

【時　　代】西周早期。

【出土時地】寶雞市陳倉區。

【收 藏 者】寶雞市陳倉區博物館。

【形制紋飾】斂口鼓腹，窄沿方唇，口沿上有一對立耳，圜底下設三條柱足，上粗下細。頸部飾三列雲雷紋組成的列旗脊獸面紋帶。

【著　　録】未著録。

【銘文字數】内壁鑄銘文 21 字。

【銘文釋文】隹（唯）十又二月初吉丙申，才（在）井（邢），中（仲）易（錫）邦貝，［用］乍（作）寶障（尊）□□。

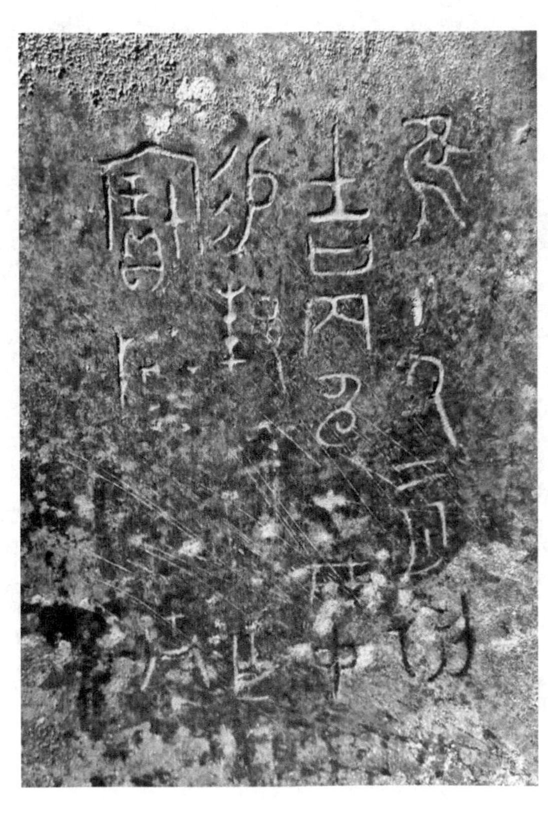

0263. 虢文公子㑴鼎

【時　　代】西周晚期。

【收 藏 者】原藏何夙明，現下落不明。

【形制紋飾】窄平沿，一對直耳，鼓腹圜底，三蹄足。頸部飾變形獸體紋（竊曲紋），腹中部有一道凸弦紋，其下飾環帶紋，耳外側飾重環紋。

【著　　録】湖湘 23 頁上 031。

【銘文字數】内壁鑄銘文 21 字（其中重文 1）。

【銘文釋文】虢文公子㑴乍（作）弔（叔）改鼎，其萬年無彊（疆），子孫＝（孫孫）永寶用亯（享）。

【備　　注】《銘圖》已著録 3 件（02207-02209），分别藏於北京故宫博物院、旅順博物館和法國巴黎賽爾諾什（色努施奇）博物館，此鼎未見著録，拓本有清末“黄樹人章”和“夙明手拓”。

0264. 尹氏士𩁹父鼎

【時　　代】西周晚期。

【收 藏 者】某收藏家。

【尺度重量】通高 25.4-26.3、口徑 26.5、腹深 13.5 釐米。

【形制紋飾】形似毛公鼎而小，口微斂，窄沿方唇，圜底，口沿上有一對立耳，三條蹄形足，内面凹進。頸部飾大小相間的重環紋，其下有一周粗弦紋。

【著　　録】未著録。

【銘文字數】内壁鑄銘文銘文 22 字(其中重文 2)。

【銘文釋文】尹氏士𩁹父乍(作)障(尊)鼎，甘(其)釁(眉)𠃬(壽)萬年無彊(疆)，子=(子子)孫=(孫孫)永寶用。

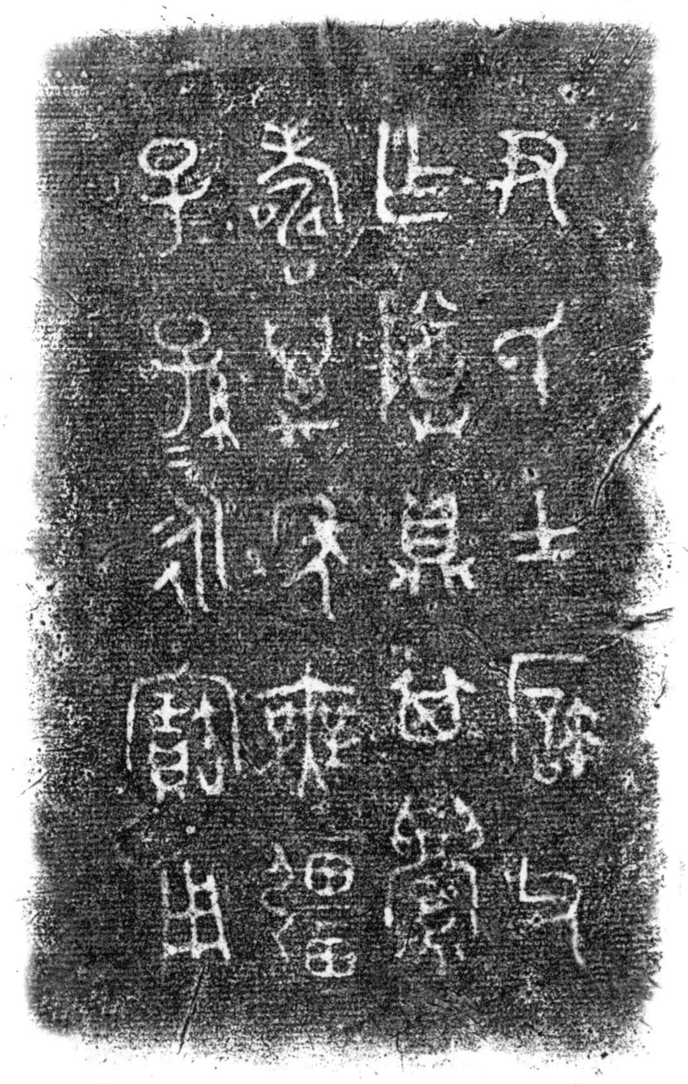

0265. 曾侯宏鼎

【時　　代】春秋中期。

【出土時地】2018 年湖北隨州市曾都區棗樹林曾侯宏墓(M168)。

【收 藏 者】湖北省文物考古研究所。

【形制紋飾】口微斂,寬平沿,一對附耳,圜底下設三條蹄形足。上腹有一道箍棱,其上飾變形獸體紋,其下飾垂鱗紋。

【著　　録】未著録。

【銘文字數】内壁鑄銘文 22 字。

【銘文釋文】隹(唯)王五月吉日庚申,曾医(侯)宏睪(擇)其吉金,自乍(作)阩(升)鼑(鼎),永用之。

【備　　注】該墓出土曾侯宏鼎 7 件,《銘圖》著録 2 件(02219、02220),《銘續》著録 3 件(0185、0186、0187),此爲第 6 件。

0266. 中小臣陸鼎

【時　　代】西周早期後段。

【收 藏 者】某收藏家。

【形制紋飾】長方體，窄沿方唇，口沿上有一對立耳，四壁較直，平底，四條柱足，四角各有一道扉棱。四壁每面飾兩道弦紋。

【著　　録】未著録。

【銘文字數】內壁鑄銘文約 23 字(其中合文 2)。

【銘文釋文】隹(唯)二月，王桒(禱)成周，王易(錫)中小臣陸貝十朋，用[乍(作)]父乙寶隮(尊)彝。

【備　　注】"小臣""十朋"爲合文。此鼎存疑。

0267. 伯辰鼎

【時　　代】春秋早期。

【收 藏 者】某收藏家。

【著　　録】未著録。

【銘文字數】内壁鑄銘文 23 字。

【銘文釋文】隹(唯)王正月初吉丁亥,余(郐)大(太)子白(伯)辰乍(作)寶鼎,亓(其)子孫永寶用之。

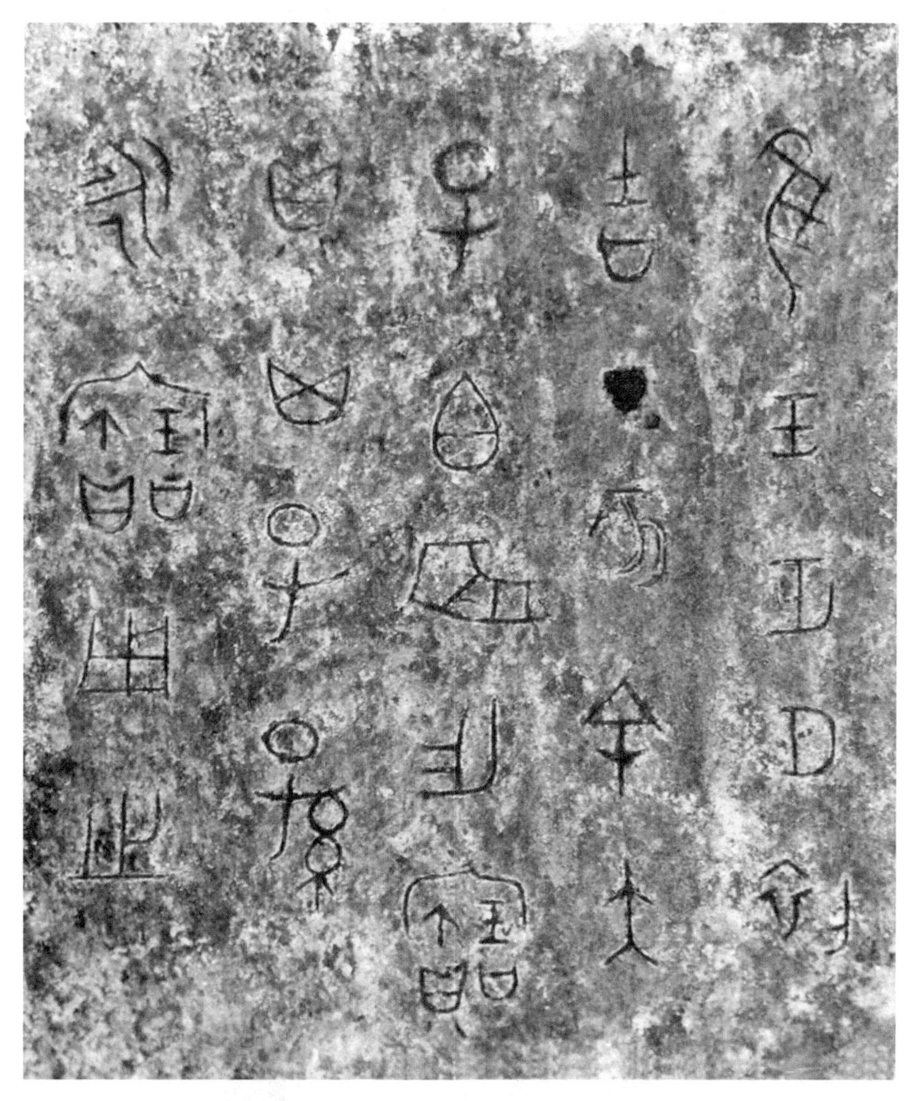

0268. 德鼎

【時　　代】西周早期。

【出土時地】2017 年 4 月出現在香港嘉德春季拍賣會。

【收 藏 者】某收藏家。

【形制紋飾】長方體，窄沿方唇，口沿上有一對立耳，淺腹平底，四柱足細長，四壁中綫和四角有扉棱，四壁飾曲折角獸面紋。獸面闊口獠牙，兩側填以倒置的夔龍。柱足上部飾浮雕牛角獸面，均以雲雷紋填地。

【著　　録】未著録。

【銘文字數】内壁鑄銘文 24 字(其中合文 1)。

【銘文釋文】隹(唯)三月王才(在)成周(周)，征(誕)珷(武)禱(祼)自蒿(鎬)，咸，王易(錫)㥁(德)貝廿朋，用乍(作)寶隮(尊)彝。

【備　　注】該鼎與上海博物館收藏的德方鼎形制、紋飾、銘文均相同，大小相若(見《銘圖》02266)。銘文中“廿朋”爲合文。

0269. 善鼎

【時　　代】西周早期。
【收 藏 者】某收藏家。
【著　　録】未著録。
【銘文字數】内壁鑄銘文 26 字(其中合文 2,重文 1)。
【銘文釋文】京生商(賞)氒(厥)臣譱(善)貝十朋又一朋,譱(善)用乍(作)氒(厥)父乙寶隮(尊)彝,子=(子子)孫永寶。
【備　　注】“十朋”“一朋”爲合文。

0270. 曾𢀛生甾鼎

【時　　代】春秋早期。

【收 藏 者】某收藏家。

【形制紋飾】口微斂，窄折沿，口沿上有一對立耳，鼓腹圜底，三條蹄形足，頸腹之間有一道箍棱。耳部飾粗雲紋，頸部飾竊曲紋，腹部飾變形獸面紋，不施地紋。

【著　　録】未著録。

【銘文字數】内壁鑄銘文 26 字（其中重文 2）。

【銘文釋文】唯曾𢀛生甾自乍（作）寶鼎，用害（匄）釁（眉）壽（壽），𠀠（其）萬年霝（令）冬（終），子＝（子子）孫＝（孫孫）永寶用亯（享）。

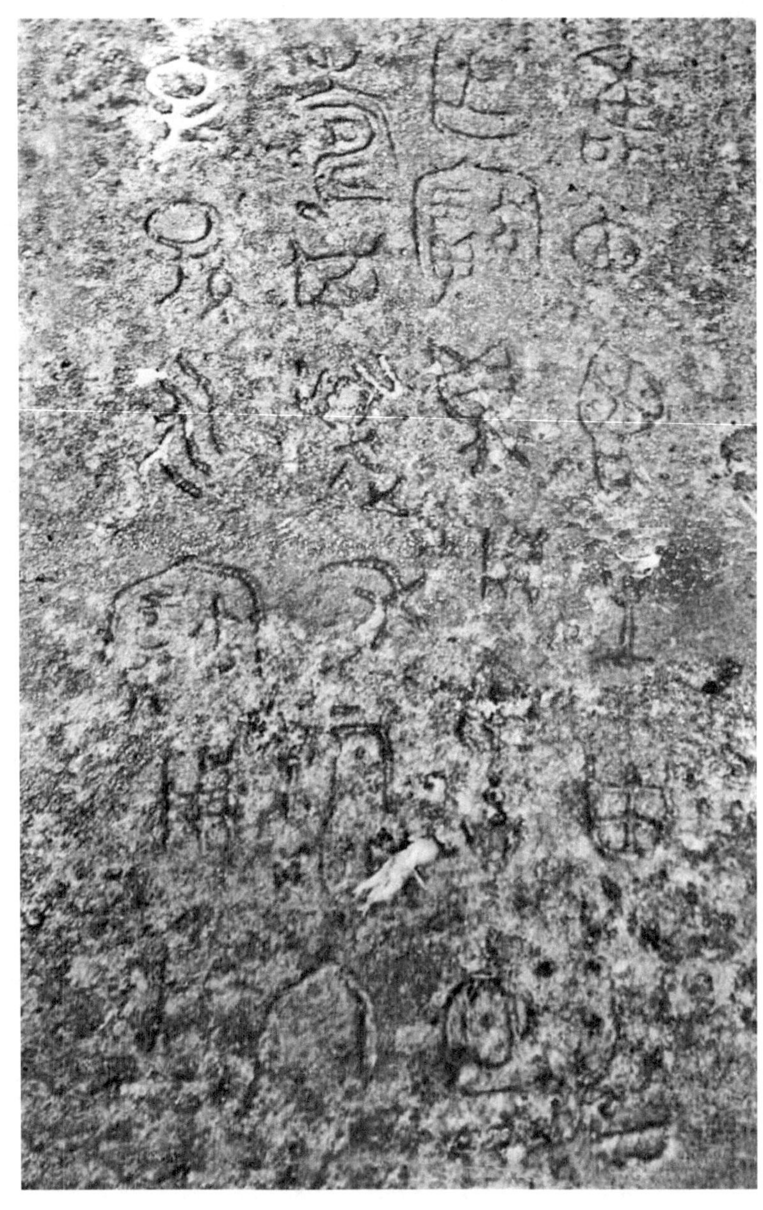

0271. 鹵子鼎

【時　　代】春秋晚期。

【收 藏 者】某收藏家。

【形制紋飾】子口内斂，頸部微收，深腹圜底，三條蹄形足，一對附耳高聳，蓋面隆起，正中有輪形捉手，六根弧形圓柱與蓋面連接。蓋面中部飾三周弦紋，肩部有一周寬帶紋，腹部飾兩道弦紋。

【著　　録】未著録。

【銘文字數】腹部鑄銘文約 26 字。

【銘文釋文】隹（唯）正月初吉丁□，鹵（？）子□□□□□乍（作）飤盂（盂），釁（眉）壽（壽）無諆（期），子孫永寶□。

【備　　注】銘文中部磨損較甚，多字無法辨識。

0272. 郮子楚鼎（蓮子楚鼎）

【時　　代】春秋晚期。

【收 藏 者】某收藏家。

【尺度重量】口徑 29 釐米。

【形制紋飾】體呈大半圓形，子口内斂，腹部收成圜底，一對附耳高聳，三條弓形高蹄足，蓋面隆起，有窄沿與子口相合，蓋面中部有一個拱身雙頭獸銜環鈕，邊緣均匀分佈着三個獸鈕。蓋面有一道綯紋箍棱，飾三圈蟠螭紋，腹部也有一道綯紋箍棱，上下亦飾蟠螭紋，三足上部飾浮雕獸面紋。

【著　　録】未著録。

【銘文字數】蓋、器對銘，各 26 字（其中重文 2）。

【銘文釋文】郮（蓮）子楚自台（以）余鉉鏐鋁鏞（鑪）爲其飤鼾（鼎），台（以）懲（祈）永＝猷＝（永猷，永猷）難老，釁（眉）䀠（壽）甬（用）之。

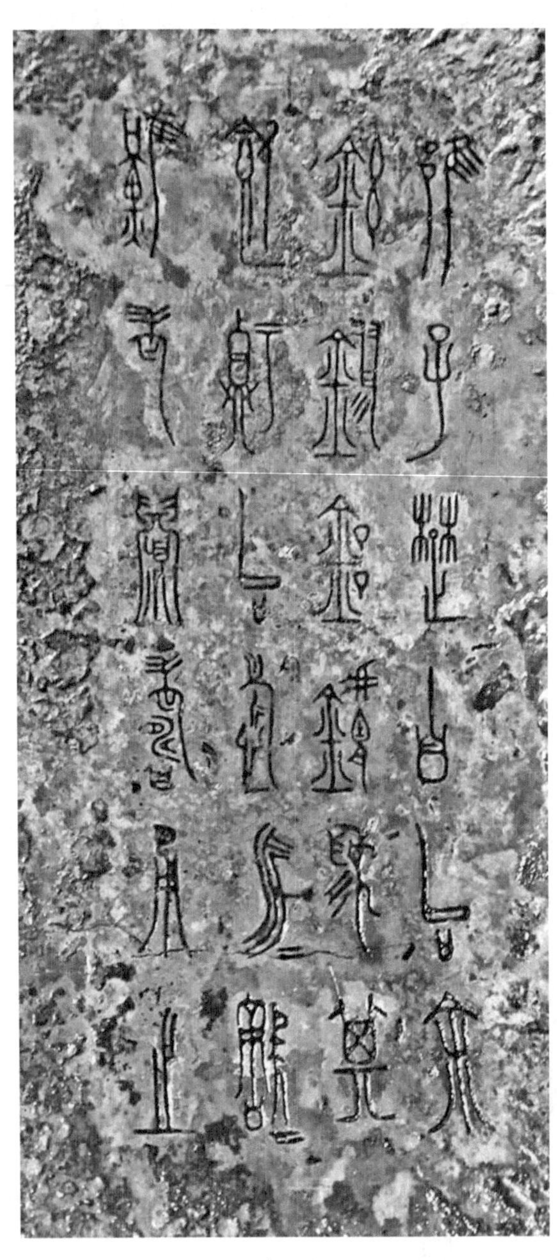
蓋銘

器銘

0273. 召叔鼎

【時　　代】西周中期後段。

【收 藏 者】某收藏家。

【著　　録】未著録。

【形制紋飾】敞口淺腹，侈沿方唇，一對附耳高聳，圜底下設三條卷鼻象首足。頸部飾竊曲紋，以雲雷紋填地。

【銘文字數】内壁鑄銘文 27 字。

【銘文釋文】隹（唯）三月初吉甲申，釁（召）弔（叔）乍（作）東室寶隮（尊）鼎，其（其）萬年壹（壽）考，用眔氒（厥）𠛔（朋）友旨鄉（饗）。

0274. 鄅子滤息鼎（蓮子濾息鼎）

【時　　代】春秋晚期。

【收 藏 者】某收藏家。

【著　　録】未著録。

【銘文字數】蓋、器對銘，各 27 字。

【銘文釋文】隹（唯）正月［初吉］丁亥，鄅（蓮）子滤息（？）滜（擇）其吉金，自迮（作）飤鐈，㠯（以）惁（祈）釁（眉）壽（壽），永保用之。

【備　　注】此爲蓋銘，器銘和器形照片藏家未公布。同坑出土還有同銘文缶等。

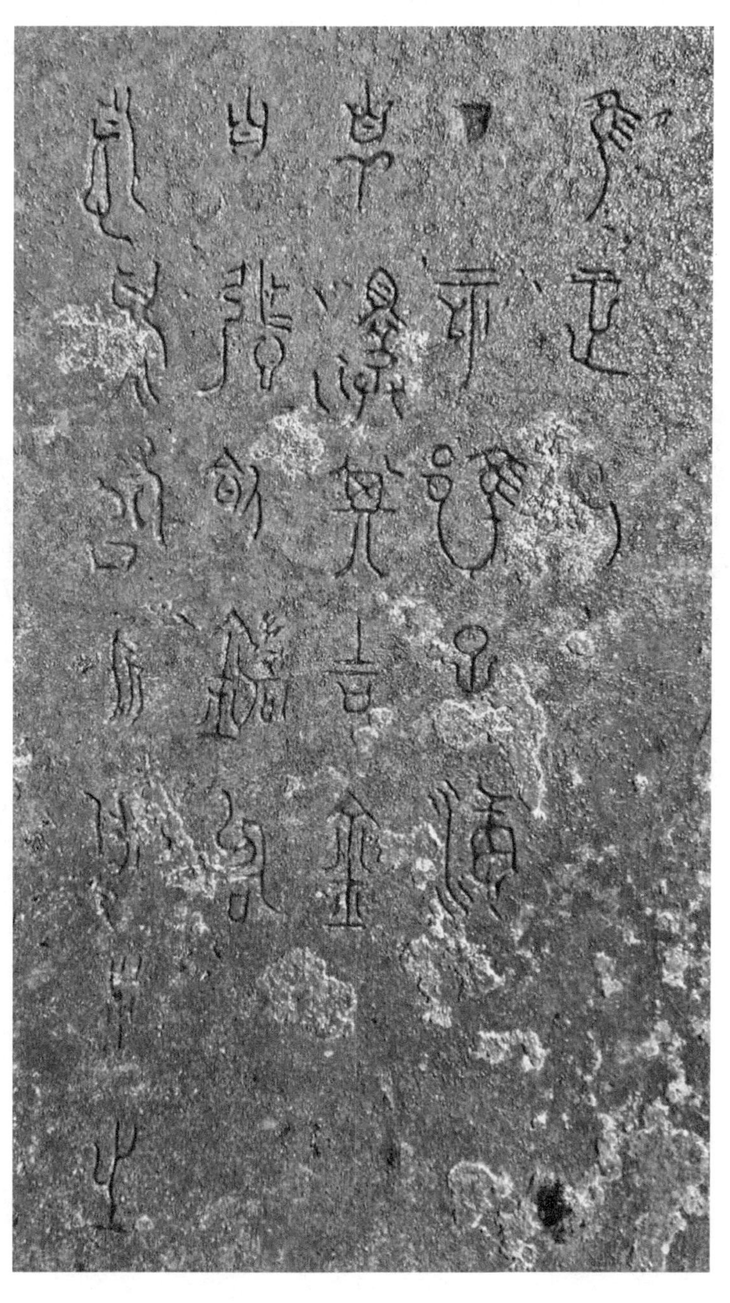

0275. 宋公圀鼎(宋公固鼎)

【時　　代】春秋晚期。

【出土時地】2009 年 5 月山東棗莊市嶧城區徐樓村東周墓(M1)。

【收 藏 者】棗莊市博物館。

【形制紋飾】寬體圜底,腹甚淺,有子口,平蓋,沿下折,蓋面中部設一環鈕,一對附耳高出鼎蓋,兩耳各有一對小横梁與鼎體相連,三條蹄足肥大。蓋面、耳外側和上腹均飾蟠螭紋,下腹有一道粗弦紋。外底有一層煙炱。

【著　　録】未著録。

【銘文字數】蓋、器對銘,各 28 字(其中重文 2)。

【銘文釋文】有殷天乙唐(湯)孫宋公圀(固)乍(作)濫(濫—濫)弔(叔)子餜鼎,亓(其)賁(眉)壽(壽)萬(萬)年,子=(子子)孫=(孫孫)永保用之。

【備　　注】同墓出土 3 件,形制、紋飾、銘文相同,《銘續》0209 已著録 1 件。

蓋銘

器銘

0276. 宋公圙鼎(宋公固鼎)

【時　　代】春秋晚期。

【出土時地】2009 年 5 月山東棗莊市嶧城區徐樓村東周墓(M1)。

【收 藏 者】棗莊市博物館。

【形制紋飾】寬體圜底,腹甚淺,有子口,平蓋沿下折,蓋面中部設一環鈕,一對附耳高出鼎蓋,兩耳各有一對小横梁與鼎體相連,三條蹄足肥大,下腹有一道粗弦紋。蓋面、耳外側和上腹均飾蟠螭紋。外底有一層煙炱。

【著　　録】未著録。

【銘文字數】蓋、器對銘,各 28 字(其中重文 2)。

【銘文釋文】有殷天乙唐(湯)孫宋公圙(固)乍(作)浌(瀸—濫)弔(叔)子鍊鼎,丮(其)賔(眉)壽(壽)𦳃(萬)年,子=(子子)孫=(孫孫)永保用之。

蓋銘

器銘

0277. 格仲鼎(霸仲鼎)

【時　　代】西周中期後段。

【出土時地】2009-2010 年山西翼城縣隆化鎮大河口西周墓地(M2002.9)。

【收 藏 者】山西省大河口墓地聯合考古隊。

【尺度重量】通高 25、口徑 22.4-23.6、耳間距 23、腹徑 23.6-24.4、腹深 13 釐米,重 4.45 公斤。

【形制紋飾】桃形口微内斂,平沿方唇,口沿上有一對立耳,腹部向外傾垂,三條柱足上粗下細。頸部飾竊曲紋,以雲雷紋填地,其下有一周粗弦紋。

【著　　録】考古學報 2018 年 2 期 230 頁圖 6.1。

【銘文字數】内壁鑄銘文 29 字。

【銘文釋文】隹(唯)正月甲午,戎戴于喪(桑)邍(原),格(霸)中(仲)銜(率)追,隻(獲)嗞(訊)二夫、彝(馘)二,對(對)䢅(揚)且(祖)[考]畐(福),用乍(作)寶鼎。

0278. 𬲚子嚣鼎（申子嚣鼎）

【時　　代】春秋中期。

【收 藏 者】某收藏家。

【形制紋飾】子口内斂，深腹圜底，蓋面隆起，圈狀捉手，一對附耳高聳，三條蹄足較矮，蓋上有兩道綯索箍棱，腹部有一道綯索箍棱。蓋面第一道箍棱與捉手之間飾三角紋，第二道箍棱内飾蟠虺紋，第二道箍棱到口沿飾環帶紋和三角雲雷紋，腹部箍棱之上飾蟠虺紋，其下飾環帶紋和三角雲雷紋。

【著　　録】未著録。

【銘文字數】蓋、器對銘，各鑄銘文 31 字（其中重文 2）。

【銘文釋文】隹（唯）正月初吉丁亥，𬲚（申）子嚣睪（擇）亓（其）吉金，自乍（作）飤䵼（繁），亓（其）釁（眉）壽（壽）無彊（疆），子₌（子子）孫₌（孫孫）永保用之。

【備　　注】銘文照片係蓋銘，修復釘傷及二字。

0279. 番匊生鼎

【時　　代】西周晚期。

【收 藏 者】北京師範大學文物博物館。

【尺度重量】通高29、口徑19釐米。

【形制紋飾】口微斂，窄薄沿，口沿上有一對粗壯立耳，淺腹圜底，三條蹄形足。頸部飾夔龍紋。

【著　　録】文物春秋2007年6期67頁圖2。

【銘文字數】内底鑄銘文32字(其中重文2)。

【銘文釋文】隹(唯)廿又六年十月初吉己卯，番匊生㝬(鑄)賸(媵)鼎，用賸(媵)氒(厥)元子孟改乖，子=(子子)孫=(孫孫)永寶用。

0280. 林公楚福鼎

【時　　代】春秋早期。

【收 藏 者】某收藏家。

【尺度重量】口徑 22 釐米。

【形制紋飾】侈口束頸，方唇，口沿上有一對向外張的立耳，鼓腹圜底，三足較矮，上部有浮雕獸面，下部呈柱足向蹄足過渡的式樣。腹部飾鱗甲紋。

【著　　録】未著録。

【銘文字數】内壁鑄銘文 32 字（其中重文 2）。

【銘文釋文】隹（唯）正月初吉丁亥，林公楚福睪（擇）𠀠（其）吉金，[乍（作）]𠀠（其）鼎，吕（以）亯（享）孝于皇且（祖），子=（子子）孫=（孫孫）永保用。

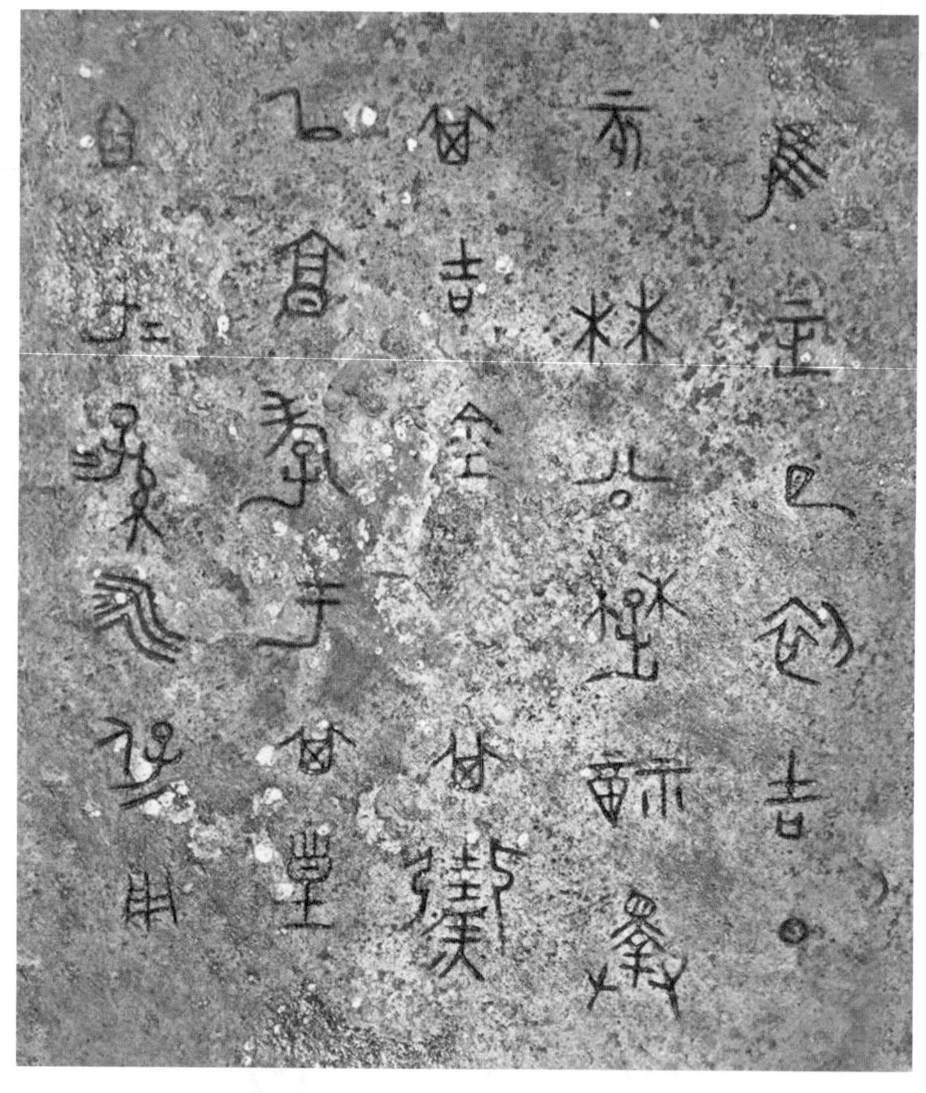

0281. 仲兒鼎蓋

【時　　代】春秋晚期。

【出土時地】河南南陽。

【收 藏 者】南陽市博物館。

【形制紋飾】蓋面隆起，上有輪形捉手，蓋沿有三個獸面小卡扣。蓋面飾蟠虺紋。

【著　　録】收藏家 2014 年 1 期 8 頁圖左下。

【銘文字數】蓋内鑄銘文 32 字。

【銘文釋文】隹（唯）正十月壬午，雁（應）厌（侯）之孫中（仲）兒，睪（擇）其吉金，玄（玄）鏐鏞鋁，自乍（作）飤鎾（盂），釁（眉）壹（壽）無諆（期），永保用之。

0282. 居趫叡鼎（原稱居趫叡簋、居趫叡彝）

【時　　代】春秋晚期。

【收 藏 者】原藏張子絜（薦粢）。

【著　　録】筠清 5.15（摹本，稱彝），攈古二之三・85（摹本，稱彝），奇觚 17.13（稱彝），小校 7.47，總集 2677（稱簋）。

【銘文字數】内壁鑄銘文 35 字。

【銘文釋文】居趫叡曰：君畬（舍）余三鏞（鑪），𨙵（城）賁余一斧，才鍚賁余一斧，𡨦賁余一斧，赿畬（舍）余一斧，余鬻（鑄）此𢋵（緐）兒。

【備　　注】銘文言"鑄此𢋵兒"，稱所鑄器物爲"緐"，春秋時期的鼎一般稱爲"飤緐""緐鼎"或"緐"，故此器應該是鼎。另外，《周金文存・補遺》著録一紙居趫叡彝拓本，與此略同，其後云："此拓自吴愙齋中丞集册内選出，初不知何器，故未編印，近見陳簠齋手寫東武劉氏款式册目，知是張子絜薦粢所藏之簠。"但是，該拓字體拙劣，如將"余一"寫作"余土"合文，"趫、君、城、兒"等字也都刻錯。故此簠應是僞器或者銘文乃仿居趫叡鼎的僞銘。

銘文拓本（奇觚）

銘文摹本(攈古)

《周金文存·補遺》著録的僞居趞𢽀簋銘文(供參考)

0283. 欠𧝎鼎（欠𧝎鼎）

【時　　代】春秋晚期。

【收 藏 者】某收藏家。

【形制紋飾】直口深腹，窄薄沿，一對附耳向外曲張，圜底下設三條細高的獸蹄足，蓋面隆起，沿下折，蓋頂有銜環小鈕，周邊有三個環鈕，鈕上有簡易獸形飾。蓋面飾六道蟠虺紋，腹部有一道綯紋箍棱，上下均飾蟠虺紋帶。

【著　　録】未著録。

【銘文字數】蓋内鑄銘文，現存 37 字。

【銘文釋文】隹（唯）正月初吉丁亥，欠𧝎（襞）攻敔（吴）邚（越）王於𢁉（蔡），□□□美女子。攻敔（吴）王㝵（得）□郐（徐）之大典（？）。欠𧝎（襞）□□□□曰：……

【備　　注】因照片模糊不清，銘文後部無法釋讀。

0284. 雍伯鼎

【時　　代】西周早期前段。

【收 藏 者】某收藏家。

【尺度重量】口徑 45 釐米。

【形制紋飾】侈口束頸，鼓腹圜底，口沿上有一對碩大的立耳，三條柱足。頸部飾三列雲雷紋組成的列旗脊獸面紋。

【著　　録】未著録。

【銘文字數】內壁鑄銘文 39 字。

【銘文釋文】隹（唯）九月辰才（在）庚申，王□獸（狩），自□自（師），令（命）雝（雍）白（伯）[鬱]鬯、車馬，曰："㠯（以）乃衆□昌土□生。"雝（雍）白（伯）玐（揚）[王]休，用彝（鑄）寶旅（旅）鼎。

0285. 伯克父鼎

【時　　代】春秋早期前段。

【出土時地】2019 年 3 月出現在日本東京中央株式會社春季拍賣會。

【收 藏 者】某收藏家。

【尺度重量】通高 28.9、口徑 24.5、兩耳相距 28.3 釐米。

【形制紋飾】體呈大半球形，口微斂，窄沿方唇，口沿上有一對立耳，圜底下置三條蹄形足，足内面呈弧形凹陷。頸部飾重環紋，腹部有一道箍棱。銘文内填漆。

【著　　録】未著録。

【銘文字數】内壁鑄銘文 46 字(其中重文 2)。

【銘文釋文】白(伯)克父甘婁(婁)囟(廼)執干戈，用伐我逑(仇)敌(敵)，囟(廼)旻(得)吉金，用自乍(作)寶鼎，用亯(享)于其皇考，用易(錫)𥂴(眉)壽(壽)黄耇，𠀠(其)邁(萬)年子=(子子)孫=(孫孫)永寶用亯(享)。

銘文拓本

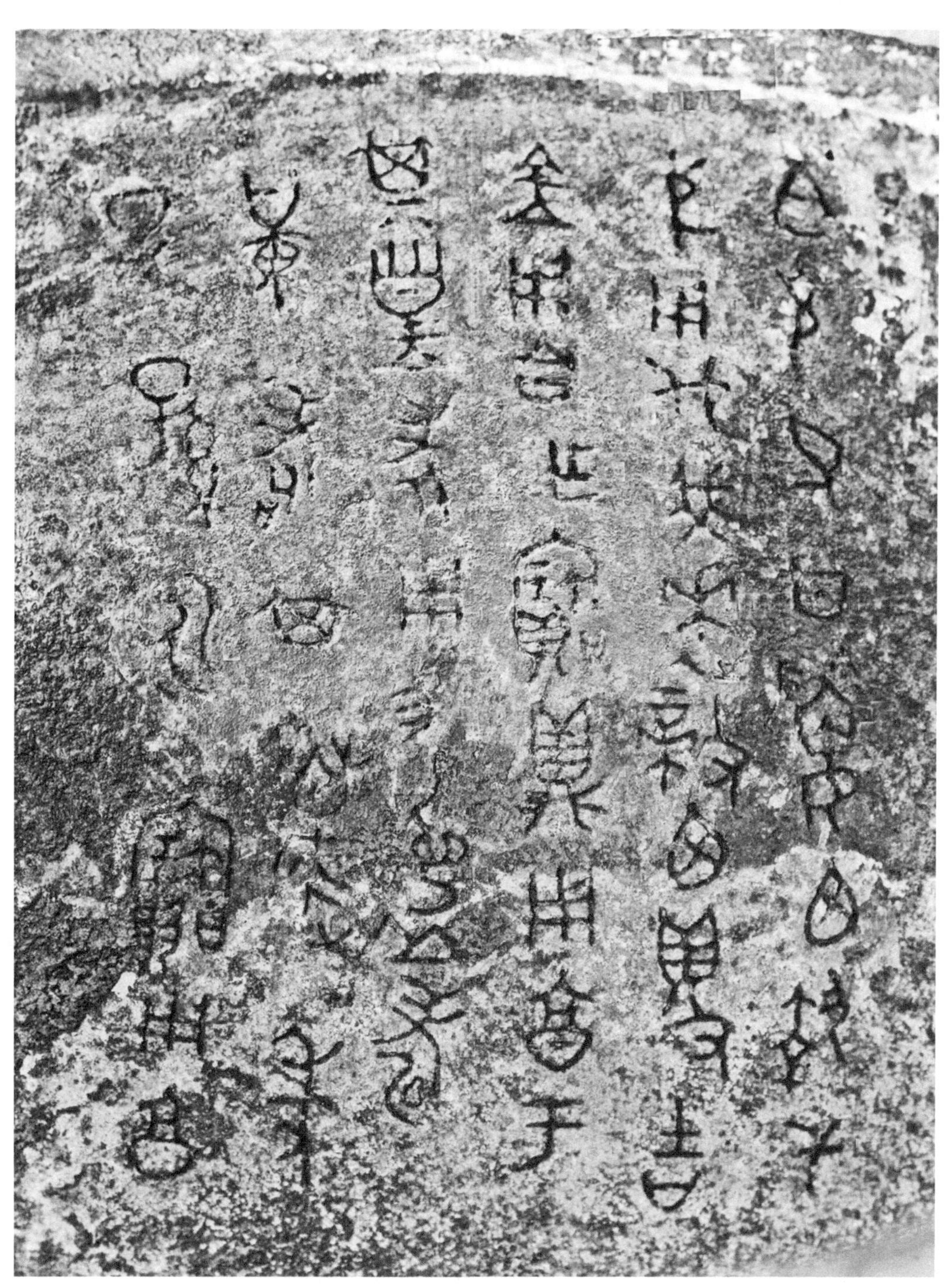

銘文照片

02. 鬲

（0286-0330）

0286. 子臭鬲

【時　　代】商代晚期。

【收 藏 者】天津博物館。

【尺度重量】通高 14.8、口徑 12.9 釐米。

【形制紋飾】侈口束頸，窄沿方唇，鼓腹分襠，三條乳狀袋足。通體光素。

【著　　録】津銅 38 頁 009。

【銘文字數】口内壁鑄銘文 2 字。

【銘文釋文】子臭。

0287. 父丙鬲

【時　　代】西周早期。

【收 藏 者】日本奈良國立博物館。

【尺度重量】通高 15.9、口徑 13.5 釐米。

【形制紋飾】侈口束頸，口沿上有一對立耳，款足，足下部呈圓柱形。頸部飾目紋。

【著　　録】坂本清賞 137，奈良銅 65 頁 144。

【銘文字數】口内壁鑄銘文 2 字。

【銘文釋文】父丙。

【備　　注】館藏號：鬲 02。

0288. 父丁鬲

【時　　代】西周早期。

【出土時地】2013 年湖北隨州市曾都區淅河鎮蔣寨村葉家山（M107.4）。

【收 藏 者】隨州博物館。

【尺度重量】通耳高 21.9、口徑 16.4、腹深 10.3 釐米，重 1.505 公斤。

【形制紋飾】侈口束頸，口沿上有一對綯索形耳，鼓腹分襠，三足下部呈圓柱形。頸部飾兩道弦紋，其間爲斜角雲雷紋和目紋。

【著　　録】江漢考古 2016 年 3 期 18 頁拓片 4.1、17 頁圖版十一。

【銘文字數】口内壁鑄銘文 2 字。

【銘文釋文】父丁。

0289. 大保鬲(太保鬲)

【時　　代】西周早期前段。

【出土時地】2004-2007年山西絳縣橫水鎮橫北村西周墓地(M2158.139)。

【收 藏 者】山西省考古研究所。

【尺度重量】通高16.4、口徑13.4釐米,重1.345公斤。

【形制紋飾】直口,頸部微束,窄沿方唇,口沿上有一對扭索形立耳,分襠款足,三足下部呈圓柱形。頸部飾兩周弦紋。

【著　　録】考古2019年1期37頁圖48、38頁圖51。

【銘文字數】内底鑄銘文3字。

【銘文釋文】大(太)傢(保)鼉(鑄)。

0290. 作尊彝鬲甲

【時　　代】西周早期。

【出土時地】山西省打擊文物犯罪繳獲。

【收 藏 者】山西青銅器博物館。

【形制紋飾】侈口束頸，口沿上有一對扭索形立耳，分襠款足，三足下部呈圓柱形。頸部飾兩周弦紋。

【著　　録】未著録。

【銘文字數】口沿内壁鑄銘文 3 字。

【銘文釋文】乍(作)隮(尊)彝。

0291. 作尊彝鬲乙

【時　　代】西周早期。

【出土時地】山西省打擊文物犯罪繳獲。

【收 藏 者】山西青銅器博物館。

【形制紋飾】侈口束頸，口沿上有一對扭索形立耳，分襠款足，三足下部呈圓柱形。頸部飾兩周弦紋。

【著　　録】未著録。

【銘文字數】口沿内壁鑄銘文 3 字。

【銘文釋文】乍(作)障(尊)彝。

0292. 作尊彝鬲丙

【時　　代】西周早期。

【出土時地】山西省打擊文物犯罪繳獲。

【收 藏 者】山西青銅器博物館。

【形制紋飾】侈口束頸，口沿上有一對扭索形立耳，分襠款足，三足下部呈圓柱形。頸部飾兩周弦紋。

【著　　録】未著録。

【銘文字數】口沿内壁鑄銘文 3 字。

【銘文釋文】乍（作）障（尊）彝。

0293. 作尊彝鬲丁

【時　　代】西周早期。

【出土時地】山西省打擊文物犯罪繳獲。

【收 藏 者】山西青銅器博物館。

【形制紋飾】侈口束頸，口沿上有一對扭索形立耳，分襠款足，三足下部呈圓柱形。頸部飾兩周弦紋。

【著　　録】未著録。

【銘文字數】口沿内壁鑄銘文3字。

【銘文釋文】乍(作)隮(尊)彝。

0294. 作尊彝鬲戊

【時　　代】西周早期。

【出土時地】山西省打擊文物犯罪繳獲。

【收 藏 者】山西青銅器博物館。

【形制紋飾】侈口束頸，口沿上有一對扭索形立耳，分襠款足，三足下部呈圓柱形。頸部飾兩周弦紋。

【著　　録】未著録。

【銘文字數】口沿内壁鑄銘文 3 字。

【銘文釋文】乍(作)隮(尊)彝。

0295. 作旅彝鬲

【時　　代】西周早期。
【收 藏 者】齊國故城博物館。
【尺度重量】通高 13.2、口徑 13.7 釐米。
【形制紋飾】侈口束頸，口沿上有一對索狀立耳，分襠款足，足下部呈圓柱形。頸部飾一道粗弦紋。
【著　　録】齊國館 26 頁。
【銘文字數】口内壁鑄銘文 3 字。
【銘文釋文】乍(作)旅彝。

0296. 或伯鬲

【時　　代】西周早期前段。

【出土時地】1955 年國家文物局劃撥。

【收 藏 者】中國國家博物館。

【尺度重量】通高 18、口徑 14.1 釐米。

【形制紋飾】侈口束頸，口沿上有一對立耳，鼓腹分襠，三足下部呈圓柱形。頸部飾兩周弦紋。

【著　　録】青與金第 3 輯 61 頁圖 1，62 頁圖 2.1、2。

【銘文字數】口内壁鑄銘文 4 字。

【銘文釋文】或白（伯）乍（作）彝。

銘文拓本

銘文照片

0297. 内史鬲

【時　　代】西周早期。

【出土時地】2018 年 10 月出現在美國紐約佳士得拍賣會。

【收 藏 者】某收藏家。

【尺度重量】通高 18 釐米。

【形制紋飾】侈口方唇，口沿上有一對立耳，束頸，腹較淺，淺分襠，三足呈圓柱形，但甚矮。腹部飾三組浮雕牛角獸面紋。

【著　　録】未著録。

【銘文字數】内壁鑄銘文 4 字。

【銘文釋文】内史乍(作)鬲。

0298. 作父癸彝鬲

【時　　代】西周早期。

【出土時地】2009-2010 年山西翼城縣隆化鎮大河口西周墓葬（M1017.31）。

【收 藏 者】山西省大河口墓地聯合考古隊。

【尺度重量】通高 16.4、口徑 12.2-13.1、耳間距 12.5 釐米，重 1.06 公斤。

【形制紋飾】侈口圓唇，口沿上有一對立耳，長頸圓肩，分襠，三足下部呈圓柱形。通體光素。

【著　　録】考古學報 2018 年 1 期圖版 17.4。

【銘文字數】口内壁鑄銘文 4 字。

【銘文釋文】乍（作）父癸彝。

0299. 仲霝父鬲甲

【時　　代】西周早期。

【收 藏 者】某收藏家。

【形制紋飾】侈口束頸，鼓腹分襠，三足下部作圓柱形。頸部飾花冠回首夔龍紋，以雲雷紋填地。

【著　　録】未著録。

【銘文字數】内壁鑄銘文5字。

【銘文釋文】中(仲)霝父乍(作)彝。

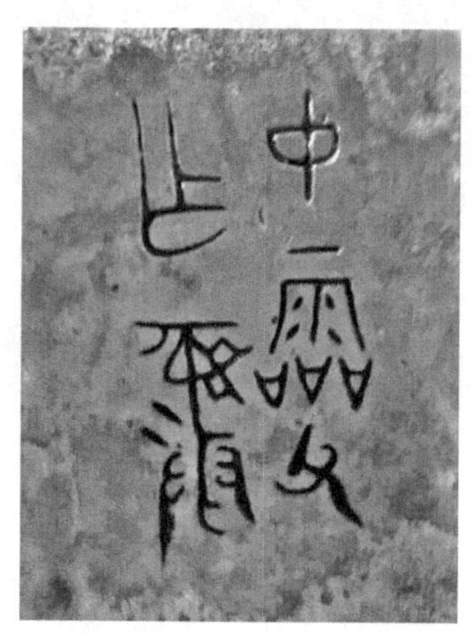

0300. 仲霝父鬲乙

【時　　代】西周早期。

【收 藏 者】某收藏家。

【形制紋飾】侈口束頸，口沿上有一對立耳，鼓腹分襠，三足下部呈圓柱形。頸部飾花冠回首夔龍紋，以雲雷紋填地。

【著　　録】未著録。

【銘文字數】頸内壁鑄銘文 5 字。

【銘文釋文】中（仲）霝父乍（作）彝。

0301. 伯逨鬲

【時　　代】西周中期前段。

【收 藏 者】某收藏家。

【尺度重量】通高 27 釐米。

【形制紋飾】口沿斜上外侈，束頸溜肩，口沿上有一對立耳，口徑小於腹徑，分襠，三足下部略向外伸。頸部僅飾一道弦紋。

【著　　録】未著録。

【銘文字數】口内壁鑄銘文 5 字。

【銘文釋文】白（伯）逨乍（作）旅彝。

0302. 鄂姜鬲(鄸姜鬲)

【時　　代】西周晚期。

【出土時地】2012年4月河南南陽市宛城區新店鄉夏餉鋪鄂國貴族墓地(M5)。

【收 藏 者】南陽市文物考古研究所。

【形制紋飾】直口,束頸,寬平沿,一對附耳(一隻殘缺,一隻稍殘),三條蹄形足。腹部飾三組陰綫獸面紋。

【著　　録】未著録。

【銘文字數】口沿鑄銘文5字。

【銘文釋文】鄸(鄂)姜乍(作)羞鬲。

【備　　注】同墓出土2件,形制、紋飾、銘文均相同,大小相若。

0303. 旅姬鬲

【時　　代】西周中期。

【出土時地】2004-2007 年山西絳縣橫水鎮橫北村西周墓地(M2055)。

【收 藏 者】山西青銅器博物館。

【形制紋飾】侈口束頸,寬平沿,溜肩方唇,肩部有一對附耳高聳,弧襠,三足下部呈圓柱形,與足對應的腹部各有一道扉棱。肩腹之間有一周凹紋,通體飾直綫紋。

【著　　録】未著録。

【銘文字數】口沿鑄銘文 6 字。

【銘文釋文】旅姬乍(作)寶隮(尊)鬲。

0304. 晉姬鬲

【時　　代】西周晚期。

【收 藏 者】原藏葉東卿。

【著　　録】陶齋 4.36。

【銘文字數】口沿鑄銘文 6 字。

【銘文釋文】晉姬乍(作)員齊(齋)鬲。

【備　　注】《陶齋》誤釋爲“晉姬”。

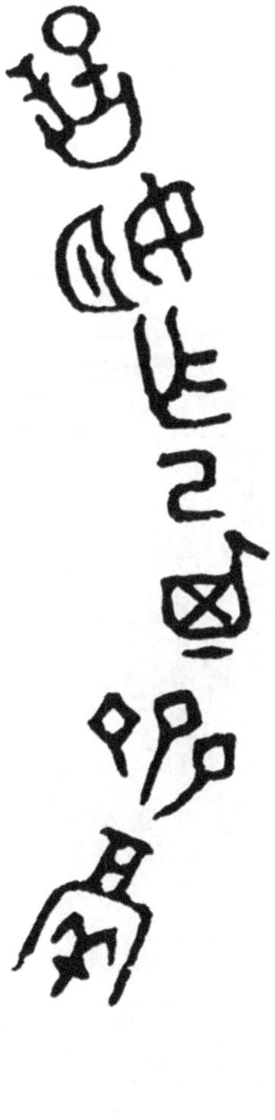

0305. 王鬲

【時　　代】西周晚期。

【收 藏 者】美國紐約大都會博物館。

【形制紋飾】寬平沿，束頸鼓腹，弧形襠，三足較矮，下部呈圓柱形，與足對應的腹部各有一道月牙形扉棱。腹部飾三組獸面紋，以雲雷紋填地。

【著　　録】未著録。

【銘文字數】頸内壁鑄銘文6字。

【銘文釋文】王乍（作）永宫齊（齍）鬲。

0306. 曾夫人𡢁鬲

【時　　代】春秋中期。

【出土時地】2019 年湖北隨州市曾都區棗樹林曾國墓地曾夫人墓(M191)。

【收 藏 者】隨州博物館。

【著　　録】未著録。

【銘文字數】口沿鑄銘文 7 字。

【銘文釋文】曾夫人𡢁之𨘧(淄—齍)鬻(鬲)。

0307. 郳始逕母鬲

【時　　代】春秋早期。

【收 藏 者】海外某收藏家。

【尺度重量】通高 16.3、口徑 16.5、腹深 8.9 釐米。

【形制紋飾】弇口，寬沿呈坡狀外折，高分襠，三隻乳狀空心足。肩部飾單綫簡化鳥紋。

【著　　録】未著録。

【銘文字數】口沿鑄銘文 8 字。

【銘文釋文】郳始逕母㙯(鑄)其羞鬲(鬲)。

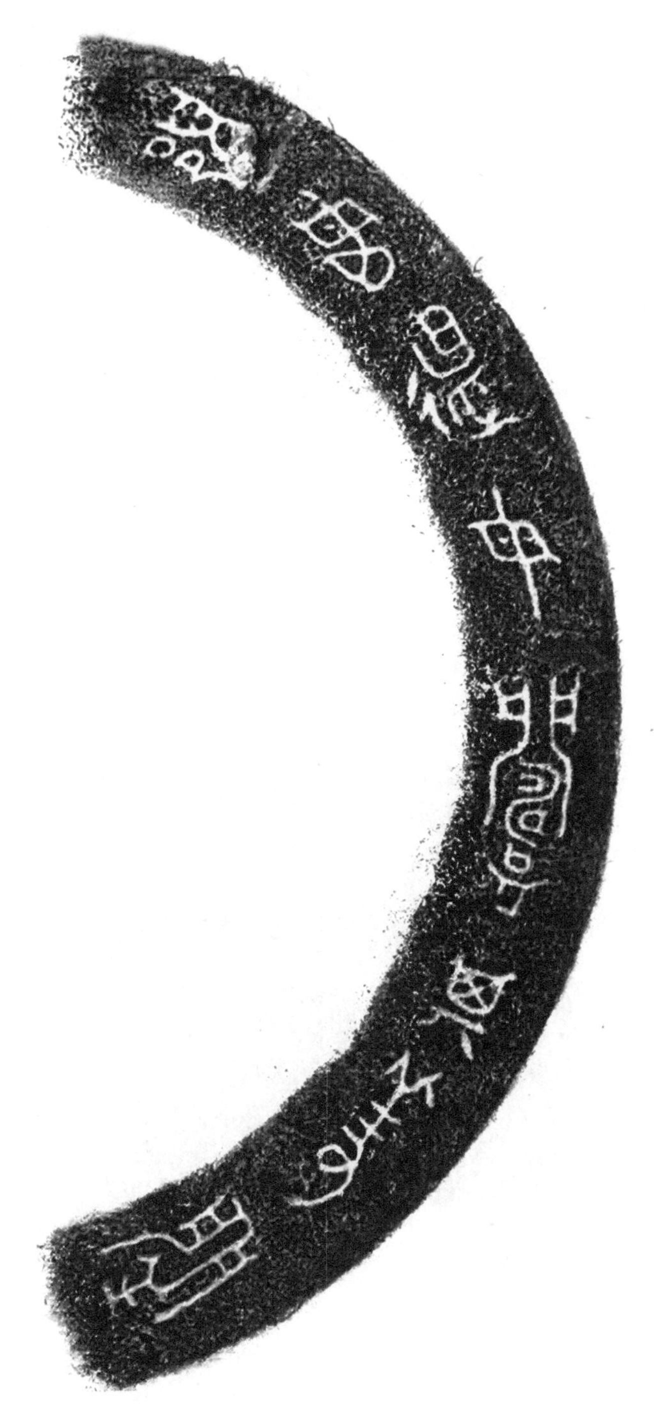

0308. 叔□鬲

【時　　代】西周早期。

【收 藏 者】齊國故城博物館。

【尺度重量】通高 16.3、口徑 13.9 釐米。

【形制紋飾】侈口尖唇，高領溜肩，口沿上有一對立耳，分襠款足，足下部呈圓柱形。頸部飾斜角目雷紋。

【著　　録】齊國館 25 頁。

【銘文字數】口内壁鑄銘文 9 字。

【銘文釋文】弔（叔）□乍（作）寶隮（尊）彝，亓（其）萬□。

0309. 鄭登伯鬲

【時　　代】西周晚期。

【收 藏 者】捷克共和國布拉格國立美術館。

【尺度重量】通高 13.5 釐米。

【形制紋飾】寬平沿，束頸鼓腹，平襠，三條蹄形足，與足對應的腹部各有一道扉棱。腹部飾三組雲雷紋填地的竊曲紋。

【著　　録】青與金第 2 輯 459 頁圖 10、11。

【銘文字數】頸内壁鑄銘文 8 字。

【銘文釋文】奠（鄭）登（登）白（伯）乍（作）弔（叔）嫦薦（薦）鬲。

【備　　注】館藏號：Vp66。

0310. 曾仲臺鬲

【時　　代】春秋中期。
【收 藏 者】某收藏家。
【形制紋飾】平沿外折，束頸鼓腹，有肩分襠，三足下部細，内面扁平。通體光素。
【著　　録】未著録。
【銘文字數】肩部鑄銘文 11 字。
【銘文釋文】曾中(仲)臺自乍(作)鬻䰞，𠀠(其)永用之。
【備　　注】銘文未拍照全。《銘圖》6 卷 250 頁曾收録一件曾仲臺鬲(02862)。

0311. 曾卿事寖鬲

【時　　代】春秋早期。

【收 藏 者】某收藏家。

【形制紋飾】侈口，寬沿向上斜折，折肩分襠，三條款足。肩部飾簡化竊曲紋。

【著　　録】未著録。

【銘文字數】口沿鑄銘文 11 字。

【銘文釋文】隹(唯) 曾卿事寖自乍(作) 薦彛(鬲)，用亯(享)。

【備　　注】同坑出土同銘文鬲 4 件，另有鼎 2 件。《銘續》已著録 2 件鬲(0250、0251)，此爲第 3 件。

0312. 兒慶鬲(郳慶鬲)

【時　　代】春秋早期。

【出土時地】2002 年 6 月山東棗莊市山亭區東江小邾國墓地。

【收 藏 者】棗莊市博物館。

【形制紋飾】寬平沿外折,束頸鼓腹,弧襠,三足下部呈蹄形,與足對應的腹部各有一道扉棱。腹部飾卷體夔龍紋。

【著　　録】未著録。

【銘文字數】口沿鑄銘文 11 字。

【銘文釋文】兒(郳)慶乍(作)秦(秦)妊羞鬲(鬲),其(其)永寶用。

鬲

0313. 兒慶鬲(郳慶鬲)

【時　　代】春秋早期。

【出土時地】2002 年 6 月山東棗莊市山亭區東江小邾國墓地。

【收 藏 者】棗莊市博物館。

【形制紋飾】寬平沿外折，束頸鼓腹，弧襠，三足下部呈蹄形，與足對應的腹部各有一道扉棱。腹部飾卷體夔龍紋。

【著　　録】未著録。

【銘文字數】口沿鑄銘文 11 字。

【銘文釋文】兒(郳)慶乍(作)𢑱(秦)妊羞鬲(鬲)，𠀠(其)永寶用。

0314. 兒慶鬲(郳慶鬲)

【時　　代】春秋早期。

【出土時地】2002 年 6 月山東棗莊市山亭區東江小邾國墓地。

【收 藏 者】棗莊市博物館。

【形制紋飾】寬平沿外折,束頸鼓腹,弧襠,三足下部呈蹄形,與足對應的腹部各有一道扉棱。腹部飾卷體夔龍紋。

【著　　録】未著録。

【銘文字數】口沿鑄銘文 11 字。

【銘文釋文】兒(郳)慶乍(作)彝(秦)妊羞鬲(鬲),亓(其)永寶用。

鬲

0315. 兒慶鬲(郳慶鬲)

【時　　代】春秋早期。

【出土時地】2002 年 6 月山東棗莊市山亭區東江小邾國墓地。

【收 藏 者】棗莊市博物館。

【形制紋飾】寬平沿外折,束頸鼓腹,弧襠,三足下部呈蹄形,與足對應的腹部各有一道扉棱。腹部飾卷體夔龍紋。

【著　　録】未著録。

【銘文字數】口沿鑄銘文 11 字。

【銘文釋文】兒(郳)慶乍(作)鑫(秦)妊羞鬲(鬲),甘(其)永寶用。

0316. 應姚鬲

【時　　代】西周晚期。

【出土時地】1988 年 4 月河南平頂山市新華區滍陽鎮應國墓地。

【收 藏 者】原藏平頂山市文物管理局，現藏平頂山博物館。

【尺度重量】通高 11、口徑 16.1 釐米。

【形制紋飾】寬平沿，束頸鼓腹，弧形襠，三條蹄足内面平齊，與足對應的腹部各有一道新月形扉棱。腹部飾三組獸面紋，獸面以扉棱爲中心，由一對變形卷體獸組成。

【著　　録】未著録。

【銘文字數】口沿鑄銘文 12 字。

【銘文釋文】雁(應)姚乍(作)叀(惠)公障(尊)鬲，甘(其)萬年永寶。

【備　　注】同墓出土 2 件，另一件見《銘圖》02882。

（原大直徑 18 釐米）

0317. 鄭羗伯鬲

【時　　代】西周晚期。

【收 藏 者】某收藏家。

【形制紋飾】寬平沿外折，束頸鼓腹，分襠，三條足下部呈圓柱形，與足對應的腹部鑄有扉棱。腹部飾斜綫紋。

【著　　録】未著録。

【銘文字數】口沿鑄銘文 12 字。

【銘文釋文】奠（鄭）羗白（伯）乍（作）季姜隮（尊）鬲，亓（其）永寶用。

【備　　注】《銘圖》著録 2 件：02871 器真，銘文僞刻；02072 銘文真，但未見圖像。

銘文拓本

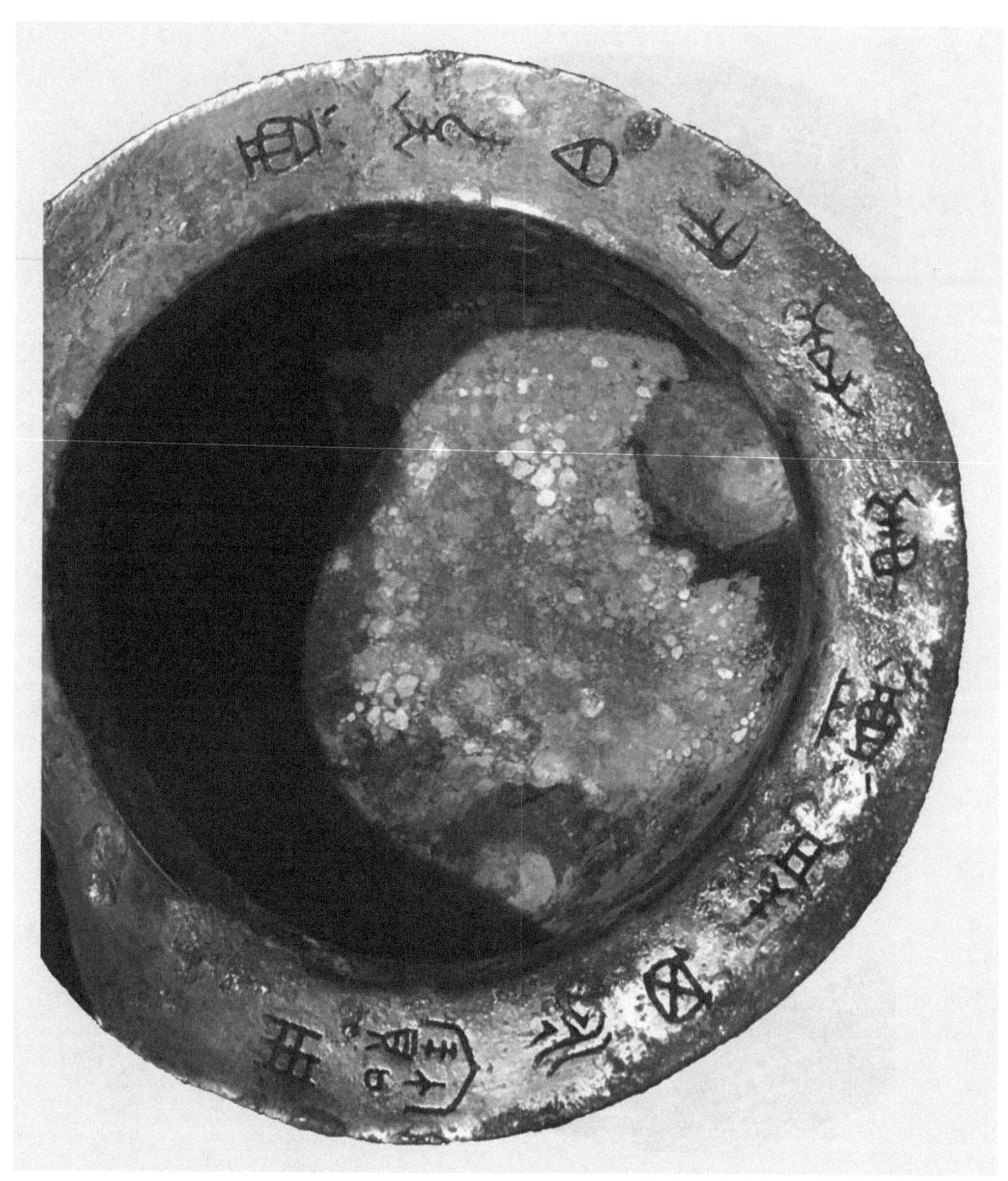

銘文照片

0318. 鄭羌伯鬲

【時　　代】西周晚期。

【收 藏 者】某收藏家。

【形制紋飾】束頸，寬平沿，鼓腹平襠，三條蹄形足，内面凹陷。腹部飾夔龍紋，無地紋。

【著　　録】未著録。

【銘文字數】口沿鑄銘文 10 字。

【銘文釋文】奠（鄭）羌白（伯）乍（作）隮（尊）鬲，其（其）永寶用。

0319. 鄂侯鬲(噩侯鬲)

【時　　代】春秋早期。

【出土時地】2012年河南南陽市新店鄉夏餉鋪村鄂國墓地(M1.8)。

【收 藏 者】南陽市文物考古研究所。

【尺度重量】通高11.6、口徑14.3、腹徑13.8、腹深6.3釐米。

【形制紋飾】寬平沿,方唇,束頸鼓腹,弧形襠,足下部呈半圓筒形,三條蹄形足。腹部飾三組兩兩相隨的"S"形長鼻曲體龍紋。

【著　　録】江漢考古2019年21頁圖版二:7、38頁拓片一。

【銘文字數】口沿鑄銘文12字。

【銘文釋文】隹(唯)八月己丑,噩(鄂)医(侯)乍(作)夫人行鬲。

【備　　注】銘文反書。同墓出土3件,形制、紋飾、銘文相同,大小相若。

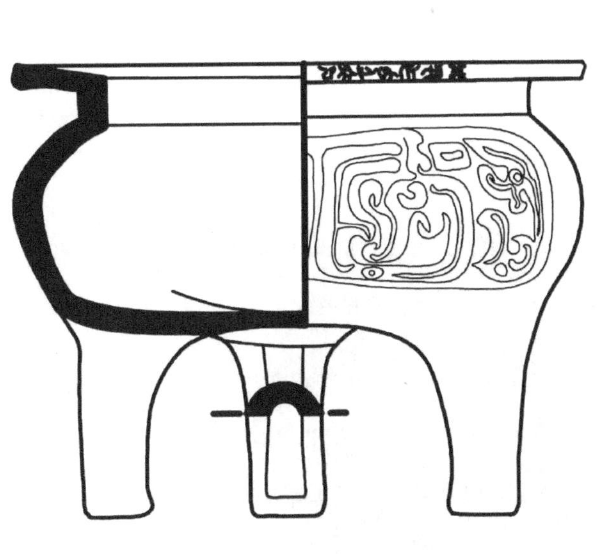

0320. 子長鬲(子镸鬲)

【時　　代】春秋早期。

【收 藏 者】香港朱氏(朱昌言)九如園。

【尺度重量】通高 11.5、口徑 12.5 釐米。

【形制紋飾】直口束頸,寬平沿,弧形襠,三條蹄形足,與足對應的腹部各有一道新月形扉棱。腹部飾三組卷鼻龍紋,兩兩相對,不施地紋。

【著　　録】九如園 50 頁 23。

【銘文字數】鬲沿鑄銘文 13 字(其中重文 2)。

【銘文釋文】子镸(長)乍(作)鼎(鑄)䰙(鬲),子=(子子)孫=(孫孫)永寶用亯(享)。

0321. 子長鬲(子逿鬲)

【時　　代】春秋早期。
【收 藏 者】某收藏家。
【尺度重量】通高 11.5、口徑 12.5 釐米。
【形制紋飾】直口束頸,寬平沿,弧形襠,三條蹄形足,與足對應的腹部各有一道新月形扉棱。腹部飾三組卷鼻龍紋,兩兩相對,不施地紋。
【著　　録】未著録。
【銘文字數】平沿鑄銘文 13 字(其中重文 2)。
【銘文釋文】子長(逿)乍(作)盥(鑄)盠(鬲),子=(子子)孫=(孫孫)永寶用亯(享)。
【備　　注】銘文除"乍(作)"字外,其他字均反書。

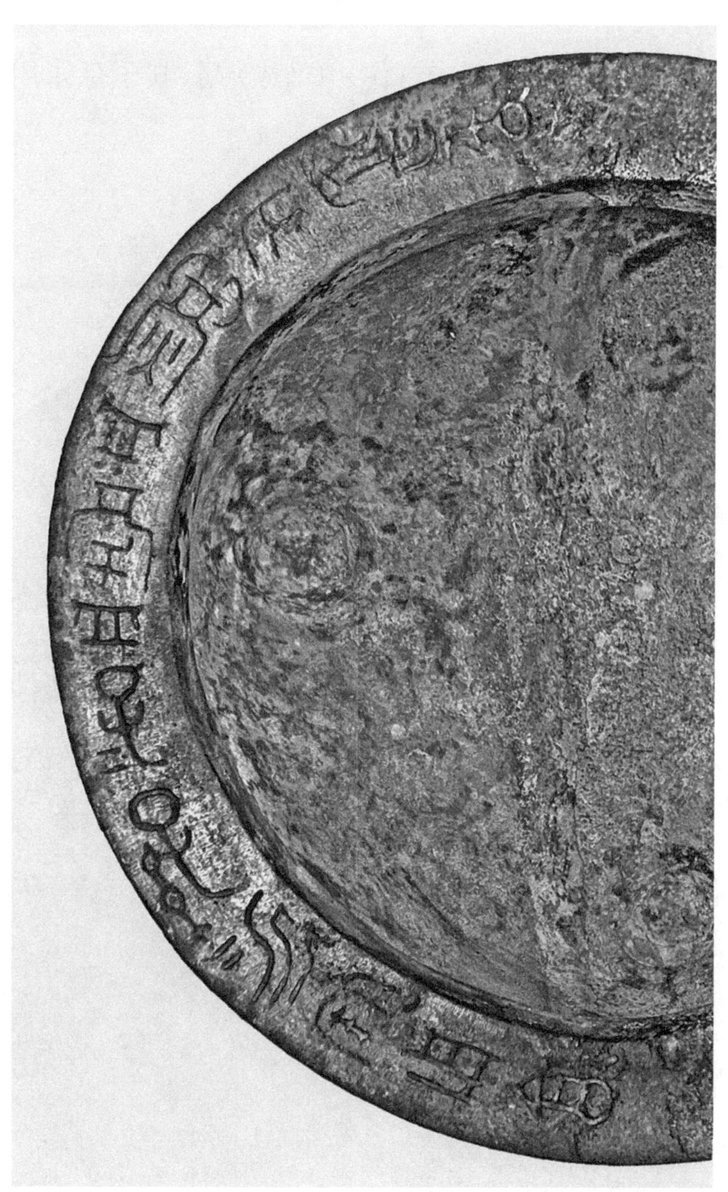

0322. 曾子伯逵鬲

【時　　代】春秋早期。

【收 藏 者】某收藏家。

【形制紋飾】束頸平襠，寬平沿，與足對應的腹部有扉棱。三條蹄形足。

【著　　録】未著録。

【銘文字數】口沿鑄銘文 15 字。

【銘文釋文】唯曾子白（伯）逵（逵）自乍（作）隮（尊）鬲，其子孫永用之。

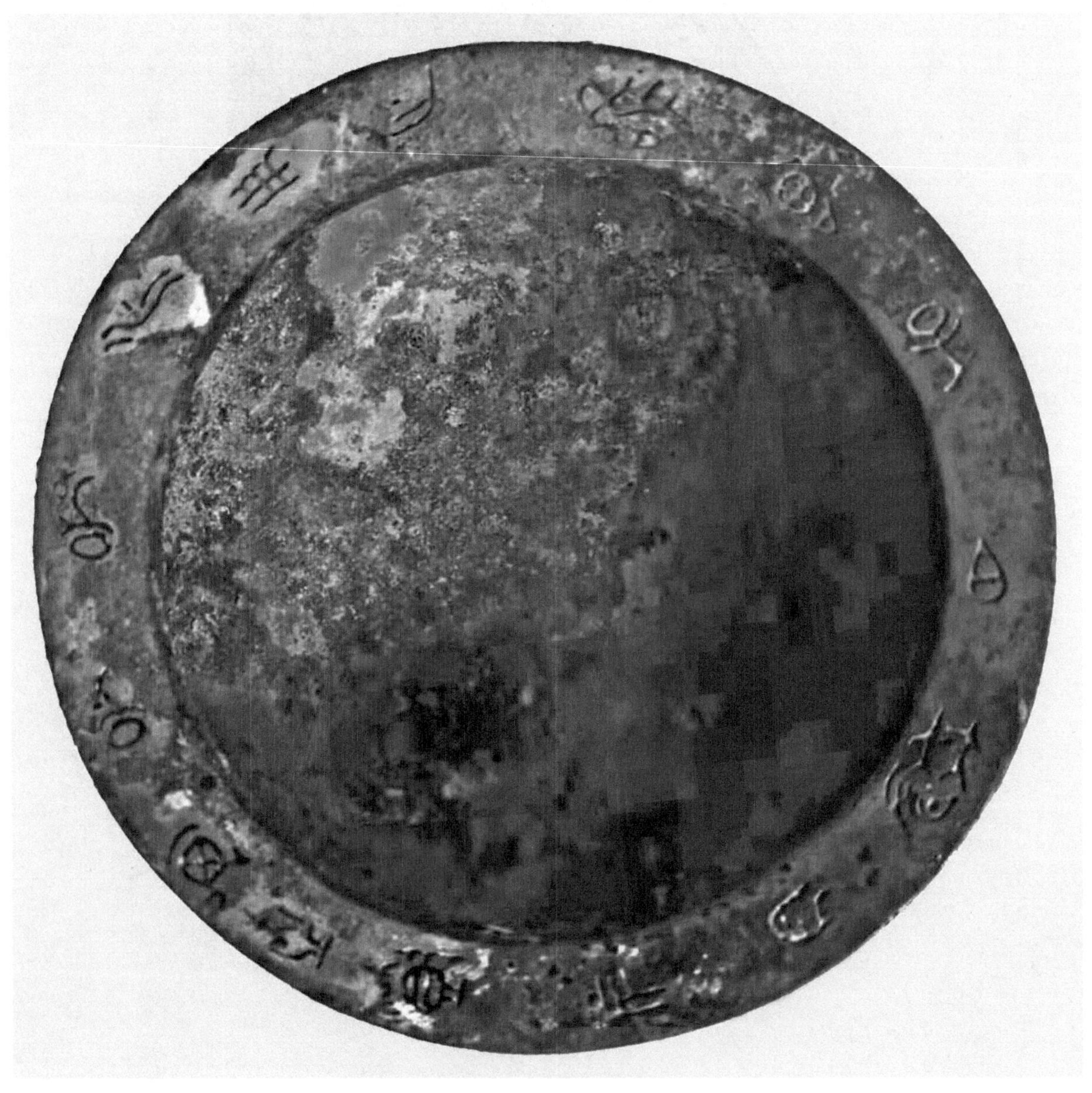

0323. 燕太子鬲(匽大子鬲)

【時　　代】春秋中期。
【收 藏 者】某收藏家。
【著　　録】未著録。
【銘文字數】口沿鑄銘文 15 字(其中重文 2)。
【銘文釋文】匽(燕)大(太)子乍(作)䵼(薦)鬻(鬲),子=(子子)孫=(孫孫)其永寶用亯(享)。

0324. 郳友父鬲(鼄峕父鬲)

【時　　代】西周晚期(宣王世)。

【出土時地】2002 年 6 月山東棗莊市山亭區東江春秋小邾國墓地 1 號墓。

【收 藏 者】棗莊市博物館。

【形制紋飾】寬平沿外折,束頸鼓腹,弧襠,三條獸蹄形足,與足對應的腹部各有一道扉棱。腹部飾三組由卷體夔龍紋組成的獸面紋,未施地紋。

【著　　録】未著録。

【銘文字數】口沿鑄銘文 16 字。

【銘文釋文】鼄(郳)峕(友)父朕(媵)囟(其)子胙(胙)嫭(曹)寶鬲,囟(其)覺(眉)壽(壽)永寶用。

0325. 鄭師原父鬲甲(鄭師𨘉父鬲)

【時　　代】西周晚期。

【出土時地】2016 年 9 月出現在西安。

【收 藏 者】某收藏家。

【尺度重量】通高 12.2、口徑 17 釐米,重 1.51 公斤。

【形制紋飾】寬平沿,束頸平襠,三足下部呈圓柱形,與足對應的腹部各有一道扉棱。腹部飾一周重環紋。

【著　　録】未著録。

【銘文字數】口沿鑄銘文 17 字。

【銘文釋文】隹(唯)五月初吉丁酉,奠(鄭)師豪(𨘉—原)父乍(作)餴(饙)鬲,永寶用。

【備　　注】"乍(作)"字倒置。

0326. 鄭師原父鬲乙(鄭師邍父鬲)

【時　　代】西周晚期。
【出土時地】2016 年 9 月出現在西安。
【收 藏 者】某收藏家。
【尺度重量】通高 12.2、口徑 17 釐米,重 1.52 公斤。
【形制紋飾】寬平沿,束頸平襠,三足下部呈圓柱形,與足對應的腹部各有一道扉棱。腹部飾一周重環紋。
【著　　録】未著録。
【銘文字數】口沿鑄銘文 17 字。
【銘文釋文】隹(唯)五月初吉丁酉,奠(鄭)師豙(邍—原)父乍(作)饙(饙)鬲,永寶用。

0327. 𠂤伯鬲(富伯鬲)

【時　　代】西周晚期。

【收 藏 者】某收藏家。

【形制紋飾】寬平沿，束頸鼓腹，平襠，三條蹄形足，與足對應的腹部各有一道“F”形扉棱。肩部飾竊曲紋。

【著　　録】未著録。

【銘文字數】頸内壁鑄銘文 18 字。

【銘文釋文】𠂤(富) 白(伯) 乍(作) 虘中(仲) 母姞氏隮(尊) 鬲，𠀠(其) 萬𡔷(壽)，子孫永寶用。

0328. 芮太子白鬲甲(内大子白鬲)

【時　　代】春秋早期。

【收 藏 者】某收藏家。

【形制紋飾】寬平沿,束頸鼓腹,弧襠,三條蹄形足,與足對應的腹部各有一道新月形扉棱。腹部飾環帶紋,不施地紋。

【著　　録】未著録。

【銘文字數】口沿鑄銘文 18 字(其中重文 2)。

【銘文釋文】内(芮)大(太)子白乍(作)爲氒父寶鬹(鬲),子=(子子)孫=(孫孫)永保用亯(享)。

【備　　注】鬹,音圭,鬲之别名。

0329. 芮太子白鬲乙(内大子白鬲)

【時　　代】春秋早期。

【收 藏 者】某收藏家。

【形制紋飾】寬平沿,束頸鼓腹,弧襠,三條蹄形足,與足對應的腹部各有一道新月形扉棱。腹部飾環帶紋,不施地紋。

【著　　録】未著録。

【銘文字數】口沿鑄銘文 18 字(其中重文 2)。

【銘文釋文】内(芮)大(太)子白乍(作)爲夌父寶鬲(鬲),子=(子子)孫=(孫孫)永保用亯(享)。

0330. 芮太子白鬲丙（内大子白鬲）

【時　　代】春秋早期。

【收 藏 者】某收藏家。

【形制紋飾】寬平沿，束頸鼓腹，弧襠，三條蹄形足，與足對應的腹部各有一道新月形扉棱。腹部飾環帶紋，不施地紋。

【著　　録】未著録。

【銘文字數】口沿鑄銘文 18 字（其中重文 2）。

【銘文釋文】内（芮）大（太）子白乍（作）爲㚸父寶鬲（鬲），子＝（子子）孫＝（孫孫）永保用亯（享）。

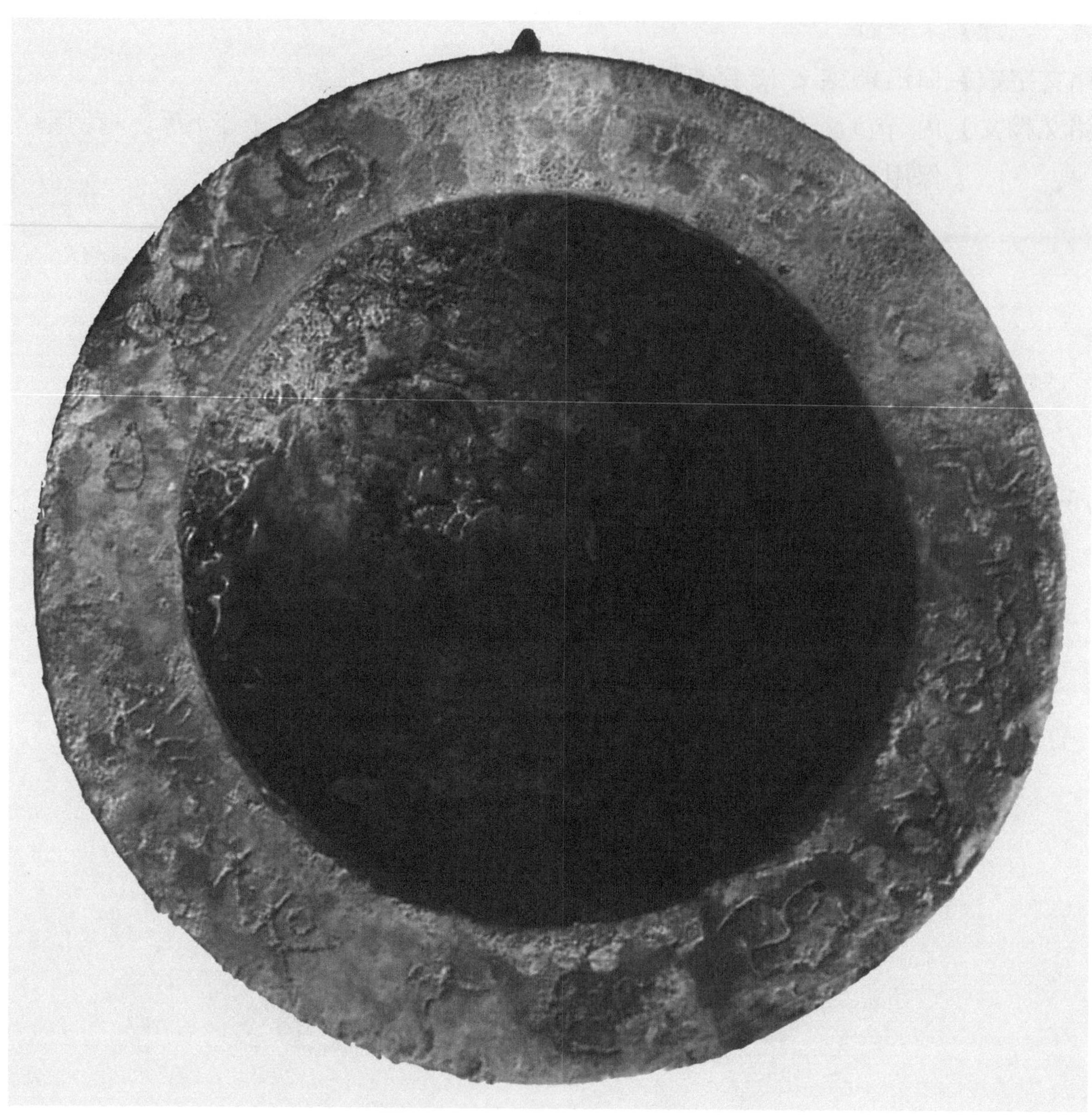

03. 甗

（0331–0366）

0331. 旅甗

【時　　代】商代晚期。

【出土時地】1991 年 10 月河南羅山縣莽張鎮天湖村後李村民組商周墓地(M57.7)。

【收 藏 者】羅山縣博物館。

【尺度重量】殘高 43.8、口徑 31 釐米，殘重 14.68 公斤。

【形制紋飾】連體式，敞口深腹，窄沿方唇，口沿上有一對扭索形立耳，腹部向下内收；束腰分襠，三條柱足殘斷。甑頸部飾一周簡化獸面紋，鬲腹飾三組牛角獸面紋。

【著　　録】華夏考古 2016 年 2 期 5 頁圖 3.3。

【銘文字數】甑内壁鑄銘文 1 字。

【銘文釋文】旅。

0332. 山甗

【時　　代】商代晚期。

【出土時地】2019 年 9 月出現在保利香港秋季拍賣會。

【收 藏 者】原藏日本某收藏家。

【尺度重量】通高 43 釐米，重 7.25 公斤。

【形制紋飾】連體式，甑部侈口方唇，口沿上有一對扭索形立耳，深腹束腰，鬲部分襠，三足呈圓柱形。甑頸部飾雲雷紋組成的獸面紋帶，以連珠紋鑲邊，腹部飾三角形雲雷紋；鬲腹飾三組牛角獸面紋，不施地紋。

【著　　録】未著録。

【銘文字數】内壁鑄銘文 1 字。

【銘文釋文】山。

0333. □甗

【時　　代】商代晚期。

【出土時地】2010 年 7 月至 2011 年 2 月濟南市古城區劉家莊商代墓葬(M121.39)。

【收 藏 者】濟南市考古研究所。

【尺度重量】通高 16.7、口徑 12.8 釐米,重 2.696 公斤。

【形制紋飾】這是一件分體甗的甑部,殘破。敞口尖唇,斜腹微弧,平底。底部有四組渦紋箅孔,上腹兩側有一對半環形牛首耳,耳圈較細。頸部飾六條夔龍紋,以雲雷紋填地,腹部光素。

【著　　録】國博館刊 2016 年 7 期 86 頁圖 8.3、90 頁圖 17、91 頁圖 18,海岱考古 11 輯 305 頁圖 79B3.3、彩版 3.4。

【銘文字數】内壁鑄銘文 1 字。

【銘文釋文】□。

0334. □甗

【時　　代】商代晚期。

【出土時地】山西聞喜縣河底鎮酒務頭商代墓地盜掘出土，山西省打擊文物犯罪繳獲。

【收 藏 者】山西青銅器博物館。

【形制紋飾】連體式，甑部侈口，窄沿方唇，口沿上有一對立耳，腹部向下漸收，束腰內側有隔承箅；鬲部分襠款足，足下部呈圓柱形。頸部飾三列雲雷紋組成的獸面紋帶。

【著　　録】未著録。

【銘文字數】內壁鑄銘文 1 字。

【銘文釋文】□。

0335. 冉乙甗

【時　　代】商代晚期。

【出土時地】2017 年 5 月出現在香港大唐國際春季拍賣會。

【收 藏 者】某收藏家。

【尺度重量】通高 45、口徑 28.5 釐米。

【形制紋飾】連體式，甗部侈口方唇，口沿上有一對索狀立耳，深腹束腰；鬲部分襠，三足下部呈圓柱形。頸部飾獸面紋帶，鬲腹飾三組獸面紋，不施地紋。

【著　　録】大唐 93 頁 877。

【銘文字數】内壁鑄銘文 2 字。

【銘文釋文】（冉）乙。

0336. 子彈甗

【時　　代】西周早期前段。

【收 藏 者】某收藏家。

【形制紋飾】連體式，甑部侈口窄沿，口沿上有一對扭索形立耳，深腹，鬲部分襠，三條柱足。頸部飾粗綫展體獸面紋帶，鬲腹飾三組牛角獸面紋，均無地紋。

【著　　録】未著録。

【銘文字數】内壁鑄銘文 2 字。

【銘文釋文】子㢈（弓—彈）。

0337. 七八甗

【時　　代】西周早期。

【出土時地】近年徵集。

【收 藏 者】陝西歷史博物館。

【形制紋飾】連體式，侈口，窄沿方唇，口沿上有一對立耳，斂腹束腰，鬲部分襠，三足下部呈圓柱形。頸部飾雲雷紋組成的獸面紋帶，鬲部飾三組牛角獸面紋。

【著　　録】陝集成 16 册 39 頁 1831。

【銘文字數】内壁鑄銘文 2 字。

【銘文釋文】七八。

0338. 㫖父辛甗

【時　　代】商代晚期。

【出土時地】2013 年下半年陝西寶雞市渭濱區石鼓鎮石嘴頭村西周墓地（M4.307）。

【收 藏 者】石鼓山考古隊。

【尺度重量】通高 44、口徑 27.7 釐米，重 7.4 公斤。

【形制紋飾】連體式，上部呈侈口方唇，口沿有一對扭索狀立耳，束腰内有箅，箅上有五個“十”字孔。下部分襠，三條柱足。頸部飾三列雲雷紋組成的獸面紋，足部飾三組淺浮雕牛角獸面紋。

【著　　録】文物 2016 年 1 期 10 頁圖 10.8。

【銘文字數】口内壁鑄銘文 3 字。

【銘文釋文】㫖父辛。

0339. 冉父癸甗

【時　　代】西周早期。

【出土時地】陝西隴縣。

【收 藏 者】隴縣博物館。

【形制紋飾】連體式，侈口收腹，束腰，口沿上有一對索狀立耳，分襠，三條柱足，下部殘斷。頸部飾雲雷紋組成的獸面紋帶，鬲腹飾三組浮雕牛角獸面紋。

【著　　録】陝集成 6 册 65 頁 0632。

【銘文字數】內壁鑄銘文 3 字。

【銘文釋文】冉父癸。

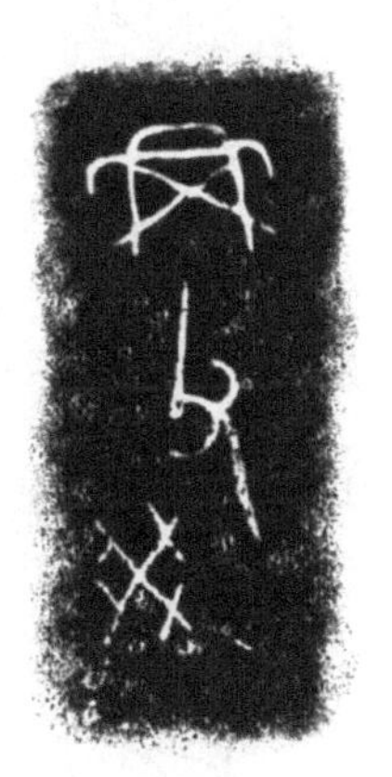

0340. 中甗

【時　　代】西周早期前段。

【收 藏 者】某收藏家。

【形制紋飾】連體式，侈口方唇，口沿上有一對扭索形立耳，腹壁較直，束腰，鬲部分襠，足下部呈圓柱形。頸部飾三列雲雷紋組成的列旗脊獸面紋帶，鬲腹飾三組浮雕狀牛角獸面紋。

【著　　録】未著録。

【銘文字數】内壁鑄銘文 4 字。

【銘文釋文】中乍（作）寶彝。

0341. 作墉匜甗(作章匜甗)

【時　　代】西周早期。

【收 藏 者】某收藏家。

【形制紋飾】連體式,侈口方唇,口沿上有一對立耳,深腹向下漸收,束腰,分襠三柱足。頸部飾四瓣目紋與浮雕圓渦紋相間,鬲腹飾牛角獸面紋,獸面鼓睛,闊口獠牙。

【著　　録】未著録。

【銘文字數】内壁鑄銘文 4 字。

【銘文釋文】乍(作) 章(墉) 匜彝。

0342. 魚甗

【時　　代】西周早期。

【收 藏 者】某收藏家。

【形制紋飾】連體式，侈口方唇，口沿上有一對索形立耳，深腹束腰，三足下部作圓柱形。頸部飾目雷紋，足上部飾牛角獸面紋。

【著　　録】未著録。

【銘文字數】内壁鑄銘文 5 字。

【銘文釋文】魚乍（作）寶隮（尊）彝。

0343. 伯甗

【時　　代】西周早期。

【出土時地】2001 年 1 月山西曲沃縣曲村鎮北趙村晉侯墓地(M113.55)。

【收 藏 者】山西晉國博物館。

【形制紋飾】連體式,侈口薄唇,口沿上有一對索狀立耳,束腰分襠,三足下部呈圓柱形。頸部飾雲雷紋組成的獸面紋,鬲腹飾三組牛角獸面。口沿部分殘缺。

【著　　録】未著録。

【銘文字數】内壁鑄銘文 5 字。

【銘文釋文】白(伯)乍(作)寶隮(尊)彝。

0344. 單□甗

【時　　代】西周早期。

【出土時地】河南河清縣（宋代治白坡镇，即今河南洛陽市吉利區西南部白坡村）。

【收 藏 者】原藏河南張氏。

【尺度重量】通高 19、口徑 22、兩耳間距 24 釐米。

【形制紋飾】侈口方唇。深腹束腰，口沿上有一對扭索形立耳，腰內有隔承心形箅，箅上有四個“十”字孔，前部有半環形提鈕，後部有半環形鈕與器壁相連。下部分襠款足，三足下部呈圓柱形。口沿下飾連珠紋鑲邊的魚紋，腹部飾垂葉紋，三足上部飾獸面紋。

【著　　録】考古圖 4.13。

【銘文字數】內壁鑄銘文 5 字。

【銘文釋文】單□乍（作）從彝。

【備　　注】《集成》漏收。

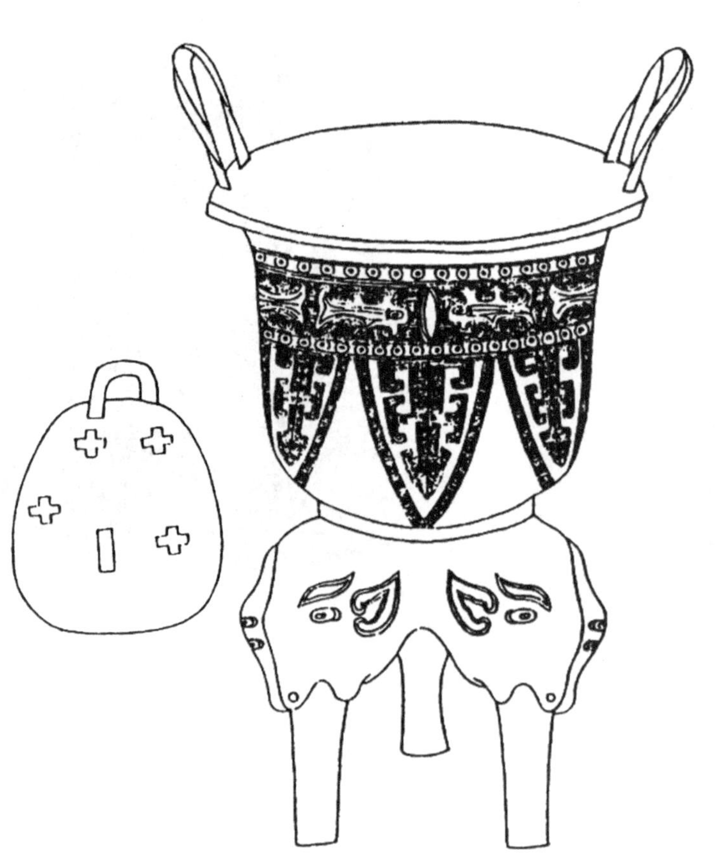

0345. 𣪘叔甗（敬叔甗）

【時　　代】西周早期。

【出土時地】2015 年 7 月陝西富縣張村驛西周墓葬。

【收 藏 者】富縣鄜州博物館。

【形制紋飾】連體式，侈口深腹，口沿上有一對立耳，束腰分襠，三條足下部作圓柱形。頸部飾三列雲雷紋組成的獸面紋帶，鬲腹飾三組牛角獸面紋。

【著　　録】未著録。

【銘文字數】口内壁鑄銘文 5 字。

【銘文釋文】𣪘（敬）弔（叔）乍（作）寶彝。

0346. 叔牢甗

【時　　代】西周早期。

【出土時地】2016 年 10 月出現在香港保利秋季拍賣會。

【收 藏 者】某收藏家。

【尺度重量】通高 37.5 釐米。

【形制紋飾】連體式，侈口方唇，口沿上有一對立耳，束腰，腰内有隔，其上置心形箅，分襠三柱足。頸部飾一道弦紋，鬲腹飾三組牛角獸面紋。

【著　　録】未著録。

【銘文字數】内壁鑄銘文 5 字。

【銘文釋文】弔(叔) 牢乍(作) 寶獻(甗)。

0347. 牧友甗(牧沓甗)

【時　　代】西周晚期。

【收 藏 者】某收藏家。

【尺度重量】通高 39.5、口徑 28 釐米。

【形制紋飾】連體式,侈口方唇,口沿上有一對立耳,腹部向下漸收,束腰分襠,三足呈由柱足向蹄足過渡的式様。頸腹之間有一道粗弦紋,頸部飾一周大小相間的重環紋。

【著　　録】未著録。

【銘文字數】内壁鑄銘文 5 字。

【銘文釋文】牧沓(友)乍(作)旅獻(甗)。

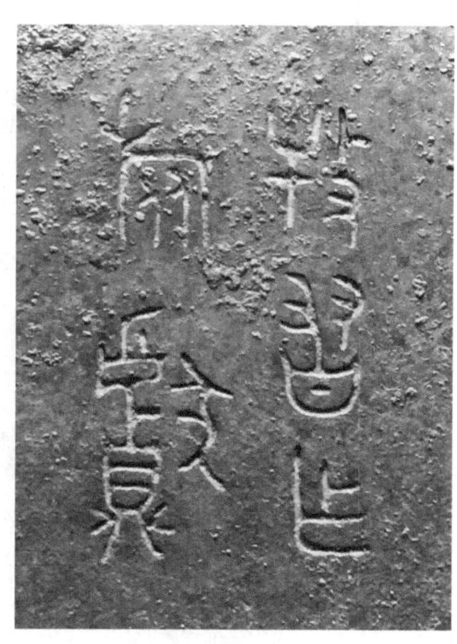

0348. 伯衰甗

【時　　代】西周早期。

【出土時地】2017 年 9 月出現在嘉德香港秋季拍賣會。

【收 藏 者】原藏香港莫偉龍。

【尺度重量】通高 36.5 釐米。

【形制紋飾】連體式，敞口斂腹，口沿上有一對立耳，束腰，下部作鬲形，分襠，三足下部呈圓柱形，腰内側有隔，上有心形箅，箅的一端有圓孔，用半環鈕與器壁相連，箅上有五個十字鏤孔和一個橋形提鈕。頸部飾雲雷紋組成的獸面紋帶，鬲腹飾三組牛角獸面紋。

【著　　録】未著録。

【銘文字數】内壁鑄銘文 6 字。

【銘文釋文】白(伯)衰乍(作)寶旜(旅)獻(甗)。

0349. 伯燮甗

【時　　代】西周中期前段。

【出土時地】2009-2010 年山西翼城縣隆化鎮大河口西周墓葬（M1017.22）。

【收 藏 者】山西省大河口墓地聯合考古隊。

【尺度重量】通高 47.5、口徑 30、耳間距 31 釐米，重 1.06 公斤。

【形制紋飾】連體式，侈口方唇，口沿上有一對立耳，斂腹束腰，内有隔，上置心形箅，一端有孔與器壁的鈕相連，箅有四個十字孔，分襠，三足下部呈圓柱形，一足已殘。上腹飾分尾長鳥紋，以雲雷紋填地，鬲腹飾牛角獸面。

【著　　録】考古學報 2018 年 1 期 110 頁圖 24.1。

【銘文字數】口内壁鑄銘文 6 字。

【銘文釋文】白（伯）燮乍（作）寶障（尊）彝。

0350. 伯喜甗

【時　　代】西周中期後段。

【收 藏 者】某收藏家。

【形制紋飾】連體式，侈口方唇，口沿上有一對立耳，束腰内有隔沿，上置心形箅，一端有環鈕與器壁相連，另一端有一半環形提鈕，箅孔作條形，共八條。鬲部分襠，三足下部呈圓柱形。甑部飾竊曲紋，以雲雷紋填地，鬲部光素。

【著　　録】未著録。

【銘文字數】内壁鑄銘文6字。

【銘文釋文】白（伯）喜乍（作）旅獻（甗），丼。

0351. 戈𢓜甗

【時　　代】西周中期。

【出土時地】2004-2007 年山西絳縣横水鎮横北村西周墓地(M3250)。

【收 藏 者】山西青銅器博物館。

【形制紋飾】連體式。甑部敞口,窄沿方唇,口沿上有一對扭索形立耳,深腹向下收斂,束腰内有隔承箅,鬲部較小,分襠,足較矮,下部呈圓柱形。頸部飾一周弦紋,鬲部飾雙綫"V"字紋。

【著　　録】未著録。

【銘文字數】内壁鑄銘文 7 字。

【銘文釋文】戈𢓜乍(作)氒(厥)寶隮(尊)彝。

0352. 曾夫人縞甗

【時　　代】春秋晚期。

【收 藏 者】某收藏家。

【尺度重量】通高 51、兩耳相距 40.3 釐米。

【形制紋飾】分體式，由甗、鼎組成。甗爲直口深腹，一對附耳向外曲張，口沿下有一道箍棱，肩部有一條寬帶，其上有一道綯索箍棱，下有子口插入鼎口内，平底爲箅，中部有一個十字孔，周圍十六個長條孔呈輻射狀分佈。鼎爲弇口侈唇，扁圓體，三條獸面蹄足向外曲張，肩部和腹部各有一道箍棱。甗的耳兩側、頸部和上腹及鼎的肩腹均飾蟠虺紋。

【著　　録】未著録。

【銘文字數】甗内壁鑄銘文 7 字。

【銘文釋文】曾夫人縞之飤盧(甗)。

0353. 倗伯甗

【時　　代】西周中期。
【出土時地】2004-2007 年山西絳縣横水鎮横北村西周墓地(M1)。
【收 藏 者】山西青銅器博物館。
【形制紋飾】連體式。甑部侈口，口沿上有一對立耳，腹壁圜收，束腰内有隔承箅；鬲部分襠，三足較矮，下部呈圓柱形。頸部飾兩周弦紋，鬲部光素。
【著　　録】未著録。
【銘文字數】内壁鑄銘文 8 字。
【銘文釋文】倗白(伯)乍(作)畢姬寶旅獻(甗)。

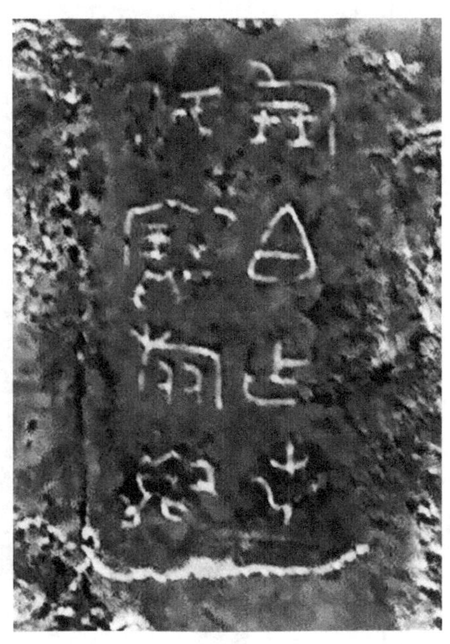

0354. 睪甗

【時　　代】西周中期。

【出土時地】2004-2007 年山西絳縣横水鎮横北村西周墓地（M1016）。

【收 藏 者】山西青銅器博物館。

【形制紋飾】連體式。甑部侈口，口沿上有一對立耳，腹部圜收，束腰内有隔承箅；鬲部分襠，三足下部呈圓柱形。頸部飾兩周弦紋，鬲部光素。

【著　　録】未著録。

【銘文字數】内壁鑄銘文 8 字。

【銘文釋文】睪（易）□乍（作）豐姬寶旅獻（甗）。

0355. 倗伯甗

【時　　代】西周中期。

【出土時地】2004-2007 年山西絳縣横水鎮横北村西周墓地。

【收 藏 者】山西青銅器博物館。

【形制紋飾】連體式。甑部侈口方唇，口沿上有一對立耳，腹部圜收，束腰内有隔承箅；鬲部分襠，三足下部呈圓柱形。頸部飾一周弦紋，鬲部光素。

【著　　録】未著録。

【銘文字數】内壁鑄銘文 10 字。

【銘文釋文】倗白(伯) 乍(作) 寶獻(甗)，𠀠(其) 萬年永用。

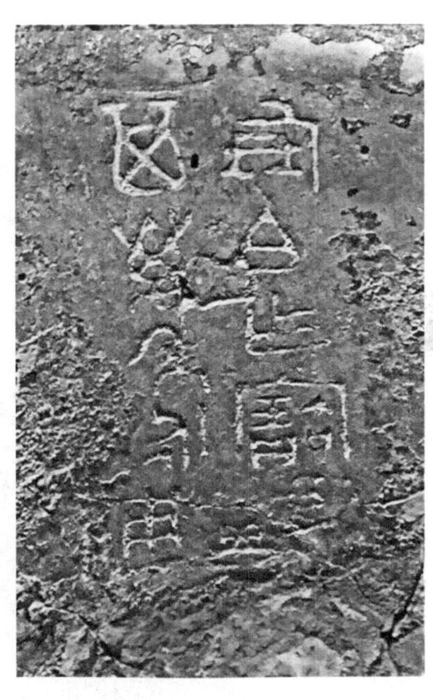

0356. 霸仲甗

【時　　代】西周中期後段。

【出土時地】2009-2010 年山西翼城縣隆化鎮大河口西周墓地（M2002.52）。

【收 藏 者】山西省大河口墓地聯合考古隊。

【尺度重量】通高 38.5、口徑 31.7-32、耳間距 33.5 釐米，重 11.26 公斤。

【形制紋飾】連體式，甑部侈口方唇，口沿上有一對扭索形立耳，斂腹，腰内有三個三角形齒，上承箅，内壁有半環鈕套接心形箅，箅面微下凹，上有五個“×”形孔，箅面一端有提鈕可以啓閉，鬲部分襠，三足下部呈圓柱形。甑上部飾一周粗弦紋，鬲腹飾三組簡化獸面紋。

【著　　録】考古學報 2018 年 2 期 236 頁圖 13.1。

【銘文字數】内壁鑄銘文 10 字。

【銘文釋文】霸中（仲）乍（作）寶旅獻（甗），𠀠（其）永寶用。

0357. 曾公孙叔考臣甗

【時　　代】春秋晚期。

【出土時地】湖北隨州市。

【收 藏 者】隨州博物館。

【形制紋飾】分體式，由甑、鼎組成。甑體侈口束頸，斂腹，平底作甑箅，子口納入鼎口，頸部有一對附耳，頸部飾蟠螭紋。鼎爲直口，圓體，肩部有一對小耳，圜底下設三條蹄形足，通體光素。

【著　　録】古文字研究 32 輯圖 5、6。

【銘文字數】甑内壁鑄銘文 10 字。

【銘文釋文】曾公孫叔考臣自作食甗。

【備　　注】銘文反書。

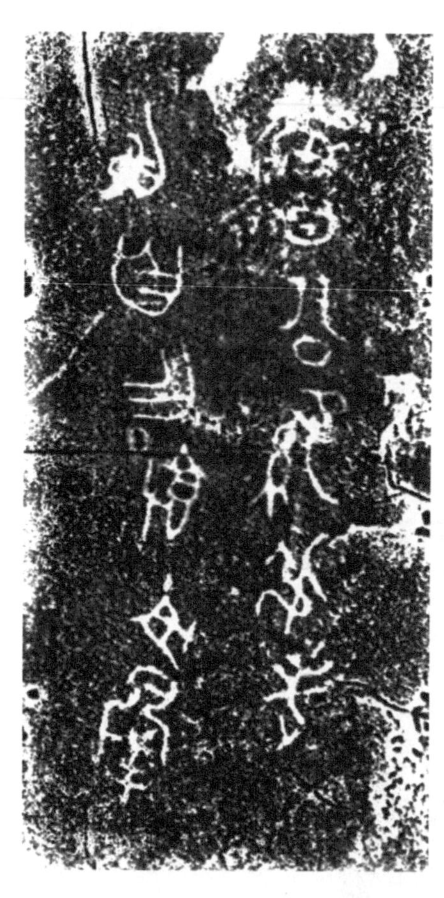

銘文拓本

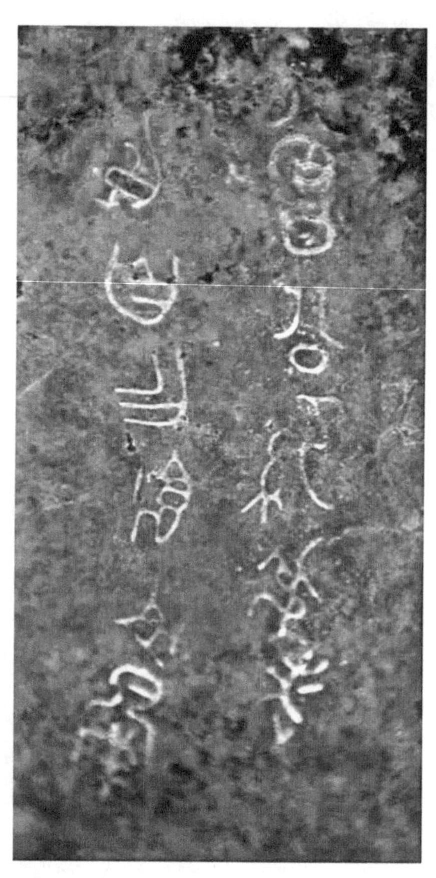

銘文照片

0358. 襄安甗

【時　　代】戰國晚期·燕。

【收 藏 者】某收藏家。

【形制紋飾】此甗由甑和釜兩部分組成。釜爲直口高領，溜肩圜底，腹部有一周寬沿，可卡於竈臺，肩部有一對鋪首銜環，可以提携。甑爲侈口方唇，束頸斂腹，小平底，底上有箅孔。箅孔中部爲四個曲尺形，兩兩相對，外圍有兩圈放射形短綫孔。其下有一個長筒形座，座下端有寬沿，再下有子口，可納入釜口内。釜光素無飾，甑部花紋錯銀，頸部飾菱形綯索紋和雲頭紋，腹部飾變形鳳鳥紋，座飾幾何形鳥紋。

【著　　録】未著録。

【銘文字數】甑的子口上刻銘文 3 處，共 10 字。

【銘文釋文】襄安一斗四升，博望，南宫。

a

b

0359. 公乘斯甗

【時　　代】戰國晚期。

【收 藏 者】某收藏家。

【形制紋飾】由釜、甑、盆組合。釜呈扁體直口，廣肩圜底，腹部有一寬沿，以便卡於竈穴。甑呈平折沿，斂腹平底，底部有折綫箅孔，矮圈足可與釜口套合。盆爲平折沿，口徑與甑相同，斂腹平底，既可作盛器，又可作甑的蓋。三件均通體光素。

【著　　録】未著録。

【銘文字數】釜壁刻銘文 13 字(其中合文 1)。

【銘文釋文】十五年，邦司寇公乘斯，庫帀₌(工帀—師)上。

【備　　注】"工帀"爲合文。"邦司寇"刻成"司邦寇"。

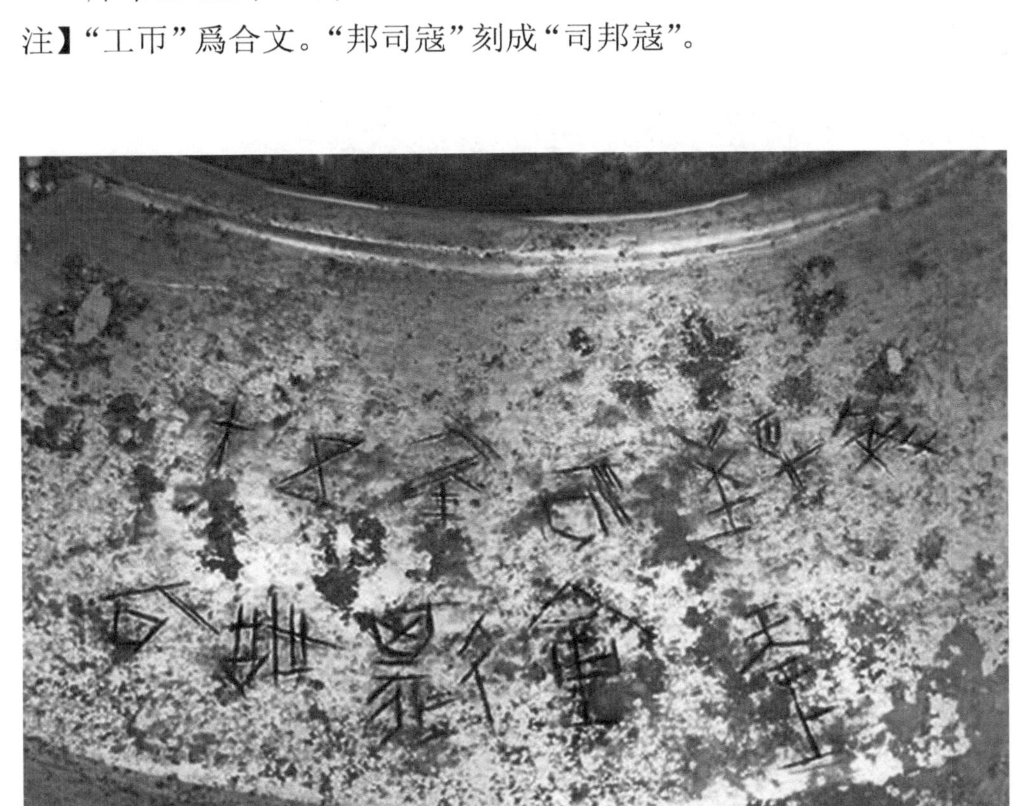

0360. 鄭伯頵父甗

【時　　代】西周晚期。

【收 藏 者】某收藏家。

【形制紋飾】分體式，由甑和鬲組成。甑呈橢方形，窄沿方唇，頸部有一對附耳，四壁向下漸有收分，平底作箅，下有子口套於鬲口内；鬲作直口，溜肩弧襠，一對附耳，四條蹄形足。甑的頸部飾兩道弦紋，鬲腹飾四組簡化獸面紋。

【著　　録】未著録。

【銘文字數】内壁鑄銘文 14 字(其中重文 2)。

【銘文釋文】奠(鄭)白(伯)頵父乍(作)寶［獻(甗)］，甘(其)子₌(子子)孫₌(孫孫)寶用。

0361. 曾伯克父甗

【時　　代】春秋早期前段。

【出土時地】2019 年 3 月出現在日本東京中央株式會社春季拍賣會。

【收 藏 者】某收藏家。

【尺度重量】通高 42、口徑 32 釐米。

【形制紋飾】分體式，由甑和鬲兩部分組成。甑爲侈口方唇，束頸斂腹，一對附耳高出器口，平底作箅，上有七個十字孔，邊緣有子口，嵌入鬲口之内；鬲亦侈口束頸，分襠，三條蹄形足，肩部有一對附耳，用兩條横梁與口沿相連。甑頸部飾竊曲紋，其下有一道弦紋，下腹飾回首卷尾夔龍紋，鬲腹飾簡化獸面紋，獸面僅有一對圓目。

【著　　録】未著録。

【銘文字數】甑腹壁鑄銘文 16 字。

【銘文釋文】唯曾白（伯）克父甘婁（婁），囟（廼）用乍（作）遊（旅）獻（甗），子孫永寶。

銘文拓本

銘文照片

0362. 曾卿事宣甗

【時　　代】春秋早期。

【收 藏 者】某收藏家。

【形制紋飾】分體式，由甗和鬲組成。甗呈長方形，侈口方唇，口沿兩端有一對立耳，下有子口納入鬲口，平底作箅，長方條箅孔；鬲呈長方口，窄薄平沿，分襠，四條蹄形足。甗沿下飾變形夔龍紋，腹部飾環帶紋；鬲腹飾四組目紋。

【著　　録】未著録。

【銘文字數】内壁鑄銘文 20 字。

【銘文釋文】隹(唯)曾卿事宣(?)永寶用，□□自乍(作)獻(甗)，𠀠(其)□□，𠀠(其)永用之。

【備　　注】未清銹，銘文照片模糊不清。

0363. 芮伯甗

【時　　代】西周早期前段。

【出土時地】2004-2007 年山西絳縣横水鎮横北村西周墓地（M2158.173）。

【收 藏 者】山西省考古研究所。

【尺度重量】通高 36.8、口徑 27.8 釐米，重 6.49 公斤。

【形制紋飾】連體式，侈口，窄沿方唇，一對附耳，斜壁深腹，腰内有隔，上置心形箅，一端有鏈條與甗體連接，另一端有半環形提鈕，箅上有五個十字孔，下部分襠款足，三足下部呈圓柱形。頸部飾列旗脊獸面紋帶，鬲腹飾三組浮雕狀獸面紋。

【著　　録】考古 2019 年 1 期 39 頁圖 57、38 頁圖 51。

【銘文字數】内壁鑄銘文 21 字。

【銘文釋文】内（芮）白（伯）捧（拜）韻（稽）首，𠭁（敢）乍（作）王（皇）姊獻（甗），𠀠（其）罙倗白（伯）邁（萬）年用鄉（饗）王逆洀（復）。

銘文拓本

銘文照片

0364. 綰甗

【時　　代】春秋中期。

【收 藏 者】香港朱氏(朱昌言)九如園。

【尺度重量】通高 43.6、口横 39、口縱 27、甑高 19.5、鬲高 21.5 釐米。

【形制紋飾】分體式,由甑、鬲組成。甑部侈口窄沿,一對附耳,内側兩端有兩根短横梁與甑體相連,四壁向下斜收,有子口插入鬲口,底部爲箅,上有四十九個條孔; 鬲作直口,弧形分襠,四條蹄形足,肩部有一對附耳。通體光素。

【著　　録】九如園 52 頁 24。

【銘文字數】甑壁鑄銘文 57 字。

【銘文釋文】召(昭)公之孫是爲惠公,卿事□之元子綰是爲中(中)□大嗣(司)工,公命之□龏(恭)襄王,易(錫)之元金,用鑑(鑄)旁(方)甗(甗),用征用行,用鬻(饎)稻粉(粱),用旟(祈)萬壽(壽),永寶用之,爲子孫寶。

【備　　注】據聞另有一件同銘之鼎由臺灣某私家收藏。

0365. 㲉甗(㪊甗)

【時　　代】西周中期。

【收 藏 者】某收藏家。

【尺度重量】通高 44.7、口徑 30.5、腹深 38.4、兩耳相距 31 釐米。

【形制紋飾】連體式，侈口束腰，口沿上有一對扭索形立耳，下部分襠鼓腹，三足下部呈圓柱形，腰間無箅。頸部飾體呈"S"形的夔龍紋。

【著　　録】未著録。

【銘文字數】内壁鑄銘文 60 字(其中重文 2)。

【銘文釋文】隹(唯)正月初吉庚午，王在分，榮白(伯)入右㪊(㲉)即立𠁩(中)廷。王曰尹册令(命)㪊(㲉)："易(錫)女(汝)赤市(韍)、䜌(鑾)旂，作𤔲(司)徒、𤔲(司)寇。"㪊(㲉)𢷎(拜)手䭫(稽)首，𠭰(敢)對䀘(揚)王休，用乍(作)且(祖)考寶。萬年子=(子子)孫=(孫孫)永寶用。

銘文拓本

銘文照片

0366. 嗌甗

【時　　代】西周中期後段。

【收 藏 者】日本某收藏家。

【尺度重量】通高 63 釐米。

【形制紋飾】連體式，體呈橢方形，侈口方唇，口沿上有一對立耳，深腹内斂，束腰，腰内有隔承箅，下部弧襠，四條柱形足。甗的正背面各有一道豎棱，内面微凹。頸部飾垂冠回首體呈“S”形的夔龍紋和弦紋，鬲腹飾獸目紋。

【著　　録】未著録。

【銘文字數】内壁鑄銘文兩篇，共 92 字（其中重文 2）。

【銘文釋文】唯王十又三月初吉，王各（格）于文大（太）室，武公右嗌入門立中（中）廷，北卿（嚮），王乎（呼）命尹氏册命嗌曰：“飼（嗣）乃先且（祖）考嗣（司）南事□事工㠯（以一與）殷八自（師）南事□事。易（錫）女（汝）赤市（韍）、幽黄（衡）、攸（鋚）勒、䜌（鑾）旂。”嗌捧（拜）䭬（稽）首，叙（敢）𢍜（對）䣄（揚）天子不（丕）顯休，用乍（作）朕（朕）文考䵼（尊）獻（甗），子=（子子）孫=（孫孫），㠯（其）萬年永寶用。

a2

a1

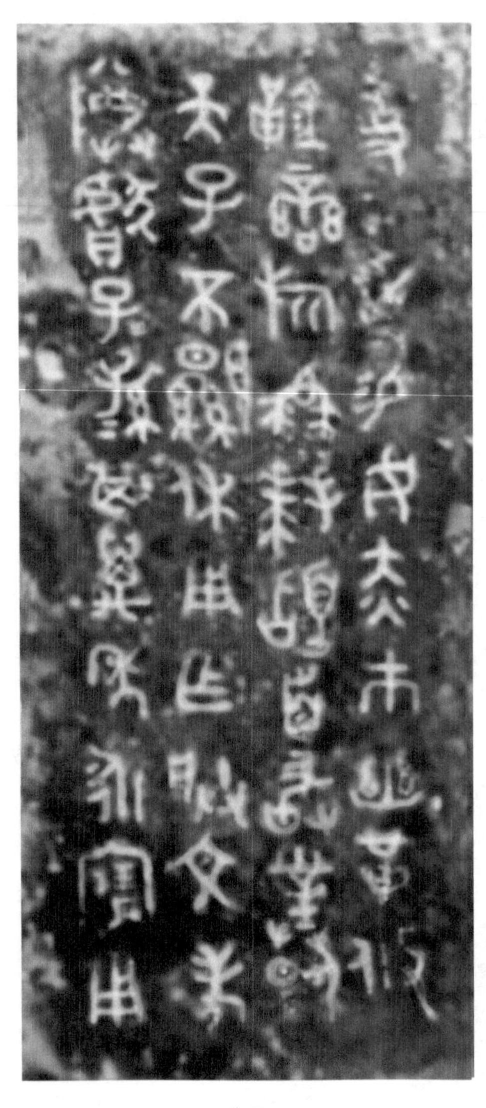

b2

b1

04. 篮

（0367–0490）

0367. 立簋

【時　　代】商代晚期。

【出土時地】2017 年 10 月出現在香港大唐國際拍賣會。

【收 藏 者】某收藏家。

【尺度重量】通高 17、口徑 25 釐米。

【形制紋飾】侈口深腹，腹壁向下逐漸内收，高圈足沿外撇，腹壁有六道扉棱。口沿下飾三組夔鳥紋，每組四隻，組與組之間有一個浮雕獸頭，腹部飾三組下卷角獸面紋，圈足亦飾夔鳥紋，兩兩相對，通體以雲雷紋填地。

【著　　録】未著録。

【銘文字數】内底鑄銘文 1 字。

【銘文釋文】立。

0368. 㝵簋(剸簋)

【時　　代】商代晚期。

【出土時地】2016 年 3 月出現在西安。

【收 藏 者】某收藏家。

【尺度重量】通高 20.2、口徑 28.3-28.8、腹深 14.8 釐米。

【形制紋飾】侈口圓唇,斂腹,高圈足。頸部飾三個浮雕獸頭和兩道雲紋,腹部飾斜方格乳釘紋,乳釘較小,圈足上部有三個方孔,飾三組一對夔龍組成的獸面紋。

【著　　録】未著録。

【銘文字數】内底刻銘文 1 字。

【銘文釋文】㝵(䜌—剸)。

0369. 㪟簋

【時　　代】商代晚期。

【出土時地】2017 年 4 月出現在香港大唐國際春季拍賣會。

【收 藏 者】某收藏家。

【尺度重量】通高 8、口徑 15.5 釐米。

【形制紋飾】侈口方唇，深腹内斂，高圈足，其下有一道邊圈，頸部有三道扉棱和三個浮雕獸頭，其間飾夔龍紋，每組兩隻；圈足有六道扉棱，其間飾六組夔龍紋，每組一隻，均以雲雷紋填地，腹部飾斜方格乳釘紋。

【著　　録】未著録。

【銘文字數】内底鑄銘文 1 字。

【銘文釋文】㪟。

0370. 山簋

【時　　代】商代晚期。
【收 藏 者】日本奈良國立博物館。
【尺度重量】通高 17.4、口徑 14.8 釐米。
【形制紋飾】侈口深腹，腹部向下漸有收分，通體鑄有六道矮扉棱。頸部飾六組夔龍紋，每組四隻，其間增飾浮雕獸頭，腹部飾下卷角獸面紋，圈足飾兩兩相對的夔龍紋，均以雲雷紋填地。
【著　　録】綜覽・小型盂 33，坂本清賞 146，奈良銅 69 頁 156。
【銘文字數】内底鑄銘文 1 字。
【銘文釋文】山。
【備　　注】館藏號：簋 02。

0371. 史簋

【時　　代】商代晚期。

【出土時地】2016 年 3 月出現在美國紐約邦瀚斯亞洲藝術周春季拍賣會。

【收 藏 者】某收藏家。

【尺度重量】通高 24.6 釐米。

【形制紋飾】侈口薄唇，深腹内折，圜底，高圈足，頸部飾夔龍紋和浮雕獸頭，以雲雷紋填地，腹部飾以雷紋爲地的斜方格乳釘紋，圈足飾雲雷紋組成的獸面紋帶。

【著　　録】未著録。

【銘文字數】内底鑄銘文 1 字。

【銘文釋文】史。

0372. 史簋

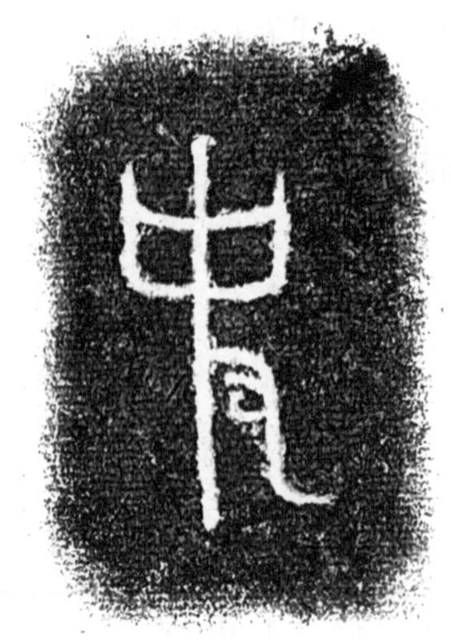

【時　　代】商代晚期。
【收 藏 者】海外某收藏家。
【尺度重量】通高 15.2、口徑 23、腹深 11 釐米。
【形制紋飾】敞口深腹，窄沿方唇，腹部向下漸有收分，一對獸首半環形耳，無垂珥，圜底，高圈足，沿下折形成一道邊圈。頸部和圈足均飾變形夔龍紋，頸前後增飾浮雕獸頭，以雲雷紋填地，腹部飾斜方格乳釘紋。
【著　　録】綜覽・小型盂 33。
【銘文字數】内底鑄銘文 1 字。
【銘文釋文】史。

0373. 丙簋（丙簋）

【時　　代】商代晚期。
【出土時地】1991 年陝西岐山縣鳳鳴鎮帖家河遺址。
【收 藏 者】原藏岐山縣博物館，後調撥深圳博物館。
【尺度重量】通高 16 釐米。
【形制紋飾】侈口束頸，鼓腹圜底，一對獸首耳，下有勾狀垂珥，圈足較高，沿下折形成一道邊圈。頸部和圈足均飾目雲紋，頸前後增飾浮雕獸頭。
【著　　録】文博 2010 年 4 期 53 頁圖 4．1、2（摹本），陝集成 2 册 23 頁 0109。
【銘文字數】内底鑄銘文 1 字。
【銘文釋文】丙（丙）。

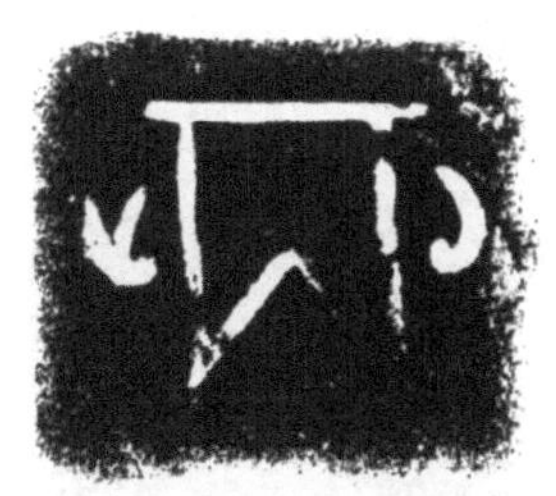

0374. ⊛簋（輪簋）

【時　　代】商代晚期。

【出土時地】2018 年 10 月出現在美國紐約佳士得拍賣會。

【收 藏 者】原藏忍丘學人，現藏不明。

【尺度重量】口徑 24.7 釐米。

【形制紋飾】侈口，窄薄沿，深腹圜底，圈足向外斜出。頸部飾三道弦紋，前後增飾浮雕虎頭，圈足飾一道弦紋。

【著　　録】未著録。

【銘文字數】内底鑄銘文 1 字。

【銘文釋文】⊛（輪）。

0375. □簋

【時　　代】商代晚期。

【收 藏 者】某收藏家。

【尺度重量】兩耳相距 31.8 釐米。

【形制紋飾】侈口束頸，鼓腹圜底，高圈足，一對獸首半環形耳，下有勾狀垂珥。頸部飾勾喙卷尾鳥紋，前後增飾浮雕虎頭，腹部飾下卷角獸面紋，圈足飾尾下卷的勾喙鳥紋，均不施地紋。

【著　　録】未著録。

【銘文字數】内底鑄銘文 1 字。

【銘文釋文】□。

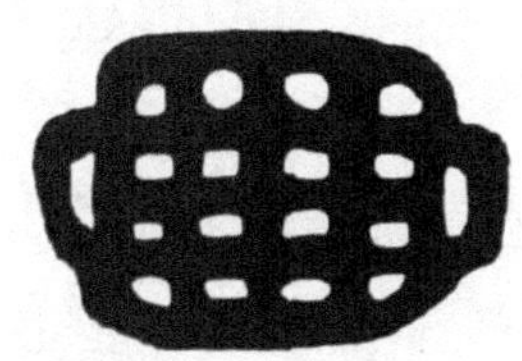

0376. [illegible]簋

【時　　代】商代晚期。

【收 藏 者】原藏臺北鴻禧美術館，後歸臺灣清玩雅集，現藏海外某私人藏家。

【尺度重量】通高 18.5、口徑 25.5、腹深 13 釐米。

【形制紋飾】直口，窄薄沿，方唇，深腹圜底，高圈足沿下折形成一道邊圈，圈足有六道扉棱，頸部有三道扉棱。頸部飾三個浮雕獸頭和三組夔龍紋，腹部飾斜方格乳釘紋，圈足飾三組夔龍紋，兩兩相對，均以雲雷紋填地。

【著　　録】未著録。

【銘文字數】内底鑄銘文 1 字。

【銘文釋文】[illegible]。

0377. 冉簋

【時　　代】西周早期。

【收 藏 者】某收藏家。

【尺度重量】通高 15.8、口徑 21.4、腹深 12.4、兩耳相距 30 釐米。

【形制紋飾】侈口薄唇，鼓腹圜底，高圈足，一對龍首鳥身半環形耳，下有長方形垂珥。頸部飾浮雕圓渦紋間以短夔紋，以雲雷紋填地，腹部飾直棱紋，圈足飾浮雕圓渦紋間以四瓣目紋。

【著　　録】未著録。

【銘文字數】内底鑄銘文 1 字。

【銘文釋文】□（冉）。

0378. 㪤簋

【時　　代】西周早期後段。

【收 藏 者】河南大學文物館。

【尺度重量】通高 11、口徑 17、圈足徑 13.5 釐米，重 1.189 公斤。

【形制紋飾】侈口方唇，束頸鼓腹，圜底，一對龍頭半環形耳，下有方形垂珥，高圈足，其下有較高的邊圈。頸部和圈足均飾兩周弦紋，頸的前後增飾浮雕虎頭。

【著　　録】文物 2018 年 2 期 80 頁圖 22、23。

【銘文字數】内底鑄銘文 1 字。

【銘文釋文】㪤。

【備　　注】館藏號：000682。

0379. 戈簋

【時　　代】西周早期。

【出土時地】2009-2010 年山西翼城縣隆化鎮大河口西周墓葬（M1034）。

【收 藏 者】山西青銅器博物館。

【尺度重量】通高 14、口徑 21、耳間距 27 釐米。

【形制紋飾】侈口方唇，斂腹圜底，矮圈足，一對兔首半環形耳，下有勾狀垂珥。頸部飾短夔紋間以渦紋，以雲雷紋填地。

【著　　録】封邦 176 頁，銘照 159 頁 174。

【銘文字數】内底鑄銘文 1 字。

【銘文釋文】戈。

0380. 子父簋

【時　　代】西周早期。

【出土時地】2019 年 5 月出現在華藝國際(香港)春季拍賣會。

【收 藏 者】原藏匈牙利哈萬尼爵士,後歸王季遷。

【尺度重量】通高 13.5、口徑 19 釐米。

【形制紋飾】侈口束頸,鼓腹圜底,高圈足,一對龍首半環形耳,下有方形垂珥。頸部飾雙體夔龍紋,前後增飾浮雕獸頭,腹部飾曲折角獸面紋,圈足飾回首夔龍紋,通體無地紋。

【著　　録】未著録。

【銘文字數】内底鑄銘文 2 字。

【銘文釋文】子父。

【備　　注】銘文有可能是 3 字,最後一字未能拍上。

0381. 山△簋

【時　　代】西周早期。

【收 藏 者】香港朱氏(朱昌言)九如園。

【尺度重量】通高 11.5、口徑 16.5、足徑 13.5 釐米。

【形制紋飾】體低矮,侈口束頸,窄沿方唇,鼓腹圜底,一對獸首耳,下有勾狀垂珥,矮圈足沿外侈。頸部和圈足均飾雙身共首的龍紋,龍首呈高浮雕,龍身逶迤,以雲雷紋填地。

【著　　録】九如園 24 頁 11。

【銘文字數】内底鑄銘文 2 字。

【銘文釋文】山△。

0382. 天黽母簋

【時　　代】商代晚期。

【收 藏 者】某收藏家。

【形制紋飾】侈口束頸,鼓腹,高圈足,一對獸首半環耳,無垂珥。頸部飾對稱的“T”字形角夔龍紋,中間夾飾浮雕獸頭。

【著　　録】未著録。

【銘文字數】内底刻銘文 3 字。

【銘文釋文】天黽母。

0383. 鰍祖丙簋

【時　　代】商代晚期。

【收 藏 者】某收藏家。

【著　　録】未著録。

【銘文字數】内底鑄銘文 3 字。

【銘文釋文】鰍且(祖)丙。

0384. 萬祖癸簋

【時　　代】商代晚期。

【收 藏 者】某收藏家。

【形制紋飾】侈口束頸，鼓腹，高圈足，一對龍首耳，下有長方形垂珥。頸部飾夔鳥紋，前後各有一個高浮雕獸頭，腹部飾浮雕下卷角獸面紋，兩旁增飾倒置的夔龍，耳圈飾鳥翅紋，垂珥飾鳥爪紋，圈足有四道扉棱，飾象鼻夔龍紋，均無地紋。

【著　　録】未著録。

【銘文字數】内底鑄銘文 3 字。

【銘文釋文】萬且(祖)癸。

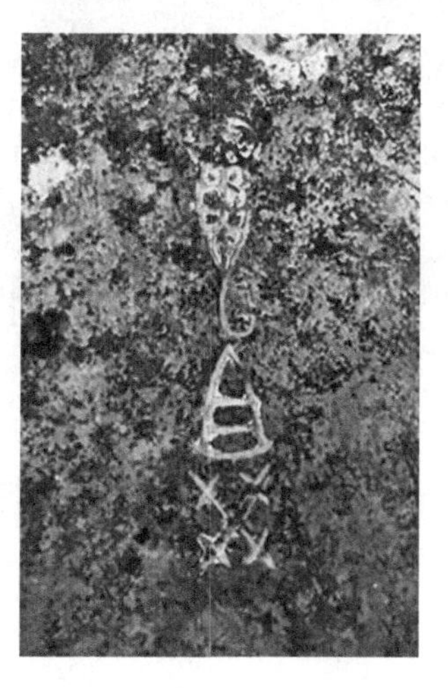

0385. 兇父己簋

【時　　代】商代晚期。

【出土時地】見於美國洛杉磯郡立藝術博物館網。

【收 藏 者】美國洛杉磯郡立藝術博物館。

【尺度重量】通高 13.34 、口徑 20、兩耳相距 24.45 釐米。

【形制紋飾】侈口束頸，鼓腹圜底，一對獸首半環形耳，下有勾狀垂珥，圈足較高。頸部飾三列雲雷紋組成的夔龍紋，前後增飾浮雕犧首，圈足飾三列雲雷紋組成的獸面紋帶。

【著　　録】銘照 160 頁 181。

【銘文字數】内底鑄銘文 3 字。

【銘文釋文】[illegible]（兇—嚚）父己。

商周青銅器銘文暨圖像集成三編

0386. 㠱父乙簋(舉父乙簋)

【時　　代】商代晚期。

【出土時地】2017 年 5 月出現在澳門中濠典藏春季拍賣會。

【收 藏 者】某收藏家。

【尺度重量】通高 15.5、口徑 19 釐米。

【形制紋飾】侈口束頸,鼓腹,高圈足,沿下折形成一道邊圈,一對羊首耳,無垂珥。頸部和腹部各有兩道扉棱,圈足有四道扉棱。頸部飾鳥紋和三角紋,前後增飾浮雕獸頭,腹部飾曲折角獸面紋,圈足飾飄冠回首鳥紋,均以雲雷紋填地,耳部飾鱗紋。

【著　　録】未著録。

【銘文字數】內底鑄銘文 3 字。

【銘文釋文】㠱(舉)父乙。

0387. 天父己簋

【時　　代】商代晚期。
【出土時地】2017 年 12 月見於杭州西泠印社拍賣會。
【收 藏 者】原藏日本鹽冶金雄，後歸新田美術館，現藏不明。
【尺度重量】通高 13.8 釐米。
【形制紋飾】侈口束頸，鼓腹，高圈足沿外侈，腹部和圈足各有六道矮扉棱，頸部有三道矮扉棱。頸部飾三組夔龍紋，以浮雕獸頭爲中心，兩兩相對，腹部飾曲折角獸面紋，圈足飾勾唇夔龍，通體以雲雷紋填地。蓋和座爲清人後加。
【著　　録】未著録。
【銘文字數】内底鑄銘文 3 字。
【銘文釋文】天父己。

銘文拓本

銘文照片

0388. 萬父癸簋

【時　　代】商代晚期。

【出土時地】2018 年 4 月出現在保利香港春季拍賣會。

【收 藏 者】某收藏家。

【尺度重量】通高 15、口徑 21.3、兩耳相距 26 釐米。

【形制紋飾】侈口薄沿，深腹内斂，圜底，一對獸首半環形耳，下有勾狀垂珥，圈足較高。口沿下飾短夔紋間以圓渦紋，以雲雷紋填地，腹部飾粗綫獸面紋，圈足飾三列雲雷紋組成的獸面紋帶。

【著　　録】未著録。

【銘文字數】内底鑄銘文 3 字。

【銘文釋文】萬父癸。

0389. 戈祖己簋

【時　　代】西周早期。

【出土時地】2019 年 3 月出現在美國紐約佳士得春季拍賣會。

【收 藏 者】原藏美國紐約安思遠。

【尺度重量】兩耳相距 38 釐米。

【形制紋飾】侈口方唇，束頸鼓腹，一對獸首半環形耳，下有長方形垂珥，高圈足。頸部和圈足飾夔龍紋，頸前後增飾浮雕牛頭，腹部飾兩組大獸面，不施地紋。

【著　　録】未著録。

【銘文字數】内底鑄銘文 3 字。

【銘文釋文】戈且(祖)己。

0390. 戈祖辛簋

【時　　代】西周早期。

【收 藏 者】某收藏家。

【形制紋飾】侈口方唇，深腹内斂，一對獸首耳，無垂珥，高圈足，沿下折形成一道高邊圈。頸部和圈足均飾目雷紋，頸前後增飾浮雕虎頭，腹部飾斜方格乳釘紋。

【著　　録】未著録。

【銘文字數】内底鑄銘文 3 字。

【銘文釋文】戈且(祖)辛。

0391. 亶父乙簋(父乙亶簋)

【時　　代】西周早期前段。

【收 藏 者】河南大學文物館。

【尺度重量】通高 16.5、口徑 27 釐米，重 2.792 公斤。

【形制紋飾】侈口方唇，口沿内折，深腹圜底，一對龍頭半環形耳，下有勾狀垂珥，高圈足，其下有一道邊圈。頸部和圈足均飾張口回首短夔紋和圓渦紋，頸前後增飾浮雕虎頭。

【著　　録】文物 2018 年 2 期 80 頁圖 19、21。

【銘文字數】内底鑄銘文 3 字。

【銘文釋文】父乙，亶。

【備　　注】館藏號：000646。銘文應讀爲“亶父乙”。

0392. 宰父辛簋

【時　　代】西周早期前段。

【出土時地】2017 年 5 月出現在澳門中濠典藏春季拍賣會。

【收 藏 者】某收藏家。

【尺度重量】通高 16、兩耳相距 22.5 釐米。

【形制紋飾】侈口圓唇，深腹圜底，高圈足，一對鹿首半環形耳，下有長方形垂珥。頸部和圈足均飾四瓣目紋，頸前後增飾浮雕獸頭。

【著　　録】未著録。

【銘文字數】内底鑄銘文 3 字。

【銘文釋文】宰(㝱)父辛。

0393. 戈父丁簋

【時　　代】西周早期。

【收 藏 者】天津博物館。

【尺度重量】通高 17、口徑 25、兩耳相距 32 釐米。

【形制紋飾】侈口，坡狀唇，腹部圜收，一對獸首半環形耳，下有長方形垂珥，圜底，圈足沿外侈然後下折。頸部飾目雷紋，腹部飾斜方格乳釘紋，上下以連珠紋鑲邊，圈足飾夔龍紋，均以雲雷紋填地。

【著　　録】津銅 047。

【銘文字數】内底鑄銘文 3 字。

【銘文釋文】戈父丁。

0394. 作寶簋

【時　　代】西周早期。

【收 藏 者】某收藏家。

【形制紋飾】弇口圓腹，一對獸首耳，下有勾狀垂珥，圈足沿外撇，蓋面呈弧形隆起，上有圈狀捉手。蓋面和口沿下飾菱形雷紋帶，蓋沿和口沿下前後增飾高浮雕獸頭，圈足飾兩道弦紋。

【著　　録】未著録。

【銘文字數】蓋、器對銘，各 3 字。

【銘文釋文】乍(作)寶毁(簋)。

蓋銘

器銘

0395. 作寶彝簋

【時　　代】西周早期。

【收 藏 者】下落不明。

【尺度重量】通高 17.1 釐米。

【形制紋飾】侈口窄沿，腹部微鼓，圈足下有一道邊圈，一對獸首半環形耳，獸耳高聳，下有長方形垂珥，腹部前後各有一道扉棱，圈足有四道扉棱。腹部飾下卷角獸面紋，圈足飾蛇紋，均不施地紋。

【著　　録】綜覽・簋 130。

【銘文字數】内底鑄銘文 3 字。

【銘文釋文】乍（作）寶彝。

0396. 伯簋

【時　　代】西周早期。

【出土時地】2014 年 4 月出現在中國嘉德香港春季拍賣會。

【收 藏 者】某收藏家。

【尺度重量】通高 13.4、口徑 18.5 釐米。

【形制紋飾】侈口束頸，鼓腹，圈足沿下折，形成一道邊圈，兩側有一對龍首半環形耳，下有長方形垂珥。頸部飾花冠回首夔龍紋，前後增飾浮雕犧首，圈足飾卷鼻夔龍，均不施地紋。

【著　　録】未著録。

【銘文字數】内底鑄銘文 3 字。

【銘文釋文】白(伯)乍(作)彝。

0397. 伯簋

【時　　代】西周早期。

【出土時地】2016 年 2 月出現在西安。

【收 藏 者】某收藏家。

【形制紋飾】侈口束頸，鼓腹，高圈足沿下折，形成一道邊圈，一對獸首耳，下有方形垂珥。頸部和圈足均飾列旗脊獸面紋帶，頸的前後增飾浮雕獸頭，腹部飾直棱紋。

【著　　録】未著録。

【銘文字數】内底鑄銘文 3 字。

【銘文釋文】白（伯）乍（作）彝。

0398. 伯簋

【時　　代】西周早期。
【收 藏 者】某收藏家。
【形制紋飾】侈口束頸，鼓腹圜底，圈足沿下有一道邊圈，一對獸首半環形耳，下有方形垂珥。頸部飾垂冠回首夔龍紋，以雲雷紋填地，前後增飾浮雕獸頭，圈足飾變形夔龍紋。
【著　　録】未著録。
【銘文字數】内底鑄銘文 3 字。
【銘文釋文】白（伯）乍（作）彝。

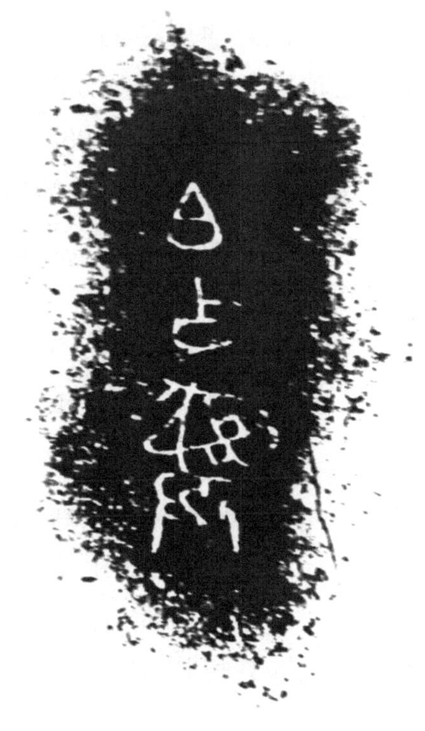

0399. 伯簋

【時　　代】西周早期。

【出土時地】2007 年 9 月山西翼城縣隆化鎮大河口村西周墓地(M1:86)。

【收 藏 者】山西青銅器博物院。

【尺度重量】通高 21.3、耳間距 25、方座邊長 17、寬 15.8 釐米。

【形制紋飾】侈口方唇,束頸鼓腹,一對獸首耳,獸頭碩大,耳圈寬扁,垂珥像鸝豆頭向内,圈足下連鑄方座,外底懸有鈴鐺。頸部和圈足均飾象鼻夔龍紋,頸的前後增飾浮雕獸頭,腹部飾斜方格乳釘紋,上下以連珠紋鑲邊,方座壁四邊飾斜方格乳釘紋,中部是空白長方框。

【著　　録】封邦 45 頁,銘照 160 頁 182。

【銘文字數】内底鑄銘文 3 字。

【銘文釋文】白(伯)乍(作)彝。

0400. 伯簋

【時　　代】西周中期。

【收 藏 者】某收藏家。

【形制紋飾】侈口束頸，鼓腹，圈足沿外撇，一對龍首耳下有方形垂珥。頸部飾分尾長鳥紋，以雲雷紋填地，頸前後增飾浮雕虎頭。

【著　　録】未著録。

【銘文字數】内底鑄銘文 3 字。

【銘文釋文】白（伯）乍（作）毁（簋）。

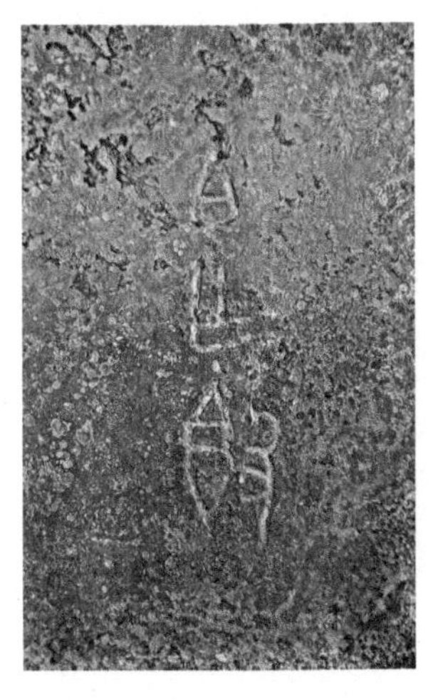

0401. 母㝅日辛簋

【時　　代】商代晚期。

【出土時地】2018 年 3 月出現在美國紐約佳士得春季拍賣會。

【收 藏 者】原藏香港夢蝶軒，現藏不明。

【尺度重量】通高 13 釐米。

【形制紋飾】盆形簋，侈口方唇，深腹圜底，高圈足。頸部和圈足均飾夔龍紋，頸前後增飾浮雕獸頭，腹部飾曲折角獸面紋，均以雲雷紋填地。

【著　　録】未著録。

【銘文字數】内底鑄銘文 4 字。

【銘文釋文】母㝅日辛。

0402. 比簋

【時　　代】西周早期。

【出土時地】陝西扶風縣絳帳鎮柿坡村出土，1988 年徵集。

【收 藏 者】扶風縣博物館。

【尺度重量】通高 14、口徑 19.5 釐米，重 2.4 公斤。

【形制紋飾】侈口束頸，鼓腹圜底，一對獸首耳，下有方垂珥，高圈足，沿下折形成一道邊圈。頸部和圈足各飾兩道弦紋，頸前後增飾浮雕獸頭。

【著　　録】陝集成 5 册 220 頁 0551。

【銘文字數】内底鑄銘文 4 字。

【銘文釋文】比乍(作) 寶設(簋)。

【備　　注】館藏號：0133。

0403. 牧正簋

【時　　代】西周早期。
【收 藏 者】某收藏家。
【形制紋飾】侈口束頸，鼓腹，一對獸首耳，下有垂珥，圜底，圈足較高。
【著　　録】未著録。
【銘文字數】内底鑄銘文 4 字。
【銘文釋文】牛（牧）显（正）乍（作）從。

0404. □卒祖辛簋

【時　　代】西周早期。

【收 藏 者】某收藏家。

【形制紋飾】侈口束頸，鼓腹，圈足沿下折，形成一道邊圈，一對獸首耳，下有勾狀垂珥。腹部飾兩組獸面紋，獸鼻上方有浮雕小獸頭，圈足飾一周夔龍紋，通體無地紋。

【著　　録】未著録。

【銘文字數】内底鑄銘文 4 字。

【銘文釋文】□卒且(祖) 辛。

0405. 集仦父癸簋

【時　　代】西周早期。

【收 藏 者】天津博物館。

【尺度重量】通高 15.2、口徑 18.1 釐米。

【形制紋飾】侈口方唇，深腹圜底，一對獸首半環形耳，下有長方形垂珥，高圈足下有邊圈。頸部飾垂尾鳥紋，前後增飾浮雕虎頭，腹部飾下卷角獸面紋，圈足飾卷尾夔龍紋，均以雲雷紋填地。

【著　　録】津銅 050。

【銘文字數】内底鑄銘文 4 字。

【銘文釋文】集仦父癸。

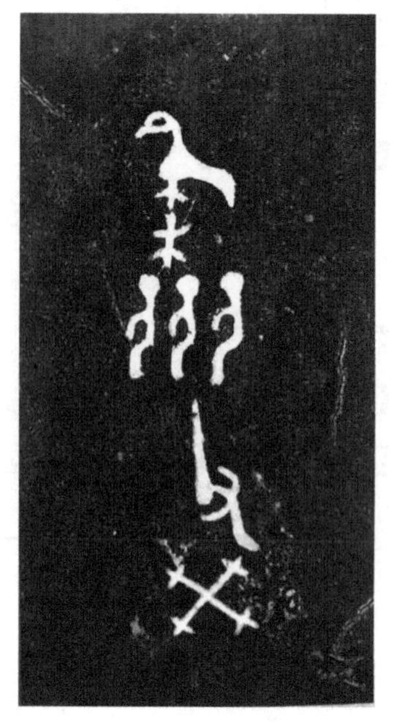

0406. 伯簋

【時　　代】西周早期。

【出土時地】早年徵集。

【收 藏 者】原藏陝西省博物館，現藏陝西歷史博物館。

【尺度重量】通高 14.9、口徑 20.5 釐米，重 2.237 公斤。

【形制紋飾】斂口，坡狀唇，鼓腹圜底，高圈足，沿外侈，一對獸首半環形耳，下有垂珥。頸部和圈足均飾雲雷紋組成的獸面紋帶。

【著　　録】陝集成 16 册 44 頁 1834。

【銘文字數】内底鑄銘文 4 字。

【銘文釋文】白(伯)乍(作)寶𣪘(簋)。

0407. 伯簋

【時　　代】西周早期。
【收 藏 者】某收藏家。
【形制紋飾】侈口束頸，鼓腹，一對鹿角獸首耳，下有方形垂珥，圈足沿外撇。頸部和圈足均飾三列雲雷紋組成的獸面紋帶，腹部光素。
【著　　録】未著録。
【銘文字數】内底鑄銘文4字。
【銘文釋文】白(伯)乍(作)寶𣪕(簋)。

0408. 仲簋

【時　　代】西周早期。

【出土時地】山西絳縣公安局打擊文物犯罪繳獲。

【收 藏 者】山西青銅器博物館。

【尺度重量】通高 15.1、口徑 19.2、兩耳相距 25.5、足徑 15.2 釐米，重 3.52 公斤。

【形制紋飾】侈口束頸，鼓腹圜底，一對獸首耳，下有勾狀垂珥，高圈足下有一道邊圈。頸部飾三列雲雷紋組成的夔龍紋，前後增飾浮雕犧首，圈足飾三列雲雷紋組成的獸面紋帶。

【著　　録】國寶（2019 一）82 頁。

【銘文字數】内底鑄銘文 4 字。

【銘文釋文】中（仲）乍（作）寶彝。

0409. 子簋

【時　　代】西周早期。

【收 藏 者】某收藏家。

【形制紋飾】侈口束頸，鼓腹，圈足沿外侈然後下折，一對獸首耳，下有垂珥。頸部飾長尾鳥紋，不施地紋，前後增飾浮雕獸頭。

【著　　録】未著録。

【銘文字數】内底鑄銘文 4 字。

【銘文釋文】子乍(作)寶毁(簋)。

0410. 作寶尊彝簋

【時　　代】西周早期。

【出土時地】山西省打擊文物犯罪繳獲。

【收 藏 者】山西青銅器博物館。

【形制紋飾】侈口，斂腹圜底，一對鹿角獸首半環形耳，下有勾狀垂珥，圈足沿外侈，下有一道邊圈，蓋面呈弧形鼓起，上有圈狀捉手，下有子口。蓋面和器口下飾三列雲雷紋組成的列旗脊獸面紋帶，圈足飾斜角目雷紋。

【著　　録】未著録。

【銘文字數】蓋、器對銘，各 4 字。

【銘文釋文】乍(作)寶隮(尊)彝。

蓋銘照片

器銘拓本

器銘照片

0411. 作公簋

【時　　代】西周中期前段。

【出土時地】2002 年購自濟南市文物商店。

【收 藏 者】濟南市博物館。

【尺度重量】通高 12.6、口徑 19.5、圈足徑 14.5 釐米，重 1.764 公斤。

【形制紋飾】侈口方唇，束頸鼓腹，腹較淺，一對獸首耳，下有垂珥，矮圈足連鑄四條獸蹄形足。頸部飾兩周弦紋，足上部飾雙目紋，腹部光素。

【著　　録】收藏家 2007 年 8 期 76 頁圖 2、3。

【銘文字數】内底鑄銘文 4 字。

【銘文釋文】乍(作)公旅㲃(簋)。

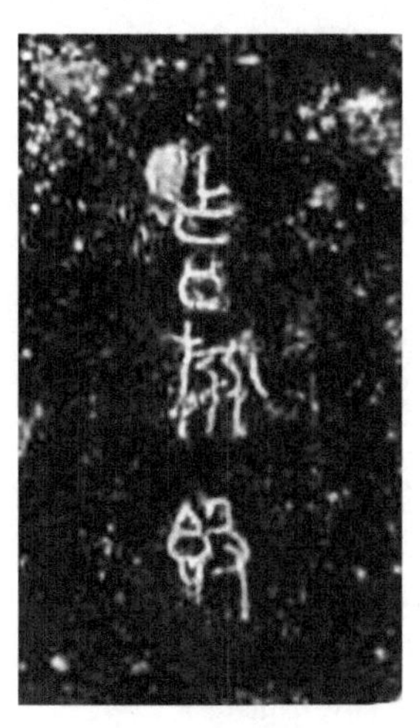

0412. 伯簋

【時　　代】西周中期前段。

【收 藏 者】某收藏家。

【形制紋飾】侈口束頸，方唇鼓腹，圈足沿下折形成一道邊圈，一對獸首半環形耳，下有方形垂珥。頸部飾長鳥紋，前後增飾浮雕獸頭，以雲雷紋填地，圈足飾斜角目雷紋。

【著　　録】未著録。

【銘文字數】内底鑄銘文 4 字。

【銘文釋文】白(伯)乍(作)寶毁(簋)。

0413. 厷伯簋甲

【時　　代】西周中期前段。
【出土時地】2018 年 5 月出現在香港大唐國際春季拍賣會。
【收 藏 者】某收藏家。
【尺度重量】通高 15、口徑 24 釐米。
【形制紋飾】侈口坡狀唇，斂腹圜底，一對附耳，圈足較高，沿下折。頸部飾“乙”字紋，以雲雷紋填地，前後增飾浮雕貘頭，上部有一周弦紋，下部有兩周弦紋，圈足飾兩道弦紋。
【著　　録】未著録。
【銘文字數】内底鑄銘文 4 字。
【銘文釋文】厷白（伯）肇（旅）𣪕（簋）。

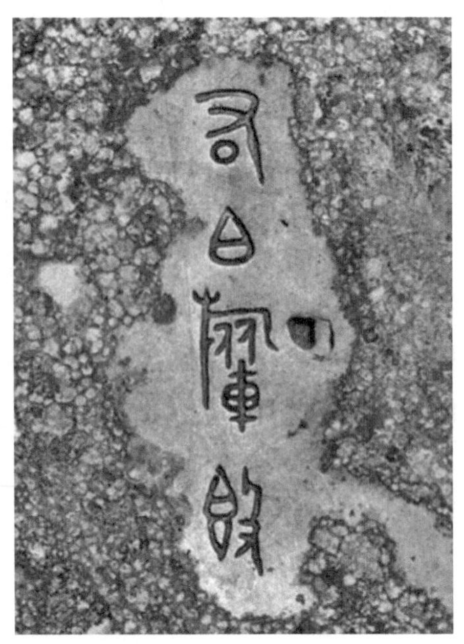

0414. 厷伯簋乙

【時　　代】西周中期前段。

【收 藏 者】某收藏家。

【形制紋飾】侈口坡狀唇，斂腹圜底，一對附耳，圈足較高，沿下折。頸部飾“乙”字紋，以雲雷紋填地，前後增飾浮雕貘頭，上部有一周弦紋，下部有兩周弦紋，圈足飾兩道弦紋。

【著　　録】未著録。

【銘文字數】内底鑄銘文 4 字。

【銘文釋文】厷白（伯）䇝（旅）𣪕（簋）。

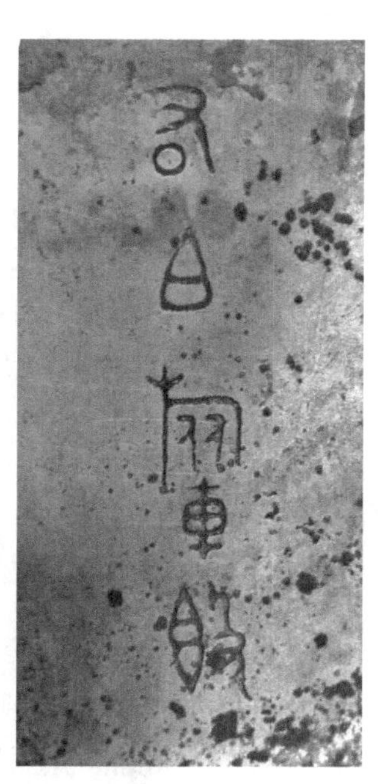

0415. 徲盬簋(鄧監簋)

【時　　代】西周早期。

【出土時地】2013 年湖北隨州市曾都區淅河鎮蔣寨村葉家山(M107.2)。

【收 藏 者】隨州博物館。

【尺度重量】通高 23、口徑 19.4、腹深 11.6、方座高 8.6、邊長 17.8-18.1 釐米,重 5.035 公斤。

【形制紋飾】侈口方唇,沿内折,束頸鼓腹,高圈足沿下折成階狀,折角有棱,四隻龍首半環形耳,下有長方形垂珥;圈足下連鑄方座,座内懸鈴。頸部飾四組短夔紋間以渦紋帶,腹部飾四組浮雕下卷角獸面紋,圈足飾龍紋帶,方座四壁飾浮雕下卷角獸面紋,兩側增飾倒置的夔龍,通體以雲雷紋填地。

【著　　録】江漢考古 2016 年 3 期 15 頁拓片 3、圖版八。

【銘文字數】内底鑄銘文 5 字。

【銘文釋文】徲(鄧)盬(監)乍(作)隮(尊)毁(簋)。

0416. 䑭伯簋

【時　　代】西周早期。

【出土時地】2017 年 12 月見於杭州西泠印社拍賣會。

【收 藏 者】原藏日本某收藏家，現藏不明。

【尺度重量】通高 11.5 釐米。

【形制紋飾】侈口束頸，鼓腹，高圈足，一對龍首半環形耳，下有長方形垂珥。頸部飾夔龍紋，前後增飾浮雕獸頭，圈足飾夔鳥紋，均不施地紋。

【著　　録】未著録。

【銘文字數】内底鑄銘文 5 字。

【銘文釋文】䑭白（伯）乍（作）寶彝。

銘文拓本

銘文照片

0417. 㝬叔簋(胡叔簋)

【時　　代】西周早期。

【出土時地】2017 年 12 月見於杭州西泠印社拍賣會(僅見器)。

【收 藏 者】器原藏日本鹽冶金雄,後歸新田美術館,現藏不明。

【尺度重量】器高 15.1 釐米。

【形制紋飾】弇口圓腹,短子口,圈足較高,沿外撇,一對龍首半環形耳,垂珥作雙勾形,蓋面呈弧形隆起,上有圈狀捉手。蓋面、口沿下飾花冠回首夔龍紋,口沿下前後增飾高浮雕貘頭,圈足飾一對夔龍組成的展體獸面紋,均以雲雷紋填地。

【著　　録】未著録。

【銘文字數】内底鑄銘文 5 字。

【銘文釋文】㝬(胡)弔(叔)爲肇(旅)彝。

0418. 从簋

【時　　代】西周早期。

【出土時地】山西省打擊文物犯罪繳獲。

【收 藏 者】山西青銅器博物館。

【形制紋飾】侈口束頸，窄沿尖唇，鼓腹圜底，一對鹿角獸首半環形耳，下有垂珥，圈足下有一道邊圈。頸部和圈足均飾兩道弦紋。

【著　　録】未著録。

【銘文字數】内底鑄銘文 5 字。

【銘文釋文】从乍(作)父癸彝。

【備　　注】銘文從左向右環讀，前 3 字反書。

0419. 伯簋

【時　　代】西周早期。
【收 藏 者】某收藏家。
【尺度重量】通高 16.5、口徑 19.5 釐米。
【形制紋飾】侈口方唇，束頸鼓腹，一對獸首耳，下有勾狀垂珥，高圈足下有一道特別高的邊圈。頸部飾夔鳥紋，不施地紋，前後增飾浮雕獸頭，圈足飾目雲紋。
【著　　録】未著録。
【銘文字數】内底鑄銘文 5 字。
【銘文釋文】白（伯）乍（作）寶䵼（尊）彝。

0420. 作父己簋

【時　　代】西周早期。

【收 藏 者】某收藏家。

【形制紋飾】侈口圓唇，束頸鼓腹，一對龍首耳，下有長方形垂珥，圜底，高圈足。頸部和圈足均飾三列雲雷紋組成的列旗脊獸面紋帶。

【著　　録】未著録。

【銘文字數】内底鑄銘文 5 字。

【銘文釋文】乍(作)父己隮(尊)彝。

0421. 倗姬簋

【時　　代】西周中期。

【出土時地】2004-2007 年山西絳縣横水鎮横北村西周墓地（M2022）。

【收 藏 者】山西青銅器博物館。

【形制紋飾】侈口束頸，鼓腹圜底，一對鹿角獸首半環形耳，下有垂珥，圈足沿外侈。頸部飾分尾長鳥紋，以雲雷紋填地。

【著　　録】未著録。

【銘文字數】内底鑄銘文 5 字。

【銘文釋文】倗姬乍（作）寶𣪕（簋）。

0422. 作父乙簋(𡗕簋)

【時　　代】西周中期。
【出土時地】西安市臨潼區零口鄉南羅村。
【收 藏 者】西安市臨潼博物館。
【尺度重量】通高 14.3、口徑 23 釐米，重 2.5 公斤。
【形制紋飾】侈口圜底，一對附耳，圈足沿外侈。頸部飾垂冠回首長鳥紋，以雲雷紋填地。
【著　　録】陝集成 13 册 18 頁 1446。
【銘文字數】内底鑄銘文 5 字。
【銘文釋文】乍(作)父乙段(簋)，𡗕。

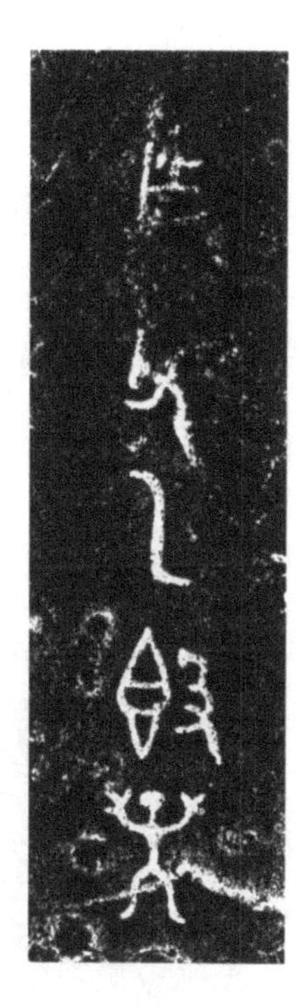

0423. 過伯簋

【時　　代】西周早期。
【出土時地】2019 年 8 月見於盛世收藏網。
【收 藏 者】某收藏家。
【尺度重量】口徑 11.85-12.2 釐米，重 776.3 克。
【形制紋飾】侈口束頸，深腹圜底，高圈足。頸下部飾三對夔龍紋，每對中部增飾浮雕獸頭，上部飾三角雲雷紋，腹部飾三組下卷角獸面紋，圈足飾垂冠回首尾下卷的夔龍紋，均以雲雷紋填地。
【著　　録】未著録。
【銘文字數】内底鑄銘文 6 字。
【銘文釋文】過(過)白(伯)乍(作)寶障(尊)彝。

0424. 𤈦伯簋

【時　　代】西周早期。

【出土時地】2019 年 1 月陝西寶雞市渭濱區旭光村西周墓。

【收 藏 者】寶雞市考古研究所。

【形制紋飾】侈口束頸，坡狀唇，鼓腹圜底，一對獸首耳，下有長垂珥，圈足沿外侈，然後下折，形成一道邊圈。頸部和圈足均飾長鳥紋，以雲雷紋填地，頸前後增飾浮雕獸頭，腹部飾直棱紋。

【著　　録】未著録。

【銘文字數】内底鑄銘文 6 字。

【銘文釋文】𤈦(𨛭) 白(伯) 乍(作) 寶隮(尊) 彝。

0425. 命父簋

【時　　代】西周早期。

【出土時地】2018 年 12 月出現在杭州西泠印社秋季拍賣會。

【收 藏 者】原藏戴潤齋(戴福保)。

【尺度重量】通高 18.6 釐米。

【形制紋飾】斂口鼓腹,一對鹿首半環形耳,下有方形垂珥,蓋面鼓起,頂部有圈狀捉手,沿斜向下折與器的子口扣合,圈足較高。蓋面和器頸飾鳥紋,以雲雷紋填地,頸前後增飾浮雕虎頭,圈足飾目雲紋帶。

【著　　録】未著録。

【銘文字數】蓋、器同銘,各 6 字。

【銘文釋文】命父乍(作)寶隮(尊)彝。

蓋銘拓本

器銘拓本

蓋銘照片

器銘照片

0426. 侃簋

【時　　代】西周早期後段。
【收 藏 者】海外某收藏家。
【尺度重量】通高 35.5、口徑 14.7、腹深 25.4 釐米。
【形制紋飾】侈口方唇，束頸鼓腹，矮圈足外撇，然後下折，一對獸首耳，下有方形垂珥。頸部飾垂冠回首分尾鳥紋，前後各有一個浮雕獸頭，腹部飾垂冠回首大鳳鳥，圈足飾斜角目雷紋，通體以雲雷紋填地。
【著　　録】未著録。
【銘文字數】内底鑄銘文 6 字。
【銘文釋文】侃乍(作)戊公寶段(簋)。

0427. 秦公簋

【時　　代】春秋早期。

【出土時地】甘肅禮縣永坪鄉趙坪村大堡子秦公墓地。

【收 藏 者】香港朱氏(朱昌言)九如園。

【尺度重量】通高 23.5、口徑 18.5 釐米。

【形制紋飾】弇口,寬體圓腹,一對寬厚碩大的龍首耳,龍舌内卷,下有垂珥作卷尾狀,矮圈足連鑄三條獸面扁足,蓋面隆起,上有圈狀捉手。捉手内飾變形雲雷紋,蓋沿和口沿下飾獸目交連紋,蓋面飾兩重相錯垂鱗紋,腹部飾三重垂鱗紋,圈足飾一周鱗紋。

【著　　録】九如園 54 頁 25。

【銘文字數】内底鑄銘文 6 字。

【銘文釋文】𥷚(秦)公乍(作)䰜(鑄)用𣪕(簋)。

0428. 芮公簋甲

【時　　代】春秋早期。

【出土時地】2007 年 1 月陝西韓城市昝村鎮梁帶村春秋墓葬（M27.1008）。

【收 藏 者】陝西省考古研究院。

【尺度重量】通高 23.5、口徑 19.8 釐米，重 8.24 公斤。

【形制紋飾】斂口鼓腹，圈足沿外侈，下有三條獸面扁足，腹部有一對獸首耳，蓋面隆起，上有圈形捉手。蓋面和器腹飾瓦溝紋，蓋沿和器沿飾竊曲紋，圈足飾垂鱗紋。

【著　　録】陝集成 15 册 48 頁 1692。

【銘文字數】蓋握内及内底各鑄銘文 6 字，内容相同。

【銘文釋文】内（芮）公乍（作）爲旅毁（簋）。

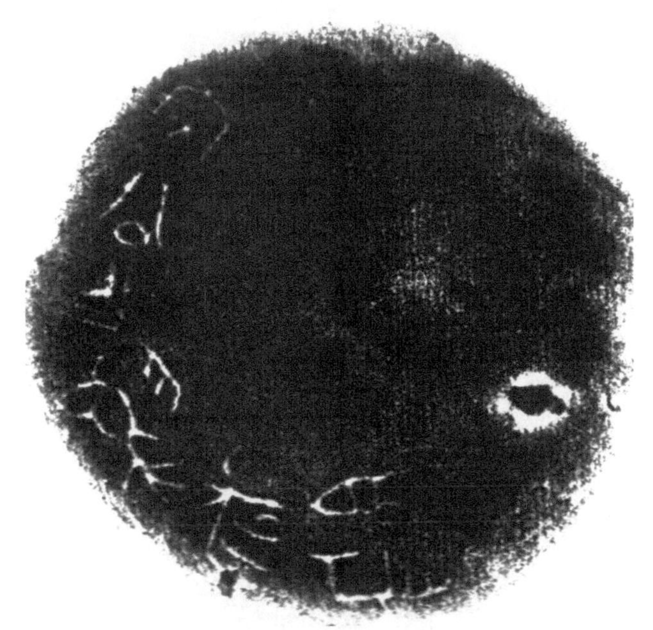

蓋銘拓本

蓋銘照片

器銘拓本

器銘照片

0429. 芮公簋乙

【時　　代】春秋早期。
【出土時地】2007 年 1 月陝西韓城市昝村鎮梁帶村春秋墓葬(M27.1012)。
【收 藏 者】陝西省考古研究院。
【尺度重量】通高 23.9、口徑 19.9 釐米,重 7.81 公斤。
【形制紋飾】斂口鼓腹,圈足沿外侈,下有三條獸面扁足,腹部有一對獸首耳,蓋面隆起,上有圈形捉手。蓋面和器腹飾瓦溝紋,蓋沿和器沿飾竊曲紋,圈足飾垂鱗紋。
【著　　録】陝集成 15 册 48 頁 1692。
【銘文字數】蓋握内及内底各鑄銘文 6 字,内容相同。
【銘文釋文】内(芮)公乍(作)爲旅段(簋)。

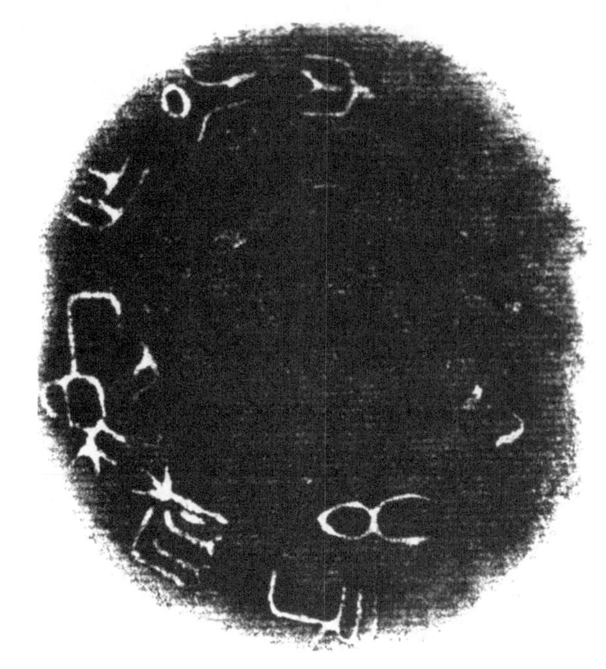

蓋銘拓本

蓋銘照片

器銘拓本

器銘照片

0430. 芮公簋丙

【時　　代】春秋早期。

【出土時地】2007 年 1 月陝西韓城市昝村鎮梁帶村春秋墓葬(M27.1015)。

【收 藏 者】陝西省考古研究院。

【尺度重量】通高 23.5、口徑 19.9 釐米,重 8.55 公斤。

【形制紋飾】斂口鼓腹,圈足沿外侈,下有三條獸面扁足,腹部有一對獸首耳,蓋面隆起,上有圈形捉手。蓋面和器腹飾瓦溝紋,蓋沿和器沿飾竊曲紋,圈足飾垂鱗紋。

【著　　録】陝集成 15 册 57 頁 1695。

【銘文字數】蓋握内及内底各鑄銘文 6 字,内容相同。

【銘文釋文】内(芮)公乍(作)爲旅𣪘(簋)。

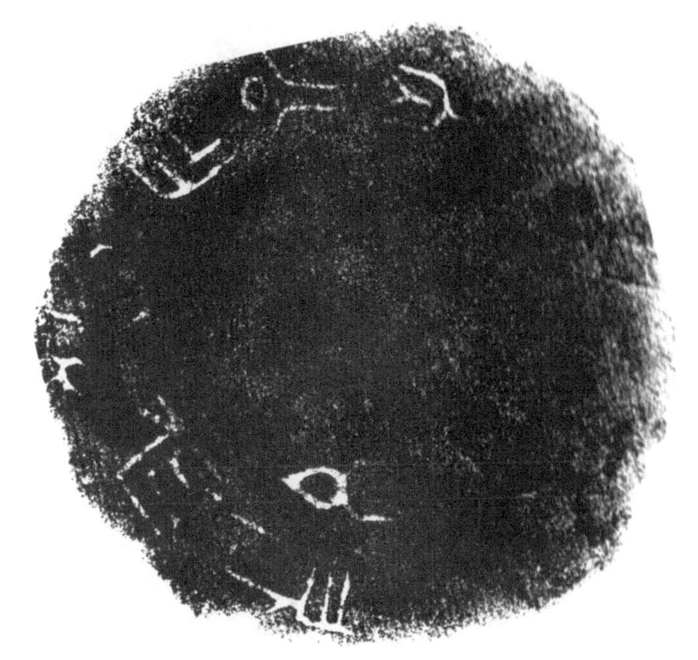

蓋銘拓本

蓋銘照片

器銘拓本

器銘照片

0431. 芮公簋丁

【時　　代】春秋早期。

【出土時地】2007 年 1 月陝西韓城市昝村鎮梁帶村春秋墓葬（M27.1023）。

【收 藏 者】陝西省考古研究院。

【尺度重量】通高 23.3、口徑 20.5 釐米，重 7.65 公斤。

【形制紋飾】斂口鼓腹，圈足沿外侈，下有三條獸面扁足，腹部有一對獸首耳，蓋面隆起，上有圈形捉手。蓋面和器腹飾瓦溝紋，蓋沿和器沿飾竊曲紋，圈足飾垂鱗紋。

【著　　録】陝集成 15 册 60 頁 1696。

【銘文字數】蓋握内及内底各鑄銘文 6 字，内容相同。

【銘文釋文】内（芮）公乍（作）爲旅毁（簋）。

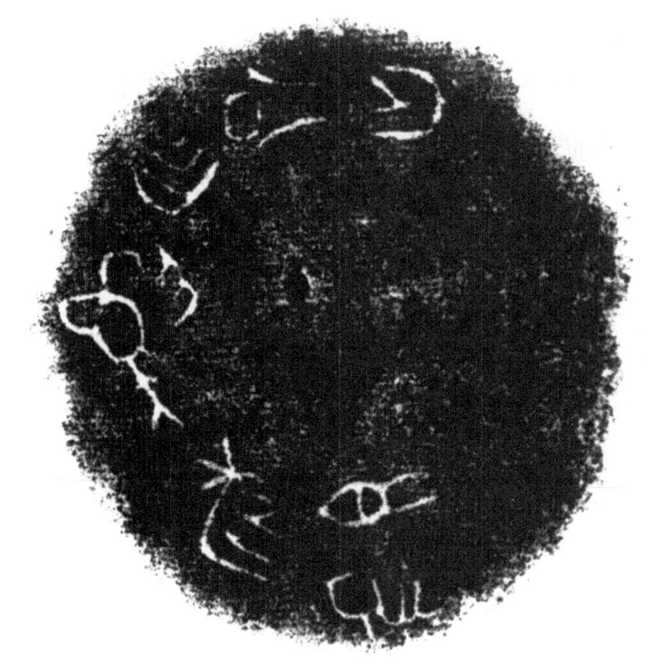

蓋銘拓本

蓋銘照片

器铭拓本

器铭照片

0432. 訢痎簋(慎痎簋)

【時　　代】戰國中期。

【出土時地】2002 年湖北枣陽市吴店鎮趙湖村九連墩戰國墓(M2.74)。

【收 藏 者】湖北省文物考古研究所。

【尺度重量】通高 24.7、口徑 23.6、座高 11.8、邊長 23.1 釐米。

【形制紋飾】口微斂,窄沿方唇,斂腹圜底,一對獸首半環形耳,圓餅形垂珥,頸部和上腹前後有一對扉棱。圈足沿外撇,其下連鑄方座,每邊設有長方形門洞。出土時帶有一飯勺。頸部飾“S”形勾連雲紋,方座面繪三角形雲頭紋,四壁飾鏤空蟠螭紋,紋飾均用紅黄色彩繪,内壁涂紅色。

【著　　録】江漢考古 2018 年 6 期 11 頁圖版 7、8。

【銘文字數】内底鑄銘文 6 字。

【銘文釋文】訢(慎)痎自乍(作)薦(薦)盤(簋)。

0433. 伯戎父簋

【時　　代】西周早期。

【收 藏 者】某收藏家。

【尺度重量】通高 26.7、口徑 21.5、兩耳相距 35 釐米。

【形制紋飾】侈口窄沿，鼓腹，一對獸首耳，下有長方形垂珥，獸耳高聳，鼻上翹，圈足下連鑄方座。圈足和腹部鑄兩道扉棱。腹部飾四組頭大體短身尾盤旋呈蝸牛狀的獸紋，兩兩相對，圈足飾龍紋，方座四角飾相對龍紋，四壁飾兩兩相對的頭大體短身尾盤旋呈蝸牛狀的獸紋，均不施地紋。

【著　　録】未著録。

【銘文字數】内底鑄銘文 7 字。

【銘文釋文】白（伯）戎父乍（作）寶隮（尊）彝。

0434. 南宫姒簋

【時　　代】西周早期。

【出土時地】2004-2007 年山西絳縣橫水鎮橫北村西周墓地(M3250)。

【收 藏 者】山西青銅器博物館。

【形制紋飾】侈口,深腹内斂,一對獸首半環形耳,獸耳寬大高聳,下有垂珥,圜底,高圈足沿外侈,然後下折。頸部飾浮雕圓渦紋間以四瓣花紋,前後增飾浮雕犧首,圈足飾三列雲雷紋組成的獸面紋帶。

【著　　録】未著録。

【銘文字數】内底鑄銘文 7 字。

【銘文釋文】南宫㚸(姒)乍(作)寶隮(尊)彝。

0435. 伯鏃簋(伯个簋)

【時　　代】西周早期。
【收 藏 者】某收藏家。
【著　　録】未著録。
【銘文字數】内底鑄銘文 7 字。
【銘文釋文】戈▼,白(伯)个(鏃)用乍(作)皿。
【備　　注】藏家未提供器物圖像。

0436. 子簋

【時　　代】西周早期。

【收 藏 者】某收藏家。

【形制紋飾】侈口方唇，束頸鼓腹，高圈足沿下折，形成一道高邊圈，一對半環形獸首耳，下有長方形垂珥。紋飾呈浮雕狀，不施地紋，頸部和圈足飾夔龍紋，頸前後增飾浮雕獸頭，腹部飾下卷角獸面紋。

【著　　録】未著録。

【銘文字數】内底鑄銘文 7 字。

【銘文釋文】子乍(作)父戊寶隮(尊)彝。

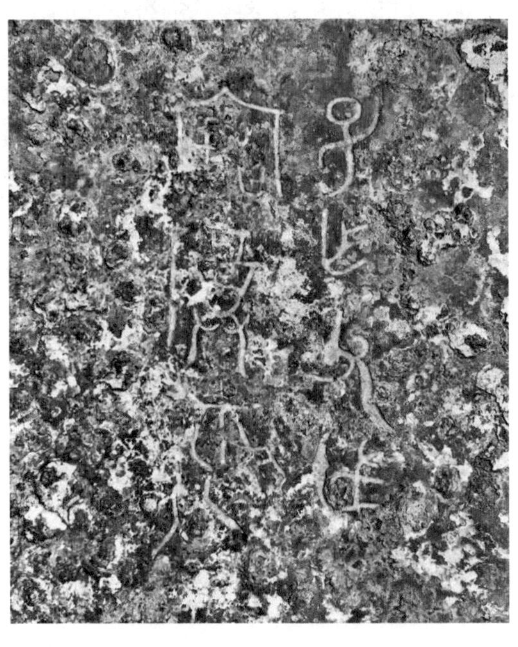

0437. 季簋

【時　　代】西周早期。

【收 藏 者】某收藏家。

【形制紋飾】侈口方唇，束頸鼓腹，圈足沿外侈，然後下折，一對獸首耳，下有垂珥。頸部飾小鳥紋，前後增飾浮雕獸頭，腹部飾兩對垂冠回首大鳳鳥，圈足飾目紋和變形夔紋。均以雲雷紋填地。

【著　　録】未著録。

【銘文字數】内底鑄銘文 7 字。

【銘文釋文】季乍（作）氒（厥）考寶隫（尊）𣪕（簋）。

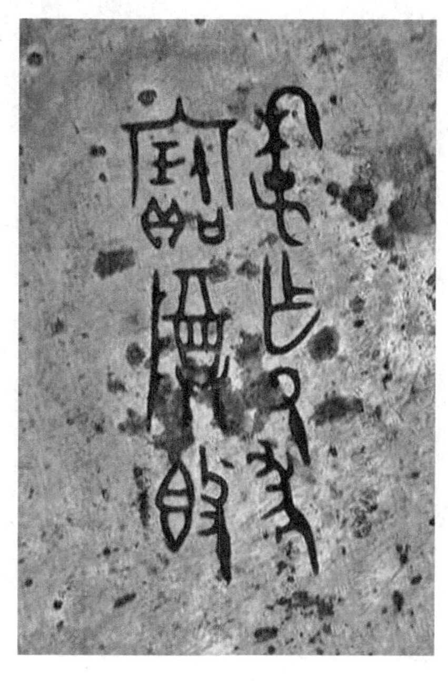

0438. ᅌᅀ簋

【時　　代】西周早期。

【出土時地】2016 年 4 月陝西澄城縣王莊鎮柳泉村九溝西周墓(M4.1)。

【收 藏 者】渭南市文物旅遊局稽查支隊文物大隊。

【尺度重量】通高 15、口徑 20 × 20.2、腹深 12 釐米。

【形制紋飾】侈口束頸,鼓腹,圈足沿外撇,一對獸首耳,下有勾狀垂珥。頸部和圈足均飾雲雷紋組成的獸面紋帶,頸部前後增飾浮雕獸頭。

【著　　録】考古與文物 2017 年 2 期 5 頁圖 7。

【銘文字數】内底鑄銘文 7 字。

【銘文釋文】ᅌᅀ乍(作)父己隮(尊)彝。

銘文拓本

銘文照片

0439. 作父辛簋

【時　　代】西周早期。

【出土時地】山西絳縣公安局打擊文物犯罪繳獲。

【收 藏 者】山西青銅器博物館。

【尺度重量】通高 15、口徑 23、兩耳相距 31、足徑 20 釐米，重 3.97 公斤。

【形制紋飾】侈口束頸，鼓腹圜底，一對獸首耳，下有垂珥，矮圈足沿外侈。頸部飾回首長鳥紋，前後增飾浮雕獸頭，圈足飾兩周弦紋。

【著　　録】國寶（2019 一）52、53 頁。

【銘文字數】内底鑄銘文 7 字。

【銘文釋文】乍（作）父辛寶障（尊）彝，𠔏（冉）。

0440. 伯旅父簋

【時　　代】西周早期。

【出土時地】2004-2007 年山西絳縣横水鎮横北村西周墓地(M2531)。

【收 藏 者】山西青銅器博物館。

【形制紋飾】侈口方唇,鼓腹,一對獸首半環形耳,獸耳高聳,下有長方垂珥,圈足下連鑄方座,蓋面隆起,上有圈狀捉手,圈足、腹部、頸部和蓋各有四道扉棱,外底懸有小鈴鐺。蓋面、腹部和方座四壁均飾回首垂冠卷喙大鳳鳥,頸部飾卷尾長鳥紋,前後增飾浮雕犧首,圈足飾目雷紋。

【著　　録】未著録。

【銘文字數】蓋、器對銘,各 8 字。

【銘文釋文】白(伯)旅父乍(作)寶鈴𣪘(簋)亖(四)。

【備　　注】此爲蓋銘,器銘未公布。

0441. 仲𩀺父簋

【時　　代】西周早期。

【出土時地】2004-2007年山西絳縣橫水鎮橫北村西周墓地(M2165.49)。

【收 藏 者】山西省考古研究所。

【尺度重量】通高35、口徑22.3、方座邊長21.1、寬20、高12釐米,重7.935公斤。

【形制紋飾】侈口方唇,鼓腹,一對獸首半環形耳,獸耳高聳,下有長方垂珥,圈足下連鑄方座,蓋面隆起,上有圈狀捉手,圈足、腹部、頸部和蓋各有四道扉棱,外底懸有小鈴鐺。蓋面、腹部和方座四壁均飾回首垂冠卷喙大鳳鳥,頸部飾卷尾長鳥紋,前後增飾浮雕犧首,圈足飾目雷紋。

【著　　録】出土全集3.183。

【銘文字數】蓋、器對銘,各8字。

【銘文釋文】中(仲)𩀺父乍(作)寶錀(鈴)𣪘(簋)亖(四)。

蓋銘

器銘

0442. 集䧹簋

【時　　代】西周早期。

【出土時地】2019 年 4 月出現在日本美協春季拍賣會。

【收 藏 者】原藏日本關西某收藏家。

【尺度重量】通高 19、寬 34 釐米。

【形制紋飾】口沿外翻，方唇，鼓腹圜底，一對獸首半環形耳，獸耳高聳，下有長方形垂珥，高圈足。頸部飾圓渦紋，間以短夔紋，腹部飾斜方格乳釘紋，方格内填雷紋，乳釘尖長，圈足飾展體獸面紋。

【著　　録】未著録。

【銘文字數】内底鑄銘文 8 字。

【銘文釋文】集，䧹乍（作）父癸寶隮（尊）彝。

【備　　注】該簋器形與現藏於英國愛丁堡大學博物館的集䧹簋不同，字體拙劣，疑爲僞刻。

0443. 豐井簋(豐邢簋)

【時　　代】西周早期。

【出土時地】2004-2007年山西絳縣横水鎮横北村西周墓地(M2102)。

【收 藏 者】山西青銅器博物館。

【形制紋飾】侈口束頸,鼓腹,圈足沿外侈,然後下折,一對鹿角獸首半環形耳,下有勾狀垂珥。頸部有兩道箍棱、兩周花紋,第一周花紋是目雷紋,第二周花紋是斜角雷紋,圈足飾兩周弦紋。

【著　　録】未著録。

【銘文字數】内底鑄銘文8字。

【銘文釋文】豐(豐)井(邢)乍(作)亳(墉)姬寶隮(尊)毁(簋)。

0444. 褱簋（寰簋）

【時　　代】西周中期。

【出土時地】1961 年購自韻古齋。

【收 藏 者】中國國家博物館。

【尺度重量】通高 14.2、口徑 20.3、足徑 17.7 釐米。

【形制紋飾】侈口束頸，鼓腹圜底，一對獸首半環形耳，下有方形垂珥，矮圈足沿外撇。頸部飾竊曲紋，間以目紋，以雲雷紋填地，前後增飾浮雕犧首，頸下部和圈足各有一周粗弦紋。

【著　　録】青與金第 3 輯 64 頁圖 4、5。

【銘文字數】内底鑄銘文 8 字。

【銘文釋文】褱（寰）乍（作）寶□，萬年□□。

【備　　注】内底曾補鑄，傷及三字。

0445. 鄭邢伯山父簋(奠井伯山父簋)

【時　　代】西周晚期。
【出土時地】山西絳縣公安局打擊文物犯罪繳獲。
【收 藏 者】山西青銅器博物館。
【尺度重量】通高23、口徑18、兩耳相距29釐米，重5.7公斤。
【形制紋飾】斂口，鼓腹圜底，一對獸首耳，矮圈足連鑄三條獸面卷鼻形足，蓋面隆起，上有圈狀捉手。蓋沿和器口飾竊曲紋，蓋面和器腹飾瓦溝紋。
【著　　録】國寶(2019一)144、145頁。
【銘文字數】蓋、器對銘，各8字。
【銘文釋文】奠(鄭)井(邢)白(伯)山父乍(作)寶毁(簋)。
【備　　注】一對，形制、紋飾、銘文相同，大小相若。另一件銘文資料未發表。

0446. 叔享父簋

【時　　代】西周晚期。
【收 藏 者】某收藏家。
【著　　録】未著録。
【銘文字數】内壁鑄銘文 8 字。
【銘文釋文】弔(叔)亯(享)父乍(作)始(姒)姊旅毁(簋)。

0447. 芮伯簋

【時　　代】西周中期前段。

【出土時地】2004-2007 年山西絳縣横水鎮横北村西周墓地（M2158.148）。

【收 藏 者】山西省考古研究所。

【尺度重量】通高 14.2、口徑 20.6 × 20.2、圈足徑 18 × 17.2 釐米，重 2.575 公斤。

【形制紋飾】侈口束頸，鼓腹圜底，一對龍首耳，下有方形垂珥，圈足沿下折，形成一道邊圈。頸部飾四隻分尾長鳥紋，兩兩相對，以雲雷紋填地，中隔浮雕虎頭，圈足飾兩道弦紋，外底有方格細陽綫加强筋。

【著　　録】考古 2019 年 1 期 41 頁圖 62、42 頁圖 66。

【銘文字數】内底鑄銘文 9 字。

【銘文釋文】内（芮）白（伯）乍（作）倗姬寶朕（媵）皀（簋）亖（四）。

0448. 芮子述叔簋

【時　　代】西周晚期。

【出土時地】2019年9月出現在香港嘉德秋季拍賣會。

【收 藏 者】原藏香港某私人藏家。

【尺度重量】兩耳間距35.5釐米。

【形制紋飾】子口内斂，鼓腹圜底，一對獸首耳，下有象鼻形垂珥，獸耳高聳，鼻上卷，蓋面隆起，頂部有圈狀捉手，圈足下連鑄三條獸面扁足。蓋沿、器口沿和圈足均飾無目竊曲紋，蓋面和器腹飾瓦溝紋。

【著　　録】未著録。

【銘文字數】内底鑄銘文9字。

【銘文釋文】内（芮）子述弔（叔）乍（作）寶𣪘，用典。

0449. 伯慈簋

【時　　代】西周中期前段。

【收 藏 者】某收藏家。

【著　　録】未著録。

【銘文字數】内底鑄銘文 10 字。

【銘文釋文】白(伯)慈乍(作)皇考𡨦公寶障(尊)毁(簋)。

0450. 太子簋甲(大子簋)

【時　　代】西周晚期。

【收 藏 者】某收藏家。

【形制紋飾】弇口鼓腹,有子口,口沿下有一對獸首銜環耳,矮圈足下連鑄三個獸面小足,蓋面呈弧形隆起,頂部有圈狀捉手。通體飾瓦溝紋。

【著　　録】國博館刊 2011 年 5 期 16 頁圖 2.2、3,17 頁圖 2.2、3。

【銘文字數】蓋、器對銘,各 10 字。

【銘文釋文】大(太)子乍(作)公姬旅毁(簋),永寶用。

【備　　注】同坑出土 4 件,形制、紋飾、銘文相同,大小相若,收録 2 件。此簋銘文照片爲蓋銘,器銘未除銹。

0451. 太子簋乙(大子簋)

【時　　代】西周晚期。

【收 藏 者】某收藏家。

【形制紋飾】弇口鼓腹，有子口，口沿下有一對獸首銜環耳，矮圈足下連鑄三個獸面小足，蓋面呈弧形隆起，頂部有圈狀捉手。通體飾瓦溝紋。

【著　　録】國博館刊 2011 年 5 期 16 頁圖 2.2、3，17 頁圖 2.2、3。

【銘文字數】蓋、器對銘，各 10 字。

【銘文釋文】大(太)子乍(作)公姬旅毁(簋)，永寶用。

【備　　注】此簋銘文照片爲蓋銘，器銘未除銹。

0452. 伯穌簋

【時　　代】西周早期。
【收 藏 者】某收藏家。
【尺度重量】通高 14.4 釐米。
【形制紋飾】侈口束頸，鼓腹圜底，高圈足，一對獸首耳，下有長方形垂珥。頸部和圈足飾浮雕圓渦紋，腹部飾直棱紋。
【著　　録】未著録。
【銘文字數】内底鑄銘文 11 字。
【銘文釋文】白（伯）穌（穌）乍（作）䚄（召）壬白（伯）父辛寶隮（尊）彝。

0453. 師姬彭簋

【時　　代】西周早期。

【出土時地】2016 年 3 月出現在保利春季拍賣會。

【收 藏 者】某收藏家。

【尺度重量】通高 21、兩耳間距 26 釐米。

【形制紋飾】侈口束頸，鼓腹，一對獸首半環形耳，獸頭較大耳圈扁細，垂珥下部作蠶豆形並向内傾斜，圈足較直，其下連鑄方座。頸部、圈足飾象鼻夔龍紋，頸前後增飾浮雕獸頭，腹部飾連珠紋鑲邊的斜方格乳釘紋，方座四周上下左右均飾條狀雲雷紋填地的斜方格乳釘紋。

【著　　録】未著録。

【銘文字數】内底鑄銘文 11 字。

【銘文釋文】師姬彭（彭）乍（作）氒（厥）辟日戊寶隮（尊）彝。

0454. 霸簋

【時　　代】西周中期前段。

【出土時地】2017 年 7 月 26 日見於盛世收藏網。

【收 藏 者】某收藏家。

【形制紋飾】侈口束頸，鼓腹圜底，下置三條細柱足，一對鹿角龍首形耳，下有長方形垂珥，蓋面隆起，上有圓形捉手。蓋面和器頸各飾兩道弦紋。

【著　　録】未著録。

【銘文字數】蓋、器同銘，各 11 字。

【銘文釋文】內（芮）公舍霸（霸）馬兩（兩）、玉、金，用𩰫（鑄）𣪘（簋）。

【備　　注】霸簋已著録 2 件（《銘圖》04609、04610），此爲第 3 件，未公布器形照片。

0455. 伯䢅律簋甲

【時　　代】西周中期。

【出土時地】1978 年山西絳縣横水鎮横北村西周墓地。

【收 藏 者】山西省考古研究所。

【尺度重量】通高 19、口徑 22、兩耳間距 24 釐米。

【形制紋飾】横截面呈圓形，腹壁較直，矮子口，下腹向外傾垂，底部略有弧度，口沿下有一對銜環獸首耳，圈足下連鑄四隻獸面方足，蓋面隆起，上有封頂的圈狀捉手，蓋沿向下直折。蓋面外圈和器口下飾竊曲紋，腹部光素，圈足飾斜角變形龍紋。

【著　　録】美好 82 頁。

【銘文字數】蓋、器對銘，各 11 字。

【銘文釋文】白(伯) 䢅建(律) 乍(作) 寶，用窹(廟—朝) 夜庚(康) 于宗。

【備　　注】同墓出土 2 件，形制、紋飾、銘文相同，大小相若。銘文中的"庚"字，另一件伯䢅律簋作"康"，故知此"庚"假借爲"康"。

蓋銘

器銘

0456. 伯𢼄律簋乙

【時　　代】西周中期。

【出土時地】1978 年山西絳縣横水鎮横北村西周墓地（M1011.121）。

【收 藏 者】山西省考古研究所。

【尺度重量】通高 18.9、口徑 18 釐米，重 3.41 公斤。

【形制紋飾】横截面呈圓形，腹壁較直，矮子口，下腹向外傾垂，底部略有弧度，口沿下有一對銜環獸首耳，圈足下連鑄四隻獸面方足，蓋面隆起，上有封頂的圈狀捉手，捉手平頂，蓋沿向下直折。捉手内圈飾鳥紋，外圈飾龍紋，蓋面外圈和器口下飾竊曲紋，腹部光素，圈足飾四組斜角雲紋。

【著　　録】出土全集 3.177。

【銘文字數】蓋、器對銘，各 11 字。

【銘文釋文】白（伯）𢼄逹（律）乍（作）寶，用䆃（廟—朝）夜庚（康）于宗。

蓋銘

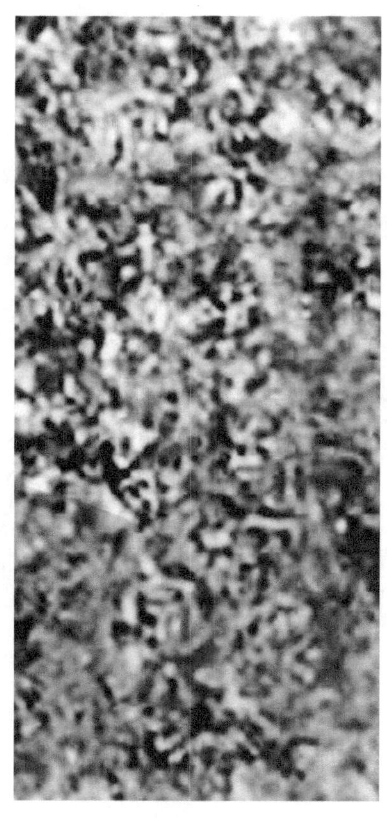

器銘

0457. 競簋

【時　　代】西周中期。

【收 藏 者】某收藏家。

【形制紋飾】侈口束頸，鼓腹，圈足沿外侈然後下折，一對獸首耳，下有垂珥。頸部飾竊曲紋，腹部和圈足光素。

【著　　録】未著録。

【銘文字數】内底鑄銘文 11 字。

【銘文釋文】競乍(作)用毁(簋)，甘(其)孫子萬年永寶。

0458. 伯公父簋

【時　　代】西周晚期。
【收 藏 者】下落不明。
【著　　録】小校 7.78，陝金 2.145，陝集成 223 頁 1935。
【銘文字數】内底鑄銘文 11 字。
【銘文釋文】白(伯)公父乍(作)𣪘(尊)𣪘(簋)，𠀠(其)萬年永寶。

0459. 曾公得簋

【時　　代】春秋早期。

【出土時地】2017 年 5 月出現在澳門中濠典藏春季拍賣會。

【收 藏 者】某收藏家。

【尺度重量】通高 31、口徑 22.7 釐米。

【形制紋飾】侈口方唇，束頸鼓腹，矮圈足下連鑄方座，一對龍首耳，垂珥極小，呈半圓形。蓋面隆起，頂部有蓮瓣形圓捉手。頸部和圈足飾變形夔龍紋，蓋面飾陰綫環帶紋，腹部和方座四壁飾浮雕環帶紋，均不施地紋。

【著　　録】未著録。

【銘文字數】蓋、器同銘，各 11 字。

【銘文釋文】曾公退(得)睪(擇)其吉金，自乍(作)鬻(齍)段(簋)。

【備　　注】同墓出土二件，形制、紋飾、大小、銘文基本相同，另一件未公布銘文資料。

蓋銘

器銘

0460. 𠬝簋

【時　　代】西周早期。
【出土時地】1986年8月河南信陽縣浉河港鄉浉河港村（今屬信陽市浉河區浉河港鎮）西周墓葬。
【收 藏 者】原藏信陽地區文物管理委員會，現藏信陽博物館。
【形制紋飾】侈口束頸，鼓腹，圈足沿下折，一對獸首耳，下有長方形垂珥。頸部和圈足飾圓渦紋間以夔紋，腹部飾下卷角獸面紋，通體無地紋。
【著　　録】中原文物1991年2期96頁圖1.25。
【銘文字數】内底鑄銘文12字。
【銘文釋文】卽（即）册，𠬝攴（肇）賈，用乍（作）父乙寶隮（尊）彝。
【備　　注】圖像未公布。

0461. 伯庶父簋

【時　　代】西周晚期。
【出土時地】陝西扶風。
【收 藏 者】下落不明。
【著　　録】周金3.89，陝金2.1,54，陝集成5册260頁0570。
【銘文字數】内底鑄銘文12字。
【銘文釋文】白（伯）庶父乍（作）旅毁（簋）及姞氏永寶用。

0462. 伯荆簋

【時　　代】西周中期前段。

【出土時地】2009-2010年山西翼城縣隆化鎮大河口西周墓葬(M1017.27)。

【收 藏 者】山西省大河口墓地聯合考古隊。

【尺度重量】通高16.4、口徑23.1、耳間距32.34、腹深13.4、足徑20.3釐米,重4.515公斤。

【形制紋飾】侈口束頸,坡狀唇,鼓腹圜底,一對龍首半環形耳,下有方形垂珥,圈足沿下折,形成一道邊圈。頸部飾夔龍紋,圈足飾兩周弦紋。

【著　　録】考古學報2018年1期102頁圖17。

【銘文字數】内底鑄銘文12字(其中重文2)。

【銘文釋文】白(伯)荆畢(肇)乍(作)鼈(鼒)彝,子=(子子)孫=(孫孫)永寶。

【備　　注】同墓出土2件。

0463. 劕叔簋

【時　　代】西周中期。

【出土時地】1954 年購藏。

【收 藏 者】中國國家博物館。

【尺度重量】通高 14.7、口徑 22.1、足徑 16.4 釐米。

【形制紋飾】侈口鼓腹,一對獸首半環形耳,下有長方形垂珥,圈足沿下折。頸部和圈足均飾夔鳥紋,頸前後增飾浮雕獸頭,腹部飾直棱紋。

【著　　録】青與金第 3 輯 65 頁圖 6、66 頁圖 7。

【銘文字數】内底鑄銘文 12 字(其中重文 2)。

【銘文釋文】劕弔(叔)乍(作)(旅)彝,子=(子子)孫=(孫孫)永寶用。

【備　　注】此簋形制、紋飾呈現西周早期風格,但銘文呈現西周中期偏晚風格,另有劕叔盨蓋紋飾爲重環紋,銘文與此簋相同,過去定爲西周晚期,結合此簋形制,二者的時代當定爲西周中期。

0464. 鄂侯簋蓋(噩侯簋蓋)

【時　　代】春秋早期。

【出土時地】2012年河南南陽市新店鄉夏餉鋪村鄂國墓地(M1.14)。

【收 藏 者】南陽市文物考古研究所。

【尺度重量】蓋高8.4、口徑22.1釐米。

【形制紋飾】蓋面隆起,上有圈狀捉手。上部飾瓦溝紋,蓋沿飾"S"形竊曲紋。

【著　　録】江漢考古2019年42頁圖版二:5、40頁拓片三。

【銘文字數】口沿鑄銘文12字。

【銘文釋文】隹(唯)八月己丑,噩(鄂)医(侯)乍(作)夫人行𣪘(簋)。

【備　　注】同墓出土2件,形制、紋飾、銘文相同,大小相若。M1.13蓋高8.1、捉手徑11.9、蓋口徑21.8釐米。

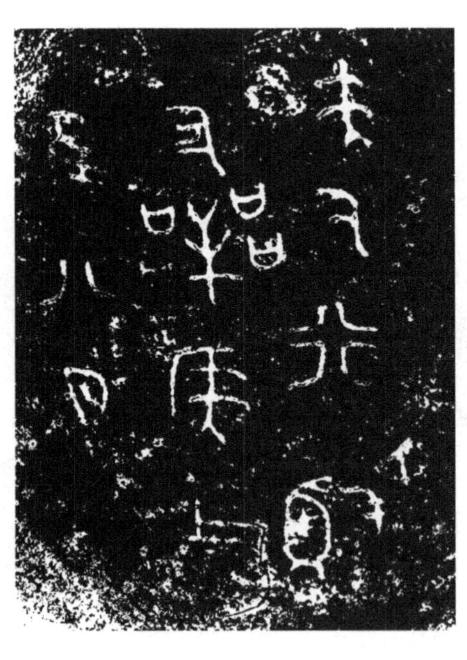

0465. 㗊簋

【時　　代】西周中期。

【收 藏 者】日本大阪市立博物館。

【尺度重量】通高 15.9 釐米。

【形制紋飾】侈口鼓腹，窄口沿，一對獸首耳，下有垂珥，圈足下有一道邊圈。頸部飾竊曲紋，前後增飾浮雕虎頭，圈足飾目紋和斜角變形夔龍紋。

【著　　録】綜覽・簋 275。

【銘文字數】内底鑄銘文 14 字（其中重文 2）。

【銘文釋文】㗊乍（作）白（伯）帚（婦）寶障（尊）彝，子＝（子子）孫＝（孫孫）永寶用。

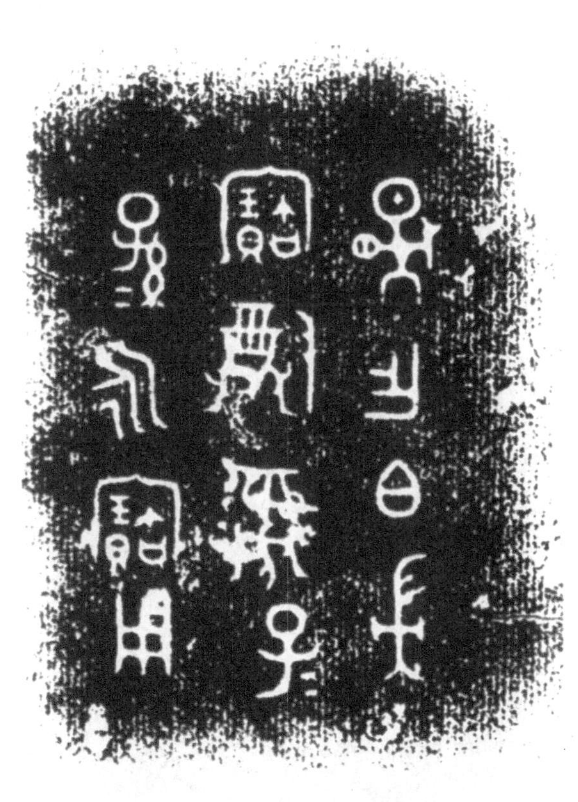

0466. 仲大父簋

【時　　代】西周晚期。

【收 藏 者】某收藏家。

【尺度重量】蓋高 8、口徑 22.5 釐米。

【形制紋飾】斂口鼓腹，圜底，一對獸首半環形耳，圈足下連鑄三條獸面小足，蓋面隆起，上有圈狀捉手。捉手内飾圓渦紋，蓋面上部和器腹飾瓦溝紋，蓋沿、器口下及圈足飾變形夔龍紋。

【著　　録】未著録。

【銘文字數】蓋、器對銘，各鑄銘文 14 字(其中重文 2)。

【銘文釋文】中(仲)大父乍(作)寶飢(簋)，子$_{=}$(子子)孫$_{=}$(孫孫)永寶用，華。

【備　　注】銘文拓本爲蓋銘，器身未拍照，銘文未拓印。

0467. 晉侯簋

【時　　代】春秋早期。

【出土時地】山西聞喜縣公安局打擊文物犯罪繳獲。

【收 藏 者】山西青銅器博物館。

【尺度重量】通高 20、口徑 22、兩耳相距 42 釐米，重 7.65 公斤。

【形制紋飾】失蓋。子口内斂，鼓腹圜底，一對龍首耳，下有垂珥，圈足沿外侈，連鑄三條象鼻獸頭附足。器口沿和圈足飾無目竊曲紋，器腹飾瓦溝紋。

【著　　録】國寶（2019 二）148、149 頁。

【銘文字數】内底鑄銘文 14 字（其中重文 2）。

【銘文釋文】䨾（晉）厌（侯）乍（作）師氏姞𣪘（簋），子＝（子子）孫＝（孫孫）永寶用。

【備　　注】銘文反書。

0468. 鄘侯簋(唐侯簋)

【時　　代】春秋中期。

【出土時地】2019 年湖北隨州市曾都區棗樹林曾國墓地曾夫人墓(M191)。

【收 藏 者】隨州博物館。

【著　　録】未著録。

【銘文字數】内底鑄銘文 15 字。

【銘文釋文】鄘(唐)疾(侯)剁(制)隓(陸—隨)疾(侯)行毁(簋),隓(陸—隨)疾(侯)其永祜福,鄘(唐)疾(侯)。

0469. 伯□父簋

【時　　代】西周晚期。

【收 藏 者】某收藏家。

【尺度重量】器高 24.8、方座 24.2 × 24 釐米，重 11.5 公斤。

【形制紋飾】侈口，窄沿方唇，腹部向外傾垂，一對獸首耳，獸舌内卷，矮圈足外侈，其下連鑄方座。頸部飾竊曲紋，腹部和方座均飾環帶紋，圈足飾垂鱗紋。

【著　　録】未著録。

【銘文字數】内底鑄銘文，現存 16 字（其中重文 2）。

【銘文釋文】白（伯）□父乍（作）……用……用……旛（祈）萬年子＝（子子）孫＝（孫孫）永寶用。

【備　　注】銘文被刮磨。

0470. 牛生簋甲

【時　　代】西周中期。

【收 藏 者】某收藏家。

【尺度重量】通高 19.4、口徑 18、腹深 10.3、兩耳相距 28.3 釐米。

【形制紋飾】斂口鼓腹，一對獸首耳，下有垂珥，弧面形蓋，上有圈狀捉手，捉手有對穿小孔，圈足沿外侈，其下連鑄三個長方小足。蓋面外圈和器口沿下飾雲雷紋填地的竊曲紋，蓋面和器腹飾瓦溝紋。

【著　　録】未著録。

【銘文字數】蓋内鑄銘文 17 字(其中重文 2)。

【銘文釋文】牛生乍(作)湟妊寶設(簋)，子$_{=}$(子子)孫$_{=}$(孫孫)甘(其)萬年永寶用。

銘文拓本

銘文照片

0471. 牛生簋乙

【時　　代】西周中期。

【收 藏 者】某收藏家。

【尺度重量】通高 19.6、口徑 18、腹深 10.5、兩耳相距 28 釐米。

【形制紋飾】斂口鼓腹，一對獸首耳，下有垂珥，弧面形蓋，上有圈狀捉手，捉手有對穿小孔，圈足沿外侈，其下連鑄三個長方小足。蓋面外圈和器口沿下飾雲雷紋填地的竊曲紋，蓋面和器腹飾瓦溝紋。

【著　　録】未著録。

【銘文字數】蓋内鑄銘文 17 字(其中重文 2)。

【銘文釋文】牛生乍(作)湟妊寶𣪕(簋)，子=(子子)孫=(孫孫)甘(其)萬年永寶用。

銘文拓本

銘文照片

0472. 太師伯良父簋(大師伯良父簋)

【時　　代】西周晚期。

【收 藏 者】某收藏家。

【尺度重量】蓋高 8、口徑 22.5 釐米。

【形制紋飾】斂口鼓腹,圜底,一對獸首半環形耳,圈足下連鑄三條獸面小足,蓋面隆起,上有圈狀捉手。捉手内飾卷曲夔龍紋,蓋面上部和器腹飾瓦溝紋,蓋沿、器口下及圈足飾變形獸體紋。

【著　　録】未著録。

【銘文字數】蓋、器對銘,各鑄銘文 17 字(其中重文 2)。

【銘文釋文】大(太)師白(伯)良父乍(作)爲甘(其)寶設(簋),子$_=$(子子)孫$_=$(孫孫)永用,亻。

【備　　注】銘文拓本爲蓋銘,器身未拍照,銘文未拓印。

0473. 欒伯簋(䜌伯簋)

【時　　代】西周晚期。

【收 藏 者】下落不明。

【著　　録】寒金 139 頁 1。

【銘文字數】蓋内鑄銘文 17 字(其中重文 2)。

【銘文釋文】䜌(欒)白(伯)乍(作)害(胡)姬旅𣪘(簋),𠀠(其)禑(萬)年子=(子子)孫=(孫孫)永用亯(享)。

0474. 南䣄伯虔父簋甲(南申伯虔父)

【時　　代】西周晚期。

【出土時地】2018 年 10 月出現在香港大唐國際秋季拍賣會。

【收 藏 者】日本大阪某收藏家。

【尺度重量】通高 23、兩耳相距 36 釐米。

【形制紋飾】斂口鼓腹,一對獸首耳,下有象鼻形卷珥,圈足沿外侈,其下連鑄三個獸面小足,蓋面隆起,上有圈狀捉手。蓋沿和器口下飾無目竊曲紋,蓋上和腹部飾瓦溝紋,圈足飾垂鱗紋。

【著　　録】未著録。

【銘文字數】蓋、器對銘,各鑄銘文 18 字(其中重文 2)。

【銘文釋文】南䣄(申)白(伯)虔父乍(作)尊𣪘(簋),其萬年子=(子子)孫=(孫孫)永寶用。

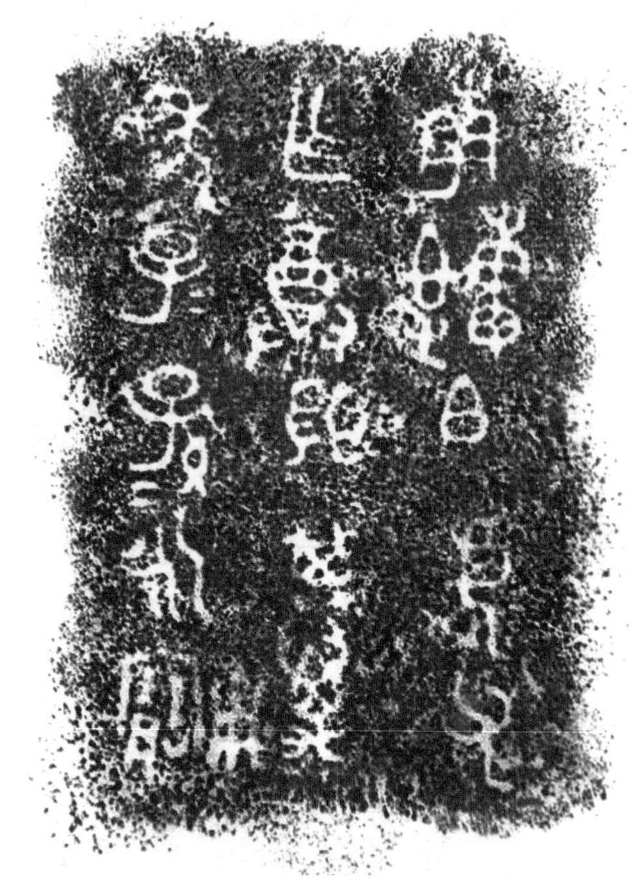

蓋銘拓本

蓋銘X光片

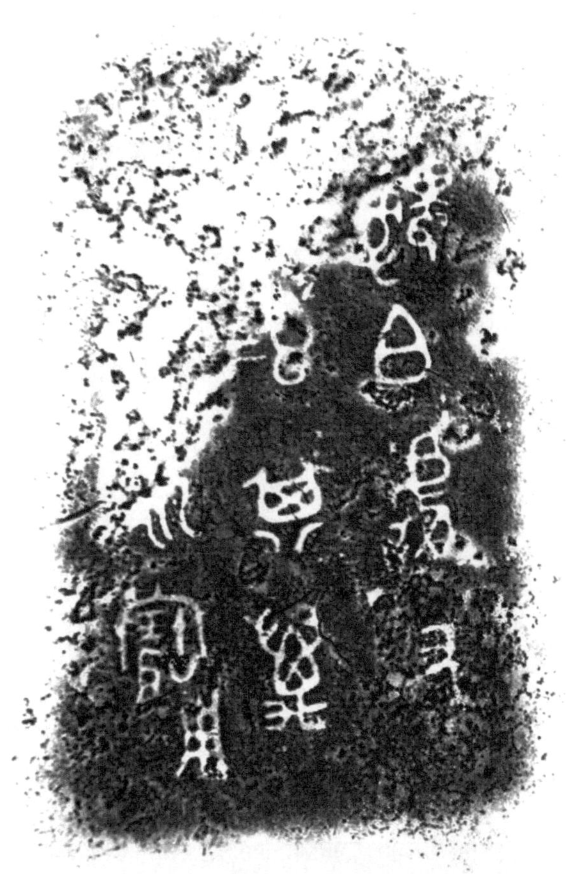

器銘拓本

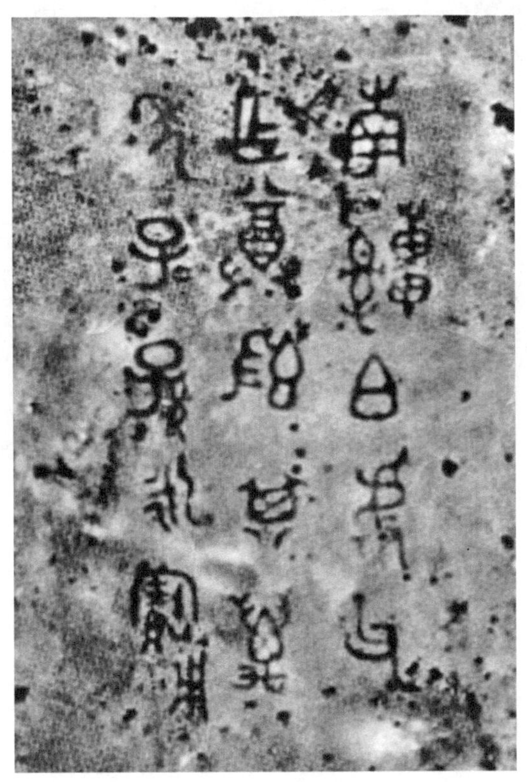

器銘 X 光片

0475. 南䵼伯虔父簋乙(南申伯虔父簋)

【時　　代】西周晚期。

【出土時地】2018 年 10 月出現在香港大唐國際秋季拍賣會。

【收 藏 者】日本大阪某收藏家。

【尺度重量】通高 23、兩耳相距 36 釐米。

【形制紋飾】斂口鼓腹,一對獸首耳,下有象鼻形卷珥,圈足沿外侈,其下連鑄三個獸面小足,蓋面隆起,上有圈狀捉手。蓋沿和器口下飾無目竊曲紋,蓋上和腹部飾瓦溝紋,圈足飾垂鱗紋。

【著　　録】未著録。

【銘文字數】蓋、器對銘,各鑄銘文 18 字(其中重文 2)。

【銘文釋文】南䵼(申)白(伯)虔父乍(作)尊毁(簋),其萬年子=(子子)孫=(孫孫)永寶用。

蓋銘照片

蓋銘X光片

器銘照片

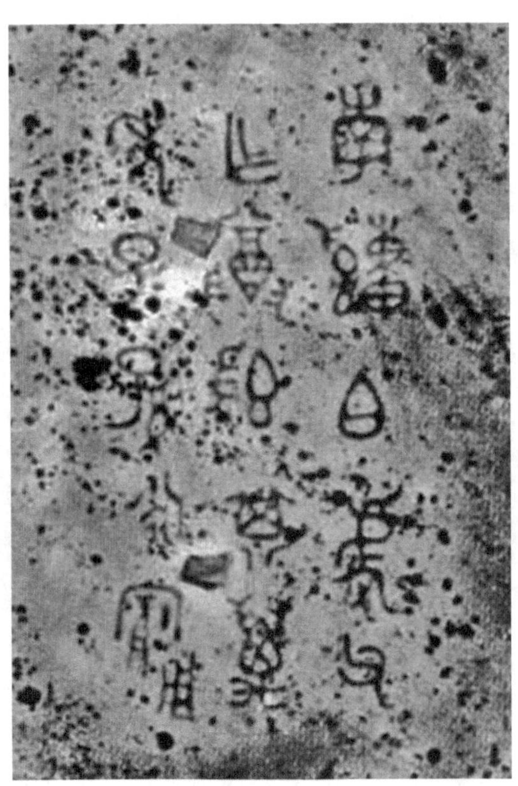

器銘X光片

0476. 楚王領簋

【時　　代】春秋中期。

【收 藏 者】某收藏家。

【形制紋飾】方座簋。侈口束頸，鼓腹，一對龍首耳，龍耳高聳，吐舌向後卷曲，垂珥做成圓雕爬虎，矮圈足下連鑄方座，四壁中下部各有一個方形門洞，蓋面隆起，上有鏤空蓮瓣形蓋冠，口沿有三個浮雕獸面卡扣。蓋面、頸部、腹部均飾浮雕狀蟠螭紋，頸前後增飾浮雕犧首，方座四壁飾鏤空蟠螭紋。

【著　　録】未著録。

【銘文字數】蓋内鑄銘文18字(其中重文2)。

【銘文釋文】楚王領賸(媵)盉(孟)嬭(羋)幾盥匽(簋)，其子=(子子)孫=(孫孫)永寶用之。

0477. 無🀆簋甲(無忌簋)

【時　　代】春秋早期。

【收 藏 者】某收藏家。

【尺度重量】通高 26、兩耳相距 39 釐米。

【形制紋飾】弇口鼓腹,一對龍首耳,下有曲尺形短珥,圈足沿外侈,連鑄三條獸面扁足;弧面形蓋,與器口的子口扣合,頂部有圈狀捉手。蓋面和器腹飾瓦溝紋,蓋沿和器口下飾卷唇龍紋,一正一反爲組,圈足飾垂鱗紋,均不施地紋。

【著　　録】未著録。

【銘文字數】蓋、器對銘,各 20 字。

【銘文釋文】無🀆(忌)睪(擇)其吉金,自乍(作)鄭(齋)匭(簋),無🀆(忌)釁(眉)壽(壽)麻🀆(期),永保用之。

【備　　注】同坑出土 4 件,形制、紋飾、銘文相同,大小相若。

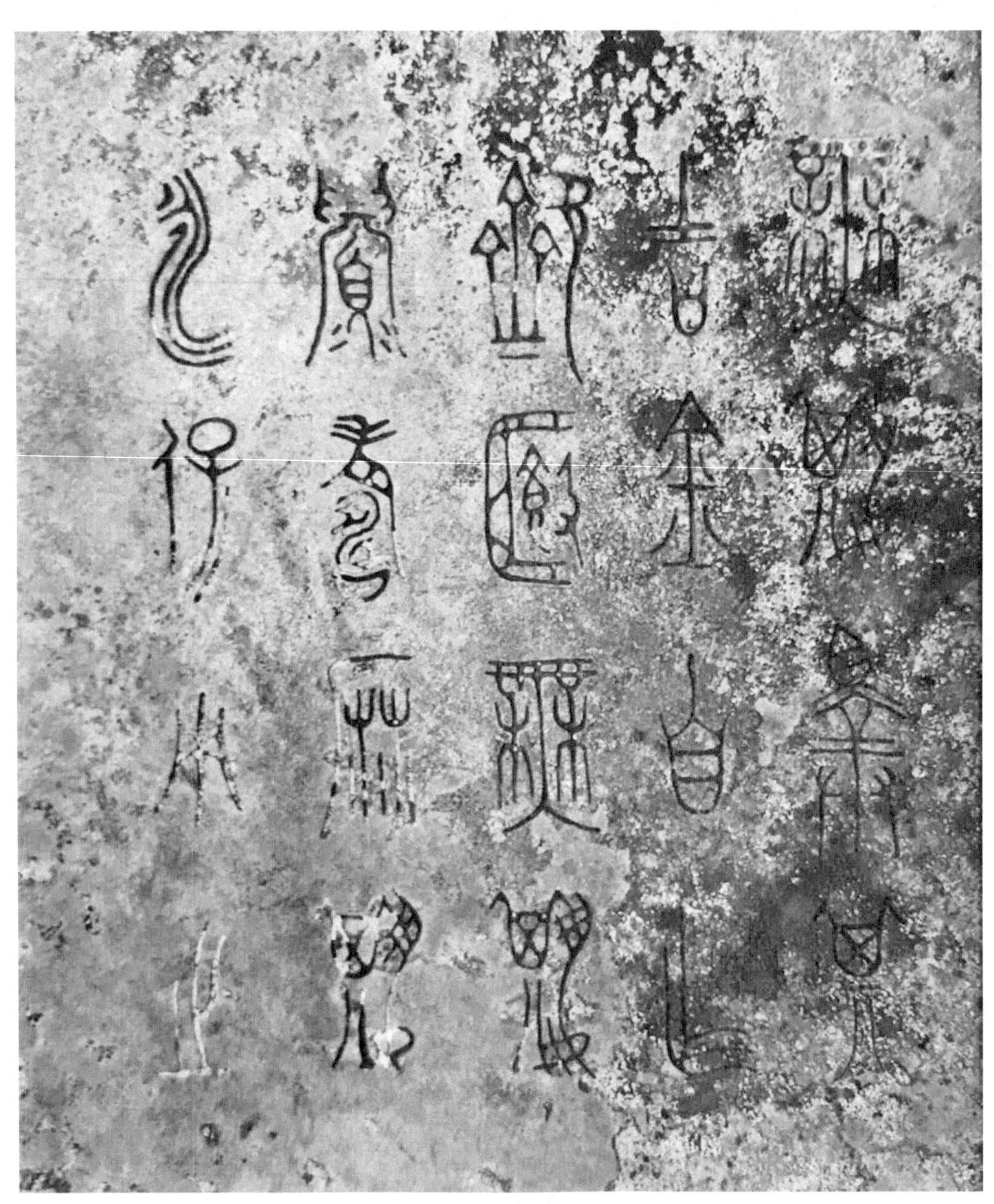

蓋銘

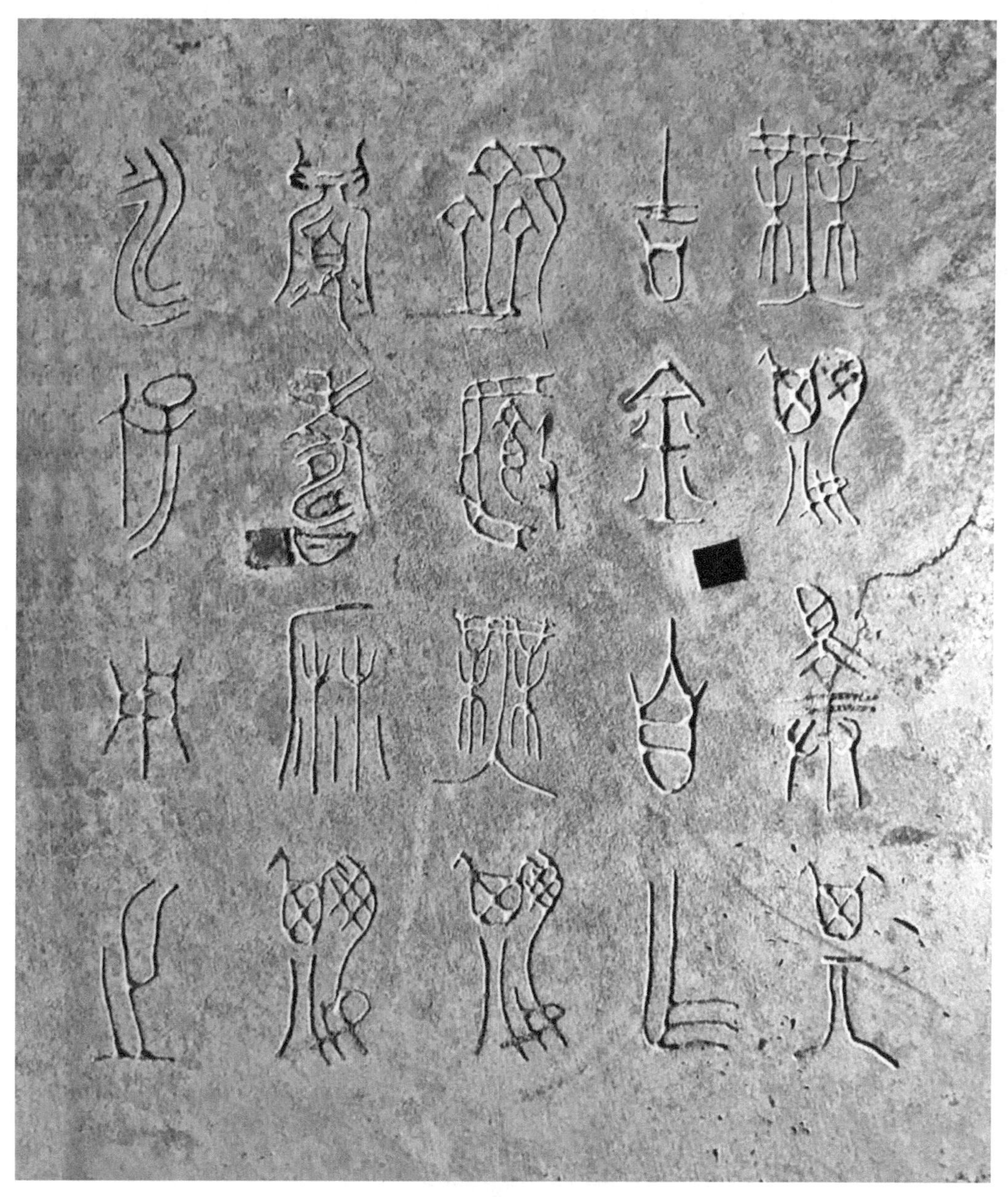

器銘

0478. 無期簋乙（無忌簋）

【時　　代】春秋早期。

【收 藏 者】某收藏家。

【形制紋飾】弇口鼓腹，一對龍首耳，下有曲尺形短珥，圈足沿外侈，連鑄三條獸面扁足；弧面形蓋，與器口的子口扣合，頂部有圈狀捉手。蓋面和器腹飾瓦溝紋，蓋沿和器口下飾卷唇龍紋，一正一反爲組，圈足飾垂鱗紋，均不施地紋。

【著　　録】未著録。

【銘文字數】蓋、器對銘，各 20 字。

【銘文釋文】無䠞（忌）睪（擇）其吉金，自乍（作）鄭（齍）匽（簋），無䠞（忌）釁（眉）壽（壽）麻䠞（期），永保用之。

【備　　注】此爲蓋銘，器銘未提供。

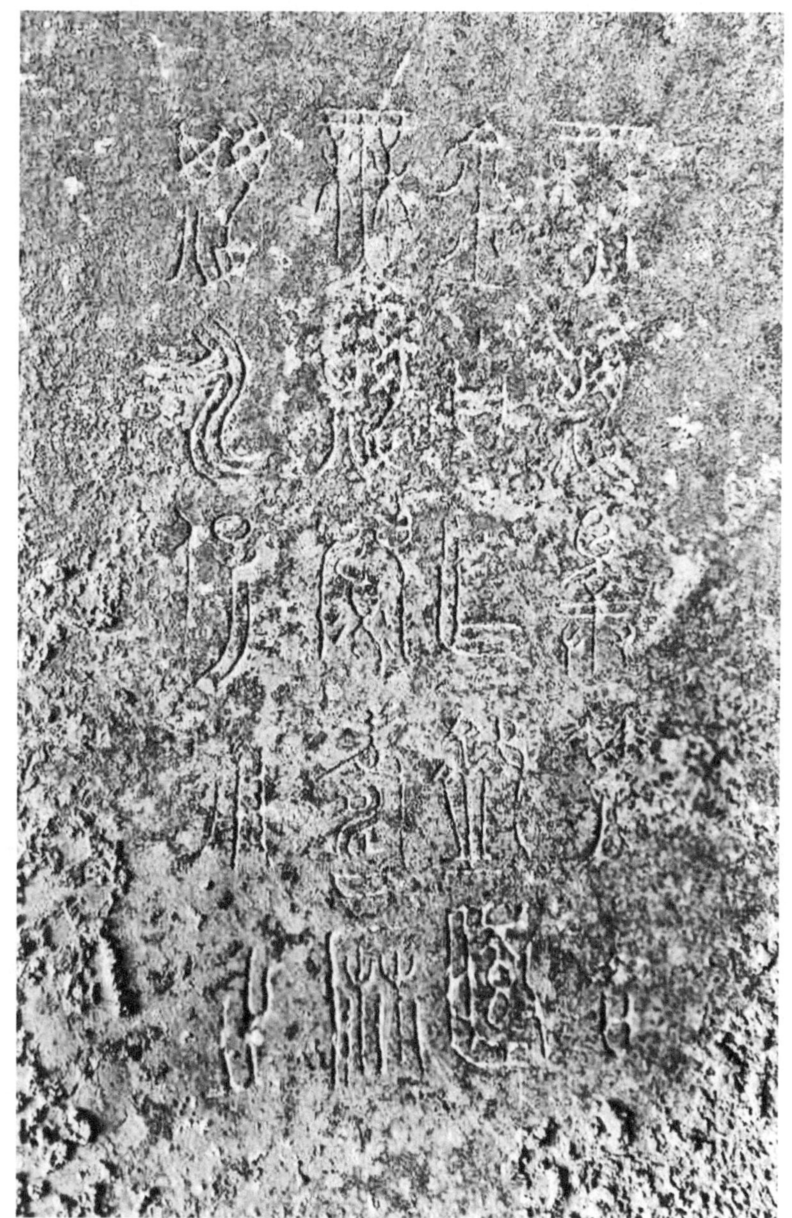

蓋銘

0479. 無愳簋丙(無忌簋)

【時　　代】春秋早期。

【收 藏 者】某收藏家。

【形制紋飾】弇口鼓腹,一對龍首耳,下有曲尺形短珥,圈足沿外侈,連鑄三條獸面扁足;弧面形蓋,與器口的子口扣合,頂部有圈狀捉手。蓋面和器腹飾瓦溝紋,蓋沿和器口下飾卷唇龍紋,一正一反爲組,圈足飾垂鱗紋,均不施地紋。

【著　　録】未著録。

【銘文字數】蓋、器對銘,各 20 字。

【銘文釋文】無愳(忌)睪(擇)其吉金,自乍(作)鄰(齍)匲(簋),無愳(忌)釁(眉)壽(壽)麻愳(期),永保用之。

【備　　注】此照片不知是器銘還是蓋銘。

0480. 鼄慶父簋(鼄慶父簋)

【時　　代】西周晚期。

【收 藏 者】原藏日本大阪正木美術館,現藏香港某收藏家。

【尺度重量】通高 24、兩耳相距 38 釐米。

【形制紋飾】弇口鼓腹,有子口,一對獸首半環形耳,下有垂珥,圈足沿外侈,連鑄三條獸面蹄足,外罩式蓋,蓋面呈弧形隆起,頂部有圈狀捉手。蓋沿和器口下飾“S”形竊曲紋,蓋面和器腹飾瓦溝紋。

【著　　録】未著録。

【銘文字數】蓋、器對銘,各 21 字。

【銘文釋文】鼄(鼄)慶父乍(作)其中(仲)妫㫗(詹)其媵(媵)𣪕(簋),其萬年𩰫(眉)壽(壽)無彊(疆),永寶用。

【備　　注】器銘未經除銹,數字字迹不清。器銘中“其”均作“𠀠”。

蓋銘拓本

蓋銘照片

器銘照片

0481. 賸簋

【時　　代】西周晚期。

【出土時地】2017 年 11 月出現在伦敦佳士得拍賣會，2019 年 7 月又出現在北京中鴻信春季拍賣會。

【收 藏 者】原藏英國邁克爾・麥克爾斯(1907-1986)。

【尺度重量】通高 24.5、兩耳相距 34.9、蓋高 8.5、口徑 23.4 釐米，重 1.8 公斤。

【形制紋飾】這是一件雙耳三足帶蓋簋(失蓋，現蓋係後配)。斂口鼓腹，一對獸首耳，下有垂珥，矮圈足連鑄三條虎面小足。器口下飾雙行重環紋，圈足飾單行重環紋，腹部飾瓦溝紋。

【著　　録】未著録。

【銘文字數】内底鑄銘文 22 字(其中重文 2)。

【銘文釋文】隹(唯)三(四)月既死霸庚午，賸乍(作)剅寶段(簋)，甘(其)萬年子=(子子)孫=(孫孫)永用。

【備　　注】蓋係後配，蓋銘仿鑄録旁仲駒父簋的蓋銘，銘文是"録旁中(仲)駒父乍(作)中(仲)姜簋，子=(子子)孫=(孫孫)永寶用亯(享)孝"，故不録。

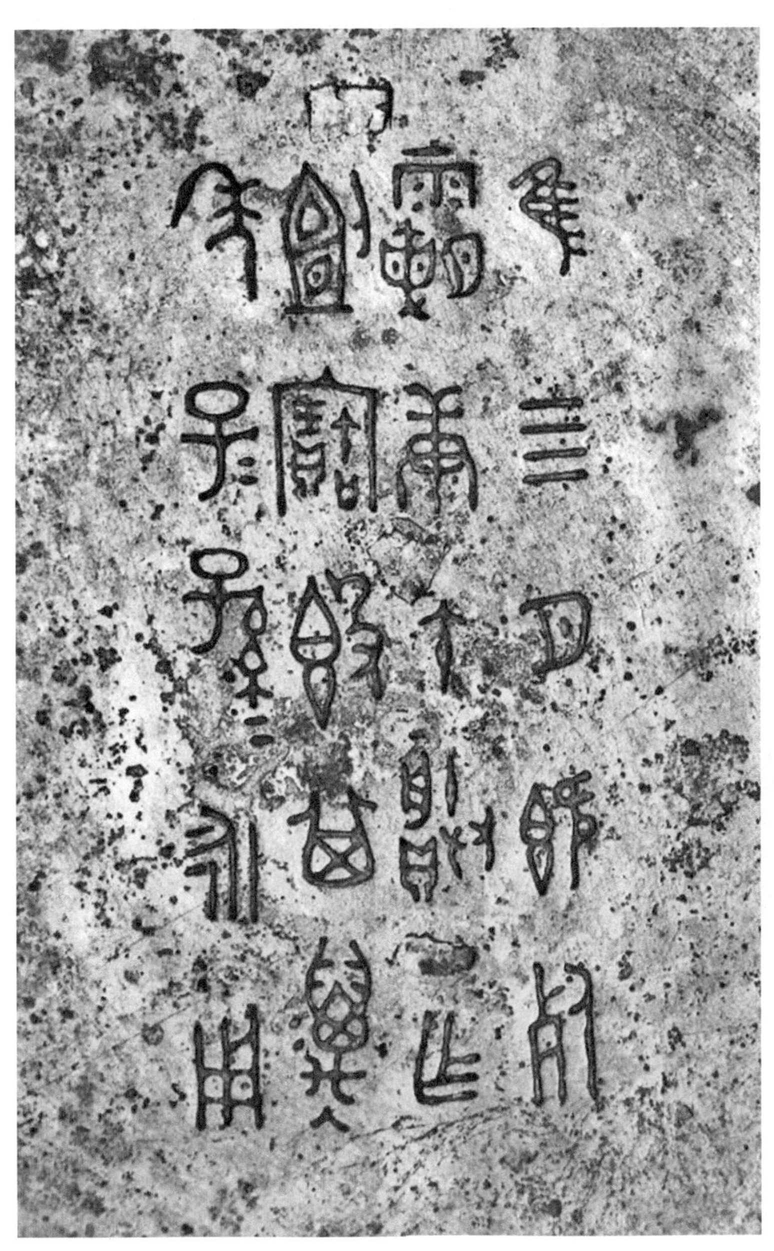

0482. 叵簋(頤簋)

【時　　代】西周早期前段。

【收 藏 者】日本某收藏家。

【尺度重量】通高 16、口徑 23 釐米。

【形制紋飾】侈口深腹，圜底，一對獸首半環形耳，下有勾狀垂珥，高圈足，其下有一道較高的邊圈。腹部飾浮雕狀下卷角獸面紋，圈足飾卧牛紋，均不施地紋。

【著　　録】未著録。

【銘文字數】内底鑄銘文 24 字(其中合文 2)。

【銘文釋文】才(在)二月，王乙亥初禒(祼)，若翊(翌)日，丙戌，王易(錫)叵(頤)貝五朋，用乍(作)寶隮(尊)𣪕(簋)。

【備　　注】銘文中“翌日”“五朋”爲合文。

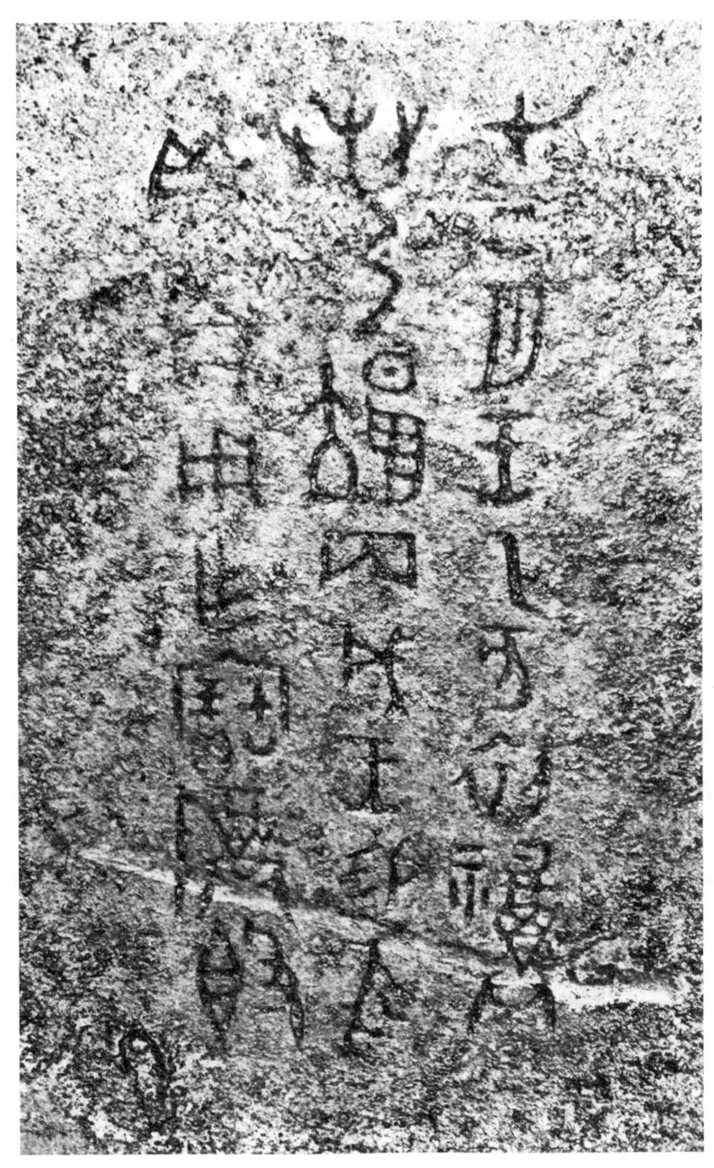

簋

0483. 昔雞簋甲

【時　　代】西周早期後段。

【出土時地】2014 年冬陝西岐山縣京當鎮賀家村北墓地(M11.49)。

【收 藏 者】周原考古隊。

【尺度重量】通高 13.8、口徑 19.8、腹徑 20.6 釐米,重 3.6 公斤。

【形制紋飾】口微侈,窄沿,束頸鼓腹,圈足沿外撇,一對獸首耳,下有勾狀垂珥。頸部和圈足均飾一道粗弦紋和兩道細弦紋,其間填以雲雷紋。

【著　　録】陝集成 1 册 48 頁 0028。

【銘文字數】内底鑄銘文 24 字(其中重文 1)。

【銘文釋文】王㚸(姒)乎(呼)昔雞遣莽(芀)姞于韓₌(韓,韓)医(侯)賓用貝、馬,敢(敢)߿(揚)王休,用乍(作)障(尊)彝。

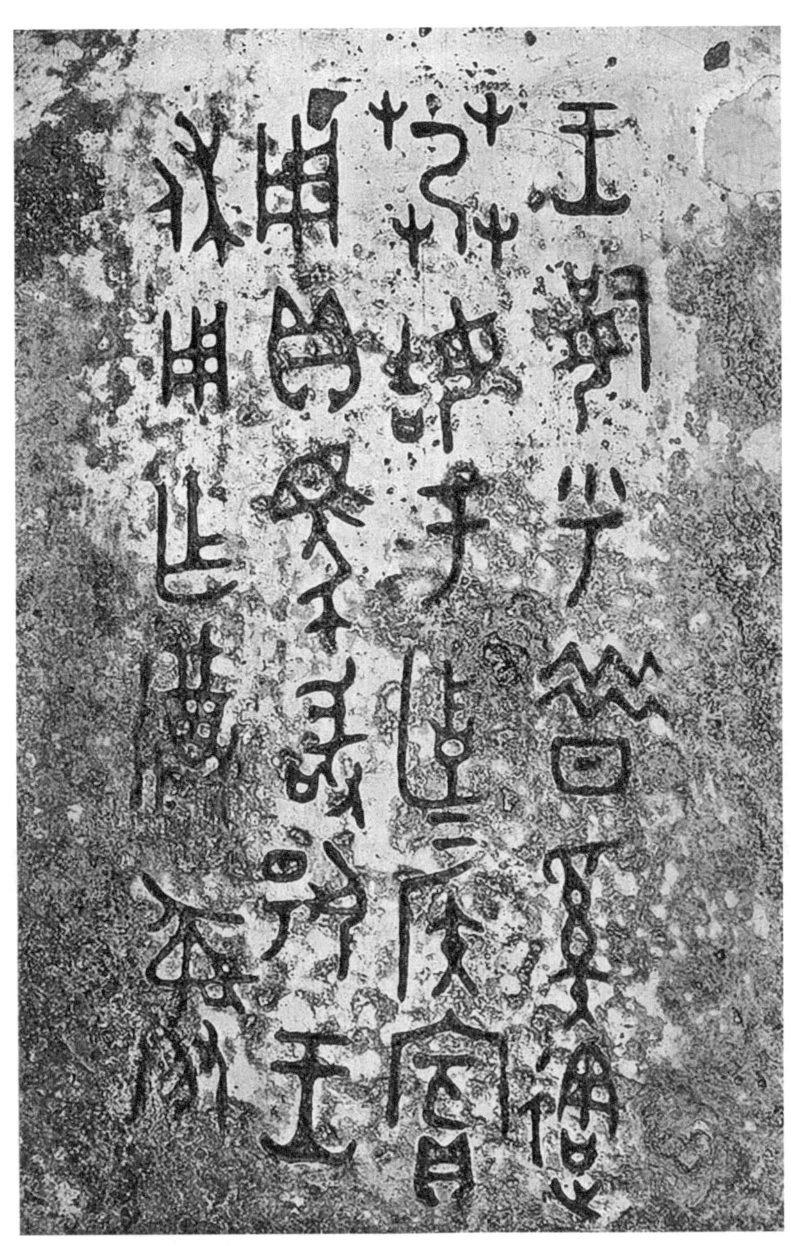

0484. 昔雞簋乙

【時　　代】西周早期後段。

【出土時地】2014年冬陝西岐山縣京當鎮賀家村北墓地(M11.50)。

【收 藏 者】周原考古隊。

【尺度重量】通高13.8、口徑19.8、腹徑20.6釐米,重3.6公斤。

【形制紋飾】口微侈,窄沿,束頸鼓腹,圈足沿外撇,一對獸首耳,下有勾狀垂珥。頸部和圈足均飾一道粗弦紋和兩道細弦紋,其間填以雲雷紋。

【著　　録】陝集成1册51頁0029。

【銘文字數】內底鑄銘文24字(其中重文1)。

【銘文釋文】王姛(姒)乎(呼)昔奚(雞)遣莽(艿)姞于韓=(韓,韓)灰(侯)賓用貝、馬,敢(敢)䫹(揚)王休,用乍(作)隮(尊)彝。

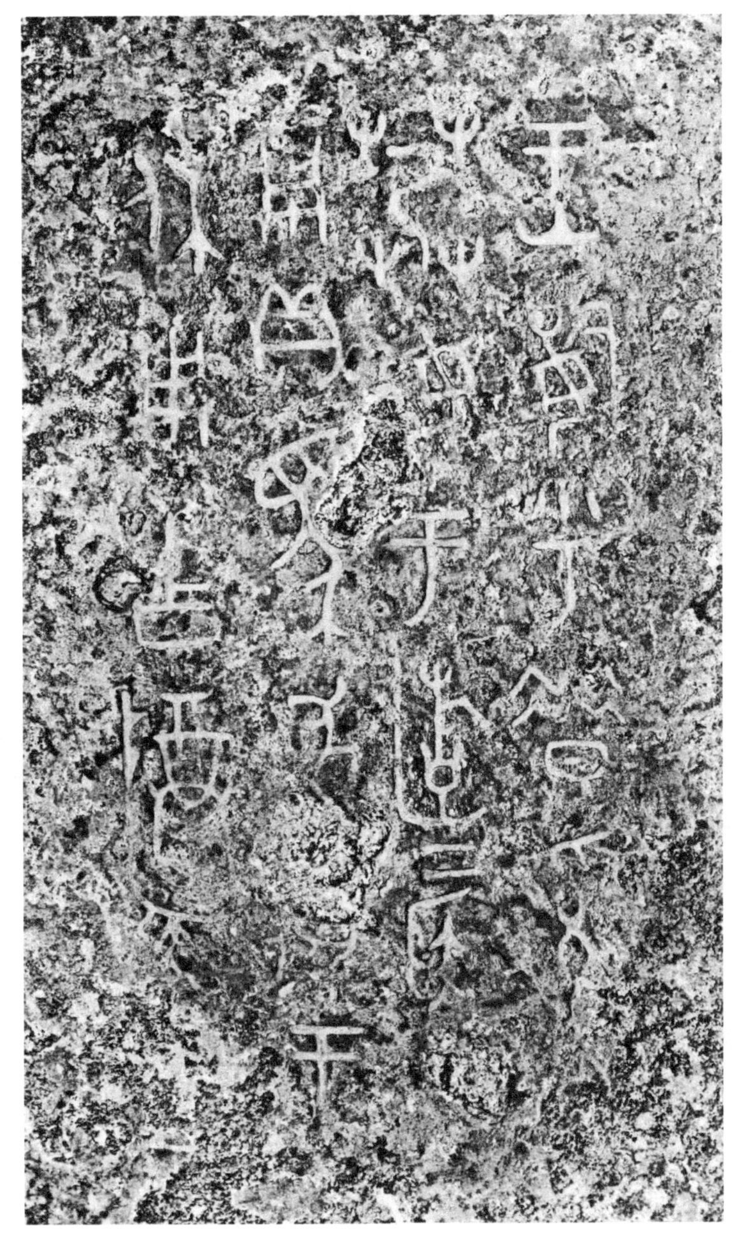

0485. 曾卿事季宣簋甲(曾卿事季寡簋)

【時　　代】春秋早期。

【收 藏 者】某收藏家。

【尺度重量】通高 25.5、口徑 19.5、兩耳相距 37.5 釐米。

【形制紋飾】斂口鼓腹,一對龍首耳,下有垂珥,圈足沿外侈,連鑄三條獸面扁足,蓋面呈弧形隆起,上有圈狀捉手。通體飾瓦溝紋。

【著　　録】未著録。

【銘文字數】蓋、器對銘,各 24 字。

【銘文釋文】唯曾卿事季寡(宣)用其吉金,自乍(作)寶毁(簋),用亯(享)于皇且(祖)文考,子孫用。

蓋銘

器銘

簋

0486. 曾卿事季宣簋乙(曾卿事季寡簋)

【時　　代】春秋早期。

【收 藏 者】某收藏家。

【尺度重量】通高 26、口徑 19.7、兩耳相距 37.2 釐米。

【形制紋飾】斂口鼓腹,一對龍首耳,下有垂珥,圈足沿外侈,連鑄三條獸面扁足,蓋面呈弧形隆起,上有圈狀捉手。通體飾瓦溝紋。

【著　　録】未著録。

【銘文字數】蓋、器對銘,各 24 字。

【銘文釋文】唯曾卿事季寡(宣)用其吉金,自乍(作)寶𣪘(簋),用亯(享)于皇且(祖)文考,子孫用。

蓋銘

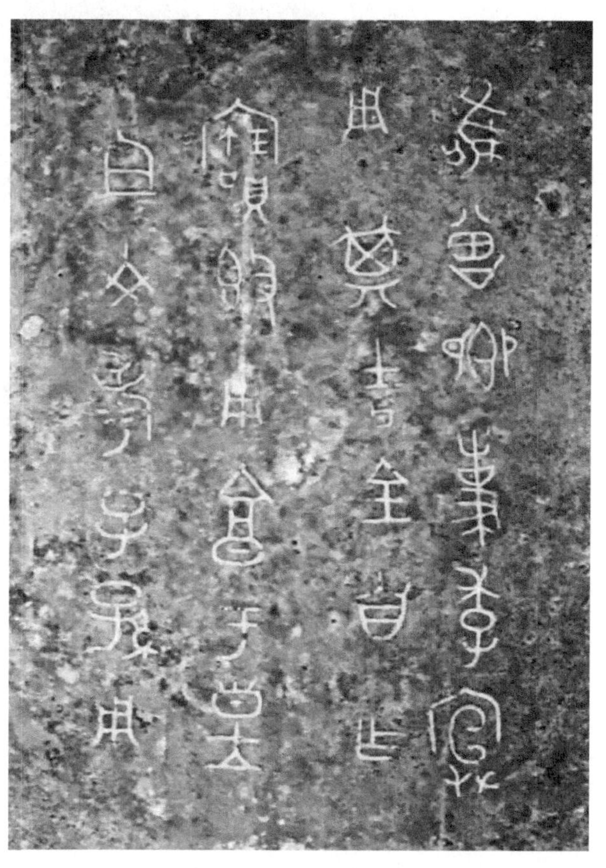
器銘

簋

0487. 伯善簋(伯善盂)

【時　　代】西周中期。

【出土時地】2004-2007 年山西絳縣横水鎮横北村西周墓地(M1)。

【收 藏 者】山西青銅器博物館。

【形制紋飾】侈口,深腹圜底,一對附耳稍高於器口,圈足沿外撇。頸部飾垂冠回首尾上卷的長鳥紋,以雲雷紋填地。

【著　　録】未著録。

【銘文字數】内底鑄銘文 26 字。

【銘文釋文】白(伯)譱(善)乍(作)文考隮(尊)彝,亓(其)萬(萬)年夙(夙)夕亯(享)孝于□,亓(其)萬(萬)年,壽(壽)無彊(疆),孫子永寶。

0488. 播侯簋

【時　　代】西周中期。

【收 藏 者】某收藏家。

【尺度重量】通高 14、口徑 20 × 20.5、腹深 11.6、兩耳相距 28 釐米，重 4 公斤。

【形制紋飾】侈口方唇，束頸鼓腹，圜底，圈足沿外撇，一對獸首半環形耳，下有方形垂珥。頸部前後飾浮雕獸頭，獸頭兩邊各有一隻分尾長鳥紋，頭向相對，以雲雷紋填地。腹部和圈足光素無飾，外底有陽綫斜方格網紋。

【著　　録】未著録。

【銘文字數】内底鑄銘文約 26 字。

【銘文釋文】唯十月辰才（在）乙亥，敹（播）厌（侯）□□臾□用乍（作）寶𣪘（簋），□□子孫□其寶□□。

【備　　注】銘文全篇反書，字體潦草，幾個字錯行，加之銹斑，難以辨識。

銘文拓本

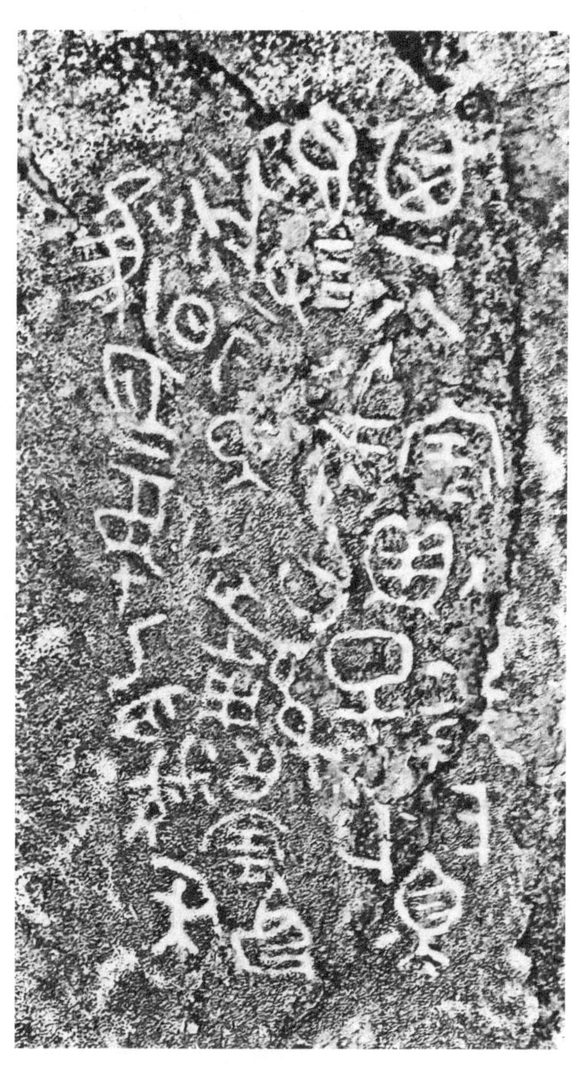

銘文照片

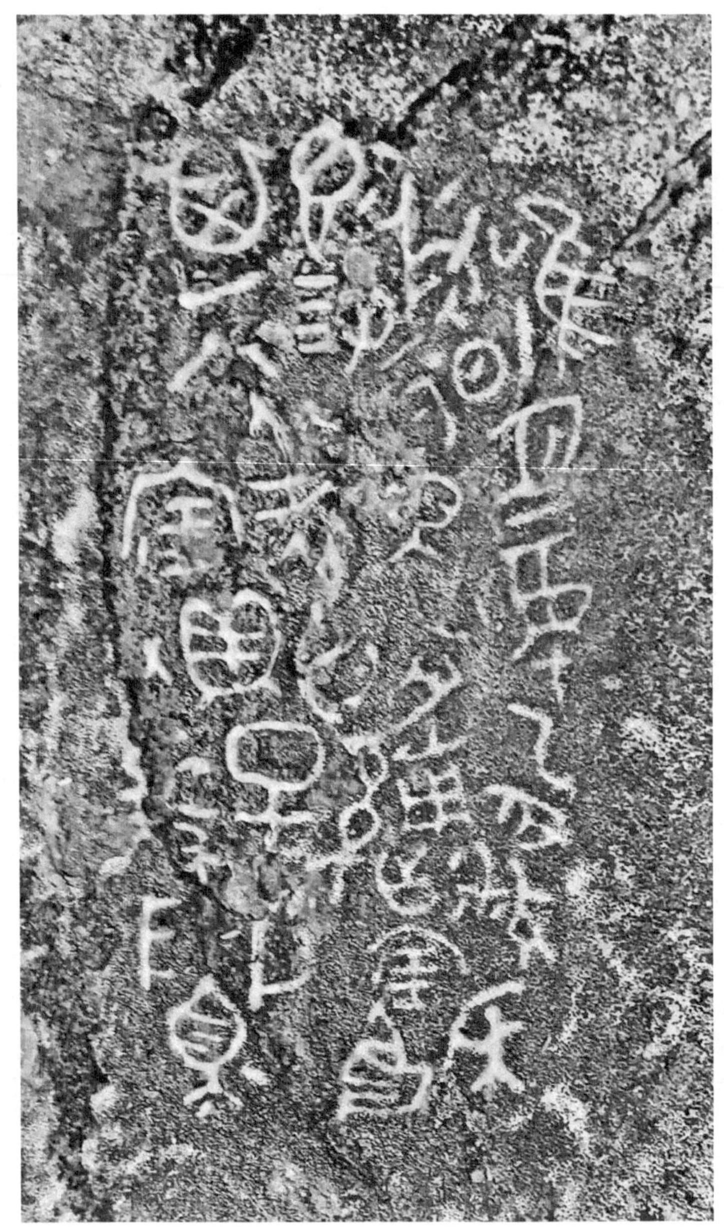

銘文照片（水平翻轉）

0489. 毛虢父簋

【時　　代】西周晚期。

【收 藏 者】某收藏家。

【形制紋飾】弇口鼓腹，一對龍首耳，下有方形垂珥，圈足連鑄三條獸面扁足，蓋面呈弧形隆起，上有圈狀捉手。蓋沿和器口沿飾大小相間的重環紋，蓋上和器腹飾瓦溝紋，圈足飾斜角雲雷紋。

【著　　録】未著録。

【銘文字數】蓋、器對銘，各 26 字(其中重文 2)。

【銘文釋文】毛虢父乍(作)朕(朕)皇且(祖)文考隮(尊)段(簋)，㠯(其)萬年無彊(疆)，子=(子子)孫=(孫孫)永寶用亯(享)大宗。

【備　　注】《銘續》0424 收録一件毛虢父簋，形制、紋飾、銘文相同，大小相若。

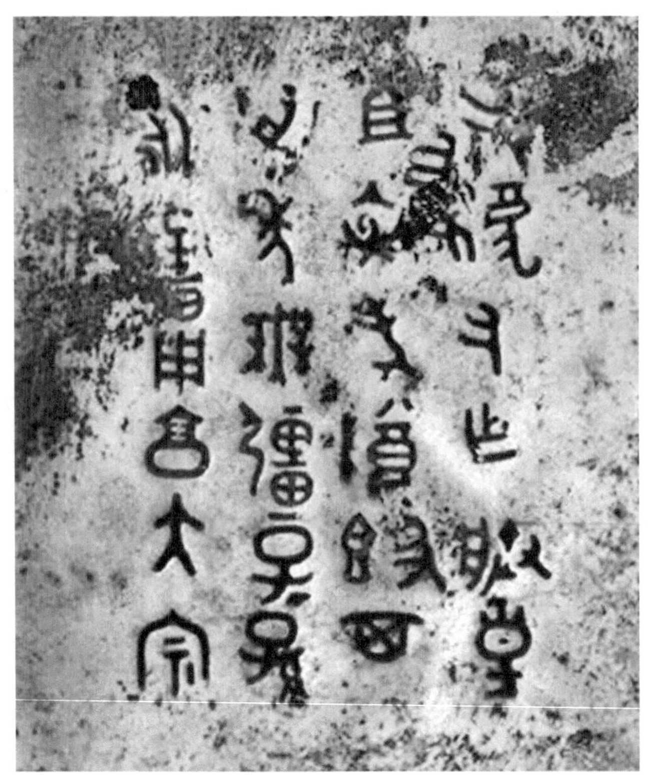

蓋銘

器銘

0490. 伯桅虘簋

【時　　代】西周晚期。
【出土時地】1962 年羅伯昭捐贈。
【收 藏 者】中國國家博物館。
【尺度重量】器高 15.5、口徑 18 釐米。
【形制紋飾】失蓋。弇口鼓腹，一對小方鈕銜環，環已失，圈足下連鑄三條獸面小足。口沿下飾竊曲紋，腹部飾瓦溝紋，圈足飾無目竊曲紋。
【著　　録】青與金第 3 輯 74 頁圖 19、75 頁圖 20。
【銘文字數】内底鑄銘文 28 字(其中重文 2)。
【銘文釋文】白(伯)桅虘肇乍(作)皇考剌公𨻰(尊)段(簋)，用亯(享)用孝，萬年釁(眉)壽(壽)，畯(畯)才(在)立(位)，子=(子子)孫=(孫孫)永寶。

生态
贵州

图书在版编目(CIP)数据

生态贵州　美丽乡镇 / 顾久编．-- 贵阳：贵州人民出版社，2015.9

ISBN 978-7-221-12723-5

Ⅰ．①生… Ⅱ．①顾… Ⅲ．①乡镇－概况－贵州省 Ⅳ．①K927.35

中国版本图书馆 CIP 数据核字(2015)第 215800 号

生态贵州·美丽乡镇

生态贵州·美丽乡镇 编委会 编

责任编辑： 徐　一　孔令敏
出版发行： 贵州人民出版社
地　　址： 贵州省贵阳市观山湖区中天会展城会展东路 SOHO 办公区 A 座
制版印刷： 恒美印务（广州）有限公司
开　　本： 889mm × 1194mm　1/16
印　　张： 35.75
版　　次： 2015 年 11 月第 1 版
印　　次： 2015 年 11 月第 1 次印刷
书　　号： ISBN 978-7-221-12723-5
定　　价： 180.00 元

生态贵州 美丽乡镇

生态贵州·美丽乡镇 编委会 编

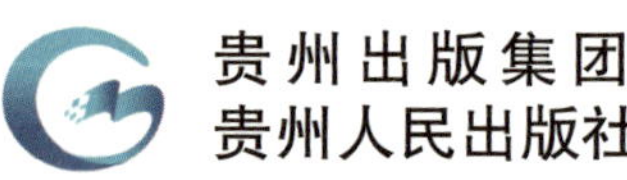

贵州出版集团
贵州人民出版社

贵州省《生态贵州·美丽乡镇》编审委员会

组织机构

主编单位

贵州省农业委员会　　贵州省住房和城乡建设厅　　贵州省环境保护厅
中共贵阳市委　　贵阳市人民政府

协编单位

遵义市人民政府　　安顺市人民政府　　黔南布依族苗族自治州人民政府
黔东南苗族侗族自治州人民政府　　铜仁市人民政府　　六盘水市人民政府
毕节市人民政府　　黔西南布依族苗族自治州人民政府　　贵安新区管委会
仁怀市人民政府

承办单位

贵州多彩生活文化传媒有限公司　　贵州昌利德影视文化传播有限公司

链接网站

贵州美丽乡镇网（www.mlxzgz.com）

特别鸣谢

国家开发银行贵州省分行　　贵州东太集团　　毕节市林业局
中国农业银行贵州省分行　　贵州九洲房地产开发有限公司
贵州中特文化传播有限公司

贵州省《生态贵州·美丽乡镇》编审委员会

编委会

贵州省《生态贵州·美丽乡镇》编审委员会

序

顾久

禄文斌老主任希望我能参加本书的编辑，我自对农村工作知之不多，力所不及，但敬重禄主任，更热爱贵州的乡土乡贤和农耕文明，于是却之不恭。

一般认为，在距今一万一千年前左右，地球度过了冰河期，大地开始变得温暖。随着人口增加和生存空间有限，为避免争端，人们开始经营有限的土地：采集变为种植，狩猎转为畜养——农耕时代就此出现。

中国处于黑格尔说的“历史的真正舞台”的大河流域的北温带，这里拥有大自然母亲宽阔的胸膛和肥美的乳汁，于是孕育出伟大的王国，构筑起光辉的农耕文明。在传统谋生过程中，形成以农耕为主，对自然天人合一的观念，产品有限而知足长乐；从组织秩序和日常行为上，形成以家庭血缘为人际纽带和大量神圣的礼仪；在安顿心灵的方式中，形成强调克己复礼、内圣外王等情感和理性的心理结构。

就这样，中华民族富于乡愁、具有个性、受人尊重地生活在天地之间。

西方人的文明源于爱琴海峡，其农耕产品有小麦、葡萄和橄榄之类，大多数只能制成产品，用于贸易。正如黑格尔所说：“大海邀请人类从事征服，从事掠夺，但是同时也鼓励人类追求利润，从事商业。”所以，其传统谋生靠农贸结合，具天人分离的自然观，对产出永不满足；在组织秩序和日常行为上，因航海离家以及《新约》教导“若不恨自己的父母、妻子、儿女、兄弟姐妹和自己生命的，就不能作我的门徒”之类，其家庭血缘纽带不像中国人那般牢固。家庭血缘靠不住，谋利润遂成最终追求，则其安顿心灵方式便是“人人为自己，上帝为大家”。到了十六世纪以后，农贸结合、追逐利润导致了市场经济和工业生产；家庭血缘的淡薄引发在个人主义、自由精神基础上的法制体系；新教伦理产生出“天职观”和“现代禁欲精神”的新上帝观。三者交相作用，更孕育出近代科学及技术。四者互补地、加速度地产生聚合、裂变，使生产力突飞猛进。马克思、恩格斯惊叹：“资产阶级在它不到一百年的阶级统治中所创造的生产力，比过去一切时代创造的全部生产力还要多，还要大。”更可注意的是，这些强力的坚船利炮、统一市场和科学技术以及市场经济伦理一并向外扩张，波及中华。

1840 年的鸦片战争，中国农耕文明在西方工业文明冲撞下，战争失败，割地赔款，昔日的经济、政治、文化、社会都出现系统性的危机。旧的乡愁、个性、尊重及桃花源式的生存模式彻底动摇了……为此，摸索了一百多年，中国最终走上了中国特色社会主义道路。早期，大家以为人类历程是按照一条简单直线的道路进步：农业社会一切都比采集狩猎社会好，工业社会一切都比农业社会好……在一片乐观情绪中，市场谋生逐渐取代传统农耕和计划经济；多元逐利的社会组织越来越代替家庭生产制和单位制；泛世俗化侵蚀着泛道德和泛政治化习俗……的确，一方面迅速国强民富，但另一方面，尽管历届党中央国务院非常重视，但农耕文明迅速凋敝。

贵州群山荟萃，交通不便，但却具有深厚的生态优势。尤其是少数民族群众历来有敬畏自然、敬惜资源的习俗：黔南平塘上墓乡布依族猎手，出猎前要念“团山经”，人们相信通过施行这样的巫术，就会把野兽围堵在山中，便于捕猎。而一旦有所猎获，又必须念“放山经”，放掉其余的虎豹，虽同一地方还有多只虎豹，也不能再捕猎第二只；侗族、土家族地区有在婴儿降生时种“十八女儿杉”的习俗：侗族群众每当孩子出生，家人或寨邻要为孩子栽种一片杉林，数量一般为一百株左右，18年间不得砍伐，直到孩子成年成亲，将此树作为儿女婚嫁资费和修建新房之用。此外，广大少数民族同胞还以“立款”“议榔”等制定乡规民约的方式保护其自然生态，至今仍起着很好的自律作用。

接手此书之际，我很希望：一方面保存那些贵州最具传统特色的乡镇的山水传说、山寨故事、习俗遗存，特别是那些亲自然的东西，从而把农耕文明的“基因”保留下来；另一方面，也记录当今改革开放以来政府民众走向现代化的历程和艰辛。当大量离开这片土地的新一代人，走过否定之否定过程，历经磨练回首往昔之时，能在新的历史水平上重建起一个既能面对祖宗，又能开启后生的新乡村。

贵州既具有工业化滞后的弱势，又保存传统农业文明的优势。需要既迅速跟上全国发展的步伐——守住发展的底线，又坚守好传统农业带来的自然生态、民族生态——守住生态底线，把传统农业文明与现代工业文明两者绾一个美妙的结，就考验着当下贵州干部群众的智慧。当然，因为时间、经费等原因，本书可能没能达到初时的设想，但在组稿、修润、审订、图片等各个环节，组委会的同仁们尽心了。至少，本书能记录下贵州干部群众“守底线，走新路，奔小康”的奋力和智慧。

是为序。

（作序者是第十届贵州省人大副主任、贵州省文联主席、贵州省文史研究馆馆长）

2015年8月

目 录

CONTENTS

贵　阳

遵　义

安　顺

黔南

黔东南

生态贵州

铜　仁

毕　节

六盘水

黔西南

爽爽贵阳

观山湖区

百花湖乡

百花湖，只需听名字，就可以感受她的美丽。

著名作家金庸曾登星苑楼观百花湖景，感叹诗赞："如此湖山天下无，天然胜景百花湖。"

百花湖位于贵阳市西北22千米处，以湖汊多、岛屿多见胜，光是湖中小岛就有100多个。百花湖乡因贯穿全境的百花湖而得名，也因百花湖而得地气、灵气和人气。

百花湖乡总面积109平方千米，其中陆地94.25平方千米，水域14.75平方千米，各占乡总面积的86.5%和13.5%。人口密度为每平方千米189.5人，有布依族、苗族、彝族等16个民族世居在此。乡境内丘陵、沟谷、山地、水域连为一体，最高峰是位于九龙山的茅坡，海拔1569.9米，高耸入云。九龙山支脉延伸，环抱百花湖，千姿百态，青翠秀丽。这也使得百花湖成了远近闻名的避暑旅游与度假休闲的好地方，引得八方游人欣然向往。

世外桃源般的湖与岛

欣赏百花湖,需远眺近观。

远眺——几分江南水乡的韵味，几分漓江山水的秀丽。游览百花湖的最佳时间是春天,那个时节的百花湖,百余座岛屿上百花盛开、姹紫嫣红,百花湖也是因此而得名。湖水中一串串青峰绿岛,天然地把湖水划分为中湖、南湖和北湖。南湖狭长,奇峰连绵,妙境连珠;中湖开阔,烟波浩渺,碧水万顷;北湖多湾,水路婉转,山重水复。景区以湖光山色和岩溶地貌的自然景观为主体，最显著的特点是“山中水,水中山”。

水,于青山间环绕,轻波微浪,涟漪无限,千辗百转,风情万种;山,在湖光中耸立,巍峨挺拔,健壮俊俏,葱翠欲滴,情意绵绵。晴日,湖光湛蓝,清波无垠,湖鸥高鸣,鱼群戏浅……雨天,雾幔轻柔,水天一色,朦朦帆近,胧胧船远……

近观——湖中岛屿自然成趣,石链锁猴、青蛙听涛、小三峡、娇燕戏水、八仙过海、笔峰叠翠等自然景观千姿百态,栩栩如生。岛上原生植被,物种繁多,山谷幽深,丛林茂密;林间鸟语花香,清泉汩汩,海棠、紫薇、桂花,群芳争艳,姹紫嫣红;天空百鸟盘旋,啁啾成韵,白鹭灰鹭,高低而翔,湖鸥大雁,交错留声。

湖中岛上,三两小村寨,几十户农家,几缕炊烟袅袅,几声狗吠鸡鸣。房前屋后,瓜红果绿,棚架之下,孩童嬉戏。有戴斗笠渔人,驾扁舟出岛,身影衬在一抹朝晖里,渔网一撒一拉,便有鱼儿在丝线上挣扎,野趣横生,怡然自得。

百花湖乡自古是屯军屯田的军事战略要地,孕育了悠久的历史文化,文化底蕴深厚,在这里,“三屯”“五堡”“四哨”等古代遗址,回龙寺、云归寺、观音寺等佛教圣地,也都见证着屯堡文化的发展与兴衰。而流传数百年的平堡花灯及毛栗村布依歌舞,则记录着百花湖乡人的喜和乐。

生态文明建设及环境保护

近年来,百花湖乡奋力抢占“美丽中国”大背景下的先机,在中央、省市区各级各部门的关心支持下,在区委、区政府的正确领导下,大力发展基础设施建设，于 2013 年又成功地完成了石操苗寨、三堡九里箐两个美丽乡村点建设,在市检查验收中,九里箐美丽乡村点在全市评比中排名第一,石操苗寨被评为“国家级美丽乡村”示范点。两个美丽乡村点都取得了丰硕的成果。新型的生态家园、富裕家园、和谐家园、文明家园、模范家园已形成,协调美观的整体环境风格、精巧细致的内在品位、特色鲜明的产业发展、健康文明的村风民风得以展现和提升。全乡呈现出一幅如诗如画的景象。

为扎实开展生态文明建设工作，保护好贵阳

市民的“水缸”，百花湖乡党委、政府在保湖富民的前提下制定了方案，成立了以乡党委书记和乡长为组长，其他相关人员为成员的领导小组，设立环保办、环卫站，组建城管队、沿湖村寨保洁队、湖面漂浮物打捞队，为保护百花湖提供了有力保障。

百花湖乡环保工作以教育、宣传文明行为为引领建生态文明示范乡，开展集中整治等活动，倡导百花人说文明话、办文明事、做文明人，以“保湖富民，建生态家园”为载体，以“建成美丽乡村”为主题，加强对群众文明行为的监督和教育，培养群众的文明习惯，大力提升文明百花人的形象。

建立完善工作机制

充分利用巩固三创一办成果开展创模行动之机，扎实抓好百花湖治理工作，百花湖乡党委、政府建立了《严管重罚机制》《长效管理机制》等五大机制，开展村校共建、乡企共建、推动沿湖环境卫生整治工作的开展，整合村建、城管、居委会等工作力量，明确职责、分工合作，形成干部群众齐抓共管的良好局面。

在两湖局和区委、区政府的支持下，百花湖增设了移动垃圾箱百余个、垃圾清运车6台、垃圾转运车2台以及相关环卫车辆；为了百花湖的深层次管理，区政府还为水上环保执法划拨100万元用于购买船只。在村寨环境卫生整治方面，村寨保洁队清运村寨生活垃圾每年达400吨之多，每年政府投入的垃圾清理运输费就超过100万元。

为了更好地开展沿湖的环境卫生整治工作，乡里对沿湖路段实行包保管理，对各个路段进行划分，明确包保的责任人、站所及相关工作职责，并发动村居党员、群众对包保情况进行督查，落实路段包保督查考核机制，使沿湖路段管理规范化。

经过全乡干部职工的努力，百花湖乡的生态文明建设和环境保护工作取得了可喜的成绩，多次受到上级部门的表扬。百花湖乡被评为“省级生态示范乡”，全乡16个行政村有11个村荣获“省级生态示范村”荣誉称号，去年，百花湖乡又成功申报国家级生态示范乡。

四在农家·美丽乡村

1.建设生态家园：百花湖乡联系贵州省建筑设计院制定了百花湖乡美丽乡村建设规划，完成了九里箐串户道路建设800米，石操苗寨串户路建设2200米，实现串户道路全覆盖。为每个点修建垃圾池一个，配备了垃圾车，实现生活垃圾日产日清；分别修建人工湿地一个，在九里箐完成污水管

网铺设1200米，苗寨完成污水管网铺设2200米，确保生活污水得到有效处理。完成农村饮用水卫生管理，合格率达100%，卫生厕所改造126户，美丽乡村建设点卫生厕所改造全部完成。九里箐路灯安装70盏，苗寨路灯正在安装，方便群众出行。

2.建设富裕家园：两个美丽乡村建设点的项目均以“六美乡村·休闲农家”服务业为主导产业，先后启动了厨师培训班、服务接待培训班、文明村民培训班和驾驶培训班四个主题培训班，其中厨师培训班已培训人员55人；服务接待培训班已培训人员53人；文明村民培训班为强制班，目前已培训一期；驾驶培训班分为四期，共涉及251人。同时，积极鼓励、支持两个建设点的群众进行自主创业，截至目前，已达成创业意向32户。加速转变当地群众的种植习惯，加大现代农业投入，加快品牌农业发展。结合地理位置打造“一村一特”，打造百花独特的“礼品盒”和观山湖区的“菜篮子”。

3.建设和谐家园：建立完善农村社会稳定风险预警机制，组建村级巡逻队伍，辅以群防群治，确保了在辖区内无重大恶性事件、无重大责任事故、无邪教和非法宗教活动。加大建设点农村社会养老保险、计划生育工作力度，更加关注特殊困难群体的生产生活，对困难群众实行一帮一结对帮扶，帮扶救助比例达到100%。

4.建设文明家园：通过开展以生态文明建设为主要内容的宣传教育活动，使美丽乡村建设的理念深入人心。选举具有示范带动意义、符合要求的农户、家庭作为“诚信农民”“文明家庭”“星级文明户”，实行政策倾斜，正面引导。修建完成文化广场、文化角、农家书屋，完善宣传栏，配套农民体育健身设施，为群众组织开展文化体育活动提供硬件支撑。

5.建设模范家园：在建设过程中，市、区、乡各级领导多次进行实地考察与蹲点调研，将以“为民、务实、清廉”为主要内容的群众路线教育实践活动战场拓展到最基层，访民情、听民声、解民忧。石操村、三堡村等村的党员干部也积极投身到美丽乡村建设中去，成立群众工作服务站，对群众的诉求实行分类处理，限期办理。同时，乡党委、政府加强对村、支两委工作的督导，全面推进党务公开、村务公开，对公开信息进行定期更新。组织成立村民议事会、美丽乡村理事会，全面落实“三会一评”工作法，让群众的事群众提解决办法，调动大家在美丽乡村建设中的积极性、主动性。

相信不久的将来，具有协调美观的整体环境、精巧细致的内在品位、特色鲜明的产业发展的百花湖乡，会伴随着健康文明的村风民风一起，把一个新型的生态家园、美丽家园、富裕家园奉献给世人。

花溪区

青岩古镇

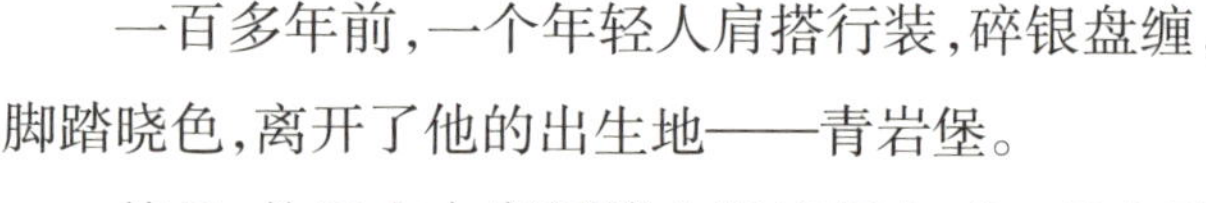

一百多年前，一个年轻人肩搭行装，碎银盘缠，脚踏晓色，离开了他的出生地——青岩堡。

前日，他还在自家阁楼上以诗抒志："一日上到赵家楼，目击江翰气横秋。眼前若无三山堵，看破江南十二州！"十年寒窗苦读，他正是凭着这等胸怀抱负，科举途中一路过关斩将，闯入殿试。大殿之上，光绪帝亲出上联："东津明，西长庚，南箕北斗，谁你为摘星汉？"他脱口妙对下联："春牡丹，夏芍药，秋菊冬梅，臣愿做探花郎。"此联一出，圣心大悦，一甲第一，大魁天下。

此人就是赵以炯，为云贵两省自科举以来"以状元及第而夺魁天下"的第一人。这在当时被视为蛮荒之地的贵州，也算是件惊天动地的大事，黔人无不扬眉吐气！时任京城监察御史的贵阳人李端棻为此写下一副楹联祝贺："沐熙朝未有殊恩，听传胪初唱一声，九十人中，先将姓名宣阙下；喜吾黔久钟灵气，忆仙笔留题数语，五百年后，果然文物胜江南。"

然而，无论是李端棻还是赵以炯，他们谁都没有想到，只隔了一百多年，当年穷乡僻壤的青岩堡，现如今已经成了全国知名的历史文化古镇。

古建筑集群 文化底蕴深厚

早在洪武十四年（1318 年），朱元璋曾派 30 万大军远征滇黔，大批军队进入黔中腹地后驻下屯田，"青岩屯"逐渐发展成为军民同驻的"青岩堡"。青岩古镇作为军事要塞，其后数百年，经多次修筑扩建，土城垣改为石砌城墙，街巷用石铺砌。四周城墙用巨石筑于悬崖上，有东、西、南、北四座城门。天启四年至七年（1624~1627），布依族土司班麟贵建青岩土城，领七十二寨，控制八番十二司。

古镇占地面积大约 3 平方千米，镇内建筑基本保持完好，仅文物景点就有近百处。历史上曾经有九寺（九泉寺、慈云寺、观音寺、朝阳寺、迎祥寺、寿福寺、圆通寺、凤皇寺、莲花寺）、八庙（药王庙、黑神庙、川主庙、雷祖庙、财神庙、火神庙、孙膑庙、东岳庙）、五阁（奎光阁、文昌阁、云龙阁、三宫阁、玉皇阁）、二祠（班麟贵土司祠、赵国澍祠），以及青岩书院、万寿宫、水星楼、牌坊等，多为明清建筑，设计精巧，工艺精湛。

漫步于青石铺就的街道，设计精巧、工艺精湛的明清古建筑抬眼可见，触手可及。院宅画栋雕梁，古朴典雅，楼阁飞角重檐，美妙神奇。或拾级而上，石阶光滑，每一块石头都为你展示着古镇悠久的历史；或蜿蜒穿行，小巷深幽，每一间院落都向你讲述着曾经的无言岁月……

古镇人文荟萃，有历史名人周渔璜、清末状元赵以炯，还有近代史上震惊中外的青岩教案遗址、赵状元府第、平刚先生故居和红军长征作战指挥部等历史遗迹和文物。战争年代，周恩来的父亲、邓颖超的母亲，以及李克农等革命前辈及其家属均在青岩秘密居住过。

风土人情与节日活动

每年正月间，青岩镇都有舞龙、跳花灯的风俗。正月初九至二十的苗族跳场，正月十五的龙灯，还有农历五月初五的"游百病"、农历二月十九和九月十九的观音会等等，场面都十分热闹。

放"宝鼎"，是一种大型焰火活动，一般在正月

十五晚上燃放。鼎内按程序安装各种焰火和各种人物或飞禽走兽造型，内容根据各地人们喜爱的故事而定，如《仙女散花》《白蛇传》《十八相送》等古剧目中的形象。

"水耗子"是一种在水上放的特制小型烟花，用草纸一层层地卷糊，再用各种颜色画上眼睛、瞄巴、耳朵等。内装两层火药、一层格药，以导火线依次连接。先择一个平静宽阔的水面，将水耗子点燃放入，水耗子便一会儿钻入水中，一会儿又浮出水面，非常有趣。

孔明灯的燃放时间一般在放完"宝鼎"后。孔明灯灯罩呈圆柱形，上面封顶，灯罩的底部糊着直径为3尺左右的圆形竹圈，竹圈上捆着一个十字形细铁丝架，上有用菜油炸透的纸捻。每一只燃放的孔明灯，都载着燃灯人的心愿，像一颗颗星星在天上飘移。当纸捻燃尽，灯便会自行落下，却很少有人知道孔明灯落在何处。

投重资打造美丽乡镇

青岩镇在党委、政府的领导下，以"美丽乡村·四在农家"为建设目标，不断壮大以青岩古镇为核心的"六点一线"的乡村旅游产业，通过精品客栈和田园风光的打造，提升示范点旅游接待能力。

2013年，青岩镇龙井村龙井寨、山王庙村小摆托寨、北街村青岩堡3个示范点已经同步启动，其中青岩镇龙井村龙井寨申请项目14个，投入建设资金537.37万元；青岩镇北街村青岩堡16个，投入建设资金740.5万元；青岩镇山王庙村小摆托17个，投入建设资金647万元，财政资金总计1924.87万元。根据区委、区政府的统一部署，青岩镇党委、政府迅速启动青岩镇龙井村的美丽乡村建设，以农村环境整治、农业产业提升、社会建设工程、文明新风工程、强基固本工程为突破口，以加大投入和创新工作机制为保障，着力将青岩镇打造成宜居、宜业的美丽乡村，并取得一定成效。

同年，在顶峰国际非物质文化遗产保护与传承旅游规划项目中，青岩古镇被誉为"中国最具魅力小镇"之一。

2014年，贵州省第九届旅游产业发展大会在青岩召开，经过升级改造后的青岩古镇在保旧留旧的基础上，面貌焕然一新。青岩新建和改造6条道路，实现了景区内外交通大循环；实施北门旅游综合体、南门文化旅游产业区、文凡超五星级酒店和张公馆恢复重建项目，完善了吃、住、行、游、购、娱等旅游要素的整合，丰富青岩景区旅游业态，提升青岩景区文化底蕴和内涵；新建停车场3个，游客服务中心2个（南、北门游客服务中心）和旅游公厕，重建药王庙、黑神庙，恢复连通北城墙、西城墙，提升改造寿佛寺广场、两湖会馆，重新布展状元府、周恩来父亲曾居地，实施了青岩古镇夜景灯饰亮丽工程，遵循古镇原有肌理，对古镇内破损步道、房屋立面、公共休息设施进行修缮，全面实施智慧旅游系统建设，优化旅游功能，完善旅游配套。与古镇周边的青岩堡、小西冲村、姚家关村、南

街村、西街村、大兴国寺、观音祈福寺、非遗博览园及田园风光区等组合形成“大青岩”景区。新一轮的建设，将青岩带上跨越式发展的道路，奠定了打造全国旅游目的地的新格局。

地域风格浓郁的青岩美食

都说：美食是地域文化的一张名片。

游历了古镇之后，人们必会寻一小店就餐，三两好友，围桌而坐，一开口点的必是“青岩卤猪脚”！

青岩卤猪脚，又名状元蹄。制此卤猪脚，需选农村饲养一岁左右的猪蹄，取十余种名贵中药加之自家独门秘制的作料入味，经文火温煨，精心卤制，吃时再辅以青岩特产的双花醋调制蘸汁，入口肥而不腻，糯香滋润，酸辣味美。历来，凡到古镇游览者，皆以品尝青岩卤猪脚为一大快事，并对此美味赞不绝口。如今，“游青岩古地，品青岩美蹄”已成为当地的一种旅游文化现象。家住贵阳的食客，经常都会邀约几个好友驾车几十千米，风尘仆仆地从贵阳赶到青岩，为的就是要尝“青岩猪脚”的鲜！

除了卤猪脚之外，青岩的豆腐圆子、糕粑稀饭、米豆腐、酸汤鱼等也颇受食客欢迎。

豆腐圆子是用豆腐捏成圆球状，再裹上面粉做成的。在油锅里微微一炸，出锅的时候黄灿灿的。趁热蘸点贵州特有的蘸水，再整个儿放入嘴里，外脆内软，甜中带辣，确是极品的美味。

相传糕粑稀饭也有100多年的历史了，是当地早餐的首选，以藕粉做底，上面放上一个煮熟了的米糕团，看上去煞是可爱诱人，一般吃前先撒上些瓜子、芝麻、花生仁、蜜饯之类的配料，然后用勺子把米糕捣碎，和在藕粉里一勺一勺的吃，口味甜糯，细滑无比。

青岩还有远近驰名的土特产品——玫瑰糖（原名“麻片糖”），香甜可口，系平正宽家于1874年首户生产传承至今的百年老字号。

青岩双花醋也有百岁高龄，至今不衰，其醋液浓稠持碗，色如酱油黑中带红，酸味适中，曲香回味悠长而略甜，“老贵阳”们对它颇为偏爱。

当地盛产的各种山间野菜，处理后摆上饭桌也极具特色……

待酒足饭饱，面红耳热，乘余兴还可登高远眺，鸟瞰古镇的全景——城墙依山而筑，城墙上筑有角楼、垛口、炮台，逶迤连绵，气势宏伟；古镇内民居小宅错落有致，鳞次栉比；城门、城楼与石板古道、古牌坊交相辉映，相得益彰。

夕阳西斜，古树镶金，远处教堂与寺庙对应成趣，几声钟鼓，香烟缭绕，石阶上有少妇呼唤小儿回家，街灯初上……

整个小镇如同一首优美的散文诗，也是一幅悠然的风景画。

清镇市

红枫湖镇

有“高原明珠”之誉的红枫湖，是贵州国家级风景名胜区。红枫湖镇依湖而落，由此得名。

红枫湖是贵州旅游黄金线西线旅游的第一站，景区规划面积 200 平方千米，水域总面积为 57.2 平方千米，蓄水量可达 6 亿立方米，深达 100 米左右，为贵州高原人造湖之最。据专家考证出来的数据显示，红枫湖比北京十三陵水库大 12 倍，相当于 6 个杭州西湖。

湖光山色 美不胜收

红枫湖系长江水系和珠江水系分水岭处的一个人工湖，景区由北湖、南湖、中湖和后湖四个湖区组成。且四个湖区各具特色，景致天成，并称“红枫四绝”。

北湖以岛闻名——红枫湖于1958年兴建，青溪两岸层叠连绵的万重峰峦，被一池碧水淹没，形成了大大小小178个岛屿。这些岛屿有的似巨礁，有的像屏障，有的如浅渚，仿佛散落的珍珠一般，点缀于万顷碧波之上，所谓“一折青山一扇屏，一湾绿水一条琴”的诗情画意，尽在其中。长期以来，诸岛又是飞禽走兽的理想栖息地，故以动物命名的诸多，如鸟岛、蛇岛、龟岛……

南湖以洞见长——南湖将军湾溶洞群中的将军洞，长达600多米，有3个洞中湖，洁白剔透的各种钟乳石，千姿百态，倒映水面，宛如水晶宫殿，瑰丽辉煌。其间，山里有湖，湖里有岛，岛上藏洞，洞中有湖，洞湖相通，形成了融山、林、水、洞诸景于一体，具有“阔、秀、奇、爽”四大奇妙特征。泛舟漫游湖上，穿梭于幽谷、石林和水洞之间，如入仙宫仙境。

中湖以水最美——放目远眺，红枫湖面宛如一面晶莹的宝镜。四周青山隐隐，炊烟袅袅，白鹭掠空，鱼翔浅底。时有微风袭来，湖面轻波荡漾，涟漪曼妙，光芒四溢。晴日，天空湛蓝，湖水碧澈，山峦如黛，枫树似火，鼓楼高耸，风桥横卧……雨天，雾霭迷蒙，湖水柔和，近岛远山，半遮半掩，湖光倒影，浓浸淡染……犹如一幅徐徐展开又无尽头的山水画卷，既在眼里，又在水中。

后湖以湾取胜——泛舟游弋于危崖幽谷，群凫乱飞于汊湾，岸畔林木烟笼，野花罩地，篱舍星散，雀鸟争鸣。每一道湖湾都自成景致，或闲适恬淡，或盎然生机，或山重水复，或幽雅清冷。后湖与南湖有一脉奇峰相隔，如螺髻玉簪，似翠屏锦幛，峰下有一天生通道，名叫“下洞”，可容轻舟穿行。出洞后却是景象一新，湖面澄碧，夕照辉煌，正是“落霞与孤鹜齐飞，秋水共长天一色”！

人文历史 灿烂悠久

红枫湖历史悠远，最早开发可追溯至汉代，迄今已有两千多年的历史，这里居住着苗、布依、彝、侗、仡佬、回等少数民族，虽历经变迁，其独特的民族风情和民族文化至今仍熠熠生辉，苗家山寨、布依歌舞、侗族鼓楼和彝家寨貌，与湖光山色交相辉映，天人合一。

早在明洪武二十三年(1390年)，征战云南回师的明军万余人，在明威将军焦琴的统领下，分驻

在今猫跳河中游一带，建立威清卫，实行军屯。今红枫湖镇中一、中八、右二、右七、后五、后六、刘官堡、陈亮堡、龙井堡等地，都是昔日屯军的驻地。屯军“三分戍守，七分屯田”，揭开了这片热土农业开发的序幕。之后，经过历代农民前仆后继的辛勤劳作，把这片荒漠的处女地，建成了清镇的“粮仓”。

如今北湖沿岸，还保存有西汉的古墓群和明代的“苗王营垒”。

打鱼洞是一个层叠式溶洞，分为7层，一层一景，洞底是阴河，洞内岩溶十分壮观，形态各异的钟乳石令人眼花缭乱，有的金碧辉煌，有的洁白如玉，宛如一座珠宝翠碧的地下宫殿。

打鱼洞所在的山腰上有一座苗族聚居的山寨，全寨十多户人家全是苗族。这里的苗族妇女穿藏青色的对襟上衣和百褶裙，在衣领、衣袖、背部和裙边点缀着挑花图案，显得十分雅致；她们头顶佩着黑白串珠和笔尖形的发饰，加上做工精致的银耳环和银项圈，更显浓郁的民族特色。

红枫湖里的水产资源也非常丰富，鱼的种类很多，而且肉嫩味美，在当地享有盛名。岛上的民族餐馆比比皆是，以“鱼”为主料的菜馔就有上百种。游罢湖中美景，再去岛上一家民族餐厅，吃上一顿鱼席，既饱了眼福，又饱了口福，不虚此行。

尤让人难忘的是红枫湖民族村。民族村由侗、苗、布依3个村寨组成，3个村寨都建在岛上，隔水相望，相互呼应。民族村不仅荟萃了大西南16个民族的原始风俗表演，而且每周还举办一次“土风狂欢夜”，各民族的歌舞在这里各领风骚，令游人大开眼界。

红枫湖最显眼的是鼓楼，这是侗族村寨标志性的建筑，凡是侗寨，必有鼓楼。据侗族老人介绍，鼓楼被喻为侗寨的“遮荫树”，如果寨子里没有了它，寨子就没有凝聚力，就不会发达兴旺。

侗家鼓楼的来历，据民间传说，古时侗寨常遭土匪劫掠，后来一位名叫良美洲的侗族姑娘，在土匪来袭扰时登上高楼，拼命擂打蓝靛桶向四方报警，乡亲们闻声赶来，将土匪赶走。从此，乡亲们自制了皮鼓，悬挂在最高的木楼之上，遇事由寨老击鼓召集四邻到木楼下商议，时间一久，人们就都把木楼改称为鼓楼。

鼓楼的造型十分别致，它的底部多为四方形，楼顶是多角形状，楼的层数均为单数，如9、11、13、15、17，楼顶悬有象征吉祥的宝葫芦。十几层的鼓楼，全为杉木穿枋或接榫而成，不用一颗铁钉。檐下

的如意斗拱，飞檐翘角，非常精巧。檐板上绘有各种古装人物画、山水画、花鸟画或生活风俗画，形态逼真，栩栩如生。整个鼓楼，远观巍峨庄严，气势宏伟；近看亲切秀丽，玲珑雅致。在过去，鼓楼的功用是鼓在楼顶，以便寨老击鼓报警和击鼓议事，如今的鼓楼已被时代赋予了新的功用，它成了侗族人民学文化和开展娱乐活动的场所。每当夜幕降临，鼓楼灯火辉煌，夜校学员在此潜心学文化。每逢佳节，村民欢聚鼓楼坪，欢庆起舞，男女唱歌，热闹非凡。闻名于世的“侗族大歌”，就常在这里传唱。广大的青年男女，更把鼓楼作为传播爱情种子的乐园，在这里“行歌坐月”，轻歌曼舞，互相倾诉爱慕之情。鼓楼是侗寨的心脏，是侗族人民聪明才智的结晶。

“绿色”核心 发展科技

良好的自然条件给红枫湖镇发展蔬菜产业提供了有利的条件。境内已建成贵州省目前最大的绿色有机蔬菜园区——绿色蔬菜现代高效农业示范园区，规划建设面积 5 万亩。

红枫湖镇始终坚持绿色标准，以“有机、绿色、生态、循环”为基本内涵，引导和支持园区内企业、合作社申请商标注册，申报“三品一标”产品认定，全面实施标准化生产，积极推广以节水、节肥、节能为重点的现代农业生产模式，发展绿色有机产业。园区按照现代农业全链条发展要求，吸引科技含量高、展示性强、带动能力大的龙头企业入园建设。坚持以企业为龙头、以农民为主体、以产业为纽带、以效益为中心，重点开展节约化育苗、冷链物流、精深加工、农民技术培训等。园区注重引进生态环保型工业企业，加强有机品牌建设，引进现代网络销售模式，形成以生产、保鲜、销售为一体的示范基地。

园区现有主导产业无公害蔬菜种植，配套葡萄、有机茶叶进行种植，建成了有机蔬菜基地、绿色蔬菜基地及港澳蔬菜备案基地，对有机蔬菜、绿色蔬菜、有机茶叶、绿色葡萄等进行认证，加强品牌的推广。

值得一提的是，红枫湖镇不断完善农村道路交通基础设施建设，已实现村村通油路，基本实现进寨道路及串户道路全部硬化；民居独特整洁，建立了长效的卫生保洁机制，在各村安装垃圾斗，并修建垃圾中转站，安排专人专职清理村寨卫生。村组内部安装路灯，保证村组主干道及村寨内部夜晚照明；修建荷花步道生态走廊，种植荷花，安装凉亭，同时在走廊周边绘制文化墙，丰富人们的业余生活，建设和谐美丽的乡村。

开阳县

南江布依族苗族乡

南江布依族苗族乡位于贵阳市北部，开阳县南部（东接龙岗，西连禾丰，北靠城关、南龙，南邻乌当区羊昌、百宜），距省城贵阳 36 千米，距开阳县城 29 千米，是开阳南部的交通枢纽和咽喉要道，素有“开阳南大门”之称。

南江乡境内的南江大峡谷，早已闻名遐迩。

峡谷风光　雄伟壮丽

距今 5 亿年前，这里形成的四条大断层，与南江河斜交，地面剧烈抬升，河流下切，形成了气势宏大的喀斯特峡谷风光。峡谷全长 40 多千米，峭峰顶立，最深处达 398 米，崖壁陡峭，山岩怪异，河谷深切，水流湍急。峡谷底部与高原面的相对高度一般为 200～300 米，由于峡谷支流下切的速度远远低于干流，支流的河水以瀑布的形式跌落于干流中，形成了峡谷两岸众多的瀑布和碳酸钙沉积在崖壁上的石灰华（钙华）壳。这些钙化的石灰壳或形似亭台、灵芝，或如海龟、金钟，或成石花、石幔，千姿百态，神奇瑰丽。

峡谷内有自然景观80余处，各种姿态瀑布40多个，位于小南江的奢香瀑布，落差达150余米。游人可顺江在碧玉般的江水中进行惊险刺激的漂流，也可漫步于峭壁栈道或林荫小路，还可穿越典型的喀斯特原始森林。一路可见野趣盎然：树丛里，藏酋猴、猕猴攀援追逐；峭壁间，野鸭白鹭交替翻飞；碧波中，鸳鸯戏水鱼儿成群；江面上，鱼鹰翠鸟逐鱼追虾……

植被茂盛 物种丰富

大峡谷内植被茂密，覆盖率高，植被类型较丰富，大部分为亚热带原生性较强的次生林。在河谷两侧斜坡上，有原生性较强的石灰岩山地常绿、落叶阔叶混交林和竹林；在河流周期性淹没的河漫滩上以及河流两岸水边，有以窄叶蚊母树、长柄竹叶榕、河滩冬青及二翅六道木为优势的河滩灌丛；在河谷以上低中山黄壤分布地区，有以马尾松林为优势的人工针叶林。植物种类也十分丰富，有维管束植物414种，分别隶属275属116科。其中有不少种类是珍稀植物，如国家一级重点保护植物红豆杉、国家二级重点保护植物榉树、香果树、木荚红豆树、三尖杉和银杏等。其中有一棵发财树，树龄已达200多岁，生长在这大峡谷的石缝中，枝丫举起数百斤的大石，根部牢牢抓住周边的巨石。这棵发财树被当地人视为神树，传说摸过它的人都能长命百岁、聚富发财。

片片黄金甲 十里美画廊

南江乡境内流经一条清龙河，蜿蜒逶迤，清澈碧透，沿河十余里的10多个民族自然村寨，被称为“中国最美的乡村”之一，素有“片片黄金甲，十里美画廊”之称。“十里画廊”最著名的八景分别为：旧林故渊、古风河韵、万寿古桥、玉水金盆、马头古寨、云山茶海、水调歌头、书香门第，这其中不仅有山水相连、景色怡人的凤凰古寨、坪寨和底窝寨，有历史悠久的贵阳土司文化聚集地——马头古寨，还有“书法之乡”——王车村。村寨里居住的主要是布依族和苗族，民风淳朴，勤劳善良，热情好客，在这里，游人可以体验农事，做客老宅，品富硒新绿茶，饮佳酿硒米酒，吃布依农家乐，尝清龙小花鱼，观南江峡谷风光。

其中马头寨更能让人在山水间体会心灵的恬静和释然。早晨，雾霭散开，水鸟划过水面，停留在河边的稻田旁，扶着寨子场坝上的凉亭栏杆，感受田野的气息；或走在水头寨中的石路上，可以走进现场酿酒的酒铺，随手用土碗在巨大的木蒸桶边，舀出一碗清冽的米酒，体会当地人“一家之客，全寨之客”的待客之道；还可以随着滴水的屋檐，走过豆腐房，看到白色的豆浆从石磨里渗出，加上些许白糖喝入口中，豆香浓醇，唇齿留香。

在水头寨的中部有一处老宅，经历了大约150年的风雨。宽敞堂皇的庭院，展示着这个房子的主人曾经的辉煌。石院约200平方米，大门处的石墙上，精美地雕刻着缠枝纹、鸟兽纹，木质房屋的石基柱，被岁月打磨得油光水亮。

南江乡的自然人文美景不在话下，生态农业观光也吸引了不少人。南江乡硒资源丰富，主要发展枇杷、樱桃、猕猴桃、蔬菜等生态产业。在蔬果成熟的季节，黄的、红的、青褐色、翠绿的……各种颜色，在不同季节里扮靓了这块宝地，也带富了当地村民。

建设生态环境 打造美丽乡村

南江布依族苗族乡区位优势明显，交通便利，气候宜人，资源丰富。贵开路和正在修建的贵开城际铁路穿乡而过，乡内拥有的4A级景区南江大峡谷、美丽乡村清龙河“十里画廊”和打儿窝古人类遗址等风景名胜，早已声名远播。硒资源占全县的三分之一，适宜发展枇杷、樱桃、猕猴桃、蔬菜等种植，森林覆盖率达52%，可供开发利用的水能资源达4万千瓦。

立足乡情实际，实施可持续发展战略，制定工作责任制，乡长同6个村主任签定了创建工作目标责任书。各村聘请部分人大代表和知名人士为环境监督员，建立健全乡一体化的环境保护管理体系，使经济、社会的发展与环境保护相协调，使生态乡的建设驶入科学化、制度化、规范化、正常化和法制化轨道。同时，利用广播、宣传栏、标语等形式，大力宣传环境保护的相关法律法规，引导群众正确理解创建生态乡的目的和意义。通过多种形式的宣传，群众的文明行为和环境保护意识明显增强，并主动积极投入到环境保护的建设中来，确保了创建工作有组织、有计划、有步骤地开展。

加大基础设施建设 发展乡村旅游

2013年，借贵阳市避暑季开幕及重点旅游商品发布会在“十里画廊”召开的大好时机，重点围绕龙广村凤凰寨、平寨和河湾组的建设示范点进行打造，充分利用市级补助资金，整合各种基础设施和环境整治项目资金，对“贵开路—南江峡谷—十里画廊”沿线的房屋立面整治。同时，对道路交

通、旅游设施、环卫设施、文体设施、网络电视设施、太阳能路灯、停车场、农户庭院经济及平寨荷花池等进行升级打造，使龙广、苗寨、南江3个村被列入美丽乡村示范点的村寨，村容村貌得到极大改善，特别是龙广村、凤凰寨、坪寨、河湾和枇杷哨等村寨受益最大。主要新增房屋立面整治35户，开工建设精品庄园2座，新打造农家乐5户。建设旅游绿道3.5千米，新建凤凰寨钢架拱桥1座，平寨吊桥1座，新增设生活污水治理池680立方米，新配置垃圾箱30个，新建垃圾池3个，新建无害化卫生公厕2座，安装太阳能路灯100盏，购买垃圾车1辆，新建生态停车场1200平方米，庭院经济打造136户，共计投入资金738万元。

近年来，通过开设农家书屋、办培训班和开设农民大讲堂等方式，对被列入示范村寨的村民重点培训，使得农民在果蔬种植、科技知识和餐饮旅游方面的服务理念不断提高，对环境保护、布依文化传承等生态文明建设的意识不断增强，精神文化生活得到丰富。2013年，南江乡凤凰寨、坪寨和河湾，已被列入全国1100个美丽乡村建设示范点。

2013年，乡协同县有关部门成功举办贵阳避暑季开幕式暨旅游产品推介大会、南江大峡谷自然水域漂流越野赛和十里画廊乡村旅游文化节等重大赛事活动，加快十里画廊景区内绿道建设与河湾旅游新村建设，改造新建凤凰寨、坪寨浮桥，完成南江大峡谷入口升级改造和旅游标准化示范项目建设，全年接待游客200万人次，实现旅游收入2560万元。

乡里还成立龙广村农家乐餐饮分会，将全乡63家农家乐纳入规范化管理，统一菜价、统一接待标准，杜绝恶意竞争和拉客宰客现象。加大旅游业基础设施建设投入力度，投入资金50万元，对龙广桥至龙广街上道路进行改造；投入资金20万元，对凤凰寨、坪寨农家乐污水排放进行处理；投入资金60万元，完成河湾旅游新村房屋立面和环境治理。加快对苗寨、长官司和毛家院旅游示范点建设打造的步伐，促进乡村旅游板块扩面。长官司规划设计、毛家院新街建设和路灯安装、苗寨村硒味园重点项目基建已基本完成，以清龙河流域为核心的旅游板块，也已基本形成。

开阳县

禾丰布依族苗族乡

禾丰布依族苗族乡位于开阳县南部，气候温和，雨量充沛，冬无严寒，夏无酷暑，年均温 12.9℃～14.7℃，森林覆盖率 51.2%，有“天然养吧”之美誉。

禾丰乡主要居住民族为布依族，少数民族文化丰富多彩。境内交通便利，贵开高等级公路、贵开 129 县道、塘龙旅游出境公路贯穿全乡，村村寨寨通硬化路，串寨串户路覆盖全乡 95%的村寨，即将开工建设的贵遵复线贯穿全乡。

禾丰乡主要发展农业，近年来，将农业与旅游融合发展，开展农事体验，农旅一体化、茶旅一体化的格局已基本形成。

尚好的布依民俗绵延千年

布依族是中华民族大家庭中古老的民族之一，具有悠久的历史和光辉灿烂的文化，其自古以来就生息繁衍在南北盘江、红水河流域及黔中地区。

禾丰布依族向来以土著民族自居，自称“土家”，称其他民族为“客家”。布依族人热情好客，善良豪爽，且擅酿酒。朋友相聚，饭桌上必是自家酿的酒，盛以坛，饮以碗。家中来客，即使有菜有肉，也要宰一只鸡，以示尊重。另有自家腌制的各色干菜、酸菜、泡菜等，风味独特，别具一格。

布依族特别讲究礼仪，尊老爱幼，谦逊、好客、重仁义。小辈对老辈和长者，都忌直呼其姓名，否则被视为无老无少无家教。吃席赴宴，要请老人、长者和贵客坐"上八位"，老人举杯、动筷喊"请"，方可开席；席间不得将筷子平放桌上，只可拿在手中或斜放于碗、桌之间。为客人添饭要双手接碗、送碗，席上互相敬菜，接菜时要双手递过碗去。

延续千年的布依族传统礼仪，形成了禾丰乡良好的民风村风——邻里有事，大家相帮；一户来客，举族迎请；途中遇人，识与不识，主动招呼，互相让路；大不欺小，男不欺女，互不相诈，遇事商量。

布依族还是一个特别讲究卫生的民族，他们有句格言叫"笑脏不笑补"。布依族男女老幼都讲究清洁，春夏秋冬，衣着整齐，衣、裤、鞋、袜、被褥、蚊帐经常烫洗。室内室外，经常打扫，室内无蜘蛛网、阳尘吊，村头村尾无垃圾、无粪便。

走在禾丰乡的村寨里，所见——干净整洁的道路房屋；所闻——淳朴尚好的村俗礼仪；所感——生活安逸恬静，其乐融融……犹如世外桃源，让人陶醉其间。

璀璨的历史文化源远流长

从原始的商代鬼方部落群体到春秋时期，从汉朝的古夜郎国直至宋代，各王朝对居于贵州各地少数民族首领，凡归顺者皆赐世袭官职。元、明、清三朝则实行土司制度，土司不仅拥有领地，还拥有军队，雄踞一方，世守领地，保境安民。贵州省少数民族地区的大小土司，不计其数，代代世袭。其中，水东宋氏被封为贵州宣慰同知，主要居住在今日开阳县大部分地区及乌当区马场、羊昌、新场、百宜和水田等乡镇。

而今，在开阳县禾丰民族乡底窝坝，还留有宋万化古墓、土司衙门遗址，以及宋氏族裔古寨等等，所有这些人文遗迹，都默默见证着土司文化的繁荣与衰落。

20 世纪 30 年代，中国工农红军长征来到贵州，禾丰乡境内清龙河流域，是红军长征途中"南渡乌江，佯攻贵阳"战略决策的重要行军路线。遵义会议后，中国工农红军主力于 1935 年 3 月底南渡乌江，4 月初，经息烽到达扎佐。4 月 3 日，红一军团一部由息烽进入开阳县境，经白马、洋水、两流泉（今双流）到底窝坝（今禾丰），在禾丰宿营。于 4 月 7 日到达羊场、高寨、平寨等地，并与一、三军

团先头部队会合，最后巧渡金沙江，胜利北上。

清龙河流域至今仍留下许多珍贵的红军文化遗址和遗迹，如马头寨红军标语：“打倒卖国贼的国民党”(红一军团过禾丰所书，现存马头寨宋光宝家)、“打倒不准士兵抗日的国民党军阀”“红军是工农的军队”“红军是干人的军队”“红军暴动起来打土豪分田地”“欢迎白军弟兄拖枪来当红军”等等，时常令白发老人回想起当年红军途经禾丰乡时的情景。

别样的自然景观美不胜收

到了禾丰乡，有两个景区不容错过。

其一，清龙河十里画廊。该旅游区沿清龙河逆流而上，沿途有凤凰寨、河湾平寨、龙滩坝、马头寨、坪寨、水头寨、王车等村寨，旖旎的河岸景色和恬然的田园风光，还有底蕴深厚的水东土司历史文化及浓郁的布依族、苗族风情。而且清龙河流域的自然景致比比皆是，流光溢彩，相映成趣，精彩纷呈——“旧林故渊、古风河韵、万寿古桥、玉水金盆、马头古寨、云山茶海、水调歌头、书香门第”等画面，与河湾平寨百米文化长廊遥相呼应，妙景天成。

其二，香火岩峡谷。该峡谷距贵阳市 50 千米，与南江大峡谷相隔 4 千米。香火岩风景区内山势雄伟，悬崖陡壁，构成险峻峡谷，峭壁嶙峋、谷深水急、怪石峥嵘，是集山、水、林、崖、洞、桥于一峡，纳幽、险、奇、雄、秀于一谷的省级名胜风景区。

景区全长 8 千米，徒步观光是景区的特色，整个峡谷中山、石、水、木都是上天造化的奇观。这里有满山红遍的枫林和杜鹃林，有神秘莫测的吐云洞地下河，有神秘莫测的佛龛神位，有二洞天生桥、玉门关峡谷、光洞河湾、香火岩大瀑布和珍珠帘等 20 余处国家三级以上景点。天下第一大神龛——香火岩神龛，位于景区中部半边山下宽约 500 米、高约 100 米的悬崖峭壁之上，龛内隐约可见一座佛，高大雄伟，似是人工，实乃天成，迎面石峰矗立，若石人遥拜，浑然一体，妙不可言。

香火岩大瀑布，位于神龛与石人之间，河水至此变窄、变陡，骤然间突现八级瀑布，总落差约 250 米，宽 40 米，周边树林掩映，水雾萦绕，彩虹隐现，蔚为壮观。沿观瀑亭拾级而上，山路蜿蜒，奇树夹道，藤绕枝连，绿叶蔽日。行约 800 米，忽现一景——滴水潭，滴水似鸣琴，深潭如卧龙，顿生曲径幽通远古之境，恍闻高山流水之声。顺小道前行，曲

折似若无路，再行骤然现一大洞，谓之曰“吐云洞”，洞口云雾萦绕，洞内怪石嶙峋，钟乳倒挂，暗河密布，水流湍急，声若雷鸣。洞内绝壁栈道，游人至此无不感叹大自然之鬼斧神工及建道者的艰辛。

二洞天生桥，雄奇无比，人称“黔中第一天生桥”，桥宽约300米，高约50米，跨度约40米，桥顶中央巧开一“天窗”，阳光飞泻，滴水飘雪，触手可及，人间仙境，莫过于此。

理想的美丽乡村全民参与

禾丰乡的“四在农家·美丽乡村”建设工作，在县委、县政府的正确领导下，正全面开展工作，动员全体乡民积极参与。

环境整治方面：完成房屋立面改造，清洁工程2处，购垃圾车2辆、移动垃圾箱9个，道路行道树种植2千米。

产业发展提升方面：实施香草园一期建设50亩，玫瑰岛建设50亩，庭院经济示范户建设135户，种植枇杷、桃树、蔬菜等0.2万亩、实施农民技能培训100人，新成立专业合作社2个，吸纳久事公司建设农耕文化展示体验园，荷塘整治建设工程2处，农家乐改造提升15户。

基础设施、社会发展方面：修建公厕2所，安装太阳能路灯150盏，农民健身广场（路劲工程）建设1处，桥梁建设2座，自行车绿道建设9千米、修建寨门一座，改造便民服务中心1处，巩固提升农家书屋2处，社会事务宣传栏建设2座，新建观光长廊1座，文化墙建设100米，道路改造3.5千米。

通过实施“六大工程”，丰富了“六美乡村”建设内涵。走进青龙河十里画廊，感觉神清气爽，宽敞的柏油路，布局规范的树林簇拥着的村寨，窗明几净的民居房屋，功能完善的文体广场，还有田园、茶园、果园、村道、绿道与河道，都整洁干净，如一幅幅乡村美景的山水画映入眼帘，真是令人赏心悦目。

禾丰布依族苗族乡不仅环境优美，还大力发展“农旅一体化”带动农家乐和乡村客栈，带动村民就业增加群众收入。同时，还通过“十里画廊·十里党建”创建活动，以及形式多样、多姿多彩的民族民间文化活动和“十大民生”工程建设等，不仅乡民的收入高了，人们的精神也爽了，个个脸上都露出了幸福的笑容。一次次宣传推介，一批批游客体验，一茬茬学习交流，最终得到市场的认可和群众的认同，也大大提升了禾丰乡布依族苗族的知名度和美誉度。

开阳县

米坪乡

米坪乡，盛产大米，因地处开阳县境内较大坪坝之间，故而得名。据《贵州府志》载：早在元代，黔中便有“米坪”之称谓。

米坪乡地处贵阳市东部构皮滩库区，距开阳县城48千米，距贵阳市中心136千米，东抵龙水乡和瓮安县高水乡，南接花梨乡，西临清水江与冯三镇隔河相望，北靠楠木渡镇、宅吉乡以清水江为界，是连接黔南至黔北的重要乡镇。

风景秀丽 气候宜人

米坪乡属亚热带季风湿润气候，气候温和，雨量充沛，冬无严寒，夏无酷暑，气候宜人；森林覆盖率高于全市11个百分点以上，空气清新，环境优美，水资源丰富且无任何工业污染，是贵阳市远郊的一片净土。

米坪乡地处清水江与乌江交汇处，是三面环水的江边小镇，登船于江上，顿觉心境开阔，神清气爽。薄薄江雾揽一湾碧水，逶迤伸展，不择去处；阵阵江风推两岸青山，步步后移，倒影江中。不时有鱼儿戏水，背脊油亮，与船儿并驾齐驱，引得苍鹭展翅，鱼鹰徘徊。

偶有渔舟侧边驶过，蓑翁魁梧，身板笔直，一手持撑杆，一手握酒壶，迎风而立，赤脚船头，几句寒暄，声如铜钟。瞬间，船影掠舷而过，荡起浪花阵阵，拍打船舷，噗噗作响。待回头寻时，小舟已悄然隐入江雾，留下一江笑声。

沿江峰峦峻秀，峭壁峥嵘，林海茫茫，气势雄伟。东西两岸悬崖，笔直高耸，如借神力，刀切斧削，活生生于山峰间劈出两扇巨大石门，犹如米坪乡的门户。悬崖峭壁之间，林丛茂盛，生灵繁衍，猕猴窜跃，苍鹰翱翔。

点缀在清水江两侧的村寨，星星点点，错落有致，绽放于坡上的桃花与野间的油菜花，争相绽放，相映成趣。

清水口码头位于洛旺河下游，地处米坪乡伍寨村，是开阳港通江达海的必经之路。清水口码头的建成，实现了米坪乡通江达海的梦想。便捷的水路交通将打破米坪交通运输的瓶颈。乘船往上可达洛旺河上岸，也可以乘顺水船到乌江电站和构皮滩电站观光旅游。

具有传奇色彩的麻娘洞，位于米坪乡政府所在地南侧之鸭坡山顶，洞口朝北，有双口，似鼻孔，且狭窄，几乎被藤蔓淹没。入洞方见其内宽敞似大厅，凉气袭人。顶悬奇形钟乳，洞壁怪异溶岩，形态各异，千姿百态。

民风民俗 风格独具

美丽的清水江滋养了米坪乡人民，他们勤劳善良，热情好客，民风淳朴，其传统的地域民族文化，演绎着几千年的历史传承，如清水江般源远流长。

米坪乡的舞狮队、花灯及民间小调，具有丰富的文化底蕴及内涵，在米坪乡一带很受欢迎。乡里每逢大大小小的喜事，都能看到舞狮队的身影。如果乡里谁家孩子考上大学了，谁家后生迎娶新媳妇了，谁家盖新房准备上大梁了……喜欢舞狮的人们都会自发地聚集在一起，权当是自己家的喜事，敲锣打鼓舞狮子，一直要热闹到深夜。

到了春节，花灯、民间小调又成为米坪乡人民休闲娱乐的又一道亮丽风景，大街小巷到处可见

穿红戴绿、喜气洋洋的花灯队伍，到处可听轻快明亮、通俗悦耳的民间小调。在米坪乡，这些民间小调深入民心，无论是老人还是孩子，都能琅琅上口唱上几段。这些民间艺术文化，不仅丰富了精神文明建设的内容，更为米坪乡的社会主义文化活动奠定了良好的基础和氛围，让村寨时时融在欢乐祥和的氛围中，让外来者不知不觉感受到米坪乡的人文之美。

生态文明 环境保护

近年来，米坪乡又将建设美丽乡村提上了重要日程，村村组组通上了公路，户户通上了串户路，大力改造民居，村寨面貌换了新颜。依靠良好的自然生态优势，米坪乡发展苹果桃、黄金梨等生态农业，并大力发展乡村休闲旅游业，让生态农业与旅游业融合发展，带村民们走上了致富路，村民们脸上挂着幸福的笑，感染着来到这里的每一个人。

为抓紧、抓好生态文明建设及环境保护工作，乡党委、政府在反复征求广大乡、村、组干部和群众意见的基础上，高点定位，研究制定了《米坪乡创建生态乡工作方案》，明确创建的目标和任务，成立了以乡党委书记为组长、其余班子成员为副组长、各单位负责人及村主任为成员的领导小组，并将此项工作纳入乡党委、政府议事日程，切实加强领导，强化部门协调配合，齐抓共管。

通过开展创建生态乡工作，米坪乡经济社会取得又好又快发展。一是乡村环境进一步优化：空气环境质量、声环境质量、地表水环境质量达到环保要求，集中式饮用水源地水质和农村饮用水卫生合格率达 100%。二是农村环境保护成效显著：持续开展环境整治，农村环境面貌得到较大改善，全乡秸秆综合利用率 100%，畜禽粪便综合例用率 100%，无公害、有机、绿色产品面积比重达 100%，农药施用量为 2.0 公斤 / 公顷，农用化肥施用强度约为 150 公斤 / 公顷。三是生态环境质量进一步提升：森林覆盖率高于全市 11 个百分点以上。

四在农家·美丽乡村

以《中共贵阳市委、贵阳市人民政府关于开展“美丽乡村·幸福家园”建设工作的实施意见》（筑党发〔2013〕13 号）及《市人民政府办公厅关于印发贵阳市整合资源开展整村推进建设“美丽移民乡村”实施意见的通知》（筑府办函〔2013〕138 号）文件为指导，我乡成立了以乡长为组长、分管农业的

副乡长为副组长、各包村部门负责人、各村支两委为成员的米坪乡“美丽乡村·幸福家园”工作领导小组，努力把米坪建成环境优美、生态良好、生产便利、生活幸福的美丽乡村，真正实现“富在农家、学在农家、乐在农家、美在农家”。

(一)富在农家

全乡通过加大产业结构调整力度，全面实现生态农业和休闲观光旅游业协调发展，生态农业以苹果桃、黄金梨等精品水果为特色产业，2013 年全乡农业总产值完成 8318 万元，农村居民可支配收入完成 10998 元，真正实现“富在农家增收入”。同时开展“党员创业带富”工程，全乡去年共有 20 名农村党员实施该项目，带动 200 户村民共同致富。

(二)学在农家

以“学在农家长智慧”为导向，大力提高义务教育水平，全乡适龄儿童入学率 100%，适龄少年入学率 136.45 %，辍学率 2.1%，初中毕业生升入高中、中职就读，升学率达 91.5%。

以开展党员加油站培训、远教等为载体，组织群众集中学习，培育新时期懂科技的农民，逐步壮大农村适用人才基数。去年共组织 6 次培训，培训 500 人次。

(三)乐在农家

“乐在农家爽精神”，健全社会保障体系，2013 年全乡新增养老保险、医疗保险共计 86 人，完成率 100%。城乡居民社会养老保险参保率 97.18%，续保率 90%。

通过开展“两严一降”“百日整治”“雷霆行动”等治安专项整治工作，努力提高群众的安全感，全年无一起种、吸、贩、制毒案件，无一起重特大刑事案件，无一起重大安全事故，无毒乡、平安乡创建成果得到进一步巩固和提升。

(四)美在农家

按照“美在农家展新貌”的要求，以“一事一议”、危房改造等项目建设为契机，大力开展庭院环境整治，并抓住“四在农家·美丽乡村”六项行动的机遇，加快乡内基础设施建设，努力建设美丽乡村。

白云区

牛场布依族乡

“蓬莱”一词，在《现代汉语词典》里指神仙的住所。巧的是，在白云区牛场乡，蓬莱即是地名，在当地布依族语义里，又为仙境。于是，有骚客诗云：“远上盘山玉路带，白云深处有蓬莱。”

身临集峻山、秀水、幽林、奇洞为一体的高原乡村牛场，每一个人都会有这样的感受：曾经是那么遥不可及的“蓬莱仙境”，其实就平淡地诠释在这秀丽恬静的布依族山乡里。

牛场布依族乡地处贵阳市北郊，地理位置优越，距210国道、贵遵高速路仅6千米，距贵阳24千米，国土面积为67.48平方千米，辖13个村民委员会，68个村民小组，56个自然寨。

牛场乡属于典型的喀斯特地貌。莽莽峻岭逶迤，葱葱林海连绵，数以万亩的草山草坡，还处于未开发的原始状态，使得牛场乡空气清新，一年中空气质量“优”的比例高达95%。这里气候凉爽，夏季平均气温在23℃左右，四季如春，气候宜人。牛场的水资源除了洞中泉水外，主要源于天然雨，年天然径流为546～640毫米，平均每平方千米产水56.3万立方，高于全国平均值。雨水充沛，形成了丰富的地下水，黄官村、瓦窑村地下温泉水温达

45℃，量丰质优。北郊水库之上游，有沙老河水库、龙洞水库、牛角田水库、平山水库、青坎箐水库等，石龙村火烧组还有一深潭，可供万人以上饮用。

优美的自然环境与人文风俗相映生辉

水好情自美，洞深景更幽。牛场的几座水库水质清澈冰凉，游人可以荡舟嬉水，撑竿垂钓。秀峰峭峦深处，溶洞星罗棋布，形成了溶洞群，洞内水乳交融，怪石嶙峋，千姿百态，栩栩如生。白岩寨青坎箐峡谷、大林青龙山、营盘山和云雾山，原始生态保存完好，奇峰异岭，蔚然壮观。瓦窑的姑奶坡、回音壁，平山的求雨坡，小山的象鼻搅水、状元坟，大林的水打金钟、水牛洞，石龙的石龙、石青蛙，兴家田的神马石、燕子洞，落刀的落刀井、松树状元……还有传说中的八个神仙洞，神似形似，且都有一个个美妙的神秘传说。

牛场乡还是一个少数民族集聚的地方，民族节日活动丰富多彩。布依族的“六月六”歌会，历史悠久，盛装浓饰，场面壮观；布依拦门酒令人陶醉，布依美食使人垂涎欲滴，布依山歌更是让人情不自禁。布依族文化历史悠久，斑斓夺目，有传统的蓬莱“布依地戏”、石龙苗族“抢鼓棒”、落刀“龙灯”队……原生态舞蹈独特的舞姿风情浓郁，让人为之倾倒，如梦如幻、如痴如醉；民族服饰独具特色，苗族的金银首饰、衣襟，布依族的刺绣、蜡染等，都是难得的民族手工艺术品，也会让你爱不释手、流连忘返。

上千年的繁衍生息，造就了布依族丰富的历史文化遗产。到了牛场乡，除了欣赏优美的自然环境与浓郁的民俗风情外，你还可以参观蓬莱的永兴寺，牛场的关帝庙与祖师观，落刀的兴隆寺及平山、牛场和大林云盘山等遗址，感悟那遥远而神秘的布依族历史文化。

完善基础设施 发展生态农业

丰厚的水源造就了牛场乡肥美的土壤，为果品生产提供了得天独厚的自然条件。全乡现有果品面积1万多亩，分别是杨梅、樱桃、葡萄、桃树、梨树、核桃等，其中杨梅4000多亩，已经开始产生经济效益，是具有优势品牌的无公害果品。

地处云雾山次峰下优越的地理条件，又为牛场乡孕育了极为丰富的野生动植物资源。目前牛场境内发现野生植物2500多种，野生动物近2000

种，其中可用药植物近100科800余种，用药动物近200种。很多山林比较适合药材生长，如灵芝菌、龙胆草、金银花、党参、桔梗、何首乌、五味子、天麻等珍贵药材。因此，神奇集体已经前来签约，在牛场乡大力发展中草药种植。

建设美丽乡镇，最需要改变的是村容村貌。在贵州省大力建设"四在农家·美丽乡村"的大背景下，牛场乡出大资、下大力改造农房，村村通上公路，并修建文化广场丰富村民精神生活，农村面貌焕然一新，正在朝具有民俗风情浓郁的绿色生态宜居小镇迈进。

牛场乡在规划编制过程中，注重做好"五个衔接"：与国家宏观政策相衔接——把又好又快发展作为首要任务，把加快转变经济发展方式作为主线，把城乡一体化建设作为战略重点；与区"十二五"规划相衔接——体现全区对牛场乡的总体定位，使牛场乡的发展定位与全区整体规划协调一致，体现区委、区政府对牛场乡发展的更高要求；与"十一五"规划相衔接——全面回顾"十一五"以来的发展情况，深入分析和总结经验教训，为长期发展规划提供基础依据；与内部专项规划相衔接——加强总体规划与各村领域专项规划的衔接，使小城镇规划编制工作全乡一盘棋；与省市区项目库相衔接——用实在的项目来支撑规划所提出目标任务的实现。

多年来，牛场乡坚持经济建设与环境保护同步进行，大气、土壤、水质等未受污染，大力发展无公害蔬菜、生态畜牧业、生态中药产业、生态果树产业、花卉苗木产业等现代生态产业，并集合旅游业发展观光农业，开辟了特色园区，取得了较好的成效。

这里有名树、奇花、异果、特种蔬菜，有能昼夜释放氧气、抗癌的国家一级保护植物红豆杉，有重达200公斤的巨型金色南瓜等。驻足景区广场凭栏远眺，农作物新品种展示园、特色果树品种展示园、精品茶品种与茶文化展示园等汇成一幅精美的图画，画中还弥漫着香甜的气息，让人耳目一新；一排排精致的塑料大棚内，展示着现代农业的"新品种、新技术、新设施、新模式"；漫步在田园廊道中，一排排五彩缤纷、形状各异的特色蔬菜、精品水果、香草、裸仁南瓜目不暇接、唾手可摘。

目前，牛场乡蓬莱村建成了占地2000亩的国家3A级"蓬莱仙界"旅游景区，这也是全国休闲农业与乡村旅游示范点之一，是以现代农业展示为基本功能，集生态农业、循环农业、精致农业、旅游观光休闲农业为一体的农业旅游区。现已经完善了基础设施、接待服务设施，健全旅游功能。

2012年8月，牛场乡被贵州省列为"100个示范小城镇"之一。从2013年底开始，白云区计划在牛场乡打造田园生态风光小镇、温泉度假小镇。在省、市政府及有关部门的大力支持下，区委、区政府高度重视，认真组织区各相关部门召开会议，共同为牛场乡建设示范小城镇、田园生态风光小镇、温泉度假小镇出谋划策，齐心协力将牛场乡67.5平方千米的地域打造成"农文旅一体化，村寨集镇一体化，山水人一体化"的绿色生态乡镇。进一步完善了一批基础设施，打造了一批景区景点，发展壮大了一批支柱产业，从而带动牛场乡经济实力不断增强，人口规模不断扩大。到2015年，全乡经济总量将翻一番，地方财政收入翻两番，示范小城镇人口由目前的4000余人增加到1万人左右，真正把牛场乡建设成规划合理、生态环保、设施配套、特色发展、产业支撑、要素保障、管理科学的全省生态农业旅游观光型的绿色示范小城镇。

体验农耕文化馆、布依文化馆、神仙文化馆

牛场乡人别具匠心地萌发了一个设想，并且正在齐心合力，要将这个设想逐渐变成一个诗画般的现实：让来游览牛场布依族乡的游人"体验三馆"——亲身体验从古至今传统的农耕文化，感受体味布依族的生活起居、衣食住行和民风民俗，聆听神秘古老的布依族神仙文化传说……

柳絮春雨，稻香秋风。

只需闲暇，你可以带上家人，挎篮荷锄，悠然南山，感受桃花源般的惬意——远天夕阳正红，牧笛在牛背上悠扬，孩童与农家娃在果林、菜园里戏耍；湖畔波光涟漪，布依族姑娘风格独具的木鼓舞翩翩妙曼；花丛草地上，起源于宋末元初的"蓬莱布依地戏"锣鼓正酣……

此时此刻，你定然会感叹：那古老传说里远在天边的"蓬莱仙境"，其实并不遥远！

南明区

永乐乡

1896年（光绪二十二年），有一个官至刑部左侍郎的人，给光绪皇帝上了一道奏折《请推广学校折》，疏请在首都设京师大学堂，各省的府州县遍设各级学堂，开设外文、算学、天文、地理、格致（理化）和外国历史；还建议设藏书楼（图书馆）、仪器院、译书局、广立报馆，选派留学生出国留学。此建议虽然遭到清朝重臣奕䜣、刚毅等人的反对，暂时搁置；但两年后还是被总理衙门审议通过，光绪皇帝降旨允准，得以逐一付诸实施。

这个京师大学堂，就是现在的北京大学；而这个上奏折的人，就是贵阳人李端棻。

后来，李端棻官至礼部尚书，并秘荐康有为、梁启超、谭嗣同等人于光绪皇帝，积极支持变法。“戊戌变法”失败后，光绪皇帝遭软禁，李端棻随即被革职，充军新疆。后获赦归乡，在贵阳主讲贵州经世学堂。晚年归故里，1907年病死于贵阳，葬于永乐乡。

桃花总是笑春风

提起永乐，人们不仅会想起那个已然名垂青史、为中国教育事业做出重要贡献的李端菜，还会想到的就是永乐乡闻名遐迩的品牌水果艳红桃——个大，色红，水多，味甜。

永乐乡是远近闻名的蔬果基地，依托城郊地理优势，建成万亩蔬菜基地与桃园。

大季菜主要种植瓜、豆、茄、椒类蔬菜，小季蔬菜主要种植葱、蒜等香细菜等，一年四季，永乐乡都融浸在绿色的"碧波"中，让人感觉神清气爽。水果，则以艳红桃与华寿桃等为主。

早春三月，暖风习习，杨柳依依。漫山遍野，粉红世界，桃花烂漫，犹如锦缎铺展，一眼望不到边，又似云霞坠落，尽染永乐湖光山色。有人疑惑：如此仙境，天上人间？

金秋时节，天高气爽，水近山远。千顷沃土，谷穗沉沉，万亩桃园，枝头弯弯，硕果殷红，圆了多少人梦里的香甜？只见游人挎篮，穿梭于枝前树下，欢声笑语，不疲往返。

永乐人是何等的精明！

他们充分利用永乐鲜桃带给永乐的运气，每年都要在永乐乡举行"桃园文化节""桃花艺术节"等节庆活动，以此来集聚永乐人气，扩张品牌名气。

万亩果蔬一片绿

永乐乡地处贵阳市东郊，距市中心 19 千米，离贵阳机场 9 千米，东南与小碧乡和龙里县交界，西南与云关乡和龙洞社区相连，西北与乌当区高新社区和东风镇相邻。辖罗吏、柏杨、水塘、干井、石塘、羊角、永乐 7 个行政村，主要居住着汉、苗、布依族等民族。

永乐乡森林覆盖率高，生态保护良好，龙洞堡至醒狮镇、水口寺至醒狮镇 140、128 两条县道穿境而过，路网完善四通八达，又毗邻机场，区域优势明显，主要发展生态果蔬，是贵阳市生态文明示范乡、全国农业旅游示范点。

每年，永乐乡的蔬菜产量达到 6.7 万吨，水果产量达到 1 万吨，其中有 2 万吨蔬菜销往福建、重庆及两广地区，是名副其实的"果盘子""菜篮子"和贵阳城市后花园。

依托果蔬基地，永乐乡大力发展乡村旅游业，并注册"永乐"牌无公害蔬菜和"永"牌艳红桃商标，品牌响当当。

为了建设环境更为优美又具有现代性的乡村，永乐乡电力、通讯、道路交通、人饮等基础设施不断改善，供电线路改造率、通讯覆盖率、人饮水改造率都达到了 100%，清洁能源使用覆盖率达

40%，机耕道改造、村寨户外照明等逐一改善。人民群众的生产条件明显改善，生活质量明显提高，建设生态文明乡、实现城乡一体化的目标在一步步实现。

城镇建设有成效

近年来，永乐乡党委、政府依托城郊区位优势，按照“建设生态文明乡，促进城乡一体化”的总体要求，以积极改善农村基础设施条件，加快发展农业产业，以“绿色经济·生态家园”为抓手、以永乐集镇和公路沿线村寨为重点，全力推进城镇化建设。

依托城郊地理优势，以发展果蔬经济为重点，积极推进农业产业结构调整，建成万亩菜园和万亩桃园，并从“新、特、优”上下工夫，建立3500亩优质艳红桃基地、1000亩中华寿桃基地和1000亩莲藕基地。依托果蔬基地，大力发展乡村旅游业，注册“永乐”牌无公害蔬菜和“永”牌艳红桃商标。扶持建立10家农村经济合作组织，建设果蔬产地批发市场1个，保鲜冷藏库2个，库容200吨。

全乡辖区内主干道共50余千米，支线和乡村公路113千米，硬化率达100%。特别是2009年实施“一事一议”财政奖补农村公益事业项目以来，投入资金达到2000多万元，实施通组道路改造、串户路、路灯等基础设施建设，全乡的基础设施条件得到明显改善，四通八达的道路交通路网已基本形成。

永乐乡现有7个村，47个村民组，村寨相对集中，主要分布在公路旁，最远的村民组离公路主干线也只有2.3千米。乡党委、政府通过争取项目支持，积极推进城镇化项目建设。投入资金2000余万元，建成4万平方米的农产品交易市场，解决了全乡果蔬交易问题。投入大量资金，实施水塘村江西坡、干井村立面整治工程，成为新农村建设的亮点工程。投入资金600多万元，建成集桃文化展示、村民娱乐活动、果蔬交易等功能为一体的桃园文化广场。

全乡现有2所中学、4所小学，小学适龄儿童入学率达99%以上，初中阶段适龄少年入学率达98%以上。社会救助体系日趋完善，各项优抚、救助政策落实到位，实现城乡低保一体化。社会保障工作不断加强，新型农村社会养老保险全面展开，实现城乡养老保险一体化。新型农村合作医疗工作顺利开展，全乡新型农村合作医疗参合率为99%以上，群众看病贵、看病难的问题得到缓解。全乡建有卫生院1个，村卫生室7个，各村都有一名妇幼保健员，辖区内的基础医疗、初级卫生保健和防疫、妇幼保健工作机制进一步完善。

奋力实现新目标

目前，永乐正面临良好的发展机遇，正在建设的贵阳市快铁、长昆铁路和尖小线穿乡而过，龙水路、罗吏至永乐道路即将新建和重新硬化，罗吏村和柏杨村将纳入贵州双龙临空经济区内，永乐城镇化建设正在加快步伐。

紧紧围绕贵州双龙临空经济区的建设契机，做好产业布局和招商引资，积极引进符合临空产业特性的工业企业、现代服务业、高新技术产业和现代制造业，使临空经济区建设成为永乐乡经济增长的新引擎，促进全乡经济的快速发展。依托现有的果蔬经济优势，积极引进绿色环保、高产、高效、高附加值的农业龙头企业，重点引进花卉、苗木种植企业，调整农业产业结构，使我乡农业发展向高产、高效、高附加值转变。大力发展“都市农业”，结合现有优势，延伸农业产业链，打造城市后花园。

抢抓财政奖补“一事一议”政策实施和“四在农家·美丽乡村”的建设机遇，整体推进以“小康路、小康水、小康电、小康讯、小康房、小康寨”为重点的基础设施建设。加快龙水路的开工建设和罗吏至羊角公路以及水口寺到大关口道路的维修改造，尽快打通多年来制约永乐发展的交通瓶颈。梳理农村人饮管网，摸清年久失修、破损的底数，进行维修维护，保障群众饮水安全。对相对偏远的村寨机耕道、串户路进行硬化完善，改善群众生产生活条件。结合小康讯建设，扩大宽带的覆盖面。加强文化体育场地设施建设，完善精神文明阵地，满足群众精神文化需求。

积极争取将柏杨村、水塘村处于准水源保护地的地方作为永乐乡推进城镇化发展的预留用地，并结合临空经济区规划，初步拟定永乐乡中心城镇发展规划，努力在水源保护与永乐乡经济社会发展中找到一条适合之路。通过集中规划建设，完善基础设施，将学校、幼儿园、医院等公共服务资源集中于此，重新规划建设一个小城镇。

集中规划建设中心城镇，将供水系统和城市供水系统连接，解决饮水安全问题。加大投入，整合资源，新建中小学校、幼儿园、医院，让农民享受城市公共服务，有效解决现有公共服务不能满足需要的问题。在中心城镇划定一定区域作为现有不能建房的农民建房用地，让他们迁入中心集镇，解决农户建房与水源保护的矛盾。将失地农民和中心城镇建设结合起来，通过中心城镇安置失地农民，让失地农民住在中心城镇，并在中心城镇就业，促进和谐发展。

乌当区

偏坡布依族乡

偏坡，其实不偏。

起这样的地名，或许就是因为她坐落在密林深处。

偏坡布依族乡，位于贵阳市东北面 30 千米处，总面积 21.93 平方千米，人口 1928 人，森林覆盖率却高达 64.19%。

正是：处处浓阴处处绿，家在深林人未知。

生态之美 美在古韵悠远

走进偏坡，首先映入眼帘的就是葱郁的密林和随处可见的参天古树。百余棵千年古树，巍然屹立，寿姿不凡，虬曲苍劲，昂首云天。一个仅 20 多平方千米的“袖珍乡”，竟有千余棵百年古树，组成了偏坡蔚为壮观的古树群落，实属罕见！这里主要有银杏、榉树、榆树、朴树、皂角树和枫香树，一棵棵枝繁叶茂，巍峨挺拔，遮天蔽日，浓绿如云……于是，也只有在偏坡，你才有可能见到这样奇特的风景——天，是绿色的天；地，是绿色的地；水，是绿色的水；枝梢上悬挂着绿色的雾幔，农舍里飘散出绿色的饭香，就连密林深处恣意游荡的山风，也是绿色的。一个恬静安逸又生机勃勃的布依村寨，被浓浓的绿色渲染上了一层神秘深幽、如梦如幻的古韵色彩。

偏坡下院村有一棵千年古银杏，可谓是这里的古树之王，三四人才能合抱，它如同德高望重的寨老，慈祥地守望着偏坡的日月轮回，四季枯荣。四周还有20余棵树龄都达500岁以上的榉树、香樟树和朴树等，祥和安宁，散立其边，好似一个温暖和谐的大家庭。古树昌茂的风采，给予游人几多诗意的遐思，人们围绕古树，沉思徘徊，似乎想从中阅读出那曾经千年的沧桑，聆听到亘古久远的悠悠回声，感悟大自然予以生命的伟大和永恒。

偏坡村有一棵"夫妻树"，由两棵枝繁叶茂的千年古银杏相伴而成，它讲述了盘古与龙王三公主阿软经过万般磨难，最终走到一起的坚贞不屈的爱情故事。今天，有许多慕名来偏坡旅游的相爱之人，携手悄悄来树下盟誓，或许下同心愿，或于枝丫结上同心结。

偏坡上下街、下院和岩上等村，有夏不涨、冬不退的古井，总是不急不缓地流出甘甜可口的泉水来，这"神造"之水，与偏坡保护完好的植被和树高根深的古树密不可分，如同母亲的乳汁，滋养了偏坡一代又一代儿女。

民俗之美 美在丰富多彩

偏坡民俗文化异彩纷呈，不仅是"古原生态之乡"，也是"布依文化走廊"。布依族祭祖仪式、火阳会、搬家礼仪、婚俗礼仪、浪哨礼仪和上梁仪式等，各种传统礼仪均保存完整。

布依族是个崇尚节日的民族。在偏坡，"大节"周周有，"小节"天天有，除了大年、端午和中秋节与汉族相似外，具有本民族特色的节日更是数不胜数，如"二月二""四月八""六月六"和"吃新节"等。

最隆重的节日，莫过于一年一度的布依"六月六"民族风情节，每逢此时，八方宾客云集偏坡，共同欢庆。贵客盈门，好客的布依族人就会端出自家酿造的美酒待客，期间，以歌劝饮，诚挚豪爽。偏坡的民歌尤具特色，也最吸引各方宾客的眼球。能歌者以物引歌，无论是天地山水，还是飞禽走兽或花草鱼虫，都可以编唱出优美含蓄的歌来，其中以酒歌、山歌、对歌和古歌等为甚。

偏坡布依人善乐——成对唢呐的空灵悠扬，姊妹箫的幽远含蓄，铜鼓的深沉沧桑，长号的气势厚重……每一声，无不撩人心潮，每一曲，无不令人沉

醉。其中,最著名的莫过于偏坡“百人长号队”,名声在外,气势恢宏,曾先后参加过贵阳市第九届少数传统体育运动会开幕式等大型展演活动。

偏坡布依人更善舞——刷把舞、花棍舞、板凳舞、簸箕舞、铜鼓舞等各色舞蹈,把布依族生产生活和风俗习惯融为一体,用艺术形式生动地表现出来,深受广大人民群众的喜爱。

偏坡布依人还有一项绝技,就是擅长“无言之歌”——信手拈来木叶,吹得明快悦耳,浸人心扉。

文化之美 美在淳朴民风

布依族文化特色独具,源远流长,处处闪烁着文明之美,偏坡曾被评为“全国文明村镇”“国家级民族特色村寨”和“书香贵州‘十佳’单位”。

秦汉时期,布依族人被称为濮越人。传说三百多年前,隆昌山上有神,先祖乃率族居之,形成今天的偏坡布依族人。自古以来,布依族人勤劳善良,热情好客,偏坡村的濮越香街及下院村的步行街,则是濮越文化的一个缩影。

在这里,你会真切地体会到布依族人花香迎客、酒香敬客、茶香尊客、书香友客、磨香待客的优良传统文化。濮越香街上的“濮越古居”,布依族十三代书香子弟在这里生长,先后有前国家领导人胡锦涛、田纪云以及赵克志、李军等领导来访。此外,“读书坡”上的琅琅书声,“夕阳红讲堂”寨老们不倦的教诲,“农家书屋里”渴求文化知识的布依族年轻人的身影……无不展现着偏坡人始终与知识智慧同行。

传承偏坡人勇于牺牲奉献精神的“神木园”,讲述近代偏坡人争取民主自由的艰辛与沧桑的“古营盘”,记载红色史诗的“五烈士墓”……所有这些,无不让人感受到偏坡文化的沧桑与厚重。此外,偏坡布依建筑艺术十分精湛,其中最著名的莫过于布依“过街楼”,算得上是中国古代民居建筑的奇葩,是几千年来布依族建筑技艺的汇聚,凝聚着布依族能工巧匠的心血和智慧。偏坡布依人手工艺术造诣水平很高,根雕与刺绣远近闻名,其中,偏坡布依刺绣被列为“省级非物质文化遗产”。

生活之美 美在和谐环保

美丽乡村,不仅要美在外观,更需美在群众生活的具体内容里。

近年来,偏坡乡充分发挥生态和民俗优势,始终按照“生态立乡、科技兴乡、文化活乡、开放带

乡、旅游强乡”的发展思路，大力发展民俗乡村旅游业和生态观光农业，走出了一条利用生态环境和民族文化发展地方经济、促进群众增收的可持续的协调发展之路。

现在的偏坡，经果林种植面积达千余亩，已形成红心猕猴桃、黄金桃、黑毛猪和黑羽鸡等一批具有偏坡地理标识的水果和畜禽产品。偏坡民俗乡村旅游业蓬勃发展，是贵阳近郊不可多得的精品乡村旅游景点，已成为人们消夏避暑、休闲观光和品尝布依美食的好去处。每逢夏天，贵阳、重庆及沿海地区的游客，都纷纷寻迹来此避暑。仅 2013 年，乡村旅游接待人数达 5 万余人。生态观光农业与民俗乡村旅游业的发展，大大促进了群众增收致富，2013 年实现乡民人均纯收入近万元。

今天的偏坡，已成为“全省 30 个最具魅力自然村寨”之一、乌当区创建全面小康社会的“生态型生活质量类小康社会”示范点和全省“5 个 100 工程”精品旅游乡镇打造点之一。

没有美好的村居环境，就没有美丽的乡村。

近年来，偏坡正在积极创建国家 4A 级景区，投入人民币 5000 余万元，实施“道路硬化、环境绿化、庭院美化、路灯亮化、卫生净化、民居民族化、风景田园化”等基础设施及环境综合治理工程。偏坡基础设施不断完善，村容寨貌焕然一新，走在偏坡的大街小巷，寨里组里，房前屋后，处处干净整洁，被评为“省级卫生村寨”。

偏坡坚持把生态文明理念贯彻落实到建设的方方面面，现太阳能路灯实现村寨 100%覆盖；建成农村沼气池 150 余个，清洁能源普及率大幅度提升；建成一大批农村生态排污处理工程，农村生活污水生态净化处理率达 90%；电视、电话、水、电安装到户率已达 100%。此外，还大力开展环境整治和美化绿化，完成全部 12 个自然村寨 15 座垃圾房修建，配置移动垃圾斗 50 余个，固定垃圾箱 100 余个，群众生活垃圾实现定点存放、定期清运、定点处理。

进寨路、串户路已全部硬化完毕，并向具有旅游功能的青石板路升级；辖区内塘、池、沟渠等已完成配套建设，并兼具旅游休闲观光功能。偏坡乡还编制了《村落建筑保护导则》，大力实施布依传统民居保护与改造。现布依传统民居占 90%以上，干栏式建筑的民居沿等高线排列，错落有致，与周围环境交相辉映，浑然天成，融为一体，美轮美奂，并先后被省环保厅、环保部授予了“省级生态乡”和“国家级生态乡”的荣誉称号。

息烽县

西山镇

西山镇位于息烽县中东部，因境内的西望山而得名。据考，远在新石器时代，西山镇一带已有人类生息繁衍。

西山镇总面积为 74.19 平方千米，辖 13 个行政村，102 个村民组，4611 户，总人口为 17292 人，其中农业人口 16803 人，少数民族 452 人，有农村劳动力 10859 个，属典型农业乡。全乡耕地面积 14235 亩，其中田 8504 亩。有森林面积 47853 亩，其中国有原始森林 3000 余亩，森林覆盖率为 43.6%。水利资源丰富，鱼简河水库储水量达 1050 万立方米，底寨河、小鹿窝河与胜利河纵横贯穿坝区，水域面积 855 亩。

西望山上佛音绵长

西望山又名西山，总面积 94 平方千米，海拔高度在 1220 米以上，其中团山岩 1616.2 米，为息烽第二高峰。明末时期，属水西彝族安民辖地，当时的西望山，曾是荒山野岭，人迹罕至，文化未开。

明末清初(1653年),西蜀高僧语嵩大师来到西望山,率领众弟子刀耕火种,草衣木食,普请当地群众,农禅并重,先后建成了以凤池寺为中心的14座临济禅宗寺庙。故此,西山镇境内如今流传久远的是“八大庙”之说。所谓“八大庙”,是指华严寺、瞿昙寺、凤池寺、知非寺、雨花寺、东山寺、报恩寺、万寿寺,也是西望山最著名的8座古刹。为了彰显佛教西天取经之灵气,且将西山更名为“西望山”,并在大殿神龛壁柱上刻下“此处即是西天,何需别求南海”。从此,西望山又有“小西天”之说。

西望山曾经有著名的“八大景”和“二十四小景”,更有明清僧人修建的“八大庙”和明永乐五年的“盟誓碑”等景观,是明清以来至民国时期西南佛教胜地,其影响远播川、湘、鄂、江、浙诸省。

“八大景”是指:凤池传灯、瞿昙问道、天门烟霭、雨花观瀑、松谷晚钟、语嵩塔院、天阙晴岚、万壑呼嵩等自然景观和佛文化景观。“二十四小景”是指:弓痕凌波仙履桥、百步九折云中梯、妙法化严驯伏狮、石将军运筹帷幄仙人峰、人间仙境万卷书、密林深处金钟塘、半朵碧莲坠九天、利刃横空薄刀岭等单体自然景观。

遥想当年,西望山的景致是何等壮观!当时,贵州佛门大善知识、振宗风于乌江南北者有二人:北丈雪、南语嵩。

语嵩弃繁华都市,栖偏僻乡村,且戒律苛严,其志称奇,是息烽西望山佛教之开山祖师,影响遍及江南。后两百年间,至西望山诵经求佛、瞻仰庙宇和游览名胜者络绎不绝。息烽解放前,贵州诗人任可澄、时任息烽县县长桂诗成邀友上山游览,留下的摩崖石刻保存完整。1938年,著名爱国将领、西北军总司令冯玉祥问禅西望山,也留下“圣贤气节、民族精神”之墨迹。

如今,高僧语嵩率领众弟子修建的那14座寺庙,都先后在咸丰、同治年间所发生的太平天国运动和境内的何二王(何德胜)战乱中被毁。虽后几经修复,但终因大伤元气,至今只剩下些残碑断塔,孤零零于莽莽大山之中,诉说着那遥远岁月的无尽沧桑,也见证了那曾几何时的庙宇辉煌。

乡镇发展特色明显

西山镇地势南高北低,东部团圆山、中部火金山、西部西望山平行呈南北走势。由火金山切割,形成底寨和鹿窝坝子,是息烽县水稻主产区之一。小鹿窝贡米声名远播,未成熟即被订购一空。鹿窝村紧挨西望山东麓,文化发达,素有“秀才村”之称,该村具有高中以上文化者170余人。

西望山山势峻峭挺拔,异峰突起,山间幽壑深谷,古木参天,怪石突兀,清泉飞瀑,竹海茫茫。曾经也是庙宇林立,景点密布,香火旺盛,传说奇谲。山上木本植物有77科220多种,有国家二级保护树种鹅掌楸、杜仲,三级保护树种银杏树、楠木、紫荆等,还有珍稀植物三尖杉、南方红豆杉、四方竹等。

底寨田坝,早在元十七年至二十九(1280~1292)年间,就在此处设置了底寨蛮夷军民长官司。息烽县的第一大河——息烽河就从田坝中由南向北横穿而过,近年修建的小桥河灌溉渠道贯穿全境;20世纪初贵州首富、著名盐商华向渠,曾在此地建有“华家公馆”,这里也是息烽“陨石天坑”中心点。

这些具有人文底蕴的村寨,为西山镇发展乡村旅游奠定了基础。近年来,在贵州建设“生态乡镇·美丽乡村”的大背景下,西山镇以息烽县县城“南扩西移”为契机,以林丰村水岭沟当地的生态优势为基础,从生态环境、基础设施、项目建设、品牌形象和民生改善等方面入手,建好乡村旅社和农家乐,扶持小岭沟通过种植李树、杨梅、核桃等果树,打造休闲观光旅游带,为乡村旅游再添亮色。并积极开发农事体验、农家宴、品蔬果、钓鱼、烧烤等一批乡土味十足的旅游项目,在“玩”字上下工夫，成了游客避暑、观光、休闲、娱乐、度假的好地方。

西山镇发展资源禀赋较好。煤等矿产资源储量较大，储量达300万吨以上。水资源丰富，储水量1050万立方米的鱼简河水库坐落我镇，底寨河、小鹿窝河、胜利河纵横贯穿坝区。交通便利，贵遵高等级公路穿境而过，息九公路、金马公路贯穿全境，实现了村村通公路。

西山镇适合种植茶叶、蔬菜等，成为企业增效、农民增收的有效途径。近几年，该镇根据良好的优势，建设成了茶园基地及供港澳蔬菜基地，发展万亩蔬菜。其中西望山虫茶制作技艺还被录入贵州省第三批省级非物质文化遗产名录，西望山虫茶获“贵州省十大特产”荣誉称号。

生态文明和环境保护

西山镇生态文明和环境保护工作，在上级主管部门的大力支持和具体指导下，在镇各科室密切配合下，围绕从源头抓起，从基础抓起，严格控制，重点治理，全面达标的总体要求，以创国模为契机，以环境综合整治行动、次级河流治理和各项创建行动为抓手，以构建和谐的人居环境为目标，加大环境突出问题整改工作力度，不断改善城乡生态环境、人居环境和卫生环境。

一、强化领导，明确职责分工

西山镇生态文明和环境保护工作得到镇党委、政府高度重视，配合2013年的环境卫生综合整治行动和创建环境保护模范城区行动，成立了工作领导小组，由镇长担任组长，分管领导任副组长，相关科室、村和有关单位为成员单位。领导小组下设办公室于建管办，负责日常组织、协调、资料收集和汇总上报工作，定期召集专题工作会，及时解决各项工作中存在的问题，并制定整改措施，形成了各部门、村齐抓共管的良好管理局面。

二、加强宣传，增加认识水平

西山镇因县城西城区开发，增加人口居住数量，引进工业企业，城镇建设逐步发展，由此产生

的各类环境问题也突现出来。其中，工业废气、垃圾和生活垃圾日益增多。针对这些问题，镇里利用张贴宣传画、书写横幅、发放宣传资料等多种形式，对企业和居民进行了广泛的宣传教育。并形成镇村宣传网络，实现创模宣传全覆盖。在各村设置创模义务督察员，加强了创模宣传及监督工作。全年共计张贴宣传画 50 处，书写横幅、标语 20 幅，发放宣传资料 8500 余份，营造了良好的创模宣传氛围。以世界环境日、臭氧层保护和创模知识普及等活动为载体，实现宣传全覆盖。开展系列宣传活动 3 次，有效提高了创模工作的满意率和知晓度。

三、抓好城镇环境卫生整治工作

为进一步提高城镇环境卫生管理水平，完善市政设施配套建设，实施了一系列工程项目：新增垃圾处理池 10 个，配置双体式不锈钢果皮箱 30 个，新装路灯照明设施 10 余处，河道治理 2 条。

四、下一步工作计划

一是加强对工业企业废气排放和废物处理的力度，坚持不达标不排放，同时加强宣传教育。

二是加强对生活垃圾的处理，增设垃圾处理池 3 个，果皮箱 20 个，加大宣传教育，防止乱扔乱放现象发生。

三是继续加大创模宣传力度，扩大创模工作的知晓度和影响力，确保年底之前，创模知晓率达到 100%，创模工作满意度达到 100%。使创模工作深入人心，营造人人参与创模的浓郁社会氛围，动员全社会关心、支持创模工作开展。

修文县

六广镇

贵阳古城曾经有过著名的"九门四阁"，其中，九门之一的"六广门"，正是因从此门出贵阳城可直通六广（今修文）而得名。这里也曾经是明代通水西的要道，古人有诗云"关雄北控三巴远，江险西围六广深"，所描述的就是六广河一带的峡谷风光。

六广镇就坐落在六广河畔。

山水洞瀑处处景

六广镇地域条件得天独厚，有六广和猫跳两条河流经境内，成就了沿河两岸风光旖旎的迷人景色。

六广河大峡谷为乌江过境河谷，最佳游程为20余千米，宽阔处烟波浩淼，狭窄处一线天。其间峰谷陡峭，悬瀑飞泻，古树苍翠，猴群出没，白鹭翔集。最著名的有白马峡、猴愁峡、海马峡、飞龙峡、赤壁峡、象鼻峡、剑劈峡、海马峡等，号称"六广七峡"，含40余景，融山、水、洞、瀑为一体——山，连绵巍峨，碧绿葱郁；水，湍急奔腾，气势雄浑；岩，嵯峨嶙峋，千奇百怪；瀑，染翠泼玉，水雾飘渺。真是千姿百态，各具风姿，且具长江三峡之雄奇，又兼漓江山水之秀丽。

一代哲人王阳明曾以“遍行奇胜才经此，江上无劳羡九华”的诗句，对之大加赞美。为纪念明代贵州宣慰使奢香开辟龙场九驿而命名的“奢香湖”，就在六广河畔。六广河近 70 千米的水域上景点遍布，可谓步步美景、处处洞天。

风情小镇风韵美

沿河村落星罗棋布，于悬崖峭壁之下，苗族、布依族风情村依山傍水，民风古朴。

在五老峰环抱的六广河畔，有一个布依族村寨，因山水阻隔，村寨保留了淳朴的民族风情。村内绿树环绕、花果掩映，身临其地，仿佛走进了世外桃源。村民们为了方便与外面的交流，在背村面河、高约百丈的垂直岩壁间，硬是用铁锤錾子开出了一条笔陡的石梯通道，这就是闻名当地的“手爬岩”。若亲身一试，令人心悸之余，感悟万千。“手爬岩”下，是布依青年男女玩山对歌的场所，每年正月初一，青年男女会聚于此，以歌传情，寻找自己的意中人，布依风情在此一展无余。

与大屯布依村寨隔河相望的黔西花苗寨，寨前是滚滚的六广河，寨后是长约 1 千米的峭壁，寨两头则被悬崖和激流切断。这里的苗族同胞自古过着与世隔绝的自给生活，因他们的生产用地多在悬崖顶上的山坡地段，春耕秋收都凭岩间的古藤攀缘上下，无体力和胆小者休想进出村寨，他们可称得上是攀岩爱好者的“鼻祖”。当然，随着时代的发展，攀藤附崖已经成为历史。但由于花苗寨长期的封闭环境，其习俗得以完整保留。其中苗族妇女的刺绣百褶裙，工艺精巧、色彩鲜艳、款式美观大方，1982 年曾被征集选送到北京参加苗族服饰展，受到国内外人士交口赞美，后来还东渡日本一展风采，村寨也因此成为著名的“刺绣之乡”。

六广还是闻名的“花灯”之乡，逢年过节时群众自发组织玩花灯，并经常到外地巡演，推进了民间文化文艺的发展。2003 年被贵阳市人民政府授予“先进文化乡镇”称号。

体现六广镇深厚文化底蕴的除了六广古渡外，还有王阳明游踪处。千仞绝壁之上还有个四百

多年香火的佛洞山寺，名曰“贾家洞”，岩间有小道相通，洞中有寺，名“佛洞山寺”，自古香火旺盛，晨钟暮鼓，香烟缭绕。据《修文县志稿》记载：“贾家洞旧建。清康熙四年，李斗南重建。道光二十二年，僧海依增修。”从这一记载推测，其始建年代当在明末或更早。

环境整治显成效

2013年以来，在修文县委、县政府的坚强领导下，在市群工中心、市委台办、市规划院及县相关部门的帮扶指导下，按照省市目标考核要求，六广镇扎实推进示范小城镇建设，目前，旅游景观型的绿色小镇已初具雏形。以科学发展观为统领，立足自身生态优势，确立了“实践科学发展观，创建生态文明镇”的长远目标，积极探索和实践生产发展、生活富裕、生态良好有机统一的文明发展道路，对生态文明镇建设作出了科学规划和合理布局。

今年，六广镇被列入2014年申报国家生态乡镇的名单，并聘请环保局专家编制了《六广镇生态文明镇建设规划》，《规划》立足六广实际，充分考虑农业和农村发展转型的需要，力争到2015年，将六广镇打造成为全国示范小城镇、生态农业休闲观光旅游区、山水园林居住小城。成立以镇长为组长、环保局局长为顾问，分管农业的人大主席和分管经济的组织委员任副组长，镇各相关部门的主要负责同志为成员的“镇生态示范区建设领导小组”。

自生态示范镇创建工作开展以来，我镇在环保工作方面积极争取上级有关部门的项目扶持，加大环保建设资金的投入。近年来，实施退耕还林12180.8亩，建设“四改一气”3361套，完成坡改梯建设3500亩，实施高标准农田建设1500余亩，完成农村住房改造2000余户，修建小水池400余口，新建设人畜饮水工程19处，治理了松江小流域1000余亩，建好清洁能源工程一处，有效地支持了生态示范镇创建工作。

生态示范镇规划的各个示范区均已建成。一是集镇规划区。该区建在六广镇六广村松江组，是全镇政治、经济、文化的中心，交通极为便利，贵毕高等级公路穿镇而过，出入口距集镇仅 3 千米。新集镇的环境清新美丽，人口相对集中，基础设施已基本建设完毕。镇政府已于 2007 年搬迁至新区，现镇相关职能部门已搬至新区办公。二是生态旅游和生态种植区。该区是我镇的集镇周边区域，自规划以来，充分利用优越的地理条件，在次早熟蔬菜、水果等经济农作物种植方面有较好发展，现有次早熟蔬菜种植 2000 亩、科技枇杷 300 亩、草莓 250 亩、樱桃 400 亩、柑橘 300 亩。建有松江观光园，园区总面积 1000 亩，核心示范园 100 亩，基地内种有日韩优质梨、金太阳（杏）、中油五号（桃）、千年红（油桃）、大五星（枇杷）等优质水果，现已全部挂果。2011 年，利用六广特殊的气候优势，发展新集镇周边村寨种植晚熟枇杷、李子、樱桃等晚熟水果 1000 余亩，大力发展生态旅游观光业。在生态旅游区的带动下，第三产业得到大力发展。目前生态旅游区的餐饮、游船等旅游服务业正火热兴起，经统计，目前有各类旅游船只 30 余艘，农家餐馆 12 家。同时，镇政府积极协调各类资金，在集镇区域内加大力度对生活环境进行改造。对规划区内农户进行庭院改造和环境绿化，并实施了清洁能源工程，群众的生活污水等得到有效处理，为我镇生态旅游的发展奠定了基础。三是畜牧养殖区。该区现有种牧草 2800 亩，已建有生猪养殖小区、肉鸡养殖小区、种草养羊小区建设和草山草坡改良工作（含 25 度以上坡耕地，计划改良面积 0.5 平方千米）。四是生态农业综合开发区。目前完成前丰、龙窝、青龙、沙坡、金山、合兴等 9 个村整村推进工作，还开展了河流治理，植树造林，乡村道路、供水、供电、通讯等基础设施建设和农业综合开发等工作。

近几年，在进行退耕还林、封山育林的同时，结合农村产业结构调整，改善农村不合理的经济结构，加快了经济林的发展步伐。截至目前，实施退耕还林 12180.8 亩，其中“二环”工程项目 1650 亩，“韩援” 工程项目 5523 亩，经济林达到 5335 亩。全镇森林覆盖率达到 87.1%，生物种群多样。

境内有格调古朴的古佛洞寺，有风貌独特的六广河风景名胜区，绚丽多彩。温泉资源也十分丰富，投资近 2 亿的六广河集休闲、娱乐为一体的度假中心，二期投资项目已启动。凭借六广河美丽的山水资源和观光果园，沿岸的度假村、农家乐等旅游项目与浓郁的苗家风情融为一体，是人们休闲度假、生态旅游的理想场所。

轉折之城
遵义

遵义县

南白镇

南白镇是遵义县府驻地，位于中国西部腹地，处于兰海大通道（甘肃兰州—广西北海）和杭瑞大通道（浙江杭州—云南瑞丽）交汇处，交通极为便捷，210 国道、兰海高速公路、川黔电气化铁路以及正在建设中的渝黔快铁纵贯南北，326 国道、杭瑞高速横贯东西；可南下贵阳、广西北海，北通重庆、成都、兰州，东接杭州、上海，西达云南昆明、瑞丽。南白镇行政区面积 97.9 平方千米，耕地面积 25688 亩，城区面积 14.2 平方千米。辖 7 村 10 社区，212 个村民组、78 个居民小区，约 16 万人。

南白，集遵义县全县之优势，铸黔北之明珠，它致力于“五化”建设，厚积薄发，发展轨迹始终上行，已成为聚人气、商气、财气的商贸物流重镇和经济强镇。

一个村庄就是浪花一朵

南白镇既是遵义县的经济重镇，更是全县的工业强镇，然而在笔者看来，南白镇在创建“四在农家·美丽乡村”的活动中，也取得了骄人的成绩。

一个村庄就是浪花一朵，时下的南白镇民主村，绵延舒展的连体大棚里，青红相接的番茄、瓠瓜、苦瓜、莴笋生机勃勃，连片的蓝莓、草莓、松森桃等精品水果硕果累累，林下生态养鸡、大鲵养殖等正成为一道耀眼的风景。民主村位于县城南白之西，文化历史名城遵义市之南，区位优势较好，距县城南白 3 千米，距文化历史名城遵义 20 千米，总面积约 25 平方千米，耕地面积 4166 亩，林地 1.2 万多亩，森林覆盖率达 30%以上，交通便捷，乐民河支流遍布全村，水源条件较好，村内无工矿企业，生态优美，资源丰富，是县城南白、遵义南部新城区重要的饮水保护地，平均海拔比县城约低 100 米，为发展现代农业提供了得天独厚的优势，属“市长菜篮子”供保中心，市列小康村，县城南白的“后花园”。

南白镇党委书记黄晓伍说，民主村只是南白镇美丽乡村的一个缩影，该镇在“强化生态文明，打造最美田园”方面，一是围绕“生态建设、生态安全、生态文明”的战略目标，全面推进森林生态体系建设，扎实抓好全镇退耕还林地的成果巩固工作，并加强抚育管护，政策兑现和档案管理，进一步巩固和提高退耕还林成果。大力开展国家环保型模范城市的创建工作，重点强化了库区环境整治、环保知识的宣传，关闭了高能耗高污染企业 1 家，成功迎接了省、市、县多次检查并顺利通过国家专家组的评估；二是通过扎实开展“三创一建”工作，围绕“多彩贵州.最美高速”，对高速路沿线、县城进出口、210 国道、后石公路、南楠公路两侧进行了环境综合整治，结合 25 度以上坡耕地的土地流转，通过政府扶持，大户种植，大力发展了精品水果，城乡环境不断改善；三是以“1+5+5”工作法，对民主新农村建设点进行升级打造，开展庭院环境的整治，进行绿化美化，实现了“四季有花开、四季有花香、四季有色彩”，形成了一个升级示范点

就是一个现代农业园区，一个旅游景区、一栋民居就是一个"民宿"、一个产业孵化器的"五好"模式。该镇还积极开展了莲花村后石公路沿线的新农村建设，聘请浙江大学专家教授高标准、高规格完成了龙泉村李家湾至白果湾，莲花村"四在农家·美丽乡村"规划设计。

一个企业就是标杆一个

日产黄金针菇、白金针菇10吨，年产量3000吨、年产值上亿元的贵州泉源菌业科技有限公司，坐落在南白镇后坝村，这家集生产、销售、研发、培训为一体的现代化工厂，是西南地区乃至全国唯一的一家现代化工厂化生产黄金针菇的大型农业龙头企业。

依托贵州大学和中南华中农业大学主要技术的泉源菌业从生态农业建设和废弃物综合利用入手，探索出"酒糟—食用菌—菌包—燃料—有机肥—原料"循环农业模式。该公司充分利用遵义市白酒加工业废弃酒糟，将酒糟、棉籽壳、玉米粉等加工而成菌包，通过拌料、装包、灭菌、接种、发包、搔菌、催蕾、出菇等各个环节生产金针菇。为节约能源，公司将废菌包脱袋上架烘干替代木材作为锅炉提供燃料，一年可节约燃料成本19.2万元。废菌包经过燃烧后产生的炉灰富含丰富的氮、磷、钾等有机质又转化为生产有机肥的原料，经公司与遵义君宇有机肥厂合作，将燃烧后的菌包再发酵加工成有机肥，每日可消耗废菌包40吨，每月可创收4.8万元，一年可为公司创收57.6万元。菌包加工有机肥料能够使农田减少化肥污染，生产出安全的农业产品，实现农业循环可持续发展。

一个企业就是标杆一个，南白镇党委书记黄晓伍在接受笔者采访时说，该镇按照"工业强镇、产业对接、建立支柱"的发展思路，积极培育扶持壮大企业、全力招商引资发展企业，现已初步形成龙泉食品药品、龙山新材料、苟江经济开发区和平段城市综合体、宝峰铝及铝加工产业四个重点产业园区。

一个称谓就是丰碑一座

为打造“黔北钱仓”，南白镇致力于三化建设，综合实力不断壮大，经济指标显著提升。

2014年，该镇以建设“新型工业示范区、城乡统筹推进区、社会治理创新区、竞争活力彰显区”为目标，以“突出工业强镇，全力招商引资；突出城市经济，强化优质服务；突出城市扩张，注重产城互动；突出化解矛盾，狠抓信访维稳；突出民生保障，提高幸福指数；突出宗旨意识，力求作风转变”为重点，经济社会发展取得全面进步。全镇完成地区生产总值100.2亿元，农民人均纯收入为1.44万元，城镇居民可支配收入为2.68万元，群众安全感和政法机关满意度测评实现了双提升，“创建国家环保型模范城市”工作顺利通过了市、县、国家专家组的考评验收，被评为全省文明村镇，荣获县综合目标考评一等奖。

突出工业强镇，强化招商服务。在产业政策调整、原材料紧缺、劳动力成本上升等不利因素下，该镇全力抓企业服务，重点抓招商引资，经济总量不断攀升。一是扶持壮大规模企业。积极协助老干妈、正合铝业等一批优质企业，通过加强内部管理和提供优质的外部服务，进一步挖掘生产潜能，实现年产值10亿元的目标。帮助九鼎汽车、正合博莱等企业正常生产，综合化肥厂、凯航汽车配件、华磊水泥、奥克民丰等企业实现转产升级，促成旭阳食品、强平肉联等优质企业扩能达产，火焰山电器在上海股权交易所成功上市；二是强化招商引进企业。通过请进来招商，邀请重庆（浙江、广东）商务考察团、台湾“七匹狼”企业等来南白镇考察投资。通过走出去到广州、青岛等地推介铝加工和农贸市场项目招商，引进项目6个，完成招商引资37.56亿元。三是结对帮扶服务企业。全力推进“三联三帮”活动，班子领导结对帮扶企业解决实际困难，帮助企业扩能达产，提高生产效益，规模以上企业从19家发展到28家，工业经济实力不断巩固。四是建设园区发展企业。实现“一个项目一套

班子”强化重点项目的服务，全力加强园区建设，完成了渝黔快铁、播州建材市场、重庆科瑞制药等项目的征地拆迁工作。苟江经济开发区和平段的光电子、新材料节能环保等战略性新兴产业初步形成，宝峰段的铝及铝加工产业链恢复正常。通过开展整顿县城生产秩序专项行动，依法打击了一批强拉强运和扰乱企业生产的违法行为，净化了投资环境，增加了企业投资信心，促进了工业的快速发展。

突出产城互动，发展城市经济。通过产业发展，园区带动，全力发展商贸物流、信息咨询、劳务输出等城市经济。一是城市功能不断完善。全力以赴协助县城南拓项目的青山收费站建设、县城南部排污系统建设、宝峰污水处理厂建设等重点工程，致力于县城东跨项目的县城文体中心、恒鑫硕泰城市综合体、播雅湿地公园的征地拆迁安置工作，这些园城共建项目的快速推进，有效提升了城市竞争力，助推城市经济繁荣发展。二是产城互动带动商贸物流。企业的发展，带动了商贸物流的繁荣，充分利用火车站货运物流，大力发展了铁顺物流、小金物流、搏诚物流等5家大型物流企业，解决了当地居民就业600余人，带动发展50多辆货车营运，保障了每天千吨以上货物的顺利运转。三是三产繁荣就业扩宽。依托县城政治、文化、信息中心，积极扶持小微型企业，发展壮大第三产业，正逐步形成白锦小区、华诚美食街、阳光花园步行街、商贸城等一批商贸繁荣的中心区域。2014年登记注册的个体工商户达7648户，企业420家，形成了金融、商业服务、餐饮娱乐、健身美体、家政服务、策划广告等功能完善、方便快捷的第三产业，社会经济呈现出良好的发展态势。

突出城镇建设，打造宜居城市。按照“东跨、北接、中提、南抑、西控”的要求，全力抓好旧城改造、新区建设，并将提升城镇品位，提高城镇生活质量作为首要任务来抓。大力开展“多彩贵州·红色遵义”工作，加大了对背街小巷、城郊结合部、居民小区、车站、集贸市场、公路沿线、单位部门所在地的整脏治乱工作力度，县城环境不断改善。一是全力服务城建项目。积极开展了兴茂财富广场、扬州恬苑、翰林雅苑、华诚大都汇等19个房开项目的协调服务工作，共征收房屋500余户，面积达9万余平方米。重点开展了易九国际、恒鑫硕泰城市综合体等重点项目的征地拆迁矛盾纠纷的调处，积极参与东大街南延伸段、南白公园改造、县城图书馆等市政设施的建设，城市功能不断完善，城镇发展快速推进。二是城市管理不断规范。为进一步加强城乡规划和建设管理，遏制违法建设，优化发展环境，充实拆违队员专职进行违法建筑的巡查，及时开展了违法建设的打击，形成强有力的高压态势。三是县城环境不断美化。投入300余万元，开展“三创一建”工作，加强了背街小巷的环境整治，实施网格化管理全民参与整治环境，加快了南部新

区污水处理、配套管网等工程的开工建设,"老干妈"油烟治理工程投入使用,县城的"净化、绿化、亮化、美化"提升工程全面推进,城乡面貌焕然一新,群众满意度不断提高。四是金杯组团逐步实施。金杯小区一期460套安置房成功分配,金杯二期还房工作正在实施;南衙安置点主体完工,正在进行附属设施建设;金杯三期安置还房工作已进入开工准备阶段;完成东金连接线路油化,人行道两侧电力、电信管道、排污管道全部安装完毕,金杯组团建设逐步推进。

突出城乡统筹,打牢农业基础。大力调整产业结构,以打造高效农业示范点为基础,不断促进农业提质增效。一是巩固提升"321"工程。建"321"工程示范点49个,带动周边群众种植蔬菜2万余亩,发展林下生态养鸡10万余羽,种植刺梨近1000亩、精品水果近2000亩、花卉苗木1000余亩,培育家庭农场5家,引导成立专业合作社1个。创建"456工程"种植类1000余亩、养殖类200户。二是产业结构不断优化。结合25度以上坡耕地退耕还林工作,在贵遵高速、南楠公路、后石公路、民梳公路两侧等重点区域规划种植蔬菜、刺梨、精品水果、花卉苗木等进行结构调整,现已种植蔬菜3000余亩、刺梨630亩、精品水果1700余亩、花卉苗木200亩。三是畜牧业生产不断壮大。2014年出栏生猪4.3万头、牛0.12万头、羊0.135万只、家禽23.9万羽、肉类总产量达4607吨。巩固创建养殖类农业"321工程"900余户,新增创建900户、提升打造"456工程"200户、新增培育家庭农场5个。四是精准扶贫成效明显。严格按照"六个到村到户"的要求,实现了890人的脱贫致富。

据该镇镇长倪堂林介绍,2015年,南白将以"宜居南白、创业南白、法治南白、幸福南白"为建设目标,着力打造宜居、宜业、宜商、宜游的品质之城,站在新的起点,继续深化改革,加快经济社会转型,画出由经济强镇到全市小康示范镇的美丽弧线。

遵义县

枫香镇

红色苟坝、最美田园、养生福地。

地处遵义县西部的枫香镇打出的这三张牌，已经让她集万千恩宠于一身了。近年来，枫香镇通过抢抓历史机遇，社会经济得以快速发展、基础设施建设突飞猛进。

“苟坝红色文化旅游产业创新区”被确立为贵州省“5个100工程”，成为全省重点打造的100个旅游景区之一。

枫香镇先后获得“贵州省生态文明建设示范镇”“贵州省新农村建设示范点”“贵州省农村公路‘建管养运’一体化建设试点镇”等荣誉称号。

枫香温泉已经成为国家3A级旅游名胜景区。

枫香镇发展的号角已经全面吹响，枫香镇必将成为最适合人类栖息的养生福地。

生态文明建设示范镇

枫香镇地处遵义县西部，东邻鸭溪、乐山镇，南接泮水、马蹄镇，西界洪关乡，北连平正乡。枫香镇辖10个行政村(居)，总人口38913人，其中农业人口35287人。国土总面积147.6平方千米，耕地面积 4375.7 公顷，人均耕地面积 1.71 亩，林地面积 6501.19 公顷，草地面积 1245.32 公顷。距遵义市城区 50 千米，距县城南白 45 千米，距国酒之乡茅台 28 千米，距金沙县城 40 千米。

在气候方面，枫香属中亚热带湿润气候，热量充足，年均气温在 17℃左右，冬无严寒、夏无酷暑、雨热同季，干湿季明显，属温凉湿润舒适型气候，是不可多得的避暑胜地，每年吸引大量的重庆客人来此避暑。同时由于光、热、水配合良好，雨、热、光也同季，有利于多种生物的生长和林、牧、渔业的发展。1986 年实施山地生态农业综合开发时，枫香镇率先种植杜仲 500 多万株，在 20 世纪 80 年代是农村经济的一个增长点，同时也构成了枫香一道亮丽的风景。苟坝村也因杜仲树被评为小康村。原党中央书记、时任贵州省委书记胡锦涛，原贵州省省长王朝文，原遵义地委书记庹文升，原遵义市委书记傅传耀等各级领导都曾到过这里。

良好的生态环境，使枫香镇在 2013 年成为遵义县首个省级生态镇。

在区位上，枫香位于“遵义、仁怀、金沙”金三角腹地；放大视野枫香处于“贵阳、重庆、泸州”中央地带；区位优势彰显，快捷的交通方便了枫香与世界的联系。

人杰地灵的历史文化名镇

枫香具有厚重的人文历史，包括红色长征文化、土陶文化、农耕文化等等。枫香镇人杰地灵，从古至今有不少历史人物。

例如：有在辛亥革命时，新旧政权交替，任贵州北防军督带，民国初期曾任重庆城防司令的鲁瀛（字宗藩，号屏周）；有 1920 年毕业于北京高等师范学校、新中国成立后曾任遵义师范学校校长的万苏黎；有曾任过彭德怀的传令排长、长征中任红三军团四师侦察参谋、红三军团十二团作战参谋、遵义纪念馆第一任馆长的孔宪权等名人。

人类栖息的最美田园

在旅游资源上，枫香镇汇集了“红色文化资源、绿色生态资源、白色水资源”。以集镇为中心，五个新农村建设点和枫香温泉形成旅游环线，境内包括苟坝核心景区、花茂土陶、九龙湖景区等。在这里，可以瞻仰苟坝会议会址、泡瑶池温泉、参观九龙山（湖、洞）、欣赏新农村示范点、体验土陶工艺文化、品尝原生态农家菜。

枫香镇是遵义市级示范小城镇。通过以打造特色旅游集镇为抓手，为全镇旅游发展夯实了基础。投资近千万元打造了靓丽新街，对其道路进行绿化、油化、亮化。可以看到宽阔的柏油街道两旁，

橘黄木制花框里紫薇吐露新芽，栾树初展新叶，居民小汽车排列整齐，临街商铺林立，店家崭新透亮的玻璃门里商品琳琅满目，顾客往来在洁净的石板人行道。

枫香温泉位于镇西头，距离枫香镇四千米，一条清澈的小河依山延绵，右面的群山悬崖绝壁，古木参天，绿树成阴，左面的田家农舍静静的、安宁的和右面群山交相辉映，农夫、耕牛、牧童、青山、绿水，好一幅中国水墨画，温泉就出产在这群山怀抱之间。

温泉度假中心。近处水气氤氲、花香阵阵、鸟语声声；远处山峦绵延、峡谷峥嵘叠翠，游人置身其中，碧波荡漾、逍遥自在、如梦如幻……游人还可到温水河下游探古寻幽，体验原始漂流的激情和垂钓的乐趣，温水河中的江西荷包鲤、云南源江鲤和非洲罗非鱼让您享受野炊的悠闲。

九龙洞。由于开发需要改称为龙岩洞，距温泉约 8 千米，溶洞内有旱洞，也有水洞，洞中有洞，洞洞相连，洞内层次分明，石林、石笋、石柱天造奇观，整个洞群中有曲折回环的长廊、宽阔空旷的殿堂、流水潺潺的暗河，千姿百态，丰富多彩，堪称鬼斧神工之作，是领略地质风情和探幽览胜的好地方。

“休闲枫元村”。这里是贵州省级新农村建设示范点，是从遵义进入枫香的门户，在遵赤高速公路和 208 省道旁。过去当地农民以从事传统农业、运输业为主。现在依托便利的交通和得天独厚的自然条件，发展起以餐饮、休闲度假、避暑为主的乡村旅游产业。2014 年枫香镇以打造“最美田园”推动乡村旅游发展，对枫元珠子沟黔北民居进行亮化，亮化工程的实施，使“珠子沟夜景”成为该镇又一田园美景。

“多彩土坝村”。这里是遵义市首批“美丽乡村”。土坝村是通往遵义苟坝会议会址的必经之地。土坝村的农舍黔北民居风格突出，早已是遵义县乡村一道别致的风景，是贵州省省级新农村建设示范点。何家寨自然条件优越，阳春三月金黄的油菜花、秋收时节金黄的稻田成为乡村旅游发展的潜力。

“土陶花茂村”。这里是遵义县三个“四在农家·美丽乡村”升级示范带之一。花茂陶业始于清代光绪年间，是遵义市非物质文化遗产，正在申报省级非物质文化遗产。140 年传承的土陶工艺，生产的酒坛、泡菜罐、大米缸等，曾是遵义人的家庭必备，被誉为“追忆乡愁的符号”。1915 年，举世闻名的“怒掷酒瓶震国威”中的酒瓶就是花茂生产，使得花茂生产的土陶罐盛装的茅台酒一举夺得巴拿马博览会金奖。民国时期至20世纪60年代,花茂陶瓷厂为国酒茅台生产了大量的酒瓶、发酵坊和酒缸等。

“红色苟坝村”。苟坝红色文化旅游产业创新区是贵州省100个文化旅游园区之一。苟坝是个山清水秀的小山村,1935年,三个人在这里改变了中国的命运……也就是成立了著名的“三人军事领导小组”。在春天远观苟坝村,金黄的油菜花和青瓦白墙的黔北民居辉映出一幅早春田园山水图,自然风光优美,有奇特的喀斯特石林地貌。整个村庄为一块高山环绕的田坝,三面环山,中间低平。白腊河就从苟坝村马鬃岭的山脚下发端,流经枫香镇的花茂、土坝、枫元,到达白腊坎。“问渠哪得清如许,为有源头活水来”!正是这一河清水滋养了沿岸村庄,使青山间的田坝散发出勃勃生机,铸就了一个个“鱼米之村”,让村民们享受着富足。

“炫丽青坑村”。这里融山、水、湖景色为一体,九龙山海拔1537米,是枫香镇最高峰。该地夏季平均气温比周边低2℃~5℃,是消暑度假胜地。

这里“一年四季皆有景,一年四季景不同”。“九龙山、九龙洞、九龙湖”是青坑的三道靓丽风景,而它们的组合恰到好处,浑然天成,勾勒出一幅四季变幻的天然油画。这里森林覆盖率高达60%,是良好的天然氧吧。

美丽画卷镌刻黔北大地

曾几何时,由于地壳变化的原因,使九龙山形成了九条山脊八条沟,因此被人们命名为九龙山。九龙山主峰山腰,隐藏着一个长约500米,遍布白玉般奇形怪状钟乳石的九龙溶洞,已发现的有两层。山水汇积,形成了九龙湖。

群山掩映之间,在美丽的九龙湖畔,一栋栋别墅式的黔北民居依山傍水而建。青坑有乡村旅馆17家,床位309个,为来此观光、旅游、休闲、避暑、度假的客人提供了方便,2014年4月至7月,已接待了到此体验和避暑的重庆客人10000余人次。

距离集镇不远的“枫香温泉”,是国家3A级风景名胜区。枫香温泉属低矿化度,含硅酸、锶、溴、氡、氟、钠、硼、硒等30多种有益于人体健康的微量元素和矿物质,这些微量元素和矿物质都以离子的形式存在,易被人体吸收。温泉水沐浴,对治疗血液循环系统和内分泌系统的多种疾病有辅助疗效,对各种皮肤病,特别是疥疮(干疮)有较好的治疗效果。加速新陈代谢,增强人体免疫力。枫香矿泉水有清嗓、润喉、润肠胃、通便等功能,常喝枫香矿泉水,可增强人体肌能,抵抗各种疾病。当地民谚有“天上瑶池仙境,地下枫香温泉”的说法。温泉还适宜养殖水生动物,曾养殖过娃娃鱼、甲鱼、鳗鱼、非洲鲫鱼等。1990年,枫香“苗岭”牌矿泉水为第十一届亚运会指定用水。枫香温泉度假中心,拥有温泉游泳馆、室外温泉泡池、餐厅、客房、茶吧、棋牌室、多功能会议厅等服务设施,能为各方来宾提供系统服务。由于这里田园风光优美,四季鸟语花香,周围植被完好,空气清新,水质无污染,终年水温与人体温度相宜,且矿泉水对治疗皮肤病有一定效果,2006年11月被国家旅游总局评定为国家3A级旅游景区。

枫香镇一方面发展乡村旅游产业,同时通过土地流转,大力发展现代观光农业,以“农业321工程”为抓手,发展了黄金奇异果、提子、大棚蔬菜、现代养殖等基地。发展现代观光农业,使得农业和乡村旅游相互促进、相得益彰。

围绕苟坝红色文化旅游产业创新区、青坑九龙湖风景区、温泉养生城项目,打造全域型休闲观光度假胜地。围绕公路沿线风景绿化带、25度以上坡耕地退耕还林、千亩黄花、万亩露天蔬菜、新农村建设提档升级打造最美田园。以“建生态镇、打多彩牌、探小康路”为工作重点,利用“红、绿、白”三种资源,打造多彩枫香。

依托苟坝的红色文化资源、贵州省生态文明建设示范镇的绿色资源、农业发展势头,加上“白腊河源头”“枫香温泉”水资源,推动各项工作再上新台阶,全力以赴承办了遵义市第三次旅游发展大会,让一幅“红色苟坝、最美田园、养生福地”的美丽画卷永久镌刻在黔北大地。

遵义县

毛石镇

毛石镇位于遵义县西北部，距历史名城遵义市35千米，距南白县城58千米。东连汇川区高坪镇，北接沙湾镇和山盆镇，南临松林镇，西邻芝麻镇。境内峰谷起伏较大，构成峰丛沟谷地貌，最高峰海拔为1722米，最低谷海拔为780米，脊状山脉呈东南向北走势，地表水和地下水非常丰富。镇城总面积150.2平方千米，辖6个行政村，134个村民组。总人口22330人，其中农业人口21766人，非农业人口564人。耕地总面积26241亩，其中田9651亩，人均耕地1.1亩，土壤以黄壤、石灰土为主。森林面积6879公顷。

发现亿年冰川谷

2014年6月21日，中央电视台科教频道《地理·中国》栏目组在遵义县毛石镇两岔河拍摄纪录片时，惊奇地发现这条峡谷竟然是一条亿年冰川谷。

两岔河位于毛石古镇西部，谷口距毛石古街约2.5千米，沟谷呈“Y”字形，西部两条沟谷在一石滩处汇合后向东延伸至谷口，峡谷总长约5千米，两岸植被茂密，植物种类多样。一年中，山花、野果、红叶相继呈现，一条清溪顺谷流淌，整条峡谷一片绿色、一片清凉。

中央电视台科教频道《地理·中国》栏目组在拍摄中发现，两岸岩石系冰碛砾岩，溪流中大小冰碛砾石经过水的冲刷异彩纷呈。经同行的地质专家确认，这条峡谷是震旦纪冰川谷，其年代为6亿~8亿年，迄今为止是黔北地区发现规模较大的冰川谷。

毛石镇冰川谷的发现，对于毛石镇旅游资源的等级评估又得到进一步提升，综合开发价值极高。中央电视台科教频道《地理·中国》栏目组导演，在拍摄结束后的总结中感言：古镇毛石风景秀丽，人杰地灵，其特色主要表现在三个方面：

一是具有数百年历史的毛石古街、古盐道、毛石河、洞中古村落遗迹、“水车王国”和6亿年前形成的冰川谷，集中体现了毛石“古”的特色。

二是中国工农红军长征中，三军团某部途经毛石，九军团军团部曾进驻毛石古街，有多位红军烈士在境内牺牲，并建有红军烈士墓和毛泽东主席塑像，反映了“红”的历史。

三是毛石优美的自然风光，丰富的溶洞资源，其特色就是一个“美”字。

四是清代贵州明贤萧光远的文学成就很高，他对易学的研究十分独特，古镇的地方习俗遗存较好，展现了人文底蕴“浓”的特征。

旅游资源极为丰富

毛石镇境内旅游资源极为丰富，集青山绿水、奇峰怪石、温泉奇泉、石林溶洞、花海茂林、古树名木、瀑布群等自然景观和经师故里、原始农业水利设施、农耕文化、红色文化等人文景观于一境，分布密集，类型多样，景观奇特，震撼力强。

天然景区有11个，且“一区一特色，区区有经典”。其中毛石河数千米河段上最多时有大小水车300多架，被誉为“水车王国”；望金山山岭上有万亩映山红、万亩玉簪花、万亩箭竹以及满坡树花野卉；两岔河峡谷两山夹峙，灌木丛生，藤蔓遍长，树

古林幽。一年四季繁花似锦，野果满坡。沟内流水清澈，时有鱼虾游动，高瀑叠泉，飞珠溅玉。谷中岩石奇特，紫红色，石质坚硬细密。

经中化地质矿山总局地质专家考察确认，两岸岩石系冰碛砾岩，溪流中经水冲刷后五彩缤纷的大小石块系冰碛砾石，这条峡谷是震旦纪冰川谷，其年代为6亿~8亿年；石花洞、托儿洞景观奇特，世所罕见；羊巷集中连片石林面积有300多亩，造型各异，高低有致；已有数百年历史且具黔北山区传统风格的毛石古街区青瓦木楼，古色古香，至今保存完好。

毛石镇境内空气清新，气候凉爽，冬无严寒，夏无酷暑，植被茂密，生态良好，天然景区森林覆盖率达80%以上。走进毛石，就是走进绿色的海洋，清凉的世界。毛石可以说是当代的世外桃源，休闲度假的天然氧吧。

蛇皮洞奇泉 该泉冬暖夏凉，久旱不枯。每遇当地降雨量大，洪发水涨，河水浑浊，水位升高之时，该泉眼便突然断流，洞内却轰响如雷，似山欲崩、崖欲裂，令人闻之骇然。在泉眼南北两侧各距泉眼20米处有两个泉眼，平时滴水不流，此时却有大股浑水涌出。待河水渐消，水色由浊转清之后，断流处又突然一声轰响，一股浑水骤然喷出，涌流如初。初时水色浑浊，渐复常态。这种断流后复流现象持续时间或半日，或一日，甚至三五日，竟与当地降水程度及洪水涨退时间相应。

毛石河景区 蔡萧氏石雕墓葬建筑群由石牌坊、石围墙、石坝及三函石墓组成，占地约1000平方米。建筑物上花卉、动物、人物等装饰图案雕工精湛，碑文书法隽秀。在毛石河从沈家洞至沙乌龟长约4千米的河段上，有大小水车300多架，最为密集的是落河坝一带河段，被誉为“水车王国”。水车转动，咿呀有声，悠扬动听，宛如演奏一曲节奏明快的音乐。当地歌谣：“远看簸箕样样，近看扦扦棒棒，一面提壶斟酒，一面放声歌唱。”

落河坝村民组境内有一处形如卧狮山体直抵河边，临河石岩横向一裂缝，恰似狮口，故名狮子口。该河段河边绿杨、垂柳、芦苇沿河而生；河中沙洲、巨石、菖蒲随处可见。奇峰白岩倒映水中，白鹭野鸭闲游水里。河道清流如许，两岸田园秀美。

毛石河支流唐坪沟有杨家岩、飘水岩、锅底凼、岩灰洞等瀑布，其中飘水岩瀑布高约40米，形似一根银柱直泻沟底深塘，塘边一巨石，是天然观瀑台。瀑布北面山岩壁立，苍藤垂布，与南面树梢相距咫尺。若时至正午，又雨霁云开，溪水涨发，瀑布冲激增强，水花飞溅，水雾升腾，则有彩虹形成跨越两岸。锅底凼瀑布在飘水岩上游密林之中，游人到来，未见其形，先闻其声。瀑布在一石槽中形成，石槽像剖开的胸腔，水在石槽中流泻，冲激在半中一石上，折流像渔人撒网再冲入潭中，激起水花如莲花开瓣。东距锅底凼200米有麻湾洞，洞内钟乳石密集，造型各异。北距杨家岩瀑布百米，岩壁上有古岩洞囤寨遗迹，洞口石墙尚存。唐坪沟两岸山高林密，四季葱茏，飞瀑、碧潭各臻其妙，林木岚霭异彩纷呈。

毛石镇的旅游资源，整体具有“避暑气候资源优势明显，养生度假资源禀赋极高，文化旅游资源底蕴深厚，旅游资源的组合度较好”的特点，在遵义市近郊是绝无仅有的。在地理上与黔北佛教名山金鼎山、中国中世纪古军事城堡海龙囤同处于遵义市西北部旅游轴线上，具有得天独厚的区位优势。

据悉，《地理·中国》此次拍摄的内容将制作成两节纪录片，暂定为“毛石探秘”和“水车王国”。这两部纪录片将通过全景式镜头，全方位展示古镇毛石的地质奇观、生态环境和文化传承，拓宽公众对古镇毛石的了解。此次节目的时长每节大约30分钟，播出时间初步定在2014年9月。

根据已有资料显示，毛石的历史可以追溯到明代万历年间。漫步古街，一排排参差不齐的古建筑呈东西向延展开来。在街道中心，一块写有“县级文物保护单位”的牌子十分醒目，这条街上现有房屋中最古老的建于100多年前，如今，整条街上的建筑都被列为文物保护对象。

整条街从东场口到西场口，约350米长。古时街衢曾建有从四川进入贵州古盐道的重要驿站，来往的盐商、挑夫在这里歇脚，为此，毛石曾号称川黔古道上的“小上海”，商家、旅店、客栈、寺庙、烟酒茶馆等，应有尽有。不过，毛石这个以古盐道而兴起的集镇，因为民国以后川黔通道的改变，加之地理位置影响，渐渐被“遗忘”。如今，除了赶集日街上热闹一点外，其余时间，这里的人大多过着简单的生活。

“水车王国”

备受驴友青睐的毛石镇境内有芭蕉河和毛石河，两条河在毛石古街往北1千米处交汇，交汇后的毛石河边，分布着大大小小的水车数百架，有着“水车王国”之称。毛石河水不急不缓，和岸边的良田距离也刚刚好，这正是使用水车的好条件。水车这种在我国唐代就被广泛使用的提水工具，至今仍旧发挥着不可替代的作用，特别是在干旱的年份。水车的编制工艺，至今仍被当地村民所传承，为了让这门古老的技艺继续走下去，现在，毛石镇正在将其申报为非物质文化遗产。

就在前不久，央视《地理·中国》栏目走进毛石拍摄过后，不少驴友开始走进毛石，探访“水车王国”的美，聆听它的低吟浅唱。

一路走下来，水车最为密集的，要数毛石村坟台坝村民组附近的河段，不到1千米的地方就有70多架水车，当地村民说，每架小水车能灌溉2亩田，大的能灌溉4～5亩。最多的时候，几百架水车灌溉的良田达到5000多亩。

古街、水车，只是毛石众多景点之一，因为这里地形呈山高水高的特点，使得河流众多，小股泉眼无数，还有奇峰怪石、温泉奇泉、石林溶洞、花海茂林、古树名木、瀑布群等近20多个种类、11个天然景区，曾被地质专家称为“小而全”。

近来，不断有驴友来露营，时常有人到农家吃饭。当地村民所做的都是地地道道的农家菜。前不久，许多村民还把家里闲置的房间装修了一下，并配备和酒店一样的卫生间，这样一来，少量的客人就可以在这里留宿。

目前，庙子湾村民组的26户人家，已有四五户可以提供住宿，其他的人家也开始行动起来。旅游带来的发展，大家看在眼里，村民们多次开会协商，思考如何接待游客，让他们留下来。当地村民告诉记者，乡村旅游发展好了，家家户户外出打工的年轻人都会回来，在家门口上班、创业。

毛石镇分管旅游的负责人也表示，发展乡村旅游将是毛石的又一张名片，他们将逐步引导当地人规范开办餐饮店、乡村旅馆，让游客玩得开心，吃住放心。

万亩映山红

争奇斗艳的万亩映山红位于毛石镇台上村王见山、新房子村民组和沙湾镇安村村大竹组之间，距毛石古街5千米。主峰望金山海拔1638米，一条南北走向起伏绵延的山岭上有野生映山红、玉簪花、箭竹等，连片分布在近百个山头上，面积均达万亩。山腰部乔木、灌木、野卉混生，多有开花树种。山下是茂密的林区，树种多样，郁郁葱葱，林中间生多色开花树种。望金山风景区，一年四季月月有花开，漫山遍野，繁花似锦，五彩缤纷。望金山顶峰，视野开阔，晴空万里时，但见奇峰如林，环列周边。一年中，常有云雾缭山，绕花而动，浩瀚辽阔。一望无际的雾海如白棉铺陈，随风舒卷。望金山上，花海峰林，红叶雪凇，云蒸霞蔚，大气磅礴。登临望金山，可赏奇花，看日出，观雾海，眺万峰。

万亩映山红是遵义县境内迄今为止发现的保存最为完好、面积最大的一片原生态映山红。每年4月下旬至5月下旬，正是映山红开放的时节，有粉白、浅紫、朱红、大红等颜色，盛花期间，起伏绵延10余千米的山岭上花团锦簇，争奇斗艳。映山红开放，不但耀眼夺目，与大树杜鹃相比，还有晚20日左右错季开放的时间优势。

6月下旬至7月下旬，毛石镇望金山的万亩玉簪花竞相绽放，一串串蓝色的花朵，与绿色的叶片、蕨类植物相互映衬，漫山遍野，美不胜收，视觉冲击力极强。据林业部门人员介绍，这是遵义市境内已发现最集中、规模最大的一片玉簪花。这片玉簪花分布在望金山连绵数千米的山坡上。

在望金山至风岩连绵数千米的山岭上，密集分布着万亩箭竹。穿行于箭竹林中小道，其乐无穷。从竹林看望金山南部，奇峰如林，甚为壮观。堪与兴义万峰林媲美。

望金山顶系一不规则圆形平顶，面积约1200平方米，绕顶一周及顶中央有多处古石墙基石遗迹。东偏北距望金山约1000米处有一组奇石群，名“三个猪儿”，在其东西两端各有一段古石墙基石遗迹，其中东端长约6米，西端长约4米，两石墙基石均呈南北走势。据有关资料记载，望金山顶和“三个猪儿”石墙基石应是海龙屯外围军事设施“望军囤”遗迹。

遵义县

平正仡佬族乡

“仡佬民居在贵州，干阑翘角竹笆楼。采砂打铁男精炼，织染烧虫女细修。蔑蛋频抛争胜负，花龙屡掷抢谁优。八仙乐曲悠悠荡，赛马磨猫堪比牛。”这是贵州仡佬族著名的诗词《七律·仡佬风情》，展现的是贵州仡佬族的民族风情，形容的是仡佬民族的精神面貌。在此我们引入对全国第一个以仡佬族冠名的乡镇介绍，即遵义县平正仡佬族乡。乡位于遵义县西部，是全国第一个单一冠名“仡佬族”民族乡和典型的老少边穷散杂居的少数民族乡镇。民族文化浓郁，矿产资源丰富，气候宜人，年平均气温14.5℃，有着“仡佬之乡”“智慧之乡”的美誉。

藏在深闺人未识——仡佬文化保存最完整的民族乡

平正乡是贵州仡佬文化保存较为完整的民族文化乡镇，迄今为止，平正完整地保留有仡佬族语

言、音乐、舞蹈、服饰、习俗等丰富的民族文化，尤以仡佬族“六和节”“吃新节”著称。因此，平正仡佬族乡几十年来都一直是仡佬族专家、学者研究仡佬文化的首选治学之地。数百年传承下来的《仡佬族吃新祭祖习俗》和《仡佬族踩堂舞》先后被贵州省人民政府列入省级非物质文化遗产保护名录。几十年来，我国许多专家、学者倾注毕生心血在仡佬族文化、历史、政治、经济等方面进行研究，有力地促进了仡佬族文化的发展，使一些面临失传的文化重新复原，得以保存和传承。

平正乡集得天独厚的秀丽风光、气候条件、源远流长的民族文化和光辉灿烂的红色文化于一体，有着丰富的文化旅游资源，但一直以来，由于受环境条件的限制，发展相对滞后，许多优秀的旅游和矿产资源“藏在深闺人未识”，外界对平正乡的了解甚少，但平正乡的民族特色，各类资源并不逊于其他乡镇，是最具挖掘和开发潜力的乡镇。

仡佬民族文化是平正乡走向外界的名片。通过对民族文化的传承、保护和宣传，让越来越多的人更加了解平正，全国各界研究仡佬文化的专家学者也闻名而来，使平正在发展上看到了希望，找准了方向，那就是对民族文化的推介和旅游资源的打造。为有效保护和传承贵州仡佬民族文化，平正乡建起了仡佬文化城，整理了自唐朝以来贵州仡佬民族的文化遗产，仡佬石头城景区全面展示仡佬悠久历史和深厚民族文化；狩母洞景区融民族文化和红色文化于一体；千年神树——古银杏下多少善男信女；干溪悬棺洞葬蕴藏着幽远沉重的历史；天奇洞景天下奇；天宝山集儒释道三教合一；盘水河畔银带飘逸，奏一曲田园牧歌；虎跳峡、穿洞让人感叹大自然的鬼斧神工；红军遗迹比比皆是；比夷枚再现民族最初的记忆；民族服饰舞出多彩的民族风情；天奇洞中诗歌柔美；天宝山上的薄雾飘逸；盘水河畔鸟语花香；奔腾不息的黑脚岩瀑布张扬着民族自强不息的意志；沉默的大山是仡老人民的铮铮铁骨；原生态民族歌舞、民间技艺、民族活动、无不展现仡佬人的生存智慧和文化魅力……

村寨如画，四季如春——蓄势待发的资源乡

随着贵州经济社会的快速发展，平正乡提出倾力打造中华仡佬文化博览园，加快建设民族文化特色旅游作为今后平正发展平台的思路。一方面是积极通过招商引资做好旅游开发。运营好国家3A级景区——仡佬石头城；平正乡“盘龙寨”“彝家寨”“平家寨”“堰塘苗寨”等各具特色的“新四寨”民族特色旅游带已初步形成；天宝山景区、黑脚岩景区、马厂古树村落正在开发建设中；依托优越的自然气候条件，完备便利的交通条件，对原有建筑适当进行改造和装饰，突出仡佬族建筑风格，建造一批别具特色的仡佬族吊脚楼休闲农庄，建设成民族文化浓郁、生态环境优美、基础设施完备、旅游品牌响亮的特色魅力村寨，为发展旅游业打下坚实的基础。同时，平正乡积极举办“六和仡佬文化节”等活动，深入挖掘，打造大型歌舞晚会——《天下仡佬》，不断丰富旅游内涵；开发旅游商品，完善景区演出等，进一步推动民族文化进程。

平正乡自然生态完备，森林覆盖率达57%以上，有着悠久的红色文化史，红军长征期间，大军三次辗转平正，有刘伯承指挥部遗址:天保山、红九军团政治部住址、火烧坡红军标语住宅和牟直卿、山登铭救红军等红色文化。有黑脚岩仡母洞、瀑布群、古银杏、天奇洞、盘水河等自然景观。

平正乡矿产丰富，有煤、石灰石等自然矿产，其中煤矿储量1.2亿吨。

除旅游资源、矿产资源外，农业资源也是平正乡的主要产业，以烤烟、养殖业、经果林、中药材、高粱、蔬菜及农产品加工等为特色，逐步走向产业化发展。

由于受交通环境的影响，平正乡在水、电、路、网络等基础设施建设方面还相对落后，在贵州“四在农家·美丽乡村”建设的统一推进下，平正乡已全面部署了小康水、小康电、小康路、小康讯的实施工程，各项准备工作均已就绪，期待社会各界前去投资兴业，共谋发展。

遵义县

尚嵇镇

相传光绪年间，朝廷腐败，民不聊生。有一黔籍书生，心忧国家，向朝廷写出洋洋万言的《进言录》，文中列数皇室腐败触动龙颜，更让慈禧震怒的是，一介书生，居然敢指责她动用海军军费为自己庆寿。老佛爷决意要把这个夜郎自大的蛮夷书生凌迟处死。

也是书生命不该绝，宫廷中一太监冒死通风报信，书生侥幸逃脱。慈禧哪肯罢休，命追兵一路追杀，书生逃到一个叫“上溪”的地方（今尚嵇楠木渡），面对滚滚乌江，仰天长叹：天亡我也！欲投江自尽。不想，此时晴空一声炸雷，身后巨石开裂，一洞突兀眼前，书生刚躲进洞内，追兵即至。突然，洞内几声闷响若天崩地裂，泉水瞬间喷出封住洞口，追兵望水兴叹，只得回朝复命。

当地传说，书生获救后，潜心研究文字，著书立说，设馆讲学，泽被后世。人们不知救书生者是哪路神仙，也不知这个传说有无根据。有后人问之，则答曰：尚嵇。尚嵇者，尚待嵇考也。此后，“上溪”则更名为“尚嵇”。

尚嵇镇地处遵义县东南部，北抵三岔镇和团溪镇，南临乌江，与贵阳市开阳县隔江相望，东界茅栗镇，西接新民镇、苟江镇。总面积106.9平方千米，辖8村1社区，192个村(居)民小组，人口4.2万余人。

尚嵇镇是贵州省“民间文化艺术之乡”和“省列省级示范小城镇”，这里区位优越，交通便宜。北距重庆282千米，遵义市城区43千米，距县城南23千米，境内贵遵复线、南楠二级公路、三茅公路穿境而过，距贵遵高速、川黔铁路、渝黔高铁20千米、杭瑞高速25千米，乌江航运过境直达长江，处于遵义半小时、贵阳1小时经济圈内，是遵义南部水陆交通枢纽。

尚嵇镇历史悠久，物产丰富，经济活跃，商贾云集，在尚嵇镇106.9平方千米的土地上，旅游资源丰富，自然风光秀美，有国家级文物陈公祠楼阁、市级文物袁氏民居、饮食文化有臭豆腐皮、民俗文化囤灯集会、红色故地茶山关，自然风光有楠木渡码头和楠木渡峡谷风光及清水河水库风光、大坝张家沟和泸江水寨乡村旅游示范点等。

人文与历史交相辉映

尚嵇人文厚重，国家级文物陈公祠和省级文物红军抢渡乌江战斗遗址——茶山关，市级文物袁氏民居等历史古迹冠誉黔北；豆腐皮、猪嘴鱼、牛肉鲊等名优小吃别具风味，堪称“黔北三特”；尚嵇民俗风情多姿多彩，囤灯传统习俗，悠源流长；乌江画廊、楠木渡风光、泸江水寨、清水河、河渡关等美景，让游客流连忘返。

陈公祠阁楼位于集镇中心，它是国家级重点文物保护单位，是为纪念乾隆初年遵义知府陈玉壂而建的专祠。它始建于1849年，建筑群由阁楼、厢房、风雨廊、碑廊、祠堂等几部分组成，占地近1000平方米，陈公祠罕见独特的建筑工艺，展示了古代人民的聪明才智和艺术才华，为后代留下了宝贵的精神财富。

袁氏民居位于尚嵇新华村河沟组南楠公路旁，是市级重点文物保护单位。1930年动工，历时4年完成。大院占地860平方米，主体是一栋三合头带龙门的封闭式建筑，整个建筑布局大方合理，结构和谐严谨，风格古朴典雅，工艺精美绝伦。为典型的黔北民居，也是至今保存较为完整的旧式民房，它的仿汉瓦当木刻、技艺精湛的壁画、美轮美奂的“百鸟图”“百兽图”“百草图”雕窗和“万字

纹”“卷草纹”石刻等具有较高的建筑艺术价值，是旧式民居的艺术瑰宝。

位于尚嵇镇南面6千米的省级重点文物保护单位，红军抢渡乌江战斗遗址——茶山关，虽然没有娄山关的雄奇与巍峨，也没有乌江渡的险峻与浩淼，但它同样留下先烈红色的足迹、光辉的足迹和革命的足迹。这里已经成为爱国主义教育基地，众多干部、群众、学生常来这里缅怀先烈。

生态与旅游并驾齐驱

尚嵇豆腐皮是遵义的名优美食产品，是尚嵇镇的美食名片，它让古镇文化更加丰富厚重和独特多元。获得了“臭名远扬，香飘万里”的美誉。

民俗风情历史悠久、形式独特、丰富多彩、寓意深刻、长盛不衰。提起它，尚嵇人民津津乐道，如获至宝。囤灯即赛灯，简言之，就是玩灯比赛，比赛时间为正月十四夜通宵，决定胜负的时间定在正月十五日拂晓，这时候看哪边的灯最多最好看，吸引的观众最多，观众多的一边就算赢了。赛灯的项目包括传统的花灯、龙灯、狮子灯、蚌壳灯、车车灯等，有川戏、京剧和杂技等文艺表演，还有焰火燃放表演，至今仍在沿袭。

楠木渡是千里乌江中游的古渡口之一，位于尚嵇镇南5.5千米的乌江干流上，与开阳县隔江相望。楠木渡一带“无峰非峭壁，有水尽飞泉”。这个渡口的开通，使遵义至开阳的运程缩短了88千米，尚嵇镇至贵阳缩短60千米，大大方便了乌江两岸的物资调运，经济效益十分显著。回首古渡雄风，机轮泊江边，车辆行人由驳船轮渡，汽笛嘶鸣，映谷回响。紧接着，随着构皮滩电站的建成，乌江水位大幅上升，楠木渡100万吨的水运码头也顺利通航，形成了乌江上的“三峡”奇景，成为黔北物流集散中心和旅游胜地，游人接踵而至。

麒麟洞位于遵义县尚嵇镇南6千米的大坝村乌江楠木渡，如同掩映在芭蕉丛林中的麒麟，张牙舞爪，口中的莲花璀璨夺目。莲花瓣大小不一，长短各异，红白相间，鼓胀丰满。洞顶有两棵高约10米、碗口粗细的大树，洞中有水桶大小的泉水涌出。正是：泉眼无声溪自流，树荫映水爱情柔；瓣瓣荷花映红日，麒麟洞前抛闲愁。

麒麟是传说中非牛非马非羊非鹿的“四不像”，虽然没有人见过，但在中国百姓的心目中，麒麟乃吉祥之物。麒麟主祥瑞，合仁怀义。贵阳的黔灵山也有个麒麟洞，20世纪30年代末，蒋介石曾把爱国将领张学良将军囚禁在那里，黔灵山麒麟洞因而出名。但那是一个干洞，纵深不过十几米。遵义尚嵇麒麟洞口含莲花、口吐泉水、头上长角，实属罕见。尤其是流出的泉水冰冷浸骨，长年累月，从不断流。麒麟头上两只角乃两棵榕树，一大一小，长在光生生的巨石上。有诗曰：麒麟头无半粒土，天然长出两只角。口喷圣泉惊四海，疑是银河九天落。

清水河风光位于尚嵇镇北面9千米，清水河流经清水村和建设村。清水河汇集甘溪、后垭河、母猪井、下董村沟、白岩沟、龙洞沟、槽房沟、大龙门小溪、砖坟小溪、马烂田小溪，流量增大，至阁口坝与岩底河汇合成渔塘河。清水河流域多为田园沃土，河水由高处向低处缓流，形成许多梯级水位，利于筑坝灌溉和修建碾米房。为尚嵇镇内的鱼米之乡，沿河一带曾水车、碾房无数，造纸、制糖、榨油作坊甚多。新中国成立后，水轮泵、电泵替代了古老的水车，打米机、榨油机取代了昔日的碾米房、榨油房，鱼米之乡人民的生活更加美好。

泸江水及水寨。水寨的面积约为2平方千米，河道总长2.5千米，平均宽度为15米。泸江水寨文化氛围浓厚，有著名导演尤小刚的题词“山水雅居”，有著名书法家王道耕亲笔书写的《泸江水寨赋》（作家郑先才题，有书法家薛连桐书写的《醉泸江》，因为处于尚嵇镇，更可参观著名的“尚嵇陈公祠”。该地处清水河流泸江河段上，有清澈见底的清水河（泸江水）穿寨而过，四周青山环抱、鸟语花香，有碧绿的稻田，有河岸垂柳；“水寨”处河面开阔，沿河自由的水鸟为它美丽的家园而歌唱，芦苇与垂、绿村映于河面，美景自然天成；大浸岭、小浸岭俯照河面，使山水相伴，山水相隔；远近前来的垂钓者与跳跃的河中鱼儿共欢，流连忘返；田园风光与水寨景观相映成趣；河两岸垂柳、芦苇与“朝无澎湃、夜无涛声”的宁静水面绘成迷人的巨幅画面。“泸江水寨”是镶嵌在清水河流的一颗明珠，是休闲避暑与净化尘世烦嚣的上好佳境。

南岸悬崖上，有“蜀水黔山”“黔蜀古疆”石刻碑句，系三国时诸葛亮南征，命马忠东征，杀牂牁太守，取而代之后，为长治久安，才有此立界分疆之举。碑刻业已沉入湖中深处，唯有北岸巍峨不老的黑象山，南岸尚存悬棺铁棒的高石岩，会忘不掉那征战年代的风云。

黑象山与犀王山相连的椏口处，为茶山关口，椏口往下盘道弯曲，至红岩洞处，有石碑镌刻着黔北文化名人李为、李镳、张晋洋颂扬茶山关施行义渡的诗作。诗句文采飞扬，情感豪放，被人称为“诗碑”。道旁悬崖下有摩崖碑，碑框似大门框，因位于悬崖数十米高处，只可远望不能近观。崖上灌木藤萝掩框，建于何年、有何内容、起何作用，至今仍是个不解之谜。红岩洞右侧是飞娃石，同是历代兵家制约渡口上山要道的军事防守之处，扼“一夫当关，万夫莫开”之咽喉。飞娃石的得名，系一采药青年受黑豹追赶于悬崖，借助雨伞飞跃崖下沙滩的传说。

为了充分利用古大珍稀树木资源，推进村庄绿化进程和促进乡村旅游发展，尚嵇把上坝古大稀树群所在地结合古树村落特点作为新农村建设乡村旅游示范村寨来打造。

工业与城镇化建设同步进行

尚嵇矿产丰富，工业发达。其中铝土矿储量大、品位高，是新兴的黔北铝工业基地。投资47亿元人民币，年产80万吨的氧化铝厂已投产，其他中小型企业如雨后春笋，现有规模企业达2000余家，尚嵇已由农业大镇向工业重镇转变。目前正在申报国家级示范镇。

尚嵇物产丰富。系贵州“黔北粮仓”中的主要产粮区之一，主要种植水稻、玉米、油菜、烤烟、辣椒，亦种植其他粮食作物和经济作物，是全省粮油高产和观光农业示范典型区。

尚嵇经济发展日新月异。2013年实现地方生产总值10.3亿元，其中工业总值13.04亿元，农业产值2.59亿元，第三产业产值12.7万元，财政收入4306万元，农民人均纯收入8970元，增速在全县名列前茅。

2014年，镇党委、政府紧紧围绕“文化古镇、铝业新城”定位，打造“感恩圣地，水韵天堂”的形象品牌，确立了“五个率先”的发展思路，“三个用心”的工作作风，突显“城镇项目建设、工业园区建设、现代农业发展、美丽乡村建设、文化旅游发展”五大板块，全力构建人文尚嵇、生态尚嵇、和谐尚嵇。

遵义县

石板镇

石板镇位于遵义县西南部，分别与鸭溪镇、南白镇、三合镇、金沙县源村乡毗邻，交通便利，政府所在地距县城13千米，距市中心30千米。

全镇总面积130.2平方千米，耕地面积1886公顷(其中，田857公顷、土1029公顷)。镇辖8村1居，194个村民组，7673户34929人。

农民人均纯收入达8618元，群众经济收入主要以农业种植、养殖和劳务输出收入为主，是典型的农业镇。中亚热带季风湿润气候，冬无严寒，夏无酷暑，气候宜人。常年平均气温为13.5℃～15.7℃，年均日照1100小时，年均无霜期为280天，年均降雨量为1075毫米。镇内交通四通八达，是现代农业示范区和中心县城、周边集镇的生活休闲区。

1991年12月，江泽民总书记亲临视察石板“坡改梯”，高度评价“石板坡改梯是愚公移山大无畏精神与当代实事求是科学态度相结合的产物”，“坡改梯”面积达2400余亩，粮食、烤烟、辣椒生产有较大发展，群众生活有了显著提高。水泊渡高峡平湖，烟波浩荡，景色壮观，常有市、区、县城的人来此观赏休憩。乐意山庄，殿宇辉煌，飞檐错落有致，流光溢彩，奇花异草遍布，珍木良树齐生，皂角树叶茂枝繁如伞盖，左右两枝异年花果。修篁摇曳多姿似凤尾，一年四季翠叶青青。骚人墨客所留书香平添无限趣雅。凉风习习，虽盛夏而不觉暑；芳香阵阵，值严寒犹疑是春。堪谓世间仙境，亦称地杰人灵。

镇境内偏岩河一带盛产银鱼，色雪白，个小，最长6厘米左右，重不足半两，可生吃，亦可烹成鱼羹，富含维生素，对人有药用功效，对视力有保健作用。享有盛名的风味食品——石板羊肉粉，是石板独有的短尾黑山羊烫皮，文火慢炖，原汤烫粉，香而不膻，肥而不腻，虽辣不猛，易于消化，谓色香味俱佳，有壮阳补虚、温胃健肾的功能，远近闻名近百年历史。

生态石板 初显雏形

近年来，石板镇紧紧围绕“加速发展、加快转型、推动跨越”的主基调，着力兴产业、保增长、强基础、增后劲、惠民生、促和谐，解放思想，真抓实干，克难攻坚，奋力赶超，取得了较好的成绩。

2013年完成农林牧渔总产值1.79亿元，退耕还林补植补造410亩，义务植树30000株，人工植苗经济林1675亩，森林覆盖率达25.4%。流转土地7500亩，种植草皮600亩，烤烟3800亩，巩固种草1198亩，吊瓜380亩，蔬菜1600亩，金银花150亩。

集镇亮化工程，安装路灯55盏，镇容镇貌极大改观。集镇征地40亩，引资7000万元新建玉石花园小区一个。投资571万元在“十大古树村落”沐恩寺、乐意蔬菜现代高效农业园区高标准、高品位打造“黔北民居”212户，创建“四在农家”1000余户，受益12758人。投资350万元修建污水处理厂一座，解决了两城区大水缸水泊渡库区水源污染的问题。整脏治乱效果明显，文明、和谐、美丽的新石板形象逐步展现。

2014年，石板镇立足“生态立镇、农业兴镇、三产富镇”的总体目标，主攻乐意蔬菜产业园、石材加工业、畜牧养殖业、观光旅游业“一园三业”，远学山东寿光孙家集，近学凤冈永安镇，倾力打造“贵州寿光、黔北石都、绿色小镇、生态石板”特色镇，把石板镇建设成为现代农业示范区和中心县城、周边集镇的生活休闲区。

强力推进新农村建设。以点带线、以线促面，全面完成鸭石公路600余户新农村建设任务，着力打造“四在农家·美丽乡村”升级版，完成沐恩寺新农村古树村落示范点建设。完善集镇基础设施建设，打造绿色小集镇。启动并完成玉石花园文化广场、集镇休闲广场、集镇老街改造、50套公租房建设，做好从集镇对接外环公路的迎宾大道规划并适时启动建设。

发挥石材资源优势，发展壮大石材加工产业。石板镇的石材资源丰富，有三家石材加工厂和一家页岩砖厂，石材加工规模不断扩大，是黔北地区重要的石材供应地，成为一大“亮点”，年产值上千万元，为石板镇的经济发展注入了新的活力。目前充分对接鸭溪经济开发区，以投资5000余万元的柑子树磐基石材精深加工厂为龙头，整合带动周边石材企业，打造石材精深加工工业园区。

着力深挖资源潜力，加速乡村旅游发展。以沐恩寺、乐意山庄、蔬菜产业园、八合漂流为节点，发展观光旅游业。启动投资6000万元，全长7千米的水泊渡漂流项目，引进黔北记忆文化发展有限公司，包装打造沐恩寺乡村旅游点，依托水泊渡、神秘乐意山庄和偏岩河及周边生态风光的资源优势，重点打造集乡村旅游、养老、疗养、健身、餐饮等为一体的乡村旅游区，实现石板三个景点一日游或二日游。

八合村的改变

遵义县石板镇，石头山绵延几十千米。在距石板镇5千米处，有一个村庄坐落在半山上。离这个村子约6千米远的山脚下有两条河流，一条是偏岩河，另一条是乐民河，两条河流在群山中蜿蜒穿梭，正好在这个村庄的山脚下形成一个“八字”，村庄因而得名“八合村”。

八合村已有上百年的历史，村民祖祖辈辈在这漫山遍野都是石头的大山里生活着。但1990年后发生的几件大事，改变了他们的生活轨迹。

1990年，八合村农民陆续开始外出打工，争地争粮现象得到了缓解；

2000年，退耕还林政策的落实，遏制了生态环境继续恶化；

2011年，种草养羊产业化扶贫项目在八合村正式实施，同时启动生态修复工程；

2012年，八合村开始实施饮水工程。

这几件可以载入村史大事记的重要事件，使这个一向沉静的石头山村庄，一下子翻涌起阵阵浪花。在惠农政策的鼓舞下，村民们再也按捺不住，决心与恶劣的生存环境抗争。大家心中有了奋斗目标，有了对美好未来的强烈希望，致富路上的艰辛与困难，激发起村民致富奔小康的渴望。

一位哲人说过：“既然我们是一项事业的追随者，就必须一直满怀希望，它时常会激发我们的想象力，让想象越过那缓缓流逝的时间，把那胜利的日子展示在我们面前。”八合村农民坚信，一幅“青山绿水、牛羊满山、稻田飘香”的未来乡村图景，不再是遥不可及的梦想。

八合村有14个村民组，以村委会所在地平顶关为中心，散布在方圆7.5千米的石山区，最远的苏绿组约有5千米远。全村520户，2349人。

八合村满山都是用石头围砌成的梯田，很少看到一块比较平坦的农用地。全村耕地面积2124亩，其中稻田只有600亩，余下的多是山坡地。由于长期缺水，稻田已是七分坏三分好，很少有人种水稻。

重峦叠嶂，巨石嶙峋，土地贫瘠，人地矛盾突出，农业产业结构单一，人均年收入不足800元。漫山遍野的石头犹如横亘在八合村农民增收路上的一道难以逾越的障碍，沉甸甸压在农民身上。八合村农民要想增加现金收入，就只能让一部分农民脱离农业，走出大山另谋出路。

据了解，从20世纪90年代初期开始，八合村陆续外出打工的农民有700多人，占全村人口近三分之一，几乎是八合村的全部青壮年。而长期在外打工的农民就有500余人，他们平均年收入在2.5万元左右。劳务收入或非农业收入，成为八合村农民现金收入的主要来源。

环境制约着八合村的农业发展，也促成了八合村农民就地取材，创办企业发展特色产业。中心组的农民在当地开办了两家石材加工厂，吸纳当地农民就近就地务工。2011年，一位浙江人投资6000万元，在桐关组开办了一处洗煤场。三家企业共吸纳八合村农民140人务工，工人月平均工资约2500元。

八合村执行退耕还林政策前，山坡上乱石堆中的少量土地里种满了包谷。每逢雨季，就会遭遇一次严重的水土流失。八合村迎江组有一处叫长沟坡的地方。过去，农民承包了长沟这片坡地种植包谷、辣椒和油菜，一年现金收入仅1000元左右。由于传统农作物无法起到保持水土的作用，导致这里的水土流失相当严重，生态环境十分脆弱。

2000年，八合村退耕还林1500亩，大多数村民靠每亩补贴300斤的包谷生活。到2010年，补贴减至每亩125斤包谷。对生态环境极为脆弱的八合村来说，大力发展种植业是修复生态环境的一条可行之路。八合村的石漠化治理，主要任务是荒山改良，他们已在荒山上种植了100多亩刺梨，目前还准备申报1000亩核桃种植项目。

石漠化治理为当地农民开辟增收渠道，使八合村走上了一条生态修复与农民增收相结合的路子。八合村大力发展的生态修复产业，正在改变着农民的收入结构。随着返乡发展种养业的青壮年不断增多，农业收入比例在八合村农民收入结构中将逐步呈现上升趋势。

八合村新华组和迎江组共有33户人家200多人，饲养的猪、羊、牛等牲畜约400头。多年来，农民生活用水和人畜饮用水几乎都是“望天水”，雨水尤其珍贵。

新华组和迎江组一共有5个蓄水池，每年3月到5月雨季，3个蓄水池可以储存400多立方雨水。另外两个蓄水池因有大山里浸下来的水滴，成为冬季时弥足珍贵的水源。每年10月到第二年3月，是八合村用水最困难的几个月。水不仅洗脸，还要留着喂牲畜、洗衣服。很多人家都想做大养殖业，可因为村子缺水，犹豫着不敢增加规模。人都不够用，哪里还有多余的水喂牲畜？

工程性缺水是八合村致富路上的又一障碍。

坐落在山顶上的红阳组离水源最远。红阳组村民们要到6千米山路以外的水窖去拉水。因为缺水，红阳组上百亩土地无法种植农作物。守着山脚下两条水源充足的河流，八合村农民却用水困难。

20世纪70年代，八合村就已经建设了18个提灌站，但因机器设备年久失修，加上水渠老化，现在能够勉强使用的只有3个提灌站。工程性缺水长期没有得到解决，不仅限制了八合村大规模发展养殖业，也使八合村因灌溉乏力不能大面积发展种植业。

2012年，水利部门投入60余万元在八合村启动了饮水工程，现在已经联通4个村民组。八合村农民正在致富路上艰难前行，无论前面的道路多么坎坷，他们的心里却充满了对未来的美好期望。

八合村的未来，不是梦想！

遵义县

乌江镇

遵义县乌江镇地处遵义市与贵阳市交界处，素有“黔北南大门”之称。北距历史文化名城遵义50千米，南距省府贵阳100千米，210国道、贵遵高速公路、川黔铁路纵贯镇境，区位优势明显，交通十分便捷。

乌江镇是红军突破乌江天险的重要地段，是遵义红色旅游第一站。4座不同时期修建的大桥，形成独具特色的桥梁景观。

近年来，乌江镇党委、政府紧紧围绕“攻三引二转一”的发展思路，大力实施“城建旅游兴镇、工业强镇、农业稳镇”战略，努力将乌江镇打造成为贵州一流的“经济强镇、旅游名镇和文明城镇”。

变幻多姿的乌江库区

乌江电厂大坝截断乌江干流，形成烟波浩淼的高原平湖，库容21亿立方米，库区有深水航道68

千米，溯江而上直达修文县六广码头，贯穿3个地(市)5个县。库区山水雄奇、洞怪石绝，有七峡、九岩、六十景。库区内多条支流形成宽广水域，已形成“乌江大坝—两河口—化觉—六广”和“乌江大坝—傣族公园—神石山庄—三沙大桥”两条水上旅游黄金线。

乌江库区两岸山水洞石和植被组成变幻多姿的自然景观，悬崖、瀑布、移民村落、亚热带果林、渡口码头、网箱养鱼的水上人家，组成极富诗情画意的江峡风光。2009年被评定为国家3A级旅游景区。乌江下游余庆县境内的构皮滩水电站建成后，将形成宁静优美的下游库区，乘船可直达下游几个红军渡口，形成水上旅游线和运输线。

飞架南北的乌江四桥

乌江铁路大桥、乌江双曲拱公路桥、乌江斜拉桥横跨乌江，天堑变通途。这三座大桥分别建于20世纪60年代、70年代和90年代，建筑技术、桥梁规模、样式和工艺日益先进。铁路桥中间4个桥墩，双曲拱桥中间2个桥墩，而具有当时世界先进水平的贵遵高等级公路“乌江斜拉桥”却不用桥墩。从“三桥”的设计建造上，折射出时代进步与科技发展。

2008年竣工通车的贵遵高速公路乌江特大桥，飞越乌江镇集镇上空，横跨乌江，飞架南北两山之巅，全长1452米，宽24米，最大桥墩高151米，桥面距江面最高处173米，在目前同类桥梁中为亚州最高。仰望乌江特大桥，似在云间，汽车在桥上奔驰，犹如在“天桥”飞奔，更显出科技的神妙。

味道鲜美的乌江豆腐鱼

乌江具有独特地方风味的餐饮美食中，首推乌江豆腐鲶鱼。地方名食乌江豆腐鲶鱼火锅，其原料鱼主产于乌江流域鸭池河至江界河一带，个体大，无鳞少刺，肉质厚实细嫩，味道鲜美。饮食民俗中有“鲶鱼头、鲤鱼尾”的说法，以鱼头为上选，吃法有清炖、清蒸、红烧多种。

鲶鱼在动物分类学上为鲶形目、鲶科、鲶属，

有南方大口鲶和越鲶两种，乌江鲶鱼主要是南方大口鲶，这种鱼体长、头扁平、口大、后部侧扁、口裂末端达到或超过眼睛中部的下方。野生鲶鱼头部、背脊微黄，性凶猛，多栖息于乌江缓流区，白天隐居水底或潜伏于洞穴内，夜晚猎食鱼虾或其他水生动物。4～6月在江河砂石底质的激流浅滩处产卵，卵沉性，幼鱼喜集群。最大个体可长至50公斤，这种大型经济鱼类，广泛分布于贵州省内长江水系、珠江水系各支流中，乌江流域产量较多。

乌江豆腐鱼火锅的主料为鲶鱼和乌江豆腐，配料调料有糍粑辣椒、糟辣椒、豆瓣酱、老姜、花椒、胡椒、食糖、盐、味精和香料等。以混合油熬制几种辣椒调料，油色鲜红后放入鱼块翻炒，加入老姜、蒜头、花椒、胡椒、糖、料酒、食盐、味精等，渗水用文火煮沸，再放入西红柿、蒜苗、葱节、豆腐块，煮至入味即成。这道菜色泽艳丽：鱼块金黄、豆腐雪白、红油透明光亮、青葱芫荽翠绿，见者莫不闻香称奇，食欲顿生。乌江豆腐鱼火锅以辣烫香鲜、形佳味美、营养丰富著称；鱼肉富含蛋白质，肥嫩爽口而不腻不腥；尤其是乌江泉水精制的豆腐，细腻白滑、久煮不老、入口即化，有“羊脂玉髓”之美誉；这道鱼火锅以泡菜佐食，鱼汤中加进各色时鲜蔬菜烫煮，更增营养，尤以鱼汤煮面条味道独特，具有开胃健脾、滋阴养肾、补中益气之效，是地域饮食文化中一枝独秀的上品，原中宣部副部长朱厚泽食后欣然题词：“黔北一技，中国一绝。”

以乌江豆腐鱼为代表的美食闻名遐迩，“名扬西南三千里，香引五湖四海客”，20世纪80年代，乌江镇江北的盘山街、江南乌江新街已形成“豆腐鱼美食一条街”，镇中心有92家饮食业以经营乌江豆腐鱼为主，生意红火，慕名前来品尝的食客和旅游团队络绎不绝。

厚重的红色旅游资源

镇南关又名老君关，乌江北岸古代军事要塞，地处临江两山相夹的槽中，控扼川黔必经孔道。始建于宋元时代，是播州宣慰司土司凭借乌江天险构筑的屯军关隘，原有城堞卡门。1928年贵州省主席周西成修建贵阳至桐梓"贵北公路"时，拆除老君关城门，其遗址当地仍称为关口。

古驿道是从老君关山尖口朝南直下乌江老街的一段石板路，建在狭窄槽沟中，陡曲弯环，当地称为"九道拐"，全长500米，以块状石条筑砌，修建于宋元间。《遵义府志》称，乌江北岸"悬壁临水，盘折而上，口开一线，十里蚁行，为经省之要隘"。驿道坡顶以巨石建关一道，称"乌江关"，始建于明朝洪武初年，有重兵驻守。驿道的半山腰处称为"半关"，设有卡门。红军长征时，老君关的战士，即从古关驿道下到乌江边侦察敌情，开展革命活动。驿道及左边的山峰，是红军乌江追击战的主要战场，年久失修，亟待清理复原。

双龙寺原名龙岩寺，又名伏岩寺，原建在老君关至乌江小街驿道的白岩下，康熙年间被洪水冲毁，清雍正三年在青龙寺下易地重建。寺前后山形似"二龙抢宝"，寺后有两个山水湾洞，双水汇流，固名"双龙寺"。寺坐北向南，有前、中、后三座殿房，并有偏殿、僧房、仓房和畜圈。寺院有庙田百亩，坡土200亩，供奉佛、道神像和关羽。主持僧尼"演兴"何姓陈。雇工耕作，是大地主。红军进入老君关后，驻扎双龙寺，在此召开群众会议，打土豪，筹军粮，进行革命活动，双龙寺是红军驻地，原革命遗址。

1949年底，国民党军队溃逃时，曾将乌江公路钢桥炸坏，企图迟滞解放军进军。1950年春，中国人民解放军第四野战军工兵营到乌江抢修被炸钢桥，同时担负剿匪任务。有2名解放军战士到金鸡坪执行任务时，遭土匪袭击英勇牺牲，葬于乌江老街东侧。1957年泥沟乡政府为其立碑，1998年乌江镇党委重修烈士墓，砌为石坟，每年祭扫。两名烈士均是辽宁省人，牺牲时分别为21岁、22岁。

红军驻防乌江期间，在江北岸的印子山、轿子山山腰，山顶挖掘了战壕掩体等作战斗工事，在印子山腰横向挖了两道战壕，全长1000余米，后来修建公路、房屋，基建中开山取石将这部分战壕掩埋，山顶的战斗工事保存较好。1935年在遵义战役乌江追击战中，利用这些工事战壕，同国民党中央军吴奈伟部作战，取得遵义战役的圆满成功。

摩崖石刻和古驿道

乌江山高水深，江流湍急，是川黔道上的天堑，古代一直靠船筏漂渡，无法建桥。文人墨客在山崖

上雕刻了一些摩崖石刻，有“气接岷峨”“悬崖”“绝壁”“山空水深”等。光绪六年(1880年)，贵州巡抚岑毓英奏请朝廷，在乌江关岩和黄岩之间的安皋修建铁索桥一座，三年建成，19根铁索平牵两岸，长18丈，宽1丈5尺，铁索上架木板行人，费银三万多两，索桥联系修文和遵义，称为“修义桥”。

光绪十三年(1887年)和十九年(1893年)两次大洪水，将铁索冲断，今已无迹。乌江铁索桥修成后，为纪念这项重大工程，分别在山崖上刻了“黔北飞虹”“铁锁横江”大型摩崖，高笋电厂大坝南端山壁上，赫然夺目。

1935年1月7日至17日，红三军团五师一个营奉命驻防乌江，担任警戒，在乌江北岸10余里长的山头设防，营部设在老君关，营长住叶文毕家，有一名连长住刘兆南家，红军则驻扎在双龙寺。红军营长宣传动员群众，建立了老君关农民调查组，有刘兆南等6名成员，配合红军打土豪、分粮食、杀猪分肉给穷人。调查组长刘兆南在红军领导下组织农民打土豪，将在乌江渡厘金卡敲诈勒索过境客商和过渡行人的毛卡员列为打击对象，没收了他掠夺的不义之财。红军带领群众到双龙寺，没收了大地主陈厄姑的几千斤粮食，几大缸菜油和几条肥猪，老君关人民同红军结下深情厚谊，当地流传着许多动人的红军故事。

红军烈士墓与桥梁景观

红军烈士墓在乌江镇美竹青村民组，墓位于小街背后山脚，烈士是红三军团驻老君关的战士，1935年1月到江南侦察敌情，开展革命活动，宣传动员群众，被敌人杀害。在一天晚上，红军从江北马鬃岭下划船到南岸，组织群众，筹集粮饷，被乌江美竹箐哥老会头子柴炳兴发现，连夜到息烽搬兵，并组织地主武装到乌江截击，打着灯笼火把从美竹箐、艳山江一带冲下乌江，红军发现敌情迅速撤退，一部分乘船返回江北，来不及转移的六位红军且战且退，沿江南岸撤至龙井湾唐家(今铁路大桥下游300米坡上)找门板，砍竹子，在二重岩下点火照明，准备竹伐过江，被追敌发现，沿江追击，战斗中有三名红军牺牲，三名被俘，押至美竹箐关在大院中审讯。红军战士坚强不屈，审讯无结果，柴炳兴将这三名红军连同在大水井(今电站大坝上游)被俘的一名红军一起杀害。新中国成立后，息烽县乌江公社和平大队为烈士墓立碑。

乌江镇是桥梁汇集之地，在1千米长的江面架有4座桥梁，构成乌江镇特有的人文景观。两侧为210国道公路双曲拱大桥，长300米，宽10米，高40.54米，1972年10月竣工通车。马鬃岭下横江修建贵遵高等级公路斜拉吊组合桥，长461米，宽14.5米，主跨长288米，吊塔高56米，1997年底竣工通车。吊拉桥东侧，修建了川黔铁路大桥，8个桥墩，长319.1米，高45.04米。1965年铺轨道车。扎南高速公路乌江特大桥，从老君关原井场至江南原八局子校后，横跨乌江河，长约2千米，于贵遵高速公路扩建(扎南公路)动土时修建。

遵义县

沙湾镇

沙湾镇位于遵义县西北角，东与汇川区高坪镇毗邻，南与毛石镇接壤，西与山盆镇交界，北与汇川区板桥、泗渡镇及桐梓县官仓镇相邻，距210国道9千米，大（桥）山（盆）公路贯穿其间，辖区面积184.61平方千米，人口2.72万。镇政府驻地距遵义市中心26千米，距南白镇县城48千米。镇内植被优良，小气候明显，年平均温度14.5℃，冬无严寒，夏无酷暑。属黔北中山狭长地带，海拔850～1820米。辖区内计税耕地面积25220.05亩（其中，田10970.96亩、土1424954亩），是典型的山区农业镇。

人间美景惹人醉

沙湾历史久远，文化厚重。唐置播州，杨氏入主，筑皇城于海龙囤之巅，外防布于今沙湾镇境。

沙湾镇生态植被繁茂，河流小溪纵横，景观耀眼。境内森林覆盖率达68.4%以上，气候宜人，年平均气温13.5℃，有“天然生态氧吧”之美誉。

资源丰富。底水野生河鱼、混子酸鱼、方竹笋、野生猕猴桃、团葱、洋荷等特产，让游人一饱口福，回味无穷。万亩映山红、黔北最美烟村、海龙古寨、农耕水车、凉风天坑、板水峡谷等生态美景交错共

生，是人们观花赏景、林海踏雪、鉴月观日、垂钓怡情、游山戏水的好地方，也是遵义近郊区浓缩型的天然景区。

国道210近境而过，距离沙湾境4千米。以县道307为入口，长25千米的观光旅游公路将镇域各景区串联成一体，让游客在青山绿水中感受生态氧吧、绿色沙湾的魅力。是重庆、成都客人假日旅游、家庭两日游、休闲度假、纳凉避暑的首选之地。

沙湾处处是仙境

沙湾镇境内旅游资源丰富，喀斯特地貌典型。特别是位于仙人山脚下的板水沟，峡谷风光更是千姿百态美不胜收。有诗赞誉："花开落红随流水，三沟两岔五样春。"每到夏日，来此观光旅游的人或三五做伴，或成群结队，络绎不绝，流连忘返。

岩口寺塔坟 建于清嘉庆元年，塔底平地以下是坟，平地以上是塔。塔高8层，为8角8面形石塔，底层周长4丈9尺2寸，全塔高2丈8尺8寸，周长从上至下一层比一层大，每层8面都用石刻记载着岩口寺庙及埋葬和尚的详实情况。

一层记述"传曹溪正派第四十世本师上密下授字普传，普传生于清乾隆十二年丁卯岁二月三十日辰时，出生于贵州遵义府遵义县南乡忠庄里八里地名榜上，卒于道光癸未年七月十二日辰时，楹联写着"精神归净域，成绩在人间""音乐千寻树，年在一串珠"。

二层记述"传曹溪正派第三十九世本师懋暹大和尚觉灵"，懋暹生于清雍正八年庚戌正月初三辰时五甲通踏坪，卒于嘉庆庚申年十月初四日辰时永庆院。

三层以上因是悬空高石塔不能一一抄录，但三层以上实为塔不是坟，全塔为千斤巨石精雕细刻建造，其做工精细，塔坟坐落在全石四合院，院墙之左右后3面为2.5米精细高石墙，墙顶均有护石檐。前面有6根方柱装有1米高的石板，石板上刻有兽鸟图案，石柱顶端雕有石狮和石鸟活灵活现。全石院有198平方米，石院前面有许多被毁损的铺地青砖和殿基条石，全塔坟拿当今的价格估算，需50万元人民币才能建造，是沙湾镇境最大的古建筑。

板水沟景区 板水沟景区位于沙湾北部，是由仙人山山梁和娄山山脉环西蔓延中自然形成的一条长16.5千米的山峡，峡谷底部均宽48米，顶部均宽300米，峡谷两侧山巅呈起伏状，喀斯特地貌形成的奇山特景高露于森林之中。峡谷两山陡峭的山体长满上千种杂树，沟底有上百处泉水喷出流淌到平坦的河流中，河水清澈透明，清凉刺骨。绿树中百鸟啼鸣，山花烂漫，河流中鱼儿在透明的水中跳跃穿梭。

山峡的几山生长有楠木、红豆杉、银杏等国家珍稀树种，相传在古代修建京都宋殿就需要这些优质的木材，于是当地官府派许多工匠到此砍伐木材，并锯成板方顺河流飘逸出山，当地人就把这条飘逸板方的河沟称为“板水沟”。

板水沟内有两岔河、羊尸岩、方竹坪、三岔河等四处景区。

两岔河位于板水沟中部，是旧时飘放木排的聚集地，也是山岔河、羊尸岩出沟的交汇处，此处山峦叠起，密林盖河，几山景致诱人，凡到此观景者，浮想联翩。

羊尸岩位于仙人山脚下，原名仙人脚沟。此地有一匹壮观的大岩叫老鹰岩，相传当年有几个伐木工人亲眼目睹三匹豹狼追一只山羊到悬崖边，山羊在走投无路的情况下，纵身跳下山崖，不料却被一网葛藤缠住。山羊悬挂在悬崖上既不能上也不能下，三匹豹狼也无法得食。由于山势陡峭，伐木工人也无法去救山羊，只好眼巴巴看着山羊吊死。山羊的尸体永远就挂在那匹悬崖上，人们为了纪念山羊的惨烈遭遇，就把这里命名为羊尸岩。（后有一杨泗将军路过此地，又有人把此地韵为“杨泗岩”。）

羊尸岩的悬崖上还存留着许多楠木树，两山有万亩竹海。仙人山脚下喷出数十股清泉汇集成一道湍急的河流，河水拍打两岸岩石的声音在山间回荡。

从羊尸岩蜿蜒斜坡而上5里之距就是方竹坪。方竹坪因长有四方形的竹子而得名。这里地势平坦，居高临下，海拔1500米，眺望远方群山，错落有致，人称观景台。

三岔河是因有三条水溪向此地汇集成河流而得名，最大的一股河水来自娄山关脚下。该地地势

平坦，呈椭圆形地形，河水穿坝而过，南面有十多家老式风格的吊脚楼农舍，农家被竹林和杂树包围其中。三岔河北面是一个可容纳数万人的大河沙坝，河沙坝的鹅卵石五彩斑斓。三岔河是古时伐木的集散地。周围的几座山，森林密布，山上百鸟啼鸣，山脚溪水长流。再往东方展望，可见娄山关的电视转播铁塔。

米粮水库景区 米粮水库位于米粮坝，距沙湾政府约10千米，海拔1260米。此地三面环山，一面临河。其山属娄山山脉朝南延伸此地后，又往西贯数百米，突兀断裂形成的特殊地貌。断裂处形成几条200余米的山鼻梁，构成几道独特的奇山特景，当地俗称高级龙脉。几道山鼻梁沟壑内均有山泉奔涌，汇流成溪，随山间奔腾而下。其水清澈透明，清凉刺骨，俗称抚人水。

1971年，连迁公社因灌溉所需，便在下端修建水库，库长220米，宽80米，均深8米，可储水24.6万立方米。水库建成后，该地形成大水直贯水库，水面碧波荡漾，各种水鸟嬉戏，鱼儿欢跃，垂钓者络绎不绝。水映青山，山衬碧水，山水相融。

海云囤和龙爪囤遗址 境内高山上发现数座大小不等的古代军事城堡，有蜿蜒的石城墙、完整的城门、"炮台"等，下临深壑，地形险要。沙湾镇组织相关专家进行了两次综合考察，一致认为这十座古城堡（含毛石镇境内望军囤）保存比较完好，其分布地域和规模、功能，与古迹记载相吻合，是明代平播战争重要的军事遗存，是与中国军事古城堡海龙囤直接关联的外围附属军事设施。是海龙囤周边最具考古价值的囤堡营寨。

海云囤，明朝万历中播州土司军事城堡之一，修建在今沙湾镇马门沟最高峰山顶上，现名大岗寨。囤堡呈不规则圆形，占地面积约120亩。城墙绕山顶而建，分为内外两层，用就地开采的石礅石块砌成，无灰砂黏合痕迹。实测墙高2.8至3米，厚1.6米，墙顶平整可以行人，因地势偏僻险要，人迹罕至，保存相当完好，现存城墙全长约2000米。囤内木质结构建筑在平播战争中被官军烧毁，建筑遗址上，发现七级石砌垂带踏道通向房屋，还发现石磨、石碓等粮食加工工具。寨上有一张巨大石桌，用手摸则摇动，31个人都抬不起。囤上有小泉，挖坑即浸满清水，可供饮用。

海云囤所在的山峰大岗寨海拔1580米，山体十分陡峭，三面绝壁。站在海云囤顶峰环视，大娄山脉群峰攒聚，苍山如海，层峦列岫远际天边，百里外山川尽收眼底；清晨极目眺望，远方云海翻腾，古人将此囤命名为海云囤，充分反映了苍莽娄山的壮丽景观，十分雄阔大气。晴日，可看到北面娄山关、仙人山，西面白尼寺，西南侧毛石镇望军山、大石墩，南望有白云台等高海拔巅峰刺天而立。俯视囤周，海云囤外层石墙。

众山拱伏，可以看见南侧播州土司军事城堡海龙囤，两囤各据一山，相互应援保障，作为海龙囤的“子囤”，军事关系紧密。寨顶西北侧有巨大溶洞，名为“老虎洞”，洞内宽敞可建楼房。此洞可能曾为猛虎窠穴，或者得名于播州苗军中的“黑老虎兵”，是战时藏兵聚民的理想所在。

龙爪囤，位于沙湾村麻石、刁早两村民组境内，5座囤寨高低错落，分别修建在附近山顶上，平面分布图形如龙掌大张，伸出五个爪子，故名“龙爪”。实地考察，这5座囤堡当地人分别称为反背寨、马山寨、寨上寨、洋窝寨、大佬山寨，彼此相距500~1000米，均占据有利地形，分布在附近山顶上。城堡用巨石垒成，城墙高3.2米，厚1.8米，修有多个城门和瞭望孔眼。史料记载，当年龙爪囤外围还建有“木栅十数层”。5个囤占地面积分别在10~30亩之间，山头的相对高差30~250米。

龙爪囤距海龙囤距离约5千米，距海云囤1.5千米，位于海龙囤与海云囤正中偏右。

龙爪囤是防御海龙囤西北方的前沿阵地，若海云囤失守，来犯之敌必须经过五个龙爪控制的沟谷要道，五爪囤兵齐攻，恰似瓮中捉鳖。若五爪关再失守，可在五爪最高峰的寨上寨焚烧烟火，向海龙囤总部发号示警。

今称之“刁早”的村民组，在龙爪五囤范围内，词义不好解释。当地村民又称为“蓄草池”，其地理方位紧邻马门，可能是为马门沟和养马城中战马储备草料的地方，因此得名。传称400多年后，有人不知本义，将“蓄草”讹为“刁早”。

各项工作顺利推进

沙湾镇2014年上半年完成工业总产值5.091亿元，占全年任务的53%；完成财政税收297万元，占半年任务的106%；完成50万元以上固定资产投资1.9824亿元，占全年任务的86.19%；实现农民人均纯收入5170元，占全年任务的50%。

农业主导产业一是以示范点、示范带打造为带动，引领全镇农民科技兴农、科技富农，完成粮食种植面积4.7万亩，其中，水稻1.3万亩、玉米1.05万亩、高粱0.55万亩、马铃薯1.31万亩、豆类0.55万亩。完成辣椒0.61万亩，完成烟叶种植1.42万亩。创办农业产业示范点3个、面积368.6亩。畜存栏3.41万头，出栏3.77万头，禽存栏6.98万羽，出栏12.578万羽。二是以“321”工程为抓手，优化产业组合模式，完成新增种植类1250亩，养殖类150户，巩固种植类3000亩，养殖类700户；三是以市场为统领，家庭农场培育迸发活力，培育家庭家场5户，已审报4户。四是“减贫摘帽·精准扶贫”工作，完成2365人590户，整合各方到位资

金1338万元，生猪养殖示范点1个，帮扶贫困户发展林下养鸡13户、600羽，种草养殖发展40户，圈舍已完成6户，11户即将完成；筹资450万元新建大密烤房143间。

重点项目建设预计投入4000万元的110千伏混子变电站及投454万元的连阡大石椏育苗工厂和烘烤工厂工程征地工作均已完成；预计投入480.8万元的敬老院工程及投入875万元的底水6600亩土地整治项目全面启动；建筑面积13151平方米的翠竹鸣苑小区平场已完成，主体工程月底启动；招商引资签约资金4500万元，开工建设1个，到位资金1000万元，引进意向项目2个，凉风休闲避暑区项目和康兴驾校考试场地已达成协议。

“10+3”小城镇建设，投入30余万元的沙湾镇农贸市场完工并投入使用，投资13万元完成三叉坝至集镇4.2千米绿化工程，307县道公路沿线安装了5个垃圾箱，47户农村危房改造工作已经正式启动，并完成了12户开工建设11户完工入住，民建投入完成4110万，启动了立面改造工作试点工作，幸福大道的规划设计及施工图纸预算资料等前期工作，稳步推进绿化、亮化工程。

基础设施建设争取项目资金640万元，改造沙湾至大竹通村公路3.3千米通村公路、混子至建设公路、河沟至苏泥公路，全面完工1条，在建2条；投入64万元改造连阡财兴至泗渡双仙2.9千米；投资105万元实施沙湾安稳、建设和平、底水楠木、连阡长沟等4处的人畜饮水工程，将解决1478人安全饮水问题，在建项目有3个并完成50%以上，1个即将启动；投入6.4万元维修连阡财兴组山塘塘壁渗漏问题、塘坎安全加固5000立方米；投入12万元新建财兴荷花池一口，占地面积3亩；申报8个人饮工程项目资料已全面完成；生态烟村内设的图书室、文化娱乐室、烟叶文化展览室、说事室、便民服务室不断提升品位，黔北民居打造稳步推进；烟水工程管护工作正常有序。

遵义县

山盆镇

山盆镇位于遵义县西北部，位于东经106°，北纬27°。东邻沙湾，南接芝麻，西与仁怀隔河相望，北与桐梓山水相连，距县城南白80千米，距遵义市区55千米。山盆属典型的喀斯特地形，风光旖旎，气候温和，光照充足，雨量充沛，无霜期275天。山盆集镇是山盆镇、芝麻镇、毛石镇、沙湾镇和桐梓县官仓镇、花秋镇、仁怀市学孔乡、高大坪乡部分区域约10万人口的物资交流中心。307县道、桐梓河、盆水河相聚山盆。国土面积236.4平方千米，全镇辖13个村，1个社区，共203个村民组，7个居民小区，15285户，总人口62838人，耕地面积77921.9亩(其中田25425.7亩，土52496.2亩)。

山盆历史悠久，文化底蕴深厚，景观遍布，资源丰富。

落炉大峡谷是遵义县海拔最低点，有485米，终年无霜，气候温和形成“天然温室”。位于遵义县西北部海拔1849.3米的仙人山，是全市海拔最高点，被称为“黔北屋脊”。出产天麻、黄连、朱膝、天南星、大黄等名贵中药材，并有万亩竹海相映其间。

山盆矿产资源丰富，探明煤炭储藏量达4000万吨，远景储量2亿吨，是遵义县典型的煤炭储藏重镇。

美丽山盆 风景迷人

山盆有山、有水、有古桥、有古村落、有古吊脚楼、有古军事营盘，真所谓“参天古树相伴，小桥流水缠绵。青山幽雅环抱，吊脚楼古意盎然”。仙人山顶可观云海、日出，领略云山变幻奇景，万亩竹海成

片，名贵药材、野生动物随处见，被列为国家保护的珍稀动物红腹锦鸡也在其中。仙人山脚下的观音寺河、混子河盛产黄腊丁、甲鱼等野生鱼类。醉美山盆脆李名扬四方。是休闲、度假、宜居的好地方。

仙人山景区 仙人山是大娄山的主峰，位于遵义县山盆镇的高雄村。仙人山共有三个景区。第一景区叫三重岩，方圆几里集中分布着巨大怪异的石峰、石林，有的像蘑菇，有的像骆驼、乌龟、老鹰，还有的像飘逸的仙人在聚会，或黑或白，显得幽深与神秘，简直像放大了千万倍的盆景。

第二景区称作“万亩草坡”。上万亩约有人高的茅草一坡连着一坡。不见边际的茅草中生长着天麻、续断等许多珍贵药材，据说还有老虎、豹子、野猪、野山羊等珍稀动物。

第三景区称作“万亩竹海”。抵达山梁，映入眼帘的是连绵不断的娄山特有的方竹，指头粗，一人高。墨绿色竹海簇拥的最高山峰是1849米高的仙人山顶峰大老山。在旁边的五个山头上，都修有庙，现在只保存了“大庙”和“玉皇阁”。山峰围着的堰塘叫天池，里面有水，还生长着特有的“海花”。

山上最好的观景点是小庙“玉皇阁”的后山顶，秀美的大娄山主峰完整地呈现在眼前，似一条翘首腾飞的巨龙，从远端的板水沟拔地而起，山脊以六级波浪状的山峰依次高昂天穹。

这里的空气格外清新，郁郁葱葱的山谷和虚幻缥缈的群山尽在脚下，方圆几百千米的大娄山，仪态万千。

山巅，五乳峰环形而立。静如处子的五座山峰，因形如佳妇美乳而得名。五峰环立，中间形成了数十亩的平地，地上冒泉形成水池，名曰天池，是县境内最高水体。据传，天池四周原本古木参天，为仙人山最为茂密的原始森林。因池深水凉，牛羊溺水淹死不计其数，于是山民众怒，伐古木竹草于池中，从此，天池变为沼泽。现今人若步入其上，仍有轻微晃动。每到雨季，一股清泉自池中喷薄而出，甚为壮观。有好事者用丈长竹竿插入仍不见其底。站在峰巅，上可与天语，下则“一览众山小”，诸峰如群童绕膝嬉戏，其乐融融，让你一下就彻底忘记了生活琐碎的烦恼。站在山巅，万亩竹海相映其间，清一色纯天然方竹，株高不过两三米，密密麻麻，蔓延山际，气势如虹，甚是壮观。据史载，这起伏山峦间还出产楠木。明永乐年间，官府即开始于此采木。

五乳峰东北百余米处有一绝壁，上刻“仙人旧馆”字样，字大如斗，笔力遒劲，据称是桐梓旧军人周显丕的手迹。当地人讲，另有四字为“广结善缘”，已被人凿去，实乃遗憾。传说当地少数民族的祖先“竹王坟”离此已不远。

清光绪年间，一游方僧人登仙人山，为灵山胜境感悟，遂化缘在五乳峰上建佛庭地藏庙、祖师庙、洪钧庙、玉皇阁等寺庙。香火旺盛时，僧人200余人，游人日达数千。寺院建筑多在“文化大革命”期间被毁，残存下来的玉皇阁，如今也风雨飘摇，破烂不堪。其余寺庙，断壁残垣下，只能依稀见到铺地青砖、殿条基石、荒落神台，令人甚是惋惜。后人有诗为证：

仙人山上仙人游，
仙人一去不回头。
修道百年俗成佛，
十年浩劫一旦休。
千树万竹遭戕害，
三山五岳成空丘。
总为胜境能迎客，
仙人不见使人愁。

山盆金海雪山 阳春三月，春回大地，百花盛开。追寻春天第一缕气息的人们，是不会放过大自然的美的。山盆有个金海雪山，定会让你流连忘返。

在海拔千米的雨台村落雨台坝上，放眼望去，梯田带状连绵，层层叠加，高低错落，油菜花开呈现金海一片。金海岸线上，李子花开，满山遍野，雪

白一片。山上脆李花，山下油菜花，就构成山盆金海雪山。

走在乡间小路，青山绿水相伴，鸟语花香跟随，处身于金海岸的阳光地带，沐浴脆李花、油菜花、桃花的海洋。

置身于金海雪山的岸上："你站在桥上看风景，看风景的人在楼上看你。明月装饰了你的窗子，你装饰了别人的梦！"构成了一幅极美的山水田园风光画卷。

古铁索桥 铁索桥坐落于遵义县山盆镇与桐梓县官仓镇交界处，始建于嘉庆二十三年(1818年)，两岸悬挂危壁，铁索桥横跨于混子河上，全长约30米，桥上遮檐盖瓦，既可以供行人乘凉，又使桥体不受雨水侵蚀，两边设有扶手，靠中间是两根对称的横木，过道宽约1.5米，为实木铺成。铁索桥的建成，为两岸群众往来发挥了重要的作用，曾是红军长征通行的歇马台。

溶洞奇瑰 雄伟壮观的丁村溶洞群位于丁村村境内，混子河畔。洞前混子河缓缓流过，水清鱼跃，洞内宽敞，幽暗曲径，奇峰异石，石钟乳、石柱、石笋四处耸立，由钟乳石形成的各种珍禽怪兽，形态逼真，栩栩如生，惟妙惟肖，是观光游玩的好去处。

"灵泉" 此泉位于剑坝村"三涨水"。在一片荒石坡上，有三孔清泉汩汩流淌。上泉离中泉约30米，中泉距下泉100米左右。令人称奇的是，上、中、下三泉每天早、中、晚涨水一次，故称"三涨水"或"三潮水"。泉水即将上涨时，泉孔里发出轰轰隆隆的响声，其声如鼓响似雷鸣，乍听又好像是两军厮杀，万人搏斗，仿佛大地在震荡，山峰在摇晃，使人心生恐惧，战栗不已。俄顷水至，如珍珠成串奔涌而出，其声哗哗，从下、中、上依次涨涌，然后倾泻而下，汇集流淌。

古村落落炉 落炉位于遵义县西北角，大娄山脉仙人山脚下。这块三四平方千米的圣地，六百年前是播州至泸州的驿站，叫陆卢，又叫乐炉。乐炉在桐梓河与观音寺河的交汇处形成三角，桐梓河发源于仙人山北坡、桐梓县的韭菜洞；观音河发源于仙人山南坡、遵义县平正乡的黑脚岩。三角侧面是个小盆地，盆地四面高山，森林茂密，湿为沼泽，高位落差大，俨然落于火炉底部，终年无霜雪，气温较高，先人们叫它落炉。观音河以"S"形将两夹岩峡谷分为两半圆形小坝，东面叫落炉坝，西面叫水堰坝（仁怀市），两个半圆颠倒颠对隐如盆中阴阳鱼，又如太极图中的子午线，人们又把落炉叫太极坝或世外桃源——这就是古村落炉。

这个古老的村子过去木商云集，留下许多老去的故事。落炉群峰拔地，万笏朝天。“无山不清，无石不峭，无水不秀，无庙不古，无处不幽”，落炉以“山清、石峭、水秀、庙古、谷幽、花盛”而著称，可谓“黔北的一颗山村明珠”。

落炉（遵义）与水堰（仁怀）即为一个盆地，中央断裂，观音寺河环绕而下，劈山筑谷的两夹岩神威险峻，沟谷水光山色，浑然一体，有“日月之辰，若出其中；星汉灿烂，若出其里”之气势。天赐两岸景致迷人，岩有长江三峡之险峻，树有长江三峡之秀美，难怪有人称落炉为“小三峡”。岸上的中山堡、观音洞、荣华山、虎穿洞、金凤角是两条头尾巅倒对称的山脉，俨然就是太极图中的阴阳鱼。有名人曰：天赐华山，地生太极。两岸大桥腾空长驾，彩虹衬托。仰望天空，天水一色，好一幅水作青罗带、山如碧玉簪的图画，让人不由得肃然起敬。落炉秀中出奇，奇中露险，险中含幽，令人叫绝。

谋跨越 凝心聚力建山盆

山盆镇紧抓住西部大开发和“国发 2 号文件”的战略机遇，不断创新发展理念，转变发展方式，提升发展水平。

在产业结构调整上不断优化。以实施农业“321工程”为抓手，增种增养为重点，大力调整农业产业结构，优化产业组合模式，巩固提升常规农业。培育出“万元田”3700 亩，“万元院”1350 户，家庭农场 2户，种养殖业各 1 户。带动农村土地流转 1 万余亩，粮经作物比例达 5∶5，实现粮食生产 2.9 万吨。

增种增养工程成效明显。在 2013 年的大旱灾之年，山盆灾情之重、之大、程度之深，有各级党委、政府及社会各界的高度重视和关心，群众积极自救得以度过。为使老百姓灾后能重建，政府投入 40.25万元实施增种增养工程。采取以奖代补的方式，发动和鼓励群众种植荞麦 4000 亩，种植秋洋芋 6000亩，增加鸡养殖 4 万羽，群众增收约 2000 万元。

城镇建设迅猛发展。

山盆镇围绕建设北部片区商贸物流中心，举债落实集镇总规修编、新区建设性详细规划和集镇污水处理厂、桃李大道、九龙大道、生态移民安

置小区修建性详细规划建设；完成了“金桐财富广场”“四季雅苑”“九龙苑”“欣怡家园”等房开建设；大力实施集镇基础设施建设，完成集镇万里路西段、长征路延伸段、贸易街延伸段道路硬化建设；完成山盆敬老院、山盆卫生院、生态移民安置工程、幼儿园、山盆中学学生宿舍楼、农贸市场等项目主体工程；完成了政府广场建设项目，城建总投资 1.1 亿元。2014 年已启动“山盆新城”建设：修建桃李、九龙两条大道，集会、休闲两大广场，湿地公园、农贸市场和民俗博物馆的规划。配合“生态移民工程”规划的 5 大市场：绿色农产品专业市场、农业生产专业市场、汽车摩托车专业市场、家具灯饰装潢专业市场、五金建材专业市场建设。

基础设施不断夯实

水利方面。投资 150 万元，完成集镇应急饮水工程；投资 145 万元，完成落炉、打鼓、雨台、山盆、李梓等农村饮水安全工程；投资 30 万元完成高雄巩固退耕还林基本口粮田改造防渗渠工程；在市总工会的驻村帮扶下，完成了丛坝村 63 口小水窖；在 2014 年已启动 8432 人的农村饮水安全工程建设。

电力方面。投资 6700 万元改造线路 213.5 千米，新增变压器 11 台、新增线路 5.87 千米；投资 4.8 亿元的仙人山风力发电（县级重点项目）已进入建设阶段。

公路建设方面。总投入 1994 万元，完成山盆至丛坝至新华通村公路、街心花园街道、山盆至新华街道口、山盆至丛坝街道口、落炉村街道、剑坝至五七小学、高雄村大罗坝公路、山盆万里路公路硬化及新修山盆村五星至铁索桥等 9 条公路 50.2 千米的建设。真正做到了“打通群众最后一千米路”的期盼。

通讯建设方面。投资 180 万元在剑坝村、丛坝村建基站 2 个；投资 120 万元在山盆街上建 TD3G 基站 2 个；投资 15 万元在山盆镇医院、落炉医院建集团专线 2 条；投资 45 万元在山盆、落炉、李梓建无线宽带 3 个；投资 160 万元建设光缆 40 千米。

山盆早在 20 世纪 80 年代贵州省小城镇建设中就名列前茅，加之这么多年来的快速发展，结合自身的资源优势，山盆将成为名副其实的“遵义县北部商贸中心、煤炭重镇、旅游大镇、宜居山盆”。

遵义县

鸭溪镇

鸭溪镇地处贵州省遵义县西部，距历史名城遵义市区35千米，距遵义南白镇县城25千米，距国酒之乡茅台70千米，国土总面积121.4平方千米，人口逾6万人，有汉、苗、仡佬等民族，是遵义市经济强镇。鸭溪镇气候宜人，区位优越，交通便捷，商贸活跃，是遵义县西部经济文化中心。326国道、“白茅”高速公路和“杭瑞”高速公路在此交汇并纵贯全镇，是连接金沙、仁怀、遵义三个方向的交通枢纽。全年气候适中，属亚热带季风湿润气候区，冬无严寒、夏无酷暑，雨水充沛，无霜期长，雨热同季，海拔在857～1022米之间。镇内资源丰富，煤、硅、镁、钙等矿产资源储量较大，是遵义县能源建材工业基地。

鸭溪镇独擅诸胜：历史悠久，人杰地灵，物阜民丰，山川秀丽。

千年古镇 文物久远

鸭溪镇，旧名兴隆场，又称鸭子口、财溪、柴溪。鸭溪自古隶属遵义，春秋时期，为夜郎东北小君长国鳖国地；秦统一六国后，为鳖县地，直至南北朝未变。隋初为牂牁县地，唐武德三年(620年)，该牂牁县为建安县，鸭溪为建安县地；贞观十三年(639年)，置播州及恭水六县；十四年改恭水为罗蒙，十六年改罗蒙为遵义。

在古代，鸭溪镇是川盐从仁怀茅台岸(仁岸)转运刀靶水、遵义城的“旱码头”；光绪年间已成为黔北商贸重镇，与黔北打鼓新场(今金沙县县城)、永兴场(今湄潭县永兴镇)、茅台(今仁怀市茅台镇)齐名为“四大名镇”，成为遵义县西部商品集散中心。鸭溪早期建街于今大岚村葛麻池南侧，因火罄烬，重新勘舆选址于后水河下游鸭子嘴河畔建

街，街命名为“鸭溪口”，人觉“口”有赘之嫌，便直言“鸭溪”，鸭溪这一地名由此而来。

鸭溪镇土地肥沃，适合农业种植。清乾隆时，贵州学政洪亮吉视学各县，往鸭溪、白腊坎途中，留下了“谁云播州恶，土脉较疏通”的诗句，说明鸭溪镇土地适宜种植的条件。

除了地理之胜，古镇更是文名远播。

文化独树一帜，有黔北酒文化、红色文化、佛教文化等。

西南大儒 古鸭溪是川盐入黔必经之地，也是最重要的陆路驿站，受地理区位的影响，黔北文化和巴蜀文化在此交汇融合，故历来文人荟萃、文化底蕴浓厚。鸭溪是清代三儒之一郑珍的故乡。“贵州文化在黔北，黔北文化在沙滩，沙滩文化看鸭溪”。郑珍是沙滩文化的代表之一。

郑珍(1806～1864)，字子尹，号柴翁，别号五尺道人，自署子午山孩、巢经巢主、小礼堂主人、五尺道人、且同亭长，是遵义西乡天旺里荷连庄(今遵义县鸭溪镇荷庄)人。被尊为“西南巨儒”，名列《清史稿·列传二百六十九·儒林三》。道光十七年(1837年)举人，选荔波县训导，咸丰间告归。同治初补江苏知县，未行而卒。学宗许郑，治经学、小学，为晚清宋诗派作家，其诗风格奇崛，时伤艰涩，与独山莫友芝并称“西南巨儒”。著有《仪礼私笺》《说文逸字》《说文新附考》《果经巢集》等。

除此外，还有李元城、秦三诠、杨紛以及理智黄村文化周、文濂、文蒸、文潘、文经邦、文璩等一批举人。

鸭溪会议会址 1935年3月5日，中革军委在遵义县鸭溪召开了军事会议，中革军委主席朱德、副主席周恩来、王稼祥发布了特设前敌司令部的火急命令，委托朱德为前敌司令员，毛泽东为前敌政治委员。会议主要研究消灭萧致平、谢傅福两师的作战部署。以一军团、干部团为右纵队，三军团为左纵队，经温水沟，绕过大山西向倒流水、青坑、养马水由南向北攻击，战役开始后，要求各军团除用无线电报告战况外，另以烧烟办法报告，大胜利烧3堆火，相持或不胜利烧1堆火。

中央军委鸭溪会议遗址位于贵州省遵义市遵义县鸭溪镇雷泉社区长征一组汪家屋基处，原会议建筑已毁，现残存原建筑基址（汪家屋基），占地面积约500平方米。鸭溪会议主要分析遵义战区形式，在会上成立了“前敌司令部”，签署了《鸭溪作战命令书》，该会议遗址是红军在遵义县活动的重要实物见证。

佛教文化 湖广庙，始建于明永乐四年（1406年），坐落于鸭溪镇南面的雷泉山麓，古庙占地3000多平方米，设有山门、上中下三殿。1953年，该庙发生火灾被毁。2004年春，湖广庙开始进行重建。

在鸭溪镇第一小学（即鸭溪小学）的后山有一座建立于清朝光绪年间的寺庙——佛兴寺（原为螺祖庙），是一个远近闻名的佛教寺庙。每年香客不断，每逢农历六月十九时，佛兴寺的香客更是人山人海。寺庙内，由大雄宝殿、千手观音殿、地藏王菩萨殿等组成。寺庙内古树参天，一片宁静祥和。值得一提的是，寺内还有两位革命烈士的坟墓。

除此之外，还有一些小型的佛教寺庙、山神庙及石敢当石像分布在鸭溪镇的各处。有的天然洞穴和百年老树因为有神迹的出现和传说，被群众奉为神树、仙洞，而香火鼎盛。

乐门古城 乐门古城位于镇东8千米、326国道南200米处。《明史》称“落濛城”，《遵义府志》称“乐蒙城”，《续遵义府志》称“乐闽城”，乡人忌“闽”有虫，将“虫”删之，后以“乐门城”为名。明天启年间（1621～1628），遵义兵备道卢安世在此筑城驻军。城建山顶，麓水半环。乡人云：“先有乐门城，后有遵义城。”城外有单孔石拱桥曰万安桥，为道光二十九年（1849年）乡人吴正纪、纪文万捐资修建，护栏刻“喜鹊闹梅”“犀牛望月”等图案。桥东侧立碑记。三碑四柱三冠。石柱镌联二比。中柱曰：“石赤字青传古迹，商车驷马耀行旌。”边柱联曰：“有客欣题柱，临流莫向津。”同治元年（1862年），乡人文、周、王三姓筑城固险，重修寨堡，城四向建来春门、延薰门、月光门、桑榆门、小南门、威西门。构烽火台、炮台。同治二年（1863年），石达开率部由湘入黔，路经乐门城，围而攻之。翌年冬月初二城破，宋玉山部挥戈屠戮，几无人生还，尸首尽弃威西门万人坑内，后纵火焚城，乐门古城因历此兵燹，今余残垣断墙不足2里，四门唯东门依稀可见。

理智宋墓 南宋田通庵夫妇合葬墓位于理智

村久庄，建于 1247 年，1957 年发掘。墓后石壁刻“淳祐(南宋)七年石匠杜作头”。平顶双室，白砂岩磨凿而成。左右墓壁及后壁雕刻人物花草图案。墓壁下层素石材质。由外至内层次分明：立柱、几案、花卉、武士、神鸟、雄狮、鹦鹉、竹林、梅花鹿等石刻图案栩栩如生。后壁龛雕女像，着石榴裙，双手抄合，发髻高耸，左右二女侍站立。龛顶石刻仿木建筑，重檐覆瓦，阑额、雀替、斗拱宛然。1958 年，被列为贵州省重点文物保护单位。在此出土的金器、顶棺、石刻、奴像等文物现存于贵州省博物馆。

特优名产 鸭溪酿酒，已有 300 余年历史，20 世纪八九十年代，鸭溪窖酒曾多次赢得荣誉，获得过普罗夫迪夫国际博览会金奖、泰国王金像奖、人民大会堂国宴指定用酒等荣誉称号。

鸭溪镇地处中国黔北川南盛产名酒的 “金三角”地带，与茅台酒、五粮液、泸州大曲、董酒、郎酒同处于长江上游名酒线上，是得天独厚的气候、水土等自然条件与历史悠久的传统工艺及现代科技相结合，酿出了这批璀璨夺目的在全国享有盛誉的名酒，同时也造就了闻名遐迩的独具风格的“酒中美人”——鸭溪窖酒。

鸭溪酒历史悠久。据彝族文献《献酒经》记载，早在新石器时代晚期，鸭溪镇的古彝民就开始酿酒；汉武帝时期更有名骚朝野的夜郎国“枸酱酒”。鸭溪汉墓出土青铜提梁壶，是西汉夜郎时代的酒具，这印证了鸭溪镇拥有两千多年的酒文化历史。鸭溪镇历代承接精湛的传统酿酒工艺，屡有名酒。乾隆年间，著名史学家、地理学家、诗人洪亮吉在品尝鸭溪美酒后，留下“酒边人生住，花里径纵横”“客醉连宵雨，花残昨夜风”的名句。并且还赋诗一首《鸭溪行馆》描述当时鸭溪镇的酒文化：“一巷黄鹂语，多于鸡犬声。酒边人去住，花里径纵横。戍光上楼见，山泉傍榻生。居人勤最力，月黑未归耕。”

另外，鸭溪凉粉、黄家牛肉、魏家甜酒、豆豉火锅是鸭溪的传统美食。

依托文化教育 创建文化强镇

鸭溪镇是 2004 全国重点镇、2012 全国可再生能源示范镇、全省 100 名示范镇、2013 年中国十佳特色镇，是贵州省的经济强镇、商贸强镇、能源大镇，更是闻名全省的“黔北四大名镇”之一。

成绩面前，鸭溪人并不满足。

为确保鸭溪镇的长远发展，鸭溪镇大力促进文化教育工作健康发展。

镇党委成立了以书记为组长的创建文化教育示范镇领导小组，制定了《关于争创文化教育示范镇的实施方案》，使鸭溪镇的文化教育工作做到了组织到位，目标明确，措施落实。严格落实“领导包校、干部参与、部门协作”的工作机制，班子成员至少包保1所以上学校，各村(社区)、各部门各负其责，层层签订目标责任状，并将教育工作开展情况列入年终考核。通过“三关爱”“双亲”工程等载体，在全镇范围内号召干部职工、教职员工广泛开展面向贫困学生的“一对一”帮扶和面向留守儿童的“结娃娃亲”等活动，现结帮扶对子、亲情对子共500多对，帮扶资金4.2万元。

鸭溪镇立足实际，以创建教育强镇为目标，以实施校园“四化”(绿化、硬化、美化、净化)建设为切入点，多渠道引资、融资、筹资，改善办学硬件设施，高标准创建省、市、县示范学校，落实教育优先发展的战略地位。近年来，镇政府每年投入不少于100万元的经费到教育工作中，先后对芭蕉小学、仁合小学、二小、鸭溪中学进行了维修和建设，启动了三小的建设规划设计；利用教师节、春节等节日，每年对优秀教师予以表彰，并给予一定的奖励经费；利用儿童节、中秋节等节日，组织帮扶学生和留守学生开展共进一次晚餐、中秋座谈会等活动，并向学校送去一定的体育用品和教材用具。

教育兴衰关乎社会发展，在抓经济发展的同时，狠抓教师队伍建设。为此，鸭溪镇从学校干部和教师队伍建设入手，狠抓学校管理，大力促进育人质量。镇党委、政府协同教育局通过组织推荐、民主测评、绩效考核、专业考试等形式，组建各校的领导班子。定期组织学校书记、校长参加镇党委中心学习培训会，召开自我剖析会及经验交流会，充分调动了干部工作积极性，发挥了他们的创造性。加强教师队伍建设。通过各种培训，培养骨干教师提高学历，目前鸭溪镇拥有市(县)骨干教师21人。45岁以下的教师中，小学教师学历达专科的占95%以上，初中教师学历达本科的占78%以

上，教师基本功训练和教学研究活动搞得有声有色，教师业务素质不断提高。如今鸭溪镇已培养出了省、市、县级优秀教师20余名。

民国时期，花灯剧《月望郎》获“遵义府优秀奖”；1959年庆祝新中国成立十周年，花灯剧《牵牛郎郎要结亲》获市级优秀奖，90年代至新世纪多次获片区、县级奖。中国国画院青年画家、鸭溪中学教师袁志国国画作品获国家级奖励并在人民大会堂展出。文学创作结出硕果，农民作家宋安然小说《天上人间》、宋先华诗文集《宋先华先生纪念集》、宋安然长篇小说《黔北剿匪》、作家出版社签约作家周康尧长篇小说《人之途情之囧》先后出版。如今，镇内人才辈出，60余人分属国家、省、市、县各级诗词、楹联、书法、美术、音乐、舞蹈等学会成员，多有诗词、楹联、书法等作品荣获国家、省、市各级奖项。全镇有太极、舞蹈等健身俱乐部10余个，人数有600多人；另有棋牌、篮球、信鸽、钓鱼等民间体育组织10余个，人数有300余人。

通过对教育工作的常抓不懈，鸭溪镇营造了浓厚的教育氛围，牢固树立了“穷不读书，穷根难除；富不读书，富不长久”的观念，形成了“党政重视、群众支持、学校主体、学生自律”的良好格局。2012年，鸭溪镇小学学龄儿童入学率达99.98%，初中毛入学率达122.45%，净入学率95.45%，小学零辍学，初中阶段辍学率1.52%，普高升学人数565人，其中升入县一中59人，升入示范性高中人数创历史新高，初中毕业生升学率达到91.26%，各学校在全县综合目标考核、教育工作先进集体以及养成教育工作等各项评比中屡次获奖。

“经济发展代表今天，文化教育决定明天”，要将鸭溪打造成全县“四化同步示范镇、率先小康示范区”，需要更多的人力支撑和储备更多的人才资源，鸭溪镇将始终坚持教育优先的原则，秉承教育强镇的理念，树立抓教育促发展的宗旨，确保2014年率先实现全面小康。

鸭溪镇石溪环境优美、地理独特，是县政府规划的十大旅游产业园，为加快建设进度，加大开发力度，打造以石溪产业园为核心，以乐民河、杭瑞高速、326国道沿线等为延伸的乡村旅游产业带，镇政府投入资金8000余万元，新建了石溪孔子书院、旅游接待中心、石溪广场，新(改)建了黔北民居3000多栋，新增农家乐7家，实现年经济效益1600余万元。

赤水市

丙安乡

文化古镇历史悠久

据现有史料记载，明朝万历二十九年(1601年),丙安已设立行政区划(当时丙安场为仁怀县河西里第一甲，而古仁怀的治所就是设在距丙安12千米的复兴场),但从所处的经贸、交通、军事等重要地理位置,以及与秦汉时期的土城“兵站”、穿风坳古驿道、赤水河水路盐道和宋代复兴场古厅县治所的紧密关系，足以佐证古镇形成距今有2000多年的历史。

丙安低中山地分布较广,坡陡沟深,几乎没有适宜场镇建筑的宽阔平坝，迫于商贸军事和水陆运输的需要，丙安先民采用了颇具特色的木框架吊脚楼形制建筑技术,在倾角约60度、高出河岸20多米的山地,妙借山势,巧用涵洞,凿岩立柱,就地采用木、石建材,建造出一幢幢悬空拔起20多米的吊脚楼,辟建出平直弯曲、高低起伏、错落有致的古石板街道,在古镇东、西、南、北四个方位依次砌石为墙、垒石为门，建造出“东华门”“太平门”“奠安门”“平治门”等四道寨门，形成了一个经贸为主、军事为辅的军商型两用屯堡，实现既利商贸交通运输又利客货安全保障的建筑目的。

在科学技术不十分发达的古代，丙安古建筑不失为运用“建筑学”“力学”等综合建筑技术的杰作，体现出赤水河流域先民的精湛技术和智慧匠心，充分发挥出丙安古代建筑艺术的表现力和实用性。

于今，丙安古镇的古建筑已有部分残损，但大部分历经几百年风雨、兵燹仍保存完好，散发出古代历史文化的光芒和浓郁的乡土风情，使古镇建筑与周围的自然环境有机结合，构成了一个完整的自然人文生态圈。

自古以来，丙安古镇就是川盐入黔仁岸的水陆码头、古盐道上闻名的关隘和重要的商品集散地，是盐运交通枢纽和重要的军事要塞，历来是兵家必争之地。

古镇因河运而兴，早在商殷时期，这里就有古人渔猎的踪迹。距丙安古镇 10 千米的马鞍山大型东汉古崖墓群，佐证了丙安古镇上千年的历史。蒸汽时代以前，因航道通航等级不高，航运条件不发达，加之匪患猖獗，盐商船队和行人常在此歇息集结，陆路行人需寻求保商队护送安全翻越穿风坳后，前往贵州腹地。古镇便成为川盐黔运中转站、物流集散地和川滇黔军阀角逐场；尤其在清乾隆年间对赤水河进行大规模治理后，来往盐船、商贾云集，集市更加热闹。

相传丙安原名为“炳滩”，因时常发生火灾，人们认为可能“炳”字与“火”有关，于是改“火”为“水”，以“水”克“火”，此后虽少有火灾，但水患频繁，人们认为“ 洒”字带“水”导致遭水灾，加之规范的汉字里查不到“丙”带“氵”旁的字，后人干脆去“水”改为“丙滩”。“丙安”的由来，据说是为铭记治理赤水河的大、小险滩恶水，使商船能安全行驶而取的，仅这地名的由来，便告诉你古镇故事之多。

夜宿丙安，更能体验到这里的宁静，感受清代仁怀厅同知陈熙晋 “树杪炊烟夕照收，无端风雨落床头。客心摇曳青灯里，一夜滩声撼小楼”诗句的意境。

旅游大镇资源丰富

丙安乡位于赤水市中南部，东接葫市，南连两河口，西接复兴，北邻旺隆，赤水河依畔而下，习赤公路至东向西穿境而过，是赤水连接黔中各地的必经之路。丙安乡还是中国历史文化名村和贵州省历

史文化名镇，被列入“全国100个红色旅游经典地”之一，丙安风景名胜区是“赤水八大景区”之一。

丙安境内最高海拔1256米，最低海拔250米，年平均气温18.1℃，最高气温42℃，年均降水量1040毫米，年均日照1058小时。全乡有耕地面积7608亩、用材林13万8千亩、杂竹林15610亩、残次林2500亩。有农户2124户6226人；居民户132户562人，总人口6788人。

丙安古镇地处沟壑地带，地势起伏落差大，最高处海拔1271米，最低处海拔250米，形成“一山有四季，十里不同天”和“山下桃花山上雪”的地域环境和气候特征。境内山涯赤红，山高林密，古树参天，竹海绵延，小流域密布，地势险要，为赤水城的天然屏障。赤水河从东向西贯穿全境，古镇所在地是赤水河中游与下游的分界处，地处交通咽喉要道，成为扼控赤水河水路航道和连接川黔陆路驿道的商贸码头和军事要塞。

丙安古镇在独特的自然环境条件下，既体现沟通连接川黔内外的枢纽功能，又体现原始闭塞的人文生态圈的局限状态，两者此消彼长、功用掺半。由于境内低中山地比例在90%以上，横亘于由川入黔的水陆要冲，历为川盐入黔、黔货出川的物资集散中转地，以及兵家必争之地，商业贸易、交通运输十分活跃发达，军争兵燹十分频繁，革命斗争十分激烈，成为当地居民、各地商人和军事活动的物资交换、物产集散、信息传递、文化传播、攻防进守的重要场所。本地豪族和外地商贾看中古镇的商业价值，争相在这一面积不大的山间台地建房、筑堡成市，建起濒河临空、穿架接庐、依山靠岩的贸易商市、吊脚楼建筑群，与古镇自然环境构成一个特殊的人文生态环境。

丙安古镇历史悠久、物产富庶、气候带多样、风光秀丽、商贸活跃，竹资源和旅游资源十分丰富，辖区地域面积134.2平方千米，原始生态植被保存完好，其中三分之二以上的国土面积为国家级风景名胜区，是世界自然遗产地——赤水丹霞的重要组成部分。景区内有洞坪5万亩楠竹竹海和瓦店沟3.2万亩原始森林，各种珍稀动物随处可见。是赤水第二大林业乡镇，全乡有林地面积19.5万亩（其中，竹林15.1万余亩，用材林4.4万亩），森林覆盖率达92.5%。人均占有林地面积30余亩。全乡常年产竹笋300吨、杂竹25000吨、木材2000立方米、楠竹100万根，可实现林业年收入10000万元。

丙安古镇是古赤水闻名的商业码头和军事重镇，以丙安古镇葫芦街为主要景点的丙安旅游深受游客青睐，境内主要景点有以佛教文化为主的朝佛寺；以红军长征文化和盐运文化为主题的穿风坳红军长征古道；以瀑布群为特色的众多小流域以及月台国家级竹海景区和天生桥、石笋、三尊佛等丹霞地貌原生态景观。本地特色腊肉、干(鲜)竹笋、生态乌骨鸡、苦丁茶、虫茶、老鹰茶、石斛等绿色食品深受都市游客青睐。在集镇餐馆，可以品尝地方特色烤豆腐、水豆花、特色野菜、鲜活河鱼。常年接待游客可达10.5万人次，旅游综合收入600万元以上。

丙安在川黔交通枢纽上的重要作用，使丙安古镇成为川黔盐运的中转站、川黔物流的集散地和川黔军阀的角逐场。历史上，贵州食盐依赖四川输入，丙安古镇作为川盐入黔四大口岸“仁岸”的重要组成盐埠码头，上下商船常在此停宿，过往陆路行客商人也必停食宿，既成为赤水河中游与下游的分界地，又成为过往商旅的食宿站，并且还是川盐必经水运转陆运过穿风坳进贵州腹地的盐埠。由此，古镇形成了百舸争泊、商贸活跃的繁华兴旺景象；古镇内客栈、饭馆、茶馆遍设林立，食盐、竹木、茶叶、竹笋、毛皮、蓝靛、中药材、山货等物资交易量巨大，赶集山民、驻行客商云集互市，经济贸易在自给自足小农经济为主导的封建社会显得格外的活跃，成为贵州古代盐业和交通运输业的重要组成部分，极大地促进了川黔两省的物资流通，推动了川黔经济发展和社会进步。

红色乡镇彪炳史册

丙安境内岭高沟深、溪流纵横、扼水道控驿道，出黔入川的地理要冲位置，历为兵家看中。丙安古镇雄居河岸20多米，背倚陡山峻岭，三面濒河临壑，砌石为门，垒石为墙，凭水为嶂，进可攻、退可守，更具军事屯堡的重大作用，历为兵家必争之地，蒙上了浓厚的军事征伐色彩。从有史可考的秦汉时期至民国时期，历朝历代行政当局均在丙安设置规模大小不一的军事机构，派驻建制不等的驻军守控。仅清末至民国时期，清军绿兵营、黔军和继圣部、滇黔联军刘女峰梯团、易荣黔团、滇军种林秋营、中国工农红军第一方面军一军团二师、川军达凤岗旅、丙安乡民众大队等20多支各类各式军队、民团先后驻屯丙安。

丙安古镇充满红色传奇。在近代史上发生的中国工农红军第一方面军第一军团军团部率红二师进驻的军事行动，使丙安古镇成为经历过改变战局重大战役的军事要地和著名战斗军事指挥机关驻地，并因此扬名中外、光照千秋。

1935年1月15~17日，中共中央在遵义举行了政治局扩大会议——遵义会议，确定了毛泽东为代表的中共中央正确领导，制定了红军今后的战略方针。攻占赤水县城和合江县城，在四川泸州与宜宾之间北渡长江与第四方面军汇合。中央命令一军团攻打赤水县城，九军团攻打合江县城。红一军团在军团长林彪、政委聂荣臻的率领下(李德经中央同意随一军团作战)，命一师(师长李聚奎、政委黄苏)，经葫市、旺隆、天台攻打赤水，军团部和二师(师长陈光、政委刘亚楼)经丙安、复兴与一师形成夹击之势，攻打赤水县城，1月25日，林彪率军团部及二师强占丙安，上千红军将士为了不扰民露宿街头，并将军团指挥部和二师师部设于此，指挥了丙安、柏杨坎、七里坎、黄陂洞、复兴场、风溪口等重大战役。保证了红军在土城、元厚一渡赤水，从此揭开了“四渡赤水”战役的序幕。在中国革命史上留下了光辉的一页，为丙安历史抹上一记重重的红色烙印。2005年国家发改委、中宣部、国家旅游局将丙安红一军团命名为“中国红色旅游经典地”，列入全国旅游精品线名录。

赤水是革命老区，早在20世纪20年代，中共地下党组织就已在丙安古镇频繁活动，丙安古镇自然成了一个敌我双方激烈斗争的重要场所。20年代至40年代，中共赤合特支、中共川南工委长期在丙安葫芦街郗仁永家秘密设联络室，组织开展革命斗争，廖林生、周平、周潮声、周德逸、许搗先等许多地下党员和进步人士，参加革命活动，为新中国的建立和赤水的解放作出了重大贡献。

凤冈县

蜂岩镇

对于蜂岩的来历，当地流传着这样一个故事——明万历年间，乌江北岸，距今天蜂岩集镇所在地约10千米的东南万佛山脚下，居住着一户贫穷人家，父亲早逝，母子俩相依为命，母亲慈爱，孩子孝顺，种田犁地，日子勉强得以过去。一日，劳作中的母亲突发怪病，儿子急得四处求医也未见好转。夜梦一道人指引：西北方有一蜂子岩，蜂蜜能治病。次日，儿子依照道人的话寻去，果见陡峭之处有一高岩，岩上蜂舞蜜涌。儿子攀上悬岩，全然不顾石高岩陡和蜂蜇疼痛，取回蜂蜜，调羹喂给母亲吃，母亲的病好了，并康寿百年。乡邻们听说后，争相前往高岩。但是，岩石如故，蜜蜂不见了，蜂蜜也没有了，蜂巢已化作石上孔洞。于是，口口相传：蜂有灵性，人有孝心，感动天地，教化众生。

蜂岩，因此而得名。

仁孝文化

在蜂岩镇一品泉社区有一个“百善广场”，并修建了千米“孝文化长廊”，该镇精心打造的“孝文化”，可谓用心良苦。其中，“孝母”雕像，雕功精细，栩栩如生，孝子跪立生病的老母亲面前，为老母亲喂食蜂蜜，母慈子孝，情景感人，令观者无不感慨深省。“百善广场”，也正是取“百善孝为先”之意冠名。

仁孝思想，是中华民族的传统道德，是华夏文明的国之精粹，是人伦道德的基石，也是人世间一种高尚的美好情感。它的本质是亲情回报，它的作用是完善人的品格，提升人的思想境界，在家庭和社会中追求人际关系的和谐。

在蜂岩，仁孝文化提倡邻里和睦，促进社会和谐稳定。以广泛的社会宣传阵容，作用于以孝侍亲，维护家庭的和谐稳定，奠定和谐社会的坚实基础。以广泛的社会宣传阵容作用于仁孝文化促进民族团结，邻里和睦，构建“和谐家园”。以广泛的社会宣传阵容作用于爱国主义传统，矫正际代缺失和老幼互补。

在城镇化进程中崇尚新的思维方式、行为方式、生活方式和价值观念，人口流动加剧，乡村规模浩大的民工潮向城市涌入，使农耕文化和城市文化交汇，多元文化影响着不同的群体，形成城乡文化的冲突与融合。同时，信息化时代的年轻人以接受新信息快捷与长辈文化产生隔阂和差异，使代沟加深。

对“仁孝”的理解和阐述，不能仅停留于传统意义上的孝敬尊老等局限上，而是要结合整个社会道德核心价值体系建设的方方面面，赋予它新的时代内涵和目标任务，这样，我们才能在复杂的国际国内环境中，将我们以“仁孝文化”为首的中华传统美德进一步传承和弘扬。

仁孝的“仁”字，彰显的是共产党人对群众全心全意为人民服务的大爱和构建和谐社会的仁爱；“孝” 字强调的是晚辈对长辈的尊重和孝顺。“蜂岩”这个名字的来历，正是体现的这一含义。为了将这一精神层面的东西具象化，蜂岩镇投资 330 余万元，继投资 230 万元修建“百善广场”后，又修建了长 1000 余米的“孝文化长廊”。“孝文化长廊”将同百善广场、葡萄井、一品泉和敬老院等融为一体，形成一个以“孝文化”为主题的休闲娱乐景区，将让群众感受到蜂岩镇浓厚的“孝文化”，进一步推进“孝文化”的延伸和品牌树立，丰富群众文化娱乐生活。

人文蜂岩

蜂岩镇位于贵州省东北部，大娄山南麓，隶属遵义市凤冈县，辖 7 村，1 社区，共 51 个村民组，207 个自然村组，9188 户 36113 人。行政区划面积 188.5 平方千米，耕地面积 3.35 万亩。主要矿产有煤矿、重晶石、钾矿等，主要特色种养殖有花生、杜

仲、太子参等中药材，大鲵（娃娃鱼）、南江黄羊、眼镜蛇等。

明清时期，蜂岩就是凤冈地域内四大古集镇之一，现存的老街（十字街）、一品泉、葡萄井、枫树林、万寿宫等众多古遗迹，是其历史悠久、文化积淀厚重的有力见证。

据当地的史书记载，南宋著名哲学家陆九渊九世孙陆公阅，洪武七年（1376 年）受皇帝朱元璋赐封巡检司，受陆九渊心学思想的熏陶，主导"心即是理"的观点，认为仁义礼智信等道德规范是人的天性所固有的。致学目的于穷此理、尽此心，认为人都是可以教化好的，这与蜂岩的孝文化一脉相承。

蜂岩是贵州境内唯一一个以官职（巡检司）命名的地方，从洪武七年（1376 年）至雍正四年（1726 年）改土归流，土司管辖 350 年，留下很多土司元素和文化符号，现保有土司（陆公阅）墓和故居、土司衙门旧址等。

历史遗迹

初次听到"一品泉"这个名字时，许多人都以为是一条小溪，待走到了才发现原来是一口井。长约十来米、宽约四五米的石块平铺在地，三口井呈"品"字形结构嵌在其中，就成了现在看到的一品泉。旁边有块石碑记载了这口井的历史，建于清朝道光二十年（1840 年）秋。井的正面有一群牌坊式的建筑，从外观上看，这容易让人想起电视上看到的古代的孝节牌坊。当年修建这口井时，一定举行过隆重的仪式，从这口井的四周建筑便可看出，此井一定比其他井更受人们青睐。

石制龙门中间的"一品泉"三个字，由于年代久远，已经风化脱落，只剩下一些斑驳的痕迹，里面长满了各种水草和青苔。由于井里布满青苔，水呈一种浓浓的绿，不能见底。井的两边还各有一口小井，其中一口专供洗小孩尿布、鞋或者是其他污浊之物用，而另一口则用于人们洗红薯、萝卜之类。在每口小井的底部，各有一个小洞，平时用塞子塞上，水浑浊后，便拔去塞子，污水就会自动排除。可见当年修井时，人们考虑得相当的周到。

根据碑文显示，这口井不容许牲畜在井边饮水，取水的那口井也不容许有人入内，井上石碑不允许涂鸦等等。如果有不遵守者，将会被众人惩罚，绝不会徇情。

相传以前每年龙王爷的生日时，当地人还要在井沿边的香炉上焚香叩谢龙王、祈盼上苍给予人们一个丰年。

玛瑙山古军事洞堡，始建于南宋绍兴元年（1132 年），扩建于清代咸同年间（1851 ~ 1864 年）。据《凤冈县志》和《钱家族谱》记载，是一处始建于南宋时期，扩建于清代的古军事建筑遗址，距今约有800年的历史。该古洞堡的城墙用大块的条石构建，蜿蜒万米，故称"万米长城"。玛瑙山古军事洞堡依山附洞，就势建垣，七山连接，七营贯通，规模宏大，气势磅礴。城门、炮台遍布四周，碉堡和瞭望台矗立其上。地上为八卦阵图，地下有溶洞迷宫。是一座具有较高军事研究价值的古洞堡，被称为"中国古代军事建筑史上的奇葩"。

洞堡分地面、地底下两部分，地面部分以金磐山中营为核心，四周有南营、北营、蜂桶岩营和子营山营；地下部分为金磐洞与子营秘洞。幽静曲折的溶洞通过"品"字形的三个洞口，与营盘城墙巧妙结合，攻守自如，在防御的同时，还可以反包围。营盘城墙蜿蜒于七座山头之上，48道石门，540余个孔，错落于万米城墙之间。石门、秘道启合，变化无穷，形成扑朔迷离的八卦阵，展示了我国古代劳动人民卓越的创造力及中国古代军事建筑的博大精深。主要景观有洞堡城墙，地下军事溶洞，钱青云庄园遗址（官田古寨）等。

官田古寨主要由七个院落构成，相互间明处靠两条曲折的巷子连接，暗里又有院墙间的暗门、地下暗道和房上跳桥环环相通。其格局有八卦的玄妙，有官寨的气派，亦有黔北民居的典雅和实用。整座寨子还靠两处地下溶洞通道与玛瑙山营盘连为一体，形成了一处奇妙的军事防御体系，极具文物价值和旅游价值。

万佛峡谷起于遵义凤冈县南部的万佛山自然保护区核心区内猪槽坝一带，蜿蜒向东近30千米在小河村与辉塘河汇合，源头谷底海拔900至1000米，出口处谷底海拔500米。它的上段名蚂蝗沟，下段称干沟河，中部与万佛山的石碗溪汇合，整个峡谷曲折幽深，谷壁狰狞陡峭，谷顶植被茂密，谷底溪水清澈，峡谷区域有不少的珍稀动植物。

项目建设

"文化搭台，经济唱戏"，是大家耳熟能详的一句话。经济是基础，文化是经济的反映，一定的文化由一定的经济所决定，又反作用于一定的经济，给予经济以重大的影响。近年以来，蜂岩镇党委、政府始终以项目建设为抓手，积极争取上级项目支持，尽心尽力地改善群众的生产生活条件。

道路基础设施建设项目初见成效。完成了朱场高井至朱寨、朱场白果湾至吴家水井、龙井尖峰山至黄坪、小河毛家田至楠木槽"一事一议"道路硬化项目，完成小河"一事一议"示范村寨项目，开工建设麻匡坝至坝溪道路，小河至中枢硬化路已实施过半，朱场至党湾公路硬化项目即将完成，总计25.7千米的烟基路项目即将完成。

土地整理项目顺利实施。桃坪村投资1282万元的高标准基本农田项目顺利实施，巡检村投资572万元的土地整理项目已完工。

水利建设项目实施顺利。投资400余万元的洋蛟溪水库干渠工程已完工，投资1336万元污水处理厂项目即将启动，投资1000余万元打造的巡检河畔农业产业园进展顺利。

民生工程项目有序推进。投资2200万元实施蜂岩中小学改扩建项目已完工，完成中学综合楼、赵坪小学教学楼、桃坪小学教学楼建设项目，新邮政分局已投入运行，投资300万元实施敬老院建设项目已完工，投资100万元建设财政分局即将完工，投资250万元实施巡检村革命老区扶贫项目成功验收，投资300万元修建教师周转房已全面完工。

招商引资成效显著。一年来，该镇按照县委、县政府的要求，坚持把招商引资作为重要工作来抓。目前，蜂岩镇与凤冈瑞驰房开达成的4800万元的房地产开发项目，现已完成3/4的工程量，引进投资2000万元修建了农贸市场及基础设施建设，启动投资500万元的加油站建设，投资200万元的红椿加工厂正在征地，投资达1200万元相续建成百善草制茶厂、远飞制茶厂、大顶制茶厂、桃源制茶厂、彭传书制茶厂、文燕茶叶加工厂等，引进云南捷丰建筑工程有限公司投资5800万元开发南街二标段，吸引3000万元投资建成遵鲵精深加工厂，投资近3亿的小河电站项目正在洽谈中。

凤冈县

进化镇

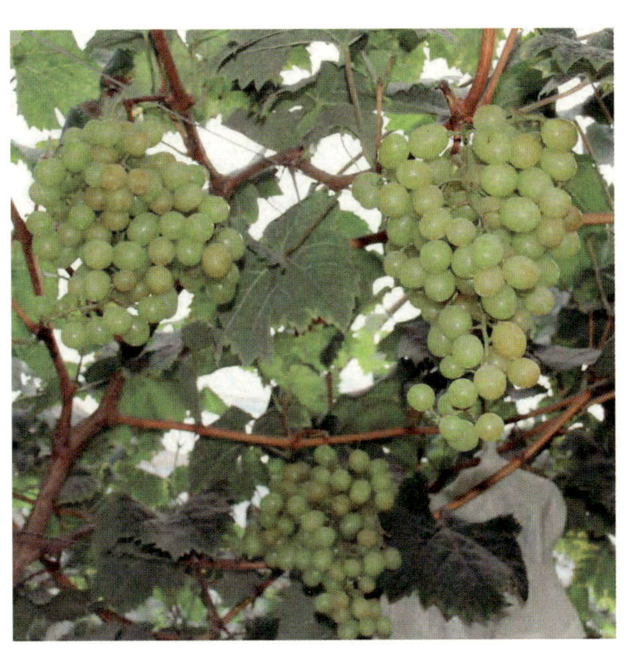

进化镇位于贵州省遵义市凤冈县西南面，镇驻地距县城约22千米。2005年，全镇辖7村，90个村民组，8620余户，3.77万人，人口自然增长为9.73%。耕地面积为4.3万亩，土地面积为182多平方千米。南北呈棱状，东西为木山地，全年雨水充足、土肥肥沃、气候宜人、森林覆盖率为45%，共有小二级水库存4处（人民水库、梁家湾水库、水鸭子水库、九龙水库），水利资源相当丰富。

金黄银杏叶，秋风舞翩跹。

银杏村落，古木参天，层林尽染，农家院宅，石阶小道，遍地金黄。一幢幢黔北民居建筑，掩映在金灿灿的银杏树林间，在冬日艳阳的照耀下，青瓦、红柱、白墙——村在林中，林在村中，树在家中，人在画中，飞檐翘角与古银杏天然的姿色相互映衬，美不胜收。在古银杏林下，溪流、跌水密布，林水交融，构成了一幅美丽的山水风景画。

古银杏林

我国少有的原生型银杏群落——响水岩古银杏林，就在凤冈县进化镇沙坝村响水岩组，距县城30多千米。

金秋或初冬时节，是去大自然里“赏叶”的黄金期。“响水岩”古银杏群落，金黄色的银杏树，经不住习习的寒意，不时地飘飞着落叶，好一个漫天飞舞的金色世界。

这个庞大的野生古银杏树群落，坐落于凤冈县进化镇沙坝村“响水岩”，共有大小银杏树400多株，最小的只有10多厘米高，最大的要3到4个人才能合抱。据林业部门专家考察后认为，在银杏群落中，百年以上树龄的有70多株，三百年至千年树龄的有40多株，千年以上树龄的有7株，最大的一株估计有接近3000岁。

这些天然的古银杏树生长十分旺盛，无需额外施肥、杀虫。如此好的生长状况，与当地远离污染，以及落叶形成的腐殖层作为肥料有关。村里有规定，不准攀爬古树、折枝，也不准在树林里用火、取土等。当地村民介绍，现在大家爱惜这些野生古银杏树，就像爱护自家的孩子一样，希望好好地保护古银杏群，这是我们响水岩30多户人家最有价值的“生态资源”。

据专家考察认为，凤冈县响水岩古银杏林是我国少有的原生型银杏群落，古银杏林起源古老、数量众多、种群结构复杂。该古树群在贵州省也较为独特，群落内有不同龄级的个体，生长出奇的旺盛。

在古银杏林中，有的生长在陡坡上，有的长在乱石中，更有的扎根于裸露的岩石缝隙中和悬崖峭壁上，在饱经沧桑的同时又表现出旺盛的生命力。有的树干高大挺拔，雄伟壮观；有的树干丛生，盘根错节；有的树干瘤突成群，枝条遒劲苍老，像在展示着她所经历的古老岁月。在银杏林周围的森林中还有几厘米到十几厘米的多径级银杏，这是古银杏景区的主要资源，也是整个景区最突出的旅游亮点。

一进村口处就可以看到，一棵棵高大挺拔的银杏树矗立在房前屋后，地面上、屋顶上洒落了一层厚厚的银杏叶，在阳光的照射下金黄灿灿。这群起源古老、数量众多、种群机构复杂的古银杏林，与杂然其间的其他树种浑然一体，村落民居散布于林间，在深秋时节，这里是金色的世界，一棵树、一片叶或是一片地，都是一幅美丽的图画，都可以构成一个美景。冬天尽管银杏叶枯落，但美丽风光依然不减，置身其间，无不令人感叹大自然的美丽和神奇。

每年秋天，响水岩古银杏群一带，时常都是公路边停满了轿车，一顶顶帐篷，四处摆放的炊具，随风飘飞的金黄色落叶，游客的惬意，快门的声响，构成了欢乐的海洋。

整片的银杏林叶黄得透亮，走在树下都能让人醉了。银杏叶从春天的浅绿到夏天的浓绿，再从初秋的黄绿到深秋的金黄，颜色变化神奇多样。踩着地上的银杏落叶，漫步古银杏林之间，透过一棵棵二三十米高的古银杏树向远处的大山望去，给人以无尽遐想。千年更迭，遗世而独立的这些古树，在大山深处静静漫洒着每一季的金黄。

古银杏景区的主要森林为成熟的常绿、落叶阔叶混交林，主要组成树种以古银杏、枫香、栲树为主，银杏林和栲树是该景区的主要风景林，特别是秋季，这里一片金黄色或火红的森林，景色十分宜人。

九龙水库

九龙水库坐落于凤冈县进化镇临江村，距离临江村委会 1.5 千米，距离进化街 7 千米。水库始建于 1972 年。该水库与溶洞连为一体，形成了一种罕见的自然奇观，其风光秀丽，景色迷人，是一座以防洪为主，兼有人畜饮水、灌溉、水产养殖及旅游等综合效益的水利枢纽。

水库大坝前面就是一条 100 多米长的天然溶洞，溶洞面积 800 多平方米，而且目前仍在生长发育。洞内景观形态之美，洞中有洞，类型齐全，形态各异。洞顶常年有一股清泉从上潺潺而下，气势磅礴，令人神往。洞内冬暖夏凉，气候宜人。

万佛山森林公园

位于乌江北岸、大娄山南麓的凤冈县万佛山森林公园，是凤冈县重要的绿色生态屏障。公园内森林茂密，生物资源较丰富，植物种类较多，生态系统较多样，以山地森林植物景观为主题的旅游资源丰富多彩。公园有以六池河、人民水库、林场场部天池、万佛山峡谷瀑布群、急滩深潭、跌水谷溪为代表的水田景观；有古银杏、马尾松林、杉木林、箭竹林、香果树林、盐肤木林、慈竹林、狭叶方竹林以及多种混交林，贵州枳椇王、大楠木、大柏木、古榉木、大桂花、大叶楠木(黑壳楠)为代表的森林植物景观；有以万佛山林区、西山山势雄

伟而伴随着的朝晖、夕阳、雨凇、雾海、雪景为特色的万千气象景观。

万佛山森林公园不仅森林资源十分丰富，森林群落多样，景观资源性良好，而且这里的水资源也较为丰富，到处是溪流河谷和山塘水库，与森林的有机组合构成该公园的主要风景资源。

水质清澈、弯弯曲曲的六池河流经西山景区，穿过茂密的西山林海掩映的乡村农舍，走出西山流向县城。美丽的六池河岸，林木葱茏，丛丛竹林临水而生，弯弯的竹梢随风摇曳，倒映在水中的景色更加宜人，有浓郁的小桥流水、竹林人家古朴的村野气息。

万佛山景区在天然林和人工林之中，有人民水库、林场天池和万佛峡谷河流，在丛林内掩映中的人民水库和林场天池与周围的森林景色有机组合，四季景色各异，春天山花烂漫，鸟语花香；盛夏绿树成阴，水天一色；秋天是一片金黄色或火红色的森林，与蓝蓝的水田融为一体，似一幅优美的山水立体油画；冬天大雪纷飞，银装素裹，一幅美丽的北国风光景象。特别是登上万佛山山顶，放眼望去，更有登泰山之巅，风景尽收眼底，一览众山小的感受。在公园内，国家一级保护植物有 2 种：银杏和南方红豆杉；国家二级保护植物有 4 种：香果树、宜昌橙、闽楠、榉木；贵州省保护树种有 3 种：领春木、檫木、刺楸。特别是国家一级保护植物银杏古树群，丰富了景区的森林景观和科学内涵。

万佛山雄峰

万佛山主峰海拔 1406 米，是万佛森林的最高峰，凤冈县的第二高峰。登临高耸的山巅，举目眺望，顿觉心旷神怡，尽可抒怀，给人以“会当凌绝顶，一览众山小”“绝顶身高立，万峰低足前”的感觉，但见碧绿山峦叠嶂起伏，气势磅礴；宁静的人民水库朦朦胧胧，蓝天秀水别具一格；长约 40 千米的万佛峡谷，犹如天沟地缝；山下的农舍在群山的环抱中，呈现一幅幅秀美恬静的田园风光。每当旭日东升、夕阳晚照、苍山如海、云移峰动、雪景、雨凇出现之时，都可在极目远眺中获得无与伦比的美学享受。这一山巅审美环境，是游人观森林景观、天象景观、山下田园风光等景观景色的良好场所，同时也是游人休闲避暑和感受佛教气氛的好去处。

万佛山是万佛山森林公园的主要景区，区内森林群落随海拔高度的不同表现出一定的垂直地带性，其结构层次明显，季相特征较为丰富多彩。春天这里是花的海洋，百花争艳、繁花似锦；夏天绿树成阴、绿波荡漾，山林水体交相辉映，有湖光山色之美；秋天秋高气爽、景色宜人；冬天更是白雪茫茫、银装素裹，一片北国风光。

万佛峡谷

万佛峡谷源头位于万佛山南麓茅台坝东面蚂蝗沟，向东在蜂岩镇小河村与辉塘河汇合，中部与万佛山东北麓的石碗溪汇合，峡谷长约40千米，源头谷底海拔900~1000米，出口谷底海拔500米，谷深多在150~200米以上。整个峡谷曲折幽深，两岸峭崖对峙；谷底急滩深潭，碧水回还，成群瀑布有的如银练高悬，有的如玉带飘舞……姿态多样；两岸原生状态的植被类型多样、景观优美，由慈竹、金竹、水竹、方竹等各种竹林组成的长达10余千米的竹林廊带景观构成了峡谷的一道靓丽的风景线。从河床昂首两岸，在蓝天白云的映衬下，犹如天沟；从峡谷顶上俯视谷底，恰似地缝。由于万佛峡谷地层古老，景观类型多样独特，是黔北、黔东北地区少见的喀斯特绿色大峡谷，是一处林水交融的神奇之地，旅游开发前景广阔。是开展游览观光、考察探险等旅游活动的理想场所。

断崖峭壁、奇石景观以万佛峡谷为其特色，充满神秘的个性色彩。悬崖峭壁相对高差多在100~200米，掩映在绿荫之中的两岸断崖峭壁，巉岩峥嵘，奇石景观，清纯古韵，形神兼备。峭壁岩石层理构造及黑、灰、白等各种色带交错似的崖画明显，特别是悬崖峭壁上附着的各种景观树种及悬垂的藤萝组合，似一幅幅充满神奇意境的立体山水画卷。

另外，在西山瞭望观景塔所在的山峰的中上部，海拔815米处有一垂直高约60米、由石灰岩形成的峭壁，该峭壁上附着苔藓植物和藤条，峭壁缝隙上生长的观赏树犹如天然盆景，峭壁和植物的有机组合其本身就有较高的观赏性，加上峭壁顶端建有瞭望观景塔，游客沿着崎岖小道登上峭壁顶端便有一种登临绝顶的感觉，进到瞭望塔上举目远眺，无限美景尽收眼底，是游客在领略森林景观、六池河风光、田园风关、天象景观和登山野营、休闲避暑的好去处。

峡谷瀑布群

万佛峡谷具有较高的美学观赏价值和科研价值的瀑布有十多条，形成姿态各异的瀑布群景观。其中目前进入观赏的瀑布主要是峡谷中上段的瀑布。

银珠潭瀑布：该瀑布为进入峡谷的第一条瀑布，宽5米，落差10米，瀑水从茂密的绿荫丛中流淌出来，银练高悬，水丝密布，银珠溅玉，瀑水落入深潭泛起阵阵涟漪。

仙女瀑布：该瀑布为进入峡谷的第二条瀑布，宽6米，落差15米，悬垂的钙华瀑面自上而下呈褶裙状，瀑水落下犹如“白裙仙女”在乐曲中翩翩起舞，天姿娇媚。

相思岩瀑布：该瀑布所在处峡谷两侧岩壁陡峭、狭窄，被称为“一米阳光”，故又叫“一米阳光瀑布”，该瀑布为进入峡谷的第三瀑布，宽15米，落差35米，瀑面下为数十米深潭。枯水季节，瀑水潺潺，轻吟婉转，丰水时节则如九天银河、飞流直下、瀑声轰鸣、水花四溢。

小漂滩瀑布：瀑布宽8米，落差约6米，因位于峡谷小漂滩而得名。

三叠银瀑：为进入峡谷的第五条瀑布，瀑布宽约12米，瀑水随着落差约8米的河床，分三段跌落而下，犹如玉带飘舞、舒卷有致。

洞中瀑布：该瀑布位于峡谷穿洞处，穿洞高约2米，宽约2.5米，从外面看，洞口内宽约15米，落差约10米的三跌瀑布，从洞口处有落差约6米的飞瀑落入谷底。该瀑布由于穿洞的连接，使得瀑中有洞，洞连瀑布，别有一番情趣，具有较高的观赏性和科考价值。

除上述瀑布外，在峡谷中下段更有“圣泉瀑布”“伏帘瀑布”，其所固有的美学观赏性令人流连忘返、赞不绝口。

湄潭县

复兴镇

复兴镇位于湄潭县北部，距县城35千米。政府所在地处于东经107°35′～107°39′、北纬27°57′~28°之间。属丘陵坝地地貌。东部与北部和凤冈县连壤，南接永兴镇，西邻马山镇。该镇下辖11个村，1个居委会，86个村民组，9000余户，39700余人口。国土面积142.7平方千米，森林覆盖率54.8%。

历史悠久的黔北古镇

自明万历二十九年（1601年）明廷平播，以播州关外三里四牌地置湄潭县，隶属贵州平越府。复兴为湄潭县之启祥里三甲。

民国元年（1911年），全县按东、西、南、北、中几大片区设立团防局，时复兴场一带属北区团防局。民国三十七年（1948年）十一月，因县署坚请恢复永兴区署，获准成立。时全县仅1区，19乡，2镇。复兴场一带仍属永兴区所辖。

1949年11月23日，湄潭县人民政府宣布成立。1950 年 5 月，复兴场建立区政权。时称第七区。下设 10 个村进行土地改革工作。土改运动结束，便建立起团结、七里、中心，仁和、建设、玉屏、杨家坪等 7 个小乡。1954 年，根据上级指示，各区级组织的称谓，不再以数字排列，均冠以区所驻地地名。第七区称复兴场区。

1958 年，复兴区与永兴区合并为一个人民公社。是时，随阳山划归凤冈，中心场划归马山公社。1982 年 4 月 14 日，经省人民政府批复同意，将永兴区分为永兴、复兴场两个区。复兴场区辖复兴场、随阳山、七里坝、中心、杨家坪 5 个公社。区级机关驻复兴场。1992 年，撤区建镇后复兴区更名为复兴场镇。原辖的五个乡更名为管理区。是时，全镇辖 5 个管理区，37 个村，301 个村民组。

2001 年 9 月，管理区撤除，36 个村合并成 11 个村，1 个居民委员会。即湄江湖村、杨家坪村、两路口村、新金龙村、随阳山村、观音阁村、茅台村、复兴场村、高岩村、大桥村、七里坝村和复兴场居民委员会。

和谐文明的幸福小镇

近年来，复兴镇党委、政府将“四在农家”创建活动加以总结推广，以引导农民增收致富为前提，以一家一户得实惠为根本，以“七个一”和“五通三改三建”为切入点，把富、学、乐、美落到实处。群众在“四在农家”活动中过上了殷实、和谐、文明的幸福生活。

重在农家得实惠。“七个一”即：帮助农民调整产业结构，培育支柱产业，找到一条致富增收的路子；家家户户有一幢宽敞整洁的住房；有一套家具和家用电器；安装一部家用电话；掌握一门以上农业实用技术；有一间卫生厨房和厕所；有一种以上健康有益的文体爱好。“五通三改三建”即：通水、通路、通电、通电话、通广播电视；改灶、改厕、改环境；建图书阅览室、建文体场所、建宣传栏。治理柴草乱垛、粪土乱堆、垃圾乱倒、污水乱泼、畜禽乱跑等“五乱”现象，改善人居环境和生产条件，改变农民精神面貌，提高农村文明水平。

经过7多年的努力，目前该镇已建成“四在农家”创建点50个，覆盖全镇10个村，受益农民达3万人，占全镇农民总数的75%。

“四在农家”符民心。“富在农家、学在农家、乐在农家、美在农家”是“四在农家”的基本内容。

富在农家增收入。“富在农家”，就是引导农民立足优势、突出特色，依靠科技、发展生产，培育产业、开拓市场，做大做强、增加收入，过上殷实生活。复兴镇坚持把发展经济放在首位，以增加农民收入为重点，帮助寻找致富路子，促进产业结构调整，培育支柱产业。到目前，各地已涌现出一批科技含量高、市场前景广、增加收入快的订单农业、观光农业等新兴产业，茶叶、烤烟、生猪、蔬菜、水果、药材等产品的生产加工规模化、集团化、基地化、产业化水平不断提高，逐步向高产、优质、生态、安全农业转变，农民收入普遍增加。

学在农家长智慧。各地以精神文明活动中心、图书室、远程教育接收站和广播电视为载体，举办农业实用技术、市场经济、法律知识培训班，开展送理论到基层，送党课到支部，送政策、科技、法律到农户的学习教育活动，创建活动与爱国主义、集体主义、社会主义和社会公德、职业道德、家庭美德教育相结合，学科学、长智慧、讲文明的新风吹进千村万寨。农民法律、卫生和环保意识增强，尊老爱幼、邻里和睦、勤俭持家美德得以弘扬，不少村寨连续几年没发生治安、刑事案件，没人违反计划生育政策，呈现安居乐业的祥和景象。

乐在农家爽精神。创建点上，文化设施得到加强，文化阵地得以巩固，形成各具特色的创建文化，呈现一派欢乐祥和景象。两路口村、随阳山村、观音阁村等地创建点，农村经济发展、思想道德、文化环境、社会治安、计划生育等方面变化，成为农村文化生活的一道亮丽风景线。复兴镇经常开展丰富多彩的文化下乡活动。开展“四在农家”创建活动，农民心里更乐的是能够享受民主政治建设成果。

美在农家展新貌。各创建点普遍实施“五通三改三建”工程，改善农民居住环境，倡导讲文明、树新风、革陋习，制定村规民约，从环境卫生抓起，改变了脏兮兮、乱糟糟的面貌。走路不湿鞋，吃水不用抬，做饭不烧柴，村寨靓起来。复兴镇各创建点，干净整洁的厕所家家户户都有了。

农民创造环境美，追求心灵美。两路口村开展家训促文明活动，把治家格言立于堂上，传承民族传统美德，弘扬中华文明风尚。

水利设施完善的富裕乡镇

复兴镇属典型山原丘陵地貌。耕地面积3.702万亩，其中田2.4435万亩，土1.2585万亩，人均耕地0.9亩。复兴镇镇内有水库3座，其中中型水库1座，小二型水库2座。

湄江水库属于湄江水管所直管，该水库库容2214万立方米，属于中型水库。小二型水库2座（冷风水库28万立方米，高岩水库60万立方米）。河流3条，湄江河，源于绥阳县小关山羊口，流经马山、洗马、鱼泉、复兴、永兴、湄江、黄家坝、高台、在高台角口汇入湘江，复兴境内长6.5千米；复兴河源于凤冈回龙鞍子屯，流经新金龙，茅台、高岩、大桥、复兴，在向杨家坪村旋水坝汇入湄江河，复兴境内14千米。随阳山河，源于随阳山寨上，流经随阳山，流向凤冈，复兴境内8.5千米。

湄江河是湄潭县县城的饮水源头，针对这一实际，复兴镇成立了以分管农业领导为组长，林业、水利、整治办、派出所为成员的工作领导小组，各村成立1名河道管理员，每月定期对河流、水库进行巡查，重点监测湄江水库、复兴河。每月由县环保局到场提取水样，对水质进行监测。目前，水质良好，没有受到污染。

休闲度假旅游的两路口村

两路口村位于湄潭县北部，村内生态良好，景色优美，是典型的山水田园村寨，有欧洲别墅式优

雅的风景，非常适宜乡村旅游。

该村距湄潭县城32千米，距遵义106千米，距贵阳257千米，距遵义飞机场50多千米，国道326线与该村有县道连接，未来的杭瑞高速与黔北高速在湄潭境内交汇，杭瑞高速与该村也有便道相通，村内交通四通八达，旅游交通优势明显。

两路口村东依茶海景区，北靠湄江湖，南与茅坝毗邻，打造乡村旅游，将使两路口成为全县极具优势的景区景点中的一个重要节点，区位优势明显。滨江休闲度假旅游带，是沿河修建的栈道、自行车道、鹅卵石步道、垂钓点、观景点、摄影点、水碓、水车和亲水点等。在桥上桥构建亲水休闲度假村寨，开发白鹤林游客自助休闲点，对土碾房进行恢复，就近打造水上游乐园，让土碾房变为传统农耕文化与水上乐园感受点。修复花水井原始提水方法，大力修补古围墙与古石坝，复原古貌，结合打造成石院落，挖掘民俗宗教文化。

修建科普文化旅游区，设立青田鱼科普展览中心，建立青田鱼养殖基地，向游客展示稻鱼共生立体农业，并设立垂钓点。划分农耕体验区，让游客自己栽种稻谷，放养青田鱼，享受自己的劳动果实。还可以开展“青田鱼文化节”，增加其吸引力。

修建古营盘，扩大荷花池种植面积，在池塘周围种植观赏植物；规模种植无公害瓜菜、优质水果、经济作物，形成生态观光农业。向游客提供瓜菜和水果采摘、田园劳作等休闲服务。规模种植生态茶园，宣传茶文化，修建茶坊品茶、售茶。开辟游客采茶体验区，开展采茶比赛之类的活动。

花水井位于两路口村合心村民组，紧靠在古村寨——龙浪的西北边上，是一个集自然资源、民俗宗教于一体的景点。该景点占地面积约600平方米，其水井设在一个天然的溶洞下面，当地村民依据地形地貌在水井旁安放了各类菩萨、瑞兽等雕像。景点四周古木茂盛，奇石嶙峋，与整体环境互相呼应、紧密相连。该口井是人类创造历史的见证，反映了人与自然和睦相处的关系，它承载着历史，也承载着祖祖辈辈复兴人的记忆。它不光吐纳着复兴的人文气息，也演绎着很多有意思的民间习俗。每到一些特定的日子，当地村民都要按习俗行祀井、拜井、封井之礼，感谢一年来这口井赐给的恩惠，感谢这口井保佑当地风调雨顺、平平安安。

湄潭县

兴隆镇

兴隆镇位于茶乡湄潭东南面，距离县城 8.6 千米，国土面积 146.7 平方千米，辖 9 村 1 居 70 个村民组，9100 户 36000 人，2013 年农民人均收入 8040 元。

该镇距离遵义机场 30 千米，黔北高速穿镇而过，距高速路出口仅 5 分钟车程，处于公路和航运的立体交通网络之中，曾先后获得“全国文明村镇”“全国新农村建设示范点”“全国农业旅游示范点”“全省新农村建设整乡推进示范镇”“全省农村公路建管养运示范镇”和贵州省“五好基层党组织”等荣誉称号。

中国式的欧洲农村

兴隆镇境内旅游资源丰富，处处是让人赏心悦目的人间美景，被中外媒体誉为“中国式的欧洲农村”。该镇通过动员群众参与造林绿化工作，力争打造成“西部最美的森林小镇”。

近年来，兴隆镇大力开展乡村造林绿化工作，按照“谁栽植、谁管理、谁受益”原则，通过政府引导、村(社区)配合，动员广大群众、造林大户、农业合作社参与造林绿化工作。

该镇中心循环路呈“M”形，全长54千米，绿化方案由遵义市林业局设计，荣森农业合作社负责投资绿化。在以中心道路绿化为主的同时，兼顾周边村庄、渠道、河道、农业作业道路绿化，先后投资320万元栽植各类林木8万棵，主要包括栾树、石楠、水杉、冬青等树种。截至目前，共有35家农业专业合作社参与绿化，完成造林绿化近2000亩。

在新鑫社区，投资380万元，打造一个20亩的人工森林公园和三处共50亩的森林游园，种植银杏、桂花、紫薇、对节白蜡、合欢、女贞、香樟、垂柳、石楠等各种树木3000多棵，为居民提供休闲娱乐场所。

镇区东边村亢老湾村本土面积291.32公顷，按照“户平新增十棵树、扩绿提质惠民生”目标要求，从农田生态建设角度出发，做好村旁、宅旁、路旁、水旁等“四旁”以及村内公共活动场地的绿化、美化，扩绿提质，努力建设“天蓝、地绿、水净”美丽乡村。完成道路绿化12千米，绿化河道3千米，建设林网网格12个，种植冬青、栾树、石楠、紫薇、杨树、广玉兰等树种5万多棵，提高森林覆盖率3个百分点。

目前，该镇共完成骨干道路绿化16.5千米，营造片林2600亩，四旁植树16万株。

茶香四溢的人间天堂

兴隆镇主导产业有茶园5万亩，其中成林茶3.8万亩，主要的茶叶品种有福鼎品种3万亩，601品种2万亩，全镇共有茶叶加工企业25家，其中规模以上企业8家，茶叶加工户60家，2011年茶叶综合产值2.5亿元，其中茶青收入1.6亿元，茶农在茶叶中的人均收入达4800元，2002年以前，该镇人均收入不足2000元，只有老茶园4500亩。近年来，该镇大力调整产业结构，加大茶叶发展力度，充分利用退耕还林政策发展茶园7000亩，通过中央省市县级现代农业发展资金发展茶园38000亩，共形成了茶园面积达5万亩的生态茶叶专业镇。

兴隆镇茶乡发展目标与规划如下：

一是打好“长远规划”牌。兴隆镇结合地理条件、土壤及全镇农业产业总体规划，提档升级大庙

场云贵山、居委会、龙凤村茶叶主产区，辐射带动其他各村(居)，建立高端、优质、丰产生态茶叶基地，由种植型转变为管理型、加工型、市场型，努力实现茶产业又好又快发展、更好更快发展，到2015年，全镇茶园总面积达到6万亩，其中投产茶园4万亩，力争茶青产值2.5亿元，加工增值7000万元，总产值3亿元以上，新增茶叶加工户10户以上，扩大现有茶叶加工户和企业投入，扩大生产能力，力争年产值在1000万元以上的企业10家，年产值500万元以上企业或加工厂20家，企业和加工户达100家以上，新建茶青市场1～2个，新建茶叶专业合作社1～2个。

二是打好“生态基地”牌。按照国家有机食品、无公害茶园建设标准，围绕绿色生态建设目标，结合湄潭县茶产业“一城五园”的总体规划，着力打造鹅公坝茶树良种繁育和科技推广示范园、云贵山有机生态茶园、接官坪小茶海优质茶园观光旅游区。2015年，全镇茶园面积达到6万亩，建成高质丰产示范区500亩以上，建成优质生态有机示范区5000亩以上，鼓励企业和茶叶加工户领办和创办茶叶示范基地，发挥示范带动作用，进一步增加管理投入，加强低产改造，建设兴隆镇茶叶样板车间。

三是打好“茶旅结合”牌。随着茶叶产业的发展，一条茶桂风情旅游线路已基本成形，依托全国农业旅游示范点田家沟、“三百里茶桂风情”等茶旅路线，同时充分利用好已经启动的“绿色食品创业园”，抓好茶园、经果林的全覆盖，完善园区及旅游线路基础设施建设，规划在云贵山、按官坪、鹅公坝三个示范点建设茶叶庄园或农家茶庄各1个，大力发展茶下经济，拓宽茶农增收致富的渠道，推进茶业休闲观光业发展。

四是打好“茶业组织化”牌。严格按照“五个一”(即：一个有实力的加工龙头企业带动、一个有效运转的管理经营团队、一套行之有效的茶园管理制度、一个固定的办公场所、一个服务茶农的农资直销店)的标准规范建设茶叶专业合作社，加强对云贵山高端有机茶专业合作社和龙凤茶叶专业合作社的指导与管理，打破区域界限。今年拟在原有基础上，新组建接官坪小茶海茶叶专业合作社，积极探索组织化管理模式，制定管理办法，使合作社规范化运行，走“基地+农户+合作社+企业”

路子，实现茶叶产业“产—供—销”一条龙服务，降低茶农成本，增加茶农收入。

五是打好“茶园管理”牌。茶叶种植“三分种七分管”，茶园管理是关键，对茶园实行户籍电子化管理，对所有茶农信息进行电脑存档，对有专业合作社的村，由专业合作社进行统一管理，没有专业合作社的村，村委会按每200亩茶园或30户茶农实行联户管理。同时，进一步加强和完善茶农茶园管理，建立电子化管理程序，用科学方法指导茶叶施肥、用药、修剪、采摘，指导茶叶企业和茶叶加工户建立健全电子文档及管理卡，随时跟踪茶园管理情况，提高茶叶种植水平。

六是打好“茶叶质量”牌。该镇作为湄潭县创建“国家级出口食品农产品（茶叶）质量安全示范区”成员单位，该镇抢抓机遇，进一步强化茶叶质量安全体系建设，从源头上把好茶叶质量关，为此，镇专门成立了茶叶质量安全管理办公室，由分管领导任办公室主任，从经发办、农服中心抽调3名同志负责茶产业发展和质量安全工作。规范茶用农资的管理，制作发放茶用农资明白卡，将在大庙场、庙塘坝、居委会人员聚居区域设置茶用农资直销店，实行备案管理，进行“持证经营”，按指定的茶叶物资进行经销。建立健全三支队伍，一是配齐配强茶青检测员队伍，负责对五个茶青市场进行检测与监督，二是成立镇质量检测中心，由专人负责，负责定期进行抽检。三是建立面上巡查队伍，负责规范市场管理，从严整治和打击违规经营、使用化肥、农药的行为，确保茶叶环保、绿色、安全。

七是打好“投入推进”牌。强化政策扶持，加大招商力度，对茶叶企业和茶叶加工户在土地流转等方面给予大力支持，在建设用地上优先安排，在小微企业指标上优先考虑。在组织化建设方面，凡以村名义建专业合作社且手续合法、规范运作的，各奖村2000元，奖合作社1000元。在引资方面，凡落户该村的加工户或企业，固定资产投资分别达50万元、100万元以上，经镇验收合格，每增1户加工户奖该村、加工户各800元，每新增1个企业奖该村、企业各1500元。对于获省级以上奖励的企业每户奖励1000元。以村委会或茶叶专业合作社名义新建茶青市场，每个奖村或合作社1000元。同时设立综合考核奖、先进企业奖和先进个人奖等。

如梦如幻的田家沟景区

田家沟农村建设自然生态风景区，位于贵州省湄潭县城东南部，景区总面积5平方千米，具有优美的自然景观和浓厚的人文积淀，经过多年水土保持生态建设，已成为风景似江南的美妙世界。景区内有十谢亭、幸福桥、感恩井、十谢共产党陈列馆、百亩生态荷塘、凤仪天梯、凤吻岩、田氏衣冠冢、四凤蛋、回音壁、望天境、龙岩洞、地府门、张真人府和祭天崖等景观，有凉风习习、水波荡漾的水上乐园，静心养性、娱乐休闲的垂钓中心，更有楼台亭榭、别墅山庄、黔北民居与自然景色融为一体，浑然天成。

全木结构风雨走廊，亭上挂着十副贵州省十位著名书法家书写的对联。田家沟地理标识奇石景观，古朴夸张，引人入胜。周边美轮美奂的黔北民居，依山傍水，山谷两侧茶园郁郁葱葱，依山而列，更是透出万丈茶香。全木结构悬浮于水面的观景台，翠绿浓密的翠竹，曲径通幽的走道，向游客浓缩地展现了田家沟生态景区的特色，形成了入口环境的标识性景观，烘托出生态、自然、雅致而又不乏热烈的入口氛围，您可以从这里开始您的休闲之旅。

黔北风情一条街为全木结构式沿街古典式风雨走廊，绘制兴隆地域特色的旅游标志和茶文化标志，配合成熟的卷闸门木制喷绘技术，大方实用的木质雕花窗，以及优质的名牌漆粉饰和高超的砌瓦工艺，配以古典的屋檐滴水瓦当等等。该古典街道由旅游商品门店100余家，特色餐饮5家，成为旅游消费、餐饮的重要地点。

每年夏天，田家沟荷田沼泽自然生态区都会显现“莲叶莲花著意芳，风过香气满池塘”的景观。为了使白沙井景区更加绿意盎然，今年以来，白沙井沼泽生态区的水泥方块路面全都改成了自然、生态的鹅卵石路面，配合堤岸边的垂柳拂水，更显得韵味十足。

这里山清水秀，景色迷人，如果亲自持竿垂钓，您会身体放松、心灵愉悦，更会体会到那种回归自然、放松自我的愉悦和怡然自得的心境。幸福桥是观赏田家沟全景的理想之地，桥梁建筑为石条结构，是一座典型的苏州园林桥。站在桥上，看清风红荷，赏垂钓自然；观远山茶园，享自然和谐；品湄潭翠芽，体农耕文化。这些都将唤起我们热爱生活、珍爱生命、关爱大自然的纯真情感。

仁怀市

茅台镇

一千多年前，赤水河畔的茅台镇，也只是一个小小的村落，才十几户人家，人们的酿酒技术很平常。有一年腊月，下了很大一场雪。这一天，一个衣衫褴褛的姑娘来到了村里，一对老夫妇看她可怜，就好心收留了她；又看她冷得厉害，就把自己酿的酒拿出来给姑娘喝。姑娘好像不胜酒力，喝完就睡去了。半夜里，老爷爷做了个梦，梦见自己恍恍惚惚看见一个仙女，手捧盛满美酒的杯子，把酒往赤水河里一泼，对老爷爷说："好心人，请记住，每年九月九，赤水河边酿美酒。"话说完，人便化作一片祥云而去。第二天早上，老爷爷起床后发现，那位姑娘也不见了，床上留有一只酒杯。老爷爷识得，那就是仙女手里盛满美酒的杯子。从此以后，每年的九月九日，赤水河格外纯净，人们就在这天"重阳下沙"，酿出了这世界上最好的美酒。

茅台酒就是根据这个美丽传说，做成"飞仙"商标，驰名中外。

中国第一酒镇

茅台镇位于仁怀市赤水河畔，群山环峙，地势险要，是川黔水陆交通的咽喉要地。地处贵州高原西北部，大娄山脉西段北侧，北靠历史名城遵义，南临川南。赤水河航运贯穿全境，仁蔺、茅丹、茅习、遵茅公路汇聚于此，是连接川黔的重要枢纽和连接历史名城遵义和国家级风景区赤水的通道。1935年，中国工农红军长征在茅台三渡赤水，写下了中国革命史上的壮丽诗篇。

早在1915年，北洋政府以“茅台公司”的名义，将土瓦罐包装的茅台酒送到巴拿马万国博览会参展。外国人对土瓦罐包装的茅台酒不屑一顾，中国展台前冷冷清清，无人问津。一名中国官员情急之下，将瓦罐掷碎于地，顿时，酒香四溢，惊倒四座，茅台酒也终于一举夺冠，获得了金奖。使得这个集厚重的古盐文化、灿烂的长征文化和神秘的酒文化于一体的茅台小镇声名远播，被誉为“中国第一酒镇”。

酒文化历史

历史上最早记载赤水河畔酿酒史的，为司马迁的《史记》。《史记.西南夷列传》载：公元前130多年，汉武帝刘彻饮到来自夜郎（今黔北一带）所产的名酒“枸酱”，情不自禁地赞曰：“甘美之。”以后，便有了汉武帝派大将唐蒙到贵州开拓夷道，专门绕道茅台所在的仁怀的历史记载。清代诗人郑珍曾经以诗叹曰：“汉家枸酱为何物？赚得唐蒙益部来。”益部，是现在仁怀一带的古称；而枸酱，经考证为仁怀赤水河一带生产的用水果加入粮食发酵酿制的酒。

在中国的酿酒史上，真正完全用粮食经制曲酿造的白酒始于唐宋。而赤水河畔茅台一带所产的大曲酒，就已经成为朝廷贡品。至元、明朝期间，具有一定规模的酿酒作坊，就已经在茅台镇杨柳湾（今茅台酒厂一车间片区）陆续兴建，值得注意的是，茅台当时的酿酒技术已开创了独具特色的“回沙”工艺。

至明末清初，仁怀地区的酿酒业已达到了村村有作坊。在此期间，茅台地区独步天下的回沙酱香型白酒已臻成形。到了1704年（康熙四十二年），茅台白酒的品牌开始出现。以“回沙茅台”“茅

春”“茅台烧春”等为标志的一批茅台佳酿，成为白酒中的精品。

乾隆年间，贵州总督张广泗向朝廷奏请开修疏浚赤水河道，以便川盐入黔，促使茅台酿酒业更加兴旺。到嘉庆、道光年间，茅台镇上专门酿制回沙酱香茅台酒的烧房已有20余家，当时最有名的当数“偈盛酒号”和“大和烧房”。到1840年，茅台地区白酒的产量已达170余吨，创下中国酿酒史上首屈一指的生产规模，“家唯储酒卖，船只载盐多”，成为那一时期茅台镇繁忙景象的历史写照。

1949年前，茅台酒生产凋敝，镇上仅有3家酒坊，即：华姓出资开办的“成义酒坊”，称之“华茅”；王姓出资建立的“荣和酒房”，称之“王茅”；赖姓出资办的“恒兴酒坊”，称“赖茅”。“华茅”就是现在的茅台酒的前身。1704年，“偈盛烧房”将其产酒正式定名为茅台酒。

新中国刚刚成立，中央就电告贵州省委和仁怀县委，要正确执行党的工商业政策，保护好茅台酒厂的生产设备，继续进行生产。贵州省根据中央的指示，对成义、荣和、恒兴三家烧房在经济上给予有力支持，帮助其发展。对其老板还给予政治待遇，在人民政府中安排了职位。1951年，贵州省将最大的成义烧房收购，并将另两家烧房合并进来，成立了国营茅台酒厂。政府随即调入得力干部，投入大量资金扩大生产规模。

红军与茅台酒

1935年3月16日，红军攻占茅台。为了保护闻名遐迩的茅台酒生产作坊不受损失，军委政治部分别在茅台镇上生产茅台酒最多的成义、荣和、恒兴三家酒坊门口贴上布告：“民族工商业应鼓励发展，属于我军保护范围。私营企业酿制的茅台老酒，酒好质佳，一举夺得国际巴拿马大赛金奖，为国人争光，我军只能在酒厂公买公卖，对酒灶、酒窖、酒坛、酒甑、酒瓶等一切设备，均应加以保护，不得损坏，望我军全体将士切切遵照。”从这张通告中可以看出红军对民族工业、对知名产品的高度重视。

为了欢迎红军，当地群众捧出茅台酒。当时红军的很多高级领导人都知道茅台酒好。红军工兵连长王跃南回忆说，他与毛泽东的警卫员陈奉昌从酒坊买酒回来，正巧碰上毛泽东同志，毛泽东问："你们提的么子？"陈奉昌回答："买的酒，驱驱疲劳擦擦腿。"毛泽东笑着说："茅台是出名酒的地方，不过，用这酒擦脚太可惜了！"周恩来也向很多同志介绍："这是巴拿马万国博览会获了金奖的茅台啊！"

然而，对于当时的红军队伍来说，茅台酒恢复疲劳的功能和治病疗伤的作用更是终生难忘。据参加过长征的我军第一位女将军李真后来回忆："1935 年 3 月，我们长征到贵州仁怀县茅台镇。由于长途劳累和暂时甩掉蒋介石军队的围追堵截，大家都希望能轻松一下。当时听说当地酒好，芳香味美，大家很高兴。有的用酒揉揉手脚，擦擦脸，擦过之后，真有舒筋活血的作用，浑身感到痛快。同志们喝了酒后，长途行军的疲乏全消失了，因风寒而引起泻肚子的同志，喝了酒也好了。"

著名作家成仿吾在其《长征回忆录》中写道："因军情紧急，不敢多饮，主要用来擦脚，缓解行路的疲劳。而茅台酒擦脚确有奇效，大家莫不称赞。"

抗战末期，周恩来在重庆曾经对作家姚雪垠说："1935 年，我们长征到茅台时，当地群众捧出茅台酒来欢迎，战士们用茅台酒擦洗脚腿伤口，止痛消炎，喝了可以治疗泻肚子，暂时解决了我们当时缺医少药的一大困难。红军长征胜利了，也有茅台酒的一大功劳。"

开国第一酒

1949 年 10 月，开国大典前夜，茅台酒就进了中南海怀仁堂，共和国的开国元勋们以此互为敬贺。据中新社报道：开国大典当晚的开国第一宴在北京饭店举行，从厨师选择到菜单酒品都经周恩来亲自审定，主酒为茅台酒。

从此以后，茅台酒作为国酒，不仅成为规格最高、彰显高贵的国宴酒、外交礼仪酒，而且成为中国民间弥足珍贵的上乘佳品。同时，党和国家对茅

台酒的生产和质量也给予了高度重视。即使是在"十年动乱"期间，身患重病的周恩来总理仍在强调："不准污染茅台河水。"

1999 年 10 月，中华人民共和国诞生 50 周年之际，中国历史博物馆收藏了一瓶 50 年的陈酿茅台，并为茅台酒厂颁发了收藏证书："兹因茅台酒与共和国的世纪情缘和卓越品质而尊为国酒，暨在共和国五十华诞中以窖藏五十年之'开国第一酒'晋京献礼而誉为历史见证和文化象征。现我馆接受贵州茅台五十陈酿酒捐赠，并予永久收藏。"这份收藏证书，从一个侧面明确地肯定了茅台酒与中国革命的红色情缘、特殊贡献和卓越品质，同时，也确立了茅台酒作为国酒的尊贵而崇高的地位。

茅台酒与伟人

1949 年，开国大典前夜，周恩来在中南海怀仁堂召开会议，亲自确定茅台为开国大典用酒；从此每年国庆招待会，均由官方指定用茅台酒。1945 年，毛主席到重庆与蒋介石进行和谈，会谈结束的和平盛宴上，毛泽东和蒋介石喝的就是茅台酒，国共之间一度只有一杯茅台的距离。1954 年，周恩来率代表团前往瑞士日内瓦出席国际会议，这是新中国领导人在国际政治舞台上第一次正式亮相。茅台酒在中国招待与会国家代表的招待会中出尽了风头。"帮助我们成功的有'两台'，一台是'茅台'，一台是《梁山伯与祝英台》。"周恩来向党中央汇报日内瓦会议成果时如是说。而电影艺术大师卓别林直接把他在招待会上喝到的茅台，称为"真正的男子汉喝的美酒"。1972 年中美建交，迎着尼克松"跨越太平洋伸过来的友谊之手"，周总理智慧地以茅台酒与之碰杯。1976 年，粉碎四人帮喜讯传来，邓小平与身边工作人员一起，高举起满杯的茅台酒庆祝。1984 年，中英联合声明正式签署，招待宴上，撒切尔夫人连举茅台酒干杯，当她步出宴会厅汉白玉石阶时，差点摔了一跤。美联社新闻标题为此打趣说："'铁娘子'不敌茅台酒的威力，醉倒在北京人民大会堂国徽下面。"

近一百年来，茅台小镇出产的"国酒茅台"，不经意间创造了中国酒文化史上无数个第一，确实给整个世界带来惊叹和回味。

任凭时光流逝、时代变迁，"国酒茅台"已然成为中华民族向世界展现的第一张飘香名片；而创造这张名片的小镇——茅台镇，始终坚守一个信念：酿造世界上最完美的酒！

仁怀市

喜头镇

喜头镇位于仁怀市东北面，地处奶子山脚下。东毗芝麻镇观音寺，南接坛厂镇楠木坝，西界中枢镇水塘，北邻学孔乡上寨。地形以山地为主，西南多系高山丘陵，东北多属低谷坡地。境内山峦起伏，群峰叠嶂，沟壑纵横，坡陡谷深，地貌类型多样，海拔高差大。最高点燕子岩，海拔1631米，最低点两河口，海拔612.5米，镇政府所在地海拔1040米。

镇境内亚热带季风气候明显，四季分明，冬无严寒，夏无酷暑，无霜期长达290天，年均降雨量1030.6毫米，日照时数1420小时，年平均温度14℃左右，最冷月平均气温约5℃，最热月平均温度22℃。气候、植被、土壤差异明显，形成了各具特色的自然景观，奶子山山脉如高耸的巨龙，长卧在南北境界，井坝河、云乐河似两条飞舞的彩带，将喜头集镇环绕。全镇总面积91.4平方千米，其中耕地面积25011亩，森林覆盖率达31.2%。喜头镇共有6村1社区，110个村民组，5681户，总人口25162人。从人口构成情况看，农业人口24571人，非农业人口591人，其中男13264人，女11898人，汉族24401人，少数民族496人。

中国酒都第一杉

喜头镇有两株参天巨杉，被誉为“中国酒都第一杉”，屹立在奶子山下中心村一个方圆数十丈的小山包上。杉王身高34.88米，冠幅周长29米，枝下高5.8米，胸径1.91米，材积40.7立方米。巨杉东临银泉喷壁出、秀水破峡流的滚牛塘瀑布，西依莽莽苍苍、雄立群峰的轿子鼎大山，南接宽阔秀美的肥沃田园，北拥修竹掩映的落落村庄。

这两株巨杉的历史，据有关地方史料记载，张存荣于明万历年间（1620年）从江西入川隐居，后落业于今中心村。张存荣亡于清顺治末年（1661年），此树是墓主生前从外地精心选种携回种植培育而成，名为“错节杉”，又名“夫妻杉”。以此推算，两株巨杉迄今已有300多个春秋了。有邑中科选贡周贞（别名周若愚，仁怀市中枢镇人），于1945年春前往参观，乘兴为两株巨杉赠名：一曰“杉王”，一曰“杉后”，并挥毫疾书于树干上，至今墨迹依稀，杉王杉后之称由此而得名。

杉王、杉后，至今已经受风霜雪雨的洗礼，年年长新枝，岁岁发嫩芽，且四周青山绿水环抱，风光旖旎，有游人到喜头游览、休闲，都不忘了到杉王、杉后处一观，以感觉喜头与众不同的风土人情和喜头人民勤劳善良与热情好客的美德。

蕴藏丰富

喜头经济主要以农业和畜牧业为主，鱼塘、华利多为平坝，喜锋、先锋水源较活，盛产水稻、油菜，其余村组坡地较多，盛产玉米、小麦、高粱、烤烟。随着耕作技术的不断提高，优良品种得到推广，农村经济大幅度增长。

镇境内的米江、共和一带，蕴藏着丰富的煤矿、硫铁矿、石灰石、磷矿、高岭土、铅锌矿等，其中煤矿和硫铁矿储量丰富，最具开发价值。

喜头有较为丰富的旅游资源，古朴的自然风光，有引人入胜千姿百态的溶洞，有酒都第一杉王和千年古楠木，有红豆杉、银杏、桂花、紫荆等珍稀树木，有“天然氧吧”之称的奶子山森林公园，有飞流直泻的滚牛塘大峡谷，还有景观奇特的两河口自然风光，有具有地方风味、地方特色的擂茶，有古画“大脚门神”和石刻“三鱼共一眼”等等，这些点缀着喜头的古朴神秘，为喜头发展旅游业提供了得天独厚的资源。

红色记忆

喜头是一片神奇的土地。遵义会议后，蒋介石企图把红军消灭在乌江以北，赤水河以东的遵义地区，重兵把守，严密监控。红军面临聚歼的危险，毛泽东急中生智，以灵活机动的战术，从敌人忽视的喜头至干溪这条缝隙中穿插南进，1935 年 3 月 25 日，那位影响世界格局的伟人——毛泽东率红军数千人路经喜头，在这片土地上活动了两天，住了一夜，住镇内竹林湾，次日经土地坎、天子庙（今共和村）进入遵义县芝麻镇竹元洞口坪，留下了红军官兵二万五千里长征的足迹。

勤劳俭朴，吃苦耐劳，勇于进取，甘于奉献的喜头人民，在社会主义建设的征程上，已取得了辉煌的业绩。生活在这片热土上的人民正以崭新的姿态，求实的精神，科学的态度，饱满的热情，立足“生态立镇，畜牧强镇，科技兴镇，产业富镇”的发展理念，励精图治，开拓创新。力争用 10～15 年的时间，全力实施“打好生态牌，巧念致富经，做活旅游业，建成后花园”的发展战略，以坚定不移的信念、埋头苦干的作风，竭力建设好生态喜头、富裕喜头、文明喜头、和谐喜头。

云山乐水

走进仁怀市喜头镇云乐新村，一条宽阔的河流穿村而过，河岸翠柳依依，坡屋面、小青瓦、雕花窗、灰面墙的小楼房鳞次栉比，古色古香的亭台楼阁错落有致,村寨里处处樱花点缀,户户绿树成阴,道路布局有序,景观设计独特雅致,庭院雅致,廊宇回环……身处其间,无不感叹这美丽新村的"云山乐水"。

这些看得见、摸得着的美丽乡村景象,是实施扶贫生态移民搬迁工程带来的。

实施生态移民搬迁工程,是省委、省政府抢抓中央新一轮扶贫开发机遇,统筹推进城乡发展,围绕"两加一推"主基调,实施"四化同步"主战略,确保与全国同步建成小康社会的重大战略决策。

2012年9月,喜头镇按照省委、省政府实施生态移民搬迁工程的要求,实施中心村"云乐新村"扶贫生态移民搬迁工程,累计投入生态扶贫搬迁资金近6000万元,设置了四个移民安置点。在项目建设中,不仅修建了安置区通道、河堤、排洪渠、拦水堰、人行桥、休闲亭、文化广场、活动中心、停车场等基础设施,还安装排污管网、安全人饮管网、护栏、太阳能路灯等,至2013年9月30日,主体工程全部竣工。修建房屋168幢,修建安置区通道8条总长3094米、河堤1024米、排洪渠335米、拦水堰5座、人行桥3座、休闲亭3座、1500平方米的农民文化广场一个、农民文化活动中心400平方米、3000平方米停车场一个,园林绿化2500平方米,实现移民搬迁168户,712人。

通过实施扶贫生态移民搬迁工程,原贫困地区群众的生活发生了可喜的变化。

现在的生活与过去相比,简直是天壤之别。村民张启会是从偏远的贡河村搬迁过来的,坐在自家门前的石凳上,望着眼前绿意盎然、五彩缤纷的花草树木,说起搬迁后给生活带来的新变化,她乐呵呵地说,"要说变化呀,那简直是太大了,都是实实在在看得见的"。张启会说,未搬迁前,她们一家四口人挤在50余平米的土墙房里,进出只有一条泥巴路,房前屋后都是横七竖八的猪圈和露天厕所,天气一热,苍蝇蚊子乱飞,臭气熏天。现在,搬到这里,环境整洁干净,新修的水泥路四通八达,住起安逸多了。"我们这一辈人是遇上了党的好政策,走出了大山,住进了楼房,一出家门处处都是景,天天就像生活在画中一样,以前连做梦都想不到能在这样好的环境中生活。"张启会说这话的时候,一脸的幸福感。

生态养殖

在仁怀市喜头镇双丰村村民秦元龙家,这个占地约70平方米的养殖场,进口处配有消毒池,圈内安装有自动饮水阀,用料槽和排料通道白色瓷砖砌成,通道出口与配套建成的沼气池连接。去年10月以来,他已出栏肥猪12头,净赚5000多元,加上沼气池一年少用3吨燃煤,又节约了1000多元。

喜头镇有丰富的自然生态资源,这些为发展循环生态养殖提供了有利的条件。镇党委、政府通过对不同区域不同条件的村、组进行规划,紧紧抓住整村推进扶贫开发的大好时机,在全镇范围内推广循环生态养殖模式,使生猪养殖逐渐成为当地的一项支柱产业。

该镇充分发挥科技养殖协会的作用,在全镇7个村(居)的11个养殖小区进行技术推广,采取集中举办培训班、印发宣传资料、送科技下乡等形式,将生态养殖技术送进农户家。该镇还选派专业技术人员挂帮养殖大户,现场指导圈舍的改造和沼气池建设,将生态养殖、沼气池建设和无公害畜产品生产相结合,打造一批新农村科技致富典型。通过养殖大户的示范带动,引导全镇农民摒弃传统养殖观念,因地制宜推行"猪—沼—粮""猪—沼—菜"等多种生态、高效的循环生态经济发展模式,真正实现沼液达标排放。

在喜头镇,像秦元龙这样的生猪养殖大户有36户,全镇10头以上的生猪养殖大户有70余户,配套建成的沼气池已达400余口。

云乐新村

云乐新村地处怀北,大山阻隔,地势偏僻,由于历史和自然的原因,过去,这里基础薄弱,产业

单一,经济比较落后,是典型的“靠天吃饭”传统农业村寨。然而,随着城镇化发展的加速,云乐的区位优势也日渐凸显,这里年平均气温15℃左右,是天然的清凉世界、养生之地,有玉乳峰雄、古树垂荫、红军长征过喜头等景点;盛产天麻、杜仲、灵芝、泡参等名贵中药材;酒都杉王杉后、千年银杏、千年古楠木、红豆杉等多种古大珍稀树种遍布于新村四周;附近的奶子山森林公园是酒都最大的氧气站,是休闲避暑的好去处……

如何找准发展切入点,充分发挥云乐新村所具有的区位、气候、生态、环境、民俗等优势,在仁怀市和喜头镇以及相关部门的帮助下,云乐新村党组织抓住生态移民机遇,带领村民转变观念和思路,制定了集娱乐、休闲、避暑、度假、观光、旅游为一体的美丽乡村发展规划。

乡村旅游示范点“云乐新村”采取“项目捆绑、集中打造”模式进行。小青瓦、坡屋面、雕花窗的黔北民居依山傍水、错落有致,休闲广场、星级厕所、停车场、观景台、健身步道、幼儿园、卫生室、中小学、敬老院等配套设施一应俱全,乡村旅游基础设施逐步完善。

为发展乡村旅游,云乐新村采取“支部+协会+农户”模式,组建运输协会、建筑协会、蔬菜种植协会、餐饮旅馆协会、个体工商协会;启动现代高效农业示范园建设、注册成立了云乐乡村旅游发展专业合作社,统筹集体发展和个体发展。如今,已培育吃住玩一体化特色农家乐20多家。云乐新村乡村旅游产业链已初具雏形,预计每年可接待游客约5~10万人,项目所涉及的农副产品收入户均增收1500元,农家乐餐旅馆户均年收入约15万元,户均增收约5万元以上。目前,紧扣“生态”“养生”和“休闲”为主题的云乐景点,已成为仁怀乡村旅游的一张名片。

行走在云乐,商铺热闹非凡,游客来来往往,村民种植的紫香芋、泡参、大蒜等特色农产品供不应求,养殖的土鸡、鸡蛋成了当地农家乐的招牌菜……

云乐新村的一切发展要素被激活,村民们致富奔小康的步伐在加快。

绥阳县

蒲场镇

蒲场镇位于遵义县之北、绥阳县之南的交界地区，全镇面积 136 平方千米，其中集镇面积 2 平方千米，辖 7 村 1 居 1 社，有 23 个党支部，共计 871 名党员。总人口 4.2 万人，其中非农人口 2704 人。

蒲场镇山区秀丽，气候宜人。年平均气温 15℃左右，降雨量 1140.72 毫米，无霜期 285 天左右，年日照数 1114.2 小时左右。

四面环山风景如画

蒲场镇四面环山，中心一平坝，名曰七甲坝。其北接于风华镇，西北上而为八甲沟，正南为九甲坝，东西面皆崇山峻岭。中有一丝带之河，上源自九甲五星水库，逶迤北流，至七甲时汇于螺江河。

此河将蒲场各地村寨连为一体，如同一条银线串起的一颗颗珠宝。河水清澈见底，水草肥美，鱼虾嬉戏，微风袭过，鳞波泛起，三两鸭群，六七白鹅，交替鸣唤，水面游弋……两岸垂柳依依，绿草成茵，田园碧野，耕牛牧童，花红果绿，莺歌燕舞，小桥村寨，炊烟人家……为这片土地注入了奔腾的活力。

蒲场旅游资源丰富，有后水河、天门奇观、仙岩溪瀑布、马斑岩瀑布、龙泉洞、雄师回首、骆驼峰等风景区。这里的瀑布、河流、溶洞、山林融为一体，蕴含古朴绿色的文化内涵；这里的水声、风声、林涛声、鸟叫声，吟颂着别具一格的诗情画意。丰水季节，瀑布水势浩大，涛声如雷，阳光之下，水雾折射的霓虹斜跨山谷，蔚为壮观。枯水时则万缕银丝垂挂，涓流细水，飘飘洒洒，溶入泉洞，化作一湖微漪柔澜。右岸绝壁千仞，藤蔓丛生，右岸紫岚萦绕，嵩升岳降。多处险峰、峻岭、绝壁、奇洞等喀斯特雄奇地貌，与清溪、流泉、松林、花坡、野径、千年古银杏等秀美景观遥相呼应，相得益彰，在方圆数千米的小地盘间，浓缩了大贵州的山水风光。

天人合一的境界，在众多的风景区中，却是独树一帜、别具风格的，是贵州山水风光的荟萃之地，可谓贵州地质博物馆，适宜于生态旅游、休闲娱乐、野营度假和避暑疗养。

河东地势平坦、良田万亩，是本镇的主要粮食产地。镇中心位于螺江河与贵州“207”省道交叉之地，交通便捷，人口密集，是绥阳县的三大重镇之一。城镇建筑皆集于公路两侧，从南至北，整齐划一，而乡村房屋皆靠山而建，因此，蒲场形成了山川、土地、、乡村、田园、城镇。山川的南北像清晰的丝带状的对称分布，民风淳朴，教化盛行，正在社会的变革中展现出她的魅力。

九甲之上，有一水库名为五星水库，湖水澄澈，河风清凉，是为其地主要的水源，用以灌溉农田，八甲之上亦有一水库，源自西山之间，东向奔流而来，是为螺江之干流，大桥水库之水是整个蒲场镇灌溉用水的主要源头，而村中之民，则以饮山泉为主。大小山泉皆源自东西山脚下。泉水清澈见底，寒凉异常。养育着整个城镇上万的人口，还有大群的禽畜、鱼鸟等。

金山银山与绿水青山

既要金山银山，也要绿水青山。综观蒲场自然、经济和社会发展，具有优势明、生态良、经济活、文化盛等特点。

优势明。蒲场是绥阳县南大门和遵义市的后花园。距遵义市25千米，距县城10千米，207省道和绥遵高速公路贯穿全境，从蒲场到遵义只需15分钟，到县城大约10分钟，交通十分便捷。加之扩权强镇改革、统筹城乡改革、农村产权制度改革三驾政策马车并驾齐驱，土地资源、金融资源、人力资源三大工业要素强力保障和绥阳县委、县政府的关心、社会各界支持和帮助，共推蒲场经济社会的发展。

生态良。自然环境优越，后水河河水和九曲螺江穿流而过，拥有一流的空气和水质。

经济活。农业方面：蒲场万亩大坝系全省17个万亩大坝之一，是遵义市农业新老五突破和万元田的发源地。按照农业现代化的要求，积极探索土地流转模式，推动土地向大户集中，形成集约化、规模化、产业化方向发展，通过大力扶持春梅酿造厂和屿步专业合作社等“龙头”企业和“农超对接”，带动儒溪、高坊子、七九等村1500多户农户发展蔬菜种植，市场遍布遵义、贵阳和重庆等地。工业方面：按照上级新型工业园区的规划，已被纳入全省经济技术开发区范围内，是全县工业发展的主战场之一，在镇境内的煤电化一体化循环经济园区水泥厂已经投入生产，电石和烧碱已经完成场平工作。镇内主要规模企业包括：中绥水泥、金狮金属合金、恒聚合商混等。

文化盛。蒲场人几乎都是外迁进来的，各处的村

庄往往都是以姓氏命名的，集市成了多元文化交流的地方，蒲场人有自己严谨的信仰，主要体现在宗族、习俗、文化态度上，每个姓氏的村庄都以各自的香火祭祀祖先，香火是以天地君亲师位书写的堂屋牌位，中间是祖先圣贤，楹联则说明家族堂号来源。

每年的新年（一年之始）、大年（正月十四，亮灯祭祖）元宵、清明（祭祖）、小端阳、大端阳（缅怀大诗人屈原）、七月半（祭祀荒野鬼神）、中秋（聆听传说，团圆）、重阳（丰收，登高）、冬至（过年开始，可以杀猪了）、除尘（腊月二十四）、除夕（小年，家庭团圆，欢度一年）都是当地人所过的节日。西历的任何一个节假日都不被作为节日。

宗教方面，大多数人信奉道教，但也有佛教。当佛教已逐渐丧失感召力时，基督教等外来宗教开始内传。但除市集和部分文化落后、经济却发展较快的村落接受外，其他绝大多数民众已只信仰道教。蒲场从明清到民国，从民国到新中国成立，都没有多大的社会动荡，基本思维还是封建时期的儒家思想占主流。子女降生后，都遵从“学而优则仕”的理念，十分注重文化培养。

蒲场镇是绥阳县先进文化的代表。唐朝贞观年间，柳宗元在蒲场镇大溪源将儒学与溪流联句即为“儒溪”，把四合院取名“儒溪书院”，其意即儒家弟子似溪水长流，儒溪书院在贵州都算比较早的书院。当代诗人李发模，也是蒲场大溪人，他的诗歌《呼声》荣获中国首届诗歌奖，被苏联作家叶甫图申柯称为“中国新诗的里程碑”，他曾被评为读者最喜爱的全国十大青年诗人之一。2012 年 3 月，绥阳县蒲场镇荣获贵州省精神文明办公室、贵州省文学艺术界联合会以及贵州省诗词楹联学会联合授予的“诗词之乡”称号。

发展规划：按照“抓产业增经济促农民增收，抓项目建设改善群众生活环境，抓城乡环境美化改善生活质量，抓社会治理实现农村和谐”的工作思路，确保 2016 年全面实现小康。

充分发挥绝对优势，打造周末井喷经济。交通优势：207 省道、遵绥高速公路、城市干道三条主动脉贯穿全镇，公路交通优势更加显著；政策优势：扩权强镇改革、统筹城乡改革、农村产权制度改革三驾政策马车并驾齐驱；资源优势：土地资源、金融资源、人力资源三大工业要素强力保障。

观光农业与生态安全

近年来，蒲场镇紧紧围绕“农业增效、农民增收、农村发展”的现代农业发展目标，坚持“高新高产、优质高效、生态安全、观光休闲”的农业发展规

划，加速农业产业化发展的步伐。

科学制定规划编制。高度重视农业产业发展规划，通过科学的规划，确保了该镇各项农业发展的优势资源利用最大化。全镇目前规划了美丽乡村·农家度假园区、传统农业体验园区、观光农业科普园区、精品果蔬园区、休闲农业养生园区和高山药材基地等6个现代农业园区。

全力服务招商引资。现成功引进广东省惠州市绿棚农业科技有限公司落户该镇注册公司，并开工建设集产、学、研一体的总投资达5000万元占地300亩的现代农业高新技术示范园区。与贵州大学校办产业总公司、贵州正军园林建筑工程有限公司达成初步协议，拟建设总投资1.2亿元、占地1800亩集休闲、度假、养生、科研等功能为一体的现代农业园区。正在洽谈的蔬菜冷冻项目，预计投资3000万元。

重点谋划产业结构调整。该镇坚持因地制宜的原则，在稳定粮食种植面积，确保粮食安全的重要前提下，加快农业产业结构调整的步伐。通过镇土地流转中心和村土地流转工作站，集中流转了土地8000亩，为推动现代农业向集中集群集约发展奠定基础。蒲场村建立精品水果基地150亩，种植提子、樱桃、李子各50亩，在高坊子村建立260亩吊瓜基地，另外还种植核桃1100亩、杨梅1500亩、猕猴桃150亩。通过土地流转既守住了该镇的耕地红线，又最大限度地盘活用好了全镇现有的土地资源。

合作社建设发展良好。该镇现有农村专业合作社共11家，产业涉及果蔬种植、生猪养殖、烤烟、农业机械服务等方面，其中已产生效益的6家专业合作社产值已达到822万元，其中的屿步蔬菜种植农业专业合作社，已与老干妈等知名品牌长期合作，在品牌效益和经济效益上都有令人瞩目的成绩。该镇重点扶持培育的农业产业化龙头企业也初具规模，以"公司＋基地＋农户"的运作模式，建立了辣椒酱、雪里蕻加工厂，年加工辣椒1500吨，年可加工雪里蕻6000吨。

旧城改造与新城建设

以"建新城、改老街"的城镇发展思路，加大集镇重点项目、基础设施建设力度，全面完成全镇1∶500地形图测量，规划建设2.25平方千米的新城镇，启动新城规划和湿地公园等设计。完成新建集镇供水池和集镇供水管网改造。大力实施环境整治行动，落实保洁人员专门对集镇卫生进行保洁，城乡环境和面貌明显改善。

启动农村通村公路"三年大会战"，开工建设集镇—大桥三棵树—后水河和蒲场镇街道—儒溪村太平小学等通村公路建设。以绥遵高速和207省道两旁为重点，大力开展"四在农家·美丽乡村"建设，投入资金481.23万元改造"四在农家"364户，改善农村住居条件，成功打造宜安社区、高坊子凤裕村寨等精品示范点。

绥阳县

太白镇

太白镇位于绥阳县北部，距离县城约 82 千米，平均海拔 1100 米，南北长约 75 千米，东西宽约 56 千米，总面积约 174 平方千米，东南与正安相邻，西北连桐梓县，东接青杠塘镇，西抵黄杨镇，是绥阳县较为边远的乡镇之一。

太白镇现有人口 2 万多人，常年在外务工者有 5000 余人，在家劳动力有 7000 多人，全镇下辖 7 个村，有耕地面积 3.84 万亩（习惯亩），其中田面积 7340 余亩，全年粮食总产量 5500 余吨，农业生产以烤烟为支柱产业。交通极为方便，S303 横穿该镇，村级公路已实现村村通。

太白镇属于高寒山区，海拔在 900 ~ 1400 米之间，平均海拔 1120 米。土壤略带碱性，大部分土壤适宜生长“豆香型”优质烤烟，太白镇立足于此，将烤烟作为传统支柱产业，也是太白的特色品牌产业，全镇 8000 亩优质烤烟年产值 3000 万元，创利税近 600 万元，仅此一项太白年人均纯收入增加 1100 元。

资源丰富的农业大镇

一方水土养一方人，地处渝黔气候分界线的太白，四季分明，气候宜人。太白镇属于高寒山区，海拔在900~1400米之间，常年平均气温14.5℃，夏季平均气温18.5℃，空气中负氧离子含量最高点达到4万个/立方米，无霜期234天，常年降雨量1024毫米，即使炎炎夏日也可以感受到凉爽的山风，是避暑养生的好去处。

太白河在该镇的山脉间蜿蜒，哺育着一代代太白人。太白充分利用太白河丰富的水资源，大力发展冷水性淡水鱼养殖，由重庆润蓝农业发展有限公司投资1.2亿元开发的太白河淡水鱼生态渔业观光园将实现年产鲟鱼、鳟鱼等冷水性淡水鱼350吨，年产值1500万元的规模，达成后将成为西南地区最大的商品成鱼基地。

味道鲜美的方竹笋是太白的又一大农业支柱。得天独厚的生产优势，让太白成为贵州境内大娄山脉中唯一竹资源最为丰富的乡镇。近年来，太白镇拟在海拔1400米以上的火秋坝、大河等地补植10万亩方竹林；海拔1000~1400米的太平、富裕、高坪等地打造万亩烟区和金银花种植带；海拔1000米以下的水坝、凤凰、官庄等地打造淡水鱼、生猪养殖基地。2014年共种烤烟7933亩，改植方竹林1万亩，方竹笋加工厂即将动工建设，太白镇拟建成生产、加工一体化的方竹产业。

此外，太白镇示范种植金银花、核桃、葛根、水晶石榴3000亩的经果林产业示范区已初具规模。年出栏1.5万头的凤凰、官庄黔北黑猪养殖基地已经成形；羊肚菌、灵芝已经试种成功，即将开展技术推广。

全镇成立了14个种养专业合作社，专业化运作、辐射带动格局已经初具雏形。高山生态猪牛羊养殖是太白发展生态产业的重要支点，崽多福养殖场的仔猪远销遵义、贵阳，全镇年存栏肉牛10000头，黔北本地土山羊15000只，商品猪存栏25000头。

生态良好的高山小镇

太白是全县最为边远的乡镇，但是太白人不安于现状，虽然边远但不边缘，为此该镇开展了“十破十立”解放思想大讨论活动，全镇干部解放思想、理清思路为太白镇的经济发展扫清了障碍，汇聚了合力。太白的山和水铸就了太白人敢想敢拼、开放包容的精神，根据太白的镇情实际，太白的山和水更是后发优势所在，这个优势就是生态，所以太白立足“生态”做规划，围绕“生态”抓产业，依托“生态”促发展，全力打造全国最美高山生态小城镇。

2014 年以来，太白镇共开工项目 18 个，计划总投资 5.6 亿元，其中亿元以上项目 2 个，千万元以上项目 3 个。引资 2.5 亿的榴心苑小城镇项目一期商品房和客运站已经建设完成，二期商品房及农特产品交易市场全面开工建设；引资 1.2 亿的富源生态养殖观光项目一期鱼池建设完成；投资 600 万余元的集镇道路“白改黑”、投资 4000 万的百花滩水电站、小康示范村等项目正在有序推进。

前景广阔的旅游小镇

51%的森林覆盖率，连绵的原始森林里至今仍有野猪野、鸡等野生动物。由于以前受交通条件的制约，旅游资源一直未被外人所留意。两边高山所夹的峡谷，深而长，鬼斧神工，素有“一线天”之称，富裕村的“天生桥”，天然生成，飞架南北，叹为观止，巧夺天工。与本镇相邻的已开发景区有九道水、九道门、温泉、溶洞等。还有该镇的火秋坝、大河自然保护区，与宽阔水自然保护区连为一体，是西南地区气候的“咽喉”，其间藏有许多稀有动植物和名贵中药材，数量大，品种多。特别是国家一级保护植物罗汉松，在大河境内随处可见，甚至有几个山头上全是罗汉松。

太白方竹为禾本科竹类植物，秆直立，高 3～8 米，竹秆呈青绿色，小型竹秆呈圆形，成材时竹秆呈四方形，竹节头带有小刺枝，绿色婆娑成塔形。方竹叶薄而繁茂，蒸腾量大，容易失水，故多分布于阴湿凉爽、空气湿度大的环境中。方竹竹秆方形，别具一格，除了观秆外，也是适宜观笋观姿的竹种。此外，其秆可制作手杖。笋味鲜美，可供食用。

方竹主要生长在海拔 1400 米～2500 米的高原山区，迄今所知，在全世界只有七个地方产方竹，太白镇就是其中之一。方竹的药用价值和养生保健价值都很高，同时经烹饪还是一道山珍佳肴，因此具有很高的经济价值和市场潜力。高坪村驻村工作组的同志们得知高坪村的野生方竹多且长势好，便与村委会的同志们共同商讨野生方竹的移栽种植方案。并找专家到实地调研，考察移栽野生方竹的可行性。

为了帮助拓宽当地群众的致富之路，为了鼓励群众种植方竹的积极性，凡是愿意利用自己土地种植方竹的不但工钱照算，而且日后的收益全部归群众自己所有。利用村集体土地进行种植的，日后收益全部归村集体经济所有。此举一经实施得到了当地群众的高度赞扬，都说现在的干部是真心实意地在为群众办实事、办好事、谋发展。发展村集体经济和带领群众致富是一个很艰巨的任务，过程也是曲折和漫长的，需要我们党员干部的齐心协力才能去完成和实现的一个梦想。虽然任务艰巨，道路曲折漫长，但坚信通过大家的努力定能实现太白同步小康的梦想。

太白镇新造方竹林 10000 亩，改造现有低产林 10000 亩，引导建立能带动 2000 人以上的专业组织 1 个，扶持加工企业 1 个。分别是 2011 年在太平火秋坝新造 1000 亩、改造 2000 亩；2012 年在火秋坝新造 1000 亩、改造 2000 万亩；2013 年在太平火秋坝新造 1000 亩、改造 2000 亩；2014 年大河新造 1000 亩，改造 2000 亩；2015 年高坪新造 1000 亩，改造 2000 亩。

火秋坝水库位于太白镇太平村的火秋坝上，因山势而成“Y”字形，四面群峰环绕，青山绿水，风光旖旎。山风吹来，水波成浪，碧竹摇动，凉风扑面而来，透人心脾，好不舒畅。太白镇火秋坝一带有山有水，水库周边竹林密布，四季常绿，旅游资源十分丰富，并且紧靠市旅游重点项目“黄石公园”，是三县交界之地，区位优势明显，具有很强的可开发性。

目前，太白镇正在紧抓基础设施建设，只有交通便利了，才能使更多的人知道和看到火秋坝的美丽景色，才有更多的机会将太白的旅游产业推广出去，吸引更多的开发商和企业家入驻太白。

宽阔水自然保护区

宽阔水自然保护区南北长8千米，东西宽3千米，总面积86772亩，海拔1300~1750米。平均气温为10.2℃~12.8℃。夏季凉爽，冬季寒冷，降雨丰富，日照少，云雾多，冬季雪期一般3~4个月。

林区西侧有两条较大的河流，一是宽阔水河；另一条是干河沟河，由北向南在中坪汇合，称“羊岩河”，注入芙蓉江。宽阔水林区，是贵州乌江支流芙蓉江的主要发源地。1957年和1978年先后修建两座水库：宽阔水库（王家水库），蓄水面积20万平方米；另一座金子水库在林区中心后山洼地，可蓄水60万立方米。

保护区内林地有138000多亩，覆盖率达37%。植物种类丰富，木本植物有64科、28属、252种，12变种。植物区系最主要的特点是原始古老，源于中生代白垩纪有的木兰科、樟科、壳斗科、槭树科等15科的植物。新生代第三纪残留下来的有珙桐科、紫树科、山茶科等22科。林区内有国家一级保护植物珙桐；二级重点保护植物香果树、鹅掌楸；三级保护植物穗花杉、白辛树、领春木等；还有许多重要经济树种，如杉、铁杉、华南桦、椴树和漆树。

林区是原生性落叶常绿阔叶林混交林。它是第三纪残留下来的古老植物，分布集中，保存完整，实属国内少见。珙桐，开白花，形似鸽子，盛开时远望宛如满树白鸽，因名“白鸽树”，是我国特产的单科属植物，是世界著名的观赏树种，是第三纪古热带植物区系的孑遗种。以古老稀少、珍贵和适于庭院观赏誉满全球。其存在并延续至今，反映本地区未遭到古气候、古地理、古生态影响，具有重要的研究意义。

区内的动物资源丰富。据初步调查，脊椎动物和昆虫约418种。两栖类2目7科9属19种，有黄斑小鲵、经甫树蛙，并有雷山和梵净山两地所有的种类，如小角蟾、棘指角蟾、弹琴蛙、花臭蛙等。爬行类2目5科14种，珍稀种类有花尾斜鳞蛇、黑脊蛇、棕黑游蛇。鸟类达148种，分属15目32科，占全省鸟类总数的36.7%，其中33种鸟类为我国与日本协定保护。我国所需保护珍稀鸟类有3种，红腹角雉、白冠长尾雉、红腹锦鸡；还有11种其他地区少见，仅本区常见的鸟类，如红翅绿鸡、蓝喉太阳鸟、棕腹大仙鹟等。小型兽约24种，特有的沙巴猪尾鼠、微尾鼩、大长尾鼩；大中型兽类共22种，其中珍贵兽类达6种，属国家二类保护动物有云豹、金钱豹、林麝、毛冠鹿；三类保护动物有大灵猫、小灵猫。

区内有溶洞隐藏其间，洞内泉水潺缓，洞外瀑布飞挂，石林成片。分水岭直矗云天，险峻陡峭。“之”字形公路沿悬崖陡壁而上，奇景到处都是。原始森林是天然的动植物园，有珍禽异兽，奇花名木。林区内太阳山高达1751米，是游人看日出、赏夕阳的好地方。

桐梓县

黄莲乡

“黄莲美景十二村，村村如画处处情。新庄蹦极跳世界，天麻煮酒论向坪。观湖祈祥步道竹，银山垂钓晓月明。蜜蜂戏蝶湖南洞，黄莲竹海金鸡鸣。白果水乡大溪河，牛羊叫响大路井。核桃板栗香芭蕉，后深赏画十里行。高原果蔬产螺蟹，猕猴桃酒醉君临。鬼斧神工雕琢景，黄石公园惠世人”。

此诗，是桐梓县黄莲乡党委书记兰玄德对该乡十二个村的发展描绘，这十二个村分别是新庄、向坪、道竹、银山、湖南洞、黄莲坝、大溪河、大路井、芭蕉溪、后深溪、上螺蟹和下螺蟹。

黄莲乡位于桐梓县县域中北部，东接正安县庙塘镇、绥阳县太白镇，西、北抵本县木瓜镇、水坝塘镇、小水乡，西、南邻松坎镇。乡人民政府驻地黄莲坝，距桐梓县城约115千米，最高海拔1920米，平均海拔1400米，政府所在地海拔1640米。全乡共辖12个村，39个村民小组。乡域面积191.17平方千米，耕地面积为1.12万亩。

地质地貌条件独特

黄莲乡属典型的喀斯特地貌，位于大娄山脉，属亚热带季风气候，全乡以高山峡谷地貌为主，境内沟壑纵横，地表切割严重，境内最低海拔660米，最高海拔1920米，同时也有高山峻岭和危岩奇峰，以及碳酸盐、岩形成条带状的垄岗溶谷地及千姿百态的峰丛峡谷。景区属亚热带山地气候，气候垂直变化十分明显，四季分明，全年平均气温13.1℃，年平均降水量1588毫米，年均相对湿度78%，无霜期200天左右。

从气候条件来看，景区冬季可以赏雪、滑雪、看冰凇等，夏秋两季可以以休闲避暑、生态旅游、徒步探险等为旅游项目，全年适宜游期长。景区内河流分布广，在涉及的黄莲乡、木瓜镇等14个行政村，除黄莲坝村和湖南洞村无河流分布外，其余各村均有河流、溪水。境内河道天坑、暗河、泉洞很多，还有地表人工湖1座，地表自然水泊2座，有着丰富的地下水资源，可开发利用资源装机量1万千瓦时，已开发小水电站5座，装机共量达4千瓦时。

景区森林覆盖率达70%以上，拥有林地20余万亩，其中灌木林9.73万亩。森林植物种类多样性特征显著，保存了大量濒危孑遗物种资源，境内有高等植物180科，436属，1086种。属国家重点保护的植物有27种，贵州省新记录品种58种，其中山核桃、鹅掌楸、白辛树、厚皮栲常以群落分布。景区内还有银杏、野生天麻、野生黄莲和柴胡等数十种名贵药材。

良好的生态环境为野生动物的栖息、繁衍提供了优越条件。景区内已知高等动物212种。兽类52种，其中国家一、二级重点保护的野生兽类有林麝、穿山甲、黄喉豹、黑叶猴、毛冠鹿、猕猴、金钱豹等13种；鸟类128种，其中国家重点保护的有雕、红腹锦鸡、猫头鹰、隼等共24种。黄莲自然保护区还有近原生方竹3.3万亩，自2001年以来，通过人工新造方竹面积达2.5万余亩。方竹笋产量居全县第二位。良好的生物资源不仅是良性生态系统的重要保障，而且为开发独具特色的旅游产品，丰富旅游活动内容提供了良好的条件。

人间仙境看黄莲

2010年11月28日，重庆南方集团有限公司与桐梓县政府正式签订黄莲风景旅游区建设项目。根据合作框架协议，重庆南方集团拟投资65亿元，利用5～10年时间，将黄莲全境、小水月亮河及其流域、木瓜水银河及其流域整合在一起，形成一个面积约280平方千米的5A级综合旅游度假风景区，取名“贵州黄石公园”。

拥有世界上最长车道和拥有最宽车道的天然溶洞——欢乐洞，有千姿百态的峰谷景观，有绚丽多彩、奇石纷呈的岩溶洞穴，有水资源丰富的溪流、水泊，有孤峰独起、高入云霄的危岩石笋，有林深木茂、幽趣盎然的天花坪原始森林，新庄、螺蟹古寨岿然屹立、雄壮巍峨，天然断桥天造地设、巧夺天工，水银河上游水流平缓、清澈见底，上千亩的高山草场更如一颗绿宝石嵌在这神奇的高原。在集“幽、雄、险、巧、清、奇”为一体的风景遍布保护区境内，可谓山雄水秀、风景奇丽，处处是景，景景迷人。

黄莲乡虽然海拔高，但这里从来不缺乏四季美景，当你在其他地方再也看不到美景的时候，黄莲是你的最佳去处。说黄莲是人间仙境一点不夸张，这里一年四季都可以看到各种各样的鲜花。春天，你可以边看庄稼发芽边赏花；夏天，你可以边避暑边赏花；秋天，你可以边打果边赏花；冬天你可以边戏雪边赏花。正是因为黄莲的海拔高，所以当别处的美景都已凋谢的时候，黄莲的美景正盛。也是因为黄莲海拔高，所以这里的雾较多，站在山顶，看着脚下的山川都笼罩在雾中，人间仙境，正以最真实的面貌展现在你的眼前。

2012年，黄莲乡政府已向中央、国家环保部门申报为国家级生态乡镇，相信不久的将来，这里会为大家提供一个集生态、休闲、避暑、纳凉于一体的世外桃源。

世外桃源在黄莲

陶渊明先生的世外桃源是“采菊东篱下，悠然见南山”，在黄莲，这样的世外桃源处处皆是。居住银山村，你可每天划船垂钓，与鱼戏水；居住向坪村，你可天麻煮酒，约上三五好友，畅想人生；居住道竹村，观湖祈福，步上九千步道，既健身又可欣赏沿途风景；居住新庄村，遥望层峦山，感受当年的绝代风华，看群山峻岭，非新庄莫属；居住后深村，真正感受十里石画的震撼，与国家一级野生保护动物黑叶猴嬉戏；居住大溪河村，感受千年银杏的伟岸，小桥流水，与亲人共享宁静；居住大路井村，牧童带你感受小草花香，草地上，牛羊三五成群，悠闲自在，是一幅最优美的画卷；居住湖南洞村，你可与蜜蜂共舞，品着猕猴果酒，徜徉于欢乐洞，感受着世界上拥有最长、最宽车道的天然溶洞的壮观；居住芭蕉村，行走于核桃、板栗树群中，感受着它们对你的疼爱，遥看重山，层层叠叠，在石笋的庇护下，悠然自得；居住螺蟹，远离城市的喧嚣，吃着最原生态的粮食蔬菜，养生不再是空谈；居住黄莲坝村，健身娱乐样样齐全，你可感受五星酒店的磅礴，亦可感受竹海金鸡的小美景。黄莲十二村美景皆不同，但只要你身处黄莲，就是世外桃源。

负氧空气吸黄莲

黄莲乡属市级自然保护区，区内森林覆盖率达83.9%以上，拥有林地7.14万亩，被林学专家称誉为“竹笋之冠”的方竹资源5万亩，灌木林9.73万亩。有国家二、三级重点保护树种14种，其中山核桃、白辛树、厚皮栲常以群落分布，非常罕见。有国家一类保护动物黑叶猴、毛冠鹿、金钱豹和二类保护动物猕猴、猫头鹰等。境内原始森林面积达50平方千米。

黄莲生态植被未被破坏过，所以这里空气清新，氧气丰富，当你还在为每天不得不大量呼吸城市的尾气而烦恼，想出去呼吸新鲜空气洗洗肺时，

黄莲绝对是不二之选，来到这里，你才能真正感受到什么叫做新鲜空气。这里的空气是清新的，清风是凉爽的，泉水是甘甜的，在这里，你所梦想的所有都不是梦。

发展潜力看黄莲

黄莲乡被确立为贵州省“5个100工程”，成为全省重点打造的100个旅游景区之一。黄莲，正以你无法想象的速度发展着。

由于黄莲乡特殊的地理条件与得天独厚的森林资源，在发展乡村旅游及特色种养殖等方面，均有很大的发展潜力，目前特色经济作物主要以方竹、野生天麻、夏秋延季节蔬菜和野蜂蜜等为主，正成为黄莲乡经济社会发展的主导产业。

2014年，黄莲乡以高山特色农业产业园建设为核心，围绕中药材、有机蔬菜、经果、特色养殖、方竹等主打致富产业，增加老百姓收入；做好扶贫产业——即林下养鸡、生态养蜂、中药材，各投资100万元。

2013年以来，乡党委、政府领导主动跑部门、要项目，不断改善发展条件和民生环境，加强集镇建设。先后实施了集镇饮水、农村安全饮水及银山水库后续治理等水利工程共9个，涉及资金271万元；新修公路17千米，维修改造一事一议公路6千米；新修油路23.6千米。组织实施了11个教育项目建设，投入资金179.5万元；实施高压线路改造及变电站建设等项目12个；实施农危房改造、敬老院、干部公寓楼等其他项目9个；实施方竹林改造等产业发展项目7个。招商引资方面，2013年共签订意向性协议8个，签协资金达12.53亿元。目前，已落地项目8个，到位资金8.3亿元。北京天润能源公司的风力发电项目在黄莲落户，世纪煤焦的洗选厂项目投入运行，引资新建警训基地已完成了征地工作，引资新建猕猴桃庄园已初具规模。旅游开发打开局面，目前，已完成黄莲高端旅游景区总体规划，修建了香草坪露营区的公厕、饮水等基础设施建设，原始森林探险步道毛路修通。征地700余亩，建筑面积6万平方米的五星级大酒店建设和15万平方米的一期度假洋房建设初具规模，启动了商务酒店和二期度假洋房的修建。目前，五星酒店的1、2、3、4、6号楼主体结构全部完工，5、7、9、10号楼主体结构正在施工中，一期度假洋房共29栋，目前16栋已主体完工，其余楼栋正在施工中，黄莲四星级商务宾馆主体已完成到第9层，二期旅游地产3栋正在施工中，其余楼栋平场已完成。

电力设施方面，该乡35千伏变电站即将投入使用，这将改变黄莲的用电历史，再也不用担心冬季用电问题。

水利设施方面，新修水厂也将投入使用，该水厂容量达2000吨，可以满足至少30000人的日常用水。

集镇基础设施方面，现已完成街道亮化工作，人行步道正在施工中，新修下水管道已投入使用。

桐梓县

娄山关镇

娄山关镇地处遵义市桐梓县城，是全县政治、经济、文化中心，东邻茅石镇，西南接燎原镇，南与汇川区板桥镇接壤，西北与九坝镇相连，北与楚米镇相连。渝黔铁路、渝黔快铁（正在施工中，将于2017年建成通车）、210国道、崇遵高速公路纵贯镇境。镇内最高海拔1638.8米，最低海拔929米，年平均气温14.8℃，降雨量1052毫米，无霜期达300天左右，水热同季、冬无严寒、夏无酷暑，属典型的亚热带高原季风气候区和喀斯特中低山盆地山区。

全镇面积140.4平方千米，南北长19.8千米，东西宽12.4千米，镇境周长54.5千米。辖11个行政村和6个社区，管辖人口近20万人，由汉、苗、布依等18个民族组成。

万千宠爱集于一身

境内资源丰富。农业方面，因光热水富足，多种作物适宜生长，天然中药材蕴藏丰厚，主要经济作

物有烤烟、油菜、杨梅、李子和板栗等，方竹笋等更是享誉中外；现已形成粮油烟畜蔬菜为主的农业产业。工业方面，投资48个亿的火电厂建设项目已投入发电运营；矿产资源多，储量大，主要矿产有煤炭、硫铁矿、钾矿、石灰石，现已形成建材、化工、冶炼、煤炭、食品加工为主的工业产业。

娄山关镇历史文化悠久。有马鞍山旧石器晚期文化遗址，南宋鼎山县、播川县县城遗址、播川驿遗址、小西湖张学良将军囚禁处旧址、民国四十一兵工厂旧址、民国海军学校遗址、周西成专祠、周西成公馆以及佛顶山降龙寺、圆洞普陀寺、慈光寺、崇德观、长寿观、天主教堂。曾获得“全国小城镇建设示范乡镇”“乡镇企业亿元乡镇”“灯谜之乡”“拥军优属”等荣誉称号。

2013年，该镇GDP达到25亿元，完成财政总收入1.38亿元、固定资产投资完成41亿元，招商引资23亿元，农民人均纯收入8782元，城镇居民可支配收入突破20000元。

2014年是娄山关镇“小康攻坚年”，也是率先实现全面小康之年。2014年工作的思路是：按照“当先锋、打头阵、走前列、作贡献”的总要求，围绕“率先在全县实现全面小康”“一个目标”；把握“创新社会管理”和“提高农民生活质量”“两个抓手”；突出“‘两代表一委员连心桥’活动、美丽乡村创建、统筹城乡发展”“三个重点”；全力创建“安民、便民、乐民、康民”“四民社区”；全力打造“产业化、城市化、景区化、时尚化”“四化乡村”；抓牢“廉洁的作风、苦干的精神、过硬的制度、完善的考评、严格的督查”“五个保障”；推进“小康路、小康水、小康房、小康电、小康讯、小康寨、小康林”“七项计划”；实施“平安、美化、净化、连心，乡村旅游带富、基础设施致富、环境整治美化、公共文化创建”“八大工程”。

跳出镇域求发展，加快经济结构调整；带头转变观念，带头开拓创新，克服保守思想，看准的事大胆试、大胆闯、大胆干，建设醉美乡村，建设醉美娄山，集万千宠爱于一身的娄山关镇，用实际行动回答了什么是农村小康、什么是家庭农场两个课题。

城市建设堪称一绝

近几年来，娄山关镇的城市建设堪为一绝，以扶持资金100万元，银行贷款1000万元，征用土地140亩，建设长3613米、宽40米的黔北第一道为启动，滚动开发，相继建成了河滨开发区、中心商住区，实施旧城改造达三分之二多，使1601年建立县治，历经391年世事沧桑，城区面积2.2平方千米的县城，增扩到7平方千米，城镇住宅面积也由过去的25平方米增扩到现在的150万平方米。以县城建设为推动，娄山关镇经济实力快速增长，财税金融运行平稳，商贸流通日趋活跃，社会事业协调发展。2001年工农业总产值实现63708万元，乡镇企业总产值实现190264万元，非公有制经济总产值实现182131万元，粮食总产达16786吨，肉类总产量达2413吨，完成财政税收1286万元，创建综合集贸市场5000平方米。城镇建设设施配套，功能齐全，镇内拥有全省第一流的占地3000平方米的体育运动中心场馆1个，占地4000多平方米的文化服务中心城市1个、大型宾馆3座、电影院2个、设有床位500多个的医院1所、10万吨水厂1座、电视台1个、邮电电讯中心2处，全日制高中1所，中学和职高4所、出租车百余辆、金融机构遍布城区，是全省科技创先先进镇、社会治安综合治理先进镇、小康乡镇、先进企业发展先进镇、长防长治工作先进单位、“三五”普法先进单位、全国文明卫生示范县城、明星乡镇、小城镇建设示范镇。

目前，娄山关镇正紧紧围绕县建设“绿色生态走廊、特色产业之乡、工业经济大县、遵义卫星城市”的开发定位，抓住财源建设、乡镇企业、城市建设管理三个重点，务实农业及基础设施建设两个基础，激活非公有制经济、旅游开发两大经济增长点，着力推进着“环城工业圈、郊区农业圈、中心商业圈”和“210国道沿线生态示范带”的建设进程。

最美乡镇聚焦一村

杉坪，位于革命圣地娄山关之西北侧，总面积7平方千米，总耕地面积5800亩，总户数680户，4000多人口。

杉坪村，是红色故乡。

1935年春，红军长征二度攻克娄山关时，正是以杉坪村为进攻出发地，向娄山关守敌发起总攻，战事之惨烈程度，毛主席的《忆秦娥·娄山关》一词中的描述如历在目，“苍山如海，残阳如血……马

蹄声碎、喇叭声咽……”当年红军血战娄山关，仅荒瓜溪一线就躺下上百名红军战士。

“雄关漫道真如铁，而今迈步从头越”，在小康建设的征程上，杉坪人发扬红军长征精神，不怕苦、不怕累，在省市县各级领导的关怀、支持和帮助下，掀起了建设红色故乡的热潮，结合村情实际，高起点、高规格、高标准、高质量地建设革命圣地，打造美丽乡村。杉坪人从长远战略出发，以生态文明建设为最大载体，提出把乡村作为景区来认真规划，把民居作为艺术品来精心设计，把山冈作为绿色银行来拼力打造，把山水作为园林风景来精雕细琢，倾力打造4A级旅游区，建设“黔北第一村”。

近年来，杉坪村积极探索新农村建设与发展的方向和内涵，总结出了乡村产业化、乡村城市化、乡村景区化、乡村时尚化的“四化乡村”要求，掀起了一轮又一轮植树造林、治山改水活动，使全村森林覆盖率达到70%以上，成为娄山关镇第一生态大村。在此基础上，杉坪人借建设美丽乡村的东风，认真对每一座山头、每一道水沟、每一条道路、每一道岩壁都进行精心设计，把天然雕饰与匠心独造有机结合起来，做到天人合一、人与自然的和谐统一。优美的环境，良好的气候吸引了源源不断的游客，全村建起了40家乡村旅馆，床位2000张，旅游综合收入突破1500万元。

杉坪村曾经产业结构单一，主要依靠传统农业种植、畜牧养殖和劳务输出，因为发展的低谷徘徊，村民们心不甘、情不愿戴着“国家扶贫开发二类重点村”的帽子。近年来，杉坪村大力调整产业结构，以生态文明建设为支撑，以乡村旅游为主战略，以基础设施建设为突破口，打造最美最富乡村。村里先后引进贵州广恒龙旅游开发有限公司、世纪花卉公司等龙头企业，在杉坪村实施休闲农业园建设项目，以休闲度假为主打品牌，建设“吃、住、行、游、娱”旅游要素齐备的休闲避暑场所，目前已投资5800余万元。采用“公司＋基地＋农户”的管理模式，全面带动生态产业的发展。世纪花卉公司发展565亩核心园区，辐射带动兰草、钟家山组村民种植500多亩红叶舌兰、红枫、樱花、紫薇等。花卉种植不仅带来了不菲的经济收入，更是绿化了山头、美化了家园，走进杉坪村就像走进了美丽的公园。经果园的建设，让杉坪村的水果香飘四方。全村发展特色经果园2000多亩，绿色产品蔬菜1200多亩，标准化养殖场4个，家庭农场5个，全村来自种养殖业收入达2000万元。同时规划建设2条环线公路，5个家庭农场，6个休闲度假区及汽车文化园、越野赛车场、林下花园、农耕文化园、水上世界等项目。

为了把杉坪打造成“黔北第一村”，娄山关镇将杉坪村作为扶贫重点村，把生态移民、水土保持、退耕还林、土地复垦、农村超市等项目进行统筹安排，规划实施产业基地、基础设施、生活环境、公益事业和基层组织活动场所建设等五大类项目。项目资金的落实，为推进新农村建设工作找到一个有效抓手，杉坪村共整合20多个项目，投入创建资金5000多万元，撬动社会和民间资金1.5亿元。全村实施“四个同步”打造“四型道路”。

如今的杉坪，目及之处皆是动人风景。徜徉在干净整洁的柏油马路上，迎接你的是飞瀑、石刻、溪流、山涧、茂林、修竹……可谓一步一景，既有天然去雕饰，也有匠心独造，让人目不暇接。鸟鸣声、溪流声应和着远处隆隆的机声，演奏出一曲大自然与人类的和谐交响曲。一路行来，一幅幅由青铜铸造的展示新农村建设的壁画栩栩如生，引人遐思。站在观景平台，抬头远望，云雾起处一栋栋“孔雀蓝”“中国红”顶的农家小院掩映在青山绿水间，那么静谧、恬淡。阳光和时间仿佛可以在这里驻足，宁静的空气里流动的是富裕与安逸的气息。

桐梓县

水坝塘镇

水坝塘镇位于贵州省桐梓县县域北部，东抵芭蕉乡，南接正安县庙塘镇、本县黄莲乡，西接羊磴镇、木瓜镇，北邻狮溪镇。1992年水坝塘镇、福官乡、三穗乡(部分)合并建立。镇人民政府驻地水坝塘，距县城约135千米，海拔460米。境内气候温热，地形复杂，南北差异大，年均温14℃～16℃。水利条件有复兴河、盐井河供引水灌溉。

水坝塘镇位于桐梓县远北部的群山之中，衔黔渝文化底蕴，挟西部人文精神风骨，是巍峨大娄山脉中一颗璀璨的明珠。全镇辖区面积166.76平方千米，总耕地面积28830亩。下辖8村60个村民组，总户数6227户，总人口26135人(其中非农业990人)。境内复兴河属贵州省水产种植资源保护区，原生态高腔大山歌被列入省级非物质文化遗产名录。

天籁之音从山野传来

高腔大山歌又称“狮溪高腔大山歌”，是流传在桐梓县狮溪、水坝塘、芭蕉、羊磴一带的古老而独特的原生态山歌，形成于广袤森林，因演唱强调“高腔”特色，富有“飙歌”风格而得名。在1000多年的

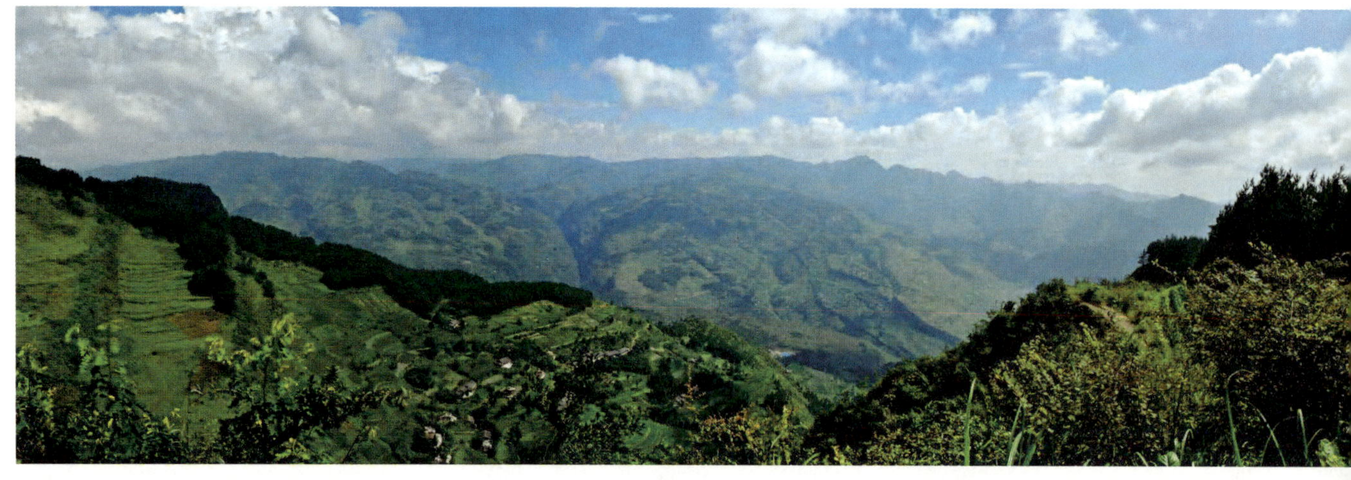

历史演进过程中，高腔大山歌融合了巴蜀文化、夜郎文化、中原文化，而形成独特的黔北山地文化，犹如静寂山野飘来的穿越历史的天籁之音。2007年，高腔大山歌被列为贵州省第二批省级非物质文化遗产名录，2010年被搬上中央电视台《中华情》栏目，从此名扬海内外。

高腔大山歌歌词多用七言句，二二三结构，调式多采用汉族五声调式中的微调式、角调式，表现手法主要采用"赋、比、兴"，以比、兴手法为主，保留大量的入声字，富有音韵感和歌唱性，表现内容广。

高腔大山歌的演唱形式，主要为"一领众和""领唱称""抽腔""提腔""合唱谓""帮腔" 和 "和腔"等，称领唱技艺者为"歌师"，和唱者为"吼巴儿"。在大山歌比赛中，获胜队的领唱者将被尊称为"歌王"。

高腔大山歌的曲牌丰富多彩，有表现人物的，如《谷王腔》等；有表现人物情态的，如《山乐腔》等；有表现人物情趣和乐器的，如《唢呐腔》等；有表现动物的，如《老鸹腔》等；有表现宗教的，如《观音腔》等。

高腔大山歌还有一个显著特点，就是在句与句之间运用大量的衬词，将两句歌词很好地衔接起来。衬词常用一连串的虚词，多为开口音发声，因不同曲牌而异，如"呀耶""罗喂""耶嘿哟""呀嗬喂""咿不耳耶""萨嘿哪""嗬嗬咿嗬鱼羊嗬"等，古朴迷离，并大密度运用且在单工部曲式中独成乐段；有的曲调中有"嘘声""假嗓"演唱的要求，整个演唱丰富而生动。

高腔大山歌的歌词除传统歌词外，主要由歌师触景生情，有感而发随意编创，填入固定的曲牌演唱，多为上句起兴，下句抒情，如："太阳出来晒北坡，北坡高点弟兄姊妹多；弟兄多来好喝酒，姊妹多来好唱歌……""好久没有唱山歌，喉咙干起蜘蛛窝；南京打把铁扫扫儿，扫开喉咙唱山歌……"

一句句朴实的歌词，一段段高亢清脆的旋律，应和着大山的回声，犹如寂静山野传来的穿越历史的天籁之音，给人一种"此曲只应天上有，人间能得几回闻"的震撼。

大娄山中璀璨的明珠

这是一方文化古老，群英荟萃，物产丰富的热土；这是一处远古生命的居地，黔北山歌的发源地；这是一片充满活力而大有希望，演绎过血与火的革命传奇圣地。这就是大娄山中璀璨的明珠——水坝塘镇。

近几年来，镇党委、政府在中共桐梓县委、县人民政府的正确领导下，紧紧围绕"黔北小丽江，高腔不夜城，黔渝先行区，生态宜居城"的发展定位，团结和带领全镇人民苦干实干，锐意进取，各项工作取得了可喜成绩。

农业开启新局面。农业基础设施不断完善；多次迎来全县现场会在该镇召开；烤烟产业从低谷启航，连续几年获桐梓县表彰一等奖；糯玉米、高粱、逆季蔬菜等订单农业快速发展；冷水鱼、红辣椒、方竹笋等特色产业已初具规模，被县领导誉为“点燃北部农业发展的希望”。

工业经济不断壮大。原煤产量达30万吨以上，水电站、石材加工等企业达10余家，企业规模和效益较大提升。

城乡面貌焕然一新。围绕创建万人县城副中心目标，投资上亿元、占地3000余亩的南部新区拔地而起，滨江大道、文化广场、复兴文化楼、社会福利院、卫生院门诊大楼、复兴中学寄宿制工程、北部烟草收购中心以及法庭、工商、派出所新办公楼的建设，基础设施的完善和绿化亮化工程的实施，使集镇规模、品味和档次不断提升，集镇人数增加到近万人。通过“四在农家”建设、农村危房改造、村庄整治，农民生产生活条件大大改善。

文化建设独树一帜。收集、编撰山歌乡土教材，汇编《白岩高点晒花鞋》《锄头闪闪亮金光》等山歌40多首，打造原生态高腔大山文化品牌，已被列入省级非物质文化遗产名录。高亢、粗犷、极富感染力的原生态大山歌“乡巴佬”组合，还在中央电视台国际频道精彩亮相，让水坝塘镇文化走向了世界。

党的建设、社会事业全面加强。该镇探索出的农村土地流转新模式——村级“土地银行”，被中央电视台、贵州广播电视台多次报道，还得到原贵州省委副书记、现贵州省政协主席王富玉同志的充分肯定。2010年9月25日，王富玉作出批示要求在全省推广水坝塘镇经验，成为全县的党建品牌。

今日水坝塘镇，政通人和，经济发展，文化进步，社会稳定。这里的每一方土地都彰显着魅力的光华、实力的底蕴和活力的风姿。

水坝塘镇物华天宝，资源丰富。这里将充分利用在区位、能源资源、农副产品、生态旅游、城镇建设等方面的优势，对外全面招商。

资源丰富的富饶之乡

水坝塘镇大理石资源丰富，有糙米石、小青石、白龙古石、马蹄石、石灰石等上乘品种，目前探明总储量2000万立方米，可采储量500万立方米以上。经过样品检测，水坝塘镇的大理石板材花色美，硬度高，完整性好，且无味、无毒、无辐射，是目前建筑、装饰、装修、石艺雕刻最理想的石料。

4.5亿年前，水坝塘镇曾是一片汪洋大海。这里有原地生长保存的三套珊瑚—层孔虫—苔藓虫礁，造礁生物格架硕大，与生物礁伴生的其他生物门类也十分丰富极具收藏价值和学术研

究价值。在虎头城、石马坡、羊石山等10多平方千米的土地上，到处都是珍贵的古生物海洋化石。在这里建设古生物海洋化石加工厂，可以开发形状各异的工艺品和装饰品，用于不同场所的装潢、修饰。

水坝塘镇境内分布着方圆10平方千米的优质石灰岩，氧化钙含钙量94.3%以上，储量3亿吨，开采运输便利，发展氧化钙生产，完全可以获得较高的经济效益。

水塘坝镇旅游资源丰富。由著名地质学家张文堂命名的奥陶系中统宝塔组岩层，位于水坝塘镇石马坡，占地约3平方千米。中华震旦角石、观音桥雷氏角石等远古海洋生物化石在这里随处可见。南京古生物研究所专家多次考察认为，石马坡可打造为十分罕见的远古海洋生物化石地质公园。

马桑坎峡谷，常年气温14℃~18℃，是难得的天然大空调，两岸悬岩峭壁，鬼斧神工，风景秀丽，河水清澈见底，是休闲度假游、乡村消夏游、乡村生活体验游、水上娱乐游等项目的理想之地。

复兴河发源于水坝塘镇境内，与盐井河、狮溪河相汇合，交汇点水温奇特地分为凉、温两个水域。河床宽阔，水质透明，流速平缓。两岸风景如画，适合发展漂流及水上游乐。

水坝塘镇的原始森林茂密繁盛，古木参天，老藤布地，夏季气候清凉宜人，是休闲避暑、狩猎探险的好去处。

由火焰洞等四大溶洞组成的溶洞群，洞内空气清新，景色迷人，冬暖夏凉，是令人流连忘返的地下宫殿。由城墙岩、二郎坪、虎头城、十八罗汉、仙女洞、龟头山、鼻孔山等组成的观光景点，以奇石悬崖、雄伟高山、河岸秀色为特色，可联合打造成避暑探险观光三日游项目。

三大文化铸就不朽灵魂

水坝塘镇具有得天独厚的、集贵州省非物质文化遗产“高腔大山歌”、抗战时期中共地下党在水坝塘创建的红色文化、4.5亿年前的海洋生物化石文化于一身的“一精品两特色”文化，铸就水坝塘之灵魂。

一是精品：高腔大山歌，通过深入田间地头收集山歌100余首并编印成《高腔大山歌集》，还根据时代发展的要求编写出高腔山歌唱计生、高腔山歌唱廉政、高腔山歌唱安全、高腔山歌唱群众路线、高腔山歌唱新加坡连援组织援助人畜饮水项目等专集，收集整理成册。“打闹歌”歌词800余首，在民间广为传唱。于2010年荣登央视国际频道，2013年在“多彩贵州”遵义赛区原生态组荣获金奖。

二是红色复兴：中共綦南工委转移水坝塘。1942年秋，中共中央南方局决定在“国统区”实行“隐蔽精干，长期埋伏，积蓄力量，以待时机”的斗争策略。搜集整理綦南工委、绥桐工委、川黔边游击队及黔北四县工委，在水坝塘创立的红色复兴文化，编成《永久的记忆》校本课程与受红色文化熏陶出来的水坝塘能人志士，组成“两追”教育素材，让后辈们永远铭记革命先烈为革命事业奋斗终身的高尚情操，铭记水坝塘走出去的栋梁之材为人民做出的杰出贡献，学习他们的奋斗精神，树立全心全意为人民的优良品质。

三是独特的地质文化：水坝塘镇这块土地上完整地保留着自奥陶纪、志留纪、二叠纪、白垩纪等远古海洋生物化石、遗迹化石。采集的800多件化石标本中，极具代表性的有100多件，精品50多件。经中科院南京地质古生物研究所专家李越，英国布鲁奈尔大学史蒂芬·柯肖教授，原弗里德里希－亚历山大·埃尔朗根－纽伦堡大学教授、古生物研究所所长、著名的食藻遗迹化石专家FranzFursich鉴定，具有很高的科研价值和开发利用价值。

水坝塘镇三大特色主流文化，充分地展示出水坝塘人之精、气、神。

习水县

土城镇

习水县土城镇位于赤水河流域中下游，是赤水河中下游最大的乡镇之一。土城镇是川黔两省区域经济结合部，它是重庆、贵州、四川国家级风景名胜区、自然保护区、森林公园最集中连片的旅游“金三角”地区的中心，仁习赤高速公路贯穿全境而过，赤水河四季通航，水陆交通便利，通讯畅通，区位优势明显，距习水县城 28 千米，赤水 70 千米、长江口岸 120 千米、泸州 150 千米、重庆 180 千米、遵义 200 千米、贵阳 350 千米。

土城镇幅员面积 307 平方千米，是典型的低山谷河谷地区，森林覆盖面积 29 万亩，森林覆盖率 36.7%，全年平均气温 18.2℃，无霜期长达 350 天，平均降水量 776 毫米，辖 16 个行政村，2 个居委会和 1 个农村社区，133 个村民小组，2013 年末总人口 46049 人，其中镇区人口 1.2 万人。

地球红飘带上的明珠

土城镇自然资源十分丰富，举世闻名的红军四渡赤水战役发轫之战——土城青杠坡战斗发生在这里。青杠坡战斗和红军一渡赤水，揭开了四渡赤水的辉煌篇章，写下了毛泽东主席平生最得意之笔，为土城古镇留下了为数众多的遗址和文物。至今保留完整的有红军一渡赤水渡口、土城青杠坡战斗遗址、红军总司令部驻地及毛泽东、周恩来、朱德等领导同志住居等遗址遗迹 12 处，有四渡赤水纪念馆、中国女红军纪念馆、战地医院陈列馆、红运路、红运石、红运井和神奇之笔等红色景点 10 余处，是全国十大红色旅游景区和全国 30 条红色旅游精品线路，被称为“地球红飘带上的明珠”。

1935 年 1 月遵义会议后，红军原定执行《渡江作战计划》，经习水从泸州至宜宾一线北渡长江与红四方面军会合。24 日，红一军团进占土城，中央纵队和三、五军团陆续抵达土城后，川军刘湘一面调重兵封锁长江，一面派八个旅分进合击。红一军团的一、二师分别在黄陂洞、复兴场受阻，红九军团在赤水箭滩受阻，红军从赤水入川的大门被川军封堵。同时，川军模范师部郭勋祺等部尾追至青杠坡。

1 月 28 日晨，红军在青杠坡与川军展开激战，毛泽东等到青杠坡附近的大埂上指挥。党的两代领导核心（毛泽东、邓小平）、共和国的三任国家主席（毛泽东、刘少奇、杨尚昆）、一任国务院总理（周恩来）、七大元帅（朱德、刘伯承、彭德怀、聂荣臻、林彪、罗荣桓、叶剑英）及数百名开国将军参加作战。由于情报判断认为敌兵力两个旅四个团，但川军参战部队实为8个多团，且还有增援部队赶到，战斗非常惨烈，我军部分阵地被突破。危急关头，朱德、刘伯承亲上前线指挥作战。毛泽东、周恩来命令干部团发起冲锋，夺回部分阵地，同时电令红二师从元厚跑步回援。经过反复争夺，红军占领了主阵地营棚顶，但未能达到歼灭追敌的目的，红军伤亡了3000多人。毛泽东等当机立断，指挥红军主动撤出战斗，改变行军路线，西渡赤水河。以灵活机动的运动逐步摆脱了追敌，迈出了由被动转为主动的第一步，青杠坡战斗为红军一渡赤水河争取了宝贵的时间。

这就是著名的土城青杠坡战斗。

厚重的历史文化

公元前111年，即西汉元鼎六年在此设置平麦县，北宋大观三年建滋州，领仁怀、承流（即今仁怀市、赤水市、习水县地域）二县。元末明初，当地百姓在改造房屋时发现大量土城墙，从此叫这里“土城”。

土城老街和四周有不少历史古迹，同时也是古代川盐入黔的重要码头和集散地。现在保存下来的有古盐号、古船帮等旧宅，还有明万历二十六年前后修建的九龙囤等军事囤堡。

古镇土城，正以灿烂的长征文化、厚重的历史文化和秀美的自然风光，欢迎四海嘉宾共创辉煌明天。

2014年4月12日，在第二届中国文化旅游品牌建设与发展峰会上，土城镇被评为“影响世界的中国文化旅游名镇”，是此次公布的名录中贵州省唯一入选的名镇。

土城镇历史上商贾云集，贸易繁荣，是“川盐入黔”仁岸盐巴转运最大的中转站，写下了贵州盐运历史上最精彩的篇章。赤水河航运历史陈列馆、赤水河盐运文化展览馆、千年古镇土城博物馆再现了土城繁华的历史。土城传统的龙灯、花灯、狮灯、秧歌、龙舟赛活动，以及川剧玩意儿、茶馆古风犹在，盐运文化、商埠文化等传统文化与长征文化交相辉映。古盐号、船帮旧址、“春阳岗”酒作坊等，古韵犹存。土城镇原始生态林保存完好。土城境内小坝景区地处土城西南部，是保存完好的习水国家级中亚热带常绿阔叶林自然保护区，景区面积约 40 平方千米，生态系统保存完好，物种资源异常丰富；土城镇水资源充沛。赤水河流经土城镇 9 个村(居)，占土城村(居)数的 50%，土城境内还有儒维河、小坝河、黄金河、红花河等 4 条支流。

土城山川雄奇、物产丰富、风光秀美，盛产龙眼等水果。境内的神秘小坝沟约 40 千米，紧靠赤水国家级风景名胜区，与古蔺、黄荆原始森林山水相连，其自然景观原始古朴，诡秘神奇，丹霞绿海，银瀑飞悬，是度假休闲、科学考察的理想选择。走进小坝沟，除了感叹大自然的鬼斧神工，还会让你忘却世俗的烦恼，返璞归真。

土城的苕丝糖已有百年历史，驰名省内外。苕丝糖以当地天然无污染的糯米、红薯、蔗糖为原料，采用传统生产工艺，经过蒸、煮、打、捶、压等 30 多道工序制作而成，特点是香酥可口，入口即化，久吃不腻，是黔北一种名特产。近年来随着旅游业的发展，土城游客日益增多，当地苕丝糖生意红火。如今，在古镇制作苕丝糖的家庭作坊已发展到数十家，具有广泛的市场前景。

生态文明和环境保护

土城镇党委、政府对生态文明建设和环境保护工作高度重视，严格贯彻落实各级要求。结合红色文化创新区建设，依托项目，加大对文明建设和环境保护工作力度。通过几年来的努力，土城的生态环境保护取得一定的成效。目前土城森林覆盖面积 29 万亩，森林覆盖率 36.7%，镇区垃圾收集处理达 85%，污水处理率达 60%，各项环境保护措施制度健全完善。

土城镇结合华润小镇建设，对水狮河进行河道修复、除淤等治理，共投入80万元，整治河道1千米。同时结合“四河·四带”建设，土城镇2014年共投入3000万元，荒山造林6100亩，经果林1950亩，仁赤高速、302国道（习赤公路）旁种植景观树、三角梅15万株。同时加大对自然保护核心区和缓冲区的保护工作，在土城镇域内不开设木材加工厂，严厉打击非法砍伐、采砂、开矿等破坏生态环境的行为。2013年土城镇完成了土城文化创意园（土城糖厂改造）规划设计，实现了废旧厂址的升级改造与再利用。

城镇化建设顺利开展

作为全省“两个100”（工矿园区型和旅游景观型）省列市级示范小城镇，土城镇紧紧围绕省委、省政府提出“三小一特”的建设要求，按照习水县县委、县政府“三化一强”的发展战略部署，结合土城红色文化旅游创新区建设，努力挖掘该镇独特的文化元素，充分发挥土城明显的区位优势，高起点、高标准规划设计，抓质量、抢机遇推进项目建设，推进城镇化建设进程。2013年土城镇城镇化率达到27.15%，同比2012年增长2个百分点。

土城镇立足规划先行，高标准、高质量要求，编制完成了《习水县土城镇总体规划》《土城红色文化旅游景区建设发展规划》《习水县土城历史文化名镇保护规划》《新阳新区修建性详细规划》《红花新区修建性详细规划》《文化创意园修建性详细规划》《历史文化名镇街区建设修复规划设计方案》《青杠坡红军烈士陵园规划》《华润希望小镇建设项目规划》等规划文本，成立了土城镇总体规划馆，投入规划设计费总额达1000万元。

城镇项目建设情况

首先是“8个1”项目建设：一是路网建设，总投资34500万元，该项目于2013年3月正式启动，计划于2015年建成。目前已完成范家嘴路桥工程全部桥墩建设，正在进行桥梁主体施工，方家坝大桥处于基础孔桩开挖阶段，完成古镇至希望小镇观光路路基工程及桥梁1座，正在进行护栏安装及桥面处理，新阳新区河滨大道已全面全线铺开，正在进行防洪堤等基础工程建设，四渡赤水纪念地三号路已基本完成，正在进行道路亮化，国道G352杨柳庄至方家坝道路改建工程正在进行征地拆迁工作；二是投资440万元修建土城镇卫生院现已全面竣工并投入使用；三是投资600万元新建华润希望小镇社区服务中心，现已完成主体建设，正在进行内外装饰；四是完成古镇农贸市场整治，完成新阳新区农贸市场规划设计，将随新区建设同步开工；五是投资6975万元，建设土城镇历史文化名镇旅游接待中心（含市民广场），现已完成防洪沟工程，3栋房屋拆迁现处于基础挡土墙建设阶段；六是投资2166万元建设土城镇污水处理厂，目前已完成主体工程，正在准备设备安装和调试；七是投资520万元修建土城镇敬老院，目前已全面完成，准备入住；八是投资250万元修建教师、卫生院周转房已全面建成，土城镇公租房正在平场，廉租房已完成规划设计。

其次是“8+3”项目建设：一是投资230万元三中体育场改扩建工程已全面完工并投入使用；二是高坪白酒工业园区招商引资续建项目推进正常，已引进云峰、安酒、飞天茅台、泸仙等酒业集团；三是投入资金1000万元打造华润希望小镇农业生态园（有机农产品生产基地），目前进行道路、房屋改造、河道治理等基础设施建设。

最后是其他建设项目：土城红色文化旅游创新区、土城镇人民政府结合土城发展目标要求，已开工新阳新区房地产开发、白酒工业园区河滨大道、遵义华润希望小镇水狮坝观景台、土城幼儿园、青杠坡烈士陵园、古镇立面改造、土城镇集镇供水改扩建、贵州省航运馆等项目建设，加快了土城镇示范小城镇建设。

习水县

习酒镇

习酒镇地处黔北赤水河、桐梓河交汇河畔，位于川南古蔺县东部、习水县南部，北靠名城遵义和驰名中外的茅苔酒厂，与四川郎酒厂隔河相望，是连接黔、川、渝各大中城市的交通枢纽。

该镇总面积 80.9 平方千米，最高海拔 1150 米，最低海拔 300 米。辖 10 村 1 居，总人口 36109 人，是习水县四大镇之一。其中城镇人口和企业职工 15000 人，占总人口的 41.5%。现有党支部 22 个，其中村级支部 11 个，机关支部 7 个，教育支部 3 个，非公企业党支部 1 个，有党员 725 名。

自然风光

习酒镇是 1992 年 8 月建并撤时设立的新建镇，因镇驻地产享誉中外的习酒而得名，它与中国第一酒镇——茅台镇一河相连，相得益彰，被中国军事家、革命家、政治家杨成武将军誉为美酒赤水河上镶嵌的一颗璀璨夺目的“酒乡明珠”。这块热土由神秘的美酒赤水河、离奇朴实的古盐道、彪炳史册的“四渡赤水”雄关要塞和千奇百态的喀斯特地势地貌，构成了习酒镇独特的人文景观和得天独厚的地理区位优势。

习酒镇境内风光秀丽，气候温和，资源丰富，物产富饶，市场活跃，全镇地势呈立体分布，北高南低，地貌多为喀斯特石灰岩发育地形，天然溶洞星罗棋布、别树一帜，最著名的溶洞有龟仙洞、关龙山洞、黄毛洞、马家洞、乳石笋鳞次栉比，可与贵州织金洞相媲美；奇峰峭壁别具一格，印把山、猫跳石、二郎滩、浪子口峡谷、二徒岩刀切斧削，神工鬼斧，巧夺天工。其中首屈一指的要数玲珑秀逸、妙态天成、蔚为奇观的三元石林，有“贵州小石林”之称；二郎滩是革命的圣地，是工农红军二渡、四渡赤水河的要塞。刻有“红军渡口”的纪念碑矗立在赤水河畔，充分展示了习酒镇长征文化的风采，是习酒镇人民进行爱国主义教育基地的象征。

美酒之河

赤水河延绵一千余里，从上游仁怀市西部入境，至习酒镇这百余里河段，风光秀美，景色迷人，滩多谷险，植被茂密，风貌原始，浑然天成，自成美景，是习酒厂生产用水的取水源头，是科考与探险的好去处。

赤水河盛产美酒，赤水河也因此被人们赞誉为“美酒河”。《人民日报》原总编辑邵华泽，还为这里题写了“美酒河”三个大字，镌刻在二郎滩陡峭的岩壁上。古盐渡位于“美酒河”摩崖石刻之下，是赤水河盐运史的鉴证，距今有400多年的历史，曾经是繁荣之极的赤水河盐运渡口之一。该渡口在岩石上凿成，石梯经过风吹雨打和盐水浸泡，变得洁白如玉，被称为“雪梯”。瓮扁洞位于十里长滩下端，石滩峥嵘绵长，有葱郁的小山丘和谷地，建有民居式的古盐运陈列室，河岸尚存在古时留下的河堤，经历风雨仍很坚固，此处的河滩湍急形成河流瀑布景观。两岸山势奇特，有石笋伫立，有美人卧睡，有蛇吞蟾蜍等景观。两河口位于桐梓河与赤水河交汇处，峡谷深切，气势壮阔，在悬崖上建有两河亭，亭旁是一本喻示“天赐琼浆于斯河矣”的“天书”，远眺可见郎酒厂天宝洞和二郎滩睡佛，可观吴公岩气势磅礴的大景。

马岩滩是吴公岩十里长峡的重要景点，两岸山体相逼，造型独特。有姐妹泉，从两岩壁中泻入赤水河，犹如情侣的双峰耸立，河心有巨石阻挡形成瀑布，此段河水平静，可泛舟河上，游览三棵桩的美景。

桐梓河为赤水河支流，从仁怀市沙滩乡境内的浪子口至两河口，属岩层断裂地段，多绝壁峡谷，河水清澈，犹如画廊一般。有女儿岩、涂家岩、浪子口、千口岩等景致和新联黔北民居与高粱田园风光。吴公岩是因纪念清乾隆年间带领乡民疏导修浚赤水河的民间义士吴登举而得名，这里曾是“川盐入黔”的最险处，两岸崖如刀削，奇峰耸立，怪石嶙峋，各具峥嵘，摩崖石刻较多，文化内涵丰富。

驾车游览吴公岩景区，脚下的赤水河激流湍急，河风徐徐，送来赤水河谷长年不去的淡淡酒香，仿佛在提醒着南来北往的游人；你正行进在洋溢着中国酒文化的“美酒河”畔。

红色记忆

二郎滩渡口，川、黔两地隔河相望，是当年红三军团和红九军团分别二渡和四渡赤水河的地方。

1935年1月上旬，中央红军长征到达贵州遵义地区。中旬，中共中央政治局在遵义召开扩大会议，纠正了王明“左”倾冒险主义在军事上的错误，实际上确立了毛泽东在红军和中共中央的领导地位。这时，蒋介石为阻止中央红军北进四川同红四方面军会合，或东出湖南同红二、红六军团会合，调集其嫡系薛岳兵团和黔军全部、滇军主力和四川、湖南、广西的军队各一部，向遵义地区逼进，企图“围剿”中央红军于乌江西北、川黔两省边境地区。

在敌人各路大军分进合击的情况下，中共中央和中革军委决定中央红军由遵义地区北上，在宜宾、泸州之间北渡长江，进入川西北，同红四方面军会合，创建新苏区。1月19日，中央红军分3路向土城、赤水方向前进。26日，毛泽东在向土城行军途中，同朱德、周恩来等察看地形，建议在土城以东青杠坡山谷地带，围歼尾追的川军。28日，红三、红五军团和川军2个旅经过几个小时激战，没有取得较大战果。

1935年2月18日，红三军团经鱼岔、核桃坝，于下午到达二郎滩。当时，黔军游国材部第五团已占领河岸的麻坪大山，正派出一支部队向河边扑来，企图封锁渡口。同时，游部副师长魏金镛率该师一旅第三团由习水县的回龙场赶来接应。红三军团先头部队十三团赶到二郎滩后，迅速找来3只木船，将两个营先渡过河去占领滩头阵地，然后兵分三路上坡，迎击麻坪之敌。红军两个营猛冲猛打，一直把敌人赶回麻坪大山，为二郎滩渡口架设浮桥和红军大部队前进，创造了有利的条件。

19日拂晓，红军分兵包围敌人，猛攻麻坪大山黔军阵地。魏金镛丢掉第五团，率部夺路逃走，黔军随之溃败，红军夺取了二郎滩背水战的胜利。红军进入二郎滩后，没收了军阀侯之担在二郎滩街上的“四公号”大盐仓和存盐，通知老乡到盐号门前开会，宣传共产党的主张，开仓分盐。与此同时，红军还在二郎滩上游15千米的豹子滩，把集大成盐号尚未卸下的12船盐巴也分给了群众。经过三天三夜，“四公号”的几万斤盐，全部分给了贫苦群众，负责分盐的红军部队才渡河东去。开仓分盐，使赤水河畔川、黔两岸成千上万的贫苦群众，得到了救济。

1935年2月18日至21日，红军主力分别从二郎滩、九溪口、太平渡二渡赤水河，攻克娄山关，再占遵义城。1935年3月21日至22日，红军又神出鬼没，从二郎滩头和太平渡四渡赤水河，过乌江、近贵阳、逼昆明、渡金沙，冲出了数十万敌人的围追堵截，取得了长征战略转移以来具有决定意义的胜利。

伫立二郎滩头，倾听英雄河，河水激荡作响，远看依山而建的习酒城和河对面的郎酒厂及古盐号，楼台耸峙，亭阁临风，凭吊英魂的激昂壮烈之情，油然而生。

资源丰富

习酒镇地下资源主要有煤、硫、重金石、硫铁矿、高岭土、石灰石等矿产，尤以煤炭储量甚丰，测算在8000万吨以上，煤好质优，产品除远销黔北、四川、重庆外，为习水火电厂提供源源不断的能源资料，加快了“西电东送”工程建设步伐。镇内水资源发达，有源远流长的赤水河、桐梓河，临江河交系和东风主干渠及小型水库两口，小山塘29口，蓄水池1000多口，分布在全镇山丫沟谷，株连不断，山中溪流淙淙，清泉幽幽，神韵倍增，如诗如画，为全镇人民生活用水提供了可靠的保障。

由于该镇地处赤水河谷，气候温和，属亚热带温湿季风气候，年均气温为17.4℃，冬无严寒，夏无酷热，土地肥沃，主要有石灰土、黄壤、沙土、紫色土、水稻土等，主要盛产水稻、高粱、小麦、玉米、红苕、洋芋、杂粮等；经济作物有油菜、花生、烤烟、甘蔗、西瓜等；经济林果木有苹果、桃、李、梨、杏、葡萄、核桃、樱桃、板栗、杨梅、石榴、柿子、柑橘等。药材主要有杜仲、黄柏及部分草本药材。林地主要以针叶松、柏、杉树为主，面积有9600多亩。取之不尽，用之不竭的自然资源和特产资源为本镇旅游发展奠定了坚实的基础。

令人称羡的产业布局

习酒镇在稳固发展白酒工业的基础上，扎实第一产业，发展第三产业，积极推进产业结构的进一步完善，重点发展第二产业，加大招商引资力度，促进村镇建设和能源的开发利用。

习酒镇未来20年的发展应突出抓好经济结构调整，完善产业结构比例，提高国民经济整体素质。继续保持以白酒加工、水能资源开发、旅游资源开发为龙头，以种植业为基础，以房地产、商贸业、旅游业为主的第三产业为新的经济增长点，稳步发展第三产业在国民经济中所占的优势比重，实现一、二、三产业的协调发展。

习酒镇以镇区为中心，各个自然村与镇区以农副产品加工业为经济纽带，以农业经济为基础，加强各等级村镇之间的横向联系，强化镇区作为镇域经济中心的作用的地位。经济发展按照因地制宜、发挥优势、突出特色、提高效益的原则，采用点轴开发模式，合理调整全县区域经济和城镇布局。以交通干线形成区域发展主轴线；引导各种生产因素和产业向发展轴线集中布局，通过点轴的发展与辐射带动作用，逐步向网络开发模式过渡，形成中部、西部、东部三个经济区，促进全镇经济社会协调发展。

中部经济区:该区范围包括习酒镇镇区、临江村、黄金坪村、大湾村，该区适宜发展白酒业、商贸、农副产品加工、交通运输和旅游业。东部经济区:该区范围包括坪头村，该区适宜发展农副产品加工、畜牧产业。西部经济区:该区范围包括岩寨村、桃竹村、石林村、新园村、八一村，该区适宜发展特色农业、煤矿资源开发和畜牧业。

习酒镇乡镇企业以白酒和煤炭开发为支柱，以第三产业发展为重点。习酒镇白酒工业集聚区逐步形成，白酒行业有贵州茅台集团习酒公司、茅台集团茅台股份公司201厂、云峰酒业、二十一响礼炮酒业、习部酒业、兴发酒业、二郎酒厂一分厂等。

2012年9月26日，由中国酒类流通协会、中华品牌战略研究院主办的“华樽杯”第四届中国酒类品牌价值评议成果发布会在国家会议中心揭晓，经“华樽杯”第四届中国酒类品牌价值评议组委会评测，贵州茅台酒厂(集团)习酒有限责任公司品牌价值67.56亿元，同比增长64.94%，被评为2012年度“华樽杯”中国酒类十大最具全球竞争力品牌、2012年度“华樽杯”中国酒类十大慈善爱心品牌、2012年度“华樽杯”中国十大最具投资价值白酒品牌和2012年度“华樽杯”白酒品牌20强。

正安县

小雅镇

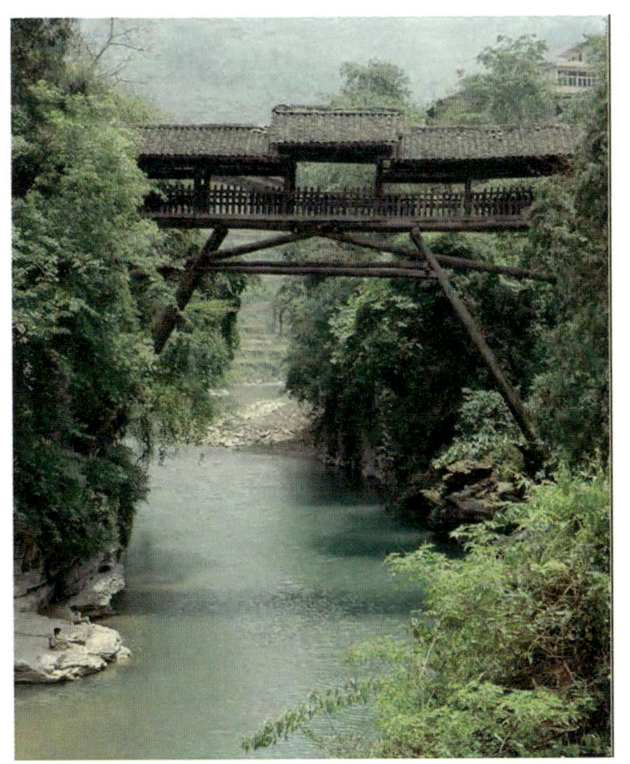

西出正安县城60千米有一个小镇，名字非常好听：小雅镇。和她的名字一样，小雅是个美丽的地方，四周青山环绕，一条小溪在山脚下潺潺流过。小溪上一座别致的木桥在浓阴中若隐若现，这就是著名的小雅风雨桥。

小雅风雨桥

风雨桥建于1952年，远看如飞燕临水，近看似行舟过溪。桥身全木结构，一个大型“人”字木架支撑桥身，工艺造型独特，为贵州诸多风雨桥中所仅见。桥面距水面20余米，虽经半个多世纪风雨侵蚀，仍然稳固如初。该桥功能尤为独特，桥面两侧各有80余厘米封闭式通道供牲畜通行，如牛马等大型动物通过时只能前行，不能掉头。中间行人，人畜各道，互不干扰。桥下河水清澈碧绿，两岸风景迷人。该桥早已被新建的水泥拱桥代替，但作为旅游景观，仍然被镇政府和当地人民完好保护。

小雅镇位于正安县城西南63千米，驻地骆通宅。地处东经107°8′～11′，北纬28°15′～34′。东与和溪镇相接，西南和绥阳县为邻，西接庙塘镇木耳村，北连庙塘镇桴焉乡。总面积162.17平方千米，最高黄沙岩海拔1837.8米，最低海拔竹园坝550米。

1992年7月，小雅区建制小雅镇人民政府。1995年12月小雅管理区分为小雅，东山两个管区，全镇下辖小雅、工农、梨垭、二河、黄渡、东山六个管理区，2003年8月，撤管理区，建村并组，新建村有小雅村、工农村、梨垭村、二河村、黄渡村、东山村、桐梓坪村，共97个村民组。

小雅总面积244100.8亩。其中耕地23800亩（田11483亩，旱地12317亩），占总面积的35.84%。林地880883.7亩，牧草地250.9亩，农村居民用地5669.7亩，公路，道路交通用地738.2亩，水域地888.6亩，难用58700亩。境内主要河流是小雅河，主要支流有木桥村陈子厂岩洞水、洞沟河、金家湾河、黄沟塘河、小沟河、梨垭河、元坝河、官庄河。

黄沙岩与清溪河

黄沙岩，位于正安县西部，为当地十岩之首，在桴焉乡与小雅镇分界处。其主峰名尖峰，海拔1837.8米，是正安县的最高山峰。山上气候高寒，居民较少，岩石嶙峋，荒地较多，其中桥岩坪一带山势险峻，路径崎岖，上有古庙，今仅存遗址。由于特殊的地理环境，使得这一带山势巍峨，水源丰富。其中，清溪河最富有代表性。

清溪河河段地势平坦，两岸植被完好，峭壁绝崖，怪石奇景。河水清澈澄碧，溪流时缓时急，惊险刺激，峡谷幽深，林木茂密，风光旖旎，既有急时穿激流越险滩的激情澎湃，又有缓时两岸风光尽收眼底的诗情画意，适合于探险、观光漂流。

漂流，赋予了清溪魅力无限，漂流河段水域宽阔，有深潭、浅水、沙滩，青山碧流，也是夏季游泳的好去处。整个漂流途中植被较好，河内水质清澈，河道时而平坦，时而湍急，怪石突现，两岸峭壁有如刀削，极为险峻，是一个集漂流、探险、观光、娱乐、避暑为一体的夏季旅游休闲地。

游客乘橡皮艇顺流而下，有落差各异的急流险滩，有神形绝妙的奇峰异石，有银河奔泻的飞流瀑布。两岸风景秀丽，群山环绕，悬崖壁立，林木繁茂，竹海茫茫，险峰奇石林立、蓝天白云倒映、水浅处清澈见底、水深处如翡翠碧玉，鱼虾嬉戏于其中，一路漂来山鸟鸣翠，心旷神怡。

在漂流过程中，可看到的景点有牛跳尾、三洞子、猴子坡、虎跳峡、尹珍万卷书库、钓鱼岛、天漂。游客可参与的项目有漂流、探险、观光、垂钓、烧烤、篝火晚会（观看当地的苗族表演吹叶笛、跳芦笙和苗族歌舞等）。

苗族吹木叶

在贵州高原的山间小路上，经常可以听到一阵阵音色独特、或高亢或悠扬的乐声，这是聪颖的苗族人民，利用一种叶面光滑、具有韧性的椭圆形树叶，通过各种吹奏技巧而发出的清脆明亮的乐音，就像是多才多艺的山歌手，在欢乐尽情地歌唱。木叶，是大自然赋予人类的天然乐器，深受中国许多少数民族人民的喜爱。树叶虽小，音色优美，曲调动人，独具风采。

吹木叶，要选择优良的树种，通常采用橘、柚、杨、枫或冬青等无毒的树叶，叶片的结构匀称，正、背两面都应平整光滑，以柔韧适度、不老不嫩的叶子为佳。太嫩的叶子软，不易发音；老的叶子硬，音色不柔美。叶子的大小对吹奏也有很大关系，过大或太小的叶子既不便吹奏，发音也不集中。一般使用的叶片，以叶长 5.5 厘米、中间叶宽 2.2 厘米左右的比较适宜。叶子不耐吹用，一片叶子吹几次就会发软破烂，不能再用，所以吹奏时奏者需有多片树叶备用。

木叶的传说

传说有一个苗族孤儿，从小就勤劳而淳朴，以打柴卖草为生，年到 25 岁还未娶妻。一天，他在打柴归途上歇息，见到一种叫关门柴的叶子翻卷合拢起来，经微风一吹，竟然发出悠扬的“呜呜”音响。他随手摘下一片试着一吹，叶子也发出清脆的乐声。此后，他每天上山砍柴，都要摘几片叶子吹，一连吹了三七二十一天，吹奏技巧熟练了，他能把自己苦难的生活和悲欢的心情，用二十一种喜怒哀乐的曲调表达出来。

谁知这优美动听的乐曲，竟拨动了天上七仙女的心弦，她不顾天上的清规戒律，毅然下凡来。两人一个在北风坡上，一个在南龙山上，互相用木叶声传送着一首首美妙的曲调。你吹来一首，我回答你一首，两个人越吹往一起走得越近，当走到两山中间时，七仙女像山茶花一样羞答答地等在那里，手上还拿着一片不老不嫩的叶子。

他们相爱了，成了亲，在人间过着男耕女织的

美好生活。从那时起，苗族就兴吹木叶，青年男女用木叶声传递爱慕之情。因此，在苗族聚集的地方，很早就有了年轻人谈情说爱“只用木叶不用媒”的说法。类似这样的传说，在其他的少数民族中也很流行，“吹叶邀情”这浪漫而古朴的风俗，一直保留至今。

木叶历史沿革

木叶，是最简单、最古老的乐器。原始社会狩猎时代，曾用以拟声捕猎禽鸟，后来逐渐转化为以声代乐、以音伴唱的乐器了。几千年来，吹木叶盛传不衰，但见于史籍较晚。

到了唐代，吹木叶更为盛行，在皇室宫廷乐队中也占有一席之地，正式用于“十部乐”的“清乐”中。《旧唐书·音乐志》称吹木叶为“啸叶”，并记述宫廷音乐“叶二歌二”。表明在乐队中有歌唱者两人，吹叶伴奏者两人。唐人所作《通典》（卷一一四）中这样记述：“衔叶而啸，其声清震，桔柚（叶）尤善；或云卷芦叶为之，如笳首也。”《新唐书·音乐志》更明确记载演奏宴会时有“吹叶一人”。值得一提的是，乐队在演奏像《景云河清歌》和《霓裳羽衣曲》等重要乐曲时，也一定要有吹叶。这时的木叶，已身价倍增，受到隆重礼遇。唐代大诗人白居易，在《杨柳枝词八首》（六）中形象地写道：“苏家小女（六朝歌妓苏小小）旧知名，杨柳风前别有情。剥条盘作银环样，卷叶吹为玉笛声。”唐代诗人郎士元，在《闻吹杨叶者二首》诗中描绘得更加淋漓尽致：“妙吹杨叶动悲笳，胡马迎风起恨赊。若是雁门寒月夜，此时应卷尽惊沙。”“天生一艺更无伦，寥亮幽音妙入神。吹向别离攀折处，当应合有断肠人。”

可见，那时人们就津津乐道木叶吹奏技艺之高、音乐感人魅力之大了。晚唐之时，洛阳有位名叫柳枝的歌女，年方17岁，就已擅长吹叶音乐，她在管弦的伴奏之下，可奏“天海风涛之曲，幽忆怨断之音”，使听者无不荡气回肠，为之震撼。在唐代的文献中，也记载着中国西南少数民族吹奏木叶的文字，在当时的南诏地区（今西南地区），青年男女恋爱时就常以叶声表达爱慕之情。唐代樊绰的《蛮书》中有：“俗法，处子孀妇，出入不禁。少年子

弟暮夜游行闾巷，吹壶芦笙或吹树叶，声韵之中，皆寄情言，用相呼召。”在四川成都五代前蜀皇帝王建墓的二十四幅乐舞浮雕中，其中就有一幅是乐师口含木叶吹奏的图像，他席地盘脚，正襟端坐，右手两指岔开扶叶，左手中还持一串树叶备用，表情逼真，栩栩如生。

以上所述完全证明，早在1000多年前，木叶不仅在民间广为流传，而且是唐代和前蜀宫廷乐队中的常用乐器。

苗族芦笙舞

芦笙是苗族古老的吹奏乐器，苗家人吹奏芦笙，必定要以舞蹈配合。芦笙舞，由十几甚至几十人盛装打扮的芦笙手围成圆圈，边吹边跳，又称“踩堂舞”，是南方少数民族最喜爱、分布最广泛的一种民间舞蹈。芦笙舞已有两千多年的历史，是苗族人民珍贵的艺术财富。智慧的苗家人在传承中，不断丰富和发展了芦笙的内涵。随着非物质文化遗产保护意识的逐渐加强，这一古老的艺术形式不断焕发出新的生机。

第一种群众性芦笙舞，苗语叫“究给”，每当节日来临之时，人们都到芦笙场上跳芦笙舞。芦笙舞由一支庞大的芦笙队伴奏，或者由芦笙队带领，群众围着芦笙队形成圆圈舞蹈。这种芦笙舞不限人数，男女老少都可以参加，舞蹈动作比较简单，随着芦笙吹奏的乐曲而变化。随着苗家姑娘的跳动，身上佩戴的银饰会发出悦耳的声响，具有浓郁的苗家风情。

第二种是表演性芦笙舞，苗语中叫“丢捞比给”。这种芦笙舞是男子竞技性的舞蹈，一般在传统节日里举行，舞曲明快，节奏强烈，技术性比较高，多数是各村里的芦笙能手才能参加比赛。

第三种是风俗性芦笙舞，这是男女青年表达爱情的一种方式。姑娘把自己绣的花腰带一头，系在自己看中的男青年的芦笙上，自己牵着花腰带的另一头跟着男青年跳舞。有时一个男青年身后有好几个姑娘牵着花腰带，队形好像孔雀开屏，而有的男青年身后却空无一人，十分有趣。

红花岗区

巷口镇

巷口镇位于红花岗区西南部，距市区（高桥）10千米。高乐公路303县道贯穿巷口镇，在建的巷三公路未来将是我市高速公路规划中“二环”绕城高速公路的重要组成部分，还是我市中心城区西部和西南部的重要出口通道。全镇总面积为50.2平方千米。辖区4个行政村，人口14415人，3900多户，耕地11025亩，人均耕地0.76亩，森林覆盖率42%。镇气候温暖，冬无严寒，夏无酷暑，年平均气温为15.2℃。巷口镇有丰富的水资源和矿产资源。建有巷口红岩水库和沙坪三凼水水库。镇辖区地处山区，矿产资源较为丰富，主要有煤、铝、铁等数种矿产。

巷口古镇，文化厚重，多姿多彩。

镇域资源丰富，林木蓊郁，风景宜人。

文化巷口 摇曳生辉

自古以来，巷口镇人民精神文化活动就很丰富，辖区内每逢年过节都要唱花灯戏，同时也是红白喜事上必不可少的民俗传统节目。花灯歌舞是新中国成立前流传下来的一种民间祭春及闹元宵的社会歌舞。相传，民家每年春节跳了花灯歌舞，可以驱邪避凶，保佑家庭平安、百事顺遂。花灯含有一套完整的活动程序，演出层次不乱，主要角色不多，乐器简单，舞姿独特，唱词、唱腔皆动听，不择场所，室内外都能表演，具有浓厚的群众性、乡土性、娱乐性、观赏性、艺术性。花灯歌舞角色，主要由首士邀请两位有能力，能熟练掌握花灯歌舞全盘活动的人当正副“灯头”，带领整个队伍玩灯，雇两名生得俊俏的男年青扮“幺妹”（文脚、小旦），选定 1～2 个能说会道、随机应变能力好的人当“唐二”（武脚、武生），其余皆是帮腔唱调、打击乐器人员。全队 10 人左右，也有热心爱好的编外人员临时帮忙。

巷口牛灯 巷口牛灯创办于 1951 年土地改革时期，为庆祝土改，由中山地方的廖海廷、李思文、陈洪亮、李德才、付之良共同创作。起初，他们商量创作“羊灯”。将竹篾条编成羊头，用纸糊上，画出羊的面部，由一个人戴在头上，身上披上毯子，趴下手脚行走，形似一只羊，出场时由一人在“羊”后赶着，羊开始蹦跳，同时发出羊叫声，在表演圈内转三五圈不等，表演一次一般在 10～15 分钟，观看者较为欣赏。随后几人商量，觉得羊灯表演形式单调，于 1952 年春节创作出了牛灯。表演方式与过程：用青黑色布料制作牛身（水牛多数毛色为青黑色）、牛蹄。竹篾编制牛头，用纸糊上。扮牛必须 2 人，前面一人执纸扎牛头，“牛皮”前半部分罩住身子，两只脚为牛的前腿，另一人“牛皮”罩着，连接于后，上身稍弯曲拉着前面一人的腰部，双脚为牛的后腿，相互配合，尽情表演牛的憨厚、笨拙、倔强的性格。牛灯表演分单牛表演和双牛表演。单牛表演时，情节多为犟牛撒野，农夫用牛鞭抽打、然后训牛，用道具——枷单犁铧给牛套上，人牛共同劳作；双牛表演时，情节则以放牛娃（牧童）引牛争斗开始，盘歌答问，歌词和表演内容主要道明牛的来源。相传牛是七仙姬下凡，随带的老牛精繁殖了以后的牛，一直为人类做贡献，表明牛的憨厚、辛苦。表演一场，一般在 20 分钟左右。

创作演出成功后，从 50 年代初开始，每逢春节和集会活动，皆邀牛灯表演。直至 60 年代“文化大革命”开始，巷口牛灯停止演出。进入 80 年代改革开放后，牛灯又恢复活跃。1981 年巷口大桥竣工，特别组织了牛灯庆贺表演。后遵义市文化馆

组织了几次，在丁字口、红花岗剧院登台表演。

巷口民间舞蹈 新中国成立后，辖区民间舞蹈在区、乡干部和土改干部的带领下，跳"秧歌舞"，组织广大男女青年和积极分子扭秧歌，自编自演节目，参加各种演出活动。

青年参军时组织送兵，用节目方式宣传党的方针政策。到50年代末这些活动一度淡化，1962年又有人组织跳花灯，农村群众文艺活动开始恢复。1966年，公社和各大队均组织"毛泽东思想文艺宣传队"，歌颂党中央和毛主席，各种会议前和晚上到各生产队和村寨宣传演出。特别是学校，每年"六一"儿童节都开展表演，内容有独唱、合唱、表演唱、打快板、小品、三句半、舞蹈等，内容丰富，形式多样。"毛泽东思想宣传队"表演以"革命歌舞"为主，较多突出"阶级斗争"这个纲，每个节目都必须是"革命"的内容。1968～1970年的几年间，还特别突出跳"忠"字舞，把"无限忠于毛主席、无限忠于毛泽东思想、无限忠于毛主席的无产阶级革命路线"编为歌舞。

明永王朱慈炤(邹啟贵)夫妻墓 位于巷口镇中山村前进村民组苦竹垭，靠巷乐公路北侧100米有两座并排石墓，左右相距12米。墓前正中前后对立两块墓碑，大碑在前，小碑在后。小碑立于1973年，大碑立于1998年。两碑文所载内容基本一致，内容之一：此墓大约庆皇清初年所葬因民国初碑记倒塌无法考证于共和国癸丑年人自(应：壬已1998年)由邹代林邹代芳等率阖家族等重新清理据查启贵乃当时永王太子也故包坟立碑以作志。内容之二：朱氏谱序："谱朱氏族也自太高始祖世珍推及于今后嗣记其职业籍贯讳名以传后世可稽而终不忘其仁孝之意也吾朱氏太祖元璋字国瑞在位三十一年国号大明位号洪武太祖元璋之父世珍母陈氏。"内容之三：吾祖系凤阳府沛国郡人氏原姓朱因崇祯自缢清军入京朱氏惨遭诛灭故随母姓周氏也邹元标邹之麟保太子永王来自四川省遵义府先住老城梧桐街(今子尹路)又迁西隅里又一甲苦竹垭为避害朱慈炤改姓邹名啟贵邹元标邹之麟仍回京后为进士吾氏嗣堂在余谷老贯寺。内容之四：吾祖下属各房：苦竹垭、南门、白沙井、新舟坝、白果坪、宁阁堰、海龙坝新桥、三岔合吾氏脉

派:启国单维仕、朝文世子万代兴合家登、光德太平此排行满之后重起前正天英顺、安帮定乾坤思凡先吉元、富贵得双全后记新排行二十个字矣,后嗣者不得错记据查,经贵州明史专家兰东光博士考证,在《文史天地》(2000年第六期)上撰文,认定为明朝崇祯第四子永王朱慈炤夫妻墓。两墓后正中一座墓较小,碑文为“赵恩公之墓”,系朱慈炤夫妻生前随身太监。明崇祯十七年(1644年)三月十九日,李自成率军攻破京城,崇祯上吊于梅山。他的四个儿子(其中第二个慈恒早亡)中长子和第三子被清廷杀害,第四子永王慈炤不知去向。据《邹氏家谱》记载,明永王朱慈炤由明遣邹元标之子邹之麟父子保护潜来遵义,落脚于老城梧桐街(今子尹路)和马桑窝、官井南门一带,为更避难迁西隅里又一甲地名苦竹垭学堂堡。邹元标邹之麟父子仍回京做官,任尚书职。为避害,朱慈炤改姓邹,名啟贵。《邹氏家谱》尚有记载。朱慈炤(邹啟贵)来遵后,从明末至今已传承14代,分布于巷口苦竹垭、海龙坝、遵义县三岔合、老城官井、贵阳、四川、重庆等地,子孙已约1000余人,每年清明节,邹氏族人均从各地到苦竹垭祭奠,明永王朱慈炤后人仍保留着清代所修家谱。在郑子尹编次的《播雅》罗兆珄传略里面就记有其父罗以忠随明永王来黔之事。

绍阳寺 绍阳寺坐落于红岩水库东侧山腰,修建于明代,迄今已有400多年历史,寺门两侧有清嘉庆七年(1802年)和民国六年(1917年)所制功法碑各一块,另还可见残碑剩片,年代已无法辨认,难以考证碑刻时间。寺名来源不详,据《遵义府志》记载“明建文帝曾寄宿题诗”,此庙后定为古福源寺。

“四清”(1965年)前寺庙规模较为可观,有石墩砌的山门,分正殿和下殿,殿后还有阁楼一座。新中国成立后在寺内办过学堂,大集体时期,作生产队保管室用。“文化大革命”开始,大队将楼阁和上殿拆来修大队办公室,剩下左右僧房和正殿。1979年修巷口医院被一并拆来做了门窗,寺前保存和尚坟数座。

20世纪90年代,在当地民众自发和宗教部门指导下,宗教活动逐渐恢复。重建殿堂,香客不断。寺庙居高临下,红岩水库风光尽收眼底,有较大的旅游开发前景。

发挥优势 建设展新姿

近年来,在上级领导的关怀和现任领导的努力下,巷口镇经济社会发展迅速,通过大力对公路、水利等基础设施建设的投资,大大改善了镇内人民的生产生活条件,特别是近年来的“四在农家”创建活动、整村扶贫项目的实施,使巷口镇面貌焕然一新;2014年至2015年,完成总投资15亿元对该镇巷三公路、泥海公路进行修建。镇辖区内有法人单位、产业活动单位82家(其中,非盈利性29家、盈利性53家),2013年营业总收入6044.31万元,个体经营户230家,实现工业总产值完成1.6亿元。巷口镇已从设镇时的一个纯农业镇,发展为集农业生产、旅游观光、食品加工为一体的聚集地。

镇党委根据镇情,提出了以党的建设为动力,以建设新农村为载体,以调整产业结构为方向,以发展休闲旅游为契机,以增加农民收入为重心的发展方案,紧紧抓住国家惠农和产业政策,全面贯彻落实科学发展观,以公路、供电、供水、通讯、新村建设等基础设施建设为主线,以巷口红岩水库旅游开发、集镇建设为两翼展开,抓好农村基层组织“示范带”建设,着力解决农村剩余劳动力和剩余劳动时间问题,继续抓好沙坪非公有制经济园区、坪阳乡村农贸市场建设,推动农业农村经济结构调整,实现“两翼展开有新突破、招商引资有新进展、农民增收有新举措、社会经济有新面貌”的发展思路。

巷口镇现已建设了中山村农业产业观光基地、巷口村肉牛育肥基地、中山村万里组蔬菜种植基地、巷口村果蔬种植基地、八卦村樱桃、花卉种植基地和沙坪村非公有制经济园区。

美丽安顺

黄果树风景名胜区

黄果树镇

黄果树镇位于黄果树风景名胜区东北部，距镇宁县城约12千米，与镇宁县城关镇、马厂乡、扁担山乡和白水镇接壤，全镇交通便利，贵黄公路、滇黔公路、沪昆高速公路、沪昆高铁纵贯全境。全镇10个行政村，33个自然寨，100个村民组，共6428户，21746人，其中农业人数20174人，非农人数1572人。森林总面积11328亩，森林覆盖率达48%，降雨量在1025~1410毫米之间；具有冬无严寒、夏无酷暑、雨热同季、无霜期长等特点。全镇主体民族以布依族为主，沿贵黄、滇黔公路两旁居住，总耕地面积1.44万亩。地貌特征是山多地少。景区名胜驰名中外。

黄果树镇资源优渥，坐拥天下胜景，是"中国最美丽的地方"。

优美的自然环境和深厚的人文环境，赢得中外瞩目。

黄果树冬暖夏凉、气候宜人，属亚热带次高原季风气候，主要种植水稻、玉米等粮食作物和生姜、胡豆、早熟蔬菜、桃李等绿色果蔬；境内还有鲟鱼、獭兔、野鸡、野猪等特色养殖以及远销海内外各国的民族蜡染制品。

旅游资源独步天下

国家5A级风景名胜区黄果树瀑布就在其境内，是著名的休闲旅游胜地。辖区以黄果树大瀑布景区为中心，分布着雄、奇、险、秀风格各异的大小18个瀑布，形成一个庞大的瀑布“家族”，被大世界基尼斯总部评为世界上最大的瀑布群，列入世界吉尼斯纪录。

石头寨景区、天星桥景区、陡坡塘景区等几大景区摇曳多姿。

丰富多彩的名胜旅游景点以及石头寨等民俗风情景点吸引着众多的国内外游客。

依托旅游资源，全镇旅游经济十分发达。

魅力景区 风光醉人

黄果树大瀑布 黄果树大瀑布高77.8米、宽101.0米，是我国最大的瀑布，也是世界上著名的大瀑布之一。

早在300多年前，我国著名的地理学家、旅行家徐霞客就描述其“水由溪上石，如烟雾腾空，势其雄厉，所谓珠帘钩不卷，匹练挂遥峰，具不足拟其状也”。奔腾的河水自70多米高的悬崖绝壁上飞流直泻犀牛潭，发出震天巨响，如千人击鼓，万马奔腾，声似雷鸣，远震数里之外，使游人惊心动魄。

黄果树瀑布还有大水、中水、小水之分，常年流量中水为每秒20立方米，时间在九至十个月。流量不同，景观也不一样。大水时，流量达每秒1500立方米，银浪滔天，卷起千堆雪，奔腾浩荡，势不可当，其壮观自不待说。瀑布激起的水珠，飞溅一百多米高，如云漫雾绕，洒落在上面的黄果树街市，即使晴天，也要撑伞而行，故有“银雨洒金街”的称誉。上腾的水珠，如亿万颗闪耀的明

星，随风浮沉，漫天飘洒，使人目不暇接。中水时瀑布明显分成四支，各有形态和个性，从左至右，第一支水势最小，又洒得开，秀美；第二支水势最大，上下一般粗，豪壮；第三支水势居二，上大下小，雄奇；第四支水势居三，上窄下宽，潇洒。其实，中水时景观最好，瀑布清晰，轮廓分明，雪白的瀑水在碧绿的深潭和蓝天的衬托下以及横贯在瀑布前五彩缤纷彩虹的装点下，犹如一幅美丽的图画。小水时，瀑布分成的四支，铺展在整个岩壁上，仍不失其“阔而大”的气势。黄果树瀑布素以“雄伟、壮观”而名扬四海，但较之世界名瀑，还有它独有奇特之处，就是最神奇的隐在大瀑布半腰上的魔幻水帘洞。

水帘洞位于大瀑布 40 米至 47 米的高度上，全长 134 米，有 6 个洞窗、5 个洞厅、3 股洞泉和 6 个水帘洞通道。走进大瀑布本身就已惊心动魄，神移魂飞了，而要在大瀑布里面穿行，确感不免神悚，但到了黄果树瀑布，而不进水帘洞，就不会真正领略到黄果树瀑布的雄奇和壮观，那将是人生一大憾事。

穿越水帘洞，还有一个绝妙奇景，从各个洞窗中观赏到犀牛潭上的彩虹，这里的彩虹不仅是七彩俱全的双道而且是动态的，只要天晴，从上午九时至下午五时，都能看到，并随你的走动而变化和移动。前人说：“天空之虹以苍天作衬，犀牛潭之虹以雪白之瀑布衬之”，故题“雪映川霞”。

陡坡塘瀑布 陡坡塘瀑布位于黄果树瀑布上游 1 千米处，瀑顶宽 105 米，高 21 米，是黄果树瀑布群中瀑顶最宽的瀑布。陡坡塘瀑布顶上是一个面积达 1.5 万平方米的巨大溶潭，瀑布则是形成在逶迤 100 多米长的钙化滩坝上。陡坡塘瀑布还有一个特殊的现象：每当洪水到来之前，瀑布都要发出“轰隆、轰隆”的吼声，因此又叫“吼瀑”。

“遥闻水声轰轰，从陇隙北望，忽有水自东北山腋泻崖而下，捣入重渊，但见其上横白阔数丈，翻空涌雪，而不见其下截，盖为对崖所隔也。”这是徐霞客在《徐霞客游记》中对陡坡塘瀑布的描述。

2005年陡坡塘瀑布又新增了垂钓、观鸟（孔雀）、人体摄影等观光项目，出现了百花齐放、百鸟争名的“凤凰百花园”。

天星桥景区 天星桥景区位于黄果树大瀑布下游7千米处，这里主要观赏石、树、水的美妙结合，是水上石林变化而成的天然盆景区。如果说黄果树大瀑布的特点是气势磅礴，天星桥区则是玲珑秀美。“风刀水剑刻就万顷盆景，根笔藤墨绘制千古绝画”的对联，概括了天星桥景区的神韵。这里有三个连接的片区即天星盆景区、天星洞景区、水上石林区。

天星盆景区位于三岔河的伏流表面和河道的两侧。这是一片水上石林景观，面积0.19平方千米，这里有大大小小的天然山石、水石盆景。弯弯曲曲的石板小道，穿行于石壁、石壕、石缝之中，透迤于盆景边石之上。沿小道游览，抬头是景，低头是景，前后左右皆成景，仿佛到了天上的仙境、地下的迷宫。主要景点有步步景、一线水、空灵石、天星照影长表峡、侧身岩、歪梳石、寻根岩、鸳鸯藤、盘龙图、美女榕、象鼻石、天星楼、雏鹰出山等。

天星桥景区中段。在五光十色、变幻无穷的奇峰异石之中，4根大石柱直抵洞顶，每根石柱都在20米高以上，柱上石花丛生，如雕龙刻凤，色泽艳丽，洞中主要奇景有布满碳酸钙凝胶体、状若成堆成串葡萄的葡萄厅；有散立在流石滩坝上若“八仙过海”的石笋群；有色彩艳丽、形状奇特的滴石、云碟、云盘，宛若一席金杯玉盏、佳肴琼浆的“天国盛宴”；此外，还有仿如“荷塘”“万里长城”“冰山雪原”“苗寨梯田”以及“鸟虫鱼兽、花草树林、瓜果蔬菜”等造型，都异乎寻常地相似，仿佛世界珍奇、天国神物均聚于此，使天星洞更显得玲珑剔透，富丽堂皇。

石头寨景区 石头寨景区是具有典型石头建筑的布依族村寨，南距黄果树大瀑布约6千米，以伍姓为主体。传说600年前，有一姓伍的布依人到

此开发逐步繁衍而成寨的。现在全寨共有 248 户人家，1582 口人，其中，布依族就有 1578 人。镇胜高速、贵黄高等级公路依村而过。全寨石屋层层叠叠、依山修建，布局井然有序。房屋建筑均为木石结构，不用一砖一瓦，石屋经久牢固，冬暖夏凉，由寨民自行设计、自行修建，极富地方特色和民族特色。石头寨还是闻名的蜡染之乡。石头寨妇女善蜡染的织锦。全寨 80%的成年妇女都会这种传统的民间工艺。更有趣的是，游客可直接参与，自己设计、自己操作，做一回布依石头寨寨民，体验传统工艺的无穷乐趣。

石头寨村是一个少数民族村寨，它那美丽的山水风光、浓郁的民族风情、宜人的气候，吸引着越来越多的省内外宾朋。只要您置身其中，就会被它的幽静、淳朴所吸引，布依族传统文化浓缩在这个小村庄里，让您体会的是他们的淳朴与自然。而今，石头寨依托已有的旅游资源，整合周边发展乡村旅游已经开展起来。

“六月六”布依文化节 “六月六”是布依族人民的传统佳节，由于居住地区不同，过节的日期也不统一，有的地区六月初六过节，称为“六月六”；有“六月六”文化节开幕式的地区六月十六日或农历六月二十六日过年，称为“六月街”或“六月桥”。布依族人民十分重视这个节日，有过“小年”之称。节日来临，各村寨都要杀鸡宰猪，用白纸做成三角形的小旗，沾上鸡血或猪血，插在庄稼地里，传说这样做，“天马（蝗虫）就不会来吃庄稼”。节日的早晨，由本村寨几位德高望重的老人，率领青壮年举行传统的祭盆古、扫寨赶“鬼”的活动。除参加祭祀的人外，其余男女老少，按布依族的习惯，都要穿上民族服装，带着糯米饭、鸡鸭鱼肉和水酒，到寨外山坡上“躲山”（当地汉族人民称为赶六月场）。祭祀后，由主祭人带领大家到各家扫寨驱“鬼”，而“躲山”群众则在寨外说古唱今，并有各种娱乐活动。

黄果树景区自 2007 年开始举办黄果树“六月六”布依文化节，目的在于通过节庆活动挖掘和积淀布依文化，并为黄果树景区的文化品牌构建、文化旅游的发展服务，同时，打造一个在全国乃至国际都有影响力的布依民族传统节庆活动，为贵州乃至中国民族文化推广以及黄果树风景区的旅游品牌深化发挥功能和作用，实现人文和文化旅游相融共生。

生态文明与城镇建设 比翼双飞

黄果树景区内风景秀丽、环境优美、空气清新（经省级环保部门测定每立方厘米的空气含负氧离子 2.8 万个以上）、气候宜人（每年平均气温16℃左右）。有着悠久的历史文化，设施完善，是休闲、度假、观光、疗养、吸氧“洗肺”的理想胜地。黄果树镇的集镇和新农村建设有了很大的发展，其环境和面貌有了大的改善。集镇环境综合整治力度的加强，总体环境质量得到了空前的提升。

黄果树镇立足镇情，着眼未来发展，充分发挥资源优势、区位优势和交通优势，根据镇域空间布局按着“一核两轴三带”点线面全面发展。

一核：依托黄果树镇国家 5A 级景区为核心，大力培育优势产业和关联产业，加强城镇基础设施和公共服务设施建设，增强综合服务和区域辐射带动功能，加快推进镇周边人力、资本、产业等各发展要素向黄果树镇聚集，以及各要素相互流动，扩大核心区域规模，逐步形成集旅游服务、餐饮、住宿、商贸、旅游为一体的区域政治、经济、文化、社会发展核心。

两轴：推进轴带发展旨在打破以往黄果树镇在经济发展方面的传统观念，主动承担推进开发开放和贵州省旅游经济发展的桥梁纽带重任，以通道建设促开放、促发展。推进轴带发展，必须把通道建设作为重中之重，以大视野、大通道、大产业、大流通促进黄果树镇经济社会跃上新台阶。

——沪昆高速沿线经济轴。沪昆高速公路、贵黄高等级公路是贵州省乃至全国先导区连接云南东南亚地区的重要通道，并设有省内最一流的进出站口，是境内外商品、农副产品的理想集散地，也是国内旅游业的集散地。

1.黄果树镇内主要包括：安庄、大山新、石头寨、黄果树、白水，此轴重点发展民俗风情、布依文化观赏、蜡染制作与销售、农家乐、精品瓜果种植采摘游等新兴产业，借核心景区之势，加快黄果树镇产业升级和商贸发展；此轴向外发展，促进周边地区的劳动力输出及产业联动。

2.南北向产业经济、交通运输和物质交流，借助黄果树国家 5A 级景区口岸发展旅游业、贸易业、旅游服务业，推进物流业发展。

——黄果树镇新型农业经济轴。黄果树镇镇内主要包括：黄果树镇安庄、王安、白水、盔林、油寨、募龙、烈山，此轴向东南发展，以黄果树镇核心景区的果园、菜园为定位标准，是黄果树镇供应景区菜篮子，重点发展现代农业种植、精品水果种植、鲜活农产品供应，借核心景区旅游人气，加快黄果树镇传统农产品产业升级和商贸发展；此轴向外发展，促进周边地区的劳动力输出及产业联动。

三带：三带主要是依托黄果树镇产业结构升级及资源优势和引资平台建设，大力发展旅游产品加工及第三产业，以带动农户发展致富。

——带动黄果树镇旅游服务、餐饮、住宿。重点发展旅游服务、餐饮、住宿、蜡染、食品旅游服务、餐饮、住宿，根雕木刻画、盆景、碱性还原水、无公害果蔬种植等产业发展，以带动农民增产增收。

——带动区域劳动力输出。重点发展黄果树景区旅游服务，售票、交通运输、住宿、餐饮、农业种养殖、农业观光等增加区域就业岗位。

——带动区域基础设施建设。以两轴的建设，带动区域基础设施大建设或改造。完善区域道路硬化、机耕道建设、饮水工程、排灌沟渠、亮化、绿化、垃圾收集及转运等一系列设施，改善村内生产生活条件。反哺旅游业更加欣欣向荣发展。

全镇社会治安稳定，交通发达，邮电、通讯等基础设施得到进一步加强，人口增长率得到有效控制。各族人民和睦相处，勤劳团结，安居乐业，政治基础稳定，社会经济持续、快速、健康发展。

西秀区

旧州镇

旧州镇位于西秀区东南部，距安顺市区37千米，距省会贵阳80千米。东邻刘官乡和平坝县，南接东屯乡、双堡镇，西与宁谷镇接壤，北抵七眼桥、大西桥镇。地理位置在东经105°14′～106°43′、北纬25°51′～26°42′之间。旧州镇地处云贵高原东部的洼地丘陵地带，地势西北高东南低，地处安顺老落坡山脉南麓型江河岸，最高海拔为境内老落坡山顶1603米，最低海拔为型江河出口处1378米，相对高差为225米，中部海拔为1417~1477米之间，东部海拔在1378~1463米之间，西部海拔在1425~1520米之间。全镇总面积116平方千米，辖14个村（居）委会，9804户，4.27万人，其中镇区生活人口1.5万人；居住有汉、苗、布依、仡佬等民族。耕地面积3.44万亩，森林覆盖率58%。

人文久远 风物繁茂

历史远古，人文荟萃，积淀厚重。

旧州，古云“安顺州”，是安顺古代的政治、经济、文化、商贸中心，其东门外有碑记“今云黔地，古云梁州”，就足以证明旧州历史悠久和其在安顺政治经济地位的举足轻重了。史载：旧州原是安顺州府所在地，战国时期为夜郎国地，秦时为夜郎县，隋置宾化，唐置望江，宋改为普宁州，元改为普定府，顺帝十一年（1344年），置安顺州，成化吵徙安顺州于普定卫，从此安顺州才迁入今日的安顺城。穿越历史，我们不难想象旧州曾历经过何等的繁荣昌盛景象，同时也孕育了旧州古代灿烂的文化。古旧州城内有钟鼓楼、清元宫、万寿宫、城隍庙、胡广庙等古建筑，同时私学和官学众多。这些形成了旧州古文化。

旧州镇内拥有古人类活动遗址多处，曾在地甲洞、猫猫洞、象鼻洞等发掘出新旧石器时代动物、人类牙齿化石多枚，石制品上百件。镇区历史建筑众多：各种宗教建筑遗迹遍布四街；清朝名人贤士周之冕故居优雅精致；古墓葬如张土司墓、国民党“一门三中委”即谷正伦、谷正纲、谷正鼎之谷氏祖茔神秘莫测；“旧州八景”有无尽的诗情画意；街道按阴阳五行布局，古城墙呈葫芦形的结构，为全国唯一；街道两旁至今保留完好的明清建筑仍古意盎然。

旧州人才辈出，曾走出复兴贵州文化的清末进士周之冕、声震川湘两广的儒商简敬斋、国民党“一门三中委”谷正伦、谷正纲、谷正鼎三兄弟……

古镇旧州民风民俗古朴淳厚。汉苗杂居，间以布依、仡佬，明朝初年又接纳了征南军户，即被后人称为“屯堡人”的一群特殊汉族。独特的文化背景，使旧州各民族和谐相处，多元文化摇曳生姿：苗族芦笙豪放沉雄，蜡染工艺新奇洒脱；布依热情好客，酒歌高亢浑厚；屯堡人具有军事防御功能的民居奇特精美，地戏、花灯古朴壮观；民俗氛围浓厚的农历“五月二十八”庙会是民族大团结的盛会，热闹非凡；饮食文化醇香久远，旧州鸡辣子、屯堡筵席等独具特色，远近闻名；民族宗教信仰涵盖儒、释、道及天主教，信众和谐相处……

旧州八景 旧州八景因词曲《浪淘沙·旧州八景》而名扬天下。民初，旧州有位姓梅的才子和几位同窗，赴上海旅游，银钱将告罄，为赚回程路费，几位才子就以旧州风景名为题，写出《浪淘沙·旧州八景》投稿《申报》并获刊发，稿费颇丰，遂解了燃眉之危。下面撷录八阙中的一二，借以了解旧州丰神。

浪淘沙·麒麟晴岚

序：安顺旧州城内，有麒麟山一，小狮山二，其形蹲伏，如睡狮方醒之态，百足宛然。居民依山为屋，山上古木葱茏，其胜慨也。

鼎立势何雄·拔地凌空，天然灵秀匪人工。青黛频堆浓如滴，暖日初烘。 草木护芳丛，郁郁葱葱，满城烟火蔚蓝中。剩得斜阳明一角，翠影摇红。

浪淘沙·文阁落照

序：城东里许里有文昌阁，民国丁巳年岁重建，高与云齐。前殿祀孔圣，前阁古柏二株，百余年矣，苍翠可爱。二水环绕，美景多良，堪舆家以为旧州锁水要地，名曰，一印锁九环云。

落日气清凉，景美文昌，参天古柏影苍苍，万里晴霞飞不散，绚出文间。唱晚恨渔郎，何事匆忙？空明水色与山光。近阁远村如画里，绿树斜阳。

华严洞 华严洞位于安顺城郊南面，距离安顺火车站 0.5 千米。共有 1032 人，3 个村民小组。全村总面积 0.59 平方千米。华严村交通便利，清黄路、安紫路穿境而过。华严村的“华严洞”远近闻名。

华严洞在抗战期间存放过 80 箱故宫国宝，为国家作出了不小的贡献，也因此而闻名。后来建起了妙法禅寺，和洞相连，成为今天的华严洞妙法禅

寺，是安顺城八景之一，已是善男信女的圣地，每到农历二月十九、六月十九、九月十九，来自附近各地的修佛人士达四五千人，热闹非凡。由于道路方便，来此旅游的游客逐年增多。

华严洞妙法禅寺紧临村操场，共分三个大厅。站在操场上，首先映入眼帘的是一排枣红色的墙，配有青色的瓦，屋檐下排成“一字”的红灯笼让人感觉喜气洋洋的；门口的一对灰色大狮子，威武雄壮，又让人感觉几分庄严。进入第一厅，是一座四合院，红墙黑瓦，高低错落，中间塑有观音菩萨像，旁边是“四大天王”。顺着两侧楼梯上去，进入第二厅。右侧的八角瓦房，给人以古朴庄严的感觉，门窗上雕刻有各种花纹图饰，在这里就能闻到香火味道了。继续往里走，便看见“大雄宝殿”四个金光灿灿的大字，这就是第三厅了。从正门进去，香火缭绕中的菩萨们好像都在欢迎你的到来。

就在这个宝殿后面，一条水泥筑好的梯坎，带领着来钻洞的游客。刚一进入洞内，立即就会感觉到一股凉爽扑面而来，顺着安装有照明灯的梯子拾级而下，你会越发感觉到那种凉爽。洞中的石头形状各异，就任由你发挥想象力了。到洞的后部，有一潭水常年不干，据说可通过游泳钻出洞外，那边就连着西瓦村了。

华严村还有多处名胜古迹、岩石碑刻、牌坊等，是旅游的又一看点。

唱花灯 民间称玩花灯。贵州花灯分东、南、西、北路，各路花灯表演、形式和腔调各异。

旧州花灯属四路花灯，具有悠久历史。《续修安顺府志·礼俗卷》中记载：唱花灯，演唱都化装成男女若干人，男执扇，女执帕，相对边唱边舞，以月琴、二胡伴奏，词极俚俗，甚得民众欢迎，各地依次演完后，全班合演一场，演唱毕，接待之家酬以喜对。花灯表演多在夜间场坝子，演唱时间一般在春节到元宵节，有时延长到正月底，每个灯班 20 ~ 30 人不等，其中演出人员 10 ~ 15 人，勤杂人员 10 人左右。灯班为非职业性民间传统文艺组织，是一种融灯、歌舞剧为一体，集宗教祭祀、群众教育、文化娱乐等功能为一体的传统艺术。每当花灯班子出动，走向街头或场院时，随着一阵有节奏的锣鼓声传来，人们就会看见灯班队浩浩荡荡走来，而最引人注目的是“灯笼”，“灯笼”标志着演出水平，所以在造型工艺上非常讲究。常见的灯笼有排灯、宫灯、八卦灯、五角灯、扇灯、鱼灯、球灯等，灯笼排列有序，带有政治性，中华人民共和国成立前以宫灯排首位，中华人民共和国成立后则以排灯排首，两个排灯各有毛泽东主席像和朱德委员长像。这些彩灯均用长竹竿挑之，每人举1个，排队进寨。首先参土地、参水井（在土地庙、水井前由领队人领唱，祷告平安、风调雨顺等吉祥如意的参词）后才能进场，有时还要参“桌子”（是一种考验智力的娱乐活动，在大方桌子上摆上物品，以各种物品的性格名称组成一个句子、成语，有的摆上俗语，揭出谜底，猜对后才得放行，猜不对会遭到起哄）。到演出场地，全体演出人员亮相名曰“踩场子”，唱些谦虚客气的话后再按演出顺序表演，每年节目演出人上场，由二胡伴奏“聊曰”后，才到节目演出的正题，每个节目演出一般以四季、五更、十二月为段，每段以锣鼓伴奏，亮扇子作为缓气时间，演出毕后全体演员出场齐唱，由领队人领唱，内容均是祝贺该年风调雨顺、国泰民安等吉祥词语，名曰“扫场”。

趣味地戏 地戏在“屯堡文化”中占有很重要的分量，它是屯堡人的一种精神寄托和精神象征。在以安顺为中心的屯堡文化圈的屯堡村寨里，稍大一点的寨子都有地戏，大的村寨甚至多达四五堂，据专家调查统计安顺屯堡圈中共有地戏三百多堂，足见地戏多么盛行。

地戏源于军傩，军傩是古代军队中用来作为出征祭典、振奋军威、恐吓敌人的一种傩仪。傩仪是中华民族特有的一种古老的文化，早在3000多年前的殷商时期就已经有了，史料中记载那时专司傩仪的官吏叫“方相氏”。今天我们看到的被称为“戏剧活化石”的地戏，是傩文化的一种继承和发展。

旧时地戏演出是极其庄重的，一年之中只有两个期间能演，一是春节大年初二这一天，地戏班子在“神头”的带领下，开箱“请脸子”，摆放香案敬献雄鸡、猪头和神，请神灵保佑并赋予脸子灵气，然后敲锣打鼓热热闹闹地来到演出场，此时场地四周已是人山人海。从年初二开始一跳就半月，年复一年的重复着《说岳》《三国》《杨家将》等忠烈演义书籍中报国杀敌的英雄故事。

演出结束仪式由两个特定有趣的人物——土地公公和麻和尚主持。小军先上场通报，然后土地和麻和尚出场，互相盘问打趣，其中有着许多屯堡人的言子话、俗言和歇后语。

土地问和尚："你从北京来要到哪里去？"和尚答："扯匹毛草做滑竿——"土地说："噫，抬弯呀！你从台湾来，路过哪点？"和尚又说："小偷儿蹲檐脚——"土地说："啊，拗门（澳门）……"这样问来问去，土地再问和尚："带来哪些经典？"和尚故意答不对题，乱答："菜油也经点、煤油也经点，桐油、猪油也经点，只有土地佬儿的油不经点。"

打造梦里小江南 人文山水和谐共生

2008年被住建部评为"中国第四批历史文化名镇"。2012年成为"省级30个示范小城镇"之一，同年，成功申报为"国家级绿色低碳重点小城镇"，被誉为"梦里小江南——西南第一州"。

旧州镇紧紧围绕"打造国家级绿色生态古镇"的目标，按照省级示范镇的要求，结合旧州实际，以"8+3"项目建设为核心，以古镇建设和生态新区开发为重点，全面推进小城镇建设。

以"六个一"为抓手，小城镇建设具雏形。

一批"8+3"项目。屯堡大道建设、保障性安居工程、污水处理厂、垃圾转运站、有机食品生态园、文化广场、现代高效观光农业基地等"8+3"项目建设稳步推进。

一批基础设施项目。"三线地埋"、污水管网铺设、南门河治理、旅游公厕、下南街修建、农贸市场已开工建设。

一个综合体项目。20000平方米的小城镇综合体建设。

一批旅游项目。钟鼓楼、扶风亭、鲁氏老宅、古驿道、西街和南街历史风貌的恢复，滨水新区和老年休闲度假中心也正在设计之中。

一个湿地公园。旧州境内的邢江河已成功申报为国家级湿地公园。

一个美丽乡村。仙人坝村浪塘组的"四在农家·美丽乡村"创建稳步推进，预计6月底所有项目竣工投用。为旧州打造文化生态旅游古镇，推动旅游产业化的发展增添了活力和后劲。目前，投资11.6亿元的49个项目正紧锣密鼓地推进中，旧州小城镇建设已具雏形。

千年古镇，"新"与"旧"和谐争辉。

古"安顺"州府所在地——安顺市西秀区旧州镇，承载着安顺的旧日荣耀，背负着安顺的昔日荣光！走在老街上，各色建筑杂处其间，古色古香的木结构院落、中西合璧的哥特式建筑，无不向走进旧州的人们讲诉着它的过往。当前，安顺市上下正深入推进全省"5个100工程"建设，旧州镇作为全省首批启动建设的"30个省级示范小城镇"之一，正响应时代号召，抢抓机遇、阔步向前、提速奔进，找回昔日荣光。

按照"打造中国的历史文化名镇、生态型绿色文明古镇"的发展目标定位，旧州镇正着力整治改善历史环境景观，既满足了居民现代生活的需求，又提高了古镇的历史文化内涵。今年，旧州镇启动了2000余万元的世界银行贷款项目，针对旧州历史文化遗产保护项目，即旧州钟鼓楼、扶风亭、关岳庙、清元宫、万寿宫的修复，古镇文化广场和博物馆的修建，南门河的整治，东、西、南三条街及北后街的石板路面铺设等。目前，已改建建筑风貌42座、修缮民居84户，钟鼓楼、鲁氏老宅等5处文物景观修复重现工程预计年内完成。

旧州镇结合实际传承突破，发展大明屯堡文化，以明清文化、地方民族文化为辅的文化发展思路，融入现代文明的一些理念，突出特色、绿色、低碳、文化特点，加快发展步伐，加强古镇的恢复。为保证"修旧如旧"圆满实现，旧州镇在实施景观修复的过程中，针对古文物景观修复特点，还将对管道分流、输电线地下掩埋等方案作必要完善，以切实保障文物景观内居民的现实居住需要，真正做到"修复不扰民、发展以利民"，还原一个历史韵味地道、本色本香的"新"旧州。争取用3～5年时间把旧州镇整体打造成为历史文化生态古镇。同时，还将保全旧州"麒山晴岚、碧波回环"的山水格局，保全大屯山、小屯山、小狮山等自然山体和南门河、邢江河的自然生态环境，保护与旧州古镇整体风貌和谐共生的田坝、菜园，实现古镇自然景观、农耕文化景观和人工环境多元化"和谐共生"。

西秀区

大西桥镇

大西桥镇位于安顺市东大门，东与平坝天龙镇接壤，南靠旧州镇，西连七眼桥镇，北抵蔡官镇，距安顺市区23千米，辖区内有滇黔、关州公路和“株六”铁路复线，正扩建的贵安大道、沪昆高铁6条交通干线从境内穿越而过。区域面积72.96平方千米，辖13个村(居)委会，耕地面积2.53万亩，总人口4.2万人。辖区居住有汉、苗、仡佬、白等民族。汉族有独具特色的屯堡文化，苗族、仡佬族、白族等有着自己的民族风情，各民族的多彩风情融为一炉。

屯堡文化是黔中大地的金字招牌，其独特的悠久历史以及丰韵的文化内涵，吸引着海内外的游众，使之声名远播。

大西桥镇拥有逾600年的悠悠历史，镇域的屯堡文化独具特色，魅力四射。

大明古风 魅力无限

大西桥青山、夕照以及古旧水碾房见证着历史的风云变幻。

大明古风吹拂这片热土，其文化积淀蕴藉深厚。

与其他屯堡文化迥异的是，这里的屯堡文化具有浓烈的军事色彩，传承了“军屯”的勃勃生气。

鲍家屯村的选址讲究风水堪舆，靠山不近山，临水不傍水。走入鲍家屯，环顾四周，首先呈现在眼前的便是“水口园林”。鲍家屯水口园林有别于皖南水口园林注重人文色彩的特点，更多趋向于天然的田园风光。这里清涓细流，绿树掩映、阡陌交通，山水相融，园林和村落相互映衬，自然与人文交相辉映，宛如一部田园乐章、一幅清新水墨画。特别是两条清溪环绕的小青山，左狮右象，宛若螺星塞海，狮象把门，真正体现了鲍家屯先人们“天人合一”的思想境界。

鲍家拳 大西桥镇鲍家拳是鲍家屯村民世代相传的著名拳术，它产生于唐朝以前，其历史比著名的“少林拳”还要悠久。据《安徽徽州府志》记载，晋太康年间(280～289)护车尉鲍伸隶，镇守长安，将鲍家拳由北方带到安徽歙县。洪武二年(1369年)，鲍家屯鲍姓始祖鲍福宝奉朱元璋“调北征南”之命，远征贵州，又将鲍家拳由安徽徽州府歙县带到贵州安顺。如今鲍家拳108套徒手、棍、单刀、双刀、枪等已经在鲍屯村传了22代23代人，在明清两朝，方圆几十里的屯堡村寨，武功数鲍家屯的最强。故有“吃酒吃肉九溪坝(九溪村)，拳打脚踢鲍家屯”之说。

以棍术为例，它以劈、扫、戳、挑、拨等棍法为主，并配合步形、步法、身法构成套路，练棍要求手臂圆熟，体现出勇猛、快速有力、棍打一大片的特点。习武，必须用心去学，拳棍每一套都要反复练，要舍得花时间才能学会，冰冻三尺非一日之寒。武术的学艺与练功要有吃苦耐劳的精神，要长年坚持不懈，持之以恒，三天打鱼，两天晒网，是学不会的。在学艺练功的教学中，首先碰到的问题是“三多”：一是动作数量多，不同的拳、棍、刀、枪等，每一套都有十多个动作；二是方向路线变化多，往返，左旋右转，路线复杂；三是每一个动作所含的因素多。外有手、眼、身、步的规格，内有精神的配合，这些给教学带来一定的难度。因此，师傅注重直观形象的演示，以领做为主。徒弟弄清动作来往路线后，师傅要求动作做到准确，符合规格，以此同时，师傅结合武术的攻、守动作进行讲解示范。

鲍家拳每一代都有几个武功高强的人，按祖训要求，对学武术的青少年有一个要求，要性格好、脾气好、没惹过祸。学武术的第一节课，师傅要说：“未曾学艺先学礼，未曾习武先习德。”鲍家拳历来重礼义、讲道德，学会以后，不准凌弱逞强，不准霸道、枉道，只能见义勇为，只能讲礼讲信，如果不听教导，家法严惩，后果自负。

民国十九年(1930年)石印出版的《鲍氏家谱》记载,鲍家拳拳师鲍尊三传,鲍氏十五世祖鲍原达,字尊三,生于清朝道光年间,道德人也,慈惠于人也,适咸丰、同治之乱,贵州贼匪出来蹂躏社会,鲍尊三以鲍家拳保护了平坝县大小阳关屯人民的生命财产,深受人民爱戴,阳关屯人民送给他一块匾,上书"齿德并尊"四个大字。

鲍尊三身为团练团首,对于四境乡里之人,办公务秉公正、和平宽裕、浑朴纯良,或远或近,莫不称颂他竟无偏袒之私,终为国务之长者,为盛德达之达人,岂非道德之纯一者乎,迨今人往风微,犹得溯祖追宗之下,特记之,以作纪念云。

吉昌村屯军山 屯军山原名鸡场屯,是一个有860户、4000人的古老屯堡村落,位于安顺东门外28千米,与天龙、九溪、云鹫山、鲍屯同在一条屯堡旅游黄金线上,屯军山与天台山仅相距一千米。在清理遗址中发现大量古瓷片、古盔甲片、古器物,有的印有"成化年制"字样,经考古专家认定为明代器物。

屯军山上具有特色的明代屯军古建筑和文化底蕴丰富的民俗文化。吉昌村各姓先民都是明代奉昌"调北征南"到这里屯军驻堡,创建了屯军山、汪公庙和山头城堡,占地30多亩,建筑面积2000多平方米,屯军住房100多间,数千米的古城墙3米多宽,高10米,垛口、瞭望台蔚为壮观,山头有一峡谷,深20米,凉气逼人,围墙下有一水井名曰四眼井,山顶几眼碓窝,完好无缺。屯军山海拔1500余米,在山顶眺望,便有"一览众山小"的感觉。

瓮城及八大阵 鲍家屯村寨内建筑多为石、木混合结构。具有防御功能的瓮城及八大阵(白虎阵、雄狮阵、鹿角阵、火牛阵、青龙阵、长蛇阵、铁马阵、玄武阵)等古代战争建筑文化历史遗迹,充满了强烈的军事色彩,保持了屯军的军事建制特点。

瓮城就是瓮中捉鳖的意思,主要是利用寨内的八大阵来进行军事防御,让来入侵的敌人只要进到城墙内就如同进了迷宫,有去无回,以达到消灭敌人的目的。

八大阵分列中轴线两旁,左边是玄武阵、铁马阵、长蛇阵、青龙阵,右边是白虎阵、雄狮阵、鹿角阵、火牛阵。利用狭窄而错综复杂的巷道来迷惑和攻击敌人,让敌人进来后不知所措。

古碉楼 古碉楼始建于清朝末年,为正方形,边长11米,高28米,5楼1底。古碉楼四周墙壁均设有采光孔、瞭望孔和射击孔。古碉楼与八大阵互为犄角,相互照应,曾有一副对联形象地描述了两者的关系:八阵巷、弯转有数、易进难出迷匪寇;六层碉、挺拔无双、远观近击保平安。鲍家屯屯堡是一个防御敌人的整体,各宅院之间互不相通,"家自为塾,户自为堡,倘贼突犯,各执以御之",具有明显的军事防御功能及特征。

古水利工程 鲍家屯村古水利工程地处乌江上游支流型江河流域,分为水仓大坝、鱼嘴分流大坝、回龙坝和水碾坝等,共有9道坝,总长730米,沟渠长3.2千米,被水利专家称赞为"小都江堰"。工程虽历经600多年沧桑,却肩负供饮灌田的重要使命,如今仍然正常发挥灌排作用,保证了鲍家屯及周边村落2300余亩稻田连年旱涝保收,养育着勤劳淳朴的鲍家屯人民。2012年,鲍家屯村因古水利工程获中国国家灌排排水委员会颁发的"水利遗产保护奖"。2013年3月,古水利工程入选第七批全国重点文物保护单位。

古水利工程的下游是回龙坝,整个坝体斜跨河道,汛期时能够迅速排洪。古水利工程的重点是"水仓",这是古水利工程的龙头。鲍家屯前辈们在这里修筑的拦河坝,既能拦水灌溉,又能溢流泄洪,同时采用"鱼嘴分水"的方式,向下游"小坝湾"方向开了一条新河,把上游河道一分为二,形成"两河绕田坝"的态势。顺河而下,又修建7

道引水坝和多条引水渠以及高低分水龙口，使村落周边不同高程的2300余亩田地都能得到自流灌溉，对农民免受干旱影响、保证当年粮食收成起到重要作用。同时。由于“水仓”前所在的河底不断有泉水补给，因而，即使遇上百年不遇的大旱，上游河水断流，鲍家屯依然“春夏一片葱绿，秋来十里稻香”。

古水辗房 古水碾房利用拦河坝上游与下游的落差，把水能变为机械能加工粮食，是古人利用自然的典范。古水碾房建于清代初期，于2007年进行维修，整个修复项目由鲍世行先生亲自主持，采用修旧如旧的原则，严格按照古时的工艺和结构进行修复，保存其历史面目。因整个古水碾房保护完好，于2011年获联合国教育科学文化组织亚太遗产保护最高卓越奖，同年被欧洲遗产组织纳入“最佳遗产实践精英俱乐部成员”。

建新镇福泽乡梓

根据发展需要，大西桥镇结合自身实际情况，对示范小城镇项目改址新建。新址位于贵安大道旁边，距安顺城区仅16千米，计划建设可居住1至2万人。围绕绿色生态、低碳节能、设施配套、功能齐全、有山有水、建设完善的、新型的、现代化的、休闲的、适宜城市近郊旅游、环境宜居的“小而精、小而美、小而富、小而特”特色小城镇进行打造。

完善功能，高标准建设 大西桥镇在小城镇建设的道路上始终坚持“统筹城乡、科学规划，因地制宜、分步推进”的原则，着力突出“优、美、亮、丽、畅”的特点，全力推进小城镇建设。

抓重点，完善小城镇基础设施。基础设施是小城镇工业生产、商品流通以及居民生活的物质保障，同时也是小城镇功能作用发挥的前提。大西桥在小城镇建设中，始终把基础设施建设放在优先发展的位置，做到倾斜投入、快速行动。主要表现在：1088米的“溪桥大道”路网建设工程已作基础开挖，大碴铺垫，挖换土石方1万多方，铺石料7000多方，投入资金400多万元进行排雨、污管已铺埋，路坎修建，大道难点工程挖塘换塘工作已取得突破性进展，正在进行挖土方工作，其他支线正在进行放线和场平；占地1.5万亩的蔬菜产业园区初显成效，交易市场和产业园区大道等基础设施建设完善；石材产业园已进场施工，目前两园区累计完成投资2.53亿元。

抓保障，全力做好民生工程。大西桥镇党委、政府清醒地认识到民生工程的重要性，在推进小城镇建设步伐过程中，为确保从事非农业的农民能够进得来、住得下、干得开、稳得住，实现小城镇协调健康可持续发展，花大力气、下大工夫开展民生工程建设。位于溪桥大道旁的300套小康房建设正在混凝土灌注房屋基脚，贵安大道旁也在同时开工建设，目前正在挖土进行场平；总投资1400万元的小城镇污水处理工程，目前已完成征地建池工作，地沟挖掘和管道地埋工作已完成30%；卫生院和便民利民服务中心已建设完善并投入使用，敬老院项目已经批复即将进场施工；改造农危房（全部在鲍屯村）281户，现已完成改造40多户；针对第一批征地580余亩的650余户，已经兑付征地拆迁款近3000余万元；兑付迁坟费及建筑物费用290万余元。

抓关键，筹集小城镇建设资金。2013年初，引进贵州美成房地产开发有限公司，并于3月6日签定《合作框架协议书》，根据协议规定，该公司注资5000万元成立贵州大西桥城镇建设开发有限公司，各类专业员工37人；大西桥镇投入100万元成立投资融资平台公司即贵州省安顺市丽源小城镇开发有限公司，共同合作开发新建小城镇。同时打造鲍屯古村落和明代古水利工程发展乡村庄旅游，做响“旅游景观型”小城镇名气。

立足三坚持，高要求管理 坚持规划先行，以

科学的规划引导、规范小城镇建设。实践表明，规划编制水平的高低和规划执行情况的好坏，直接决定着城镇建设水平和发展质量。城镇规划要突出两个重点，一方面要在城镇体系规划中明确小城镇的发展方向和定位，编制好区域村镇布局规划；另一方面，每个小城镇要有自己的规划，重点地段、近期建设片区要有详细规划，并逐步覆盖城镇规划建成区。

坚持功能兴镇，以完善的基础设施、配套的公共服务促进小城镇建设。小城镇要有所发展，必须着力解决好完善功能、提高承载能力的问题，营造一个设施齐全、服务配套、生态优美、适宜人居住的环境。要加快建设和改造提升小城镇基础设施，巩固发展流通、餐饮等传统服务业，大力发展技术信息等现代服务业，推进教育、文化、卫生、体育等社会服务网络建设；不断改善居民居住条件，营造整洁优美的小城镇生活环境。在管理上要借鉴管理城市的办法管理小城镇，用先进的理念、先进的办法、先进的模式管理小城镇，使小城镇变成小城市，决不能成为“大农村”。

坚持为民建镇，以农民为主体，充分调动农民群众积极性搞好小城镇建设。小城镇建设工作要设身处地为群众着想，从农民群众最关心、最急迫、最直接、反映最强烈的问题入手，办好老百姓身边的事情，让他们得到看得见、摸得着的实惠，使他们成为小城镇建设的真正受益者。

西秀区

七眼桥镇

七眼桥镇位于安顺城东郊 15 千米处，东南西北分别与大西桥镇、旧州镇、宁谷镇、东关办、蔡官镇接壤。境内安普高速公路、安紫高速公路、青黄高速公路、贵黄公路、贵烟公路、沪昆高速铁路、贵昆铁路等穿境而过，交通极为便利。贵黄高等级公路、清镇高速公路、滇黔公路、株六复线穿境而过。全镇土地面积 103.8 平方千米，耕地面积 35000 亩，其中田 25987 亩，地 9013 亩，全镇辖 25 个村(居)委会，1.5 万户 6.6 万人。民族以苗、汉为主。全镇矿产资源主要是大理石，其中米黄 416 大理石藏量为 30 万立方米以上。辖区内水资源丰富，有一个小 1 型水库，储水量达 176 万立方米；2 个小 2 型水库，储水量分别达 24.23 万立方米。

色彩斑斓的风俗画卷

七眼桥镇历史厚重，旅游资源丰富多彩。

上溯 600 多年，洪武十四年九月壬午年(1381 年 9 月)，傅友德将军领军调北填南，军队入屯七眼桥。现 90%以上居民都是当时入黔军人的后裔，谓之屯堡人。他们有着自己独特的方言、服饰及饮食，形成了独特而多彩的屯堡文化。

镇域资源富有，风俗浓郁耀眼，古迹星罗棋布。

古迹有云鹫山大佛殿、清凉洞古刹，有“革命烈士纪念塔”。旅游地有安东公园、郑家溶洞、娄家庄苗族风情等景观。云山、本寨既是国家文物保护单位，又是中国历史文化名村，交通便利，人杰地灵，具有丰富的旅游资源、良好的区位优势和优惠的投资环境。

屯堡文化 明洪武初年，已完成中原统一的朱元璋，为巩固平滇战争的成果，命三十万征南大军沿云贵驿道就地驻扎，按卫所制度实行军事屯田。这样，这些江淮子弟兵，就在僻远的贵州高原驻扎下来，而且一驻就是600余年。

由于来自经济发达地区的文化优越感，由于对故土的眷念，更由于其大规模军事集团性移民的内聚力，使他们600年来一直固守着自己的精神家园：从口音到服饰，从饮食习惯到宗教信仰、民风民俗，都顽强地保存着其祖源地的烙印和大明帝国的遗风。——这就形成了人文化石形态的屯堡、屯堡人及屯堡文化。屯堡人的建筑、服饰、饮食、习俗、娱乐方式等仍保留着大明遗风，独具魅力，其文脉源远流长。

屯堡文化世代相传，其核心是中国传统的儒家思想。具有鲜明的特征：祖先崇拜；强烈的忧患意识和爱国主义精神；泛宗教信仰；遵循古训；强烈的内在自尊；崇尚文化；军旅文化。

文化与环境相互影响，贵州独特的喀斯特环境与屯堡文化的形成关系密切。屯堡聚落选址的特点："靠山不居山，近河不靠岸。"屯堡人在民族文化坚守中也有与周边少数民族文化的交流，屯堡人在给贵州高原带来汉文化的同时也受到了当地少数民族文化的影响。

美丽乡愁 本寨村气候宜人，风景优美，传统文化民风民俗保存完整。它古朴典雅，依山傍水，碉楼耸立，石房紧凑。在寨中，各家各户是自成体系的封闭式"三合院""四合院"建筑，却又以曲折的小巷连成一体，户与户有暗门相通，家与家有高墙相连，形成布局严谨、主次有序、结构坚固、易于自守的格局。寨中高宅大院较多，现存粗大石料砌筑的高层碉楼就有7座，宅院雕有精美的垂花门楼、隔扇门窗、额枋、门簪、石柱础、石地墁、石水漏、石门联等。

走进本寨，在这恬静古朴的小巷深处，从高大的碉楼上放眼望去，你会深深感到这真是一幅立体的"家自为塾、户自为堡，倘贼突犯，各执坚以御之"的历史画卷。所以说，它是研究政治、文化、经济的活化石，同时又是一个集自然景观和600年前的人文、建筑、服饰、饮食等为一体的旅游胜地。

凉水村位于安顺市西秀区以东10千米，七眼桥镇政府以南6千米，西距宁谷镇5千米，北距安大厂2千米，距滇黔公路、清黄高速公路、贵昆铁路2.5千米，穿境而过有安夏公路、木夏公路、安大厂至森林公园公路，交通较便利，屯堡文化同时上升。村寨四周云走山飞，前有九龙山观水，后有骑马大山腾飞，中间有乌龙山睡眠，右侧是“安东公园”(1995年开放过)，内有“石林笑天”“石笙出土”“十八罗汉上座，观世音坐莲台”“水路分八卦”等奇观。内称为“群山追虎，塘内莲花”。

云山屯村位于西秀区七眼桥镇，始建于1381年(明洪武十四年)，云山屯村保存了大量的历史建筑，是明代军屯、商屯遗存的实物见证和屯堡文化的典型代表。主要由民居、寺庙、屯门、屯墙、屯楼、古街道等组成，建筑风格既有江南的门、窗、楼、室等细节在局部处理上的风韵，又融入了贵州特有的石头建筑的特点，蕴涵着古老的民族文化。

云峰屯堡 在方圆11平方千米的青山绿水间，八个村寨分布有序，疏密得当，既可各自为战又能彼此为援，堪称军事防御体系的杰作。八寨中的云山屯、本寨，较完整地保存了典型的屯堡建筑和民风民俗，被列为全国重点文物保护单位，也是建设部、国家文物局命名的“中国历史文化名村”。

云峰屯堡位于贵州安顺市以东15千米的西秀区七眼桥镇，这里密布着保存完好的明代屯堡村寨40余个，构成屯堡文化村落群而被列为大世界吉尼斯之最。其中云山屯、本寨为全国重点文物保护单位。屯堡是明代调北征南和调北填南在安顺一带的屯军屯田，经过600年的传承、演变而形成的历史文化遗存，具有唯一性和不可再生性。屯堡人的建筑、服饰、饮食、习俗、娱乐方式等仍保留着大明遗风，独具魅力。走进屯堡，如同走进遥远的年代，使人流连忘返。

云峰八寨景区由云山屯、本寨、雷屯、小山寨等八个屯堡村寨组成，它是明初征南大军屯驻的核心区。每个寨子都建有寨墙、碉楼，石头外墙包裹着江南民居风格的四合院鳞次栉比，巷巷相通、户户相连，既宜人居又利巷战，被学者誉为“冷兵器时代的最后堡垒”。

走进云峰屯堡最具代表性的村寨之一——本

寨，一座座有着600年历史的石头民居依然保存完好，整个村寨就是一座石头城堡，石头的瓦盖、石头的房、石头的街道、石头的墙……在石墙的包裹下，是浓浓的江淮余韵。由于屯堡人多数都是从江淮一带迁徙而来的书香门第，因此他们的房屋既有江南四合院的特点，又有华东四合院的布局，在房屋布局的细节之处，我们能够强烈感受到他们对于后代的期愿。如在大门门雕上一般都会雕刻精美的图案，“龙凤呈祥”表明大富大贵；在院内天井的对角一边是鲤鱼的地漏，一边是龙门的地漏，则希望孩子“鲤鱼跃龙门”；把房顶的瓦片摆放成鱼鳞状，又是“人丁兴旺”的含义等。

最能体现整个云峰屯堡江淮风情的，就是登上本寨旁的云鹫山。一座座石屋、碉堡、城墙散落在群山田野之间，阳光毫不吝啬地挥洒着她的想象力，绘成了一幅江南田园风情画。

三国孟获屯粮之地“粮仓洞” 粮仓洞又名清凉洞，位于今七眼桥镇凉水井村七眼灶自然村之东北面的伏云山中，洞中前后贯通，建有刹宇，分内外两层，相传为三国时期蛮王孟获的屯粮之地。《续修安顺府志》有“清凉洞，在城东二十里，又名粮仓洞。天开一窍，前后通明。相传三国时期孟获曾屯粮于此”的记载。

粮仓洞生于伏云山半腰，离地数十丈，洞横穿整座山峰，东西各有一洞口，像一个硕大无比的天窗。朝东洞口生于峭壁之上，上不连天、下不萎地，虽猿猴不能攀上。游历粮仓洞需由西面洞口进入，在西面洞口前，白底红字的“南无阿弥陀佛”大字映入眼帘，洞口有一石碑，详尽记录粮仓洞的历史变迁和古老传说。洞口边上有一副对联：“白马有往来佛国，红尘无梦到僧家。”洞内有两间住房，有锅灶，还有一个小泥构成的风池，岩浆水顺壁而下，注入池中，清澈见底。洞中地势东高西低，缓缓而下。洞顶离地十数丈，东西长300多米，南北宽十来丈。沿洞中地势缓缓而上，见朝东洞口上两壁塑有笑佛、观音菩萨、十八罗汉等。极目远眺，洞底村落如画、老落皮山脉横区南北，气势磅礴。“文革”前，清凉洞经过长时间的发展，已是楼阁重重、宫殿巍巍、香烟缭绕，一派佛教圣地的景象。如今，故址依然，可见当年之辉煌。

云鹫山寺 位于贵州省安顺市的云鹫山上，寺以山而得名。该寺始建于明代，清代觉纯法师曾予重建。1981 年，在莲净法师带领下再次进行修葺。现有山门、伽蓝殿、大雄宝殿、斋堂、客堂及僧寮等建筑。寺内最独特的建筑为华严阁，四面三层，建于两块巨石之上。寺内珍藏佛经 5 部。庭中植有荷叶树一株。云鹫山寺传法系统为临济宗。著名祖师有觉纯、宽平等。

云鹫山的“接引亭”位于云鹫山顶，在进云山寺大门下 20 米处。接引亭依一偏崖而建，崖上凸下凹，周围古树丛生。此亭高 8 米许，左右伸出两角，向上卷曲，青瓦盖顶，其屋檐柱头，红黑油漆相间涂表，使整个建筑显得典雅庄重，亭基四周，有木制“美人靠”椅，游人登山，往往在此歇脚擦汗，端坐美人靠上，一览云鹫东南胜景，将“走泥丸”似的群山和秀丽的田园风光尽收眼底，叹为观止。亭子两支柱上，悬挂着的黑底金字对联云：“而果诚心快上来有我接引，吾特授语速进去解尔痴迷。”

依托区位优势，特色兴镇

七眼桥镇是 2012 年贵州省明确的“100 个示范小城镇”之一。七眼桥镇党委、政府紧紧抓住示范小城镇建设的机遇，依托区位优势，全方面推进小城镇建设，奋力实现跨越赶超。

突出功能兴镇。七眼桥镇针对小城镇建设中的实际情况，采取“四定三集中”的原则，即“定路线图、定工作量、定时间表、定责任人”，集中人力、物力、财力，全力推进小城镇建设。依托现有的 102 省道、蔡七路、久联大道、贵安大道及正在建设的屯堡旅游大道，新建镇区 4 干道，进一步完善小城镇区域内路网；总投资 260 万元，建筑面积 1400 平方米，拥有 60 个床位的标准卫生院已经建成；完善建筑面积为 810 平方米的社区服务中心，明确专人负责；规划整理占地面积为 3300 平方米，拥有 34 个停车位的农产品集贸市场；总投资 54.7 万元，占地面积为 2300 平方米的市民活动广场现已面向群众开放；总投资 160 万元，日处理 30 吨，占地面积 200 平方米的垃圾压缩站，配备了垃圾箱、垃圾清运车等设备；建筑面积为 1500 平方米的敬老院已投入使用；总投资 1789 万元，建筑面积 8000 平方米的 200 套公租房，现已开工建设；总投资 42.12 万元的七眼桥财政分局，建设规模 290 平方米，已完成投入使用；总投资 101.1 万元，建设规模 1011 平方米的学生宿舍楼已完工；总投资 716 万元，建设规模 12595 平方米的运动场、学生食堂、校门等已投入使用；投资 700 万元，对 350 栋房屋进行景观整治；总投资 1800 万元，对 35 千米通村公路的建设，现已建成通车。

注重民生保障。七眼桥党委、政府高度重视民生工作，在充分考虑被征地农的实际情况后，结合镇情，针对小城镇建设区域用地相对集中的村寨，为解决被征地农户的后顾之忧和村级集体经济的壮大发展，出台了被征地农户购买商铺、宅基地以及村级发展的优惠政策，同时被征地农户还享有银行贷款及其他优惠政策，这样既可以保障失地农民的基本利益，同时调动广大人民群众参与小城镇建设的积极性。

强化管建并举。加大扶持，完善财政管理体制。根据事权与财权相结合的原则，合理确定小城镇财政上缴基数，逐步建立稳定、规范、有利于小城镇长远发展的财政体制，增加小城镇可支配镇级财力和自我发展能力。征收的城市建设维护税、基础设施建设配套费、污水垃圾处理费等税费，专项用于小城镇基础设施建设、维护和管理。降低规费，对小城镇房地产开发建设相关规费，凡符合国家和省、市减免政策规定的给予减免，降低房地产开发成本，对山区小城镇可降低项目资本金比例。

镇宁县

龙宫镇

龙宫镇位于安顺市西南面，距市区 27 千米，总面积 93.8 平方千米，辖 12 个行政村，1 个居委会，76 个自然村，137 个村民组，总户数 6616 户，总人口 26664 人，有布依族、苗族、白族、黎族、仡佬族等少数民族，少数民族占总人口的 40.94%。属典型的喀斯特地貌，总耕地面积 17083 亩(其中田 10190 亩，地 6893 亩)，森林覆盖率 41%。龙宫镇由撤销的华严区蔡官乡、新场区马头布依族苗族乡、炭窑布依族苗族乡组建而成。龙宫镇境呈长方形，北与宁谷山井等村相连，南与镇宁布依族苗族自治县朵卜陇乡的陇西等村接壤，东邻新场布依族功苗族乡，西靠么铺镇和镇宁大山哨乡。南北最长 21.28 千米，东西最宽 8.14 千米，全境域面积 94.84 平方千米。

名重天下 巧夺天工

龙宫镇旅游资源丰富，山川秀美，人杰地灵，历史悠久。

镇中心和风景区所在地龙潭村在 100 多年前的《安顺府志》就已经有了记载，蔡官村的地戏和下苑村的脸谱雕刻在全国久负盛名。

民间文化艺术宝藏

龙宫镇具有多山、多峡谷、多暗河、多湖泊小溪、多民族共居的显著自然、人居特点，孕育了龙宫镇多姿多彩、风格各异的民族民间文化。除驰名中外的屯堡性质的蔡官屯堡地戏外，还有满寨村的苗族芦笙、苗族歌舞，下苑村的面具雕刻，陇嘎村的仡佬服饰，石头村的根雕，龙潭村的耍龙(也称“拉龙”)，陷塘、马头村的花灯，响陇村的蜡染，火麦村的布依山歌，等等。如果你在节假日来到龙宫镇，并且愿意走村入寨的话，你就会发现，龙宫镇确实是一个民族民间艺术的原始宫殿，其原创、拙质、朴实、粗犷的原始风格，会让你不知道“此间是何世”。

为龙宫镇人引以为骄傲，并享誉海内外的民

间文化艺术瑰宝是龙宫镇蔡官屯地戏和下苑村脸谱雕刻。地戏俗称“跳神”，有军演、祭祀、娱乐等功能，是安顺地方的独特剧种，被学术界称为戏剧中的“活化石”，为安顺屯堡文化之核心。整个安顺地区原有地戏近两百堂，但改革开放后，随着经济的发展、电视普及率的提高，这一古老的戏种——地戏也面临着衰退和断层的危险，大多数村寨的地戏已然封尘，不再表演，有的甚至被销毁卖掉。然而，龙宫镇的蔡官地戏却逐渐兴盛繁荣，独秀一枝。

1987 年应邀赴法国、西班牙等欧洲国家演出时，其原始、粗犷、拙朴的演出风格深深将欧洲人震撼，得到法国总统夫人的赞许并与蔡官地戏队演员合影留念。1998 年又赴日演出，被日本早稻田大学授予“中国贵州安顺蔡官访日演出纪念”奖。在国内，于 1988 年被中央民族学院授予“地戏第一村”称号，贵州省文联授予“民间艺术之光”奖。2008 年 11 月，被文化部命名为“中国民间文化艺术之乡”。

至 2008 年 12 月，蔡官地戏累计获各种奖项 20 余次，可谓享誉国内外。蔡官地戏在其他地戏走入低谷，无发展希望之时独领风骚，彰显民间文化艺术之风采，显示其原始、质朴的魅力，冲出省、市，领誉国内外，让人们看到了民间文化艺术的未来希望，也发现了蔡官地戏这朵民间文化艺术之奇葩的潜在产业价值。

龙宫镇还有与“蔡官地戏”一样齐名，一样享誉国内外，一样有潜在产业价值的民间文化艺术——下苑村脸谱雕刻。脸谱，就是地戏的面具。起初，下苑人雕刻脸谱面具是为了供应周边村寨的跳神（地戏）之用。后来，特别是龙宫风景区开发并对外开放旅游后，一些有眼光的商贩将下苑面具放于景区的旅游商品销售点，殊不知，这一形象生动、形态各异、表情大胆夸张、雕工精湛、着色丰富的脸谱工艺颇受游客喜爱，一时间供不应求，价格节节攀高。逐渐地，下苑雕刻人数猛增，达到家家户户有雕匠，男女老少皆雕工的程度。随着面具的日益畅销，走入国际市场，下苑人的雕刻技术越来越精湛，专家级雕刻大师人才辈出。

布依族风俗浓郁

布依族依山立寨，傍水而居。房屋一般为三间正房模式，中间为堂屋，堂屋分两隔，前隔大，后墙上设神堂，名“香火”或“神龛”，后半隔作老人卧室；正房两侧间的前半间或一侧有“地楼”，地楼为牲畜圈，上为当家人卧室，后半间作灶房。

富裕之家，正房两侧前建厢房，称“半边楼”“提楼”或“半地楼”。两侧间的地楼楼板高出堂屋 3 尺，下为牲畜圈，上为女儿或晚辈卧室。

布依族喜树木，无论穷富，均有在屋前院坝栽种果木花草的习惯。

布依族主食与汉族相同，嗜糯食和酸菜。春节、重阳、六月六等大节均早上打净糯米糍粑。糍粑可作礼品，烷粑则是男女青年“赶表”时的随身食品。喜制酸菜、酸辣椒、盐菜、泡菜、霉豆腐、水豆豉等，以备农忙时之用。

在春节前夕，杀年猪，以示康富；并将猪肉腌制后在柴火烟上炕黄，名曰“腊肉”。同时制香肠、血豆腐，杀鸡制鸡辣子。六月六则宰杀家狗，并遍请亲朋共食。

布依族多能自酿土酒，红白喜事，逢节过年，或有亲朋，必用酒示谊。

布依族男性服饰基本与当地汉族相似；女性服饰则有浓厚的民族特色，就种类而言，大致可分裙装、长衫装、滚边花装和短衣装四类。

服饰 古裙装见于火麦、下屯等村寨。上着青色、青灰色紧身斜襟短衣，腰窄摆宽，领排绣花，袖口和摆边镶二指宽的五色采布边；下着百褶长裙，裙用花布或白底蓝花蜡染布做成。腰系绣花青布腰带。老年妇女备有红色裙装，在“谷夜王(布依语)”时穿。

火麦、下屯村一带妇女头饰为中分双拱发髻。青年妇女拱髻端戴银碗，银碗底有太阳图案；老年妇女只将长发绾成帽。拱髻均用一块精制的紫红色拱形槟榔皮固定，包一块花帕，花帕上饰有鱼、虾刺绣图案，在耳上方衬两块汗帕。

山戛、小仡佬、六万、怀王、木厦、响陇等地布依族妇女穿戴为长衫装，长衫装与屯堡人相同。

而羊补纳、龙潭、响陇的一部分为滚边花装。同时，火麦、下屯的姑娘装与羊补、龙潭等地的姑娘装均属短衣装。短衣装为上装短齐腰、斜襟，胸前挂系与衣长相等的刺花围腰，发为长辫于背。

迷人的旅游影像

奇观漩塘 漩塘位于马鞍孤丘与漩塘村寨之间，呈圆形，自然形成，为龙宫地下河系东西两支流汇合后首次潜入地下之所在。塘直径为101米，水面面积8012平方米，水深一般在15～20米之间，最深处43米，水面高1182米。塘底呈锅底状，河水从北部注入塘内，由于河水推动水体产生转动，加上塘呈漏斗状，水体潜入深处时自然旋转，因此一年四季，漩塘的水按顺时针旋转，永不停息。一个面积达万余平方米的圆塘，池水不借风力，日日夜夜、年年岁岁永不停歇地沿着顺时针方向旋转着。景象珍奇，令游客陶醉，中央电视台科学教育频道《走进科学》栏目就此进行过探秘和特别报道。

漩塘地段岩溶风景：该地段岩溶风景资源集中分布在马头乡村与漩塘村之间，属典型丛峰谷地。资源空间受坡立谷发育演化规律的控制，以谷地中3个略为闭合的空间划分为三个景点，共含景物景点16余个，有打铁洞、坡立谷、白岩绝壁、马头涌爆、漩塘、马鞍孤丘、莲花山、小油菜湖、漩塘村寨、溪映竹柳、小漩塘、青鱼洞、天剑洞、翠拥溪、菜子冲石林等。

龙宫 喀斯特景观资源优美独特，生态环境良好，拥有世界天然辐射剂量率最低的地方，与举世闻名的黄果树大瀑布毗邻，距贵州省省会贵阳116千米，距安顺市区仅27千米，全程高速公路直驱，交通十分便利。2007年被评为5A级旅游景区，2008年被评为省级文明风景旅游区，2014年8月获第三届“中国最令人向往的地方”殊荣。

龙宫风景区总体面积60平方千米，有很多禀赋极高的风景资源。“吞石为洞，吐石为花，神宫赖水造；聚水成渊，覆水成瀑，胜景依石生”，是龙宫景观的真实写照。步入龙宫，就是步入“喀斯特景观博物馆”，翻开了一幅“喀斯特的清明上河图”。地上景与地下景、洞内景与洞外景交替展现，令游客目不暇接、乐不思归。除因“水旱溶洞最多、最为集中和天然辐射剂量率最低”获两项世界纪录外，还有着许多神奇秀丽的喀斯特景观，其中备受游客推崇的有：一是被游客誉称为“中国第一水溶洞”的地下暗河溶洞；二是“全国最大的洞中寺院——龙宫观音洞”；三是“全国最大的洞中瀑布——龙宫龙门飞瀑”；四是“山不转水转的旋水奇观——龙宫漩塘”。

“中国第一水溶洞”的地下暗河溶洞，长达15千米，为国内之冠。目前景区对外开放了两段，长1240米，洞内钟乳千姿百态，其洞厅构造宛如神话中的龙王宫殿。“地下漓江、天上石林”的溶洞风景价值，是目前国内已发现的其他同类型景区中无以比拟的，大诗人艾青称其为“大自然的大奇迹”，国画大师刘海粟誉“天下奇观”，全国溶洞专家感叹“览龙宫知天下水洞，荡轻舟临人间仙境”“山不在高，有仙则名，水不在深，有龙则灵”，龙宫就是这样的人间天堂。

龙宫拥有全国最大的洞中寺院——龙宫观音洞。

观音洞，总体面积达2万多平方米，最大的特点就是所有的殿堂都是天然溶洞。人工雕刻佛像32尊，其中观音像高达12.6米，主殿上有一天然神似观音的钟乳石，天然和人造的佛像融为一体。天下名山僧占多，而天然溶洞寺院实属罕见，其规模居全国之首。

全国最大的洞中瀑布——龙门飞瀑。

龙门飞瀑，长50余米，宽26米，流水以喷泻架势钻山劈石，气势磅礴，万马奔腾，十分壮丽。而它下一个发威的地方就是30千米外名播天下的黄果树大瀑布。

天生桥——三洞连珠。天生桥景点位于龙宫镇石头寨以西2千米处，往油菜湖公路右侧，这一带为北东南西向排列的洼地岩溶峰丛相间分布，天生桥突跨于洼地之上，整个山体高出洼地200米，山体有一穿洞，洞高和宽均为80米，南北对望，形如天桥。天桥南北深邃的洼地下有东支流地下河通过。该洼地一侧的胡家洞中，地下河5米高的跌水飞驰，响声震耳。洞口处水流声响如音乐悦耳。从胡家洞口向北通过穿洞可见北面山体中亦有一洞，此洞有三洞相连，在一水平线上，形成有趣的“三洞连珠”。

美丽龙宫与美丽乡村建设比翼齐飞

实施“建绿”工程，打造“美丽龙宫”。大力实施天然林资源保护、退耕还林补植和管护、石漠化治理、生态建设等林业工程。深入开展“三创”和“多彩贵州文明行动”。实施公路沿线景观整治，坚决杜绝私搭乱建和占道经营，确保道路整洁畅通。

加快农业产业结构调整，推进农业产业化步伐。近年来，龙宫镇抢抓机遇，加大了农业产业结构调整的力度，有力推进农业产业化步伐。一是在去年实现烤烟种植历史性突破的基础上，今年，扩大烤烟种植的规模，落实种植面积905亩，产量13.2万斤；二是新增规模化养殖户15户，猪存栏11025头，大牲畜存栏10207头，羊存栏965只，家禽存栏82835羽，出售肉猪9412头，出售肉用牛2971头，出售羊750只，出售家禽131429羽；三是新增中药材种植100余亩，新增生姜种植300亩。

合力推进“四在农家·美丽乡村”建设。一是实施通村油路“整镇推进”，打造龙宫镇“半小时交通圈”。目前已争取资金3000余万元实施35.6千米的通村油路“整镇推进”项目建设，项目竣工后，实现了镇政府所在地到各村最多半小时即可到达。二是开展“四在农家·美丽乡村”创建工作。2013年，市委、市政府把桃子村列为市级示范点，通过景区管委会支持、镇政府整合项目共计投入5000多万元，带动农户投入1000余万元，将桃子村打造成了市级示范点，共对桃子村283户房屋实施了景观整治。2014年，将打造漩塘村为市级“四在农家.美丽乡村”的示范点，打造龙潭村为区级“四在农家·美丽乡村”的示范点，目前，景区党工委已投入资金600余万元，对龙潭村进行景观整治，统一民房外观风格，打造旅游文化一条街；对漩塘村部分农户进行搬迁，新建两个文化活动广场和一个停车场，同时靓化村容村貌。目前，景观整治已经启动，预计明年3月份能完成。桃子村“四在农家·美丽乡村”创建和龙潭、漩塘两村景观整治完成后，将极大地改变景区周边村民的生产生活条件，增加村民的收入，靓化村容村貌，促进龙宫乡村旅游的发展，同时带动其他村寨进行“四在农家·美丽乡村”的创建，为龙宫景区打造旅游升级版增色。

以建设“旅游特色强镇”为目标，积极争取项目，整合项目资金，加大对景区周边3个村的扶持，鼓励有条件的农户开办餐馆、旅馆，挖掘“中国民间文化艺术之乡”资源潜力，实施市场化管理，让资源优势转化为经济发展动力；发展壮大傩戏、脸谱雕刻等有市场开发潜力的民族工艺品，推进旅游商品的开发；挖掘独具地方特色的饮食文化，加大宣传力度，打造具有明显地域标志的饮食品牌。

镇宁县

大山镇

镇宁自治县大山镇距镇宁县城10千米，距安顺市区17千米，距省会贵阳市119千米，距幺铺火车站5千米，距龙宫风景名胜区10千米，距黄果树风景名胜区25千米，区位优势明显。这里气候适宜，冬无严寒，夏无酷暑，雨量充沛，地域性温差较大，气候随海拔降低而升高。全镇总面积89平方千米，耕地总面积2.08万亩，辖14个行政村，5787户，2.7万人。居住着汉族、布依族、苗族等民族。交通便捷，境内有沪昆高速公路、贵黄高等级公路贯穿南北全境，在建的沪昆高速铁路、六镇高速公路贯穿东西全境，320国道、黔中水利枢纽工程、中缅输油管道均从大山镇境内通过。是到龙宫、黄果树旅游胜地的必经之地，地理位置得天独厚。

大山镇素有镇宁“北大门”之称。大山镇历史古久，有文字记载的历史，可以上溯到公元前201年。镇域地理条件优越，风光如画，原生态民族文化摇曳生姿。

走进大山镇，欣赏灿烂的民族风情画卷

大山镇融喀斯特山水风光特色、民族特色、历史文化特色、地方特色于一炉，醉人心脾。

龙井铺碑记 龙井铺位于镇宁自治县的东北隅，距县城5千米。因此处丘陵逶迤若云龙，古道蜿蜒像游龙，加之山脚冒井泉，道旁溢清流，其色如乳，其势若鲛，故名龙井铺。

龙井铺风光旖旎，景致宜人，这里四面环山，重峦叠翠，田畴宽敞，土地丰腴，阡陌交通，四通八达，碧溪流淌，常年不涸，六畜兴旺，五谷丰登。

龙井铺历史悠久，人文迭赞。

早在西汉高后六年，即公元前201年，吕雉重臣彭越赴夜郎夷途经此地时，触景感慨道："浅溪落水，漫石溢岩，驿道梁底涌突泉……可酌可鉴，甘洌湛然。"

公元223年，诸葛亮南征路过这里时，举目周围山形丘势，即预言："龙合之脉，必出轻清井泉。"

唐太宗贞观三年(629年)，画家阎立本到西南采风，途经此地时即赞道："泉孔甚多，唯道下突泉势砺，涌成井，积成塘，煞清煞洌，良泉矣！"

明朝崇祯十一年(1638年)，地理学家，旅行家徐霞客游到此地时亦记曰："龙井四环，圆头石丘起伏绵亘名合龙，古驿道若游龙。游龙东端突涌泉井，以龙名，不足怪矣。"

据说乾隆皇帝曾经微服私访至龙井铺井边时"掬来饮之，暑气渐消"，并与耕者谈笑，还进寨中祠堂参拜。

有了厚重的历史文化底蕴，龙井人与时俱进、继往开来……

龙井人与时俱进、自强不息，开拓进取，在社会经济、文化等各方面均取得了优异成绩，率先步入了小康，2007年成为全省新农村建设的"百村试点村"，精神文明建设上被授牌为省级"三无三有"先进村，成了社会主义新农村建设的光辉典范，并正向全面建设小康村的光明大道阔步前进。

为铭记历史，珍惜现在，激励后人，开创未来，特勒石以志之。

美丽乡村，民族风情大村之大寨 大寨村形成时间较早，由于拥有较长的历史沿革，新中国成立之前叫做凤仪村，在新中国成立之后逐渐改名为大寨村，经过不断的发展，现全村有2个自然寨，6个村民组，共315户，1422人，是典型的民族村寨，具有丰富的民族文化底蕴。

全村全年气候温和，冬无严寒，夏无酷暑，雨量充沛，气候宜人。

悠久的历史传统造就了丰富的民族文化特色。村寨内主要以布依族文化为主，兼有屯堡文化，村民信仰天主教，村内建有天主教堂。另外，该村村民极其重视精神文化生活，拥有5支文娱演

出队，分别是地戏组、花灯组、老年组、中年组、青年组，均能自编自演节目。

美丽乡村，民族风情大村之长脚寨 长脚寨依山傍水，四周群山秀丽。寨前田连阡陌，寨后绿树成阴。自然资源丰富。历史文化底蕴丰厚，拥有丰富的旅游和民俗文化资源，有年代久远和保存完好的民居石墙、石磨、石碓、石花窗；有明代朱元璋“调北征南”屯军传入的地戏；有在喜庆场合及欢迎宴会上使用的民族传统祝酒歌；有“千亩荷塘”；有待开发的水溶洞、旱洞天然景观。

长脚寨地戏独具特色，村里村外盛演不衰。其传演的《穆桂英大破天门阵》更是妇孺皆知，碑口相传。正所谓是“莫大点地为国为家为天下，这几个人作父作子作君臣”。该村演出的地戏是矮桩，是从古代战争中的格斗动作演变而来。故格调刚健有力，其中又不乏柔和匀缓。长脚寨地戏既是传承的娱乐戏目，又是为族人纳吉除邪、祈求丰收。

非物质文化遗产 大山镇石板村距乡政府 6 千米，距县城 5 千米。有 1 个自然村寨，4 个村民组，总户数 131 户，总人口 578 人。该村是布依族居住村，民族文化底蕴丰厚，其中最具代表性的就是 2006 年 5 月 20 日被国务院批准列入第一批国家级非物质文化遗产名录的布衣铜鼓十二调。

布依铜鼓十二调，又称“铜鼓十二则”，是布依族古老的打击乐器之一，铜鼓十二调指的是以汉字记音的十二则鼓谱，即是在敲击铜鼓时形成的十二种调子。在每年的重大节日中，布依族同胞都聚在铜鼓前敲打铜鼓。敲打每一调铜鼓之间，他们会唱一首民歌，表达一年十二个月中，布依族人民娱乐、春耕、放牛、丰收等情景。

铜鼓十二调被证明是布依族现存的并被完整保留下来的古老音乐，一般用青铜铸造而成，常与唢呐、皮鼓、大镲、铙钹、锣、木棍混合敲击吹奏，具有布依族浓郁的民族特色。作为民族文化和区域文化的一个重要组成部分，铜鼓始终与布依族的生活、文化方式联系在一起，在人类学、语言学、民族学等学科都具有很高的学术研究价值。

民族文化之布依族服饰 布依族的服饰非常有民族特色，反映了布依族传统文化心态、生活习俗和宗教信仰。布依族服饰大都由布依族姑娘亲手制作，制作过程融合了蜡染、扎染、挑花、织锦、刺绣等多种工艺技术。布依族服装颜色多为蓝、青、黑、白等，将织好的白土布用古老的扎染方法制作成蓝底白花的各种图案。布依族从古越人发展而来，服饰上也保留了古老的特点，布依族男子多包头巾，头巾有条纹和纯青两种，穿对襟短衣，一般是内白外青或蓝，下装穿长裤，妇女穿衣裙，根据不同地方，各有特色，镇宁县的布依族妇女服饰上衣为大襟短衣，下装为蜡染的百褶大筒裙，已婚妇女头饰用竹笋壳和布匹制成，前圆后矩，形状像簸箕，叫做“更考”。在节日或者盛大的日子，妇女还会佩戴各种银饰。

民族文化之布依族建筑 布依族建造房屋是就地取材，用石料建造出一幢幢非常有民族特色的建筑。布依族建造房屋非常讲究，要先请阴阳先生看风水，要依山傍水，起房建屋要选择吉日，竖房架的吉日要供祭鲁班师傅。布依族的石板房用石条或者石块砌墙，用石板盖顶，铺成菱形或者鱼鳞纹，石头房不但可以遮风挡雨，外观也是古朴美观，石板房的石墙一般垒至五六米高，住在里面不压抑，石板房除了檀条椽子是木料外，其他的材料全部采用石料，家里的家具也都是用石料制作而成，例如桌、凳、缸、盆等，体现了布依族人民朴实淳厚的性格特点，这种房屋冬暖夏凉，并且可以防潮防火。

美丽乡镇建设 方兴未艾

2013 年底大山镇被确定为“省级示范小城镇”增补镇。

近年来，大山镇党委、政府紧紧抓住小城镇建设的政策机遇，把加快小城镇建设、推进城镇化作为工作的重中之重，举全镇之力，把大山镇建设成以交通枢纽、旅游服务和商贸集散为主的宜居宜业宜玩的生态型示范小城镇。

科学规划，合理确定小城镇功能。

2011 年大山镇纳入了县城总体规划(2011 ~ 2030)，大山镇编制总体规划已完成。贵州省城乡规划设计院为大山镇编制控制性详细规划及修建性详细规划，并在2013年上半年顺利通过评审。2013年底大山镇被确定为省级示范小城镇增补镇进行申报后，经过市、县相关领导多次到大山镇调研并召开小城镇建设专题会，充分考虑了产业布局和城镇功能体系建设，确定大山镇规划将进一步优化提升（该项工作正在进行中）。我们把小城镇建设规划与特色轻工产业园规划有机结合，把小城镇建设结合“四在农家·美丽乡村”进行规划。根据大山镇的实际情况，确定小城镇建设重点放在基础设施配套建设上，重点发展区域为南北沿贵黄路两侧，自双山村起向南延伸至沙戈村路口；东西沿贵烟线两侧，自阳花关路口延伸至雷召村路口。新区建设重点摆放大山村和雷召村的田坝交界处、加油站后面；在集镇主要突出特色土特产、农产品供应、旅游纪念品供应、餐饮、住宿服务、加工业服务，周边村寨要大力发展“四在农家·美丽乡村”旅游服务。总体上将大山镇建成具有商贸集散型、工矿园区型、交通枢纽型、旅游景观型多功能融为一体的新兴集镇。

加快工业发展，以工业化带动城镇化。

近年来，通过加大招商引资力度，为入驻企业搞好服务，到大山投资的企业不断增多，目前，全镇登记注册的企业66个，共引进招商引资项目18个，总投资为10亿元。其中引进投资金额5000万及以上建设企业4个，2000万元以上投资企业10个。先后涌现了牛来香实业、镇宁波波糖、远东食品、天龙建材、大季节粮油、老卢风味食品等一批知名企业，镇域呈现出工业总量进一步壮大，结构进一步优化，发展条件进一步改善的良好态势。入驻大山镇的企业主要以特色食品加工、销售和旅游服务业为主导。据估算，到2015年，入驻大山的企业年生产总值将达15亿元，实现税收6000余万元，解决800余人就近就业，全镇经济呈现蓬勃发展的良好势头，为大山镇小城镇建设奠定了坚实的基础。

加强基础设施建设，增强城镇对人口的吸引力。

到目前为止，完成3.1千米老街路网改造建设，投资120万元；完成卫生院改扩建1800平方米，投资126万元；完成社区服务中心610平方米，投资220万元；完成市民休闲广场1366平方米，投资45万元；完成30套廉租房，完成投资204万元；完成敬老院建设，投资330万元。已完成污水处理厂的规划选址及可研编制工作，由于未纳入“十二五”规划，正在申请上级支持；老街道两侧长2200米的排污沟已建成投入使用；每100米设置垃圾收集箱一个，并配置垃圾清运车，完善了垃圾清运系统；镇十字路口以北200米修建公厕一座，19个便民村级客运招呼站已实施完毕，总投资38万元；线网入地改造工程正在实施之中，总投资168万元；一个占地5400平方米的农贸市场和一个占地5000平方米的客车站均在前期阶段；100套公租房，累计完成投资1045万元。物流交易中心、产业园区、有机农产品基地正在规划中。据估算，到2015年，小城镇建设规模将达到5平方千米，人口规模将达到2万余人。

与美丽乡村建设相结合，打造生态农业、观光农业。

在省级示范村庄建设示范点大寨村建成草莓基地、优质莲藕示范园、百灵生态药材种植基地及养殖场等项目，鼓励村民开发农家乐和乡村观光旅游，大力进行河道景观整治、村庄整治，对村内主干次道进行了硬化，安装了太阳能灯，村容村貌焕然一新，从而吸引了四面八方的游客来观光旅游，提高了村民们的经济收入；在龙井村，结合“四在农家·美丽乡村”创建活动的开展，进行了河道景观整治、安装了太阳能灯，对村内主干次道进行了硬化，村内房屋进行了统一样式规划，为发展乡村旅游、调整产业结构创造了条件，农民们自行开起了农家乐，生意红红火火；在长脚、西苗等村寨，村民们为增加经济收入，走出了传统的农业种植模式，连片种植草莓、莲藕等经济作物，依托大寨村、龙井村位于黄果树、龙宫两个5A级国家风景名胜区之间的区位优势，积极开发乡村旅游，农民的人均收入得到了很大提高，也实现了产业结构优化调整的预期目标，为大山镇的经济发展注入了新鲜的血液，为同步实现小康目标打下了坚实的基础。

双阳新区

宋旗镇

宋旗镇位于安顺开发区双阳新区中心位置，距安顺市区5千米；东接安顺经济技术开发区西航办，东南与么铺镇接壤，南交镇宁布依族、苗族自治县界，西南与普一县的马官镇相交，北抵安顺市西秀区的轿子山镇。地处云贵高原东部的梯级状斜坡地带，地势中部高，南部低，海拔在1437～1458米之间。地貌以溶蚀地貌为主。境内矿产资源主要有高钙石灰岩。气候属北亚热带季风性湿润气候，年平均温度在13.7℃左右。全镇总面积47.23平方千米，耕地面积16931亩。行政村改革撤并后，由原来的23个村（居）精简为15个村（居），本地户籍人口28089人，其中，农业人口25887人，非农业人口2202人，居住着汉、苗、白等6个民族。

资源优势 得天独厚

宋旗镇坐落于开发新区中心位置，域内诸多优势形成合力，为打造美丽乡镇奠定坚实基础。

生态环境优越。宋旗镇地形复杂多样，山地较多；工业污染、生活污染较轻，生态环境相对较好；水资源丰富，具有开发生态、休闲旅游的基础条件。

区位优势。宋旗镇位于新城区、普定、西秀区经济发展金三角的中间地带，具有明显的区位优势；境内安（顺）普（定）、安（顺）云（马）、安（顺）白（岩）公路及通往黄果树机场的大道呈放射状分布，形成公路骨干框架，构成开放便利的交通网络。

人文优势。宋旗是蜡染之乡，具有厚重的乡土文化底蕴和丰富的传统文化资源。

农业特色化。充分发挥城郊优势，通过培植农产品加工、经营、观光、休闲农业景点项目，发展保健蔬菜、花卉苗木、优质果品、精细养殖等优势产品，逐步形成区域特色，着力农副产品深度开发和加工。

乡镇企业发展基础。经过多年努力，该镇建材、蜡染加工等已经形成了一定的规模，尤其是蜡染加工已成为优势产业，为该镇工业的发展奠定了一个良好的基础；区位优势较强，宜于规划和开发，容纳性强；工业园镇的规划，呈现良好的发展势头。

教育配置较为完备。境内有贵航集团职工大学1所，中学1所，初级中学1所，小学18所，幼儿园2所，在校学生5628人，教师406人，适龄儿童入学已达“两基”验收标准。

旅游资源富有，民族原生态文化蔚为大观，名特新优产品闻名于世。

苗族芦笙 芦笙，是少数民族特别喜爱的一种古老乐器之一，是民族节日中必备的乐器。芦笙是苗族文化的一种象征，苗族芦笙在表演吹奏方面把词、曲、舞三者融为一体，保持了苗族历史文化艺术的原始性、古朴性。在制作技艺、演奏方法上更是有其特色，不同地区在大小、音色、音量和调式上各有特色。

中国大地上，只要有苗族人的地方，就有芦笙。在贵州各地少数民族居住的村寨，素有“芦笙之乡”的称誉。芦笙，是少数民族特别喜爱的一种古老乐器之一，逢年过节，他们都要举行各式各样、丰富多彩的芦笙会，吹起芦笙跳起舞，庆祝自己的民族节日。

苗族乐器源远流长。芦笙是苗族传统的簧管乐器，在苗族地区广为流传。据文献记载，芦笙已有3000多年的历史。远在唐代，宫廷就有了芦笙的演奏。当时芦笙被称为“瓢笙”。清人陆次云在《峒溪纤志》一书中，对芦笙的形制和苗族男女“跳月”时演奏芦笙的情景作了具体的描绘：“(男)执芦笙。笙六管，作二尺。……笙节参差，吹且歌，手

则翔矣，足则扬矣，睐转肢回，旋神荡矣。初则欲接还离，少且酣飞扬舞，交驰迅速逐矣。”由此可以看出清代时，苗族的芦笙吹奏技巧和芦笙舞蹈动作极其精彩，以及芦笙在古代苗族人民生活中的作用和地位。

国家非常重视非物质文化遗产的保护，2006年5月20日，苗族芦笙制作技艺经国务院批准列入第一批国家级非物质文化遗产名录。2007年6月5日，经文化部确定，贵州省雷山县的莫厌学和云南省大关县的王杰锋为该文化遗产项目代表性传承人，并被列入第一批国家级非物质文化遗产项目226名代表性传承人名单中。

布依族节日传说 “六月六”节已有悠久的历史。据清乾隆年晨李节昌纂的《南龙志·地理志》记载：“六月六栽秧已毕，其宰分食如三月然，呼为六月六。汉语曰过六月六也。其用意无非禳灾祈祷，预祝五谷丰盈……”其起源，各地传说不同。其中有一个说法是，在远古的洪荒年代，布依族的先人“盘古”，在劳动中积累了栽培水稻的经验，年年丰收，后来他与龙王的女儿结婚，生了一个儿子，取名新横。一次儿子冒犯了母亲，龙女一气之下，返回龙宫，再不回来。“盘古”没有办法，只好再娶，一年的六月六日盘古死去，新横从此遭到继母虐待，几乎被害。他忍无可忍，便上天控告继母，并发誓要毁掉她栽培的水稻秧苗，继母知道后，万分后悔，终于与新横和好，并于每年六月六日盘古逝世这天，杀猪宰鸭，做粑粑、供祭盘古，布依族人民因此每年农历六月六日都举行祭盘古、供祖先的活动，以示子孙延续、五谷丰收，年复一年，就形成了这个民族节日。

布依族人民十分重视这个节日，有过“小年”之称。

百年蜡染 宋旗镇张坪村是安顺有名的蜡染之乡,有上百年的历史,品种繁多的蜡染作品令人目不暇接。

蜡染是我国少数民族古老而独特的手工绘染艺术,是蜡画和染色的合称,与绞染、扎染一起被誉为"中国古代三大纺染技术"。宋旗镇在蜡染工艺方面卓然而立、独领风骚,已从单一的蓝白世界走向五彩缤纷的画廊,形成色调典雅、格调高贵、粗犷豪放、细腻严密的风格,集实用性和艺术性于一体,各系列产品以不可抗拒的艺术魅力迅速打进国内国际市场。

宋旗镇张坪村是传统蜡染手工艺生产大村,安顺市近五分之一的蜡染都是张坪生产的。其蜡染艺术精品制作正逐步向上规模、上档次方面发展,产品远销日本、台湾等地。

手工制作的扫帚 扫帚是扫地除尘的工具,源于中国。早在四千年前的夏代,有个叫少康的人,一次偶然看见一只受伤的野鸡拖着身子向前爬,爬过之处的灰尘少了许多。他想,这一定是鸡毛的作用,于是抓来几只野鸡拔下毛来制成了第一把扫帚。这亦是鸡毛掸子的由来。由于使用的鸡毛太软同时又不耐磨损,少康即换上竹条草等为原料,把掸子改制成了耐用的扫帚。

宋旗镇的新屯、龙旗、洋界、张坪等村都有制作手工扫帚的传统手工艺作坊,在工业化生产盛行的今天尤为难得。

安酒 安酒产于贵州省安顺市宋旗镇,这里与世界闻名的黄果树瀑布仅距50千米,故注册商标为黄果树。安顺产好酒可追溯到500年前的米酒。今日安酒生产则始于30年代的周记酒坊"醉群芳",系采用大小曲酿造的生产工艺。新中国成立前夕,酒坊倒闭。1953年恢复生产后,1958年试销东南亚等地,获得好评。1963年以来蝉联了历届贵州名酒称号。

安酒生产于70年代采取兼收并蓄的方法,学习引进了浓香型酒的生产工艺,让酒的质地更上一层楼。该酒属浓香型白酒,酒精含量54%。风格特点是:无色透明,窖香较浓,醇和甘洌,爽口不燥。

依托安普同城大道,打造"宜居宜业型"城镇

高标准定位 以增强聚集效应为目标,镇区基础设施建设逐步完善。镇中心区涉及的各大路网已初具规模;水网、电网、通讯等配套设施同步推进;环卫设施基本齐全,实现了中心镇区生活垃圾日产日清,中心镇区的环境卫生条件得到改善。加大植树造林力度,区域生态环境明显改善。

以改善生产生活环境为目标,环境整治工作不断强化。坚持以小城镇村容村貌整治为手段,整体推进小城镇建设水平。以"四在农家·美丽乡村"创建活动为载体,加大对农民群众开展新农村建设的宣传教育,突出农民主体地位,引导他们积极参与到村容村貌整治建设中来,目前启动石板、干河、张坪、宋旗、白果等村的新村建设。

以完善服务功能为目标,加快推进城镇配套设施建设。近年来,该镇先后投资完成了计生办公大楼、宋旗学校教学楼、张坪中学教学楼、派出所办公楼、中小企业孵化园区道路等重点工程项目建设。完成镇卫生院、村级卫生室、镇文化服务中心及10余个村的农民文化家园项目建设等工程,解决了多年来群众反映强烈的民生问题。实施了镇区亮化、绿化、美化工程,为镇区群众营造了一个良好的生产生活环境。

突出"三抓"措施 抓布局,高起点规划小城镇。宋旗镇依托安普同城大道、西绕城高速公路、迎宾大道延伸路集焦节点的交通区位优势,立足开发区标准化厂房建设、纳雍移民安置点新村建设及众多企业入驻的实际,提出了"农业稳镇、工业强镇、商贸物流活镇"的发展定位。同时,按照"规划先行、分步实施"的要求,有步骤、有重点地抓好小城镇规划建设。目前,正委托相关设计研究院编制和完善《宋旗镇小城镇建设总体规划》。规划以突出民生、强化工业、提升品味、优化生态为主导，利用三五年时间，拟通过小城镇建设的整体辐射与带动作用，形成城乡建设的新亮点。

抓基础，完善小城镇承载功能。一是路网建设全面铺开。抓住开发区开发建设北部新区的机遇，相继建成安普高速公路及西绕城高速公路、3.6千米迎宾大道及延伸段、安普同城大道开发区段；市二环路过境段、机场路、星火路有序推进。相继投资对迎宾路至双阳高中、双阳幼儿园至迎宾路、大云居委会路口至双龙酒家3条街道进行改造。中小企业孵化园区开3号、9号、13号路均在紧张有序建设中。抓住“一事一议”道路硬化项目及“村村通”相关项目累计资金达489万元，实施村村通公路5条、32千米，街道硬化6个村，实现了全镇21个村的通村公路及街道硬化全覆盖。二是工业经济集群发展区域初步形成。贵飞公司、黄果树机场、贵府酒业有限公司、贵州黄果树金叶科技有限公司等大中型企业通过企业体制改造、技术提升等改革，实力不断壮大；天马轴承、安吉精铸等规模企业的投入生产为区域经济发展增添了活力；标准化厂房、中小企业孵化园区的建成并投入使用为引进企业创造了条件。目前，开发区标准化厂房引进企业7家，中小企业孵化园区引进企业23家。原有的列白线、安普线非公经济带入驻企业达40余家，为城镇化建设拓宽了发展区域空间。三是城镇人口聚集初具规模。贵飞公司职工经济房的投入使用、开发区一、二、三期廉租房的相继建成、云马厂职工经济房的顺利推进、安顺旅游学校的建成启用、开发区高级中学新校区的启动、万象旅游城项目的建设等，为城镇人口的聚集和就业创造了条件。城镇化带动镇中心聚集人口达8000余人。

抓管理，提高科学治理水平。一是强化环境卫生管理。不断完善充实环保队伍，建立专业环保队伍，共计23人，健全环境卫生长效机制，实施严管重罚。同时，强化监督检查，主街实施全天保洁，垃圾做到日产日清。二是强化镇容镇貌管理。加大综合执法工作力度。进一步落实“门前三包”责任制，彻底取缔马路市场和占道经营行为，取缔“三小五堆”。规范整顿户外牌匾，做到一楼一款、一店一牌，取缔乱写乱挂、不规范牌匾。依法查处各类违法、违章建设行为，坚决取缔各类非法建筑。对我镇现有建筑施工企业进行了全面清理，取缔无资质施工单位，维护城镇建设正常秩序。

加快推进城镇建设 以科学规划为先导，推进小城镇建设。坚持规划优先的理念，高度重视规划编制工作。将北部新区作为城镇化发展的非公经济重点区域，科学布局和定位，发展装备制造、现代物流、商贸服务等产业。把西部定位为生态发展区，做好山体、森林、水域、湿地等生态资源和基本农田的保护，为建设生态宜居宜业城镇化创造条件。

以新农村建设为纽带，推进小城镇建设。突破传统的城镇建设模式，把城镇化和新农村建设相结合，按照“连线成片、整体推进、重点提升”的工作思路，通过项目集聚、资金集中、村庄集中的方式，以花卉苗木产业为带动，以绿色产品为增收渠道，以自然生态为村庄特色，突出民居风格，计划用2~5年时间，将主要公路沿线打造成小城镇建设的新格局。

以经营土地为依托，推进小城镇建设。牢固树立土地经营理念，在加快非公经济发展的同时，积极发展房地产业。对城镇化经营性土地严格实行招拍挂，用政府土地出让收益来加大和弥补城镇及园区基础设施投入的不足，加速城镇化进程。

双阳新区

幺铺镇

幺铺镇距安顺市区10千米，距国家5A级风景名胜区黄果树大瀑布20千米、龙宫景区16千米，是贵州西线旅游的必经之路。全镇辖36个村(居)委会，总面积97.72平方千米，总人口6万余人，其中集镇人口1万余人。居住有汉、苗、布依、白等民族。境内有沪昆高速公路、贵黄公路、安普高速公路、320国道、贵昆铁路以及正在建设的沪昆高速铁路穿境而过。1991年被列为全国20个卫星集镇建设之一，1998年列为安顺市唯一的建设部第二批小城镇综合改革试点镇，2004年被列为全国重点镇，2012年被列入安顺市13个市级示范小城镇之一。

幺铺镇，黔中重镇，历史悠久，文化底蕴深厚。在这片神秘的土地上，“牂牁文化”“夜郎文

化”“屯堡文化”等民族文化共融共生，多种经济成分共荣昌盛。

这里充满神奇，充满活力，孕育希望。

幺铺镇城镇经贸活跃，商铺林立，餐饮、运输、加工等服务行业兴旺发达。年屠宰量达十余万头的幺铺金牛屠宰场已发展成为西南地区最大的菜牛屠宰基地，依托屠宰业发展起来的相关企业 50 余家，年产值 1.5 亿元以上。3 个中央企业，2 个火车站和 1 个年吞吐量为 72 万吨的散装货场。

境内旅游景点丰富，民族风情出彩。随着杨家桥水库、云台山、狮子山旅游资源的不断开发，辖区内已初步形成集旅游、垂钓、休闲、娱乐为一体的农业经济发展新区。

歪寨藤甲兵 幺铺镇歪寨村距离安顺市中心不到 30 千米，这个古老的布依村落居住着 100 多户人家，600 余人，以韦姓为主。“歪寨”是布依语的音译，意为“山水环绕鸟语花香的地方”。这里的布依族村民传承着先辈流传的藤甲舞。据传说，在 1700 多年前，蜀国南部相继发生叛乱，诸葛亮亲率大军南征，采取“七擒七纵”的策略对付当地部落首领孟获。但最终，孟获请来了乌戈国一支英勇善战的藤甲兵，将蜀军打得溃不成军。此甲胄用山间青藤做成，先用油浸泡，半年后方取出暴晒，晒干后复浸油中，如此十余遍，方造成铠甲。穿在身上渡江不沉，经水不湿，刀剑皆不能入。随后，诸葛亮设计火烧了三万藤甲军，平息叛乱。三万藤甲军死者无数，生者四处逃亡，几经迁徙，后人辗转到达安顺歪寨。古时战争的硝烟散尽，这个布依村寨的老人们，将藤甲视为保护村寨平安的神物。

藤甲，布依语称之为“布掉高”，意为藤子衣服，分为男装和女装。藤甲衣曾经是家家户户打猎的必备“战袍”，穿戴在身，猛兽无从下口。由于藤甲具有强大的功用，当地人认为，每副藤甲里都依附着祖先“大王”的神灵。每年的正月初六开始，家家户户都要将藤甲请进堂层，以香案供奉。

之后，穿戴在身，在村里的场坝内，跳起只有这个村子的壮年男子才会的藤甲舞，场景庄严肃穆，令人生畏。

藤甲的制作过程非常繁琐，全为手工制作，一副完整的藤甲衣编织至少需要 18 个工（天）。制作藤甲最难的环节，是选藤这道工序。青藤只会生在村四周的高山上，新藤不能用，只能选择两年以上的青藤，为了保持藤甲的坚固性，藤梢还不能使用。采集下山后，经过修剪整理，随后用当地特产的草药进行浸泡，达到防虫防蛀的作用。如此反复，经过数月的日晒和阴晾，青藤才能成为合格的材料编制由头盔、护肩、护胸、护臂、围裙所组成的藤甲。最后的工序就是使用桐油反复浸泡加固，这样一套防身防刺的藤甲才算大功告成。

中国革命军事博物馆将一套藤甲胄进行了收藏，并向歪寨村颁发了收藏证书。成都武侯祠博物馆也向歪寨村购买收藏 4 套藤甲。近年来，一拨又一拨的省内外好奇的游客，其中不乏美国、俄罗斯、法国、加拿大的游客都来歪寨村参观和购买收藏藤甲。

三国时期的藤甲能够保存流传至今并成功复制出来，可以算得上是一个奇迹。歪寨村保存的藤甲，更是反映古代战争史的一块活化石。

陶官地戏 地戏有着 600 多年的历史，其形成与屯堡有密切的联系。在安顺，地戏分为东路和西路，其中，幺铺镇陶官村就是安顺西路地戏的代表。

陶官村古有一方太莱，为明朝贡生，据传他是第一位以文字形式记录并编写了地戏剧本——《三国演义》。

陶官地戏主跳“三国戏”，戏场阵势宏大，“拼杀叫阵”铿锵有力，一招一式有板有眼，人在戏场仿佛置身于远古的战场。陶官地戏脸子雕镂精细，形神兼备。

陶官村是屯堡地戏的起源地之一，该村地戏传承到现在为止已有四五百年历史。如今，无论是老年人中年人，还是年轻人，甚至连七八岁的小孩都在跳地戏。同时，陶官村的地戏在国内外都具有知名度，曾在全国和国外都进行过演出。

2015 年 3 月，陶官村还迎来了一份特殊的新春礼物，分别被我市文化广电新闻出版局、贵州省屯堡研究会、安顺文化馆授予了安顺市非物质文化遗产地戏传承基地、屯堡文化研究基地、文化示范基地等荣誉称号，肯定了陶官村的文化坚守和文化自信。

将军山寺 将军山寺坐落于幺铺镇红旗村，至今已有 600 余年的历史。据说是一位土著头人（女将军）因晚年感叹自己多年征战，杀人过多，诚心皈依佛祖，于是出资请高僧选址，在这座有天然环山金腰带（环山小道）的山顶上建造了佛寺。

循着环山金腰带小路而上，将军山寺山门映入眼帘，进入山寺，升天炉、和尚坟、还愿碑以及 600 余年前建立该寺的女将军居士塑像依次林立。寺中既有佛家的还愿碑，又有道家的“一龙二虎恨三山”的符牌。踏勘将军山，还可观览上面的不明动物足印化石。

将军山寺历经百年风雨沧桑，斗转星移，曾有多次修葺。

尚兴村风光 尚兴村植被及生态环境良好，气候宜人，风景秀丽，是一个纯布依族的民族村寨，民俗风情浓厚淳朴。

来到尚兴村口，映入眼帘的是一排排整齐的房屋，一幅幅美丽的壁画，一棵棵翠绿的杨柳。村里有个环形湖，湖上种满了荷花，荷花池中还有一座人工桥……美丽画卷时时浮现在眼前。

进入村寨，青瓦小屋、布依族风情展示厅、布依族风情展示品修建仿古八角凉亭 3 座，鳞次栉比，沐浴着浓郁的布依风情。

幺铺毛肚火锅 安顺名火锅以贵州省安顺市西秀区幺铺镇最为著名，在众多的安顺名优特产中，它一枝独秀。

其制作工艺并不繁复，食材用料以牛为主。主

料为毛肚、脊髓、黄喉、牛筋、牛脑、牛肉,放红汤锅底或清汤锅底涮食即可。红而不腻、辣香可口,佐酒下饭皆宜。

凭借改革开放的良好政策,幺铺镇党委、政府抢抓机遇,紧紧抓住影响和制约经济发展的关键性环节,进一步加大城镇基础设施建设与管理力度,全面实施“城镇拉动”战略,城镇基础设施得到完善,城镇功能进一步增强,产业进一步加快优化发展,有力地保障和推动了全镇经济社会健康有序发展。

高点定位,加快与中心城区的对接融合。

镇区规划面积控制为14.29平方千米,其中已建设1.72平方千米。

幺铺火车站作为安顺市西货场建设的重点,设计年吞吐量为72万吨的散装货场,已与开发区规划的“黄桶—幺铺”大型物流园区相结合,交通和区位优势明显,将成为我镇经济发展的又一个重要引擎,对促进我镇经济社会稳步快速发展起到重要作用。

由贵州省城乡规划设计研究院编制的《安顺市幺铺镇总体规划(2012～2030)》已完成并通过,结合“幺铺—黄桶”物流园区的总体规划,幺铺镇正在抓紧进行示范小城镇建设工作,全力把幺铺镇建成积聚和辐射功能较强、布局较为合理、综合功能较为完善的新城。

突出商贸特色,构筑二、三产业发展载体。

以“国发2号文件”为发展契机,紧紧抓住国家推进城乡一体化建设的大好机遇,充分利用现有的土地资源优势、交通区位优势,以开发杨湖片区、新火车站片区、仓储物流片区为核心,不断加强基础设施建设,提高城镇品位和带动能力,促进相关产业快速发展。

充分发挥区域优势,积极参与“黄桶—幺铺物流园区”建设,紧紧抓住黄果树大街沿线、西航路延伸段、新火车站片区、杨湖片区及物流仓储基地建设机遇,重点发展特色旅游业、房地产业、饮食娱乐和大型商场等服务性行业，培育新的经济增步由农民向城镇居民过渡。三是抓好产业发展，促进城镇化建设的可持续发展。引导人流、物流、资金流向城镇聚集，城镇发展服务于产业，产业发展支持城镇化建设，提升商贸物流业发展水平。长点，进一步加快旅游三产发展，打造新型生态旅游商贸居住、娱乐休闲中心。同时引导周边农民大力发展以运输、餐饮、住宿为主的第三产业，拓展全镇的经济发展空间。

以黔中农产品交易大市场建设为载体，大力培育农林牧渔产品加工、仓储、物流、农业科技服务和信息传播等新兴农业生产经营主体，引导农业产业化企业向小城镇集中，促进地方产业结构调整，增加农民收入，打造地方特色产业。

积极寻找商机，优化投资环境，调动一切积极因素，营造良好的招商引资环境，在引进大中型企业的同时，积极鼓励举办小微企业，大力促进和加快幺铺镇小城镇发展。

加快产业发展，以产业化带动城镇化。

加大招商引资，加快促进本地区域经济快速发展。目前共引进较大项目 2 个，总投资 4.57 亿元，目前已完成投资 1.9681 亿元。黔中农产品交易大市场。拟完成投资 3.6 亿元，目前已完成投资 1.06 亿元。幺铺金都雅苑商住楼项目，2012 年由安顺银城房开公司投资建设，占地面积 20564 平方米，总投资 9700 万元（含幺铺农贸市场项目 1500 万元），现已累计完成投资 7950 万元。该项目是第一个商业化楼盘，对加快与提升幺铺镇城镇化水平具有非常重要的意义。

积极鼓励兴办本土企业、小微企业，大力促进产业发展。一是大力发展加工业。通过进一步引导初级产品向品牌深加工的发展，目前已形成黄龙食品厂、贵州高原颂食品有限公司、安顺市乐呵呵食品有限公司等一批龙头企业。二是依托幺铺大牲畜屠宰加工业和便利的交通、区位优势，大力发展特色饮食业。目前涌现出了一大批具有地方特色的饮食名店，如幺铺肥牛馆，78 号、88 号特色毛肚火锅店等。三是大力发展商品物流业。在集镇区内逐步发展起了一批大型综合超市和物流配送点，彻底改变了幺铺镇集镇区过去那种小摊点、杂货铺的商品零售状况，对规范我镇商品零售业状况、做大做强行业实体经济、美化镇容镇貌起到重要的作用。四是大力发展乡村旅游业。抓好杨家桥水库、云台山、狮子山等旅游景点及尚兴村、颜旗村等农家乐旅游景点的开发建设，建成集旅游、观光、垂钓、休闲、娱乐以及布依民族文化欣赏为一体的经济发展新区。

走融合发展之路。一是有效合理地协调各方利益，使利益各方均成为城镇化发展的受益者。通过充分协商，共同坚持遵循“规划一张图，审批一支笔，建设一盘棋，服务一条龙”的城镇化工作原则，在城镇建设中，做到争取资金渠道不同，建成项目的受益者相同，有效规避了由于各自为阵造成的人为障碍。在城镇化建设中，通过各方共同努力，已初步形成了遵循市场规律、明晰产权关系、实现资源共享的良好氛围。二是降低城镇准入门槛，鼓励农民群众进入城镇生活、生产。采用土地置换方式鼓励相对富裕的农民群众购买入住城镇经济适用房，我们在农民负担不增、耕地不减的基础上，鼓励农民群众进入城镇生活、生产。采用土地置换方式鼓励相对富裕的农民群众购买入住城镇经济适用房，我们在农民负担不增、耕地不减的基础上，鼓励农民群众进入城镇经商、务工，逐步由农民向城镇居民过渡。三是抓好产业发展，促进城镇化建设的可持续发展。引导人流、物流、资金流向城镇聚集，城镇发展服务于产业，产业发展支持城镇化建设，提升商贸物流业发展水平。

平坝县

乐平镇

乐平镇位于平坝县西南面，距县城 17 千米，与西秀、普定、织金三个县区接壤，辖 16 个行政村，总人口 47892 人，其中外来人口 1 万多人。国土面积 124.69 平方千米，属于典型的溶蚀性喀斯特地质地貌，平均海拔 1260 米。土地宽广肥沃，煤炭、森林、农业和旅游资源丰富。全镇耕地面积 33280 亩，林木种植面积 922 公顷，木材蓄积量达 48 万立方米，森林覆盖率达到 42%，曾获国务院颁发的“全国造林绿化百佳乡镇”荣誉称号。少数民族 9228 人，占总人口 19.6%；是汉、苗、回、仡佬等民族杂居的多民族镇。全镇所有自然村寨均已全部通车，占全镇自然村寨总数的 100%。乐平镇区位优越，交通便利，天织公路、金安大道穿境而过，是平坝西南部的重要交通节点。

资源富有 风景如画

乐平镇经济较发达，交通便利，资源丰富，气候宜人，风景如画。

资源得天独厚 乐平镇境内主要河流有 2 条，流域面积 80 平方千米，径流总量 50 亿立方米，农村人畜饮水安全工程覆盖率达到 85%。全镇已建烟水配套工程 2 个，农灌站 10 个，灌溉管网 50 千米，灌溉水渠 70 千米，有效灌溉面积 4890 亩。

全镇已全部完成农村电网改造，电网覆盖全镇。

森林资源丰富，拥有安凰、大尧、架布、挂多 4 个林场，其中安凤林场是平坝县两大林场之一。乐平乡不断加大农业产业调整力度和实施石漠化治理、退耕还林等项目，森林覆盖率逐年上升。

乐平镇矿产资源丰富，煤炭储藏量1.5亿吨，储藏面积覆盖19个村。境内有证煤矿达16个，年产量200万吨以上，有证沙石厂达7个，年产值7亿元以上。其煤炭资源储量和产量居全县之首，素称“乌金之镇”。

煤炭资源开发带动了运输、汽修、商贸、餐饮、住宿等第三产业的加快发展，大小商铺有1300多个，推动了全镇经济社会的快速发展。

除煤炭、林业资源外，沙石、土地资源丰富。王寨、大屯、小屯等村储藏着丰富的沙石资源；塘约至王寨地势平坦，水资源丰富，万亩土地资源待开发。

景观星罗棋布 乐平镇几乎一村一景，而且民族风情浓郁。

大屯村位于平坝县城西部，是一个具有600多年历史的屯堡村寨，全村共1958人，深厚的屯堡文化底蕴，通过历史的长河沉淀了许多优秀的文化，如山歌、地戏、人文风情等方面的优秀文化，每年村里都要举行各种形式的文体、活动，比如山歌对唱、地戏、篮球比赛等。

老聋村距乐平镇6千米，距平坝县城区16千米，距市城区45千米，年平均气温在15℃左右，平均海拔在1000米以下，竹木茂盛，有“竹海”之称。

老聋村是一个由汉、苗民族组成的自然村寨，全村占地面积7.5平方千米。6个自然村寨，全村人口1339余人，其中非农人口21人。

在老聋村的村委会办公地点，有一古树群，它们每棵都是相当的大，三四个人方能合抱。

中寨村后山林，树林成片，面积1000余亩，树林中还生长着各种人食植物，是个野炊的好地方。

王寨村是一个由汉、苗、仡佬多民族组成的自然村寨。每到正月十七、十八，王寨村的跳花坡就会聚集很多的男女老少，快乐地举办王寨村苗族传统的“跳花节”。

猫寨村是一个蔬菜种植基地，地势平坦，水源便利，每到蔬菜收割时，整片蔬菜绿得似海洋，好一个地上海洋。

塘约村竹家园依山傍水，园内除了竹制的小屋外，还有一棵笔直的竹子，还有竹边的小溪。

大屯村是一个历史悠久的屯堡村寨；高原村的手工蜡染、刺绣更是闻名遐迩，不一而足。

斯拉河风景区 风景区喀斯特岩溶丰富、峰崖陡峻、林海幽深、果林遍布、瀑布成群、河水清清、山明水秀，风光无限迷人。斯拉河全长32.9千米，优美的自然风光贯通景区。引子渡电站的建成，使其高峡出平湖，形成了一个水面为17.9平方千米的高原湖泊，集高原湖泊和峡谷风光为一体，具有特、新、奇、险的特点。乘船漫游库区，置身滚滚碧浪，迎着扑面清风，顿感神清气爽。在峡谷区观赏峰回路转，听山猴嘶鸣，进多兵洞赏钟乳石倒悬，听水滴声声，如入人间仙境……有苍劲古老的大屯银杏树，有云雾缭绕的安凤林区，有青翠绵延的谷芒竹海，有建筑古朴的乐平文昌阁和具有浓郁淳朴民族风情的苗族跳花节等。这些丰富的旅游资源，为乐平旅游产业发展奠定了坚实的基础。

跳花节 跳花节是安顺苗族最为隆重历史最为悠久的传统节日。传说是苗族英雄人物杨鲁兴起的，至今安顺北门外跳花山仍以其名命名。“跳花”一词乃汉名，因坡上栽有花树而得名，与苗语意思不尽相同，苗语称跳花为“欧道”，意为“赶坡”。跳花日期全都在农历正月间举行，现仍有24处固定跳花坡。节日期间，苗族人民尤其是男女青年，穿上节日盛装，未婚男子背上十几床甚至几十床精美的背扇扇面，如是未找到对象女子可请兄弟代替，女子则用包裹包上银铃、银珠、银链等装饰品。男子吹笙舞蹈，女子摇铃执帕起舞附和，围绕花树翩翩起舞。有爬花杆比赛，有比射弩、比针线手艺，有武术表演、倒牛、斗牛等文体活动。

乐平镇王寨村跳花节遵循古老的民族传统，每个花坡跳花日期为3天。第一天栽花树，苗家人遥见花树而作准备，次日清晨空寨前往；第三日，跳花结束,客人就近处苗寨食宿,饮酒吹笙弄弦欢乐,通宵达旦。花树由寨老送至长期不生育者家中,不生育者见之大喜,宴请宾客。男女青年借此择偶,老人吹笙奏笛,以庆丰年。如今跳花节已成为各族人民参与的盛大节日,届时,邻近各寨蜂拥而至。

苗族服饰 苗族服饰以夺目的色彩、繁复的装饰和耐人寻味的文化内涵著称于世。苗族服饰图案承载了传承本民族文化的历史重任,从而具有文字部分的表达功能。由于历史的久远,这些图案所代表的文字功能和传达的特定含义也蒙上了神秘的色彩,无法完全解读,这也是苗族服饰图案所具有的独特魅力。

美丽乡镇建设 纵深推进

近年来,乐平镇依托煤矿资源开发优势,抢抓乐平工业园建设带来的契机,以乐平新区建设为核心,加快完善城镇功能,着力打造资源互动型特色小城镇。全镇上下牢固树立"统一规划、统一格调、体现特色、塑造形象"的建设理念,高起点编制城镇建设规划,高标准推进城镇建设,高效能加强城镇管理,城镇面貌焕然一新。

按照"高起点、高标准、高品位"的顶层设计原则,从自身特点和优势出发,结合贵安新区和乐平工业园的发展规划,统筹考虑发展框架、产业布局、城乡统筹等因素,以完善城镇功能和提升综合承载能力为重点,聘请贵州省城镇规划设计院编制了《乐平镇小城镇建设总体规划》,规划总面积6.1平方千米,人口规模5万余人,充分发挥规划对小城镇建设的引领作用。

抓基础设施建设,老城区改造与新区建设同步推进。大力实施"八个一"工程,着力完善老城区基础设施。投入500多万元,完成平关至乐平桥2千米道路升级改造;投入50余万元,对原供销社至乐平桥830米老街进行水泥硬化改造;投入180万元完成乐平桥至凤凰桥路段1.44千米油路改造,全面对老城区主要街道进行升级改造,彻底改善老城区的人居环境。投入70万元对城镇人饮工程旧管网进行升级改造,建设和完善排水排污系统,老城区群众安全饮水有了保障。投入30万元建成乐平群众文化广场,投入30万元扩建500平米垃圾处理场1个,老城区公共设施不断完善。引进金石房地产公司在老客运站处开发建设商住区,规划占地面积30000平方米,

配套商业铺面400套，1万多平方米；住宅220套，1.6万平方米，可容纳2000人居住，老城区承载能力进一步提升。

抓拆违控违，纵深推进农村集中建房。拆违控违工作是规范农村建房，杜绝乱搭乱建，集约节约用地以及推进小城镇建设的重要保障。2013年以来，全镇拆除违规建筑69起，拆除违规违章建筑面积8070平方米，控制违规建房179起。同时，为解决农村住房困难问题，在既要保建设又要保护耕地的情况下，乐平纵深推进农村集中建房，按照“四在农家·美丽乡村”的要求，先后在青庄、大屯、小屯、斯拉、塘约等村规划了集中建房点。其中，小屯集中建房点规划安置61户，现在建50余户，已建设完善12户，已搬迁入住8户；大屯集中建房点规划安置260户，一期入驻建房43户；来考集中建房点规划安置230户，塘约集中建房点正在建设中。

抓要素瓶颈突破，抓好“三个结合”。城镇建设与农村集中建房相结合。在小城镇建设中，镇党委、镇政府借助“乐平工业园”的建设，以及边远山区农户搬入城镇的愿望日趋强烈，集镇人口多，住房困难逐渐呈现，城镇化建设迫在眉睫等特点，结合煤区地灾搬迁、生态移民搬迁安置的迫切需求，为节约集约土地，保护生态环境，解决集镇人多住房少的困难问题，在青庄村与乐平村接壤处，打造了一个崭新的乐平新区，即青庄村集中建房点，走出一条城镇建设与农村集中建房相结合的新模式，实现城镇统筹发展。

拆违控违与政策支持鼓励相结合。为全面贯彻落实县政府关于“农村集中建房管理办法”规定，规范农村建房，杜绝农村住宅乱搭乱建的违法行为，镇政府采取疏堵结合方式，一方面加大农村集中建房政策宣传，严厉打击乱搭乱建和非法占用及买卖土地等违法行为；一方面科学规划，结合

“四在农家·美丽乡村”创建，合理选址农村集中建房点，大力弘扬保护耕地，保护生态环境，规范农村建房，着力解决农村住房困难问题。目前已在青庄、大屯、小屯、塘约、斯拉等村规划选址建设农村集中建房点，解决当地农户住房困难问题，满足广大农户建房需求，为全面建成小康社会必须具备的小康房、小康路、小康水、小康电、小康讯奠定了良好的基础；同时，整合生态搬迁和危房改造项目，鼓励住房困难农户进入集中建房点建房，深受农户的欢迎和赞许。

项目推动与民间资本相结合。在现有财力紧张、扶持项目少的情况下，镇党委、镇政府解放思想，立足“底线思维”，不等不靠、攻坚克难，勇于担当，积极鼓励引进民间资本参与小城镇建设，吸纳民间资金参与乐平新区、客车站、农贸市场、城镇干道等城镇公共设施和各农村集中建房点建设，采取“政府主导，项目推动，民间资本开发”的方式，迅速推动乐平城镇化建设速快发展，在下一步的城镇建设中，采取“建、管”并举的管理办法，加快推进城镇建设步伐，努力把乐平镇打造成为全国、全省“100个小城镇重点示范镇”。

为“四在农家·美丽乡村”夯实基础。一是加快推进乐平新区公共设施配套建设，把乐平小学、卫生院等新区集中，启动东西外环线和水淹塘城镇综合体建设，完善城镇公共配套服务设施，提升城镇承载能力，努力建设环境优美、设施配套、功能齐全的现代化新型小城镇。二是举全镇之力打造乐平工业园，积极争取项目和政策支持，着力完善园区内交通、通信、供水、供电等配套基础设施建设，进一步优化招商引资环境，大力推动新型工业化发展，使工业化、城镇化真正成为拉动镇域经济快速发展的双引擎。

平坝县

天龙镇

天龙镇地处贵阳至昆明的交通要道，距平坝县城9千米，距省会贵阳60千米，距安顺市区28千米，总面积65.02平方千米，辖6个行政村，总人口2.4万。是众多屯堡村寨中发展旅游条件较好的古镇之一。全镇总户数7760户，人口26343人。耕地14600亩，其中田6400亩，旱地8200亩。全镇现有林地26800亩，灌木林6400亩，森林覆盖率32.40%。区位优越、资源丰富，株六复线、滇黔公路、天织公路、贵安大道和沪昆高速公路横贯全境，为西行的交通扼要，是黔中的“黄金通道”。境内有煤、大理石、镁矿等丰富的矿产资源，有被建筑学家赞誉为“石头建筑绝唱”的国家级文物保护单位天台山五龙寺、极具大明遗风的屯堡文化古镇等丰富的旅游资源。

文化重镇 大明遗风精魂

天龙镇历史悠久，文化璀璨夺目。天龙镇堪称“文化旅游第一村”，其屯堡文化名扬四海。逾600年的屯堡文化绝响，演绎成天龙古镇的生命和灵魂。

天龙镇资源优渥，拥有石灰石、镁、煤炭、大理石、山砂、高岭土等矿产资源。

旅游资源更有保存 600 年的屯堡文化旅游资源和国家级风景名胜区天台山。

天龙镇，是贵州民俗旅游胜地。这里地处西进云南的咽喉之地，在元代就是历史上有名的顺元古驿道上的重要驿站，名“饭笼驿”。天龙屯堡源于 600 年前明朝皇帝朱元璋调北征南和随后的调北填南。明朝军队征服西南过后，为了统治西南，命令大军就地屯田驻扎下来，随后，从南京、江西、安徽等地把一些工匠、平民等迁至贵州，随着历史的变迁，这些人在亦兵亦民的过程中繁衍生息，执着地恪守世代传承的文化生活习俗，形成了“屯堡文化”这一独特的汉族文化现象。

屯堡人的语言经过数百年变迁未被周围的语言同化；屯堡妇女的装束沿袭了明清秦淮汉族服饰的特征；屯堡食品具有易于长久储存和收藏，便于长期征战给养的特征；屯堡人的宗教信仰与中国汉民族的多神信仰一脉相承；屯堡人的花灯曲调还带有江南小曲的韵味；屯堡地戏原始粗犷，对战争的反映栩栩如生，被誉为“戏剧活化石”。屯堡人以石木为主营造的既高雅美观又具独特防御性的民居建筑构成安顺所特有的地方民居风格。

近年来，天龙镇充分挖掘屯堡文化资源内涵，倾力打造旅游带动型特色小城镇，先后获得中国历史文化名镇、最具历史文化价值的中国古镇、全国文化产业示范基地、全国精神文明创建先进村镇、全国农业旅游示范点、中国屯堡文化研究基地、全省民族文化旅游开发村镇、全省双百小城镇建设试点镇、贵州省十大影响力乡镇等荣誉称号。

天龙屯堡文化旅游景区 天龙屯堡文化旅游区下设2个主要旅游景区——天台山风景区和天龙屯堡景区，分布在平坝县天龙镇境内6平方千米的范围内。

天台山如一岭石立田畴，山虽不高，其势陡峭，直插蓝天。似一座登天高台，故名。明万历年间，白云寺僧卓锡天台，依山形地势，以木石架建五龙寺，被誉为“石头的绝唱”，今为全国重点保护单位。天台山建筑奇特，多是石块砌成的城堡，建造之初，有着极强的军事性，后随着岁月的流逝，军事性淡化，天台山形成了佛、儒、道三教合一的香火圣地。走进天台山，就仿佛走进了一座神奇的植物王国，它有着3000余种的植物，蔓萝遮日，灵樟冲霄。天台山传说甚多，吴三桂拜望其叔吴风，曾带着陈圆圆宿于伍龙寺，现在还有宝剑一把、朝服一件、朝匾一块，存于伍龙寺内。当您站于山峰，有天台揽胜、群峰来朝之感叹。

在天龙屯堡景区，随处可见身穿大襟宽袖、蓝色长袍的人，他们是地地道道的汉族人！在当地，他们被称作“屯堡人”，屯堡人是明朝洪武年间的屯军后裔，其历史可以追溯到明朝，明太祖朱元璋为加强其在西南的统治，在这里垒墙筑堡，驻军屯垦。现今的屯堡人都是数百年前从内地迁来的军士的后代。600余年来，他们仍保留着明代的生活习俗、文化习俗。屯堡人的屯堡二字，实是两个概念——“屯”是指军屯，是军队传递书信，接待来往官员和部队家属居住的地方；“堡” 是指商人和普通老百姓居住的地方。在那里可以见到构筑坚固的屯堡群和高耸的碉堡。在碉堡的不同方向留三角形的观察窗眼。现在依旧保存完好，岿然屹立。至今，在古城堡上仍依稀可见旧时战乱留下的痕迹。屯堡村庄，大多沿袭了具有江南水乡风韵的石头村落建筑形式。数百年来，更朝迭代，世事变换，而屯堡人却在这黔境一隅顽强地坚守着他们祖先的传统，保持着大明朝文化。他们的服饰被称为“明代服饰的活标本”。农历正月，村民坐冷板凳欢天喜地地耍灯、舞龙、划旱船，老年人照旧要去庙里上香拜佛——这些都是正宗的汉族文化。

屯堡民间艺术极为丰富，最具代表性的是戏剧活化石“地戏”——明末清初以后，土司制度大为削弱，改土归流政策也逐步实行，但是我们屯堡人遵循古训，“寓兵于农”，于是就修建了一定的场所来演习武艺，地戏是由明代“军傩”演变而来，“军傩”是古代军队中举行的一种祭祀，振奋军威、恐吓敌人的一种傩仪，军傩起源于殷商时期，据现在已有3000多年的历史，地戏可以称之为“戏剧中的活化石”，它比京剧还早400多年，其实地戏也就是傩文化的一种继承和发展。

天龙地戏 屯堡地戏演出以村寨为单位，演员是地道的农民。一般一个村寨一堂戏，演员二三十人，由“神头”负责。安顺地戏在春节期间演出20天左右，称为“跳新春”，是岁终新正的聚戏活动，与逐疫、纳吉礼仪一起举行。地戏演出时，村口或醒目的地方要插一面大红旗，旗上绣着很大的“帅”字，表示这个村子里今天要演出地戏，也有纳吉之意。演出由“开财门”“扫开场”“跳神”（演故事）、“扫收场”四部分组成。演出前，要将存放脸子的木箱（柜）从神庙或存放人家里抬出来，举行庄严的开箱仪式。村民还会在建房求财、祈福求子的时候请地戏队中的“神灵”，如关羽、佘太君等去进行“开财门”“送太子”等活动。

安顺地戏是一种古老的戏剧，其显著特点是演出者首蒙青巾，腰围战裙，戴假面于额前，手执戈矛刀戟之属，随口而唱，应声而舞。其演唱是七言和十言韵文的说唱，在一锣一鼓伴奏下，一人领唱众人伴和，有弋阳老腔余韵，其舞主要表现征战格斗的打杀，雄浑粗犷，古朴刚健。安顺地戏所演的30来部大书，以屯堡人喜爱的薛家将、杨家将、岳家将、狄家将、三国英雄、瓦岗好汉为主角，赞美忠义、颂扬报国的忠臣良将，内容全部是金戈铁马的征战故事。安顺地戏的演出程序一般分为“开箱”“请神”“顶神”“扫开场”“跳神”“扫收场”“封箱”等部分。其中的“跳神”是正式演出，又分为“设朝”“下战表”“出兵”“回朝”。其余部分是带有驱邪纳吉成分的傩戏活动。由于屯堡人的神灵观，更给地戏赋予“傩愿”的性质。

天台山伍龙寺 天台山在平坝县城西南13千米滇黔公路右侧2千米。山“高百余丈”“竖刨造空”，唯从南面可拾级而上，林木蓊蓊，浓荫蔽道。西、北、东三面皆绝壁峋岩。周围又“凿石砌之，高与山等”。山巅一寺，称“伍龙寺”，建于明万历十八年，据清道光《安平县志》膨而述《游天台山记》：明万历十八年（1590年）“僧白云开山卓锡于此”，建寺山顶。历康熙、嘉庆、道光三代增修，“厦屋数层，历落参差”，“群房连亘，高高下下，若城居然”，最后一次全面修缮是1937年。被古建筑专家们称之为“古寺庙建筑奇迹”，是中国建筑史上一朵奇葩。现存主体建筑，包括大佛殿、两厢配殿、韦驮殿、玉皇阁、祖师殿、钟楼和藏经楼；附属建筑有叶风亭、望月台、天街、山门牌坊等。利用山顶上非常狭窄

的空间，修建如此之多的殿宇厅堂、亭台楼阁，在贵州高原实属罕见。山中现存之历代摩崖，如山前银杏古树右侧的大观在上，第一道山门的“黔南第一山”，天街石壁间的“天台”和“名山覆武”等，手笔不凡，赫然可观。原有建庙记事碑和朝山诗碑，多已漫漶难辨。唯岭南李大光的七律一首保存完好。“绝顶摩挲千仞石，危梁回荡一楼中。丹枫黄槲秋容老，疏而微云画意浓”。描写天台山秋景，可谓得真。寺内楹联之脍炙人口者，首推印宗禅院门前的一副，文曰：“云从天出天然奇峰天生就，月照台前台中胜景台上观。”内容好，书法亦佳。“天台”二字三次巧嵌联中，令读者对天台胜景浮想联翩。石雕作品“八仙图”，对于人物的勾勒，刻意突出特点和个性，“八仙”各具神态。大佛殿前廊柱础双狮，全身是柔软的细茸长毛，前脚伏地，后腿蹭蹬，昂首呼啸作负重状，形象十分生动。山顶有望月台，登临远眺，青山、绿水、农田、村舍，风景如画。寺内收藏宝剑一把、象牙朝笏一只、清代官服一件，传为清初吴三桂自黔赴滇朝拜此山时所赠，至今完好无损；另有黄杨盆一个，直径 0.33 米，高 0.34 米，系道光二十八年(1848 年)住持僧伐山后黄杨古树精心制作而成，弥足珍贵。寺内还建有民族戏剧博物馆。

充分挖掘屯堡文化内涵

尽情展现古镇无穷魅力

天龙镇有被誉为“世界石头建筑史上的绝唱”的全国重点文物保护单位天台山伍龙寺，有集中反映屯堡石头建筑特色的古民居建筑群，有国家级非物质文化遗产屯堡地戏、省级非物质文化遗产屯堡山歌、屯堡服饰等，这些悠久的屯堡文化特色、典型的名胜古迹和丰富多彩的民间艺术，铸就了世界独一无二的大明遗风，也充实了贵州西线旅游的人文景观。近年来，天龙镇充分挖掘屯堡文化内涵，先后修建了屯堡地戏演武堂、沈万三纪念堂、屯堡奇石博物馆等，规划建成了屯堡特色商品展示一条街，修缮了天龙学堂、天台山伍龙寺，并对古民居进行了修缮，屯堡文化内涵得到充分挖掘。为提高天龙屯堡的美誉度和知名度，成功举办了首届中国贵州安顺屯堡地戏大赛、安顺屯堡山歌大赛、“六六屯堡文化活动节”等活动，还到南京、上海等地进行了旅游推介；积极选送节目参加“欢乐中国行”演出录制，选送地戏参加国家大剧院演出；制作了反映屯堡地戏的《戏里、戏外、戏源》，反映屯堡石头建筑特色的《迷宫里的石头》，介绍天台山伍龙寺的《天台山》等优秀的视频短片；推出了《天龙秘事——明代江南首富沈万三与贵州平坝》和《沈万三的屯堡后裔》等书籍，打响了沈万三名人文化品牌，成为屯堡文化开发的突出亮点，古镇魅力尽情展现，带动了城镇建设和旅游发展。

实施旅游带动发展战略

倾力打造特色旅游名镇

天龙镇围绕“旅游兴镇”发展战略，抢抓发展机遇，以旅游为龙头，倾力打造特色旅游名镇。一是全力以赴争项目。将改善硬件基础设施建设作为发展旅游产业和带动小城镇建设的突破口，争取项目资金 975 万元，建成屯堡景观大道、完成古镇“三线入地”建设、安装了仿古路灯，对街道进行绿化，对河道污水进行治理，重现小桥流水人家景观。二是千方百计引项目。在财力吃紧情况下，以屯堡文化品牌和旅游带动为依托，拓宽投融资渠道，以屯堡文化经营权、屯堡文化品牌招商，成功引进贵州旅游投资集团并购原天龙旅游公司，为古镇保护开发注入了新活力；引进大明公司，拟投入资金 5 亿元开发建设屯堡大明城，到位资金 1.15 亿元，已投入 9290 万元。这些大项目的注入，为天龙镇打造特色旅游名镇提供了强有力的资金保障。三是因地制宜强产业。充分利用便利的交通条件和屯堡旅游知名度不断提高的优势，积极引导古镇及周边农户发展餐饮、住宿、商贸、工艺品加工、农业观光游等产业，农民收入不断提高，风韵古镇小康路上风情尽展。

平坝县

夏云镇

夏云镇位于平坝东南面，地处黔中腹地，坐落于高原明珠红枫湖畔，是红枫湖主要的水源地和贵州西线黄金旅游通道，公路四通八达。夏云镇区位优越，距平坝县城7千米、省会贵阳42千米、安顺市区44千米。贵黄公路、贵烟公路、沪昆高速、贵昆铁路、株六复线、沪昆客专、贵安路联络线、县城迎宾路横贯全境，交通四通八达，素有“平坝东大门”之称。全镇总面积89.58平方千米，辖8个行政村，1个社区，2个居委会，总人口4.5万人，镇区人口2.17万人（非农业人口1.36万人、农业人口2.3万人），其中苗、回、布依等少数民族人口0.21万人，占总人口的6%。

美丽夏云 工农业比翼齐飞

夏云镇历史久远，境内资源富饶。

夏云是贵州高原开发最早的地方之一。秦汉时期，已经受到中原文化和先进耕作方式的影响，20世纪50年代对夏云境内古墓葬进行考古发掘，清理发掘和出土了大量随葬器物，经考古专家确定墓葬的时代为东汉晚期，在贵州属首次，这些考古发掘将贵州的历史又往前推进了将近1000年。1982年被公布为“省级文物保护单位”，平坝汉墓共8处，其中5处集中于夏云。1992年的区划调整，正式成立夏云建制镇。

从古至今，夏云镇是“黔中大粮仓”的重要组成部分。全镇耕地面积19933亩（习惯亩），其中万亩以上的大坝1个，千亩以上的大坝4个，人均耕地面积0.87亩。国家农业综合开发土地整治项目从2003年至2008年连续在该镇4个村集中实施，土地整治近8000亩，有效地提高了农业综合生产能力。近年来，夏云镇在农业生产上以巩固3个基地为主（千亩葡萄基地、千亩错季节蔬菜基地和千亩烤烟基地），扎实推进现代农业发展进程。生产的优质大米、茶叶、错季节蔬菜、葡萄等名优土特产远销省内外，是省城贵阳蔬菜的重要生产区。

夏云工业基础较好，是贵州重要的军工机械制造基地。镇境内有红湖机械厂、平水机械厂、夏云农场、平坝农场4个中央、省属单位。红湖机械厂隶属于中航一集团，是军用飞机发动机的主要生产厂。平水机械厂隶属于贵航集团，主要从事机械加工。夏云农场是省农业厅直属农场，平坝农场直属省司法厅。特别是县人民政府与夏云农场合作，利用夏云农场大量国有土地建设的夏云工业经济带，第一期开发1.37平方千米，基础设施建设逐步完成，引进了企业12家，为我镇工业的发展注入了强大的活力。全镇目前共有非公有制企业41家，大规模的企业8家。2013年，农民人均纯收入达7100元，高于全县平均水平927元。

夏云是理想的休闲胜地，民族风情浓郁，农家乐鳞次栉比。

随着经济社会的快速发展，夏云作为贵阳中心城市的卫星城镇和县城次中心的优势凸显，乡村生态休闲度假逐渐成为夏云镇发展较快的一个新兴产业和新的经济增长点。全镇现有农家乐7家，沿贵黄路、贵烟路展开，环境幽雅，设施完善，自然古朴，各具特色，尤其突出游客的参与性和体验性，是理想的休闲娱乐胜地。同时，随着喜客泉生态休闲中心和黔冠休闲中心的修建，必将吸引大批客人前来夏云品尝农家美食和休闲度假。

夏云“一乐” “一乐”即以集休闲、观光、垂钓、娱乐和饮食为一体化的农家乐，主要分布在清镇高速公路、贵黄公路、滇黔公路沿线，现已建成投入营业6家，另有2家正在建设之中。通过不断对农业产业结构调整的优化升级，有效地增加了农民收入，2008年全镇农民人均纯收入达2930元。

龙腾生态园 夏云龙腾生态休闲苑设水果园区和休闲娱乐区，其中，水果园区是集生态观光、水果采摘等为一体的综合型水果园区，占地面积200余亩，汇集国内外30多个最优良的品种。休闲娱乐区主要集餐饮、住宿、娱乐、垂钓等为一体，占地面积50余亩。

布依山歌 布依族先民属古代“百越”系统，公元10世纪后，史称“仲家”。布依族以从事农业为主，手工艺发达。

布依族山歌种类较多，按曲调分为大歌、小歌，大歌多在庄重的聚会场合演唱，内容为迎送宾客、祝颂丰年、摆古叙事等。用大嗓演唱，情绪开朗、豪放而庄重。一般由歌头、正歌、歌尾三部分组成，歌词结构为5字4句的主体歌词，后面加两句延意的补充，然后再反复前4句结束。小歌多在青年男女谈情说爱时演唱，内容多为情歌，用小嗓演唱，感情内在、真挚，音调柔和婉转，结构短小整齐，多以4句为一首，单二部曲式，分成独唱和重唱两个段落。大歌、小歌两个声部的结合在民间世

代相传,有约定俗成的3条规则:音色上要求“上脆下莽”,旋律线要求“公母分明”,音程关系要求“两音相糍”(像糍粑似的黏合之意),因而两个声部多为大小二度、大小三度等比较窄的音程,有时甚至整个乐句出现连续的平行二度,加之增四度音程的频繁出现,这种富有动力的音程结合和序进,形成其多声结构的重要特色。

夏云布依山歌秉承民族传统,每逢重大事典,必将引吭高歌。

苗族四月八 四月八是苗族的传统喜庆节日,是苗族的祭祖节、英雄节、联欢节。每逢这一天,人们自动聚集到预定的地点跳鼓舞,对山歌、舞花带;上刀梯、钻火圈……热闹异常,人数以万计,场面宏大而壮观,人们尽情歌舞以致通宵达旦。

传说苗族祖先原来住罗格桑,他们过着丰衣足食的生活。后来因恶霸垂涎此地,前来抢夺。苗族首领亚努率领苗胞起义,反抗压迫剥削,在强大的敌人进剿下,每次都能化险为夷。可是,一次激烈的战斗中,他不幸被敌人杀害,于四月初八光荣牺牲。每逢他的遇难日,苗胞总要来纪念这位古代民族英雄。年年如此,代代相传。

“黔中香叶” 平坝县夏云农场茶叶生产历史悠久,得天独厚的自然气候和土壤条件为生产高质量的茶叶奠定了良好的基础。加之雄厚的技术力量,精湛的加工工艺,先进的生产设备,农场生产的绿茶从20世纪80年代起曾多次获得省优、部优产品称号。近年来农场与国内茶叶科研部的资深专家共同研制开发的新产品“黔中香叶”等高档名优茶以其独特的品质风格深受省内外广大消费者的喜爱。

“黔中香叶”是平坝县夏云农场茶厂科技人员和省内外资深茶叶专家结合多年生产实践和市场需求,于近年研制开发的新产品,该产品选用本场选育中心小叶优良群体种茶树春季生长的独芽茶青为原料,采用国内目前最先进的加工设备,按照自行设计的特殊加工工艺在全清洁状态下精心加工制作而成。产品外形:色泽翠绿、形似雀舍、美如翠玉。内质:香气清纯、略带兰香、汤色清澈、绿亮透明、滋味鲜爽、回味甘甜、叶底嫩绿、匀齐完整。该产品自投产上市以来,深得广大消费者称赞,年年供不应求。若君细心观之品之,会使您“回归自然”之感倍增。

抓住契机 产城一体化全面推进

夏云镇是平坝县城的重要组团，是全国第三批综合发展改革试点城镇和全省30个小城镇建设示范镇之一。

近年来，夏云镇围绕“省级示范镇·未来小城市”的奋斗目标，按照“城乡统筹、产城互动、以产兴城、以城促产”的发展思路，深入实施工业强镇和城镇化带动战略，着力打造产城互动型小城镇，推动经济社会更好更快发展。

围绕产城互动和与县城同城化发展要求，委托海口市城市规划设计研究院等知名设计单位，先后完成并完善《夏云镇总体规划修编》《夏云镇控制性详细规划》《夏云工业园区控制性详细规划》《夏云镇云园路沿线城市规划设计》《夏云镇小城综合改革试点规划》等系列城镇建设规划编制，村前14个行政村均完成村庄整治规划，规划了12个农村集中建房点，城镇建设规模由4.5平方千米增加到9.5平方千米，绘就了城镇建设的蓝图，充分发挥规划的导向作用，加快推进产城互动型小城镇建设。

狠抓基础，完善功能，着力打造“8+3”工程升级版。

在“8+3”工程基础上，扩大规模，提高标准，提升等级，着力打造“8+3”工程升级版，进一步完善城镇功能，吸引更多农民向城镇集中。投入2.16亿元，完成钻石广场、银城·紫金名门、银星、云都兴隆花园4个商住组团20万平方米的开发建设；新建城镇道路23.8千米；建成一个470平方米的社区服务中心、一个商业面积1.39万平方米的农贸市场、一个5710平方米的群众文化广场、一个460平方米24张床位的敬老院、一个533套2.9万平方米的保障性安居工程、一个垃圾转运站、一个2.4万平方米的体育场；修缮一个标准足球场、一个篮球场。投入350万元，对镇区进行绿化、美

化、亮化，新建群众文化活动广场5710平方米，拆除沿街临时铺面55间1250平方米。争取中央、省、市、县配套资金8000余万元，大力建设污水处理工程、道路、供水、教育、卫生等公共服务基础设施。采取市场运作模式筹集资金4亿元，大力实施镇区600亩城市开发、云湖大厦、污水处理厂、公租房、便民利民服务中心、毛栗园农村集中建房、生态移民搬迁等一批重大工程项目建设，毛栗园农村集中建房等重点工程已初具形象，承载发展的能力明显提升。

强化管理，提升品质，切实改善人居环境。

在城镇管理中，结合“整脏治乱”和“多彩贵州文明行动”的开展，狠抓环境卫生清扫保洁工作，认真落实“门前三包”和保洁职责，做到家家户户门前卫生清洁。加快环卫基础设施建设，加强城管执法队伍建设，规范户外广告设置管理，切实提升城镇形象和品质。针对村寨环境“脏、乱、差”现象，将城镇管理理念引入农村，采取“村为主、镇补助”方式，硬件设施建设成本由镇里承担，按5元/人的标准补助村里清运费，抓好村寨垃圾收集清理转运，全镇农村实现垃圾“村收集、镇转运、县处理”。在加快推进城镇建设的同时，严管严控违法违章建设，全面规范农村建房秩序，推进土地资源高效节约利用，为“三化同步”提供用地保障，依托优势，强化服务，以工业化带动城镇化。

牢固树立“园区的事就是镇里的事，做大做强园区就是做大夏云”的理念，积极协助夏云工业园优化投资环境，为入驻企业搭建起高效便捷的服务平台。为园区征地6000多亩，确保新峰、中铝、贵屹、联鑫、东联40余家在建企业顺利开工建设。建成保障性住房533套2.9万平方米，在建公租房304套1.5万平方米，有效解决镇区和园区周边低收入群体及农民工的住房问题。把农民工纳入公共服务体系，保证农民工平等享有子女教育、医疗卫生保健、计生服务等基本公共服务。全镇现有非公企业100余家，入驻夏云工业园的有90余家，试产投产60余家，在建拟建30余家，解决园区周边及外来就业6000余人。

围绕项目建设，聚集发展要素，加快推进产城一体化进程。

实行“5+2”“白+黑”工作法和“一个项目、一名领导、一套人马、一抓到底”工作机制，组建4个征地工作组，先后完成平坝第一高级中学、平坝县城连接省城贵阳城市快速干道、贵安路联络线、农村集中建房、公租房、生态移民搬迁工程、污水处理厂、600亩城镇综合开发等项目的征拆工作，储备城镇建设用地4000多亩，保障骨干路网、城镇建设等大项目顺利实施。

关岭县

永宁镇

永宁镇位于关岭自治县西部，距关岭县城12千米，辖12个村(居)委会，7026户3.2万人。320国道、镇胜高速公路、沪昆高铁和县内永花、永岗通乡柏油路穿境而过，交通区位优势非常明显。地理位置于北盘江河谷东侧脊岭上，东经105°28′～105°31′、北纬25°51′～25°55′之间，与关索镇、花江镇、新铺乡、沙云乡、顶云乡毗邻，平均海拔1450米以上，是安顺市海拔最高的乡镇，属于中亚热带气候，年平均气温13.5℃，无霜期260天左右，冬无严寒，夏无酷暑。雨量充沛，年平均降雨量1366毫米。全镇面积111.43平方千米，居住着汉、苗、布依、黎等民族。

历史悠久 积淀厚重

永宁系古镇，历史悠久，名物优渥。

据史料载：永宁镇曾为永宁州、县、募役分县治所。元代，永宁曾设政为达安州，隶属普定府(后改路)。此属当时打罕(今贵州省镇宁布依族苗族自治县六马乡打罕)地置,即今贵州省关岭布依族苗族自治县西南永宁镇北。至正中废。明洪武十六年(1383 年)复置,属普定府。辖境相当今关岭布依族苗族自治县地。二十五年属普定卫，后侨治(至)卫城(今安顺市)。

嘉靖十一年(1532 年)迁治(至)关索岭千户所(今关岭布依族苗族自治县)。万历四年(1576 年)移驻安南卫城(今晴隆县),十一年属安顺府,天启时又移治(至)查(文言文中“查”通“楂”,当时永宁一带山楂树很多故而得名)城(今关岭布依族苗族自治县西南永宁镇)。

清顺治十六年(1659 年)为永宁州治,习称永宁州。1913 年改为永宁县,次年改名关岭县。因楂城高山雨雾最多，历代老百姓常把当时元代设的“达安州”戏呼为“雨淋州”,沿袭当地方言,人们习惯把“永”读成“雨”,永宁谐音雨淋而得名。

民间至今还有俚语流传:“好个雨淋州，有天无日头。更多黄花女,靓丑雾里愁。”到民国时,时任交通部长的张养浩在永宁新街岩崖上书写了高 2.3 米、宽 1 米的“半天云雾”行体四大字。有近看是雾,远看是云,字与境同妙的意境。经工匠刻石至今犹存,可见永宁当时还是个雾州!

永宁为县西部重要集镇，有永宁孔庙、关岳庙、文昌阁、永宁州衙署、大佛洞、观音洞等名胜古迹。为黔滇交通咽喉要道。

永宁地貌以山地为主,地势高低起伏,层峦叠嶂。地势东低西高,分别为康寨片一线最高,永宁一线中高，安隆一线缓平较低。山地面积有 72.3 平方千米，河流有团圆河流经东瓜林，山脉有紫山、小河低洼河谷等,境内最高山峰有旧屋基大坡位于尧上村,海拔 1850 米;最低点在东方红村东瓜林,海拔 1200 米。

镇域土质湿润肥沃,森林覆盖率 41.68%。境内紫山、小河一带煤炭资源丰富,蕴藏量约 2.9 亿吨,白岩一带亦有丰富的大理石资源。土地适宜种植茶叶、经果林、中药材。农业以水稻、玉米、脱毒马铃薯等粮食作物为主,良好的气候、土壤条件适宜反季节秋淡季无公害蔬菜的生长发育。

境内现有野生动物 68 种，有野生种子植物 210 种。畜牧业以养牛、养猪、养羊、养家禽为主，近年竹鼠等养殖业兴起。

名胜古迹 新街石刻文字,为民国交通部长张养浩手迹,位于镇胜高速永宁镇新街崖壁上。

在城区新街现还留有城隍庙遗迹，另有大佛洞一座,现改建为民房。永宁城区路还留有古永宁州城墙,有一块古令牌碑,为建城功德碑,上面的文字已无法认清。据知名人士黄宝珊说,碑上记录着为什么永宁州只有东西城门而没有南北城门,并说在今 320 国道王家井处在清代就有文峰塔一座，在教场坝罗汉肚大坡也有一座文峰塔在“文革”时期被毁。目前在一村观音阁高位水池处有一座特别大的罗家花坟。

在永宁小学内,遗有百年桂花两株,位于永宁小学孔庙内。古建筑有镇区聂家大院两处,一处在老政府内,另一处在养马村。

“养马洞”遗址位于永宁镇养马村三组西侧一天然溶洞内,当地人称“养马洞”,传早先曾在此养马,故名。

遗址地理坐标在25°55′15.9″N、105°28′13.3″E附近,海拔1504.9米。养马洞洞口向东,高出洞前平地近10米。洞口宽12米、高10米,深不知几许,据当地村民称可与村后另一溶洞相通。洞底平整,其前半部分为水泥地板,洞厅向内渐小。在洞前坡地上采集石制品、陶片和骨片等。计采集石制品30件,少量有二次加工痕迹,为石器;余为石片、石核和石锤。质地以砾石为主,仅少量燧石。省文物考古研究所的工作小组进行初步探访,共采集陶片8件,其中灰褐色夹砂陶5件,黄褐色夹砂陶3件。纹饰有中绳纹、素面两种,所占比例基本相当。内含陶器口沿2件,高领直口,器形较小,可能为罐类器,同时采集烧骨和骨片20余件。

据省文物考古研究所的考古学者初步分析,这是关岭境内首次发现的这一时期遗址,具有较高的学术价值。

风土人情 春节又叫“过年”,时为农历正月初一至十五,是永宁最隆重的节气,凡外出人都得赶回家团聚。

正月十五为元宵节,早饭多吃汤圆、荷叶粑,晚饭仍备有丰盛的酒菜佳肴。

入夜,家家灯火通明,城郊村野的坟场上,各家各户都给亡人烧香亮“灯”,灯火映红天际。如有耍龙、灯谜会,更是热闹壮观。民间有“三十夜的火,十五的灯”之说。

白岩村苗族花树节 苗族民间“花树节”,苗语自称“酬蹈”,“花树节”又名“跳花节”或“花山节”,是苗族同胞的一个传统节日,她是苗族青年男女寻找知音、中老年人互相祝福的佳节。“花树节”有其传统的仪式,而最庄重的仪式是敬花树。一根20多米长的花树高高地竖立在花场中央,花树上装饰各种花朵。花树原是苗族人祈祷生儿育女的供物,后来渐渐地成为踩花山“酬蹈”活动中最吸引人的中心活动。敬花树仪式结束后,即开展一系列的风俗风情活动,如苗族对唱古歌、跳芦笙舞、竞技表演、交流情感等。

苗族同胞以举办“花树节”的形式歌颂今天的幸福生活，展示苗族同胞的风采，弘扬苗族的优秀传统文化，同时又以此交流感情、增进团结，激励苗族同胞自强自立、共谋发展，在构建社会主义和谐社会和实现中华民族的伟大复兴中贡献本民族的智慧和力量。

永宁豆腐 永宁豆腐从汉代起就有记载，在清朝时期成为宫廷贡品，曾经有过家家户户做豆腐的历史，永宁豆腐以其独特的制作工艺、丰富的营养价值一直流传至今。当地加工豆腐是用“酸浆”点豆腐，酸浆点出的豆腐更加细嫩柔滑，并且他们当地开发出豆腐宴，促进豆腐消费。

永宁是古老的达安州州府。在永宁当地还有句关于豆腐的民谚：“抬在案上是黄的，浑身上下是活的，刀子一拉茬口是细的，抓在手里是绵的，放在口里是细的，煮在锅里是韧的，油炸出来是虚的。”足见永宁豆腐非同一般。

永宁豆腐远近闻名，它的出名得益于永宁的水、优质黄豆和精湛工艺。

永宁北、东、南三面环山，山泉水从三面汇聚永宁地下，水质清洌甘醇，含有丰富的钙、铁、镁等矿物质，水的矿化度、总硬度非常适合豆腐加工，可以说，没有永宁的水就没有永宁古城豆腐。永宁豆腐的原料选自当地绿色农产品基地的优质大豆。大豆不仅品种优良，而且不施化肥、农药，周围没有污染，是天然的无公害食品，富含铁、磷脂、纤维素和植物雌激素，与永宁的水配合加工豆腐，可谓造化使然。

相传豆腐始于汉淮南王刘安，距今有2000年的历史。因为豆腐含有高蛋白质、低脂肪，不含胆固醇，具有丰富的营养价值，难怪清代的文学家袁牧说：“豆腐得味，远胜燕窝。”

永宁曾经有过家家户户做豆腐的历史，永宁豆腐以其独特的制作工艺、丰富的营养价值，一直流传至今，在防病、保健和美食中更是上品。

永宁油豆豉 永宁镇又将油豆豉这一土特产做成了“楂城油豆豉”品牌，建立了“永宁油豆豉绿色食品加工厂”，培育了企业，开拓市场，增加了财政收入，不断带动县域内黄豆、生姜、花椒、畜牧等产业的发展，农民受惠，“油豆豉”火锅味道独特，让来往客人赞不绝口。

近年来不断调整产业结构，提高科技含量，利用高海拔多湿、土质疏松多雾的优势，大力发展茶叶产业，茶叶种植面积已达1560余亩。种草养畜已初具规模，农民大多发展秋淡季无公害蔬菜种植，种植面积呈逐年递增势头，农村种、养、加工业蓬勃兴起，新农村建设已迈出了新的一步。

建设提速 构建和谐

2012年9月，永宁镇被列为“100个市级示范小城镇”之一。永宁镇把小城镇建设作为发展的一项重大战略举措，作为繁荣城乡经济的重要载体，促进产业结构的调整和优化升级，通过城镇扩容提质，稳步推进，促进城镇经济综合发展良性互动，人民生活水平大幅提高。一是全面贯彻落实省委办公厅、省政府办公厅《关于加快100个示范小城镇改革发展的十条意见》精神，大力实施“8个1”项目。市民休闲广场、标准卫生院改造、市政大道、城镇保障性安居工程、社区服务中心、排洪隧道已完工并投入使用，敬老院改扩建、农贸市场新建、污水处理厂及垃圾中转站已开工建设。二是以小城镇建设为契机投入430万元对临街房屋进行立面改造，大力实施路灯亮化工程，投入30万元增设了百余盏路灯，为群众出行提供便捷。投入35万元增添垃圾车、垃圾箱、果皮箱等环卫设备，大大提高环卫工作质量，营造良好的生产生活环境，充分展示小城镇建设的新风貌、新成效、新成果。三是实施生态移民工程、“农转非”等引导农民向城镇集中，吸纳外来人员，确保2030年城镇人口达到1.5万人，聚集小城镇人气。四是加大“两违”工作查处整治力度，逐步消除存量，控制增量，引导人口不断向小城镇建设区集中。2013年人均GDP完成30981元，同比增长17%；公共财政收入605.1万元，同比增长20.1%；农民人均纯收入5808元，同比增长21%。

社会和谐是全面建设小康社会的本质要求，永宁镇坚持以人为本，着力解决好群众急、难、盼、怨的事情。一是2013年投资50万元的“永宁镇天网工程”，让群众出行更安全、更放心，大大提高群众安全感。二是推行密切联系群众“一线工作法”，带着要解决问题的思想走进“田间地头”、父老乡亲的“炕头”和人民群众的“心头”，努力争取“情况在一线了解、决策在一线形成、问题在一线解决、感情在一线融合、干部在一线考评、形象在一线树立”。三是结合当前开展党的群众路线教育实践活动，永宁镇党委、政府积极开展“便民、利民、为民”活动。在政府办公楼大厅设立了便民利民服务台，以为民务实为宗旨，为前来办事的群众提供咨询服务，简化办事流程，大大缩短了办事时间，提高了工作效率，极大地方便了群众。四是成立12个驻村工作组，挂村领导、驻村干部轮流住宿村内，定期走村入户讲解党的理论、方针政策、法律法规、科普知识。五是建立“走访日记”，驻村干部在村内建立分片包干制度，通过民情恳谈、个别走访、蹲点调研等方式，经常到所在村开展工作，真正掌握社情民意。

根据村情实际和市场需求，大量争取项目和资金，及时提供政策、信息、技术支持等服务；开展智力帮扶、项目帮扶、产业帮扶，扶持发展农特产业和乡村工业；引导农民发展各类专业合作经济组织，扶持发展特色种养殖业和农副产品加工业，优化农业产业结构，培育农民收入新的增长点；帮扶发展壮大村级集体经济，不断提升村级党组织经济发展引领力。一是以“三小一特”为基准着力点将永宁打造为“宜居、宜游、宜业”的绿色特色小城镇，坚持以“富”推动发展，以“学”提升素质，以“乐”倡导民风，以“美”展示文明。大力发展小城镇建设后续产业，以“农业扶贫精准化、城镇建设新型化、旅游产业精品化、教育工程标准化”为主战略，实施“一区三带”（安庄特色水产区、围墙高山蔬菜产业带、太坪万亩核桃产业带、康寨果畜药带）。二是预计用一年的时间改善基础设施建设；用两年的时间让永宁教育成为亮点；用三年的时间村村通硬化道路。三是拓宽小城镇建设后续产业，结合地方特色建设永宁农业生态旅游综合体，作为安顺市黄果树旅游线路的延伸。充分利用便捷的交通和适宜的气候，致力于打造贵阳到昆明旅游产业链的“珍珠”，达到年接待量13万人次，直接拉动就业1000人。

普定县

马官镇

马官镇位于普定县西南面，距县城 11 千米，距安顺市区 16 千米，贵昆铁路、株六复线和正在建设的隆百铁路在境内交汇，普马路、双黄路、金荷路、工业大道纵横交错于境内。区位优势明显，交通便捷，商贸发达。全镇总面积 115 平方千米，辖 17 个村(居)委会，总人口 5.9 万余人。镇内居住着汉、苗、布依、白、仡佬等民族。马官镇具有地势平坦、气候温和、山川秀美、景致宜人等特点。

马官镇素有“花灯艺术之乡”“屯堡文化故里”等美誉。

马官镇繁衍着一万六千年前古老的穿洞人的后裔，又生息着六百年前明代屯堡人的后裔，有名有姓的九屯十八堡马官就占 8 个，民俗文化源远流长，底蕴厚重。有花灯、地戏、山歌等具有屯堡风情韵味的原生态艺术；有玉真山、天龙山、凤霞山、文昌阁(号称“三山一阁”)等古朴典雅的山川神韵。

文化重镇 旅游当先

马官镇村村有花灯，寨寨有地戏。民风淳朴，文化底蕴厚重，人杰地灵，自古商贸发达。

有祖籍在偏杨村，曾与蔡锷歃血为盟，参与拟就讨袁檄文的书法家、民国曾任北洋教育总长、云贵监察史的任可澄；有祖籍在号营村，现任武汉大学哲学系教授、博士生导师、中华美学学会副会长、湖北省美学学会会长、中国美协、书协、作协会员的刘纲纪，主要著作有《美学对话》《美学与哲学》等。

有贵州大学第一任校长张廷休先生为下坝古寨门亲笔题写的对联；至今在距镇政府不到两千米的山谷中，还保留着一条修建于明朝的古驿道，这条穿林打叶翻山越岭的商贾之旅，曾经是黔中山区上云南下四川的交通要道，承载过无数的盐商与马帮。

景点环集，风物醉美，是旅游胜地。

这里有高羊村草塘的千年血藤以及生态人家，有号营山庄村，是休闲纳凉的好地方；更有文物古迹"三山一阁"景观装点马关镇，吸人眼球。

玉真山寺 位于普定县城南 14 千米的马官镇玉屯村的玉真山巅，海拔 1300 米，从山脚至山顶寺门，原有石阶 500 余级，一边有石栏杆，弯环曲折，盘旋至顶；普定县人民政府于 1981 年 7 月，公布玉真山寺为县级文物保护单位。

玉真山寺石级 150 处嶓峭壁上，镌有八仙之一的"铁拐李"，手执拐杖，身背葫芦，脚踩龟背栩栩如生，两旁石刻对联曰"杖悬日月长生佛，葫贮乾坤自在仙"，横批为"身飞世外"。沿石级 30 步，便是第一山门，由方块巨石垒砌而成，门顶有草书"群峦拱玉"四字，两边有安南儒学陈云纯题书的楹联，联曰：

真存寺若虚四面云山拱向，

玉蕴峰含彩千家烟火团圆。

跨进第一山门，左侧的岩壁上，有清嘉庆戊辰年（1808 年）该寺第六代住持僧怀咏的题字"爰衍"，气势磅礴，刚劲有力。爬行百余步，一笑容可掬、坦腹露胸在欢迎来客的石雕弥勒坐像，亲切逗人，人称笑面罗汉。沿石级再上，便到了山顶寺门，门顶上有嘉庆七年（1802 年）住持僧元正题书的"眼界孤高"四字，两侧有草书石联：

此处有崇山峻岭，

何时无明月清风。

玉真山寺，古刹清幽，丛林掩映，院墙外还留有用瓷片镶成的玉真山寺残痕。全寺占地面积800多平方米，全系石木结构，分上中下三殿，下殿为斗母殿，中殿为观音殿，上殿为玉皇殿，三殿前后排列，两边厢房连结，形成一个长方形的四合院，前两殿为石歇硬山顶，唯有玉皇殿为歇山顶三层檐，面阔三间，进深两间，高大轩敞，飞檐微翘，屋顶饰有飞禽走兽，四壁布满壁画，枋檐门窗格扇浮雕木刻，工艺精细。

玉真山自明代以来，古刹创修，为一隅之名胜，《安顺府志》早有记载。曾几度遭到破坏，第一次是清咸同年间，寺庙被焚，后经镇东禅师经营修复；第二次是在宣统年间，寺内和尚佛口蛇心，将庙中财产卷席而去；第三是"文革"中"破四旧"，佛像全毁，被洗劫一空。虽经住持僧本元努力，亦难恢复原貌。目前玉皇殿屋架尚存，石雕石刻完好无损。

凤霞山 又名丹凤山，位于马官镇人民政府驻地马官屯后，山如凤凰凌空展翅，在彩虹之中翱翔，称凤霞山。清末建庙宇于山顶，占地约1000余平方米，据上年纪的人介绍，新中国成立前香火旺盛，凤霞寺于"文革"时期被毁，如今只有断垣残壁，至今未恢复。虽然如此，但因山下800余户马官屯人的风水山，至今牛不踏马不踩，"大跃进"大炼钢铁需木柴也没人动山上一树一枝，所以山上林草茂密，庙宇留存，寨两边各一条石级小道直通山顶，那是马官屯及周围村寨年轻人农闲攀爬丹凤山赏景的捷径，也是老年人上山吸吮山之灵气的必走之路，就连双休日县城里的工薪族也经常前往，这是因为丹凤山离普定县城最近、保存最好，年轻人总是百游不厌。

凤霞山有周得善（年代不详）留下的《凤霞山赞》：

丹凤鹤翔气势雄，飞临绝顶最丰隆。

华堂坐镇诸山护，当门朝对独奇峰。

五老集会云生气，三星拱照天衣缝。

锦乡乾坤自然局，绿水环抱万古荣。

文昌阁 位于贵州省安顺市西秀区马官镇马

堡村，建于清咸丰元年(1851年)，颇具道教风格。文昌阁为木石结构，呈四方形，阁楼三层三檐，椽角凌空，四角挑翘。一层为木石结构，二三层为木质构架，四面开窗。阁楼正面设有三道石门，两侧边门为长方形，中门为拱圆形，中门外的斜坡上雕饰二龙抢宝图。山下入阁路口，有抗战阵亡将士纪念碑。

花灯 马官镇是花灯艺术之乡，群众酷爱花灯艺术，民间文化蓬勃发展，群众热情高，参与面广，演唱内容丰富，把传统花灯与现代花灯歌舞有机结合起来。西路花灯源于我省普定县，主要在马官、城关、白岩等乡镇盛行。如今，马官镇是国家命名的“花灯艺术之乡”。

作为汉族形式的花灯，在普定的形成与汉族大量进入贵州并带来包括民间艺术形式在内的汉文化有着密切的关系。普定花灯主要出现于明洪武至清顺治前期，并经历了近300年的演变过程。到清乾嘉时期，普定花灯班已遍及普定汉族居住的村寨和部分少数民族村寨。

目前，马官镇有大小花灯队100支。为传承民族民间文化，马官花灯已走进镇里的学校，这有助于西路花灯的传承。

“四化”引领 美丽乡镇升级

马官镇被列入“全省70个市级示范小城镇”以来，紧紧围绕“小城镇、大战略”的思路，全面实施“工业强镇、商业兴镇、产业富镇、环境立镇、文化活镇”的发展战略，坚持把推进小城镇建设作为统筹城乡发展、加快实施城镇化带动战略的重要抓手，统一思想，凝聚力量，大力推进以“8个1”为重点的城镇基础设施和公共服务设施项目建设，着力打造工业化、城镇化、农业现代化、旅游产业化的“四化互动”特色小城镇。

以兴马路、瑞金路、凤仪路为主的路网建设及绿化、亮化工程已基本完成，投资2530万元，长6.8千米、宽10米的金荷路已建成使用。总投资1500万元、日处理规模1500吨的生活污水处理工程已启动建设。投资2500万元的号营至下坝全县首条村级商业旅游街道——天兴大道已开工建设，卫生院、社区服务中心、集贸市场、号营公园、敬老院等公共服务设施全面改造完成，实现镇区进一步扩容提质。启动了占地508亩的滨河新区建设，与中渝房地产开发公司达成开发协议，签约资金3亿元，一期开发194亩，长1100米，宽24米的文昌大道、占地6800平方米的市民休闲广场、农产品交易中心、保障性住房、商住小区等项目已全部启动建设，部分主体已完工。目前城镇开发已累计完成投资1.21亿元，人均拥有道路面积、住房面积、公共绿地面积分别为13.2平方米、18平方米、13.4平方米，供水普及率达100%，小城镇综合承载能力显著提高。

坚持规划引领，彰显城镇魅力。按照“合理布局、节约土地、集约发展”的要求，坚持高起点、高标准、高要求科学编制规划，投入51万元完成《马官镇小城镇总体规划》《马官镇小城镇控制性详细规划》《马官镇小城镇修建性详细规划》相关规划编制工作，实现了城镇建设有章可循、有图可依。坚持把小城镇建设与园区建设、旅游景点开发、民间特色文化有机结合起来，重点规划建设“一区、二带、一线”(一区：滨河新区；二带：工业大道产业带、金荷路农业产业带；一线：“三山一阁一庄”精品旅游线)，着力打造工业化、城镇化、农业现代化、旅游产业化“四化互动”特色小城镇。全镇控制区面积从过去的1.7平方千米增加到5.62平方千米，谋划了包括城镇路网、文化广场、景区打造等在内的重点项目25个，项目的实施将进一步完善城镇功能、彰显独特魅力。

坚持体制创新，释放城镇潜力。认真贯彻落实《关于加快100个示范小城镇改革发展的十条意见》，创新体制机制，抓实要素保障，全面加快小城镇建设步伐。一是认真研究国家和省、市相关政策，坚持争取国家投资与招商引资并重，主动与上级部门对接，积极争取项目资金支持，减轻镇级财政的投入负担。目前已投入到路网、广场、污水处理等“8个1”项目建设资金8535万元；鼓励和引导社会民间资金参与小城镇开发建设，2013年完成招商引资3.28亿元，引进安顺中渝房地产开发有限公司、安顺万成投资有限公司等公司开发建设小城镇。二是深入推进低丘缓坡土地综合开发利用和城乡建设用地增减挂钩试点工作，成功申报低丘缓坡高效利用建设项目1个、规模16000亩和增减挂钩项目150亩，目前已着手实施。三是探索推进农村土地“三权分离”，采用租赁、入股等方式，以实物折价议定流转金，推动土地经营权向规模经营集中，为促进农民增收、加快农村生产要素的优化组合和催生传统农业向现代农业的转变等方面起到了积极的推动作用。目前，全镇已流转土地5000亩。四是推进户籍制度改革，全面放开落户限制，农村居民自愿转为城镇居民，享有与城镇居民的同等社会保障待遇，允许继续保留农村集体经济组织成员的权益，享受各项惠农政策，优先安排就业，逐步打消农村居民“前瞻有愁、后顾有忧”的顾虑，仅2013年就促进3100多名农村人口向城镇转移。

坚持四化互动，增强城镇活力。马官镇坐拥普定经济开发区、普定循环农业示范园区两大园区，而且国家西电东送重点工程安顺电厂就建在境内，依托良好的区位优势，充分挖掘优势产业，以培育支柱产业为重点，推动产城互动、城乡融合发展，促进农民向城镇有序转移，切实增强发展活力。一是依托普定经济开发区，围绕能源、建材、机械制造、食品药品加工等优势产业，推进“补链”工程，招引上下游产业及生产性服务业，拓宽产业幅，延长产业链，目前全镇已有企业超过100家，其中规模以上企业（500万元以上）31家，解决就业3000余人。二是大力推进滨河新区建设，坚持路网先行，协调推进文化广场、商贸市场、幼儿园等公共服务设施建设，努力建成一个“布局合理、功能完善、环境优美、特色鲜明”的新镇区。三是依托金荷路农业产业带和余官特色产业园区，深入实施“5541”农村致富带头人工程，培育农业新型经营主体，大力发展蔬菜、经果林、花卉苗木等特色产业，提高农业综合效益。余官村特色农业园获普定首批无公害农产品产地认证，目前已种植反季节蔬菜2000亩，辐射带动面积32000亩。安顺龙山投资开发有限公司计划总投资2亿元，建设以马官镇破头村为核心的绿化苗木基地，并着力打造集山地自行车运动、攀爬、露营等为一体的山地生态游主题公园。四是加快培育“三山一阁一庄”精品旅游路线，将具有屯堡风情韵味的民俗民间文化贯穿其中，努力打造极具特色的文化旅游路线。成立于2010年的马官文化艺术有限公司是贵州省唯一一家农民自筹的文化产业公司，也是安顺唯一一家以花灯为主的公司，被省、市文联分别授予“贵州省安顺市农民演绎传承基地”“安顺市普定马官花灯技艺传承演绎基地”荣誉称号，2013年5月在深圳（国际）文化产业博览会上，马官西路花灯精彩呈现，极大提升了马官对外旅游形象。大力发展乡村旅游，以荷包村为代表的乡村旅游暨“四在农家·美丽乡村”示范点建设取得了明显成效，建成了1千米的新村大道、4.68千米的金荷路、26幢新型民居、便民利民服务中心和占地6400平方米的群众文化广场等一系列基础设施，并在金荷路沿线规模种植近千亩花卉，节假日来此休闲观光、体验农事的游客络绎不绝。

紫云县

水塘镇

水塘镇位于紫云自治县南面，距紫云县城12千米，距安顺市87千米，距省会贵阳147千米。境内资源丰富，猴场河从镇的东面穿过，流域面积1358平方千米，平均海拔668米，属亚热带季风性湿润气候，年平均气温18.2℃，积温6658℃，年降雨量1212毫米，无霜期329天，冬无严寒，夏无酷暑，气候宜人。全镇辖10个村，151个村民组，6802户2.8万人。全镇国土面积176.52平方千米，其中耕地21149亩。境内水利资源、森林资源、旅游资源丰富，紫云自治县最大的河流——格凸河流经水塘镇，流域面积1358平方千米。全镇森林覆盖率60%以上。主要有苗、布依、汉等民族。

水塘镇地处麻山腹地，境内喀斯特景观集山、水、石、林组合，融雄、奇、险、峻于一身，精彩绝伦。民族文化源远流长，堪称世上珍宝。

风光秀美 风情浓郁

镇域内旅游资源丰富，2005年格凸河川洞被评为国家重点风景名胜区，2013年被评为国家4A级风景名胜区，镇域内有世界第二、亚洲第一大溶洞厅，有著名的亚洲最后穴居部落“中洞人家”，有被列入中国非物质文化遗产的亚鲁王文化典型传承区。

亚鲁王史诗 紫云《麻山苗族史诗——亚鲁王》，是一部麻山苗族人在丧葬仪式中对亡灵返回亚鲁王国历史时代唱诵的诗篇，一部活形态的大型史诗，是麻山苗族的一部神圣经典。唱述了从夏朝时期的古三苗创世、立国、创业到秦汉时一支苗民迁徙到贵州麻山的历史。26000余行史诗描述了亚鲁王国200余个王族后裔的谱系及其迁徙征战的故事，贯穿了亚鲁王国前后近3000多年的历史，内容丰富，想象奇特，史料翔实，语言优美，有很高的文学、史学、社会学、宗教学、民俗学、人类学价值。

《亚鲁王》是苗族历史上第一部长篇英雄史诗，是当代文学史上的重大新发现，其文化价值堪比藏族史诗《格萨尔王传》、蒙古族史诗《江格尔》、柯尔克孜族史诗《玛纳斯》。它的发现和出版，改写了苗族没有长篇史诗的历史，是当代中国口头文学遗产抢救的重大成果。

格凸河风景区 风景区总面积70平方千米，它集岩溶、山、水、洞、石、林组合之精髓，融雄、奇、险、峻、幽、古为一身，构成一幅完美的风景图画，是稀世之珍的喀斯特自然公园。

“格凸”一词为苗语译音，意译为“圣地”。正在申报国家级风景名胜区和世界自然遗产。

这里，既有世界最美的喀斯特地貌，又有举世无双的大穿洞绝景——燕王宫，也有古朴的民族文化之景悬棺洞葬；有巨大幽深、气势恢弘世界第二洞穴厅室——苗厅，又有景观壮丽的星星峡谷；有堪称一绝的世界最高古河道遗迹——盲谷，也有国内最深的竖井——通天洞，还有地球上人类最后穴居部落——洞中苗寨；也有明媚多姿的格凸鹰燕以及众多的珍奇动植物，又有浓郁独特的民风民情。

景区内名胜星罗棋布，美不胜收。包括大穿洞、天星洞、穿上洞、盲谷、小穿洞、苗厅、中洞苗寨等几部分，几乎囊括了喀斯特地貌的所有特征。既有格凸河穿梭蜿蜒在山峦和地下形成的神秘自然景观，同时也不乏类似中洞苗寨的人文风情。格凸河有群“蜘蛛人”，他们是当地土生土长的农民，却可以自由地在长满青苔的90度的绝壁上上下驰骋，而不用任何的安全防护措施。曾经有国外的专业攀岩队伍要与他们一决高下，在准备的过程中，我们的“蜘蛛人”早已穿梭在百米高的绝壁上，面对这样的场景，专业队伍也只能“望壁兴叹”了。格凸河里的大穿洞，神秘的苗族悬棺洞葬之谜等待着人们去探寻。

中洞穴居部落 中洞位于中国西南部的贵州省安顺市紫云县水塘镇塔井村，崇山峻岭之间，在海拔1800多米、接近山顶的一个大洞穴里，居住着吴、王、罗、梁四个姓氏的20户人家，大概有近百口的苗族人。据国家旅游局考证，这是亚洲现存唯一的“穴居部落”。他们的栖身之地被称为“中洞”。

这里距离贵阳市161千米，在格凸河伏流出口处小穿洞上方有上、中、下三个巨大溶洞，“中洞”苗寨就生活在高高的中洞。洞内人们自己纺纱织布、推磨碾谷，每周到15千米外的集市买些油、盐等生活用品，其余的日子在家种田、放牛或养猪。农闲时，男人们围着篝火喝着自酿的土酒，女人们则聚在一起谈论生活琐事。原来“中洞”苗寨还有一个洞中的小学，后来企业赞助加上政府行为，小学便从洞中搬了出来。洞内的生活平实而艰

辛、简单而美好。虽然贫穷，但洞中的苗家人知足于此。这样的穴居部落生活，让人为之感叹。

银山妖岩 银山村位于紫云县水塘镇，是一个偏僻的小山村，这里有水质清澈的妖岩河（格凸河上游）穿村而过，河岸还有两个少数民族村寨，即风景秀丽的布依族村寨“打卧”，和一个居住着43户亚鲁王部族后裔系列分支的白苗村寨“妖岩”。

银山是一个喀斯特裸岩完美发育的典型地带，那银白色巨大裸岩在阳光的照耀下熠熠生辉，仿佛是真金白银发光耀眼，银山之名也就由此而来。其中，位于“打卧”和“妖岩”两个村寨之间，有一块高约300米、宽约200米的笔直裸岩尤为壮观，被称为“思过崖”。

思过崖最早见于金庸著作《笑傲江湖》中，是令狐冲面壁思过的地方，但当时并无此地，乃金庸先生妙笔之下一虚构之处。而银山的思过崖，其实最初也不叫思过崖。

不知在多少年前，这片裸露山崖在长期的风雨侵蚀下，其中下部被大自然造化出一个类似山羊形状的图案，因而当地人就为其取了一个形象的名字：羊子岩。不过，后来常有文人、学者到此考察后认为，站在崖顶，脚下空谷静，举目众山小，颇有绝世独立之感，不由得心神入定而有思过之意，因而叫思过崖。渐渐的，思过崖的叫法广为流传，并使得此处成为银山的地标性景观。

水塘山歌 贵州山歌是一种地域文化，是民族文化，是原生态文化，是一种没有任何华丽包装而又朴实的美。

水塘山歌具有浓厚的民族色彩和地方特色，它犹如黄土高坡上的信天游，又好似江南水乡小调，但在这两者之间又突出了美的剽悍和粗犷。又是独立的、自由的、原生态的伟大艺术。一首优秀的山歌，具有着清雅而明快的质感，演绎着内心的真诚，用朴实的语言加上随意的调子唱出，是一种民歌形式。每一首山歌都是从真诚的内心出发，最终完成对生活的信念，对人世间的情爱，对自然界的认识，对灵魂高度的抵达。

来到水塘镇，人未进村，先闻歌声。甜美清洌的歌声伴着各种玄妙的乐器，在空谷稻田、林梢山路上飘游。布依族有个传统的节日“三月三”，这个节日是布依族人在农历的三月初三为祭祀山神、土地，祈求丰收而举行的，并且又是对歌比赛的日子，所以也被当地人称为过小年。过节时布依人穿着节日盛装，载歌载舞尽情欢乐。小伙子们身穿长袍，手持各种乐器边歌边舞；姑娘们头缠黑白相间或纯白的布帕，帕子都折成高高的，在热闹时，姑娘们掏出自己一针一线绣的花香包打向心仪的小伙……

水塘红军纪念碑 1935年4月中旬，红军第一方面军主力部队由惠水经长顺、安顺，分四路进入紫云县境，三路出境，历时五天四夜，足迹遍布紫云县内10个乡镇，195个自然村，行程约175千米。邓颖超所在的部队行至水塘镇羊场时遭受国民党飞机轰炸，死伤9名红军。红军经过紫云的时间虽然短暂，但留下了许许多多可歌可泣的红军战士爱护百姓、民众掩护支持红军的动人故事，至今还在紫云广为传颂。为了缅怀先烈、铭记历史，2001年紫云自治县县委、县人民政府兴建了羊场红军长征烈士纪念碑，成为县级爱国主义教育基地。

盘活绿色资源 打造“生态型”城镇

2013年，水塘镇被列为“全省100个示范小城镇”。水塘镇党委、政府抢抓机遇，认真谋划，精心设计，群策群力，着力把水塘镇建设成为以攀岩为品牌，以旅游为核心，以农业生态物产为支撑的生态型城镇。

科学规划，合理定位城镇功能。

按照省、市、县小城镇建设发展的要求，水塘镇重点围绕生态型示范小城镇抓好规划编制工作。按照“四小”“一镇一风貌”的示范特色，结合自身的区位优势和特色优势，提出了“走旅游发展之路，建设生态旅游攀岩文化小镇”的小城镇建设发展战略目标，拟定了城镇“一个中心（即以建设生态文化旅游攀岩小镇为中心）、两条主线（即打造农业生态观光长廊和旅游休闲避暑长廊两条主线)、三个重点(即围绕羊场、坝寨、格凸河景区为重点建设规模小城镇)、四个园区(即羊场红色旅游公园、坝寨国际攀岩公园、猫场生态农业观光示范园、亚鲁王文化园)"的小城镇建设发展规划,旨在通过一系列的项目及服务将羊场至格凸河景区沿线打造成为一个集旅游、产业、服务为一体的小城镇体系链,《水塘镇总体规划(2013～2030)》、控制性规划、修建性详细规划已通过专家初审。

攻坚克难,推进项目建设。

建设一个路网,长 912 米,宽 18 米,于 2013 年 7 月 27 日开工建设,路基全线拉通,正在安装路两侧的雨、污水管网和路肩墙。完成一个标准卫生院,设计床位 50 个,总投资 400 万元,目前基础开挖已经完成。建成一个社区服务中心,建设规模 2800 平方米,总投资 400 万元,地勘和设计已经完成。建成一个敬老院,建设规模为 50 个床位,总投资 125 万元,目前综合楼主体完工,正进行室内装修。建成一个农贸市场,投资 100 万元对原农贸市场进行改造,于 2013 年 3 月已改造完成。建成一个市民广场或公园,已经完成土地征收工作。建成一个垃圾填埋场和一个污水处理厂,目前污水处理厂已建设完成正在试运行。建成保障性安居工程,共 270 套,整合生态移民房(270 套)建设,共设计 11 幢,目前 1 号楼已完成基础施工正在实施主体工程,2 号楼、3 号楼基础孔桩已完成。完成征地工作,设计征地总面积 250 亩,截至 2014 年 3 月 17 日,共计完成征地亩数 206 余亩,涉及农户数 165 户,累计发放征地补偿款 690 余万元。完成拆迁工作。共对规划建设区内 19 户进行拆除,其中 2 户为违章建筑。共发放拆迁补偿款 380 万元。

强化措施,确保小城镇建设顺利进行。

一是成立由书记任组长、镇长任常务副组长的领导小组,抽调精干人员成立工作组,成立一支高素质的城镇建设队伍。不断提高队伍素质和执法水平,着力创造优美环境、优良秩序,搞好优质服务,提高城镇文明程度,改善人民群众的居住环境。做好城镇意识的宣传和教育工作,发挥人民群众建设管理城镇的积极性。二是多方协调、争取建设资金和项目支持。充分利用党员干部任村官、党建扶贫工作队等力量,多方协调,到省、市、县争取更多的建设资金和项目支持,确保规划项目得以实施。三是高起点规划,建设特色小城镇。在现有的基础上,对小城镇进行重视修编,以建设生态型小城镇为目标,围绕"四小"专章,提高小城镇档次,做到局部整齐划一,统筹协调。四是以环保、供水、交通、垃圾处理、抗涝防汛和道路改造为重点,加快城镇基础设施建设进度。五是以壮大镇域经济为目标,为小城镇发展助力。加大农业产业结构调整力度,积极发展现代生态农业,建设特色农业产业观光园区;进一步加大招商引资力度,吸引更多企业在小城镇落户,引进劳动密集型企业,吸引人员向小城镇流动。

强化管理,营造小城镇发展的良好环境。

在落实小城镇规划区建设项目的同时,加大对村庄生态示范的建设力度,明确管理职责,规范各项管理制度,主要呈现三个特点:一是完善了管理制度。分别制定了《小城镇规划建设管理办法》《环境卫生管理办法》等规范性文件,使小城镇管理初步纳入规范化轨道;二是加强了建设管理。本着合理布局、有序开发的原则,严格执行建设程序,从土地征用到设计、建筑,实行"一条龙"管理,高起点、高标准建设小城镇。三是加强了环境治理,以镇村环境综合整治为总抓手,加快建设规范有序、卫生整洁、优美和谐的镇村环境,推进城镇建设步伐。先后投资 180 余万元,开展村庄整治靓化工程,结合"四在农家·美丽乡村"工程,投资 400 万余元进行房屋立面改造和农村文化活动广场的建设,投资 100 万余元购置了垃圾箱 30 个,垃圾桶 78 个,垃圾运输车 2 辆,增加保洁人员 9 名,改善了镇区的环境卫生;同时不断加大对小城镇的治安管理力度,为小城镇的发展创造了良好的外部环境。

绿色黔南

贵定县

盘江镇

盘江镇位于黔南州贵定县城西南部，是贵定县中心城镇之一，地理位置在东经107°08′~107°13′、北纬26°27′~26°34′之间，地势特点为东西高、中部低，东接金南街道办事处，西邻龙里县冠山街道办事处，南界沿山镇，北与新巴镇接壤，地处黔中经济圈，交通区位优势十分明显，贵新高速公路、210国道、湘黔铁路、黔桂铁路、株六铁路复线横贯境内。原盘江镇建镇于1984年，辖4个行政村，3个社区，人口15531人。2014年乡镇行政区划调整后，由原盘江镇、马场河乡、洛北河乡（除宝山村外）合并，组建新盘江镇。全镇辖10个村96个自然寨和3个社区居委会。国土面积197.2平方千米，户籍人口3.21万，其中非农产业人口1.54万。

盘江镇坐卧在群山环抱之中，镇域资源富饶，风光秀丽，风情卓异。其中，"金海雪山"声名远播，是乡村旅游的绝佳之地。

自然环境：盘江镇属典型喀斯特地貌，地处河谷地带，两侧屏山，岩石多为石灰岩，地下溶洞阴河较多，平均海拔1000米；全镇林业资源丰富，森林两26000余亩，覆盖率达59%，镇内的主要矿产资源有煤矿、硫铁矿；境内有大小河流10余条，主要有瓮城河、洛北河，属长江水系；气候温和，属于中亚热带湿润气候，其气候的主要特征是：气候温和，雨量充沛，日照较好，无霜期长，冬无严寒，夏无酷暑。

旅游优势：盘江镇旅游资源丰富，有国家3A级景区"金海雪山"，省级名胜洛北河漂流起漂点，音寨洛北河景区又被评为"贵州十大魅力旅游景区"，洛北河漂流的终点——红子岛，如火如荼的红果，被旅游专家鉴定为"中国第一"。名胜古迹有落尾掌渡口碑，明代民族英雄邱禾实、邱禾嘉的出生地——大烂冲邱氏祠堂，以及西南有名的佛教重地旧址——阳宝山。正待开发中的杨家寨白龙洞，有关专家美其名曰"南龙宫"，以其独特的自然风光，浓郁淳朴的民族风情，使盘江河形成了一道上至盘江、下至杨家寨全长30千米的独特旅游风景线。已被列入我省13个重点保护民族村、"全国农业观光示范点""中华布依第一寨"的音寨村，倚山面水，建筑古朴。寨前田园平旷，寨后松杉成林，每年农历七月初二在此举行的布依族民族团结月活动，举行斗牛、赛马、对歌、篮球比赛等活动。2005年以来，共成功举办9届"金海雪山"旅游文化节、冰脆酥李节等节庆，2013年接待游客180余万人次，浓郁的民族风情，吸引了众多游客到此观光；有驰名中外，明清以来即为贵州名胜之一的牟珠洞，洞深千余米，洞内有2丈多高的石柱一根，有状如游龙卧虎、走象啼猿，或有似八仙过海的形态各异的钟乳石。洞前有雷鸣洞，洞麓有飞瀑，瀑布下有一潭，泉水清澈，游鱼可数。潭边树木葱茏，是避暑佳境；有兴建于明弘治六年（1493年）的五孔石拱古建筑瓮城桥；有土司文化遗址、清嘉庆年间的《伕马定章碑》、回龙寺旧遗址。旅游事业发展前景十分广阔。

金海雪山 贵州贵定"金海雪山"景区位于贵定县盘江镇境内，景区辖音寨、上、中、下落海、竹林堡、麦董、石头堡等十一个自然村寨，是典型的布依民族村寨群落，被称为"中华布依第一寨"，是全国农业旅游示范点和全省乡村旅游示范村寨。景区内种有万亩油菜和千顷李树，每年三四月，油菜花、李花盛开，满坝菜花胜似"金海"，满山李花宛如"雪山"，交相辉映，形成"金海雪山"的壮观美景。每年接待游客60多万人次，景区布依风情特色浓郁，是贵州最美好的山水江河民族自然景观，彰显人与自然和谐统一的浪漫色彩，充分展示了民族地区人民建设社会主义新农村的新面貌。

五孔石拱瓮城桥 五孔石拱瓮城桥兴建于明弘治六年（1493年），距牟珠洞约2千米，亦名惠政桥。桥长21丈，高6丈，宽2丈，五孔石拱。都御史

邓廷瓒、宣慰使安贵荣修建，桥落成御史钱钺写有记。明万历年间，贵州巡抚郭子章曾捐资修建凉亭和栏杆。此桥历来是贵阳通往湖南、广西的重要桥梁。1949 年 11 月 12 日凌晨，国民党军为阻止解放军前进，曾炸毁此桥两孔。1989 年盘江镇人民政府顺应民意，筹资 5 万元修复了这座五百年前的古桥，不仅使大桥再现昔日的雄姿，而且有利于交通和战备。

牟珠洞 牟珠洞亦名凭虚洞，距贵定县城 13 千米，仅次于盘江到贵定公路右侧的古驿道边。明清以来，洞为名洞，寺为名刹。

相传明太祖朱元璋传位于皇太孙朱允炆为建文帝，1399 年 7 月燕王朱棣发兵靖难，文帝不知所终，下落不明，有人说他跑到外国去了。1405 年成祖朱棣遣郑和七下西洋，一则除了扩大政治影响外，再则还有访其踪迹之用意。其实文帝在官宦的护送下逃离京城，削发出家，先后辗转于云南鸣足山，其后到贵州黔南长顺一寺庙修行，当传之瓮城牟珠洞有古佛藏宝之说后再到牟珠洞寻宝，聚资伺机待起，寻宝未果，其后择阳宝山修建寺庙，成为阳宝山开山鼻祖，号白云大师。直至圆寂葬于山中，有塔林墓志记载。

“洞前有雷鸣洞，洞麓有飞瀑，瀑布下有一潭，泉水清澈，游鱼可数。潭边树木葱茏，是避暑佳境；洞千余米，洞内有 2 丈多高的石柱一根，洞内的钟乳石，状如游龙卧虎，走象啼猿，或肖似‘八仙过江’‘合和二仙’，或云吴三桂拟将洞内石树锯倒搬往云南，因雷击而止，今‘锯痕’犹存。洞前有雷鸣洞，泉水清澈，游鱼可数。潭边树木葱茏，雀跃鸟喧，是避暑佳境”。

大旅行家徐霞客在他的游记中也描写过牟珠洞。与 200 年前的文学巨子袁枚齐名的赵翼曾秉炬探洞，惊叹其“造化之奇”。民族英雄林则徐在鸦片战争前夕曾游过牟珠洞，并写诗赞之。据说，蒋介石在抗日战争期间亦游过此洞。由于各种原因，牟珠洞的建筑物已不存在，现仅录古人之部分诗作，足可见名洞宝刹当年兴盛之一斑。

盘江狗肉 每年冬季，前来品尝特色美食盘江狗肉的游客络绎不绝，不仅是美味佳肴，而且还有滋补健身之功效。对成人高血压、小孩夜尿症及病人体力的恢复，都有良好的效果。日本《读卖新闻》曾有盘江狗肉一条街的报道，使盘江名闻遐迩，誉满天涯。在 1990 年 11 月 3 日的《参考消息》上曾转载了日本《每日新闻》中一篇由日本记者金子秀敏发表的题为《狗肉馆子一条街、冬来生意更兴隆》的报道，该报道介绍了金子秀敏在贵州盘江镇的见闻。多家国内外有影响的新闻媒体，如《中央电视台》《贵州电视台》、日本《朝日新闻》、法国《环球日报》《中华美食》等也竞相报道，使盘江狗肉成为贵州乃至全国的名街名食。现在，一年四季都能品尝到盘江狗肉。用狗牙齿制作而成的盘符印，有消灾辟邪的作用。

盘江冰脆酥李 盘江镇酥李为贵定县果树栽种面积最大、品质最好、产量最稳定的水果品种，集中栽植在盘江河（又名瓮城河）上、中、下三个流域段。据考证，现已有80年的栽培历史。盘江酥李在每年的七八月份成熟，其果形微扁圆形、果顶平、顶点微凹，果皮淡黄色、皮薄、外披白色果粉、光滑，果肉厚实、近核处着色较深、肉质致密、汁多、酥脆，平均果重32.3克，有清香味、微带苦涩味，富含维生素C、蛋白质、脂肪、无机盐、钙、铁和多种氨基酸，是降血压、增食欲、抗病、抗辐射、美容、抗衰老的绿色食品，深受广大消费者青睐，广销广西、湖南、四川、云南、贵阳等地。

盘瓠工艺品 盘瓠又名盘江"犬牙儿"。该工艺饰品是由贵州省贵定县盘江狗肉饮食行业协会开发制作的特色旅游商品。盘江"犬牙儿"工艺饰品，构思独特、创意新颖，富于民族特色，在2006年"多彩贵州"旅游商品作品征集大赛中荣获省级荣誉（二等奖作品）。

盘瓠是中国古代神话中的人物；盘瓠是位神奇、机智、勇敢的民族英雄，尊称为"忠勇王"；盘瓠是南方苗、瑶、畲、仡佬等民族信奉的先祖，共有的一种古老的图腾崇拜物……

历来古人对盘瓠传说的故事颇多。根据盘瓠传说，盘瓠，又作槃瓠、盘护。在古代盘瓠有"消灾辟邪、吉祥如意"之说，而现如今人们又视之为宝物，把盘瓠当作吉祥、富贵的象征之物。

"四在农家·美丽乡村" 盘江镇坚持"党建强基、生态立镇、文化兴旅、产业富民、构建和谐、率先实现万元小康镇"的发展思路，抢抓列入全省"100个风景名胜区"、全州20个优先发展的小城镇建设试点乡镇机遇，结合"四在农家·美丽乡村"建设不断加大小康寨建设力度，盘江小城镇建设

的特点是以沿河两岸村寨为节点，打造旅游型、田园型示范小城镇。

盘江镇农业产业化实施日趋提高，全村共种植酥李1万余亩，平均每户农户种植5.1亩以上，2006年盘江被中国民族地区经济发展论坛组委会命名为“中华酥李之乡”，2013年红旗村所产酥李获“中国优质酥李金奖”，每户农户仅酥李的年收入便达2000元以上。以开展“金海雪山”旅游文化节和冰脆酥李节为契机，带动农户发展11户“农家乐”、17户乡村旅舍，加快了农业观光旅游业的发展。农民群众科学文化素质进一步提高，2009～2013年，请农业专家对村民进行授课，开展科技和农业适用技术培训15次，参训劳动力达450人次，造就了一大批新型农民，每户农户的主要劳动力都掌握了1至2门农业实用技术，成为建设社会主义新农村的中坚力量。环境更加美化亮化，基础设施更加完善。几年来共投入资金1000多万元，群众投工投劳1万多个，大力实施“村寨绿化、道路硬化、家庭净化、院落美化”四化工程，垃圾乱倒、柴草乱堆、污水乱泼等脏乱现象得到有效治理，村容寨貌得到明显改观。对各村寨房屋进行整体改造，统一为布依族建筑风格，完成了村寨道路硬化，修建了连户路；目前盘江镇10个行政村已实现寨寨通公路，机耕道遍布田间果园。

实施新农村建设“整乡推进”项目、一事一议常规等项目，逐步使音寨村、清定桥村、红旗从单纯的布依民族村寨向生态观光民族村转变。通过开展星级文明户、道德评议、诚信农民、移风易俗等文明创建活动，星级文明户达550户，群众道德素质进一步提高，乡风更加文明。公共文化服务不断完善，组建了农村文艺宣传队4支、布依歌舞队10支，采用农民喜闻乐见的方式，自编自演，在业余和节庆日开展文体活动，坚持举办“金海雪山”旅游文化节和“冰脆酥李”节活动，活跃了农村文化，丰富了农民群众的精神文化生活。

城镇化建设 交通方面，完成“盘江—沿山”乡镇级公路建设，公路横贯省级风景名胜区“金海雪山”，于2011年12月底全部沥青铺垫完成通车；通村村级公路29.8公里，全部水泥硬化完成通车；通三五三五军工厂公路沥青铺垫完成通车；新建市政路网道路1465.8米，总投资1607.40万元，2014年底已建成使用。

城镇供排水 目前盘江镇城镇供水由贵定自来水公司企业负责，建有高位水池一个，储水量1400吨，净化消毒处理灌2个，日产水2300吨，水源为村寨附近的山泉水及河水，部分水需要提灌，供水安全性较高。新建的盘江镇污水处理厂占地15亩，总投资1600万，目前正在施工中，预计明年可以正常使用。音寨、麦董、高堡等自然村寨建有生活污水收集系统和生态处理池，总投资500多万元。

公共服务设施建设 教育设施。全镇有中学2所，在校中学生总人数为1000余人，教职工人数为87人。2013年已建成教职工公租房57套，总投资236.271万元。镇区有贵州省人民医院护士专业技术学校一所，在校学生人数3000多人，教职员工43人。因就读学生呈逐年增加的趋势，目前该学校正在扩建当中，规划总投资8个亿，占地383.5亩。

金融银行、商贸批发站。盘江镇区现有农村信用社联社一个，窗口3个，自动取款机两台。不能满足顾客的需要，取存款都需要排队等候，规划新建的联社在2014年底前可完工投入使用。2013年新建商贸批发站一个，辐射盘江、沿山、巩固3个乡镇100多家小商铺。

农贸市场。2013年新建农贸市场一个，总面积10350平方米，目前已完成场地下管网排污埋设和场地硬化。

绿岛八卦文化广场。2013在镇区新建绿岛八卦文化广场一个，总投资115.93万元，现已正常使用。

文化室、布依展览馆。镇区建设有文化室、布依展览馆。总建筑面积3000多平方米，总投资600多万元。

贵定县

沿山镇

沿山镇位于贵定县西南面，地处东经 107° 03′~107° 11′、北纬 26° 22′ ~26° 30′ 之间，平均海拔 1100 米，地势平坦，气候温和，年平均气温 14℃ ~ 15℃。镇交通区位优势显著，东、南与昌明镇接壤，西与龙里县、北与盘江镇相邻。全镇总面积 171.97 平方千米，商贸繁荣，交通十分便利。贵新高速、厦蓉高速、210 省道、922 县道、沿羊公路从境内经过。全镇辖 12 个行政村，1 个社区。总人口 30066 人，农业人口 28199 人。土地面积 231557.25 亩，耕地面积 22523.95 亩。全镇居住有布依、汉、苗、壮、侗、土家、彝、仡佬、瑶、满、毛南、水等 10 多个民族，其中少数民族占总人口的 72%。该镇已实现村村通水、电、路和通讯。

沿山镇是 2014 年 3 月经过行政区划调整撤并而成的新镇，但历史却也悠久。

沿山镇是一个商贸古都，与周边地区经常发生商贸往来，形成优势互补关系，使全镇经济得到了健康有序的发展，社会进步，人民生活水平得到明

显提高。沿山镇的“百合粉”、刺梨干、萨琪玛、锅烙豆腐等特色产品畅销省内外，角角鱼、蚌壳肉也深受消费者的喜爱。

旅游景点古远 民族风情浓厚

沿山镇自然风光秀美，民族风情浓郁，人文资源、自然资源丰富。全镇森林覆盖率为 52.3%，境内水资源丰富，河流纵横交错，流入、流经的河流有马坝河、仙山河、南坝河、河沙坝河、垫冲河、门口河、洗线河、摆龙河，全部归入乌江水系，有流水冲水库、跃进水库、猫洞水库、柴房冲四个小二型水库。农村基础设施的不断完善，使依山傍水的村寨处处呈现出一派社会主义新农村景象。民俗文化有苗族芦笙长鼓舞、斗牛及宰牛祭祖活动和布依山歌会、花灯戏、染花米饭等。原生态的“布依三棒鼓”和 2002 年与新铺苗族“长衫龙舞”一起赴京参加“第六届北京国际旅游文化节”表演的“白苗古歌”正申报省级非物质文化遗产。吴三桂“皇都城”遗址、古老的毓秀峰、独龙河与相思湾、底至神仙(营盘)洞、摆龙河、龙山九门洞、顶耳山竹海草原、古城堡龙山营、威远营、石板联安营，还有至今保存完好的司头和工固两座牌坊等自然、历史、人文景观每年均吸引着大量的外地游客，特别是马坝 3A 级乡村旅游景区和沿路的红心猕猴桃基地、刺梨基地等特色果蔬构建成现代高效农业观光带，使沿山镇聚集了更多的人气，带动了当地群众的增收，为沿山镇乡村旅游发展奠定了基础。

吴三桂皇都城遗址 该遗址位于尤溪村皇都堡。据考证，吴三桂在贵定建皇都，正是为了谋反的需要。以此处的地形、风水来看，东西两面是山地，南北两面是长川，中间是一马平川的千亩良田，平地上有河流蜿蜒呈“S”形，由东西两面的山地合围形成太极图形，“皇都” 就处于太极图形的边沿上。太极有元始初创之意，吴三桂将“皇都”建在此太极图上，意在蓄纳太极初创天地之运行能量，以此象征他重新“开创天下”的帝王大业。现遗址上残留有 3 米高的南城门石洞门一个，城墙内四周满山的城墙断垣。西边的城墙墙基保存较为完好，异常坚固。“皇都”城旁边有一座稍矮的邻山营盘，是以前驻军保护皇都的军寨，从“皇都”城俯视，还可一览良田美景及吴三桂的马坝河练兵场等景观。

沿山苗族的民风民俗 沿山苗族主要聚居底至村与和平村。苗族的历史悠久，苗族居住在高山地带，以农业为主，农作物有旱稻、包谷、荞子、薯类和豆类，经济作物是麻，一般是自己种麻，自己纺织。苗族人民有丰富的民间口头文学，如古歌、诗歌、情歌等等。苗族也善舞蹈，芦笙舞最为流行。

苗族地区以农业为主，以狩猎为辅。苗族的挑花、刺绣、织锦、蜡染、剪纸、首饰制作等工艺美术瑰丽多彩，驰名中外。其中，苗族的蜡染工艺已有千年历史。苗族是个能歌善舞的民族，尤以情歌、酒歌享有盛名。芦笙是苗族最有代表性的乐器。

苗族同胞十分注重礼仪。客人来访，必杀鸡宰鸭盛情款待，若是远道而来的贵客，苗族人习惯先请客人饮牛角酒。吃鸡时，鸡头要敬给客人中的长者，鸡腿要赐给年纪最小的客人。有的地方还有分鸡心的习俗，即由家里年纪最大的主人用筷子把鸡心或鸭心拈给客人，但客人不能自己吃掉，必须把鸡心平分给在座的老人。如客人酒量小，不喜欢吃肥肉，可以说明情况，主人不勉强，但不吃饱喝足，则被视为看不起主人。

苗族人讲究真情实意，非常热情，最忌浮华与虚伪。主人路遇客人不抢走第一步，不走在前面；交谈中用敬语称呼；迎客要穿节日服装；对贵客要到寨外摆酒迎候；客人到家门，男主人要叫门，告知在家的女主人，女主人要唱歌开门迎客；在客人面前，女主人不登高上楼；宴会上以鸡、鸭待客为佳肴，尤以心、肝最贵重，要先给客人或长者，客人则分给众人享用，次序是先长后幼。客人不要称主人“苗子”，他们喜自称“蒙”。

特色浓郁的布依婚俗 在沿山镇一带的布依族村寨，都坐落在风光宜人、山明水秀的地方。他们的婚俗风趣别致，一桩婚姻要经过玩坡、提亲、交礼、结婚、坐家等礼数。

玩坡：每逢农闲时节、赶场天、过节或办红(白)喜事的日子，布依青年男女都要打扮一新，聚集在集市、山坡、田坝或土坎，经媒人撮合，成双成对的在一起谈情或对歌，如果语言不投机则终止往来，如果情投意合就继续进行感情交流，建立恋爱关系。此时，男女双方会相互赠送“信物”，通常男方送给女方的是一面镜子、一把梳子或用来扎在头上的红纱巾，意为女方不仅漂亮，而且心地善良；女方就回赠男方自己精心制作的鞋垫、布鞋或围巾，鞋垫上用不同颜色的棉线或毛线绣制成各种优美的图案或汉字，以展示自己手艺精巧和真心实意。双方如此多次来往后，在进一步相互了解的基础上方能议定终身大事。

提亲：男女双方经过自由恋爱或父母包办，女方父母同意后，男方就请德高望重、能说会道、与女方家有一定亲戚关系的媒人(一般是有夫之妇)带着酒、糖等礼品去女方家提亲，如果女方父母收下礼物，表示同意，男女双方就达成婚约，双方父母成为新的亲戚，称“亲家”。

交礼：由男女双方择定吉日，请媒人、家族中的老人或男女青年10人，带上财礼、30斤猪腿、一块6斤猪肉、3斤以上的公鸡一只、红烛、鞭炮等物品交给女方家，还有数十块猪肉(3斤一块)、红糯米粑数个、酒数瓶分给女方家属，女方家则请家族中值得尊重的长辈点礼，再祭祖燃烛，鸣放鞭炮，热情招待。同时，要八字，这是交礼后一个重要内容，女方家打发男方亲戚出门时，女方家在神龛上点上香、烛，供奉先祖，从神龛上取下表面贴有红“喜”字的八字盒交给男方家族的长辈，里面装有一张红纸折成的八字单、12元或24元礼金。回来后，再把女方的八字单和男方八字单同装一盒封存，放在神龛上，平时不能随便取出，只有当家里有重要事情才能打开盒子翻八字。

结婚：结婚头天女方家先办酒席，招待亲朋称为“开红酒”。当日新郎在自家祭祖后，胸前佩戴用绸缎挽成的大红花，在两个伴郎和伴娘、押礼先生的陪同下，或骑骏马、或驾摩托、或乘轿车，披红挂彩，或步行去迎亲。并且要送去红糖数包、酒数斤，印有“喜”字的圆形糯米粑数个，以及红烛、香纸、鞭炮等。当走进寨子，快到女方家时，女方家族或亲戚中妇女就在门边“设卡”，摆上桌子，唱拦门歌，喝拦路酒，方能进家。

第二天是男方家办大酒，凌晨吉时，天没有大亮，新娘在伴郎和伴娘的陪同下，由男方的一对夫妇背出门，先到男方家。接着，女方家开始发亲，捆陪嫁的嫁妆。这时唢呐响起，鞭炮大鸣，男方接亲的人挑起嫁妆，由女方家打发出门，女方送亲客也一起随同前往。到了男方家，送新娘入洞房后，中午吃饭前，各路亲戚聚齐，新郎新娘到堂屋磕头敬祖，就开柜子(贵子)，打被窝，背孙儿，挑荷包，唱土歌、民歌，吹唢呐，放鞭炮，喜气融融。

座家：新娘在男方家住三天后，由男方的接亲客挑着糯米粑数个、猪腿一只、猪肉数块等礼物送新娘回门。以后，男方家到农忙季节、或遇婚嫁贺寿、起房盖屋就叫亲人去接新娘来帮忙，如此反复多次，一年半载后，新娘才正式座家。

美丽乡镇建设效果彰显

近年来，沿山镇坚持民生为本，立足乡镇自身特色，落实“绿色亲民”举措，以环境规划为引领，以提升群众生态文明建设理念为前提，积极实施环境基础设施、农村环境综合整治、生态修复等工程建设，着力解决群众关心的难点、热点等问题，努力建设资源节约型、环境友好型社会，镇区生产生活垃圾得到有效处理，生活污水处理率逐年上升，镇容村貌大为改观，镇域生态环境质量逐步改善。2014年6月26日，因生态文明建设成效显著，该镇摆龙河获批为省级湿地公园，同时于当年7月21日，通过国家级初审。

沿山镇紧紧围绕“云雾山高效生态农业开发区”建设，以“公司引领、大户带动、群众合作”等方式，大力调整农业产业结构，初步形成了刺梨、中

药材、茶叶和精品水果及蔬菜种植为支撑的五大支柱产业。全镇农业产业结构调整初见成效，产业布局态势良好。全镇共有10000亩刺梨种植园、1500亩酥李园、1000亩标准化茶园、500亩吊瓜基地、500亩红心猕猴桃观光园、100亩樱花观赏园、100亩食用菌基地、2000亩花卉苗木基地、3420亩中药材种植基地等，集精品水果、蔬菜种植为一体的现代高效农业观光带，推动了观光农业和乡村旅游的发展。同时，常规农业实现满插满栽。涌现了星溪村皇都猕猴桃专业合作社、底至村森林湖农业开发有限公司、贵定县御芝茶叶种植农民专业合作社和贵州锦江娃娃鱼公司繁养基地等龙头企业。同时，为加快现代农业产业发展步伐，积极打造一批特色观光农业，日前，该镇与贵州亿欣园现代农业有限公司、贵州月亮湾生态农业发展有限公司、贵定县沿山镇摆龙河农业旅游开发公司洽谈签约了一批总投资1.8亿元的农业开发项目。该农业项目投资协议已成功签订，投资意向协议书涉及茶叶加工制作、茶园建设、生态农庄建设、家禽养殖和农业观光旅游开发多个项目，这将为沿山现代农业产业发展注入新活力。

依托“金海雪山”乡村旅游品牌，加快规划沿山镇乡村旅游发展。近年来，通过整合资金500余万元成功打造了星溪马坝和石板村小湾两个省级“四在农家·美丽乡村”建设示范点。建成马坝乡村旅游景点，创新“支部+协会+社区”管理模式，引导该村成立了马坝乡村旅游发展有限公司，规范了乡村旅游管理，并汇集村民闲散资金注入乡村发展，使后续管护措施真正落到了实处。如今马坝寨每年吸引中外旅游人数达10万人以上，42户人家旅游黄金期几乎全部投入旅游餐饮服务，有20余户开办了“农家乐”。2010年马坝村民人均纯收入只有3600元，今年已增加到7126多元。旅游收入最多的人家户均有7~8万元，最少的人家收入也有5万元。

独山县

影山镇

影山镇位于贵州省黔南布依族苗族自治州南部，独山县城北部。地处东经107°31'～107°38'、北纬25°55'～26°1'之间，总面积207平方千米。下辖6个行政村，82个村民小组，总人口2.1万人，少数民族（布依族、水族、苗族）占总人口的90%以上。影山镇距县城12千米，距州府都匀市区35千米，距省府贵阳龙洞堡机场135千米。镇境“三纵一横”交通架构为影山镇发展提供了强有力支撑。兰海高速公路（2013年获省交通运输厅批复在影山镇建设兰海高速互通匝道口，前期工作已基本结束，拟于年内动工建设）、210国道及完成规划设计的都匀至独山城市快道纵贯镇境；规划建设的余庆至安龙（独山至三都段）横贯镇境。

历史文脉厚重，生态资源丰富，影山镇释放着独特的人文风情魅力。

独山县影山镇组建于2012年，下辖甲定水族乡、翁台水族乡、兔场镇。2013年在全县行政区划调整中将原甲定水族乡、翁台水族乡、兔场镇撤并组建影山镇。

独山城乡统筹改革实验区（影山镇）位于贵州南大门——独山县东北部，区位优越，资源富集。

人文厚重 旅游资源独步

影山镇域内有奎文阁2A级景区、紫林山国家森林公园及2013年获批的全省唯一湿地类型都江源（珠柳江）湿地自然保护区；同时也是晚清著名学者、西南巨儒——莫友芝先生故里和有1000多年历史的非物质文化遗产——“水族豇豆花”。

影山镇风景旅游资源丰富，主要有莫友芝故里、兔场摩崖、奎文阁、仙人桥和深河等。莫友芝故里位于兔场街上，是莫友芝住宅旧址，昔为“影山草堂”，是清代著名书法家、诗人莫友芝幼时读书之地。兔场摩崖位于兔场街以北300米，黔桂公路左侧，离公路20余米的山腰上，1983年8月独山县人民政府将兔场摩崖定为县级人民保护单位；深河位于兔场镇与麻万镇交界处，已逐渐形成独山县城及相邻乡镇的度假休闲胜地。

文化资源——兔场镇是晚清“西南巨儒”莫友芝先生（独山县兔场人。道光五年考取秀才，五次赴京会试落第，自学通晓汉、宋两学，对尔雅、六经、名物、制度及金石学、目录等无不探讨。他与郑珍修撰《遵义府志》48卷，被梁启超誉为“天下府志中第一”。在诗词、书法、文字、音韵、经史、方志等方面均有很高的造诣，被学术界称为“西南巨儒”）的故乡，是布依族聚居的少数民族乡镇，具有相对其他乡镇较为丰富的文化背景。

奎文阁景区 国家2A级乡村旅游景区奎文阁位于影山镇西北部翁奇村，距镇政府1千米，景区坐落于风景秀丽的胭脂河畔，此阁始建于清同治十二年间（1873年），占地20000余平方米，由山门、阁楼、两厢房、一耳房、两进院、仙人桥、风雨桥及村游乐园组成，也是全省保持最完好的私塾。该景区四周环山抱水，古树参天、柳树成阴，风景优美、空气清新，是休闲度假旅游的好去处。影山镇已投资3000余万元对景区部分景点进行维护改造，兴修风雨桥、养生、饮食、耕读等多功能于一体的具有民族特色风情的乡村休闲旅游度假基地，年接待游客3万人左右，是一个集儒家文化、布依文化、花灯文化、茶文化为一体的乡村生态旅游景区。

翁奇村是一个深受儒家文化熏染的布依族村庄，村中阡陌纵横，风光旖旎，独山县重点打造的奎文阁景区就位于此。全村594户2375人，村寨四周山体植被保存完好，枫树遍布，杜鹃花点缀其中。翁奇河从南蜿蜒穿过，水质清澈，柳树成阴。奎文阁位于翁奇村中寨，是我省目前保存得最完好的私塾，是“西南巨儒”莫友芝少年游玩、踏青、读书之地。以莫友芝先生居所之名，并以他为首的一个文化群体所出现的一种文化现象，被称为“影山文化”。这里是研究莫友芝和影山文化

的重要源头。

近年来，省、州、县将翁奇村列为新农村建设、小康村建设及美丽乡村建设试点，村民们依托奎文阁景区，自发组织了旅游协会、花灯队，办起了农家乐，各种项目资金的注入，让景区面貌焕然一新。该村是黔南州重点民族风情村之一，由于独特的人文背景和绮丽风光，翁奇村乡村旅游业近年逐渐得到发展。

翁奇村的沟山“贡茶”自古有名，尤其在抗日战争时期，作为出口美国的特产，深受美国总统罗斯福的喜爱，为换取抗战物资作出过突出贡献。如今，沟山茶叶已成为当地群众脱贫致富的支柱产业。全村拥有茶园5000多亩，茶农近500户，80%的农户拥有茶叶生产机械，种茶户平均年收入万余元。

奎文阁原名“文昌宫”，始建于清嘉庆二十一年（1816年），毁于咸丰十年（1860年）战乱。同治十二年（1873年），乡绅杨维藩在原址重建，易名“奎文阁”。建筑群由山门、阁楼、两厢房、一耳房组成两进院落，占地850余平方米，建筑面积400余平方米。

翁奇奎文阁集中反映了汉文化在黔南民族地区的传播历程，成为这一地区文化融合过程的重要物证，是研究贵州历史与文化的重要基地。翁奇奎文阁，九角不等边的构造及梁架结构颇为特殊，较为罕见，在建筑艺术上具有独特的工艺和鲜明的特点。2006年被贵州省人民政府公布为第四批省级文物保护单位。

紫林山国家级森林公园 紫林山森林公园位于独山北部，分为东西两个园区，总面积3529公顷。它由深沟、翠泉两个省级森林公园和紫林山自然景区、猕猴保护区组成。公园分为森林生态观光、紫林山峡谷、深沟峡谷、夹缝岩峡谷、高山草地、猕猴观光等10个景区和翻天印、将军石、观音石、观音瀑布等61个景点。2005年12月通过评审，确立为国家级森林公园。

翠泉园区距独山县城2.5千米，交通便利。总面积1.5万亩，森林覆盖率80%以上。园区共分为休闲度假、溶洞游览、高山草甸、生态林业四个区，有众多迷人景点。其中有占地3000平方米的天然豪华矿泉水游泳池，极具布依民族风情的风雨楼、休闲平台、休闲木屋、竹楼、雪莲洞，三井溶洞景观天成，爱情海绿草茵茵，是布依青年男女私定终身、见证爱情的最佳场所。滨水度假区，泛舟于上，把竿垂钓，现代生态林业园区集观花、品果、科普教育为一体，斗牛、赛马等活动让你享受到神马的精彩角逐。景区内设施齐全完善，吃、住、行方便，具备会议接待、森林游憩、KTV 娱乐、音乐茶座、住宿等功能，是一个集休闲度假、旅游观光、民俗体验、科普教育、文化娱乐为一体的多功能、综合性国家级森林公园，进入森林公园，让你享尽大自然的奇光山色。

紫林山国家级森林公园贵龙国际度假区，占地两万亩，集民族文化广场、民族高尔夫俱乐部、民族商业组群、民族博物馆组群、民族高尔夫酒店等建筑群落于一体，犹如一颗颗古朴而又闪耀的明珠，不经意地点缀在青山绿水中，与自然风光融合在一起，形成贵龙国际一道靓丽的风景线，面向全世界游客，散发着中华民族的光芒。

紫林山国家级森林公园及都江源（珠柳江）湿地自然保护区，有 157 科 416 种动物，其中有长寿鸟、猕猴等一、二级珍稀保护动物 15 种；生长有红豆杉、金钱漆等 35 科 59 属 128 种濒危植物，森林覆盖率达 67.8%以上，空气负离子每立方厘米 11 万个以上。园内及区内还有玉帝遗物“翻天印”、地质奇观“风动石”、高原花海“杜鹃林”、深谷飞瀑“一线天”、万年“将军石”等各种景点 128 处及六线河、巴薅河两条河流。目前已与北京十月天旅游开发公司在做前期旅游总体规划。

水族六月六洗澡节 农历六月六的洗澡节，是独山县水族同胞独具民族风情的节日。本寨水族乡温泉村有一眼温泉，自然流量 103.68 立方米，水温常年 38℃，为优质天然泉水。每年农历六月初六，方圆百里的少男少女和老人们都云集到温泉谷里来，争先恐后去泡温泉浴，以此洗净心灵，治疗病患（传此水是治风湿和皮肤病的圣药），有的实在泡不上也要盛一葫芦回家给自己或家人。

从六月六的前一天晚上开始，水族同胞们邀朋结友，三五一群，带上果蔬饮品，陆续从四面八方赶到温泉来，露宿在水边坡脚。第二天天刚亮，人们便在朦胧的曙光中，男女有别的各选一块地方争先恐后地下到温泉里去洗澡，大家在温泉里互相嬉戏、追逐拍水、打闹，欢声笑语映满山间，热闹非凡。这一特殊日子更是青年男女谈情说爱的好时机，青年男女洗完澡后，各自换上节日盛装，三五成群地分别在温泉附近成片的草地或树丛间席地而坐，倾心畅谈或互唱对歌，向心仪的姑娘小伙倾诉情感，寻找自己的如意伴侣，情形动人，场

面宏大，大家载歌载舞尽情欢度愉快的一天。可以说，这才是东方最古老的“情人节”，也是人们最放松、最愉快、最能忘我的重大传统习俗。

牛王节 亦称“开秧节”“祭牛节”“牧童节”，是贵州布依、苗、仡佬等民族的传统节日。布依族有的在农历“三月三”举行，有的在“四月八”举行。届时杀猪打狗祭山，进行扫寨，食五色糯米饭，吃清明粑，祭祀祖先，慰劳耕牛。苗族称其为“跳米花节”。有谚语为证“苗族不跳花、谷子不扬花”，时间多在农历四至六月举行。仡佬族则在农历十月一日举行。传说这是“牛王”的生日，家家都要杀鸡备酒，打糍粑敬“牛王”，他们在牛角上挂上糍粑，好生照料耕牛，让牛吃好喝好。

全面推进，特色城镇化初显雏形

2014 年地区生产总值完成 22567 万元，占任务的 103.4%，其中农业总产值完成 10850 万元；规模以下工业产值完成 1182 万元；社会消费品零售额完成 670 万元，固定资产投资完成 6320 万元，其中工业固定资产投资完成 3396 万元，农村居民可支配收入实现 6992 元，财政收入完成 243.23 万元，占任务的 137.4%；教育、交通、供水、计卫、社会服务“五个统筹”有效推进。

按照规划引领的科学发展观要求，影山镇于 2013 年聘请广东省建科建筑设计院完成了《独山城乡统筹改革实验区（影山镇）总体规划（2012~2030）》编制工作。《规划》总体目标是“经济发展、城乡一体、生态宜居、文脉厚重的都独风情魅力小镇”；发展定位为：建成贵州省城乡统筹发展示范区、黔南旅游圈上重要的原生态文化旅游度假区、独山县产业互动发展区。为突出魅力小镇建筑风格，影山镇明确将以岭南建筑风格为主，在“美丽乡村·四在农家”创建活动中，对集镇区及规划的四个农村集中居住点统一按照岭南风格推进建设。

影山新城规划总面积 6450 亩，吸纳人口 4 万人，规划有占地 450 亩的民族生态工业园、占地 6000 亩的行政和商住时尚生活街区。其中，规划区东面有占地 410 亩的民族文化演艺城和时尚游乐城及 3D 动漫城，中部有占地 70 亩的特色饮食城，西部有占地 100 亩的黔南特产城，以及相配套的酒店、宾馆等旅游、商务活动场所，完全实现水、电、气、路、电视、电话、网络、无线通信、排污等基础设施，致力于将影山新城建设成为深具影响力的城乡高尚住宅区、劳动密集产业聚集区、文化休闲旅游度假区，并在影山新城规划范围外，规划发展特色高效设施农业产业区。通过打造“四区一镇”发展格局，统筹推动“三化”同步，努力将独山城乡统筹改革实验区（影山镇）打造成为贵州南部一流的功能齐全、产业繁荣、现代时尚、古朴生态、绿色宜居的魅力城镇。

农业产业化，群众增收势头良好

在农业产业结构调整中，重点抓好茶叶、海花草、葡萄、精品水果、烟叶种植及深加工。逐年扩大种植面积，逐渐提高种植品质及不断深化产品的精深加工，群众收入明显提高。2013 年实验区（影山镇）获批为“州级农业示范园区”。

目前影山镇现有茶园面积 2.3 万亩，其中投产面积 1.5 万亩。2013 年引进龙景轩茶业有限责任公司对影山镇的茶业进行整体打包开发，该公司计划投入 1 亿元在影山镇兴建茶叶加工厂及茶文化旅游开发项目，通过统一标准种植、统一标准施肥、统一标准采摘、统一标准加工、统一品牌出售的商业模式，不断提高影山镇茶农收入。目前群众茶叶种植亩产值 3500 元以上。

商品水晶葡萄种植在影山镇已有 30 余年历史，现有葡萄种植面积 1 万亩，鲜果成熟季节，省内外经销商就会上门收购，葡萄酒加工企业 15 家，葡萄鲜果及葡萄酒远销广西、河南等省区，葡萄种植亩产值 1 万元以上；海花草种植面积 2000 亩，经销商 5 家，海花草艺术品加工企业 1 家，群众种植亩收入 5000 元以上。精品水果桃子、刺梨、草莓、石榴、西瓜种植面积 6000 亩，亩收入 8000 元以上。

目前影山镇已建成专业种植村 4 个，家庭农场 48 个，专业合作社 13 个。农产品精深加工有茶叶、葡萄酒、刺梨干、糖渍刺梨片、红豆杉茶叶等。

福泉市

马场坪街道办事处

马场坪街道办事处位于福泉市南城区，北连金山街道办事处，南毗麻江县，西接贵定县，东邻凤山镇和陆坪镇。辖区交通便利，湘黔铁路、株六复线、210 国道、205 省道、贵新高速以及在建的沪昆高速铁路、瓮马高速公路交汇过境，是黔中地区重要的交通枢纽和陆路码头。区域总面积 206.5 平方千米，常住人口 65278 人，户籍人口 56762 人，流动人口 9516 人。少数民族人口 25966 人，占总人口的 39.78%。辖笔山社区、金山南路社区、瓮福社区、黄丝社区等 4 个居委会和平堡、马场坪、三堡、甘粑哨、黄丝、鱼酉、安谷、沙坪等 8 个建制村，共 143 个村（居）民组。耕地面积 27915 亩（其中田 15801 亩，土 12114 亩），森林覆盖率 53%。

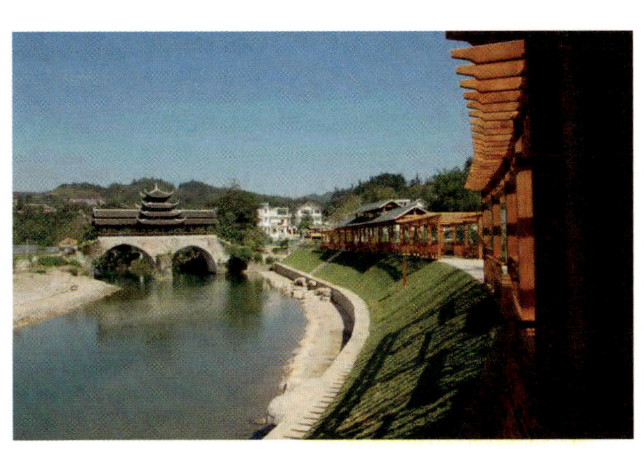

马场坪，是贵州上连湖广、下接川滇的咽喉之地，自古为兵家所必争战略要地。

马场坪是产城高度融合的发展区和“现代农业·美丽乡村旅游示范区”。镇域资源富有，人文风情迷人。

美丽马场坪 民族风情浓郁

黄丝江边布依风情寨 脚踏青山上，眺望碧水间，古老庄严的风雨桥、碧波荡漾的江边水、摇曳生姿的岸边柳，共同晕染着这个村庄的娴静美丽。远处平整而宽阔的土地上，果树盎然成阴，串串果实压弯枝头;江边河畔，古色古香的民族文化长廊，将这个布依村寨浓厚的民族气息细腻地刻画开来；白墙青瓦间，水泥小道上，身着布依族服饰的年轻姑娘，正往江边河畔走去，银铃般的笑声，随风远扬。

这就是马场坪黄丝江边布依寨，一个聚居着将近80%布依族同胞的自然村寨。这里拥有着十分便捷的交通区位条件和生态优美的自然环境。从2006年开始，福泉市就把黄丝江边作为新农村建设试点，按照布依风格实施江边寨的新农村建设。在充分留住江边寨的人文和自然环境过程中，借助这里优美的田园风光和独特的区位优势，整治土地，建设现代农业示范基地。

黄丝旅游度假景区位于贵新高速公路旁，景区总面积4.8平方千米，含鼎罐城、黄丝江边布依寨、千年古银杏和抗战时期修建的沙坪火车站等景点，有鱼梁江河流、姊妹岩、善桥和现代高效农业产业园等旅游资源。

如今，江边布依寨已打造成集农家乐、休闲度假、田园观光、农耕文化、民族文化为一体的布依文化村寨，丰富的文化内涵和自然景观的结合，为江边寨注入了乡村旅游新亮点。

近几年，黄丝江边相继实施了道路硬化、河道治理、民族文化长廊、布依风情园和农业科技示范园等项目，种植草莓、提子、葡萄、猕猴桃、李子、桃子、樱桃、无花果等水果，种植面积达3000亩，基本上一年四季水果不断，游客随时能够入园享受和体验。

除此之外，福泉市还坚持把“四在农家”创建活动与新农村建设结合起来，借助当地得天独厚的交通便利环境，以发展生态种植，打造美丽江边寨旅游为主导，倾力打造江边布依寨，黄丝村的村容村貌发生了翻天覆地的变化。

千年古银杏 千年古银杏位于福泉市黄丝镇鱼酉村李家湾组。千年古银杏树，人称“白果树王”，树高42米，胸径4.79米，树围15.2米，冠盖600余平方米，在方圆数里之外，便可看到它的婆娑姿态，不知何年被雷击烧去树心，形成硕大的树洞，洞高3.5米，内径2.8米，地面10余平方米，洞内可以容纳两桌人。古银杏树下部虽空，但主干坚韧挺拔，枝叶茂盛，毫无衰败现象，据中国科学院植物研究所资料记载，此树树龄约达4400多年，是迄今地球上尚存的古银杏树中最大的一株，可谓世界之最，2002年1月载入世界吉尼斯纪录。

沙坪火车站旧址 沙坪火车站位于福泉市黄丝镇沙坪村街上，始建于民国三十一年（1942年），于民国三十二年（1943年）竣工。

抗日战争时期，国民党政府为了打通西南运输通道，修建黔桂铁路。由于战争年代修筑铁路，经济困难，采取先修火车站，再打通隧道和修筑路基。沙坪火车站建好后，因改路线，黔桂铁路不经沙坪火车站，使该站废弃，地方用作学校至今。

沙坪火车站房为石木结构，主题墙为料石砌筑，建筑面积为429平方米，三层楼房，一楼为行李存放和售票室；二楼为办公室兼员工寝室；三楼大厅为旅客候车室。为增加站房室内的空间，上二至三楼的石梯设在房外。站房屋顶及平台，通道的雨棚为木架上盖小青瓦，房顶瓦面中间各开一个天窗，整栋房屋造型古朴典雅，具有典型的外来建筑艺术风格。

打造省级非物质文化遗产，7月24日是马场坪一年一度的“六·二四”民族传统节（二郎歌会）。为充分展示地方民族文化特色，丰富群众文化生活，营造良好的文化氛围，马场坪不断挖掘和弘扬民族民间文化资源，增强省级非物质文化遗产——

"六·二十四"活动的活力和吸引力，用富有时代气息和传统文化内涵的活动来吸引群众广泛参与。极大展示地方民族文化特色，繁荣群众文化活动，促进传统和现代相交融，进一步推动文化经济的协调发展。

境内安谷村安谷小学门前的百年桂花古树、鱼西村自然风光——石笋、黄丝江边和善桥风雨楼，屹然独立，蔚为大观。

工业重镇 建设提速

马场坪街道办事处是工业重镇，该镇按照产城融合发展区和"现代农业·美丽乡村旅游示范区"的区域和功能定位，依托瓮福集团、天福公司、国电福泉电厂航母及优越的区位优势，重点发展煤电磷、装备制造、新型建材、现代物流四大产业，着力打造成龙配套、耦合共生的磷煤电一体化循环工作园区。

2013年，马场坪全年完成工业总产值120亿元，完成工业增加值8.8亿元，乡镇企业总产值完成38.6亿元，财政收入完成1.66亿元，招商引资到位资金完成5.724亿元，固定资产投资完成33.4亿元，农业总产值完成6268万元，实现人均纯收入9809元，城镇居民可支配收入完成22600元，人口自然增长率控制在5‰以下。

行政区划调整以来，马场坪街道办事处紧扣市委、市政府"转型、提速、升位，推动跨越、构建和谐、率先小康"总目标，按照"园区引领、要素保障、产业培育、三化同步、率先小康"的工作思路，紧紧咬定目标，扎实工作，锐意进取，经济总量逐步增大，综合实力逐步增强，人民生活水平逐步提高，经济社会保持了持续、快速、健康发展。

农业发展 马不停蹄

马场坪街道办事处有农业高效产业园区1个，园区核心示范面积1100亩，辐射带动面积5000亩，产业园计划投资2500万元（其中公司自筹1250万元，政府补助250万元，各种项目资金补助1000万元），建设规模1200亩。项目规划期为5年，即2010年3月~2015年12月；项目建成后，亩产值达15000元以上，年销售额2500万元以上，年利润300万元以上，平均解决就业人数在100人以上，带动农家乐24户以上，年均接待游客人数在20万人以上，年均助民增收600万元以上。

生产建设内容已完成100%，种植大棚草莓、西瓜、套种蔬菜共计100亩。大棚葡萄150亩、大棚食用菌50亩，露天种植猕猴桃200亩、桃子100亩、梨子150亩、李子50亩、枣子50亩、无花果50亩、甜柿50亩、樱桃50亩、核桃200亩。

已出产的产品：水果类有大棚草莓、西瓜、猕猴桃、桃子、无花果、梨、樱桃等60万公斤；大棚食用菌产品有姬菇、平菇、鲍鱼菇、滑菇、鸡脚菇、黄背木耳等120万斤。亩产值均达15000元，共计年产量260万斤，年产值525万元，年销售额780万元，年利润42万元。

辖区现有农业产业化龙头企业5个，其中州级2个、市级3个，有农民专业合作种植16家，有油茶种植基地一个，种植面积2000亩，有蔬菜大棚130个，规模养殖场10个，常年种植粮食作物3.2万亩，经济作物2.8万亩。2013年实现农业总产值6268万元，同比增长10.8%；畜牧业产值3365.8万元，同比增长6.8%；畜牧总产值占农业总产值的53.7%；农业机械化水平达以上45%，实现农民人均纯收入9809元，同比增加1531元，同比增长18.5%，解决338人低收入人口增收脱贫的问题。

美丽乡村建设 示范先行

马场坪街道办事处重点打造了黄丝江边寨、马场坪城关堡两个"四在农家·美丽乡村"示范点。

黄丝江边寨 江边寨位于马场坪街道办事处黄丝村西南角，面积约3平方千米，分为上寨、中寨、下寨3个自然村寨，现有89户359人，布依族人口占总人口的72.2%。江边寨区位优越、交通便利,有210国道、贵新高速公路、株六铁路复线、沪昆高速铁路贯境而过。江边寨自然资源丰富,环境优美,有鱼梁江河流、姊妹岩、和善桥、鼎罐城和现代高效农业产业园。2006年至今,市委、市政府先后投入3000余万元将江边寨作为全省社会主义新农村"百村试点"进行打造,先后实施了房屋立面改造、"一池三改"、道路硬化、庭院硬化、污水处理、路灯等公共基础设施建设,有效改善了江边村寨面貌。江边寨先后荣获"贵州100个魅力民族村寨""黔南州第一批民族团结进步创建活动示范单位"等荣誉称号。2013年6月,江边寨被列为黔南州12个"四在农家·美丽乡村"示范点之一。为强力推进江边寨"四在农家·美丽乡村"建设,进一步改善江边寨生产生活条件,提升江边寨群众生活品质,加快同步小康创建进程,马场坪迅速开展了以"富、学、乐、美"为主要内容的"四在农家·美丽乡村"建设创建活动。一年来,共投资1564.5万元,相继实施了17.5万元的道路硬化、717万元的河道治理、10万元的民族文化长廊、20万元的计生人口文化园、800万元的生态休闲园、220万元布依民族风情街等项目。

马场坪城关堡 城关堡位于马场坪街道办事处三堡村东南面,是一事一议财政奖补美丽乡村小康示范寨项目,项目总投资207.47万元(其中省级财政奖补资金148.19万元,市级预算资金59.28万元),包含14个建设指标:通过公路硬化,长1000米、宽4.5米;联户道路硬化,长750米、宽2米;垃圾箱20个;排污管道长1000米;污水净化池2口;公共厕所1座;太阳能路灯100盏;绿化花池长400米、宽1米;休闲长廊长120米,宽3.2米;观景亭1座,14平方米;风雨桥1座,长20米、宽4.5米;舞台1个;文化广场1个,3250平方米;健身器材1套7件。项目实施完成,将实现村寨"道路硬化、卫生净化、环境美化、村寨亮化、生活乐化"的"五化工程",惠及61户326人,辐射带动周边150余人。现已完成项目工程量的10%。

全新打造生态文明建设

近年来,马场坪街道办事处党工委、办事处把生态文明建设和环境保护工作同经济建设同安排同部署,实行"两手抓两手硬"的工作法。

加强组织领导,加大对生态文明建设和环境保护工作的资金投入:

1.投入150万元修建马场坪污水处理厂;

2.投入40万元改造黄丝街道排污沟建设;

3.投入2500万元对平堡和黄丝江边河道进行治理;

4. 投入1000万元对黄丝江边生态旅游进行打造;

5.投入10万元对黑塘桥饮用水源保护区设置界桩;

6.投入50万元给马场坪、黄丝街道设置垃圾箱;

7.投入3000万元对平堡、黄丝一带村庄进行环境整治。

加大对集体林场和生态林保护区的巡查力度,保护退耕还林还草成果。

加大饮用水和水源保护区的排查力度,取缔非法采矿和洗矿场4个。

通过近几年来的生态文明建设和环境保护工作,实现了环境与社会的双赢,社会各项事业步入健康发展的轨道,取得了显著成果:城镇卫生环境大大改善,城镇生活垃圾定点存放清运率达100%,工业污染排放达到指标值;村居生态环境在村庄整治基础上有了新的飞跃和提升,通过生态文明建设和环境保护,农村"三废"治理、环境空气、水质量均达到并超过指标值;森林覆盖率达53%。

通过不懈努力,黄丝村于2013年被省人民政府命名为"省级生态村"。

惠水县

好花红镇

好花红镇位于惠水县城南端，镇政府驻地三都村，距县城 11 千米。总面积 242.26 平方千米，是著名布依民歌《好花红》的发源地，特色水果金钱橘的原产地。2014 年 3 月乡镇行政区划调整，由原三都镇、好花红乡、甲戎乡合并组建而成，下设 4 个片区社区综合服务中心。辖 28 个行政村，333 个村民小组，303 个自然村寨，耕地面积 54961.55 亩，其中田 30034.45 亩，土 24827.1 亩。2013 年末总人口 6.22 万人，其中以布依族、苗族为主的少数民族占总人口的一半以上。好花红镇是通往罗甸、广西南下通道必经的重要乡镇之一，具有得天独厚的自然优势和区位优势。

随着名曲《好花红》唱响大江南北，好花红镇名扬四海。

好花红镇位于涟江大坝中段，地势平坦、土壤肥沃，生机盎然、水利灌溉便利，适宜发展农业，是惠水县主要粮油、蔬菜、水果种植区。

好花红境内旅游资源丰富，集山、水、林、洞、田和民族风情为一体，适宜发展生态旅游和乡村田园风光观光旅游。百鸟河生态风景区、“中华布依第一堂屋”、青河休闲旅游中心等旅游景点的开发，不断带动农家乐发展，到好花红旅游观光的游客人数逐年增加，农家乐的接待量逐年增大，每年实现旅游服务收入达200万元以上。

醉美“好花红”

“好花红”故乡 境内自然资源丰富，主要有林业、矿产、水利、水电等资源。建成的渔梁水库（波云湖）为全县第二大水库，水质好、容量大，已列入县饮用水资源保护区，惠益于县城及沿途的15个行政村。

好花红镇盛产大米、橘子、土烟、辣椒、茶叶、蔬菜等，是全县商品粮食基地之一。特别是香色俱佳的金钱橘，皮薄、肉嫩、味香、少核无核、色泽鲜红、营养丰富而驰名省内外，曾出口东南亚等国家和地区，具有较强的开发潜力。

好花红镇拥有广阔的水域，美丽的涟江河形成了一道蜿蜒曲折而又亮丽的风景线，独具一格的布寨门，古朴浓郁的民族风情，反映了好花红古老而浓郁的民族文化，催化了全乡民族风情旅游业的兴起。好花红镇人民勤劳、善良、好客，而且喜欢唱歌，全乡民歌盛行，形成独特的民族文化风景线。

好花红镇是唱响祖国各地《好花红》民歌的宝源地，如今的《好花红》民歌已唱遍了贵州，唱遍了祖国大江南北，为提高好花红故乡的知名度，拉动好花红镇的经济和各项建设事业的快速发展起到了积极的推动作用。

竹竿舞 竹竿舞是苗族群众在生产生活中自创的一种自娱性舞蹈，主要是表现苗族青年男女对自由恋爱的追求与理想，一般在重大节庆日与迎接贵客时演出。

竹竿舞的演出要求并不十分苛刻，道具要求也相对简单化。只要有一块平坦的草地，就可以进行演出。一般是8对男女青年进行，演出时男子着短衣，腰系红绸缎；女子着苗族特有的手工大摆裙，由苗族大堂鼓伴奏打节拍，和以一阵阵的欢呼声，与红绸缎、彩裙一起烘托出一种朴素洒脱的美。

竹竿舞一般分山间偶遇、搭桥过河、相恋、抬新娘回家四个环节组成，各个环节都流露出苗族青年男女真挚的情感，并饱含着许多原生态的审美元素，古朴自然。

布依族“四月八” “四月八”主要是蒸花糯米饭，买肉祭祀祖先的节日。染饭一般不用化学染料，主要是染饭花、紫菜（按布依语意译）、枫香叶等植物；染饭花是一种叶背灰白的乔木的花，煮出的汤深黄色，清香扑鼻；紫菜是一种专门用作染饭的多年草本植物的嫩枝叶，在火上一烤，揉烂后泡在水中，深紫色；枫香叶要选紫红色的枫香叶，捣烂泡水后过滤去渣，用这些染料染的糯米，蒸熟后香气浓郁，而且有一定的药用价值。蒸糯米饭时，还要按祖先多少，每人放一枝有巅部笋壳的竹笋，叫作“长线米”，预祝当年水稻丰收，禾米像竹笋般长。同时，还要在门口两边或上面插一枝枫香叶。有的说为了辟邪保平安；有的则说过去从江西上来时（各姓族谱有此记载，老人也如此传说），也是四月八这一天，共同避雨于一棵枫香树上，有人提议，为了让我们的后代便于联系，以后每年四月八都要在门边插一枝枫香叶。此外，过去热恋中的青年男女也有互送花糯米饭的习惯。如果你得了别人的花糯米饭，“六月六”时必须回送粽粑，而且要按花糯米饭的颜色买丝线包捆粽粑。

波云湖 波云湖和波云洞位于惠水县城东南，是《定番州志》所载仙水（俗称小龙河或鱼梁河）的源头。小龙，是古八番中的小龙番静蛮军安抚司和小龙长官司的所在地，也是惠水著名的风景区。此处湖光山色，自成风韵，更有飞瀑流泉，奇洞怪石和葱郁森林，因而使景色更加旖旎。

穿过小龙寨溯流而上，寨后不远的河心岩石上便是十来架被水流冲得哗哗飞旋的水磨香车，这些香车由树木制成，颇像寨民家中磨豆腐的石磨。香车利用水的冲力使其旋转，既节约了劳力，又成为野趣十足的一大景观。据寨老介绍，用这种

方法磨出的香粉既细且香，又洁净，香客均乐意买这里的香去庙里上供祈福。

再向前数百米，见一坝突兀而起，锁住峡谷，坝内就是烟波浩淼的波云湖。站在坝上，天地豁然开朗，但见波云湖水清澈，碧如漓江，上下天光，波谲云诡，阳光映照着湖水，气象万千。

泛舟湖上，波平如锦，清风徐来，神清气爽。左岸绿竹丛生，点缀些桃李横斜，偶见山野农舍，时惊红掌鹅鸭。右岸则山峰连绵，青松成林，雀鸟啁啾，野花烂漫，一旦山风吹过，松涛呼啸与瀑声相应，势若万马奔腾，这里即是惠水古十二景之一的"松风汲瀑"，明莫与齐诗曰："山晴疑作雨，松倒汲寒潭。根沃琼浆饱，梢含雪蕊甘。狂风知瀑响，醉舞识涛酣。明月知如相照，清心共结三。"明霍尚仁亦有诗曰："一幅苍虬挂碧空，光摇青涧击沉雄。忽吞逸韵调溪曲，共吐琼筝响翠丛。鸟宿枝头惊喷雪，鱼游波面怯吹风。幽人喜听松飞涛，日坐高山流水中。"

湖水尽头，便是相映成趣的两个溶洞，左曰"波云洞"，右曰"仙人洞"。

波云洞高约 10 米、宽约 15 米，清康熙二十七年（1688 年）当地人在洞前修筑墙垣并拱门，洞口有清人所题"波云洞"三字，字迹遒劲。波云洞口怪石嵯峨，钟乳凌空，藤萝悬垂。有两块巨石横空而下，妖若游龙，势欲脱颖，成抢宝之态，令人叫绝。

波云洞左洞宽敞，犹如大厅，长 75 米，宽 10 米，高 15～20 米，洞底平坦。站在洞厅高处向外瞭望，只见钟乳悬空，灌木葱茏，缕缕阳光穿林透入，光影迷离，如波似云。两个石厅，高宽约 8～10 米，甚为幽静。清雍正年间举人龙天御曾在此设馆教学，远近学子负笈丙来，颇盛一时。右洞曲折，窄年仅可容人，然而曲径通幽，岩溶风光，别具一格。洞顶有两个蹄形石孔，相传为仙人骑牛路过所踩，阳光从孔中泻入洞内时，形成光柱，使洞中烟云缭绕，紫气氤氲，造成一种虚幻的境界，令人飘飘欲仙。

仙人洞位于波云洞旁约 70 米的峭壁间，相传有人曾在此而成仙，故得今名。清代对洞门作过维护，至今尚存拱门和石墙。步入仙人洞，便是一个高宽约 30～40 米、长约 110 米的大厅，洞左有斜坡，因岩溶现象形成道道石埂，宛如山寨梯田缩影，故名曰"仙人田"。厅前左侧有一高 12 米的石笋，正观状如昂首怒吼的雄狮；侧看又似引颈欲飞的山鹰，气势轩昂，蔚为奇观。

从波云洞向北约 1.3 千米，在小龙河向西转折处之南侧，便见一蜂窝状的小洞穴。洞各宽约 1 米，高不及 2 米，洞与洞之间相连，曲折回环，长啸一声，空洞传音，经久不息，这就是有名的"和尚洞"。相传一代圣僧古源禅师创建九龙寺前，曾在此坐禅。并在洞中壁上题诗，诗云："……送客远闻樵子咏，迎宾近听野猿啼；洞中禅座频频足，窗外云峰个个齐；玩景空来从有识，是谁觉悟是谁非。”此诗咏景咏情，亦藏禅意。

甲戎青河 青河，位于甲戎乡境内，距县城 33 千米。这里，涟江之水款款而来，顺流而下经青河村境内，全长 4 千米。为加快景区的开发建设，2007 年 8 月当地农民自发组建成立了甲戎乡青河绿色生态旅游开发有限公司。值得一提的是，这个公司是黔南州甚至贵州省第一家农民自发成立的旅游公司。

青河，因这一段涟江之水常年清澈晶亮、两岸风光俊秀而得名。青河风光以清澈透亮的河水、险峻秀丽的峡谷为主体，以“悬索桥”“响水关”“父母山”“鲤鱼崩滩”“鳄鱼晒阳”“将军跪水”等景点为支撑，更是以“悬索桥”的“险”“鲤鱼崩滩”的“奇”“将军跪水”的“神”和“父母山”的“雄”而远近闻名。

特色富镇 全力打造好花红

全力推进城镇建设进程，着力打造好花红特色小城镇。以全省“100 个示范小城镇”、全州 20 个“四在农家·美丽乡村”示范点为依托，乘黔南州第六届旅游产业发展大会的东风，依托山水脉络独特风光，抓好民族民居保护。一是投资 2.2 亿元在好花红村打造“好花红千户布依寨”，完成 200 套布依房屋，1 个特色农产品市场建设，200 户房屋立面改造工程和辉油寨 3000 平方米的串户道路建设工作。二是在百鸟河规划建设融生产、生活、生态于一体的贵州惠水百鸟河数字小镇，规划总面积为 18 平方千米，以大数据互联网、文化教育、观光农业等新兴产业为主导产业。三是推进“8+X”小城镇项目建设工作。2012 年至今好花红小城镇建设项目累计投资约 4.25 亿元，完成了教师公租房、敬老院、幼儿园、邮政储蓄所、计划生育服务站、行政服务中心、社区服务中心、农产品交易中心、好花红农贸市场、三都外环路改造、生态移民房工程、垃圾收集处理工程、好花红逸歌亭广场、综合文化站、三都中心卫生院等多项工程的建设。

全力加大乡村旅游发展进度，加快新农村建设步伐。借黔南州第六届旅游产业发展大会的契机，举全镇之力推进好花红村“四在农家·美丽乡村”示范点建设，做大做强乡村旅游产业。一是抓资源整合。整合产业扶贫、少数民族发展、村庄整治等项目资金 1000 余万元，建成环村水泥路 3 千米，石板步道 2 千米，休闲广场、篮球场、停车场各 1 个，太阳能路灯 80 盏，垃圾池 13 个，实现组组通公路、户户通电话和自来水。二是抓产业支撑。依托中华第一布依堂屋、金钱橘之乡、好花红文化“三大品牌”优势，发展林果、养殖、旅游“三大产业”，种植金钱橘 3800 亩，养殖生猪 4000 余头，发展农家乐 22 户，农家旅馆 12 家，农家超市 4 家，年接待游客 80 万余人，旅游收入近 1000 万元。三是抓文化建设。以文化活动中心为载体，以科技文化进农村为依托，以传承布依乡土文化为核心，组建 40 余人歌舞队开展民族文化表演，营造多姿多彩、思想观念先进、道德风尚良好、生活情趣健康的良好社会风貌。四是抓配套建设。以承办黔南州第六届旅游产业发展大会为契机，全面加快村庄整治、道路、乡村旅舍、农家饭庄、小游园等设施建设，投入 5000 余万元，完成好花红大道、八大布依堂屋、游客接待中心等配套设施改建，合力打造“四在农家·美丽乡村”旅游示范点。

全力调整农业产业结构，促进农村经济快速发展。加快省级现代高效农业产业园区建设，围绕“坝区上设施、山区调结构”的农业产业化发展思路，重点发展“花卉苗木、精品蔬菜、特色水果、烤烟”四大主导产业。目前已形成农业产业园区葡萄、花卉、精品蔬菜等高效农业产业种植 8000 余亩，总产值达 6500 万元，园区人均收入预计接近 7000 元，创历史新高。山区形成金钱橘、核桃、苹果、佛手瓜、药材等产业种植示范区 20000 余亩，其中，金钱橘、佛手瓜产业增收明显，总产值达 500 余万元，产区人均增收 800 元。引进省农科院建设好花红农业科技示范园，总投资 2 亿元建设省农科院园艺所、水稻所、茶科所、植保所等 18 个科研所试验示范基地。

荔波县

佳荣镇

佳荣镇地处荔波县东部，东接黔东南从江县加勉乡，西连本县瑶麓瑶族乡和茂兰镇，南与广西壮族自治区环江县驯乐苗族乡接壤，北邻三都县九阡镇及黔东南州的榕江县水尾乡和从江县光辉乡，是黔桂两省（区）三地（州）五县八乡镇的结合部及边贸中心。全镇国土总面积362.8平方千米，地处亚热带季风湿润气候区，年降雨量1500~1600毫米，境内煤、铅锌等矿产资源丰富。世居水、布依、苗、瑶、侗、壮、汉七种民族，少数民族人口占总人口的91%，耕地面积10557.7亩（其中田8763.1亩，旱地1794.6亩），主要粮食作物为水稻、玉米等，主要经济作物为油菜、甘蔗、桑蚕等。全镇下辖12个行政村，129个村民小组，4359户，17890人。

佳荣镇历史悠久，自然风光绮丽，民族风情浓厚。

清朝年间，佳荣称作巴容，后于民国初年改为佳荣乡，新中国成立后为佳荣公社，再后来又改为佳荣乡，1992年全县撤区并乡，由佳荣、水维、岜鲜三乡合并称“佳荣水族乡”，后于2000年3月撤乡设镇。

佳荣影像　风物迷人

佳荣镇是荔波母亲河——樟江发源地及其涵养林自然保护区。属亚热带季风湿润气候区，年降雨充沛，荒山草场丰富，森林覆盖率高达72%，有“天然氧吧”之称。

镇域自然风光绮丽，民族风情浓厚，有红七军一、二纵队会师荔波总部旧址，旅游资源开发潜力大，如月亮山原始森林探险，桫椤河谷风光带，威滩56级瀑布，班拉大溶洞，七彩地下河及一线天峡谷和浓郁的苗、水、布依等少数民族风情名传省内外；境内生态和谐，生物多样，野生果多量大味佳，野生竹荪、香菇堪称荔波绿色佳品。土特产原汁原味，称誉四方。

桫椤王国　佳荣镇甲料河长达近30千米，风光旖旎、神秘莫测。河的两岸到处是名贵的国家一级保护植物桫椤树。

荔波佳荣镇甲料河之所以能生长着茂盛且丰富的桫椤，一是荔波县年均18℃的气温适合它的生长；二是甲料河所在地佳荣镇是贵州省面积最大而人口又相对稀少的乡镇，没有人为的破坏；三是桫椤大量生长的甲料河，其实是个大峡谷，一天当中的阳光能见时间仅为1个多小时，日照短，阴气重，水分高；四是处于广西柳江源头的甲料河河水清澈见底，方圆上百里内无污染源。

桫椤是一亿多年前与恐龙同时代的植物，是恐龙的主要食物。恐龙已灭绝7000万年了，桫椤却依然在中国生存下来。桫椤又叫树蕨，高约3~4米，最高达8米，是现今仅存的木本蕨类植物。桫椤是地球历史的见证者，也是植物由低等向高等进化发展的中间过渡类型。人类要像保护大熊猫一样保护和挽救濒危珍稀植物桫椤。

桫椤河　桫椤河位于佳荣镇的东面，河流起源于佳荣镇的大土村，流经甲料、坤地两个村，因河流两岸峰峦叠嶂、古树参天、生长着大量与1.8亿年前与恐龙同一时代堪称“活化石”的国家一级保护珍稀植物桫椤而闻名。由于河底的石头五颜六色，又名七彩河。河流上游的大土村、甲料村世居民风民俗古朴的苗族，河流中流的坤地村世居以《好花红》歌舞享誉国内外的布依族。古老而神秘的苗族祭祀、淳朴的苗族自由恋爱、缤纷荟萃的苗族民族歌舞、精致漂亮的苗族服饰、诙谐幽默的布依族《矮人舞》、独具特色的布依戏，令这片集浓郁少数民族风情与旖旎山水自然风光为一体的土地显得魅力四射，令人心驰神往。

水族卯节　水族的节日习俗根据“水书”记载，水族历法一年分为十二个月和春复秋冬四季。阴历的九月为其岁首，阴历的八月为其岁尾。根据水历，水族有自己本民族特有的传统节日“端”节和

"卯"节。"端"节水语叫"借端",是水族最盛大的节日,相当于汉族的春节。逢水历十二月下旬至次年二月上旬(阴历八月下旬至十月上旬)的亥日,就是水族"端"的节日。但各地所过的亥日不二样。如三都水族自治县的内外套以第二个亥日为节日,水龙地区过第二个亥日;恒丰,三洞地区过第三四个亥日。节日前,各村寨普遍响起过端节的铜鼓声,家家户户把家具收拾得整齐干净。

节日期间,男女老幼穿着盛装,走亲访友,互相祝贺。青年们唱歌跳舞寻求配偶。他们聚集在"端坡"上举行赛马大会,邻近各族也赶来参加,坡头上人山人海,形成民族和民族之间团结的盛会,端节的来源,传说在远古时代有兄弟数人,分家后各居一方,平时很少见面,到了谷子黄时,兄弟们彼此走访,共庆丰收,亥日是他们分家的日子,以后这个节日就世代相传下来。这就是说"端节"是水族祈求丰收的一个节日,"卯"节水族语叫"借卯",逢每年的水历十月(阴历六月)择一个卯日举行。这个节日仅三都九阡的一部分村寨和独山县的水庆、永康、水利、莪蒲等地的水族才过。节日那天,人们要穿盛装上"卯坡",尽情地唱歌预祝丰收和祭祀祖先。晚上击铜鼓、皮鼓娱乐。

跳苗 "跳苗"是月亮山地区苗族欢度节日而举办的文娱活动,举办场所亦称"跳苗场",春节举办的常叫"踩歌堂"。大土苗族通常在春节、七月半、端午节、开秧门、吃新节等节日里举办不同程度的"跳苗"活动,一般节日举办半天或者一天,只有春节持续时间最长,庆典也最为隆重。在大土,春节既是饮酒作乐的节日,又是一年一度"踩歌堂"文娱活动的盛会。过去大土苗族"踩歌堂"一般在农历正月或二月的甲申日举行,时间三至五天。改革开放后,改在春节举行,与春节活动结合起来,不再另择时日。节日期间,全寨男女老幼都穿着新衣,特别是未婚少女或已婚少妇,更要把自己最好的新衣盛装和银饰都穿戴起来,在村中一块空地上跳舞,青年后生则吹芦笙,附近村寨其他民族也成群结队前来观看,非常热闹。

酸肉 荔波一带的布依族有一种独特的食肉方法,即用生鲜肉腌制酸肉,其味道鲜美独特,香气宜人,清爽上口,食之不腻,增进食欲,成为家家户户和酒家、饭店、招待所常备待客的最佳地方民族风味菜。如你有机会到荔波做客,就可以品尝到这种待客佳肴。

酸肉按布依族秘法制作,腌制出来的酸猪肉色泽鲜明,皮呈黄色,肥肉呈乳白色,瘦肉呈暗红色;每片肉上略带几粒米或花椒颗,味清香,食之皮脆,肉鲜,酸得适中,香气四溢,清爽上口,无油腻感;若在吃食时,再将酸肉洒上一些干辣粉,其具有麻辣味并略带酸味,味道更佳。

打造美丽佳荣 发展后劲充足

2013年,各项经济指标稳步增长。

全镇工农业生产总值达到26700万元,财政总收入达到200万元,固定资产投资完成7696万元,招商引资完成13351万元,三次产业结构调整到38∶33∶29,农民人均纯收入达到5947元。

项目建设和招商引资工作实现重大突破。

佳荣镇强化交通、水利、城镇基础设施建设,把全面提升经济社会又好又快发展的基础条件摆在优先位置,全镇公路通车里程达245千米,主要干线已基本建成水泥(油)路面,"村村通"工程全部实现;拉滩下俄羊水电开发项目已投入使用,坤地弄立水电站,已完成主体工程建设,即将投入使用;拉易小水电代燃料开发项目已建成,在试运营中;整治和维修了各类水利工程,建成水维、坤地、拉祥、拉滩4个中央小型农田水利灌溉工程,农村水利设施建设得到进一步加强。

确立战略发展定位,加快经济社会全面发展。

按照科学发展观的根本要求和全镇的总体发展规划,结合自身资源条件,立足当前,着眼长远,从佳荣建设大局出发,实现五大目标,即高里拉先茶叶基地、坤地拉祥威岩桑蚕种养殖基地、高里拉滩矿产开采加工带、宜居边贸小城镇和桫椤河月亮山旅游景区开发。

到2020年，努力把佳荣建设成为荔波东北部的旅游、宜居、边贸重镇，经济发展形成“一心、两轴、两带”的基本框架。GDP年均增长20%，达到3.3亿元，人均达到县平均水平，工业总产值达到1.1亿，产业结构进一步优化，其中第三产业比重明显提高，达33%，财政总收入达到500万元，全社会固定资产投资五年累计总额达到10个亿，社会商品零售总额达到1亿元，城镇居民人均可支配收入达到1.5万元，农村居民纯收入达到0.9万元，小城镇面积达1.5平方千米，人数达到8000人，城镇化率达到55%，荔波东北部的“旅游、宜居、边贸”小城镇基本建成。

生态建设和资源环境保护得到进一步加强。

一是严格土地使用和审批制度，切实加强基本农田保护，加大土地执法力度，严厉查处违法占地和违规建筑等各种违法行为。二是严厉打击非法盗采林木行为，扎实推进“珠防”工程和公益林管护工作，发放21.163万亩国家公益林补贴资金211.637万元；1200亩世行林抚育补助资金9.6万元；大土、甲料两村1428亩杉木林造林补贴资金28.59万元；高里村328.33亩退耕地造林补贴资金4.39万元。安置25个病虫害监测点，捕捉各类昆虫样本1600余只，为科学防治病虫害提供数据基础。

农业产业化健康发展，全力推动“四在农家·美丽乡村”建设。

加大农业产业结构调整，农村特色产业逐步形成。佳荣镇着力加大农业基础设施建设力度和农业扶持力度，加快农业科技的推广，结合“一村一品”的工作思路，全面推动农业产业结构调整，充分调动农民从事农业生产的积极性，农村特色产业逐步形成。截至目前，全镇形成了以拉滩、水维、威岩、坤地、拉祥为重点的种桑养蚕产业区，共发展种桑养蚕700余户、种桑面积1276亩，实现产值700万元；以高里、拉先村为重点的优质茶产业发展区，已累计建成茶叶基地5200亩；以大土、坤地、威岩、水维、岜鲜为重点的养殖业发展区，积极开展以黑猪、香猪养殖为主的养殖业，目前全镇大牲口存栏8000余头，家禽60000余羽以上。加大公益林的管护及退耕还林、造林力度，形成以大土、甲料、拉易为重点的林木产业区，在有效保护生态的同时，多渠道增加农民收入。

全力推动“四在农家·美丽乡村”建设

结合全镇农村经济社会发展总体规划以及新农村建设规划等，尤其是结合大土村苗山地区的地理优势，科学合理规划示范村寨建设，打造新农村建设与乡村旅游发展的新样板。围绕道路硬化、卫生净化、村庄亮化、环境美化、管理强化五大目标，佳荣镇计划在大土村建设环寨路总长1000米，串户路1600米，标准垃圾池5个，移动式垃圾池2个，垃圾桶10个，公共厕所2座，安装太阳能路灯26盏，综合性文体活动场所一个，推行“支部+合作社+社区”的模式，即：通过专业合作社的方式，组织引导农民进行规模化、产业化、市场化的生产，促进农民增收致富。吹响小康路、小康电、小康寨、小康房、小康讯、小康水六项行动计划的“集结号”，将为进一步完善农村基础设施，为农村地区群众实现小康打下基础。

大力推进城镇化建设，小城镇面貌日新月异。

佳荣镇作为全县的“六个重点小城镇”之一，根据县委、县政府对佳荣镇建设“旅游边贸宜居小城镇”的发展定位，充分整合各种资源，加大资金建设投入力度，大力推进城镇化建设。建成幼儿园大街、外洋大街、市场路大街、岜鲜次街、桫椤路、桫椤路次街、佳驯路大街。拆迁房屋18户，征用建设用地125亩，完成307(其中72套廉租房)户生态移民搬迁工作，目前已有305户可搬迁入住。整合各种项目近10个，累计投资7780万元，新增小城镇人口1102人，城镇化率达48%。初步形成了以佳荣圆盘为中心、十字大街为主轴，其他街道互补的小城镇框架格局，城镇化建设实现新飞跃，市场经济更加繁荣，人民生活水平大幅提高。

经过不懈努力，佳荣镇综合经济实力大幅提升，发展后劲充足。

荔波县

玉屏街道办事处

玉屏街道办事处地处荔波县中部，由原玉屏街道办事处、原水利水族乡、原水尧水族乡合并而成，北与三都县周覃镇、九阡镇接壤，南连黎明关水族乡、朝阳镇，东连茂兰镇，西连甲良镇、小七孔镇；位于东经 107° 53′ 、北纬 25° 25′ 之间，平均海拔 428.7 米，是县城所在地，也是全县政治、经济、文化中心和交通枢纽。境内居住着汉族、布依族、水族、苗族、侗族、瑶族等民族，少数民族人口 1.97 万人，占总人口的 80.2%，全境总面积 160 多平方千米。

荔波被誉为“地球腰带上的绿宝石”。

在新西兰召开的第 31 届世界遗产大会上被正式列入世界遗产名录，成为贵州省第一个世界自然遗产地。

县政府驻地玉屏镇

玉屏镇历史悠久，山川秀丽。

宋为荔波溪洞、蒙村巡检司、羁縻荔波州治驻地。明为蒙石埲全享寨、蒙土司领地及治所。清顺治元年至民国年间（1644 ~ 1949）为蒙石里及荔波县治所在地。民国二十年至二十四年（1931 ~

1935）为玉屏镇、安涛二镇联保；民国三十二年（1943 年）为玉屏镇，直属县管辖。新中国成立后，1949 年至 1952 年沿用玉屏镇名，1953 年改为城关镇，直属县管辖；1954 年建置数改；2013 年 5 月 11 日撤镇建制，成立街道办事处。

好山好水 天赋至尊

玉屏风景名胜区喀斯特地貌十分典型，喀斯特形态多种多样，锥峰尖削而密集，洼地深邃而陡峭，锥峰洼地层层叠叠，呈现出峰峦叠嶂的喀斯特峰丛奇特景观。

玉屏地杰人灵，是中国共产党创始人之一邓恩铭、我党早期建军参与人（黄埔军校指挥官）蒙九龄的故里；境内名胜古迹众多，是荔波旅游胜地的核心区域，境内已开发的景区景点主要有水春河峡谷漂流、邓恩铭故居、世界遗产展示中心、白岩“泰美乡居”度假村等；目前正在开发的景点主要有兰鼎山森林公园——东园、福利江滨布依农家观光体验园、水扒水族风情避暑山庄等；有待开发的景点主要有荔波古八景、荔波革命英烈纪念馆、蒙九龄故居、水甫石棺古墓群、东门永济泉、龙宝山万亩桃园、拉岜村万亩柚子园、水架民族生态园、樟江休闲公园、布依族水族瑶族特色文艺歌舞等多处自然、人文和乡村景区。

一大代表邓恩铭故居 邓恩铭故居由故居、水浦村板本寨祖居老屋和“酸汤”饭店遗址等组成。故居位于荔波县城向阳路，为一栋四排三间的普通民房，坐东朝西，当街而立。大门对面左侧 10 余米处生长着一株 200 余年的古榕树，树干周长 10 余米，高约 15 米，枝叶繁茂，四季常青，盘根错节，生机盎然，整体如伞状树冠。

1979 年，被批准公布为文物保护单位，现故居维修完好，并在新建陈列室举办有“邓恩铭烈士生平事迹展”。

邓恩铭（1901 ~ 1931），水族，中国共产党早期创始人之一，中共一大代表。1901 年出生在贵州省荔波县北部水浦村板本寨水族杆栏式祖屋中。1905 年随父亲邓国琮迁往荔波县城北街（即今向阳路 21 号邓恩铭烈士故居）居住。1917 年秋，邓恩铭投奔在山东做事的堂叔，考入济南省立第一中学。“五四”运动期间，在校组织进步团体“励新学会”。1920 年组织“马克思学说研究会”，后改称“共产主义小组”。1921 年 7 月，与王尽美同为济南共产主义小组的代表，出席党的“一大”，后又先后出席党的“二大、五大”。1922 年 1 月赴莫斯科出席远东各国共产党及民族革命团体第二次代表大会。回国后在山东做党的工作和领导工人运动。1926 年任山东省委书记。1928 年秋在济南被捕。

1931年4月牺牲于济南，年仅30岁。

作为中国共产党早期创始人之一——邓恩铭的故居及其出生地水族传统杆栏式，不仅承载着厚重的民族文化，还承载着邓恩铭烈士早年的生命足迹，是进行爱国主义和革命传统教育的重要基地。

水甫石棺古墓群 荔波县水甫古墓群300座（省级文物保护单位），其中水甫古墓群于2006年清理并复原墓葬9座。

水族古墓群是珍贵的民族文化遗产，是展示水族丰富多彩的民族文化的百科全书，墓葬分地下和地上两部分，以地上部分最具民族特色。从墓葬形制看，可将水族墓葬分为四类：1.地面建长条形仿杆栏式石棺形，一至三层不等，以一层者为多，瓦屋顶。部分石棺顶端、侧壁有雕刻图案，内容有神兽、牛马、人物、花草、战争、民族舞蹈、秘戏、铜鼓、阴阳等，有的墓葬后面还刻有石立人；2.地面仍建长条形石棺，但墓前建有门楼式墓碑，石棺上的雕刻则基本不见，部分墓葬甚至不用石板盖顶，棺内填土；3.薄石板叠砌墓，主要分布在水达和水甫两地，地面用大小不一的薄石板砌成长方形坟堆，少数墓后有石立人；4.墓葬有圆形封土并用修整规则的条石围砌，墓前建有门楼式墓碑，墓碑上刻墓主人姓名、生卒年等，少数墓葬碑文还使用了水文、汉文两种语言文字。有纪年的墓葬主要是清代道光咸丰年间，因而墓葬主要以清墓为主，少数墓葬可早到明代，晚到民国初年。

水族墓葬形制奇特，类型多样，反映了丰富多彩的民族习俗和丧葬文化特点，特别是墓上的雕刻图案从不同侧面反映了水族与各民族和平共处、相互吸收的历史，不仅具有重大的科研价值，还具有较高的工艺美术价值。

蒙石里 荔波石城始于清乾隆二年（1737年），建于蒙石里，城墙周长五百四十六丈，高一丈八尺五寸，建有东旭、西成、南薰、北拱四座城门、四门炮楼及东门月城，其城墙周长三十余丈，高一丈六尺，中掘一泉，四周围以石，并筑石梯数十级，曰：永济泉。期间立县治，设学署，建文庙、武庙、社稷坛、历壇、文昌宫、荔泉书院等。

水春河风景区 属于小七孔风景区，是樟江风光最为秀丽的一段，以布依族古寨水春寨而得名。源起月亮山原始森林，向西流经荔波县城，沿岸景点星罗棋布，风光旖旎。

水春河位于荔波县东部，距县城3千米，是樟江上游一轴长达13千米的峡谷丹青画卷。峡谷两岸险峰夹峙，浓阴蔽日，峭石突兀，江流如练。有水平如镜的峡谷平湖，宁静、清幽，富有诗情画意，泛舟绿水白云间，宛如在画中游；有湍浪翻卷的急流险滩，顺十三道浪七重滩咆哮而下，喧闹、惊险、刺激。

水春河是贵州著名的漂流景点之一。水春河以峡谷观光、激情漂流为主，有人工漂和自助漂，乘着橡皮舟在翻卷奔腾的巨浪急流中，时而把皮艇推向高高的浪尖，时而又跌落深深的谷底，搏浪击水，俯仰起落，在试胆浪、梅滩、苦竹滩、白石滩、姊妹滩等一道道浪、一重重滩中曲折回旋，沐浪浴涛，能够真切地体验到一种难以言传的惊险与惊喜、浪漫与刺激。

拉雅瀑布 从铜鼓桥往前门方向200米，就来到了美丽的拉雅瀑布，瀑宽10米，落差30米，幽静丛林水、瀑、桥(4张)逼近，仰视，但见瀑首悬蓝天，旁缀白云，几疑天河自空而降。瀑势如山倒，吼声状雷，颇为壮观。瀑布腾空喷泻，横向坠落，同响水河纵向错落的68级跌水瀑布构成一幅绝妙的立体交叉瀑布群景观。瀑在路侧，人在瀑下，倍觉畅酣和亲切。瀑布溅喷的水雾飘飘洒洒、纷纷扬扬，给游客以扑面凉爽和美的享受，可一洗征尘的暑热和劳乏，顿觉轻松和振奋。

建镇富镇 特色领跑

按照县委、县政府强力推进"四在农家·美丽乡村"建设要求，安排部署和启动实施"四在农家·美丽乡村"基础设施建设——小康路、小康水、小康房、小康电、小康讯、小康寨六项行动计划，以生态文明建设为统领，围绕"新农村建设、同步小康创建活动、玉屏农业综合产业园"的总体规划，以促进农民增收为核心，以加快农村城镇化、农业现代化为重点，以发展农村经济、改善人居环境、提升生活品质、传承生态文化、培育文明新风为目的，努力打造体现玉屏地域风格、独具特色的美丽乡村和宜居、宜业、宜游的美好家园。

坚持"一寨一景观、一村一风格"，按照"集中为主、适当分散、依山傍水、错落有致"的建设要求，2013～2016年，依次完成拉岜村、福利组、时来村、板旺村、水春村、水甫村的示范村建设任务；到2015年，争取全部达到"布局基本合理、设施基本配套、环境较为整洁、村貌总体美化"的目标；到2017年实现"四在农家·美丽乡村"创建全

覆盖，彻底改变全办贫困面貌，实现全面小康。

充分结合实际，赋予"四在农家·美丽乡村"以新的内涵，把民生工程抓好、抓实、抓出成效。坚持以"科学规划、分类实施；示范带动、整体推进；产业支撑、彰显特色；整合资源、项目带动；先易后难、分步实施；因地制宜、以人为本"为原则，按照与特色小城镇建设相结合，与产业发展相结合，与危房改造、一事一议、扶贫生态移民搬迁相结合的要求，全力推进"四在农家·美丽乡村"建设工作。

以"富在农家"推动经济发展。大力调整农业产业结构，按照"一村一品、一村一特"或"多村一品"要求发展特色优势产业，选择符合本地发展的路子，宜旅兴旅，宜农则农，依托区位优势、旅游资源优势、精品水果产业优势，着力提升乡村旅游内涵，全力发展特色农家乐、观光农业产业和乡村旅游客栈，加大特色民族文化的挖掘和利用，加快农业综合产业园建设，推行"生产 + 加工 + 销售 + 观光 + 居民"功能区，积极发展农民专业合作经济组织，推广"公司 + 合作社 + 农户"模式，大力发展村级集体经济，实现村村都有产业支撑。大力培育种植、养殖大户和科技示范户，培育和引进龙头企业，充分发挥示范带动作用，促进农民增收致富。通过"两权"抵押贷款、小额贴息等途径，拓宽新农村建设融资渠道，为农业发展、农民增收增添活力，用足用活城乡统筹改革试点政策，深化集体土地、林权、宅基地和房屋产权改革，促进土地资源节约集约利用，推动生产要素规范、有序、高效流转，不断增加农民收入。

以"学在农家"培育新型农民。培育和弘扬社会主义核心价值观，广泛开展"忠心献给祖国、爱心献给社会、诚心献给他人、孝心献给父母、信心留给自己"的"五心教育"活动，全面提升农民思想道德素质。加快发展学前教育，改善办学条件，筹集助学资金，确保全办辖区内无一人失学、辍学；大力培养农业适用技术人才，广泛开展农村适用技术培训、农民工劳动技能培训和政策、法律、科技、文化、经济等方面的培训，培养有文化、讲文明、懂技术、会经营的新型农民。继续广泛开展精神文明创建活动，组织开展"文明玉屏""平安玉屏""诚信农民""星级文明户"等各类群众精神文明创建活动，努力提升农民文明素质和全办文明程度。

以"乐在农家"实现文化惠民。加强农村文化广场、农家书屋、文化信息资源共享、远程教育、广播电视村村通、体育健身等文化惠民项目建设。健全各村公共服务体系，大力推进基本公共服务向农村延伸，打造功能完善的便民服务站。深入开展文化、科技、卫生"三下乡"活动，依托传统节日、纪念日、少数民族节日，广泛开展"乐在农家"主题活动；大力发展文化事业和文化产业，培育农村文艺骨干，挖掘和保护民族民间文化遗产，加强对传统文化的保护与传承，促进少数民族文化和乡村旅游业繁荣发展。

以"美在农家"建设美丽乡村。加快基础设施建设向农村延伸，重点解决农民群众最急需的饮水安全、道路硬化、房屋改造、环境整治等问题。统筹美丽乡村小康路、小康水、小康房、小康电、小康讯、小康寨等基础设施建设资金，大力加强基础设施建设。结合农民需求和农村自然条件，注重继承传统和时代创新，突出农村特点、地域特征、民族特色、文化内涵，因地制宜改造农村危房，改善农民居住条件，建设山水田园村寨和民族特色村寨；结合各村(居)建设规划，积极引导农民在房前屋后栽花种树，绿化美化庭院，改善居家生活环境，注重室内外和个人卫生，养成文明健康的生活方式；以村容村貌整治为重点，强化环境整治、提高建房质量、完善配套设施；加大对柴草乱垛、粪土乱堆、垃圾乱倒、污水乱泼、畜禽乱跑的整治力度，建设科学规划布局美、村容整洁环境美、创业增收生活美、乡风文明行为美的美丽乡村。

龙里县

湾滩河镇

湾滩河镇位于龙里县南部，北接龙山镇余下、莲花，西面与贵阳市高坡乡、黔陶乡交界，南连惠水岗度乡，东面与贵定县云雾乡、巩固乡接壤，国土面积244平方千米，辖34个行政村，1个社区，259个自然村组，总人口44365人，农户数0.9万户，农业人口4万人。耕地面积2.9万亩，其中农田面积2.6万亩，土地面积0.3万亩，平均海拔1100米，年平均气温19℃，无霜期271天，年降雨量1069.5毫米，林灌覆盖率达40%。2013年，全镇农作物播种面积12.2万亩，农业总产值1.6亿元，粮食总产量22400吨，蔬菜总产量54650吨，烤烟总产量3750担。

湾滩河镇气候温和、土地肥沃、风光优美，布依、苗族民族文化风情浓郁，素有龙里“南部明珠”之称。

镇内布依、苗族原生态名族文化摇曳多姿，现代生态农业田园风光秀美。走马村孔雀寨就是一个历史悠久、民族风情浓郁的布依族村寨。依托山清水秀的良好生态环境和浓郁的布依族民俗风情文化，湾滩河镇孔雀寨已成功举办了六届孔雀布依风情园“七夕”情歌节，勤劳朴实的布依族群众秉承了“天人合一”的生态文明之路，延续着回归自然、原生态、绿色低碳的生产生活方式，大力推广了循环、安全、生态无害化的现代农业生产技术。

特色旅游 精彩纷呈

生态环境优美，旅游资源开发潜力大。有清澈见底的10千米湾滩河，沿河两岸杨柳、翠竹相映成趣；有雄伟壮丽的营盘山及上百年的古苍松苍柏；有怪石林立的翠微石林，有晨钟宝刹的翠微寺；有田间河畔的布依山歌；有丰富多彩的民俗民间活动；有即将修建的枧槽冲湖等。

湾滩河民族风情旅游区 湾滩河民族风情旅游区位于龙里大草原的南部，蜿蜒流淌的湾滩河孕育了这里丰富的旅游资源。从果里洞棺葬、“跳洞”、苗族古歌，到木马营屯、布依书画艺术之乡，再到中华布依族生态歌谣创作基地——孔雀布依风情园、翠微寺……徜徉在万亩田园之中，沉醉于自然与历史相交、天工与人文互映的杰作，让人心旷神怡，流连忘返。

湾滩河现代高效生态示范园区 湾滩河镇万亩大坝土地肥沃、水源丰富，又地处云雾山脚，土壤气候条件得天独厚，是贵州省农科院选定的优质米示范基地之一。随着产业结构调整的进一步深化，羊场镇已逐渐发展成为以发展优质米生产及农副产品加工为龙头、以小城镇建设为新的经济增长点的对外开放经济重镇，优质米、稻田养鱼、竹荪、优质茶等特色产业正在发展壮大。年产优质大米5000吨，绿茶1.5万斤、苦丁茶6000斤。

孔雀寨的神话传说 湾滩镇孔雀寨是“中华布依族歌谣生态研究基地”。

这里民风淳朴，崇尚文化。关于孔雀寨，还有一段美丽的传说。

相传盘古开天辟地以来，“孔雀寨”本名不叫“孔雀寨”，当地却是一片荒芜的沼泽地，到处乌鸦为患，乌鸦糟蹋当地布依族群众的庄稼、菜园，乌鸦的叫声也把天上的神仙惹怒,真是民不聊生、人神共愤。玉皇大帝大怒,召集众仙商议,合谋围剿妖怪老鸹,但是却没有一个神仙敢带头下凡绞杀老鸹。就在此时,孔雀大明王菩萨奏请自荐自己的六女儿“孔雀”(据《孔雀王咒经》《大孔雀咒王经》《胎藏界七集》等文献记载:混沌初开。清而轻上升化天,浓而重下沉作地。日月既明,星辰环绕,逐万物滋生。百兽拜麒麟为帝,百鸟以凤凰为王。凤凰,雄为凤者雌为凰,天地交合,逐生九种:金凤、彩凤、火凤、雪凰、蓝凰、孔雀、大鹏、雷鸟、大风。百鸟中以孔雀最美,华丽夺目,霞光漫溢,百花为之羞容,云彩为之失色。然性傲,不羁。佛曾尝与之交往,不得,乃怒,约之大战于昆仑山下。孔雀凶猛,鲸吞佛,佛艰难破其背而出,大惧,欲杀之。帝谓曰:不可。孔雀乃凤凰最宠,杀孔雀则伤凤凰,谅之,谅之。乃投之无间道中,放逐三界之外——魔界),恳请玉帝给女儿一次戴罪立功的机会。玉帝大悦,下旨派遣孔雀大明王菩萨之女“孔雀”下界捉拿老鸹,并承诺灭掉老鸹,就赐孔雀金身,封为“孔雀公主”。孔雀下凡到孔雀寨后,见老鸹呱呱乱叫,并给老鸹下了挑战书,要求在七月初一那天与老鸹比唱歌,看谁的歌声好听,还誓言若老鸹输了就离开此地,从此不能扰民、破坏庄稼。

最后,孔雀和老鸹在后山唱了七天七夜,石头上都站出了孔雀脚印,脚印仍保留至今。老鸹见状不妙,羞愧地离开了这个地方。每年农历七月初七是孔雀唱歌胜利的日子,当地布依族群众为纪念这位“孔雀”恩人,就把寨名改为“孔雀寨”,并在这一天举办山歌赛,而这天正是牛郎织女鹊桥相会的日子,人们便把山歌赛改为了“情歌节”,一年一度,绵延至今。

自从老鸹被驱走之后,寨前的小溪水变成了清澈的河流,在寨前蜿蜒流过,因其流势弯弯曲曲,又名“湾滩河”。所以“孔雀寨”与“湾滩河”的名称由此而来。

“七夕”情歌节 “今天来到湾滩河,遇到情哥把我约……”走进湾滩河一年一度的“七夕”情歌节,布依族山歌就会悠扬地飘过来。

8月2日,是中国民间传统节日“七夕”情人节。在龙里县湾滩河镇走马村孔雀风情园,布依青年情侣们选择了具有当地民族特色的恋爱表达方式,对唱情歌,相叙爱慕之情。

龙里县湾滩河镇,这里居住着布依族、苗族等少数民族,少数民族占到当地总人口的75.9%,镇

内布依族、苗族原生态民族文化风情浓郁，农业田园风光秀美、自然山水景色旖旎。

近年来，为积极营造民族文化氛围，丰富人民群众的精神文化生活，走马村已连续举办了六届孔雀布依风情园“七夕”情歌节。

当天，来自省内各地的少数民族同胞们身着节日盛装，云集到风光秀美的孔雀寨，或在树林中、或在河畔边满怀柔情地唱山歌、对情歌，借此向心仪之人表达爱慕之情。

在“七夕”情歌节上，除了山歌对唱外，各种缤纷多彩的民俗文体活动受到广大民族同胞和游客的热烈欢迎。墨韵湾滩书画笔会、布依民歌比赛、杂技表演、情歌卡拉赛、抓鱼抓鸭比赛、情侣水中拔河比赛等一系列极具民俗特色的文娱活动吸引大家的踊跃参与。

环保与生态文明和谐共赢

滩河镇充分利用良好的区位优势、宜人的气候条件和丰富的自然资源，围绕蔬菜、林下经济、特色养殖等优势产业，整合园区资源，加快园区结构调整，带动产业升级，走出了一条“政府引领扶持、企业大户带动、市场拓展激活、品牌创建助推”的“四位一体”现代农业发展道路。同时，聘请农业部规划设计研究院对《龙里县湾滩河生态农业示范区建设规划》进行提升，按照高起点规划、高标准建设、高效益运作的要求，进一步明确了现代生态农业示范区的发展思路，在《规划》中明确园区以蔬菜产业为主导产业，充分发挥资源、区位、山地农业的特点和优势，注重生态农业与现代科技的有机结合，综合考虑对景观生态性的保护，确立了“一核、两区、一环、两带、四大业态”的现代生态农业产业发展总体布局，形成了“一轴、两园、四片区”的空间结构，确定了农业科技核心服务园、布依风情园、农业科技试验示范区、设施农业示范区、优质蔬菜种植示范区、农产品加工物流贸易区、园区景观轴等七大功能分区，在生态环境改善及综合利用方面将充分依托建设地点的资源优势，选择在背风向阳、排灌方便的地区建设连片的生态农业示范基地，推广先进的生态技术，实现良性生态循环，并建立综合养殖示范基地，进行科学养殖，形成良性食物链。果蔬下脚料、生活垃圾、部分猪栏粪用于沼气池，产生能源供应养猪和生活燃料。部分猪粪、鸡粪经过发酵处理后，以及沼渣可作果园、无公害蔬菜生产基地的肥料。坚持在保护中开发、在开发中保护的方针，开源与节流并举，开发与保护并重，坚持统筹规划、科学发展、合理利用、依法保护的原则，建设高标准生态农业示范基地，这将有利于改善整个示范园的生态环境，营造出一个优雅、清新的自然环境。

完成渔洞村移民搬迁 20 户，新营村生态移民安置工程 102 户，共计完成投资 2500 余万元。

向水利局争取投资 600 多万元对湾滩镇小冲水库、盘脚水塘、谷港水塘、花椒水塘、刺昌冲水库进行除险加固和摆勺河道整治建设，完成了摆兰病险水库治理，新建营屯水库、联合山塘及农田灌溉沟渠 10.2 千米；提高了防汛安全能力，改善了水体质量和生态环境。

整合文化旅游项目资金 290 余万元完成文化长廊、休闲凉亭、绿化树、水车、花池等设施建设。

依托生态农业园区建设生态旅游小镇，湾滩河镇依托地处黔中地区腹部，面向港澳和珠三角地区的交通区位优势，以争创“国家级生态高效示范产业园区”为契机，突出项目支撑，建设集科技先进、产业高效、绿色生态、休闲观光于一体的现代生态农业示范园。一是以种植示范、物流集散与培训教育、观光旅游为主，以走马村、新营村、甲摆村、毛栗等 8 个村为核心区域，重点建设蔬菜科技园、布依风情园、净菜加工厂、冷链物流中心、交易中心、培训教育中心的面积 1 万亩的园区核心区。二是以良好的生态环境和资源优势为依托，以现代化设施建设为手段，以实现绿色无公害蔬菜标准化生产为主攻方向，实施龙头企业和品牌带动，建成 5 万亩高标准供粤澳蔬菜产业带和 5 万只竹鼠特种养殖产业带。三是以新技术、新品种、新模式的试验、示范和展示为主要目标，着力打造具有贵州喀斯特地形地貌特点的蔬菜科技博览园；以建设冷链物流中心为主体，配套净菜加工、畜产品加工及配送中心，着力打造农产品产地市场和蔬菜深加工产业园；以“猪—沼—菜”为生产模式，形成 10 万头标准化生猪养殖、1 万亩蔬菜种植和 1200 立方米沼气池建设规模，着力打造循环生态农业示范园。

日趋完善的基础设施、日益提升的项目集聚和辐射能力，未来的湾滩河镇将是一个以优质米、茶、农副产品批发为中心，集生态农业、乡村旅游和休闲度假为一体的物流集散地和人流接纳地。

美丽乡村建设与农业发展 比翼双飞

已建成羊场至湾寨 6.5 米宽油路 9 千米；积极争取投资 1100 万元修建“场坝—盘脚—新华”长达 4.5 米，宽 20 余千米的水泥路；争取项目资金 700 余万元修建团结至渔洞水泥路、摆主村到摆绒村水泥路、新龙村至新庄村 4.5 米宽水泥路 13.5 千米；2600 万元草原至湾寨油路已建成使用；新营至甲架、岱林至木马通村水泥路正在建设中；480 万元羊场至联合油路建设、600 万元岱林至木马油路建设、630 万元羊场至云雾公路大修项目、甲摆金至藕寨通组公路硬化工程正在开工建设中。

积极引导调整产业结构，促进农民增收致富。通过鼓励返乡农民工自主创办合作社、发展刺梨、茶叶种植带动村民调整产业结构，提高农民收入。翠微村藕寨返乡农民工罗习平自己投资 80 万元发展刺梨、茶叶种植基地，起到了积极的引领作用。

全面推进“一心、四带”农业规划建设。“一心”：即整个园区的核心区，位于走马村、新营村、甲摆村等 8 个村。以种植示范、物流集散与培训教育、观光旅游为主。重点建设项目：蔬菜科技园、布依风情园、净菜加工厂、冷链物流中心、交易中心、农业技术培训教育中心。“四带”是指：

供粤港澳蔬菜产业带——以蔬菜园设施建设为手段，以实现绿色无公害蔬菜标准化生产为主攻方向，新品种、新技术应用率达 100%，农产品全部通过农业部无公害认证，实施龙头企业和品牌带动，建成 5 万亩（其中核心区 1 万亩，拓展区 1 万亩，辐射区 3 万亩）高标准供粤港澳蔬菜产业带。

竹子种植与竹鼠养殖产业带——通过种植竹子、养殖竹鼠，建设竹鼠繁育及加工中心，建成万亩竹海观赏和 5 万只竹鼠特种养殖产业带。

林下养殖产业带——以园区丰富的林地资源为依托，在林下放养绿壳蛋鸡、本地土鸡等禽类，建设绿色生态的 20 万只林下养殖产业带。

生态观光旅游产业带——以园区良好的生态、民族文化资源为依托，建设生态观光旅游产业带。打造万亩大草原、高原风电观光、苗族风情园、布依风情走廊、摆省果里苗族洞棺葬遗址等旅游景点。

龙里县

醒狮镇

醒狮镇位于龙里县西北部，紧邻贵阳市乌当区偏坡乡和南明区永乐乡，国土面积178平方千米，其中耕地面积14444亩（其中田6920亩，土7524亩），宜林荒山2万多亩。镇辖20个行政村和1个社区居委会，总人口24702人，其中少数民族5476人，占总人口的36.30%。醒狮区位交通便利，距龙里县城43千米，距省会贵阳市中心24千米，距离贵阳龙洞堡国际机场15千米，境内有千洗、把醒、醒偏、醒永、乌偏、谷洗等公路贯通，规划建设的小尖高速、贵阳东三环穿境而过，交通便捷，区位优势比较明显。

醒狮镇2012年被列为“全省100个示范小城镇”。

醒狮资源储量丰富，土质肥沃，荒山荒坡和林地开发的潜力较大；有35千伏变电站1座；矿产以煤矿和硫铁矿为主。醒狮“猫酒”、猫场豆腐、大岩根雕等特色农产品发展潜力巨大；优质肉牛、羊养殖、竹鼠养殖、绿色无公害蔬菜、经果林等农业产业发展有一定基础。

人文景观和民族文化构成一道靓丽的风景线。

空谷幽兰 恍若仙境

游观醒狮，知名旅游景点必然前往。这里奇山异水，林木葱茏，犹如人间仙境。

金龙谷风景名胜区 金龙谷风景名胜区坐落于渔洞河上游，东支流发源于龙里县醒狮镇境内，流经贵阳市乌当区永乐乡的石笋沟、羊角桥、石板塘；北支流发源于龙里县醒狮镇与贵阳市乌当区偏坡乡境内，流经龙里县醒狮镇大岩村，穿过小岩布依寨，上述两条支流在小岩的轿子山脚下汇入渔洞河，穿过渔洞峡，在贵阳市乌当区东风镇头堡村与渔梁河相汇后，注入南明河。属长江流域，乌江水系。属亚热带季风湿润性气候。年平均气温14℃左右，年平均降雨量1220毫米，雨量充沛，气候温和，冬无严寒，夏无酷暑。

金龙谷景区北支流为山间小溪，它蜿蜒曲折，是醒狮镇大岩村和小岩布依寨农田灌溉的主要水源；东南支流，流量大于北支流，在石笋沟大白岩，石板塘切割较深，形成较宽阔的湾塘、河滩、阶地，是贵阳市永乐乡的一大主要农田灌溉水源。南北两支流在小岩轿子山脚下相汇，形成深切蜿蜒、深幽曲折的峡谷，景区内最高点为大横坡山，海拔1335.6米；最低点为贵阳市东风镇来仙阁，海拔970米，属于苗岭山脉，其地形地貌属黔中山原，表现为岩溶谷地、岩溶洼地、岩溶峡谷，称为中山岩溶地貌。

金龙谷景区的主要岩层为薄层碳酸盐岩，以典型的人字形(金字塔形)折曲构造为特色，是折曲地质构造中的一个特例，金龙谷由此而得名。在金龙谷这块喀斯特地段中，有正在演化的喀斯特河谷相互袭夺与被袭夺，可以实地观察到喀斯特峡谷的过去、现在与将来，喀斯特地块的溶蚀、浸蚀、淘蚀、冲蚀、溶洞的形成与堆积等，充分显示了喀斯特奇观的伟大“雕刻家”——水的表演活力。

景区内主要植被以灌木为主，间有青杠林、竹林、果园，渔洞峡两岸的大关口、文笔碉、二锅山万亩森林，是渔洞峡金龙谷景区的重要依托。金龙谷中心景区的大岩、小岩村寨达百年以上的古樟树32株，古柏11株，古沙棠等杂树40余株，在这些百年以上的古树中，有五大奇树奇观：

1.位于小岩布依寨中的孪生古柏，至今还是未解之谜。

2.位于金龙谷悬壁上的仙女树，惟妙惟肖。

3.位于山坡布依寨旁的古香樟群落，命名为香樟园，是亟待保护、可利用的有价值的好资源。

4.位于小岩轿子山白岩悬壁上的龙爪古樟，是小岩布依寨的最佳风景树。

5.位于小岩布依寨的铃铛花树，又称马安树。这种树开花时由青—淡黄—大红—土黄，花期长

从每年6~10月,冬季花呈土黄色,每逢风吹动就发出铃铛声,由此而得名;7~9月花呈红色,色彩鲜艳。

龙架山森林公园 位于黔南布依族、苗族自治州龙里县境内,隶属于贵州省林业厅直属的龙里林场,总面积2.7万余亩,距贵阳30分钟车程,距龙洞堡国际机场20分钟车程,距龙里县城2千米。年均气温14.8℃,年均降水1089毫米,年均日照1248小时。公园地处苗岭山脉中段,山峦连绵起伏,林木繁茂葱郁,瀑布跌水纵横,奇峰异石耸立,山势雄伟,峭壁嶙峋,谷深水急,怪石峥嵘,河水清澈透明,山泉冰凉甘冽。龙里是贵阳的后花园,是贵州东线和南线旅游的第一站。今天,被誉为"林城"贵阳百里林带,大约1/3的林带属于龙里林场的龙架山森林公园。龙架山森林公园的莽莽林带,像一条绿色丝带围绕在贵阳的南部和东南部,形成一条绿色长廊。它又像一座巨大的绿肺,每日为贵阳送去新鲜洁净的空气和充足的氧气,同时调节着山城贵阳的空气湿度和温度,使贵阳地区成为一座名副其实的"天然大空调"。龙里的森林资源与台地草原以及猴子沟喀斯特峡谷景区交相呼应,共同构成了龙里潜力巨大的生态旅游资源。它们紧贴中心城市的区位优势,为贵阳市近郊旅游增添了一份稀缺的资源,填补了空白,使龙里成为一个极具吸引力的都市近郊旅游目的地。

猴子沟风景名胜区 位于龙里县南部,距贵阳市中心28千米,距龙洞堡国际机场23千米。景区含有82个景点,分属两大片区:一是包括猴子沟、国翁、宝和冲一带的喀斯特峡谷,共有景点50余个,面积约60平方千米;二是波状起伏的开阔草场,包括亮山坪、王寨坪、马郎坪、谷朗坪、五里坪等高山平台,共有景点20余个,面积约99平方千米。猴子沟风景区由大面积的草原与草原中的峡谷、沟谷、峰林、峰丛、竖井、天坑、洼地以及由此而形成的自然气候、植被、景观等有机组合。台地草原—猴子沟峡谷地质构造组合,主要表现为台地草原与猴子沟峡谷两大不同景观单元的有机组合,即山顶上是大草原,山脚下是猴子沟。

台地草原景区地处黔中腹地的长江水系和珠江水系分水岭地带,具有黔中地区普遍存在的喀斯特复合地貌类型,如开阔的溶蚀盆地、宽谷式槽谷、峰林盆地、峰丛洼地与峰丛谷地等,它们共同构成了龙里的喀斯特地貌景观。然而,龙里还有一个更绝妙的地貌景观,那就是高耸于黔中第二平台上的喀斯特"台地草原—峡谷"。著名的龙里"台地—峡谷"景观在贵州这座喀斯特王国中独领风骚。

峡谷景区内全为碳酸岩出露,水热条件好,所以岩溶发育很强烈。良好的条件造就了丰富多样的自然景观,主要有峡谷、山峰、洞穴、洼地、落水洞、飞瀑以及各种奇山异石。地貌景中"孔雀开屏、猴王把关、望天洞、坐井观天、双龙飞瀑、猴王拜师"等分别被评为国家及省级景观。

景区内主要为原始次生态植被,森林覆盖率达70%以上,区内有许多国家一级、二级保护植物。由于植被的覆盖率高,为野生动物繁衍栖息提供了较为优越的生存环境。在这里,国家重点保护的珍稀动物有十多种,如斑羚、猕猴、林鹿等;峡谷溪流中还有许多珍稀的鱼类。

猴子沟景区内气候属北亚热带季风性湿润气候,峡谷景区更是冬无严寒、夏无酷暑,具有得天独厚的气候条件。岩溶景观丰富而典型,具有极佳的自然环境及优质多样的生态系统。从科学的角度看,这种原生态环境是一座难得的自然宝库,一座"生态实验室"。从心理学角度看,它是城市近郊一处十分宜人的自然公园,一个心灵的休憩之地。这里的森林、峡谷、草原,无不具有一种发人幽思的魅力。这里是徒步旅行、健身康体、科考教学、探险寻秘的好地方。

醒狮三绝 魅力四射

提到醒狮,许多人不经意联想到醒狮豆腐,醒狮豆腐以味香、耐煮、口感佳而远近闻名,醒狮豆腐的做法主要沿用传统工艺酸汤点豆腐点制而成,再加上基本采用当地自产大豆来泡制,成就了独一无二的醒狮豆腐的味道和美名。更有“来到醒狮不吃醒狮豆腐就不算来到醒狮”之说，因是大众食品，人群接触面广，醒狮三绝中知名度排名第一！

醒狮豆腐存在的历史悠久，相传是在公元前164年，由中国汉高祖刘邦之孙——淮南王刘安所发明。时至今日，已有2100多年的历史，深受我国人民及世界人民所喜爱。豆腐具有高蛋白、低脂肪的营养价值，具有降血压、降血脂、降胆固醇的功效，是生熟皆可，老幼皆宜，养生摄生、益寿延年的美食佳品。

来到醒狮做客，除了品尝豆腐，少不了的就是猫酒招待，猫酒得名于原醒狮镇在1949～2001年叫猫场（乡）镇，那时本地赶场是以十二生肖规定赶虎场，但新中国成立前本地虎多为患，人们忌虎便将虎字改为猫字，赶场说赶猫场而不讲虎场，猫酒随着猫场的得名而得名。猫酒就像它的名字一样虽浓烈但清香，人喝不易醉。醒狮三绝中知名度排名第二！

醒狮大岩根雕以保持传统的手工雕刻方法、精湛的雕刻技术，使自然美的“奇”与人工美的“巧”自然地结合起来，以生动、天然、逼真的形象赢得了不少国内外客户的认可，大岩村也因此被冠名“根雕艺术之乡”，来到醒狮不可不观赏一番，虽然它的发展历史只有短短30年，但却以高贵的形象迅速成为醒狮最闪亮的名片，但因它的发展比较坎坷，人群接触面不宽，醒狮三绝中知名度只排第三！

浓缩精华　打造美丽小镇

醒狮镇2012年被列为“全省100个示范小城镇”之一，未来几年，醒狮镇将立足地方特色和区位优势，坚持“工业强镇、农业稳镇、旅游兴镇、商业促镇”的总体发展思路，以“小城镇”建设为引领，按照“小而精、小而美、小而富、小而特”的要求，结合“六型”小城镇特点，把交通、工业、旅游、果蔬、特色农产品、商业贸易等要素融入小城镇建设，将醒狮建设成为特色鲜明、设施完善、功能齐备、环境优美、宜商宜贸宜居的商贸集散型城镇。

生态文明建设健康有序推进。为树立“切实保护好森林，保护生物多样性，善待自然生态、珍惜自然资源，转变经济发展方式”的发展观念，醒狮镇把生态文明建设作为一把手工程来抓，专门成立了生态文明建设工作领导小组，全面协调、指导生态文明建设的相关工作，确保了生态文明建设的健康有序进行。

加快发展，促农增收，为加强生态文明建设奠定物资基础。

醒狮镇立足农民增收，强力推进农业产业化、规模化、标准化进程，积极发挥龙头企业的带动作用，探索现代农业发展新模式，扎实开展招商引资工作，发展环境不断优化。

生态环境建设情况。为改善老百姓的居住条件和人居环境，镇人民政府积极组织实施小城镇建设工程，组织群众实施农村旧危房改造和乡村道路改造，新农村建设取得显著成绩。以“美丽乡村·四在农家”、村庄整治等活动为重点，进一步改善农村人居环境。

生态文化建设情况。生态文化建设是生态文明建设的一项重要内容。醒狮镇在加强生态环境建设和生态经济建设的同时，着力抓好精神文明建设，促进生态文明建设。主要有三个方面：一是不断完善村自工作，提高村民自治的管理水平和能力。目前，全镇无乱砍滥伐林木、乱挖采沙石、捕食国家野生保护动物的行为，认真做好古树名木、古建筑、民族文化等人文景观保护。二是配齐配全文化设施。醒狮镇始终坚持为民服务的宗旨，让人民群众更多享受到经济发展、改革开放和现代文明的成果。在行政村都修建了农家书屋、体育场等设施。三是通过科技下乡等专题活动，进一步普及科技文化知识，提高居民的综合素质。

齐抓共管，加强整治。为做好环境保护工作，醒狮镇动员全社会齐抓共管，尤其要对重点部位、重点行业进行重点整治，切实营造“蓝天碧水”，不断提高人们的生活质量，树立良好的城市形象。

三都县

大河镇

大河镇位于三都水族自治县西北部，东与三合镇接壤，南与水龙乡、合江镇交界，西、北分别与独山县翁台乡和丰乐镇毗邻，镇政府驻地距县城16千米。地处都柳江上游，海拔在420~1000米之间，土壤肥沃。土地总面积109470亩，耕地总面积8800亩，林木绿化率52.93%。年降雨量为1400毫米，年平均气温18℃，气候温暖湿润。镇总面积72.98平方千米，辖9个行政村和1个国有农场。2013年底，全镇共有4155户，14945人。少数民族人口占全镇总人口的98%左右，主要为布依族（50.4%）、水族（37.9%）。三都至独山、三都至都匀公路在大河集镇处交汇，是三都县的经济、文化、交通中心乡（镇）之一。已实现村村通水、通路、通电、通电话，移动通信网络覆盖全镇，通讯十分便捷。

群山俯瞰，绿水环绕，美丽大河镇资源优势独特。

都柳江纵贯大河镇，沿途风光秀美迷人。民族聚居更使这块风水宝地绽开璀璨的民族文化之花。

旅游资源览胜

都柳江 三都柳江属珠江流域西江水系，最佳游程约40千米，山岭对峙，水流湍急，河槽随山势曲折，深藏于高山之中。其间溪流瀑布、峡谷沙滩兼容，峰峦绵延、梯田层层、林海苍茫、云雾环绕、鸟语花香。不仅有丰富的历史文化，小溪摩崖、布仰摩崖、城乡义冢之坟墓、都江古城垣、甲找水族石板墓、羊城福崖墓等文物古迹，尚有背山临水的水族、苗族民俗文化，如水族跳铜鼓舞、斗角舞，苗族跳古瓢舞、芦笙舞等。其丰富的内容都具有十分珍贵的历史、科学、艺术研究价值和令人神往的观赏价值。

都柳江风景融山、水、瀑、民俗文化、历史文化为一体，地方特色浓郁，水族文化得天独厚，不失为人们休闲度假的天上人间。

活着的甲骨文——水书 在我国56个民族大家庭成员中，有一种被称为“远古走来的贵族”，他有自己系统的语言、文字、风俗，并由此衍生出其自成一体又神秘独特的民族文化，这就是水族。水族源于古代“百越”族的一个支系，其聚居地主要位于云贵高原东南部的苗岭山脉以南、都柳江和龙江上游，现在主要以贵州黔南的三都水族自治县为中心和环三都周边地区。

在17种有自己文字的民族中，水族便是其中之一，水族的古老文字称为水书，水书是勤劳智慧的水族先民在长期的生产生活实践中总结创造的一种独特文字，是一种类似于甲骨文和金文的古老文字符号。水语将水书称为“泐睢”，意即“水家的文字”或“水家的书”。水书记载了水族古代天文、地理、民俗、伦理、哲学、美学、法学、宗教等文化信息，是水家人的“易经”，目前仍在水族民间普遍使用，故被称为“象形文字的活化石”，是一部解读水族悠远历史的重要典籍，亦是破解、研究和传承水族社会历史文化的重要密码。

水书包括丧葬卷、婚嫁卷、起造卷等多种，内容涵盖天干、地支、八卦、天象、时令节气、鸟兽鱼虫、身体五官、数目方位等，字体形态十分古老，酷似殷商甲骨文，又似古籀小篆，有的是图画象形，有些是楷书的颠倒、斜置或反写，外行人看来就是一部费解的“天书”。水书所反映的天象、历法资料，是一份极为珍贵的历史文化遗产，它的一些基本理论，如九星、二十八宿、八卦九宫、天干地支、日月五星、阴阳五行、六十甲子、七元历制等内容，就是水族先民智慧和艺术的结晶。2006年6月，水书连同水族的端节、马尾绣一起被列为国家首批非物质文化遗产。

水族端节文化 水族历史悠久，文化璀璨，节日繁多且各具特色，几乎每个节日都有其美丽的传说。最为隆重的民间节庆当数端节。

水族的民间歌谣唱道：“广东找食，广西找钱。”传说远古时期，水族先祖在两广一带过着颠沛流离的动荡生活，后渡过红水河来到三都三洞定居。年长月久人丁兴旺，三洞地窄难容，于是只好散居各地。按家族分支，老大住都匀套头，老二留住主洞，老三则到拉佑和水东，老四住到了水婆，最后一支定居水潘。兄弟数人各居一方，这样一来逢年过节相互不便往来。于是，兄弟聚集商议，在水族端节之时，采取分期分批轮流过的方式，套头老大理所当然先过，其余兄弟数人则按地域分批过完。果然，兄弟之间借此机会相互走访探望，增进了感情。

水族神秘的“敬霞”节 “敬霞”是早已消逝的古韵，沐浴改革的春风，这一古老神秘民族文化又得到了传承。

12支宗族，身着水族节日的盛装，在“霞主”的率领下，各挑着120斤熟猪肉、120斤糯米饭、120斤米酒等祭品，伴着高亢的铜鼓，激越的长号，火枪的护送，从远古走来，浩浩荡荡地向“霞神”走去。金秋时节，水家人十二年一祭的“敬霞”祭祀活动，在三都水族自治县九阡镇板高村上演。

“敬霞”是以血缘家庭为单位，各村寨联合举行祈祷人畜安康兴旺、风调雨顺、年成丰收，12年轮回一次的祭祀活动。每支宗族有一个名望很高的“霞祖”，他是宗族中的排行老大，大家划有一亩多田给他耕作，作为他策划操办“敬霞”的报酬。快过霞节时，霞祖召集各宗族的头人开会——用打卦和刀把一个煮熟的鸡蛋切成两半，选择吉祥时辰。“敬霞”时，在众多亲友面前，水书先生面对一只经过几个月的训练、站在竹子上的雄公鸡念咒语后，叫它叫，它就叫。后来念咒语的水书先生不在人世，鸡叫环节也就失传了。

参加“敬霞”的每支宗族不管人多少、不分贫富，大家出钱购买120斤的大猪，“敬霞”开始前要过秤，多的不要，同时规定参加霞节的每个宗族内不能通婚。诠释了古时的水家人就有富人和穷人要平等、近亲通婚不好的理念。

黑色母猪是雨水的象征，母猪是产仔最多的家畜，使用母猪“敬霞”，水神将保佑风调雨顺、农作物一定获得更多的收成。随着司仪的一声令下，一头母猪被抛入烂泥田中，几位青壮年随即跳入田中与母猪戏耍，斗泥水仗，水塘内一群少年同时打起水仗，四面围观者唏嘘震耳。

护送霞神的枪手朝天鸣枪，12宗族头人面朝太阳升起的地方，在自己的供品前向“霞神”敬香，再次祈祷来年水家人风调雨顺、幸福安康。

“敬霞”和汉族过大年相似，家家高朋满座。

布依族的生活习俗 大河镇居住着占50%以上的布依族，他们居住的房屋多为吊脚楼，古称干栏。楼底圈牲口、堆杂物，楼上住人。当地布依族人就地取材，利用当地丰富的薄石材，在干栏式建筑的基础上改建石板房，除檩条和椽子外，整座房屋全用石板建成。来到布依村寨，就像进入了神奇的石头王国，这种房子整洁优美，冬暖夏凉，防风防雨又能防火。布依族喜欢吃五色糯米饭，其他糯米食品也很丰富，如正月里的枕头粽、端阳节的三角粽、六月六的米团子、七月半的搭连粑等，都是逢年过节、走亲访友时不可缺少的礼物。布依族人还喜欢吃酸菜。味道独特的黔南独山盐酸菜，在清代就是贡品。制作时用糯米酒渣、辣椒末、大蒜、冰糖等作为作料。其色泽金黄，菜体清亮，酸辣甜咸各味具备。

布依族“小年”节 布依族“小年”节对于当地布依族群众来说，相当于汉族的春节，非常隆重。这一天，布依姑娘都身穿盛装，用竹制酒杯盛满自家酿制的糯米酒，唱着布依山歌列队欢迎客人。客人进寨时，布依姑娘举起竹酒杯向客人敬酒，歌声、唢呐声、爆竹声……客人喝下三杯纯香的糯米酒方可进入村寨中，这也是布依族接待贵客的礼节。

节日期间，村民们常会走乡串寨、探亲访友。此外，并组织开展文艺晚会、布依大歌、布依族扭秧歌，猜谜、知识抢答赛、篮球、赛跑、拔河、斗牛和赛马等丰富多彩的节庆活动，令四方宾朋流连忘返。

特色富镇 做大做强

依托资源优势，大河镇强镇富镇方略全面实施。

近年来，在稳定粮食生产的基础上，逐步调整农业产业结构，发展特色农业，林、牧、果业发展较快，比重不断上升。

大河镇果蔬批发市场紧临三都至都匀、三都至独山两条公路的交汇地，市场占地 21 亩，设计总投资 460 万元，目前完成投资 350 万元，完成场地硬化 8000 平方米，建成大棚 1200 平方米，配置了果蔬分级机，安装了电子信息显示屏，引进艾东农业科技公司投资建成了冷库和蔬菜配送中心，为大河镇早菜销售提供了便利。

功能定位 以生态开发为宗旨，规划发展方向为集农业生产、观光度假、休闲采摘、农事农耕文化体验、农产品深加工等为一体。

产业布局 总体划分为核心区、示范区、辐射带动区三部分，以核心区为主。核心区分为“三区三园一市场”七个部分：绿色无公害蔬菜增收示范区，花果苗木试验示范区，有机茶叶生产示范区；观光采摘园，农产品深加工园，特色农业精品科技示范园；一市场是果品蔬菜批发市场。

“三区三园一市场”七个部分的功能布局有以下几个方面：

绿色无公害蔬菜增收示范区：以发展设施蔬菜“棚—菜—猪—沼”四位一体循环生态农业为重点，积极引进高效优质新品种、新技术进行产品调整，贮备替代品种，引导蔬菜产业向现代化、规模化、设施化、安全型方向发展。重点建设三条产业带：一是红星大坝发展日光温室为重点的保护地设施蔬菜；二是沿公路两侧发展季节性露地蔬菜；三是以龙场大坝发展无公害绿色环保及设施蔬菜。

花果苗木试验示范区：新建果树种苗繁育基地，加快老果园更新换代。实施果畜、果禽结合，形成可持续循环的有机生态园。在花卉苗木方面，以打造“大河花海、三都苗港”为目标，一方面加大招商引资力度，引进花卉企业入驻；另一方面鼓励、扶持当地群众种植花卉，在拉江、龙场一片培育建设一批上规模、有特色的花卉苗木示范基地覆盖田坝荒坡，逐步带动观光农业、生态旅游业发展。

有机茶叶生产示范区：引进优质茶苗，加大高新茶叶的推广力度，按照“生态建设产业化、产业发展生态化”的要求，加强茶园管理，引进茶叶生产加工企业加工绿茶与红茶，提高茶叶产值，把茶产业做强做大。

观光采摘园：在果园、菜园、花园内设有专门的观光采摘特定区域，提供敞开式精美观光车、浪漫情侣单车，满足不同人士观赏和采摘，让游客尽览优美的田园风光。并在园区内留出小方块空地，开发现实版“QQ 农场”，让城里人体验农事农耕文化。现代农业要求种东西不仅要好吃，还要好看，种植设计上要有一些景观和形状，这样就会一产变三产，带动乡村旅游发展。

农产品深加工园：积极引进企业开发果蔬脆片、干鲜果品、果汁、果酒以及脱水菜、风味菜、速冻菜这些时尚食品；发展畜禽产品精深加工，像肉类的低温烘烤制品、生物发酵制品、真空冷冻干燥肉制品等等。

特色农业精品科技示范园：划出科技示范区域，做好新品引进、优品扩繁、名品示范、精品培育工作。新建农民教育培训中心 1 座，对有成效的新品种、新技术积极广泛推广，促进农业生产长足进步。

果品蔬菜批发市场：改造加层现有的果蔬批发交易市场，为各类农产品交易搭建平台。

村落生态文明建设 为丰富农村群众的业余文化生活，提高农民群众的各项素质，建设一批富有传统特色和时代特征、积极向上的村落文化项目，培育一批个人素质好、示范带动强的村落文化带头人，大力培植一批文化中心户。全方位推进农村文化阵地，经常性地开展村落民间艺术大展演、村落文化研讨会、民间收藏品展览等活动。

三都县

普安镇

普安镇位于贵州省南部，黔南州东南部，三都水族自治县西北部，东北面与都匀市接壤，西北面与黔东南丹寨县交界，南接大河镇，东抵交梨乡，西南与丰乐镇为邻。全镇辖14个行政村，128个村民小组，80个自然村寨，总面积82.4平方千米，总人口22952人。现有可用耕地面积为22982亩，全镇林业面积4126.6公顷，森林覆盖率58.49%。普安镇地处东经107°47′~107°49′北纬25°59′~26°之间。

普安镇拥有三张名片：卓越的区位优势、浓郁的民族文化、优质的土特产。

自然条件 普安镇境内属中低山峡谷地貌，峰峦起伏，坡高谷深，多梯田。地势由北向南倾斜，地形大致有三种类型：低山地貌丘陵河谷类型、深切割的中山地貌类型、岩溶地貌低山丘盆地类型。属黔中山向广西丘陵过渡地带的中低山丘陵区。境内属中亚热带湿润气候类型，夏长冬短，春秋分明;夏无酷暑,冬无严寒;雨量充沛,分布不匀,总积温多,无霜期长;气候多样复杂,垂直差异明显;阴雨多,湿度大,光照条件差;冬季干旱,夏季旱涝交替。年平均气温 14.80℃ ~ 17.20℃之间。最冷月为 1 月,平均最低气温为 4.5℃,最热月为 8 月,平均气温为 32.9℃,全年积温为 4300℃~4600℃,雨量充沛，年降雨量在 1350~1500 毫米，无霜期长达 270~300 天,适宜于各类农作物和林木的生长。镇域内主要河流是普安河、打便河。普安河发源于丹寨县的龙泉山,经镇域的总奖、光华、合心、重阳、鸡照、普屯、群益、双江与打便河汇合,流入马场河,全长 32 千米,平均流量每秒 1.43 立方米,进出口落差 190 米。

交通优势 普安交通区位优越,镇区距三都县城 19 千米(规划新建高速通道 12.5 千米),距厦蓉高速公路羊甲匝道口 5 千米（规划新路 2 千米)。贵广快速铁路三都火车站落户普安，余庆至安龙高速公路经过三都并将在普安开设匝道口。当前，普安到贵阳需 1 个多小时车程，到都匀需半个多小时车程。特别是贵广快速铁路建成后,普安到广州仅需 3 个小时车程,交通十分便利,形成推进小城镇建设的有利条件。州委、州政府将普安镇纳入全州重点小城镇实施计划,县委、县政府把普安定位为县城副城区,将普安与县城同城化和作为“中华水族文化”重要展示窗口进行推进建设和打造。借力贵广铁路三都火车站落户建设及余安高速公路普安开设匝道口的区位优势,面对“珠三角”城市,普安镇已成为三都县、丹寨县、荔波县、凯里市南下出海和两广游客前来旅游的“码头城”和桥头堡。

资源富集 境内矿产资源丰富，主要有硫铁矿、重晶石。

农特产品质优,普安土花生、山地水晶葡萄、无公害蔬菜、阳基黑猪、柳源土鸡、稻香鱼等远销省内外。

民族民间文化质朴浓郁,有苗族重阳“九月九”跳月、“七月半”赶场、正月十五“舞龙”、唱花灯等。

当前,全镇上下正抢抓厦蓉高速公路、贵广快速铁路过境建设和三都火车站落户普安及州县党委、政府将普安确定为重点小城镇建设的历史性机遇,立足实际培育产业,完善城镇聚集功能,促进城镇人气,努力把普安打造成为集商贸、旅游、休闲、度假为一体的特色小城镇。

生态文明建设 普安镇在加速经济发展的同

时，坚持可持续发展战略。以创先争优为突破，以和谐文明为目标，扎实推进生态建设工作，大力营造省级生态镇创建氛围，普安镇环境保护工作取得了长足的进步，初步形成了“四变一赢”的新格局，即由行政命令向制度化约束转变；环境管理由定向管理向定量管理转变；污染源由浓度控制向总量控制转变；从单纯污染治理向全面环境综合整治和生态建设转变，实现了环境保护与经济发展的“双赢”。

普安镇按照“四个文明协调发展、城镇建设与生态建设同步发展”的要求，高起点、高标准建设，先后投入数万元实施一系列生态环境建设工程，使镇、村环境得到明显优化，环境品位得到明显提升。采取建管并举、深入推进的方式，努力夯实创建生态镇的基础。

不断完善环境设施 近年来，普安镇进一步加大投入，有计划、有重点地建设和完善各项环境基础设施。累计投资10余万元建设垃圾中转站1座；新建、改建水冲式公厕4座，并落实专人管理；加强环卫队伍建设，镇环卫队在原有4人的基础上增加到6人，垃圾运输车1台，保洁车4台；新建垃圾池11个，垃圾桶、果皮箱91个。环卫经费实行单列落实、专款专用。人员工资按月发放。垃圾清运形成了村收集、街道转运、集中处理的模式，垃圾真正达到了日产日清的效果。自来水直供到户，改水受益人口占人口总数的95%以上。建成区入户率100%，实现村村通自来水。加强农村改厕工作。建成区改厕率100%，农村电话入户率95%。

全面加强环境污染控制 普安镇切实加强生态农业建设，通过科学施肥、推广低毒高效农药，提高氮肥利用率，较好地减轻农药化肥对水环境的污染，遏制了水体富营养化。实行农业生态化运作。建成万亩无公害粮油种植基地、万亩无公害蔬菜、万亩水晶葡萄和万亩枇杷(核桃)。为了有效地控制环境污染，每年夏、秋两季收获季节中，加大秸秆禁烧工作力度，发文件、开会议、挂横幅标语，成立专门巡查督导组，基本没有出现过大面积焚烧现象。鼓励农民将收割的秸秆就地用收割机粉碎还田、制作堆肥、向外来收购的商贩出售，大大提高了秸秆的综合利用率。同时大力宣传低碳理念，提倡居民上街购物用竹篮、布袋，限制一次性泡沫饭盒和塑料袋的使用，“白色污染”基本上得到了控制。开展了“保护水源，维护健康”的活动，对建成区范围内的各种污染源实行综合治理。目前境内的普安河、打扁河及猪槽滩水库等地表水全面达到国家功能区划要求。

普安镇将牢固树立环境也是资源的观念，着力打造生态农业、生态经济，发展低碳经济和循环经济，开创环境优化与经济发展“两不误、双促进、共同赢”的新局面。

农业发展 普安镇立足镇情实际，遵循市场规律，制定了农业产业富民战略，按照“择优开发，重点突破”的原则，加大农业产业结构调整力度，加快农业产业建设步伐，形成了以“畜、果、菜”三大特色产业为主导的产业开发格局，有力地推动了农村经济的快速发展和农民收入的稳定增长。

产业规模不断壮大。截至2013年底，全镇水晶葡萄种植面积达到1.8万亩，人均拥有葡萄面积0.78亩，人均种植收入6730元。枇杷种植2800亩，核桃种植3500亩。茄果类、豆类、瓜果类、叶菜类等蔬菜年种植面积0.8万亩，亩均产值7500元；阳基本地黑猪生态养殖已初具规模，年出栏0.45万头，销售收入达936万元。“畜、果、菜”三大特色主导产业提供的收入占到农民人均纯收入的60%以上。

服务网络日趋完善。镇上设立了农技站、畜牧站，每个村委会确定2～3名有文化、懂技术的农民担任村级产业开发技术员，从产业发展前期、中期、后期全方位开展指导服务。同时，采取送出去、请进来以及传、帮、带等方法，加强产业开发技术人员的培养。

市场体系不断健全。根据产业化经营的要求，不断健全市场体系，积极开拓市场，初步形成了以销带产、以产促销的市场化运作新路子。建立农业信息服务站，为产业发展提供便捷、快速的信息服务。

“四在农家·美丽乡村”活动全面推进

为了认真贯彻落实《省人民政府关于实施贵州省“四在农家·美丽乡村”基础设施建设六项行动计划的意见》(黔府发〔2013〕26 号)精神，进一步规范和完善贵州省村级公益事业建设一事一议财政奖补基础设施项目，围绕村寨环境整治，结合“四在农家·美丽乡村”创建活动，建成一批“功能完善、环境优美、文明和谐”的美丽小康寨，实现村寨“道路硬化、卫生净化、环境美化、村寨亮化、生活乐化”。

2012 年，普安镇新华村被省委确定为全县省重点“一事一议”财政奖补示范村之一，我镇抓住这一难得的机遇，在县委、县政府的正确领导下，将财政奖补工作与脱贫奔小康工作结合起来，采取各种措施，克服各种困难，精心谋划，认真实施好通组路硬化、人行步道硬化、寨门、太阳能路灯、公厕、垃圾池、村级文化活动场所等，财政奖补资金 210 万元，群众投工投劳 18710 个。

一、基础建设完成通组路硬化总长 10225 米、宽 4 米、厚 0.15 米，面积为 40900 平方米。组(寨)内人行步道路硬化总长 12086 米、宽 1.5 米、厚 0.1 米，面积为 18129 平方米。二、公共环卫设施类。1.完成公厕建设 3 个，面积 60 平方米。2.6 平方米公共生活垃圾处理池 11 个(每个自然寨 1 个)。3.太阳能路灯 25 盏。三、公共文化体育设施类：1.村级文化活动场所硬化 1333.44 平方米。2 .修建村级娱乐活动室 80 平方米砖混结构。3 .村级体育活动场所建设项目：灯光篮球场 1 个、乒乓球桌 1 个、羽毛球设施 1 套等。

城镇化建设提速 普安镇抢抓厦蓉高速公路、贵广快速铁路过境建设和三都火车站落户普安及州县党委、政府将普安确定为重点小城镇建设的历史性机遇，立足实际培育产业，完善城镇聚集功能，促进城镇人气，注重镇区民族特色，努力把普安打造成为集商贸、旅游、休闲、度假为一体的特色小城镇。

一是借势贵广快铁三都火车站落户普安，积极实施“城镇化带动”战略，全力加快小城镇建设步伐，目前已建成新城区 1 平方千米，是老城区面积的 1 倍，新增城镇人口 2000 人，是老城区人口的 1/3，全县“四在农家·小城镇观摩会”在普安召开，普安速度和普安精神已初具品牌效应，普安小城镇建设已步入良性发展的轨道。

二是全垫资长 58 米、宽 15 米的普安大桥工程全面动工；投入 980 万元启动建设新行政办公区，成功引进上海吉图集团合作投资 2 亿元动工开发火车站广场片区(黔南土特产文化城)项目。

三是完成普安镇集镇规划区内土地储备。采取“五加二，白加黑，晴加雨，夜总会”的工作方式，镇、村干部包保，走感情牌、亲情牌、友情牌及算发展账等多手段的方式打动被征地户。同时坚决杜绝任何一例新增违法建设。年初以来，累计开展强征控违拆违专项行动 20 余次，拆除违章搭建 10 余处。积极向上争取建设用地指标，实现镇区建设用地统筹，有计划地调控土地资源出让量。目前，已完成征地 1425 亩(其中移民安置区 216.8 亩，行政办公区 115.4 亩，火车站及 30 米大道片区 427.8 亩，涉及 412 户，总投资 3166.42 万元)。

四是三都火车站及黔南土特产文化城建设初具规模。计划投资 2 亿万元的三都县普安火车站(即火车站广场和道路设施建设等)自 2013 年 8 月 30 日正式动工建设以来，积极采取有效措施，尤其是面对火车站场位置 200 多组坟地的紧急迁坟任务，只用不到 40 天时间便完成火车站场及周边地区的迁坟任务 223 组，创造了“普安速度”，为火车站的开工建设做好准备。目前，完成火车站片区场地平整 84360 平方米和 11000 平方米的毛坯路铺压等。

瓮安县

猴场镇

猴场镇位于黔中腹地，黔南布依族苗族自治州北部，瓮安县东部，距县城 13.5 千米，东与余庆县龙溪镇和黄平县纸房乡相邻；南与永和镇相依；西与银盏镇相连；北与余庆县构皮滩镇毗邻。镇内交通便利，305 省道穿境 14 千米。国土面积 227 平方千米，耕地面积 61028 亩，辖 10 个行政村，2 个社区，总人口 70980 人。辖区林地总面积 10638.62 公顷，森林覆盖率 47.3%，2012 年、2013 年共完成退耕还林 10366.65 亩，全镇共界定公益林 16202 亩，年森林采伐指标 2200 立方米。

千年古邑，演绎历史风云际会；黔北重镇，染尽风物无边春色。

猴场镇历史悠久，商贸发达，文化底蕴深厚，是“黔北四大场镇”之一。明洪武年间即设有安抚司。1934 年 12 月，红军长征在此召开了彪炳史册的猴场会议，后相继被列为“革命老区”“全国爱国主义教育基地”“龙狮艺术之乡”和全省“100 个示范小城镇”“100 个重点旅游景区”“100 个高效农业示范园”之一，猴场镇已成功进入全省 30 个重点示范小城镇。现集镇建成区 2.3 平方千米，规划区 5.39 平方千米。2012 年列入瓮安县城“一城四区”同城化建设，重点打造以草塘千年古邑区为龙头的小城镇建设，推动旅游产业逐步发展。

镇内资源丰富。原煤、铝土矿、硫铁矿、铁矿、硅矿等矿藏储量大，品位高。松花皮蛋、豆油皮等土特产历史悠久，远近闻名。

镇内地貌奇特、风光独异，老鹰洞、穿洞河瀑布、下司石林、猴场会议会址、十八烈士陵园、后岩观等旅游景点和风景名胜，以独特的自然景观招徕八方游客，具有很好的开发前景。

名镇名胜 风物拔萃

贵州四大名镇之一——黔南州瓮安县猴场镇，古又名草塘，过去几百年间，这里舟楫络绎，商贾云集，贸易旺盛，历来就有“金遵义、银瓮安，草塘又叫小贵阳”的说法。在历史的长河中，这里留下了红色文化、土司文化等民俗文化，史上著名的猴场会议遗址就在这里。

草塘安抚司署 瓮安自古就是少数民族聚居地，元代推行土司制度，至元十四年（1277 年）播州首领纳地归附，授播州安抚司，十八年升为播州宣慰司。二十一年（1284 年），播州宣慰司降为播州军民安抚司，辖旧州草堂（塘）等 32 处长官司，其中旧州草塘长官司就设在草塘下司，今更名为猴场村。明洪武十七年（1384 年），草塘等处长官司升为草塘安抚司。司署后毁于火，存遗址。2007 年 5 月，主体恢复并对游客开放。

后岩观 后岩观位于村西，县级文物保护单位。元代为宋氏别墅，明代建道观，由真武殿、三清

殿和三元阁组成，民国年间毁于火，后由当地教会集资恢复。

清顺治八年(1652年)贵州巡抚钱邦芑曾来这里，并在山上题匾额“何必石梁”。顺治十一年(1655年)，钱邦芑在他隐退的余庆蒲松他山削发为僧，号大错和尚。此后，他又两次来游后岩，并住过一段时间。《瓮安县志》中载有钱邦芑《寓后岩赠山主宋云》《草塘后岩记》等诗文。钱邦芑寓居后岩时，还为山上的奇峰怪石题了名，如“角端石”“五老峰”“凹岩”“玲珑石”“何异蓬莱”等，但因年代久远，大都风化泯灭。

傅玉书故居 傅玉书(1746～1812)，字素余，号竹庄。清乾隆三十年(1765年)乙酉科举人，曾任江西福安知县，署瑞州府铜鼓同知，任职三年便罢官回原籍。所写戏曲剧本《鸳鸯镜传奇》，开创了贵州戏剧先河，编纂了全国第一部私家县志《桑梓述闻》，编辑《黔风旧闻录》《黔风鸣盛录》24卷、《竹庄诗文集》40余卷、《读书拾遗》10卷、《汉诗笺》4卷、《古今诗赋文抄》等诗文集，研著易经《象数蠡测》4卷、《卦爻蠡测》2卷。一生著述颇丰，留下了极为宝贵的文化遗产，为后人研究瓮安历史及《易经》提供了重要资料，堪称“黔中文化巨擘”。《贵州通志》称：“时海内学子无不知有竹庄者。”其故居为县级文保单位，穿斗式悬山青瓦顶木构建筑，由正房、两厢及龙门组成。建于清初，后经多次拆分，存正房及左厢，现已辟为“瓮安文化名人”陈列馆。

黔山进士楼 黔山进士楼建筑面积2286平方米，整体建筑高大雄伟。进士楼是瓮安古代书院，是瓮安文脉的发祥地和重要历史文化印记。书院这种机制和建筑类型，起始于唐玄宗时代。书院选址和建设与其创办人的教育观念有直接关系，先是重山水，其次是名贤，再次是院舍。黔山进士楼按这“三重”理念，在古邑依山傍水而建。进士楼采用庑殿、歇山、悬山、挑檐、架构、斗拱等“模数”结构的施工方法建造，楼内浮雕、木雕、砖雕、石刻工艺精湛。古邑黔山进士楼是中国目前著名的进士楼。

大戏楼 古邑双面戏楼是迄今世界上规模最大的木建古戏楼。这是一座雕梁画栋、具有鲜明徽派建筑风格的全木结构双面大戏楼。在4650平方米的建筑面积上，用399棵两人合抱的大木，托起27个飞檐翘角和一棵刻有上千个古代戏曲人物和亭台楼阁的红木木雕横梁，斧夺天工地将戏楼一分为二，为“双面戏楼”，又称“晴雨戏楼”。文武戏曲同楼分台演出。如飞的岁月，在这舞台上演出的傩戏、川剧、京戏、电影、电视剧，从历史穿越到现实。古邑大戏楼，见证的正是中国革命史上的一台大戏。戏楼的另一特色，用了大量的木雕、砖雕等工艺品，组合在屋脊和门窗上，显示出一幅幅热闹的市井风貌。据说，如果将楼内的花板一块块地相连，就能一直铺到历史名城——遵义，可见其建筑规模之宏大。

内阁中书第 “内阁中书”是清代一个负责撰写诏书之类的官名，而在这里出生的宋廷芳，恰巧正是清嘉庆年间的一位内阁中书！楼阁高耸，门第堂皇；各种精湛的雕刻工艺，是我国极其少见的雕刻博物画廊。

下司石林 位于瓮安县草塘镇大寨坪村境内，距离草塘镇5千米处，石林长约2千米，宽约0.5千米，石高约在6~15米之间，为组合式布局，石林分为若干小单元，每个单元，宛似大型盆景，一排排、一组组，令人仿佛置身于大型盆景园中，单组结构十分严谨，各组间又顾盼生姿，疏密有致，石林造型鬼斧神工，千奇百怪，令人目不暇接。

老鹰洞 又称水晶宫，距县城16千米，溶洞宽阔幽深，水瀑石瀑交相辉映，动景静景相映成趣，岩浆凝成万千景象：地下三峡、天池仙莲、火树银花、擎天魔柱、凌绝神狮、琵琶仙音……山重水复，峰架路转，步步皆景，景景殊异，令人目不暇接。

猴场会议会址 位于瓮安县猴场镇下司社区，系宋维新（宋小安）私宅，占地面积6700平方米，会址坐西向东，建筑为木构四合院，四周砖砌桶墙，俗称“一颗印”，建于1912年，2003年按原貌恢复。2004年陈列布展对外开放。2006年，被公布为省级文物保护单位。2009年5月，被中宣部列为全国爱国主义教育示范基地。

1934年12月31日，中央红军长征到达猴场，在宋维新住宅召开了彪炳史册的中央政治局猴场会议，是红军进入贵州后，中央政治局在短短一个月内，继黎平会议之后、遵义会议之前召开的一次重要会议。一会跨两年，从1934年12月31日下午一直开到1935年1月1日凌晨，重申了黎平会议精神，再次否定了“左”倾冒险主义领导者提出回兵湘西的错误意见，肯定了毛泽东同志渡江北上创建新苏区的正确主张；会议作出了《中央政治局关于渡江后新的行动方针的决定》，从根本上结束了“三人团”的军事指挥独断权，特别强调军事指挥权必须置于中央政治局集体领导之下；确立了以战斗的胜利姿态迎接川黔边新根据地建立的正确思想，实现了红军在战略上由消极防御向积极防御的转变；改正了红军长征以来只限于单纯打仗的错误，重申了红军历来倡导的三大任务；制定发布了红军进入贵州以来的第一个瓦解贵州军阀部队的文件——《关于瓦解贵州白军的指示》。在思想上、政治上、军事上、时间上为遵义会议的胜利召开奠定了坚实基础。

龙狮文化艺术节 瓮安民间有舞龙、舞狮的传统，在贵州有较大的影响。2006年，被贵州省人民政府和文化部授予“龙狮文化艺术之乡”称号。为了进一步挖掘民间龙狮文化艺术，让瓮安龙狮文化艺术得以发扬光大，自2007年春节以来，瓮安每两年举办一次龙狮文化艺术节，使瓮安民间龙狮文化艺术得到不断提高。

农业发展提速

猴场镇是农业大镇。全镇始终坚持把调整农业产业结构，发展特色产业作为繁荣农村经济、增加农民收入的根本立足点。一是稳定传统产业。共完成水稻种植2.5万亩、玉米种植1.7万亩、马铃薯种植1.84万亩，油菜种植1.75万亩，烤烟种植4338亩。二是发展特色产业。共完成中药材种植2.5万亩、辣椒种植1.9万亩、西红柿种植0.3万亩、精品大棚西瓜种植200亩，茶叶种植5177亩，出栏生猪9.95万头，建成中药材交易市场一个。三是大力推广现代农机具。兑现中央财政补贴资金12万元，新增拖拉机18台，新培训农机驾驶员32人，提供技术服务165人次。四是着力加强农业基础设施建设。建成温室大棚3072平方米，蓄水池100立方米，完成沼气池建设35口，地面硬化1500平方米，钢结构堆料棚300平方米，活动板房300平方米，防护栏400米；新建猪舍1290平方米，改建猪舍3500平方米，排污沟建设970米。猴场抢抓“100个高效农业示范园”机遇，大力发展特色农业，三佰佬农业产业园区道路扩宽及硬化工程现已完工3145米，葡萄园6250米人行道正在完善建设，工程总投资完成395.60万元，现县财政已拨付资金50万元；目前正在完善产业园全面效果规划图，8月底完成产业园规划建设。

城镇化建设 提升品位

草塘千年古邑区自2012年7月开工建设以来，草塘镇紧紧抓住被列为全省“100个示范领导及县直各部门的大力帮助支持下小城镇”“100个重点旅游景区”“100个现代农业示范园区”之一和县委实施“一城四区”同城化管理的历史机遇，坚持“小城镇大战略”的理念和思路，全力推进以草塘千年古邑区为龙头的各项建设。

完善千年古邑的路网建设

（1）久铜环西线主干道已完成道路路基平整，

8 月 31 日前全部竣工通车；1#、2# 支线延伸线已完成征地工作。

（2）梨子坪道路改造工程，目前已完成征地工作，施工方已全面进场施工，8 月 31 日前全部竣工通车。

（3）石林景区道路已全面完成路面铺油工作。

老街立面改造迅速推进，一期工程基本完工，总投资 8600 万元，完成镇区 311 栋 5 万平米老街立面改造。第二期古街立面改造涉及房屋 521 栋（其中含危房 65 户），门面有 735 个，前期未安装门头广告共有 771 个，共计未安装的门头广告 1355 个，经初步测算约需改造资金 2.75 亿元，将在 8 月 31 日前完工。

城镇建设全面展开，全面完成示范小城镇“8+3”项目工程。完成了 96 套公租房、80 套廉租房、386 套生态移民安置房、115 套职工周转房主体工程建设。草塘中学学生公寓、学生食堂、公厕已完成建设，运动场正在建设中。完成了希望中学 400 平米食堂改扩建工程。草塘小学运动场已建成并投入使用。镇幼儿园教学楼主体工程建设已完成。完成计生大楼建设并搬迁入驻。完成镇卫生院综合大楼主体工程建设。完成敬老院主体两层建设；实施并完成“一事一议”财政奖补 6 个项目点。

提升城镇品位，全面完成古街立面改造。共投入资金 8600 万元，完成镇区 311 栋 5 万平米老街立面改造，完成了 156 户“四在农家·美丽乡村”房屋整治工作，完成镇区滨河大道、环山大道绿化、硬化、亮化工作，城镇品位极大提升。

瓮安县

江界河镇

江界河镇位于黔中腹地、乌江中游、瓮安县北部，距离县城约 40 千米，东与湄潭县石莲乡、本县天文镇接壤，南接玉山镇，西与珠藏镇毗邻。全镇辖 7 个行政村，1 个社区，合计约 3.3 万人。镇辖面积 183 平方千米。境内交通极为便利，省道马遵公路横穿乡境，北通重庆、四川，南达两广省区，乡内村组均通电通公路。这里是未来的港区桥头堡，将在“十二五”期间实现航运、铁路、高速公路三通。气候温和，年平均气温 15.5℃，雨量充沛，年均降雨量 964 毫米，海拔低（最高 880 米，最低 620 米），无霜期为 300 天左右，具有亚热带季风湿润气候特征。耕地面积 2.02 万亩(其中田 0.86 万亩，土 1.16 万亩)，全乡天然林 118428 亩，退耕还林 5240.35 亩，生态造林 11100 亩，经果林 13230 亩，森林覆盖率 48.5%。

江界河是未来的港区桥头堡，将在“十二五”期间实现航运、铁路、高速公路三通，成为黔中商贸旅游重镇。

资源优渥 奇景迷人

镇域旅游资源丰富，江界河镇“五色”优势打造旅游产业。红色记忆：中国工农红军强渡乌江战斗遗址、红军烈士陵园丰富红色旅游；蓝色乌江：国家级风景名胜乌江峡谷婉转延绵，妖娆呈现乌江蓝色经典；绿色山川：江界河国家级风景名胜区集江界河大桥、猴跳岩、花龙口、震天洞、摩崖石刻、香沟林原始森林等著名景观资源，秀丽壮观；金色铜锣：集旅游、观光、休闲、度假、娱乐于一体的乡村风情园，别具一格，奇趣无限；特色港湾：江界河货运码头，将在“十二五”期间实现通航，届时，航运、铁路、高速公路三通，开发前景十分广阔。

瓮安江界河风景名胜区 瓮安江界河风景名胜区是 2009 年国务院发布的第七批国家风景名胜区。景区位于黔中腹地乌江中游的瓮安县境，距省会贵阳 160 千米，都匀 110 千米，遵义 157 千米。其中有 60 千米马遵公路与贵新高等级公路相连。景区总面积 187.1 平方千米。

瓮安江界河风景区以天险著称于世，古来黔省战事，此地必争。红军长征曾三次经过瓮安。在瓮安期间留下了突破乌江战斗、擦耳岩、垛丁关等战斗遗址和彪炳史册的猴场会议会址，以及红军进入黔北的第一个农民革命政权及武装——珠藏桐梓坡农会、桐梓坡游击队等遗址。强渡乌江战斗是红军长征以来的第一次大胜仗，扭转了军事上的被动局面，是长征的重大转折，是让后人铭记和学习的重点人文事迹之一。今年，江界河（乌江）景区已入选全国红色旅游精品线路和经典景区。景区总面积 385.69 平方千米，景区内有 1 个特级景点、23 个一级景点、35 个二级景点、31 个三级景点，其中又有 2 个省级重点文物保护单位、10 余个县级重点文物保护单位。

景区旅游资源丰富多样，融自然山水、峡谷风光、革命历史纪念遗址、原始森林、喀斯特溶洞和

现代桥梁建筑于一体，景区有中国工农红军1935年1月1日“强渡乌江天险”的战斗遗址、天下同类第一悬臂大跨度桁式组合拱桥——江界河大桥，高原湖泊、浪挟风霆、船头雾岚、四眼窗、香沟林、平沙落日、江天文笔、花龙口瀑布、十八学士峰、手爬岩、猴跳岩、孝子蹬、南河天梯、长征碑林等17个景观，组织为8个景点。江界河风景名胜区地貌复杂多样，山地、丘陵、盆地相间分面。贯穿于风景区内的江界河，其水清流通澈，“震天动”景点，江中激浪排空，吼声如雷震耳，景观层次丰富。

景区内有现已列为中国十大小帘洞之一的穿洞河水帘洞，瀑布高6~8米，宽50米，洞长50米，恰似一座天然的隧道式桥梁。

景区内特色景观

江界河大桥 江界河大桥是交通部和贵州省重点科研项目“大跨度桁式组合拱桥研究”课题的依托工程，1995年12月竣工通车。该桥位于瓮安县境内的乌江中游峡谷上，全长461米，主孔跨经330米、宽13.4米，桥面距水面高263米。大桥采用人字桅杆吊机悬拼吊装架设，其跨度居目前世界同类桥型之首，为世界第一座大跨度桁式组合拱桥。此项技术的研究和应用于1996年获贵州省科技进步一等奖，贵州省第9次优秀工程设计一等奖，1997年度国家科技进步二等奖，1996年和1997年度获交通部公路工程优质工程一等奖。江界河大桥的建成，不仅沟通了瓮安与遵义的公路交通，方便了两地人民的经济交往，而且为四川、重庆车辆经贵州入广西、湖南提供了一条新的捷径。

江界河 为瓮安县北部犹家坝一带之乌江河段，马遵公路经过这里。景区自然风光以峡谷著称。江界河水流湍急，两岸绝壁千仞，绵延数十千米，惊涛拍岸，峡谷轰鸣，蔚为壮观。

“震天动”峡谷 于江界河渡口上游3千米处。江面宽仅50米，两岸绝壁却高达300余米，在150米长的河道间，江面落差达10余米，以3米一级，三级跌落而下，跌落江水猛击江中丛立的巨石，发出震天动地的轰鸣，数里之外仍能听到撼人心魄的巨响，“震天动”因此得名。

香沟林 位于江界河大桥上游1千米处。汇入乌江的一条小河，长约4.5千米，河道幽深，两岸林木古朴，浓阴蔽日，河谷宁静清幽，与乌江的壮观相得益彰。置身香沟林，享受的就是宁静。

江天文笔 又名“十八学士峰”，位于江界河渡口北岸，在约3千米长的山岭上，18座山峰直刺天穹，如一排书画巨笔，“巨笔”倒映在宽阔的江面，形若笔入墨池，山景水景皆充满诗意。

美女岩 又名“望夫岩”，在江界河渡口北岸江天文笔之下。为临江突起的一座石峰，酷似美女。在不同角度反映出不同的表情，非常美观，文人墨客多有题咏。

花龙口瀑布 位于江天文笔对面，瀑布高100余米，宽约20米；瀑上多树，依石布长，瀑布从山上飞溅而下，远远望去，似一条玉龙在山石之上飞腾盘旋，颇有一飞冲天之势。

猴跳岩 从花龙口上溯1千米，便是猴跳岩，此处两岸绝壁如削，最窄处不足10米，受到阻挡的雍江水在此喷涌激荡，白浪乱飞，峡谷轰鸣，壁上树藤盘结，常有猴群在两壁间自由来去，故名“猴跳岩”。

三合义渡 地处瓮安、开阳、遵义三县交界，湘江与江界河交汇处，两岸悬崖巍巍，苍山似黛。江岸石壁上凿有约2千米的古栈道，各种碑刻近20通。在高20余米的石壁上，刻有“三合义渡”摩崖，字径80厘米，字体浑厚有力。

南河天梯 “震天动”上游，有古渡名“南河义渡”现存石碑3通。渡口筑路4千米，下临码头，上越重岗，全系巨石砌成的蹬道，坚实古拙，至今完好，迈步磴道，如上天梯。

船头雾岚 游过十余里江峡，山势忽然开阔，乌江从坝子中流过，沙洲点点，绿树浮阴，诸峰或如擎天大柱，或如春笋拔节，重重叠叠，错落有致。

游船过此，但见江烟阵阵飘向山间，云外山峰，疑为仙境。

高原平湖 随着构皮滩电站的建设，至2008年开始蓄水，江界河水位将上升150余米，届时，一个近10倍于红枫湖的高原平湖将完全改变江界河的面貌。在蓄水后，江面最宽2.5千米，最窄0.5千米，县境内通航里程约70千米，数不清的水巷、岛屿，完好的生态植被，将形成如诗如画的湖光山色美景，一个近乎完美的水上乐园正逐渐向我们走来。

龙塘花灯 花灯，又名灯笼。灯笼是亚洲的一种汉族传统民间工艺品。在古代，其主要作用是照明，由纸或者绢作为灯笼的外皮，骨架通常使用竹或木条制作，中间放上蜡烛或者灯泡，成为照明工具。在亚洲的庙宇中，灯笼是相当常见的物品。

制作花灯是龙塘的传统。每逢春节，形形色色、各式各样的花灯便会出现在各村各寨，有的悬挂于屋檐下，有的被小孩提着奔跑嬉戏，到处都是喜气洋洋的景象！

打造美丽乡村 建设升级版

本着“因地制宜、量力而行、民主商议、注重实效”的原则，结合实际，精心谋划。按照县委、县政府的发展要求，结合镇情村情，通过多次会议讨论和调查研究，把“四在农家·美丽乡村”作为茶园村的可持续发展目标来抓。按照规划先行的原则，依托“江界河国家级风景名胜区”这张名片，充分发挥“红军突破乌江战斗遗址”红色文化、少数民族文化和完美的生态资源优势，先后编制了高起点、高标准的《江界河旅游区概念性规划》和《瓮安县江界河乡村风情园火金山片区景观设计》。

围绕乡村旅游抓 认真贯彻落实“国发2号文件”和省、州、县相关会议精神，围绕文化旅游园区建设，培育发展旅游示范村镇，创建省级乡村旅游示范点，充分发挥农村原生态优势，推进“四在农家·美丽乡村”与乡村旅游发展的有机结合。按照县委打造江界河文化旅游园区的要求，加快推进江界河乡村风情园火金山片区景观建设。加快推进乡村旅游点的升级改造，突出建好乡村旅游接待点公共设施，丰富乡村旅游内涵，培育壮大乡村旅游产业。

围绕产业抓 按照稳定烤烟支柱产业，开发乡村旅游的思路，深化农业结构调整，发展特色优势产业，积极发展农民专业合作经济组织，大力发展村级产业和集体经济，形成以市场为导向、企业为主体、各种中介服务组织为纽带的农业产业化体系，提高农产品商品率和增值率，拓宽农民增收致富的渠道。

围绕项目抓 推进“四在农家·美丽乡村”建设与扶贫项目相结合，把握脱贫致富发展契机，深入实施“民生工程”，加快基础设施建设，切实解决好群众的难点热点问题。重点解决农民群众最急需的道路硬化、房屋改造、环境整治等问题。统筹美丽乡村小康路、小康水、小康房、小康电、小康讯、小康寨等基础设施建设资金，狠抓村容村貌整治，实施绿化、美化、净化、硬化、亮化工程，不断完善基础设施建设，改善生产生活条件。以“四在农家·美丽乡村”建设促进重大项目、民生项目的推进，以重大项目、民生项目的推进提升“四在农家·美丽乡村”建设水平。

围绕文化抓 依托“红军突破乌江战斗遗址”红色文化和少数民族文化，以抓文化设施建设、文化氛围营造、文化活动开展为重点，全面加强创建的文化建设，使“学在农家、乐在农家”在硬件上有条件、机制上有保障、活动上有内容。大力推进文化广场、农家书屋、业余文艺团队组建，改善文化条件。加大文化人才培养力度，加快文化事业和文化产业发展，着力打造一批高水平的形象宣传、文艺演出精品，进一步夯实农村文化阵地，繁荣群众文化。挖掘保护民族民间文化遗产，加强对民族民间文化尤其是非物质传统文化的保护和传承，促进农村文化繁荣发展。

醉美黔东南

黎平县

肇兴镇

肇兴镇地处黎平县东南面，是黔、湘、桂三省（区）交界及云贵高原向江南丘陵过渡地区，平均海拔460米，属中亚热带季风湿润气候，境内年气温16.3℃，无霜期228天，年均降水量1200毫米。全镇国土面积133平方千米，全镇耕地面积14914.9亩，其中田12500亩。辖22个村，52个自然寨，62个村民小组，5063户。截至2010年，全镇人口总数为21446人，侗、苗、汉、水等民族聚居，其中侗族人口占98%，平均寿命86岁。

“肇”在侗语中有“开始、最先”之意。相传，村民的先祖陆浓暖，从江西迁徙，历尽千辛万苦，最后选择定居在这里。当时的肇兴竹林丛生，荆棘遍野。于是，他在一个名叫“象细”的地方挖了一口井，开荒造田，并居住在井旁。后来陆浓暖的后裔逐渐发展兴旺，村落也渐渐扩大，后裔们便分迁到纪堂、登杠、洛香等寨去居住。

肇兴是全国最大的侗族自然寨，也是一座具有悠久历史的国家级历史文化名村。

自南宋正隆五年（1160年），肇兴的先民就在这里建寨定居，距今已有840多年的历史，历史悠久、人丁兴旺，素有“侗镇第一寨”的美誉。

肇兴侗寨有十二大陆姓房族，分为五大片区居住，自然地形成了五个“团”，取名为仁团、义团、礼团、智团和信团。每个团都建有自己的鼓楼、戏台和花桥，仅肇兴侗寨就分别有五座别具一格的鼓楼、戏台和花桥，形成世界上最大的鼓楼群。现在全镇共有鼓楼33座、花桥8座、戏台26座，有保存较为完整的侗寨30个。鼓楼是侗族的标志，也是侗族人民的象征。每个侗寨，巧夺天工的鼓楼映衬着花桥，戏台和杆栏式的吊脚楼民居，鳞次栉比，疏密有致，形成了独一无二的侗寨风味。尤其肇兴侗寨，更因其气势宏大的鼓楼群、独具特色的吊脚楼、土生土长的侗歌队，令人流连忘返的“踩歌堂”、原汁原味的侗族节日和扣人心弦的侗族大歌等而闻名于世。

区位优越，交通便利。县道黎高、肇洛公路穿境而过，东与国道321公路相通，南与省道202黎从公路相接，可直达桂林、柳州和黎平飞机场等地。距贵广高速公路洛香站5千米和贵广高速铁路洛香站4千米，距黎平飞机场45千米。

土地肥沃，物产富饶。森林树种繁多，森林植被主要为杉树与松树混交林，森林覆盖率为68.5%。盛产水稻、油菜、香蒜、茶油、棉花、花生等；矿产有磷、铁、铅、锌、银、锰、煤矿和石灰石等。

经济发展，产业繁荣。经济发展较快，已初步形成了餐饮服务业、建材、珠宝加工、果筐加工、民族工艺品加工等产业。农村经济稳步发展，蔬菜、果蔬、养殖等三大特色产业，已建成了红蒜、中药材、茶叶、油茶等基地。

民俗文化

1993年贵州省文化厅将肇兴命名为“鼓楼文化艺术之镇”；2001年，肇兴侗寨鼓楼群被列入世界吉尼斯之最。

肇兴不但是鼓楼之乡，还是歌舞之乡。走进寨子，首先飘入耳中的便是那传唱千年依然动听的侗族大歌。侗家人认为，“饭养身，歌养心，人不唱歌会变老”，充分体现了侗家人对歌唱深深的喜爱。

侗族是一个历史上没有文字的民族，他们的叙事、传史、抒情都是通过口传心授的方法，许多优秀的文化传统、生活习俗、社交礼仪……就是这样靠着优美的歌声一代一代往下传。“汉人有字传书本，侗族无字传歌声；祖辈传唱到父辈，父辈传唱到儿孙”，是侗民族生活的真实写照。

大歌是一种无指挥、无伴奏，以合唱为主的歌唱形式，以曲式复杂、声部组合多变而著称。大歌在世界舞台上的首次亮相是1986年贵州侗歌合唱团赴法国演出，当时引起轰动，音乐界惊叹这是中国音乐史上的重大发现，从此扭转了国际上关于中国没有复调音乐的说法。侗族大歌“众低独高”，必须由三人以上来进行演唱。模拟鸟叫虫鸣、高山流水等大自然之音是大歌的一大特色，也是产生大歌的自然根源。它的主要内容是歌唱自然、劳动、爱情以及人间友谊，即人与自然、人与人之间的一种和谐。因此凡是有大歌流行的侗族村寨，很少出现打架骂人、偷盗等行为，人们“夜不闭户，路不拾遗”。

在侗族村寨鼓楼坪旁，一般都有木质结构的戏台，每逢节日或喜庆的日子，寨上演出传统或本寨戏师新编的侗戏，供全寨老少共同娱乐。侗戏最初之时，曲调单纯，形式简单，动作朴实，只是演员分列两排，坐着对唱，且限于男子扮演，墨守于说唱形式，保持“叙事歌”特点。后来侗戏不断地受到其他戏曲的影响，使之逐渐得到提高和完善，以致变成今日有男女演员参加，有说有唱，典调丰富多彩，别具一格的独立剧种。

侗族是一个能歌善舞的民族，以歌代言，以歌传情，以歌会友，以歌述史。侗歌繁多庞杂，如叙事歌、情歌、酒歌、孝歌等等。演唱形式多种多样，既有伴奏的，也有无伴奏的；有合唱的，也有独唱的；有多声部的，也有单声部的等等。琵琶歌属于有伴奏的侗歌，从明朝时开始流传。明朝末年，尚重镇盖宝西迷寨有一位姓吴名帅勇的年轻人，他以制作棉被为生，受弹棉花牛筋弹响的启发，用上好的楠木制成精致美观的琵琶，他把琵琶安上五根钢丝，调准了音频，其声悠扬，荡应高山流水，悦耳动听。琵琶一长一短，长的略大，奏出声音刚劲、雄浑、深沉，后多为男歌手所用；短的体秀而声纤，弹出柔软美妙之音，后多为女歌手所用。因此，人们也称之为“雌雄琵琶”。起初琵琶歌为男女青年交友、恋爱时，倾诉衷肠、对唱的情歌。如今，已经发展为劝世歌、叙事歌等。

肇兴的民族传统风情习俗有很多，如：罩鱼烤鱼、舂瘪米、行歌坐夜（侗族传统婚恋习俗）、吃油茶、鸡稀饭等等。

民族节日

在肇兴侗寨，传统的民族节日有春节、正月十五、春社节、清明节、乌米节、插秧节、六月六、吃新米节、八月十五、芦笙节等。特别是两年一届的“芦笙盛会”人山人海，热闹非凡，甚为壮观。

“月贺” 月贺是侗族村寨之间相互来往集体做客的一种习俗。每逢农历十二月和正月，一个村寨的男女老少集体走访另一个村寨，队伍由头客、芦笙队和一般乡客三部分人组成，少则二三十人，多则百余人。当客寨临近主寨门楼时，主寨姑娘们就在门楼前拦路对歌。对歌结束后，主寨小伙们便吹奏芦笙，敲锣打鼓，姑娘们向客人敬酒，非常隆重地把客人迎入寨中。

祭“萨” 侗族历来信仰神，在所信奉的众神之中，女神居多，而最为尊崇的是给人赐福消灾的祖母神——“萨岁”。相传在一次与异族的冲突中，是“萨岁”拯救了侗族，所以后来被侗族作为“神”或“圣母”来供奉，逢年过节都要去萨岁山——侗族的“麦加圣地”——进行祭祀。春节到肇兴可以看祭萨，时间是农历的大年初一。祭“萨”时，会有踩歌堂、抬“官人”等活动。踩歌堂是一种集体性、祭祀性的舞蹈，据说跳这个舞能消灾祈福、保佑平安。“抬官人”，实际上就是抬智者，是值得大家信赖的人，从活动中反映出侗族人民对智者和文化的尊重。

芦笙盛会

逢奇数年，农历八月十三至十五，适逢此时到肇兴，便会赶上两年一度盛大的芦笙大赛，来自肇兴周围的几十个芦笙队会在这里一决高下。场坝上，山野的高地，木楼之上人山人海，人声喧嚷。评委们则用敏锐的听力判断演奏者水准的高下。最后的芦笙齐奏是芦笙会最闹热的时分，生机勃勃的音乐，高筒芦笙巨大的张力，让人不自觉地融入到这场上万人的集体狂欢中。如果说，由大歌、琵琶歌、礼俗歌、酒歌、踩堂歌、儿歌组成的侗歌是侗家儿女的精髓，那时而高亢、时而低缓的芦笙就是侗家男人的魂魄。

多年来，肇兴分别被评为“鼓楼文化艺术之镇”“上海大世界吉尼斯纪录——肇兴侗寨鼓楼群”“全国首批十个民族民间文化重点保护工程试点单位”“中国最美的六大古村古镇之一”“全球最具诱惑力的旅游目的地”“第三批中国历史文化名村”等。2011 年省委、省政府把肇兴侗寨列入“全省 100 个重点建设旅游景区”之一，2012 年又被列为“30 个省级示范小城镇”之一。

得天时地利之助以及政策的阳光雨露，肇兴镇特色示范小城镇建设工作正在加速推进。在民族建筑、道路街巷、公厕环卫、水利电力、信息资料、保护规划、景点打造等项目上共完成投资 1133.5 万元，其中肇兴侗寨共完成投资 827 万元，堂安侗寨完成投资 306.5 万元。

镇党委、政府与时俱进，把肇兴旅游的发展放在全球旅游行业的大环境内进行考察，提炼出几个关键词：原生性强、文化差异大、资源秉赋好。原生性应对着工业社会人们对返璞归真、重回自然的人类心理需求；文化差异大蕴藏着巨大的市场发展潜力；资源秉赋好，则证明了开发的可能和利用的价值，无论哪一方面，都紧扣着时代旅游发展的步伐，顺应时代发展潮流。

该镇通过调研、结合镇情，提出了“旅游兴镇，产业富镇”的发展战略，以“科学规划、统一管理、严格保护、永续利用”为纲领，紧紧围绕“一核两区”（肇兴侗寨核心区、归杩旅游服务区、井寨行政服务疏散安置区）进行总体开发，整体推进，通过深入挖掘民族文化旅游资源，实现旅游景观型小城镇全面提升和发展。

黄平县

旧州镇

旧州镇坐落于贵州省黄平县西北部，总面积223平方千米，平均海拔684米。北临遵义市余庆县，西界黔南州的福泉市、瓮安县。距黔东南州府凯里市78千米，距省会贵阳市198千米。境内有黄余、黄湄、黄福公路穿城而过。凯里黄平机场为4C级支线机场，是集商务、旅游为一体的支线机场。交通便利，市场繁荣，水利、电力、通讯等基础设施完善齐全，为黄平县西北八个乡镇之经济文化中心。小城镇建设、生态文明建设持续深入推进。

往事越千年，且兰古都旧州已荣载史册。

“云贵最秀地，且兰古国都”。且兰，这个古国出现在《史记》《汉书》中，与夜郎国并存。

相传且兰国的初皇是一位女王，她貌若天仙，漂亮绝伦，连太阳和月亮都慕名下界与她谈情说爱，所以才有后来与之类似的苗族女神仰阿莎和革家夷羿射日的美丽传说。更早的文字记载，春秋战国楚顷襄王时期，就有“庄蹻溯沅水而上，达且兰”的遗文。

旧州镇历史悠久，周为且兰，宋为乐源郡，元改黄平府，是长江支流沅江沿㵲阳河上溯到黔东的最后一个通商码头。古时所有京广百货均由㵲阳河水路泊来，至此转驮贵阳、安顺等地，而当地土特产又经此水运到洞庭湖后，分销武汉、上海、江浙一带。历代货运频繁，商贾云集，市井喧嚣，经贸发达。由此也形成了当地少数民族文化、汉文化、外来文化、宗教文化融为一体的多元文化之乡。

古建筑群是巴蜀、湘鄂等外来文化和宗教文化与当地民族民间工艺在特定社会历史条件下相融合的产物，宫阁庙宇与玲珑古朴的古民居交相辉映。过去曾有“九宫、八庙、三庵、四阁”和2000余栋古民居，全为典型窑(印)形建筑，造型壮观优美，精致典雅，别具特色，颇具规模，系黔东一座独具风格的历史文化古城。其宫庙宇亭阁会馆之多，历史上堪称贵州之最。

旧州地势平坦开阔，有一展无垠的万亩大坝，是贵州省三个著名大坝之一。这里气候温和，雨量充沛，属亚热带温暖湿润性气候，平均气温15.7℃，年均降雨量1211毫米，土质肥沃，物产丰富，历来盛产稻谷、玉米、小麦、红薯、洋芋、油菜、花生、水果等，自古是贵州东部重要的商品粮和畜禽基地。旧州又是贵州省“泥哨工艺之乡”，其十二生肖泥哨，装饰考究，内涵丰富。民间刺绣、挑花、蜡染、纺织工艺独特。

古镇依附着“金盆（万亩大坝）、银碗（㵲阳湖）、圣水（温泉）、玉带（㵲阳河）、明珠（古镇）”的呵护，造就了风光奇佳、人杰地灵的一方宝地。

平畴万里的稻田，映衬着蓝天、白云，彰显着农耕文化的繁荣昌盛。

旧州以种植水稻为主，是贵州省商品粮食盛产基地之一，并被列为农业综合开发试点。经果林发展较快，全镇现有经果林达3000余亩，主要种植有粮食作物、油料、经果林、烟叶、蔬菜和其他作物，种植总面积6273.89公顷，总产量27498.55吨。

现有支柱产业

蓝莓产业 目前，三邦农场蓝莓示范园已经完成土地复垦1300亩；苗木种植完成24万株；大棚建设完成1260平方米，苗木扦插71.5万株；道路建设完成主干道4.08千米。在白子桥村流转土地200余亩建设蓝莓研发中心，现已经完成大棚建设22个，培植苗木131.5余万株。同时还在拖船坡村完成林地流转2600亩，在滑石板完成土地流转850亩，月亮湾完成土地流转200亩。

种草养牛产业 依托贵州省农业龙头企业贵州黄平“牛老大”食品有限公司在我镇大力推广种草养牛产业，促使镇内商品牛能够满足“牛老大”公司生产加工需要。现“牛老大”公司主要产品有醇香型、麻辣型、五香型、香辣型、沙嗲型、卤汁型、神香型等7个品种50多个规格的牛肉干系列产

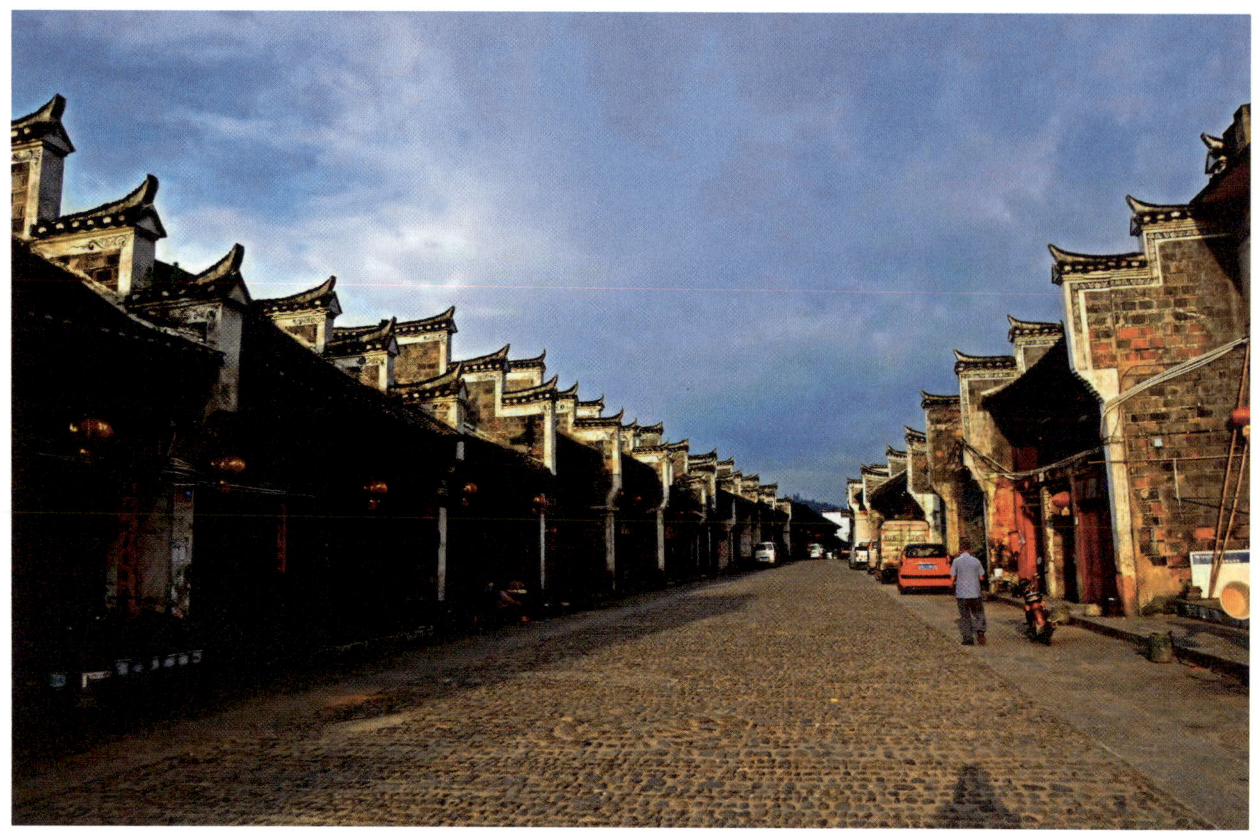

品，年生产能力1000吨，年产值可实现4300万元。

蔬菜产业 在旧州寨勇村流转土地650亩，总投资600万元，完成投资250万元，完成18个大棚和沟渠建设1.7千米，正在实施3.34千米的机耕道建设。

草芦坪现代花卉观光示范园 该项目是黄平县东联花卉有限公司投资兴建的项目，项目投资2200万元。现已完成土地流转200亩，建成大棚50个，共7800平方米。

苗圃种植示范园区 该项目由五洋生态园林绿化公司投资兴建，项目投资2000万元。截至目前，完成了土地流转500亩，完成育苗基地建设200亩，定植苗木300亩。

重点扶持建设十个农业示范基地 一是建成红梅片石牛片平西坝5000亩优质稻、和脱毒马铃薯、优质双低油菜农业示范基地。二是建成勤坡、石板河片区3000亩中药材种植示范基地。三是白水寨、天宫、青杠树村、波洞村、大碾房村偏刀路龙窝一带为3000亩现代农业烤烟示范基地。四是寨勇村、校场、川心村、白子桥村、文峰村、平西坝村5000亩蔬菜示范基地。五是建成幺罗村、平东村、西门村、东门村、川心村、巢虎屯村丘陵、低缓地带5000亩经果林示范基地。六是建成大碾房村、河家榜生态养殖示范基地。七是建成㵲阳河、红梅河、冷水河生态农业观光示范基地。八是建成山邦蓝莓示范基地。九是建成草芦坪村高产优质稻制种示范基地。十是建成五洋生态园苗圃示范基地。

截至目前，共有“牛老大”食品有限公司、寨碧村农产品加工厂、贵州金佰瑞农业开发有限公司、东联花卉有限公司入驻园区，成立了蔬菜、柑橘、马铃薯、生猪、渔业、农机、优质米、菜籽油等不同类型的农民专业合作社20余个。

一衣带水的㵲阳河，抒写着沿途的绮丽景致：雄伟、秀丽。旅游资源独特，胜景令人目不暇接。

这里山清水秀，自然风光优美，旅游资源极其丰富。城郊有清代时评的十六佳景，其中的鼓台仙境、翁播龙潭、陡岩赤壁、万营占候等绚丽壮美的景点，游览价值很高。且近年来新建成了集长江三峡之雄伟、桂林山水之秀丽、四川九寨沟之幽雅的𣲗阳湖，2000 年已被评定为“国家级水利旅游区”。古城东面 15 千米处有被称之为“天造地设、鬼斧神工的自然艺术长廊”“佛僧神仙隐居之胜地”的𣲗阳河大峡谷，长达 30 千米，此处地貌独特，河谷深邃，悬崖峭壁，溶洞遍布，群瀑飞舞，峰高岭秀，植被神奇；古城西面 15 千米处有世外桃源般纯朴的朱家山原始森林，是贵州的“绿色宝库”和“动植物基因库”。

朱家山原始森林

距旧州古镇 30 千米的朱家山原始森林，是𣲗阳河的发源地，其主峰马头山，形似马头，海拔 1357 米，站在马头山巅可揽黄平、瓮安两县交界的大片原始生态林。周围尚有沙帽顶、其昌米、羊脑壳、古老门、三角庄、鸡冠岭、太阳山七座海拔 1000 余米的山峰，人们誉之为“七星捧月”。雨过天晴的早晨，朱家山云海茫茫，无边无垠。日出山顶，朝霞万道，普照大地，景色美不胜收。朱家山是黔中地区亚热带森林生态系统保护较为完整、面积较大的唯一常绿阔叶林区。

林区内有木本植物 417 种，其中有国家一、二、三类保护植物，如三尖杉、红豆杉、香果树、榉木等，它是一个自然植物基因库。林中还有国家级三类保护动物红腹锦鸡、大灵猫、小灵猫等，茂密的林中小溪还常见国家二类保护珍稀鱼类大鲵（娃娃鱼）。

朱家山原始森林是一个“蕨菜”和“食用菌”的宝库，亦是取之不尽的“药源”，还是科学考察、研究、丛林探险、寻幽的旅游胜地。

鼓台山位于旧州古镇南 3 千米，绝顶孤峰，高悬天空，顶平如鼓，四周堑削，凿梯挽链可上。原山顶建有土祠、茶亭，有灵宫殿、玉皇阁、祖师殿、观音堂等。明代民族英雄史可法之祖史应元任黄平知州时游此，曾作有《鼓台山赋》，明知州杨凤翥、清文人李占春、王家俊等游此山后均留有诗文。蹇先艾于 1956 年到黄平旧州攉鼓台、飞云崖游览，写有《鼓台游记》一文。

古镇欹斜处，深藏身与名。
旧州人文荟萃，历史厚重。

1936 年红军长征曾路过旧州，并在此休整。天后宫是红军的指挥部，也是毛泽东等曾经住过的地方。但当时毛泽东被解职，大权旁落。被迫长征的红军，前途渺茫。在旧州镇边的一片橘林里，

王稼祥与张闻天一边散步一边密谈，决定要让毛泽东复出，这是中国共产党党史上著名的“桔林密谈”。之后红军开拔，打下遵义，进行了改变命运的“遵义会议”。

在古镇东门出口处有一个天主教堂，这座建筑建于1903年，为法国天主会传教士修建的欧式风格建筑，地虽偏远，却颇有故事。据共和国上将萧克回忆：当时作为红六军团司令员的萧克在这个教堂里发现一张详细的贵州地图，惜为法文版。而红军扣留了一位名叫勃萨特的法国传教士，就请来当翻译，因而得到一张珍贵的行军地图，后来在长征的行军中起了极大的作用。那位法国传教士勃萨特后来也跟着红军长征，辗转随行了将近两年时间，回国后写了一本长征回忆录《神灵之手》。勃萨特是李德之外唯一一位经历过长征的外国人，也是第一个写书向外界介绍红军长征的外国人。这是一次无神论者和传教士的合作。

历史名人远不止此，明末英雄史可法，在旧州度过青少年；明代开国功臣刘伯温和心学宗师王阳明，都曾在旧州留文。旧州有抗清名将、著名的民族英雄史可法塑像和晚清名臣石赞清塑像，有郭沫若生母杜邀贞故居以及陈纳德将军雕像。

旧州机场，是抗战时期的中美空军重要军事基地。在芷江机场被炸毁后，曾一度作为西南中心机场使用。抬头看看旧州平静蔚蓝的天空，你能想象那个铁血年代那些英勇而传奇的飞机吗?

旧州人文独树一帜的是旧州教育。旧州教育最早要追溯到宋代办的官学，据《黄平州志》载：“旧城学宫，原建于东门凉伞坡，圣像为范铜，相传来自唐宋。”清代，旧州即创建“星山书院”，光绪二十九年(1903年)改“星山书院”为“星山小学堂”，民国元年改为“黄平州官立第二两等小学校”。1932年，旧州有识之士创办“中正中学”(旧州中学)。之后，旧州教育事业蓬勃兴起，相当多的村庄都办有私塾或民国小学。教育的兴起，对培养旧州人才起到了极其重要的作用。从旧州这块书香土地走出了国务院津贴获得者、高级知识分子、各级政府官员和各类共和国的建设人才。“常氏三兄弟”“王家三姐妹”“郑家四弟兄”就是其中的佼佼者。

现而今，“全国历史文化名镇”“全省十大文化古镇”等荣誉接踵而至，让这座古意盎然的名镇焕发崭新的风采。

黄平县委、县政府把旧州镇的城镇建设作为工作重点之一，规划以旧州古镇为核心，以贯穿东西、南北的两条发展轴为基本骨架，形成“一心、两轴、四片区”的空间结构。努力贯彻“美丽乡镇”建设政策，全力建造旅游景观型小城镇，建设成全国有重要影响的且兰文化中心；以发展特色产业为龙头，建成 㵲阳河上游旅游集散地为目标的园林城市和黄平县的旅游、文化中心，延续着“且兰独芳”的美丽传说。

黄平县

重安镇

重安镇位于黄平县南面，距县城17千米，距州府凯里31千米。重安镇辖43个行政村，240个自然寨，323个村民小组。居住着 僅家、苗、汉等民族，共13583户65815人，总面积约153.2平方千米。全区共有耕地面积76900亩（其中田60758.7亩，土16141.3亩）。水利、电力、通讯、交通等基础设施齐全，凯施二级公路穿城中心而过。镇内主要河流有重安江、皎沙河。河山一色，史称“小江南”。

“渺渺江流值要津，朝暾初浴往来频”。古诗呈现的是重安江的昔时繁盛，而重安镇可以说是由重安江孕育而生。

重安镇在明永乐四年（1406年）置重安长官司，至今已近600年。民国二十一年（1932年）设重安镇。现建并撤中，原重安、代支、马场、铁厂四乡镇合并建立重安镇。

历史上重安镇地处要冲，扼湘黔滇咽喉，历来为兵家必争之地。

这里曾经是清水江上游最终码头，水陆衔接，为贵州东南面物资集散地之一。

重安镇冬无严寒，夏无酷暑，雨热同季，四季分明，是国家级风景名胜区清水江水系著名风景区之一。旅游资源极为丰富，民族风情浓郁，山水风光秀丽，名胜古迹众多，历史文化悠久。境内的四灵桥、文昌阁、万寿宫、地母阁等文物古建筑，历经数代，古韵犹存，具有浓郁的地方特色。实为山

区少见，而重安江十里古峡秀色长廊、百年风雨铁索桥、世界罕见间歇瀑布、美丽神奇的“凤岭来仪”金凤山、金庄千年古银杏树等景点更是令人叹为观止，其无可取代的神秀殊异，足以为国家级㵲阳河风景名胜区增色，堪称其中的一方妙土。

重安江十里古峡

从“三朝桥”起溯水而上约10千米，是闻名省内外的重安古峡。两岸山势倚天，对峙成峡，岩壁陡峭，峰交垂秀，艳阳天除中午一两个小时可见太阳外，其余时间只能见阳光斜照，若遇久雨转晴，峡谷一片茫茫雾海，蒸腾翻滚，舒卷多姿。

春夏之交，峡中百千瀑布，争流竞泻，倒挂岩间，大者如帘，小者如丝如练，蜿流者如游蛇，跳动脱者如坠珠，激石成声，渡水穿林，喷雾纷纷扬扬，溅落行舟，蒙蒙雾露，湿袖沾裳。

千万年岩浆积聚成的钟乳石遍布石壁之上，有长宽数十丈，构成了一幅幅的天然壁画，形如蘑菇、马蹄、走兽、飞禽，并和谐而相亲地共处于同一空间。大小穹窿，或远离，或近依，如厅堂、屋宇，其中有人物、神像、璎珞、幡盖之属，当地人们把它们称为“圣母殿、观音堂”等。万千石蛇，悬挂岩间，扬身昂首，争先恐后地势欲赴江流。

若于舟上遥望山巅，见有石如人，伛偻负重而行，惟妙惟肖。绝壁上有石岩，人形伫立，羽衣翩跹，欲凌空飞渡，人们称它为“仙人岩”。其余如龙角峰、大佛山、猴形岩等，争奇斗胜，肩飞步随，或显或暗，显者栩栩如生，暗者隐约微茫，各擅其美。

重安江古峡之胜，除山占三分之外，水占七分。乘舟游览，一路惊心动魄，常年来往此峡的艄公，轻车熟路，因水势和河道操纵橹桨，乘风破浪，惊险刺激。每当行舟过三十三浪、三十三滩、三十三湾时，船在浪谷行，人在浪尖漂，荡荡悠悠，无限轻快，一泻千里。船过巴娄寨大浪后，江水安恬悠畅，游人可以欣赏到间歇泉、水晶珠帘、三朝桥等景观。

重安三朝桥

重安镇三朝桥，被誉为“中国桥梁博物馆”。

在风光美丽的重安江江面上并排横卧着三座桥，这就是著名的重安“三朝桥”。它们分别建于三个不同的历史时期，彼此之间的距离不到50米。

上边是一座铁索桥，修建于清朝同治十二年（1873年），距今已有130多年的历史。该桥长36.5米、宽3.55米，距水面10米，有铁索19根，其中17根为桥底链，2根为桥栏，桥链上全铺设木板。据史料记载，清末同治年间，时任贵州提督的周达武，奉命率军途经重安江时遇发洪水，舟楫不通，兵将受阻，周提督于是就地筹措白银12000两建造了这座铁索桥。据传，建桥的铁链用产自本地的铁锻冶后由当地能工巧匠锻造而成，铁索桥建成至今，历经百年风霜，现今仍光滑锃亮而无锈痕，实为铁索桥建设中的一个奥秘与奇迹。重安铁索桥还与省内其他三座铁索桥合称为“黔地四大铁索桥”，现为贵州省文物保护单位。铁索桥的建成，结束了重安要津有渡无桥的历史，从而使当时的重安要津，盛极一时。官宦、商贾、兵家、游人往返如梭。

中间的那座桥是抗战时期修建的石墩钢梁结构公路桥，始建于抗日战争时。这座桥长30余米，宽5米，单行道。抗日战争初期，为了开辟后方战场，国民党政府开始筹备修建旧州机场。时任国民党副委员长的冯玉祥将军率大军南下，途经重安江，看到重安江不能通汽车，无法适应抗日战争的需要，于是就拨银圆10万块，由中国著名桥梁专家茅以升设计，工程师程万恭负责施工，在铁索桥下方10米处修建了这座钢桁梁桥。建桥所需钢材从法国购进，用飞机运抵越南河内，转火车运至昆明，再用汽车运到重安江。此桥建成通车后，为中国人民抗日战争作出了不朽的贡献。

下端之桥为曲拱桥，钢筋混凝土结构。1994年秋，贵州省交通厅为适应现代化交通建设的需要，拨专款120万元人民币在钢梁铁桥下方40米处修建了钢筋混凝土大桥。桥长60米，宽10余米，设有人行道、桥面扶栏等，可同时容两辆汽车通行。

“三朝桥”是历史变迁的见证，也是不同时代物质文明的标志。它不仅反映了当时的建筑水准、材料、技术、设计理念等大量信息，而且还蕴藏了不少的奇闻逸事，具有很高的观赏和研究价值。1939年春，著名学者闻一多教授率北京大学、清华大学和南开大学师生组成的“湘黔滇旅行团”途经重安古镇，曾亲自考察铁索桥，留下了“重安江链子桥”速写名作被收入《黄平县志》中，这幅珍品凝聚了闻一多先生对祖国宝贵文化遗产的热爱和赞美。

金凤山

位于县城南20千米的重安境内，山顶一峰突兀，形若凤凰飞舞、冲霄插汉而得名，山顶上有清泉长流，饮之爽口，明代道教于峰顶创建北帝宫。万历《黔记·山水志》曾记曰：“金凤山在重安界，直插天表……滇、黔、楚、蜀朝谒者如蚁。”

重安文昌阁

重安文昌阁位于县城南20千米的重安镇南北街的通巷内，清光绪年间建，阁为面阔五间的木构建筑，跨建于通道两侧3.85米高的石砌台基之上，与通巷呈“十”字交叉，平面面积88.8平方米。明间为三楼三滴水四角攒尖顶阁楼，平面呈矩形。

一楼底为通道，重檐金柱紧靠台基两侧竖于路面，柱距3.47米，阁高14.4米。屋面以青筒瓦覆盖，琉璃宝顶，福寿勾滴。四角挑檐枋下有圆雕撑拱，顶层大梁两端各书“皇图巩固”“帝道遐昌”字样。各层均为木作装修，设有花窗。次稍间建于台基之上，为单檐布瓦顶，穿斗式物架，各宽3.74米，进深 4.88 米，距台基高 4.74 米，正壁为木作装修，后壁及两侧砌青砖空斗墙。斯阁依地取势，次、稍间隐于民居之中。远远观望，阁楼高耸，玲珑秀丽，为重安倍增人文景色。

重安镇山川形胜、人文景观厚重，独特的民族风情亦韵味十足。

镇四周苗村僅寨星罗棋布，苗族、僅家能歌善舞，一年之中四季有节，每年中较大型的传统民族节日集会就有四处之多，这些集会分别为端午龙船节集会、"五·二六"集会、重阳节和"九·二六"集会，内容更为丰富，赛马、斗牛、吹芦笙、跳芦笙舞、对歌、斗雀等。四乡八里的各民族人民，万众云集，热闹非常。重安镇又是省内最大的民族民间工艺品交易市场之一，苗、僅等少数民族妇女身着的节日盛装，重紫色，佩银饰，多刺绣，色彩富丽堂皇。僅家妇女盛装古朴耀眼，姑娘们头戴垂珠红缨太阳帽，其额头上戴围头薄银片。僅家崇尚蜡染，其穿戴用物无论是头帕、领口、背带、衣袖、手帕、围腰、提包、伞套等均用蜡染缝刺，蜡染为僅家人古老的传统工艺，也是重安镇的著名特产。蜡染产品畅销国内外，被国家各级艺术馆、博物馆大量收藏，多次参与贵州民间工艺展览或出国展示。

依托往昔的无尽资源，重安镇现在正全面提速发展，积极推进"四在农家·美丽乡村"建设。

实施农村清洁工程，改善群众生活条件，加快改水、改厕、改圈步伐，配合县能源办实施新能源建设(沼气池)工程 30 口，现已全部建成。

交通、水利等基础设施建设不断完善，抵御自然灾害能力进一步加强。可蓄水 140 万立方的马场梯子岩水库大坝除险加固工程项目全面完工，已初步验收并蓄水适用，有效灌溉面积 2000 亩，使石头堡、榔木哨、大石、小寨、金台、堡上 6 个村的群众受益；16.75 千米长的马场村梯子岩水库主干渠道建设完成。黄岭坳村棉花冲山塘维修工程完工，并通过蓄水检验；白岩山村饮水安全工程，其中一期工程完工，二期铺设管道工程正在实施。

重兴片区的双龙桥至鬼冲公路、月亮坡至老寨公路、凯施二级路口(皎沙—金龙)、(皎沙—新合)已维修完毕。"一事一议"财政奖补项目建设，完成通组路硬化 35550 米、人行步道建设 5650 米、花坛建设 1780 米、村民活动场坝 2780 平方米，安装村寨太阳能路灯 36 盏，完成农村危房改造 789 户，民房包装 241 户(何家寨村、茅坪村、大石村、金台村、黄猴村)，村级招呼站 50 多个。

重安镇是农业乡镇，镇委、镇政府始终将农业摆在重要位置，始终将农业产业结构调整作为工作重点。大力发展粮食、果蔬以及养蚕等种植业和养殖业。根据工业强镇的目标，加强改造提升传统产业，扶持发展高新技术产业。

同时，不断完善城镇化建设，明确"水清、岸洁、边绿"为主的重安河道污染综合整治。着力打造水乡、民族特色风情小城镇。发展旅游、服务、休闲为一体的具有自身特色的西南水乡城镇，使之兼备交通枢纽的职能。

三穗县

台烈镇

台烈镇位于三穗县西南部，距县城15千米，镇人民政府驻地台烈村。东与本县八弓镇接壤，南跟长吉乡毗邻，西与剑河县岑松镇相依，北同镇远县报京乡相连。全境东西长16.8千米，南北宽13.5千米，国土面积151.56平方千米。辖9个行政村，183个村民小组，总户数8753户，总人口29669人，其中少数民族人口占总人口的79%左右，素有“千里苗疆门户”之称。台烈镇属于贵州省100个示范小城镇、黔东南州20个特色小城镇之一，台烈镇寨头村属全国1100个美丽乡村创建试点乡村、黔东南州20个美丽乡村和旅游景区，贵州省三穗（台烈）现代生态农业示范园属2014年贵州省100个现代高效农业示范园区。

三穗台烈镇，蚩尤圣地，黔东要塞。

贵州省东出口之一，也是贵州省“东联”经济发展的前沿阵地。

台烈镇名不可考，但依托三穗，历史久远。

三穗自唐宋设置，县名数改。民国十六年（1927 年），因循重农传统，以“秋收丰稔，一禾三穗”意，于次年 4 月改称三穗县，沿用至今。

气候地理 台烈镇气候温和，属于中亚热带温暖湿润气候类型。具有雨量充沛，雨热同季，夏无酷暑，冬无严寒，冬夏长、春秋短，灾害天气以伏旱为主等高原山区气候特征和变化规律。当地年平均温度 14.5℃，年降水量在 1100～1200 毫米之间，境内热量条件好，为 4300℃，无霜期较长，每年为 260～280 天。境内山系主要为苗岭山脉与武陵山脉的余脉。主要的山脉有高娄山、岑界山、桐梓山等。河流属于长江水系，位于沅江上游。主要的河流有台烈河、平溪河、寨头河、绞颇河等。

资源富饶 台烈镇土地肥沃，自然资源较为丰富，农业基础较好，是全县粮食生产和畜牧养殖发展重点地区，有耕地面积 14000 亩，森林覆盖率 65.5%，主产水稻、玉米、薯类、油菜籽、花生、蔬菜。经济林有油茶、蓝莓等；用材林有松、杉等；矿产资源主要有铅、锌、铜、钒、铁、锰、重晶石等。畜牧养殖业基础较好，有猪、羊、鸡、鸭等。“三穗麻鸭”为中国地方“四大名鸭”之一，年养殖量在 10 万只以上。

道路交通 台烈镇交通十分便利，320 国道、65 号高速公路从南至北横穿而过，横贯中部 10 余千米，在建的三黎、三施高速贯穿镇境，有乡级公路 6 条，长达 58 千米，通村公路覆盖率达 100%，客运班线通村率达 100%，是该县发展农村经济的一个交通枢纽镇。新建 35 千伏变电站一座，建立移动通讯机塔 5 座，电力、通讯网络发达，实现全覆盖。

文化旅游 台烈镇民族文化风情浓郁,有千里苗疆门户——寨头,有抗清钉耙塘古战场遗址,有古代抗法名将杨昌魁墓,有接龙桥、蚩尤庙、苗族风情园等旅游资源和游览景点,特别是寨头苗寨民族文化保存完好,说苗话、唱苗歌、跳苗舞、着苗装、过苗节,民风民俗原汁原味,寨头苗寨的语言、服饰、挑花、刺绣、习俗独具特色。"二月二"禳桥节,成为嵌镶在黔东大地上独具特色的一颗璀璨明珠,吸引着数以万计的中外游客。

经济社会发展 紧紧围绕"一镇两区,带动两翼"的发展构架和"农业稳镇、工业强镇、旅游兴镇"的战略思路,大力推进项目建设,保证了镇域经济平稳较快增长,2012 年农业总产值达到 5915 万元,同比增长 28%;2012 年农民人均纯收入为 4606.11 元,同比增长 17.81%。

小城镇建设 2012 年,台烈镇被列入"贵州省 100 个示范小城镇""黔东南州 20 个特色小城镇"和"政银合作乡镇",寨头村被列为"全州 20 个民族旅游村寨和美丽乡村"建设。

乘借东风,台烈镇把城镇建设管理工作摆上镇党委、政府的主要议事日程,制定了"一镇两区,带动两翼"的发展构架,围绕"农业稳镇、城镇带镇、旅游活镇"的经济发展思路,把握重点,攻克难点,使小城镇建设顺利推进。目前,台烈镇及村庄改造规划完善,公共设施齐备,镇容整洁,环境明显改观,小城镇、新农村规划建设管理水平不断提高,农村城市化步伐明显加快,台烈镇形象大幅度提升。

第一,科学规划,合理布局,夯实小城镇建设基础。镇党委、政府立足当地实际和特色,编制《台烈镇集镇建设总体规划》,专门成立小城镇规划调整工作领导小组,深入抓好控制性的详细规划并付诸实施。同时狠抓"一镇两区,带动两翼"发展建设工作,一是着力打造"民族风情小镇",重点把台烈镇打造成一个苗族风情浓郁的旅游休闲小镇;二是大力实施寨头苗族风情旅游园区和颇洞现代生态农业观光园区"两区"建设战略;努力促进带动 320 国道两侧的果介片区和绞颇片区"两翼"发展。

第二,以提升小城镇承载能力为目标,强化基础设施建设。2013 年,我镇千方百计争项目,全力以赴引项目,想方设法融资金,抓难点、抓重点,切实解决影响项目建设的突出问题,确保了项目建设顺利推进。一是投资 6000 多万元,对境内玉凯高速公路沿线可视范围内的所有房屋共 1028 栋,全部重新翻新升级外装,切实整治房屋风貌。二是投入 150 万元,完成镇计划生育服务站新建改造工程。三是投入 1500 万元,按照省级卫生院标准进行设计新建镇卫生院,目前完成卫生公租房 1800 平方米和门诊大楼主体建设。四是完成 500 平方米文化站及 2000 平方米休闲文化广场建设,满足了群众文化生活需求。五是投资 40 万元新建集镇供水管网 4 千米,彻底解决了集镇供水难问题。六是投资 38 万元改造镇农贸市场,解决了长期存在的"以路代市"的问题,规范了贸易秩序。七是实施美化亮化工程,投资 40 万余元安装路灯及新添置垃圾池 40 个,购置垃圾清运车 2 辆,进一步提升了集镇集聚功能。

"四在农家·美丽乡村"活动推进情况

寨头村位于县城西南部,距县城 20 千米,为台烈镇辖区。历史上因地理位置和军事位置险要,素有"千里苗疆门户"之称,"寨头者,苗疆之门户也"(《贵州通志》记载),为全国最大的苗族聚居区之一,村寨内有 28 个村民小组、1571 户,共 5456 人,全系苗族,又称"千家苗寨"。

寨头苗族文化保存完好,说苗语、唱苗歌、跳芦笙舞、过苗族节日、苗族婚丧嫁娶等民风民俗原汁原味,服饰(苗族裤装服饰)、刺绣、习俗等与周边县市和地区的苗族不同而独具特色;具有神秘的蚩尤文化、浓郁的民俗风情、坎坷的苗民斗争史和秀美的田园风光等，现有蚩尤庙(已近700年的历史)、神树井、万官保牛故居、芦笙堂、接龙桥、古战场遗址、风情园、果园等人文景观。

寨头美丽乡村建设按国家4A级旅游景区打造，按照“自然环境生态美，村容寨貌特色美，产业发展生活美，乡风文明和谐美”的目标要求，着力改善农村生态环境、生活环境、经济环境、文化环境，建成宜居、宜业、宜游，独具民族特色、文化特色，具有吸引力的美丽寨头。目前建设工作取得了一定成效。一个“苗疆军屯蚩尤神府”的神秘寨头正开始展现在人们面前。

颇洞村位于台烈镇北部，距镇政府驻地5千米，总土地面积10平方千米，320国道、65号高速分公路穿村而过，与县城相距10千米，全村有31个村民小组，1259户5053人，有党员102名。耕地面积4137.6亩，人均纯收入4606元。基础设施完善，全面实现通村公路、通水、通广播电视、通电话，村寨便道已实现硬化，宜林地及“四旁”(村旁、水旁、路旁、宅旁)基本绿化，村寨整洁，庭院美化。我村使用沼气等为主的清洁型能源的农户达60%；建有卫生室、计生室、农村现代远程教育播放室、文化活动室以及精神文化生活和体育锻炼场所；饮用安全卫生水农户达100%。适龄少年入学率达100%，新增劳动力平均受教育9年，青壮年劳动力中文盲、半文盲比重不超过4%，我村计划生育率达100%，农村合作医疗参合率达100%；“五保户”供养率达100%。遵纪守法户和群众社会治安满意度分别达99%以上。主要产业为种养殖业，小规模种植户10余家，经营客运货运30余家，经商30余户，从事建筑业60人。建有农业示范园区，解决了40多人的就业问题。全村每户有1人以上较熟练地掌握一至两门实用生产技术，农业实用技术普及率90%以上；村两委班子配备健全。近年来，在改革开放和西部大开发大潮的推动下，颇洞村认真贯彻落实党在农村的各项方针政策，因地制宜发展农村经济，农业生产得以较大发展，人民生活明显提高，各项事业取得突破性进展，村内基础设施逐步完善，改灶、改厕、改圈逐步普及。2005年被县委列为“生态文明富裕村”，同年，被县委、县政府评为“2003～2004年度文明村寨”，2006年被列为“社会主义新农村示范村”。为此，颇洞村两委按照“生产发展、生活宽裕、乡风文明、村容整洁、管理民主”的二十字方针，从乡风文明、村容整洁入手，于2006年修建了村级篮球场。颇洞村还积极利用便利的交通条件，适时实施产业结构调整，号召群众大力发展反季节蔬菜。文体事业蓬勃发展，人民群众精神文化生活不断丰富；“整脏治乱”工作不断加强，“文明村寨”创建水平得到进一步巩固和提高；普及九年制义务教育和扫除剩余文盲工作保持了良好的势头，全村小学适龄儿童入学率达100%，中学入学率达99%，15周岁受初等教育率达100%，全村青壮年非文盲率始终保持在99%以上；卫生防疫工作取得全面进步，全村免疫接种率达99.5%，儿童免疫接种率达99.5%。

面对未来，台烈镇将更高更快一步咬定目标不放松，凝聚各方力量，树立战胜困难的信心和决心，全力推进项目建设，力争年内完善集镇路网、水网、电网，做好污水及垃圾处理等相关项目设计立项申报，并实现2至3个500万元以上的招商项目。再用一个时期的努力奋斗，切实把台烈镇建成布局合理、规划科学、功能完善、产业集聚、生态优良、经济实力较强、社会和谐稳定的特色旅游示范小城镇，打造成为中国军屯苗寨、南国蚩尤朝拜圣地。

三穗县

桐林镇

桐林镇位于三穗县东部，距县城28千米，全镇面积134平方千米，辖9个行政村，166个小组，5171户，2013年末总人口有23273人万，侗族占总人数的80%以上，是一个多民族聚居的风情乡镇。310省道、三黎高速公路穿境而过，地理位置优越，交通十分便利。全镇耕地面积11212亩，森林覆盖率达70%。平均海拔600～700米，最高点为圣德山顶的1173.6米，最低点为六洞河木良峡谷出口的495米。镇域属北亚热带温和湿润季风气候，雨量充沛，雨热同季，冬无严寒，夏无酷暑，光照充足。

历史文化丰厚积淀，经济社会健康发展

桐林，元至元二十年(1283年)置大小田长官司。1366年(明洪武三年)，高僧道乾于圣德山顶建寺庙，设道场，人烟旺盛。1368年(明洪武五年)，开辟“镇远—邛水—黎平”驿道，途经桐林镇域。清末民初，因镇境内成千上万亩油桐树覆山盖岭，遮天蔽日，故而取名“桐林”。

这里旅游资源丰富。有北部侗族的聚集圣地——圣德山；有两州（湖南怀化、贵州黔东南）七县（三穗、天柱、剑河、镇远、玉屏、新晃、芷江）侗族同胞的交流歌会——七月十五圣德山赶歌节；有幽静翠叠的十里平良峡谷，景点有木良千年“百果王”（银杏树）、射神蒡、松鼠岩、老虎岩、月亮山、耗子岩等；村落有“独立王国”木良岑国、“田园范本”寨里上下高、“船形屯子”木良木屯、“深山侗家”岑坝老寨等，民俗文化有侗族“吃高章”、六月六“秧苞节”“吃夜筵”“吃新节”以及祭祀圣婆活动等。境内环境宜人，人民勤劳，平亚鬼外溪、竹林坳背、岑坝老寨等地老人的平均寿命达到83岁以上，被称为“长寿村寨”。

历年来，桐林镇党委、政府始终把发展放在第一位，以生态做足特色产业文章，以干群和谐构建文明村镇，人民富足，文化浓郁，镇容整洁，村貌焕然一新。“十二五”以来，全镇上下紧紧围绕“产业兴镇、旅游活镇、民生稳镇”的战略思路，按照“一心两翼”（一心：以集镇所在地为中心，大力实施扶贫生态移民搬迁工程，突出六洞河、坦洞河流域治理，大力发展蔬菜产业，优化城镇功能，完善基础设施；两翼：以岑坝圣德山为右翼，多渠道吸纳民间资本，挖掘文化内涵，塑造品牌形象，改造建设通达公路，大力发展民俗旅游产业，以寨里“六好村寨”建设为契机，依托自然风光和农业资源，完善基础设施，发展观光农业，着力打造左翼的休闲旅游产业）的发展构架，兴城镇化带动之举，狠抓项目建设，以基础设施建设夯实发展基础、以扶贫攻坚实施产业调整、以民俗文化活动激发品牌效应、以民生事业惠及构建和谐氛围。在产业构建、城镇基础设施建设、民生事业惠及、干部队伍建设和村级阵地建设等方面取得了长足进步。

建设生态文明，加强环境保护

桐林镇在建设物质文明的过程中，着眼于生态文明的名片效应和和谐共处原则，以整治、创建、挖掘为抓手，努力打造并形成节约资源和保护环境的空间格局、产业结构和生活方式。2013年桐林镇作为省级文明乡镇顺利通过验收检查，2011年对河村被评为全国第三批文明村寨并于2013年通过复查验收，全镇未合并村之前的20个行政村的州级文明村寨的覆盖率达到40%。

（一）以整治为抓手推进生态环境建设。一是结合"整脏治乱"开展镇容镇貌整治，树立文明新风。从2011年以来分年度安排了合计达到220余万元专项资金开展"整脏治乱"环境整治工作。扎实开展环境综合整治，从村至镇以集镇为重点持续推进河道行动、街道行动、爱卫行动三项专项行动，彻底取缔了马路市场，规范了垃圾处理，净化了河道河水。集镇污水处理正在进行初设，建设投资规模达414.21万元；垃圾转运站完成选址设计，占地400平方米；垃圾填埋场与邻近乡镇整合建设，投资规模达1000余万元。二是结合渔业执法开展巡查教育，打造侗乡绿水。以"水绿、鱼肥"为目标制定保护计划，严格渔业执法力度，在沿线醒目处设立"严禁电鱼、保护生态"之类的告示牌，教育沿河沿线村民共同保护母亲河。五年来，镇域内两条河流均没有出现较大污染事件，无电鱼、毒鱼重大事件发生。三是结合林业限伐开展规划保护，强化生态链条。根据当前黔东南林业限伐禁伐的工作要求，桐林镇出台了"三禁限"的规定（库区及沿河两岸禁采伐，规划景点景区禁止采伐，国道省道可视范围内禁止采伐）。目前，全镇呈现一派放眼翠绿的景色特点，因森林保护而衍生的林下产业正逐步壮大。

（二）以创建为抓手推进生态经济建设。一是发展绿色生态种养产业。"十二五"以来，桐林镇立足"山"字做文章，走绿色种植和生态养殖的产业发展道路，积极争取并累计建设了何首乌产业3200余亩、山核桃产业5500亩、油茶产业800余亩、金秋梨精品水果2100余亩；发展了三穗鸭养鸭大户7户、山羊养殖100万元；正推进落实娃娃鱼（大鲵）养殖100万元的生态养殖项目。通过项目带动，目前已在坦洞竹林创建了一个生态养殖基地，发展有生猪饲养大户7户、肉牛饲养大户1户、三穗鸭养殖大户3户、中药材产业种植铁皮石斛大户1户。二是建设"庭院经济"模式试点。结合对河村开展党建精品示范村建设的要求，试点在该村开展"庭院经济"建设试点。该经济发展模式的内容包括三个方面：以庭院四周为基地开展绿色种植和生态养殖；以民间工艺艺人为主发展手工艺作坊；以肥沃田块为苗圃发展个体园林业。它的发展优点是转型快、市场风险小，品牌特色是绿色、环保、生态。三是建设基础设施示范村寨。结合"一事一议"奖补项目、"四在农家"项目及"六好村寨"项目的实施，从路、桥、灯、房等方面加大建设投入，以绿化、硬化、美化、亮化打造自然生态示范村寨。三年来，共投入"一事一议"项目建设资金600余万元，完成了新场村135万元、平亚村75万元"一事一议"示范村寨建设；完成"六好村寨"寨里村规划项目建设2245万元，建设完成率47%；完成"四在农家"对河村基础设施建设30万元，建设完成率100%。

（三）以挖掘为抓手推进生态文化建设。按照“一心两翼”的发展构架，依托优良的生态环境、丰富的民族旅游资源，将生态旅游和民族文化旅游结合起来，建设集休闲和民俗文化为一体的旅游产业。以镇政府所在地为中心，结合坦洞河流域防洪堤工程的争取及实施，启动新茂至渡头坝休闲旅游区。充分利用寨里“六好村寨”规划建设和对河梯级水电枢纽工程开工建设的契机，着力打造对河至寨里的“左翼”休闲旅游产业带；充分挖掘文化内涵，极力展示民族特色，按照一次规划、分步实施的原则，大力吸纳社会资本注入，规划建设“右翼”的圣德山民俗风情旅游区，激发品牌效应，积极推动以鹿洞河流域的木良侗族村落为一线发展少数民族文化、田园风光、水上乐园为一体的村落休闲旅游，逐步走出了一条经济与生态、城镇与乡村、经济与社会互促共进的科学发展路子。

着眼农业农村，建设美丽乡村

桐林镇紧紧围绕“精品示范、典型带动”的发展思路，把“美丽乡村”建设与“农业求发展、农村夯基础结合”起来，分别选取对河村、寨里村为全镇“美丽乡村”建设示范点，稳步推进“美丽乡村”建设，打造农村发展新面貌。目前，集镇规划及村庄整治规划已通过相关部门评审，正在启动实施全镇统一规划建设的土地整治项目，预计投资规模达到5000万元以上。狠抓“四建”完善基础设施。积极争取项目支撑建道路，着力解决农民行路难问题，目前光寨里村、对河村两村就建成村内通组便道、联户路硬化50余千米，共投入资金142万元；以建设清洁能源为突破口建沼气，目前两个示范村85%的村民实现了燃气自给；以资源优势建主导产业，按照“一线抓提升、二线抓扩展、三线抓精品”的发展思路，以“百亩起步、千亩连片、万亩发展”的规划标准，推动精品水果产业发展，加快推进扶贫产业项目实施，并将其与精准式扶贫“一对一”帮扶紧密结合起来，从政策、项目资金、人力等方面引导农民多渠道增收致富；以群众需求建配套设施，根据当前群众在生产生活方面的需要，对各村的活动室、计生宣传服务室、农家书屋、体育健身场等进行了建设，覆盖率达到100%，并在80%的村寨安装了气象服务系统和防汛播报系统。

以“管、建、创”推动同步小康建设

桐林镇紧紧围绕同步全面小康“经济发展、社会和谐、生活质量、民主法制、文化教育、资源环境”的工作目标任务，团结带领全镇各族人民，以“管、建、创”共描小康社会建设蓝图。2013年，全镇经济发展活力得到有效激发，全年完成50万元以上固定资产投资6382万元，同比增长281%，人均占有值达到同步要求；基本社会保障覆盖率提前达到90%以上，新农合参合率达到99.89%，新型城镇居民和农村人口社会养老保险参保率分别达到100%、97.38%；文化教育得到巩固发展，全镇适龄儿童入学率确保100%，适龄少年入学率达到99.79%，小康指标实现度达99%以上；生态环境得到妥善保护，森林覆盖率达71.9%，同步实现程度127%。“管”即是强化目标管理，规范并理顺工作管理。出台了“联一扶二帮三”“四制二建两成立”等制度，有力地推进各项指标体系稳步提高。“建”就是建特色产业促农增收。全镇全年金秋梨2300余亩，实现销售收入205.3万元；1000亩蓝莓生产基地建设的租地收入和务工收入达到71.8万元；推行山核桃和油茶产业的大户种植，产业覆盖区域农民务工收入增收180余元；巩固抓好烤烟产业发展，烤烟生产户人均增收4270余元。建扶持平台促微小企业发展，重点打造本地以六合门业为品牌的实木门业、八坪易兴藤制品等微型企业。“创”即示范。2013年，桐林镇结合示范带动，抓成效出典型，以对河村、寨里村为模板，带动全镇小康社会的全面建设。

三穗县

瓦寨镇

瓦寨镇位于三穗县的东部，距县城 19 千米，三穗至黎平高速公路傍镇而过并设出口，310 省道横穿集镇中心，东连桐林，西靠长吉乡和良上乡，南与剑河县大洋接壤，北毗雪洞镇，全镇总面积 91 平方千米，辖 7 个行政村，1 个社区，其中，有 79 个自然寨，128 个村民组，总人口 21182 人。辖区内居住有苗、侗、土家等十多个民族，是全县少数民族群居最大的乡镇之一。海拔 555 米，气候温暖湿润，温差小，冬暖夏凉，气候宜人，雨季明显。森林面积占 65%，耕地面积 9249 亩（其中田 7510 亩，土 1790 亩），陡坡耕地所占比例较大。农作物以水稻、玉米、马铃薯等为主。

“斗笠之乡”瓦寨名闻遐迩

1984 年，瓦寨斗笠被作为国礼赠送给访华美国总统里根，随之，三穗瓦寨斗笠享誉四海。

除了“斗笠名乡”，瓦寨镇还有“万人集镇”之称，是全省75个综合改革试点镇之一。

瓦寨镇地势平坦，水源丰富，邛水河流经集镇中心并贯穿全镇，孕育着每村每寨，稻田大坝相间其间，美不胜收。镇域森林资源丰富，气候温和，无霜期长，森林覆盖率65.8%。农业生产条件较好，因而果蔬业、养鸭业自然成为三穗县的一大特色。

这里有优质金秋梨基地5500亩，年产金秋梨6000吨；有无公害蔬菜基地1100亩，年产蔬菜2000吨；有观光农业示范点1个，面积60亩；有三穗鸭繁育基地2个，年出栏10万羽以上，年产蛋12吨，是三穗鸭的重要养殖区；有优质水稻基地2个，面积1500亩。成立了镇村两级果蔬协会、养鸭协会，建设了全州唯一的村级农贸市场，山妹子金秋梨、绿色蔬菜、三穗麻鸭等农副产品已形成了品牌优势。

集镇居住人口1万余人，新店大道、文昌大道、集镇供水和人行道亮化美化等工程项目已开始实施，展示小城镇建设雏形；三穗县林产化工有限公司、平坝电站、红砖厂等企业落户瓦寨，正向工业强镇的目标迈进。年产竹编斗笠100万个，产品远销泰国、法国、美国等地及全国各个地区。1984年，瓦寨斗笠被作为国礼赠送给访华美国总统里根，瓦寨也因此被誉为“斗笠之乡”。这里是碑雕工艺发源地，碑雕历史悠久，技艺精湛，盛名远扬。瓦寨人民正在把握发展机遇，紧密锣鼓地推进全省综合改革试点镇建设，不断完善小城镇带动功能，加快特色产业发展步伐，用行动打造三穗“后花园”。

瓦寨镇小城镇开发出新彩

瓦寨镇1998年被黔东南州政府列为“万人集镇”的建制镇，2000年7月又被贵州省小城镇综合改革试点工作领导小组确认为第三批“省级小城镇综合改革试点镇”。

（一）总体目标

按照可持续发展的时代主题，实施“两个根本转变”的发展战略，全面推进瓦寨镇“城镇现代化、乡村城市化、城乡一体化”的现代化进程,使瓦寨镇向着经济发达、社会文明、设施完备、环境优美的方向发展。

(二)战略布局

镇域发展采取“以中心镇发展为主,带动镇域全面振兴”的空间战略布局。

(三)规划布局

在规划期内,镇域村镇体系的发展重点是中心镇区、瓦寨天王坝片区和6个中心村(上街村、斗街村、调动村、店头村、新中村、坪城村)及一个社区,形成与中心镇区融成一体的体系结构。

(四)小城镇人口结构规划

瓦寨镇的总人口将由现状的0.8万人增加到1万~1.5万人,流动人口占常住人口的20%以上。

(五)集镇功能布局规划

规划用地形状基本呈团块状,主要是以天王坝及调动兴隆为用地地段,根据规划使用功能分为三大功能区:行政中心区、民宅中心区、商业区。其中商业区分为两块,以原农贸市场为主,同时通过兴隆大桥修建好后,在文昌道路的对面河进行规划修建农产品批发市场,使一河两岸融入一体的多元化市场。

(六)道路规划

集镇道路规划以文昌路与新店大道路构成“十字”集镇道路主骨架,附以4条支路形成方格网开发区镇道路。

几年来,随着小城镇建设的不断加快,集镇规模不断扩大,城镇区位发展不断提升。目前城镇面积扩大到0.78平方千米,镇区人口近10215人,个体工商户发展到579余家,小城镇商贸辐射作用和经济带动作用日益增强,小城镇建设现已成为展示当前瓦寨镇发展的窗口和亮点。

在小城镇建设上,镇立足长远,追求品位,坚持“高标准,严要求,重质量,建精品”的指导思想。首先,对镇区进行了一次高起点的规划修编,绘制出了小城镇建设总体规划方案。其次,突出风格,建设精品,政府对开发区所有建筑进行了统一设计,严格标准进行施工。在建筑风格上,既注重实用,又追求美观,突出了小城镇的主流特色。在今后的新店小区中所有新建门店楼,全部按照规划和设计进行建设,成为瓦寨镇的一个精品工程和发展模式。

在狠抓基础、完善功能的基础上,扎实开展镇容镇貌、村容村貌集中整治,使集镇及沿线村庄卫生环境得到了明显改善。

围绕商贸重镇做文章。发挥瓦寨镇区位优势和传统优势,全力推出小城镇建设精品,扩大集镇规模,增加市场容量,实现二产经济上规模和三产经济的迅速膨胀。投资300万元修建兴隆大桥的同时,拓宽坪城、调动到白家的公路建设。使小城镇与商业密集相结合,充分发挥小城镇在经济发展中的拉动作用。

加强小城镇建设管理,按照集镇总体规划的要求,保证小城镇建设健康、持续发展。

逐步加大产业规模,精心打造品牌,为小城镇建设的经济发展提供强大的动力。产业是立镇之本、兴镇之基,只有产业的发展和推动,城镇的规模效应、聚集效应才能实现。近年来,在稳步推进城镇开发的同时,也着眼于农业产业结构的调整,主要以麻鸭、三妹子金秋梨、蔬菜及竹编工艺产品为我镇的主导产业。目前,我镇在调洞村实施150万元节水灌溉工程,完成28个蔬菜大棚,为今后的调洞蔬菜基地创造优越的条件。2013年通过“美丽乡村”项目建设,新增现代化蔬菜大棚280个,建设资金280万元,新增辣椒、西红柿等果蔬种植面积450亩。

“四在农家·美丽乡村”硕果绽放

调洞村位于瓦寨镇北部,距镇政府所在地1千米,全村共有11个村民小组,分布在7个自然寨,有380户1530人,有党员33人,其中女党员2人,有劳动力730人,外出务工人员560人,是一个汉、苗、侗族杂居的行政村。有田 683 亩、土 34 亩,人均耕地面积 0.48 亩,森林面积 310 亩,其中果林 180 亩,全村经济总收入 381 万元,主要产业是种植业。

富在农家 调洞村是三穗县的主要蔬菜种植基地,主要以生产绿色无公害蔬菜和反季节蔬菜以及商品苗圃为主。目前建有蔬菜大棚 37 个,拟新建大棚 250 个,预计投入 200 万元。蔬菜种植品种 21 种,主要以芹菜、黄瓜、莴笋、香葱为主要种植品种。随着瓦寨镇农业产业结构调整的发展及布局要求,调洞蔬菜基地种植面积达 268 亩,复种面积达 886 亩,蔬菜种植总收入 134 万元,人均蔬菜种植收入 906 元。近年来,瓦寨蔬菜种植规模不断扩大,产品日益多样化,满足了市场需要。产品除了供应本镇周边乡镇以外,还远销到周边县市以及湖南、广西等地。蔬菜产业成为调洞村的主要产业,调洞蔬菜基地成为瓦寨观光农业景点之一。

学在农家 自远程教育落户瓦寨以来,调洞村积极结合本村实际,利用远程教育设备切实开展远程教育培训学习活动,通过出专刊、张贴标语、发放宣传资料等形式对远程教育进行宣传,积极收集信息反馈意见,有针对性地开展培训。通过创建文明生态富裕村,村民生产生活条件明显改善,村民整体素质得到提高,通过争创“十星级文明户”等活动,增强了村民文化知识学习氛围,基本改变了农村的生活陋俗;生活垃圾、污水乱泼、畜禽乱窜、粪土乱堆的现象已得到很大程度的改善。精神文化生活丰富多彩,家庭和睦,邻里团结,社会治安井然有序,无社会治安案件发生,农民安居乐业。

乐在农家 出行难曾经是群众最苦恼的问题,为切实解决出行难问题,瓦寨镇完成了农场至三岔沟胡三组段全长 700 米,路面宽 5 米的产业道路硬化任务;完成兴隆桥至晓隘村 2 千米的通村道路的改扩建及硬化工程任务;完成全村自然寨和新建生活小区的道路硬化工程。同时,拉通连接产业路大棚集中点的窜点道路建设。

美在农家 为建设一个美丽的乡村环境,配合做好集镇防洪堤工程建设,在河堤两边种植 500 株垂柳或桂花树;2015 年全面实现村庄绿化。实施村庄亮化工程,2015 年以前投资 40 万元在主要进寨路段安装 100 盏路灯,实现村庄亮化。落实农民体育健身工程。积极争取上级支持,2014 年在岗坪修建标准篮球场,安装配套体育健身器材。

柑子院村 以“坚持科学发展、构建和谐柑子院村、实现富民强镇”为总体目标,结合本村实际,坚持科学发展,不断开拓创新,积极推行“四在农家·美丽乡村”建设。该村以全力推进柑子院村文化商务区动迁腾地为主线,以创新村务管理,加快发展转型为主调,争当柑子院村城市化进程新标兵,大力发展村级集体经济和农村各项社会事业,实现我村经济社会全面、持续、协调发展。

除了进行产业结构调整、城乡环境综合整治、民生服务、公共服务设施建设以及老龄、妇女、儿童、残疾人事业全面推进之外,柑子院村突出亮点在于:村务公开,民主管理。

村务管理以人为本,积极探索新时期村民自治工作的新途径、新方法。健全村务公开制度,明确村务公开的主要内容、公开的形式、公开时间,实现村民自我管理、自我教育、自我服务。在关系到村民切身利益的村务方面,做到“四议二公开”,即党总支部研究并提议、村两委会商议、党员大会审议、村民代表会决议、决议公开、实施结果公开,把知事权、议事权、监督权交给群众。

镇远县

青溪镇

青溪镇地处两省四县六乡镇的结合部，东与湖南晃县、本省玉屏县相连，南与三穗县为邻，西与本县蕉溪镇接壤，北与岑巩县毗邻，湘黔铁路、株六复线、320 国道、306 省道（二级公路）、G60 高速公路和在建的长昆高速铁路及㵲阳河贯穿全境，距县城 43 千米，距州府凯里市 124 千米，距省府贵阳市 312 千米，距湖南怀化市 145 千米，是滇、川、渝、黔连接湖广的纽带，区位优越，交通优势明显。自古以来素有“黔东大门”“滇黔锁钥”之称。全镇总面积 141.13 平方千米，辖 16 个行政村，1 个居委会，299 个村民小组，共 7553 户，总人口 33280 人。

青溪扼滇黔关隘，踞入省之孔道，素有“黔东大门”雄称。

青溪建置历史可上溯到明代，洪武二十三年（1390 年）设卫。清雍正五年（1727 年）置县，民国三十年（1941 年）撤县置区，1992 年撤区建镇。

历史久远，人文荟萃，青溪胜景炫目

青溪名胜古迹，宗教寺庙颇为壮观。明永乐年间建造的古城垣，像一只腾飞的巨龙，卧于城北山上。明末清初，修建的古文笔，矗立在青浪镇㵲阳河南岸之山巅，清光绪四年（1878 年）所造的万寿宫，布局严谨，精致典雅，至今留下“发祥洪都膏流㵲水，勋留南屏泽沛西江”楹联。

光绪十一年（1885 年），临水所造的铁厂码头，距青溪城东 8 千米（今关口），与建造的白云寺、古老的造纸作坊等景观同辉。

青溪在历史上曾发生过许多有影响的事件。清嘉庆元年（1783 年）八月，青溪高屯人，高承德组织民众起义，清廷诏提督花连布率师镇压。

嘉庆二十四年（1819 年），林则徐赴任云南乡试正考官，曾夜宿青浪，次日由青浪抵达镇远，留有《青浪日记》。

清咸丰八年至同治七年（1858 ~ 1868），苗族农民起义领袖张秀眉义军，攻占了青溪。清光绪十一年至十六年（1885 ~ 1890），在青浪创办我国第一个官商合办的近代钢铁企业——青溪铁厂。进入民国二十四年（1935 年）一月四日，中国工农红军红二、六军团某部，占领青溪县的羊坪乡。民国二十八年（1939 年）春，青溪县石宝塘一带民众抵制国民党抓兵派款，“抗兵役”斗争，与保警队、壮丁队、省保安团直属五大队保警，历时三个多月的激战。

民国三十一年（1942 年）九月十一日，由吴宗尧、余定国、杨玉和等人发起的“黔东事变”首攻青溪，将青溪警察所巡官董庆有首级割下示众。民国三十三年（1944 年）九月，一架抗日军用飞机，降落青浪镇铜鼓浪；当日，青溪人民掀起众志成城救战机的热潮，展现了青溪人民抗日爱国之心。

青溪镇是南来北往的重要码头，形成了丰富多彩的城市文化。重要的标志之一，就是戏曲演出起始较早，特别是湘西的“辰河戏”在青溪广为流传。民国时期，青溪建有民众教育馆和“湘剧团”，经常开展演出活动。新中国成立后，镇远军分区文工团“南下”和“西进”留在青溪工作的干部，在全区教唱革命歌曲、扭秧歌等，传播新文化。接续传统，发扬光大，人们自发组织，热情投入玩龙灯、耍狮子、跳花灯、玩蚌壳、扎故事等民间艺术活动中。社会主义建设时期，成立了区文化站，改革开放后，建有区广播站“花灯剧团”，尤其是青溪花灯颇有影响，曾参加省、州、县各级文艺会演，至今已申报为国家级非物质文化遗产保护。青溪的文化艺术，其他主要反映在民间故事、民歌、侗族古歌、情歌、山歌、伴嫁歌、孝歌等。受侗族文化影响，汉族也有情歌、酒歌、山歌。

喜闻乐见的艺术蓬勃发展，音乐、舞蹈、戏剧、绘画、雕刻、手工艺术等艺术形式多点开花；民族乐器，则有吹奏乐和打击乐，如唢呐、长号、箫笛、木鼓、铜锣、大钗等，曲调古朴粗犷，节奏明快。

昔日灿烂历史文化，为今朝青溪大增异彩。但青溪并未止步于历史的馈赠，而是传承历史，开拓创新，充分发挥自然资源优势和人的主观能动性，抒写新的篇章。

青溪镇共有林地72252亩，森林覆盖率达38.9%。青溪境内植物种类繁多，能确认出学名的木本植物计78种，其中有珍贵稀有的银杏、水杉、红豆杉、毛油杉。在1978年11月，全县向人民大会堂敬献樟木，青溪铺田捐献1根，用于修建毛主席纪念堂。在发展用材林的同时，大力发展经济林，在县内具有“油桐之乡”的美名。在明清时期，青溪就大量种植油桐，油桐的栽培技术尚有两千多年的历史。经济作物有油茶、茶叶、漆树、杜仲、板栗、柿子、柚子、柑子、五倍子等。

矿产资源有锌矿、铁矿、煤矸石、石灰石、硅、高岭土、方解石等17种矿源。锌矿主要分布于坪阳、柏杨两村，矿石储量大约有27万吨；铁矿主要藏于青浪以南，关口、大沟、龙井一带，主要矿层存于第四系残积破土中；煤矸石，矿位主要分布于后山、姚湾、鸡鸣等村，开采范围10平方千米。

工业方面：新中国成立前，青溪仅有几家私营手工业炼铁、酿酒、榨油、织布、洗染、铁器、木器、豆腐等手工业作坊。尤其是青溪豆腐，有数百年的制作历史，加工精细，鲜嫩爽口，远近闻名，许多人慕名而来。

新中国成立后，工业建设已初具规模，于50年代中期，青溪建有洪油厂、电瓷厂、铁锅厂、酒厂、纸厂等，县属厂矿几乎都聚集于这里。

进入新世纪，建设步伐加快。2001年以来，镇远县委、县政府决定将五里牌工业小区定位为五里牌工业园区，后又定位为“黔东工业园区”。城内的高能耗企业逐步搬迁到这一区域。根据黔东南州人民政府《关于对镇远县青溪羊坪黔东工业园区控制性详细规划的批复》（州府函〔2001〕54号）文件精神，黔东工业经济区作为黔东南州“一点两翼”经济发展的重要一翼，2006年，州委、州政府将其升级为“四圈一区”的黔东循环经济区的“一区”，进行重点建设。2012年，升级为省级经济开发区。目前入驻经济开发区的企业达34户，其中工业企业30户，农业企业2户，第三产业2户，总投资55.411亿元，到位资金近6亿元。经济区内有水电站3座，火电厂1座，不同电压等级变电站3座；酿酒业1家；冶炼企业21家，设计装机达40.3万KVA，实际现有装机为16.96万KVA。经济区内已基本形成了“电、冶、酒”三大支柱产业，代表镇远“浦东”的整体新形象。

在服务园区建设上，青溪镇始终按照县委、县政府关于黔东新城建设的设想，以工业园区大项目和境内重点工程建设为重点，认真搞好服务工作，抽调专人，相继完成黔东火电厂、东立泥厂、青酒万吨白酒扩建及白酒产业园、川黔产业港、云盛公司、润达公司、青溪污水厂、慢坡安置区、万人社区、廉租房、镇远职业技术学校、320国道改造，G60高速、园区主干道、铁专线、产业道、长昆高铁的征地拆迁安置、纠纷调解及企业协调工作。

城镇化建设与时俱进。“意识决定思路，思路决定出路，出路决定生路”。镇党委、政府结合实际，2003年提出了“以富裕人民为目标，以小城镇建设为重点，以乡镇企业为龙头，以农业综合开发为突破，抓好经济强镇和工业园区建设，推进青溪经济、社会的全面进步”的发展思路，超前谋划，实施“小城镇带动战略”“工业富镇战略”“科教兴镇战略”“区域带动战略”“人口、资源、生态可持续发展战略”五大战略。同时提出了“以路促房，以房扩容，以土地置换资金(工程)，实现滚动发展”的小城镇建设新路子。2004年春，火电厂落户青溪，后街大道和连接五里牌道路分别进行水泥硬化与沥青路面，总投入建设资金3000万元。2006年G60高速公路青溪出口建成通车，进一步推动了青溪城镇化进程。

从2006年至现在，在县委、政府领导下全力支持黔东经济区建设，按照20万人口城市建设规划定位，各项基础设施进一步完善，城镇管理和服务功能进一步增强。先后完成集贸市场、学校、医院、敬老院、供水、道路等工程；完成城镇消防栓设置，新添置环卫车1辆，增加环保和市政管理人。

还投入资金完成了境内1124套廉租房建设、施青二级公路建设、二级公路沿线风貌整治工程建设、卫生院二期工程建设、瓦扎坡烈士纪念园及休闲广场主体工程及绿化工程、铺田村张家寨铁索桥工程、甘溪村大元组人畜便道工程建设，完成街道路灯亮丽工程，完成青溪小学寄宿制学校综合教学楼工程。

2013年抓住全省100个示范小城镇和全州20个特色小城镇的发展机遇，强化城镇规划，加大城镇基础设施建设力度，加快小城镇建设步伐，小城镇基础设施得到进一步完善。开工建设青溪污水处理厂，目前投资1800万元完成厂区土建工程，安装管网13.4千米，市民广场、社区服务中心等项目。种植行道树120棵，配置垃圾桶40个，美化了集镇环境。投入1.8万元清理集镇下水道、排水沟。开工建设新农贸市场。

新农村建设以点带面，全面推进。镇党委、政府提出将上坪地作为小康新村试点建设，群众积极性非常高，群众的热情高涨，自愿投工投劳投资实施小康新村建设。投资10万余元完成水泥硬化道路16条，总长1850米，保坎250米885立方米，维修古井1口，建寨门2座，休闲亭2个，法制宣传栏2座，建碑志1座，房屋改造86栋，改厨、改厕、改圈63户，修建排水沟350米，建设农民健身场地1个，群众过上“进屋不脱鞋，煮饭不用柴，乡下人过上城里人的生活”。然后推向全镇，逐步完成新村建设，使群众真正享受国家的惠民政策。

经过持续不断的努力，青溪镇荣誉纷至沓来：2000年被州列为第一批经济强镇和省级综合改革镇。2002年被评为第六批全国“亿万农民健身活动乡镇”。2004年被国家六部委列为1887个“全国重点镇”之一，被建设厅列为“全省32个重点镇”之一。2005年被建设部列为“全国小城镇建设示范镇”。2007年被省建设厅评为省重点小城镇建设量化考核“先进单位”。2008年被文化部命名为“中国民间文化艺术之乡”。2010年11月被省环保厅命名“第一批省级生态乡镇”。2011年10月，被省文化厅命名为“民间文化艺术之乡”。2012年被贵州省列为“100个示范小城镇”之一。2013年被州列为“特色小城镇”。2013年被贵州省命名为“信用乡镇”。

岑巩县

客楼乡

客楼乡位于岑巩县西北部，距县城约74千米，地处二州（黔东南、铜仁）三县（石阡县、镇远县、岑巩县）交界处。全乡总面积70.26平方千米，有耕地面积8761亩（其中田5819亩，土2942亩），其辖8个村，75个村民组，2426户9632人，居住着汉、侗、土家、仡佬等民族。境内交通便利，农业基础条件好，通讯发达，实现了村村通公路、通电；生态绿化，有小（一）型水库1座、小（二）型水库3座、小山塘9个；有5个村通了程控电话；闭路电视覆盖率达到70%。“四在农家·美丽乡村”基础设施建设六项行动计划正在得到有力有序有效的执行。

岑巩，古名“思州”，唐时置郡，系楚、黔交通要冲，历史蕴藉丰盈。

这里，山清水秀，风光多彩；文物古远，遗址闻名。

龙江河、龙鳌河、万佛长廊洞等景观鳞次栉比；鳌山寺、思州白崖悬棺葬、中木召古城池遗址等古迹耀人眼目；汉砖砚、宋代铜锣铜鼓、百鹤鸣皋等文物浓墨重彩；而“冲冠一怒为红颜”的美丽主角——陈圆圆花落思州的遗响至今不绝于耳。

客楼乡则是这片热土上的一颗夺目明珠

客楼地处岑巩县偏远之地，但得大自然的恩赐，独享地灵之美。

从空中俯瞰，客楼乡在青山翠岭环绕之下，独领地势平坦之奇葩，素有“高山平原”之称。其地海拔在850～1000米之间，年降雨量1160毫米左右，年平均气温14℃，气候四季分明。春天小雨丝丝，润物无声；夏天凉爽，博得“凉乡”美名；秋天枫叶遍山，蔚为壮观；冬天寒冷，南国少见的冰雪，在这里却是际天而来，银装素裹，分外妖娆。

得天独厚的不仅仅是湿润的气候

客楼乡的自然资源丰富，土壤肥沃。主产水稻、玉米、薯类、油菜、烤烟、茶叶等农产品，其中油菜、烤烟、茶叶分别以科技含量高、质量好、产量大、味道清爽可口、颜色鲜艳等优点享誉省内外，是该乡最具地方特色的三大支柱产业。

此地森林资源丰富，原林莽莽。“山多大木”“产杉楠，可供国用”。岑巩木本植物有45科，140多种，中药材200多种，还有异兽珍禽等。在唐代，思州被列为全国六大茶叶产区之一。思州绿茶、蜡及葛等被历代定为贡物。

客楼乡的生态理念独树一帜，其森林覆盖率在69%以上，位居全县前列。独特的地理位置、湿润的气候、良好的生态环境、当地群众强烈的树崇拜意识，是森林植被以及珍稀植物得以繁衍生存的主要成因。客楼乡生长着多种珍稀植物，如红豆杉、榉木、银杏，甚至还发现过一株桫椤树。野生的国家一级珍稀濒危保护植物——红豆杉，更是风景这边独好。全乡生长着上万株红豆杉。其中，千年以上的红豆杉就有两株，有两个庞大的红豆杉聚生群落生根客楼乡。碗口粗的全乡有千余株，拇指大的在数万株以上。因此，客楼乡被誉为“红豆杉王国”，闻名于世。当地政府十分珍惜这份殊荣，不但采取挂牌保护措施，更把传承及更新爱树护树的良风美俗视为己任。

这里的乡民热爱故土，热情奋发，把全乡打造得花团锦簇。

春天里，逾 7000 亩水蜜桃基地的桃树，沐东风而吐蕊，迎朝阳而绽放！桃花盛开，横无际之涯。把春天的气息铺得满满当当，扩向四面八方……陇上的茶树，株株挺翠，任茶香溢向漫山遍野……油菜花开，触目怡心……

秋日在望，平坦无垠的农田，稻谷吐穗，玉米含苞，全是葱葱郁郁的青色铺就；丰收即来，满眼金黄，装点着山乡的景致，浸透着农忙时节的喜悦……

客楼乡物华天宝，同样地，人文风情的家珍却道也不尽。

黄糕粑 黄糕粑，又名黄果粑，属粑类食品的一种，是客楼乃至岑巩人喜爱的一种美食。黄糕粑也是当地人民春节走亲访友、拜年的互送礼品之一。冬季可自然保存 1 个月。生产该食品必依特色工艺，箬叶是必需品。据《本草纲目》载：箬，生南方平泽，南人取之作笠，及裹茶盐，包米粽，女人以衬鞋底。药用具有清热止血、解毒消肿之效，且通小便，利肺气，消痈肿。制作黄糕粑是用糯米粉和黄豆浆，拌以沸水、红糖、白糖或糖精，将糯米粉揉成面团后，按箬叶的大小将面团分割成若干小团，用箬叶(一般用两叶“十”状叠放)将小面团拨四方形包严，再用棕叶丝或稻草捆住箬叶，即成一个黄糕粑；全部小面团用箬叶包实后，按一层黄糕粑一层稻草将做成的黄糕粑移入甑子，并用塑料袋将甑子封严，最后用文火长时间熏蒸，一般熏蒸 24 小时。熏蒸时间越长，黄糕粑的颜色越鲜艳，浸入黄糕粑内箬叶特有的香味就越浓，才更具有色香味。制成的黄糕粑呈棕红色，甜而不腻、又糯又香，散发出箬叶特有的芬芳。

婚庆唢呐 婚庆吹唢呐，在岑巩是古已有之，是迎亲时的必备节目。尤以客楼等诸乡盛为流行。流传的迎亲唢呐，曲调优美，是一种表现力极强的婚嫁喜事吹奏乐曲，是各族人民群众婚庆仪式中不可缺少的重要组成部分。它涉及人们社会生活的方方面面，深受广大人民群众的喜爱和欢迎。

吹唢呐这一习俗，其历史渊源可以追溯到秦汉时期，隋唐以后各朝各代都较为盛行。明代，唢呐曾被编入《回部乐》中。而历史悠久的思州故地——岑巩县又习惯将吹奏唢呐的艺人称为八仙师傅。据传，因吕洞宾、韩湘子、何仙姑等八位神仙在练功时触发灵感所创并流传下来之缘故，故而得名。唢呐用途广泛，是岑巩人民吹奏已久的民间器乐。它发音开朗豪放，高亢嘹亮，刚柔相济，广泛应用于民间的婚丧嫁娶及民俗活动中，具有独特的艺术风格，深受当地各族人民的喜爱。

吹奏唢呐一般无季节之分，尤以娶亲时演奏的唢呐格调最具代表性。

唢呐曲调优美悦耳，淳朴清新，吹奏方法也颇具技巧，通常吹奏一首曲拍要5～10分钟，所以要求吹奏者能用鼻子换气，才能保持调子连续不断，音色动听、悦耳。

磨香粑 客楼古老的磨香粑传统源远流长。走在客楼乡两江村地莲组白水滩一带，你就会发现，每隔5米或10米不等的距离，就有一个车在磨香粑。这就是客楼古老的磨香粑工具——香粑车。

客楼乡两江一带的农民，依得天独厚的丰沛流水，在白水滩河域的边沟上，建起了香粑车，磨出农村过年、过端午、重阳、过七月半等节令必须用的——香烛。其制作方法全是一个样：用一根木轴支起一个木轮，木轮的周边上横列着许多木条，既可排水，又可接受水流的冲击，使木轮沿木轴旋转；木轮周边的左侧或右侧，安装上一个汉字笔画的竖弯钩(L)型的“磨担钩”，在“钩”的一头钉上青杠或其他木质的木块，木块下面是一个石头凿成的“磨齿”，当水流冲击木轮旋转，木轮就将力传递到“磨担钩”上，再把旋转运动变为磨齿上的直线往复运动，由于重力的作用，就磨出了香粑，流进做好准备的香粑池里。

古老的香粑车，磨出客楼人民古老的传统，延续着久远的风俗习惯，以及人们对先民的怀念。

土主庙 现有代表性的客楼土主庙是位于县城西部的客楼乡鞍山村，距县城62千米。土主庙祭祀神为土主，其姓名说法不一，有的说是当地土王，有的说是杨再思。

土主庙的发起人原是想醵金宴（大家凑钱喝酒)，且有帮衬互助之古意。祭祀之日，附近乡民聚集者在千人以上，各宰杀家禽、牲畜祭祀，演剧数日，盛大场面，热闹欢喜。

土主庙依山而建，呈梯形，南高北低，由戏楼、土主殿、观音堂、围墙等组成。占地500平方米，坐南向北，木质结构，青瓦屋面。客楼土主庙的存在，见证了早期各民族之间的大团结与大融合。

地连司 地连司系明代都素司长官何氏分建的地连司(今客楼乡两江村地连寨)衙署，背靠青山，面临河水，为城堡式建筑。司署依地势高低修建三层院坝，每院有一道石墙环绕。左边为城隍庙、飞山庙、杨四庙和戏台，右边为监牢，晚唐咸通年间毁于战火，今存遗址。司署对面的山坡上有乾隆年间都素长官司何全墓，建于道光十八年(1387年)，封堆用料石围砌，竖碑石三方，正中有穹洞碑门，墓前筑拜台三级。

三层洞风景区 三层洞风光旖旎，别有洞天。它位于客楼乡两江村江口组，地处两江下游。它的得名源于一个久远的传说：这里原来只是一个普通的水潭，某天夜里人们醒来突然发现，小水潭变成了奇特的模样。求问神灵，方知是河对面山谷的那座望夫石在作怪。乡民们忙于劳作，忘却香火拜奉，引来神石震怒，决定惩罚他们，让他们行走的路更为艰难险阻，所以将通途变得崎岖不平。

三层洞两岸夹峙，江水清澈见底，缓缓流淌，随着水流的落差，飞流激湍映在眼前，三个较大的落差群贯连始终，三层名副其实。沿途而览，时见阳光下的飞瀑溅星。蓦地，欢腾的水声奔涌而来，响彻山谷。循声而至，一个90来平方米的深潭惊现眼前，银珠倾天而泄，源源不绝。飞瀑20米左右落差，悬空而下，十足“日照香炉生紫烟”的意境。大自然的鬼斧神工，令人叹为观止。

客楼乡抓住农业产业结构调整和加快社会主义新农村建设的契机，全面深入推进“四在农家·美丽乡村”创建活动，在大力发展农业和农村经济的同时，扎实组织实施“美丽乡村”基础设施建设行动计划。

假以时日，客楼乡呈现出来的将是在一片美丽田园风光掩映下的特色小城镇。

丹寨县

兴仁镇

丹寨县兴仁镇是丹寨北大门重镇。这里交通便捷，四通八达。其驻地距县城17千米，距州府50千米，是两市三县五乡镇的交界中心地，全镇国土面积190平方千米，辖32个行政村，1个居委会，总人口3.5万人，镇区人口3800人。境内住有苗、汉、水、侗、布依等10个民族，少数民族人口占全镇总人口的97%。以丹寨县“蓝莓之乡”称著于世。

云上丹寨，苗族文化圣地

它是全国唯一完整保留祭祀蚩尤的“祭尤节”的地方。蚩尤与炎、黄二帝并称中华三大始祖，是苗族的祖先。丹寨苗族是最古老的苗族之一，以“尤”为名的地名比比皆是。

苗族蜡染、古法造纸、苗族锦鸡舞、贾、苗族苗年、苗族服饰、苗族芒筒芦笙祭祀乐舞为丹寨赢

得7个国家级非物质文化遗产目录。苗族古瓢琴舞、翻鼓节、苗族历法、苗族百鸟衣等则被列为贵州省非物质文化遗产。

丹寨生态资源丰富，有猫鼻岭省级森林公园和龙泉山—岔河省级风景名胜区。境内峰峦叠嶂，河谷深幽，彩色溶洞群星罗棋布，堪称“山的世界，树的海洋，洞的王国”。县境内森林茂密，植被保存完好，森林覆盖率60.3%，其中，猫鼻岭省级森林公园、山羊界林区、牛角山自然保护区等地还保存着大片原始森林。有各种动植物1500余种，素有“物种基因库”之称。

而兴仁镇是全县少数民族比重最大的乡镇之一。镇驻地兴仁村是丹寨县北大门的重要通商口岸。

兴仁镇地处东经107°45′～107°57′，北纬26°14′～26°25′。属亚热带湿润季风性气候，四季分明、冬无严寒、夏无酷暑，年平均温度15.2℃，是宜居佳地。境内最高海拔1328米，最低海拔670米。

兴仁镇是以农业为主、工业商贸为辅的新兴城镇，主要农作物有水稻、玉米、小麦、红薯、烤烟、茶叶、金银花、花生等，农民经济收入以种植、养殖业为主。境内矿产资源丰富，主要有铅、锌、煤、铁、铜、磷、重晶石、石灰石、高岭土、白云石等。2013年全镇农业生产总值完成12929.78万元，同比增长4.5%；工业总产值完成52160万元，同比增长223%；夏粮总产量9088吨，同比增长0.3%；全镇农民人均纯收入达到4668元。财政总收入完成5136万元。以绿海蓝星现代高效农业示范园区建设为核心，推进农业发展现代化、规模化建设。

旅游资源 兴仁镇旅游资源极其丰富，胜景迭出。全镇景区有吊洞大峡谷与夭坝长官司、夹岩风光与宰雅营盘、三岔河风光与摆泥石龙、城江写字岩与杉堡溶洞、岩英千年楠木群与王家民族风情苗寨等处，景观集原始生态和民族风情于一体。

夹岩峡谷是兴仁镇区位最著名的自然景点之一。它位于兴仁镇东面岩英河段，西起横跨摆泥河的新岩桥，东至岩英寨北大岩脚，全长40千米，谷底海拔700米，至两面谷壁顶峰海拔1100米，相对高差400米，其最窄处为1975年修建的夹岩桥，长15米。峡谷两岸悬崖绝壁，有的地方悬崖遮住了大半河川，阳光极少照射得到，幽深僻静。峡谷两岸竹木青葱苍翠，悬崖绝壁尽是涓涓流水。春夏秋三季常常是瀑布飘落，银珠飞洒，十分壮观，是走往古老的风情苗寨王家村和岩英寨的必经之地。杉堡溶洞与之相连，最长洞路 1.5 千米，洞内景物千奇百怪，阴河流水潺潺，空气非常新鲜，置身洞中，令人心旷神怡。

吊洞大峡谷 以其奇险而人迹罕至而闻名。峡谷深切，如斧劈刀切，谷中怪石垂挂，灌木花草丛生，飞禽走兽生息其间，长滩幽幽三十里峡谷，见证着大自然的鬼斧神工。两岸高山峻岭，古木阴森，掩蔽江面，只裸呈中间一线的青天。河流穿过狭窄的隘岭和无数连山的曲折，忽而在浑身洞穴的岩石下潜行，忽而连天奔涌，忽而如少女婀娜，曼妙轻舞……山谷中林涛喧腾，河道尽头，群山壁立，奔涌的河水突然跌宕。一挂瀑布自天而降，气势万千地横陈在绝色的崖壁上，那震撼天地的巨响，水流汹涌激荡，走到瀑布下面，已经无法交谈说话，天地间只剩下轰隆隆的水声，奔腾的瀑布犹如天缸倾覆……堪称“原生态的秘境”。

人文景观 兴仁不仅风光秀丽，而且民族节日丰富，民俗礼仪独特。兴仁镇民族风情古朴浓郁，千姿百态，内涵丰富，是体验民族风情的上选之一。当地以苗族为主体，苗族能歌善舞，故而苗乡又是歌舞之乡。苗族节日多姿多彩，其规模最广、影响最大的传统节日是“苗年”“翻鼓节”“吃新节”“爬坡节”“芦笙节”“吃灰节”等。其活动内容丰富多彩，民族味浓厚，极具特色，如跳芦笙、踩鼓、斗牛、赛马、斗鸟等。歌有苗族的“贾”“礼俗歌”“伴嫁歌”“生产歌”“酒歌”“飞歌”；舞蹈有“芦笙舞”“板凳舞”“铜鼓舞”等等，不一而足，充分彰显了当地苗族传承民族文化的自主意识。

苗年 苗族人民最隆重的传统节日。苗年每年一次，节期三天或十天半月不等。过苗年的日期不甚统一，有的在农历十一月的第一个亥日（猪日），有的在九月、十月、十二月的第一个卯日（兔日）或丑日（牛日）举行。苗年前夕，各家净扫庭院、房舍，缝制新衣，添置新的生活日用品。各家宰鸭杀猪，打糯米粑，祭祖，吃“团年饭”“串寨酒”，跳芦笙，民族味浓厚。除夕那天，家人要团聚，晚上要守岁，鸡啼时即放鞭炮或鸣粉枪报年。苗年的一项重要活动是“吃同年”。“吃同年”是苗年期间人与人或寨

与寨之间的交往习俗。节间,大一点的苗族村寨便组织芦笙队,进行串寨赛芦笙活动。有时还要进行斗牛、斗马、斗鸡、斗鸟、射击、爬竿等传统体育比赛等。

翻鼓节 翻鼓节源远流长、神秘莫测、多彩多姿,它汇聚了苗族文化的精髓,被誉为"苗族文化的瑰宝"。

翻鼓节的时候非常热闹,也非常隆重,寨上家家户户杀鸡宰鸭进行祭祀,八方邻里的亲朋好友皆来庆贺。翻鼓节一般为1～2天,第一天祭鼓。由鼓主家准备好酒好菜,点上香烛,到时辰后,即举行祭鼓仪式,一般由鼓主、鼓手、鼓师三位长者负责完成。祭鼓仪式开始时,首先,由鼓主向鼓敬献酒菜;其次,在几个妇女的安排下,由两个穿盛装的小姑娘向前来拜贺的客人敬酒;再次,由鼓手用木棒连续敲打木鼓(从这一刻起到九月份的吃鼓节,不准人们游方、玩乐,村村寨寨不准吹芦笙,即使是有丧事也不能吹);最后,随着嗡嗡的木鼓声,由鼓师面向鼓唱歌。歌词大意为:新的一年开始了,大家该收心了,不能再玩了,要做好生产、做好农活的准备。但愿在新的一年里减少各种灾害,风调雨顺,五谷丰登,六畜兴旺,人人身体建康。祭鼓仪式结束,吃完饭,就由几个后生将鼓抬到鼓场,寨上男女老少皆穿上盛装来到鼓场跳鼓(生育过子女的妇女不能参加)。翻鼓节的第二天最为热闹,设有跳鼓、吹芦笙、斗牛、打球、登山、情歌对唱等项目,这一天,四邻八里的人们皆赶来观望,人山人海,载歌载舞,歌声震天,热闹非凡。翻鼓节落下帷幕之时,也就是新一年活计的开始。

芦笙舞 芦笙舞是苗族人民祭祖或喜庆节日的主要舞蹈之一,也是苗族人民传统节日中的重要活动内容。

苗家人认为,芦笙和芦笙舞是始祖母创造出来的,象征苗家人的母亲。芦笙的创造和芦笙舞的起源均源于两位女性。相传远古时雷公山脚有一苗族姑娘长得很漂亮,一天忽然被一野鸡精抢入洞穴中。在姑娘万般无奈之时,连续两天听见洞外有竹管声,姑娘在洞中用口哨声和竹管声对吹,最后被这个吹竹管的青年男子寻声找到洞内,并将竹管交给这个女孩来吹奏娱骗野鸡精,男孩伺机将野鸡精杀死救出女孩,之后,就将那根救了女孩性命的竹管制成了芦笙。这是关于芦笙的传说。而芦笙舞蹈的起源,传说是某苗寨有一姑娘,名叫葛仰香,长得很漂亮,已与一个穷苦青年相播相亲相爱,然而有一财主想去霸占她。一天,葛仰香与相播双双相约远离他乡,却被财主知道了,财主带家丁尾追二人。当追至一山崖时,相播摔下悬崖身亡。葛仰香为此悲愤不已,便在大年初一邀约同伴一起舞蹈,以悼相播在天之灵。当大家舞蹈至天黑时,葛仰香倒地,气绝身亡。后来苗族人民为了纪念这两位苗族男女青年的纯真爱情,每每在过年过节吹芦笙跳舞以示纪念。汉族史籍里也有对苗族芦笙文化的生动记载:"参差六竹管,长声黄钟涛,短声清微散,舞来随节旋,吹去别促缓,苗女共苗男,明月花满山。"如今,三大方言的苗族,无论居住何处,仍以芦笙作为本民族文化的一种表现形态。

兴仁镇是丹寨县"双百"乡镇,即全省 100 个小城镇建设重点示范乡镇和全省 100 个现代高效农业产业园区。主导产业有蓝莓、黑毛香猪、茶叶、烤烟等,被誉为丹寨县"蓝莓之乡"。

近年来,在上级党委、政府及有关部门的关心和支持下,兴仁镇以作为省长联系帮扶点和城镇化建设为契机,按照规划建设小城镇,紧紧围绕注重生态建设、特色发展、彰显自然景观、建筑风格、民族风情和文化品位特色,建成一个以绿色生态、运动养生、文化创意、休闲观光为一体的生态农业商贸旅游景观型特色小城镇的总体发展思路,通过强化措施,狠抓落实,完善总体规划和专项规划,加快启动建设"8 个 1"和"8+3"工程等一批基础设施项目、产业项目和民生项目,加强创新社会管理,镇域建设发展方面成效明显。

天柱县

坌处镇

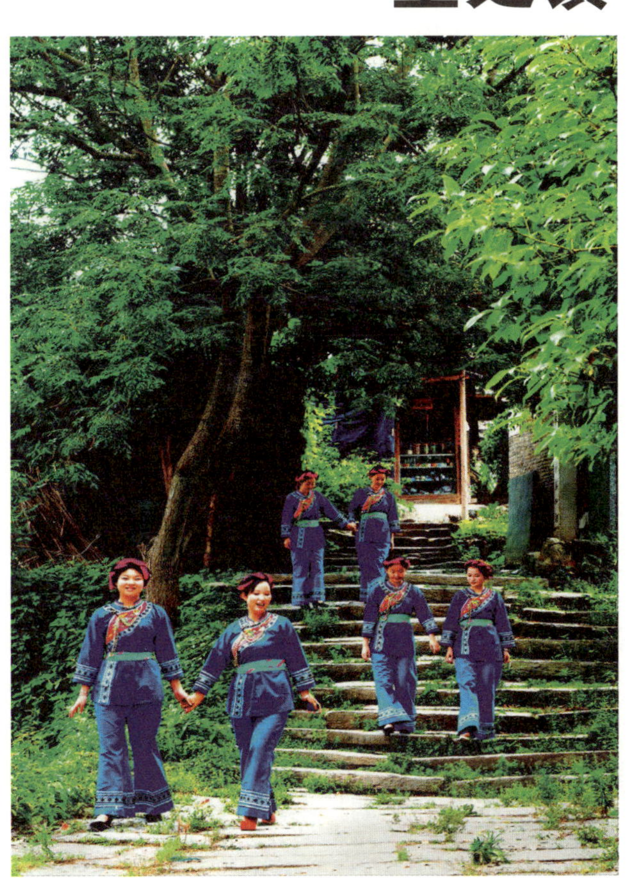

坌处镇位于天柱县城东南面。镇境南接湖南省靖州县大堡子镇,西临锦屏县茅坪镇。清水江穿境而过,横贯境内17千米,水运上通锦屏、剑河;下经远口、白市、瓮洞达湖南、黔城、洞庭湖直至长江下游的武汉、南京、上海等地。陆运有远锦油路沿江穿境而过。水陆交通极为便捷。山峦重叠,土层肥沃深厚,年平均气温为16.1℃。无霜期281天,年降雨量78毫米,气候温和,雨量充沛,适宜农作物和树林的生长。全镇辖20个村委会,1个居委会,151个村民小组,4071户,17498人,人口居住较为分散,以苗、侗族为主,人口占全镇总人口的99.63%。农业人口16336人,国土面积138.38平方千米,耕地面积9236亩。

坌处镇历史悠久。镇名"坌处",可上溯明朝神宗万历年代,距今逾400多年。据《历代帝王录》(第896页)"明朝"载:"万历皇帝朱翊钧,庙号为神宗,公元1572年六月即位。朱翊钧成年亲政后,却不常视朝,还大兴土木,营建宫苑……"县《林业志》资料可以印证,这时正是朝廷派皇商进入清水江采办皇木，运往京都建造皇宫的初始时期。后来相继有江西、湖南等地的木商在坌处买办木植活动，有的先后在此落户定居。现有古老的江西馆、江西坡、湖广山遗址可证。

坌处镇以水稻、红苕、洋芋、玉米为主要粮食作物，以养殖牛、羊、鸡、鸭及劳务输出等为主要经济来源。

境内有松茯苓、香菇、黑木耳、冻菌、冬笋、柑橘、蕨粑等丰富的土特产，有杉、松、楠竹、油茶、油桐、油桃等经济林木。

其地盛产黄金，主金矿区壕乡位于坌处、远口、社学、高酿等四个乡镇接壤地区，俗称“金三角”。壕乡矿区从明朝开始开采，清朝鼎盛。改革开放以来，四方淘金客云集，矿山商贸繁荣，“金三角”再度辉煌。

民族风情浓厚，山川秀丽、风景迷人。人民勤劳淳朴，热情好客，历史悠久的王氏宗祠和境内三门塘的古碑林、别具一格的中西合璧刘氏宗祠和抱塘的吴氏宗祠、古树群、石板街等古建筑远近闻名，龙塘盖、侗州坡、大风云等是著名的自然风景旅游点。

文物遗世 风景优美

三门塘村 三门塘依山傍水，总三江九溪之门户，扼内江外埠之咽喉，历史上是外三江的主要木材商埠。全村以古建筑、石文化、树文化、水文化、侗族风情著称于世，是北侗文化的代表村寨。

这个古老的侗族村寨，坐落在贵州省天柱县东南面，濒依于贵州省三大河之一清水江的中下游河畔，以历史悠久、文化厚重、民风古朴、宁静祥和、碑刻众多、家祠雄奇著称于世，蜚声海内外，有“北侗旅游第一村”“清江瑰宝侗寨明珠”之美誉，是当地著名的侗族四十八寨之一。村中两座家祠造型别致，是建筑上的瑰宝。

王姓家祠叫做太原祠，建于1908年，占地300平方米，外墙用青砖砌成，白灰勾缝，十分坚固。白粉粉刷的墙体上，用水墨画绘制各种花卉图案，大门上方，六棵白菜造型的泥塑浮雕，栩栩如生，分外瞩目。门楣上方、两侧，有各式人物造型的浮雕和绘画。

刘氏宗祠造型更为独特。刘氏宗祠相隔王姓家祠百米，占地250平方米，始建于清朝乾隆初年，民国中期重新修葺。高高耸起的山墙，墙脊错落起伏，正面、侧面墙上，布满人物、花草、禽兽等

各式泥塑和水墨画，不但有龙、凤、麒麟及各种花草鱼虫，还有历史人物，不论是画是塑，均惟妙惟肖，逼真传神。大门上方，雕塑一只振翅欲飞的老鹰。两根高耸的墙柱，对称地塑有44个拉丁字母。一面彩塑时钟，把时间定格在早上9时12分这个充满晨曦的时刻。正面的窗户为哥特式西洋建筑，大门及院内，均为中国传统建筑。高达8米的墙体，使人很远就能看到它的雄姿。这是清水江上下游绝无仅有的一座集中、西建筑风格为一体的建筑物，至今保存较好，已列为省级文物保护单位，现正申报国家级文物保护单位。

民居特色 三门塘的民居从外形看，有两大类——吊脚楼与四合院。四合院当地人称印子屋，多为经营木行发财的大户人家所建，深受汉文化的影响，原有50多栋，现存28栋。四合院的木雕、石雕和彩塑、彩绘极为讲究，内容以龙凤、麒麟、八仙及福禄寿喜之类吉祥图案居多，门窗装修也很有特点，文化内涵相当丰富；大门上宽下窄，房门上窄下宽，认为这样便于财喜进屋，利于产妇分娩，大门连楹外侧阳刻乾坤两卦，内做水牛角状，以为如此福寿康宁，安然无恙，大门门槛得来，出不去，可保富贵常驻。这些建筑既有侗文化的特点，又有汉文化的风格，是侗汉文化交融在建筑文化上的具体体现。

这里集歌文化、碑文化、路文化、水文化、树文化和宗祠文化于一体，是人们旅游休闲的首选处女地。

侗乡民歌 坌处，是四十八寨民族聚居的山乡。唱歌，是这里民间历史悠久、流传广泛的一种交际形式。

民间的红白喜事等多种庆典活动，都有各种不同的唱歌形式和内容，除独具风格的酒歌外，还有玩山歌、侃堂众、伴嫁歌、拦门歌等。

玩山，是青年男女互邀约会的活动，一般都是未婚青年之间的约会，大都比较保密。因此，玩山的场所称为花园，玩山的活动称为攀花，也可以说是男女青年之间的情场交际。有情投意合的，最后终成眷属。也有因封建婚姻戒律的约束，虽情投而终难成为伴侣的，也有因比试口才而赴约的。所以这一玩山活动的场所，大都相邀在人们不常过往的幽静的山坡上、丛林中。特别是女方，约会期和地点比男方更为隐秘，因为女方家族中的男青年特别是女青年的未婚男人要是知道了，要跟踪到她们约会的地方去撵后生，干扰这一活动。所以说玩山，是这一带青年男女秘密活动的象征。但玩山这一约会的歌唱内容，也有着循序渐进的规律，首先是初相会，新的伴、旧的伴，然后是唱成双成对的歌。一般要经过数次或十多次甚至一两年的纪念会过程才能发展到这一高峰。

春节玩龙 坌处镇的侗乡苗寨，在农历的正月初一至十五这半个月，又称元宵节。在这段时间里除了走亲访友，还有一项传统的集体娱乐叫做“玩龙”。一般是以村寨为一个群体，共同玩一条龙，对一个寨子来说，习惯于玩一年或连续玩三年，又停玩一年或三年。因此，所有村寨不是每年都玩龙，而是交叉进行的。大多数都是正月初三或初四的晚上，在本寨上开灯先玩，然后才分别出行到附近的村寨去玩。因为村寨与村寨之间，大多数都是非亲即友的交往关系，玩龙也是一种集体拜亲访友的沟通形式。例如甲村玩龙到乙村去，乙村就以来客相待，留住所有来玩龙的“龙灯客”。有的村寨成立有“龙灯会”，就杀猪备酒，集体款待；有的是以亲友相认，分户留客。总之，不管出去玩龙的村寨去了多少人，留龙的村寨一定全部管吃管住，并按来客以礼相待。

玩龙时，会“打拳”（武术）的村寨就专门利用白天不登民户朝贺的时间，团聚拳场打武术，有空手拳术，有打长棍，有与铁尺、铁镗、双人对打、独打等，这是玩龙过程中聚集观众最多、最热闹的场面。二龙相会，是偶尔有两条龙同时聚集到一个寨子玩龙的机遇，当两条龙相碰面时，双方的贺词就转为“二龙相会”的内容，有相互褒奖的，也有相互盘问的。新中国成立前，凡互相盘问的，往往会造成相互吵架、打架的结局。新中国成立后，凡遇此种场面，多以和气相交、和谐褒奖为内容互贺，很少有吵闹打架的现象了。

全面推进“四在农家·美丽乡村”建设

为深入贯彻落实党的十八大精神，坌处镇通过深化“四在农家”创建，着力建设“美丽乡村”，规划农业发展，实现农民增收，进一步加快“同步小康”步伐。

坌处镇整合各项涉农项目和资金，加大创建点投入，确保各级财政资金、项目资金投入“四在农家”。按照“渠道不乱、用途不变、捆绑使用、统筹安排”的原则，把农村危房改造、生态移民、水利、交通、财政“一事一议”、卫生、环保等项目进行整合，充分发挥项目资金的最大效应。

围绕农业产业化建设，利用各种优势，通过招商引资或引导农村“能人”发展具有地方特色的优势产业。2013 年，全镇实现农业总产值 8765 万元以上，农民人均收入达 3960 元，同比增长 18%；实现粮食总产量 0.61 万吨，肉类产量 0.12 万吨，水产品总量 120 吨；病虫综合防治 1.8 万亩，沼气建设完成 35 户，新增合作社 1 个。全年无农机、渔船安全事故，渔业船舶登记建档率完成任务 100%。

积极打造休闲观光农业及乡村旅游产业带，对农村原生态、无公害、绿色食品进行加工包装，加强品牌建设，增加农产品附加值，千方百计促进农民增收。通过世行贷款项目，对国保单位三门塘刘氏宗祠及古建筑群进行修缮，建设公厕、表演场等基础设施，提高旅游竞争力，打造原生态民族旅游品牌。以白市水电站库区为依托，大力发展清水江渔业养殖，促进农民增收。

建立了稳定的农村文化投入保障机制，加强农村公共文化服务体系建设。推进文化信息资源共享、乡镇综合文化站和农家书屋、农村电影放映等重点文化惠民工程建设和综合利用。以创建“学习型党组织”“学习型家庭”为载体，加强农村技能培训，培养造就有文化、讲道德、懂技术、善经营、会管理的新型农民。结合地方风俗习惯，着力打造“四十八寨歌节”品牌，以科技、文化、卫生“三下乡”为载体，开展丰富多彩的群众性文体活动。围绕“多彩贵州文明行动”等活动的开展，大力挖掘民族民间文化，创作了一批以“三农”为主题，贴近农村实际的文艺作品，着力丰富农民群众的精神文化生活。

完善农村公共服务设施，加大农村“五乱”（柴草乱垛、粪土乱堆、垃圾乱倒、污水乱流、畜禽乱放）整治力度，加强环境卫生管理，引导群众逐步养成讲文明、讲卫生的行为习惯。开设“道德讲堂”，广泛开展文明村镇、文明家庭、十星级文明户等评选活动，着力培育知荣辱、讲正气、作奉献、促和谐的良好风尚。将社会管理创新与“四在农家·美丽乡村”创建紧密结合，充分发挥村民自治作用，及时发现和化解各类矛盾纠纷，全力促进农村和谐稳定。

剑河县

南明镇

南明镇位于剑河县东北部，距县城110千米。地处东经108°65′、北纬26°51′之间，东连天柱县凤城镇，南邻盘溪乡、敏洞乡，西与观么乡、三穗瓦寨镇相连，北与三穗县桐林镇、款场乡交界。境内东西长29.95千米，南北宽15.8千米，总面积221平方千米，平均海拔500米。全镇共辖13个行政村，1个社区，266个村(居)民小组，129个自然寨。全镇共有5660户，23200人，居住着侗、苗、汉等民族，其中侗族占98%以上。

风景秀丽的大坝，生机盎然的田垄，清澈见底的清水江，簇新的移民街，古朴的村寨，浓郁的侗家风情……这一幅幅美轮美奂的图画，浓缩为一段视频，在网络上广为流传。它歌颂的就是剑河南明镇美丽的山山水水……

剑河南明镇，古名“烂洞司”，元朝置楠木洞长官司。明洪武中改为赤溪，洞蛮夷长官司。清康熙二十三年(1684年)废。乾隆二年(1737年)设土千总。1932年置永兴镇及琴戈、大洋、漂敏、凯寨、台捍、平

珍等乡。1941 年置南明乡。1953 年设南明、大洋、平珍等乡。1958 年撤乡建南明公社。1962 年建南明、大洋、平珍 3 个公社。1984 年改置南明镇及大洋、地灵两乡。1992 年合并置南明镇。

南明镇坐落在群山包围的一个面积大约 5 平方千米的盆地中。这里资源丰富，富含铁、钒、金、铅锌、煤等矿产资源。

境内气候湿润，冬无严寒，夏无酷暑，气候宜人，山清水秀，鸟语花香，有独特的喀斯特地貌景观，八卦河穿境而过，河水水质清澈，富含多种有益矿物质。

南明镇于 2005 年率先在全县实现村村通公路。政府所在地(永兴社区)距 320 国道 18 千米，满堡公路穿境而过，可接通盘溪、敏洞等乡镇及天柱、三穗等县。依托公路、生产力和产业布局，城镇规划体系由“一心、两轴、三片区”构成。

南明植被生态保护完好，森林覆盖率达 76%，是全县人工和退耕还林最多的乡镇。八卦河穿境而过，喀斯特地貌独特壮观，溶洞成群配之青山绿水，人居环境极佳，是投资兴业、旅游观光、休闲度假的理想胜地。

旅游资源丰富，有大河坝观光农业地、金岩洞、江口顿、塘坡、仙人洞、南明归平水库、南明河口水库和桂丹的黄土坡等景观；有“天河洗甲碑”、侗民反清起义战斗遗址——江口屯、红军长征战斗遗址——凯寨坳等人文古迹。

旅游资源 南明镇在剑河县是一个旅游重镇，主要的旅游景点有大河坝、金岩洞、江口顿、塘坡、河口—凯寨河床、南明归平水库、南明河口水库(河口村岩脑寨南面，距岩脑寨 1 千米)和桂丹的黄土坡等。桂丹距南明镇镇中心大约 50 千米，在天气非常好的情况下，站在黄土坡最高的地方能直接看到整个南明盆地。另外，还有轿子山、佬山、八十、盘莫、中寨等山林较多的旅游之地。

这里有侗民反清起义战斗遗址——江口屯，红军长征路经南明，许多可歌可泣的动人故事在民间流传。南明人民勤劳、勇敢、崇尚知识和文明，自古以抚育子女读书为荣耀，人与人之间和睦相处，人与自然相生和谐，在全县享“文化大镇”和“文明大镇”之美誉。

李洪基 一百多年前，从这里走出的一位响当当的苗族英雄。一双草鞋踏响了沉寂的山水，令清军闻风丧胆；一把弯弯镰刀纵横苗疆，征战黔湘桂粤，走马挥戈，所向披靡，在苗反18年的攻城拔县中威名赫赫。起义失败后，他巧妙躲过清军追杀，老死于故居汪郎。他的英雄业绩，现在依然在苗族古歌里传唱：寅年和卯年哟，从天降大祸，地方不安宁哟。官逼民造反，我们的英雄哟是哪个，是汪郎的李洪基……

李世荣 50年后，又一个剑河侗家人，从这偏僻的山里走到了北伐革命的最前列。1915年李世荣拥黔军护国讨袁，任东路军督战，获得“艰苦卓绝、智虑忠纯”的褒奖。1917年赴日本箱根拜谒孙中山，矢志追随革命。后因孙中山病逝，心灰意冷，自感无力“挽狂澜于既倒”而回到剑河退隐归田。1932年回到剑河，在坡王村创办小学，自任校董兼校长。

龙宝洞 剑河县南明镇属喀斯特地貌，境内溶洞星罗棋布，屯侯的龙宝洞有着独特的景观，龙宝洞离屯侯有1千米的路程，洞在路边。洞不大，只占一间房的空间，成喇叭状。洞口有藤蔓枝条倒垂，俨然一道藤帘，亦如绿色瀑布倾泻。风拂动，藤帘摇曳不定，洞内光影斑驳，幽幽可怖，洞上壁倒挂钟乳石，下生石笋，像是龙的利齿。上齿滴水声叮叮咚咚，似有山泉在唱，亦似大珠小珠落玉盘。再看那龙宝石，圆鼓溜溜成球状，悬在龙的上下颚间。攀上1米长的石阶，近观龙宝。这哪是龙宝，分明是一块长条石，神似龙舌，宽2米，长5米有余。欲探幽洞，洞身却是越去越小，深不可测，间不容人。

龙宝洞外观似龙宝，内瞧似龙舌，观距不同，形象亦自不同。

民族风情 南明镇全镇居民主要以侗族和苗族为主，民族风情多姿多彩，民风古朴，民族传统

悠久。逢年过节喜放鞭炮,家家户户贴对联、扫阳沟(本地方言意为房屋周围的“排水沟”)。在过年前十天,杀猪、吃刨汤(亲戚朋友叫来一起吃饭、吃肉)、“打糍粑”,喜庆热闹。其中“打糍粑”也是这里历史悠久的民俗,“打糍粑”是非常耗费力气的,要把一槽糍粑打好,大致需要用木棰捶3~5个来回,所以年轻的男子想要得到哪家的姑娘,没有几斤力气是不行的,相传“打糍粑招女婿”是这个镇出了名的风俗。除此之外,结婚、安葬等也有特别的风俗。

生态文明建设

在创建生态文明村镇活动中,镇政府始终注重提高农民的思想道德素质,以此提升生态文明村镇的创建水平。

一是提高广大农民素质。全面落实《公民道德建设实施纲要》,建立健全了《村民公约》和各种村民自治组织;结合农业生产的季节安排,利用科普学校、远程教育等阵地,采取广播电视讲座、专题培训等形式,举办文化、科技、法律学习班和各种专业技能培训班,目前,举办各类培训班5期,5000多农民参加了培训。

二是丰富群众文化生活。广泛开展群众性文娱、体育和科普等活动。采取多种措施,有计划有步骤地开辟和建设文体活动中心、青少年服务中心、文明学校等活动场所,把休闲广场、农民文化家园等文体场所,以及居民经常聚集的相对固定的其他场所建设成为社会主义精神文明的重要阵地。

三是农业发展和“四在农家·美丽乡村”活动推进情况。按照抓好创建示范村、创建提高村、创建普及村进行分类抓好创建的工作思路,以六项行动计划、“一事一议”财政奖补项目的实施为突破口,全力推进“四在农家·美丽乡村”创建工作。已完成桂花村篮球场建设、大洋村中大洋篮球场建设;岑戈村大寨串户步道硬化建设项目在建中;凯寨村引水沟渠及防洪堤坝维修建设项目、漂寨村民族文化广场建设、平珍村民族文化广场建设、民族文化广场建设、大洋村通组公路硬化、永兴村圭恩通组公路建设、漂寨村通组公路建设已经完成项目前期准备工作;计划建设杨柳村串户步道硬化项目、垃圾清理车项目、南明镇至桂花村油路建设、南明镇大坪村至孟优村通村油路建设及孟优村龙塘寨至盘磨寨油路建设项目。

四是城镇化建设情况。以创建贵州最美乡镇为目标,加快集镇公共体系建设;以创建生态村为目标,加快农村环境整治和公共设施建设,成立有环卫所,修建集镇垃圾填埋场,集镇服务功能完善,实现了集镇生活垃圾无害化处理,危险和医疗废物处置率达100%,农村安全饮水覆盖率达到80%,集镇居住集中地基本建成污水处理系统;农户使用沼气普及率达到30%以上,农村电视覆盖率达到100%,农村通信率达到100%。永兴、河口、凯寨三个推进村已完成电改任务,改水改灶改厕均达80%以上;全镇人均住房30平方米以上的住户占60%,通油路的村有15个,户户通自来水的村寨达17个,基本满足居民用水,水质达标;村村都实施了连户路、通组路硬化;全镇实施危房改造2024户,总投入资金1340万元。下一步,南明镇继续加大危房改造力度;计划在2014年完成1438户的电改计划;实施天网工程,宽带入户。

南明镇山清水秀,风景迷人,历史悠久,人文景观独特。昔日的英雄遗址李世荣将军墓、洗甲碑,激励着一代又一代南明儿女。而今,南明人民正在发扬朴实、坚强、锲而不舍的精神,在这片热土上抒写大力发展美丽乡镇的新篇章。

剑河县

观么乡

观么乡位于剑河县东部，距县城 43 千米，地理位置东经 108°35′~108°45′，北纬 26°42′~26°48′，东南连接南寨、敏洞两乡，西南接柳川镇，西连岑松镇，北连接三穗良上乡。国土面积 146.6 平方千米，全乡辖 12 个行政村、23 个自然寨、66 个村民组。

剑河县观么乡的历史沿革可以追溯到 300 多年前。

乾隆二年（1737 年），境内有培养（翻滚）、观么二堡及雅慕（牙么）土千总和平夏土把总两个土官，有展么（观么）、大小巫包、高雍（新合）、高蒙、雅慕（牙么）在两个土官治下。民国二十一年（1932 年），改屯堡设乡镇，民国三十三年（1944 年）设观摩乡。1957 年合作化境内设观摩片，1958 年公社化境为管理区属柳川公社，1961 年设观么公社，1984 年改观摩公社为观么乡。

观么乡气候属亚热带温暖季风气候区，四季分明，雨热同季，其气候特点是冬季寒冷、夏季温凉、年温差小、日温差大，冬长夏短，春秋相连。年均温度16.7℃，最高气温为39.1℃，最低气温为-8.1℃，无霜期300~310天，相对湿度78%~84%，年降雨量在1100~1600毫米之间。

境内沟壑纵横、山峦叠翠、切割剧烈，相对高差大，呈立体地形。地貌以低中山、低山为主，境内山高谷深，岭峻坡陡，最高海拔1388.5米，最低海拔443米。

全乡总面积146.4平方千米，林地占52.2%，荒山占25.2%，耕地占2.7%，水域占3.4%，城镇建设用地占2.5%，其他占14%。全乡总耕地5933亩，其中基本农田5078亩。林地108000亩；荒地55340亩；可利用荒地10000亩；人均耕地少，陡坡耕地的比例大。农作物以水稻、小麦、玉米等为主。土质以黄壤、黑壤为主，土质良好。境内有巫包溪、平下溪两条河流贯穿全乡，河流均属雨源性河流，全乡年平均年降雨量1415毫米。水资源较为丰富，以地表水为主。

全乡森林覆盖率76%，生物多样性突出，有野生动物20余种，境内有林业用地108000亩，其中人工林地75000亩，主要分布在翻滚、民村、新合、巫包、观么苗岭等村。植物种类丰富，初具规模的缬草、观么冬桃等特色产业基本成形。

本乡地层主要是太古代的板溪群，其次有少量的第四纪层。目前已查明的矿产资源主要有铁、锰、铅、锌矿、金矿及水晶、熔炼水晶等矿种。

经济社会发展现状

人口、劳动力资源 观么乡辖12个行政村，23个自然寨，66个村民组，全乡2013年末总户数2741户，总人口11800人，其中农业人口2605户11098人，农业人口占总人口的98.5%；劳动力5806人，其中外出务工劳动力2122人。按民族分，苗族人口9510人，占总人口的84.4%；侗族人口1426人，占总人口的12.65%。

经济社会发展情况 2013年观么乡农业总产值3723万元，人均农业总产值3304元，地方财政收入796万元，支出796万元，农民人均纯收入

2168 元。2010 年,被批准为集团帮扶整乡推进试点乡镇,通过项目的实施,农业产业结构开始由传统型农业向效益农业、现代农业转变,但目前产业层次和生产力发展水平尚处于较低阶段,经济总量小,结构不合理,总体效益低等现状仍然存在。境内粮食作物主要以水稻、玉米、薯类为主,2013 年全乡粮食总产量 3710 吨,人均占有粮食 330 公斤。养殖业以生山羊、本地黄牛为主,大牲畜存栏 4700 头、出栏 1159 头;生猪存栏 11002 头、出栏 8200 头;山羊出栏 3130 只,2011 年畜牧业产值达 1375 万元。

基础设施建设 交通方面,311 省道(剑河至锦屏)、剑河至南明、剑河至(南明)大洋公路穿境而过,距三板溪电站库区 4 千米。距 G60 高速公路 38 千米,距 320 国道 36 千米,距湘黔铁路 115 千米,距贵阳龙洞堡国际机场 250 千米。全乡实现村村通公路,交通便利;村村通电视、电话,通讯发达;村村通电,农村电网全乡覆盖;村村通水,人畜安全饮水全乡覆盖,有效灌溉面积达 5055 亩。

社会事业发展现状 教育方面,全乡目前有初中 1 所,乡级完小 1 所,村级完小 3 所,村级教学点 2 个。有教师 92 人,其中中学教师 30 人,小学教师 62 人。在校生 1749 人,其中中学 419 人,小学 1330 人。医疗卫生方面,有乡卫生院 1 所,村卫生室 7 个。

特色村寨风貌卓异

巫包村 位于贵州省黔东南苗族侗族自治州剑河县观么乡西南面,地处仰阿莎湖库尾,国土面积约 18 平方千米。西距省会贵阳 255 千米,东距黎平支线机场 105 千米,距县城 45 千米,交通十分便利。现有剑河至盘溪、南加、大洋公路过境。

境内沟壑纵横,谷深千米,山势巍巍,野岭叠翠。寨子四面山峦陡峭,逶迤连绵,古树阴森,溪水环绕,山清水秀,被人们誉为“巫山峡谷”,是县境内少有的风景佳地。该村现有 3 个自然寨,5 个村民小组,2013 年末有 301 户 1297 人,居住着苗族、侗族两个民族,耕地面积 688 亩(其中田 649 亩,土 39 亩)。巫包村属典型的贵州高原山区,森林覆盖率 82%,是一个气候温和、环境优美的阔叶林地区。巫包雨水丰富,水热同季,冬无严寒,夏无酷暑。天然的地质构造及优良的气候环境形成了该村得天独厚的旅游资源。

苗族红绣 巫包享有“苗族红绣第一村”的美誉。在剑河苗族 11 种服饰中,红绣独具特色,被誉为“苗族服饰文化艺术奇葩”。其工艺与其他地区苗族刺绣有所不同,主要以红色为主,兼黄、蓝、绿色相陪衬，腰、肩、背、胸、手臂等均为红绿丝线穿插图案，红绣的材料及技法的运用，主要以蚕丝线为主，兼用部分毛线、棉线和其他饰品，做工极为精细。其图案内容更是丰富多彩，有神秘的图腾象征，有神话传说中的天鹅，也有现实生活中的花、鸟、鱼、虫、羊、马等。服饰上这些图案形态各异，形象极为洒脱、富于想象，真实地体现了苗家人聪明伶俐、智慧超群，整幅红绣成品满堂红，给人以热烈而奔放的美感，正是这一特殊红色组成的服饰，穿着红绣服饰的姑娘们被人们称为“红色娘子军”。

自有历史记载以来，巫包已有近 500 多年的历史，一直都是剑河县有名的苗寨。雍正二年（1724 年），就是清水江北岸农民起义抗清二十五苗寨之首，苗寨参加过轰轰烈烈的反清斗争，到处留下战争的遗迹。同时，巫包也是苗族美神——神话中苗家美女仰阿莎文化的发祥地。

保存完整的苗寨 由于巫包相对封闭，加上苗族青年结婚基本都是在本寨，因而巫包村的苗族习俗、服饰、建筑等一直沿袭下来，不受外界的影响。当地服饰几百年来不变，房屋以木制吊脚楼为主，每幢楼一般分为两层，一层为火房和堆放杂物，二层为房间。房间的窗子，都用细木条交错制成精美的图案，二层楼上设有一间堂房，堂房窗边是憩凉、制绣的栏杆。每家都有木制织布机。闲时，苗家妇女或纺丝织布，或制绣做衣。

丰富多彩的民族民间文化 巫包是剑河县苗族红绣服饰保存最为完整的地区，这里不仅有奇特的习俗、传统的节日活动、深邃的苗歌还有古老的传说、精湛的制绣技艺。当地苗族一直延续着“十月过苗年”“牯藏节”“六月鲁反工”“五月吃新节”“三月祭祖”等传统节日。

巫包的苗族红绣及其丰富多彩的习俗、深邃的苗歌和古老的传说，蕴涵着极其丰富的文化内涵，反映了当地苗族群众文化生活中极其丰富的民俗现象和内容，是增强民族自信、民族认同的具体表现，对研究苗族具有重要的意义。

地方旅游商品

苗族锡绣服饰 苗族服饰中最独特的要数锡绣，它可以堪称民族服饰中的一绝，其独特可堪称世间绝无仅有，其渊源至今已无从考究。苗族锡绣以藏青色棉织布为载体，先用棉纺线在布上按传统图案穿线挑花，然后用金属丝条绣缀于图案中，再用黑、红、蓝、绿四色蚕丝线在图案空隙中绣成彩色的花朵。银白色的锡丝绣在藏青色布料上，对比分明，闪光明亮，光泽度好，质感强烈，酷似银衣，与银帽、银耳环、银项圈、银锁链、银手镯相配，极其华丽高贵。锡锈制品工艺独特、手工精细、图案清晰，做工复杂、用料特殊，具有极高的鉴赏和收藏价值。苗族锡锈与其他民族刺绣工艺品不同之处在于，它是用金属锡丝条在藏青棉布挑花图案上刺绣而成。目前，其他地区的苗族或其他民族尚未发现这种刺绣。他们从种棉花、纺纱、织布、上染料到成品的制作过程，全部沿袭古老的传统工艺。

苗族锡绣在观么乡主要分布在平下村及老屯村的上、下巫斗自然寨。

观么冬桃 观么冬桃是观么乡依据本地资源培育起来的优质果品，其特点是：果大（平均单果重 250 克，最大可达 1050 克），晚熟（中秋节至国庆节成熟上市），清香爽甜（含糖量为 21.1%），色泽鲜艳美观。冬桃生长快，挂果早，成熟晚，一般与普通桃树同时开花挂果，光合时间长，相对一般桃子病虫害要多一些，管理技术相对要求严格。桃果甜脆味美，营养丰富，口感好，上市晚，深受消费者喜爱。

该品种最初由北方引进，经多年摸索试验，与当地山桃嫁接，培育成适应南方土壤气候的水果新品种，在省内尚属空白，具有很好的市场前景，当前市场销售价为 15～25 元 / 斤。目前冬桃在我乡种植面积约 1500 亩，其中挂果投产 200 余亩、形成规模产量 70 余亩，主要分布于观么村、巫包村、新合村、新民村，其中观么村是主产地。

台江县

施洞镇

施洞镇距台江县城34千米，距州府凯里70千米，距历史古城镇远30千米，是贵州省15个历史文化名镇之一，处于苗族文化的核心地位；全镇行政面积108平方千米，辖9个村居，54个村民小组，4401户，1.9万人（98%为苗族）。地理位置优越，水陆交通方便，凭借清水江，施洞水上交通下可至湖南洞庭湖，上可至州府凯里。陆上有828县道和镇台旅游公路在镇区通过，新中国成立前，施洞口是清水江连湘黔航线的重要口岸，日通货、客船500余只，是过往船商选择的栖息之地。

三面清江环绕，背靠如黛峰峦，施洞镇坐卧其间，不是天上宫阙，却胜似人间胜景。

施洞，苗语称“展响”，意为“贸易集散地”，古时叫狮洞口。清雍正十一年(1732年)始建台拱厅(今台江)时隶属之，清咸同年间曾在此建制；民国初年称为友助镇，辖15个堡；1953年中华人民共和国民主建政时期改为施洞区；1991年拆乡并镇，改名施洞镇。

施洞是黔东南清水江系的重要码头之一，有着得天独厚的自然风光和独具特色的民族村寨，并留有张伯修公馆、苏元春公馆、两湖会馆、八大窨子屋、一品夫人墓等许多历史文化遗产。

施洞人民生性淳朴、好客，苗族风情盛行，苗族文化底蕴深厚，最具代表性的有“苗族姊妹节”“独木龙舟节”以及精美绝伦的银饰、刺绣等。丰富的民族、历史文化使施洞古镇逐渐成为贵州东线旅游上的一颗明珠。

1994年，施洞被贵州省文化厅赐予“苗族刺绣艺术之乡”的称号；1999年，被省政府列为“双百试点小城镇”；2008年被中国工艺美术协会评为“中国苗绣之乡”。

独具魅力的施洞风情

苗族婚俗 施洞的苗族婚俗是男女青年通过自由恋爱并经过父母同意后举办婚事的一种婚姻形式。苗寨青年男女双方在游方场上互相认识、谈情说爱、交换信物，经过长期的了解，双方愿意结为白发夫妻后，男方便带女方到男方的家中，请本家族男性老少到自己家中杀鸡看眼，喝酒订婚。第二天，男方家就请本家族中较有威信且能歌会道的两位老人提着鸭子、糖和酒到女方家说亲，若女方家同意，便在女方家族中家家备一桌酒肉，请男方两位老人一家一家去认亲，最后才选定吉祥日子接亲。接亲时，男方选定本家族的两个、四个或六个去女方家，挑着女方的盛装把女方接到男方家。去接亲的当天晚上，男方家族的妇女穿着新装去寨边等候，男人们在家杀鸡备酒。晚上12时许，当听到鞭炮声响时，知道新娘已被接回来，妇女们便上前去迎接，两人拉着穿盛装的新娘的两只手，在震耳欲聋的鞭炮声中走进寨中，走进男方的家门，走进新房。凌晨2时许，待酒足饭饱的人们散去后，新郎新娘才进入新婚之夜（按传统婚俗，新婚之夜男女不同房，新娘回娘家后，每三年男方才去喊来一回，九年喊三回，才完成婚礼）。第二天，男方本家族女性老少，特别是女青年个个穿着盛装，带新娘去认码头，挑水回家。

过了三天后，男方家就杀猪备酒，请本寨男女老少、亲朋好友吃酒庆贺，并赠送礼物，男的送钱

女的送布，大放鞭炮庆贺新婚。第二天清早，男方家族六位或十二位青年抬着半边猪肉（现送一头或两头活猪），挑着糯米饭或糖送新娘回娘家。当日，女方本寨女性老少身着盛装去半路迎接新娘，相遇后，男方把糯米或糖交给女方主人，由女方主人分给前来迎接的女性老少每人一份。到家后，女方家就杀猪备酒，请本家族女性老少吃酒庆贺。结婚一年后，男方派两个妇女去女方家把新娘叫回男方家，七天后，男方家打二三十挑糯米粑，送新娘回娘家。

独木龙舟节 龙舟节是施洞地区最为盛大的集会节日，有着几百年的历史，每年农历五月二十四至二十七日举行历时四天。

其龙舟古朴硕大，别具一格，龙身是用一根直径大约有70厘米的粗大树木挖成空心而成，长有24米左右，俗称母舟。两边用两根直径为50厘米、17米长的杉木挖空而成，称为子舟。把三根并排扎牢，装上精雕细刻的五彩龙头便成了独木龙舟。

施洞地区的独木龙舟，下水时须举行隆重的下水仪式，形式独特。龙舟沿江而行，每经过一个寨子的寨脚都要鸣放流炮通知亲朋好友，亲朋好友得知龙舟到后便带着米酒、礼炮、牛或猪、鹅或鸭前来馈赠，并给龙舟龙头带上红彩带。下水仪式完成后，几十个苗寨的独木龙舟沿江汇集到指定地点，参加龙舟表演或竞渡。龙舟竞渡一般采取淘汰制，分组对阵听令划行竞赛。竞渡时岸边人山人海，锣鼓喧天，礼炮隆隆，观众呼叫声、呐喊声交织在一起，响彻云霄，气氛热烈，盛况空前。

姊妹节 “姊妹节”其实是叫“吃姊妹饭”节，是当地苗族一个古老的节日之一。施洞是姊妹节的发祥地，其传统习俗保留得最完整，也最隆重。其中以农历三月十五这天最为热闹，家家户户杀鸡宰鸭，制作“姊妹饭”。中午在各村寨中宽敞的地方摆上宴席，唱歌、喝酒，然后姑娘们换上节日才穿的盛装，戴上银饰，聚集到石家寨和杨家寨相连的河滩上，围成各式圆圈，随着鼓声，跳起“皮鼓舞”，一直到日落才散去。晚上则互唱情歌，结交朋友，谓之“游方”。年轻的未婚男女在这种场合中寻找自己的意中人。所以这个节日又被称为东方古老的“情人节”。

按照风俗，是十五这天过节，十六这天在河滩“踩鼓”，十七则道别自己的亲友。施洞是出美女的地方，过节这天，年轻的苗族姑娘一个个打扮得如花似玉，水灵光鲜，真是风情万种！

文物古迹名闻遐迩

肖家大院 肖炳芝窨子屋是施洞八大窨子屋之一。俗称肖家窨子，位于施洞镇政府办公楼左侧，建筑面积805.2平方米，坐南朝北，面临清水江，木质结构，系由住宅楼、厨房、花园、封火山墙组成的封闭式院落。肖炳芝祖上均为生意人，由于经营有方，善于积累，很快成为施洞大户，至肖炳芝一代，可谓家财万贯，故施洞至今仍有“肖家的银子”之说。肖家窨子建于民国二十七年(1938年)，土改后收归施洞区公所。2003年，肖家窨子被县政府列为县级文物保护单位。

张伯修公馆 施洞八大窨子屋之一。亦称陆军中将府，是国民革命军第二十九集团军副总司令第一军军长张卓，以及其兄孙中山的秘书、扬州县县长张伯修故居。1935年初，张伯修弃职还乡寓居苏公馆，当年上半年红军长征过施洞，同年下半年张伯修开始修建公馆，1937年8月(民国二十六年八月十七日)竣工。举行隆重的竣工典礼时，张伯修向老百姓抛丢500斤糯米粑，每个粑包有50个铜钱。会馆占地面积约840平方米，建筑面积234平方米。当年，一楼中间的堂屋上方挂有蒋中正亲笔御题的“艰苦卓绝”牌匾(今已遗失)一块，走廊上下雕龙刻凤。张伯修一家是施洞有名的官宦人家，至今施洞仍有“张家的鼎子”之说。2003年，该公馆被县政府列为县级文物保护单位。

苏公馆 位于芳寨村北面，与白子坪村交界处，坐南朝北，面临清水江。公馆为三进三幢五开间单檐悬山顶的木质结构建筑物，占地面积1544.56平方米，系由前间、中堂、后院、天井和封火山墙组成的封闭式院落。公馆三幢正房高分别为8米、9米、10米，整体建筑呈前低后高。上覆青瓦，木板封檐，柱壁油漆，础柱石鼓刻有“二龙抢宝”和花虫鸟兽图案，四周封火山墙均精绘花卉鸟蝶。公馆建于光绪初年，系湘军将领苏元春的官邸。

清朝末年，苏元春(1845～1908)随湘军将领席宝田到贵州镇压贵州苗族起义军。1870年3月，湘军连夜偷渡清水江到施洞与苗族起义军激战一昼夜，张秀眉退守台拱。1872年张秀眉在雷公山被俘，苗族起义军宣告失败，随后，苏元春修建公馆驻守施洞。光绪十年(1884年)，苏元春升广西提督，后随冯子才在谅山大败法军，升总提督。后因纵兵殃民、贪污军饷等罪被充军新疆。

公馆气势磅礴，工艺精妙，封火山墙飞檐翘角，是台江境内现存规模较大的清代建筑物。苏公馆虽年久失修，但主体建筑仍存原貌。1987年，公馆被县人民政府列为县级文物保护单位；同年，省文化厅拨款维修，并拟在此建“苗族独木龙舟博物馆”。1999年，公馆被省政府列为省级文物保护单位。

生态文化建设

生态文化建设是生态文明镇的精髓。施洞镇在加强生态环境建设和生态经济建设的同时，着力抓好精神文明建设。一是不断完善村自工作，提高村民自治的管理水平和能力。按照《宪法》和《村民委会员组织法》的程序要求，各村分别制定符合村情的《村民自治章程》和《村规民约》，将公民基本道德、计划生育、林木管护、禁毒工作等纳入村自管理，实现村民“自我管理、自我教育、自我服务、自我监督”的管理目标。目前，全镇无乱砍滥伐林木、乱挖采沙石、捕食国家野生保护动物的行为，认真做好古树名木、古建筑、民族文化等人文

景观保护。二是配齐配全文化设施。全镇9个村(居)建村级活动室，创办村民组计生宣传栏、村宣传栏，建篮球运动场。为丰富群众的文化生活，抓好传统民族节日活动，完成辖区内自然村通电视，电视网络覆盖率达95%，电视机入户率达96%，实现全镇通电话。三是普及科技文化知识。全镇建图书室11个，各图书室存储图书达50册以上，实行户借阅登记管理制度；加强职业技术培训力度，确保每户农户至少有一人掌握1～2门农业实用技术；加大婚育新风进万家宣传力度，破除封建迷信，杜绝包办婚姻和政策生育等现象发生；认真落实“两免一补”和“控辍保学”工作；认真开展未成年人思想道德教育，成立了分管领导任组长，相关站所为成员的青少年教育工作领导小组，每个学期分别开展民主法制教育、健康教育和科普教育等活动。

雷山县

丹江镇

丹江镇位于雷山县中部偏西北，海拔 780~2178 米。其境东邻方祥乡，南连大塘乡，西接望丰乡，北依郎德镇，国土面积 138.8 平方千米，全镇耕地面积 10688 亩，森林覆盖率达 55.74%，最高主峰雷公山海拔 2178.8 米，平均海拔 1200 米。全镇辖 27 个行政村，共有 11331 户，人口有 39553 人（其中农业人口 25947 人、非农业人口 13606 人，男 21161 人、女 18392 人）。

"苗疆圣地" 雷山县位于贵州省东南部，全县总面积 1218 平方千米，共有行政村 157 个，人口 15.45 万人，世居有苗族、汉族、水族、侗族、瑶族、彝族等民族，其中，苗族人口占总人口的 84.2%。雷山被誉为"苗族文化中心"，苗族风情浓郁独特，苗族文化丰富多彩。

丹江镇位于贵州省东南部，是雷山县政治、经济、文化的中心。森林资源丰富，森林覆盖率达55.74%。矿藏有铅、锌、铜、锑、钼等。丹江镇生产的银球茶、清明茶等茶产品多次获省优、部优荣誉。多年来，雷山银球茶、清明茶一直是中共中央办公厅、国务院办公厅，全国政协和省委、省政府机关的礼品茶及办公用茶。

丹江镇民族风情浓郁、旅游资源丰富。近年来，丹江镇进一步加强民族文化的挖掘和保护，这里有被联合国教科文组织等组织评为“中国经典村落景观”之一的乌东水系景观、“苗族歌舞之乡”陶尧苗寨、“民族卫生模范村寨”猫猫河苗寨、“老丹江”古城等。组成了比较完整的苗族文化体系，包括农耕文化、建筑文化、服饰银饰文化、饮食文化、节日文化、歌舞文化、婚俗文化和礼仪习俗等。

苗族迁徙到丹江地区已有2000多年的历史，由于雷公山特殊的地理环境，苗族世世代代在雷公山的山山岭岭中以宗族或家族为单位定居，形成了今天“一山一岭一寨”的村落格局。丹江镇有大小苗寨89个，其中，陶尧苗寨有800余户人家。苗寨分布特点为大聚居下的小散居，村村寨寨共同组成了丹江蔚为壮观的最集中、最密集、最具游览观赏价值和科学研究、保护价值的大规模苗族古村落建筑群。2005年以来，一批苗寨被命名为省级、州级、县级“民族文化村寨”。2007年，乌东苗寨水系景观荣获“中国景观村落”称号；同年，以陶尧、脚雄、羊排等苗寨为核心区申报的“贵州苗岭地区雷公山麓苗族村寨”被国家公布为“世界文化遗产”预选地。

丹江苗寨和吊脚楼建筑群是苗族人民宝贵的文化遗产，是苗族人民自己的家园，苗族同胞祖祖辈辈十分珍惜和重视保护。丹江地区苗寨村规民约（俗称“榔规”），即苗族习惯法，对于封山育林、防火防盗、村寨保护等，都有严格规定。苗族群众在生活习俗与禁忌上有许多对村寨、护寨树、桥、祭祀场所等保护的内容，形成了苗族群众保护苗寨的意识和保护文化的传统。

景观蔚起 优美迷人

全镇旅游资源的特色是集自然生态、民族文化、人文景观资源为一体，有“国家级环境优美乡镇”“物种基因库”“苗岭绿宝盆”等称誉。

乌东苗寨 乌东，中国最美丽的苗寨。坐落在雷公山半山腰，海拔1300米。古时候，因雷公山有一支山脉造势雄伟，延伸到此处又变成平缓山梁，尾端突兀一座小山，犹如螭龙抬头。有三条溪流在山梁尾端汇合，潺潺向西北流去，十几户苗族在两条河流中间的山梁上造屋而居，故因此而得名“乌东寨”，苗语称“羊欧东”，其意是河中之寨。寨子四面环山，绿竹翠拥，山上青松翠柏、古树参天、林阴

绿郁，站在高处望乌东苗寨，山清水秀，吊脚木楼鳞次栉比，错落有序，在清晨几丝阳光的照射下，炊烟袅袅，美似仙境。

乌东村不仅风景秀美，而且民风淳朴，在党和政府的带领下，乌东村社会经济全面发展，这里有冷凉蔬菜基地，直供广东、香港等发达省市，折耳根种植业日益发展，乌东村民运用群众智慧在全县率先脱贫致富，2005 年以后，乌东村被列入“贵州省社会主义新农村建设 100 个试点村”之一。2007 年 11 月，乌东水系景观被联合国教科文组织评为“中国经典村落景观”之一。2011 年 7 月，乌东村党支部被评为“全国优秀基层党组织”。

陶尧 陶尧苗寨是历史传说中的地方。陶尧坐落在雷公山西北麓，全村寨将近千户人家。陶尧有云贵高原地形中典型的坝子，发源于雷公山的小河从坝中流过，河的两旁是千百年来苗族历代接力修凿而成的稻田，九个自然寨依山临坝而居。通往雷公山顶的公路沿着村边向东蜿蜒而行，往西江千户苗寨的公路穿坝往北而去，交通方便。

陶尧村民民风淳朴，热情好客，能歌善舞。苗歌代代人口耳相传，把传统性的歌词流传下来，同时又在即兴歌唱中创作新歌，每一代人都涌现出一批出类拔萃的歌手，其中苗族歌手唐德海最为人所喜爱，他能把古歌传唱，能用歌议事，用歌教人，用歌抒情。陶尧被誉为“苗族歌舞之乡”。

陶尧苗族语言文字陈列馆是苗族文化的瑰宝，于 1996 年开馆，室内陈列 11 种古今中外苗族文字样品、苗文书写的苗族巫词三部（计有 2 万字）、苗文书写收集书写的苗医草药医方 120 方、苗族书写苗族各种歌书 12 本（计约 20 万字），苗文编写的苗戏剧三部、收集整理的苗文记载的历史故事两本（计 1 万多字）、苗文编辑的歌曲 18 首、苗文记录的芦笙词、木叶词各一套等苗文记载的各种语言文字遗产。

猫猫河苗寨 猫猫河苗寨是民族卫生模范村寨，位于猫猫河谷半坡，村因猫猫河而得名。民居傍着缓坡而建，寨上和寨边有百余株古松，挺拔苍翠，掩护全寨。寨中各户的堂前屋后，果树成阴，座座木楼瓦舍均有苍松果木掩映。

1958 年，村民们开始整治寨容寨貌，砌成 7 条鹅卵石路面，长达 3 千米，并挖了排水沟排除污水。各户屋前院后，都用石块铺平，便于清扫。每年春季，家家在房屋周围育桃栽李，植树造林，绿化环境，保持空气清新。

20 世纪 80 年代初，利用粪便垃圾建沼气池“发电”，既节省资金和能源，又保护了林木。现已建成沼气池 102 口，实现生活照明沼气化。现在，猫猫河村既是民族卫生示范村，又是民俗旅游村。

雷公山 峰峦巍峨的雷公山，面积71万亩，是著名的苗岭之峰，史称“牛皮大箐”，苗语称“方蘼别勒”，意思是雷公居住的地方。

丹江镇的重要旅游景点是苗岭主峰雷公山，海拔2178.8米，山体庞大，东西纵横400千米，是清水江、都柳江流域的主要发源地。雷公山是国家级自然保护区和国家森林公园，被誉为苗岭“绿宝石”，山顶日出、云海、原始森林以及乌东响水岩梯级瀑布都是发展原生态旅游的绝佳选择。1997年4月，联合国教科文组织和挪威专家在雷公山实地考察后宣布：雷公山是当今人类保存得最完好的一块未受污染的生态、文化净地，是人们追求返璞归真、重返大自然的理想王国，是世界十大森林旅游地之一。

在雷公山的北边，有一座高山坪坝，海拔1850米，面积约400余亩，这就是雷公坪。坪上群山环抱，古木参天，林木蓊郁，草坪似茵，空气清新，盛夏如春。坪西南有点将台一座，底长40米，高6米，分三级，呈弧形，是清代苗族英雄张秀眉聚众反清遗址，花街路、军用井、万人坟、关隘、哨口等遗址还依稀可辨。

桃子寨基督教堂 桃子寨位于巴拉河峡谷的半山腰中，距县城6千米。那里各种树木葱绿，寨边寨尾果木繁茂，幢幢吊脚楼掩映于林木果树之中。几十户人家皆为苗族，以潘、李姓居多，而潘姓信奉基督教，系全县唯一信奉基督教的苗寨。

桃子寨基督教始传于1921年，由潘绍贤到凯里排乐季刀受洗礼信教传入。继传至今。桃子寨基督教的发展至今已有88年的历史，现有信教群众27户、92人。

丰富多彩的民族文化节日

苗族鼓藏节 鼓藏节又叫祭鼓节。鼓藏节是苗族属一鼓的支族，每隔13年祭祀本支族列祖列宗神灵的大典，俗称吃鼓藏。鼓藏节在杀猪或杀牛祭祖之前须杀一只雄鸡祷告祖宗神灵，表示每13年一次的祭祖节日来到了。鼓藏节每12年举办一次，每次持续达3年。

苗族聚族而居，雷山苗族以血统宗族形成的地域组织“鼓社”为单位维系其生存发展。“鼓”是祖先神灵的象征，所以鼓藏节的仪式活动都以“鼓”为核心来进行。

鼓藏节的仪式由鼓社组织的领导“鼓藏头”操办，“鼓藏头”经由群众选举产生。从杀猪或牛祭祖到节日活动的系列程序均由“鼓藏头”组织安排，人们必须服从。鼓藏节的活动以跳芦笙舞为主，一般5~9天，为单数。

苗年 雷山地区苗族至今仍保留“以十月为岁首”的纪年法。每年的农历十月，雷山苗寨一派欢腾，开展极富特色的辞旧迎新活动。苗年延续的时间不尽一致，有七天、九天、十三天，有的长达一个月。以猪、鸡、鸭、鱼等肉以及酒和糯米饭、糍粑祭祀祖宗和图腾神物，用钱纸贴在屋内的岩爹、岩妈、祖灵、保爷、门楣、炉灶、猪圈、牛圈、犁耙、碓磨以及村外的保爷桥、保爷凳、岩菩萨、保寨树等物上。有的还特别由一老一少带上纸钱、糯米饭摸黑出门祭果树。

过年时跳铜(木)鼓和芦笙一般为5~7天。保管铜鼓的“寨老”用香纸鞭炮、米酒、鲤鱼等“醒鼓”，先到旧鼓坪上跳几圈，后移到新鼓坪上继续跳。寨上“鼓主”家人跳过后，全寨男女老少和寨外来客跟着跳，众人身着节日盛装，在铜鼓、芦笙伴奏下踏着铜鼓的节拍，围着鼓柱跳舞，也叫“踩铜鼓”。

2012年，丹江镇被列入“全省100个示范小城镇”。为强力推进丹江示范小城镇建设，该镇在县委、县政府的领导下，重点抓示范小城镇建设工作，进行全方位打造。2013年丹江镇党委、政府紧紧围绕全县打造“全国旅游名县、贵州茶叶大县”目标，紧密结合镇情，充分发挥基层组织的战斗堡垒作用，积极调整产业结构，构建“东茶、西菜、南畜、北果”的产业发展格局，各项社会事业快速、稳步推进。2013年农业总产值完成9074.51万元，粮食总产量7084.4吨，其中水稻产量3853.7吨，比2012年的3708吨增加145.7吨，增长3.9%；2013年全镇城镇居民可支配收入19018元，农民人均纯收入达5406元，比2012年农民人均纯收入4816元增加590元，增长11.2%。

凯里市

三棵树镇

三棵树镇位于贵州省凯里市东部，距市区8.8千米，与雷山县的郎德镇、西江镇，台江县的台盘乡和排羊乡山水相连，是凯里、台江、雷山三市县的结合部。全镇国土总面积190.8平方千米，辖12个行政村，1个居委会，1个社区，93个自然寨，105个村民小组，总人口4.4万人，总户数10000户，苗族人口占98%。耕地面积20000亩(其中田10000亩，土10000亩)，人均耕地面积0.49亩。森林覆盖率为63%。凯雷二级公路、320国道、凯麻高速公路、炉榕省道、朗西公路等贯穿全境。交通便利，通讯发达，地理位置优越，是凯里市最大的乡镇。

三棵树镇为“苗岭新都第一镇”，是凯里市苗族人口最多的乡镇，史称“南疆腹地”。此地“三里不同风，五里不同俗，大节三六九，小节天天有”，人文风情浓厚。

这里的苗族人民崇尚文明的礼仪风范，创造了浩瀚的口碑文学，其富于哲理的曲艺嘎百福，娓娓悦耳的押调苗歌，内涵丰富的鼓笙曲舞，叹为观止的服饰艺术……名震海内外。

这里有四季旖旎的巴拉河风光带、民风民俗浓郁的南花村、季刀村、奔牛寨等。这里有古老的苗族风情，如枫香树的文化圈，木鼓声声的牯脏节，被誉为"东方迪斯科"的祭祀舞蹈，独特的交外甥礼金的婚娶模式；这里有古朴的苗族音乐，如歌事相随的苗族古歌，平缓浅唱的嘎百福歌，飞扬高亢的苗族飞歌，亦醉亦舞的苗族酒歌，忧伤婉转的游方歌；这里有古老的民间传说，如蝴蝶创世的神话、狩猎故事、名人传说、民间歌谣；这里有古战场，如张秀眉败逃雷公山的撤兵会场。还有叹为观止的服饰艺术、手工刺绣、手工银饰、剪纸，庄严肃穆的鼓会，别具情趣的婚俗礼仪，独特的村寨吊脚楼建筑群等，都是三棵树镇苗族文化的典型特征，是我国民间古老文化保存最为完整的地方之一。

巴拉河 巴拉河发源于贵州省雷公山，流经黔东南苗族侗族自治州的凯里市、雷山县、台江县等县市，最后与其他河流汇合注入清水江。"巴拉"是苗语的发音，是"美丽、清澈"的意思。巴拉河乡村旅游区流域面积100多平方千米，以三棵树为起点，沿巴拉河向南逆流而上20千米，直至雷山境内。流域内分布着龙井、怀恩堡、南花、季刀、南猛、脚猛、猫猫河7个苗族村寨和遗留的古代军事堡垒。

在这里可以欣赏到田园风光、苗族歌舞、苗族服饰、苗族传统习俗以及苗族独特的吊脚楼建筑。河边风景秀丽，是夏季避暑的好去处，有绿水，有青山，有瀑布，有溪流。现已开发了一些旅游景点，如梦里水乡、月亮湾等。

季刀村 季刀距市中心20千米，位于凯里东南部。村寨沿山而居，依山傍水，古树参天，风景美丽，民族风情淳朴浓郁。主要景点有百年粮仓、神仙洞、埋坛山、牛马脚印、鼓藏场、风水树等。主要节日有农历三月爬坡节、七月吃新节、十月苗年节等。2004年，季刀村被贵州省列为巴拉河乡村旅游区的村寨之一。季刀苗寨的百年古歌讲的是一个亘古遥远的开天故事。古歌十分悠长，属于口头文学。季刀苗寨的父老乡亲们无论是在田间劳作，或是灶前台后做

家务，常常会情不自禁地哼唱，特别是苗寨人家办红白喜事，古歌为其中的主题曲。寨子迎接客人有三道关，道道都得喝两杯酒，充分展示了苗寨人的热情好客。季刀苗寨的百年古歌、百年粮仓、百年青石古道具有极高的研究和旅游价值。

南花村 南花村位于三棵树镇东南部，地处美丽的巴拉河畔，是一个依山傍水、自然风光秀丽、民族风情浓郁的苗族村寨。住房为木质结构，吊脚楼式。服饰为巴拉河长苗裙，南花苗寨的女子多穿长裙，被称作"长裙苗"。这里的百褶裙长达 80 厘米。节日时的牛角银饰是另一个特色，"大牛角"长达 1 米左右。

三棵树镇是凯里市"一区两镇"发展战略的重点开发镇，是贵州省"双百"小城镇建设和黔东南州 45 个经济强镇建设试点镇，是凯里市首批农业综合开发建设乡镇。

近年来，三棵树镇小城镇建设紧紧围绕市委、市政府"建设独具苗侗特色的国际性滨江城市"总体布局，牢牢抓住创建全国文明城市、国家卫生城市、国家环境保护模范城市等一系列战略机遇，结合实际，创新思路，超前规划，着力打造独具民族特色的精品旅游小城镇。

打造富裕千家万户的万亩辣椒订单产业 辣椒种植从起初在常年干旱的格冲沿线 3 个村，推广到全镇 22 个村，面积从几百亩发展到上万亩，农户从几百户发展到上万户，给农民增收带来了广阔空间，并且取得了四个成果，为辣椒产业化迈出坚实的一步。一是成功自主选育了"三棵树 A、三棵树 B、三棵树贡椒、三棵树长、三棵树 5218"等 5 个三棵树地方杂交品牌种子，品种亩产值 5000 元左右。格冲驼背老人杨昌伦创造过 8 分地收 8000 元的纪录，并通过 6 年的栽培实践，自行探索总结出了一整套完整的栽培技术且编写成书，刻成光碟分发给群众。在全州辣椒种植行业起着龙头示范带动作用。二是成功外出寻商签订单。2012 年与国内著名豆瓣标杆企业四川郫县豆瓣股份有限公司签订了长期战略合作伙伴协议。2012 年逐村逐寨上门收购鲜红椒 3000 吨，既方便群众，又对黔东南尤其是凯里市辣椒价格起到主要的支撑作用。三是成功创建了三棵树惠民辣椒产业合作社，在企业、农民之间做了很好的连结作用。四是成功注册了巴拉河商标，产品在通过无公害认证的基础上，目前正申报绿色证书。省绿产办领导专家亲临该镇考察，给予了充分肯定。

成功推行了农业耕作制度改革 成功探索了白菜—辣椒—莲花白(白菜)、萝卜—辣椒—白菜等一年多季栽培模式，以及上果下辣椒、上辣椒下红苕、上辣椒下折耳根等上下立体栽培模式，最大限度地提高了土地利用率和年产值，改变了传统的一年一季种植习惯，逐步转变到一年多季多茬、多品种、多层次经济作物种植上来，亩耕地年产值从原来一年一季粮产值近千元，到现在突破了1万元。农民思想观念、科技观念、劳动观念发生了深刻变化。

组建养殖协会，通过协会带动，畜牧业健康发展 围绕凯供蔬菜“菜篮子”工程和农民增收工程，在引资建设南高黑毛猪优良种猪场、偿郎鼎峰种猪场、偿郎香炉山鸡种鸡场等现代养殖小区的基础上，成立了硐下林下山鸡养殖协会和板溪黑毛猪养殖协会，通过协会带动，畜牧业发展也步入了订单发展之路。年出栏商品猪38571头、鸡1100000只、牛1610头、鱼375万条，为农民增收提供了产业支撑。

巴拉河生态观光旅游新发展 2012年在市政府的支持下，投资100万元，建成了南花怀恩堡生态观光农业示范园，呈现出农业与旅游良性互动发展的局面。2013年三棵树把园区延伸建在平寨，打造农业观光、休闲养身、农耕体验、农家娱乐为一体的综合农业示范园。尤其是以蓝莓种植为主题投资3个亿的明德蓝莓休闲国际庄园，已正式通过规划和市委、市政府的审批，标志着巴拉河生态观光农业进入新的发展阶段。

激发社会资源，发展壮大乡村旅游经济 一是成立乡村旅游经济村民组织。成立凯里市美丽乌利乡村旅游开发中心，引导群众自行管理、经营村寨乡村旅游，整合村寨旅游基础设施、种养殖大户、农家乐等资源，创新村寨管理与经营模式，引导群众发展壮大乡村旅游经济。二是发展集休闲、观光、旅游、农业体验于一体的农家乐，出台扶持农家乐发展的优惠政策，帮助申请微型企业扶持和政府贴息贷款扶持，现已扶持发展农家乐6户，预计2015年共发展标准农家乐经营户15户。

发展特色产业，走产业致富道路 除了大力发展辣椒产业外，还积极探索土地套种模式，在朗利至乌利公路沿线种植风景油菜花带，推广“山顶种茶、山腰种果、山脚种菜”模式，为向山、向田、向土、向屋前屋后要效益提供先进的经验。积极为农户搭建网络销售平台，多方面多渠道助农增收。盘活多种经济，发展壮大种养殖产业。现已扶持发展竹骝养殖户2户，养猪大户12户，本地蔬菜、魔芋、折耳根种植经营户30余户，积极争取落实中华鲟养殖试验示范基地50亩，泥鳅养殖示范基地30亩，促进经济发展多元化。

发展休闲观光农业，促进产业同步发展 以抓乡村旅游为龙头，采取政府提供种苗、土地流转部分资金和技术支持的补助方式，发展休闲观光农业。一是发展精品水果采摘园。布局一个集进口桃、脆皮李、礼品提、台湾水果蔬菜等高端精品水果的采摘园，规模约30亩。在园区内设采摘步道及观光凉亭，提升园区现代乡村旅游品位。目前，该园区准备实施种植工作。二是发展荷塘观光园。在乌利寨种植荷花、莲藕20余亩，积极探索荷塘套养泥鳅、黄鳝模式，提高观光、经济价值。三是发展和扩大稻田养鱼规模，继承和发扬苗寨的稻田风光传统，并发动和鼓励村民实施两季种植，提高土地的使用效率。

选好配强村级班子，加强基层组织力量 为充实力量，选拔了优秀的年轻干部任村党支部副书记，进一步充实村支两委力量；充分发掘人才、培养人才，注重将政治觉悟高、带富能力强、发展思路明的能人、乡土人才、优秀党员充实进村支两委班子上来；同时，强调传帮带工作，村支两委、党员干部、种植能手发挥带头作用，要求每名村干带动10户农户，每名党员带动5户农户，每个种植能手带动20户农户，形成传帮带工作链，加强村级党组织的凝聚力、战斗力和创造力。

目前，三棵树镇正集中精力筹集资金和引资打造黔东南最大的旅游商品集散市场和民族特色饮食，努力打造全州、全省乃至全国闻名的特色旅游示范小城镇，积极推进社会文化进步。

施秉县

白垛乡

白垛乡位于施秉县城北部，距县城约 18 千米，地势北高南低，南部以及东西平坦。最高点为北部帽子坡峰顶，海拔为 1327 米，最低为南部黑冲景区地势低洼处，海拔为 512 米，平均海拔约 1100 米。受地质结构影响，加之岩溶山势的切割作用，形成了以山地、台地为主体的复杂的地貌类型。全乡辖 7 个行政村，85 个村民组，95 个自然寨，总人口 9601 人（农业人口 9303 人，余为非农业人口）；行政区面积 193.24 平方千米，耕地面积 3 万余亩；居住有汉、苗、侗、土家等民族；主要经济产业有烤烟、水稻、中药材、太子参、何首乌、紫秋葡萄及畜牧养殖等。

白垛乡独擅造化之奇，域内风光美不胜收。

2014 年 6 月 23 日，以云台山为代表的施秉喀斯特作为“中国南方喀斯特”第二期世界自然遗产申报项目的组成部分“申遗”成功，云台山坐落地白垛乡欣有荣焉。

白垛乡属亚热带季风湿润气候区，年平均气温15℃左右，年降雨量980～1180毫米，冬暖夏凉，气候温暖湿润，光照充足。境内主要河流有白垛河、胜溪河等，均为乌江水系。其中㵲阳河白垛段汇水面积58平方千米，白垛河、胜溪河均流入㵲阳河，平均年径流量为946.1万立方米。乡内生物资源丰富，是全县较好的林区之一，森林覆盖率达73.6%。生态系统发育良好，生物种类繁多，生长着800多种植物，其中有太子参、杜仲、天麻、半夏、桔梗、五倍子等名贵中药材；野生动物500余种，其中就有难觅的穿山甲、野山羊、野猪、金鸡、竹鸡、鹌鹑等珍稀鸟兽。

白垛乡矿产资源有硅石矿和重晶石，主要分布在胜溪村、石家湾村和半河村。

为切实保护好生态环境资源，把生态环境保护和经济发展有机结合，实现“两手抓”“同步发展”，有效地推动全乡生态环境和经济建设水平的整体提高，自2010年以来，白垛乡党委、政府不断加大经费投入，强化对生态环境保护和整治力度，积极创建申报省级生态乡、村，经全乡干部群众的共同努力，分别于2012年荣获白垛乡“省级生态乡”称号、2013年荣获白垛村“省级生态村”称号。

旅游宝地

白垛乡旅游资源丰富，有外云台、黑冲等风景区。

云台山景区自然资源大部分位于白垛乡境内，称外云台风景区，早已列入施秉喀斯特“中国南方喀斯特”第二期世界自然遗产申报地，今年申遗成功。

黑冲景区 黑冲风景区被誉为高原明珠的㵲阳河风景名胜区十大景区之一。

黑冲景区位于地壳运动的断层边缘。冲即山谷，因山谷中植被茂盛，遮天蔽日，故名黑冲。黑冲风景区面积为65平方千米。以低山岩溶地貌特有的塔状群峰、裂谷、窄巷和变幻莫测的云海为特

色，有轿顶山、黑冲湾、罗汉冲、蚂蝗冲4个旅游景区，主要有轿顶山、滴水岩、大络迦、小络迦、冲天岩和妹娘(rang)峰等41个景点和中国工农红军第六军团战斗遗址。

黑冲景区岩层裸露，切割强烈，地形破碎，呈现峡谷、峰丛、窄巷、卡门、悬崖、绝壁、冲坑、深潭等奇景，构成了千山万壑的岩溶地貌景观。这里既是山的世界，更是海的世界，是林的海、云的海、山的海。那巨木古藤的林莽，构成碧绿无边的汪洋，那层层叠叠的山峰，恰似波浪万顷，飘浮峰巅山际的白云，正如层层浪花翻滚。登上云台山、轿顶山、外营台等山巅，可观日出、眺云海、俯瞰万壑千山。而黑冲一柱擎天，挺拔独立，直刺青天。

黑冲景区的生物资源丰富，植被种类繁多，珍稀树种有水青树、穗花杉、银杏、刺柏、篦子三尖杉等10余种，观赏花灌木有杜鹃、山茶、腊梅、金丝桃、野蔷薇、西凤竹等。野生动物有猴、麝羊、松鼠、野兔等10多种；鸟类有杜鹃、画眉、鸳鸯、白鹭、长尾雉等；两栖爬行类有娃娃鱼、甲鱼和蛇类。

“三月三”云台山庙会 云台山位于施秉县北部，距县城13千米，在施秉城关镇与白垛乡接壤处。云台山景区大部分为白垛乡所辖，这里以原始自然生态、天象奇观、奇峰丽水、佛教遗址、道教古刹等自然和人文景观为特色。面积47平方千米，有云台山、排云关两大旅游片区，规划景点24处，山间珍稀等植物近400种，珍贵等动物近百种，被称为“植物宝盆、动物宝库”，是贵州东线探险寻幽的旅游宝地。

600年前，这里曾经佛教兴盛，其后衰落，道教兴起。山上有古庙、道僧，今仅存佛教遗址。

云台山上森林植被完好，树木郁郁葱葱，建筑物难觅，现在的寺庙是据后人描述修缮的，原来的“徐公殿”“周公殿”早已不见踪影，唯一保留下来的就是民间“三月三”的拜山活动。

云台山原名“鸡罩岩”。相传，以前徐公、周公二人在“轿顶山”上吃松果修行，待功德圆满即将修行成仙之时，二人闭上眼睛，手牵手腾云驾雾往“鸡罩岩”而去。来到现在的周公殿上空，徐公突然对周公戏言，下面有位漂亮的姑娘在河边洗衣服，周公慧根未尽，一睁眼，于是坠入了下面的山崖。成仙的徐公独自来到“鸡罩岩”，忆及当年与周公同修功德，整天闷闷不乐，后悔当初不该戏谑周公，害他不能得道成仙。为使自己心里好过些，于是决定为周公修建庙宇。有一年，徐公云游时，治好了大户罗治台家孩子，犹如菩萨显灵。罗治台为表答谢，不远千里寻找徐公，并为徐公修建庙宇

（据考，明万历十年至天启元年（1582～1621）间由民资官助，先后在峰顶修建寺庙，为纪念徐道人的“遗真亭”基址，故民间称主峰大殿为“徐公殿”），以朝夕朝拜，在当地传为神话。当地人把徐公奉为神灵，把每年农历三月初三定为朝拜日。每年三月三，善男信女都带着香纸、供果、水酒等前往朝拜，祈求徐公菩萨保佑风调雨顺、国泰民安、家庭和睦、避邪避灾、身体健康等等。

近年来，由于云台山旅游的开发，政府延续传统，把“三月三”定为当地民间的一个传统节日。而今，云台山“三月三”不仅仅是烧香供奉朝拜徐公，节日已逐步衍生为大型的文化娱乐活动。节日这天，有大型民族歌舞、当地美食、登山、民间山歌对唱、斗鸟等活动，热闹非凡。来自四面八方的游客可游景点、观歌舞、品美食、听山歌、观鸟斗、鉴赏苗族服饰等等。

中国工农红军第六军团战斗遗址

1934年10月，由任弼时、萧克、王震率领的红六军团西征转战施秉，在黑冲与围追阻截的湘、桂、黔敌军展开了一场激烈的战斗。红六军团在打退了敌人的多次进攻后，在敌强我弱的形势下，决定保存实力，战略撤退。战士们从悬崖峭壁、深不见底的滴水岩，用绳索和布带结成长绳，绑在山顶大树上，然后手握绳索，脚踏悬崖，向下移动，滑向谷底。最终甩掉强敌，安全撤离。

在黑冲有一栋普普通通的小木房，就是当年萧克、王震等居住过的地方，也是当年黑冲战斗的“临时指挥部”，经过几十年的历史沧桑，它见证了那段“黑冲甩敌战斗”的光辉历程。

黑冲甩敌战，是红六军团在黔东南历时27天经历大小战斗中最激烈的战斗之一。

萧克在《二、六军团会师前后》一文中，回忆到当年西征转战施、镇、余、石这一战斗经历时，激动地写下了“直到现在，一经忆起，心胆为之震惊，精神为之振奋……”

如今，在红六军团黑冲战斗遗址灌木林中尚保留有当年红军挖筑的工事，在泥土中还能挖掘出子弹壳和弹头等物品，屹立着的滴水岩成为红军英雄业绩的历史见证。

借助资源优势 建设美丽乡村

白垛乡借助黑冲景区独特而丰富的景区资源，积极争取项目资金900余万元，于2012年7月启动并实施了黑冲片区“美丽乡村”建设项目。项目涉及房屋风貌改造、集中牛马圈建设、庭院硬化、配备环保设施、新建旅游公厕及旅游附属设施等子项目，极大改善了当地人居生活环境，助推了黑冲片区旅游服务功能的提升。

白垛乡主要经济来源为种植业、养殖业和劳务收入。粮食作物主要有水稻、玉米、马铃薯、红薯等；经济作物主要有烤烟、中药材、油菜、花生等，其中烤烟为主要经济产业，是全州最大的烤烟生产基地，常年种植烤烟面积2万余亩，年产值4000余万元。近年来，白垛乡党委、政府以经济建设为中心，紧紧围绕“223”工作思路狠抓各项工作（“223”为突出两大任务，筑牢两个基础，做大做强三大产业。即突出景区生态保护和加快改善民生两大任务，筑牢农村水、电、路和小城镇建设两个基础，努力做大做强烤烟、果品、中药材三大产业），着力推进两个文明建设，经济社会持续、稳步、健康发展。2013年，全乡国民生产总值达5951万元；财政收入完成1096万元；农民人均纯收入实现6186元；年末存款余额5762万元；贷款余额3667万元。

为实现梦想，白垛乡将借助申遗成功的有利契机及黑冲独特景色、春夏秋气候适宜和建成油路等有利条件，加大美丽乡村创建力度。通过项目建设，加大对黑冲景区的整治和改造，完善生产生活服务基础设施，建立有效的景区资源保护和能源替换补偿机制，稳步壮大旅游服务业、烤烟产业和高效农业、观光农业，把旅游服务作为产业培育引导，使之成为当地群众增收致富的主要渠道。

从江县

宰便镇

宰便镇位于贵州省黔东南苗族侗族自治州从江县西部,地处月亮山腹地,东部与加榜乡、刚边乡相邻,南部接加勉乡,西边连加鸠乡,北面与东朗乡、下江镇接壤,镇驻地距县城97.7千米。全镇国土面积176.71平方千米,辖1个居委会、6个中心村,中心村下设17个行政村,居住着苗、侗、壮、汉、水、瑶等民族。全镇耕地面积5280亩,人均耕地0.37亩,现有林地21万亩,人均占有林地13.9亩,森林覆盖率达75.5%。依托政策支持,宰便镇倾力打造特色富镇。

山川形胜,月亮山横空出世。

养心圣地,神秘从江,占尽天时地利。

岜沙,"世界上最后一个枪手部落";占里,世外桃源"中国人口文化第一村";小黄村,"中国民间艺术之乡";"中国侗族大歌之乡";国家级非物质文化遗产名录：瑶族医药(药浴疗法)；月亮山，“苗族文化的历史博物馆”；从江加榜梯田，2014 中国最美梯田景观(农业部推选)；浓郁的民族风情，多姿多彩的原生态资源，打造了从江县一块块金字招牌！

依山傍水，寄身名山，月亮山腹地的宰便镇便有了难得的天时地利。

“宰便”系壮语译音，意为“平坝中的寨子”。宰便镇属中亚热带湿润气候，雨热同季，年平均气温 16.5℃，年平均降雨量 1230 毫米，年日照时数 1200 小时，无霜期 260 天。境内海拔 400 ~ 1600 米，海拔落差大，气温垂直差异十分明显，气候呈立体式差异。素有“一山有四季，十里不同天”之说。全镇 14471 人，系多民族聚居地。

月亮山是宰便人敬崇的神祇，亦是地标性的圣地。

这里青山滴翠，林木郁郁，清水长流，清澈见底，风光秀伟。

进入五月，雨水丰盈的季节，宰便镇的月亮山梯田，雨后云雾缭绕，依山延绵的梯田在雾景的衬托下，如置云端，飘渺动人，如梦似幻。

月亮山梯田是当地苗族祖先农耕文化留下的杰作，保存着中国最古老的稻作文化符号。

月亮山集原始生态和原始风情于一山，是贵州原始生态和原始文化的瑰宝。荟萃旅游、科研、考古、探险、探奇于一山，隐藏着巨大的商机，拥有不可估量的开发前景。

月亮山苗族，是黔东南苗族中最为古老的一支，保存着众多原始文化习俗，被相关专家学者称为“苗族文化的历史博物馆”。

月亮山还是一座有着光荣革命史绩的名山。1930 年，李明瑞、张云逸率领红七军第一、二纵队活动在黔桂边界，曾于山上宿营。1948 年，徐海文、

邝先知等率领布依族、苗族、水族人民在月亮山进行抗暴斗争。

宰便镇地域广阔，生态资源富饶，具有巨大的开发潜力。宰便镇是从江香猪的中心产区，盛产香猪、香牛、香羊、香鸡、香鸭、香菇、薇菜、蕨菜、韭菜、魔芋、葛根等土特产品。此外，宰便河流域水能资源丰富，可开发梯级电站三座，总装机容量达1.2 万千瓦；地下资源也十分丰富，有金、银、铜、铅、铁、硅等矿产资源。

香猪 香猪是从江县西部地区以宰便镇为中心产区的稀有地方微型猪种，它是苗、壮、水、侗等少数民族人民在特殊自然环境、气候条件及饲养方式下长期培育形成的，已被农业部列为国家二级畜禽品种。有史料记载："宰城河香猪"是腊香猪上等品，曾以其名作商标连销两广、香港、澳门近百年，宰便历来是从江香猪最大的集散地。

宰便香猪自 1993 年全国地方猪种资源普查被发掘以来，已编入《中国猪种》《中国猪品种志》等书刊，引起了全国各地科研单位和专家、学者的高度重视，曾有贵州农学院、北京农业大学、贵州兽科所、西南牧科所、江苏农学院、东北农学院等十多个单位专家、教授深入产区考察研究。

宰便香猪体形矮小，肉嫩味香，基因稳定，纯净无变异。哺乳仔猪或断奶仔猪肉质无奶腥味、清甜，风味独绝，是煮、烤、腌、焖、蒸、炒等加工制作高档佳肴的上等原料，是馈赠佳宾、待客的珍品。宰便香猪营养丰富，胆固醇含量低，食而不腻，山民长期采用天然饲料喂养，是理想的天然绿色食品，长期食用，具有增强体质、壮阳、滋阴、美容、延年益寿等功效，更是人类医学研究最理想的实验动物，开发利用前景十分可观。

葛根 宰便葛根是"葛根之王"。它个大皮薄，淀粉含量高，品质优良，乡民种植葛根有着悠久的历史，常年种植在 200 亩左右，年产葛根 500 吨。农业产业结构调整后，宰便镇把葛根列为中药材产业来抓，扩大全镇种植规模将达到 500 亩，年产葛根1500吨。葛根不仅是人们喜爱的食品，也是一种用途广泛的药用植物，可蒸、煮食，也可生食，生食具有“农民口香糖”的美誉。具有清热解毒、化痰、解酒、健脾胃等功效，近年来用葛根为原料加工的产品，如葛根粉、葛根酒、葛根饮料、葛根食片等，在市场上供不应求，发展潜力巨大。

板栗 宰便镇气候温和，雨热同季，是最适合种植板栗的地区，宰便板栗种植具有悠久的历史，常年产量在50吨左右，宰便板栗的坚果深褐色，光亮，无茸毛，果肉黄色，质地细腻，味香甜，高糯性，含糖率21.62%，含蛋白质7.8%，脂肪2.19%。

目前全镇板栗种植面积逐年增大，其中板栗基地逾百亩，所创产值逐年递增。宰便山地资源丰富，尚有大量的土地未能得到开发和利用，开发前景广阔。

野菜 宰便镇地处月亮山腹地，气候得天独厚，冬无严寒，夏无酷暑；水质纯净，森林覆盖率达63%，全镇95%的国土为林地荒山，在这丰富的山、林、坡地里生长着丰富的山野菜，据调查统计，有300多种山野菜生长在这里，可食用的达150多种，当地百姓经常食用的有香菇、蘑菇、竹笋、折耳根、薇菜、蕨菜、小叶韭菜、芥菜、狗地芽等20多种，其年产量3000吨左右。它们丰富的营养价值和独特的口感，是其金字招牌。

目前只有小部分（约5%）的山野菜得到利用，其利用率很低，还不能满足人民群众日渐增加的需求。随着人们饮食结构的转变，对无任何污染的山野菜食品需求量将越来越大，目前国内外市场山野菜食品供不应求。因此，宰便镇得政策之助，正在加大措施，大力发展野菜的生产与加工。

政策如阳光，把宰便人照耀得浑身是劲

宰便镇是从江西部中心城镇，他们争取把该镇列为重点乡镇建设，加快推进小城镇建设进程，不断完善配套设施建设，提升城镇品位，把宰便建成

集旅游、休闲、观光、商贸、娱乐为一体的宜居宜业宜游的中心城镇。

目前，宰便镇依托党的富民政策以及资源优势，着力写好“特色富镇”文章。

宰便镇深入贯彻党的十八大、十八届三中全会精神，紧扣同步小康和“两加一推”主基调主战略。坚持“生态立镇、农业稳镇、特色富镇、工业强镇、科教兴镇、旅游活镇”的发展战略，将锁定一个目标，围绕两种格局，突出三个重点，达到四个促进。

一个目标，即全力把宰便打造成为“从江西部中心城镇、从江西部商贸物流和农产品加工中心、从江香猪核心产区、从江西部生态旅游中转接待站”。

二种格局，即“一心一带五组团”格局，香猪等种养殖产业与传统农业并重格局。

三个重点，即小城镇建设、香猪产业建设、农村基础设施建设。

四个促进，即促进镇域基础设施完善，促进镇域经济快速发展，促进镇村协调可持续发展，促进农民人均纯收入、人均可支配收入的提高。

通过未来几年持续发力建设，宰便将来的基础设施会更加完善，种养殖产业不断发展壮大，镇域经济会更加活跃，人民生活会更加富裕。

麻江县

谷硐镇

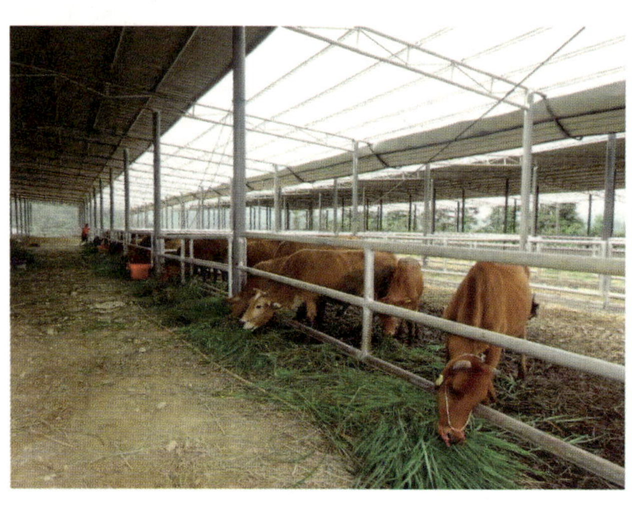

谷硐镇位于麻江县西部，距麻江县城 27 千米，距都匀 47 千米，距贵阳市 109 千米，东连杏山镇，南邻都匀市，西交坝芒乡，北交景阳乡。总面积 198 平方千米，平均海拔 920 米，左右最高点在翁牛村西南部的扁担山，主峰海拔 1677 米。谷硐镇属亚热带湿润气候地区，这里雨量充沛，气候宜人，冬无严寒，夏无酷暑。全镇辖 13 个村，1 个居委会，58 个村民小组，共 7362 户，28981 人。现有耕地面积 21162.7 亩，主要以发展特色种养殖业为主。

麻江谷硐镇出土的明代铜鼓历史悠久，声名远播。

谷硐明代铜鼓辐射着民族文化的精魂

铜鼓是我国南方少数民族地区创造的青铜艺术瑰宝。铜鼓是集冶炼、铸造、雕刻、绘画、装饰、音乐、舞蹈、宗教于一身的综合艺术品和古老而珍贵的民族文物。铜鼓的铸造和使用,始于春秋,绵延至今,形成独特的铜鼓文化。

麻江型铜鼓是自宋代以来我国南方少数民族铜鼓中最典型和最具生命力的一种，至今仍在西南少数民族地区广泛使用,历史长达800多年。

麻江型铜鼓以1956年在麻江县谷硐镇一明墓中出土的铜鼓为标准器物，其特征是鼓身低矮、鼓面小于鼓胸而略出于颈外,胸腰之间无分界线,曲弧缓和、腰中部有凸棱一道,将鼓分成上、下两节,胸部有大跨度鼓耳两对。鼓面太阳纹以十二芒为主,芒间饰有翎眼纹。主晕饰游旗纹为主,还有十二生肖纹、符纹、乳钉纹、雷纹、同心纹、兽形云纹、S形沟头纹、酉字纹、人物纹、动物纹等。有的刻有铭文。谷硐镇明墓中出土的铜鼓通高29厘米、面径48厘米、胸径51厘米、腰径45厘米、足径49.5厘米、鼓重17.8公斤,现藏于贵州省博物馆。

文物久远,资源同样丰硕

谷硐镇矿产资源丰富。地下矿藏有原煤总储量613万吨,重晶石储量140万吨,硅石矿总储量1000万吨,铁矿石总储量20万吨,重晶石曾远销欧、美、日等国家。四通八达的区位优势促进了民营经济的快速发展和经济中心地位的形成，经过多年来的建设和发展,辐射了周边坝芒乡、杨柳街镇等乡镇的商业贸易,中心城镇地位已形成,产业发展已形成规模。

产业发展现状

(一)谷硐镇产业发展情况。早在1993年,麻江县委、县人民政府就作出了谷硐镇以发展工业为主的定位,2002年建立了谷硐工业产业带,进一步加大了规划和建设力度,经过“十一五”期间的建设，为谷硐镇的工业经济打下了一个较为坚实的基础,现有真黔锰业公司、利清公司、宏凯厂、鑫诚矿业、天马扎钢厂、利清公司节能开发研发中心、新广公司、常发林业、摆沙煤矿、湾寨煤矿、米洞山煤矿等驻镇企业,2012年全镇工业产值31022.5万元,是2005年的50倍。农业发展以稳

定粮食生产为基础，主要有水稻、玉米、蔬菜等农作物和烤烟、油菜等经济作物，以传统自耕自作种植模式为主，外出务工是农村经济的主要来源。

（二）谷硐镇的产业发展有利因素。一是自1993年推进工业发展，工业基础设施得到有序的发展，供水、电力、通讯设施较为完善，为工业形成一定的基础，工业发展对改善周边群众的经济收入较为明显，对推动工业发展有较好的群众基础；二是谷硐镇位于麻江县坝芒乡和景阳乡之间，可以承接二乡一镇农产品加工，发展加工业；三是2013年麻江县将谷硐镇定为特色小城镇建设发展，加快推进城镇化和第三产业的发展。

产业发展思路和重点

为加快发展谷硐镇镇域经济，推动农村“三化”进程，全面建成小康社会、统筹城乡经济社会协调发展，充分认识目前加快发展镇域经济的重要性，创新思路，统筹规划，突出重点，强化措施，推动镇域经济持续快速健康发展，力争在2015年全面建成小康社会。其具体发展战略是：“工业强镇、农业稳镇、商贸活镇。”其发展定位则瞄准了“以农产品加工、矿产资源开发及加工、商贸流通为主的工贸型乡镇”。

（一）立足当前，大力发展高新技术产业。谷硐镇不仅有人流、有发展工业的商业理念，更有发展工业的资源基础。一是要利用本身优越的交通优势和土地储备以及水利、电力等现有资源，按照工业园区和城镇规划同步规划同步建设的要求，以谷硐火车站为中心，规划5平方千米的工业园区，巩固好现有谷硐工业企业的发展；侧重发展稀土、硅石、陶瓷等资源型轻工业，主导全镇经济发展，引导和推动优势产业、优势企业、优势资源的发展；依托现有企业的技改扩能，鼓励企业技术创新和开发新产品，延长产业链，提高附加值，打造县域西部工业产业园。二是要加快谷硐工业区基础设施建设。克服和消除谷硐火车站拆除后运输成本增加的不利因素，加快谷硐工业区的基础设施建设，不断满足企业发展需要。“十二五”期内，打通南至杨柳街、西至贵定的路网升级改造，提高货物运输快速通达能力，吸引周边地区的重晶石、陶土、煤炭等资源向谷硐工业园区集中；并按照“五通一平”（道路、供电、供水、排水、通讯和土地平

整)的要求,采取融资合作方式筹措3~4亿资金完善工业区基础设施。到2015年,力争实现谷硐工业产值10亿元以上。

(二)调整农业产业结构,提高农业产业化水平。在发展壮大工业的同时,切实调整农业内部结构,根据谷硐气候特点,提高冷凉蔬菜等经济作物在种植业中的比重,提高蔬菜的生产经营效益。一是大力抓好传统烤烟种植。以乐埠、甘塘、翁牛为片区,巩固发展5000亩烤烟基地;二是大力扶持冷凉蔬菜产业。发展名、特、优、新农产品,强化品牌意识,搞好商标注册,提高市场竞争力。以谷纪、小谷硐、黄泥、摆沙为片区,巩固发展5000亩蔬菜基地,着力于农产品的保鲜生产设备、储藏包装设备、加工生产线的引进,力争到2015年,农产品加工率达50%。三是大力打造特色精品产业发展。谷硐镇农业资源优势明显,要达成"科技引领,基地示范带动,发展现代农业,走特色产业化的路子"的共识,以科学规划为引领,一手抓土地流转、一手抓农业招商,积极转变经济发展方式。巩固发展好翁牛村2000亩茶叶基地,全力推进传统农业向现代农业转化,大力发展生猪、竹鼠等禽畜养殖生产;在摆沙发展1000亩花卉园艺种植,发展种植户100户,种植各种花木10余种。通过典型示范,以点带面,全面推进,到2015年,全镇初步形成以茶园花卉园艺产业为主的"一镇三业"产业布局特色。

在具体实施过程中,要以"公司+合作社+农户"为发展平台,狠抓"科技富民"工程,大力培养科技致富带头人,培育科技示范户,形成一个产、工、销、研一体的产业化模式。

(三)开拓物流业,营造城镇大商业,增强区域性商贸中心的功能。一是着力抓好招商引资,激发发展活力。要把招商引资作为扩投入、上项目的主抓手,增强发展的加速度和爆发力。要精心编制好项目。创新招商方式方法,积极主动招商。要立足高排实际,策划编制一批富有特色、前景广阔的好项目、大项目,吸引更多的客商来谷硐投资兴业。二是因地制宜,突出重点招商。根据我镇现有的资源优势,着重抓好现代农业轻加工项目招商。大力发展劳动密集型、科技含量低的农产品加工。大力实施现代农业招商,发展数量规模化、种植科技化的现代农业。三是着力抓好商业贸易,促进经济繁荣。镇政府积极建设有关专业市场,严格执行国家对农贸市场商户的相关减免管理费政策,积极出台优惠办法,积极构建中心商贸区,鼓励附近农村居民和镇内居民经商、做小买卖,鼓励人们一心奔富。打造餐饮一条街,打造建材一条街,打造服装一条街,打造副食一条街。组建商贸"集散地"和"中转站",做活物流业。依托交通和区位优势,通过基地的辐射带动作用,让更多的商品汇聚在谷硐,成为各类农副产品的集散中心。

中国西部名城
銅仁

玉屏县

平溪镇

平溪镇位于贵州省铜仁市玉屏侗族自治县，是一颗璀璨的黔东明珠，地处玉屏侗族自治县政治、经济、文化中心，是西部开发东连桥头堡，素有“黔东咽喉”之称。下辖14个村，4个居民社区。国土面积82平方千米，占地面积11522.4千米。总人口50954人，农业人口23856人，非农业人口27098人。主要民族成分有侗族、汉族。交通区位优势十分明显。株六复线、320国道、云南瑞丽至上海高速公路、“玉三”高速公路、玉铜高等级公路、玉江旅游专用公路穿境而过，镇内公路四通八达，实现了村村通公路，距铜仁大兴飞机场88千米，长江上游隽秀的㵲阳河贯流全境，初步形成了水、陆、空立体交通格局。

乡愁圣地，绵绵无尽；文物久远，空谷幽兰。

平溪侗乡，历史文化优厚，地位独特，资源丰富，气候宜人，是一片神奇古老的热土，一个美丽富饶的地方。

神奇的山，秀美的水，宜人的气候，孕育了平溪丰富的自然资源。电力资源富有，拥有22万伏变电线路覆盖全镇村村寨寨；水利电力资源、旅游资源丰富，侗乡钟鼓楼、风雨桥、万卷书岩与黄果树、梵净山、九龙洞、黔东南杉木河以及湖南张家界、南长城等国家名胜自然风景相邻相呼，八仙岩佛教名山屹立在秀美的㵲阳河边，万卷书崖被㵲阳河水环绕，沿岸有 㵲阳渔浦、白水洞瀑布等自然风光；矿产资源丰富，全镇境内已探明矿产资源40余种，其中储量较大的铅锌、石灰石、含钾页岩、硫铁矿等，已具开采条件。

平溪镇历史溯源

“支离东北风尘际，漂泊西南天地间。三峡楼台淹日月，五溪衣服共云山。”这是唐代诗人杜甫于战乱中漂泊在西南一隅时，对自己境况的真实记录。杜甫诗中所指五溪是指分布在今湘西及黔、川、鄂三省交界地区沅水上游地区的五条溪流，分别为雄溪、酉溪、辰溪、满溪、沅溪。

五溪在春秋战国时期为楚黔中地。战国时，秦昭王攻伐楚国，拔取楚国西部蛮彝之地，设置黔中郡。至隋代改为峡州，唐代又改为法州、巫州，宋代改称沅州，五溪就属于这个地区。而其中的雄溪，就是后来所说的平溪。

平溪这个名字，在宋元历史上皆有叙述。宋朝时，雄溪改称为平溪，设平溪峒，隶属于沅州麻阳县。元世祖至元二十七年，设野鸡坪、平溪蛮夷长官司，分别隶属思州、管番民总管。明洪武二十三年(1390年)三月，置平溪卫，指挥使许升领军建卫，因其卫治在平溪流域，故称平溪卫。明万历二十九年(1601年)还隶湖广。

民国初年，玉屏沿袭清制，后改置区镇，民国二十八年(1939年)，全县设3个区，一区为平溪、新店2联保。民国三十年(1941年)，设1镇6乡，平溪为镇。1949年，本县6乡1镇改为6个区，平溪镇为第一区。1958年，玉屏撤县并入铜仁县。1961年玉屏县恢复县制。1968年10月撤区并社，城关人民公社并入红旗人民公社，选址平溪。1974年，红旗人民公社划出平溪、四眼塘2个大队及街道居委会，隶属城关镇。1982年12月20日，城关镇更名为平溪镇。1984年11月7日成立玉屏侗族自治县，乡镇建制不变，县城所在地为平溪镇。1990年后，玉屏县乡镇格局几次变动，但

平溪镇一直没有改变，延续至今。

清人郑逢元在《平溪卫志书》序言中点评平溪美景："至若景之奇妙，有万卷书、石莲峰、浮砂洲。三者在一处，次第而见。石莲耸于山顶，仿佛莲瓣并峙。一峰锐拟兜鍪，在水口上若砥柱焉。浮砂洲拱起驿江之中，面砂内空，善水者知之，砂非块石也。而水流不去，空亦不陷，奇矣！大比有中式者，则洲长有角，里人以此卜科第之有无多寡。其万卷书，纯石无土，半在江心，似牙签玉轴，层层明白，绵亘百余丈，高十丈。帆樯上下，靡不饱看。西南有飞凤山，似鸟鼓翅，前一后一，前大后小，如引如从。山顶建刹，士子读书其上，多有发者。平溪之景不止四处，而四者最闻，每景之下，名贤有诗甚佳，今不可得……"

平溪珍贵影像

万卷书崖 万卷书崖位于县城东北200米处的㵲阳河畔，其崖为狮子坡余脉，至江畔万心，高出水面40余米。峭壁如削，跌石千层，形如万卷藏书，临崖远眺、㵲水西来，连峰对峙。明代大司马熊明喻此景观为："跌石如书，莲峰似笔，潭水如墨，沙洲似砚。"书、笔、墨、砚融为一体，巧夺天工。江面上征帆点点，渔歌声声，是一幅充满生活情趣的天然丹青，为贵州著名风景之一。

何年万轴置岩中，下有澄潭照影丰。
龙树一时读未尽，携来仍堕水晶宫。

——明·郑逢元《万卷书岩》

石函万帙几人寻，苔鲜参差隐志文。
谁把五车岩上积，想从二酉穴中分。
搜奇枉自矜穿凿，志怪徒劳访异闻。
太始鸿章应未坠，何须藏壁避秦焚。

——明·洪运昌《万卷书岩》

八仙岩 又叫石莲峰，位于㵲阳河畔万卷书崖对面，峰顶有巨石 8 座，高 10 余丈，形如莲花初绽，如传说中的八仙。峰麓又、水澄潭，山泉清澄见底，古人称之为“香泉玉水”。明月当空，莲峰倒影，荡漾水中，称为“石莲漾月”，又称“八仙赏月”。前人有诗云：“怪石如林似作莲，云同山岭月同渊。濂溪到此无心赏，哪有香花藕似船。”相传张三丰云游至平溪时，曾在此炼丹，其炼丹炉至今仍依稀可辨。明代，即在山上建观音殿，素有尼姑居住，现增住众多神传中的佛像，殿堂仍存，香火络绎不绝，胜景如昔，游人日增，被当地堪称“风水宝地”，玉屏箫笛之所以音韵清越优美，相传韩湘子的箫留于此山而得美名。

怪石如林拟作莲，云同山岭月同渊。

濂溪到此无心赏，那得花香藕似船。

——明·郑逢元《石莲漾月》

狗仔岩 位于㵲阳河岸边。狗仔岩因风水好，农民集资建有千手观音庙，朝拜的人络绎不绝。

飞凤山 位于平溪镇境内，县城西部，群山环聚，中间高耸一峰，旁边两翼舒展，如凤凰展翅飞翔云中，山上茂林修竹，左下右壁如削，瀑泉飞白，野鸡河水绕流其山下，风景极为优美。

钟鼓楼 玉屏钟鼓楼位于自治县城南十字街，始建于明永乐年间。造型优美，结构独特，工艺精致，岿然屹立。远近流传“玉屏钟鼓楼，半截伸到天里头”的美誉。整个鼓楼都是杉木凿榫衔接，不用一钉一铆。大小梁木，横穿直套，纵横交替，不差分毫，如同天作之合。瓦面飞阁流丹，层层而上，葫芦宝顶。各层楼内及檐下，有镂空浮雕或彩画的民族民间传说、故事、图案。一至三层十二个屋解，悬挂铜铃，随风发出清脆的声音。底层地坪为青石板镶面，中央用卵石砌成古楼钱。是侗族民间能工巧匠的技术结晶。优美壮观的玉屏钟鼓楼，同巍巍崇山、滔滔㵲水、亭台楼阁，交相辉映，构成了一幅秀丽的侗乡景色。

风雨桥 风雨桥是侗乡特有的公共建筑物，多

建于交通要道的溪流河谷上。桥面上竖有亭阁长廊，遮盖桥身，彩绘图案，雕刻花纹，供行人避风遮雨、休息纳凉。为侗寨增添风采。自治县境以往多处建有，现今大部分朽蹋，仅剩彰寨交冲一座。1986年镇屏乡在县城西五华里处之飞凤山麓野鸡河上新建一桥，命名“飞凤桥”。桥体为石筋拱助混凝土结构（以往这类桥为木质结构），可载重15吨。高6.8米，宽3.1米，长90米，两拱抵岸，分力拱29个。桥上修建木瓦结构亭阁3个，用21间长廊连接。亭阁重檐而上，葫芦宝顶，鳌鱼檐角，锦鸡护脊。两边长廊万字栅栏。建筑工艺精致，造型优美，雅俗壮观。

白水洞瀑布 白水洞瀑布位于城东北15千米的安坪村，瀑布处一峡谷间，高约28米，宽18米，春夏飞瀑似锦，秋冬悬白如练，十分壮观。据记载，“下潴为潭，雨亦不溢，旱亦不竭。昔有善水者，入见石田、石灶、石盏、石柱。石旁一洞，依洞而上，明亮可见百里”，新中国成立后，在峡谷处建有一水库，白鹭野鸭群来群往。绿水青山，相互辉映，生机盎然，洞前“六六亭”亦修葺一新，亭周青松绵竹绿映眼帘，更加增添了白水洞瀑布的诗情画意，今来此观赏的游客与日倍增，是玉屏的一大雄观，也是贵州省风景名胜区之一。

侗族山歌 侗族诗歌韵律严谨，题材广泛，情调健康明朗，比喻生动活泼。走进侗寨，宛如走进了“诗的家乡，歌的海洋”，侗家人以歌会友、以歌传情。迎客进寨有迎宾歌、端茶奉客有敬茶歌、吃饭饮酒有敬酒歌、送客出寨有送行歌。青年男女谈恋爱也是以对山歌的独特方式来表达爱意，有相会歌、定情歌、相思歌；姑娘出嫁时有哭嫁歌、伴嫁歌。还有财神歌、风物歌等。

全面发展创新镇

科教文卫事业方兴未艾。全镇拥有15所中

小学校，17个医疗机构(点)，人民群众的教育、健康水平有了明显的提高；文化事业发展迅速，光缆通讯线路覆盖全镇，移动、联通、电信、铁通通讯质量优质，数字闭路电视已全面开通，村村已完成远程教育系统工程，全镇人民生活丰富多彩，开放文明。

西部大开发战略实施以来，平溪镇党委、政府秉承“团结务实、勤政为民、拼搏奉献、争创一流”的平溪精神，在县委、县政府的领导下，以邓小平理论和“三个代表”重要思想为指导，把发展作为执政兴平的第一要务，紧紧团结、带领、依靠全镇各族人民，沿着“兴工、活商、强农”的发展思路，深化改革，扩大开放，扎实工作，艰苦奋斗，国民经济持续快速健康发展，国内生产总值达25067万元。年创财政收入431万元，非公有制经济、乡镇企业蓬勃发展，加大引资力度，拓宽融资渠道，加强对投资软环境、硬环境的建设，大力宣传交通、区位、能源等优势，树立“人人都是投资环境，人人都是平溪形象”的观念，打造“诚信政府”的形象，增强投资吸引力，诚邀客商前来投资经营，实现引资380万元。成功发展乡镇企业47个，年产值19000万元，非公有制经济企业(个体)2208个，年产值45252万元，实现利税21500万元。

当前，平溪面临着国家实施西部大开发攻坚的大好机遇，将以更加开放的姿态，更加开明的形象，更加良好的环境，更加优惠的政策，更加优质的服务，喜迎海内外客商前来旅游观光、投资兴业，共谋发展。

玉屏县

亚鱼乡

亚鱼乡位于玉屏县东北角，地处东经109°06′~109°09′，北纬27°28′~27°32′。西北邻万山鱼塘乡、茶店镇。东北与万山区高楼坪乡接壤，南与田坪镇相邻。全乡总面积约为27平方千米，辖4个行政村。铜玉城际铁路、铜大高速公路和201省道（玉铜高等级公路）从该乡穿越而过，交通便捷。距玉屏县城47千米，距铜仁市26千米，距万山特区12千米。平均海拔在700米左右，属于亚热带季风性湿润区，夏季气候凉爽，是度假、休闲、避暑、垂钓的理想胜地，有"铜仁后花园"之美称。

生态资源迷人眼，物产富有醉心田

自然资源

1.人口与社会状况：全乡总户数2564户，总人口9452人，有4个行政村，58个村民组。全乡总面积2703公顷，耕地面积1331公顷，人均耕地面积0.16公顷，非耕地面积1060公顷。

2.水利资源：亚鱼乡境内有9座水库，分别是民主水库、绿坪水库、幸福水库、打谷冲水库、罗扣水库、凉庭寨水库、芭蕉湾水库、群力水库、桥湾水库;另有15口山塘、3条河流,有着“母库坐阵、小库保驾、星罗棋布、长藤结瓜”的美称。

3.生态及旅游资源:亚鱼乡年平均气温为15℃左右,森林覆盖率达48%,海拔在700米以上,夏季非常凉爽,是人们旅游、摄影、休闲、垂钓、娱乐胜地,茶余饭后还可以参观郭家湾村万亩梯田。另外,在亚鱼乡瓮袍村境内发现地下溶洞——风洞,有待开发利用,加之我乡水面宽阔,适合发展水产养殖和水上游乐等项目,从而形成洞中探险、水上游玩、休闲避暑、观光农业的综合发展趋势。

4.绿茶资源:亚鱼乡属于武陵山区,海拔高、气温低,是绿茶种植的最佳地区,目前该乡有茶场1000余亩,开办茶叶加工厂1个,产品在全国各地均有销售。

投资环境

1.交通:铜大高速、铜玉城际铁路穿境而过,201省道(玉铜高等级公路)连接着境内4个政村的乡村公路,全乡通村公路硬化率达100%,通组公路硬化率达100%。

2.水电:亚鱼乡水库密布,有提灌站4个,村民组基本都安装了自来水,境内的山塘、水库分布比较集中,且离公路较近;该乡已全面进行了农电网改造,利用田坪变电站的电力资源优势,可以大力开办各类加工制造业,与沿海地区相比,具有供电质量高、电价低的优势。

3.通讯与金融:该乡已实现程控电话和无线电话普及,同时还设立了邮政代办点和移动通信代办点,金融机构有农村信用社。

特色种植产业

1.精品水果:亚鱼乡黄桃种植面积3000多亩,其中,盛果期300亩、初果期1000亩,现在黄桃已是该乡的特色产业之一。该乡还利用新开发的坡改梯和闲置的耕地,引导农户大力发展特色优势产业,目前,已种植油茶2000亩、荸荠200亩、高山葡萄100亩。近年来,亚鱼乡结合自然优势,实施农业产业结构调整,大力发展特色种植业,带动农民增收致富。

2.贡米:该乡郭家村是贡米的出产地。郭家湾阳光充裕,通风良好,气候适宜,加上特有的地质土壤,产出的大米颗粒硕大,做出来的米饭芳香四溢,独有一种味道。清代时曾进贡朝廷,乾隆皇帝大加赞赏,特赐“贡米”,要求年年进贡。郭家湾贡米在周边铜仁、玉屏、万山以及湖南周边的怀化、芷江、新晃等城市非常有名气,许多市民指名要买郭家湾贡米。目前该乡贡米基地约3000亩,带动600多户群众致富。

3.畜牧养殖:亚鱼乡鼓励群众大力发展生态野猪养殖,野猪肉质鲜嫩、绿色生态环保、营养价值高。目前全乡野猪养殖规模已达2500多头,带动周边30多户村民圈养野猪。温氏集团“公司+基地+农户”的一体化规模养猪模式,现在审核通过的养殖户有14户,按年出栏600头计算可获利10万元左右。

乡村景物遨游

万亩梯田风光 万亩梯田亚鱼乡郭家湾村。郭家湾村地理位置优越,交通便捷,水碧山青,万亩梯田风光独特秀美,历史悠久,是境内有名的粮仓和旅游观光地。霞光中的郭家湾村梯田风光备受摄影爱好者青睐,为旅游爱好者瞩目,成为乡村旅游的新亮点,吸引省内外旅游爱好者的眼球。

郭家湾村位于玉屏侗族自治县亚鱼乡东南,距玉屏县城47千米,距铜仁市26千米,距万山区12千米。全村辖李家坪、绿坪一组、绿坪二组,陈家、吴家上坝组等13个村民组,512户,2238人,共7个民族,其中侗族占96%。耕地面积2137亩,人均占有耕地0.95亩。全村自来水进户率80%,沼气入户率60%,电视入户率95%,电话入户率95%,计划生育率达100%,适龄儿童入学率达

100%，新型农村合作医疗参合率达96%。农民经济收入主要靠畜牧养殖业、优质绿茶等种植业等。

亚鱼乡郭家湾村属典型的北侗民族聚居村寨，是境内有名的粮仓和旅游观光区。年均降雨量1200～1400毫米，境内有打谷冲水库、芭蕉湾水库、绿坪水库，水域面积达100余公顷。多年来建设的林间耕作道、蓄水池、引水沟等灌溉配套设施建设基本已把所有水库相连接，农业灌溉非常方便。

气候：郭家湾村属中亚热带季风湿润型气候，具有春季气候多变，夏季凉爽，昼夜温差大，无霜期较长，气候温和湿润的特点。年平均气温16.4℃，最热月（7月）平均气温27.3℃，最冷月（1月）平均气温5℃，极端最低气温-10.7℃，极端最高气温39.7℃，全年≥10℃有效积温4600℃～5100℃。

区位优势：项目建设区交通便捷，201省道、60号高速公路穿境而过，距沪昆高铁铜仁西站40分钟车程，距铜仁凤凰机场47千米，交通区位优势明显。

环境条件：项目建设区生态环境良好，生物多样化保持良好，大气环境综合指数良，地表水水质符合国家III类标准，区域内无污染源。空气清洁度高，紫外线强度低，适合发展乡村旅游。

水库群旅游 亚鱼乡水库群坐落在乡东、南面，具有“母库坐阵、小库保驾、星罗棋布、长藤结瓜”的布局特点，区内爽爽凉风拂面、水清澈透明、库内鱼肥体壮成为休闲垂钓、旅游突出的亮点，全乡水库库容192.5万立方米，郭家湾村打谷场冲水库与芭蕉湾水库、桥湾水库、绿坪水库相邻，水库间现已有小路相连，其中水泥硬化路面2.5千米，基础设施较完善，分别在群力水库、幸福水库等库区建有100余处休闲垂钓台。

贡米节 郭家湾“贡米”具有晶莹剔透、圆润饱满、营养丰富、品质优良等特点，目前通过与郭家湾村每两年一届“农民运动会”相结合开展的形式，向游客宣传贡米，以吃贡米饭、打贡米粑等形式，让游客熟识贡米，提高亚鱼优质贡米的知名度。

特色物产 郭家湾村独特的地理位置和气候特征孕育了高山葡萄、大枣、黄桃、荸荠等特色农产品。现黄桃、高山葡萄、大枣等果林栽种面积已达3500余亩。高山葡萄无污染，有晶莹无瑕、脆甜、口感好的特点，是众多葡萄中出类拔萃、别具一格的高品质绿色生态葡萄品种；亚鱼大枣果实卵圆形，紫红色，果面光洁滑亮，鲜艳夺目，形色俱美，出类拔萃，果个大，核却极小，无核外核现象，肉质细嫩，酥脆爽口，多汁无渣，浓甜微酸，味美可口。含可溶性圆形物36.8%，含糖25%，含酸0.44%，风味优美，品质极佳，实为果中珍品；黄桃富含亚鱼独有的抗癌微量元素——硒，果色鲜艳、肉质金黄、脆甜可口；荸荠个大、皮薄、细嫩香甜，现种植面积达400余亩；由于拥有特有的地理和环境优势，这里的荸荠肉质洁白，味甜多汁，清脆可口，享有“地下雪梨”的美誉，销路特别好，比种植水稻强多了。每斤销售价为1.8～2元，每年仅种植荸荠就有两万元的纯收入。

近年来，亚鱼乡郭家湾已建有500亩荸荠种植示范基地。被商客们美其名曰的“地下雪梨”随着名气的逐渐提升，销售渠道日渐拓宽，荸荠真正变成了群众增收致富的“金豆豆”。

养殖方面：区内建有生态野猪、火鸡标准化养殖场，规模达到年产量分别超过2000头(只)。生态野猪、火鸡的特点是肉质鲜嫩、绿色生态环保、营养价值高，受到中高档消费人群的青睐。

特色茶园 区内茶场建在海拔多在600～750米之间的低山丘陵区，常年日照少，茶清香四溢、表面光泽度好且富含多种微量元素。茶园面积分布较广，且分布比较集中，现有茶场1000余亩，年产有机绿茶22吨。区内有茶加工企业一家。

特色餐饮 区内特色餐饮、农家餐饮主营野猪肉、火鸡肉，其特点为肉质鲜嫩细腻、营养价值高，正处在蓬勃发展的阶段。区内生态野猪、火鸡年产量分别超过2000头(羽)，奠定了良好的食材资源基础。区内大小餐馆有6家，主要以玉铜公路为轴线分布，每年接待能力为30万人次。

北侗文化 玉屏亚鱼乡多姿多彩的民族风情，如今已经成为北侗文化的一朵奇葩。

北侗文化的内容主要体现在侗族人民文体生活的方方面面。北侗民歌，浩如烟海，素有“歌的海洋”之称。侗族人民生产生活中几乎无事不歌，主要有山歌、情歌、酒歌、嫁歌、儿歌、丧堂歌等，形成了含蓄、机智、大方、豪放的气质。

斗画眉 大湾村土地坳每月农历的十五和三十都是斗画眉聚会日，四里八乡的斗画眉爱好者都会带着自己心爱的画眉聚在一起举行比赛，这种古老的侗乡民间娱乐一直延续至今。

纺纱 将棉花去籽后用弹弓弹松，然后在木板上将棉花搓成长条，再在纺车上牵引棉絮纺成棉纱。

编草鞋 草鞋作为我们劳动人民智慧和灵巧的结晶，充分体现了我们祖先的聪明才智。它采用稻草和其他植物为原材料，手工制作而成。

打糍粑 将糯米饭放在石槽中先揉后打，杵如泥，压成团形，形如满月。

傩技傩戏 集民族宗教、舞蹈、历史、艺术、杂技为一体，被称为“艺术的活化石”，流传于民间，表演惊险刺激(上刀梯、下火海、下油锅、地戏、踩钢板等等)，具有很高的观赏性。

碧江区

坝黄镇

坝黄，地处铜仁市西部，国家级自然保护区——梵净山的东南麓，距铜仁市区仅20千米，东邻河西办事处，南连桐木坪乡、万山区鱼塘乡，北接和平乡，西抵江口县坝盘乡、桃映乡等四个乡(镇)，是铜仁市通往西五县的必经之地，素有碧江区“西大门”之称。全镇总人口4.12万，有汉、苗、侗、土家、瑶等十多个民族，是碧江区人口最多、面积最大的乡镇。全镇总面积197.6平方千米，辖14个村，1个居委会，237个村民组，全镇现有耕地10万亩，林地15万亩，森林覆盖率高达58%。隽秀的大江贯流全镇，305省道穿境而过，是通往梵净山的咽喉之所在。

坝黄，一个亮丽的名字，一个风景毓秀的地方，有得天独厚的旅游资源，是令人神往的旅游胜地。

坝黄镇隶属于碧江区，而碧江区的历史及资源亦是可圈可点。

明永乐十一年(1413年)置铜仁长官司、铜仁府、铜仁县。铜仁城南大小江合流处,有铜崖挺然耸立,相传渔人于河中得铜佛三尊,故名“铜人”。因“人”与“仁”谐音,故改为今日的“铜仁”。

民国二年(1913年)为铜仁县。1949年11月解放,成立县人民政府,属铜仁行政督察专员公署。1987年8月21日撤县改市。

2011年,《国务院关于同意贵州省撤销铜仁地区设立地级铜仁市的批复》(国函〔2011〕131号)撤销县级铜仁市,设立铜仁市碧江区。

碧江区位于贵州省东北部,地处武陵山脉中部,与湘、渝、鄂三省相邻,古有“黔东各郡邑,独美于铜仁”的赞誉,今有“黔东明珠”“黔东门户”之称号,是铜仁市政治、经济、文化、信息中心和省列“经济强县”,同时也是武陵山扶贫规划中6个重点建设的中心城市之一。全区国土总面积1012平方千米,辖13个乡(镇、办事处),总人口40万。其中,城区建成面积30平方千米,城区人口30万。区内聚居着汉、苗、土家、侗、仡佬等26个民族,少数民族人口占总人口的73%。

碧江区大明边城景区(国家4A级景区)、铜仁九龙洞(国家4A级景区)、铜仁民族风情园、三江公园、周逸群故居、东山楼阁、东山寺、锦江公园、十里锦江、文笔峰公园等景点夺目耀眼。

而坝黄,关于其名字的来历就有三说:一说是传说很久以前,坝黄这一带的人霸道剽悍,还经常有土匪出没,有“霸王”之说,后来人们觉得“霸王”这个名字过于野蛮,才取谐音“坝黄”。二说是由于原来赶场是在河西的一个宽敞的大平坝上,坝上居住着以黄姓为主的30多户居民,所以便称其为“坝黄场”。三说是铜仁通往江口的一个古老的邮传驿铺,古称“坝黄铺”。其邮传线路在明朝时为:“府前西南行二十里至木峒铺(今木弄),又二十里至坝黄铺。”

四百多年前,坝黄还建有接待往来官员的坝黄公馆,建有万寿宫、禹王宫等古建筑。万寿宫解放后被粮管所征用,20世纪90年代修农贸市场时被毁;禹王宫被供销社用作仓库。

如今,坝黄则是两县(市)四乡(镇)的集贸中心。305省道穿腹而过,源于梵净山麓的隽秀锦江流经全镇,沿江两岸,在串珠般肥沃的田坝外,绿树成阴,小桥流水人家处,或古树参差,或怪石嶙峋。

这里,山环水绕,山清水秀,溪沟纵横,气候宜人!有令人赏心悦目的白花浪风景区;有直入云

端，恰似梵净山金顶的“双峰山”；亦有鬼斧神工的将军城石林。

这里，浓郁的民族风情多彩迷人，惹得四面八方的游人流连忘返。

坝黄龙舟赛 “宁荒一亩田，不输一条船”。这句话在贵州铜仁流传已久，可见，龙舟运动在当地是多么火热。据史料记载，早在明朝，划龙舟已经是这座“大明边城”的民间体育活动。

坝黄镇位于锦江河上游，龙舟历史文化浓厚，该镇所在的碧江区是“中国传统龙舟之乡”，长期保持着端午吃粽子、赛龙舟的优良传统。

当地百姓所划龙舟都是自己动手打造，从新龙下水，到龙舟竞渡、保养，有很多讲究，颇值得玩味。

自己动手打造的龙舟大小不等，小的可以容纳 20 人，中等的可以坐 70～80 人，最大的龙舟可以乘坐 120 人之多。造船工艺也富有特点：龙舟下水前一天，要用木炭烘烤，将船体内的水分排出，这样船身就会很轻，然后在涂刷油漆，防止浸水腐朽，有利于龙舟长时间保存。

值得一提的是，和广东民间将龙舟沉入水中防氧化有所不同，坝黄龙舟多保存在人工搭建的木棚下，这也反映出不同地区龙舟文化的差异。

新龙舟下水第一件事就是到三江交汇处（大、小江汇入锦江）祭龙头，然后才能正式启用。当地有句龙舟谚语叫做“宁荒一亩田，不输一条船”，如果去年的冠军龙舟在今年输掉了，村民就会把这条龙舟劈掉，重新凑钱再做一条新龙舟。在几百年的演化过程中，坝黄形成了独特的龙舟文化。

龙舟队由苗族、侗族、土家族、汉族等六七个民族的小伙子组成，这一独特现象，充分体现各民族在长期的融合过程中，当地的少数民族兄弟认同屈原、端午节等汉文化，并将端午节作为自己的传统节日。

赛龙舟已经作为坝黄镇的一项重要传统节目流传下来，每当重大节日，坝黄都会举行热火朝天的龙舟竞赛活动。

白花浪风景区 阳光、河岸、浪花、马柳树，还有一个大庄园。这就是坝黄镇白花浪风景区。这里有一个叫中洲岛的地方，四面环水，青山连绵。锦江在这里分岔两支，顺流而下后又汇到一起。白花浪风景区水曲回环，山清水秀，空气新鲜，游人如织。

十年前，坝黄沿河两岸一到雨水季节，经常被水淹。洪水过后，田土、大坝、路桥乃至整个坝黄老街都淹没在一片汪洋中。如今，随着政府对河道的大力治理，水患风险大大降低。以前，坝黄群众上山砍柴是常有的事。现在收入多了，用上了电，人人都晓得保护树木了。

经过严谨规划、悉心打造，坝黄段锦江河畔，绿水青山之间，总在不经意间看到成群的白鹭栖息河畔，偶尔还能看到岸边黑色的鸬鹚，静悄悄地等待获取美食的机会。

锦江河是母亲河，是铜仁市生活用水的供应地。保护好母亲河是义不容辞的责任。去年，坝黄镇仅河道治理就花费 30 万元，旨在让锦江河“水长畅、岸常绿”。

依托白花浪中洲岛风景区，镇里将大力发展以旅游休闲为主的第三产业。

坝黄镇美丽乡村建设 坝黄是贵州省 100 个重点示范镇之一。围绕全省“100 个示范小城镇”建设和“生态高效农业产业园区”建设目标，坝黄镇将发展成为以农副产品加工和旅游休闲服务业为主，以畜牧业、农业为辅的“小而精、小而美、小而富、小而特”的绿色低碳特色小城镇。

经济发展持续向好

一、加强示范小城镇建设。实施“8 个 1”和“8+3”工程，重点完成小城镇规划区内水、电、路、房等基础设施建设；完成 365 套生态移民房建设、562 套保障性住房建设、宋家坝“一事一议”示范村建设、2000 套保障性住房建设的 600 亩丈量、乡镇特色旅游农家乐项目和家园旅游度假村102亩土地测量及完善灯光篮球场配套设施和小城镇路网主次干线的建设及管网、景观房等项目工程；加快推进供排水管网、污水垃圾处理等配套工程建设，确保生态农业高效示范园区、生态休闲公园、垃圾和污水处理场等项目建设顺利启动并实施；保障性安居工程、小城镇路网建设在坝黄镇已取得初步成效，七子山大桥已竣工投入使用。启动实施2014年生态移民搬迁、小城镇二期、木弄绿洲园、白花浪景区旅游休闲园区、木弄村寨环境整治、龙塘托老院等项目；加大项目储备为外来客商提供良好的投资创业环境；大力发展非公有制经济，实施微型企业发展“三个万元工程”。

二、落实农村基础设施建设。一是全力抓好小康路建设。完成坝黄至汪家、宋家坝至高坝至卜口、坝黄至贵竹、长坪至半溪、木弄至曹家坪、坝黄至呢哨6条通村公路建设，里长55千米，总投资2750万元，夯实交通基础，顺利迎接全国交通工作现场会召开；投资170余万元完成11个村的“一事一议”财政奖补普惠制项目，实施好投资150万元的宋家坝村“一事一议”财政奖补美丽乡村示范村项目。二是全力抓好小康水建设。着力实施坝黄新、老集镇供水项目，实施官庄防洪堤工程，宋家坝村、高坝村渠道工程和塘边山塘维修项目建设，提高农业灌溉和防汛抗旱能力。完成宋家坝、金龙、长坪、太坪、竹田、坝黄等8个村人饮工程建设，清淤渠道10余千米以确保1100多亩稻田的灌溉。三是全力抓好小康房建设。继续加大危房改造、房屋立面改造和“两违”整治工作力度，在全镇14个村18个点全面启动集中建房试点工作。四是全力抓好小康寨建设。以新农村建设20字方针为目标，抓好村寨环境整治；以公路沿线村寨为重点，着力对村寨整体的绿化、美化、亮化加大力度，完善公厕、垃圾集中处理设施及社区文化中心建设；完成龙井凯芒、小坪芒、坪茶、坪阳坳、詹家溪、木弄、长坪、宋家坝等村寨的小康寨建设任务。

力抓产业结构调整

切实抓好“三个万元工程”，大力发展精品水果、蔬菜、油茶、中药材等特色种植基地：

一、建成万元田3000亩、万元山4000亩、中药材种植面积500亩；推广水稻两段育秧、旱育秧1000亩；推广包谷肥球育苗移栽4500亩、油菜育苗移栽2000亩；全镇水稻种植面积7000亩、包谷8000亩、油菜4000亩、红苕5000亩、杂粮1000亩、蔬菜3000亩，实现粮食总产量15450吨，实现了以点带面推动农业技术科学种植，促进了农民增产增收。

二、抓建设，夯基础。通过坪茶、詹家溪200亩规范化无公害蔬菜生产基地，带动了全镇公路沿线村寨蔬菜种植业的发展；并以詹家溪规范化无公害蔬菜生产基地为中心，在龙井村、木弄等村发展5000亩无公害蔬菜种植。

三、切实加强养殖小区(大户)建设。2014年，共建有养殖小区3个、养殖大户40户，存栏上百头猪的规模养殖场4个，全镇共存栏15600头；特种养殖存栏牛2190头；山羊养殖1户，存栏1250只；全年组建专业合作社48个，兴办小微企业20余家，形成以蔬菜、葡萄、草莓、西瓜为主的特色果蔬产业。

民生工程扎实推进

养老保险全面覆盖，医疗卫生不断完善，民生事业发展加快。

城镇化建设持久深入。保障性安居工程、小城镇路网建设、卫生院建设、社区服务中心、农贸市场建设、敬老院建设、市民生态休闲公园、垃圾处理和污水处理场、体育场建设等项目如期完成并投入使用。

坝黄镇生态资源丰富，人民勤劳质朴，假以时日，一个集生态旅游、农副产品生产、加工、贸易和绿色产业于一体的现代化小城镇——坝黄一定会显现在世人面前!

碧江区

漾头镇

漾头镇位于碧江区东部，镇政府距铜仁市区28千米，东与湖南省郭公坪乡接壤，南靠瓦屋乡，西接灯塔办事处，北与云场坪镇交界。地处武陵山脉中段，地势起伏较大，为中低山峡谷丘陵侵蚀地貌，属锦江河下游，全镇最高海拔970米，最低海拔205米，东经109°24′57″，北纬27°41′56″，年平均气温17℃，年平均日照数1127.5小时，年降雨量1217毫米，全年无霜期达280天。全镇辖3个村，1个居委会，38个村民组，土地总面积81.2平方千米，其中耕地5655亩，林地94665亩，水域10000多亩，居住地及公用地52889.7亩。全镇总人口7556人，其中农业人口7264人，境内居住侗、土家、苗、汉等8个民族，少数民族占95%以上。

历史源流 漾头俗称“漾头司”。元朝时分别属于顺元等路军民安抚司辖的施溪样头长官司和思州安抚司辖的省溪坝场等处蛮夷军民长官司。明洪武初年，省溪坝场等处军民长官司改名省溪长官司；隶属思南宣慰司；洪武五年，施溪样头长官司改名施溪长官司，隶属沅州卫(洪武六年拨属思州宣慰司)。明永乐十二年,漾头地方分别隶属于明设置的思州府施溪长官司和铜仁府省溪长官司鳌寨洞,清代仍沿袭明代建置。清末移县治后下三洞归铜仁府直辖,六龙山一带不再属省溪长官司。民国二年(1913 年),施溪长官司划属新设置的省溪县,为该县的东区(民国十二年改称五区)。1921 年,铜仁县在漾头辖区曾设置茶山乡,省溪县在漾头辖区曾设漾头乡、马岩乡、骂龙乡等。民国二十七年(1938 年),漾头大部分属省溪县第三区的两个联保,即第一联保的第 1、2、3、4 保(漾头司、桂月溪、羊塘、苗江溪),第三联保的 1、2、3 保(马脚岩、吴家湾、毛坡);一部分属铜仁县第一区竹园联保的第 5 保(茶园山)。民国三十年(1941 年),撤销省溪县,原施溪长官司地划属铜仁县,漾头辖区分别属于铜仁县的漾头乡、马岩乡和竹园乡。民国三十一年(1942 年),县辖乡减为 16 个,漾头辖区分别属于瓦屋乡、马岩乡和石竹乡。1953 年,瓦屋乡分出漾头乡,马岩乡分出马岩乡,石竹乡分出大坪乡(驻地今茶园山行政村大坪村民组)。1956 年大坪划归石竹乡,漾头乡并入瓦屋乡。此后,分别建立了东风、灯塔、红旗人民公社以及管理区。1961 年,茶园山划入马岩,漾头、马岩等管理区均改建为公社。除马岩与云场坪时分时合外,建置基本趋于稳定。1992 年,撤销漾头侗族乡、马岩侗族土家族苗族乡,合并建立漾头镇。

资源漾头 漾头镇紧紧围绕“强基础、兴产业、促发展、保稳定”的工作思路,以九龙洞国家级风景名胜区为依托,深入实施“山上戴帽子、山下穿裙子、水中画格子、集中建房子、家中捞票子”的五子登科战略,实现了全镇经济社会又好又快、更好更快发展,为在全区率先建成小康社会奠定了坚实的基础。2013 年,全镇固定资产总值完成 3664 万元,粮食总产量达 1.8 万吨,农民人均纯收入 5928 元。

漾头镇境内水利、电力、旅游等资源十分丰富,交通便利,是广大投资者投资、旅游、经商的理想场所。

水利资源十分丰富:镇内水利资源得天独厚,水资源占全市的 70%以上,经过镇内的有锦江、瓦屋两条河流,水域 10000 多亩,具有水电开发 5000 千瓦的能力,为发展水产养殖和水电开发提供了条件。

电力资源方面:境内现有漾头、施滩两座水电站,其装机容量共计 18645 千瓦,占全区总装机容量的 76.4%,为发展工业、乡镇企业和小型加工业提供了可靠的能源保障。

旅游资源富集:国家级名胜风景区——九龙洞,景观独具特色,洞内深广雄奇,怪石嶙峋,巧夺

天工，年接待游客量在 10 万人次以上。以九龙洞为中心，还有天鹅洞、东屏山寺、莲慈庵等景点，各具特色，开发潜力大。“十里锦江”碧波荡漾，清澈见底，沿河两岸山势起伏，竹木点缀，风景宜人，沿岸有徐福后代居住地察院山庄及“万亩竹海”，郁郁葱葱，山间流水环绕，颇具观赏价值和开发利用价值。

矿产资源十分丰富：主要有锰、磷、汞、硅、矾等矿产资源。其中锰矿、磷矿储量较大，具有较大的开发潜力。

漾头镇投资环境优越，镇内交通十分便利，经过镇内的有渝怀铁路，在镇境内设漾头货运站。铜麻（铜仁到麻阳）、万麻（万山至麻阳）高等级公路穿镇而过，集镇内车流量每日在 1000 辆以上，为该镇经济的快速发展提供了条件。镇内通讯、电力、文化基础设施齐备，土地、水电、劳动力等主要生产要素低，成本优势明显。

漾头镇得天独厚的自然资源、特殊的地理位置，为人们的旅游、休闲、投资提供了理想的场所。

九龙洞 九龙洞是贵州省首批确定的十大风景名胜之一。位于铜仁城东 17 千米的骂龙溪右侧观音山山腰，其山峭壁嶙峋、雄奇险峻、漫山翠竹、绿意盎然。它背靠更高的“六龙山”，面临秀丽的锦江河，为九龙洞铺设了一幅壮丽的外景。

“九龙洞”阔大恢宏，宽 70 多米，最宽处达 100 米左右，高 30～70 米不等，洞长 2258 米，总面积约 7 万平方米。洞内有 7 个大厅，已向游人开放 3 个大厅共 12 个景区。单是石柱、石笋就有数百根之多，30 米以上的石柱有 8 根，20 米以上的有 6 根，10 米以上的有 18 根。另外，还有一竖井状的天厅和一条地下河。各厅洞中有洞，洞内厅厅相连，石笋、石柱、石花、石幔等布于各厅各洞，各具特色，千姿百态，景象万千。

生态文明建设和环境保护 近年来，我镇坚持以规划为龙头，以保护水体为前提，以水资源保护和合理开发、利用、管理、节约为核心，抓好锦江流域环境的保护。通过实施“桃源铜仁、梦幻锦江”的建设，努力推进城乡一体化进程，农村生产生活面貌有了很大的改观，为锦江水环境的保护打下了坚实基础。目前，我镇落实生态环境建设项目有：1.道路“村村通”工程。全镇 3 个村均硬化道路连接公路干道；2.生态能源建设工程。大力实施“四

改一气”，清洁能源占能源使用户的 45%；3.居有所安工程。农户居住危房改造率达 72%；4.村庄绿化美化工程。我镇加强滥砍乱伐和预防森林火灾的监管力度，认真实施退耕还林工程，通过努力，我镇宜林荒山绿化率达 94%以上。另外，对农村建房进行合理规划，加强管理，引导农户抓好房前屋后的绿化美化工作；5.创建工作。我镇作为城市精细化管理向乡镇延伸的试点单位，认真抓好方案制作，落实好“精细化管理人本化服务”理念。主要以“整脏治乱改差”为突破口，以“三清八治三创建”为载体，着力抓好镇村两级的环境卫生建设，制定保洁制度，落实清洁队伍，每季度开展一次卫生检查评比活动，确保无“五乱”（无柴草乱垛、粪土乱堆、垃圾乱倒、污水乱泼、房屋乱建）现象发生，分别在三个村修建垃圾池 20 个，在实施“四改一汽”的农户修建卫生厕所；6.人畜饮水工程。严格《农村实施生活饮用水卫生标准准则》，加强水源管理，实施定期消毒处理，确保饮用水安全，修建污水简易无害化处理池，杜绝污水溢流；7.发展生态林和天保林工程。实现了三个“85”工程，即全镇森林覆盖率、道路绿化率、庭院绿化率达到 85%；8.完成速生丰产林基地建设 5 万亩。新建核桃基地 0.3 万亩、葡萄基地 0.5 万亩、杉木基地 5 万亩，实现公路主干道绿化 60 千米。

随着“四在农家·美丽乡村”活动的推进，漾头镇以“同步小康”为己任，强力推进“农业富镇”战略，加大农村基础设施建设力度，及时调整农业产业结构，主抓农村特色经济发展模式和农民增收支柱产业，使农村经济得到了快速发展。

漾头镇狠抓基地建设，立足于锦江河周围优良，建设蔬菜、葡萄等生态产业基地，推进农业规模化、标准化和产业化进程。蔬菜产业方面：主要以施滩、茶园山为中心种植有机蔬菜，蔬菜种植面积达 800 亩；在茅坡、恶滩、桐木坪、大湾龙、洋塘等片区发展高山葡萄，在花园、茶园山片区发展避雨葡萄，葡萄种植面积 2300 亩。逐步形成了千亩绿色生态蔬果种植示范带。种草养畜方面：主要以兮兮养殖场为中心，轮作种植牧草 300 亩，巩固和发展肉牛、肉羊养殖。目前，全镇已建成肉牛养殖示范场 1 个，建设肉羊养殖小区 6 个，其中，辐射带动养殖户 76 户，肉牛存栏 200 余头。肉鸡养殖小区 10 个，养殖户 135 户，存栏 10 万羽，年出栏 50 余万羽。以龙头企业为带动，培育能够让农民增收的支柱产业，走现代农业发展道路。目前已引进鹏扬农业发展有限公司，并积极探索“公司带动大户、大户带动农户”的发展新模式，从政策、资金、技术等方面，鼓励农村能人在产业发展中发挥示范带动作用。

城镇化建设 自漾头镇九龙村被市政府确定为新农村建设示范点以来，镇委、镇政府紧紧抓住这一千载难逢的有利契机，把城镇化建设和新农村建设有机结合起来，以小城镇建设为突破口，采取规划先行、示范引导、突出重点、有序推进的办法，把城镇基础设施、集镇环境综合整治作为重点，着力改善集镇基础设施条件，大力实施“三化”（绿化、美化、亮化）工程，奋力改善人居环境，精心打造民居特色小城镇，加强集镇综合管理，认真实施集镇规划，推行集镇保洁制度，城镇化建设成效凸显，新农村建设稳步推进。

生态文化建设 漾头镇在加强生态环境建设和生态经济建设的同时，着力抓好精神文明建设，促进生态文明镇的健康有序开展。首先完善村民自治工作，提高村民自治的管理水平和能力。按照《宪法》和《村民委会员组织法》的程序要求，各村分别制定符合村情的《村民自治章程》和《村规民约》，将公民基本道德、计划生育、林木管护、禁毒工作等纳入村自管理，实现村民“自我管理、自我教育、自我服务、自我监督”的“四自”管理目标。目前，全镇无乱砍滥伐林木、乱挖采沙石、捕食国家保护野生动物的行为，从而使古树名木、古建筑、民族文化等人文景观得到保护。二是配齐配全文化设施。为丰富群众的文化生活，抓好春节及端午节龙舟赛等传统民族节日活动。全面实施村通广播电视设备安装工程，完成辖区内自然村通电视，电视网络覆盖率达 95%，电视机入户率达 94%，实现全镇村村通电话。

松桃自治县

盘石镇

盘石镇地处武陵山腹地，位于松桃东大门，素有“黔东门户”之称。平均海拔950米，环境优美，气候宜人。东与湖南省花垣县接壤，北与湖南省凤凰县相连，西与县境内的世昌、长坪等乡镇毗邻。距县城21千米，距铜仁凤凰机场30千米，距湖南省吉首市56千米，距凤凰古城46千米，铜松油路、松吉油路穿境而过。总面积120.9平方千米，辖20个行政村，1个居委会，156个村民组，有4431户，22057人，其中以苗族为主的少数民族占总人口98.1%。耕地面积12308亩、荒山面积1.6万亩、草场2万余亩、林地面积2万余亩。我镇是全县唯一的一类贫困乡镇，也是全省100个一类贫困乡镇之一。

江山如此多彩，盘石镇定是大自然的杰作。

云蒸霞蔚，崇山峻岭之中，层层梯田鳞次栉比，展现了农耕文明的精髓以及迷人的风景……这，就是吸睛的盘石梯田。

望尽山峦，峰顶连片平畴，绿影葱葱，夕辉映天，羊牛下来，牧歌声远，定格为一幅田园风光图。这，就是醉人的黔东草海。

建置沿革 清雍正八年（1730年），朝廷平定红苗，开辟苗疆，在东坡设六汛，盘石为六汛之一。这里荆棘丛生，刺脑很多，苗语称其为“刺脑”，后又改“刺”为“臭”，筑土城。乾隆六十年（1795年），乙卯苗变，朝廷围攻臭脑土城，十日未克，认为此城易守难攻，坚如磐石，“盘石”因此得名。盘石镇前身属世昌区，1993年世昌区撤并后分为世昌乡和盘石镇，镇政府位于盘石镇臭脑街上。

地理环境 全镇地形以山地为主，地势东北高，西南低，平均海拔886米。最高处邓现村梳子山，海拔1285米；最低处响水洞村，海拔489米。气候属于具有高原特征的亚热带季风性湿润气候，具有温和湿润、四季分明，冬少严寒、夏少酷暑，无霜期较长，夏多伏旱、秋多阴雨等特点。受地形影响，云雾多天气多，日照相对较少，响水洞、芭茅、十八箭等村尤为明显。年平均气温15℃左右，年日照时数为1537.4小时左右，无霜期238～266天，年平均降水量在1300～1400毫米之间，4～10月的降雨量占全年的75.6%。

资源丰富 矿产以碳酸锰、硫化锌、氧化锌、钒等为主，特别是稀有矿产铅锌矿，具有分布广、储量大、品位高的特点，总储量约12万吨，主要分布在大坪、四龙山、粑粑、务乖、大沿、代懂及当造等村。

荒山、草场面积广，荒山多生长水竹和油茶树，出产竹笋、水竹和油茶。

森林覆盖率达45.84%，森林以松树林、油茶林、杂木林为主，主要集中在黄连、盘石、四龙山、务乖、代懂等村。

得天独厚的自然条件孕育了丰富的动植物资源。动物有野猪、獾猪、穿山甲、锦鸡、天鹤、野鸡、野兔、蛇等珍禽异兽；有珍珠鸡、贵妃鸡、林下鸡、黑山羊、白山羊、波尔山羊、肉牛、肉兔等人工养殖品种；植物有松木、楠木、青冈等名贵树种；有白术、当归、断续、五倍子、太子参、车前草等中药、苗药；有香菇、猕猴桃、板栗、黑木耳等山珍。

全镇喀斯特地貌典型，多溶洞漏斗区，虽降水丰沛，但地表水较少，少河流发育。地势低洼处因积水成塘多建有小型水库，比较著名的有莲花山、火烧炭、桃古坪水库以及正在建设的仁务岩桑坝水库。响水洞村落差大，又处于地下水泄水区，有全镇流域面积最广的河流，且水力资源丰富。全镇各个山间坝子是主要的农作物产区，也是人口较为集中的地方。主要种植水稻、玉米、大豆等粮食作物和油茶、烤烟、百合、丹参、牧草等经济作物。著名特产有蜂蜜、贡米、茶油、板栗、黄梨、核桃等，特别是十八箭红米和响水洞白米，在清朝嘉庆年间曾享誉华夏，连续10年被朝廷列为贡米。

独特的自然景观和厚重历史文化沉淀造就了丰富的旅游资源，全镇有黔东草海、响水洞风光、黄连梯田、当造丹霞地貌、盘石皇姑城等众多著名景点。响水洞、黔东草海旅游景区距离城区较近，自然风光旖旎，民族文化底蕴深厚，在全县甚至全市都是数一数二的旅游目的地。苗家刺绣精美绝伦，“苗族二月二鼓社节”“苗族接龙”“四月八”、傩戏等活动独具特色，“上刀山”“下火海”“捞油锅”“仙人合竹”等民间绝技誉满中外。

响水洞自然风光 响水洞位于贵州省松桃苗族自治县盘石镇境内响水洞村，是省级风景名胜区独立景点。它四面环山，地势东高西低，中间低洼，海拔500～1200米，景区面积约2平方千米，分为响水苗寨、岩台瀑布梯田、盘石古城三大片区，游览景点有30余处。

这里青山环绕，独特的喀斯特地貌形成了姿态万千的溶洞景观，洞里宽敞幽深，高大的石钟

乳、石笋仪态万千，飞泉从溶洞口直下，形成一帘瀑布，并顺势形成多级瀑布，那由低到高的层层梯田，犹如连天云梯，顺着一条长长的白带自下而上，水石相击，轰然作响，撼人心魄。有如嫦娥奔月，每当清晨，山间薄雾缭绕，那隐隐炊烟，犹如人间仙境，大有“舟行碧波上，人在画中游”的感觉。

1994年响水洞村被列为贵州省苗族文化村。据《松桃厅志》记载，响水洞是“松桃八景”之一，有“响水泉飞”之称；2013年响水洞梯田被列入“贵州十大梯田风光中国南部‘普罗旺斯’”。在这里你不仅可以观赏到苗乡秀丽的自然风景，那鳞次栉比的苗家吊脚楼，轰动海内外的苗家上刀山、下火海、花鼓舞、八人秋等民间绝技，具有浓郁民族文化内涵的苗家织锦、刺绣、银饰等，令人耳目一新，眼界大开。

响水洞梯田盛产的大米也远近闻名，明清时代曾列为皇室贡米，专程运送皇室供帝王享用10多年。响水洞作为一个集山水秀色、溶洞奇观、梯田风光、苗寨风情为一体的乡村生态旅游风景区，是摄影爱好者创作作品和人们旅游、休闲、避暑的最佳场所。中央电视台、凤凰卫视等知名媒体多次前来拍摄专题宣传片，其独特的风情已为更多的人们所了解，成为人们游览观光、消夏避暑、风情考察的综合性旅游景区。

仁广巨石 仁广丹霞奇石地处湘黔交界处，位于盘石镇仁广村后山山顶，顺着腊尔山山脉的丹霞地带，海拔886米处。山顶上，丹霞奇石兀立，甚是壮伟。当地人称之为“盘石”，又称“阳根石”，也有称“丹霞蘑菇石”。该丹霞阳根石高约5米，重约几十吨，占地面积约80平方米，主体由三块石头组成，两块并排竖立，在离地面50厘米处，有两条白色的平行线，上面平放着一块大石头，像是人工特意安排,特别是阳光照射时,极为美观。当地还流传一句佳话:“想坚如磐石就来盘石”,因此时常有部分年轻人前去祭拜,“盘石镇”由此而得名。更让人惊叹不已的是,几个山头都是丹霞地貌,奇形怪状,有的像龟,有的像兔,有的像熊掌,具有很高的旅游观赏价值。

美丽乡村建设 美丽乡村建设以“革除千年陋习,破除陈旧观念,扫除歪风邪气,清除杂草污染,创建美好家园”为目标,制定了“一周重点整治,一月初见成效,三月规范管理,六月形成长效”的时间表,在全镇开展“革除陋习转变观念大革命”,取得有目共睹的成绩,得到市、县委、县政府主要领导及其他县领导的充分肯定。2014 年 1 月 2 日,全县“四在农家·美丽乡村”经验交流现场会在我镇顺利召开。

基础设施建设以“十二个一”工程为主线,抢抓被铜仁市委、市政府列为全市 13 个“示范小城镇”建设和被县委、县政府列为“三星四特”小城镇建设的机遇,以芭茅、秀瑙一镇两集市为建设重点,多渠道筹措资金,努力完善基础设施建设,扎实推进小城镇和新农村建设。截至目前,全镇共编制小城镇建设项目 30 余个,总投资 10 亿余元;现已开工建设项目 20 余个,投入资金 2 亿余元。一是芭茅广场、秀瑙农贸市场、100 套廉租房和 124 套公租房已完成主体工程;芭茅永利大道已完成水稳层铺垫;已启动镇便民服务中心建设项目。完成了 1094 户民居立面改造;完成了芭茅和秀瑙、黄连街道人行道改造和下水管道铺设及亮化工程;完成了芭茅和秀瑙两个示范村的“一事一议”工程,并通过市级、省级工程验收。完成了通村公路硬化 37.8 千米和通组路硬化 18 千米以及 1 处防洪堤、5 处饮水工程、4 座病险水库除险加固工程建设。小城镇建设快速推进,农民生产生活条件得到显著改善。

完成产业结构调整。抢抓被省人民政府列为“全省生态畜牧业示范园区”的发展机遇,通过招商引资,依托农业龙头企业,加大产业结构调整力度,努力加快农业产业化进程。目前,已成功引进了三大农业龙头企业。一是以养殖肉牛为主。计划投资 3 个亿,年产 5000 头,带动农户 200 户以上的梵净山牧业公司已投产达产,带动效应日渐显现;二是以养猪为主。计划投资 10 个亿,年出栏生猪 10 万头,带动农户 300 户以上的全国 500 强企业之一的华西特驱希望集团松桃德康牧业完成基地建设,2014 年 5 月投产;三是以养羊为主。计划投资 1.2 个亿,年出栏 5 万只,带动农户 300 户以上的全国牧业 100 强之一的四川大哥大牧业已完成主体工程,年内实现投产。2013 年,全镇种植牧草 5000 亩、烤烟 6150 亩、中药材 3000 亩,发展生态养殖大户 24 户,改造低产油茶 7200 亩。四是计划投资 500 万用于松桃佬酒厂建设,年产 200 吨的松桃佬酒厂预计 5 月投产。另外,以黔东草海、响水洞为主的乡村旅游产业逐步趋于成熟,融文化、科技、生态于一体的乡村旅游产业发展模式初步成形。

围绕改善民生,扎实推进社会事业全面发展。计划生育工作创新推进,计生优质服务工作扎实开展,2013 年度全镇计划生育工作顺利通过了省、市、县年检。同时,完善了一批计生服务设施,完成了镇计生服务站改扩建和 8 个村级服务室建设。完成了“计卫”整合工作,镇卫生院建设已完成主体工程。教育工作有了新突破。巩固了“两基”成果,适龄儿童入学率达 100%;“9+3”教育进展顺利,基础设施不断完善,教育教学质量逐步提高,芭茅中学、芭茅幼儿园已完成主体工程。教育工作顺利通过了省级督导评估验收。同时社会保障面不断扩大。实施农村危房改造 290 户,发放低保及各类救助 2988 人,资金 852 万元;农村合作医疗参合率达 98%,2013 年度报销补偿 422 万元。

征程已启,美丽盘石将全面发力,在生态建设之路上迅跑。

松桃自治县

乌罗镇

乌罗镇位于松桃苗族自治县西部，地处松桃、印江、江口三县交汇处的梵净山北麓，东经108°47′29″，北纬28°05′10″。北与重庆市秀山县相邻，西与印江县接壤，南与江口县毗连，镇域面积717.4平方千米。距松桃县城75千米、印江县72千米、秀山县80千米、铜仁飞机场120千米、孟溪火车站30千米。交通便利，生态环境良好，绿林覆盖率达到80%以上。全镇辖1个居委会，17个村，共265个村民组，6127户，总人口数达26890人。

富有内涵的名片

人间仙境，历史悠久，是乌罗镇两张耀眼夺目的名片。

这里有人间仙境——"地下桂林"之称的潜龙洞，也有坐落于全国著名的风景名胜区梵净山脚的世外桃源——桃花源（原名冷家坝）；这里有

90岁以上的老人53人，80岁以上的老人462人，是名副其实的长寿之乡；这里山清水秀，绿树成阴，空气优良，有国家公益林108249亩，地方公益林42447亩，森林覆盖率80%以上。相关部门曾实地监测，浓度最高的空气中负氧离子含量达到每立方厘米平均为13万个以上，空气质量优于国家一级标准，是典型的“天然氧吧”和生态文明之乡。

乌罗镇人文历史厚重，唐太宗贞观四年(630年)置乌罗洞，隶属思州。宋太祖开宝年间(936～975年)，改乌罗洞置乌罗司，亦属思州。成宗大德六年(1302年)，改乌罗司为乌罗龙干等处长官司。明太祖洪武四年(1371年)，改乌罗龙干等处长官司置乌罗长官司。明永乐十一年(1413年)，置乌罗府，隶于贵州布政司。

这块土地，已有1300多年的历史。

单是乌罗镇名字的由来，民间就有三种不同的版本。

乌罗司司城遗址位于今乌罗镇岑司村一带，至今人们仍称这里为“司城”。千年以来，这里佛教文化鼎盛一时，曾经经历过设府建司、匪事战乱，遭遇过血与火、生与死的冲击，它依然默默仰望苍穹，任沧桑岁月不停地轮回。

在漫长的历史长河中，乌罗司积淀着厚重的人文历史，佛教文化鼎盛一时，曾遗存下许多断壁残垣、寺庙宗祠、古塔牌坊等古建筑遗址。著名的“三宫一庙”修建于明、清年间，“三宫”即乌罗司禹王宫、万寿宫、飞山宫，一庙为关帝庙。除了梵净山四大皇庵之一的天马寺，还有大庙、三抚庙、“佛堂”庙宇、牛王庙、天王庙、百神庙、太阳庙、米神庙及地母庙等等，足以证明乌罗寺庙文化的鼎盛一时。

1934年，贺龙、王震等领导率红二、六军团从其过境，完成石梁会师的壮举，1998年，被贵州省委确定为“革命老区乡镇”。

得天独厚的资源

生态植被 乌罗生态植被保持完好，全镇的生态植被覆盖率达80%，桃花源村的森林覆盖率达88%。生态植被总面积达到480多平方千米。有着“生物活化石”之称的野生珙桐、一级珍稀植物红豆杉，有上百亩高山杜鹃，还有党参、三七、天麻等贵重野生药材。

桃花源 镇域的桃花源景区在国家级自然保护区梵净山境内。桃花源有“天然氧吧”和“黔东九寨沟”之称，河水清澈见底、起伏迭落，两岸古树参天、藤蔓缠绕、竹海苍翠，黔金丝猴栖息在该村不远的山上，不时也下山游玩，有“世外桃源”“田园风光”“梦里水乡”之称，远离城市的喧嚣，没有工业的污染，独居深山简出，是休闲旅游的绝好胜地。

潜龙洞 潜龙洞景区有着“地下桂林”“潜龙帝宫”的美誉，是武陵山脉海拔最高的古老溶洞群。该溶洞十分雄伟壮观，奇特无比，堪称绝境。它是梵净山风景名胜区东线旅游区的一处重要景点，具有典型的喀斯特溶洞地貌景观，具有较高的科学研究价值、观赏价值和旅游开发价值。洞内有800米长，有“河西走廊”“潜龙飞瀑”“石壁画廊”“珠翠玲珑”“金钩银划”“田园风光”“蘑菇成群”“葡萄叠翠”，真是妙不可言。万人聚会的潜龙大厅、洞中西湖，滑腻如油的黑色晶泥、冰清玉洁的南极冰天、梵净山九龙天池姊妹花——潜龙天池，还有上亿年翘首东盼的钟乳石神龟，期待着五湖四海的朋友前来旅游观光、休闲度假。

古村落 一是至今还保持“男耕女织”传统，自古就有“世外桃源”之称的桃花源村古村落，有梵净山溪流汇集的河流、保存完好的原始森林、神奇古朴的小木楼、万亩连片的竹林、参天的古树、纷繁的奇花异草构建的天然画卷，充满神奇色彩的桃花源村成为真正意义上的“桃花源”。

二是梵净山的四大“皇庵”天马寺，天马寺古

树参天、流水潺潺、若隐若现的木式阁楼，至今还依稀透出当年古寺的繁荣。

人文 有明清时代传承下来的土家花灯，特色地方戏、佛教傩戏、狮子灯，以及毛溪木雕窗花。

名优特产 乌罗镇出产马铃薯，其出产的马铃薯以独特的口味备受人们的喜爱，市场价格也略高于其他产地，并远销至周边县、市。

近几年来，在县农业部门的支持下，镇政府把马铃薯作为农业主要产业来抓，通过成立协会，引进品种，引进技术，全镇马铃薯的种植规模逐年扩大，产量也逐年提高。2010 年，乌罗镇的马铃薯种植得到了农业部种植业管理司、贵州省农委的支持，并在乌罗大坝创建了 10000 亩的高产示范基地，年产量高达 20 万吨。

植物灰灰豆腐是当地一道有名的特色食品，制作过程很简单，将加工好的白豆腐切成大约 6 厘米 × 6 厘米 × 12 厘米的长方体，然后涂上厚厚的一层还有余热的草木灰（最好是辣椒秆或者是红薯干叶子）即可，把它放干，烘干都行，过程大概一个星期左右，吃的时候洗掉上面的草木灰，吃的方法有很多种。味美独特，回味无穷！

乌罗镇发展现状

城镇建设的高规格、高起点：乌罗镇按照“生态宜居城镇”建设的总体规划，把小城镇建设作为经济建设的重点，投资 1.5 亿元、占地 100 多亩的小城镇建设已初具规模。整个小城镇建设规划符合生态发展的需要。目前，城镇建设进入了大提速、大发展的快车道。交通建设加速发展：2014 年开工建设的 S304 省道提级改造，环梵净山旅游公路的开通，大大地改善了交通环境。旅游上打好两张牌：利用好国务院重点扶持发展武陵山区的契机。一是“天然氧吧”桃花源景区建设；二是“地下桂林”潜龙洞景区建设。工业上蓬勃发展：投资 6.3

亿元的省级重点项目重庆乌电集团李家湾矿山，投产后的年产量将达到60万吨。目前我镇的锰矿企业已有8家,年产量40万吨。

生态文明建设

以特色产业打造生态名镇。

地处武陵山脉的乌罗镇资源丰富。已探明的矿产资源有金、铜、铁、磷、铅锌、重晶石、萤石、钛、锰。该地的锰矿基地是全国九大锰矿基地之一,已探明储量达2400多万吨,有"锰都"的美称。全镇现有锰矿开采企业10家,年开采量近60多万吨。野生资源有薇菜、竹笋、山野菜等畅销省内外。近几年来,全镇大力发展特色种植业和养殖业,不少群众走上了脱贫致富的道路。2013年全镇种植脱毒马铃薯12000亩、烤烟1000亩,全镇发展养殖大户50户,出栏生猪10023头、牛678头、白山羊2130只、鸡鸭23540只。2013年全镇农民人均纯收入达5440元。

以"一洞一景"打造旅游强镇。

近两年来，乌罗镇依托镇内的两大风景名胜区,着力打造旅游强镇牌。潜龙洞景区的二期工程正在紧锣密鼓地进行着，其所在地黔龙村已列入铜仁市"四大天王寨"之一来打造,并结合"美丽乡村·四在农家"工作,打造成为新农村示范点。2013年年底,喜讯传来,桃花源村良好的生态资源和得天独厚的地理环境资源再次赢得了上级部门的肯定,并确定把该村列入"十八罗汉村"之一来打造,同时利用苏州援建项目资金1600万元加上地方政府匹配资金,预计将总投入3000万元,将重点打造铜仁市梵净山东线的旅游线路桃花源徒步探险游,年接待游客达数万人次,除此之外,还积极建设生态移民新村,为生态环境让路,先后有300余户农户从边远山区搬迁至集镇，目前拟新建的60米宽,近2000米长的生态移民大道已在有序地开展中。

以生态环境兴镇

近年来，镇党委、政府在推进四个文明建设中,围绕"生态立镇、旅游活镇"的发展思路,始终坚持以经济建设为中心，以不断提高全镇人民的整体素质、生活质量和城镇的文明程度为目标,以思想道德建设为主线，以多种形式的创建活动为载体,深入开展农民素质教育,切实提高群众生活水平,经济社会事业持续健康发展。

2012年通过招商引资渠道,投入资金超过200万元在桃花源村新建大型生态大鲵养殖基地一个,目前已初具规模,大鲵繁殖成功,经济效益正日趋凸显。2013年又通过返乡创业政策，动员桃花源村在外务工青年董政强投入资金1200万元在该村发展生态养殖业，兴建大型生态石蛙养殖基地一个,采取"基地加农户"的运作模式,将带动上百户农户增收致富,现基地的石蛙已繁殖成功。目前该基地已被列入贵州省石蛙养殖科研基地。

为进一步改善居民生活环境，镇政府先后投入资金30多万元修建生态垃圾池40口，生态垃圾处理场1处，在两个景区添置流动环保垃圾箱40余个,2014年又积极争取到房屋立面改造工程800多户，现工程正在有序的实施推进中。到时，昔日的淳朴美丽的村庄将更美丽、更漂亮。

通过文明乡镇创建活动，乌罗镇呈现出经济蓬勃发展,社会安定和谐,民族团结,人民安居乐业的新局面。2008年获得"全省创建文明村镇先进",2011年获得"全省平安和谐乡镇",2011年6月通过组织推荐、专家评估、网络投票等方式荣获全省"十佳乡镇"称号。

走进如今的乌罗镇，你将不由自主地感叹：山更绿,水更清,人更美。这里不仅有初具规模的特色农业和旅游业，而且村庄整治也初见成效,面貌焕然一新,在这里再也难觅昔日贫穷落后的旧颜了。

松桃自治县

迓驾镇

迓驾镇位于松桃苗族自治县北部，距县城45千米，东南临长兴堡镇，西与重庆市秀山县雅江镇相毗邻，西南与重庆市秀山县中坪乡接壤，东北与重庆市秀山县洪安镇、湖南省花垣县边城镇相邻，辖16个村，1个居委会，64个村民组。平均海拔400米，经度为东经109度，纬度为北纬28度。公路网四通八达，纵向有松迓油路，横向有319国道从迓驾街通过，沿途经过8个村，所处地理位置特殊，成为湘、鄂、川、黔、渝四省一市的重要商品集散地。共有国土面积69.5平方千米，其中耕地面积14378.9亩，林地面积2182.75公顷。镇内气候温和，地势平坦，土壤肥沃，雨量充足，日照时间较长，适宜多种农作物和亚热带果树的生长。

地名的故事

迓驾的地名来源富有传奇色彩。

清朝中晚期，迓驾的龙塘河水除灌溉本镇的迓驾村、十里村外，现重庆市秀山县雅江镇几百亩田地也依靠龙塘河水灌溉。有一年夏天，迓驾村村民与雅江桂坪的村民因水灌田发生了矛盾。桂坪村一群人到迓驾老苏屯沟上放水，迓驾村的人当场打死了桂坪村5个人，酿成了一起命案。桂坪村的人不服，逐级告状，最后告御状。状子呈送到了京城，惊动了皇帝。皇帝趁南巡，顺便来实地督办此案。由于交通不便，皇帝坐轿子先到雅江再到迓驾。雅江至迓驾有一河相隔，秀山县衙与松桃县府组织人力、物力建了一座石拱桥，用以迎接皇帝的大驾光临。石拱桥建成了，石拱桥两边石栏上雕刻有人头像、斧子、石狮，形态逼真，栩栩如生。桥修好了，皇帝经过这座石拱桥，亲临迓驾督办案子。“迓驾”因此而得名。

自然资源优厚

迓驾镇的土地资源较为丰富，全镇土壤呈酸性，土地肥沃，适合种植农作物。现种植水稻8457亩、玉米6729亩、红薯4163亩、洋芋1892亩。也适应种植多种经济作物，已种植油菜7648亩、花生3235亩、烤烟1000亩。还可以大力发展中药材、茶叶、经果林。目前已种植美国黑李300亩、脐橙2200亩。森林资源丰富，全镇有林地面积2182.75公顷，其中疏林地52.58公顷，灌林地143.39公顷，未成林造林地635.58公顷，无立木林地24.37公顷，宜林地703.62公顷，森林覆盖率31.42%，林木绿化率33.32%，2002～2005年退耕还林4088亩。

基础设施日趋完善

1.道路建设。2014年11月底，全镇16个村通村公路全部实现硬化，为迓驾经济的发展奠定了坚实的基础。至2013年全镇实施公益性“一事一议”财政资金以奖代补，共投入财政资金480多万元。实施11个村21个点的通组连户路建设，硬化路面60多千米，改变了广大农民群众出行“晴天

一身灰，雨天一身泥”的现象。

2.农田水利建设。全镇共建有小二型水库6个，可改善灌面5000亩，惠及8000多村民。

3.电力设施建设。1998年底，从虎渡口架通至迓驾高压线，1999年春，迓驾镇16个村通了电，结束了照煤油灯的历史。2008年国家投入350万元，在迓驾十里屯上建起了一座3.5千伏的变电站，用电步入正常化，为企业发展和百姓照明提供了保障。

4.自来水工程建设。2006年国家投入118万元，建起了迓驾自来水厂，设备、消毒、净化设施比较完善，通过处理后的自来水饮用比较卫生，解决了城镇机关、学校、群众上万人的饮水问题。

5. 打造边区特色示范小城镇。迓驾历史上曾是商贾云集、极尽繁华之地，素有松桃“小香港”之美誉。

目前，迓驾已建成800米长的友谊新街(其中90%以上的土地属于重庆市秀山县)、500米长民族风情街和800米长生态移民街，改变了以前独街经营的状况，形成了“二横一纵”的小城镇建设新布局。城镇面积扩大了3倍，全镇城镇人口从2008年的1023人增至6812人(其中有雅江镇18户群众落户迓驾)，新增商铺480余个（湖南、重庆、湖北占一半以上)，市场容量扩大5倍，成为了边区贸易的重要场所。

新与旧:改革换新彩

1951年成立迓驾乡人民政府。1952年实行土地改革，将地主、富农的土地分给农民，全乡14个行政村，人口43285人。1955年冬办初级农业合作社，建立互助组，几户、十几户、几十户人家组成一个互助组。农忙时互相帮忙抢种抢收，团结互助，充分调动了广大农民的劳动积极性。农民有地种，有饭吃，翻身农民欢喜若狂。1957年办高级农业合作社。1958年实行“大跃进”，人民公社化，乡以下设大队、小队，以小队统一开食堂，农户自己不用做饭，统一到食堂吃饭。20世纪60年代至70年代，农民一个人干一天活折合人民币有壹角或贰角，最高的一个劳动日肆至伍角。当时实行计划经济，每人每年发一丈五尺布票，发一斤棉花票用于穿衣，吃肉发肉票，喝酒发酒票，吃糖发糖票，到饭店吃面、吃饭得凭粮票，只有国家工作人员才发粮票，没有票到饭店不能吃饭。生产队以种植业为主，没有其他收入，群众吃的还是五谷杂粮，有的生产队田多一点的，吃米饭多一点。对农户家庭养殖业限制过死，不准多喂猪、鸡、鸭等，农户也没有东西饲养畜禽。老百姓喂的猪只能卖到乡食品站，卖一头猪给4斤肉票。一年没喂猪的农户吃不上肉。买商品只能到乡供销社去买，一个乡只有一个供销社，也不准私人营业。总之是生产单一、收购单一、销售单一、统得过死、物资供给严重缺乏，不能满足人民群众的生活需要。

党的十一届三中全会以后，农村经济体制实行改革，土地实行家庭联产承包制，土地承包到户以后，打破了吃大锅饭的模式，充分调动了亿万农民的劳动积极性，取消了统购统销制度，做到开放、搞活，以市场为导向，种什么效益好就种什么、发展什么。农民可以到城镇经商，可以外出打工挣钱。种植业、养殖业发展起来了，经济发展了，市场繁荣了，人民生活富裕了，真正呈现出一派欣欣向荣的景象。杀猪也由个体屠户承担，赶场天有21个屠户卖肉，个体工商户达到317户，服务态度好，质量好，物美价廉，有的部门或个体工商户做到顾客至上，上门服务，深受广大群众的欢迎。

迓驾镇党委、政府围绕党的十一届三中全会精神，以经济建设为中心，坚持改革开放，重在搞好农业产业结构调整。1981年至1991年，经济发展以市场为导向、发展好种植业、养殖业、发展个体工商业，提高人民群众生活水平，每年人均纯收入300元，人均粮食产值500斤。完成龙塘河5千米的水利建设工程，投资50万元，灌溉面积2000亩。1992至1999年，发展电力设施、通讯建设，增加科技含量。1997年至1998年争取了30万元的电力设施项目建设，从木树到迓驾架通了输电线，让全镇16个村都照上了电灯，迓驾从此结束了点煤油灯的历史。通了电，全镇加工业发展起来了，到1995年，人均纯收入达1034元，人均粮食产值700斤。2000年到现在，镇党委、政府制定出农业稳镇、工业强镇、旅游兴镇、搞活商贸发展的战略。农业方面主推科技兴农，调整农业产业结构，搞活商贸发展战略，加强道路基础设施建设。截至2014年，全镇已修通了12条机耕道路。在农业科技投入方面，要做到100%购买杂交水稻、杂交玉米，玉米100%实行肥球育苗移栽，提高了单位产量，亩产在900斤以上。水稻实行两移育秧，2001年全镇水稻旱育浅植87亩。2014年，全镇水稻采取旱育浅植4896亩，达到水稻播面的62%。调整农业产业结构，栽培经果林，在马安、冷水、迓驾、十里、青山、坝德、石头、碗森8个村栽培脐橙2200亩。通过产业结构调整，农民增加了收入，2013年全镇人均收入达5210元。

旅游景点

迓驾的名胜古迹有其独到之处，令游客神往。

猴儿跳 松江水从“猴儿跳”这个地方穿过，正好是一个峡谷，河的一面是湖南，另一面是贵州。两岸树木参天，藤蔓密布，遮住了天。猴儿在藤上跳来跳去，互相追逐嬉戏，这里便成了猴儿们的乐园。当猿声啼起时，那又是一番景象。不知是哪一位名人，在此一游时，来了兴致，出了一上联“猴儿跳、猴儿跳，跳到花园（花垣）摘松桃”，留给后来的学子对下联，于是就引出了这样一个故事：有一位进京赶考的举人路过此地，流连忘返，看到这样有趣的上联，想对出下联。他发誓不对出下联不进京赶考，也不追求功名利禄。于是请当地的群众帮忙，搭好两间茅屋，住了下来，过着陶渊明式的农耕生活，一边耕种一边读书，千方百计想对出下联。年复一年，这位才子费尽了心思，白了头，积劳成疾，到死也没对出下联来。至今也没有一个人能对出下联，成了一个耐人寻味的故事。

龙潭玉液 龙塘河出一股很大的水，有黄桶大，是从洞里冒出来的。民国时期用石头筑了一个坝，将水引进沟渠灌田。沟渠从龙塘河至十里村，经过丈量刚好十里远。十里村因龙塘河沟渠有十里的里程而得名。龙塘河出水的地方像锅里煮开似地翻开，三面环山，在苍松翠柏的映衬下，水绿茵茵的，在水边站上一会儿，感觉凉爽舒适。冬天有太阳的早上，来到这里站上一会，雾气萦绕，水气蒸腾，红日照映，暖气融融，心旷神怡。有月亮的晚上，来到这里，月光倒映水里，相映成趣，对月当歌，如临仙境。曾有文人墨客这样称道：“日月映照三朝武陵捧出龙潭玉液，人杰地灵造化出山川镶成黔北沃洲”。

塘边出水处有三棵柏树，有2米多粗，中间的一棵柏树向塘中倾斜，热天小孩子们爬上树去，再从树上往塘里跳，这里成了孩子们嬉戏的乐园。

红军烈士纪念塔 十号坡红军烈士纪念塔，占地面积2亩。碑上记载了1934年由贺龙、任弼时、关向应、王震、萧克领导的红军二、六军团在松桃县会师后，率主力部队挺进湖南，留下黔东特委领导黔东独立师坚持斗争，后因形势变化，独立师于11月实行战略转移。其中一部分途经长兴，在张坝、石号破、迓驾一带遭到土匪袭击，红军英勇杀敌，浴血奋战，在战斗中，马团长等20多位红军指战员壮烈牺牲，为了中国人民的解放事业献出了宝贵的生命。纪念塔是缅怀英雄功绩，进行爱国主义教育的光荣之地。

松桃自治县

正大乡

正大乡位于松桃苗族自治县东部，东邻湖南省凤凰县落潮井乡，西接本县盘信镇，南接大兴镇，北抵长坪乡及湖南省凤凰县腊尔山镇，乡人民政府驻地正大营，距县城60千米。全乡总面积104.5平方千米，耕地面积18248亩，其中田15121亩，土3127亩，辖20个村，1个居委会，2013年总户数4615户，24690人，全乡总人口的75%以上为苗族，属于典型的少数民族聚居乡。全乡20个行政村和1个居委会全部实现通电、通路。该乡地形狭长，东南距约40千米，呈带状，行政区域内地势不平，海拔高度600～1200米不等，平均海拔720米。主要盛产茶叶、优质大米、烤烟、中药材等。

山势雄奇，易守难攻，正大乡地处要冲，历来为兵家必争之地。

据《铜仁府志》载，清康熙四十三年八月（1704年9月），设铜仁理苗同知置正大营厅，以铜仁府同知一员加理首衔分驻正大营，专理苗务；这也是正大名称的由来。雍正八年（1730年）迁正大营理苗同知至长冲（今属蓼皋镇，今当地百姓称之为老松桃）；乾隆二十三年（1759年），始筑正大营城（初为土城，改筑石城，后在20世纪60年代因修建水库拆毁），乾隆六十年（1795年），清廷又平苗而改松桃为直隶厅，正大营改为巡检署，县制由此撤销，但仍设置千总、团首、里长等职管理苗务；民国时期建设保甲制度，村设保长、甲长；新中国成立后，设正大乡人民政府，建行政村，各村设党支部委员会、村长、组长，主持政务、村务工作。

1992年5月，正大乡与当领乡合并为正大乡。

苗疆古镇 风情卓异

正大乡民族风情浓郁，是蜚声海外的正大瓦窑花鼓艺术之乡。2007年，铜仁行署公布该区首批32个非物质文化遗产名录，该乡瓦窑花鼓艺术是全县仅有的两个入选项目之一。

瓦窑花鼓舞 花鼓舞，苗语叫“保诺”。是苗族先民独创的形体艺术符号。

松桃正大瓦窑是松桃苗族花鼓艺术的发源地，历史悠久、保存完好，具有极高的欣赏价值。1994年，正大乡瓦窑花鼓被贵州省文化厅命名为“苗族花鼓艺术之乡”。

瓦窑花鼓舞蕴藏着苗族人民的历史风韵、劳动景观、艺术审美和生命涵养等丰富内容。瓦窑花鼓舞属群体性民间原生态传统舞蹈，鼓为伴奏乐器，自击鼓自舞蹈，分两面鼓和四面鼓，分别由4人、8人打击。每逢节庆、迎宾、祭祖等场合都要打花鼓。整个活动由鼓师敲点指挥，鼓手则根据鼓点来进行舞蹈，有单人舞、双人舞、四人舞、八人舞，甚至几十人上百人同舞。花舞的动作古朴粗犷，内容丰富，有模仿插秧、打谷、推磨、梳头等生产生活中的动作。最著名的曲牌有《踩茶鼓》《推面鼓》《梳头舞》等。其中，四面鼓舞又称“八音协奏”，是瓦窑苗族花鼓艺术的主要象征。若以功能划分，则有神鼓、年鼓等80余种类型，以及100余式基本动作套路。该舞蹈以鼓为圆心而舞，表演时，由一人敲击鼓点指挥，舞者围鼓作舞，时而腾挪闪跃，时而绕鼓换位，击鼓而舞。

据《松桃厅志》记载，瓦窑苗族花鼓舞在19世纪30年代已盛行于松桃，其演出时间多在苗年十一月，以后逐渐演化至正月及其他民俗节日和集会。

该舞蹈具有较高科研价值、社会价值和经济价值，其祭祀性、叙事性、仿生性特征世界罕见。是

民族学、历史学、艺术学信息宝库，亦是民族认同的纽带。对民俗和艺术研究，对丰富和完善中华舞艺术、保护世界民族文化多样性，以及弘扬和培育民族精神具有不可替代的现实意义。

此外，改革开放以来，瓦窑苗族花鼓舞多次参加国家和省地大型活动演出，曾出席了全国一、二、三届少数民族运动会；并作为文化使者，先后赴美国、加拿大、法国等十余个国家和地区访问演出，为促进中外文化交流做出较大贡献。

苗王城 苗王城在贵州省松桃县正大乡境内，距松桃29千米，距铜仁30千米，距铜仁机场12千米，距凤凰古城39千米，交通便利，核心景区面积10平方千米。集山、水、洞、泉、瀑、峡谷、森林、古树、原始村寨、军事巷道、苗族风情为一体，是旅游、度假、休闲、探险的胜地。

苗王城于明洪武年间初步形成，经过石各野、龙达哥、吴不尔、龙西波和吴黑苗等苗王的长期经营，逐步成为苗王城。苗族是中华民族中最古老的民族之一，为中华民族灿烂文化的发展和进步做出了不朽的贡献。

苗王城景区占地面积约4平方千米，分为东城和西城。原有城墙2000余米，顶宽4尺，底宽6尺，高9尺。有4个城门，城内有11条巷道，巷道内有11道寨门。鳞次栉比的吊脚楼、“歪门邪道”的建筑风格等等不仅具有一定的战争防御能力，而且体现了较高的建筑水平。是湘、黔、渝边界上至今保存较好的集政治、经济、文化、军事和建筑为一体的苗疆古城，具有很高的历史研究价值和旅游开发价值。苗王城是一本厚重的历史文化史书，一座逝去的古战场。扑朔迷离的“八封迷宫”地形地貌、神秘阴森的苗王大峡谷、已变成化石的苗王城地下兵工厂、遮天蔽日的竹海、陡峭隐蔽的苗王秘道、富有传奇色彩的考将桥、定夺生死的双关桥等，让您在领略大自然风光的同时，也穿梭于时空的隧道，进入了苗王城的历史。

不仅如此，这里还有浓郁的苗族风情：情歌、木叶歌、敬酒歌；神秘莫测的绝技上刀山、下火海、捞油锅、钢针穿喉、仙人合竹、秤杆提米等；惊险绝伦的高空飞人、热情奔放的四面花鼓舞，还有奇特的婚嫁习俗“打花猫”“揪耳朵”“八人转转秋”等等。这是一片神奇的土地、一个神秘的地方，她的每条巷道、每个门、每棵树都是苗族厚重历史的一

页，从这里开始，您会读懂苗王城，同时也会感受到苗族文化的古朴、神奇、博大、精深……

2009 年 8 月，经贵州省风景名胜区协会、省旅游协会等单位的专家综合评定，松桃苗王城景区荣获"贵州省 2009 十大魅力旅游景区"称号，2010 年被文化部挂牌授予为"中国西部影视拍摄基地"。

生态文明　蒸蒸日上

正大乡以优化人文环境为己任，以小城镇建设为目标，依托"正大乡扶贫生态建设工程"，投资 1020 万元，共规划建设 4 个集休闲、健身、娱乐等多种功能的民族文化广场。占地面积 2.3 万平方米的广场将为村民休闲、娱乐、健身提供了良好的条件，大大推动了积极、科学、健康、向上的社会新风。正大乡重视优化生活环境。分别逐步对通村路、通组路进行硬化，各村修建垃圾池、安装路灯，高标准的实现了村庄"硬化、绿化、美化、亮化、净化"。同时实行沿街各住户门前及所住街道包卫生、包绿化、包秩序的"三包"制度，保证了各村大街的常年清洁。大力倡导健康的生活方式，以新桥村为试点，通过财政项目补贴，村民出一点、政府出一点的方式积极引导村民实施"一池三改"。通过改厕、改厨、改圈，达到全村无草堆、无粪堆、无烟尘的"三无"效果，基本杜绝了脏水横流的现象。

抓规范，固化生态文明建设成果。为使活动深入持久地开展下去，正大乡建立了一系列长效机制。一是全面发动，倾力打造坚强阵地。在各村安置了科普、公益宣传栏，设置了一百多个固定标语、宣传画廊，内容涉及新农村建设、文明家庭创建、尊老敬老、和谐村庄建设等。成立了 5 个农家书屋，存有图书 3 万余册，为村民科学种植、养殖等提供了学习园地。以远程教育为平台建立了多媒体集体学习点，为党员和群众提供诸多知识。二是群众运动共同参与，全力扩展活动范围。以"四在农家·美丽乡村"为契机，使文明创建活动深入到大街小巷各家各户。同时，在农闲季节及重大节日，举办农民运动会、门球比赛等娱乐活动，使全村呈现出安定祥和、蒸蒸日上的新气象。

坚持科学发展，促进生态文明建设。以科学发展观为指导，坚持以人为本的理念，创新发展，为村民创造良好的生活条件。2012 年至 2013 年完成了投入资金 206 万元的正大乡集镇周边饮水安全工程项目；完成了总投入资金 600 多万元的官舟河沟渠建设工程，解决了 3258 人的人畜饮水，灌溉农田面积 6762 亩；完成了总投入资金 900 多万元的野猫塘水库、张家桥水库、岩板桥水库、正大水库除险加固工程；完成投入资金 120 万元的盘塘、干塘排洪沟渠建设工程。这些为民办实事的工程，得到了广大群众的广泛好评。

小城镇建设与旅游产业　比翼双飞

如何将资源优势转化为经济优势？几年来，正大乡党委、政府始终坚持以旅游产业为突破口，带动农业产业现代化和小城镇化的发展战略。紧紧抓住全省旅发大会在苗王城设分会场的机遇，用不到 1 年时间完成了几年才能完成的旅游基础设施建设目标，从而使我乡旅游产业硬件、软件环境极大提升，一个个重点旅游项目落地生根。同时利用旅游产业发展撬动小城镇建设，小城镇建设又反过来助推旅游业发展，使之旅游产业与小城镇建设实现双赢。一是拉通了从原政府办公大楼至迓大二级公路（苗王城牌坊）的商业大道，大道全长 1372 米，宽 60 米（其中交通公路宽 16 米两向四车道，人行行道两边各宽 5 米）；二是在商业大道布局 4 个集旅游、休闲为一体的民族文化广场和 1 个茶叶、中药材交易市场。

总之，正大乡将围绕"国发 2 号文件"、武陵山经济协作扶贫开发试点的发展要求，借助撤乡建镇的新机遇，力求早日打造成生态文化旅游明星乡镇和全省小城镇建设试点乡镇。

旅游小城镇的开发建设，为农村脱贫致富奔小康奠定了坚实的基础，让老百姓得到了实惠。

万山特区

黄道侗族乡

黄道侗族乡(简称黄道乡)地处云贵高原向湘西丘陵过渡的武陵山区，东邻湖南芷江县，南接湖南新晃县，处于两省三县八乡镇交界地带的黄道侗族乡，素有“万山东大门”之称。地跨东经109°13′~109°19′，北纬27°25′~27°31′，位于万山区东南方，属黔东低山丘陵河谷地貌，平均海拔550米，全年气温适宜，雨水充沛。全乡面积92平方千米，耕地面积7980亩，其中田6015亩，土1965亩，人均耕地面积0.6亩，辖10个行政村，1个居委会，138个村民组，总人口1.54万人，少数民族人口占总人口的80%以上，是一个以侗族为主的多民族聚居地。林地面积1.2443万亩，森林覆盖率达54%。

高山峡谷，小溪河流，奇特的地形，古朴的村落，令人流连忘返，这就是素有“万山东大门”之称的黄道乡。

近年来，黄道乡上下团结一致、顽强拼搏，全乡经济建设和社会各项事业取得长足发展，物质文明和精神文明建设取得了双丰收。1994年被省文化厅评为“鼟锣文化艺术之乡”,2008年被文化部评为“民间文化艺术秀”,2011年黄道瓦寨被省文化厅授予“全省100个魅力侗寨”的荣誉称号。

建置沿革 黄道为夏、商的荆州之域,周属楚,秦属黔中郡,汉属武陵郡、魏晋南北朝初属武陵郡、后属东牂牁郡,隋属辰州,唐初属丹阳县,唐太宗贞观二年(628年)撤销丹阳县,改属锦州,宋属沅州。至元十四年(1277年),置黄道溪长官司。后改为黄道溪野鸡坪等处蛮夷长官司,属思州。明洪武五年(1372年)改称黄道溪长官司。洪武二十五年(1392年)省务程龙鳌、坪岳溪和都坪峨异溪等蛮夷长官司,并入黄道溪长官司,迁治武陵坪(今黄道侗族乡街上),仍属思州。清仍为思州府黄道司。民国二年(1913年),划属省溪县南区,民国十二年(1923年)改为省溪县第三区,民国二十一年(1932年)为第三区五邻镇,民国二十七年(1938年)属第一区,在司前(今黄道街上)设区公所。民国三十年(1941年)撤销省溪县时划属玉屏县,民国三十一年(1942年)建黄道乡,驻黄道街上。至新中国成立前夕仍为玉屏县黄道乡。

1949年11月7日,中国人民解放军17军49师解放黄道司,后隶属玉屏县第六区(万山),1952年建立黄道乡人民政府。1958年10月建立政社合一的跃进人民公社。1958年12月29日,随玉屏县并入铜仁县,属铜仁县万山人民公社,设立黄道。1961年8月18日,恢复玉屏县万山区时,设立黄道人民公社。

1966年2月22日,设万山特区时,黄道公社划属铜仁县,小田坪公社仍属玉屏县。1968年9月撤销万山特区时,黄道、长坳两个公社划属玉屏县,后黄道、长坳、小田坪3个公社合并,改称红星人民公社。1970年8月8日恢复万山特区时,红星人民公社又划属万山特区,1979年3月21日改称黄道公社,1984年4月28日改置黄道乡。1984年12月6日,经贵州省人民政府批准,撤销黄道乡,在原基础上建立黄道侗族乡。

地理物望 黄道乡地跨东经109°13′~109°19′,北纬27°25′~27°31′,位于万山区东南方,属黔东低山丘陵河谷地貌,平均海拔550米,全年气温适宜,雨水充沛。

黄道乡山峦重叠,崖险坡陡,据《刘氏族谱》记载:“黄道古名丹阳又(名)平岳溪,为囚犯流放(之)蛮荒之地。世居聂、雄、田等族土人。六七百年前的丹阳,为原始森林区,人烟稀少,荒凉恐怖,到处深沟密布,瘟疫流行,瘴气弥漫,鬼号兽啸、莽莽阴森世界……”新中国成立前仅有一条石板小路,经“九曲十八盘”的“羊脚蹬”与外界连通;新中国成立后也仅有一条乡间简易公路作为交通要道,20世纪80年代后期交通状况才有所改观,历来被

人们视为“险途”。

黄道乡地理形状独特,水资源较为丰富,两边为高山、中间为谷地,一条小河由西北向东南贯穿全境,全长约 20 千米,直与沅水相接,另有无数小溪流、小河沟。有小型一级水库一座,蓄水量 100 万立方米。

黄道乡以农业生产为主,主产水稻,其次为玉米、薯类。经济作物有油菜籽、花生、西瓜。畜牧业以饲养生猪、耕牛为主。全乡森林覆盖率达 61%,境内生物多样,特征明显,主要有零星野、小山羊等。主要树种有杉、松及多种阔叶树种,零星草山 2 万亩, 在宜牧草场中有天然牧草 21 科,65 属,107 种。有畜禽品种 16 个。乡域树木茂盛青翠,溪水清澈见底,青山绿水养育着黄道人民,让黄道更加人杰地灵,让黄道乡在拥有秀美景色的同时,也拥有了淳朴的民风。

名胜集萃 黄道乡有上千年的历史,文化底蕴深厚。

乡境旅游资源丰富,特别是黄道侗族乡的鼟锣艺术和傩戏享誉省内外,开发潜力大,黄道侗族乡曾于 2008 年荣获“全国民间艺术之乡”荣誉称号。

刘家祠堂 刘家祠堂位于万山区黄道侗族乡街上,始建于明洪武三十一年(1398 年),宗祠为木质结构瓦房,总面积约 120 平方米。清同治年间扩建。民国七年(1918 年)维修,改为砖木结构,雕梁画栋,占地总面积 880 平方米,有一厅、一殿、一楼、四个厢房、戏台、神龛、三个天井,院内有“龙眼”水井 2 口,至今保存完整。“文化大革命”中,祠内神龛、壁画、楹联等被毁,其他建筑完好。是万山县级文物保护单位,现存最早的古建筑之一。

因祠堂历史久远, 建筑风格简朴而富有古建筑特色,在 2013 年成功申请非物质文化遗产。

鼟锣神韵 黄道乡的锣戏历史悠久, 据传是由唐朝时期流传下来的,距今已有 1300 多年的历史。锣戏主要以唱戏伴钹、磬、唢喇、鼓、笛等乐器混融一体,非常受广大群众的喜爱,曾经盛极一时。

“鼟”读“tēng”,象声词,形容鼓声。黄道方言读去声,来源于侗语,就是敲锣比赛的意思。

鼟锣比赛主要是看谁的锣响、鼓好、人多;看谁的拍子多、技术熟、调子齐;看谁的气势壮、体力好、毅力强。

关于鼟锣的来源和历史演变民间有诸多传说,如“铜锣招魂”“祭祀耕牛”“唐皇祭母”等等,这些传说都寄托着当地群众的美好愿望。20 世纪 80 年代黄道乡出土的 “阴阳罐”,与湖南靖州出土的 4500 年前的“阴阳罐”有惊人的相似之处,罐子的成色与图案一模一样, 罐子上面雕塑的都是敲锣打鼓超度灵魂的场景。

侗族祖先长期居住在湘、黔、桂边界“溪洞”之中,村寨依山傍水,森林密布,豺狼虎豹出入期间,大家集体上山劳作时,也会带上一面或几面铜锣,边走边敲,驱赶老虎,以声壮胆,寻求精神上的慰藉。

黄道为鼟锣艺术之乡, 是 100 多万侗族同胞中目前最为独特、古老、保存最为完整的民族文化艺术之一。

侗族铜锣自古是富贵的象征，谁家拥有铜锣，说明日子富足，身份高贵。20世纪50年代，铜锣焕发青春，蓬勃发展，流传开来，这是鼟锣活动的鼎盛时期。但在20世代60至70年代，由于政治运动及人为的原因，鼟锣遭受了致命一击，被当作宣传愚昧落后、封建意识的垃圾，扫出山寨，铜锣被收缴、破坏，鼓被当作柴火烧掉。鼟锣艺人因此纷纷改行，鼟锣活动在侗族山寨几乎销声匿迹。

改革开放后，鼟锣才慢慢地进入了恢复时期。

1994年，黄道侗族乡被贵州省文化厅授予“鼟锣艺术之乡”。2005年12月25日，被贵州省人民政府公布为第一批省级非物质文化遗产代表作。侗乡人民在长期的风雨岁月中，共演绎了《一锤锣》《二锤锣》《三锤锣》《四锤锣》《口号》《一条龙》《三六九》《浪淘沙》《半边月》等不同形式的曲调。

鼟锣独特的艺术魅力与威风锣鼓相比，威风锣鼓主要突出鼓声；而鼟锣则主要突出锣声震山动地的视听效果。鼟锣是中国民族民间文化独特的、珍贵的遗产，它体现了中国民族民间文化的多样性。

鳌山般若招提寺 鳌山位于黄道侗族乡蓬溪村北，海拔800余米，山顶古树参天。唐天宝年间，僧惠释在山上建“本堂庵”，雕有佛像。清又扩建寺宇，有正殿、厢房等。山前修山门，上书“般若招提寺”。1958年，山上古寺被拆，仅存遗址和佛教徒墓，留有僧人诗一首：

脱离丹家到黔东，天作巢穴地作笼。
立志决非聚荆棘，存心定是栖梧桐。
时来落得青云路，远去逸马黄道中。
出世不同凡鸟伍，抬头仰望向天空。

魅力侗寨 黄道乡丹阳村瓦寨侗寨，自然环境优美、文化属性独特。70多栋侗家吞口木房仍保持原生态韵味和乡土气息。寨子农户传承着独特的“鼟锣”、傩戏文化，村里活跃着自发组建的鼟锣队和民间傩戏班子。

瓦寨侗寨民居建筑古朴、农家院落别致、民风淳朴、风雨桥和寨门等建筑凸显侗族文化元素，拥有较好的生态环境和独有的鼟锣等侗家文化优势。

该侗寨制定了村规民约、卫生公约；完善了基础设施，主干道建有花池150米、垃圾池5个、安装太阳能路灯25盏；为美化外观建设，完成了75户，11000平方米房屋立面改造建设。为满足群众精神需求，丰富群众生活，配备了露天体育健身器材，还建有农家书屋和一个长20米，高2米的民族文化墙，近期又培养组建了一支30人的能说侗话会唱侗歌的文艺队，一支百人鼟锣表演队。

瓦寨侗寨的环境保护、文化传承、保护侗家文化，释放着“魅力侗寨”民族文化品牌光芒。

侗族的传统节日

斗牛节 每年农历二月与八月的亥日。侗族喜欢斗牛，每个村寨都饲养有专供比赛用的“水牛王”。“牛王”的圈多建在鼓楼附近，干净通风，称为“牛宫”。牛王有专人割草、担水、拌料、伺候，还要经常供给蜂蜜、猪油、米酒等食物。“牛王”体格硕大而健壮，浑身滚瓜流油，犄角粗壮尖利，像张开的钢叉。

姑娘节 在湘黔桂边境的少数民族，要过农历四月八日的“姑娘节”。相传这个习俗来自侗族杨姓。每年这一天，出嫁了的姑娘，必须要回到娘家来，与自己家的亲姊妹和姑嫂们欢度佳节。届时，姊妹们唱歌说笑，共同制作一种节日食品——乌饭糍粑。在她们回婆家去的时候，还要带着许多乌饭糍粑，分赠给亲友吃，也好补偿“姑娘节”这一天小伙子们的寂寞。四月八吃乌饭(又叫黑饭)是一个古很老的风俗，据说是为了纪念侗家女英雄杨八美。乌饭是用一种带黑色浆汁的叶子渍水，把侗区特产的“糯禾米”染黑，蒸煮而成的。

黄道这个历史悠久、文化底蕴深厚的乡村，在不断地将自己的民族特色文化发扬光大；同时，它也在不断地接受、吸收新的文化艺术，与各族人民团结进步，弘扬民族文化精神。

万山特区

万山镇

万山镇位于东经 109°11′～109°14′、北纬 27°30′～27°32′之间，隶属于铜仁市万山区。该镇东与下溪乡相连，西南与高楼坪乡、黄道乡毗邻，北接敖寨乡，辖 7 个社区，全镇面积 16.3 平方千米。人口以侗族、汉族为主，同时有土家族、苗族、回族、布依族、仡佬族、彝族等 16 个少数民族聚居。2013 年末，户籍人口 16872 人。镇人民政府驻万山区万山镇犀牛井社区。镇属武陵山系，位于武陵山脉主峰梵净山的东南部，地势东部底、西部高、中部隆起，自中部向东南三面倾斜。北东南三面海拔在 600 米以下，西部海拔 700～800 米，中部 858 米。区内最高点米公山海拔 1149.2 米，最低点在下溪河出境处(长田湾)，海拔 270 米。

“地下长城”

万山古称大万山，以山多得名。

镇内生态环境保护良好，森林覆盖率达 47%。气候凉爽宜人，多年平均气温 13.4℃左右。

矿产资源丰富，主要有汞、钾、锰、重晶石等，是全国最大的汞化工产品集散地，拥有最先进的汞化工生产技术和设备，已开发研制28个汞化工系列产品。汞开采已有630余年的历史，素有“汞都”之称，汞系列产品畅销40多个国家和地区。

辖区内有国家矿山公园，亚洲独一无二的绵延纵横、层层叠叠、长度达970千米的汞开采坑道，宛如“地下长城”，神秘壮观，旅游开发潜力巨大。万山镇矿产资源丰富，已发现矿种20多种，主要有钾、汞等，新探明的钾矿储量达10亿吨以上。目前，钾资源开发利用技术取得重大突破，“钾都”名片呼之欲出，正昭示万山镇走向新的辉煌！

追溯往昔

在20世纪，万山因汞而兴，因汞而衰，贵州汞矿的兴衰浮沉，串联起了万山镇新中国成立以来特别是改革开放以来的变迁与发展。20世纪50年代初，为满足经济建设的需要，曾先后组建和调集专业队伍在万山勘探，为万山汞矿的大规模开采阶段。

60年代初，中苏关系恶化后苏联在涉及赔偿问题上提出苛刻条件。在这种背景下，汞矿工人充分发扬不怕苦、不怕累的大无畏奉献精神，不分昼夜、加班加点地生产，连续4年突破千吨，最高年产汞突破1300吨，为当时偿还苏联外债和打破帝国主义对共和国的经济封锁作出了重要贡献，被周恩来总理深情地誉之为“爱国汞”。改革开放以后，国家进一步加强了万山汞产业的研发力度，开发了钛汞合金、氯化汞、氯化汞触媒、汞齐锌粉、红色氯化汞、硫酸汞、氨基汞、汞溴红、宝砂工艺品，提高了汞的利用价值。同时，随着技术的升级，国有企业管理体制的不断深入，改革开放初至80年代末，汞矿迎来辉煌的时代，最繁华时期万山镇人口规模超过5万人。汞矿每年的工商矿税占特区工商税收总收入的55%以上，最高年份达88.1%，是特区名副其实的财源支柱。至1988年，万山镇汞矿专业技术高级职称有41人，中级职称432人，贵州汞矿也成为中国乃至世界汞业科研人员规模最大、设备最新、成果最显著的科研机构。

20世纪80年代末，汞矿资源开始呈现枯竭之势，汞矿生产日益萎缩，采矿人员相继撤离万山。2011年7月，经贵州汞矿第十二届三次职代会讨论通过，一致同意贵州汞矿依法实施政策性关闭破产。贵州汞矿破产后进行了资产重组，新成立了万山特区红菱汞业有限责任公司、贵州久联集团万山分公司、万山天元建设有限责任公司、贵州大龙汽运修理有限责任公司等4家自主经营企业。至此，万山镇步入转型发展新时期。

逆境重生

2008年,万山遭遇特大冰雪凝冻灾害,原本脆弱的基础设施遭受重大损失。万山冰雪凝冻灾情引起了中央的关注,时任国家副主席的习近平同志亲自到万山调研指导救灾工作。经过近5年的徘徊期后,2009年3月,随着万山特区被列为中国第二批资源枯竭型城市,在区委、区政府"城市异地转型,产业原地转型"的总体部署下,万山镇迎来了发展工业经济的春天。通过招商引资,初步形成了汞化工、铝材加工、钾矿综合开发利用等多种产业齐头并进的工业发展格局,万山镇张家湾工业园区也渐成规模。

华丽转型

2011年,万山镇紧紧围绕"两个转型"和"发展优先、民生是本、稳定第一"的工作思路,团结一心,奋力拼搏,创造性地开展工作,实现了经济社会的华丽转型。

2012年,万山镇被确定为铜仁市市级小城镇建设示范镇。2011年至今,万山镇组织实施了采空区搬迁安置工程、生态移民搬迁工程、麻音塘环境污染治理工程及农村危房改造项目,完成2512套廉租房和276套经济适用房;积极配合完成"11·7"万泰锰业渣库泄漏事故的抢险救灾工作,最大限度地减少了损失;完成了犀牛井四坑汞都大道扩建及房屋征收拆迁工作;完成了麻音塘、解放街、三角岩等社区连户通组公路硬化;完成了犀牛井居民区通道、院落的硬化、绿化工作;完成矿山博物馆片区居民人行通道硬化工程;完成三角岩、土坪两个社区地质灾害居民搬迁安置区的排洪渠及护堤;建设并维修城区应急水井18口,确保了在雪灾期间发挥应急作用;完成芭蕉湾小区院落硬化和张家湾新建组移民安置小区附属工程建设;完成了镇文化广场、篮球场建设;完成了郭家至二厂廉租房片区绿化、亮化及人行道硬化工程;完成三角岩至大坪、云盘山环山公路建设。万山镇计生公租房、万山汞都公寓、张家湾阵地主体工程皆已完工。麻音塘社区办公楼已建成并投入使用。计生工作连续两年获全市169个乡镇综合成绩第二名,连续三年获全区第一;政府全面工作连续两年荣获一等奖。

万山镇经济社会发展取得骄人成绩。截至2013年末,万山镇工业生产总值达11.855亿元,农业总产值达到2720万元,社会固定资产投资预计完成4.9149亿元,农民人均纯收入达到5580元,城镇居民人均可支配收入预计达到2.3万元。辖区内个体工商户达到1069户,国家企事业单位459家,企业经营管理人才329户,企业专业技术人才141户,企业技能劳动者336人,农村实用人才185人。至此,万山镇经济社会发展步入了"快车道"。

旅游景观

万山,风景优美,独具特色,境内旅游景点众多,旅游开发潜力雄厚。

万山国家矿山公园是2005年国土资源部批准的首批28家国家矿山公园之一。开发建设中的汞都国家矿山公园主要以万山城区的汞矿矿业遗迹为核心景区,面积约5平方千米。一期建设的重点项目包括汞都博物馆、苏联专家楼景区和黑硐子、仙人洞古代采矿遗址景区及冷风洞、大坪坑、冲脚地质生态恢复示范点等景点景区。

万山,中国汞都。坐落在湘黔两省的交界处,贵州省最东端的群山之颠。这里沟壑纵横,万山耸立;这里山高谷幽,峰奇洞异。万山的大地构造,位于雪峰台隆背斜的西缘,地层属于海相沉积,从东到西,依次出露有板溪群、震旦系、寒武系,独特的地质构造及岩性条件,形成了丰富的矿山资源,在寒武系中、下统的碳酸盐岩中,蕴藏着总计探明储量在34000吨以上的汞矿资源。这是一块古老而神奇的土地。《汉书·地理志》和《后汉书·郡国志》记载有"谈指出丹""夜郎出雄黄"等。原来,万山早在3000

多年前就有朱砂的开采与冶炼，并作为贡品运出。汉朝，万山的辰砂已是全国的知名品牌。宋代沅州通判朱辅著《溪蛮丛笑》记载："辰锦砂最良，砂出万山之崖为最，仡佬以火攻取。"至今在万山仍有多处坑洞的遗迹中留下了远古时期爆火裂石的痕迹。迄今为止，世界上最久远的采矿历史，世界上最原始和最先进的汞矿开采、冶炼的方式，世界上罕见的970多千米的地下采矿坑道，世界上最大的天然朱砂，都集中地展现在这块338平方千米的土地上。也因此，万山成为中国最大的汞矿产品生产基地，其汞矿资源和汞产品产量的规模列为中国之首、亚洲之冠、世界第三，故被誉为中国的"汞都"。

万山国家矿山公园是一个"泛公园"的概念，无论是博物馆、古代采矿遗址，还是神秘的地下坑道奇观，首先展现给人们的就是有关汞工业文明的宏大历史叙事。这是世界矿业史上罕见的杰作，是中国有色金属工业的聚焦点，是历代汞矿工人用血汗留下的辉煌篇章。

"四在农家·美丽乡村"建设

近年来，万山镇深入推进"生态贵州·美丽乡村"建设，着力推动城乡发展一体化，缩小城乡差距，增强农村发展活力，促进城乡共同繁荣，构建美丽、和谐社区，实现科学发展、后发赶超、同步小康。

富在农家 万山镇结合小城镇建设发展规划，制定农业发展战略，积极发展高效、优质、特色产业，调整、优化产业结构，促进农业经济发展效果显著。农民人均纯收入达5580元，高于万山区平均水平10%。

学在农家 义务教育巩固发展，办学条件改善，义务教育阶段无辍学、失学现象。

与此同时，邀请湖南怀化正大集团等企事业单位、专家、学者对辖区内农民进行生猪养殖、葡萄种植等方面的培训4次，切实提高了农户增收致富本领和劳务就业能力，培养了一批致富带头人和技术骨干，全镇共有农村实用人才184人。

乐在农家 公共文化服务体系健全。各社区都设有文化活动室、社区农家书屋、宣传栏等文化阵地，配备有相应的文体活动器材；新建万山镇汞文化广场，配套建成风雨亭、喷水池等附属设施，辖区内共有文化广场3处。

群众文化活动丰富。各社区均成立有文艺宣传队，文艺队结合群众生活，编排有符合实际、具有特色的文艺节目。同时，该镇积极利用"七一"、计生协会会员活动日等特殊节假日，组织开展文艺会演活动，为社区广大文艺爱好者提供表演平台。

社会事业发展进步。各社区均建有社区卫生服务站，配备有专职医务人员和药品器材，服务水平和质量有明显改善；新型农村合作医疗参加率超过100%。组织开展"和谐贵州三关爱"绿丝带暨万人志愿服务活动，动员志愿者500余名走访留守儿童、空巢老人、残疾人和鳏寡孤独等困难群众，为他们打扫卫生、清洗棉被、照顾饮食起居。

美在农家 基础设施完善。建设小康路，投入100余万元完成三角岩社区大坪、云盘山旅游公路建设工程、芭蕉湾片区居民院落硬化工程，投入270万元完成15.8千米通组路、联户路网建设。

建设小康水，完成了解放街社区田坝居民区应急水井修建工程，群众安全饮水率达100%。建设小康房，在"侗街"建成安全实用、经济美观、具有地域民族特色的小康房，完成农村危房改造任务。建设小康电，用电安全稳定达标，一户一表率达到100%。建设小康讯，通讯服务良好，家家通广播电视、通电话、信号稳定，完成了城区电网、排水管网、路网、城市亮丽工程改造，城乡面貌焕然一新。

生态环境优美。在各居住小区建设垃圾站；安装城市路灯380盏，栽培风景树2456棵，添置新型垃圾桶100个。

汞都大道两侧、侗街、文化广场等都栽植有桂花树、女贞等绿色植物，"三期"工程、廉租房居住小区门前院落绿化全部完成，辖区内工业污染物达标排放。

国家开发扶贫
生态建设实验区
毕节

百里杜鹃

金坡乡

金坡乡位于黔西县西北部，地处中国百里杜鹃森林公园“中心林区”。东与仁和乡连线，南与黔西县洪水乡相接，西与黔西县红林乡毗邻，北与大水乡、普底乡接壤。古驿道纵横乡里，野普公路穿乡而过，交通较为便利，素有“黔之腹，方之喉”之称。全乡总面积72.69平方千米，耕地19261.5亩，辖10个行政村，92个村民组，21358人。少数民族人口12063人，占总人数的67.18%，是苗、彝、满、汉等民族杂居之地。境内西北高，东南低，海拔高差在1246～1821米之间。主要地质结构属石灰岩侵蚀山原地貌，无霜期258天，年降雨量1060毫升，年平均日照1100小时，年平均气温17℃。全乡气候温和，自然资源丰富。

2014年9月23日，国家民委发布《关于命名首批中国少数民族特色村寨的通知》，全国共有340个村寨被作为首批“中国少数民族特色村寨”予以命名挂牌。

金坡乡民族文化浓郁、人居环境优美、民族关系和谐，因在弘扬少数民族优秀文化、培育当地特色优势产业、开展民族风情旅游、改善群众生产生活条件、增加群众收入、巩固民族团结等方面取得了显著成效而获此殊荣。

金坡乡古称“煤洞坡”，后人户渐增，形成乡场，故又改称为“煤洞场”。1927年建乡时，人们忌讳“煤”（霉）字，民间习称煤为“乌金”，始取名为金坡乡，一直沿袭至今。

坐拥“乌金”宝地，金坡乡自然资源得天独厚。

主要粮食作物有玉米、马铃薯、小麦、大豆；主要经济作物有生漆、烤烟、油菜、茶叶、辣椒；主要野生植物有猕猴桃、天麻、竹笋、香菇、杜仲、苦丁茶等。

乡内有森林总面积44000余亩，其中宜牧草山草场2100余亩，林地27178余亩，杜鹃小乔木11500余亩，林草覆盖率为37.65%。

全乡地域均系附廓水库的积雨区，地下蕴藏有煤、铁、磷、硅等矿产资源，其中煤炭资源极为丰富，勘查地表储量为7.5亿吨，均为优质无烟煤，目前在全乡境内整合后的15万吨以上矿井有10对，设计年生产能力达170余万吨，是黔西火电厂供煤的主要乡镇之一。

历史文化 金坡乡素有“煤郎伴花仙”“煤乡花海”之称。居住在金坡乡的苗、彝、满等少数民族在漫长的历史发展长河中，创造了多姿多彩的民族文化，形成了独特的民风、民俗、民情，流传着许多美丽的民间传说，留下了许多珍贵的历史文物和非物质文化遗产。黔西老八景的“源水三涨”“一间轰雷”，就在金坡乡与洪水、红林两乡的交界处。原黔西新八景中，金坡乡就有百里杜鹃和幸福水库两景。许多文人墨客到金坡乡观赏杜鹃花，并留下许多赞美的文字，把花与人、花与彝家姑娘、花的场面用梨园的形式表现得非常好。譬如题煤郎彝女联，上联：驼铃景生，煤郎唤醒相思鸟；下联：锦上百里，彝女羞红杜鹃花。有写资源的，“彝寨苗山，人间美景，鹃花煤海，天下奇观”。80年代金坡乡在开展自撰内容的书法比赛时，曾留下赞美金坡十景的佳句：“八抱山高首居黔，幸福水秀狮城源。百里杜鹃扬四海，青龙摆尾迎宾来。大坑洞奇观音殿，清凉桶井品香甜。宋氏古墓精艺美，石笋耸立彩云间。五指坡头俊俏丽，莲花盛开雾中眠。”

金坡乡是一个少数民族乡，也是一个多民族聚居地，留下了很多少数民族文化遗产，如彝族火把节、苗族花坡节、满族颁金节等。

百里杜鹃金坡景区 金坡景区距黔西县城28千米，主要景点有百花坪、锦鸡箐、画眉岭、马缨林。景区内山岭起伏，五颜六色的杜鹃花延绵不断，一望无际，是一片花的海洋，这里的杜鹃花，树干树枝造型多变，花朵成千上万，小杜鹃仅盈尺余，俏丽多姿，迎风摇曳，红的如红唇，鹅黄的如闭扇，银的似粉球，淡紫的若玉盘。并可观赏一片树干多变、苍劲虬曲、花朵红艳如火的马缨杜鹃。

在“2008年中国花卉协会杜鹃花分会年会暨杜鹃花卉展览”会上，被中国花卉协会杜鹃花分会授予“中国百里杜鹃花之乡”称号。

金坡岭有奢香夫人开通的“九驿”，这里的花特别漂亮，远远看去，有的山一片鲜红，艳若朝霞，姹紫嫣红；有的山一片雪白，银装素裹，绚丽夺目；有的山百花齐放，繁花似锦。最为奇特的是“一树不同花”，即一棵树上开出若干不同颜色的花朵，最壮观的可达7种之多，令人心旷神怡，流连忘返。山间各色杜鹃花花团锦簇、云霞灿烂、千姿百态、色彩丰富。一个花序有20余朵花，一株树上多达上万朵花，花树高的有六七米，矮的还不到一米，景区内山岭起伏、花山绵延，一山山红杜鹃，艳如云霞；一坡坡白杜鹃，洁白如雪。大杜鹃树枝苍劲，小杜鹃俏丽多姿，美不胜收，令人陶醉。

宋家沟花坟 该坟建于清咸丰年间，占地52平方米，呈圆形。坟顶凸起，周围有滴水檐石。墓身以工整石条砌成，周长12.5米，分三盘(层)。每盘用条石12块，每块条石长1米、宽0.42米，均有浮雕画两幅。

浮雕图案有二龙抢宝、月下追将、渡江招亲、草船借箭、梅花怒放、荷塘清趣、楼台亭阁、地戏锣鼓、杂技表演、耍龙舞狮、吹笙弹琴、儿童嬉戏等。其画面颇为生动，工艺水平也较高。由于整座坟墓从出土基石到顶檐石全都精刻有花草图案，故称“花坟”。

原坟墓前立有高大石碑，碑文比较详细地记

述死者生平事迹及修墓人、工匠、建墓日期等。遗憾的是此碑在"文化大革命"中被砸毁了，没有人详细记下碑文，给考证工作带来了很大的困难。花坟前有一株两人合围的翠柏（习称银松），四季葱茏。坟前乃附廓水库湖区，对岸青山倒映湖中，景色宜人。

黔西县的满族大都由清初进入，分住金坡、仁和、重新、定新、凤凰等地，与汉、彝、苗等民族杂居。由于长期同汉族杂居，他们普遍使用汉文，而且学习较精。晚清时，宋家沟就出了8名满族秀才，傅德洋还留学日本。民间工艺以刺绣、编织、石雕为特长，宋家沟花坟乃石雕工艺的杰出代表。

颁金节 农历十月十三日，是满族全族性的节日——颁金节。这是满族的诞生纪念日、命名纪念日。"颁金节"与金银财宝无关，它源自满语"颁金札兰"。"颁金"，汉意是"生""生成""生气勃勃"之意；"札兰"，汉意是"节日""喜庆之日"之意，因此"颁金节"即满族"诞生日""生气勃勃的节日"。每年这一天，金坡乡满族同胞穿起旗袍等民族服装集聚一堂，跳起民间传统舞蹈，唱起民族歌曲，共度吉祥喜庆的节日。除了品尝传统特色美食，如打糕、粉饺、酸叶糕等等，还要举行满族传统的祭祀活动。

升级换代，美丽乡镇建设全面提速

农业工作稳步推进。为进一步巩固农业经济的基础地位，我乡结合实际加大产业结构调整步伐，种植枇杷1000亩、梨2500亩、桃1200亩，其中煤洞场村大坑洞种植黄金梨1000余亩。发展种养殖大户21户，种养殖业在我乡不断兴起。

基础设施建设力度加大。积极鼓励和引导广大村民严格按照"黔西北民居"通用图集风格建房，景区村民建房开始走向民居化、特色化。投入3000余万元新建和改造生态文明家园3000余户，投入230万元建成生态广场4个，投入200万余元建成化哪村苗族风情园寨门及附源村广场，农村基础设

施不断改善，不断提升景区对外服务水平。

旅游环境明显改善。突出抓好宣传教育、硬件保障、执法监管、日常保洁四个关键环节，以“五脏五乱”为整治重点，不断建立和完善整治工作长效机制。投入150多万元加强各村、各景点的环卫基础设施建设，健全了环卫组织，组建了环卫队伍，加强日常保洁工作。

乡村旅游业蓬勃发展。为了发展乡村旅游及迎接贵州第七届旅游产业大会召开，2013年金坡乡以附源村和化哪村为重点，大力发展乡村旅游，投资500万元加大化哪村和附源村的基础设施建设，出台各类奖励措施，扶持发展农家乐23个和乡村旅馆37家，完成1570个餐位，383个床位。坚持“以节会友”，在满族第一村——附源村举办“满韵乡风水墨附源”表演活动，极大提高了附源的知名度。

社会保障体系不断完善。建立和完善社会保障制度，认真落实各项政策。2012年城镇最低生活保障26户，30人，支出7.534万元，比上年下降了3.5%，月人均209元，比上年增长238%，农村最低生活保障户800户，1600人，支出148.48万元，比上年下降了59%，参加新型农村养老保险2237人，有效缓解了贫困农户的生活压力。

生态文明建设：以生态文明家园建设为重点，全乡完成95%以上民居（按黔西北民居风格）改造，以附源村“满族第一村”、化哪村“彝族风情一条街”、锦星村“苗族村寨”为典型代表，形成具有民族特色的乡村生态文明家园村寨。继续抓好天然林保护，重点实施石漠化治理工程。继续实施退耕还林（还草还花）、封山育林和荒山造林等生态工程建设，使全乡森林覆盖率达到70%以上，树立“生态旅游乡”的形象。

环境保护：加强建设项目环境监管，在自然保护区、风景名胜区、人口密集区严禁发展污染型项目。加强辖区内附廓水库等重要水源区保护，加大水污染治理力度，禁止引进浪费资源、污染环境的企业及落后的技术和设备。防治农业面源污染，治理养殖业污染，发展生态农业，整治农村环境。积极开发清洁能源，改善大气环境质量。坚持防范在先，避免旅游业快速发展对生态环境造成破坏和影响。加强地质灾害防治及关闭矿山废弃地的环境综合整治，多渠道增加地质灾害防治投入。

积极推进“四在农家·美丽乡村”建设：金坡乡以2016年建成全面小康社会为奋斗目标，以推动发展、改善民生为着力点，以国家5A级旅游景区和全国生态旅游示范区为契机，全力推进以通村公路、连户路和院坝硬化为主要内容的农村基础设施建设，狠抓农村环境综合整治，使乡村环境持续改善，村容村貌焕然一新，有力地推动了全面小康建设的进程。

百里杜鹃

普底彝族苗族白族乡

贵州省毕节市百里杜鹃风景名胜区普底彝族苗族白族乡，位于贵州省毕节试验区“百里杜鹃”风景区北部，国家级森林公园“百里杜鹃”主花区，总面积202平方千米，地处东经105°48′～105°49′，北纬27°09′～27°15′，东接大水乡，西邻大方县凤山乡，南抵黔西县红林乡，北靠大方县百纳乡，距省城贵阳150多千米，距毕节市100余千米，交通便利，326国道、杭瑞高速公路横穿而过。辖18个村，人口总数34532人，常住户数9865户，常住人口26760人，少数民族人口约占49%，聚居着汉、彝、苗、白、布依、仡佬等多个民族。

“百里杜鹃甲天下，黄坪归来不看花”。

坐拥天下胜景，普底乡风光美不胜收。

“普底”二字由仡佬族语演化而来，原名叫“普根底”“普康底”，在仡佬族语中是“坝子”的意思。

普底是资源大乡。拥有丰富的煤、硫、硅、铝、铁等矿产资源，现拥有合法煤井17对，煤矿开采是经济支柱产业。境内荒山草坡64785亩，可开发面积大，是发展畜牧业的理想场所。普底作为旅游胜地，百里杜鹃是国家5A级旅游景区的核心景区，拥有得天独厚的旅游资源，旅游是普底经济社会发展的重要增长极。

普底乡历史文化悠久、民族风情浓郁、红色文化丰富、旅游资源富集，普底景区是百里杜鹃开发最早、最成熟的景区之一。

这里有驰名中外的国家级森林公园“百里杜鹃”，有绿草如茵的百里杜鹃万亩大草场，有蜿蜒起伏的九龙山脉、神秘奇特的白龙洞，有被誉为“翡翠明珠”的百里杜鹃湖，还有黄家祠堂、陈家祠堂、黄家坝阻击战遗址等自然和人文景观。闻名遐迩的“百里杜鹃”素有“杜鹃王国”“世界天然大花园”“地球彩带”等诸多美誉，现已查明有马缨杜鹃、大白花杜鹃、水红杜鹃、露珠杜鹃等37个品种，占世界杜鹃花五个亚属中的4个，花色多样，独具景观。

全乡彝、苗、白、布依、仡佬族民族风情古朴浓郁、多姿多彩。在这里还可以体验浓厚的少数民族风情和探索神秘的古彝文化，有彝族古戏撮泰吉、七月火把节，苗族的滚山珠、笙鼓舞等等。

“十里杜鹃”景观 普底景区的黄坪“十里杜鹃”景观是百里杜鹃的缩影、代表和精华。在这十里范围内，杜鹃花种类繁多，色彩丰富，花色多变。登高四望，花区宏大场面尽收眼底，这一山全是红色，艳如云霞；那一山又全是白色杜鹃，如白雪皑皑，娴静淡雅。此外还有紫杜鹃山，金杜鹃山、混色杜鹃山，争奇斗艳、令人目不暇接。黄坪所在的普底乡，少数民族占60%，民俗独特，少数民族节日正值杜鹃花盛开的季节，彝族的插花节、火把节等活动丰富多彩，其民族风情令人流连忘返、回味无穷。

普底彝族风情小集镇 普底原名叫普根底、普坑底、黄村、黄坪、黄家坝，这里位于普底景区腹地，四周花山环抱，风光秀丽，气候宜人，镇上集居着彝、苗、白等少数民族。来到这里，您可以欣赏姹紫嫣红的百里杜鹃，领略起伏延绵的九龙山脉神韵，驰骋一望无际的天然草原，饱览古老流传的“黄村八景”的诗情画意，徜徉丰富多彩的民族民间文化，体验别具特色的民族风情，品味独特爽口的地方小吃。普底素有“百里杜鹃甲天下，黄坪归来不看花”之美誉。1984年兰芸夫到普底，咏杜鹃花“杜宇声声唤我归，果然红浪欲翻飞。天孙巧剪

云霞朵，撒就黔山锦绣堆”。这里区位优势明显，交通便利，是集旅游、休闲、娱乐、购物为一体的观光旅游胜地。这里民居各异，建设风格独具特色，大气靓丽，同中有异，好似花海之中一条飞舞的蛟龙，为百里杜鹃旅游争光放彩。这里有普底乡行政中心，有明末清初文物播勒黄氏宗祠、乙祠、文人名士碑刻华表，有红色文化及传奇的红色故事。红军长征回忆录《星火燎原》第二卷中的“普康底阻击战(即现在的“黄家坝阻击战”)就发生在这里，击溃了国民党郝梦龄部队，谱写了红军长征路经普底战斗、军民情深的历史篇章。

普底彝族风情小集镇的打造，以彰显民族传统美德、展示民族特色风格为主题，以突出旅游亮点、提升民族精神文化为目的，充分利用彝族红、黄、黑三色元素，精巧装点，龙虎图腾，标识大方，独具特色。普底彝族风情小集镇，就势布局，别具特色，生态良好，商贸繁荣，宜居宜业。

醉九牛 普底景区最具传奇的景点是醉九牛，醉九牛这个名字来源于一个动人的传说，据《南蛮史》记载：明朝洪武十七年(1384 年)，水西安慰使奢香夫人为维护中央政权，觐见朱元璋的贡品中，就有九头水西壮牛，但是当九牛走到这里后就不肯走了，为什么呢？那就是被色彩艳丽的杜鹃花迷住了，醉倒在杜鹃花林中。奢香禀告朱元璋后，朱元璋对奢香说：“就把那里叫醉九牛吧。”“醉九牛”因此得名。时过境迁，九牛已化成石牛，凝固在这万花丛中。

云台岭 漫步在杜鹃花林区内的青石板路上，高高低低、密密麻麻的鲜花不断扑面而来、拂面而去，犹如行走在五彩云霞之中，恍若仙境，所以叫云台岭。

云台岭下面有一串石包，它们珠圆玉润、排列整齐、高贵典雅，被当地清朝诗人杨荫桐先生称之为“一串朝珠”，并赋诗一首：“岚腰石齿淡浓烟，疑是宝珠一带牵。蔚起文人多玉润，由来岩岫尽珠圆。”

这里的杜鹃树大的数十根树干簇生一蔸，小的独树一株，疏影横斜。高的一丈有余，虬枝舒展；低的不过盈尺，小巧玲珑。你看这，杜鹃树干奇形怪状，宛如一株株巨大的天然盆景。如果游客们愿意在彝家呆上三五天，好客的主人会捧出香喷喷的水花酒、风味独特的土司腊肉。清晨，领你去花山吮吸那清甜沁脾的杜鹃露，聆听那柔肠寸断的杜鹃鸟啼；白天，去看苗家的跳花坡、芦笙舞，去欣赏那独具特色的挑花、刺绣、织布、蜡染。入夜，当篝火生起，你可与各族同胞一起手拉手跳一曲象征民族团结精神的《乌蒙欢歌》。百里杜鹃就像是一坛酽酽的咂酒，你只需轻轻咂一口，便整个人都醉了；或许只是轻轻闻一闻，仿佛全身都酥透，带着杜鹃花的芬芳进入五彩缤纷的梦境……

大草原 大草原距普底中心花区 4 千米，总面积近 6 万亩，呈环状和梯状分布，植物多以高山矮化杜鹃及原生灌木为主。由于受高海拔气候和风力影响，植被生长极为奇特，形成独具特色的天然盆景园；草原上的天坑星罗棋布，极具观赏价值；喀斯特地貌风格独具，山形奇峰突出，耸立危岩让人惊叹，被称为“南方喀斯特地貌的神奇童话”。

彝族“火把节” 是彝族最为盛大的传统节日。每年农历六月二十四日至二十六日举行，家家打牛宰羊杀猪，以酒肉迎接火神，祭祀祖先。妇女还要赶制荞馍、糌粑面，在外的人都要回家吃团圆饭，一起围着火塘喝自酿的酒，吃坨坨肉，共同分享欢乐和幸福。夜幕降临时，临近村寨的人们会在老人选定的地点搭建祭台，以传统方式击打燧石点燃圣火，由毕摩(祭司)诵经祭火。然后，家家户户，由家庭老人从火塘里接点用蒿秆扎成的火把，让儿孙们从老人手里接过火把，先照遍屋里的每个角落，再田边地角、漫山遍野地走过来，用火光来驱除病魔灾难。最后集聚在山坡上，游玩火把，唱歌跳舞，做各种游戏。

火把节期间举行传统的摔跤、斗牛、赛马等活动。这些活动来源于英雄黑体拉巴战胜魔王(或天神)的传说,这位英雄与魔王摔跤、角力,还教人点燃火把烧杀恶灵所化的蝗虫,保护了村寨和庄稼。为纪念这一事件,每年火把节,都要象征性地复演传说中的故事,渐渐成为节日活动的主要内容。

黄家坝阻击战遗址 1936年2月,红二、六军团转战黔西北,强渡鸭池河,克黔西,夺大定(今大方县)、毕节,并建立革命政权,开展“扩红”运动。国民党以数倍之敌向黔大毕进犯,妄图把红二、六军团围歼。当年2月18日,红军在黄家坝一带阻击狼敌,毙敌团长1名、营长3名、官兵100多名,缴获轻机枪1挺、长短枪60余支。这是中国工农红军二、六军团北上抗日之前的最后一仗,与毛泽东交往甚深的毕节籍开明人士周素园于此开始和红军一起长征。

试验区引领 全力打造生态文明家园

百里杜鹃党工委、管委会成立五年来,紧紧围绕毕节试验区“开发扶贫、生态建设、人口控制”三大主题,将开发扶贫、生态建设与旅游产业统筹起来,大力推进工业化、城镇化、农业产业化“三化”同步发展,经济社会发生了天翻地覆的变化,扶贫开发实现了减贫摘帽,人口实现“双降”目标,生态文明建设成效显著,人居环境全面改善,人民群众的幸福指数大大提高。2013年,实现工业总产值9亿元,同比增长23%;农民人均现金收入6500元,同比增长17%;城镇居民人均可支配收入2万元,同比增长15%; 全社会固定资产投资12亿元,全年完成非税收入61.53万元。

普底已建成区内集贸市场一个,位于普底彝族风情小镇中心街道,可容纳80个摊位。建成公共厕所数量3个,分别位于普底彝族风情街银门下行约500米、普底乡派出所院内及普底乡政府大院内。2012年3月底,普底街全面完成彝族风情特色民居改造518栋,市政管网改造开挖并回填土石方4万余方,铺设给排水、电信、电力等市政管网10000米,强弱电线缆入地工程,街道石板铺装及街面绿化5000米。安装具有民族特色路灯234盏,完成普底中小学篮球场、足球场、普底休闲小广场、停车场等配套设施建设,并于2012年3月28日成功举行了开游仪式。改造后的普底彝族风情小镇,其浓厚的彝族风情及清爽舒适的环境,得到省、市有关领导及游客的一致好评,原省委副书记、现省政协主席王富玉在开游仪式上给予了“中国小瑞士、贵州第一街”的高度评价。

大方县

雨冲乡

雨冲乡位于大方县城东部，西邻百纳、星宿，北接金沙县箐门乡，东与金沙县大田乡接壤，南与沙厂乡相邻。地理坐标为东经 106°00′，北纬 27°22′。全乡总面积 123.28 平方千米，辖 6 个行政村，58 个村民组，13059 人，居住着汉、彝、苗、仡佬、布依等民族。全乡平均海拔 1250 米，属北亚热带湿润季风气候，冬暖夏凉。年降雨量 1180 毫米，年无霜期 300 天左右，年总日照数 1800 小时，全年平均气温 13.6℃。326 国道穿境而过，杭瑞（杭州—瑞丽）高速公路越境而出，交通便利。全乡资源丰富，耕地面积为 19875 亩，荒山 66852 亩，林地 13779 亩，水域面积 2786 亩。

黔西北云贵高原，乌蒙腹地。

远古的呼唤，唤醒了沉睡的油杉河，从而掀开了她的神秘面纱，展现出喀斯特地貌的独特景观。

这个性盎然的神秘之地，分布于雨冲及星宿两个乡 10 村，旅游区规划总面积 148.9 平方千米。

拜大自然恩赐，雨冲乡物华天宝，镇域风景秀丽，生物资源丰富。

全乡森林覆盖率80%，有国家一级保护植物红豆杉、银杏等4种，二级保护植物福建柏等3种，有一级重点保护野生动物2种，二级重点保护野生动物5种。有被命名为省级“森林公园”的油杉河大峡谷、古大珍稀的千年古银杏树群、天然万亩草场、高大伟岸的“杉树王”。著名的旅游景点有仙宇屯、三节洞、望夫崖、夫妻岩、一线天、花瀑布等。

雨冲乡矿产资源丰富，主要有煤炭、云母片、铁矿、大理石和花岗石、黏土、观音土等，遍布全乡角落，储量极大，易于开采。乡境内有乌江水系的雨冲河、赤水河水系的油杉河和三岔河，水资源丰富。

主要作物有烤烟、玉米、大豆、马铃薯等。

油杉河景点惹人醉 油杉河源于九龙山北麓，属赤水河水系。整个流域面积约为41平方千米。大方境内以油杉河、后河为主要河流，湾流沟涧达数十条之多，一般都在海拔1400米以上，最高点是后河天门峰，海拔1810米；最低点是三岔河河口，海拔800米，其相对高度达350～100米之间。形成巉岩峭壁，深壑幽谷，山高水低，大起大落的雄伟气势，属于典型喀斯特峰丛中切槽谷地形。

油杉河所处的这种特殊的地理环境，其交通之艰难，不亚于剑门蜀道。正是由于这种艰险，遏制了油杉河与外界的联系，但与此同时，也遏制了油杉河森林植被被人为地破坏，使一部分原始森林和大面积的天然次生林得以保存，全境植被覆盖率达80%以上。

油杉河流域，林木葱茏，绿阴如盖，松竹繁茂，古木扶疏，藤萝攀附，芳草如茵，古、大、稀植物比比皆是。

在众多的珍贵植物中，福建柏应当首屈一指。在油杉河流域，现存的福建柏超过10万株，连片生长的有3万多株，总面积达50公顷。这么大面积的福建柏，在贵州还是首次发现。

至于那些零星生长的古、大、稀植物，更是各有特色，各具神奇。

黄杨树，又称“千年矮”，在油杉河就有这么3株特大的黄杨树。3株黄杨树分别生长在三座古墓上，树干盘错曲扭，龙钏古粹；树冠圆浑蓬茸，苍翠欲滴。远远望去，犹如三个巨大的绿色绒球，甚为壮观。

油杉河有一株被当地村民供奉为“神树”的古红豆树，这株树有600多年的树龄，有着许许多多神奇怪诞的传说。如今老树新绿，生意盎然。还有一片由大小78株树组成的银杏林，最大的一株胸径达2.1米，胸径1米以上的有9株之多。整个林子枝繁叶茂，遮天蔽日，形若山丘。

在油杉河，还有枝干老虬、古朴苍劲的古白杨树；还有拔天盖地、硕大无朋的古丝栗树；还有连百里杜鹃都未曾发现过的一些杜鹃花品种；还有许许多多稀奇古怪，无法称叫的树木和植物。据初步考察，这里的各种乔、灌木有50多科、100多属、300多种。

油杉河展现给人们的不光是丰富的森林野生

资源，还有那如诗如画、玉宇仙境的真山真水，更有那令人击掌叫绝、流连忘返的原始风光。全境奇峰连绵，峄石嵯峨，沟壑幽深，瀑泉潺潺，溪涧凝碧，林木蓊郁。兼山石流泉林木之胜，集雄奇灵秀之韵，令人叹为观止。油杉河流域的两条主要河流，其源头都在海拔1500米以上，分别流淌不到15千米而后汇合，总落差高达700米左右。因而河水急剧奔流，跌水瀑布连绵不断，沿途时有溪流飞泉倾注而入，构成了一幅幅秀美的壮丽风光。

两条河各具特色。后河沿岸山岩一路较为疏缓，土层丰厚，植被茂密。河水时而汹涌奔放，时而连绵跌落，时而宁静幽邃，时而平缓舒展。油杉河中游一段，夹岸削壁对峙，重山如阙，峭壁杂树交横，藤萝悬垂，河谷幽深。仰望崖端，天开一线，云气往来；俯视谷底，一绺河，深重凝碧。

令人赞叹不已的，还有那些大大小小的流泉飞瀑。有的如银河倒挂，有的若白练凌空，有的似轻纱飘渺，有的像珠帘垂挂。“九天瀑”“一线瀑”“双飞瀑”“九叠瀑”“珍珠瀑”“漂纱瀑”，数不胜数。此番胜景，大有不让匡庐之势。

登临油杉河中部的马鬃岭，极目环顾，山峦沟壑一览无余。远山层峦叠嶂，烟波浩渺，近山沟壑起伏，雄奇伟岸。若逢雨后初晴，水汽郁结，林岚积翠，谷中薄雾傍山蒸腾，深壑浅谷青烟缭绕，远山近峦披纱缠云，恍若仙境。

后河上游群峰兀立，危岩罗列，怪石嶙峋。山岩千姿百态，造型神态惟妙惟肖，可谓神工鬼斧，天成地就。“天门峰”是油杉河最高峰，境内诸峰皆环拜拱卫，好一派王者独尊、万笏归朝的景象。“玉壶峰”“神女峰”“文笔峰”“孔雀岩”“母子岩”“夫妻岩”“望夫石”“擎天石”，移步即景，神采各异。

“仙宇蹬”乃油杉河第一名山，是游人必至之胜境。此山三面环水，平地拔起。顺看如擎天一柱，侧看若巨大屏风；远看是群峰一峦，近看则削壁千仞。上山之路极为艰难，但登览极顶，居然还有一小小的观音庙。真是“山不在高，有仙则名”。

“贴肚岩”顾名思义，足知其险。这是早年油杉河下游一带的唯一通道。200多米的绝壁巍然耸立，交通到此突然中断，只好凭借壁岩石天然断层作为“栈道”。“栈道”最窄处，光若鱼背，危岩挺腹。行人路过，须贴着肚子擦岩而过，而身后百米峭壁毫无遮拦。真叫人手足沁汗，头晕目眩，不敢他顾。不过，如今“贴肚岩”无需贴肚而过。但仍然艰险异常，行人仍需格外小心。

神秘的油杉河，一座得天独厚的自然资源宝库，一块山水绝佳的原始自然风景区，一个养在深闺的纯真处女地，一旦被人们所认识、所了解、所开发、所利用，这块历尽沧桑的玉璞，将会散发出它应有的辉煌，成为无价的稀世珍宝。

美丽乡镇建设全面提升 乡党委、政府以党的十八大精神为指针，紧扣毕节试验区“三大主题”，以经济发展为己任，按照“提速发展、加快转型、实现跨越”的主基调，以“工业强乡（投资数十亿元的大方金门陶瓷工业园区已实现投产）、旅游兴乡（通过近两年的打造，油杉河景区仙宇屯、古银杏树景点已对外开放）、城镇靓乡（特色小城镇建设已初具规模，乡村旅游初显成效，力争在5年内将雨冲集镇打造成为集休闲、娱乐、度假、养老、会务、观光、垂钓为一体的花园之乡、盆景之乡）、农业稳乡（全省100个示范中草药产业园区，其中1个已落户雨冲，按照“中药材1万亩、种草养畜1万亩、经果林1万亩”的目标，加快农业产业结构调整步伐）为发展思路，以“生态雨冲、活力雨冲、和谐雨冲、美丽雨冲、幸福雨冲”为战略目标，励精图治，锐意进取，全力推进社会经济全面进步。

截至目前，全乡共完成院坝硬化788户，竣工率106%，连户路72.302千米，竣工率114.9%。

紧紧抓住国家、省、市、县发展小城镇建设的战略机遇，以成功申报全省100个示范小城镇建设的为契机，全面打造小城镇建设。建设中做到有法可依，突出地方特色，彰显鲜明个性。规划设计着力在山水园林上做文章，力争将雨冲特色小城镇打造成为集会务、养生、休闲、避暑、观光为一体的乡村旅游目的地。

近年来，以保护青山绿水为指导，维护和利用好原有的自然风貌进行开发建设，以生态文明家园建设为载体，紧紧围绕发展乡村旅游业定位城镇功能，高水平管理，高强度推进，完善功能设施；积极争取和多方筹措资金9000多万元投入小城镇建设，新建了和谐文化广场，建成了河滨大道，硬化了油杉路移民大道，实施了河堤治理，对街道“白改黑”、农贸市场、雨冲客运站等进行了绿化、美化、净化和亮化；发展乡村旅馆35家、农家乐24家、农村超市18家，夯实乡村旅游业的基础。

发展工业不遗余力。完善总规划面积776公顷的金门陶瓷工业园区，园区建设布局采用“组团式”结构，分别设置居住组团、市场物流服务组团、原料生产组团及北、中、南三个建筑卫生陶瓷生产组团。园区按照“产城一体”规划，打造成为中国西南地区最具影响力的陶瓷生产基地——“西南瓷都”。现已引进企业7家，引进投资39亿元，建成生产线1条，在建生产线9条。累计完成固定资产投资6.3亿元。

力推生态旅游业。油杉河生态旅游度假区分为八大游览区，现景区设施和功能基本完善，古银杏群、仙宇峰、崔舒坝3个旅游景点已实现对外开放。年吸纳游客10万人次。围绕油杉河景区生态修复及旅游产品的包装打造，全面启动建设大方县雨冲乡现代农业观光示范园建设项目，已种植中药材16000亩，经果林14700亩。

通过打造特色小城镇建设以来，雨冲乡人居环境得到了极大改善，小城镇形象品位得到了大幅提升，农民生产生活条件逐步改善，农民人均纯收入逐年增加。有力拉动了第三产业的快速发展，现雨冲乡农家餐馆发展到41家，休闲旅馆发展到38家，餐饮、住宿业十分火暴，每天在雨冲乡食宿的客流均在300人以上。

雨冲乡党委、政府广泛调动人民群众，结合实际，进一步提高了雨冲乡在外界的知名度和美誉度，为雨冲乡打造了一张美好的名片。

赫章县

兴发苗族彝族回族乡

赫章县兴发苗族彝族回族乡(简称兴发乡)位于赫章县东南部，东与松林坡白族彝族苗族乡接界，南与雉街彝族苗族乡毗邻，西和珠市彝族乡、水塘堡彝族苗族乡山水相连，北枕白果镇、古达苗族彝族乡、威奢乡。赫章至松林公路从西向东横贯兴发，威兴公路直达威奢乡，往南沿珠松公路经雉街乡可达水城县等地。乡政府驻地兴发村，距离县城 37 千米，总面积 188.93 平方千米，耕地面积 26859 亩，草地面积 8.6 万亩。辖 16 个村，73 个村民组，总人口 27075 人，是一个典型的多民族杂居乡(居住着汉、苗、彝、回、蒙古、白、布依、穿青、蔡家、蒙古等民族)。平均海拔 1935 米，无霜期 210 天，年平均降雨量 950 毫米。地形以山地为主，气候为暖温带季风性湿润气候，年平均气温在 12℃左右，雨量充沛，自然资源丰富。

远望，峰峦如聚，似万马跃如；俯瞰，韭花如怒，姹紫嫣红开遍。

这就是兴发乡魅力、独特的生态环境。

兴发乡域内以山地为主,地下溶洞星罗棋布,喀斯特地貌发育完整。气候为暖温带季风性湿润气候,年平均气温在12℃左右。平均海拔1935米,无霜期210天,年降雨量950毫米。雨量充沛,自然资源丰富。

农业生产的主要粮食作物有玉米、豆类、马铃薯、荞麦等;野生植物有漆树、香菇、续断、龙胆草、党参及其他中药材,乡内气候及土质尤其适宜中药材生长,是发展中药材种植的理想场所;乡内有宜牧草山草坡81000亩,灌木林地面积64650亩,宜林荒山草坡48000亩,其中,目前已开发的核桃、板栗等干果基地2500亩,用材林幼树15000亩;有乡办林场面积950亩,国有林场面积880亩;广阔的荒山、草坡及灌木地为发展畜牧业、林业提供了得天独厚的条件。

境内的大韭菜坪、大海子地势平坦,芳草萋萋,牛羊成群,牧歌悠悠。一幅幅天然的草原牧歌图,简直是旅游休闲的绝好胜地。

位于兴松公路左侧的板桥水库水域面积260亩,蓄水700万立方米,周围群山环抱,绿树成阴,不但调节了小区气候,而且装机容量为2×200千瓦的发电厂,从一定程度上弥补了兴发、松林两乡用电的不足,同时还可以利用广阔的水域进行水产养殖和旅游开发。

境内有丰富的铁、煤、铅、锌、铜、硫等多种矿产资源,其中铅锌矿的储量最为丰富。清朝末年就开始开采的丫都、木冲、蟒洞、大街等矿山,位于一条东西走向山脉的不同断层带,至今仍较为红火,日产铁矿、铅锌矿、硫化锌矿300吨以上。目前全乡共有骨干铁矿井6个,硫化矿洗选厂1个,锌氧粉厂2个,铁厂1个,有10立方米高炉5座,全乡已基本形成了从矿产开采—洗选—冶炼一条龙的生产格局,带动了交通运输、饮食服务、商业零售等行业发展。

特色产业富乡富民 兴发乡境内有丰富的矿产资源(主要有铅、锌、铁、铜、煤等)和旅游资源(有中国十大避暑胜地韭菜坪、阿西里西大草原、板桥水库和兴发林场),有宜牧草山草坡81000亩,灌木林地面积64650亩,宜林荒山草坡48000亩,广阔的荒山、草坡及灌木林地为发展畜牧业、林业提供了得天独厚的条件。兴发乡紧紧围绕"矿业强乡、农产立乡、畜牧富乡,旅游活乡"目标定位,大力发展经济。乡内主要有国鼎公司、警通公司、点石公司、兴发煤矿、兴旺公司等企业,为兴发的经济发展起到了助推作用。2007年以来县委、县政府在兴发乡实施草地生态畜牧业,经过三年的努力,目前,全乡生态畜牧业发展涵盖了中营、新营、丫都、石板、兴发、丫口、大街、小海、民族、营盘、鹰嘴、摸嘎、场坝等14个村,发展养羊户1425户,种草28500亩,羊存栏52756只,养殖户实现了人均占有羊只出栏量 2.2 只，人民收入有较大提高，同时也得到了各级领导重视，给兴发乡的草地生态畜牧业指明了方向。兴发乡经过几年的努力，大力改善人居环境，从 2009 年以来，共修建黔西北民居 1055 户，建成小海、民族、丫都试点新农村建设，大大改善了群众的人居环境。

文化兴盛 民风浓郁 兴发是一个历史悠久的民族乡，各民族在这块土地上世代生息、繁衍，形成了特色各异的民风、民情和民俗。每逢节日，各民族群众都身着盛装，欢聚一堂，举行对歌、赛马、吹芦笙等多种多样的活动，其中苗族的“花场”“芦笙舞”，彝族的“对歌”“酒礼”“铃铛舞”，回族的“古乐邦”节、“开斋”节等活动丰富多彩，弘扬和繁荣了少数民族文化。全乡现有中学一所，中心小学一所，片区小学 3 所，完小及教学点 11 个，正式教师 206 名，代课教师 12 名；16 个村中有 15 个村水电路三通，开通了程控、移动、联通等通讯网络；有乡级医院一所，村卫生室、个体诊所 13 个，医务人员 33 人；乡广播站安装了闭路电视差转设备；15 个村通了广播电视。

贵州赫章苗族韭菜花节 大韭菜坪位于赫章县兴发乡、白果镇和水塘乡的交界处，距县城 30 千米。主峰海拔 2777 米，是贵州西部第五高峰。山坡上长满韭菜，约 60 厘米高，韭菜花为紫色，每年八九月时盛开，届时将举办韭菜坪彝族文化节。

“贵州赫章苗族韭菜花节”暨“贵州赫章大韭菜坪苗族花山节”是以苗族为主体，各民族参与的民族民间文化节日。它是根据苗族花山节、民间祭祀、观花交流等多方面的内容，由民间理老族长认真分析研究，协商确定的一种民间活动，源自 1860 年。清朝末年，朝廷腐败，民不聊生，苗族人民更是处于水深火热之中，为了寻求解放、自由、民主的社会，黔西北苗族领袖号召苗族同胞起来与地方政府作斗争。起义选择在今兴发乡境内的大韭菜坪山顶上。陶兴春之所以看准了韭菜坪，主要有四个方面的原因：一是韭菜坪山顶上食物丰富，给当时衣不蔽体、食不饱腹的苗族起义军提供了充足的食物（打猎和采野菜，主要是韭菜）；二是地势险要，易守难攻；三是水源充足，便于大兵团饮用；四是宽广平坦的草坪便于大型队伍的宿营和野练。苗族韭菜花节于每年的农历八月初五，由赫章县委、县政府主办的苗族韭菜花节文艺演出在兴发乡大韭菜坪举行。苗族的少男少女载歌载舞，吹芦笙，表演原生态民族歌舞。韭菜花节作为苗族花山节，是苗族同胞的重大传统佳节。苗族花山节已经成为各民族互相学习、共促发展的节日。花山节的开展也为苗族同胞继承传统，挖掘、保护和开发好苗族文化起到重要的推动作用，必将为赫章文化

旅游产业发展增添新的活力。

在开发旅游的同时，当地政府也十分注重生态环境的保护。

阿西里西大草原

“阿西里西”是彝族语言，其意思是“我们的好朋友”。大草原位于贵州省赫章县主景区在威奢、兴发两乡。

整个景区近100万亩，平均海拔2449米，最高峰雨磨山海拔2447米，素有“赫章亚峰”之称。景区以南方少有的“风吹草低见牛羊”的草原景观为主，景区内有帅印山、六合门、女帽山、土地公、梳妆塘、吹风岭、跑马坪、情人溪、杜鹃林、斧劈岩、双乳峰、小天坑、赛歌台、点将台、月亮洞、燕子岩、擦耳岩、软石洞、古驿道、测风塔等景观，周围还有雄伟壮观、巍峨蓬勃的“十万大山”(万峰林)景观，草原上有成千上万的蚂蚁包，有朝天灌、断续、结骨草、天麻等几十种中药材，有红豆杉、珙桐等珍稀植物，有可当美味佳肴的毛草菇，有远销海外的特产海花(水苔)，有成天穿梭于蓝天白云间的云雀，有国画般的山水……这里是深藏祖国南方乌蒙山区的一颗翡翠、一珠珍宝、一朵奇葩，是留给天下人最后的一方净土，它无比神奇、无比旷达，这里山中有画、画中有山……

生态农业结硕果 自2007年实施草地生态养羊项目以来，乡党委、政府团结带领全乡各族群众，经过五年来的努力，生态养羊项目分别在中寨、中营、新营、丫都、兴发、丫口、大街、小海、民族、鹰嘴、摸嘎等11个村实施，有力地推进了兴发乡畜牧业发展，促进了农民增产增收。

兴发乡以得天独厚的资源实施种草养畜，大力发展草地生态畜牧业。2007年项目实施以来，涉及养殖农户923户，迄今为止全乡共流转土地13121亩，建圈舍17759平方米。我乡羊存栏4.4万只、每年出栏1.5万只；牛存栏8500头、每年出栏1500头；猪存栏1.4万头、每年出栏1.1万头；禽存栏3.1万羽、每年出栏2.25万羽。

合作联合养殖是该乡的一大特色，共成立了种养殖合作社19个，其中专业养羊合作社10个，采取“示范场+农户”盈亏自负的运作模式，在技术、防疫、市场等方面给予农户指导和引导，发展社员721户，带动农户2400户。

现有规模养殖企业1家，即阿西里西种羊场，该项目总投资1580.08万元。建综合用房1262.53平方米，建怀孕母羊房3038.55平方米，建种公羊舍448.29平方米，建普通羊舍6077.1平方米，建集粪池5个，无害化处理池40立方米，青贮池900立方米，水池200立方米，消毒池8个，药浴池10立方米，分羊栏100平方米，场内道路硬化2千米，污水收集池500立方米，排洪渠道2500米；建防疫室20平方米，隔离室60平方米，消毒通道40平方米，草地改良2600亩，围栏8000米，人工种草1万亩，养殖规模可达10000只以上。

种植业主要以种植马铃薯和玉米为主，2013年种植了马铃薯3万亩、玉米1万亩(其中杂交玉米0.7万亩)、杂粮0.2万亩、蔬菜0.83万亩，效益较好。

乡党委、政府积极引导群众种植中药材，并为种植户积极调拨苗木，免费提供技术支持，2013年种植半夏300亩、续断300亩、首乌200亩、天麻50亩、云木香200亩、鱼腥草400亩、杜仲200亩、桃仁100亩、杏仁100亩、其他中药材1000亩，还成片发展了400亩党参示范基地。在基地和少数种植户的带动下，兴发乡中药材种植发展迅速，充分彰显了朝阳产业蓬勃发展之势。

兴发乡地处贵州屋脊韭菜坪下，长年温润的气候适合核桃树生长，乡党委、政府依据地理优势，进一步加快了核桃产业的发展。目前我乡核桃种植面积已达3.65万亩、共种植核桃树83.95万株。

小城镇建设有序推进 兴发乡小城镇建设以重点整治灰渣破废渣区域来辐射带动全乡小城镇协调发展的总体格局。先后完成废渣场整治、新建硬化路、路网、管网、绿化、路灯建设。2014年兴发乡将新建700米的大街，新建广场、农贸市场各一个，新建河堤700米。

金沙县

岚头镇

岚头镇位于金沙县东部，政府所在地距县城40千米，柳沙公路穿境而过，是东片区的交通枢纽地。境内居住着汉、苗、布依、彝等民族，辖6个行政村，42个村民组，5568户18610人，其中，镇区常住人口1141户4275人。全镇总面积70.4平方千米，森林覆盖率50.2%，耕地面积15145亩，农作物以玉米、水稻为主，经济作物以茶叶、油菜、高粱为主。地下矿产资源十分丰富，有无烟煤、铁、镁、钾、硅、方解石、大理石、高岭土、石灰石等。系毕节试验区综合改革试点乡镇、转变经济发展方式试点乡镇、发展型党组织建设整镇推进试点乡镇。

岚头镇，历史久远垫雄基，新时代谱写发展新篇章。

历史沿革 岚头镇境，元代属亦溪不薛下辖沙溪等处蛮夷长官司，明代属雄所则溪，部分地域为

与播州所争议，曾划归黄沙渡土巡检司辖，仍为土官制，清康熙三年（1663年）设里，现岚头境各有所隶。岚头街民国前称“大蓝头”，原乡境接沙土、长坝部分属新化里，接木孔部分属永丰里一甲，接安底部分属敦义里一甲，成三里之交，民国三年（1914年）才称“大岚头”，并撤里制改保甲，民国二十四年（1935）建成黔西县第六区（安底辖）大岚头，民国三十年（1941年）金沙县立县后，原三里之交划入茶元乡，为6、7、8保及4、5保的一部分，1950年属七区（茶园）所属岚头村，1953年改建岚头乡，1956年撤销茶元区后与干河、高果合并建岚头乡划归安底区辖，1958年成立人民公社，1959年为安底人民公社辖岚头管理区，1962年恢复公社建制，“文化大革命”中曾建革命委员会，1978年恢复公社称谓，1984年撤社建乡，均隶安底区属，1992年建并撤新建岚头乡。1992年体制改革时由原岚头、茅岗二乡合并建成岚头乡，1995年报省人民政府批准后成为现在行政管理17个村的建制镇。茅岗清时属敦义里二甲，民国时期属安底镇辖5、6保之一部分，部分属明晖乡（民主），均隶安底区。20世纪50年代前，从安底至岚头的大路横贯其境，沿途灌木丛生，荒无人烟，是一片野兽出没的低、中丘地带，当地人称“九里茅岗”，一直为大寨、民主、岚头分辖。1977年，为安置乌江库区金沙县境被淹移民，县委组织3万民工在九里茅岗安营扎寨，开出梯土3300多亩，供166户移民耕植，并于1979年取新来移民之意，成立“新移民公社”，1984年撤社建乡，至1992年体制改革与岚头合建岚头乡时，均属安底区辖。

自然地理 岚头镇海拔为820～1112.6米之间，镇址岚头街海拔924.3米，全镇平均海拔910米，最高点后寨村尖峰顶海拔1112.6米，最低处下坝村小龙洞海拔820米；地貌属黔北高原边缘的低山、丘陵地带，地表岩石主要以碳酸盐岩和砂岩为主。属亚热带湿润季风气候，冬暖夏凉，雨量充沛，年降水量900～1100毫米，无霜期320天，年均总日照时数为1112小时，年平均温度15℃，全年主导风向为东北方向，风力多为1～4级。镇内有水库两座，马桥水库135万立方米，穿洞水库240万立方米，另有丰富的地下水为全镇部分村镇人畜提供饮水。

色集镇建设 2011年以来，岚头镇党委、政府按照科学发展观的要求，以构建和谐岚头为目标，把加快特色集镇建设作为推进新农村建设的重要内容，积极探索符合我镇实际的特色集镇建设新路子。经过一年多的努力，特色集镇品位得到提升，集镇集聚功能和社会经济效应日益凸显。

精规划、重实施。镇委、镇政府高度重视，根据经济和社会发展要求，结合岚头镇实际，科学制订“十二五”发展规划和城镇总体规划，突出重点，合理布局，编制完成了特色集镇改造详细规划和六个村的发展整体规划，改造后集镇框架逐步扩大，集镇面貌和村容村貌焕然一新。

大投入、强建设。2011年以来，岚头镇加大了集镇整治投入力度，先后投入1200余万元对集镇进行全面改造。完成了集镇近500户房屋的立面改造和房顶黔西北民居改造工程，实施了集镇线网改造，规范了电力、电视、移动通讯线网，彻底结束了集镇线路“蜘蛛网”的历史。同时对集镇排污系统和管网进行了改造，彻底解决了集镇排污难和用水难的问题，极大地方便了群众，对集镇2.3千米油路和人行道路实施改造，种植行道树200棵，添置盆景180余个，安装太阳能路灯120余盏，在太阳能路灯灯杆上装饰特色茶壶型灯笼120余套。同时，还对街道进行划线治理，规范车辆顺向停靠，解决了长期困扰乡镇街道的“肠梗阻”问题。提升了集镇品味，成为岚头镇对外的一张名片。

善引导、促管理。随着基础设施的和市政服务功能的完善，人们生活水平的不断提高，群众对环境的要求也越高，我们积极探索和创新集镇环卫管理长效机制，推行“全天候保洁、无空白管理、全覆盖落实”的环卫作业模式，在“精、细”上做文章。在全镇范围内招聘10名环卫工人定时定点收集垃圾，统一装运到垃圾场，做到日产日清、垃圾不落地、不过夜。同时，配置了95个外形美观的垃圾箱，合理布点，极大地方便了群众。硬件设施和管理制度的完善，彻底杜绝了广大居民乱倒垃圾现象，镇容镇貌得到了彻底的净化和美化。

同时创新工作方法，整合社会资源，成立了“金沙县幸福岚头、和谐岚头建设促进会”，在镇内挑选有一定社会影响力的知名人士作为促进会执行机构人员，制定了完善的规章制度，促进会执行机构人员全程参与、监督岚头镇全镇的“整脏治

乱”和文明创建工作，在全镇形成了干群同心、上下联动共同巩固岚头镇特色集镇建设成果的浓厚氛围。该镇特色集镇建设得到市、县各级领导的充分肯定和高度重视，2012 年获得毕节市“文明卫生乡镇”称号。

2013 年，岚头镇将强化产业结构的调整，加大招商引资力度，通过项目带动，实现劳动力就地转移，切实解决群众就业问题，促进城镇化发展。

一是总投资 6000 万元的岚头镇汽车综合性能检测站扩建项目已经完成了 90%的建设进度，项目建成投入使用后，全年可容纳金沙县东片区 4000 余台车辆检测，实现群众就业近 100 人，带动当地服务业、餐饮业第三产业的发展，促进我镇财政增收约 50 万元。

二是总投资 5000 万元的万亩龙井茶叶基地已经基本建成，4000 平方米的标准厂房已经投入使用，就地解决劳动就业近千人，可实现人均增收 2000 元。

三是岚头镇岚丰村大棚有机特色蔬菜基地已经初具规模，该项目总投资 200 万元，占地 100 亩，每亩地可产生经济收入 5000 ~ 10000 元，可解决近百人的就业，带动运输、物流、服务等第三产业的发展，促进岚头经济发展。

四是总投资 5000 万元、年产 3 万套 LED 太阳能路灯的金沙县智裕太阳能制品生产项目目前已完成 2600 万元的投资，办公楼、厂房、LED 路灯展示区全部完成总工程进度的 80%；生产设备已全部定制完毕，并于 2013 年 3 月底搬入厂房进行调试。项目建成后，可解决劳动力近百人；带动运输、物流等产业的发展，拉动岚头经济的发展。

启动“美丽乡村”基础设施建设，自“四在农家·美丽乡村”六项行动启动以来，岚头镇党委、政府立足本镇发展实际，始终致力于把我镇建设成为生活宜居、环境优美、设施完善的美丽集镇，带领全镇人民努力完成了以下基础设施建设：

小康路 2012 年以来，岚头镇共实施“一事一议”工程通寨公路 18.978 千米。2013 年，县级下拨资金建设岚头镇美丽乡村连户路硬化 79.1 千米。2014 年，岚头镇共实施 6 条通村公路，总长 19.668 千米，现已完成 16.69 千米。

小康水 岚头集镇供水设施完善，辐射岚丰村、三桥村全部及东隆村、和平村部分村组。东隆村十月人饮工程，和平村猫山、高坪人饮工程已完工交付使用，在和平村钻井 1 口，正在争取完善配套设施，茅岗村果林、新村人饮工程正在实施，茅岗村新村机电钻井 1 口，即将完善相关配套设施，高果村庆丰、高仓人饮工程正在实施当中。

小康房（改造危房） 2009 ~ 2011 年，上级共投入 910.8 万元改造农村危房 1278 户；2014 年，所剩的 121 户农村危房正在改造实施中，累计面积 9829 平方米，拟补助资金 117.16 万元。同时，已争取到 2015 年扶贫生态移民搬迁工程在金岚社区实施，惠及农户 300 多户 1000 多人。

小康电 岚头镇农网改造已于 2012 年全部实施完毕，一户一表率已达 100%，目前全镇电力供应正常。

小康讯 岚头镇电信、移动、联通信号已实现全覆盖，全镇 6 个行政村均通宽带。

小康寨 截至目前，岚头镇共实施美丽乡村建设院坝硬化 121017 平方米，柳沙公路沿线小花池建设已达 80%以上，实施农村改厕、改圈、改灶的农户分别达到 80%以上。茅岗村、高果村大部、三桥村一部实施了照明工程，集镇照明工程进一步得到改善。茅岗村、高果村新建了垃圾池，集镇垃圾做到日产日清，现岚头集镇卫生情况一直保持良好，岚头集镇文化广场、茅岗村文化广场投入使用，丰富了周边群众的业余文化生活，同时岚头镇党委、政府加强了集镇的绿化美化工作。

今后，岚头镇将在统筹城乡发展、振兴岚头经济、实现全面小康的道路上，描绘新画卷、谱写新篇章、实现新跨越、铸造新辉煌！

金沙县

平坝镇

平坝镇位于贵州省毕节市金沙县西部，总面积233.1平方千米，镇政府驻地距金沙老县城9千米，距金沙新城区1.7千米。全镇村村通公路，740国道穿境而过，杭瑞高速公路途径我镇，交通便捷。是金沙县现代农业科技示范园和中药材种植示范带的核心区。全镇海拔在850～1500米之间，地势西高东低，乌蒙山脉和娄山山脉在境内交汇，乌江流域与赤水河流域覆盖全境。全镇土地肥沃，气候宜人，适宜种植水稻、玉米、油菜、烤烟、茶叶、金银花、葡萄、蔬菜等农作物。全镇辖2个社区，16个行政村，172个村民组，31442人，属于典型的农业乡镇，是贵州省社会主义新农村建设整乡推进试点乡镇之一，是毕节市幸福小镇建设示范乡镇之一。

诗曰："两河七屯景如画，三山五岭峰似诗。"

平坝镇富饶美丽，绿畴无涯，环镇山水皆可入诗入画。

镇历史久远。清雍正年间形成集市，名"半边街"。后因其地平旷，更今名。

域内旅游资源称誉于世，是毕节市的乡村旅游示范镇、平坝镇新兴旅游目的地。冷水河自然景观世人称奇；平坝西洛湖，碧波荡漾，风光如画；平坝石仓山，奇石林立，鬼斧神工；平坝方家山，果树成阴，风过闻香；平坝五指山，泉山涌流，景优山秀。在平坝新庄，一水分东西，向东者，聚少成多，成就了乌江；向西者，左奔右突，成就了赤水河；在平坝新庄，两峰聚南北，北者即为磅礴乌蒙，南者即为雄奇娄山。平坝双兴至箐门一线长廊，是冷水河风景区的主通道、前大门。

平坝镇人杰地灵。民国时期，平坝的毛仙憔老先生，设坛收徒，成就了“九里十秀才”的平坝美名；平坝的方伯鸾老先生，风流倜傥，名扬贵州；平坝的石玉书老先生，敢于直言，分治新场。平坝这个昔日盐茶古道上的小镇，如今已发生了翻天覆地的变化，全民思发展、谋发展，平坝这方水土正气势如虹、风生水起，新兴产业如雨后春笋，充满潜力；特色民居，依山而建，傍水而居，错落有致；路网有行，人行其道，货畅其流。

平坝镇是县城的后花园，省级旅游景点冷水河风景区的主阵地。行政区划调整以后，实现了原平坝乡和箐门乡的区位资源优势、旅游资源优势等的强强联合，实现了“天下石仓、人间凉泉”的山水资源的天然合璧，“平原呈峰景，水韵谱华章”，“天然氧吧、山水平坝”已经成为美丽平坝的亮丽名片。

冷水河景观迷人眼 金沙县省级冷水河森林公园属中亚热带常绿阔叶林自然保护区，地处乌蒙山脉东麓的黔西北高原向中山丘陵过渡的斜坡地带上，公园内自然植被代表植物有樟科、壳斗科、山茶科等，具有保存较好的原生森林植被，仅种子植物就有98科240属419种，其中国家一级保护植物3种、二级保护植物12种。区内野生动物各类多样，有哺乳动物50种，鸟类100多种，其中国家一级保护动植1种，二级保护动物11种。还分布有红豆杉、银杏、福建柏、桫椤、榉木等树种的古大珍稀树木，因此享有“黔西北绿色宝库”的美誉。哺乳动物主要有虎、豺、狼、黄羊、野猪、猕猴、果子狸、獾(貉)、九节狍(大灵猫)、獐子等。

冷水河森林公园风光旖旎，主要景点目不暇接。

自然景观：园内以森林为主体的旅游资源十分丰富，令人目不暇接，并以雄、奇、秀、幽、旷、美著称，集中浓缩了贵州的真山真水，可进入性强，可观赏性好。河谷及两侧崖壁上奇石形如牛、马、

猪等，特别是“老牛饮水”，一饮就是几万年；也有如仙女出浴、山神端坐，形态惟妙惟肖，令人叹为观止。

溶洞景观：公园地形复杂多变，溶洞体系千姿百态，主要溶洞有白龙洞、硝洞、天生桥溶洞、腰线崖箱子洞、石灰寨溶洞、石板沟溶洞、落水洞、大宝洞、桃源洞、深沟溶洞、瓦厂溶洞等。洞内各种天然形成的钟乳石景观千姿百态，且洞中有洞，纵横交错，有水洞，又有旱洞，水旱洞相通。

水体景观：公园内能随处观赏到岩溶地貌为主体的种类清泉溪流、伏流、湖泊、瀑布、洞庭、深潭。水体动、静交融，水质清澈透明，四处青山绿水，碧波荡漾。

杜鹃花景区：人称之“十里杜鹃花海”。有的杜鹃十分珍贵，如桃叶杜鹃、百合杜鹃等。每到春暖花开的时候，各种不同的杜鹃花争相竞开，姹紫嫣红，美不胜收。

民族风情文化：园内苗族、彝族、仡佬、族布依族等少数民族人口占总人口的30%，以苗族、彝族为多，苗族的农历正月初三至初五的快乐节，踩山跳厂；农历二月初三、七月初三的自由节在石场街举行，外族叫“赶苗场”；还有二月十五桃花节、七月十五稻花节，都是苗族青年男女载歌载舞跳厂的节日。

西洛湖水天一色 景点位于金沙县城西北方向，距县城13千米，距平坝镇政府2千米，属平坝镇新庄村。景点有金沙至石场的通乡油路经过，交通十分方便。坝址建于西洛河上游白石溪沟河和两岔河汇合处，属长江水系乌江流域偏岩河支流的西洛河上游。该水库建于1958年，建有均质土坝一座，坝长209米、坝高27.6米、坝顶宽6米，总库容量775万立方米，集雨面积40平方千米，库区共分南、西两条支流，长分别为1.9千米和1.6千米，湖区水面面积约600亩。

西洛湖与金沙县冷水河省级自然保护区相连，位于金沙县规划的平坝乡村旅游中心区，库区四周青山环抱，生长着松树、柏杨、柏香、梧桐等多种树木，林中还有各种奇花异草，长年林木葱葱、山清水秀、鸟语花香，自然环境清幽、山水相映、四时景新，是生态旅游的最佳之地。特别是湖中央有一座5000平方米河心小岛，岛上松柏高低相间，给西洛湖增添别致的自然景观。水乡无水不成景，有水源就有人缘。西洛湖形成的水体景观是一种宝贵的旅游资源，得天独厚的水环境有条件使远离喧嚣城市的游客来拥抱蓝天碧水。是融入人文景观与自然风光于一体的优美生态环境区，也是开展度假、休闲、垂钓、观林、游泳、划船等水上娱乐和水上运动等项目的绝佳之地。

石林景点奇石天下 石仓山景点位于平坝乡石仓山林场，石仓山森林面积达13600余亩，是金沙最大的林场。该景点距离县城15千米，位于乌蒙山系向大娄山系过渡延伸的石仓山脉上，平均海拔1460米。石仓山在地质学上称为岩溶地貌，又称喀斯特地貌。石仓山岩突兀，怪石峥嵘，形似石笋、石囤、石峰、石剑、石菇、石伞、石鼓、石钟，故名曰“石仓”，为金沙有名的石林景点。

景点内森林茂密，植被类型丰富，植被季相明显，气候凉爽，进入该景点，就像进入一个天然的大氧吧，林中负氧离子十分丰富，站在景区最高峰大石仓月亮台远眺，远山层峦叠嶂，烟岚浩渺，郁郁葱葱，近观万亩林涛如碧浪翻滚尽收眼底，此处还可观日出，赏夕阳。另外，石仓山上还有美丽的苗家爱情传说，因而得名：“天下石仓、美丽约会。”

风正一帆悬，快马正扬鞭。近年来，平坝镇党委、政府立足镇情，高举旗帜，科学发展，坚持“加速发展、加快转型、推动跨越”的主基调，按照“一二三三”的发展思路，“一二三三”工作思路指的是：“一”就是要以加强以村党支部为核心的发展型、服务型基层组织建设为主线；“二”就是要着力突出招商引资和固定资产投资两个工作重点；“三”就是要做大做强特色种养业、特色小城镇、特色旅游业为核心的“三特”强农富农产业，走“特色”“绿色”两色之路；“三”就是要努力实现人民群众安全感、满意度和幸福指数三个提高；凭生态赚钱，靠绿色致富，努力打造“宜居、宜业、宜游”示范镇，为在2016年全面建成小康社会夯实坚强的发展基础。

平坝镇通过“招商推动、项目带动”，加快了经济方式的转型和产业结构的调整，引资省内外知名企业，投资建设了“台金农业科技观光示范园”“大鲵繁殖示范基地”“金沙冷水河水上乐园”等重大农业产业、旅游业等项目。承办了“全国汽车拉力赛”“全国围棋邀请赛”“全国溯溪比赛”等全国性重大赛事，不断提高了平坝的知名度和美誉度，吸引了重庆、贵阳、四川等地的游客来平坝旅游、观光、休闲、避暑。

黔西县

洪水镇

洪水镇位于黔西县西北部，乡政府驻地离县城11千米，与城关、红林、林泉及百管委下辖的仁和、金坡五乡镇接壤，地理位置在东经105°77′～105°99′、北纬27°09′～27°19′之间，是通往“世界上最大的天然花园”百里杜鹃的必经之路。全镇面积66.4平方千米，辖11个村，90个村民小组，2013年末总人口为6483户，28329人，人均纯收入为6341元，辖区内居住着汉族、苗族、彝族、仡佬族、白族等9个少数民族。全镇耕地面积16685亩，其中水田5493亩，旱地11192亩。镇内土地肥沃，水资源丰富，素有黔西“鱼米之乡”的美称。

洪水镇人文昌明，历史古远。

洪水古称“逢水”，是发源于金坡两岔坡的宋家沟河与发源于蔡家龙潭的长堰河相汇处，后因谐音而称洪水。这里开发较早，汉朝时就形成了繁荣的家族部落。到明清时期，尤其是“改土归流”以后，中原移民的入驻和经济文化的传入，其农耕经济和儒学文化比较发达。在清代，仅史氏家族中就有14个举人，8个贡生，20多个秀才。其中，在文学艺术上造诣较深，影响较大的有道光乙未科举人史胜书，其诗文出类拔萃，著有《秋灯画荻诗抄》，载入《大定府志》和《黔西州志》，与清镇举人代禾庄并称为“黔中二妙”。晚清秀才史秋萍与黔西文化名人丁扬斌等创立菊花诗社，著有《菊花诗抄》流传于世。

白泥侯家诗 洪水史家文 清朝到民国，黔西文化发达而闻名于世的有两大家族。即白泥田侯氏和洪水史氏，侯史两族世为婚姻，获功名者多为姻戚，当时私塾教育者把两姓的文人作品收集整理拿来教学，这就是“侯家诗、史家文”的来历。

史氏于清初定居洪水，重视文化教育，到废除科举时有48人获得功名，举人、贡生、秀才不少，诗文著名者有史狄州、史守琦、史守珍、史守潘、史秋萍等人，史守琦还参修《黔西州续志》，所作传记如《侯述堂传》为黔西第一文章，因此称为“史家文”，后附有《侯述堂传》(摘自黔西州志)。

史胜书，字荻洲，黔西县洪水乡人。道光十五年(1835年)乙未举人，师从吴嵩梁，与戴粟珍并称“黔中二俊”，又与汪克宪、吴秋帆、曾野亭齐名，时人称为“黔中五凤”。史胜书与戴粟珍共赴辽东谋职，客死辽东。好友戴粟珍运尸而回安葬之。著有《秋镫画荻草堂诗钞》。史胜书先生虽仕途坎坷，但其诗才早已名播水西，其与黔西知州吴嵩良、遵义郑珍、清镇的戴粟珍唱和不少，显示了诗人高超的诗文艺术。

史守琦先生，光绪丁酉科举人，长于文章，曾主讲狮山书院，参修光绪《黔西州志》，曾撰写了一篇名文《侯述堂先生传》，传遍水西，也因此获得“史家文”的称号。其文曰：“皇清诰授奉政大夫侯公光职传。”

民国时期的史秋萍先生是晚清秀才，但也名震水西。史秋萍与丁扬斌、王彬禄等建菊花诗社，著有《菊花诗抄》传于世。他还在白泥田与侯庚言先生，丁扬斌先生联吟唱和，传遍水西。其作诗文通俗易懂，有许多名篇传世，较为人们喜爱的当属《渡人舟》《醉美人》等。相传史秋萍先生在沙窝铧口寨设帐，因大雨，寨前溪水陡涨，有少妇因急事须过河，遂请一男子背过河，先生因以赋诗《渡人舟》：

红粉佳人阻碧流，小生权作渡人舟。

先将玉手挽纤手，后把龙头扶凤头。

三寸金莲浮水面，十分春色漫江流。

轻轻放在河堤上，默默无言各自羞。

源水三涨 水西八景，源水三涨即是其一。源水，乃流经黔西城的回龙河之发源地，古名“舍底海”，近代名“蔡家龙潭”。沿河两岸一片大田，绿水汪洋，周围群山有四季不凋的丛林，也有三春常开的鲜花，地势险峻，风景优美。

历代相传舍底海是早些年仡佬族人开发聚居的宝地。到了唐代，彝族酋长尔阿扯举兵灭仡，与仡佬族人发生大战，仡佬人战败，被尔阿扯围困。机智的仡佬族首领布哥，派人于四山险崖路口放起熊熊烟火，迷惑对方不敢从山路攻寨；然后聚集重兵隔河坚守大门，多日而不出战。

一天，尔阿扯挥众过河追杀仡佬人，刚踏上跳墩过河，突然间水涨数丈，把彝兵卷入洪流，淹死无数。尔阿扯急忙传令收兵，等水消退后再过河。第二次过河，大河水陡涨过不去。第三次过河，水涨得更高。尔阿扯疑心仡佬人会使涌水法术，十分胆怯，只好收兵而走。

后来，此事不但传为佳话，还形成水西八景之一。清康熙《贵州通志》赞为“灵水滥人”。乾隆《黔西州志》美称“源水三涨”，又说：“有异人经之，则日三涨。”历代有许多文人曾作诗讴歌，如乾隆时期黔西知州冯光宿所作七律《源水三涨》：

幽壑泉流亦幻哉，朝朝三涨白云隈。

寂喧有定谁能测？消涨无常世莫猜。

峡底才停千级浪，源头又吼一声雷。

看余此地天然胜，如在鸡笼窝里回。

现在龙潭尚存，流水变得细小。只因1958年以来大面积毁林开荒，青山被剃成光头，水土流失，潭水低落，每日源水一次也不涨了。

乌蒙香格里拉 洪水镇解放村享有“乌蒙腹地的香格里拉”和“柳岸水乡”的美誉。发源于该乡境内的洪水河和蔡家河在解放村汇合后称“逢水河”，形成“人”字形，将村庄一分为三；全村土地肥沃、水源丰富，水稻标准化种植项目是第六批全国农业标准化一类示范项目核心区，生产的优质大米获农业部无公害农产品认证。这里民风淳朴、民居典雅、文化底蕴深厚。468栋民居一律按青瓦白墙、花窗楼阁的黔西北特色风格建造，成为村庄一道靓丽风景。解放村人杰地灵，在清代，仅史氏家族就出了14个举人、8个贡生和22个秀才；现已收集、整理出近千首古人诗作。解放村还是一块红色土地。1936年冬，中国工农红军二、六军团长征途经黔西，在解放村召开群众大会，播撒了红色革命的种子。解放村自然生态保存完好，田园风光原汁原味，旅游资源独具特色，“春来十里菜花黄，秋临万亩稻谷香。龙潭附廓水相逢，玉带回旋绕村庄”，是当地田园风光的真实写照。也因之荣获“全国文明村镇”“中国最有魅力休闲乡村”“全国最美宜居示范村”等荣誉称号。

解放村有着悠久的历史文化，曾是中国工农红军二、六军团第六师师长郭鹏、政委廖汉生的临时办公驻地。古迹文物有修建于明清时代的两座古石拱桥——洪水大桥和张家碾子石拱桥，民间传说为仙人桥。杨山寨的八卦坟是文林郎史守藩墓地，因其石雕图案精湛又称其为“史家花坟”。大寨田坝的二鼓台是明清时期安氏土目操练兵马的大广场，也是吴三桂剿水西时与安氏土目战斗的古战场。附廓水库河流与黔西古八景之一的“源水三涨”蔡家龙潭河流在解放村相逢，穿组绕户，形成一道蛇形画卷——十里画屏。2007年被列为全省乡村绿色旅游精品开发点。

美丽乡镇 蓬勃发展 洪水镇党委、政府解放思想，真抓实干，全镇经济社会保持良好发展态势，2013年获全县乡镇综合目标管理考核一等奖（第一名）。

为提高群众生产生活质量，洪水镇不断加大基础设施建设，增强农业和旅游业发展后劲，改善人居环境。先后启动实施完成了路面硬化、油路、村组公路、桥梁和生产便道建设。目前正在组织实施的箐利村4.6千米通村水泥路硬化工程，已完成80%。现积极争取项目资金1200万元做好小型农田水利工程，该项工程实施结束后，惠及全镇10个村共计22660人，届时10个村的人畜饮水、水田灌溉将得到保障。已投入616万元实施了长堰、源水、新桥、官庄、永平、箐利、龙营、解放等村人畜饮水工程，解决了6300多户20000多人的饮水安全问题，配合实施了解放、官庄、源水、长堰、新桥等村923万元的农发项目，投入资金531.2万元实施了全镇120千米农网改造工程。

坚持产业结构调整，加快农村经济发展，抓好标准化无公害农业生产。我镇水稻种植标准化示范区（全镇9个村5500亩田）已被国家标准化委员会列为全国第六批水稻标准化示范区和全省无公害水稻生产基地，无公害大米荣获农业部农产品质量安全中心颁发的《无公害农产品证书》，“万亩油菜标准化生产基地”已获国家质量检验检疫总局批准实施，该项目实施可使基地农户户均增收1683元，人均增收458元。

提振乡村旅游发展。近几年来，争取到社会各界资金近1亿元进行乡村旅游开发建设，为农民开辟了新的增收渠道。2009年以来，成功举办了4届油菜花旅游文化节，据不完全统计，“柳岸水乡”乡村旅游景区每年接待游客50万人次以上，创旅游综合收入3000余万元，景区内人均纯收入达8008元。乡村旅游的品牌效应初步凸显，全国第三批文明村镇、全国十大最具休闲魅力乡村和全国最美宜居乡村（全国仅12个，贵州唯一）的示范带动作用得到加强。

大力发展畜牧业，加快特色种植业发展步伐。积极支持探索农村土地流转新模式，促进农村土地健康有序流转，鼓励民营企业进驻，发展花卉果蔬产业，扶持发展了食用菌培植基地、军丰公司等一批种植专业户，完成土地流转748亩，其中万全中药材种植基地现占地面积98亩，主要种植玉兰、百合等名贵中药材，军丰公司占地面积500亩，建设大棚67个，主要种植时令果蔬，食用菌培植基地占地面积150亩，建设大棚45个。通过帮扶支持一批种植专业户从而带动群众从传统农业种植逐步向现代农业方向发展。集中力量抓好小集镇开发项目。作为乡村旅游发展相对成熟的乡镇，我镇已经作为国家发改委批准的“旅游景点型城镇”纳入黔中经济区发展规划当中。

全力推进“四在农家·美丽乡村”建设，提高群众幸福指数。全镇在投入148.14万元实施1858户生态文明家园建设和投入1558.94万元实施1506户危房改造工程的基础上，全力推进“四在农家·美丽乡村”建设。全镇美丽乡村“两个硬化”工程已全面实施结束，惠及11个村4702户农户，院坝完工3581户，硬化面积110398平方米；连户路3006户，硬化长度105946米。还成功迎接了市、县“两个硬化”工程现场推进会在我镇召开。

黔西县

素朴镇

素朴镇位于黔西县东部,素有“水西门户”之称和“乌蒙第一镇”的美誉,是从省会贵阳经贵毕公路进入乌蒙毕节试验区的第一个乡镇,也是古代水西的边关。镇东面以六广河为界与贵阳市修文县六广镇隔河相望,南邻铁石乡,西连钟山乡,北接协和与太来两乡,全镇总面积111.7平方千米,辖22个村(社区),镇内聚居着汉、苗、彝、仡佬、布依等民族。贵毕高等级公路和736县道穿镇而过。东距省会贵阳82千米,西离毕节142千米,距县城黔西仅31千米,区位优越,交通便利,资源丰富。素朴镇是贵州省100个示范小城镇和第二届全省小城镇建设发展大会参观点之一。

“奢香夫人当年修的驿道,我们现在还走哩。”一位村民说。

“虎和鹰是彝族的符号,龙凤不是。”关于文化符号,当地文广局副研究员陈文蓉如是说。走进素朴乡,浓郁的人文风情就会扑面而来。素朴镇拥有厚重文化底蕴和丰富的旅游资源。镇内有着“两峡(六广河峡谷和马路河峡谷)、两古(全国仅存的古象祠遗址和明初奢香夫人被朱元璋收为义女，返乡时，水西民众为迎接大明公主修建的奢香公主亭）、三道（奢香夫人修建的龙场九驿、秦三尺道和明初朱元璋平定云南梁王时修建的盐粮古道）、一洞天（水西洞，原名刺猪洞）”的厚重文化底蕴和丰富的旅游资源，其中“龙场九驿”古道保存完好的几段已被列为第七批全国重点文物保护单位；马路河峡谷生态植被保存完好，中央电视台的记者都说比长江三峡还要秀美；水西洞地质景观先后两次在中央电视台《地理中国》和《乡土》栏目播出，被赞誉为“活的溶洞”。

依托得天独厚的交通区位优势和人文自然资源，突出抓好规划、基础、文化、产业、机制和管理六个重点，着力打造“小而精、小而美、小而富、小而特”的“四小”城镇，打响“乌蒙第一镇”的名片，走出了一条“旅游景观型”特色小城镇建设发展新路子。

黔地挺秀佳境 水西拔萃奇观

六广湖景区 六广湖景区位于贵毕高等级公路旁，距贵阳 50 千米，距黔西 40 千米，峡谷、峭壁、瀑布、溶洞、古树奇石，比比皆是，山形奇特，拔萃奇观，主要有亚洲第一高跨桥、六广特大桥一线天、龙泉阁、姐妹池、猴愁峡、刺猪洞（天锅洞）、屯江苗寨、古胜成、武显台等景点，景区内山奇水秀，风光旖旎，交通便利，紧接阳明洞景区、九龙山象祠景区，自然风光、民族风情及历史人文景观集中，是休闲、度假、游览观光的旅游新景区。

九龙山古象祠遗址 九龙山古象祠遗址位于贵州黔西县素朴镇灵博村九龙山主峰。象祠是祭祀象的祠堂。是当地彝族崇拜祖先的习俗，距今1790 多年。九龙山古象祠遗址是全国仅存的古象祠遗址。明正德三年（1508 年），贵州宣慰使安贵荣出资翻修象祠，象祠修好后，安贵荣请被贬谪贵州修文任驿臣的明代著名哲学家、思想家和教育家王阳明作《象祠记》，此文收入《古文观止》。九龙山古象祠几兴几毁，现残存有偏殿。

王阳明是在贬谪到贵州龙场（今修文）后悟出的“心学”理论，因而形成了现在的阳明文化圈。素朴作为阳明文化圈的重要组成部分之一，同时又形成了独具特色的“象祠文化”。象，传说是舜的同父异母兄弟。他多次设计陷害舜，舜继位后，以德为本，感化了象，象终于成为一位明君，惠泽一方，为世人所景仰，于是全国各地纷纷建立象祠。不料唐代把全国所有的象祠毁灭殆尽，只有水西——就是我们素朴的九龙山保留了象祠。世道变迁，战火不断，九龙山的象祠也废墟一片、荒草狼藉。明宪宗成化十年（1474 年），彝族首领安贵荣继任贵州宣慰使，明正德三年（1508 年），安贵荣重建象祠时，请交往深厚并且与水西人民结下深厚情谊的王阳明作文记之，王阳明欣然写下了不朽的、扬名千古的

《象祠记》,《象祠记》后来被收录进《古文观止》,由此而形成了以"天下无不可化之人"为核心,以民族平等思想、"性善论""致良知"为具体内容的象祠文化。特别是他的"天下无不可化之人"集古今教育思想之大成,"象祠"正是这个伟大思想的诞生地。目前,整个古象祠的重建工程已经进入尾声。

刺猪洞 刺猪洞位于黔西县素朴镇塘山村,营盘坡观音岩半山腰有一岩洞,相传早年猎人们到此打猎,被猎犬追逐的刺猪潜入洞中躲藏,故称"刺猪洞"。

传说中的刺猪洞神秘莫测,3 月初,我们驱车前往黔西县素朴镇,经过 2 个多小时翻山越岭来到此洞。刺猪洞就在悬崖峭壁底层,洞门两侧怪石峥嵘,奇峰突兀,箐木蔽日。洞口不大,洞内广阔,入口处发现一古代留下的军事防御工事,营地内大约可以容纳 200 人,经过营地,即抵达五彩缤纷的熬硝洞厅,处处可见当年熬硝人留下的硝砂土堆和炉灶。

从熬硝洞厅往前,有一个三岔路口,带路的村民讲,从这里左走楼梯洞厅、阴河动物足印洞厅、荆竹林洞厅;中走坛罐厂洞厅、猴儿坝洞厅以及传说中的铜船石碑洞厅;右走最具特色的石柱洞厅。

此次我们只走了右道,沿途观赏溶洞造型各异、如诗如画的天工神笔和暗河形成的水潭倒影。洞内景象瑰丽多彩,山水并存,厅堂宽广,洞顶石笋,参差危耸,将坠不坠,粒粒珍珠滴,洞壁嶙嶙然。只是洞里,黑暗阴森,我们用来照明的镁条又太碎,照明不足,尽管洞深不可测,洞与洞又串连相通,稍不注意,就有走不出洞的危险,但是,被钟乳石浑然天成的绚丽景象所吸引,进入溶洞后,我们都很兴奋,一直往前行进,一边观赏一边拍照。约进入 200 米的地方,见一座钟乳石塔横卧右侧,塔之后方千姿百态,景观奇异,深邃幽奥。再往前行约 500 米,纷杂林立着无数奇异石柱和许多幽静的钟乳石,奇异多彩,巧夺天工。洞中冬暖夏凉,水境环碧、青龙吐翠、乳石嶙峋,十分雄奇,蔚为奇观。

据说该洞"上通云南,下达四川"。据法国探险队入洞勘探,该洞现已探明长度 10.6 千米,已发现登萍渡水、韩信点兵、诸葛布阵、六月雪和玉芝林等众多景点。

三道 "三道"即秦代修建的三尺道,明初朱元璋平定云南梁王时建的盐粮古道,以及明朝奢香夫人修建的"龙场九驿"古驿道,三条古道交汇于素朴镇的石丫口,龙场九驿经过素朴镇的石丫口、五显台、百花箐等地,成为水西与外界经济文化交流和增进民族团结的重要枢纽。2013 年 5 月,"龙场九驿"中保存完好的几段已纳入"西南茶马古道"保护名录,被国务院公布为第七批全国重点文物保护单位。

素朴镇非物质文化遗产——金钱棍 金钱棍是穷苦人民为生活所迫乞讨所采用的一种民间艺术方式。传入贵州黔西广泛流传已有近百年的历史，新中国成立前在全县域内广泛流传，新中国成立后逐渐减少，到现在少之又少，只有素朴等地还有少量的人在玩耍。一根竹竿，几个铜钱，一抖手，一拍肩，"咣唧咣唧"，脆响连连。这种流传在素朴镇的大众娱乐方式采用民间舞蹈形式，称为"金钱棍"，又叫"柳连柳""花棍""霸王鞭""钱棍""浑身响""打连湘"等。

跳金钱棍舞是一种健身项目，其变化多端的击打方式，极具观赏性。队形主要有横向击跳、纵向击跳、换位击跳、下蹲击打等。击打身体的部位有手掌、肩、脚掌、脚后跟及手臂。

曾有人总结金钱棍歌：一打雪花来盖顶，二打两肩抬举人，三打臂膀现原形，四打黄龙来缠腰，五打苦竹来盘根，六打反身半圆形，七打跷脚来定跟，八打梭步往前行，九打斜路线扒子，十打还原照样行。

由于金钱棍发展之初是穷苦人用于乞讨的一种生计手段，所以受封建思想的禁锢和"文化大革命"十年动乱的影响，金钱棍在民间一度锐减，改革开放后因大众娱乐的需要又重新活跃起来，但很快又受到现在外来文化的冲击，并随着打工潮的高涨，原生态的金钱棍出现了危机，又因现代青年价值取向的转变，都在追求时尚娱乐，欣赏、传承金钱棍的热情正在丧失，后继乏人的局面已使金钱棍艺术形式很难传承下去。

农业强村 旅游活村 生态立村

素朴镇历来重视生态文明建设和环境保护工作，始终坚持走在开发中保护、保护中开发的可持续发展的路子。在环境保护方面，实施石漠化治理 3331.1 亩，实施退耕还林工程 8200.55 亩，种植经果林 16500 亩。在小城镇建设过程中，全面实施了集镇街道和山体绿化工程，实现了建筑、街道、路网与自然山体的完美融合，彰显了"绿色、低碳、环保"的发展主题和"城在山中转，镇在绿中游"的发展思路。同时，坚持节能环保理念，投资 300 余万元安装了集镇和农村太阳能、风能路灯 300 余盏，年省电 10 余万度。在新农村建设过程中，统筹城乡发展，按照"一村一品、一村一特"和黔西北民居建筑风格的要求，完成农村危房改造和生态家园建设 2093 户，完成 2600 余户农村连户路建设，硬化院坝 3800 余户，改善农村环境，使群众学在农家、富在农家、乐在农家、美在农家，建设美丽乡村。

经过 10 余年的集镇建设，形成了具有明清特色风格的旅游景观型小镇，并于 2012 年被列为全省 100 个示范小城镇，同时，被确定为第二届全省小城镇建设发展大会的参观点之一。素朴镇抢抓这一契机，围绕文化、基础、产业、管理为重点，进一步加快小城镇建设步伐。

在加快小城镇建设步伐的同时，素朴镇还依托"两峡两古三道一洞天"的厚重文化底蕴和丰富的旅游资源，将旅游资源的开发融入小城镇建设过程的始终。一方面，重视规划的指导作用，将素朴的旅游资源规划为四大景区组团开发。即"象祠—水西夏都文化产业园—八卦山" 历史文化旅游区，"马路村橘园—索风湖"生态休闲观光区，"古驿道—古胜城—五显台—六广河峡谷—屯江苗寨"民俗文化体验区，"水西洞"溶洞地质探险区。另一方面，加快旅游项目建设和旅游宣传工作。完成了象祠恢复重建主体工程，启动了水西夏都文化产业园项目的前期工作；引进广东吉隆集团计划投资 5 亿元进行索风湖旅游项目的开发并于 2012 年 4 月举行了开游仪式。在加快项目建设的同时，素朴镇还重视宣传工作，出版了《花都素朴》专刊、《素朴乌蒙第一镇》画册、《素朴风光入画来》风光碟及歌碟，结集出版了《灵博山上的呼唤》，邀请中央电视台《地理中国》和《乡土》栏目对我镇文化旅游资源进行宣传策划，并先后四次播出旅游宣传的专题片，取得了良好的宣传效应。

黔西县

新仁苗族乡

新仁苗族乡(简称新仁乡)位于黔西县南部、乌江中上游西北岸,地理坐标为东经 106°2′47″~106°9′7″,北纬 26°47′46″~26°55′3″,东与大关镇接壤,南与清镇市、织金县隔河相望,西与雨朵镇、绿化乡相依。区域面积 68.9 平方千米,耕地面积 21026 亩,其中田 2097 亩。辖 9 个村、120 个村民组,6121 户,23837 人。居住有汉、苗、彝、白、仡佬、布依、蒙古等七个民族,少数民族人口 6587 人,占总人口的 30.185%。主体民族苗族 5318 人,是黔西县典型的苗族村寨。

英雄曲折为江山,率师万里征途难。
三军易越鹅颈岭,二水攻克虎臂滩。
伐木成筏破浪急,持辑代篙逐波翻。
清廷乌鸟终却让,义师胜利到黔南。

此诗系太平军将领石达开征战新仁乡时所写，诗作摹写义军征伐，豪气干云，是当地的一笔文化财富。

新仁乡上下三千年，源远流长。

新仁乡人文风情浓厚，民间传说如涌泉汩汩，流布四方，承载着村落历史的记忆。

建置历史 春秋战国，新仁属夜郎国，秦汉时属牂牁，三国两晋属南蛮，是时为仡佬族世居。齐梁之际，战乱纷纷，昆明夷闽支勿阿纳侵占，筑堡扼守。唐初属琰州，后为龚州，为彝仡混居。宋代"彝灭仡"后，卢鹿部酉则自号鬼主，出现罗氏鬼国，就属该国，元初属鸭水县，后属亦溪不薛总管府，明代先属贵州宣慰司，后属水西宣慰司平邑县，吴王剿水西前为彝族世居地，后由江西、湖广移民贵州即为当今居民。清康熙五年（1665 年），清廷诏准以水西彝族土司安氏的则窝，以著、雄所则溪设立黔西府（后降为州），区划 8 里，48 甲，105 寨，则窝则溪划为 4 个里，25 甲。今新仁地方属安德里三甲，民国三年（1914 年）设仁和乡。民国十六年（1927 年）与羊场合并为仁慕乡。1953 年 5 月，今新仁地方划为化竹、新仁、化屋、小寨 4 个乡。1958 年 9 月分别改称人民公社，1984 年改公社为乡；1991 年化竹、新仁、化屋、小寨 4 个小乡合并为新仁苗族乡，辖 17 个村；2002 年并为 9 个村。

新仁旅游资源丰富，有山水秀丽的东风湖风景区，景区内有八仙洞、水西座佛、天竹奇峰、哈冲燕城、万象神岩、灵猫戏鼠、楼兰美女等景点，集奇、雄、峻、险为一体，加上湖水之清，峰峦之秀，令人感叹大自然的奇妙；并有浓郁的民族风情，这里聚居着众多的苗族同胞，他们极具特色的蜡染、刺绣、服饰，优美动听的多声部民歌，奇特的芦笙舞、板凳舞、打鼓舞等体现了民族历史的源远和深厚的文化内涵。这种自然景观与人文景观的绝妙组合真是引人入胜，在 1995 年被省文化厅命名为"苗族歌舞之乡"，2006 年被毕节市摄影家协会授牌为创作基地。2007 年"化屋苗族文化空间"列入省级民俗非物质文化遗产名录，2008 年被文化部命名为"中国民间文化艺术之乡"。

人文昌明 传承源远

新仁乡接地之灵，濡染历史，酿造了绚烂夺目的文化。民间传说，彰显村落的文化生命；古墓、古盐道、古战场，历史价值独特；新旧石器时代遗址，唱响远古的呼唤。

苗族诗词，苗族歌舞，苗族蜡染、刺绣更是香飘境外……

化屋基地名的传说 徐霞客走遍祖国的名山大川，写下了《徐霞客游记》一书。传说徐霞客游到化屋基时，看见山好水好，感慨而曰："这里风水好，屋基就像画的一样。"画屋基因此得名。还说："头在画屋基，尾在鸭池河。谁人识得破，二十四孝把头磕。"还有人指着河对门问如何。他说："就像些牛圈房。"也因此河对门的地名叫"牛圈房"了。后来大方六龙的郭祖云到化屋基办学，见大部分苗胞不会说汉话，贫穷落后，提议要用文化来改变落后面貌让这里发生变化，就改称"化屋基"。

洪师洞的传说 在化屋基天竹峰左侧约500米的半岩上有一岩洞叫洪师洞。传说冀王石达开的太平军在渡三岔河时，得到化屋苗民的帮助才渡过河。太平军驻化屋基也就和苗民和好，苗民拿出咂酒来喝。军民共饮咂酒时，天王洪秀全以游医的身份来到化屋基，石达开见后为保密起见，称其为我认识的洪药师，化屋基苗民就用咂酒敬洪药师。洪喝了几口咂酒，便有醉意，忘了自己的真实身份，诗兴大发，就吟诗一首："千颗明珠一瓮收，君王到此也低头。五龙抱住擎天柱，吸得黄河水倒流。"人们默记诗句，在酒兴之时未在意。石达开暗中吃惊，但镇定地岔开说："洪药师要找的药在上面岩洞边有，让人带你去采。"就叫心腹人带洪药师到洞里去保护起来。晚上，苗民们问洪药师怎么还不回来，军士们说："洪药师为了明天好采药，在洞里住了。"后来，洪药师不知不觉地走了。不久，太平军也走了，留下了几首诗和一门火炮（火炮在1958年"大跃进"时被打碎毁掉）。过后，人们从诗句推测，洪药师可能是个皇帝，因此将这无名洞称为"洪师洞"。

长井村旧石器时代遗址 旧石器时代遗址为旷野遗址，位于东经106°07′065″、北纬26°52′747″，海拔1270米，离乡驻地3.2千米。地处山间槽谷低阶地土丘顶部，高出小溪水面约10米，面积约1000平方米。1988年发现、采集石核、石片、石锤、砍砸器、刮削器、尖状器、端刮器等石制品60余件。文化遗物表现出明显的"观音洞文化"类型和技术传统。时代初定为旧石器时代晚期。

小寨村广福洞旧石器时代遗址 广福洞旧石器时代遗址为洞写穴遗址，在田坝村岩上组（即穿洞）。洞高出山间谷地约20米。有两洞口，分别向南和东南，其内相通，亦称"穿洞"。主洞口东南高约6米，宽8米，深15米。面积约200平方米。1988年发现含文化遗物的堆积物多呈灰黄和灰褐色。采集石核、石片、石锤、砍砸器、刮削器等石制品60余件；含蓝纹、方格纹夹砂陶片3块；烧骨和碎骨8块。时代初定为旧石器时代晚期至新石器时代。

古盐道遗址 明朝诗人田雯，曾在《盐价说》记道："贵州食盐仰给于蜀，蜀微，则黔不知味矣。"

新仁乡古盐道是川盐入黔的重要通道之一。现存于该乡隆兴村东风村群益村化屋村。古盐道由四川自贡盐运销贵州安顺，经由仁怀、金沙到黔西。其中大关是主要集散地，设有八大盐号。一路过鸭池河到清镇贵阳；一路由新仁下化屋基过六冲河到织金下普定安顺。安盐路新仁段由大关分路经隆兴二关丫口—卡米—东风田坎脚—野鸡麻窝—狗咬寨—群益马路口—化屋水头寨渡口，全长 15 千米。该路用石板铺成，现该路已部分毁损。

安盐古道兴起较早，是奢香夫人开通龙场十八驿中的一部分，在贵州还没有公路时，化屋水头寨渡口比鸭池河热闹，甚至在卡米设有客马栈供运盐人马住宿，量米给客人做饭用一卡（五市寸）长的竹筒打米，一竹筒称为一卡。饭量小的吃一卡，一般的吃两卡，饭量大的吃三四卡。按卡数收钱。久而久之，就将此地称为卡米。

明代万历六年墓碑 乌龙岭安氏墓建于明代万历六年（1578 年），墓主禄氏，乃安万铨之妻。碑文以安智、安仁、安信名义写刻。碑文曰："母姓禄氏，归我万铨公，淑慎贤伦，兼通汉书，能诗善画。生余弟三：智仁、智信。弟兄失和，祖建水西府第，卜于羊场华山，下枕延江，上环深箐，附建扯、纵行房。其造诣精度，胜于平原故址……阿噶理则窝后，同汉把王方表里贪婪。宣慰临岳撤免，一时措理乏人。宣慰面谕母，以则窝近在咫尺，寅发卯至。以安信暂摄。时信年二十，母三日一次至则窝查讯事务。因而信代十二年中，军民和睦，汉夷相安，皆夫人之力。后，兄弟阋墙，母屡训不止，垛泥一役，萁豆相残，夫人怀急，饮鸩谢世。"

乌龙岭，即今大箐坡。万铨公，明嘉靖时彝族土目安万铨，曾两次"借袭"宣慰使职，生平较有作为。

化屋风景秀黔境 民族风情醉心脾

新仁山水秀丽，犹如人间仙境，而化屋是其代表。

化屋主要景点有天竹峰、八仙洞、水西座佛、哈冲燕城、水西姑娘、人面狮身、龛壁借光、天鹅戏水、大鹏展翅等，构成乌江夜郎谷"乌江源百里画廊"。文化村有大箐坡磊土石保百山的典故。保护洞、贡茶，五树茶花一支梅等。东风村扇子岩神扇灭蝇，群益村模范冢，哈冲洞等。土特产有化屋生姜，化竹贡茶等。化屋苗族的多声部歌舞，芦笙舞、板凳拳舞曾外出广西、北京、内蒙等地演出并获奖。苗族的蜡染、刺绣等工艺深受游客青睐。

苗族诗词和歌乐 化屋苗族人心灵手巧，热情好客。在不断学习引进汉族文化的基础上发挥聪明才智，创造了诗词和歌曲等。

在文化上出现了晚清秀才杨维舟和文化才子杨国忠等，两人创作了上百首古体诗，称得上乡土诗人。值得一提的是，杨维舟还创作了丧事交往通用的"姑妈话"，此话是用汉字和苗语音代字合成写就。对于民族的文化交流与传承，居功至伟。

在歌曲方面创作了用苗语唱和可翻译成汉语唱的歌曲，具体是《敬酒歌》《化屋苗家女》《跳花坡》《化屋荞花》《诉冤》《歪梳苗家等你来》《神奇的天竹峰》《月亮出来月亮黄》《阳雀声声在呼唤》等。

在化屋常用的乐器有芦笙、唢呐、笛子配以鼓铰等。

苗族工艺 苗族妇女心灵手巧，在男耕女织的传统生产模式的影响下，大多会纺纱织布，缝衣裙。纺纱织布的工艺现已被淘汰，但在缝制衣裙时挑花、刺绣、蜡染等工艺还保存下来，发扬光大，并且越做越好。挑花是将花的图案画在布上，根据布的用途配画需要的花纹，在根据花草茎、叶、花的颜色及浓淡程度选配花线绣之而成。刺绣是将纸剪成所需花纹图案粘在布上，再根据花纹颜色及浓淡选配花线绣之而成，绣时要将花纹纸包压完，不能露出。蜡染是将蜡熔化，用画夹蘸蜡画在白布上，将布放入染缸染好后，捞出放在水中将蜡煮化，去蜡后就成蓝底白花布或青底白花布了。

威宁县

东风镇

东风镇位于威宁自治县城东南面，距县城49千米。东与煤炭资源开发较早的六盘水市钟山区大湾镇接壤，西南与本县二塘镇毗邻，西和本县炉山镇相连，北与本县板底乡和赫章县珠市民族乡接壤。全镇总面积109.96平方千米，辖3个党工委，15个村，120个村民组，居住着汉、彝、苗、蒙古、水、白等8个民族，10155户，45802人。境内蕴藏着丰富的煤炭资源，遍布于全镇13个村，储量在5000万吨以上。内昆铁路、都香（都匀至香格里拉）高速公路穿境而过，红小路、板东路、艾二路交汇城镇直通六盘水市，距六盘水大湾火车站仅5千米的路程，便利的交通蜿蜒辗转架起东风人民致富的金桥。

美景不在

历史总是以她特有的姿势曲折前行。

20世纪50年代末，遭逢摧残的东风镇百孔千疮。

经过十多年的复苏，80 年代的东风镇美景令人目不暇接：青山重叠，绿树成阴，鸟语花香，碧水环绕，清澈见底，鱼游浅滩，稻谷飘香，民风淳朴。

镇域一派田园风光，成为威宁县的鱼米之乡。

80 年代后期至 2010 年，历史又拐了个弯，往昔风光的东风镇又遭劫难。

破坏以发展经济的名义进行。脱离法制轨道，长达 20 多年大规模的私挖盗采和“两土”猖獗，致使东风镇陷入恶性循环，因此而付出了自然的、生态的、形象的沉痛代价。也让“打非”和取缔“两土”的经历变得一波三折、跌宕起伏，连连发生的安全事故更是让东风镇，臭名远扬。短短 20 多年的时间里，东风镇的生态环境破坏严重，森林覆盖率从原来的 50%锐减到不足 10%；一处处良田沃土变得支离破碎、不可耕种，昔日充满生机的土地变得千疮百孔、满目疮痍……

2010 年后，东风镇安全生产形势依然严峻。人口计生工作被动、社会治安状况恶化、社会事业发展滞后、基础设施建设薄弱、产业结构调整进度缓慢、投资环境问题突出、基础党组织战斗力不强、干部职工发展理念淡薄、群众发展产业观念畸形，地质灾害和水土流失严重，全天候监测的地质灾害点就有 34 个点，地下水受到严重破坏，山体开裂、滑坡、地表塌陷、泥石流及民房严重受损变形等次生灾害不断蔓延，严重威胁着当地人民群众生命财产安全。

春风又度

“不信东风唤不回”。东风镇审时度势，顺势而为，站在新的战略高度谋划发展定位，以敢为人先的干事速度打造一流效率，以前所未有的发展速度推进科学发展，一改往日旧貌，使东风镇焕发出无穷生机与活力。当前，东风镇正发生着日新月异的蜕变：汩汩流淌的三岔河上的景观河堤、景观桥梁、景观长廊、观光亭、休闲广场、东风大道、移民新居、滨河商业区和农业观光园区组成一幅完美民俗风情山水画，俨然一个“小江南”！中央电视台第七套《魅力城乡》栏目这样描述："青山碧水诗情溢，大路高楼画卷妍。在美丽的乌江源头、三岔河畔，一个沉稳、谦虚、开放、包容、热情、活力的现代化城镇正走入我们的视界，这就是东风。它犹如一颗璀璨明珠在乌蒙大地上冉冉升腾、熠熠生辉！"

近年来，在县委"四五六七"工作思路的统领下，东风镇按照"发展方式探路子、和谐矿区作示范、煤炭工业争第一、特色城镇创品牌"的发展定位及"二三五五"的发展思路，发扬凝心聚力、苦干实干、攻坚克难、勇于争先的"威宁精神"，抢抓机遇，开拓创新，稳中求进，提速转型，实现了经济加倍发展，社会事业持续发展。原本不是黑牌就是黄牌的"牌牌东风"，连续三年在全县综合考核中获一等奖，东风镇党委分别被省、市、县评为"五好"基层党组织，先后获得 5 项省、市级表彰，全市美丽乡村建设现场会、全县小城镇建设现场会等 5 个现场会先后在我镇召开。霎时间，社会各界的目光聚焦东风，国土资源部领导到西南片区调研时，第一站就选择东风镇，王富裕、秦如培等省领导同志亲赴东风视察工作，省建设厅、国土厅、水利厅等部门 50 余名地厅级以上领导干部深入调研指导，先后迎来遵义、铜仁、安顺等 20 余个参观考察团。

东风镇抢抓威宁喀斯特扶贫开发综合治理试点机遇，主动作为，以"三化同步"为总抓手，加强交通、水利、电网、农田基础设施建设，加大农业产业的调整，加强生态环境和人居环境的改善，加快贫困群众脱贫致富奔小康的步伐，着力推进扶贫开发综合治理试点工作，开创了东风加速发展的新局面，创新了喀斯特扶贫开发综合治理试点扶贫开发模式，创造前所未有"东风速度"，为实现全面同步小康奠定坚实基础。当前，移民宜居特色城镇基本成形，拉动发展效果明显；山区现代特色农业初具规模，持续发展成效突出；煤炭工业经济发展势头强劲，引领发展成效凸显；"四在农家·美丽乡村"建设全面推进，共筑美丽幸福"东风梦"。2013 年，全镇实现生产总值同比（2012 年下同）增长 30%；财政税收完成 7890 万元，同比增长 15%；固定资产投资完成 5.35 亿元，同比增长 21%；招商引资完成 2.1 亿元，同比增长 15%；森林覆盖率提高 8 个百分点，达 28%；城镇化率提高 6.1 个百分点，达 24%；粮

食总产量增长 5%，人均达 390 公斤；城镇居民人均可支配收入 19015 元，同比增长 10.1%；农民人均纯收入 6157 元，同比增加 1257 元，按 2300 元扶贫标准，净减少贫困人口 4739 人。

美丽乡村

东风镇在“四在农家”创建的基础上，结合美丽乡村建设要求和特点，把生态文明理念和原则全面融入美丽乡村建设全过程，统筹考虑山水、田园、乡村三要素，彰显自然景观、建筑风格、民族风情和文化品位，打造山水相依、山环水抱的美丽乡村，真正做到人与自然和谐与共。

其中，文明村就是东风镇“四在农家·美丽乡村”建设的典型代表，被称作“矿渣上建设的美丽乡村”。该村位于东风镇西北面，距镇政府所在地 3.5 千米。全村总面积 7.91 平方千米，居住着 890 户 4214 人。文明村是东风镇私挖盗采的重灾区，河堤尽毁，拖洛小河里污水横流，烂泥矿渣堆积成山，道路坑洼不平，当地人戏称：“晴天‘洋灰路’，雨天‘水泥路’。畜禽到处跑，尘土漫天扬；路上走一趟，回来灰满裳。”这是当时文明村脏乱差现象的真实写照。

痛则思变。东风镇党委、政府立足当前，着眼长远，在广泛征求民意的基础上，统筹城乡区域发展，以文明村、黄泥村“美丽乡村”建设为突破口，按照“示范引领，以点带面，全面统筹推进”的原则，又有计划、有步骤地整体推进。当前，汩汩流淌的文明村拖洛小河上的景观河堤、景观桥梁、景观人行道、观光凉亭、休闲广场、错落有致的黔西北民居和一条条蜿蜒辗转的串户路组成一幅美丽民俗风情山水画。这样的画面让人难以想象几年前那个土地荒芜，浓烟滚滚，乌烟瘴气的文明村拖洛小河河畔竟会奇迹般蜕变成今天的“美丽乡村”！

黔地“小江南”

东风镇按照“打造全省移民宜居特色示范镇”的定位和“特色突出、品位高雅、功能完善”的目标，着力打造宜居、宜业、宜游的美丽家园。培育壮大“两栖”农民队伍，逐步实现“居住在城镇，产业在农村；居住在城镇，务工在企业；居住在城镇，经营致富在城镇”的城镇化建设。目前，累计投入城镇建设资金 1.9 亿元，现已建成黔西北民居建设风格与当地民俗建设风格相结合的移民搬迁房屋 53200 平方米，可容纳 6000 多人居住和经商，建设城镇街道 6 千米，景观河堤 3.2 千米，景观人行道 1.9 千米，客运站 1 个，水冲式公厕 4 个，返乡农民工创业园 1 个，占地 5000 平方米的大型农贸市场 1 个，占地 4000 平方米大型超市 1 个，公私股份制合资医院 1 幢，元木村综合办公大楼 1 幢，花园式计生服务站 1 所，幼儿园 1 所，敬老院 1 所，财政分局 1 所，邮电分局 1 所，休闲广场 3 个，演艺广场 1 个，喷泉假山 1 座，文化长廊 3 个，观光亭 5 个，休闲景观小木屋 15 座，景观人行桥 1 座、车行桥 2 座，改造老街道 4.5 千米，种植行道树 150000 余棵（株）（其中乔木 5000 棵，灌木 145000 株），绿化街道 3.2 万平方米，安装路灯和景观灯 850 盏，安装可再生能源建筑示范项目太阳能热水器 480 台。城镇建设二期工程涉及征地 700 余亩现已启动；1.5 千米的二期景观河堤、两座大型车行桥以及污水处理厂、教师和卫生公租房、商务酒店、邮电分局等城镇规划配套基础设施正在如火如荼的建设中。预计到 2015 年，整个城镇将形成“河在城中，城在山中，房在林中，人在绿中”的“一河两景观三路四区”（“一河”即是汩汩流淌的乌江源头三岔河，“两景观”即是河两岸小青瓦、白灰墙、穿斗枋、雕花窗的移民新居及其景观绿化带，“三路”即是横穿城镇的元木路、营盘路和东风大道，“四区”即是行政文化中心区、商业开发区、移民安置区和休闲娱乐区）的民俗风情山水画，这样一个商贸流通、公共服务、楼台亭阁堤等基础设施一应俱全的移民宜居型特色小城镇，俨然一个“小江南”。

威宁县

迤那镇

迤那镇位于乌蒙山区腹地的威宁自治县西北部，距县城74千米，距云南省昭通市48千米，总面积205.36平方千米，辖3个党工委，16个村(居)，95个村民组。居住着汉、彝、回、苗等8个民族40237人，其中少数民族12311人，占总人口的30.6%。全镇耕地面积118037亩，是威宁自治县优质烤烟和优质马铃薯种植基地。境内平均海拔2140米，年日照时间1960小时，无霜期195天，年降雨量850毫升，年平均气温14℃。矿藏丰富，主要有煤、铁、锌、石膏等。

“迤那”是彝语，意思是“一个大大的美丽的坝子”。

可是，新中国成立后，迤那一如其他地方，经历了多次时代的磨难。渐渐地，山头的树没了，树下的草也没了，成了“石漠化，风沙大，烈日悬空雨难下；七分种，三分收，包谷洋芋度春秋”的地方，自然戴上了“贵州省二类贫困乡镇”的帽子。

于是，迤那成为生态环境极度脆弱、群众生活极端困难的乡镇，是乌蒙山区扶贫攻坚难啃的一块“硬骨头”。

迤那镇的贫困现状牵动着贵州省委、省政府和各级领导的心。2011 年 1 月 13 日 ~15 日，时任贵州省委书记栗战书同志亲临迤那蹲点调研，夜宿农家，访贫问苦，为迤那镇的扶贫攻坚、跨越发展理清了思路、规划了蓝图、指明了方向、明确了目标。2013 年 1 月 9 日，省委赵克志书记接过栗战书同志帮扶的“接力棒”，继续将迤那作为帮扶的联系点，亲临迤那走访座谈、食宿农家、情润山乡。迤那人民抢抓这千载难逢的大好机遇，内化于心，外践于行，借助外力打基础，激发内力齐攻坚，成就了一代甚至几代人想办而无法办成的事，解决了许多群众最关心、最直接、最现实的利益问题。

凝心聚力谋发展

2011 年，省委、省政府将迤那镇作为“集团帮扶、整镇推进”的试点镇，栗战书同志和赵克志同志两届省委书记先后七次亲临迤那镇驻村蹲点考察调研，给迤那镇带来了历史上“发展机遇最好、发展力度最大、发展速度最快”的时期。三年多来，迤那镇党委、政府带领全镇干部和群众感恩立志，按照栗战书同志提出的“打基础调结构、提素质惠民生、控人口保生态”的总体要求，以赵克志书记提出的“六个进一步”(进一步增强发展的信心，进一步推进工业化、城镇化和农业现代化，进一步加快改革开放，进一步改善民生，办好农村教育和卫生事业，进一步保护环境，建好生态文明，进一步抓好镇、村领导班子建设)为统领，紧紧围绕“强基础、扶产业、提素质、保民生、创机制、探路子”的发展思路，以“开发扶贫、生态建设、人口控制”为主题，以增加农民收入、加快脱贫致富为核心，工作思路以自治县“四在农家”破难题、“五心教育”提素质、“六风建设”创环境、“七个坚持”谋发展“四五六七”为引领，精心组织、认真谋划。

一是完成了镇、村14个扶贫发展规划，明确了到2015年基本实现脱贫，到2020年基本实现小康的发展目标。

二是制定了分片联系制、分村负责制、分组包保制、分户帮扶制、分段突破制、分层设岗定责制、分类动态管理制“七制并举”的工作措施。

三是实施种植2万亩优质烤烟、2万亩脱毒马铃薯种薯、2万亩中药材、2万亩经果林，退耕还林2万亩，大牲畜存栏2万头，出栏2万头的“七个2万”工程，加快产业结构调整步伐。

四是抢抓迤那镇作为全省100个示范小城镇建设的机遇，加强工农互哺型、示范引领型、龙头聚拢型的“三型产业”建设，推进产城一体化、镇村一体化、工农一体化的“三个一体化”进程，实行科技服务、金融服务、人才服务的“三位一体”配套发展。

五是在全镇开展组织带头抓产业、党员示范创实业、党群携手富家业的“三业并举”活动，群众生产生活条件明显改善，经济持续快速增长，大发展、大跨越势头强劲。

六是生态治理不遗余力。三年多来，迤那镇实施封山育林1万亩，荒山造林2500亩，在青山、合心、文昌、中海等村种植经果林（核桃、苹果）2万亩，种植牧草8000亩，金银花500亩，绿化小城镇街道4800平方米。启动实施5000亩水保工程，完成5000亩石漠化治理规划。森林覆盖率由2010年的23%上升到38.2%。

2013年末迤那镇实现生产总值4.3亿元，比2010年（1.4亿元）增长207.14%；人均生产总值达10988.86元，比2010年（3670元）增长199.42%；财政收入达2064.3万元，比2010年（810万元）增长154.85%。农民人均纯收入达6662.84元，比2010年（3063元）净增3599.84元，增长115.53%；城镇居民人均可支配收入达20835元，比2010年（6800元）净增14035元，增长206.4%，向全面小康社会的宏伟目标迈出了坚实的一步。

苦干实干打基础

迤那镇抢抓“集团帮扶”发展机遇，以大干赢得大变，基础设施明显完善。2011年来，省、市、县150多个部门和社会团体帮扶迤那项目564个，投入资金6.51亿元，以基础设施为主，涵盖产业发展、劳动技能培训、教育“9+3”、社会民生事业、人口计生优质服务、生态环境建设等各个领域，是迤那扶贫攻坚、赶超跨越的重要途径。三年多来，投入2.33亿元资金，实施重点水利工程项目10个；投入1502万元资金，实施全镇16个村（居）农村电网升级改造工程；投入6053万元资金，建成通村油路134.5千米；投入2700万元资金，实施“一事一议”财政奖补道路硬化222.62千米；新建文化广场、公园等设施配齐的莲花新村、凉山新村等小康寨7个；投入2705.4万元资金，实施生态文明家园房屋建改6012户；投入近2700万元资金，完成农村危房改造3070户；完成农村改厕600个、沼气池建设1200个；整合生态移民、棚户区改造、小微企业、危房改造等资金9000余万元，新建小康房800户；新建文化服务中心300平方米，生态公园、文化广场14个，农家书屋14个；完成总投资300万元的乡村旅游接待站建设工程；迤那—牛棚双向4车道的同城大道全面开工建设，都香高速“威宁—昭通”路段、102省道升级改线、迤那火车站扩容增停等交通外循环工程启动在即。实现水、电、路、寨、房、讯、农家书屋、文化广场等基础设施全覆盖。

示范引领调结构

在迤那镇经济社会稳中求进的发展中，调整结构是重中之重。

一是坚持把农业作为经济发展的推手，不断加快农业产业化进程。迤那镇充分利用资源优势、地域优势和现有的产业优势，不断加快产业结构调整步伐，大力实施以烤烟生产、优质马铃薯种植、中药材种植、生态畜牧业为主的农业现代化

"七个两万"工程。农业产业发展呈现出传统粮食作物减少、经济作物和经果业增加、良种良法进一步推广、畜牧产业发展加快、种养殖专业生产合作社迅猛发展五个特点。

二是扎实深入开展组织带头抓产业、党员示范创实业,党群携手富家业的"三业并举"主题活动,以党委牵头谋产业、党企联建壮产业、合作社引领兴产业为抓手,着力发展工农互哺型、示范引领型、龙头聚拢型的"三型产业",推进产城一体化、镇村一体化、工农一体化的"三个一体化"进程,形成"三型推三化兴三农"的产业发展思路,促进迤那镇经济社会的快速发展。

按照"镇村一体化"的发展方针,坚持特色示范小城镇建设与新农村建设的有机统一,积极争取各方支持,建成了以小城镇周边的芙蓉新村、信合幸福新村、中心新村、莲花新村、水塘新村为代表的5个新农村建设示范点,城镇化步伐快速推进。

按照"产城一体化"的发展方针,坚持产业结构调整与小城镇建设互推发展,发展38家种养殖专业合作社,创建8个党员创业带富基地,发展市、县级龙头企业2家,形成了"党组织+合作社+基地+农户带贫困户"的产业发展模式,培养农村创业致富带头人500人,带动15600多名党员、群众发展产业,增收致富。

按照"工农一体化"的发展方针,坚持"以农促工、以工兴农"的思路,快速推进工业发展步伐。全面启动微小企业建设项目和"百企帮百村"项目,顺利推进总投资5亿元的麻窝山风力发电项目,建成总投资280万元的大山木营奇石园和投资600万元小城镇新区返乡农民工创业园,引进农产品加工企业5家,提高了农产品附加值,增加了农业产值和农民收入。

三是认真开展特色示范小城镇工程建设。把小城镇建设作为带动农村非农业发展、激活农村经济、提高农民收入、缩小城乡差距的坚实保障。省委书记赵克志说:"要农民增加收入,或者说要致富,关键是要坚持城镇化拉动作用,城镇化在拉动居民收入增加上要好很多。"三年来,完成小城镇老区风貌改造、返乡农民工创业园;实施全长3.8千米的城镇路网建设,全长7千米的排水、排污管网建设,全长1.2千米的河道治理工程建设,火车站站前广场建设;在新集镇启动实施建设800栋小康房;还启动实施日处理污水700吨的污水处理厂、日处理垃圾38吨的垃圾填埋场、公租房、卫生院、同城大道等一批批重点工程项目。

四是完善现代信息网络建设。完成小城镇周边五星村、合心村、中心村、芙蓉王社区4个村(居)和迤那一中、迤那二中、迤那一小等6所中小学网络建设。

教育为先提素质

省委书记赵克志在迤那扶贫座谈会上说:"把贫困山区的孩子培养出来,是根本的扶贫之策,只有把教育搞上去,孩子们接受好教育,贫困地区才能发展起来。我们扶贫60年了,脱贫了没有?就是农村教育不行。"

迤那要跨越式发展,必须教育先行。为更好地推进教育教学发展,迤那镇坚持夯实教育基础,加强师资队伍建设改善办学条件,提升教育教学质量。新建了迤那二中和镇中心幼儿园,完成总投资6212万元的教师周转房、公租房等15个教育工程和教育信息化网络"班班通"工程;中小学校共建有学生宿舍7535平方米、学生食堂4588平方米。2011年以来,新进教师139名,及时解决教育师资力量不足的困难,极大改善了教育教学条件。全镇教育呈现出教育精益求精、欣欣向荣的良好态势。教学质量一年比一年好,中考质量由2010年全县挂末连续三年跃居前列。

迤那镇敢于埋头苦干奔小康,假以时日,必将结出累累硕果。

织金县

熊家场乡

熊家场乡地处织金与普定交界，距县城37千米，距西南出海大通道交通枢纽的安顺51千米，素有“织金南大门”之称，在全县具有得天独厚的地理区位优势。全乡总面积96.7平方千米，辖18个村，123个村民组，7269户，29365人。居住着汉、穿青、苗、彝等9个民族，民间文化异彩纷呈。全乡耕地面积18505亩，其中田3000亩，土15505亩，有荒山草坡2万多亩。全乡平均海拔1340米，年平均气温15.7℃，年降水量1400毫米，气候温暖湿润，四季分明，冬暖夏凉，适宜多种动植物生长。

古镇来历 熊家场原名“比古”，因清康熙年间居民熊八望创设集市，故名熊家场。

熊八望（又名熊小嘴），本姓王，祖籍江西，顺治十五年（1658年），其父随吴三桂大军入黔，因其勤

劳聪慧得到赏识，与当地土著通婚，生一孩，长相怪异，嘴特小，其父认为不祥，便派人扔至凤凰岩下丛林中。其母不忍，每天看望，见婴儿均活，数日后告其父。其父不信，某日凌晨前往偷窥，见一熊为婴儿喂奶，一连数日尽皆如此。于是便抱回抚养，因其嘴小，故呼之为小嘴，人们便以其为熊所喂食常以“熊小嘴”呼之。小嘴孩童时，常入山林放牛牧羊，因小嘴婴儿时吃过熊奶，山林中熊等动物常与之亲近，小嘴因之习熊斗，勇力过人，周边人均不敌。其父因在征剿水西之战中有功，被提拔作地方留守军队长官。后贵州土著居民反吴，吴三桂率军征剿，数十日后，反叛多数被剿，唯朵里则溪黑石头（今珠藏、熊家场、黑土一带）未平，吴三桂便派小嘴之父引兵征剿，久战不胜，时小嘴仅十四五岁，便自奋勇，领兵迎敌，因其勇猛过人，多有战功，谋得将士称赞。后其父采纳其苦肉计，派遣多数亲信到敌营卧底，最终一举平息叛乱，熊小嘴因此名声大振。熊氏父子入府（吴三桂之平西王府）述功，其父因见征战死伤太多，不愿继续做官，请辞，吴王欲封小嘴，小嘴少年天性，不愿做官。后吴王便同意他们回乡的请求，传令其父子所经县费用由当地官府供给，回乡后准其选当地最高之山峰放眼眺望，能见者为边，再到其边望，能见者又为边，如此八望，所见之地便为其封地，其家因此渐富，人们亦因之称小嘴为八望爷，后小嘴富甲一方，亲友逐步来投奔，居其府第附近。为方便前来交租、探亲访友之人，八望在其府第附近开设茶坊、酒肆、马店等，日久逐成集市。其父逝后，小嘴正式更名熊八望，后人为纪念他，便把集市称为熊家场，为熊家所建集市之意。

独特的区位优势

熊家场乡是织金通往“黔中经济区”的重要节点，随着赤望高速的建成，从熊家场到普定县只要10分钟，到织金和安顺只需30分钟，到贵阳仅要1小时。

安织公路横贯全境，黄织铁路已正式开通运营，筹建复线已提上议事日程；林（清镇林歹）—织（金）快速铁路正在施工；正在建设的赤（四川赤水）望（贵州安顺望谟）高速黔西至织金段建成通车，织金至普定段年内动工建设（织普高速熊家场匝道距乡政府所在地3千米）；区域内国家五纵七横高速公路网中的沪昆（上海至昆明）、兰海（重庆至北海）、厦蓉（厦门至成都）等高速公路及2009

年竣工的隆(四川隆昌)百(广西百色)铁路紧相呼应,在距乡政府2千米处设有火车站。以上交通路线全部投入使用后,织金境内将形成铁路、高速公路纵横交错的格局,北进四川、重庆,南连广西、福建,东到湖南、杭州,西接边陲云南。目前制约织金经济社会发展的"瓶颈"即将彻底被打破,成为西南地区交通运输的重要枢纽和全省县级交通条件最优的县,而熊家场无疑是这些线路中区位优势最明显的乡镇。

旅游资源

熊家场地处黄果树瀑布、龙宫风景区与织金洞风景区之间,熊家场境内景点众多,自然景观独具特色。这里气候适中,景色宜人,民风淳朴;清澈的月亮河串流其间,歹阳河峡谷横贯其中,濛坝河地处夜郎湖畔的河流,风光旖旎。大小地下溶洞星罗密布,地下温泉、暗河交流其间;红色圣地四方洞、十一烈士墓为您展现着当年那段动荡的岁月中英雄奋勇杀敌的场景;这里绿树成阴、古木成林,青砖白墙掩映其中。

目前,熊家场到黄果树景区约1小时,到织金洞约80分钟,赤望高速开通后,可缩减为30分钟以内。由于各种原因,目前以上两个景区均留不住客人,游客基本上都是游完一处后回省会贵阳。因此充分发挥熊家场旅游资源的优势,可以通过它,把黄果树(龙宫)风景区与织金洞(百里杜鹃)风景区连接起来,形成黄果树—熊家场温泉—织金洞"三点一线"的节点经济圈,通过大力推进这"三点一线"的节点经济圈建设,带动周边区域的发展,进一步提升整个区域的网点规模、密集程度、业态种类,实现购物、餐饮、娱乐、休闲、健身等服务功能的一体化。同时,大力推进熊家场周末经济特色化旅游专线,游客在游览其中一个景区后,到熊家场泡温泉、观湖光山色、暗河漂流与探险、体会绚丽多彩的独特民风和中西结合的宗教文化,在赏心悦目中一洗疲劳,确保有旺盛精力游玩另一个景区。

月亮河暗河漂流与探险 贯穿熊家场集镇的月亮河的源头,有着神秘诱人的地下暗河和溶洞。暗河可开发地下漂流旅游,溶洞巨大且钟乳石发育成熟,是与旱洞织金洞遥相呼应的水洞。小河溶洞位于政府驻地的群潮村中西部峭崖陡壁上,距县城37千米。峭壁上有裸露的天然洞窟,洞中有洞,形成了一个神奇的洞穴世界。每当冷暖交汇时,洞中热气与洞外冷气相融合,凝结如云,洞中夏季凉爽、冬季温暖。小河溶洞是天然石灰岩溶洞,洞顶、洞壁上留下了斑驳陆离的纹理图案,景色十分壮观,极具开发价值。

歹阳河、濛坝河水能开发与峡谷景观打造 熊家场乡境内河流均从崇山峻岭中穿越而过,两岸风光秀丽,极具旅游开发价值。丰富的水能资源,也将成为开发的重点。目前,已纳入招商开发的有

杜家桥水电站和月亮洞水电站建设及配套旅游设施项目。

温泉休闲度假综合开发 乡境内地热资源丰富。经有关专家考察论证,集镇附近的高梁马道子温泉,是贵州省最为优质的温泉之一。埋藏有深度相对较浅,地热井开发深度在2000米左右,热储温度最低可达50℃以上,井口温度不低于48℃,日均流量800立方米,富含高锶、硒等对人体有益的矿物质,用途广泛、经济效益高,可用于沐浴、泳池用水,有医疗价值,更为可贵的是可做高级矿泉水开发,还可用于养殖业、花卉栽培等诸多方面,极具开发价值。

教育基地四方洞 四方洞为织金县"红色足迹"之一,位于织金县熊家场乡一座高山陡峭的悬崖上,洞口呈方形,距地面与山顶皆是上百米,大洞口距离地面约有50米,小洞口距离地面约有20米。洞下面有一条河流和由于山体垮塌而形成的地缝,甚是壮观,同时也加大了四方洞的攻击难度。四方洞最初是富人为躲避兵荒马乱带着财物和家眷躲避的地方。其地势在冷兵器时代是一夫当关,万夫莫开。

织金解放前夕,此洞曾为织金土匪李明山(被蒋介石命名为八县总指挥官)的匪窝,易守难攻,后解放军炮轰,土匪因经受不住震耳欲聋的炮火声,方才投降,四方洞的攻破,为织金赢来真正的解放。新中国成立后,四方洞成为织金剿匪历史的瑰宝,拥有很高的历史价值。由于地形特别,也有一定的地理研究价值。

特色农业观光园 熊家场乡平均海拔1340米,年平均气温15.7℃,年降水量1400毫米,气候温暖湿润,四季分明,独具发展特色农业的气候优势。境内有投资3.5亿元的白马生态食品工业园,有养心草、高粱、有机茶叶、竹荪、狼尾草、天麻等农业科技园,加之丰富而极具温泉开发价值的地下热水资源,将农业旅游观光与温泉旅游度假融为一体,形成"旅游景点、配套设施、旅游产品"的完整产业链条和休闲观光旅游带,并成为重要的经济支撑点。

文化资源

熊家场乡属中西文化交流区域,主要有佛教文化、少数民族文化、教堂文化、历史文化等。熊家场是苗族、彝族、穿青人等少数民族杂居的乡镇,民族文化浓郁厚重,民间活动丰富多彩。为给小集镇增添文化韵律,该乡不断对民俗风情文化进行提炼传承,组建了老年秧歌队、腰鼓队、苗族彝族歌舞队、穿青傩戏表演队、快板宣传队、文艺表演队等群众组织,编排文艺节目数十个,收集整理民俗民情100余篇,每逢重大庆典、重要活动、节假日等便组队到场表演,大力宣传熊家场民间文化,为打造特色古镇添辉增彩。

闯王地宫:李自成的最后归宿

李自成兵败后,其去向一直是一个富有争议的话题。据《贵州文史丛刊》1996年第四期记载:李自成1645年兵败九宫山后,与夫人高桂英逃亡至贵州省普定县小兴浪(原三岔河,距熊家场集镇约3千米),改名李之成,高氏更为郭氏,后由部将携财物秘密埋藏于熊家场一山洞中,此后,闯王及部属便住在这个溶洞里,时刻谋划,准备东山再起。并在那里生育两个男孩,分别是李先春、李先华。后来李自成与夫人先后仙逝后,安葬于此。其子在李自成死后搬迁至平远州(现织金县城),并在小东门购置房屋安家,因吴三桂剿水西时其子怕再遭灭门之灾,不得不第二次搬迁逃亡,长子李先春搬到白泥乡大坝,次子李先华搬到阿弓镇下寨,过着世辈隐居的生活。据自称是李自成14代孙的李代伟说,现有家谱、碑文、坟墓可资考证。现熊家场有李自成墓、闯王地宫、李家楼等。其中闯王地宫曾多次有人进入寻宝。

中西融合的宗教文化

熊家场历史悠久,集镇内文物众多,河流环绕,垂杨飘飘。文昌阁、江西庙、观音阁等八大庙和教堂共存的现象,凸显该地文化的繁荣与兼容。

织金县

官寨苗族乡

官寨苗族乡简称(官寨乡),位于织金县东北部,是国家级风景名胜区织金洞所在地,是乌江源百里画廊重要景点裸洁河、恐龙谷、香粑车乐园的集聚地,是省确定的毕节试验区8个市级特色示范小城镇之一。全乡辖16个村,131个村民组,8632户,30445人,其中非农人口502人,农业人口29943人,人口密度为486.3人/平方千米。国土面积62.6平方千米,耕地16256亩。粮食作物主要有玉米、水稻、小麦,经济作物以油菜为主,经果林有柑橘、樱桃、李树等,矿产资源有煤炭、重晶石和大理石等。境内交通四通八达。

历史悠久 官寨在明代以来称为“那威”,最明确的记载是《贵州通志》明朝穆宗隆庆五年(1571年),水西宣慰安万铨“有子二,曰智,曰信,智出居织金那威……”后来，安智的儿子安邦彦辅佐继任宣慰使安位，官居贵州宣慰同知，主持水西军事。明熹宗天启二年（1622年），安邦彦响应四川蔺州土司奢崇明发动反明战争，战争持续到崇祯二年（1628年），安邦彦和奢崇明战死于四川红土岭。安邦彦战死后，其家业为妹婿杨赞继承，杨姓土司仍然是统治一方的“官家”，所以这里就沿称之为“官寨”，至今安邦彦的旧宅遗址尚存。

1949年至1951年3月，官寨村（当时名称为保）隶属于保安乡（即现在的三甲乡）管辖。1951年3月至1953年3月成立新七区（即现在的绮陌乡），划属新七区管辖后，名称为大队。以后乡名数改，归属数易，初级社、高级社、人民公社，不一而足。

1990年撤区设乡，官寨苗族乡不变，名称一直延续至今。

风物独擅 官寨苗族乡乃水西古彝重地，是国家级风景名胜区织金洞的所在地，又是乌江源百里画廊重要景点裸洁河、恐龙谷、香粑车乐园的集聚地，还是毕节试验区及省地新农村建设的示范基地。神奇秀丽的自然风光，多姿多彩的苗彝风情，古朴原始的农耕文化，成效初显的生态环境，渐露头角的建设成果，堪称“洞乡福地”。

织金洞风景名胜区以织金洞为主体，包括织金洞景区、织金古城区、洪家渡高原平湖景区、裸结河景区，总面积307平方千米，是1988年国务院审定公布的第二批国家级重点风景名胜区之一。

织金洞原名打鸡洞，是一个多层次、多类型的溶洞，洞长6.6千米，最宽处175米，相对高差150多米，全洞容积达500万立方米，空间宽阔，有上、中、下三层，洞内有40多种岩溶堆积物，显示了溶洞的一些主要形态类别。根据不同的景观和特点，分为迎宾厅、讲经堂、雪香宫、寿星宫、广寒宫、灵霄殿、十万大山、塔林洞、金鼠宫、望山湖、水乡泽国等景区，有47个厅堂、150多个景点。最大的洞厅面积达3万多平方米。每座厅堂都有琳琅满目的钟乳石，大的有数十丈，小的如嫩竹笋，千姿百态。还有玲珑剔透、洁如冰花的卷曲石。霸王盔、玉玲珑、双鱼赴广寒、水母石、碧眼金鼠等景观，形态逼真，五彩缤纷。特别是那高17米的“银雨树”，挺拔秀丽，亭亭玉立于白玉盘中，人人赞叹。织金洞不仅有很高的旅游、美学价值，而且对于研究中国的古地理、古气象学等都有极高的科学价值。

据专家考察比较，织金洞的规模体量，形态类别、景观效果都比誉冠全球的法国和南斯拉夫的溶洞更为宏大、齐全、美观。

彝族古寨“那威洛姆”官寨系水西古彝重寨，系明末贵州宣慰同知安邦彦办公居家之所，其故址位于今乡政府办公楼后300米处。

安邦彦，生年不详，明朝水西那威（今官寨）人，彝族，霭翠第十三世孙，安万铨曾孙，安国祯之子，承袭水西宣慰同知职，辅佐宣慰使司之首席军事将领。时贵州宣慰使府设于黔西，使司安位乃安邦彦之侄，因其年少，水西实为安邦彦主政，其独设所于那威，使之成为事实上的水西政治军事中心。天启元年（1621年），安邦彦与四川东部永宁土司奢崇明因不堪明廷凌辱，相约起兵反明，至崇祯二年（1629年）兵败卒于四川。安邦彦战死，明军趁势进占吡喇（织金），攻克那威。四百来年过去，断垣残壁犹在，水西雄风不存！

2008年底，经省建设厅黔建景复〔2008〕43号文件批复，启动官寨乡“那威洛姆”彝族古寨建设，进一步推进官寨乡旅游产业的发展。该项目规划面积58万平方米，包括“一街、四区、五节点”：“一街”指将官寨街道改造为旅游步行街；“四区”指入口集散区、环境绿化区、生活服务区、接待展示区；“五节点”指入口广场、那威大寨、安邦彦旧居遗址、竞技场、寨门，预算投资8400万元。目前，已完成步行街及沿街民居改造，工程总投资1800多万元，充分展示了水西地方彝族民居风格。

苗族风情园“妥倮新村” 妥倮苗寨地处国家级著名风景名胜区织金洞境内，系古老的水西腹地，毗邻恐龙湖，辖妥倮、石丫口、河边、电站4个村民组，有上妥倮和下妥倮之分，距县城19千米，距乡政府和织金洞两千米，三（甲）官（寨）旅游公路穿景而过，是官寨乡一个极具文化典型和文化底蕴的全苗族聚居自然村寨。

步入妥倮苗寨，古色古香的苗族木板房、苗家小女孩悠扬动听的歌声、苗家芦笙舞，还有边刺绣边闲侃的老人口里那一段段诱人的苗家往事，不经意间就把你带入一个神奇的人间美境，总让你看之沉醉，听之沉迷，思之沉寂。

明代古堡阳关屯 阳关屯位于织金县官寨乡西南面，距织金洞景区3.5千米，从织金洞景区内的恐龙湖沿漪结河西去五六里，河谷渐宽，有孤峰突起，四面绝壁，远望可见岩上树丛翠密，石墙蜿蜒其间——此即发现的织金明代古堡阳关屯。

晨曦初露，浓雾生腾，满谷尽白；黛色峰巅在云雾中如隐如现，如飘如移，染色如画，变化异常；不觉间云消雾散，霞光万道，又见孤峰巍然屹立，城墙雄踞，河水东去。此即古堡壮景。沿东南悬崖“之”形小道攀登，穿过屯门，别有可观：水声哗然而响，群山远遁环合，天似穹庐；青苔遍布石墙，瓦砾碎于土间，屋基筑坟，乱草淹没。此即古堡沉寂苍凉之景象。史料记载，明朝天启四年（1624年）

夏，明军从水西南部三岔河大举进攻水西，长驱直入水西彝族首领、西南民族大起义领袖安邦彦的家乡那威(今官寨后街)，安邦彦避其锋锐，率主力转移到阳关屯固守。明军围屯两月，久攻不下，反被水西军内外夹击，伤亡大半，全局溃败，残部退出水西。阳关屯属安氏营盘，既为古堡，它定然给人以历史的体悟与反思。

美在官寨 官寨具有丰富的“民族”文化、“水西”文化、“石”文化等文化要素，并可以将这些文化要素作为旅游业来经营，通过发掘和宣扬文化来综合性地发展旅游，并以经营旅游的方式多方位地向外界展示，赋予旅游产品丰富的文化内涵，从而创造出具有鲜明地方特色的旅游文化。民族文化以小妥倮蜡染、刺绣、民族舞蹈为平台，建设妥倮苗族风情园。“水西”文化以安邦彦博物馆作为支撑，建成安邦彦博物馆，将给游客展示明末清初的一个军事重镇“官寨”。“石”文化以奇石园为支点，让游客感知喀斯特山区的地理文化。

近年来，官寨乡不断加强环境治理和保护的力度，实施了一系列重点生态建设和环境整治工程，生态环境、居住环境和投资环境得到进一步优化。

农业面源污染治理：扎实开展了农产品质量安全区域化管理工作，引导成立各类农民专业合作社35个，鼓励村党支部书记兼任合作社党支部书记，实现了党的为民服务宗旨与合作社为社员服务宗旨的有机统一。统一技术指导、统一生产管理、统一质量检测、统一收购销售，有效减少了农业面源污染，增加了农民收入。

生态文明村建设：全乡16个村全面实施了环境综合整治工程。重点推进了五化工程，统筹兼顾农村公共服务设施建设，有效改善了农村生产生活环境，生态文明村建设取得明显成效。

垃圾统一清储转运：建设大型生态垃圾填埋场1处，垃圾桶200个，建立了“户清扫—村收集—乡转运”的垃圾清运模式，纳入了城乡环卫一体化管理，实现了农村垃圾处置的减量化、资源化和无害化目标。

大力推广使用清洁能源，建成户用沼气池1500个。目前，全乡16个村的自来水改造、主街道硬化、垃圾统一清运率均达到100%，农村生态环境明显改观。

千亩樱桃基地：乡政府规划了1000亩樱桃基地，投资200万元，高位水池3座，埋设地下供水管网12千米，极大改善了基地水浇、耕作条件，提高了农业综合生产能力。成立了樱桃专业合作社，入社农户300户，年产值达300余万元。

千亩绿色金橘基地：乡政府在红岩村内划定了千亩金橘基地，组织果业专家指导果农按操作规范生产。目前成立了金橘专业合作社，入社农户500户，年产值达200余万元。

基础设施配套完善。按照高起点规划、高强度投入、高标准建设的原则，全面完善基础设施配套，累计投资0.5亿元，实现了供水、供电、供暖、天然气、污水处理等设施，达到了配套水准，乡域经济发展承载力明显提升。先后完成南大街建设、达吉安置区路网、官寨乡卫生院配套建设、官寨社区服务中心办公场所改造。完善并使用农贸交易市场、文化广场、敬老院、拆迁安置保障房、彝族特色民居建设、幼儿园、达吉文化广场等基础设施。

生态文化扎实推进。以实现“家庭和睦、社会和谐”为目标，积极开展了“生态文明村、生态文明户”创建活动，按照“党建带妇建”的工作思路，坚持以党的建设活跃基层妇女工作，充分发挥妇女在家庭和社会生产中的突出作用，凝聚了社会主义新农村建设的中坚力量；组织开展了形式多样的群众性文化体育活动，进一步丰富和活跃了农村文化生活；深入推进了“四德工程”建设，大力弘扬社会公德、职业道德、家庭美德、个人品德，并将传统文化和生态文明教育有机结合，不断增强农民自觉保护生态环境、建设美好家园的意识，在全社会营造出了健康向上、绿色环保的生态人文环境，提高了农村生态文明水平。

织金县

桂果镇

桂果镇位于织金县城东南面约 21 千米处，地理位置在东经 105°53′、北纬 26°35′之间，全镇辖 14 个行政村，124 个村民组，1 个居委会，3 个居民小组，全镇 6808 户，26386 人，主要民族成分为汉族、苗族、穿青人。少数民族人口 9383 人，占总人口 40%。行政区域面积 116.5 平方千米，耕地面积 23738 亩，其中为田 6880 亩，土 16858 亩。镇人民政府驻地海拔为 1400 米。境内以产水稻、玉米等为主，矿产资源以重晶石、煤、磷(含重稀土)为主。

自然风貌 桂果镇古时为织金部落聚居地，是清、民国时期进省大道所经之地，是织金产粮区之一。国民三年(1914 年)改平远县为织金县以此而得名。在绮陌河下游的马场村附近，有高 45 米、宽 25 米的小马场瀑布(吊水岩瀑布)，昔日称为“瀑泻珠帘”，河水平泻而下，连成一片，十分壮观。

绮陌村向北注入六冲河，镇境内山峰数十座，最高山峰是东红的衙院大山，海拔 1902 米，山系转向东北至箐脚形成六冲河、三岔河水系的分水岭东南段，沿途风光旖旎。

织金瀑布风景旅游区 旅游区位于织金县桂果镇东北面马场村，距桂果雅贤现代农业观光园 2 千米，距县城 20 千米，距贵阳 70 千米，有 3 条公路直接到达景区。

景区河流属三岔河流域，瀑布下峡谷川流，瀑布上河宽水急，周围重峦叠嶂，瀑上气势雄伟，瀑宽 35 米，落差 60 米，以水势浩大常年清晰著称"中国贵州最为典型的自然生态水域风光"代表。旅游区总面积 13 平方千米，当前开发面积近 5 平方千米，具有优美的山水风光，丰富的物种赋存，多样的植被覆盖及果园绿化，优越的避暑气候，鲜明的地域文化和宝贵的历史遗迹。瀑布旅游风景区具有优势的自然条件和社会环境，具有资源永续利用的科学发展方向。目前，已建成景区木栈道 3000 多米，最大的木制广场 6118 平方米(获中国之最基尼斯纪录)，生态停车场、旅游接待中心、票务中心、文化长廊、休闲亭及各类标识标牌旅游设施建设已完成。如今，织金瀑布景区已全面开放。

织金瀑布 织金瀑布是国家 3A 级风景名胜区，位于织金县城东 20 千米处的桂果镇，原名吊水岩瀑布，后经有关部门批准，正式更名为织金瀑布。

瀑布高 55 米，宽 35 米，飞流直下，气势磅礴，水帘悬挂，瀑泻珠帘，连成一片，十分壮观，是大自然赋予人类的一颗瑰宝，以"雄、奇、险、秀"为特点，被誉为地球"银色彩带"。仅次于黄果树的大瀑布，为织金山水的典型代表，是贵阳至织金洞旅游线上的一个靓丽景点。

织金瀑布景点众多，但观瀑亭熠熠生辉。

"观瀑亭"横卧在苍茫的群山和茂密的森林之中。群山起伏着，树木摇曳着，大山的风中仿佛在诉说着地老天荒、岁月无痕的日子。"观瀑亭"的头顶是湛蓝的天空和灿烂的阳光，有鸟儿飞过，有白云流过，有花香弥漫。"织金瀑布"就在这样的背景下，数百年、上千年一如既往地流淌着、飞奔着，喷洒着花香，携带着云朵，吸收着山川和树木的精华，融合着太阳和蓝天的温暖，将每一颗水珠挥洒得那样淋漓尽致，那样自由自在，那样和谐安详!

彝族的插花节 每年农历二月初八是彝族的插花节，关于这个节日，有一个动人的传说：相传很久以前，楚雄县华山有下残暴荒淫的土官，修建了一座“天仙园”，欺骗彝族人民说里面有仙女在织布、绣花。强迫各村各寨把最漂亮的姑娘送到“天仙园”去供土官淫乐，逼死了许多彝族姐妹。有个咪依嗜的漂亮姑娘，为了拯救彝家姐妹，在农历二月初八这天，只身闯进“天仙园”，取下头上戴着的有剧毒的白色马樱花泡进酒里，与土官共饮，毒死了土官，牺牲了自己，人们为了纪念这位英勇献身的姑娘，便把农历二月初八这天定为插花节，这一天，人们把采摘来的杜鹃花插在门前屋后，挂在牛羊角上，彝家男女老少，人人戴花，表示抗暴除恶、祈求吉祥幸福。青年男女更是穿上节日盛装，聚集在一起，唱歌跳舞，相好的青年男女如一方将杜鹃花插在另一方的头上，即表示对对方的爱情矢志不渝。

二战坠机遗址 《织金县志》(1997 年版)载：“1943 年 12 月 16 日，美国军用飞机一架（机号 123905)，因油箱起火坠落于桂果镇克窝村，飞行员格舍尔等 4 人跳伞着陆。”

克窝村支书徐木亮说：从小我就听说二战时期有架美国军用物资运输飞机坠毁在我们村的田中间(小地名)，机上 4 名飞行员在飞机失控后跳伞降落在山上，被村民救起后做最好的大米饭给他们吃，他们不吃，说大米饭是蚂蚁蛋，只吃自己随身带的干粮。消息传到区里后，区里立即派人把他们接到区政府住，第二天县里从区政府将他们接走，听说是由当时的王县长亲自安排滑竿送他们去贵阳，他们从贵阳转重庆回美国了。飞机残骸被县里派人拿走，送去什么地方不得而知。村民们曾捡回一些残件来做皿具，我家就曾有一个碗是捡那架飞机残件来做的，小时候我还用它吃饭，现在找不到了。后来，在飞机坠毁的区域，村民耕作时还挖出了一些残件，但都没有收藏。村民李龙俊和毛宣扬的描述与徐木亮的略有不同，李龙俊听说的是轰炸机，是美国派去轰炸日本军营，返回后出了故障坠毁。而毛宣扬听说的又是侦察机，是美国派去侦察日本军情的误途燃尽机油坠毁。关于

飞机机型的版本不尽相同，但坠机及飞行员被救则是事实。

2015 年将是抗日战争胜利七十周年，如何利用克窝村二战美机坠落遗址地这一独特的人文历史资源，结合织金县桂果镇乡村旅游资源，做好相关旅游开发专项规划，打造具有国际化影响的克窝二战遗址公园，为发展织金县桂果国际乡村生态旅游产业创造条件，是桂果镇的开发课题。

桂果镇以科学发展观为指导，充分利用优越的地理环境，着力以发展蔬菜产业为突破口，努力调整农业产业结构。在县政府及有关部门的大力帮助下，蔬菜种植已初具规模，建立了以雅贤现代农业有限责任公司为龙头企业的 1000 亩蔬菜核心示范基地和 800 亩以上的分散农户示范基地，主要种植西红柿、韩国朝天椒、莴笋、大葱、莲花紫菜、四季豆、竹荪等多个畅销产品。建立了目前全省最大的高智能恒温大棚 9 个，占地 4000 多个平方米，涉及桂花、绮陌、猫场、马场、小牛场等五村（居），依法流转土地达 600 多亩，带动农户 800 多户；引进了竣荣有限责任公司，投入 150 万元发展木材深加工，现已种植速生杨树 3000 余亩，依法流转土地 1500 亩，采取“公司 + 基地 + 农户”的生产模式，带动农户 750 余户，现杨树长势良好，有望明年开始产生效益；引进了宏森生态农业发展有限公司，投入资金 300 多万元在桂果镇马场村建立了 200 亩的淡水龙虾养殖基地，该基地依法流转土地 120 亩，现已投产，直接带动农户 70 余户，有望今年秋季产生效益；在桂果镇马场、绮陌、岔河等村投入资金 200 多万元建立了大白鹅养殖基地，带动农户 800 余户，每年可增加农民人均纯收入 30 元左右；投入资金 60 多万元在联兴、果底、绮陌等村依法流转土地建立经果林示范基地 500 多亩。这些农业产业结构调整已初具规模，每年可增加农民人均收入 150 元左右。今年桂果镇仍然立足“生态立镇、农业强镇”的发展思路，积极调整农业结构，使农业产业结构更加规模化、产业化，在去年的基础上向生态观光迈进，向无公害和绿色产品迈进。

“四在农家·美丽乡村” 桂果镇作为创建省级文明乡镇的示范乡镇，近年来以展现地域文化元素和特色的镇容镇貌为整治标准，进行全面整治，加快发展新城镇建设的步伐，打造出一个创建“四在农家·美丽乡村”的新典范。

桂果镇植被及生态环境良好，气候宜人，风景秀丽，是一个穿青人居半的乡镇，民俗风情浓厚淳朴，发展村镇旅游和农家乐潜力巨大，在通过黔西北民居改造、五园新村建设、庭院连户路硬化、通村路油化、街道绿化美化和垃圾处理等方面建设成效显著，该镇成为全省观摩点，成为全镇100个高效农业示范园。

近几年来，该镇以招商引资等项目资金的投入重点打造桂果镇新农村建设，每一个项目都实实在在地落到了实处，村庄整治和“四在农家·美丽乡村”新农村建设活动的开展，让村民得到很大的实惠，桂果镇出现了翻天覆地的新变化。有条件的农户房屋绘上外墙画，家门前有了垃圾桶，村里设置了专职的保洁人员，安装了太阳能路灯，基本杜绝了畜禽乱跑、柴草乱垛、垃圾乱倒、粪肥乱堆、污水乱泼和私搭乱建等不卫生、不文明现象。

围绕新农村建设“生产发展、生活宽裕、乡风文明、村容整洁、管理民主”的目标，村容村貌焕然一新的桂果镇，依托距镇区近、交通便利、风景秀丽等优势条件，大力发展乡村观光旅游业，种植经果林，开办农家乐，每到周末，来自四面八方的游人络绎不绝。

如今的桂果镇，“四在农家·美丽乡村”建设活动开展得有声有色。桂果镇依托高效农业示范园，让农民学到新的科学种植技术，改变他们的种植习惯，提高他们的收入，农民富裕了，节假日，他们会自发地组织跳舞、唱歌，搞些文艺活动，让人民群众真实地感受到美丽桂果、四在农家的景象。

特色小城镇建设 全面实施基础设施建设。投资500万元增建一个文化广场；投入资金3000万元完成337户的生态移民搬迁；争取资金500万元完成绮陌河一期工程治理；完成公办幼儿园建设，完成教师公租房和周转房建设；投资200万元种植核桃6000亩；投资225万元建成1100平米镇卫生院住院部大楼修建；争取520万元完成绮陌村和小牛场村326户新农村建设；争取资金1000万元完成桂(果)普(翁)通乡公路硬化；争取帮扶资金150余万元新建打麻厂200平方米、克窝400平方米的办公室修建；投资300万元完成4710户庭院94200平方米的硬化、175千米的连户路硬化；投资42万元完成马场至丫落通村路改造工程；投入资金7000万元建设3.6千米的金河、绮陌及生态移民大街、美化绿化2千米桂果老街。

2013年，桂果的特色小城镇建设工作获全市先进乡镇表彰。

中国凉都
六盘水

六枝特区

大用镇

大用镇位于六枝特区东部，距特区人民政府驻地7.5千米，东邻木岗镇，南连落别乡，西接平寨镇，北靠普定县化处镇。总面积66.1平方千米，其中耕地面积22320亩、林地面积21150亩、天然草地面积11550亩。全镇辖7个村，1个社区，65个村民组。总人口28462人(农业人口23963人，非农业人口4499人)，现居住有苗、彝、仡佬、蒙古、回、白、黎等少数民族。海拔高度1200～1400米。年均气温13.9℃，年均日照时数1262.3小时。气候温和，土壤肥沃，雨量充沛，热量充足，雨热同季，适宜各种动植物繁衍生长。镇内村村通油路和水泥路，基本实现组组通公路，交通运输条件十分优越。

大用镇原名“大弄”，来历无考。经年累月，逐渐演变成“大用”。

1929年至1966年属普定县管辖，1966年1月归六枝矿区管辖。1992年，将原大用乡、抵簸镇及凉水井乡的部分地区合并而成，取名为“大用镇”。

物候优渥

大用镇夏有阴凉，冬无酷寒，具有雨热同季、无霜期长的气候特点，适宜各种动植物繁衍生长，发展特色种养殖业和生态观光农业，具有得天独厚的气候条件。

交通运输 株(洲)六(盘水)复线铁路、六(枝)镇(宁)高速公路及二级省道贵(阳)烟(堆山)公路从境内自东向西横穿大用镇。县际公路有大(用)化(处)公路，乡际公路有银(厂坡)姜(家寨)公路和大(用)木(岗)公路，全镇村村通公路，基本实现组组通公路，交通运输条件十分优越。

矿产资源 南部片区的石灰岩及优质白砂等矿物质资源丰富，易于开采，六枝至纳骂的公路穿境而过，交通条件优越，有利于发展乡镇企业。北部的煤炭资源相当丰富，具有煤层厚、易开采的特点，现有以开采原煤为主的六枝工矿集团化处分公司在该区开采，公司驻地拥有常住人口6000余人，规模庞大。有一个地方有证煤矿——黑石头煤矿，年设计生产能力15万吨。

旅游资源 大用、湾寨居民户户“青瓦白墙灰线坡屋面”，构成一道靓丽风景线；大用街两旁大理石人行道行走方便，沿街种有香樟树、桂花树，俨然“桂花一条街”；文化广场雄鸡屹立，昂首东方。堰坝河未受污染的水体清澈透明，干净可人；大用生态观光园、万亩车厘子基地、万亩生态茶叶基地、万亩世界樱桃园花香徐徐，沁人心脾；黑晒林场、大煤山林场、阳春三月、白鸡箐十里杜鹃画廊，伴着绿荫荫的千亩林场，空气清新，富含富氧离子，实为避暑、休闲的好去处。骂冗村地戏扑朔迷离，民间文艺多获褒奖，原大用乡第一个基层人民政权老办公楼见证了山乡变迁，湾寨烈士陵园诉说着历史丰碑，是有名的革命传统教育基地。另有宗教场所西来寺，钟声杳杳度普世浮尘。

大煤山上，每到阳春三月，杜鹃花红遍，点缀着绿荫荫的千亩林场，形成了一道亮丽的风景线，大用、黑晒两村交界处的堰坝河水清岸绿，小流域集雨面积11.02平方千米，河长6千米，流量为每秒5.49立方米。风景点沿途已建有集休闲、娱乐、饮食为一体的农家乐园，而且距离城区仅7.5千米，是城郊旅游的福地。

六枝骂冗地戏 地戏是贵州、云南特有的非物质文化遗产之一，在中国西南部贵州省的许多地

区广为流传，在安顺一带较为集中。贵州省六枝罟冗地戏队更是传承了古人地戏之精髓，是现如今地戏文化保留得最完整的队，被誉为“非遗之先锋”。主要剧目有《薛丁三征西》等。

每逢新春之后、元宵节前，安顺等地农村随处可见自编自演、世代相传的地戏表演。人们跳地戏主要是为了驱邪禳灾，也是为了娱乐。地戏的剧目只有武戏，如《三国》《隋唐演义》《封神榜》《杨家将》之类。在饰演中又加进了许多青面獠牙的人物，以加强驱邪逐祟的气氛。人们看戏时也是在欣赏地戏脸子（即地戏面具）。民间艺人将地戏脸子概括为文将、武将、少将、老将、女将五种脸谱，称为“五色相”。头盔和耳翅的装饰是安顺地戏脸子的突出特征。男将头盔上多以对称龙纹装饰，根据身份地位的不同，有的四五对，有的多达九对。女将的头盔多用“凤盔”，纹饰有“双凤朝阳”“凤穿牡丹”等，有些还装饰有各种各样的花纹，如蜜蜂、蝴蝶等。

贵州地戏已有六百来年的历史，其存在与明初开发黔中安顺有关。明洪武十四年（1381 年），明太祖朱元璋调集来自安徽、江苏、江西、浙江、河南等地的三十万大军远征云南，一举击溃元朝盘踞云南的残余势力。战事既平，朱元璋虑及云南地处边陲，贵州又是土司势力长期占据之地，若无重兵屯戍，“虽有云南，亦难守也”。故把战略重点转向贵州，命征南大军沿云南到湖广驿道就地屯守，在贵州设有 24 个卫、26 个守御千户所，其中安顺有 3 个卫（普定、安庄、平坝），2 个守御千户所（关岭、柔远）。于是，贵州这块土地上就有了史料上称谓的“屯堡人”，地戏也就随之而来了。

地戏的演出程序一般分为“开箱”“请神”“顶神”“扫开场”“跳神”“扫收场”“封箱”等。其中的“跳神”是正式演出，又分为“设朝”“下战表”“出兵”“回朝”。其余部分是带有驱邪纳吉成分的傩戏活动。

地戏被誉为“中国戏剧活化石”“中国戏剧历史博物馆”，是研究戏剧发生学、人类学、宗教学、民俗学、美学、历史学、语言学等学科的活材料。

西来寺 西来寺位于六枝县境内蒙古自治的观音山上。观音山奇峰突起，海拔1000多米。在山腰间天然生成三个洞穴，分别建有观音阁、西来寺及韦驮洞。三洞连成一线，而西来寺居三洞之首，洞高20余米。据考证，此洞原名“朝阳河”，寺名为“真宗寺”。寺内住持杨复修，号朝修，贵州省黔西县人，于1747年至1862年间驻锡此地，是为西来寺的开山之祖。道光二年(1822年)圆寂，享年83岁。民国年间当地居士王河青、李龙祥等人筹资建造观音阁，栽花植树，成为登临朝拜的胜地。1947年，观音阁毁于火焚。1958年大炼钢铁，观音山林木遭到大规模砍伐，佛门胜地自此衰落。

改革开放以后，当地政府落实了党的宗教政策。为发展观音旅游事业、弘扬佛教文化，人民群众及四方信善一致要求尽快修复西来寺。1992年至1998年，在政府部门及有关人士的指导帮助下，王永龙居士主持新建山门、天王殿、大雄宝殿、观音殿、地藏殿等，还修筑了盘山公路、人行道，另植树3万多株。

西来寺四重大殿位于天然形成的朝阳洞内。大雄宝殿内塑有释迦牟尼佛、燃灯佛、药师佛、韦驮菩萨等像。石佛殿内有一尊天然石佛，重约1吨，另有一尊自然形成的神仙像，鬼斧神工，栩栩如生。观音殿内塑观音、普贤、文殊三菩萨。地藏殿内塑地藏菩萨。中有飞龙殿，内有高13米的两条石龙，亦为天然之物，龙尾浸于水池之中，活灵活现。

寺人植有朗桑、银杏等树，珍藏碑刻5块，佛经12部。

土特产品

大用镇竭力推广科技种植，提倡生产无公害蔬菜，沼气池的使用促进了生态农业的发展。现已初步形成以下土特产品牌——

毛坡大蒜 毛坡大蒜具有上百年的生产历史，由于蒜味纯正，香味极浓，含硒量高，深受消费者欢迎。现有2000多亩稳定的生产基地，每年蒜头、蒜薹产量均达到几十万斤。产品远销到贵阳、安顺等地。

胡萝卜 黑晒、上耳贡、下耳贡村盛产胡萝卜，已有几十年的种植历史，这里的胡萝卜特点是个大，鲜红透明，味甜，口感好。现有稳定的种植面积4000余亩，年产量可达4000吨，而且种植规模还在进一步扩大，产品远销贵阳、六盘水、昆明、深圳等地。

耳贡洋芋 上耳贡、下耳贡、芦稿、黑晒及汨港村一带，因黄壤土的作用，所产洋芋多为黄洋芋，光泽好、口感好，在市场上十分走俏。该片区种植规模在5000亩以上，年产洋芋不低于5000吨，每年都有客商进村收购。

新农村建设方兴未艾

镇党委、政府把生态文明村创建作为生态文明建设的有效载体，大力实施"小康村建设六项行动"工程，完成70余千米的通村公路建设，实现了村村通水泥路的目标，投入1500万元完成了2500户农户"四在农家·美丽乡村"建设，投入450万元建设大用村人畜饮水工程，实现了村村都吃上了安全自来水，投入400余万元对大用街道进行改造，修建了4000余平方米的文化广场，安装路灯352盏，新建农民健身广场2个，建成农家书屋8个，建设成面积为1000余亩的大用农业科技示范园区，有效改善了农村人居环境。

为进一步改善提升农村环境，镇先后投资30余万元建设了大用镇简易垃圾堆放场1座，投资15万元修建垃圾池15个，投资12万元购买了2辆垃圾运输车，有力地加大了环卫设施建设，对生活垃圾实行定人、定点、定时收集，分类处理，解决了农村生活垃圾和生产废物对村庄环境的污染问题，实现了文明生态与环保卫生一体化。

大用镇按照生态优先的原则，努力建设山清水秀、环境优美的生态大用，倾力打造绿色屏障，把大用建设成为六枝特区御花园。全镇森林面积为2592公顷，其中天然林为1000公顷，森林覆盖率达39.2%，近年来，共完成退耕还林1313亩，植树造林4650亩，荒山绿化2000亩，种植茶叶10000余亩，种植车厘子2000亩，种植核桃1000亩，种植樱桃2000亩，新增苗圃花卉100亩。努力实现"村在林中、屋在树中、人在绿中"的绿化美化目标，进一步改善镇、村的生态环境。

重视环境保护工作，充分利用三岔河流域保护区治理的机遇，认真落实三岔河流域保护区的治理工作，加强对河流的治理和保护，对千人以上饮用水源点进行监测，实行环境保护"一票否决"，坚决控制污染项目进入，对入驻企业实行环境许可准入制度，化处矿、黑石头煤矿和铁合金厂等企业均上环卫设施；加大对环境保护的投入，投入70余万元建设环卫设施，形成崇尚自然、节约资源、减少污染、保护环境的良好社会风气。

小城镇建设持续发力。先后修建了大用镇农贸市场、大用镇汽车站、大用街道亮化改造工程、德鑫铁合金长至大用街公路工程、农贸市场至农业园区公路工程、大用镇休闲广场。完成镇区路灯安装工程，安装路灯350余盏以及污水沟改造等。铺设大理石人行道1.2千米，种植桂花树200余株。

六枝特区

落别布依族彝族乡

落别布依族彝族乡，简称“落别乡”。据传说，古代此地原本无名，是因有一只名叫鷩(bie)的鸟(古书记载为一种青色白面的鸟)落于此，从而得名“落鷩”；又因“鷩”字生僻不易识别，遂取与之谐音的“别”字替代。故称“落别”，沿用至今。

落别布依族彝族乡地处云贵高原西南部，地势西高东低，境内有深谷、坝子、高山，河流深切，岸坡险峻，属于典型的喀斯特地貌。其气候条件属于亚热带季风气候，气候温和，光照条件较好，夏无酷暑，冬无严寒，年平均气温为20℃～22℃，降水量1320～1482.3毫米，适宜发展农业生产，是六盘水市粮油蔬菜主产区。

2013年，落别乡辖落别村、底耳村、牛角村、木厂村、长湾村、可布村、板照村、茂林村、长寨村、纳骂村、新寨村、马头村和川硐村，共13个村1个居委会，下设95个村民小组，1个居民小组。

辖区总人口 38432 人，其中城镇常住人口 5869 人，城镇化率 15.3%，另有流动人口 12843 人。总人口中，汉族 17179 人，占 44.7%，少数民族 21253 人，占 55.3%，有布依族、彝族、苗族、蒙古族、土家族、仡佬族、回族等 8 个少数民族。超过千人的少数民族有布依族和彝族，其中布依族 13181 人，占少数民族总人口的 62%左右。

民族风情

和它的名字一样，落别布依族彝族乡的民族风情，也充满了传奇与神秘的色彩。

落别坝湾一带的布依山寨，在语言、习俗、服饰、挑花、蜡染、织锦、节日、礼仪和民间文化等方面，都保持了布依族的传统习俗及文化风情，可谓多姿多彩，神奇绚丽。

布依族蜡染是落别具有独特民族风格的民间工艺品，布依语称之为“古添”。蜡染花纹图案主要有刺藜花、漩涡花、锯齿花、菱形花、太阳花、水波纹花和回形组合花，艺术造型主要为花上套花、花中显花、方圆并蓄，其线条匀称，图案协调，妙趣横生，美观大方，以独特浓郁的民间风情，简洁明快的装饰图案，被誉为布依族民族工艺的一大瑰宝。

布依织锦，布依语称“古桂”。织锦首先是在古老织布机上，用染好的青色和深蓝色纱线作经，以五颜六色的丝线作纬，经过数纱穿梭，精挑细编纺织而成。织锦的花纹图案有菱形、三角形、方形、平行四边形和回字形，织锦工艺精湛，巧夺天工，以其色彩光鲜艳丽、花纹精致紧密、表面光滑平整和图案古朴神奇的特点，成为少数民族织锦中的极品，夺人眼球，扬名海外。

布依族和彝族都是崇尚节日的民族，所以在落别乡民族节日特别多，有布依族正月三十的“油团节”，还有三月三、牧童节、六月六、尝新节以及彝族的火把节等。

六月六是布依族最隆重的传统节日。这天，布依族的村村寨寨都热闹非凡，喜气洋洋，祭祀神农及寨神。节日期间，还要举行各种对歌、唢呐、花包等民间文化活动，还有飞石打靶、抓羊子和母鸡护蛋等传统体育活动。成千上万的布依青年男女，身着节日盛装，手拎竹箫，口吹木叶，聚集山寨的民间文化活动场地，手拉手围成大大小小的圆圈，一同跳铜鼓舞、唢呐舞。也有姑娘小伙，三五成群聚在一起，开始了他们向往已久的"赶表"。

"赶表"，布依语叫"浪冒浪哨"，是布依族青年男女寻觅配偶、交流感情的一种社交活动，用汉语表达就是谈情说爱。"赶表"多选择在节日或赶场天进行。"赶表"时，男女青年可以通过对歌、吹木叶和弹奏勒尤（布依族乐器），来向对方表达自己的爱慕之情。"赶表"对歌有"情歌""苦歌""逃婚歌"和"告状歌"之分，歌词分有九言、七言、五言、四言不等。

对唱情歌，曲调婉转幽怨，内容真挚感人，往往都要对到月挂树梢，才会依依不舍地离去。

落别民间文化丰富多彩，全乡每个自然村寨（含学校）均建有文艺队，每逢节日，乡政府都要举行文艺会演，或村民自发组织民族文艺演出活动和民族传统体育活动。1993 年，落别布依族彝族乡被省政府命名为"布依族歌舞之乡"、全省首批"文化先进乡"；2000 年，又被人事部、文化部评为"全国文化工作先进集体"等荣誉称号。

自然风光

落别风光之美，美在天然，大自然鬼斧神工，精心雕琢，造就了这里无数奇山丽水，在方圆十多千米的土地上形成了"瀑布成群，溶洞成串，水潭密布，奇峰汇聚"的绚丽自然景观。1995 年 3 月，省政府将这里命名为"洒耳景区"后，不少国际友人和国内的文人墨客到此风采游览，有诗人以楹联盛赞："揽月洞，洞中有洞，洞洞相连；滴水滩，滩外多滩，滩滩重叠。"

滴水滩瀑布群

滴水滩瀑布群位于黄果树瀑布上游，地处六枝洒耳景区的中心，总落差500余米，典型的亚热带岩溶地形，使这里形成了一个以滴水滩瀑布为核心、四周分布10多个瀑布组成的瀑布群，大小不同，风格各异，气韵不凡，素有“小桂林”之美称，为游人展示出一个丰富多彩的神秘世界。

滴水滩瀑布 位于落别布依族彝族乡西南约3千米处，是白水河中黄果树瀑布源头最壮观的瀑布，落差53米，宽40米，面积约1000多平方米，落水如万马奔腾，一泻千里，云遮雾罩，气势恢宏。

仙人坝瀑布 虽无滴水滩瀑布那般气势，却是瀑群中最宽最长的。瀑布宽100余米，于葱翠欲滴的山林间，宛如一匹白练，横挂半空，耀眼夺目。

可布瀑布和三道潭瀑布 是瀑群中多层多姿的瀑布，水流依地势或岩石的跌宕层层而下，姿态各异，景致万种：或举止优雅，风韵十足；或懒散神迷，从容淡定；或活泼顽皮，跳跃飞溅；或流水自顾，气定神凝。

坝湾瀑布 是瀑群中最秀美的瀑布，人称“姊妹瀑”。白水河流至坝竹古桥，分开一条小支流名为戛洞河，至坝湾瀑布下游100米处，河床突然成断崖，形成了落差30余米的瀑布，形同姊妹，遥相对望。只见白练坠潭，犹如布依姑娘的项上银饰，水溅涟漪，好似布依姑娘的百褶长裙。瀑布随阳光移动而变化色彩，随水流盈满而调整身姿，远远望去，像是布依姊妹各显灵秀，相互媲美。

多凌溶洞群

落别喀斯特地貌，岩溶发育十分完整，西北部的崇山峻岭，随处可见奇特神秘的溶洞，具有地质考察和旅游价值。有神仙洞、观音洞、多凌洞、铜钱洞、月宫洞等。而溶洞上面，则是山巅叠嶂，峰峦险峻，悬崖直立，峭壁高耸，似天神曾经在这里挥动巨斧试刃，令人不得不称绝叫奇，乐而忘返。

多凌洞 布依语称“砍独键”，距落别布依族彝族乡政府驻地约5千米。洞口开在多凌一座山腰部，洞内共分四层，全长约12千米，最短的分支洞可达3千米，最高层和最低层相差80多米。洞内有一个主洞和10个支洞，主洞在可测地段约1500米的长度内，地势平展；支洞纵横交错在主洞之间，或上或下，或左或右，错综复杂，形成地下迷宫。洞内宫厅有90多个，尤其是威虎厅、盆景厅和奖牌厅，堪称钟乳石景洞中的精品。洞内石笋琳琅，石幔林立，石浮、石花、石柱奇形怪状、千姿百态，石珠形似一串串葡萄，在电筒光的照射下，晶莹剔透，闪闪发光。洞穴专家、旅游开发专家汪朝阳，对此洞的盆景厅和奖牌厅十分惊叹，称之为“国宝”。

洞内最下层有阴河，阴河中有瀑布，俯身可闻哗哗水声。洞中阴潭，深不可测，寒气袭人。

月宫洞 原名观音洞，洞外风景别致，山高险峻，很有气势，洞口开在大山腰部，距洞口脚下200余米处有面积约270亩的天然湖泊，碧水一湾，宽阔平静，湖光山色，景致迷人。月宫洞里现可参观的游程近2000余米，奇妙景观有80余处，可容百人乃至千余人的宫厅有10多个，各厅形态各异，富丽堂皇，各种石钟乳如堆金叠玉，玲珑剔透。尤其是那些头大脚小的石柱，可算得上天地之手，鬼斧神工，有的石珠以手轻轻击之，会发出不同音色的咚叮音响，其美妙音色，完全可以奏出一曲优美旋律。

截至2006年10月，这个具有浓郁地方少数民族特色的人文景观，已接待日本、英国、美国、荷兰及俄罗斯等国国际旅游团290余人次。每当客人到来时，身着艳丽盛装的布依姑娘，就会手捧葫芦向客人敬上醇美的“老根酒”，并表演她们极富有民族地方特色的《竹筒舞》《铙钹舞》和《花包舞》等布依民间舞蹈；跳到兴高采烈时，她们还会拉着你的手一起舞蹈，直至金乌落山，玉兔高升……

六枝特区

岩脚古镇

岩脚古镇位于六盘水市东部，六枝特区西北部，东临龙场，南毗新窑，西接堕却、新场，北与梭戛、新华等乡隔河相望。在这片富饶的土地上，居住着汉、苗、彝、仡佬、布依、蒙古等民族。镇辖区面积131.4平方千米，区划为25个行政村，1个社区，223个村民组和9个居民小组，常住户14555户，64056人，其中镇中心区常住人口21380人。

岩脚古镇气候宜人 风光秀丽

岩脚古镇境内山川秀丽，溪河纵横，沃野千顷，竹木葱郁。老天好像也偏爱岩脚这块宝地，赋予它四季如春的气候，冬无严寒，夏无酷暑，常年积温达5500℃～5600℃，年降雨量1300～1400毫米，无霜期可达355～360天，日照期年达876～880小时，光照充沛，雨量均匀，最适宜各类动植物的生长。

岩脚的水，自是一绝，溪泉碧绿，清流遍野，东南西北，各领风骚。

古镇地处群山环抱之中，绕镇东流的龙溪河，水质清澈，蜿蜒曲回，如同一条透明的丝带，缠绕着

古镇的悠悠岁月,缓缓往西而去。龙溪上游,有温泉、冷泉、矿泉多处泉眼,清泉水涌,沿着沟壑流淌,形成涓涓细流,日夜不息,汇集形成牛落岩瀑布,咆哮宣泄,至镇西与羊场河交汇,合为回龙溪。镇南有尖山小河、雨海河和戈厂河,三河汇集于镇东的二道水,一并注入岩脚河。

自然风光,无水不秀。有水自有景,有景自妩媚。岩脚河水一碧见底,多姿袅娜,山峦葱翠,峭岩伟岸,沿途风光无限,景色万千,有九狮拜象、鸢鹰冲天、美女仰游、灵猴礼佛以及情侣泛舟等自然景观,风格自成,风味别样。

镇北有三岔河从西北至东南环绕,阿珠电站蓄水区河段在辖区境内约 15 千米,沿岸山奇峰秀,竹柳常青,泛舟湖面,水天一色,水鸟飞翔,鱼游浅滩。河岸植被保存完好,林木茂盛,獐灌出没,野猴成群。奇峰异岩,村落农舍,古树绿藤,移影水中,一幅幅原生态的自然景观画卷,如海市蜃楼、蓬莱仙境,美不胜收。

古镇历史悠久 文化底蕴深厚

六枝特区岩脚古镇始建于大明洪武年间,迄今已有 600 多年的历史,曾是川、滇、湘、桂的古驿站;西上云南,南下广西,东进湖南,北入四川,都是官商仕民歇脚打尖之地。古镇也曾经昌盛一时,商贾云集,市面繁荣;钱庄马店,盐号布庄,人来人往,遍及三街六市;铜铁店面,金银商铺,生意兴隆,交易随处可见;更有茶馆品茗,戏楼曲牌,酒馆拳令,熙熙攘攘,人声鼎沸,被时人誉为“小荆州”。岩脚古镇内现尚有江浙会馆、湖广会馆、川子庙和大清邮传所等古建筑遗迹,令人依稀见得古镇往日的繁华。

岩脚古镇的历史随着时代的进程,有辉煌也有厄运。大清年间,便遭受“乱兵蹂躏”;民国年间,兵祸不断,匪盗纷争,曾两次被烧,多次被围。尤其是在“文革”期间,文物与古建筑受到了前所未有的毁损,先是牌坊、碑林被撬,后是碉楼、洋房、衙门、城楼、古镇的八大寺庙、文武官衙门等都被拆毁或改建。

为传承古镇文化，保护遗存遗迹，弘扬地方民族风情，岩脚古镇在实施小城镇改造、美丽乡村建设和“四在农家”修缮等惠民工程中，都特别注重对古建筑的保护，无论是传统村落或民居宅院，均保持旧貌返新，原状修复。如古镇一条街、民居四合院、商铺字号、碉堡楼囤和祠庙亭台等古建筑，基本按照历史原状恢复。另一方面，组织专人对古镇的风土人情和民间艺术进行长期调研和探讨，对古镇的民风民俗、生活习惯、宗教信仰、婚嫁丧葬、工艺美术等历史渊源探索发掘，使古镇的遗存遗迹和民间艺术不致失传。

发挥资源优势 建设快马加鞭

岩脚的资源也较周边乡镇富有，已知的有煤、硫、铁、矿泉水、高岭土、重晶石等，煤已探明可采量达 7500 万吨，硫铁量呈零星分布，高岭土储量最广，水资源更为丰富，三岔河、岩脚河、雨海河、木贡河、羊场河在境内落差较大，特别适宜小水电站和引灌沟渠的建设。新中国成立初期，几条河岸的碾房、纸坊、油榨水磨达 60 余座，拦河塞堰、引水灌溉是本地农家的传统之作。

早年的岩脚街上，聚居有全国 12 个省、区的人士，以四川、湖南、福建的居多，多数是能工巧匠或有一技之长的人，他们把外省的建筑工艺、纺织印染、雕工篆刻、冶炼浇铸、食品制作带到岩脚逐代传承，有力地丰富了本地的文化，使这乡间的古镇声名远扬，令人向往。

镇党委和政府以“兴镇富民”为己任，坚持以邓小平理论为指导，切实践行“三个代表”重要思想，牢固树立科学发展观，力争圆岩脚“中国梦”。在以经济建设为中心的基本国策指引下，实施两手抓，应用“两加一推，比学赶超”等创业机制，取得的成效是：政治清明，经济翻倍，社会进步，科技普及，文化提升，各类建设月异年新，各行各业都发挥了无限的生机与活力。

现已规划保护的回龙溪景区，总面积 48 平方千米，以回龙溪为轴心，向四周辐射，东至新桥大河湾，西抵木贡黄土坡，南依郎岱屯，北达老卜底

大桥边(含大河湾至阿岔湾河电站),是贵州人民政府批准建设的5A级风景区。

2010年10月，岩脚镇人民政府利用项目招商渠道，广招省内外有意投资旅游建设的商家，通过外引内联,相互达成景点开发建设《协议》,并报请六枝特区人民政府批准。2011年8月,启动景点二期工程建设,计投资金2.88亿元,建设周期30个月。首建回龙溪温泉度假村,在景点轴心龙溪河畔建设老年公寓、儿童乐园和温泉洗浴,并维修观音庙,翻修回龙寺,掘开回龙洞,形成洞天福地。建设贵州西部独具规模的大鲵(娃娃鱼)养殖场和具有岩脚镇民俗特色和民间风情的风雨桥、蟠龙桥和枯树桥,完善景点石牌坊和景点商业街,修缮古镇一条街。随着景点建设的不断提升,规划区内各自景观景点也作了相应的修缮和保护,包括生态恢复、环境美化、旅游改变、安全保障等也相继跟上。

经过近年的努力，岩脚镇基本具备最佳旅游乡镇的雏形,现正积极想方设法,争取各级领导和有关部门的援助,抢抓机遇,提速发展,力争在近年内把回龙溪风景名胜区建设成为省内外驰名、游人向往的风景胜地，以便早日跨入最佳旅游型乡镇的行列。

今天的岩脚,交通便捷,资源富集,能源保障,行业转型,随着示范小城镇建设、“四在农家”工程的实施,不断拉动美丽乡村建设进程,全镇人民的生产生活已发生了显著的变化。在农村,村村通公路,寨寨可行车,最边远村寨到镇中心区不逾10千米,距六枝城区不逾30千米,邻近六纳织(六枝—纳雍—织金)、岩新牛(岩脚—新场—牛场)公路的沿途村寨均有定时往返班车,45%的农户拥有机动车辆,随着“六六”(六枝—六盘水)高速公路和毕水兴(毕节—水城—兴义)高速公路过境,岩脚的交通将更加通畅便捷。

水泥管网、广播通讯实现全覆盖,95%的村民拥有移动电话。伴随六枝电站(老卜底电站)建设、黔中水利坝口电站建设、湾河电站扩能、旧院水库北干渠支撑、黔中运河过境、懒龙河水库及河头上水库修建,岩脚将成为六枝特区的资源能源储备库。

近10年来，全镇人民的思想意识已普遍提升,从文化领域、科技应用和创业致富等方面,正围绕着一产转型、二产升级、三产优化的发展思路推进,积极向历史文化型、环境卫生型和产业发展型乡镇迈步。

在推进小城镇建设进程中,我镇围绕着“小而精,小而美,小而特,小而富”的“四小”方针,已修复古镇一条街,完成三街六市古民居的立面改造,修复古堡、古牌坊、古院落、茶楼和会馆多处。建成小城镇综合体、农贸市场、商贸新区等便民场所,为古镇增容。通过招商引资加快回龙风景区建设,已建成商品房40套，廉租房840套，经适房250套,民营医院(100个床位)2家。通过项目争取,完善了镇卫生院、敬老院、教师周转房、移民新居,以及古镇文化广场、公交车站、农贸市场、镇污水处理厂等一系列惠民设施;同时对上述街道、场所、区域进行绿化和亮化，推行全天保洁制度以保证有专人管理;现正拟建工业新区、柳岸水乡、湿地公园等民生项目。在乡村,坚持实施“3155”工程,在不放松粮食生产的前提下，引导村民种草、种树、栽花和植果,规划有草原、林区和各类水果基地、养殖基地、各优中草药基地,向观光型、节约型农业迈步。

2012年,岩脚镇被六盘水市市委、市政府列为100个重点小城镇建设;2013年，被贵州省人民政府升格为全省100个特色示范小城镇建设;2014年8月，被国家七部委纳入全国重点小城镇建设。

今天的岩脚古镇,充满青春活力,英姿勃发,百尺竿头,在各级党委、政府的坚强领导下,力争各有关部门的支持,把岩脚古镇建设成蓝天绿地、碧水青山、有着深厚历史文化韵味的人间乐园。

六枝特区

中寨苗族彝族布依族乡

中寨苗族彝族布依族乡（简称中寨乡）位于六枝特区西南部，西北与水城接壤，西南与晴隆、普安两县隔河相望，东部、北部与本特区堕却乡、郎岱镇、陇脚乡毗邻，东西长约 26.25 千米，南北宽约 18.15 千米，总面积 219.6 平方千米，耕地面积 24016.23 亩，全乡下辖 5 个办事处，21 个行政村，216 个村民组，1 个居委会，总人口 4 万余人，少数民族占总人数的 93.7%。乡境内海拔高差大，最高海拔为 2126.9 米，最低海拔为 613 米，年均气温 15.3℃左右，降雨量 1672.7 毫米，无霜期长达 280 天以上，气候呈垂直分布，为亚热带湿润气候，地下贮藏着丰富的煤、铅、锌、铁、雄黄等矿产资源。有两个办事处属于温带气候，适宜种植楸、杉、漆等多种树木；有两个办事处属于亚热带气候，适宜油桐、柑橘、斑竹、甘蔗等的生长。

中寨乡多民族群居，其地气候迥异，民族风情异彩纷呈。

自然地理 中寨乡地处云贵高原东斜坡，位于苗岭山脉和乌蒙山的交接地带，乡内最低海拔 613 米（北盘江出境处），最高海拔 2126.9 米（老王山——苗岭山脉西端主峰），乡政府驻地海拔 1403 米，大部分地区平均海拔在 1300 ~ 1500 米之间。岩性分布上，以石灰岩、夹页岩分布面积最广，约占全乡总面积的 55%，煤系地层（砂页岩、页岩、砂岩）次之，占总面积的 30%，其余的有杂色页岩夹石灰岩约占 8%，玄武岩占 5%，石炭纪石灰夹砂岩约占 2%。

由于地形复杂，地势高低悬殊，乡内气候类型多样，仅仅 200 余平方千米的乡境，就集中了亚热带的三种气候特征，即北盘江、月亮河沿岸的鲁戛、长寨、捞河、木则等河谷地带具有南亚热带气候特征，新场大坡、仙马山、老王山等海拔超过 1900 米的山体上部具有北亚热带气候特征，其余地区为中亚热带气候，“一山有四季，十里不同天”正是该乡气候的真实写照。

全年总积温 546℃，平均气温 15.3℃，年总降水量 1446.7 毫米，降雨量占全年降水量的 80%以上。全年日照时数 1216 个小时，属光照条件较差的乡（镇），其中，河谷地区因山高谷深，日照时间更短，如长寨谷地，全年日照仅 1177 小时，是全特区日照最少的地区之一。由于地势高低不一，霜期长短也差异较大，地势较高地区无霜期一般在 270 天左右，河谷地带则高达 345 天以上，其余地区一般为 300 天。

灾害性气候：春旱、倒春寒、冰雹、暴雨、秋季低温、凝冻、霜冻等灾害性天气常年均有发生，尤以秋季低温、冰雹、春旱等的危害最为严重，多造成作物大幅度减产。

水资源 乡内河流均属珠江流域北盘江干流

过境段（界河），北盘江一级支流月亮河，二级支流龙滩河、木则河、阿志河等，河长大于10千米，流域面积大于20平方千米的河流共5条，共计河长61千米，流域面积216平方千米，有小山塘11个，主要沟溪14条，水域总面积331.14公顷。平均地表水径流总量约为2.35亿立方米，公顷耕地占有4.9立方米，但因山高坡陡、槽谷深切、洪水暴涨暴落，流失严重，资源难以利用。

矿产资源 我乡煤炭资源十分丰富，保有储量6亿吨，占全特区总储量的20%以上，煤种以焦煤、肥煤、焦肥煤为主，煤层大部分埋藏较浅，露头发育，便于开采。此外，乡内还有铁矿、铝、锌、砷等矿产资源。

文化旅游资源

中寨乡境内有着丰富的旅游文化资源，著名的牂牁江从我乡鲁戛村、兴隆、扁朝、平基、长寨等村境内流过；阿志河属于牂牁江的源头之一，也因阿志夫人和牂牁将军一个在上游，一个在下游，也就应了那首“君住盘江头，汝住盘江尾，日日思君不见君，共饮一江水”的诗。阿志河、牂牁江、小补王、大补王、祭王寨、朝门口等村寨之间流传着很多迷人的古夜郎文化故事的民间传说。

传统节日

在乡境内的民族传统节日有布依族的“过小年”、彝族同胞的“火把节”、苗族的“跳花节”。

彝族“火把节” 每年农历六月二十四日的火把节是中寨乡彝族同胞最盛大的传统佳节。千百年来，勤劳、勇敢、智慧的彝族人民，创造了火的历史、火的文化。早在混沌初开的时候，彝族先民们就高举熊熊的火把，消灾驱魔，祈盼丰收。

布依族“过小年” 布依族过小年为每年农历五月的最后一个虎场天。

苗族“跳花节” 跟其他民族一样，中寨苗族也有他们自己的节日。跳花节就是具有独特传统文化和民族风俗的欢庆节日。苗族跳花节是苗族“跳花坡”“跳花场”的统称。中寨乡苗族“六月六跳花节”则呈现了跳花、唢呐、苗歌、木叶吹奏、服饰银饰、武术、民间工艺等系列传统文化节目，集中展示了苗族服饰文化、银饰文化、歌舞文化和神秘文化，全方位展现苗族民间的异域风情。中寨跳花节的现状：随着改革开放的不断深入，外出务工人员的增加，苗族青年同胞也大部分外出打工，加之没有经费的投入，现如今苗族跳花已经临近消失的边沿。

民族服饰

喇叭苗服饰 喇叭苗独特的耳坠、发型、服饰更加彰显出古夜郎的韵味：喇叭苗的女孩打小必穿耳洞，耳洞刚穿时内置捻紧的高粱秆的芯，高粱秆的芯犹如海绵，接触空气中的水分就会慢慢膨胀，耳洞也就随之撑大，但人不会觉得疼痛，等高粱秆的芯完全膨胀到没捻紧之前的大小，便取下并装上直径约2厘米左右，重约3~5两的玉石纯银耳环。女孩头裹类似于红领巾的白布，头发扎辫环绕于白布外，两条边打成蝴蝶结捆于正后脑勺处，人称“白飞娥”；妇女头上可裹黑、白、青等颜色的布，头发用筷子、木梳等硬物支撑，冲天捆上麻绳，由于裹上布后，头顶高而尖，俗称“尖角苗”；在服饰方面，上衣均是斜颈盘扣宽长过膝，袖短于肘而宽大，腰带长2米左右，双折捆压于胯部上，裤子直筒而宽，脚穿花布尔鞋、飞舞鞋等，都是喇叭苗手工制作的花布鞋。

彝族服饰 彝族同胞服装上的花纹、花边有着浓厚的民族地方色彩和生活气息。有日、月、星、云、天河、彩虹等天象，有山、河等大自然图案，有鸡冠、牛眼、羊角、獐牙等动物的图案，有叶、花、火镰、发辫、几何形等植物和什物图。彝族的服饰充满了对大自然的崇敬仰慕之情，人从自然中得到需要的东西，也就应该感恩于自然。同时，那些鲜艳的色彩也表现出彝族人民火一样的热情和他们豪迈奔放的性格特点。这也是人类与自然和谐相处的一种表现。

歪梳苗服饰 苗族的服饰各地不完全相同,男子多用布包头,身穿短衣裤,但苗族妇女的穿戴普遍比较讲究,尤其是盛装,极为精美,花饰很多,有的裙子有四十多层,故名"百褶裙"。衣裙上面绣制的各种图案,古色古香,异彩纷呈。妇女擅长纺织、刺绣、蜡染,工艺十分精湛。

布依族服饰 布依族的服饰很有特色。在我乡境内,布依族的服饰有黑和白之分,服饰多为黑(青、蓝)、花(白)两种颜色。男子的服装式样多。包头帕,头帕有条纹和纯青两种;衣服为对襟短衣,一般是内白外青或蓝,裤子为长裤;老年人多穿大袖短衣或青、蓝长衫,脚上穿布统袜。妇女着大襟长衣,部分着百褶长裙。少女喜穿滚边长衣,头戴织锦头帕,以粗发辫盘扎头巾,额上为织锦图案和数圈发辫,下穿裤子,着绣花鞋。

民族舞蹈 中寨乡彝族"铃铛舞""跳脚舞"以及苗族"芦笙舞"等。

民族文化 最能体现中寨乡民族文化的有彝族书籍、布依族剪纸、民族山歌等等。

彝族书籍 中寨彝族民间藏书人、收藏的彝族书籍大部分体现的是原始宗教与毕摩文化,现书籍和文字只有少部分的毕摩收藏和使用。现主要的书籍有:《祭祀经》《占卜经》《百解经》《祈福经》《指路经》《招魂祛病术》《祈安净宅术》等毕摩与彝文经书。

布依族剪纸 现我乡境内的民族民间剪纸手艺主要有布依族剪纸、小花背等,民族剪纸广泛应用于民俗生活中。作为绣花底样,多为围腰花、帽花、背扇花、鞋花、荷包花、衣边花、枕头花、帐檐花等;布贴花底样多为围腰花、被单花、衣裙花等;装饰剪纸还有丧事门笺,用白纸剪的对牛、对羊贴于灵堂两侧;婚俗中使用双喜等喜花剪纸。剪纸创作者多为农家妇女,表现题材往往是他们最喜爱最关心的事物,如花鸟、家禽、果木、吉祥图案及"幸福""自由"字样等,具有浓郁的生活气息,深受群众喜欢。

民族山歌 民族山歌最为广泛,它是各族人民丰富的民间口头文学,如古歌,诗歌、情歌等等。山歌可分为敬酒歌、诉苦歌、抒情歌等。民族山歌不仅是人与人之间交流的桥梁和纽带,更是男女之间交流情感的一种方式。

苗族蜡染 在中寨乡的弯龙坡、鲁嘎等地,古老的蜡染技艺得以保留下来。按民族习俗,所有的女性都有义务传承蜡染技艺,每位母亲都必须教会自己的女儿制作蜡染。所以苗族女性自幼便学习这一技艺,她们自己栽靛植棉、纺纱织布、画蜡挑绣、浸染剪裁,代代传承。在此状况下,这些苗族聚居区形成了以蜡染艺术为主导的衣饰装束、婚姻节日礼俗、社交方式、丧葬风习等习俗文化。传统的蜡染图案多取材于大自然或先民传说,有祖先传下来的图腾纹样,如铜鼓纹、龙纹、云彩、水波等等;也有在生活和生产中撷取的纹样,如飞禽走兽、花蝶鱼虫等,题材多样,不拘一格。对称而多变的布局、夸张而得体的构图,灵动而自然的线条都包含着深刻的意蕴,渗进了各民族的审美感受和民族特色。

布依族"丢花包" 丢花包与其他民族的"扔绣球"大同小异,是在民族传统节日中青年男女表达爱情的一种趣味游戏。每逢"六月六""小年"等民族节日,布依男女青年身着民族服装聚集在一起"赶表"(谈恋爱),男女对面各站一排,女生手拿做好的"花包"和男生唱歌,如有中意的,她就会把手中的"花包"扔向他。对面的男生看到扔出来的"花包"后,谁接得最多就表示谁的人气最旺。

盘县

滑石乡

滑石乡地处盘县中部，因境内多山地，裸石光滑，故名滑石乡。

滑石乡距县城53千米，东邻刘官镇，南毗两河乡、盘江镇，西连柏果鸡场坪，北接旧营。原属鸡场坪特区，1992年设立滑石乡，面积为89.6平方千米，辖10个行政村，148个村民组，8347户，27572人，居住有汉、彝、布依、回、苗、仡佬等6个民族，农业人口26721人，是盘县境内的纯农业乡镇。

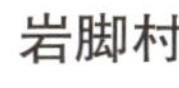

岩脚村

翻越平均海拔1700米的乌蒙大山，顿时有了“会当凌绝顶”的感觉。站在高高的观光亭上，远眺苍峦，但见群山起伏，气势磅礴，连绵不绝，洒一片青黛，与远天相接，仿佛宣纸上的泼墨；近观林海，满目苍翠挺拔，树冠涌动，云海翻腾，染几缕新绿，如丝如带，把树丛掩映的山村民居，衬托得错落有致。

红的瓦，黄的墙，绿色的菜园，金色的稻田，褐色的阡陌，乳白的炊烟……把小小的岩脚村装点得五颜六色，生机勃勃。村边一碧湖水，清波荡漾，把这人间的美丽色彩倒映在水里，更是斑斓多彩，如梦如幻，宛如一幅绝妙的水彩画，仿佛走进了人间仙境。

岩脚村属于盘县水资源最为丰富的村镇之一，有一条全年都不会干涸的小河和全县最大的水库——许家屯水库。岩脚村的水水质纯净，已经被引向了盘县很多地方作为饮用水。一进入岩脚村，便可看见那与岩脚村最高的大云山相比高的抽水管道，直入云霄。盘县人民政府近几年很关注与重视岩脚村的发展，特别是旅游业在渐渐崛起，其主要旅游与休闲之地为下岩脚村旁边的松林野营、干塘子和许家屯水库垂钓等。

哒啦仙谷

“哒啦”是当地彝族语言，为“互相帮助”或“牵手”之意。“仙谷”，则给了人们驰骋天地的想象空间。于是乎，浓郁淳朴的民族风情，跃然纸上；充满浪漫色彩的神奇世界，呼之欲出。让人们不由自主地联想到贵州多彩的地域民俗文化，极富趣味，多姿多彩，又能体现出民族“和谐”之意。

哒啦仙谷，又名盘县滑石乡万亩休闲农业园，位于贵州省盘县滑石乡岩脚村。这里被称为万亩休闲农业园，十分休闲！是休闲农业和乡村旅游并重的喀斯特山区特色农业示范园区。

如今，整个哒啦仙谷已经形成了一片集湖光山色、科技观光和田园风光为一体的农业园区——只见一条条公路通向田间地头，与农田里的阡陌小道连织成一张大网；一个个蔬菜大棚一字排开，整齐有序地排列成行，科技观光园已经落成；鲜艳的七彩花卉呈圆形展开，如色泽斑斓的锦绣织毯；临湖而建的度假村造型优雅，安逸静谧，错落有致；一湾清澈的湖水，碧波荡漾，水光树影，安详恬静。来到哒啦仙谷的人，都会发出这样的感叹：哒啦仙谷，真是一个适合居住的好地方！哒啦仙谷，是一个让人心无挂碍的地方。

休闲农业和乡村养殖，给人们带来了有机午宴和生态美景，撒欢的小香猪吃的是新西兰进口野菜，入口肥而不腻；湖里的鱼捞上来就是一盘鲜美，直呼过瘾。辣椒挂上就可以直接当窗帘，每个菜里放一点有滋有味，辣得爽快，真是“美食养胃，空气洗肺”。

“国家政策搞得宽，园区搞在滑石乡，国家政策搞得好，人民群众奔小康……”正在蔬菜大棚、花田内劳作的人们用传统民歌的曲调，唱出现代生活的意境。这个曾经边远落后、昔日不为人知的小山村，正焕发出蓬勃生机。

这一切都得益于“四在农家·美丽乡村”的创建。过去的岩脚村，因交通不便几乎与外界隔绝，村民们守着几亩耕地，过着贫穷落后的生活。借助“四在农家·美丽乡村”建设的东风，利用岩脚村毗临许家屯水库，且有近 8 平方千米的坝子以及土地肥沃、水源丰富和植被良好的资源优势，2012 年 2 月，由县、乡政府牵线搭桥，引进贵州农熠农业开发有限公司资金和技术力量，在岩脚村倾力打造“哒啦仙谷”休闲农业观光示范园区。

心无疆 意斑斓

哒啦仙谷农业园占地 12000 余亩，项目所在的盘县地区，为贵州最大的煤炭产业基地，由当地最大的连锁超市——红月超市运营商进行开发，于 2012 年委托本公司对项目进行整体策划及规划。壹度创意，经过对项目环境及开发商所具备的优势资源进行充分调研，最终将项目定位为“农超对接与休闲度假并重的产业创新样板”。

在策划上提出“心无疆(即打破人与人内心的隔离，牵手互助)”“意斑斓(创造一个丰富多彩的和谐世界)”，两者正好与项目所在地的民族团结政策及多彩贵州的文化旅游主题相切合，获得了各级政府的高度认可。

心无疆：生长，成熟，代代传承，这是世间万物共同生存的目标。孤阴不生，孤阳不长，世间万物相依相助，共同构筑起共生共长的“哒啦”链条。大千世界本无疆，正所谓“我为人人，人人为我”，任何人为的疆界壁垒都只能存在一时，阻碍不了万物“哒啦”，互助发展的大趋势。心无疆，是让万物茁壮成长的最高境界。

意斑斓：文明与自然息息相关，随着自然的伤痕累累，支撑文明的力量也备受考验。辉煌的文明需要丰富多彩的自然世界支撑，需要斑斓绚丽的多样文化来传承才能在时间的洪流中稳步前行。多民族、多文化、多物种的生态环境成就了

多姿多彩的贵州，意存斑斓，就是拥有海纳百川的胸怀，就是拥有把握和谐幸福生活的力量，就是对多彩贵州的生态环境和原生文化最好的保护和传承。

在规划上分为三大板块，产业农业板块提供生态农产品实现农超对接；观光农业板块种植五彩斑斓的花卉与当地煤炭资源单调的黑色形成强烈对比；休闲度假板块提供特色鲜明的旅游服务，留住当地众多高端消费群体。加上对当地丰富历史文化的提炼及润色，打造出一个极富魅力的“哒啦神女”形象，可供外来游客朝拜、祈福。

观光农业板块

七彩花田（馨乡艳渡）：占地 300 亩，目前建成 50 亩，功能以香草 / 花卉观光区、婚礼 / 活动广场、向日葵迷宫和花草简餐区为主。其中花卉品种有蝴蝶兰、吊兰、红掌、玫瑰（月季）、向日葵、丛生福禄考、金银花、郁金香、百合花、茉莉花、栀子花等；香草品种有四季熏衣草、马鞭草、罗马洋甘菊、经典熏衣草、迷迭香、薄荷、香茅、罗勒和百里香。

园区的标志性景观带，以此昭示园区斑斓多彩的主题风格。

观赏禽类有孔雀、鸵鸟、天鹅、锦鸡、鸳鸯、鹦鹉、白鹭、猫头鹰等；食用禽类有珍珠鸭和土鸡等。

观赏畜类有豪猪、狐狸、野兔、猴等、奶牛、绵羊、骆驼、梅花鹿等；食用畜类有黑皮香猪、黑山羊、驴和黄牛等。

观赏水产类有锦鲤、金鱼、河豚、热带鱼、龙鱼等；食用水产类有螯虾（小龙虾）、大闸蟹、田螺、甲鱼、鲶鱼、虹鳟鱼、中华鲟等。

观赏昆虫类有熊蜂、蝴蝶、萤火虫、桑蚕等。

科技农业观光规划远景还有玻璃温室大棚（穿越农场）、薄膜温室大棚区（天籁农场）、水产养殖区（鱼乐流清）、渔文化体验区（渔鱼部落）、自动喷泉（哒啦神泉）。

随着哒啦仙谷农业园区旅游功能的完善，游客数量不断增多，园区对特色动植物食材需求量越来越大，对安全的要求也越来越高。结合园区内保护完好的森林植被、丰富的水资源和未受污染的生态环境，发展特色生态养殖产业。

美丽乡村建设

滑石乡主要以农业为主，是全县典型农业乡镇之一，第三产业发展缓慢，无工业污染，生态环境未遭破坏。近年来，为了响应省里提出的“生态贵州，美丽乡村”的号召，乡党委、政府一直把加强滑石乡生态文明建设和环境保护工作作为全局性、战略性的头等大事来抓，以改善环境质量为目标，以“四创工作”为抓手，着力解决影响群众健康和社会稳定的突出环境问题，工作成效良好。

2014 年 2 月，滑石乡以该乡岩脚村坝子为依托，开始建设万亩生态农业观光园项目。目前，滑石万亩生态农业观光园已引进 4 个项目，流转土地 1 万多亩。其中，由盘县红月超市拟投资 5 个亿建设的特色种养和休闲观光为一体的哒啦农庄项目已开始启动，2000 亩生态蔬菜种植项目 6 月底可完成。待农庄项目建成后，年产值可达 2 亿元，解决近 1000 人劳动就业。其余的 3 个项目，已完成土地流转 5000 亩并交付企业使用，项目建设正在有序地进行之中。

自特色种养和休闲观光为一体的哒啦农庄项目工程开工以来，滑石乡通过完善基础设施，加大招商引资力度，实施土地流转，启动园区内村寨“四在农家”创建和美化园区周边环境等措施，快速推进万亩生态农业观光园建设。

目前，岩脚村已有几户农家乐，还有几户农户正准备开建农家乐。几年后，滑石万亩生态农业观光园，将成为我县重要的农业观光休闲地，可带动上千村民增收。

如今，当你走进“哒啦仙谷”，风格清新的科技农业观光与美丽的田园风景，一定会让你觉得——不枉此行！

盘县

火铺镇

火铺镇原名叫“鲁尾铺”，因过去的房屋都是用茅草所盖，故常常发生火灾。久而久之，便有人将“鲁尾铺”改名为“火烧铺”，是为了增强民众防火意识，也时时提醒大家用火时要小心。这样一改还挺管用的，居民用火都格外小心，火灾也得到有效的控制，大家的日子也开始红火起来，遂改名“火铺”。

火铺镇位于盘县西部，距红果新城 10 千米，东、北分别与红果镇、亦资街道办接壤，南与乐民镇、西与平关镇相邻，西南抵云南富源县大河镇，总面积为 42.17 平方千米。现辖 5 个行政村，6 个居委会，28 个村民组，9267 户，29899 人。民族以汉族为主，有彝、苗、白、青、回、藏、布依、水、蒙古等少数民族。

火铺镇西南高东北低，大部分属中山深切割地形，仅沙淤村地势较为平缓，全镇平均海拔 2006.9 米，最高海拔料角山为 2280.8 米，最低海拔王家庄沟谷为 1733 米。年平均气温 13.5℃，年平均降雨量 1350 毫米，无霜期 300 天左右，年均日照数为 1758 小时。

红杜鹃森林公园

境内有火铺红杜鹃森林公园省级风景名胜区等自然旅游资源。

火铺天然杜鹃花森林风景区，位于贵州西部，云贵两省交界处，地处盘县西南，距红果新城12千米，分为料角山和炼山坡南北两个片区。2000年2月，经省人民政府批准为省级风景区。火铺天然杜鹃花森林风景区，是一个以天然原始混交杜鹃林和人工松杉林为主的风景区，南北长8千米，东西宽2～3千米，总面积17平方千米，占火铺镇总面积的近一半。专家们多次实地考察评价指出：该景区常绿杜鹃林属省内乃至国内都不可多得的、保存较好的天然杜鹃林之一。每到初春时季，火铺杜鹃花森林风景区里不同品种的杜鹃花就会竞相开放，万紫千红，让人目不暇接，流连忘返。来自四面八方的人们，都来争相一睹火铺独特的原始杜鹃林面貌，欣赏高原特有的万年松，登高望日，品味高原的壮丽景色！

火铺天然杜鹃花森林风景区以杜鹃纯林居多，林木植株高大，树冠冠幅宽。杜鹃品种主要有马樱杜鹃、露珠杜鹃、雏叶杜鹃、树型杜鹃、大白杜鹃、迷人杜鹃、光柱杜鹃和映山红等19个品种。花色主要有大红、紫红、粉红、淡红、金黄和白色，高度一般在3～7米，胸径30厘米左右，少数达50厘米。与省内的其他杜鹃林相比，火铺景区杜鹃林具有植株高大、纯林成片、品种较多、保存完好的特点。直径30厘米以上的达数万株，其中，直径在70厘米以上，树龄300年以上的有3株。每年3～5月花开时节，漫山遍野的杜鹃花陆续开放，五彩缤纷，姹紫嫣红，如火如锦，如云如海，那真是“繁花似锦艳如枫，蕊绽多姣别具客。血染千山情胜火，丹心点点照苍穹”。

火铺天然杜鹃花森林风景区主要有杜鹃迎宾、杜鹃花廊、杜鹃树王、原始杜鹃森林、天女散花、槐荫望月和杜鹃映月等景点。还有竞相开放的含笑、茶花、野樱桃等名贵花种，以及造型奇异、横生纵长、弯直独特的杂木灌丛。其中，蕨类植物和以杨梅、野板栗、野李子、野荔枝、救军粮等为主的野果植物，更是给杜鹃花景区添锦增色。

景区内还有近千亩人工营造的华山松林，清风送爽，幽静宜人，是极好的森林浴场。置身其中，坐听松涛，净化心灵，忘却俗世纷争，休整疲劳心身，是陶冶性情不可多得之处。景区还有万年松，生长在海拔 2284 米的料角山，周围山坡约 3000 余亩，高度不超过 0.5 米，冠幅较小，伏地生长，犹如盆景，景观奇特。

炼山坡古驿道

距火铺天然杜鹃花森林风景区 1 千米处是古驿道，从炼山坡经硝洞哨至张家坟，保存了约 1.2 千米，都是清一色宽 3 米多的青石板路。据史料记载，此驿道开辟于元末明初，距今已有 500 多年的历史，是昔日滇黔往来的见证。在硝洞哨的古驿道旁还有一处圆形的古营盘遗址，其位于山顶，据说是专为保卫商旅安全而设的哨卡。明代为保障京滇驿道的安全，贵州境内各关口均派兵驻守，驿道沿途凡人口多一点的村寨，全用石墙围起来以防匪患，所以贵州驿道沿途许多村寨至今仍有围墙和石拱门。徐公霞客来到亦资孔说“有城在西山下”，其实指的就是用石墙围起来的村庄。盘县境内古驿道，明代以前已经形成，从东向西穿过县境，从老城上道，向西走可上云南曲靖府，往东行可到贵州安顺府。驿道宽 4 ~ 5 尺，长 87.5 千米，全部为石块铺设，边邦料石支砌，坡处条状石砌坎，旧称“石阶路”。古驿道从三板桥入境，经贵全铺（英武乡）、软桥哨、撒麻铺（旧普安）、水塘铺、百家坑进入老城。出老城上云南坡，经云南哨、海子铺、大坡铺（沙坡）、蛾螂铺、亦资孔、平彝所（平关镇）直至胜境关。

在火铺天然杜鹃花森林风景区的密林深处，栖息着国家重点保护野生动物穿山甲、猫头鹰、红腹锦鸡、雉、画眉、麂子、山狐等。景区内还有多股清泉自海拔 2100 米的山涧淙淙涌出，水色清澈透明，水味甘洌清甜，水质纯净，属超低矿化度天然饮用水。

火铺杜鹃花森林风景区距黄果树 200 千米，距马岭峡谷 100 千米，距云南石林 200 千米，距盘县新城红果 12 千米，从红果西站和平关站上镇胜高速均不到 10 千米，盘西铁路和 320 国道线穿镇而过，交通十分便利。

火铺实现建设"公园镇"目标

火铺杜鹃花森林风景区能有今天的大面貌，其发展的道路并非一帆风顺。它并未躲过"大跃进"那场灾难，在大炼钢铁的一片烟熏火燎中，大片的原始杜鹃林在砍伐声中倒地；以后又遇到了"三线建设"，为建设火铺矿和盘西铁路，它再次遭到一定的破坏。20世纪70年代初期，这一带的杜鹃花森林只剩不足万亩的面积。但是，火铺人却很快从生态破坏的噩梦中猛醒过来，从1972年开始，当时的公社领导就发动大家重新植树造林。在30年的时间里，全镇人民共造近3万亩人工林，并形成镇、村、组和农户家家都有树木的可喜局面。为了更好地保护这些树木，镇政府除专门聘请了46人专门看管镇的两个林场外，还制定了《护林公约》和《防火制度》，大大提升了全镇人民与破坏森林的行为作坚决斗争的热情，使这片树林有了现在的规模，成为火铺镇乃至整个盘县一笔宝贵的自然财富。

火铺镇自2002年开始实施退耕还林工程以来，共完成造林18378亩。其中，退耕地造林1509亩，荒山造林6453亩，石漠化治理1670亩，植被恢复造林714亩，完成铁路沿线绿化规划414亩，低产林改造油茶抚育70亩。2012年，区划界定国家级重点公益林26925亩（原区划8663亩），地方公益林2150亩，中央生态效益补偿基金国家级重点公益林9元/亩，地方公益林5元/亩，已根据县林业局的要求，安排管护、补植、兑现。

火铺镇为了实现建设"公园镇"的目标，在开发火铺杜鹃花森林风景区旅游资源方面做了大量实质性的工作。（一）严格执行林木限额采伐，认真做好采伐调查工作，并在采伐时做好监督工作和伐后督促工作。（二）认真做好林政案件查处工作。加大对林政案件的查处力度，凡是有破坏林木的现象发生，认真处理并及时上报红果林业派出所或林业局。并且还专门成立了火铺杜鹃林景区旅游开发公司，负责杜鹃林旅游资源的开发。在全镇上下的努力下，编制了《火铺杜鹃林旅游开发详规》，同时加大宣传力度，先后请来云南电视台《走遍云南》记者、《六盘水日报》记者作专题专版介绍。目前已建成景区公路15千米，公厕1个，停车场2个，库容6.7万立方米、水面10300平方米的水库1个，景区大门也已建成。早在2008年，火铺镇党委、政府把火铺杜鹃森林景区道路油化建设作为当年的"十件实事"之一，列为党委、政府重要议事日程来抓。目前，通往火铺杜鹃花森林风景区的道路平整宽敞，每到节假日，这里车水马龙、人流如织。火铺杜鹃花森林风景区将以山更青、树更绿、水更秀、花更红的独特景观迎接八方来客。火铺在发展旅游上有得天独厚的区位优势，在火铺人民的不懈努力下，火铺杜鹃花森林风景区将成为火铺经济增长的亮点，为盘县旅游发展带好头、立好标杆。

盘县

老厂镇

老厂镇位于盘县东南部，距县城86千米，东邻普安县罗汉乡，南抵马依镇，西连珠东乡，北接马场乡。面积99.67平方千米。辖12个村，6个居委会，154个村民组，9000户，30896人，有汉、黎、布依、侗、水、苗、彝、回等8个民族，汉族占79%。镇属喀斯特地貌，平均海拔1800米，最高海拔大黑山2170米，最低海拔法卡1300米。年均气温15.5℃，年降雨量1410毫米，平均无霜期170天左右，年均日照1456小时。中心区森林覆盖率89.7%，全镇森林覆盖率63.8%。境内矿产资源极为丰富，有煤、黄金、铜等，其中煤、黄金储量最为丰富；无烟煤储量近10亿吨，属含低硫发热高煤质。

独特的“人文胜运”，造就了这片古老的热土。

据老乡言，老厂原来叫“老纸厂”，因前人在这里造纸为生而得名，至今已逾300多年。

老厂镇是六盘水特有的森林资源基地，除10万亩森林资源外，有茶林2万亩，生产的茶叶品质优良，远销省内外；连片竹林2.8万余亩，是全市仅有的竹林成片区，素有“万亩竹海”的美誉。

老厂气候宜人，风光旖旎，万亩竹海披于山坡，坐于潭谷，幽雅清静，沁人心脾。老竹墨绿，新竹青翠，竹影婆娑，竹声潺潺；竹林间坐落着已有300多年历史的古老手工造纸艺术，构成了一幅幅美丽的自然景观和人文景观相融合的天然画卷。

由于老厂镇独特的竹海风光和深厚的文化底蕴，1999年12月被评为“全国造林绿化百佳乡”。因有万亩竹海而形成的“竹根水”，是老厂森林、竹海特殊地理环境条件下形成的一种天然极低矿化度的天然极软水，属国际首次发现的优质饮用水，具有防癌、抗癌等医疗保健功能。

老厂镇的旅游资源是六盘水主要旅游资源之一，是盘县发展旅游业的重点，主要有独特的万亩竹海和境内的七指峰森林公园，现已投入了少部分基础性建设，1994年被省级重点考察并规划，1999年11月被贵州省人民政府定为省级风景名胜区。旅游业将是老厂镇经济发展的主导产业之一。

老厂旅游风景名胜区，具有丰富的山地造景地貌，茂密的森林，万亩竹海（竹山）和凉爽温和的山地气候，具备了以休疗为主的多功能风景名胜的必要条件，其潜质优厚，发展老厂旅游业有着广阔的前景。

老厂区内有森林10万亩，竹林2.8万亩，中心区森林覆盖率达89.7%，因此风景名胜以森林、竹林为主体，间配山、水、洞、石景观和人文景观。

大洞竹海 大洞竹海风景名胜区位于六盘水市盘县南部珠东乡和老厂镇，乘坐贵昆、内昆、南昆铁路列车或镇胜高速即可到达。距贵阳市区345千米，距六盘水市区202千米。是以古人类文化景观和竹海风光为主要特色，具有游赏审美、科普考察、休养保健和保护培育功能的风景名胜区。

大洞竹海属于普安“山”字形构造体系和黔西南涡轮构造体系的地貌类型，形成气势磅礴、排山倒海的高山森林景观，蕴育了具有防癌治癌的神奇竹根水，造就竹海湖泊及山清水秀的自然景观。大洞竹海包括古人类文化遗址——盘县大洞，以及3万亩竹海、10万亩松杉林、古造纸作坊、神仙洞、鱼塘峰洞、天生桥、观竹海塔、古驿道、赏竹亭、竹根溪水、刘家田水库、朱家竹林寨、席草坪竹林村寨、古枫香树、天星云古寺等16个景物景观，面积60.2平方千米，年均气温15.5℃，是休闲疗养、避暑度假之佳地，被誉为“消夏之乡”。

老厂竹海 老厂竹海包括白果岭、竹海、竹溪三个小景区，有七姊妹、古驿道、古造纸作坊、席草坪旅游村寨、竹海古枫、竹根溪、十里竹溪、天生桥、狗爬岩、朱家竹木寨等20多个景点。距盘县古城52千米，海拔在2000~2400余米之间，有林地10万余亩，竹林近3万亩，年平均气温15.5℃，元月气温1.5℃以上，7月气温在22.1℃。整个竹海掩映在乌蒙山深处，重叠起伏在山峦之中，有防癌治癌的神奇竹根水，姹紫嫣红的杜鹃花，清澈碧绿的天然湖泊，加上300余年世代相传的古造纸技术，原汁原味的民间舞蹈——耍马舞，原生态的自然景观和历史文化以及"色绿精神"，竹影婆娑、碧波荡漾的老厂竹海是休闲度假、疗养避暑的理想之地。

古法造纸 手工造纸作坊遍布镇内，现在成为一种人文景观。此工艺2007年被贵州省人民政府列入第二批省级非物质文化遗产名录。

造纸术的发明迄今已有2000多年的历史。而距今已有300多年历史的老厂镇土法造纸工艺，已被列入省级非物质文化遗产名录。

造纸，曾经是老厂镇的主要经济支柱，村民们十分喜爱这个传统工艺，并多年以它为收入来源。在历史的进程中，老厂造纸业发生过若干次变化。康熙年间，造纸工艺传入老厂镇，乾隆时期得以完善。最初是造原始的"裹脚"纸。民国初年造的是"写字"纸，民国中期造的是"糊裱"纸，民国末期造的是"官推""二帘""新闻""对角"等纸。盘县解放后全部统造"规格"纸，地方人称"毛边"纸，又称为"出口"纸。主要用于制作纸火、书画用纸等。20世纪四五十年代，老厂造纸业十分兴旺，靠造纸为生的人家占老厂镇人口的90%以上。老厂所生产的"规格"纸，除少部分供应本省和云南外，大部分远销菲律宾、印度尼西亚、新加坡、新西兰、老挝澳大利亚等国家。

老厂土法造纸一直坚持着制作工艺的本真性，它的制作工艺没有经过现代化的处理，都是按照原始72道造纸工序进行生产。由于整个造纸工

艺流程多，细、繁、杂，季节性强、时间长，生产时间跨度大，一个人难以完成，且经济效益不高，这一传统的手工技艺已经濒临灭绝。该镇现仅有窑孔20多口，从业者60余人。

山珍竹荪 竹林中生长的珍馐美味竹荪，更是为老厂竹林增色不少。竹荪是寄生在枯竹根部的一种隐花菌类，形状略似网状干白蛇皮，它有深绿色的菌帽，雪白色圆柱状的菌柄，粉红色的蛋形菌托，在菌柄顶端有一围细致洁白的网状裙从菌盖向下铺开，被人们称为“雪裙仙子”“山珍之花”“真菌之花”“菌中皇后”。竹荪营养丰富，香味浓郁，滋味鲜美，自古就被列为“草八珍”之一。

竹荪是名贵的食用菌，历史上列为“宫廷贡品”，近代作为国宴名菜，同时也是食疗佳品。其营养丰富，据测定，干竹荪中含蛋白质19.4%、脂肪2.6%，碳水化合物总量60.4%，其中菌糖4.2%、粗纤维8.4%，灰分9.3%。其对高血压、神经衰弱、肠胃疾病等具有保健作用。还具有特异的防腐功能，夏日加入竹荪烹调的菜肉多日不变馊。

竹荪具有滋补强壮、益气补脑、宁神健体的功效；补气养阴、润肺止咳、清热利湿。竹荪能够保护肝脏，减少腹壁脂肪的积存，有俗称“刮油”的作用；云南苗族人患癌症的几率较低，这可能与他们经常用竹荪与糯米一同泡水食用有关。现代医学研究也证明，竹荪中含有能抑制肿瘤的成分。

美丽乡村特色 2013年，老厂镇“四在农家·美丽乡村”房屋改造涉及9个村（居）、2872户，目前改造已全部完成。一年来，共发展种、养、加工项目16个，组织群众学习培训5360人次，开展文体活动30余次，组建了4支文体活动队伍，完成了黑牛坪、小坝田活动室的改造及文化大院建设工作，对黑牛坪、小坝田、黑土坡的村寨主干道及串户路、庭院进行了硬化，建设了15块225米的宣传栏，安装了太阳能路灯90盏，建设乘车招呼站4个，改造农家书屋3个，配备环境保洁车3辆、垃圾箱36个，在黑牛坪、小坝田、黑土坡开通了电信宽带。

黑牛坪村、小坝田村均属于原始民居，又都靠近二级公路，老厂镇通过研究，采用“黑瓦白墙”的模式改善民居环境，看上去古朴大方；在中心区老厂居委会、新盘居委会和黑土坡居委会，因房屋均坐落在青山绿水、竹林中，故采用“红瓦黄墙”和“红瓦白墙”的创建模式，与周围环境非常协调、和谐、美观。

在创建“四在农家·美丽乡村”的同时，老厂镇加快农村基础设施建设步伐：一是通过农村“饮水”工程，使老厂镇创建户家家门口有自来水；二是通过“农网改造”工程，创建户均用上了电及家用电器；三是实施道路硬化、通过“一事一议”等项目，加大通村油路、水泥路的建设力度，农村交通得到了极大改善。截至目前，老厂镇“一事一议”项目里程6.1千米，现已全部竣工。在建的通村油路、水泥路里程34.65千米，预计12月底完工，群众在生产生活和出行上得到了极大的改善；四是在黑牛坪村、小坝田村、黑土坡居委会修建了美观大方、体现村寨特色的寨门；开通了黑牛坪村、小坝田村电信宽带，进一步完善了黑土坡居委会电信宽带，为村民了解外界、开阔视野提供了交流学习的平台；五是围绕新农村建设“村容整洁”的要求，在村（居）民改造过程中，充分考虑新居道路、排污、排水、环境卫生等公共设施，注重村容村貌的整洁，按照“整脏治乱”要求，扎实抓好村寨绿化、净化、美化和亮化工程，在全镇大力实施以“农村精神文明建设、产业化建设、民居建设、农村庭院经济建设、生态环境建设；改灶、改厕、改院、改水、改路、改圈；治理乱搭乱建、乱排乱倒、乱吐乱扔、乱涂乱画、乱停乱行、乱堆乱放”为主要内容的“建、改、治”工程，村容村貌得到较大改善，美丽乡村、和谐家园正逐步形成。

现在的老厂，红瓦黄墙、青瓦白墙、红瓦白墙，应有尽有，充分彰显了“四在农家·美丽乡村”的老厂特色。

盘县

民主镇

民主镇位于六盘水西南部，盘县南部。距县政府驻地（红果）80 千米，距兴义 80 千米，距响水火车站 20 余千米，距石桥镇妥乐古银杏 20 余千米，距十里大洞 16 千米。212 省道公路，正在修建的毕水兴高速公路和高铁横穿而过。地处贵州与云南接壤的崇山峻岭中，海拔 2200 余米，终年日光照射，云雾缭绕，土壤中有机质丰富，富含硒、锌等十余种人体必需的微量有机成分；属于亚热带季风气候区，光、热、水、土资源有利于茶叶的优质高产；年平均气温 21.9℃，年降雨量 1379 毫米，空气相对湿度大，冬夏气温宜人。土层深厚，土质肥沃，适宜种植品优茶叶。

乌蒙茶海，生态胜地；红色景观，熠熠生辉……她，就是盘县民主镇。

民主镇与盘县大洞古人类遗址、妥乐古银杏风景区、七指峰森林公园毗邻，212 省道和正在修建的

盘兴高速公路从境内穿越而过,区位优势明显。

民主镇国土面积 143 平方千米,52100 亩耕地, 辖区内有 20 个村,1 个居委会,195 个村民小组,35071 人。民主镇距盘县老城 43 千米,距红果县政府 80 千米。全镇海拔在 1300～2300 米之间,年均温度 13.6℃,年均雨量 1535 毫米,无霜期 250 天,由于石灰岩长期受流水侵蚀,地形复杂,峰谷相间,升降剧烈,形成天然旅游风光。境内有丰富的煤、汞、黄金、赤铁、石英、方解石等矿产资源,风能、水能储量可观。煤主要分布在李子树、滥滩、雨打河、尖山、下糯寨 5 个村,黄金、赤铁、石英等矿产资源主要分布在机密、马龙、砂厂、滥滩 4 个村。境内居住有汉、苗、回、彝、白、布依等民族。民主镇主产茶叶、烤烟、酒用红高粱,盛产玉米、小麦、洋芋、荞子等农作物。传统的土特产品核桃、板栗、葵花、水果享誉全县,特别是民主茶叶"高原情",远近闻名,畅销全国。

民俗文化 民主镇地处山区(归顺),古今主要有彝、汉、回 3 个民族。

彝族是最早居住在这些地方的,即为龙(拢)姓,居住在"大营盘"称之为"土司官",曾在中坝罗保昌家住弯子处设过"衙门"。后来的龙姓彝族均承其业。

汉族是洪武年间, 因原居云贵的民族不服王化,朱元璋调北征南,属后来就地而居。将原"衙门"改称"营、里、马"。清朝时改称"大团圆"。民国时设为"县、区、乡、保、甲",1949 年中华人民共和国成立后首先设"县、区、乡、村、组"。1958 年人民公社化时设为"公社、管理区、大队、生产队",现在为镇。

回族来得最迟, 即由保田兰木桥迁来"大黄坡",一个组 20 余户,人口有 201 人,占全镇人口的 0.57%,现在彝汉两族和睦相处。

特征:这三个民族通过长时间的相处,彝族过去男女佩戴首饰,夹戴多色盘状包头,男装麻织对襟短上衣,下着土布大裤;女装麻织对襟长衣,现已和汉族无别。现居住的回族生活习俗已和汉族一样。特别是现在各民族相互通婚,早已体现民族大团结的景象。三个民族只有彝族有丧葬之别,即彝族死了人,可一个、多个、一代、多代一齐请师操办

（开路或转厂），彝族请彝师（磨师）用彝文打羊“开路”，打片“转厂”。凡来悼奠者，以各处为营、唱山歌守夜。到开奠时，小马郎、大马郎依习俗而要花灯龙。汉族与回族现在的丧葬均用周礼，即请道士开路，开路为俭，办三天两夜为一般，办夜念经为盛。

农民武装起义 1946 年夏，寓居昆明的彝族军人龙腾霄根据云南地下党组织何现龙的指示，回到故乡糯寨组建革命武装，开辟黔西的敌后斗争。

1948 年 9 月 10 日，龙腾霄、龙德霖兄弟在广泛发动群众的基础上召开群众大会，宣布成立了以龙腾霄为主任、司开德为副主任的农村经济复兴委员会。以此为掩护，组建了 8 个游击大队，分别以龙德霖、丁伟光、陈云飞、钱万选、杨宏伟、龙学成、肖崇武、孙志文为大队长。部队由云南讨蒋自救军第一纵队司令员朱家壁，副司令员何现龙授予“黔西南人民讨蒋自救军第一支队”的番号，在支队长龙腾霄的领导下，挫败了贵州保安一、二团及兴仁专属教导大队和盘县民卫队的联合进攻。从此，这支部队义无反顾地踏上了敌后游击战的艰苦征程。糯寨暴动后，桂滇黔边区（滇桂黔边区前身）罗盘地委派中共党员唐德锟为支队党代表。先后扩编了罗波大队、吴麟川大队和组建了陈和清、普成学、丁立典大队。

1949 年 2 月，经桂滇黔边区纵队司令部决定，将“黔西南人民讨蒋自救军第一支队”番号改为“桂滇黔边区纵队黔西南游击队”，仍任龙腾霄为支队长。1949 年 7 月，部队遵照罗盘地委指示，留部分在当地坚持斗争外，其余部分开赴罗平板桥镇整训，并增派王中、王日强、李启恭、尹居、李家祥、罗群、程南、史志华、范达、曾毅、左高林等 19 位同志到部队加强政治工作。整训后，支队改编为“中国人民解放军滇桂黔边区纵队罗盘支队盘县游击团”。龙腾霄调任罗盘支队参谋长，龙德霖任盘县游击团团长，王中任政治委员，杨德光任副团长，李鸣武任参谋长，王日强任政治处主任，聂益民任供给处主任。下辖 3 个营：一营营长罗波，教导员李启恭；二营营长丁伟光，教导员苏维群；三营营长陈云飞，教导员尹居。部队奉命回师盘县配合解放大军解放贵州，创下了鲁番战役等辉煌战绩。从糯寨暴动到贵州解放，盘县游击队发展为千余人枪的革命队伍。经历了大小战斗 70 多次，歼敌连长以下 500 余人，俘敌营长等 400 余人，争取国民党一个营的 130 余人起义，缉获六 0 炮四门，重机枪 4 挺、轻机枪 24 挺、冲锋枪、步枪 274 支、手枪 11 支以及手榴弹、子弹等大批军用物资，为解放黔西南作出了重要贡献。1950 年 4 月以后，

兴仁军分区先后从盘县游击团抽调了数批干部战士充实145团参加抗美援朝及到地方参加公安、通讯、建政等工作，留团干战人员于同年7月改编为“兴仁军分区独立营”，继续为革命事业效力。

盘南游击队根据地的历史，给民主镇的红色文化留下了一笔宝贵的精神财富。

魅力乡镇建设 民主镇主要有玉米、小麦、马铃薯等粮食作物，有茶叶、中药材、生姜、辣椒、核桃、杜仲、蔬菜、油茶等经济作物。盘县农业“十大产业”在民主镇中就有茶叶、核桃、油茶、中药材等，而且规模较大。特别是从2008年以来民主镇的茶叶有了新的发展，民主镇党委、政府提出了打造“乌蒙茶海、生态民主”茶叶产业大镇的新思路。民主镇现在已发展茶叶3万亩，中药材0.5万亩，烤烟种植指导面积为9110亩，收购烟叶230万斤，实现产值2900万元。核桃万亩，油茶0.3万亩，畜牧经济规模不断壮大。全镇现牛存栏7195头、生猪存栏10417头、禽存栏89417只、羊存栏9943只。

完善农业产业化经营和农业服务体系，基本新形成了茶叶、马铃薯、核桃、烤烟、中药材、商品猪、牛、羊和家禽养殖等产业基地，现有茶叶合作社14个，核桃合作社1个，马铃薯协会1个，本地黑山羊养殖基地1个。农业产业区域进一步优化，生产与市场接轨，距离大大拉近，有效推进了产、供、销一条龙经营的农业现代化市场经营体系建设，农业产业市场营销体系在逐渐形成；龙头企业实力逐步增强，市场服务体系逐步完善，专业合作经济组织加快发展，特色产业体系基本形成，原料基地建设向标准化方向推进。

完成设施配套。民主镇建成茶叶基地3万亩，道路20千米，公路交通网络基本形成；有规模加工厂3个，散户加工点8户；占地面积6000平方米，年加工能力50吨；境内有库容量200万立方的水库4个，引水沟渠长80余千米，民主镇内蓄水池10余个；有一个合作社电网设施完备，所有区域都能接收移动通讯，为民主镇建设提供了用电和信息便利。

依托资源，特色富镇。民主镇地处盘南腹地最高处，高山水库密布，水资源十分丰富；加之民主镇的森林覆盖率在50%以上，空气质量良好；土壤为黄棕壤，有机质中硒的含量丰富，土地、气候非常适宜发展高山有机富硒绿茶，种植的富硒茶具有降脂减肥，防止心脑血管疾病，能增强人体心肌活动和血管的弹性，抑制动脉硬化，减少高血压和冠心病的发病率，增强免疫力。民主镇富硒茶叶属于早熟品种，比其他地区要早20～30天上市。茶叶种植面积占本县该产业总规模的70%以上；民主镇涉及村和周边乡镇的劳动力资源丰富，成本低廉，可为该地区富硒茶的生产提供富裕的农村劳动力资源。民主镇待建的项目有风力发电站的风塔、风力发电站的柏油路，把水质上乘的长箐河水库、大山丫水库、滑石板水库及待建的山神庙大型水库及小型的谢家小窝和垛口小山塘连为一个统一的整体，以及有垛口老井洞、镇政府旁的麒麟洞两个景点的开发。在“精加工厂顶天立地，初加工厂铺天盖地”的基础上，以贵州省旅游发展大会的精神为契机，借助石桥镇妥乐古银杏及十里大洞保护区的自然奇观，建设旅游观光休闲示范区，打造“乌蒙茶海、生态民主”茶叶大镇的旅游品牌。

该区域农业产业基础较好，域内种茶历史悠久，茶质优良，是盘县发展名优绿茶的最佳区域，适宜发展高山有机富硒绿茶。2009年以前，民主镇的茶叶种植以散户为主，2010年以后通过大户建合作社承包和土地流转的方式发展茶园，到现在总计已实施28000余亩，加上1991年种植保存下来的2000余亩，总计已达3万亩。到现在已有14个合作社，现已建成生态富硒茶园3万亩，4000亩已经进入采摘期。已经具有50吨大宗茶、10吨名优茶的加工能力，待开发的绿茶新品“盘州春”“高原情”进入市场后，受到广大消费者的青睐，在本地市场供不应求，是盘县农业产业的龙头企业，“高原情”商标被评为贵州省知名商标。

盘县

羊场布依族白族苗族乡

羊场，因赶甲子集（未日）而得名。1992年，将原白块、九村、羊场三乡合一，更名为羊场布依族白族苗族乡（简称羊场乡）。

羊场距红果新城65千米，距镇胜高速公路12.5千米，水盘东线、英柏二级公路在境内中心区域交叉而过，真正成为盘东集镇中心。这里山川秀丽、气候宜人、物产丰富、人杰地灵。在136平方千米的土地上养育着汉族、布依族、白族、苗族、彝族等3.8万余勤劳善良的人民。

全乡现辖16个行政村，235个村民组，149个自然村寨。最高海拔（长山箐）2100米，最低海拔（张家寨村罗潘组）968米，平均1510米。年降雨量1300毫米，年平均气温15℃，无霜期260天以上，属亚热带气候。耕地面积2481.8公顷。其中田477.06公顷，地2004.74公顷，林地面积45615亩，森林覆盖率达27.5%，境内拥有4.6平方千米的长山箐林场和白块林场，以喀斯特地貌为主。

滴水滩瀑布

羊场虽偏僻，却多有奇迹。

自然天成的羊场乡滴水滩瀑布，高达 87.6 米，宽 8.1 米，滴水滩山岩重叠，溶洞下水流成溪。瀑布别具风采，雪白的瀑布飞流直下如一匹白练，两旁黛青色山岩上的藓苔，相互映衬，分外美观。瀑布气势雄伟磅礴，最高一层波涌连天，中间数层翻空涌雪，最下一层震荡群山。远远看去，它那美丽多变的姿态宛如一位天仙般的白衣女郎，提着雪白的衣裙，扭动着腰肢，轻捷地从高岩上奔跑而来；一忽儿将裙子收拢束紧，妖媚窈窕；一忽儿又将裙子随意撒开，显得落落大方，潇洒自如。

瀑布的形态多有奇特之处，最上一级瀑布顶仅是一个 3.5 米宽的峡谷岩道，而最下一级瀑布顶宽则有 45 米。由于它深切于峡谷之中，多处为山崖遮掩，时隐时现，有的地方只闻其声，不见其形，实难窥其全貌，使人愈觉神秘奇妙。

布依族盘歌

羊场乡布依族盘歌是布依族的传统民歌，是用原生态布依语创作并传唱的民间文学作品。布依族盘歌流传于贵州省北盘江流域的布依族村寨中，尤其以六盘水市盘县羊场布依族白族苗族乡境内的布依族盘歌最具代表性。

布依族盘歌伴随着布依族的形成而萌发，形成于春秋战国时期，伴随着布依族的产生、繁衍、发展而逐步丰富起来，是布依人民集体智慧的结晶。发展至今，布依族盘歌的内容、形式、谱调等已较为完整。从内容上分，布依族盘歌涉及劳作、时政、仪式、爱情、生活环境、历史传说等诸多方面；从演唱场合分，有室内演唱和野外演唱两种形式；按演唱曲调分，可分为情歌调、礼教调、婚庆调、丧葬调等。布依族盘歌还涉及政治、经济、文化、社会、伦理道德、宗教等众多领域，甚至对布依人特有的心理特征和情感倾向都有生动描述，是布依族人民记载民族历史、文化的重要载体，也是布依人的一部无字百科全书，具有珍贵的文化价值、历史价值和研究价值。

布依族盘歌生长于布依族地区并深深扎根于民间，是极富地域特色和民族特色的文学作品，有着极高的民间文学价值。作为一种古老的文学作品，它比一般的叙事诗歌、抒情诗歌赋予了更多的文化内涵。今天，在六盘水市境内乃至周边地区布依族聚居区域内流传的《孤儿苦》《育儿情》等叙事长诗均与布依族盘歌一脉相承，足显其影响深远。布依族盘歌表现了布依人万物有灵、生命神圣、众生平等、人与自然和谐相处的思想，蕴含布依人的精神、信仰、价值取向，是研究人类学、民族学、民俗学的珍贵素材。其理念对于加强民族团结，构建和谐社会起着重要的作用。布依族盘歌是现存的一种鲜活的布依族传统文化表现形式，宣传了布依人好客、友善的优良传统，具有广泛的教育意义。

但是，由于受现代化进程的强烈冲击和经济全球化的影响，布依族盘歌传承人越来越少，原生态的布依族盘歌出现生存危机，加上会讲布依语、使用布依语的人越来越少，用布依语演唱布依族盘歌的人更为稀少。现在年轻一代价值取向转变，欣赏、传承古老歌谣的热情正在丧失，这便是造成布依族盘歌濒危的社会历史文化背景。随着老一代布依歌手的相继去世，现在能系统演唱布依族盘歌的艺人已所剩无几。当地中年人只能支离破碎地演唱节选，大部分青少年甚至没有听过用布依语演唱的布依族盘歌。布依族盘歌的传承后继乏人，已处于失传的边缘。所以采取有力、可行的保护措施，使原生态布依族盘歌能够继续传承下去已迫在眉睫。

布依风情街

“天晴一身土，下雨两脚泥，街窄道不宽，逢集车难行。”这是曾经流传在羊场乡群众口中的顺口溜，它形象地描述了以前羊场滞后的基础设施面貌。如今，再凭借这个印象去找盘县的羊场乡，已经是不可能了。

沿着蜿蜒曲折的虎跳河，穿过高耸入云的层叠大山，于群山的环抱中，已经完成美丽蝶变的盘县羊场乡展现在人们眼前。石板铺就充满着布依风情的亮丽街道，青瓦白墙红窗门的古朴民族建筑，林立的商铺，如织的人流，这里将现代的商业气息和神秘自然的民族气息完美交融。

餐饮区、住宿区、贸易区、文化教育服务区、物流区、休闲购物区等，规划合理，层次分明，相互衔接，彼此贯穿。很难让人相信，这里就是曾经那个道路是泥巴路，每逢下雨就污泥满地，房屋破旧、难遮风雨的旧羊场乡。

走进盘县羊场乡的布依风情街，最吸引眼球的是道路两旁的一栋栋设计别致的富含布依族民

族文化元素的楼房，楼房涂上了红白相间的油漆，看起来富丽堂皇，极富时代感的砖墙民居与茵茵绿草相映成趣，配套完善的附属设施和安逸舒适的居住环境让村民脸上挂满温馨的笑容。

四在农家·美丽乡村

羊场布依族白族苗族乡在完成上午村、赶场坡村、海兴村、大中村、高光村、杨家寨村、纳木村、徐寨村、红花湾村饮水安全工程上，总投资373.08万元，安装输水管道79.44千米，供水覆盖人口6503人。省级财政冬修水利工程段家寨引灌投资10万元，已于2014年3月按实施方案批复并全部竣工；完成小河村抗旱应急工程，总投资20万元，新建调节池、取水池各1个，20平方米水泵房1间，取水坝1座；机关供水工程管道改装2400米，供水管网改装0.34千米，维修58处。

全乡辖区内电网建设已全部完成，6月份开始实施张家寨村、小河口村电网改造工作。全力构建便捷、畅通、高效、安全的农村交通运输网络，新修通村水泥路5.5千米，重载油路15.143千米。按先规划、先设计、再建设的原则，着力建设设计合理、功能齐全的小康房，根据农户的家庭人口和家庭条件，结合农户宅基地的情况等基本条件，设计大、中、小三种户型，现已动工256户，完工15户。全乡各自然村通信良好，正在实施“美丽乡村”一事一议奖补项目——关庄新村建设。

城镇化建设情况介绍

2013年2月至今，羊场乡小城镇面积达1.1平方千米，居住人口为8760余人，2013年“四在农家”建设任务数5449户，已实施完工4992户，实施危房改造500户，完成房屋立面改造335户，涉及农户382家。在“四在农家”创建中，我乡既注重结合小城镇建设实际，又充分体现布依族的民族特色。

瞿家寨村是乡政府驻地的中心村，在做小城镇规划设计时，结合“四在农家”创建，建筑风格融入布依族风情，建筑式样以木质花格子窗户、红色墙面、斜坡屋顶、艺术商匾、特色石雕、布依风情画上墙特色元素为主，蕴含当地民间传统文化特征，淡妆素描，玲珑实用，独具风韵，成为这里最迷人的风景，犹如一幅美不胜收的农家山水画。

重点打造了全长630米的布依风情街，路面采用石灰石镶嵌而成，小城镇路网改造6千米，道路白改黑工程4.6千米，达到“五化”标准。管网入地改造3千米，排水设施和路灯安装到位。休闲、娱乐、购物广场建设投资3000万元，占地面积9741平方米，建筑面积13000平方米，现已经完成工程总量的99.7%。投入资金24万建成公厕1个，投资176.1万元新修桥梁两座，投入320万元完成五龙溪公园建设，投入210万元完成英柏二级公路绿化工程，加快二级路沿线20千米绿化，种植香樟树大树8000棵及灌木绿化、草地绿化。

在特色小城镇建设进程中，紧紧围绕“创新工作思路，凸显城镇特色；创新投入机制，完善城镇功能；创新发展机制，扩充城镇体量；创新工作机制，提升城镇品位”。发展思路，抓住布依族民间文化和交通区位优势，以建设绿色、低碳、民族、生态、休闲、度假、旅游特色小城镇为目标定位，着力打造“木叶之乡、锦绣羊场”特色小城镇，彰显羊场布依文化特色，不断推进我乡城镇化进程，带动经济社会发展。确定了“加强城镇管理、改善城镇环境、提升城镇品位、树立窗口形象，努力营造良好的人居和投资环境，促进经济发展”的管理主线，制定了“布依风情街亮化、‘白改黑’工程绿化、延伸路段强化、传统文化外化”的工作思路，着力构建文化丰厚、经济繁荣、功能齐全、特色鲜明、环境优美、秩序井然的布依“小都市”。

水城县

陡箐苗族彝族乡

素有水城"东大门"之称的陡箐乡，位于水城县东部，距市中心区38千米，面积146.36平方千米，辖9个行政村，100个村民组，5994户，19243人，有汉、苗、彝、布依、回等民族，少数民族占23%。

陡箐乡喀斯特地貌明显，平均海拔1680米，最高海拔坪箐大山2060米，最低海拔丫口田1300米，年均气温在11.1℃～14.3℃，年降雨量1010～1360毫米，无霜期在270天左右，年均日照数1625小时。

这里是红军长征的途经地，有以坪箐、茨冲、夹岩、阿佐为主线的红色旅游线，有猴儿关、蜂子岩的险峻山川，有坪箐自然村寨的秀美风光，有曾多次荣获国家、省、市大奖的农民画及猴儿关苗族服饰制作工艺，还有少数民族"跳花节""坐花坡"等民俗节庆，以及品尝茨冲一条街原汁原味的鸡火锅……风光与风情交相辉映，美不胜收，风骚各领；风情与民俗多姿多彩，雅俗共赏，淳朴热情。

猴儿关山川险峻

猴儿关位于乌蒙山东麓，往东几十千米，出六枝进入黔中腹地，将之比喻为“乌蒙山的东大门”，贴切而生动。此处还曾是著名的古战场，遥想当年，水西军在此据险抗击吴三桂，留下了许多可歌可泣的传奇故事。

猴儿关处于六盘水乌蒙山国家地质公园北盘江大峡谷景区的中心地带，是北盘江景区的重要板块之一。乌蒙山位于滇东平原和贵州高原西北部，面积388平方千米，是由地壳运动断层抬升形成的山地，大部分由上古生界的石灰岩组成，典型的喀斯特地貌发育，峰林陡峭，洼地遍布，石灰岩溶蚀盆地及石灰槽状盆地，又形成了大量的溶洞和地下河。乌蒙山的喀斯特遗迹和地貌景观，中国唯有，世界唯有。而猴儿关，又是乌蒙山喀斯特地貌奇观最具代表性的地方。

随着地势的迅速抬升，与黔中地区山岭相连的地貌截然不同，展现在眼前的是气势磅礴的千峰万岭，沟壑纵横，层峦叠嶂。从六枝到猴儿关，仅半个多小时的车程。夏日里，重庆人正光着身子躺在凉席上一边淌汗一边使劲地扇着扇子，南京人不敢离开空调房一步，而此时猴儿关却冷风习习，凉爽宜人，只穿一件短袖T恤，舒服惬意。

登高望远，一览众山小，猴儿关是山脊与沟壑的王国。有的山脊看不到头，有的山脊到头处两河相交，山相连、水相汇，构成一幅幅美丽壮观的画卷。猴儿关的主山峰顶2400多米，山下1500米，相对高差近1000米。蜂子岩位于猴儿关主山左侧，这里是画家创作的绝佳写生地，是摄影家拍摄高山深谷的最好素材。蜂子岩的一段，从岩顶到岩脚犹似一刀切下，长1000多米，高400～500米，岩石上布满垂直而下的纹路，从远处看，甚似一个天然大瀑布。岩顶是一个几平方千米的大平台，足以作为上万兵士参加的阅兵场。可以这样想象，如果在蜂子岩上建一座庙宇或道观，住上几位僧侣道士，一定是香火最旺的地方。猴儿关特殊的地理环境产生特殊的景致，或日出日息，朝霞喷彩；或云起云落，雾海茫茫。春夏秋冬，各自成景，大千气象，变幻无穷。

猴儿关下有两条河，其中一条源于主山脚下的夹岩河，河床平坦，河水始终是平静悠缓，四季流水清澈见底，显得温顺柔和。另一条是由猴儿关西面山里流出，在猴儿关一段称为茨冲河。茨冲河河床地势跌宕起伏，变化多样，平缓处可透过清澈的流水，看得见河床里光滑的鹅卵石，感觉得到软绵绵的河沙松散而洁净。有的地段几十米内就有几十米的落差，而且堆满各形各状的岩石。水涨时，河水俯冲而下，泄在岩石上，掀起十几米的浪花。浪花飞溅，水气升腾，如棉似雪，大可感受苏东坡“堆起千层雪”的诗词意境。

主山西侧流出一条50余米长的小河，往下是一个垂直山崖，河水在这里变成了瀑布，飞流直下。猴儿关瀑布宽约200米，高近百米，大烟公路从瀑布下面通过。夏天，猴儿关瀑布就成了大烟公路边上的最美景观。有当地农民，于紧靠瀑布的山崖下建了房子，又在瀑布下方种了竹林，这些景致构成了一幅瀑布、竹林、水雾、小桥、流水、人家的美妙图画。

离开主山往西3千米是平箐竹海。说是竹海，它在整体面积上，与长宁竹海、赤水竹海不可相比；但在海拔2000多米的高山上，能有一片占地几千亩的竹林，也是天赐之物，珍贵难得。平箐竹海由一个一个大小不等的竹林组成，在竹林之间，一年又一年落下的竹叶，铺成了比席梦思还柔软的大垫子。竹林间是一片一片的空地，正好建设休闲娱乐设施。由陡箐乡政府投资，已将水泥路修到竹林区，还建了几栋试作接待游客的房子，但由于大环境没有开发，休闲旅游的气候也还没有形成。这里离六盘水市中心不到30千米，相信不需多年，一定会有有识之士，出资献策，将这里建设成为最具贵州西部高山特色的旅游景区。

农民绘画之乡

水城县陡箐乡的歪梳苗，头饰和服饰是一大特点，但真正吸引人的，还是她们创作的农民画。在这里，曾走出了一大批从事民间绘画的画家。1988年，这里曾被誉为“中国现代民间绘画之乡”，有18件作品被中国美术馆和中国民间博物馆收藏。全寨100多户人家中，就有50多人会画农民画。陡箐乡的农民画，以其自由、夸张、色彩艳丽的艺术形式，大胆泼辣、想象力丰富的艺术手法，集蜡染、刺绣、挑花、剪纸等民间艺术为一体，被誉为“中国农民特有的艺术语言”。

走进陡箐乡的苗家村寨，男人们用大背篼背

着农具和肥料，穿梭于寨子的小路上。而在家的歪梳苗妇女们，则围在一张桌子前指指点点，讨论着、嬉笑着在切磋画技。她们一会儿拉拉家常，一会儿用蜡刀不时地沾着在炭火上热着的蜡水作画，在这样愉快轻松的氛围中，享受着她们悠闲而充满乐趣的时光。

她们蜡染的图案主要体现在衣袖、裙、围腰、背扇上，画面上大多是蓝底白花的图案。先是在白布上用蜡画好后再染，寨子里很多人穿的衣服，都是自己画的蜡画图案。其中，不少人光是靠卖蜡画和农民画，一年都能挣好几千呢！歪梳苗画的图案以线条居多，图案主要是花、鸟、鱼、虫的变形纹样，看上去非常的抽象。而且她们都是喜欢哪样画哪样，凭空想象，自由发挥，就是这样的随意。她们的画风不拘束，想象大胆，素材全都取材于生活，往往把当地的民俗、生产、生活和自然风光等元素，无拘无束地融会进去。传承了服饰上的抽象纹样，造就了农民画的夸张与自然，表现出一种淳朴、率真、坦诚且浪漫的独特风格，每一幅作品都表现出了固有的乡土色彩。

这些农民画是根植于生活在这片土地上苗族刺绣、蜡染、剪纸、雕刻等民间艺术的土壤之中绽放的一株奇葩。在这些作品中，或讲述本民族的历史，或彰显本民族的宗教信仰，或表现现实生活中的喜怒哀乐，或表达自己心中的一个小小的愿望。她们把这种内心的情感思绪和精神寄托，都以自己喜爱的形式，集中表现在一件衣物上；更重要的是，她们还可以每天、每时、每刻地面对着自己的精神寄托。即便是在以后的现实生活里，某些愿望没有实现，她们的内心照样是丰富的、满足的。这就是水城陡箐乡农民画的创作根源所在，也是她们得以慰藉的精神家园。

现在，这里的农民画统称为"水城农民画"，从20世纪80年代以后才开始逐渐走出大山，进入现代人生活的视野中。水城农民的现代民间绘画，以其独有风格一次次亮相全国，得到了有关专家的好评。中国民间美术学会副会长杨先让教授评价说："水城农民画古朴、浑厚、纯真、大胆、泼辣、新奇，它们已不再仅是供别人吸收创作养分的粗原料，而是具有独特民族气质和独立艺术语言的本源艺术品。"冯真教授称这些作品"自然淳厚，绚烂活泼，充满了泥土芬芳"。1988年，文化部社会文化局，把水城县命名为"中国现代民间绘画画乡"。

水城农民画赢得这样的称号并不是偶然的。首先是这里生活着一大批从民间绘画中走出来的"画家"，另外，这些年来他们的作品不断走向全国、走向海外，不少作品获奖并被有关机构收藏，成为民俗文化的一个分支。他们为水城争得了荣誉，留下了宝贵的民族民间文化资料。公开出版的《中国水城农民画》一书中，收录了各个时期农民画代表作80余幅，可谓集农民画之大成；同时，也为当地农民们的生活，展现出一幅幅生动的画卷。

水城县

龙场苗族白族彝族乡

龙场，本是一集市。因当地人习惯按十二生肖顺序轮流赶集，故而得名。1992年5月“撤并建”时，按辖区内人口族别的多少排序后，更名为龙场苗族白族彝族乡。

龙场苗族白族彝族乡位于水城县南部，距六盘水市中心区98千米，东邻顺场乡，西接营盘乡，南抵盘县的普古乡和坪地乡，北与新街乡隔江相望。全乡总面积101.36平方千米，海拔落差较大，最高海拔2250米，最低海拔800米，年平均气温15.3℃，年平均降雨量1200毫米，年日照时数1235小时，无霜期270天左右，气候为典型的亚热带季风气候。

娘娘山传说

龙场苗族白族彝族乡境内的娘娘山国家湿地公园，是继乌蒙山国家地质公园申报成功后，又于2013年12月31日，经国家林业局批复认定的凉都

奇景，与乌蒙大草原风景名胜区的牛棚梁子和六车河峡谷风景区是“姊妹亲戚”。

当地人关于娘娘山的传说大致有二。

古代说：王母娘娘曾赐民女三姐妹为“天母娘娘”“地母娘娘”和“人母娘娘”，寓意“天地人和”。“三娘娘”皆以当地大山为夫，分别嫁与八大山、娘娘山和牛棚梁子。

现代说：民国十年（1921 年），苗族杨氏姐妹，不堪官绅压迫，揭竿而起，啸聚山林，被誉为“杨门女将”，以“金猪玉马”招兵买马，连战连捷。官家为剿灭义军，组织了快枪队、白刃队 2000 余人重兵围剿，起义最终失败。当地民众为了纪念苗家的“杨门女将”，将所聚义大山命名娘娘山。

娘娘山国家高原湿地

乌蒙山国家地质公园两大园区，一是北盘江喀斯特大峡谷，二是碧云洞溶洞群。六盘水市申报国家地质公园时，专家最先建议的名称是“北盘江国家地质公园”，由于其涵义不能完全代表六盘水“拥有青藏高原东坡新生代以来，各个时期形成的多种类型的喀斯特地质遗迹和地貌景观”，最终以“乌蒙山国家地质公园”命名。

登高远眺，乌蒙山伟岸，北盘江婉转，山水相依，不离不弃，仿佛是一对恋人。北盘江上游高山孕育的千条水源，其中许多都成了海拔 2300 多米的娘娘山国家高原湿地流淌的一道道瀑布。

发现娘娘山高原湿地，其实纯属偶然。

当地一个农民想在山顶台地上种树，一挖坑下面全是水。他走进柳杉林，发现林下有漂亮的金发藓（沼泽湿地的标志物种）。这里的金发藓很厚，形成高高低低的藓丘，铺满了林下，很壮观。继续往前走，越来越多的泥炭藓出现在眼前，并且看到了大片纯粹的泥炭藓沼泽，一脚踩下去，抬起来脚印里都是水。正是山顶这一片片沼泽湿地，将雨季的大气降水存储起来，再缓慢释放，所以悬崖上的瀑布才会有常年流水。

娘娘山顶台地大面积沼泽湿地被确认之后，盘县县委、县政府和盘县林业局决策层有关人士，立刻认识到这片湿地的重要性。六盘水市林业局和盘县林业局，提出了申报国际湿地公园的设想。2013 年 3 月，经贵州省林业厅副厅长黎平联系（巧合的是，黎平曾于 2006 ~ 2011 年任六盘水市委常委、市纪委书记），请来了国家高原湿地研究中心副教授肖德荣博士，为娘娘山湿地公园做总体规划。

肖德荣博士在科考娘娘山之后说：“这一片高原湿地，是珠江流域水生态安全的天然屏障。湿地将有效保护云贵高原喀斯特山地独特的生态功能，对区域生态安全具有重要意义。”

2013 年 7 月，国家林业局主管的《森林与人类》杂志用了 17 个彩页的篇幅，介绍了娘娘山发现的过程，称娘娘山湿地为“山顶上的湿地，贵州高原的妩媚”，其森林、竹林与嫩绿的泥炭藓、金发藓相间相伴，是贵州弥足珍贵而又神奇的湿地景观。

金发藓泥炭藓造就天瀑之水！

娘娘山一时“身价倍增”，眨眼间便成了“高原妩媚之美”“清新地球之肺”的美景，为世界瞩目。

2013 年 12 月 31 日，娘娘山国家湿地公园获国家林业局正式批复，这片被举在山顶上的美丽湿地，有了长久留存的希望……

白族风情

龙场苗族白族彝族乡是个多民族聚居的地方，苗族和彝族前面多有介绍，在这里我们介绍一下白族风情。

白族，是我国西南边疆一个少数民族，主要分布在云南省大理白族自治州等地和贵州毕节、六盘水地区，四川凉山、湖南桑植县等地亦有分布。白族使用白语，绝大部分操本族语，通用汉语文，使用汉字书写，有自己的语言，文学艺术丰富多彩。许多白族人通晓汉语，白族在历史上曾经仿造汉字创制过方块白文，并用方块白文编撰过大量的书籍。元明时使用过“僰文”（白文），即“汉字白读”。

令人惊讶的是，白族自称的高度一致。在贵州威宁、六盘水地区的白族，因有七姓，又被称为“七姓民”。白民族的第一次大统一是在南诏中后期，以南诏国王隆舜 878 年改国号为“大封民国”为标志。

白族喜食酸辣，善于腌制火腿、腊肉、香肠等。喜饮烤茶，著名的“三道茶”是待客上品。第一道是用沱茶冲泡的苦茶，第二道是加红糖和牛奶的甜茶，第三道是放入核桃、蜂蜜、米花的回味茶。“一苦、二甜、三回味”的“三道茶”不仅是白族同胞待客的佳茗，还寓含了丰富的人生哲理。乳扇是白族独创的乳制品，色泽淡黄，状如扇，薄如纸，味道鲜美。

白族的建筑艺术也独具一格。一般的建筑形式是“两房一耳”“三坊一照壁”，少数富户住“四合五天井”，还有两院相连的“六合同春”，楼上楼下由走廊全部贯通的“走马转角楼”等，现在多是一家一户自成院落的两层楼房。充分利用当地盛产

的鹅卵石来砌墙，也是白族民居建筑的一大特色。

白族基本上实行一夫一妻的小家庭制。儿子成婚后即行分居，父母一般从幼子居住。在地主阶级中，有少数是“四代同堂”的大家庭。同宗同姓不通婚，但例行姑舅表婚。无儿无女的也可以抱养同族弟兄的子女（过继）或养子。有女无儿的可以招赘，赘婿和养子要改名换姓，才能取得财产继承权。

白族婚姻中有入赘的婚俗，入赘的男子不仅在社会上享有同不入赘的男子一样的地位，而且还受到邻里乡亲、女方家成员、亲友的尊重，并享有继承女方家财产的权利和赡养女方父母、照管年幼弟妹直到他们成长成人的责任，人们把这种入赘俗叫“上门”。有的白族人家还有意把儿子“嫁”出去，讨姑爷进门，故民间还有“打发儿子招姑爷”的俗话。白族婚姻虽受父母包办，但青年人的恋爱活动比较自由。如果恋爱关系确定，男子愿意到女方家上门，在征得双方父母同意后，定婚时，女方家把男子及男方家长辈亲友数人邀请到家，由女方家在宴请宾客时，长辈要当着众亲友的面为他改姓取名。从此他就随妻姓，不再使用原来的姓氏名字，并按女方家在家的排行定男子的排行。自此之后，男子结婚后成了女方家的一员，同辈人之间只能互相称兄弟，禁忌把入赘的男子称为“姐夫”“妹夫”或“姑爷”。

白族历史悠久，文化丰富多彩。白族崇尚白色，以白色衣服为尊贵。妇女头饰异彩纷呈，都喜戴玉或银手镯、坠耳环。扎染布常用于制作白族妇女传统的装饰品，她们使用的头巾、手帕和挂包大都是用扎染布做成。明清以来，一般说来，男子的服装各地大体相同，妇女的服饰则各地各有差异。多用绣花布或彩色毛巾缠头，穿白上衣，红坎肩，或是浅蓝色上衣、外套黑丝绒领褂，右衬结纽处挂“三须”“五须”银饰，腰系绣花短围腰，下穿蓝色宽裤，足蹬绣花鞋。已婚者绾髻，未婚者垂辫于后或盘辫于头，都缠以绣花、印花或彩色毛巾的包头。在白族姑娘的头饰上，蕴涵着一个大家非常熟悉的词语，它就是“风花雪月”。解释为：白族少女的帽子，垂下的惠子是下关的风；艳丽的花饰是上关的花；帽顶的洁白是苍山雪；弯弯的造型是洱海月。

妇女头饰更是异彩纷呈。大理一带未婚女子梳独辫且盘在花头帕外面，再缠上花丝带等，左侧垂着一束白绦穗；婚后发辫改为绾髻，盘在头顶，外包扎染或蜡染的蓝布帕，缠素色布条。凤羽、邓川、洱源的姑娘喜戴“凤凰帕”；有的地方则头包花毛巾或只将辫子盘头上，再缠一束红头绳；有的地方头饰为“一块瓦”；有的地方头上用多块头布相叠覆盖，最外面的一块布上绣白族人民喜欢的图案。再外缠多种颜色的头绳，格外美观。城镇居民多穿汉族服装，青年人爱着时装。

白族住房建筑形式，坝区多为“长三间”，衬以厨房、畜厩和有场院的茅草房，或“一正两耳”“三房一照壁”“四合五天井”的瓦房，卧室、厨房、畜厩俱各分开。山区多为上楼下厩的草房、“闪片”房、篾笆房或“木垛房”，炊爨和睡觉的地方常连在一起。

白族青年男女的恋爱活动比较自由，他们通常利用劳动、赶集、节日活动及赶庙会的机会谈情说爱，通过山歌试探对方，抒发感情，寻觅自己的意中人。当白族青年男子向姑娘求婚时，姑娘如同意，要向男方送粑粑；婚礼时新娘要下厨房制作“鱼羹”；婚后第一个中秋节新娘要做大面糕，并以此表现新娘的烹调技艺。婚礼时讲究先上茶点，后摆四四如意（即四碟、四盘、四盆、四碗）席。

白族家里的女孩长到十五六岁以后，家长大多要在住宅旁为她建盖一间小木屋让她居住。晚上，小伙子们便结伴到姑娘的小房里去拜访姑娘，在小木屋里，他们或弹口弦唱调子，或低声细语，互诉衷情。直到金鸡啼鸣，小伙子们才与姑娘依依惜别。如两情相投，即可私订终身，父母一般不予干涉。

水城县

野钟乡

野钟乡境内一山上有一深洞，长年滴水，凝结为钟乳石，形态如钟，洁白如玉，人称“玉钟”。当地方言“玉”“野”谐音，“玉钟”即“野钟”，野钟乡由此得名。相传，一旦有重大变故发生，该钟则会自鸣，且声音洪亮，十几千米之外仍能听见，大地因鸣声共振引起地面颤动。

野钟乡，全称为野钟苗族彝族布依族乡，位于水城县东南部，北盘江北岸，东面与果布戛乡毗邻，南与顺场乡隔江相望，西与杨梅乡相交，北与米萝乡接壤。辖贵坪村、响石、常明、野钟、锌铅、新发和发射等7个村，79个村民组，4999户，20600人，其中有汉、彝、苗、布依、仡佬、白等13个民族，少数民族人口占全乡总人口的85%，民族民间文化底蕴丰富。

北盘江野钟大峡谷

北盘江野钟大峡谷，位于六盘水市水城县东南部野钟乡境内，全长16千米，高100～1400米，平均宽度60米。

从野钟渡口乘船沿北盘江逆流而上，峡谷谷深幽幽、山峰峻峭、奇山秀水、绝壁怪石，仿佛置身于世外桃源。站在谷底仰望，虽然看不到广阔的天空，但能真切地看到云峰缠绕山头的壮丽景观，感受到这里的原始、神秘和险峻。峡谷两侧的高山陡峰更是壮观，山头被千百种植物覆盖，层林尽染、花红草绿、郁郁葱葱。

沿着蜿蜒曲折的山路进入一片连绵不绝的峡谷，湍急的江水从峡谷中流过，峡谷两面沟壑纵横，古木参天，林木葱郁，是贵州省黑叶猴保护区。这里气候舒适、空气清新，是得天独厚的“天然氧吧”。据了解，峡谷内有国家一级珍稀保护动物黑叶猴 258 只，峡谷内还有国家二级珍稀保护动物猕猴、穿山甲、灵猫、白腹锦鸡、斑羚（俗称岩羊）等国家珍稀保护动物。峡谷内有明清时期古铅锌矿开采遗址——大猴洞、二猴洞、三猴洞、藤桥洞、古采矿栈道、大楼梯、卖水坝、将军台、菩萨塑像，以及自明朝以来，各个时期的各种冶炼遗址，包括近代的马鞍炉、爬坡炉、马槽炉，其散布在宽 400 米、长 12 千米的峡谷第二台阶上，峡谷第二级台阶上的悬崖上端还留有十几处旧时躲兵洞。

布依族民族风情

野钟大峡谷沿岸居住着许多少数民族，多数是布依族，峡谷有六盘水迄今为止保存得最好的布依村寨河营。此外还有苗族和彝族等少数民族，这里民风淳朴，历史悠久，民俗旅游是野钟大峡谷旅游的一大特色。

布依族是古代百越的一支，如今布依族人还保留着一些古代越人的风俗习惯，如居住干栏式房屋、敲击铜鼓等。也有人认为，西汉时的夜郎国，与今布依族有渊源关系。以前，布依族人自称为“布依”“布越”；新中国成立后，布依族人根据本民族的共同自称，统一用“布依”作为民族名称。

布依族节日

每年农历正月初一至二十一，是布依族的跳花会。节日这天，小女娃们都穿着艳丽的花边衣服，锁着极好看的盘花纽扣；小伙子们穿着对襟衫，系着留须的腰带，吹着木叶一个个满面春风。阿妹们为小伙子们牵着马，从五村八寨，从那看不见的半山腰，赶到跳花会地点，到处是人喊马嘶，笑语喧哗，少说也有几千人。

牛皮大鼓迅雷般地响震空谷，时快时慢，时抑时扬，加上铿锵的饶钹声，令人陶醉！场上，男女青年这一群、那一堆，翩翩起舞，唱着古老的歌，歌声美妙，舞步轻盈。河岸边吹"嘞友"、弹月琴或吹木叶的青年们，正在谈情说爱，一双双河水般明亮深情的眼睛，向对方表示着热烈的爱情。紧靠着桐林边，搭着一个台子，在表演精彩的布依戏，整个草坪上充满着欢快、愉悦的气氛。

在跳花会草坝上，小伙子和姑娘播种了爱情，二十二日是"牵羊"日，意思是订婚约，青年人要把"羊"牵回家去（把姑娘带回去相亲），顺便让姑娘看看男方的家境，以决定自己的终身大事。可是，害羞的姑娘们哪里肯跨进对象家的门槛？只不过在寨子后面的山头上或丛林里，偷偷地看一看对象家坐落何方。

"六月六"是布依族人民的传统佳节，节日来临，各村寨都要杀鸡宰猪，用白纸做成三角形的小旗，沾上鸡血或猪血，插在庄稼地里，传说这样做"天马"（蝗虫）就不会来吃庄稼。节日的早晨，由本村寨几位德高望重的老人，率领青壮年举行传统的祭盆古、扫寨赶"鬼"的活动。除参加祭祀的人外，其余男女老少，按布依族的习惯，都要穿上民族服装，带着糯米饭、鸡鸭鱼肉和水酒，到寨外山坡上"躲山"回避。夕阳西斜时，"躲山"的群众一家一户席地而坐，揭开饭箩，取出香喷喷的美酒和饭菜，互相邀请做客。一直等到祭山神处响起"分肉了！分肉了"的喊声，人们才选出身强力壮的人，分成四组，到祭山神处抬回 4 只牛腿，其余的人，相携回到家中，随后各家派人到寨里领取祭山神的牛肉。

节日娱乐活动，以丢花包最为有趣。花包是用各种彩色花布做成形似枕头，内装米糠、小豆或棉花籽。花包的边沿缀有花边和"要须"。丢花包时，男女青年各站一边，相距数米，互相投掷。其方法有右侧掷、左侧掷和过顶掷，但不准横掷。要求甩得远，掷得快，接得牢。花包在空中飞来飞去，煞是好看。如果小伙子将花包向自己心爱的人投掷，没有过肩，包就落地，姑娘就向对方送一件礼物，如项圈、戒指、手镯等物，所送之物，被视为爱情的信物，小伙子将长期保存。

布依族婚俗

布依族的婚姻是一夫一妻制。同宗或同姓严禁通婚，也保有"姑舅表婚"和"兄终弟及"的转房制习俗。男女青年婚前恋爱自由，当一个男子看上某一个姑娘时，按照传统，必须找第三者做伴，有的则由自己的姐嫂出面介绍。如女方有此意思，即可单独相约到幽静处进一步对唱山歌，表达情感，直到双方互赠信物，就表明他俩已盟誓终身了。

订婚时，由男方父母托媒去女家，并送一定的酒、肉、粑粑一类的礼品。如对方家里同意，第二次媒人则要将男女双方的八字互为效验，只要八字相符，则可择定结婚日期。

布依族送彩礼的数额，特别讲究“六”或“双”数，据说是取“六”即“禄”的谐音，以表示婚后“双双有禄必有福”之意。结婚时，新郎不迎亲，只请几个相好的男女青年代为相迎。新娘一般都是撑伞步行至男家，个别也有骑马或坐花轿的。结婚当天新婚夫妇不同房，次日即返娘家，有的要两三年甚至五六年后才回住夫家。

布依族饮食

布依族喜欢用一种专门的炊具“甑子”蒸米成饭，普遍喜食糯米，冷菜、“青苔冻肉”“拌豌豆凉粉”等，是布依人喜欢的食品。酸菜和酸汤几乎每餐必备，尤以妇女最喜食用。大部分布依族都善制作咸菜、腌肉和豆豉，民间特有的腌菜“盐酸”驰名中外。荤菜中，狗肉、狗灌肠和牛肉汤锅为上肴。在宰猪时，布依族习惯在血盆中先放一些盐，然后与猪血一起搅动，凝固后把葱花、佐料和肉末下水烧汤，与猪血一起煮，称为“活血”，作为待客的最好菜肴。

酒在布依族日常生活中占有很重要的位置。每年秋收之后，家家都要酿制大量的米酒储存起来，以备常年饮用。布依族喜欢以酒待客，不管来客酒量如何，只要客至，都以酒为先，名为“迎客酒”。饮酒时不用杯而用碗，并要行令猜拳、唱歌。布依族传统小吃很多，善做米线、饵块、豌豆粉、米凉糕等。很多布依族都用枫香叶等各种植物色素，把糯米染成五颜六色，做花糯米饭招待客人或分送给亲朋好友。

布依族建筑

布依族喜欢依山傍水聚族而居，一般是十几户或几十户为一寨，也有上百户至几百户的。布依族的居房称之为“吊脚楼”，是用木头作主结构，干栏式3间3层竹木结构。底层不砌墙，用木料作栏栅，关牲畜，中层用凤尾竹编扎四周，用以住人，上层堆放杂物。屋侧用毛竹搭一阳台，直通楼面，可乘凉、晒物。

布依族建造房屋有很多讲究。首先要请阴阳先生看“风水”，不仅要背靠青山，而且要面朝碧峰。起房造屋要选吉日，吉日前一个月请木匠破料做房架，竖房架的吉日要供祭鲁班师傅。房架竖好，岳父家送来大梁，大梁上拴有红绸扎的大花朵，并有乐队和舞狮队鸣鞭炮伴送。上梁时又要举行歌舞祭礼和宴饮。最后是接祖宗牌位和灶神（炭火）到新居。建新房的整个过程，布依族村寨里都充满喜庆与互助的气氛。

布依族其他风俗

布依族的文化艺术绚丽多彩。

传统舞蹈有《铜鼓舞》《织布舞》《狮子舞》《糖包舞》等，传统乐器有唢呐、月琴、洞箫、木叶、笛子等。其中，地戏和花灯剧是布依族人喜爱的剧种。

布依族男女多喜欢穿蓝、青、黑、白等布色服装。青壮年男子多包头巾，穿对襟短衣（或大襟长衫）、长裤，老年人大多穿对襟短衣或长衫。妇女的服饰各地不一，有的穿右衽大襟衣，着长裤或褶子裙，戴银质手镯、耳环、项圈等首饰；有的喜欢在衣服上绣花；有的喜欢用白毛巾包头。

布依族姑娘从小就有制作蜡染的灵气，她们所穿的服装大都是亲手缝制，合身得体，古朴典雅。布依族自己纺织的布依土布久负盛名。近年来，专门生产布依织锦、蜡染布和民族工艺服装的企业相继建立，产品远销东南亚、日本和欧美等地。

钟山区

月照
彝族回族苗族乡

月照，一个充满诗情画意的词汇，用于地方称谓，足以说明那里的美丽。

月照彝族回族苗族乡，位于六盘水市钟山区东北部，因境内奢都寨发拉戛大山顶有圆孔硕大，如明月当空，普照大地，因此得名。

月照乡面积49.9平方千米，全乡境内，山峰奇特，溶洞遍布，丛林茂密，植被完好，风景优美，山清水秀，景点如线贯珠，是旅游和度假的好地方。

上花水与下花水

沿着蜿蜒曲折的水城河前行，到金竹林边，汇入另一条河，名叫响水河，当地人称之为“上花水”。梅雨时节，泉盈溪满，河水喧嚣汹涌，从落差二十余丈的阶梯型河床上，以席卷千钧之势飞流而下，如万马奔腾，响声震天。水至下游，气势不减，回旋翻滚，涛声不绝，水雾成帘，浪花扬雪。这便是下花水，响水河也是因为下花水喧天的水声而得名的。

落水河流域风光

在响水河与干河沟的交接处，峰拔峦起，气势雄伟，悬崖峭壁，怪石嶙峋。山顶平而圆，中开一洞，登顶远眺，四野绿竹荫翳，村落星星点点。其中一小村名曰小屯，置于陡岩之上，四围峭壁，独北面缓坡，有小径出入，地势险要，易守难攻，为古代军事要地。岩顶有洞，洞深可达屯脚河底，洞内平且宽敞，可容纳数千人。洞内有水，纵然被围困，也不会缺水。现在洞口还留存有垒石、护墙、哨卡、岗亭等遗迹。

由小屯沿着干河沟而下，是一条古驿道，保存完好。随路而行，正是：一水西来，两岸村庄，三面悬洞，四山葱绿。身临其境，使人心旷神怡，乐而忘返。跨河过桥，便是一个三岔口，往东北山口望去，绝壁满目，偏东的发拉戛大山顶上，一巨圆孔透亮悬空，犹如明月当空，诗情画意，妙不可言。

往东南渐进，两岸连山，中开一带形土冲，就是闻名遐迩的跳花坡。过去荒无人烟，威、水、赫、纳一带的苗民，一年一度跳花节，都要来此聚会。顺山而进，山水竹木，俊秀葱郁，古柏苍松，香樟梧桐，柔柳嫩竹，满目清新。峭壁东侧有一巨石柱，高100多米，20余人牵手可围，当地人叫它独山。独山之顶茂林参天，由远望去，恰是一笔通天，文人墨客到此多有感叹：“有文笔通天，何不立写天书！”其实，独山不独，四周峭壁高耸，怪石峥嵘，有如龙虎相争，有似双雀渡石。“织女抛梭”，神气活现；“仙女散花”，形态逼真；“嫦娥奔月”，飞姿袅娜，“西施浣纱”，眸盼若水……

椒子屯遗迹

北望——绝壁无涯，万山重叠，真有“关山极目杳苍苍”的感叹。一条大河将高峰切割成二，沿岸树木繁茂，一片紫绿黄红。不远处有一大堤，将河水拦腰斩断，形成了人造湖。堤坝西端，四面绝壁，三面临水，椅子形的平顶，高峰入云。南端峭壁林立，半空高悬，方口巨洞，这就是历史上有名的椒子（又称交趾）屯，当地人称“安家大屯”。据《水城厅采访册》载：康熙三年（1664年），吴三桂兵剿水西，安坤曾在此屯兵扼守抗击，后兵败退至此屯，被吴三桂围困半月，屯上水尽粮绝，兵士用土布搓绳从绝壁下往河里，取水止渴。屯后空悬的方洞，相传当时安坤就住在洞内。1958 年，有村民为找硝，用粗棕绳拴在大树根上，攀援入洞，出来描述：洞深百丈，未探尽头。洞内宽平，旁洞多如房间，以岩石相隔，里面柴灰盈尺，残留有稻草、竹丝等，还有石磨（古时磨面用具）。

野姑洞传说

清咸丰年间，苗女何仙姑聚众反叛清廷，曾在此策划起义。附近野姑洞（又叫大硝洞）宽敞高大，可容纳数万人，两面穿通，通光透亮。传说当年，野姑洞就成了义军的练兵场，曾聚众 40 余万（含威、水、纳、赫、织、郎等县义军），波及贵州全省。通过二塘战役、扒瓦战役，连败清军，同广西洪秀全的义军遥相呼应，震撼全国。

月照彝族回族苗族乡，是钟山区唯一的少数民族乡，这里的各民族群众和睦相处，民族风情浓郁，民风淳朴。

彝族的大年

彝族大年，源于彝族的十月历。

十月太阳历是彝族先民创制的一种历法，这种历法一年只有 10 个月，每月 36 天，另外有 5 天~6 天的时间是过年的日期。十月历用大寒和大暑这两个元日，来反映季节变化的规律。一些专家认为，当北斗星的斗柄上指时，就是大暑，为火把节；斗柄下指时，则是大寒，为彝族年。

彝族大年这天，彝家阿儒阿麦们穿上漂亮的节日盛装，跳起欢快的舞蹈，抒情的歌声伴随着二胡、木叶，悠扬婉转，流畅动听。在热烈欢快的敬酒声中，彝家的竹筒米酒，醇香甘甜，让人回味无穷，情至浓处，酒不醉人人自醉！

长街宴是彝族的一种传统习俗，每到火把节或彝族年来临，彝族人会在村寨里摆上酒席，一起欢度节日。在摆酒庆祝时，数张桌子排在一起，恰似一条长龙，“长街宴”也因此而得名。而且，彝族的长街宴，均是地道的彝族特色美食，风味独特。当长街宴进行到后半段的时候，随着夜幕的降临，火把广场的歌舞晚会也将拉开帷幕，游客可以边吃美食边欣赏节目。歌舞晚会的节目均是精心编排，具有浓郁的彝族风格。届时，火把广场还将燃起篝火，彝家人将跳起彝族原生态歌舞，并邀请在

场的游客一起狂欢，共同庆祝彝家人的节日。

回族的开斋节

按伊斯兰教规定，回历每年分 12 个月，单月为 30 天，双月为 29 天，每年较公历少 11 天，3 年相差 1 月余。因此，按公历计算，伊斯兰教的节日并没有固定的时间。

回历每年九月为斋月，斋月期间，凡男子在 12 岁以上，女子 9 岁以上，都要把斋，只许在每天日出前和日落后进餐。老弱病残、孕妇和小孩可以不用守斋（守斋亦称封斋或把斋），妇女在月经期间也可例外。在斋月里，按伊斯兰教教义要求，穆斯林要做到静性寡欲，白天戒绝饮食，即使是不守斋的，也要尽力节制自己的食欲，决不允许在公共场所吃喝。斋月的开始和结束，均以见新月为准。

一个月的封斋完成后，于伊斯兰教教历的十月初开斋，故称开斋节。届时要欢庆 3 天，家家宰牛、羊等招待亲友庆贺，并要做油香、馓子、油馃等多达二三十种节日食品。

开斋节是一个规模盛大、礼仪隆重的节日。在开斋节前夕，首先要做好扫尘、理发等清洁工作。这天，家家户户都要早早起来，打扫院内院外卫生，成年人个个都要沐浴净身，小孩子也要把脸洗得干干净净，头发梳得光光亮亮的，男女老少都换上自己喜爱的新衣服。回族群众聚会和活动的场所——清真寺，节日里也被打扫得干干净净，有的地方还专门布置一番，悬挂“庆祝开斋节”的巨幅横标和彩灯。早晨，有的地方以敲响会礼钟声为准，回族群众个个腋下夹个毯子和小拜毡，从四面八方汇集到清真寺。如因参加会礼的回民人多，清真寺容纳不下，就另选择一个地势平坦、宽敞干净的场地代替。当阿訇宣布会礼开始，回族群众铺下毯子或小拜毡，脱下鞋子，老老少少自动向西方跪成整齐的行列，向圣地麦加古寺克尔白方向叩拜。礼拜后，回族群众齐向阿訇道安，接着全体互说“色俩目”（和平、平安、安宁）问候。整个会礼结束后，由阿訇带领游祖坟、念锁儿（古兰经选读），追悼亡人。然后恭贺节日，串亲访友。

开斋节中，家家户户炸馓子、油香、馃馃、花花等富有民族风味的传统食品，同时，还宰鸡、兔、羊，

做凉粉、烩菜等,互送亲友邻居,互相拜节问候。

苗族传统节日"跳花节"

每年的农历四月初八,是苗族传统节日"跳花节"。这天,苗家小伙、姑娘们都要穿着盛装,背上芦笙,拿起箫笛,带着各色糯米饭和其他食品,互相邀约,成群结队,齐聚自然风光旖旎、民族风情浓郁的月照乡,吹起悠扬的芦笙,唱起清脆的飞歌,跳起灵动的花场舞,欢天喜地庆祝佳节。

相传,苗族的"四月八"源于苗家对故乡"格洛格桑"(苗族传说中对贵州一带的称呼)的思念,以及对为保卫家园而牺牲的古代苗族英雄的敬仰和怀念,辈辈相传而成习俗,"四月八"也就成了苗族的祭祖节、英雄节和联欢节。

苗家盛典,自然少不了独具风情的民族歌舞,而这些歌舞都是与苗族自己的历史渊源密不可分的。苗族大迁徙舞,便将苗家迁徙的历史画面,淋漓尽致地重现在观众眼前——鼓点急促,号角呜咽,苗家儿女拿起弓箭,勇往直前,历尽沧桑终于找到美丽家园。而后乐声渐缓,芦笙悠扬,心灵手巧的苗家姑娘们,终于安顿了生活,于吊脚楼前做起了刺绣……

还有花场舞、锦鸡舞、生态鼓舞、芦笙舞、苗族口弦合奏、苗族飞歌等都绚丽多彩,精彩纷呈,引得围观人群赞叹不已,四周观众们喝彩不断。"四月八"的节庆活动中,苗族同胞还会向众人展示高脚竞速、押加、翻毛蛋、打鸡毛等少数民族体育运动项目,其中斗鸡、斗鸟等传统竞技活动,也深受人们喜爱。还有打糍粑、洗脚礼、刺绣、蜡染等民间习俗和手工技艺的展示,引得游人驻步,流连忘返。对于苗族同胞而言,"四月八" 不仅已经演变成了一个民族交往的喜庆集会,也是青年男女感情交流的平台,还是经济交往的市场和文艺娱乐的盛大聚会。

据了解,六盘水市钟山区于 2004 年举办了第一届"四月八"庆祝活动,之后每年举办一次,今年已经持续至第十一届。该活动旨在传承保护少数民族民间传统节日,促进民族团结进步,同时推介旅游线路,挖掘乡村旅游和民族风情,促进少数民族地区经济社会发展。

中国金州
黔西南

兴义市

万峰林街道办事处

万峰林街道办事处位于兴义市南部，距离兴义市区8千米，其东南连则戎乡、西倚敬南镇、北东抵下五屯街道办事处，占地面积50.87平方千米，耕地21569.7亩，其中水田7161亩。所辖区有纳录、鱼陇、双生、乐立、上纳灰、下纳灰、落水洞、瓮本8个村，74个村民组，4721户，19774人，境内居住着汉族、布依族、苗族、彝族等多个民族，居住的主体少数民族是布依族。

兴义位于黔、滇、桂三省区结合部，喀斯特地形地貌典型突出，形成了独特的锥状喀斯特地质景观。在360多年前，明代地理学家、旅行家徐霞客就曾到过万峰林，赞叹这片连接广西、云南的峰林："磅礴数千里，为西南形胜"，相传还发出这样的赞叹："天下山峰何其多，唯有此处峰成林。"

万峰林景区距离兴义市约4.5千米，是典型的喀斯特盆谷峰林地貌，万峰林分为东、西峰林，景观各异。东峰林以巍峨的喀斯特峰丛为特征，西峰林是高原喀斯特景观。因为万峰林气势宏大壮阔，山峰密集奇特，造型和谐完美，明河暗流沟壑纵横，溶洞峰林此起彼伏，有着鬼斧神工人间仙境的韵味。

万峰林的景观因朝与夕、晴与雨、明与雾的不同也不同。晴日巍峨粗犷，雨中静中有动，雾中飘逸隐约，夜间皓月连天。在旭日东升或夕阳西下时，遥望一轮红日由峰林冉冉升起或徐徐西沉，此时的峰林沐浴在万道金光下，格外光彩照人。

东峰林和西峰林

登高远眺，万峰林景色丰富，青灰色的秀峰似林，黄绿相间的田野成片，村庄坐落其中，小河弯弯曲曲，宛如一幅浓墨重彩的山水画卷。山里人以惯有开门见山的量化思维，简称这里为“万峰林”，或更直接地以方位来分“东峰林”和“西峰林”。

东峰林山峦起伏，人烟稀至，一派原始田野景象。晴天观峰，可看“日出朝阳洒满谷”；雾中看山，则是“云霞明来或可睹”。而永恒不变的，是山环水抱中的农田。春天时那一顷绿油油，夏天收割后禾秆的土黄色，新种下嫩苗的翠绿色，焚地化肥后田块的焦褐色，也是五彩缤纷，自成一体，秋天时是一片金灿灿，冬天时则一池水泠泠。

如果说东峰林以田见长，那西峰林则以水取胜。

西峰林山脚下有一条弯弯曲曲的小溪，它从农田中缓缓由南往西而流，像一根游线，把依河而偎的几个布依族村寨像珍珠般地串连起来；也像一根晾绳，挂起了一帧奇峰似林、田坝胜锦、村落如珠、古榕若翠的巨幅画卷。泛舟河上，随着船棹慢慢划起的涟漪，两岸天然的山水画在眼前徐徐展开。这河，当地人称之为“纳灰河”。名字有点土气，一如山里人的气质，但这才使这藏在深闺人未识的“奇胜”至今仍原汁原味。万峰各异的峰林，正是以这山、这水，永远地吸引着游人的脚步。

“八卦田”传说

在纳灰寨，有一个地方叫“八卦田”，田坝中央有一处是一个道士先生的八卦罗盘，如此巨大的八卦罗盘，实为天地间的绝无仅有。

相传在很久以前，这里自然条件恶劣，洪涝灾害时有发生，山林野兽经常出没于村寨，叼走家畜和小孩的事时有发生，夜晚时分，人们纷纷闭户不敢外出，本来人烟稀少的村庄更显荒凉。

一天，一个姓李的道士云游来到万峰林。据说，这个李道士本事非同一般，寨中老幼便请他来到纳灰寨，请他看看有没有办法改变，听了老百姓

诉苦后，李道士答应为大家看一看，并在纳灰河进行踏勘。原来，纳灰河一带灾荒连年、野兽横行的原因，是这里的一个山精在兴妖作怪。这个山精在这里修行多年，当知道李道士接受了当地百姓的请求时，便对李道士说："我给你财物，你走吧，这里的事你别管，你也管不了的。"李道士不答应，于是纳灰寨前上演了一场道士与山精的斗法，斗得天昏地暗、石走沙飞。李道士凭的是法力，山精调集了山中的蛇虫野兽，双方打得难解难分。最后，李道士攀上峰林高山之巅，迎着阳光扔下八卦盘。只见八卦盘在空中翻飞，在耀眼的霞光中衍生出万物，八卦中的乾化为马匹，坤化为牛，震化为龙，巽化为鸡，坎化为猪，离化为凤凰，艮化为狗，兑化为羊。八卦中的阴阳二极化为天眼，八卦落地，迅速变大，罩住了大地，也镇住了山精。

从此，纳灰寨就龙凤呈祥，六畜兴旺，年年风调雨顺，百姓生活幸福安康。直到今天，八卦盘所落田地之处，仍呈现一幅巨型八卦图案，被冠名为"八卦田"，又称为"神州八卦"。

万峰林景区

万峰林是国家级风景名胜区马岭河峡谷的重要组成部分，由兴义市东南部成千万座奇峰组成，气势宏大壮阔，山峰密集奇特，整体造型完美，被不少专家和游人誉为"天下奇观"。万峰林旅游景区先后获得"国家重点风景名胜区""国家地质公园""全国首批农业旅游示范点""中国最美的五大峰林""国家4A级旅游风景区"等称号。该峰林被《中国国家地理》"选美中国"活动评选为"中国最美的五大峰林"中的第三名。万峰林所有高峰都是"气象山"，很有使用价值。游客们可看山识天气，方便添加衣服。

万峰林景区从海拔2000多米的兴义七捧高原边沿和万峰湖岸，黄泥河东岸成扇形展开，连绵逶迤至安龙、贞丰等地。总面积达2000平方千米，约占兴义市面积的2/3，在面积如此辽阔的风景区中，宝剑峰林、列阵峰林、罗汉峰林、群龙峰林、叠帽峰林等五大类型峰林形态各异。

宝剑峰林，挺拔险峻；列阵峰林宛如沙场秋点兵，列阵出征；罗汉峰林，排列均匀，多为草植被；群龙峰林逶迤连绵，似那群龙起舞；叠帽峰林，多系水平岩石组成，下部较缓，中部陡，顶部平，就像那头上高高的帽尖。虽然每一类都各具特色，独立成趣，但又不失与其他相辅相成，由此组成了雄奇浩瀚的岩溶景观。万峰林不在山高，却以那独特的风姿在云贵高原上跳动着，等待着八方游客的到来。

美丽乡村

2013年2月26日至28日，在万峰林景区的纳灰村举办"中国美丽乡村·万峰林峰会"，建立第一批以全国50个美丽乡村为代表的乡村发展联盟；2013年，万峰林获得"全国生态文明教育基地""贵州省生态文明教育基地"和"中国最美地质公园"称号，纳灰村被国家民委和省民委授予"民族特色村寨"称号，还被农业部、环保部、水利部及国家旅游总局、新闻出版广电总局评为"中国十大最美乡村"之一。

万峰林的地带性植被为亚热带常绿阔叶林及滇黔桂石灰岩常绿落叶林，经查资源有66科1000余种植物、天然牧草110种，形成众多农作物品种，畜禽为猪、牛、羊、鸡、鸭、鹅、兔及水产品。同时，据有关专家研究，纳灰河流域两岸山地因其地貌的特殊性，尽管经过人类多次掠夺和破坏，其残存和次生的药用植物及其他资源仍不少，有相当部分可作为兴义市的植物种子基因库与中药材基地来开发和利用。

这里是低纬度高海拔地带，属亚热带山地季风气候区，具有夏无酷暑、冬无严寒、雨热同季的特点。年均气温15℃～18℃，1月份平均气温4.5℃，7月份平均气温26.8℃，年均降水量1424毫米，无霜期达320天以上。

在上级党委、政府及行政主管部门的关怀和大力支持下,经过历届党委、政府的不懈努力,干部群众和社会各界的持续奋斗,通过大力实施退耕还林工程、农业综合开发、石漠化治理、小流域治理、珠防工程、扶贫开发和植树活动,使万峰林街道办事处林业用地面积增加到26平方千米,其中:森林面积25.45平方千米,森林覆盖率49.28%,有效遏制了石漠化扩展趋势,改善了万峰林街道办事处的自然生态环境。

一是地带性植被得到休养生息。在实施造林工程项目的同时,万峰林街道办事处干部群众积极参加沼气建设、农网改造和改进养殖技术,迅速推进气代柴、电代柴、熟改生,极大地减少薪柴消耗量,促进自然封山,仅存植物得到恢复和发展,开始展现乔灌草、乔灌群落结构,地表林草覆盖率得到提高,生态开始正向演变。

二是生物资源得到保护发展。1.原生药用植物:金银花、小花清风藤石斛、杜仲、何首乌、半夏、艾纳香能够恢复生长;2.对主要名贵树种进行挂牌保护的有金丝榔、银杏、红椿、黄角榕、大青榕、直脉榕等;3.将要绝灭的野生动物再度回归,具体有野猫、斑鸠、野兔、野鸡、猫头鹰等。

三是产业发展始见雏形。除传统种养业外,经过近20年的不断奋斗,在万峰林街道办事处形成了以花卉、园林绿化、精品水果和乡村旅游为代表的四大产业。其代表和引擎分别是黔西南州绿缘动植物科技有限公司、纳录村的泉汇园、上纳灰村的姚家湾大五星枇杷和上下纳灰村乡村旅游带。

四是科技水平不断提高。黔西南州绿缘动植物科技有限公司在纳录村大棚种植兰科花卉,集东南亚兰科花卉之大成,其名、特、优品种甚多,纳录村的泉汇园的石斛、金线莲组培种植,上纳灰村的姚家湾大五星枇杷的精细化栽培是其代表。

2013年9月,经国家林业局、教育部、共青团中央研究决定,同意授予万峰林景区"国家级生态文明教育基地"称号。同时,被全国首届中国最美地质公园评选活动组织委员会评为"中国最美地质公园"。充分体现寓体验、陶冶、教育于旅游,从而实现兴义市政府通过3至5年时间,将"万峰林峰会"打造成具有"博鳌论坛"影响力和知名度的高端品牌的目标。

兴义市

则戎乡

则戎乡位于滇、黔、桂三省(区)结合部的兴义市东南部,地处兴义、安龙二县(市)七乡镇交界处,是国家级风景名胜区马岭河峡谷天沟地缝、万峰湖下域、万峰林东西峰林四大奇特景区交汇的“金三角”地带。全乡辖 11 个行政村,134 个村民组,5619 户,22648 人,面积 108.6 平方千米,耕地 16350 亩,人均占有耕地 0.8 亩。

则戎乡属典型的喀斯特山地岩溶地区,辖区内喀斯特地貌发育完全,地形地貌特殊,耕地面积少,林地面积多,气候温和,植被完好,风光宜人,具有丰富的生态自然景观和较高开发价值的人文景观,民族风情浓厚,民族饮食独特,布依八音优雅动听。

境内生物资源种类多,林地面积大。种植有金银花、石斛、小火清风藤等中草药。具有“雄、奇、险、秀、美、幽、壮、阔”八大景观特色的万峰林(东峰林)大部分在境内,60 米宽的景峰大道已经延伸到则戎景区内,10 路公交车从兴义城区八一公园开通到则戎乡客运站(平寨村万峰第一观)。

贵州精神发源地

则戎，是贵州沙石峪，也是贵州精神的发源地。被誉为“贵州沙石峪”的则戎,是典型的喀斯特地区，生态环境十分恶劣。20 世纪 70 年代初期,为改善生存条件,解决吃饭问题,当时的则戎公社党委组织和带领全乡干部群众，开始了一场轰轰烈烈的炸石造地工程。这一壮举,使地处石山区的则戎，从此走上了战天斗地的征程，在这个历程

中，创造并发扬了“自力更生、艰苦奋斗、改天换地、自强不息”的则戎精神。

1977年3月14日，《贵州日报》以“贵州沙石峪”为题，报道了则戎人民挑战大山、自力更生改造恶劣生存环境的事迹。从此，则戎闻名省内外，“贵州沙石峪”不但成了则戎的代名词，而且成了则戎精神的代名词。在抗击特大旱灾的这场斗争中，则戎精神得到进一步升华。2010年4月4日，中共中央政治局常委、国务院总理温家宝在冷洞村考察指导抗旱救灾时说：“不怕困难、艰苦奋斗、攻坚克难、永不退缩的精神，就是贵州精神。”这种精神是无价之宝，比亿万的财富还要宝贵、还要长远。无论是抗旱救灾，还是改变贫穷落后的面貌，都需要这种精神。

风水宝地

则戎全乡三分之二以上面积是石山或半石山，平均海拔为1120米，最低海拔668.5米，最高海拔1634.3米，海拔高差近1000米；年平均气温17℃，年平均降雨量1500毫米，年平均日照时数1720小时，无霜期340天，属气候温和、雨量充沛的亚热带季风气候。

由于喀斯特地貌发育完全，则戎乡地形地貌特殊，气候温和，植被丰富，生物种类多，峰林景观独具特色，自然风光宜人，则戎乡有较高的生态旅游开发价值。旅游景点有国家级风景名胜区马岭河峡谷下段景点、万峰林东峰林、万峰湖红椿景区、吉隆堡度假村、翁布猴群生态园、洋坪天坑和观景台等。

近年来，则戎乡将生态建设与东峰林旅游发展双管齐下，走生态旅游之路。至2007年底，全乡实施了13600亩天然林保护工程和8515亩珠防工程，荒山造林2044亩，退耕还林5000亩，全乡森林覆盖率达42%。主要经济作物有油菜、芭蕉、柑橘、脐橙、椪柑、石榴、桃、李、花椒。有金银花、石斛、小花清风藤等中药材，有金丝榔、银杏、古叶榕等名贵树种，有猴子、野兔、野鸡、猫头鹰等野生动物。东峰林景区具有“雄、奇、险、秀、美、幽、阔、壮”八大景观特色。明代地理学家徐霞客，曾经描述东峰林的“丛立之峰”为“磅礴数千里，数西南奇胜”。

不少中外专家、学者和旅游家前来考察观光后，把则戎誉之为“风水宝地”。1987年，则戎被定为县级风景区，1989年升为省级，1994年升为国

家级，是兴义万峰林国家地质公园的组成部分之一，东峰林也成为拥有极大开发价值和前景的旅游资源。在进行生态建设的同时，积极引进企业开发东峰林旅游业，东峰林万峰观景台、红椿码头和吉隆堡度假村等景点的旅游势头已经形成，特别是万峰观景台布依第一家八音坐唱，已被列为国家非物质文化遗产，多次参加中央和省电视台比赛演出，深受观众喜爱，获得了巨大成功，很多中外游客慕名前来欣赏。

八音坐唱

布依族八音坐唱又叫“布依八音”，是布依族世代相传的一种民间曲艺说唱形式。所谓布依八音，是指流传于黔西南和安顺关岭、镇宁一带的传统说唱曲艺。布依八音演出队伍 8 至 14 人不等，所唱生、旦、净、丑诸戏曲，不化妆，因用牛腿骨、竹筒琴、直箫、月琴、三弦、芒锣、葫芦、短笛等 8 种乐器合奏而得名。

据史料记载，八音早在唐宋时期就流传于南北盘江的贵州兴义、安龙、册亨、望谟等布依族聚居区一带。宋人周去非在《岭外代答·平南乐》中称：“广西诸郡，人多能合乐，城郭村落，祭祀、婚嫁、丧葬，无一不用乐，虽耕田亦必口乐相之，盖日闻鼓笛声也。每岁秋成，众招乐师教习弟子，听其音韵，鄙野无足听。唯浔州平南县，系古龚州，有旧教坊，乐堪整异，时有教坊得官，乱离至平南，教土人合乐，至今能传其声。”

元明时期，八音演唱内容加入了民俗的内容，并吸收了其他戏曲的特点，大大丰富了说唱内容。到了清代，“八音以弹唱为营业之一种，所唱生、旦、净、丑诸戏曲，不化妆……”(据《清稗类钞》)至此，八音已发展成为曲艺演唱形式。据有关资料记载，明清时期，布依八音曾一度盛行。在盘江流域布依族村寨普遍开设有教乐坊“八音堂”，专门传授布依八音技艺，演出八音坐唱的八音队多时达到 300 余支。

新中国成立后，兴义市布依八音队多次应邀参加国内外演出，被誉为“盘江奇葩”“凡间绝响、天籁之音”“声音的活化石”和“南盘江畔的艺术明珠”。

万峰第一观

该景点位于则戎乡拱桥村，在任何天气下都可以观赏洋坪天坑的奇峰美景，天气晴朗则可以观奇妙的朝阳日出，还能听布依族的“八音坐唱”，吃“布依饭”，喝“便当酒”。

鸡冠休闲观峰观晚霞风光点。该景点位于则戎乡山堡村，山峰多土，峰腰有泉，是观赏西峰林和下五屯田园风光的最佳处。中科院杨冠雄教授曾在此题词：“早起东峰赏朝阳，夕阳西峰观晚霞。”其景致高雅，赏心悦目。

泡木山远眺“鸡鸣三省”观光点。该景点位于则戎乡场坝村，此山海拔1667米，是我市的“云戴帽”气象山。攀登此山可锻炼身体，可贪图山下奇丽风光，还可远眺滇黔桂宇宙峰海，峰天相连，气势磅礴，一览众山小。

玉皇顶“雾海云山观日出”风景点。该景点位于则戎乡枇杷村大花地梁子，一条独特的峰林长廊形如飞龙，起于泥凼，止于巴结箐口，长20余千米，“玉皇顶”位于长廊中部一侧，高近百米，一幅威武的玉皇像，使其平添了几分神圣与神秘。传说，玉皇大帝曾携王母、七仙女及天兵天将到此游玩，故得此名。如今，顶上遗有碓、磨和锅灶遗迹。

洋坪“天坑”东游观景点。洋坪“天坑”(洼地)早在1985年《兴黔日报》(今《贵州日报》)和《人民日报》上作“奇特天坑”的报道，尤其是干戛龙潭天坑，更引人瞩目。坑内有庞大的暗河、溶洞；坑洞外住有几十户人家，犹如世外桃源。

“双狮凼”“玉皇阁”庙宇观景点。该景点位于海子村。

翁布猴群生态保护示范园。该景点位于拱桥村，境内生态环境良好，野生动植物繁多，有国家级保护动物黑猕猴300多只，人与自然协调发展，有利于开发生态旅游项目。

五指山休闲观景点。该景点位于则戎乡长冲村。

坪寨布依风情旅游点。该景点位于坪寨村，有夫妻树、树包井、吴氏、岑氏宗祠等景点。

万峰湖

万峰湖形成后，万峰湖中的旅游精华景点，就在则戎乡长冲村东坡林(原名东瓜林)和拱桥村翁布一带。东坡林以西是高耸壮观的峰林，东坡林于中滚塘为月牙形半岛，半岛中有石林、山峰，有近20个半岛或全岛，构成石林长廊，景色钟灵毓秀。

东坡林内湖至马岭河峡谷回水处形成一个长约10千米的深港湖，两岸雄奇险幽，万层峰海深处，景观独特，山景、石景、水景相互交融，湖面碧波荡漾，烟波浩淼，岛峰交错，相得益彰，美不胜收，吸引了不少海内外游客慕名前来旅游观光，使人心旷神怡，流连忘返。地处马岭河峡谷、万峰林、万峰湖景点交汇处“金三角”地带的则戎景区，是“贵阳—黄果树—兴义—石林—昆明”珍珠旅游线路和“桂林—南宁—百色—兴义—石林—昆明”黄金旅游线上的一颗璀璨的明珠。

万峰湖美景天成，山中有水，水中有山，烟波浩渺，层峦叠嶂，鱼肥水美，是众多钓鱼者聚会的天堂，湖光山色美不胜收。它早、中、晚景致各异，还有“一日三景”的美誉。

万峰湖景区位于马岭河下游，处于云贵高原向广西过渡的南盘江大裂谷断层地带，由天生桥一级电站大坝将南盘江拦截而成，湖面面积176平方千米，蓄水102.6亿立方米，内有30多个全岛、58个半岛、82个港湾，是全国五大淡水湖之一。万峰湖景区以红椿坡阳口内湖景观为主，景观面积50平方千米。它的主要景点有红椿水上石林、马岭河坡阳入湖口、水上布依山寨等。景区气候宜人、四季可游，融山、谷、湖、林于一体，既能乘船畅游又可临湖垂钓，还能体验浓郁的民族风情，这里不但是黔、滇、桂三省(区)的水上黄金运输线，更是旅游度假的好去处。

晴隆县

碧痕镇

明代初期，晴隆县碧痕镇为安南卫在南部设置的三营五寨之一，名叫必黑寨，为陇姓土司的领地。清代曾一度在该地设营驻兵，称必黑营。该营都司忌讳“必黑”，为讨吉利，以二字谐音改名碧痕（当地人发音“黑”同“痕”），取“碧玉无痕”之意，一直沿用至今。

碧痕镇地处东经105°08′~105°13′，北纬25°42′~25°47′之间，位于晴隆县城西南面，距县城28千米，镇域东面与鸡场的廖基村和大厂镇接壤，南面紧靠大厂，北抵沙子镇，西面与普安县接壤。全镇总面积97.14平方千米，人口2.19万人，辖4个行政村，66个村民组，居住着汉、苗、黎、彝、布依、蒙古等民族。

碧痕镇地形呈“凹”字形，两边是山地，中间是坝子，境内大部分为山，海拔1200~1500米。气候温

和，光能资源较好，年均日照时数1462小时，全年总辐射量为103.26KNh/m²，雨水充沛，年平均气温14℃，总降水量在1500～1650毫米之间，无霜期约320天。境内蕴藏着丰富的煤、金、锑钛、铜、铁、氟石等矿产资源。其中煤炭远景储量1亿吨。钛储量丰富，居全省第一。三望坪草场海拔高、面积宽阔，具有得天独厚的风能资源。

歪梳苗

苗族，是一个历史悠久、古朴神秘的民族，有着多姿多彩的风俗文化，在晴隆县境内，苗族有多种，服饰虽然不同，但语言相近，并能沟通，仅音有所别，在风俗上也是大同小异。

晴隆旧时称“安南”，为夜郎国属地，这里居住着一支古老而神秘的歪梳苗。歪梳苗崇拜图腾，崇拜月亮，象征标志的木梳，造型就是蛾眉月，上有十二齿，代表月月团圆。妇女绾发髻于右耳上方，插有木梳呈上弦月状，木梳两面有日、月图案；姑娘辫发盘于头上，不带梳。妇女短衣长裙，上衣无领，襟和领成一直线，镶有彩色刺绣花纹和蜡染花纹，两袖由5至7块大小不等、花纹不同、色彩不一的布料或绸缎组成，衣脚呈条形纹路。服饰花纹图案均为花鸟，多用花、草、鸟、兽、蝶、鱼、虾；构图简单、朴素，以粗线条为主，色彩鲜明，素有“花苗”之称。歪梳苗裙子为百褶长裙，皱纹在右，腰系花带。盛装多刺绣，色彩鲜明，于节日、红白喜事、作客时穿；便装多为蜡花，于劳动时穿着。苗族男子则多为长衫大袖，以青蓝布帕缠头和束腰，歪梳苗能歌善舞，芦笙歌舞，悠扬动听，别具风味。

“打牛转场”是歪梳苗祭祀亡者极为隆重的仪式，祭祀用的木鼓是用牛皮制作而成的，苗族古老信仰认为：“祭祀亡者，芦笙一吹，三棒木鼓，祖先的灵魂就会归祖。”歪梳苗家最神秘的日子就是“吃牯藏节”，汉人叫“打牛转场”。“吃牯藏”的节日核心，集中在以牛和鼓相关联的一系列宗教礼祭，是血缘的纽带和象征。

碧痕镇新坪村主要居住的就是歪梳苗，他们热情好客，每当客人来到苗寨，苗家儿女穿着节日盛装，一边吹着芦笙跳起舞，唱着苗语的迎客歌；一边端着香甜的米酒，迎候在寨门边，欢迎宾客的到来。

绣花节

“绣花节”是当地苗族同胞近年来创新的一个节庆，十里八乡的数千各族群众都会赶来参与，共同祈求来年风调雨顺、五谷丰登。

每年的正月初八，晴隆县碧痕镇新坪村民族组的文化广场上，鼓笙齐鸣，苗族男女穿上节日盛装，载歌载舞，祈福欢庆一年一度的苗族“绣花节”。

“绣花节”源于苗族的一个传统习俗，“绣花”原为当地苗族妇女在农历正月初一至十五的一项自娱自乐的手工活。但这一时间段，因苗族忌讳在家里做刺绣，所以妇女们只能到房前屋后、山上树下去“绣花”。大家都围在一起绣花，除了绣花还唱歌、跳舞，后来就发展为今天的苗族“绣花节”。

苗绣被认为是最精美的刺绣艺术品，绣品的构思奇巧，工艺精湛，形象丰富，富有个性。“绣花节”当天，苗家儿女都会聚集一堂，载歌载舞，以丰富多彩的文艺节目，表达内心的喜悦和对美好生活的向往，如今已成为当地集民俗、音乐、舞蹈、服饰等多项表演为一体的节庆，是当地苗族群众最喜爱的文化娱乐活动之一。

苗族姑娘一般从五六岁就开始学绣花，能绣一手好花的姑娘，在苗族地区是最受称赞的。妇女们的衣着艳丽，衣为无领襟，刺绣花边约 2 寸，托肩及袖臂皆绣有宽花边，袖肘部分则为蜡染。下身穿布裤，外面套裙，裙腰为宽白褶，蜡染花，围腰全绣有花。当芦笙吹起，姑娘和小伙们立即就跳起舞来，艳丽的服饰随着舞姿的摇曳显得更好看。“绣花节”中最隆重的仪式是祭祀，在苗族舞者的带领下，大伙向花杆、芦笙敬礼，并敬献米酒。小伙子们在花杆和芦笙前，围绕牛皮鼓吹起芦笙，跳起祭祀舞；时而敲起牛皮鼓，时而吹起芦笙调，跳起祈福舞、翘脚舞和板凳舞，将热情好客、淳朴喜庆的苗族风俗展现无遗。祭祀结束后，苗族同胞们就会将自己精心准备的节目为大家呈现，欢庆过后，如有远方的客人要走，苗家儿女都会热情相送，为客人送上最真挚的祝福。

近年来，晴隆县城乡的各民族群众，积极参与各种文体活动，倾情演绎，激情不断地拉开了文化传播、文化繁荣的序幕。真正办成“让群众参与群

众演，群众演给群众看”的文化盛会，也成了广大城乡群众期盼的文化演出模式，逐步成为全县人民享受文化精神的乐园，强劲推动了晴隆县文化大发展大繁荣的局面。

新坪村民族组举办的苗族“绣花节”暨文艺演出活动，具有民族独特性和时代性，表演的多是群众喜闻乐见的民间歌曲、民族舞蹈、现代舞蹈等，受到各民族群众的广泛欢迎。精心设计的民族特色文化大餐，不但让广大群众从中受惠，也为各代表队展示自己的形象营造了一个很好的平台。苗族同胞在春节期间欢聚一堂，载歌载舞地欢庆传统节日，歌颂和谐美好生活。文艺节目演出活动结束后，来自十里八乡的各族群众还沉浸在喜庆洋洋的欢笑中，久久不愿离去。

鼓文化

鼓文化是苗族文化系统的一个重要组成要素，它对这一族群的生存与发展起着至关重要的作用，它在苗族文化系统中的地位和价值以及作为一种古老的文化现象在苗族民间社会中得以传承，现已经成了一种艺术载体，阵鼓催兵、农夫插秧、挖园种菜、美女梳妆、巧妇织绵等苗族鼓舞的表演，都离不开木鼓。

在黔西南州晴隆县境内苗族（俗称歪梳苗）村寨流传着一种最古老的鼓——木鼓。鼓为长圆形，圆木制成，直径 1.2～1.5 米，鼓身长 3 米，两端蒙以牛皮，使用时将鼓横置鼓架上。鼓手多由村寨中有威望的老年男子担任，舞者也是男子。舞时由鼓手 1 人或 1 人双手持鼓槌敲击鼓面、鼓边，众人环绕而舞，舞姿雄健有力，舞者双臂自然下垂，肩部有力地摆动，顺手顺脚地跳跃，形成独特的风格。

在以前，木鼓并不是乐器，而是一种祭器，是用来祭祀的，祈求山寨五谷丰登，人畜兴旺。苗族鼓舞中有的只跳木鼓舞，有的鼓舞、芦笙舞都跳，在晴隆境内的苗族既跳鼓舞，又跳芦笙舞。如果是在祭祀，整个过程中都离不开鼓，以鼓开始，用鼓把祭祀活动推向高潮，最后又以鼓仪宣告活动结束。

如今，木鼓更多地成为了苗族民间节日娱乐性活动的乐器，在晴隆县碧痕镇新坪村，每年正月初八举行的重大活动苗族“绣花节”上，男女老少围绕木鼓，载歌载舞，欢庆传统佳节，歌颂和谐美好生活。

苗族古老信仰认为，祭祀亡者，芦笙一吹，三棒木鼓，祖先的灵魂就会归祖。木鼓作为族群的象征，以敲木鼓、跳木鼓为核心的祭祀活动充满着强烈的祖先崇拜、自然崇拜的寓意，具有鲜明的原始文化的特征。木鼓舞潇洒刚劲，激情豪迈，热情奔放，表现了苗族人民顽强的气质和坚强的生命力，苗族人以此来传播他们的文明，是苗族文化活动的精华和活化石，是民族文化的一朵奇葩。

碧痕镇新坪村苗族文化绣花节历史悠久，苗族同胞自己编创的《绣花主题歌》《苗寨好风光》《苗寨欢歌》和《月光下的凤尾竹》等舞蹈，均以热情豪放的节奏，彰显出苗族古朴独特的民族风情。而这些舞蹈的节奏，又都是靠着舞者对苗族木鼓的击打，把自己的喜怒哀乐的情绪，通过鼓点节奏的不同变化传递给人们。

苗族木鼓伴随苗族人民生活的沿革与变迁，如同歌舞伴随着苗族人民发展的历史，生动地以音乐和舞蹈的形式，反映出苗族人民的生活。苗族的歌舞，最富有山野味，古朴、粗犷的风格，最能表达他们真挚、淳朴的思想情操，也最能使人感受到民间艺术的真、善、美。苗族文化有着无穷的魅力，种类繁多的舞蹈充分展现了苗族的历史和艺术，将这块土地上的文化弘扬和展示出来。

晴隆县

莲城镇

莲城镇属晴隆县辖镇，在县境中部，面积71平方千米，人口2.7万，辖8个居委会，15个村委会，居住着壮、汉、苗、瑶、彝、回、蒙古7个民族，共24683户87355人。因该镇以群山环抱，镇区建于九山八凹之中，山形状似莲花瓣，城池宛若莲蕊，故名莲城。

城西南320国道著名的二十四道拐，地势险要，被列为全国重点文物保护单位。

抗战公路——二十四道拐

世界公路奇观、抗战史上最伟大的弯道——二十四道拐抗战公路关隘，在晴隆县城西南1千米，是史迪威公路的标识路段，起点于大水沟，盘旋于晴隆山脉和磨盘山之间的斜坡上。

二十四道拐公路设计精巧，从晴隆山山脚的大水沟至鸦关关口，直线距离约350米，垂直高度约266米，在60度的斜坡上以"S"形顺山势而建，蜿蜒盘旋至关口，全程约4千米，共有24道拐，故称二十四道拐，堪为险峻公路建设史上的杰出典范。从关下仰望，如巨龙欲飞；在关上俯瞰，似蛟龙逍游下山。在晴隆山观景台看二十四道拐，若是有雾，一层薄雾在山腰飘浮，二十四道拐像一条巨龙在雾中舞动，奇妙无穷，给人震撼之感。

古代二十四道拐关隘叫鸦关，是入滇的必经之地。鸦关，一夫当关、万夫莫开，战略位置极其重要，是历代兵家必争之地。鸦关之雄险，明清有诗吟诵："鸟道从空辟，云程接汉通。投林警犬吠，入夜照途穷。著树花成冻，连村火失红。杖游梅岭上，日晡诗难工""列戟峰高俯万山，云空叶积马蹄艰。一为行省衣冠地，便是雄图锁钥关。使者衔恩通北道，中郎飞檄定群蛮。弃缟叱驭无人说，何用长缨过此间。"

从前，这里是蜿蜒的古驿道，大树参天。相传，东汉名将寿亭候马援佐南征行于此地，时值烈日炎炎，人困马乏，口干舌燥，战马以蹄刮土，涌出一股清泉，饮之，人马渴解。后来在涌泉旁边建一庙宇，称"涌泉寺"，外设茶亭，供路人游人小憩。寺内供奉寿亭候像，像下有饮马池，前贤撰有碑记题曰："甘泉。"寺旁山麓石上刻"甘泉胜迹""云陵山色"和"鸟道千重"等摩崖石刻。

二十四道拐抗战公路由贵州省路政局（局长马怀冲，字明亮，晴隆人）于1928年1月，派贾善祥带队由黄果树至盘县初勘。之后，又派工程师周岳山领队复勘设计，并动工修建。工程异常艰险，用手锤、钢钎、钻子开山凿石，由于工具十分简陋，时值兵荒马乱的战争年月，其间二十四道拐公路修修停停、停停修修，直至1936年9月才竣工通车。

抗战期间，日军封锁了我国的海空运输线，滇黔公路成为国际援华物资的唯一运输通道，被称作"中国抗战的生命线"。二十四道拐公路是这条运输线上的必经险关，弯急路窄，经常堵车，车祸频发。为保障中国和美军每天3千多辆运输车在3个月内将45万吨国际援华物资顺利运到抗战前线，美国盟军中国战区司令部陆军战时生产服务部驻晴隆办事处成立了"公路改善工程队"，由美军工兵技

术人员设计，美军驻沙子岭蒋坝营（吴家大院）“1880”工兵营，于1942年会同晴隆县各族千余民工，对二十四道拐公路进行改弯、拓宽路面、加固路基等项工程改造。晴隆民工自带粮食、饮具，露宿于荒山野岭，用手锤、钻子日夜施工。二十四道拐公路改造竣工后，保障了45万吨国际援华抗战物资顺利运到抗战前线，为抗日战争的胜利做出了极其重要的历史贡献。改造后的二十四道拐公路，是中美人民在第二反法西斯战争中并肩作战的象征，成为中美人民世代友好往来的桥梁。

2006年5月25日，经国务院批准，二十四道拐被列为全国重点文物保护单位，也成了著名的旅游景点。国内外游客纷至沓来，饱览二十四道拐奇观。

近年来，在二十四道拐隆重举行过纪念抗日战争暨反法西斯战争胜利60周年“重走抗战路”、第二届“泛珠三角”汽车集结赛（贵州分站暨首届“史迪威”公路贵州晴隆段二十四道拐汽车爬坡赛）和中国首届“史迪威公路”晴隆二十四道拐汽车爬坡赛等多项重大活动，中央电视台国际新闻频道和贵州电视台等多家媒体相继作了宣传报道。2007年8月25日，又有中央电视台、北京电视台、天津电视台、重庆电视台、贵州电视台、云南电视台、福建东南台、浙江电视台、河北电视台、山东电视台、南京电视台、香港美洲卫视和阳光卫视等18家主流电视台“聚集”二十四道拐。目前，晴隆县正在积极做好有关二十四道拐的资料准备，向联合国教科文组织申报世界文化遗产，恢复涌泉寺、饮马池等景点，将二十四道拐打造成国内外知名的旅游胜地。

盘江铁索桥

盘江铁索桥位于安顺市关岭、晴隆二县交界的北盘江渡口，东西两岸相距约80米，水流急湍，两峰夹峙，一水中绝，断崖千尺，壁立如削，是古代由黔入滇的必经之处。

明崇祯四年（1631年），贵州按察使朱家民倡议建铁索桥，冶大铁链数十条贯于两岸岩石间。其上横铺木板两层，厚约27厘米，阔约3米。两边架设高约3米的网状链条护栏，桥头附有方便行旅休憩、避雨的楼堞设施。据徐霞客现场观察，该桥“望之缥缈，然践之则屹然不动。日过牛马百群，皆负重而趋”。清代曾多次修建，在河岸叠以大木，镇以巨石，参差使成拱状，将链板牢牢托住，并附有盾栏、版屋。由是行人可鱼贯而越，较前又胜一筹。两岸古树苍劲，碑石兀立，琳宫缥缈，辉煌掩映。前人视为“千寻金锁横银汉，百尺丹楼跨彩凤”的黔中胜迹。

明万历三十一年（1603年），贵州布政使安徽泾县人赵健就曾在北盘江上架设过浮桥。明朝天启年间,在四川和贵州发生了奢明、安邦彦叛乱。天启二年(1622 年),水西安邦彦叛军攻陷贵阳以西数千里地方,并围困贵阳达 10 个月之久。盘江地势险要,为历代兵家必争之地。安邦彦叛乱后,云贵土酋尽反。沙国珍、罗应魁等攻陷安南(今晴隆)等 16 卫,阻断盘江,进出云南的路断掉。时任贵州安普监军副使的朱家民(云南曲靖人),奉命与参将许成名(贵阳人)率兵千余出征,平复了盘江以外与安邦彦相呼应的叛乱,并筑城戍守,滇黔道途晏然。但北盘江两崖壁立,一水中流,水深无底,湍急迅悍,舟济者多陷,阻断交通。为了便利云南贵州的交通,保证军秣粮草的运送,他便下决心仿照澜沧江之铁索桥在北盘江上修建铁索桥。

天启六年(1626 年),朱家民倡修盘江铁索桥,亲自捐资和募银万两,亲任主持人,许成名任监修人,安普游击李芳先(今重庆长寿人)任设计。桥肇工于明崇祯元年(1628 年),竣工于三年(1630 年)。桥长 30 丈,高 30 丈,宽 8 尺。桥两岸立铁柱,冶炼青铁为扣,联扣为索,纽铁索 36 根于柱,再系于两岸岩石洞中。索上横木为桥板,两旁护以铁栏。桥两头各有石狮一对,高三四尺,桥栏的铁链都穿过石狮嘴,固定护栏。桥头建楼保护,建月城警卫,立有牌坊、碑刻。桥西岸建大愿寺,内有临江楼,登楼远眺,铁桥跨虹,万峰拱卫,蔚为壮观。桥西郾 5 千米处建有一城置所,以护卫铁索桥。

盘江铁索桥比四川大渡河上的泸定铁索桥早 70 多年。铁索桥建成,朱家民亲赋《铁桥告竣志喜》诗两首。当时巡按贵州兼监军的傅宗龙在桥西端题刻"天堑惊虹"四字。当时总督川、湖、云、贵、广西五省军务兼贵州巡抚的朱燮元,在桥东端题刻"天堑云航"四字。后人为了纪念朱家民的不朽功绩,曾在桥头建祠奉祀,又在桥西岸石壁上书镌"朱氏鼎钟"四个摩崖大字和朱家民像。为了赞美盘江铁索桥,后人还在两崖石壁上留有摩崖 13 处,书镌有古诗 26 首,古文 7 篇。明崇祯时,贵州提学副使陈士奇及天启、崇祯时的兵部尚书张镜心、明末著名画家张瑞图、清康熙时贵州按察使彭而述、贵州巡抚田雯、雍正时贵州学政邹一桂、乾隆时南笼知府李其昌和嘉庆时官至江西巡抚的钱宝琛等人,都写有诗歌颂盘江铁索桥。

盘江铁索桥曾因战争遭到多次破坏。清顺治十五年(1658 年),清军进军云贵,抗清将领李定国为阻止清军进攻云南,焚铁索桥。顺治十六年(1659 年),由清经略洪承畴、云贵总督赵廷臣、贵州巡抚卞三元等请拨公款银 1500 两重修,将留存的 7 根桥索加至 10 根,铺上木板,暂作通行。康熙初年被大水冲坏,康熙六年(1667 年)改建木桥。清军围剿吴三桂叛乱时,吴三桂部将李本深又于康熙十九年(1680 年)将铁索桥焚毁。康熙二十三年(1684 年),云贵总督蔡毓荣、贵州巡抚杨雍建会题重建,并设士巡检守卫,规定每 6 年大修一次,桥东由永宁州管理,桥西由晴隆县管理。康熙二十五年(1686 年)和四十三年(1704 年),又两次被大水冲坏,旋即重修如故。

康熙五十年(1711 年),贵州巡抚刘荫枢重建盘江铁索桥。置横江大铁索 19 根,每根长 28 丈,有 285 扣,贯楼横江大铁索 6 根,每根长 25 丈,栏杆大铁索 8 根,每根长 12 丈,栏杆铁枋 97 块,细铁索 194 根,兜底横江大铁索用铁枋穿连,铁索贯入两岸岩石间。东西夹江建护桥楼 2 幢,司启闭之用。夜暮则两桥门闭之,黎明则开之。

清雍正六年(1728 年),滇黔驿道改从郎岱茅口过北盘江,盘江铁索桥行旅暂少。清光绪年间,山水骤涨,冲毁铁索桥过半。安义镇总兵蒋宗汉倡请贵州巡抚崧藩筹款补修如故。1936 年,滇黔公路通车,车行铁索之上而能承其重。抗日战争时,铁索桥于 1940 年被日机炸毁,旋即修复。1941 年,于此桥下游 600 米处,另建铁梁吊桥以过汽车。1949 年底,桥被国民党溃军炸毁。新中国成立后,铁索桥更新,并于 20 世纪 70 年代在旧桥上游 2 千米处另建三联拱式新桥。

贞丰县

长田镇

长田镇位于贞丰县城西北部，地处东经105°31′～105°36′，北纬25°31′～25°37′，东邻北盘江镇，南连小屯镇及者相镇，西界兴仁县回龙镇，北接平街镇。长田镇地势多丘陵、小盆地，境内多处小溪河流、溶洞。全镇海拔在1200~1596米之间，年均气温14.7℃，气候温和、湿润。镇政府驻地金叶新村，距县城36千米。“关兴”高等级公路、648县道从镇政府驻地横穿而过，交通优势显著。长田全镇辖7个村民委员会，94个村民小组，70个自然村寨。全镇共有5319户21787人，农业人口数21211人，居民人口576人，居住着汉、布依、苗、仡佬、瑶等民族，少数民族占全镇总人口的19.3%。全镇国土面积60.54平方千米，耕地14336亩，其中旱地10813亩，水田3523亩，林地9624.9亩，草地3733亩。

长田镇山清水秀、人杰地灵，是“布依八音”的发源地，不但有贵重古树“金丝榔”“千年银杏”等多种珍稀树种以及四季常青的万亩杉、竹和茶林，还拥有古朴、浓厚的布依民族风情、民风民俗及浓郁的布依族文化，自然资源丰富，地下蕴藏着丰富的黄金、铁矿和硫磺等矿产资源，其中黄金远景贮量在60吨以上，长田镇在三年内将成为贞丰县又一个“黄金之镇”。

长田主产水稻、玉米、小麦、大豆等农作物，经济作物有烤烟、薏仁米、蓝靛、金银花、茶叶、竹子、银杏、生漆、板栗，其中烤烟在贞丰县占有较大比例，是长田镇“富民兴镇”的支柱产业之一。长田镇采取“公司＋基地＋合作社＋农户”的农业产业发展模式，大力发展梅花鹿养殖、中药材种植等特色产业，力图把长田打造成为环境优美、人民富庶的小康之镇。

布依八音

布依族八音坐唱又叫“布依八音”，是布依族世代相传的一种民间曲艺说唱形式，流传于黔西南贞丰和安顺关岭、镇宁一带，演出队伍8～14人不等，所唱生、旦、净、丑诸戏曲，都不化妆。

每当人们说到“布依八音”或“八音坐唱”，总会发问：这“八音”是什么意思？她为什么叫“八音”？她代表的是什么？我们知道，在中国音乐史上，“八音”这个称谓最早出现在周秦时期。那时把乐器按制作材质的不同区分为“金、石、土、革、丝、木、匏、竹”八类，这就是“八音”。后来泛指乐器。而“布依八音”的“八音”和中国音乐史的“八音”有无关系还有待研究“布依八音”和“八音坐唱”的“八音”，现在比较一致的解释是指八种乐器，即箫筒、牛角胡、葫芦琴、月琴、刺鼓、包包锣、小马锣、钗等。

就在八音坐唱发展的鼎盛时期，又一种新的文艺形式悄然而生。这就是布依戏。布依戏产生于清初，而成形于什么年代则有不同认识。一是根据老戏师的家谱推算出来的，大概在乾隆年间；一是根据《兴义县志》记载，光绪初年(1875年)，兴义巴结王土司的族人王寿山倡议，多人出资首次制作了专用戏服，在巴结老场坝搭台演出。至此，布依戏才真正完成了她的发展，不但有了曲调、有了声腔、有了表演、还有了服装，成为戏剧之一种。布依戏是在“八音坐唱”的基础上衍化发展而成的(见《中国戏曲音乐集成贵州卷·布依戏音乐分卷》)。从表演上看，布依戏有动作、有化妆、有专用的服装，而这些恰恰是“八音座唱”所没有的。由此看来，表演是二者的主要差异处。这也成就了两种不同形态的文化艺术。

历史渊源

据史料记载，八音早在唐宋时期就流传于南北盘江的贵州兴义、安龙、册亨、望谟等布依族聚居区一带。宋人周去非在《岭外代答·平南乐》中称：“广西诸郡，人多能合乐，城郭村落，祭祀、婚嫁、丧葬，无一不用乐，虽耕田亦必口乐相之，盖日闻鼓笛声也。每岁秋成，众招乐师教习子弟，听其音韵，鄙野无足听。唯浔州平南县，系古龚州，有旧教坊，乐甚整异，时有以教坊得官，乱离至平南，教土人合乐，至今能传其声。”元明时期，八音演唱内容加入了民俗、喜庆的内容，并吸收了其他戏曲特点，大大丰富了演唱内容。到了清代，“八音以弹唱为营业之一种，所唱生、旦、净、丑诸戏曲，不化妆……”(据《清稗类钞》)至此，八音已发展成为曲艺演唱形式。据有关资料记载，明清时期，布依八音曾一度盛行。在盘江流域布依族村寨普遍开设有教乐坊“八音堂”，专门传授布依八音技艺，演出八音坐唱的八音队多时达到三百余支。新中国成立后，兴义市布依八音队多次应邀参加国内外演出，被誉为“盘江奇葩”“凡间绝响、天籁之音”“声音的活化石”和“南盘江畔的艺术明珠”。

千百年来，布依八音一直在南盘江流域的村村寨寨传承延续着。据传，布依八音的原型属于宫廷雅乐，以吹打为主。元明以后，由于布依族民族审美意识的作用，逐渐发展为以丝竹乐器为主，伴奏表演的曲艺形式。

“八音”是器乐组合的名称，八音演奏一般也是合奏。南宋周去非在《岭外代答》一书中讲到“八音”时是这么说的：“唯浔州平南县，系古龚州，有旧教坊，乐甚整异。时有以教坊得官，乱离至平南，教土人合乐，至今能传其声。”其中不论是说“乐甚整异”，还是“教土人合乐”，都是说的乐队乐器多，

演奏形式是合奏。从现在流传下来的曲谱和民间流传的演出形式看,都证明了“合乐”的特点。

发展沿革

布依族八音坐唱在布依语中叫“万播笛”,即吹奏弹唱的意思。八音坐唱的表演形式为八人分持牛骨胡(牛角胡)、葫芦琴(葫芦胡)、月琴、刺鼓(竹鼓)、箫筒、钗、包包锣、小马锣等八种乐器围圈轮递说唱。表演以第一人称的“跳入”唱叙故事,以第三人称的“跳出”解说故事,也有加入勒朗、勒尤、木叶等布依族乐器进行伴奏的情形。演唱时,男艺人多采用高八度,女子则在原调上进行演唱,这样不仅可以产生强烈的音高和音色对比,还能增加演唱的情趣。演唱时唱腔用布依语,道白用汉语,有小嗓和平嗓之分,由乐队人员分担角色。曲牌有正调、正音、走音、自路板、长调、倒长调、反簧调、倒茶调、吃酒调等30多个,可单独演奏,也可边奏边唱。

表现形式有坐弹唱和带戏剧性的演弹唱等。“八音坐唱”旋律古朴流畅、悠美悦耳,常在民族节日、婚丧嫁娶、建房、祝寿等场合演奏,是深受布依族人民喜爱的民族说唱艺术形式。最具代表性的传统节目有《布依婚俗》《贺喜堂》《胡喜与南祥》《迎客调》《唱王玉莲传》《敬酒歌》《梁山伯与祝英台》等40余个,从古流传下来的曲目主要有《福满堂》《贺寿堂》《戈然》《拜堂调》《盼郎》《哥妹调》《来去来》;坐唱《胡喜与南洋》片段;布依戏《撒衣定情》片段;尾曲《盛世调:昂央》等,内容主要取材于布依民间口头文学,民间音乐和说唱艺术,表现出布依人民对生活的热爱、对丰收的向往、对爱情的追求、对丑恶的鞭挞。因其源远流长、婉转优雅和民族特色浓郁而被称为“声音活化石”和“天籁之音”。

布依族八音坐唱由纯器乐曲依次发展为表演唱,发展为八音坐唱,以后又延展至布依戏曲,形成四种音乐形态同宗的独特景象。而且,这四种音乐形态并没有被历史的“浪淘尽”,目前同时存世,形成“四乐同堂”,殊显难能可贵,这为研究民间文艺的沿革发展提供了活标本。2006年5月20日,该曲艺经国务院批准列入第一批国家级非物质文化遗产名录。

布依族八音坐唱是布依族人民在长期的生产与生活实践中逐步创造形成的,它深深扎根于布依族群众之中,具有鲜明的布依族特色和广泛的群众基础,是优秀民族文化的代表。可以说,“八音坐唱”既是布依族人民智慧的结晶,又是中国曲艺宝库中的瑰宝。

态文明的矢志追求，青山绿水重现黔境大地。采于山，美可茹；钓于水，鲜可食。冬不祁寒，夏无盛暑，临观之美，胜似江南。

瑰奇争胜的美景又孕育着人杰地灵。据《滇黔志略》载："前明中叶而后，往往笃生伟人，杰然与上国争衡。"人才辈出，俊采星驰。

黔地历史久远，古村落、古民居、古祠堂、古戏曲、纪念性建筑和民族村寨比比皆是，民族风情多姿多彩。更不用说享誉海内外的名优特产，脍炙人口的地方小吃……

但是，报上来的文本，由于 GDP 的热火朝天，上述元素漏掉或被忽略了。

于是，在不能走村串镇，实地感受美丽乡镇的前提条件下，编辑多管齐下，力求挖掘多彩贵州的文化元素。

——进档案馆。"国有史，地有志。"（李东阳）地方志蕴藏着丰富的史料，只要勤于检索，便有斩获。

——电话核实。对九个市、州发来的文本，遇有愆误或存疑处，即打电话给主管部门一一核实。一次不行两次，负责人不在，等。短信、微信、QQ 一起上，直到资料正确无误。

——利用网络。实在不能查漏补缺的，便利用百度、搜狐等搜索引擎，发掘新的资料并多方相互印证。

在编写过程中，我们深深感受到市、州党政部门及村镇工作者对生态文明建设矢志不渝的追求和热情。

中国系农业社会脱胎而来，乡镇是文化传承的原点，是基因。如何把田园生态从自然存在提升到自为阶段，实现守底线、走新路、奔小康的战略抉择，是践行中国梦的每一个贵州人义不容辞的责任。

诚如是，则编写者的努力和心血就没有白费。

图书的出版，离不开各级领导的倾力襄助，恕不一一提名，谨在此一并致以衷心感谢！

编 者

2015 年 8 月 24 日

后 记

《生态贵州·美丽乡镇》图书杀青付梓,我们的心也有了些许轻松,终于完成了一件有意义的工作。

生态文明建设是党的十八大和十八届三中全会提出的伟大战略。

2014 年 3 月,习近平总书记带着对贵州发展的深切关怀和殷切期盼,来到十二届全国人大二次会议贵州代表团,与我省代表一起共商发展大计。总书记对我省近年来发展所取得的成绩给予了充分肯定,勉励贵州"要树立正确的发展思路,因地制宜选择好发展产业,切实做到经济效益、社会效益、生态效益同步提升,实现百姓富、生态美的有机统一"。

是时,时任省委书记的赵克志及省长陈敏尔关于守住发展和生态两条底线、加大城镇环境保护作出重要指示。

根据上述重要精神,筹措《生态贵州·美丽乡镇》图书的工作如火如荼,举措次第展开。

该书出版由贵州省委宣传部为贯彻指示领衔支持,贵州省农委、贵州省住建厅、贵州省环保厅亦联合主办并发文鼎力。

围绕《生态贵州·美丽乡镇》图书,迅捷地组成了编委会。由省人大原副主任禄文斌和省人大原副主任、省文联主席、省文史馆馆长顾久分任主任及主编。中共贵州省委宣传部原副部长朱新武、省社科院党委书记金安江、省农工委工委原书记黎光武、省环保厅副厅长翟春宝、省农委副巡视员景亚翔等同志出任副主任,给图书予以强有力的组织保证。

图书主编顾久确定了图书的编撰指针:弘扬主旋律,加大生态文明正能量宣传;推介贵州文化及旅游;拓展学术视野;可读性、资料性兼顾。

依据图书编辑方针,编委会秘书处与执委会的同志肩荷承上启下之责,积极开拓资源,很快组成编辑人员,高速进入状态。

时间短任务重,面对卷帙浩繁的全省乡镇递送的材料,两位出版界资深编辑废寝忘食,爬梳剔抉,力争完成编辑任务。

贵州古属牂牁、夜郎等郡,地理上大山阻障、交通不便,但这恰恰赐予贵州物华天宝、灵秀蟠结的生态美景。从武陵山脉到乌蒙腹地,从乌江之畔到草海之滨,生态美、生活美所在多有。可是一段时间里,神州极"左",山林被毁,虎豹远迹,祠庙弃置,文化传承出现严重危机。所幸,生活恢复正常轨道,贵州对生